변광배

한국외국어대학교 불어과와 동 대학원을 졸업하고 프랑스 몽펠리에 3대학에서 사르트르 연구로 불문학 박사학위를 받았다. 한국외국어대학교 미네르바 교양대학 교수를 역임하고, 현재 프랑스 인문학 연구모임 '시지프'를 이끌고 있다. 『『존재와 무』: 실존적 자유를 향한 탐색』, 『『제2의 성』: 여성학.백과사전』, 『사르트르의 『문학이란 무엇인가』 읽기』, 『사르트르 vs. 보부아르』, 『폭력에 대한 인문학적 성찰』 등을 짓고, 『자살: 사회학적 연구』, 『롤랑 바르트, 마지막 강의』, 『사르트르 평전』, 『레비나스 평전』, 『마르셀 모스 평전』, 『데리다, 해체의 철학자』, 『사르트르와 카뮈: 우정과 투쟁』, 『상상적 마르크스주의들』 등을 옮겼다.

존재와 무

장폴 사르트르

존재와 무

현상학적 존재론 시론

정소성 옮김

Jean-Paul Sartre
L'Être et le néant : Essai d'ontologie phénoménologique

민음사

L'ÊTRE ET LE NÉANT:
Essai d'ontologie phénoménologique
Edition corrigée avec index par Arlette Elkaïm-Sartre
by Jean-Paul Sartre

카스토르*에게

제2부 대자존재

제3부 대타존재

제1장 타자의 존재

제2장 신체

제3장 타자와의 구체적인 관계

제4부 가짐, 함 그리고 있음

일러두기

1   외래어 표기는 국립국어원의 외래어 표기법에 따랐으나, 일부 고유명사는 명확한 표기를 위해 원어 발음에 가깝게 표기한 경우도 있다.

2   원문에서 《 》, 대문자(인명, 지명, 국가명 등은 제외하고), 이탤릭체는 각각 " ", 고딕체, 본문과 다른 명조체로 처리했다.

3   원문에 없으나, 이해를 위해 필요하다고 판단되는 어구를 보충한 부분은 번역문에서 [ ]로 묶어 처리했다.

4   각주는 모두 옮긴이 주이다. 사르트르가 붙인 주인 경우에는 '원주'라고 명기했다.

서론 **존재의 탐구**

I. 현상 개념

현대 사상은 존재자(l'existant)[1]를, 이를 드러내는 현출들(顯出, apparitions)[2]의 연쇄로 환원함으로써 상당한 진전을 이루었다. 사람들은 그렇게 함으로써 철학을 곤란하게 했던 여러 이원론을 폐기하고, 그것을 현상의 일원론으로 대체하려고 겨냥했다. 과연 거기에 성공했을까?

먼저, 존재자에서 내부와 외부를 대립시키는 이원론에서 벗어난 것은 확실하다. 만일 외부를 대상의 참된 본성을 시선으로부터 가리는 표면의 껍질로 이해한다면, 존재자의 그런 외부는 더 이상 존

---

1 사르트르에게서 'être(존재하다)'와 'exister(존재하다, 실존하다, 현존하다)'를 구분하는 것은 대단히 중요하다. 여기에서는 'l'existant'을 '존재자'로 옮긴다. 문맥에 따라 '존재하는 것', '현존자', '현실존재(자)' 등으로 옮겼다.

2 사르트르는 특히 현상 개념을 다루는 이 장에서 현상학을 창시한 후설의 여러 개념을 활용하고 있다. 사르트르가 'apparitions'이라고 한 것은 후설의 'Erscheinungen'을 프랑스어로 번역한 것이다. 그런데 한국현상학회에서는 후설의 이 용어를 '현출들'이라 옮긴다. 하지만 문맥에 따라 '드러남', '출현' 등으로 옮겼다. 예컨대 타자존재의 이 세계에의 '출현' 등이 그것이다.

재하지 않을 것이다. 그 참다운 본성이란 것 또한, 만일 그것이 고려 대상의 "내부"에 있으므로, 우리가 예감하거나 상상할 수는 있어도 결코 도달할 수 없는 사물의 비밀스러운 실재(réalité)[3]로 이해한다면, 그 참다운 본성 역시 존재하지 않는다. 존재자를 나타내는 현출들은 내부도 아니고 외부도 아니다. 그 현출들은 모두 동등한 가치를 지닌다. 그것은 모두 다른 현출을 가리키며, 그중 어떤 것도 특권적이지 않다. 예컨대 힘은 형이상학적인 코나투스(conatus)[4]도 아니고, 그 효과(가속, 이탈 등)의 배후에 감추어진 미지의 것도 아니다. 힘은 그 효과들의 총체이다. 이와 마찬가지로 전류도 비밀스러운 이면을 가지고 있지 않다. 전류는 그것을 나타내는 물리 화학적 작용(전기 분해, 탄소 필라멘트의 작열, 전류계의 검침 바늘 이동 등)의 총체 이외의 다른 것이 아니다. 그중 어느 작용도 전류를 나타내 보이는 데 충분하지 않다. 하지만 이 작용은 그 자신의 배후에 있으리라 여겨지는 그 어떤 것도 가리키지 않는다. 이 작용은 그 자신과 전체적인 연쇄를 가리킨다. 그 결과, 분명히 있음(l'être)과 나타남(le paraître)의 이원론은 철학에서 더 이상 시민권을 얻을 수 없을 것이다. 외현(外現, apparence)[5]은 여러 외현의 전체적인 연쇄를 가리키지, 그 자신을 위해 존재자의 존재(l'être) 전체를 끌어당기리라 여겨지는 하나의 감춰진 실재를 가리키지 않는다. 또 외현은 이런 존재를 일관성 없

---

3 'réalité'는 '실재', '실재성', '현실', '현실태', '현실성' 등으로 번역할 수 있다. 이 개념과 관련된 것으로는 'le réel'이 있다. 어감상 'le réel'이 지각을 통해 구체적으로 나타나는 것으로서 주로 사물을 지칭한다면, 'réalité'는 굳이 지각적으로 나타나지 않는다고 해도 본성상 존재한다고 한다면 두루 어떤 대상을 지칭할 수 있다. 기본적으로는 둘 다 '실재'라고 옮기고, 문맥에 따라 다르게 옮겨야 할 경우에는 괄호 속에 원어를 병기했다.
4 'conatus'는 바뤼흐 스피노자(Baruch Spinoza, 1632~1677)가 『에티카』를 통해 존재론적인 의미를 부가해 새롭게 정립한 개념으로, 그 의미는 만물, 즉 물체이든 관념이든 모두 그 자신의 존속을 위해 노력한다는 것이다.

게 나타내는 것이 아니다. 우리가 예지계의 실재들을 믿고 있는 동안, 우리는 외현을 순전히 부정적인 것으로 제시했다. 외현은 "존재가 아닌 것"이었다. 외현은 환영의 존재, 오류의 존재 외의 다른 존재를 갖지 않았다. 오히려 이 존재 자체가 빌려 온 것이었다. 이 존재 자체가 눈가림이었다. 이렇게 해서 사람들은 다음과 같은 가장 큰 난점에 봉착하게 되었다. 즉 외현이 비현상적인 존재 속으로 흡수되지 않도록 하기 위해 이 외현에 응집력과 존재성을 충분히 유지시켜 주어야 하는 일이 그것이다. 하지만 만일 니체가 "배후 세계의 착각(l'illusion des arrière-mondes)"[6]이라 불렀던 것에서 우리가 일단 벗어난다면, 또 만일 우리가 현출-배후의-존재(l'être-de-derrière-l'apparition)를 더 이상 믿지 않는다면, 외현은 오히려 충만한 실증성(pleine positivité)이 될 것이다. 또한 외현의 본질은 더 이상 존재와 대립하지 않고, 그 반대로 존재의 척도로 기능하는 "나타남"이 될 것이다. 왜냐하면 하나의 존재자의 존재는 바로 그것이 나타나는 것이기 때문이다. 이렇게 해서 우리는 예컨대 후설이나 하이데거의 "현상학(Phénoménologie)"에서 볼 수 있는 현상(phénomène)이라는 관념

---

5 사르트르가 앞에서 언급한 'apparitions(현출들)'과 달리 굳이 'apparence'라고 표현하는 데에 유의할 필요가 있다. 우선 앞의 것은 복수이고, 뒤의 것은 단수이다. 현출들은 항상 계열화되어 빠른 속도로 연속해서 나타나기 때문에 복수로 표현해야 한다. 말하자면 현출들은 동적이다. 예컨대 주사위를 빙글빙글 돌리면 그 모양이 순식간에 바뀌면서 다르게 나타나는데, 이것을 "모양 현출들"이라 한다. 하지만 이 현출들이 동적으로만 나타나는 것은 아니다. 정적으로 나타나기도 한다. 주사위를 가만히 들고 보더라도 그 모양은 전체의 모양이 아니다. 이것을 굳이 구분해서 'apparence'라고 표현하고 있다. 또한 아직 보이지 않지만 돌리기만 하면 얼마든지 다른 'apparence'가 나타날 수 있다. 그래서 이를 '현출들'과는 달리 '외현'이라 번역한다. 하지만 문맥에 따라 '외관', '외양', '가상' 등으로 옮기기도 했다.

6 세계의 배후에 초월적이거나 형이상학적인 무엇인가, 또는 종교 숭배 대상이 되는 무엇인가가 있다는 신념을 의미한다. 니체는 『차라투스트라는 이렇게 말했다』(1부)에서 '배후 세계론자들(Hinterweltler)'을 비판하고 있다.

에 도달하게 된다. 그것은 현상 또는 상대적·절대적인 관념이다. 현상은 상대적이다. 왜냐하면 "나타남"은 본질상 그 누군가에게 나타난다는 것을 전제하기 때문이다. 하지만 현상(phénomène)이 칸트가 말하는 현상(Erscheinung)[7]처럼 이중적인 상대성을 가지는 것은 아니다. 여기에서 현상은 자신의 어깨너머에 있는 그 자체 역시 절대적일 수 있는 하나의 진정한 존재를 가리키는 것이 아니다. 현상은 절대적으로 있는 그대로의 것이다. 왜냐하면 현상은 있는 그대로(comme il est) 자신을 드러내 보이기 때문이다. 현상은 현상으로 연구할 수 있고 기술할 수 있다. 왜냐하면 현상은 절대적으로 그 자신을 가리키기 때문이다.

이와 동시에 가능태(puissance)와 현실태(acte)[8]의 이원성도 사라진다. 모든 것은 현실태로 있다. 현실태의 배후에는 가능태도, "소질(exis)"[9]도, 탁월성(vertu)도 없다. 예컨대 우리는 "천재" — 흔히 프루스트가 "천재를 지녔다" 또는 그는 천재"였다"라고 말하는 의미에서 — 를 어떤 작품을 생산해 내는 특별한 능력, 게다가 이들 작품을 생산했다고 해서 고갈되어 버리지 않는 특별한 능력으로 이해하는 것을 거부할 것이다. 프루스트의 천재는 따로 떼어서 고려된 작품도 아니고, 또 그 작품을 생산해 내는 주체적인 역량(pouvoir)도 아

7 『순수이성비판』에서 '현상'은 객관적 측면에서 사물 자체와 대조되고, 주관적 측면에서 순전한 표상으로서 우리 감성 안에 존재한다. 여기에서 사르트르가 말하는 현상의 '이중적인 상대성'이 무엇을 지적한 것인지 정확하게 알 수 없으나, 구성 이전의 사물 자체에 대한 상대성과 구성 이후의 경험적 사물에 대한 상대성을 일컫는 것으로 추정된다.
8 아리스토텔레스 이후에 사용하고 있는 '디나미스(dynamis)'와 '에네르게이아(energeia)'에 상응하는 개념이다. 여기에서는 '가능태'와 '현실태'로 옮겼는데, 이는 'possibilité(가능성)', 'potentialité(잠재성, 잠재태)' 등과 구별하기 위해서이다.
9 그리스어 'εξις'는 동사 'echō(갖다)'의 미래형에서 파생된 명사로, '천성', '소질'을 뜻한다. 라틴어의 'habitus'에 해당한다.

니다. 프루스트의 천재는 그의 인격의 드러남의 총체로 여겨지는 작품이다. 이런 이유로 우리는 결국 외현과 본질의 이원론을 거부할 수 있다. 외현은 본질을 감추지 않는다. 외현은 본질을 드러내 보인다. 외현은 본질이다. 어떤 존재자의 본질은 더 이상 이 존재자의 움푹한 곳에 깊숙이 파묻혀 있는 탁월성이 아니다. 이 존재자의 본질은 이 존재자의 현출들의 연쇄를 주재하는 명백한 법칙이다. 말하자면 본질은 이 연쇄의 근거이다. 푸앵카레[10]는 하나의 물리적인 실재(예컨대 전류)를 그것이 다양하게 드러나는 표출들의 총합(somme)으로 정의하는 명목론을 제시했다. 뒤앙[11]이 그 표출들의 종합적인 통일(l'unité synthétique)이라는 개념을 활용한 자기 나름의 이론을 정립해 이를 푸앵카레의 명목론에 대립시킨 것은 옳았다. 그리고 분명 현상학은 결코 명목론이 아니다. 하지만 결국 연쇄의 근거로 작동하는 본질은 바로 현출들을 연결하는 끈에 불과하다. 다시 말해 본질 자체가 하나의 현출이다. 이를 통해 본질들에 대한 직관(예컨대 후설의 본질직관[Wesenschau])이 있을 수 있다는 사실을 설명한다. 이렇게 해서 현상적 존재(l'être phénoménal)는 자신을 나타낸다. 현상적 존재는 자기의 본질(essence)뿐만 아니라 자신의 존재(existence)[12]를 나타낸다. 그리고 현상적 존재는 이렇게 나타난 것들이 잘 연결된 연쇄 외의 다른 어떤 것도 아니다.

그렇다면 우리는 존재자를 그 나타난 것들로 환원함으로써

---

10 쥘 앙리 푸앵카레(Jules Henri Poincaré, 1854~1912)는 프랑스의 수학자이자 이론 물리학자, 과학철학자로, 카오스 이론의 기초와 위상수학의 건립에 큰 업적을 쌓았다. 특수상대성이론에 기여했으며, 양자역학에서 양자화를 정의 했다.
11 피에르 모리스 마리 뒤앙(Pierre Maurice Marie Duhem, 1861~1916)은 프랑스의 이론 물리학자이다. 열역학과 유체역학을 연구하여 원자 개념의 필요를 의심했고, 열역학의 법칙을 원자들로 구성된 역학 체계의 정태적인 속성으로 설명하는 당시의 이론을 부정했다. "현상을 구하라!(To Save the Phenomena)"라는 구호를 대중화했다.

모든 이원론을 제거하는 데 성공했다고 할 수 있는가? 오히려 우리가 모든 이원론을 새로운 이원론, 즉 유한과 무한(le fini et l'infini)의 이원론으로 변환한 것처럼 보인다. 사실 존재자는 나타나는 것들의 유한한 연쇄로 환원될 수 없을 것이다. 왜냐하면 나타나는 것 하나하나는 끊임없이 변하면서 하나의 주관과 맺는 하나의 관계이기 때문이다. 하나의 대상(objet)이 단 하나의 "음영(Abschattung)"[13]을 통해서만 주어질 때, 주관(sujet)으로 존재한다는 단 하나의 사실에 이 주관이 이 "음영"에 대한(sur) 관점들을 다양하게 넓힐 수 있는 가능성이 내포되어 있다. 이것은 고려된 그 "음영"을 무한하게 증가시킬 수 있음을 충분히 보여 준다. 게다가 만일 현출들의 연쇄가 유한하다면, 그것은 앞서 현출된 것들이 다

12 'existence' 개념을 '실존'이 아니라 '현존'으로만 옮겨야 한다는 주장이 있다. 사르트르의 '현상학적 존재론'에서 이 개념은 인간뿐만 아니라 모든 사물에 적용되는 철학사 전통에 따른 개념인 반면, 하이데거가 말하는 'Existenz'는 오로지 인간에게만 해당하며 특히 인간의 평균적인 존재 방식인 '세인(das Man)'과 달리 죽음을 향한 선구적인 결단을 통해 자기 자신만의 본래적인(eingentliche) 존재를 확보한 인간에게만 해당하는 개념이며, 따라서 존재자 일반에 적용할 수 없다는 것이 이 주장의 근거이다. 게다가 이 주장은 지금까지의 사르트르 연구에 사용된 '실존' 개념을 모두 '현존'으로 바꿔야 한다는 데까지 나아간다. 실존주의는 현존주의로, 『실존주의는 휴머니즘이다』도 『현존주의는 휴머니즘이다』로 등등……. 그런데 이 주장은 사르트르 철학에 대한 세계적인 연구 현황과 동떨어진 것이다. 사르트르 연구자들은 'existence'에 '현존', '실존', '존재', '삶' 등의 의미를 부여하고 있다. 가령 전 세계 사르트르 연구사들이 참여하고, 사르트르 전문가인 F. 누델만과 G. 필립의 편찬으로 2004년 오노레 샹피옹(Honoré Champion) 출판사에서 출간된 가장 권위 있는 『사르트르 사전(Dictionnaire Sartre)』이 그 좋은 예이다. 이 사전의 'existence' 항목(pp. 175~176)에 따르면, 'existence'는 『구토(La Nausée)』(1938)에서 '현존'의 의미로 사용되는 경우가 있으며, 사물과 인간에게 모두 적용된다. 하지만 이 사전은 『존재와 무』를 집필하면서 사르트르가 하이데거의 영향하에서 'existence' 개념을 주로 인간에게 적용하고 있음을 여실히 보여 준다. 예컨대 "실존은 본질에 선행한다"에서 '실존'은 오직 인간에게 적용된다는 것이다. 이를 고려해 이 책에서는 'existence' 개념을 문맥에 따라 '실존', '현존', '존재', '삶' 등으로 번역했다.
13 이 개념 역시 후설의 용어이다. 예컨대 정육면체인 주사위를 볼 때, 우리는 그 정육면체 전모를 결코 볼 수 없다. 볼 때마다 달리 보일 뿐이다. 그런데 정육면체 전모, 또는 지금 당장 보이지 않지만 주사위를 돌리면 곧 보이게 될 다른 모습이 지금 당장 보이는 모습에 의해 그림자가 져 있다고 할 수 있다. 그래서 '그림자'라는 뜻의 '음영'이라는 개념 'Abschattung'을 사용한 것이다.

시 나타날 가능성이 없음을 의미할 텐데, 이것은 부조리하다. 그렇지 않으면, 그것은 앞서 현출된 것들 모두가 한꺼번에 주어질 수 있음을 의미할 텐데, 이것은 더 부조리하다. 현상에 대한 우리의 이론은 사물의 실재성으로 현상의 대상성(objectivité)으로 대체했고, 무한에 의거해 현상의 대상성을 정초한 것인데, 이제 그 점을 잘 생각해 보자. 찻잔의 실재성은, 찻잔이 저기에 있고(est), 그것이 내가 아니라는(n'est pas) 것이다. 우리는 이 사실을 찻잔의 현출들의 연쇄가 나의 뜻대로 되지 않는 하나의 근거에 의해 서로 연결되어 있다는 것으로 해석할 것이다. 하지만 그 자신이 포함된 연쇄에 의거하지 않고, 또 그 자체로 환원된 현출은 직관적이면서 주관적인 충족일 수밖에 없을 것이다. 현출은 주관이 감응되는(affecté) 방식이다. 만일 현상이 자기를 초월적인(transcendant) 것으로 드러내야 한다면, 주관 자체는 그 현출이 하나의 구성 요소로 포함되어 있는 총체적인 연쇄를 향해 그 현출을 초월해야 한다. [예컨대] 주관은 붉다는 인상(impression de rouge)을 통해 그 붉음(le rouge)을 파악해야 한다. 그 붉음, 이것이 곧 그 [붉음의 인상을 주는] 현출들의 연쇄의 근거이다. 또는 주관은 전해(電解) 상태를 통해 그 전류를 파악해야 한다 등. 하지만 만일 대상의 초월성(transcendance de l'objet)이 항상 자기 자신을 초월해야 한다는 현출에서의 필연성 위에 근거한다면, 그로부터 하나의 대상은 원리상 자신의 현출들의 연쇄를 무한한 것으로 정립한다는 결과가 도출된다. 이렇듯 유한한 현출은 그 자체로서는 자신을 그 유한성 속에서 지시하지만 이와 동시에 현출하는-것의-현출(apparition-de-ce-qui-apparaît)로 파악하기 위해서는 이 유한한 현출은 무한한 것(l'infini)을 향해 초월되는 것이 요구된다. 이 새로운 대립, 즉 "유한과 무한" 또는 좀 더 정확하게 "유한 속의 무한(l'infini dans le fini)"의 대립은 있음과 나타남의 이원론을 대체하게 된다. 사실상 나타나는 것은 오직 대상의 한 측면(un aspect)일 뿐이고, 그 대상은 전적으로 이 측면 안에(dans) 존재하면서 전적으로 이 측면 바깥에(hors de) 존재한다. 대상이 이 측면 안에 나타난다는 점에서 이 대상은 전적으로 이 측면 안에 있다. 즉 그 대상은 그 자체로는 이 현출의 구조로서 자신을 보여 주는 것이고, 이 현출의 구조가 곧 그 연쇄의 근거이다. 또 이 대상은 전적으로 이 측면 바깥에 있다. 왜냐하면 그 연쇄 자체[즉 가능한 연쇄 전체]가 결코 현출하지 않을 것이고 또 현출할 수도 없기 때문이다. 이렇게 해서 바깥은 새롭게 안과 대립하고, 나타나지-않는-존재(l'être-qui-ne-paraît-pas)는 현출과 대립한다. 이와 마찬가지로 어떤 하나의 "가능태"는 되돌아와 현상 속에 깃들고, 이 가능태가 지닌 초월성 자체를 현상에 주게 된다. 다시 말해 실재적이거나 가능적인 현출들의 한 연쇄에서 전개되는 가능태를 부여한다. 프루스트의 천재가 여러 작품으로 생산되어 환원된다고 해도, 그래도 역시 우리는 그의 작품에 대해 취할 수 있는 모든 가능한 관점의 무한성과 동등한 가치를 지닌다. 우리는 모든 가능한 관점의 무한성을 프루스트 작품의 "무궁무진함"이라 부를 수 있다. 하지만 초월성과 무한에 대한 의거(依據, recours)를 담고 있는 무궁무진함은, 우리가 대상에 의거해서 그것을 파악하는 경우에, 하나의 "소질"은 아닐까? 요컨대 본질은 그것을 나타내는 개별적인 외현으로부터 근본적으로 단절되어 있다. 왜냐하면 본질은 원칙상 개별적으로 나타나는 것들의 연쇄에 의해 발현될 수 있어야 하기 때문이다.

이리하여 우리는 다양한 대립을 그 모두의 기초가 되는 유일한 이원론으로 대체함으로써 과연 이익을 본 것인가, 아니면 손해를 본 것인가? 우리가 곧이어 살펴보고자 하는 것이 바로 이것이다. 지금 당장으로서는 "현상의 이론"의 제1의 귀결은 다음과 같다. 즉 현출이 존재를 가리키는 것은 칸트의 현상이 본체(le noumène)를 가리키는 것과 같은 방식으로 이루어지지 않는다는 사실이다. 현출의 배후에는 아무것도 없기 때문에, 또 현출은 그 자체(그리고 현출들의 모든 연쇄)만 가리킬 뿐이기 때문에, 현출은 그 자신의 고유한 존재 외에 다른 어떤 존재에 의해 지지될 수 없고, 주관 존재(l'être-sujet)를 절대 존재(l'être-absolu)에서 분리하는 무(無)의 성격을 띤 얇은 막이 될 수도 없을 것이다. 만일 현출의 본질이 그 어떤 존재와도 더 이상 대립하지 않는 나타남이라면, 이 나타남의 존재(l'être de ce paraître)에 대한 정당한 문제가 제기된다. 우리가 여기에서 다루고자 하는 문제가 바로 이것이며, 또 존재와 무에 대한 우리의 탐구의 출발점도 바로 여기에 있다.

II. 존재의 현상과 현상의 존재

현출은 그것과는 다른 그 어떤 존재자에 의해서도 지탱되지 않는다. 현출은 자신의 고유한 존재를 가지고 있다. 따라서 우리가 존재론적인 탐구에서 만나는 첫 번째 존재는 현출의 존재(l'être de l'apparition)이다. 이 현출의 존재 자체가 곧 하나의 현출일까? 우선 그렇게 보인다. 현상은 자신을 나타내는 것이고, 존재는 어떤 방식으로 모든 사람에게 자신을 나타낸다. 왜냐하면 우리는 존재에 대해 말할 수 있고, 존재에 대해 어떤 이해를 하고 있기 때문이다. 이렇듯 이런저런 것으로 기술할 수 있는 하나의 존재의 현상(phénomène d'être), 존재의 현출이 있어야 한다. 존재는 권태, 구토 등의 모종의 직접적인 접근 수단에 의해 우리에게 드러날 것이다. 그리고 존재론은 존재의 현상을 나타나는 그대로, 다시 말해 매개 없이 설명하는 것이다. 그렇지만 모든 존재론에 대해 다음과 같은 선결 문제를 제기하는 것이 좋을 것이다. 이렇게 도달한 존재의 현상은 현상들의 존재와 동일한가? 다시 말해 나에게 드러나고, 나에게 나타나는 그 존재가 나에게 나타나는 존재자들의 존재와 같은 성질을 갖는가? 여기에는 어려움이 없는 것처럼 보인다. 후설은 형상적 환원(une réduction eidétique)이 항상 어떻게 가능한가, 즉 우리가 어떻게 항상 구체적인 현상을 넘어 그 현상의 본질로 나아갈 수 있는가를 보여 주었다. 그리고 하이데거에게 "인간실재(réalité-humaine)"는[14] 존재적-존재론적(ontico-ontologique)이다. 다시 말해 인간실재는 항상 현상을 넘어 그 현상의 본질로 나아갈 수 있다. 하지만 개별적인 대상에서 본질로 이행하는 것은 동질적인 것에서 동질적인 것으로 이행하는 것이다. 존재자에서 존재의 현상으로 이행하는 것이 과연 그와 같은가? 존재자를 넘어 존재의 현상으로 나아가는 것은, 개별적인 붉음에서 그 붉음의 본질로 넘어가는 것처럼, 그 존재자의 본질로 이행하는 것인가? 좀 더 들여다보자.

개별적인 대상에서 우리는 언제든지 색, 향기 등과 같은 성질을 구

---

14   하이데거는 1927년에 출간된 『존재와 시간(*Sein und Zeit*)』에서 인간이 자신의 존재를 문제 삼는 존재라는 점을 고려해 특별히 인간을 '현존재(Dasein)'로 지칭했다. 앙리 코르뱅(Henry Corbin, 1903~1978)은 하이데거 철학을 프랑스에 수용하면서 이 개념을 '인간실재(réalité humaine)'로 옮겼는데, 사르트르는 이 번역어를 사용하고 있다. 사르트르에게서 '인간실재'는 의식을 가진 구체적인 인간으로 이해된다. 이로 인해 하이데거는 사르트르가 자신의 철학을 인간중심주의적인 철학으로 해석하는 오류를 범했다고 비판하고 있다.

별해 낼 수 있다. 그리고 이런 성질에서 출발해서 우리는, 마치 기호에 의미작용(signification)이 내포되어 있듯이, 그 성질에 내포된 본질을 항상 고정할 수 있다. "대상-본질"의 총체는 유기적으로 조직된 하나의 전체를 이룬다. 본질(essence)은 대상 안에(dans) 있지 않다. 본질은 대상의 의미이고, 대상을 드러내는 일련의 현출들의 근거이다. 하지만 존재(l'être)는 다른 대상들 가운데에서 파악할 수 있는 대상의 성질도 아니고, 대상의 의미도 아니다. 대상은 의미를 가리키는 것과 같은 식으로 존재를 가리키지 않는다. 예컨대 존재를 하나의 현전(une présence)으로 규정하기란 불가능하다. 왜냐하면 부재(l'absence)도 존재를 드러내고, 거기에 있지 않음도 여전히 존재이기 때문이다. 대상은 존재를 소유하지 않는다. 그리고 대상의 존재(existence)는 존재에 대한 참여도 아니고, 다른 모든 종류의 관계도 아니다. 그것은 있다(Il est)고 하는 것이 대상의 존재 방식(façon d'être)을 규정하는 유일한 방법이다. 왜냐하면 대상은 존재를 가리는 것도 아니지만, 그렇다고 대상이 존재를 드러내는 것도 아니기 때문이다. 대상은 존재를 가리지 않는다. 왜냐하면 존재자의 어떤 성질들 배후에서 존재를 찾기 위해 그 성질들을 제쳐 놓고자 해도 헛수고가 되고 말 것이기 때문이고, 존재는 똑같이 모든 성질의 존재이기 때문이다. 대상은 존재를 드러내지 않는다. 왜냐하면 대상의 존재를 파악하기 위해 대상에 호소해 보았자 헛수고가 되고 말 것이기 때문이다. 존재자는 현상이다. 다시 말해 존재자는 그 자신을 성질들의 유기적 총체로서 가리킨다. 그 자신을 가리킬 뿐, 자신의 존재를 가리키지는 않는다. 존재는 그저 모든 드러내 보임(dévoilement)의 조건이다. 존재는 드러내 보이기-위한-존재(être-pour-dévoiler)이지, 드러내 보여진 존재(être dévoilé)가 아니다. 그렇다면 하이데거가 말한 존재론적인 것(l'ontologique)

을 향한 이 뛰어넘음(dépassement)은 무엇을 의미하는가? 확실히 나는 이 책상 또는 이 의자를 넘어 그것들의 존재로 나아갈 수 있고, 책상-존재 또는 의자-존재에 대한 물음을 제기할 수 있다. 하지만 그 순간 나는 책상-현상에서 눈을 돌려 존재-현상을 바라본다. 하지만 이 존재-현상은 더 이상 모든 드러남의 조건도 아니다. 여기에서 존재-현상은 하나의 드러난 것이고, 하나의 현출이다. 또 존재-현상은 그것이 자신을 드러낼 수 있기 위한 토대에 대해 그 나름대로 하나의 존재를 필요로 한다.

만일 현상들의 존재가 하나의 존재의 현상으로 해소되지 않는다면, 그럼에도 만일 우리가 이 존재의 현상을 참고하지 않고서는 존재에 대해 아무것도 말할 수 없다면, 존재의 현상과 현상의 존재를 결합하는 그 정확한 관계를 무엇보다 먼저 정립해야 한다. 만일 우리가 앞에서 지적한 모두가 존재의 현상을 계시하는 직관에 의해 직접적으로 영감을 받아 이루어진 것임을 고려하면, 우리는 그 관계를 쉽게 정립할 수 있을 것이다. 드러남의 조건으로서의 존재가 아니라 개념들로 고정할 수 있는 현출로서의 존재를 고찰하면서, 우리는 먼저 인식은 그것만으로는 존재의 이유를 설명할 수 없다는 것, 즉 현상의 존재는 존재의 현상으로 환원할 수 없음을 이해했다. 한마디로 존재의 현상은 성 안셀무스와 데카르트의 증명을 존재론적이라고 일컫는 의미에서 "존재론적"이다.[15] 존재의 현상은 존재에 대한 부름(un appel d'être)이다. 현상으로서 존재의 현상은 존재의 초현상성(transphénoménalité)을 요구한다. [그렇다고] 이것이 존재가 현상들의 배후에 숨어 있음을 의미하는 것도 아니고(우리는 현상이 존재를 가리지 않는다는 것을 보았다.) 또 현상이 별개의 어떤 존재를 가리키는 하나의 외현이라는 것을(현상이 존재한다는 것, 즉 현상이 존재의 기반 위에서 지목된다는 것은 현상이 외현인 한에서이다.) 의미하지 않는다. 지금까지의 고찰에는 비록 현상과 공외연적(共外延的, coextensif)이라고 해도 현상의 존재가 현상적인 조건에서 — 이 현상적인 조건은, 사람들이 자신을 드러내는 정도만큼[16]만 존재한다(exister) — 벗어나야 한다는 사실과 그 결과 현상의 존재는 [그것에 관해] 우리가 지니는 인식의 경계를 넘어서면 그 근거를 제공한다는 사실이 함축되어 있다.

15 여기에서 사르트르가 지적하는 것은 성 안셀무스(St. Anselmus, 1033~1109)와 르네 데카르트(René Descartes, 1596~1650)의 '존재론적 신 존재 증명'이다. 안셀무스의 존재론적 신 존재 증명은 『프로슬로기온(Proslogion)』에 기술된 '본체론적 증명'이다. 그는 여기에서 신에 대한 관념에서 출발해 신 존재의 필연성을 증명하고 있다. 신은 그것 이상으로 더 큰 것이 생각될 수 없는 것이다(신에 대한 관념). 우리는 (신에 대해 그 존재를 믿지 않을지라도) 이 관념을 지니고 있다. 하지만 그 관념이 알려 주는 것처럼, 그것 이상으로 더 큰 것이 생각될 수 없는 것이란 곧 완전한 것을 의미한다. 따라서 만일 이것이 오로지 우리의 지성에서의 관념적인 존재만을 가진다면, 이것은 그것 자체의 정의에 모순된다. 왜냐하면 지성 안에만 존재하는 것보다는 객관적으로도 실재하는 것이 더 크며 완전한 것이기 때문이다. 따라서 그것 이상으로 더 큰 것이 생각될 수 없는 존재는 필연적으로 실재해야만 한다. 이와 유사하게 데카르트 역시 『제1철학에 관한 성찰(Meditationes de prima philosophia)』의 '제5성찰'에서 신의 본질로부터 신의 현존을 증명하는 '존재론적 신 존재 증명'을 시도한다. 그것의 본질에 존재가 포함되어 있는 것은 필연적으로 존재한다(필연적 존재의 정의). 신은 가장 완전한 것이기 때문에(신 개념의 완전성) 그것의 본질 안에 존재를 포함한다. 따라서 신은 존재한다. 이런 존재론적 맥락에서 사르트르는 '존재의 현상'이 그것을 위한 초현상적 토대로서 '존재'를 요구한다는 논증을 보여 주고 있다.
16 원문이 'pour autant qu'on se révèle'인데, 이를 그대로 번역한다. 하지만 문맥으로 미루어 보면 'pour autant qu'il se révèle'이어야 할 것으로 보이며, 이때 'il'은 3행 앞에 나온 'l'être du phénomène'를 받는 대명사인 것으로 보인다.

III. "전(前) 반성적" 코기토와 "지각함"의 존재

아마도 우리는 앞에서 언급한 난점들 모두가 존재에 대한 어떤 사유 방식, 즉 현출 개념 자체와 결코 양립할 수 없는 존재론적 실재론의 한 방식에서 기인한다고 대답하고 싶을 것이다. 현출의 존재를 측정하는 것은 사실 현출이 나타난다는 것이다. 그리고 우리가 실재를 현상에 한정했기 때문에, 우리는 이 현상에 대해 그것이 나타나는 그대로 존재한다고(est) 말할 수 있다. 그렇다면 왜 이 관념을 끝까지 밀어붙여 현출의 존재가 곧 현출의 나타남이라고 말하지 못하는가? 그렇게 말하는 것은 버클리[17]의 "존재함은 지각됨이다(esse est percipi)."라는 오래된 명제를 치장하기 위해 새로운 낱말을 선택하는 하나의 수법에 불과하다. 그리고 그것은 실제로 [버클리 이후] 후설[18]이 행한 작업이다. 후설은 현상학적 환원을 실현하고 난 후에 노에마[19]를 비실재적(irréel)인 것으로 다루고, 또 노에마의 '존재함'을 '지각됨'이라고 선언했다.

버클리의 이 유명한 공식은 우리를 만족시킬 수 있는 것 같지 않

17 조지 버클리(George Berkeley, 1685~1753)는 영국의 대표적인 경험론자로, 지각을 통해 주어지는 감각적인 관념의 다발(bundle of ideas)이 곧 사물이라고 주장했다. 이를 나타내는 유명한 말이 '존재함은 지각됨이다.'이다.

18 에드문트 후설(Edmund Husserl, 1859~1938)은 체코 출신의 독일 철학자로, 현상학을 기초했다. 여기에서 사르트르가 말하는 '현상학적 환원'은 현상학을 언급할 때 가장 먼저 거론되다시피 하는 '현상학적 에포케(phänomenologische Epoche)', 즉 '판단중지(Urteilsenthaltung)'를 일컫는다. 이 개념은 우리가 지각하는 사물이 의식과 무관하게 독자적으로 존재한다고 판단하는 것을 중지하는 것이다. 말하자면 사물의 존재에 대한 선입견을 배제하고, 사물을 지각하는 의식에서 사물의 존재가 어떻게 성립하는가를 있는 그대로 분석해서 따져 보자는 것이다.

19 후설은 지각하는 시간이 지나갈 때 극미하게 차이를 보이면서 빠르게 변하는 측면을 '질료(Hyle)', 여기에 '의식작용(Noesis)'이 가해짐으로써 일정하게 통일된 의미로 나타나는 것을 '노에마(Noema)'라고 했다. 그리고 지각되는 것을 바로 노에마라고 여긴다. 말하자면 지각하는 의식작용 없이는 지각되는 대상의 존재가 성립할 수 없다는 것이다.

다. 그 본질적인 이유에는 두 가지가 있다. 하나는 지각됨(percipi)의 본성에서 기인하고, 다른 하나는 지각함(percipere)의 본성에서 기인한다.

'지각함'의 본성. ─ 실제로 만일 모든 형이상학이 인식론을 전제한다면, 그 반대로 모든 인식론은 형이상학을 전제한다. 이는 무엇보다도 다음과 같은 사실을 의미한다. 즉 존재를 우리가 그것에 대해 가지는 인식으로 환원하는 데 골몰하는 관념론은, 어떤 방법으로든지 미리 인식의 방식을 확인해야 할 것이라는 사실이 그것이다. 만일 그 반대로 우리가 그 인식의 존재를 정초하는 데 전념하지 않은 채 인식을 [미리] 주어진 것으로 상정하고, 이어서 만일 우리가 "존재함은 지각됨이다."라고 단언한다면, "지각함-지각됨"의 총체성은 견고한 하나의 존재의 뒷받침이 없어 무(無) 속으로 무너져 버릴 것이다. 이렇게 해서 인식의 존재는 인식에 의해 측정할 수 없다. 인식의 존재는 지각함에서 벗어난다.[20] 이렇듯 지각함과 지각됨의 토대-존재(l'être-fondement)는 그 자체로 지각됨에서 벗어나야 한다. 그것은 초현상적(transphénoménal)이어야 한다. 우리는 우리의 출발점으로 되돌아온다. 어쨌든 사람들은 지각됨이 현출의 법칙에서 벗어나는 하나의 존재를 가리킨다는 점에서 우리의 입장에 동조할 수 있을 것이다. 하지만 이 초현상적인 존재가 주관의 존재라고 주장하면서이다. 이렇게 해서 지각됨은 지각하는 자(percipiens)를 지시하게 될 것이다 ─ 인식된 것은 인식을 가리키게 될 것이고, 이 인식은 인식되는 것으로서가 아니라 존재하는 한에서 인식하는 존재, 즉 의식을 가리키게 될 것

20 **지각함**을 인간실재의 다른 **태도**로 대체하려는 모든 시도 역시 헛되다는 것은 자명하다. 만일 존재가 '함(faire)'에서 인간에게 드러난다는 것을 인정한다 해도, 그 '함'의 존재를 여전히 행동의 바깥에서 확인해야 할 것이다. ─ 원주.

이다. 이것이 바로 후설이 이해한 것이다. 왜냐하면 만일 그에게 노에마가 노에시스의 비실재적인 상관자이고, 노에마의 존재론적인 법칙이 지각됨이라면, 노에시스는 그에게 그 반대로 실재(réalité)로서 나타나고, 그 실재의 주요 특징은 이것을 인식하는 반성에 '이미 먼저 거기에 있었던' 것으로 주어지는 것으로 보이기 때문이다. 그도 그럴 것이 인식하는 주관의 존재 법칙은 의식하고 있음(être-conscient)[의식하는-존재]이기 때문이다. 의식은 내적 감각이나 자기 인식이라고 불리는 특수한 인식 방식이 아니다. 의식은 주관의 초현상적인 존재의 차원이다.

이 존재의 차원을 좀 더 이해하도록 하자. 우리는 의식은 그것이 인식하는 한에서가 아니라 존재하는 한에서 인식하는 존재라고 했다. 만일 우리가 인식 자체를 정초하고자 한다면, 이것은 인식의 우선성을 포기하는 것이 적절함을 의미한다. 물론 의식이 [다른 것을] 인식할 수도 있고, 또 자기를 인식할 수도 있다. 하지만 의식은 그 자체에 있어 자기에게로 복귀한 인식과는 다른 무엇이다.

후설이 보여 준 것처럼, 모든 의식은 무엇인가에 대한 의식(conscience de quelque chose)이다.[21] 이것은 하나의 초월적인 대상의 정립(定立, position)이 아닌 의식은 존재하지 않음을 의미한다. 또는 이렇게 말해도 된다면, 의식은 "내용(contenu)"을 갖지 않는다. 참조 체계에 따라 '세계'로 구성되거나 '심적인 것'으로 구성될 만한 중성적인 "소여들(données)"은 포기해야 한다. 하나의 책상은 심지어 표상의 자격으로라도 의식 안에 있는 것이 아니다. 하나의 책상은 창문 옆 등과 같이 공간 안에 있다. 사실 책상의 현존은 의식에게 있어 불투명

---

21 후설이 의식의 '지향성(Intentionalität)'을 정의하면서 제시한 현상학에서 핵심이 되는 명제이다.

함의 중심이다. 하나의 사물의 모든 내용의 목록을 작성하려면 무한한 과정이 필요할 것이다. 의식에 이런 불투명함을 도입해 [설명하는] 것은, 의식이 그 자신에 대해 작성할 수 있는 목록을 무한히 연기하는 것이고, 의식을 하나의 사물로 만드는 것이며, 코기토(cogito)를 거절하는 것이 되고 말 것이다. 따라서 철학의 제1단계는 의식에서 사물을 축출하고, 의식과 세계의 참된 관계, 즉 의식은 세계에 대한 정립적 의식(conscience positionnelle)이라는 점을 재정립하기 위한 것이어야 한다. 모든 의식은, 그것이 대상에 도달하기 위해 그 자신을 초월한다는 점에서 정립적이며, 또 의식은 이 정립 자체에서 고갈된다. 나의 현행적(現行的, actuelle) 의식에서 지향 상태로(d'intention)[22] 있는 모든 것은 바깥을, [예를 들어] 책상을 향한다. 그 순간 나의 모든 판단적 또는 실천적 활동, 그 순간 나의 모든 정동(affectivité)은 자기를 초월해 책상을 겨냥하고 책상에 빠져든다. 모든 의식은 인식이 아니다(예컨대 정동에 대한 의식이 있다). 하지만 인식하는 모든 의식은 자기의 대상에 대한 인식일 수 있을 뿐이다.

그렇지만 인식하는 의식이 그 대상에 대한 인식이기 위한 필요충분조건은, 이 의식이 그 인식이면서도 그 자신에 대한 의식이기도 한 것이다. 이것은 필요조건이다. 만일 나의 의식이 책상에 대한 의식인 것에 대한 의식이 아니라면, 그 결과 나의 의식은 이 존재에 대한 의식 없이 이 책상에 대한 의식이 되거나, 또는 이렇게 말한다면, 자기를 모르는 의식, 즉 무의식적인 의식 —— 이는 부조리하다 —— 이 될 것

---

22 후설은 의식 상태를 '지향(Intention)'과 '충족(Erfüllung)'으로 나누기도 한다. 예컨대 길을 가는데, 저기 맞은편에서 다가오는 한 사람을 보고 영화배우 송강호인 것 같은데 하는 의식 상태는 지향 상태이고, 드디어 가까이 다가와 확실하게 송강호가 맞네 하는 의식 상태는 충족 상태이다. 그러니까 지향 상태에 처한 의식은 항상 그 자신이 아닌 다른 대상을 향해 있다.

이기 때문이다. 또 이것은 충분조건이다. 내가 이 책상에 대한 의식을 실제로 갖기 위해서는 내가 이 책상에 대한 의식을 가지고 있다는 의식을 갖는 것으로 충분하기 때문이다. 분명 이 필요충분조건만으로는 이 책상이 그 자체로(en soi) 현존한다고 내가 단언할 수 있기에는 충분하지 않다. 하지만 내가 이 책상이 나에 대해(pour moi) 현존한다는 사실을 단언하는 데는 충분하다.

의식에 대한 이 의식은 무엇인가? 우리는 인식이 우위를 차지한다는 착각에 상당한 정도로 사로잡혀 있다. 그만큼 우리는 의식의 의식을 스피노자의 방식으로 관념의 관념(idea ideae), 즉 인식에 대한 인식으로 곧바로 만들 준비를 하고 있다. 알랭[23]은 "안다는 것, 그것은 안다는 것에 대한 의식을 갖는 것이다."라는 사실을 분명히 보여 주기 위해 다음과 같이 해석했다. "안다는 것, 그것은 자신이 알고 있다는 사실을 아는 것이다." 이렇게 해서 우리는 반성(réflexion)이나 또는 의식에 대한 정립적 의식, 또는 기껏해야 의식에 대한 인식을 규정할 것이다. 이것은 의식이 아닌 어떤 것, 즉 반성된 의식을 향한 완전한 의식일 것이다. 그러므로 이 의식은 그 자신을 초월하게 될 것이고, 세계에 대한 정립적 의식으로서 자신의 대상을 겨냥하는 데 전력을 다하게 될 것이다. 다만 이 대상은 그 자체가 하나의 의식일 것이다.

우리는 '의식에 대한 의식'에 대한 이러한 해석을 받아들일 수는 없을 것 같다. 사실상 의식을 인식으로 환원하는 것에는 인식의 특징인 주관-대상의 이원성을 의식 속에 도입하는 것이 함축되어 있다. 하지만 만일 우리가 인식하는 자-인식되는 것(connaissant-connu)

---

23 알랭(Alain, 1868~1951)의 본명은 에밀 오귀스트 샤르티에(Émile-Auguste Chartier)이다. 프랑스의 합리주의 철학자, 저널리스트, 에세이스트로, 특히 아롱(Aron) 세대에 속한 철학자들에게 큰 영향을 주었다.

이라는 이중성의 법칙(la loi du couple)을 받아들인다면, 인식하는 자가 이번에는 인식되는 것이 되기 위해서는 제3의 항이 필요하다. 그리고 우리는 다음과 같은 딜레마에 처하게 될 것이다. 한편, 인식된 것(connu)-인식된 인식하는 자(connaissant connu)-인식하는 자에 대해 인식된 인식하는 자(connaissant connu du connaissant) 등으로 이어지는 연쇄로 나타나는 어떤 항에서 멈추게 된다. 이때 현상의 총체성이 인식되지 않는 것 속으로 빠져 버리고 만다. 다시 말해 우리는 [반성하는] 자기와 최종 항을 의식하지 못하는 반성에 부딪친다. 다른 한편, 우리는 무한 퇴행(관념에 대한 관념에 대한 관념 등)의 필연성을 긍정하게 될 것이다. 그런데 이는 부조리하다. 이렇게 해서 인식을 존재론적으로 정초하려는 필요는 여기에서 새로운 필요, 즉 인식을 인식론적으로 정초하려는 필요와 겹친다. 의식 속에 이중성의 법칙을 반드시 도입해야 하는 것은 아니지 않은가? 자기에 대한 의식은 이중적이지 않다. 만일 우리가 무한 퇴행에서 벗어나기를 원한다면, 자기에 대한 의식은 직접적인 관계이어야 할 것이고, 또 자기로부터 자기로의 인식적인 관계가 아니어야 할 것이다.

게다가 반성적 의식(conscience réflexive)은 반성된 의식(conscience réfléchie)을 자기의 대상으로 정립한다. 반성 행위에서 나는 [나의] 반성된 의식에 대해 다양한 판단을 내린다. 예컨대 나는 [나의] 반성된 의식을 부끄럽게 여기거나 자랑스럽게 여기기도 하고, 또 원하거나 거부하기도 한다 등. 내가 지각할 때 가지는 직접적인 의식은, 내가 [그것에 대해] 판단하거나 원하거나 부끄러워하는 것을 허용하지 않는다. 직접적인 의식은 나의 지각을 인식하지도 않고, 나의 지각을 정립하지도 않는다. 나의 현행적인 의식에 지향적으로 존재하는 모든 것은 바깥을 향해 있고, 세계를 향해 있다. 반면 나의 지각의 자발적인 의식은 나의 지각적인[지각하는] 의식에 있어 구성적이다. 달리 말하면 대상에 대한 모든 정립적 의식(conscience positionnelle)은 동시에 의식 그 자신에 대해 비정립적 의식(conscience non positionnelle)이다.[24] 내가 이 담뱃갑에 들어 있는 담배가 몇 개피인가를 센다면, 나는 이 일군의 담배 개피가 갖는 객관적인 속성, 예컨대 그것이 열두 개라는 객관적인 속성이 드러나는 인상을 가질 것이다. 이 속성은 나의 의식에 대해 세계 속에 현존하는 속성으로 나타난다. 나는 담배 개피를 세는 것에 그 어떤 정립적 의식도 갖지 않을 수 있다. 나는 "세

---

24 사르트르는 의식이 외부에 있는 존재와 관계를 맺으면서 취하는 태도로 다음 세 가지를 제시한다. '정립적(定立的, positionnel)', '조정적(措定的, thétique)', '주제적(主題的; thématique)'이 그것이다. 이 세 가지 태도는 의식의 '자기성의 회로(circuit de l'ipséité)'와 밀접하게 연결되어 있다. 사르트르에 따르면, 즉자의 방식으로 존재하는 사물 존재는 '동일성(identité)'의 원리에 지배를 받는다. 반면, 대자의 방식으로 존재하는 인간 존재의 의식은 '자기성의 회로'를 완성시켜 그 자신에게 결여되어 있는 '자기(soi)'를 확보하려고 한다. 물론 사르트르는 이 회로가 결코 완성되지 못한다고 보고 있다. 그렇기 때문에 인간은 '무용한 정열(passion inutile)'로 여겨진다. 하지만 이 회로를 완성시키려는 과정이 바로 의식의 여정, 곧 인간 실존의 여정이다. 어쨌든 그 과정에서 의식은 외부에 있는 존재와 자기 자신과 존재 관계를 맺게 된다. 이때 의식은 이 존재와 관계를 맺으며 세 가지 태도를 취한다. '정립적', '조정적', '주제적' 태도이다. '정립적'은 '정립하다'의 의미를 가진 동사 'poser'에서 파생된 것으로, 의식이 외부에 있는 존재를 향해 자기 자신을 폭발하면서 이 존재를 정립하고, 그것과 대면한다는 의미이다. 여기에서는 의식의 자발성, 순간성, 현존성이 강하게 드러난다. '조정적'은 이렇게 의식이 정립하고 대면하고 있는 존재를 하나의 존재자로 규정한다는 의미이다. '조정적' 태도에서는 의식과 존재 사이의 관계의 유지, 지탱이 강조된다. 그리고 이때 의식은 자기 자신과는 '비정립적(non-positionnel)', '비조정적(non-thétique)' 관계를 맺고 있다는 사실을 잊지 말자. '주제적'은 의식이 외부 존재에 대해 등을 돌리고 자기 자신에게로 돌아와 자기 자신과 인식론적 관계를 맺으면서 주관과 객관의 위상을 갖는 태도를 의미한다. 그리고 이 세 가지 태도는 뒤에서 다뤄지는 '순수 반성(réflexion pure)'과 '불순 또는 공모적 반성(réflexion impure ou complice)'과도 밀접하게 관련되어 있다. 사르트르에 따르면, 의식이 외부 존재로부터 등을 돌려 자기 자신을 정면으로 바라보는 경우에 '불순 반성 또는 공모적 반성'이 이루어진다. 또한 의식이 정면으로 존재를 대면하면서 정립하고 있음과 동시에 자기 자신을 측면적으로(latéralement) 바라보면서 대면하는 경우에 '순수 반성'이 이루어진다. 여기에 더해 다음과 같은 경우도 가능할 것이다. 즉 의식이 존재에게로 폭발하여 그것에 몰입해 하나가 되고, 이로 인해 자기 자신에게로 돌아올 가능성을 상실한 경우가 그것이다. 이 경우는 정신병자나 정신 나간 상태 또는 얼빠진 상태에 있는 사람에게 해당할 것이다. 사르트르는 뒤에서 '순수 반성'과 '불순 반성'에 대해서 '시간성' 개념과 더불어 자세히 다루고 있다.

고 있는" 나를 "인식하지" 않는다. 그 증거로 저절로 덧셈을 할 수 있게 된 아이들은 자신들이 어떻게 그것을 할 수 있게 되었는지를 설명하지 못한다는 사실을 들 수 있다. 이것을 증명한 피아제[25]의 실험은 알랭의 안다는 것은 자신이 안다는 것을 아는 것이라는 명제에 대한 탁월한 반박이다. 하지만 담배 개피가 나에게 열두 개로 드러나는 순간, 나는 덧셈을 하는 나의 활동에 대해 비조정적 의식(conscience non-thétique)을 갖는다. 사실 만일 누군가 나에게 "당신 거기서 뭘 하는 거요?" 하고 묻는다면, 나는 곧장 "나는 세고 있소."라고 대답할 것이다. 그리고 나의 대답은 내가 반성에 의해 도달할 수 있는 순간적 의식을 겨냥할 뿐만 아니라, 또한 반성되지 않고 지나간 의식, 즉 방금 지나간 나의 과거 속에서 반성되지 않은 채로 계속 있었던 의식을 겨냥한다. 이렇듯 반성된 의식에 대해 반성이 갖는 그 어떤 종류의 우위도 없다. 반성이, 반성된 의식을 그 자신에 대해 드러내 보이는 것이 아니다. 그와 정반대로 반성을 가능케 하는 것은 비반성적(non-réflexive) 의식이다. 데카르트적인 코기토의 조건인 전(前) 반성적(préréflexif) 코기토가 있다. 이와 동시에 덧셈을 하는 나의 활동에 대한 조건 자체는 셈을 하는 [나의] 비정립적 의식이다. 그렇지 않다면, 덧셈이 어떻게 나의 의식을 통일하는 주제가 되겠는가? 이 주제가 일련의 통일과 재인식의 모든 종합을 주재하기 위해서는, 이 주제가 하나의 사물로서가 아니라 작용하는 지향으로서 그 자체에게 현전해야 할 것이다. 하이데거의 표현을 빌리면, 이런 지향은 "드러내 보이면서-드러내 보여진(révélante-révélée)" 것으로만 존재할 수 있다. 이렇

---

25 장 피아제(Jean Piaget, 1896~1980)는 스위스의 철학자, 자연과학자, 발달심리학자이다. 발달 단계 이론의 어린이의 학습 및 교육에 관한 연구인 인지 발달 이론과 발생적 인식론을 연구했으며, 구성주의 인식론의 선구자로 알려져 있다.

듯 [담배 개피를] 세기 위해서는 세는 의식을 가져야만 한다.

사람들은 물론 여기에 순환이 있다고 말할 것이다. 왜냐하면 내가 셈을 하는 것에 대해 의식을 가지려면 실제로 내가 세야만 하지 않겠는가? 사실이다. 하지만 순환은 없다. 또는 이렇게 말하자면, "순환적으로" 존재하는 것이 의식의 본성 자체이다. 이는 모든 의식적인 존재(existence)는 존재하는 것에 대한 의식으로 존재한다는 말로 표현할 수 있다. 이제 우리는 의식에 대한 최초의 의식이 왜 정립적이지 않은가를 이해할 수 있다. 그것은 의식에 대한 최초의 의식은 그것이 의식하는 의식과 하나를 이룰 뿐이기 때문이다. 의식에 대한 최초의 의식은 지각에 대한 의식이자 지각으로 단번에 규정된다. 문장 구성의 필요에 따라 지금까지 우리는 "자기에 대한 비정립적 의식(conscience non positionnelle de soi)"에 대해 말하지 않으면 안 된다. 하지만 이 표현에 들어 있는 "자기에 대한"이 여전히 인식적인 관념을 일깨우기 때문에, 우리는 이 표현을 더 이상 사용할 수 없다. (앞으로 우리는 "……에 대한"이라는 말을 괄호 안에 넣을 것이다. 이것은 단순히 이 "……에 대한"이 문법상의 구속에 부응할 뿐임을 지적하기 위함이다.)

우리는 자기(에 대한) 이 의식을 새로운 의식으로 간주해서는 안 되고, 무엇인가에 대한 의식에 대해 유일하게 가능한 존재 방식으로 간주해야 한다. 연장(延長)을 지닌 한 대상이 세 개의 차원에 따라 존재하지 않으면 안 되는 것과 마찬가지로, 하나의 의도, 하나의 쾌락, 하나의 고통은 그 자신(에 대한) 직접적인 의식으로서만 존재할 수 있을 것이다. 의도의 존재는 의식일 수밖에 없을 것이다. 그렇지 않으면 의도는 의식 속에 있는 사물이 될 것이다. 따라서 여기에서는 어떤 외부의 원인(유기체적인 장애, 무의식적인 충동, 다른 어떤 "체험(Erlebnis)")이 심적 사건 — 예컨대 쾌락 — 을 산출하게끔 결정한다고 이해해서는 안 된다. 또 다른 한편으로 그 물질적 구조에서 결정된 이 사건이 자기(에 대한) 의식으로서 산출되게끔 강압할 것이라고 이해해서도 안 된다. 그렇게 이해하는 것은 비조정적 의식을 정립적 의식의 한 성질(지각, 즉 이 책상에 대한 정립적 의식이 그 위에 자기(에 대한) 의식의 성질을 가질 것이라는 의미에서)이 되게끔 하는 것이고, 따라서 인식의 이론적 우위라는 착각에 다시 빠지게 될 것이다. 이외에도 그렇게 이해하는 것은 심적 사건을 하나의 사물로 만들고, 예를 들어 내가 이 압지에 장밋빛의 성질을 부여할 수 있는 것과 같이 심적 사건에 의식적이라는 성질을 부여하는 것이 될 것이다. 쾌락은 ── 논리적으로조차 ── 쾌락에 대한 의식과 구분되지 않는다. 쾌락(에 대한) 의식은 쾌락에 있어 구성적이지만, 그것은 쾌락의 존재 방식 자체로서, 또 쾌락을 성립시키는 질료로서이지, 어떤 쾌락적인 질료에 나중에 부과되는 하나의 형식으로서가 아니다. 쾌락은 ── 심지어 가능성이나 잠재성의 형태라 할지라도 ── 쾌락에 대한 의식에 "앞서서" 존재할 수는 없다. 가능태적인 쾌락은 가능태적인 존재(에 대한) 의식으로서만 존재할 수 있을 뿐이다. 의식의 잠재태들은 잠재태들에 대한 의식으로서만 존재할 뿐이다.

이와는 반대로 방금 본 바와 같이, 내가 쾌락에 대해 갖는 의식에 의해 쾌락을 규정하는 것을 피해야 한다. 그렇게 정의하면 여러 우회로를 거쳐 우리를 다시 인식의 우월성으로 되돌려 보내는 의식의 관념론에 빠지게 될 것이다. 쾌락은, 자기(에 대해) 갖는 의식의 배후로 사라지면 안 된다. 쾌락은 표상이 아니다. 쾌락은 구체적이고 충만하고 절대적인 하나의 사건이다. 쾌락이 자기(에 대한) 의식의 하나의 성질이 아닌 것은 자기(에 대한) 의식이 [쾌락의] 하나의 성질이 아닌 것과 같다. 먼저 의식이 있고, 그다음에 마치 물을 색으로 물들일 때처

럼 "쾌락"의 감응(affection)을 받아들이는 것이 아닌 것은, 먼저 (무의
식적이든 심리학적이든) 쾌락이 있고, 그다음에 의식적이라는 성질을,
마치 한 다발의 빛을 받아들이는 것처럼 받아들이는 것이 아닌 것과
같다. 분할할 수도, 분해할 수도 없는 하나의 존재 ── 자기의 성질을
더 열등한 존재로서 지탱하는 하나의 실체가 아니고, 전적으로 현존
(existence)인 하나의 존재가 있다. 쾌락은 자기(에 대한) 의식의 존재
이고, 자기(에 대한) 의식은 쾌락의 존재 법칙이다. 이것을 하이데거는
잘 표현했다. 그는 (사실은 의식이 아니라 "현존재(Dasein)"에 대해 말한 것
이지만) 이렇게 썼다. "이 존재자의 '어떻게'(본질(essentia))는 그것에 대
해 말하는 것이 일반적으로 가능한 한에서, 그 존재(existentia)로부
터 이해되어야 한다." 하이데거의 이 말은, 의식이 추상적인 가능성을
띤 개별적인 표본으로서 생성되는 것이 아니라, 존재의 한복판에서
솟구치면서 그 본질, 즉 자신이 [전개될] 가능성의 종합적 배치를 창
조하고 유지한다는 의미이다.

하이데거의 말은 또한 의식의 존재 유형은 존재론적인 증명에 의
해 우리에게 드러나는 것과는 반대임을 의미한다. 의식은 존재하기
이전에 가능하지 않으며, 오히려 의식의 존재가 모든 가능성의 원천이
자 조건이기 때문에, 의식의 존재에 의식의 본질이 내포되어 있다. 후
설은 이것을 의식이 지닌 "사실의 필연성"이라고 말하면서 적절히 표
현하고 있다. 쾌락의 본질이 있기 위해서는 먼저 이 쾌락(에 대한) 의식
의 사실이 있어야 한다. 그리고 그 분절된 총체가 의식의 본질을 구성
하리라 여겨지는 이른바 의식의 법칙들을 소환하고자 해도 헛일이다.
하나의 법칙은 인식의 초월적인 대상이다. 그리고 법칙에 대한 의식
은 있을 수 있지만, 의식의 법칙은 있을 수 없다. 같은 이유로 하나의
의식에 그 자신 외의 다른 동기를 부여하는 것은 불가능하다. 그렇지

않으면 의식은 하나의 결과가 될 것이고, 그런 한에서 자기(에 대한) 의식이 아니라고 생각해야 할 것이다. 그리고 경우에 따라 의식은 존재(에 대한) 의식이 아니라고 생각해야 할 것이다. 우리는 의식을 반(半)-무의식적이거나 또는 하나의 수동성으로 만드는 착각에 너무나도 쉽게 빠지게 될 것이다. 하지만 의식은 전적으로 의식이다. 그만큼 의식은 그 자신에 의해서만 제한될 수 있을 뿐이다.

의식 자체에 의한 이런 한정(détermination)을 하나의 발생이나 하나의 생성으로 생각해서는 안 된다. 왜냐하면 그 경우에 의식은 그 자체의 존재에 앞서는 것이라고 전제할 수밖에 없을 것이기 때문이다. 이런 [의식의] 자기의 창조를 [의식이 행하는] 하나의 행위로 생각해서도 안 된다. 그렇지 않으면 사실상 의식은 행위로서의 자기(에 대한) 의식이어야 할 텐데, 이런 의식은 존재하지 않는다. 의식은 하나의 충만한 존재이며, [의식에서] 자기에 의한 자기의 한정은 하나의 본질적인 특징을 이룬다. "자기원인(cause de soi)"이라는 표현을 남용하지 않는 것 또한 신중한 일일 것이다. 그것은 일종의 전진, 즉 자기원인과 자기 결과의 관계를 전제하게끔 하기 때문이다. 아주 간단하게 의식은 자기에 의해(par soi) 존재한다고 말하는 것이 보다 더 정당할 것이다. 그렇다고 해서 이것을 의식이 "무(無)에서 자신을 끌어낸다."라고 이해해서는 안 된다. 의식 이전에 "의식의 무(néant de conscience)"가 존재할 수는 없을 것이다. 의식 "이전에" 어떤 존재의 충만(un plein d'être)을 생각할 수 있을 뿐이다. 이 존재 충만에 속한 어떤 요소도 부재하는 의식을 가리킬 수는 없다. 의식의 무가 존재하기 위해서는, 전에는 존재했지만 이제는 더 이상 존재하지 않는 하나의 의식이 있어야 하고, 또 최초의 의식의 무를 재인(再認)의 종합으로 내세우는 증인으로서의 의식이 있어야 한다. 의식은 무에 앞서 있고, 또 존재로부터 "자기를 끌어낸다."[26]

　사람들은 아마도 이런 결론들을 받아들이는 데 다소 어려움을 느낄 것이다. 하지만 만일 이 결론들을 더 잘 바라본다면, 그것들은 완전히 명확하게 드러날 것이다. 역설적인 것은, 자기에 의한 존재들이 있다는 사실이 아니라, 자기에 의한 존재들만 있는 것이 아니라는 사실이다. 진정 생각할 수 없는 것은 수동적인 존재, 다시 말해 자기를 산출할 힘도 자기를 보존할 힘도 없이 존속하는 하나의 존재이다. 이런 관점에서는 타성의 원리보다 인지 불가능한 것도 없다. 그리고 사실, 만일 의식이 무엇인가로부터 "올" 수 있다면, 과연 이 의식은 어디로부터 "오는" 것일까? 무의식적인 것 또는 생리적인 것의 주변 어디로부터일까? 하지만 만일 그 주변들은 어떻게 존재할 수 있으며 또 어디로부터 그 존재를 끌어오는가를 자문한다면, 우리는 수동적 존재라는 개념으로 되돌아와 있을 것이다. 다시 말해 우리는 자기의 존재를 자기 자신으로부터 끌어내지 않는 비의식적 소여들이 어떻게 자기의 존재를 존속하면서 여전히 하나의 의식을 산출하는 힘을 발견할 수 있는지를 절대적으로 이해할 수 없을 것이다. 이것은 "세계의 우연성(a contingentia mundi)"에 의한 증명[27]이 그처럼 큰 인기를 구가한 것을 보아도 충분히 알 수 있다.

　이렇듯 인식의 우위를 포기함으로써 우리는 인식하는 자의 존재(l'être du connaissant)를 발견하고 또 절대자를 만났다. 바로 17

26　이것은 결코 의식이 자신의 존재를 토대로 존재함을 의미하지 않는다. 반대로, 나중에 살펴보겠지만, 의식 존재의 완전한 우연성이 있다. 여기에서 우리는 단지 다음과 같은 사실을 지적하고자 한다. (1) **그 어떤 것도** 의식의 원인이 아니라는 사실, (2) 의식은 자신이 지니는 고유한 존재 방식의 원인이라는 사실이 그것이다. — 원주.

27　지상에서 발생하는 사건이 지닌 우연성 배후에는 신의 섭리가 있다는 의미에서, 신의 존재를 증명하는 논법을 말한다.

세기 합리주의자들이 논리적으로 인식 대상으로 규정하고 또 구성한 바로 그 절대자이나. 하지만 여기에서 정작 문제가 되는 것은 인식의 절대자가 아니라 존재의 절대자이므로, 인식된 절대자는 더 이상 절대자가 아니라는 그 유명한 반박에서 벗어난다. 왜냐하면 절대자가 그것을 파악한 인식에 상대적이기 때문이다. 사실, 여기에서 절대자는 인식 영역 위에서 논리적으로 구성된 결과가 아니라 가장 구체적인 경험의 주체이다. 그리고 이 절대자는 경험[의 주체]이기 때문에 이 경험에 결코 상대적이지 않다. 또 이 절대자는 비실체적인(non-substantiel) 절대자이다. 데카르트적인 합리주의의 존재론적 오류는, 만일 절대자가 본질에 대한 존재의 우위에 의해 규정된다면, 절대자가 하나의 실체로서 파악되리라는 것을 보지 못했다는 데 있다. 의식은 실체적인 그 어떤 것도 가지고 있지 않다. 의식은 나타나는 한에서만 존재한다는 의미에서 하나의 순수한 "외현"이다. 하지만 의식이 절대자로서 고려할 수 있는 것은, 의식이 순수한 외현이기 때문이고, 이 의식이 (세계 전체가 의식 밖에 있으므로) 전적인 공허(vide)이기 때문이며, 또 의식에서는 외현과 존재가 동일하기 때문이다.

IV. "지각된 것"의 존재

우리의 탐구가 결말에 이른 것 같다. 우리는 사물을 그것의 외현들이 연결되어 이루는 전체로 환원했다. 그러고 나서 그 외현들이 그 자체로 외현이 아닌 한 존재를 요구한다는 사실을 확인했다. "지각된 것"은 우리에게 "지각하는 자"를 가리켰다. 또한 이 지각하는 자의 존재는 우리에게 의식으로서 그 자신을 드러내 보였다. 이렇게 해서 우리는 인식의 존재론적인 토대에 도달하게 되었다. 즉 우리는 모든 다른 외현이 그것에 대해 나타나는 제1의 존재이고, 모든 현상이 그것에 대해 상대적인 절대자에까지 이르렀다고 할 수 있다. 이런 토대는 용어의 칸트적 의미에서의 주관(sujet)이 아니라, 주관성(subjectivité) 그 자체이며, 자기의 자기에 대한 내재성이다. 이제 우리는 관념론에서 벗어났다. 관념론에서는 존재가 인식에 의해 측정된다. 그로 인해 관념론은 이원론에 종속된다. 인식된 것(connu)만이 있을 뿐이고, 문제가 되는 것은 사유 자체이다. 사고는 그 자체의 산물들(produits)에 의해서만 나타날 뿐이다. 다시 말해 우리는 사유를 이루어진 사유들의 의미(singnification)로서만 파악할 뿐이다. 그리고 사유를 탐구하는 철학자는 [사유에 의해] 구성된 학문을 탐문하고, 거기에서 그런 학문의 가능성의 조건으로서 사유를 도출해 낼 수밖에 없다. 그 반대로 우리는 인식에서 벗어나 있으면서 인식의 토대가 되는 하나의 존재를 파악했다. 그것은 표상으로서 또는 표현된 사유의 의미작용으로서 주어지는 것이 결코 아니라, 그것이 존재하는 한에서 직접적으로 파악된다. 그리고 이 파악하는 방식은 하나의 인식 현상이 아니고 존재의 구조이다. 지금 우리는 후설 현상학 영역에 있다. 설사 후설이 그의 제1 직관에 항상 충실한 것은 아니었다고 해도 그렇다. [그렇다면] 우리는 만족하는가? 우리는 하나의 초현상적인 존재를 만났다. 하지만 이 존재가 존재의 현상을 가리키는 존재인가? 이 존재가 현상의 존재인가? 달리 말해 의식의 존재는 외현으로서 외현의 존재를 떠받치는 토대로서 충분한가? 우리는 현상에서 그 존재를 박탈해서 의식에게 부여했다. 그리고 우리는 그다음에 의식이 현상에게 그 존재를 돌려줄 것이라고 기대했다. 과연 의식이 그렇게 할 수 있을까? 바로 이것이 지각된 것의 존재론적 요구들을 검토함으로써 우리가 배울 내용이다.

우선 사물이 지각된 한에서, 지각된 사물의 존재가 있다는 점에 유의하자. 비록 내가 이 책상을 주관적 인상들의 하나의 종합으로 환원하고자 해도, 적어도 이 책상은 그 종합을 관통해 책상으로서(en tant que table) 그 자신을 드러내 보인다는 것, 이 책상은 종합에 대해 초월적인 한계이자 근거이고 목표라는 사실을 지적할 필요가 있다. 이 책상은 인식 앞에 있고, 우리가 그에 대해 갖는 인식과 동일시할 수는 없다. 그렇지 않으면 이 책상은 의식, 즉 단순한 내재성이 되어 책상으로서(comme table) 사라지고 말 것이다. 같은 이유로 비록 이 책상을, 책상이 그것을 통해 파악되는 주관적인 인상을 종합해 분리하는 것은 단순한 이성의 구별에 의한 것이라고 해도, 적어도 이 책상이 이 종합일 수는 없다. 그것은 이 책상을 연결하는 종합 활동으로 환원하는 것이 될 것이다. 따라서 인식된 것이 인식에 흡수될 수 없는 한, 인식된 것에 대해 하나의 존재(un être)를 인정해야 한다. 사람들은 이 존재가 바로 지각된 것이라고 말한다. 무엇보다 먼저 책상이 표상들의 연결로 환원되지 않는다는 것과 마찬가지로 지각된 것의 존재가 지각하는 자의 존재로 — 즉 의식으로 — 환원될 수 없음을 인정하자. 기껏해야 지각된 것의 존재는 지각하는 존재에 상대적이라고 말할 수 있을 뿐이다. 하지만 이 상대성이 지각된 것의 존재를 검토하지 않아도 되는 것으로, 면제해 주지는 않는다.

그런데 지각된 것의 양상은 수동적이다. 따라서 만일 현상의 존재가 그것의 지각됨(son percipi)에 머문다면, 이 현상의 존재는 수동성이다. 존재하는 것(l'esse)이 지각된 것(percipi)으로 환원되는 한, 상대성과 수동성은 존재의 특징적인 구조가 될 것이다. 수동성은 무엇인가? 나는 내가 그 기원이 아닌 — 다시 말해 그 근거도 아니고 그 창조자도 아닌 ── 하나의 변양(變樣, modification)을 받을 때, 나는 수동적이다. 이렇듯 나의 존재는 내가 그 근원이 아닌 하나의 존재 방식을 감내하고 있다. 다만 이 존재 방식을 감내하기 위해 나는 존재해야 한다. 그리고 그로 인해 나의 존재는 항상 수동성의 저쪽에 자리 잡는다. 예컨대 "수동적으로 감내한다"는 것은 "단호히 거절한다"와 마찬가지로 내가 취하는 하나의 태도이자 나의 자유를 개입시키는 하나의 태도이다. 만일 내가 언제까지나 "모욕당한-자"로 있어야 한다면, 나는 나의 존재에서 꾸준히 참고 견뎌야 한다. 다시 말해 나는 나 스스로 존재로부터 영향을 받아야 한다. 하지만 바로 그 때문에 나는 말하자면 내 쪽에서 나의 모욕을 다시 떠맡아 그것을 내가 받아들이고, 나는 그것에 대해 수동적이길 그친다. 그로부터 다음과 같은 양자택일이 기인한다. 내가 나의 존재에 있어 수동적이지 않고, 그래서 설사 내가 처음에는 나의 감정의 기원이 아니었다 할지라도 내가 나의 감정에 대한 토대가 되거나, ── 그렇지 않으면 내가 나의 존재에 있어서까지 수동성의 영향을 받고, 나의 존재가 하나의 수용된 존재가 되고, 그래서 모든 것이 무로 떨어지든가, 둘 중 하나이다. 이렇듯 수동성은 이중의 의미에서 상대적인 현상이다. 작용을 가하는 자의 능동성(activité)에 대해 상대적이고, 작용을 당하는 자의 존재에 대해 상대적이다. 거기에는 수동성이 수동적인 존재자의 존재 자체와도 관계할 수 없다는 사실이 함축되어 있다. 수동성은 하나의 존재와 다른 하나의 존재 간의 관계이지, 하나의 존재와 하나의 무의 관계가 아니다. 존재에 있어서 지각하는 것(지각함, le percipere)[의 존재]가 지각된 것(지각됨, le perceptum)[의 존재]에 영향을 미치는(affecté) 것은 불가능하다. 왜냐하면 영향을 받기 위해서는 지각된 것이 어떤 방식으로든 이미 주어져 있어야 하고, 따라서 [지각하는 자에 의해] 지각된 것이 존재를 받기 전에 이미 존재해야 하기 때문이다. [존재 차원의 수동성과 관련해] 하나의 창조를 생각해 볼 수 있다. [하지만] 그것은 창조된 존재가 자기를 되찾고, 창조자의 손을 떠나 즉각 자기 위에 자기를 가두고, 자기의 존재를 자기가 떠맡는다는 조건에서 가능하다. 한 권의 책이 그 저자에 반하여(contre) 존재하는 것은 바로 이런 의미에서이다. 하지만 만일 창조의 행위가 무한정 계속되어야 한다면, 만일 창조된 존재가 그 가장 세밀한 부분에 이르기까지 지탱된다면, 만일 창조된 존재가 그 자신의 어떤 독립성도 갖지 않는다면, 만일 창조된 존재가 그 자신에게 있어서는 무에 지나지 않는다면, 그때 창조된 것은 그의 창조자와 전혀 구분되지 않을 것이고, 창조자 속에 흡수되고 말 것이다. [그렇게 되면] 우리는 거짓된 초월성을 문제 삼게 될 것이고, 창조자는 자신의 주관성에서 벗어난다는 착각을 가질 수조차 없을 것이다.[28]

게다가 당하는 자의 수동성은 행하는 자에게서도 똑같은 수동성을 요구한다. 작용과 반작용의 원칙이 표현하는 바가 바로 이것이다. 우리의 손이 부서지고 조이고 잘릴 수 있는 것은 누군가 우리의 손을 부수고 조이고 자를 수 있기 때문이다. 지각과 인식에 할당할 수 있는 수동성의 부분은 무엇인가? 지각과 인식은 완전히 능동성이고 완전히 자발성이다. 의식이 어느 것에도 작용을 가할 수 없는 것은 바로 의식이 순수한 자발성이기 때문이고, 또 그 어떤 것도 의식을 갉아먹을 수 없기 때문이다. 따라서 "존재함은 지각됨이다."라는 명제는 의식, 즉 그 어느 것에도 작용을 가할 수 없는 순수한 자발성이 그 자신의 존재의 무(son néant d'être)를 자기 속에서 보존하면서 초월적인 무

---

28 이런 이유로 실체에 대한 데카르트의 이론은 스피노자 철학에서 그 논리적인 완성을 구하게 된다.—원주.

(un néant transcendant)에 존재를 부여한다는, 그 부조리함을 요구하는 셈이다. 이 요구는 부조리하다. 후설은 노에시스에 수동성을 도입함으로써 논박을 피하려 했다. 그것은 체험의 질료(hylé) 또는 체험의 순수한 흐름과 수동적 종합들의 자료(matière)이다. 하지만 후설은 결국 우리가 언급한 난점에 또 하나의 난점을 더했을 뿐이다. 결과적으로 후설은 우리가 방금 불가능하다는 것을 보여 주었던 중립적인 소여들을 다시 끌어들인 셈이다. 그 중립적인 소여들이 의식의 "내용"이 아닌 것은 분명하다. 하지만 그 때문에 그것들은 더욱 이해되지 않을 뿐이다. 사실 질료는 의식에 속할 수 없을 것이다. 그렇지 않다면, 질료는 반투명 속으로 사라질 것이고, 대상을 향해 극복되어야 하는 인상들로 되어 있는 저항적인 기반을 제공할 수 없을 것이다. 하지만 만일 질료가 의식에 속하지 않는다면, 그것은 그 존재와 불투명성을 어디에서 끌어올 것인가? 어떻게 질료는 사물의 불투명한 저항과 사유의 주관성을 한꺼번에 간직할 수 있는가? 질료의 존재(esse)가 지각된 것으로부터 질료에게 올 수는 없다. 왜냐하면 질료 자체는 지각되지도 않고, 또 의식은 대상을 향해 질료를 초월하기 때문이다. 하지만 만일 질료가 그 존재를 의식에서만 끌어온다면, 우리는 의식과 의식에서 독립된 존재자들과의 관계에 대한 해결할 수 없는 어려운 문제에 부딪치게 된다. 그리고 설사 노에시스의 질료층이 있다는 후설의 주장에 동의한다고 할지라도, 의식이 어떻게 주관적인 것을 초월해 대상성을 향해 갈 수 있는가를 알지 못할 것이다. 후설은 질료에 사물의 성격과 의식의 성격을 부여함으로써 의식에서 사물로 이행하는 것을 용이하게 한다고 생각했다. 하지만 그는 의식이 거부하고 또 세계의 일부를 이루지도 못하는 잡종적 존재(un être hybride)를 창조한 데에 그치고 말았다.

하지만 우리가 앞에서 이미 살펴본 것처럼, 지각됨에는 지각된 것의 존재 법칙이 상대성이라는 사실이 함축되어 있다. 인식된 것의 존재가 인식에 상대적이라고 생각할 수 있겠는가? 하나의 존재자에게 있어 존재의 상대성이란, 이 존재자가 그 존재를 자기 자신과는 다른 사물 속에, 다시 말해 자신이 아닌 어떤 존재자 속에 갖는다는 것 외에 무엇을 의미하겠는가? 한 존재(un être)가 자기에 대해 외적이라는 것은, 만일 이를 통해 그 존재가 [곧] 자기 고유의 외부성임을 뜻하는 것으로 이해한다면, 생각할 수 없는 것이 아님은 분명하다. 하지만 여기에서는 그렇지 않다. 지각된 존재는 의식 바로 앞에 있다. 의식은 지각된 존재에 도달할 수 없으며, 지각된 존재는 의식 속에 들어갈 수 없다. 그리고 지각된 존재가 의식으로부터 차단되어 있으므로, 지각된 존재는 의식 자신의 존재로부터도 차단된 채 존재한다. 후설과 같은 방식으로 지각된 존재를 비실재적인 것(un irréel)으로 만든다 해도 아무런 소용이 없을 것이다. 비록 비실재적인 것의 자격으로라도 지각되는 존재는 반드시 존재해야 한다.

이렇듯 존재 방식에 관련할 수 있는 상대성과 수동성이라는 두 규정은 그 어떤 경우에도 존재에 적용할 수 없을 것이다. 현상의 존재(esse)가 그 지각됨(percipi)일 수는 없다. 의식의 초현상적인 존재는 현상의 초현상적인 존재에 대해 기초가 될 수 없을 것이다. 우리는 현상론자들(phénoménistes)의 오류를 본다. 현상론자들이 대상을 그 현출들의 연결된 연쇄로 환원한 것은 옳았다. 하지만 그렇게 함으로써 그들은 대상의 존재를 대상의 존재 방식들의 계기(繼起, succession)로 환원했다고 믿었다. 그리고 그로 인해 그들은 대상의 존재를 그 존재 방식들 외에는 적용할 수 없는 개념들을 가지고 설명한 것이다. 왜냐하면 그런 개념들은 이미 존재하고 있는 많은 존재 사이의 여러 관계를 나타내는 것이기 때문이다.

V. 존재론적 증명

사람들은 존재에 그 몫을 주지 않는다. 우리는 의식의 존재가 지닌 초현상성을 발견했으므로 현상의 존재에 초현상성을 할당하지 않아도 된다고 생각했다. 우리는 이와 정반대로 이 초현상성 자체가 현상의 존재가 지닌 초현상성을 요구한다는 것을 보게 될 것이다. 반성적 코기토에서 끌어내는 것이 아니라 지각하는 자의 전 반성적 존재에서 끌어낼 "존재론적 증명(preuve ontologique)"이 있다. 이제 우리는 이것을 설명해 보고자 한다.

모든 의식은 무엇인가에 대한 의식이다. 의식에 대한 이 정의는 충분히 구분 가능한 두 가지 의미로 파악할 수 있다. 하나는 우리가 이를 통해 의식이 그 대상의 존재를 구성한다는 의미이다. 다른 하나는 의식이 그 가장 깊은 본성에 있어 하나의 초월적 존재(un être transcendant)와 관계를 맺고 있다는 의미이다. 하지만 이 명제의 첫 번째 의미는 저절로 무너진다. 무엇인가에 대한 의식이라는 것은, 의식이 아닌 하나의 구체적이고 충만한 현전(現前)과 마주하고 있다는 것이다. 물론 우리는 하나의 부재에 대한 의식을 가질 수도 있다. 하지만 이 부재는 필연적으로 현전을 배경으로 나타난다. 그런데 우리가 앞에서 살펴보았듯이, 의식은 실재적인 주관성이고, 인상은 주관적인 충만이다. 하지만 이 주관성은 자기에게서 밖으로 나와 하나의 초월적 대상을 세우고, 이 대상에 인상으로 채워진 충만을 부여할 수는 없을 것이다. 따라서 만일 사람들이 어떤 대가를 치르더라도 현상의 존재를 의식에 의존하도록 만들기를 바란다면, 대상은 그 현전에 의해서가 아니라 그 부재에 의해, 그 충만에 의해서가 아니라 그 무에 의해 의식으로부터 구분되어야 한다. 만일 존재가 의식에 속한다면, 대상은, 그것이 하나의 다른 존재(un autre être)인 한에서가 아니라 그것이 하나의 비-존재(un non-être)인 한에서 의식이 아니다. 이것은 우리가 이 책 서론 제I절에서 말한 무한에게 의거하는 것이다. 예컨대 후설은 질료적 핵(noyau)에 생기를 불어넣는 것이 질료에서 그 충족(remplissement, Erfüllung)을 발견할 수 있는 지향에 의해서만 이루어진다고 하는데, 그것은 우리를 주관성에서 벗어나게 하는 데 충분하지 않을 것이다. 정말로 대상화하는 지향은 공허하다. 그것은 현전적·주관적 현출 저편에서 수많은 현출의 연쇄의 무한한 총체성을 겨냥하는 지향이다. 더욱이 대상적인 지향이 현출들을 겨냥하는 것은, 이런 현출들이 결코 모두 동시에 주어질 수 없는 한에서임을 이해하자. 계열을 이루는 무한한 수의 항이, 대상성의 토대가 되는 하나의 항을 제외하고 다른 모든 항이 실제로 부재함과 동시에 연쇄의 무한 수의 항이 의식 앞에 존재한다는 것은 원칙상 불가능하다. 현전하는 이 인상들은 — 그 수가 무한하다고 할지라도 — 주관적인 것 속에 녹아들고 말 것이다. 이 인상에 대상적인 존재를 부여하는 것은 바로 그 부재이다. 이렇듯 대상의 존재는 하나의 단순한 비존재이다. 이 대상의 존재는 하나의 결여(manque)로 정의한다. 그것은 빠져나가는 것이고, 원칙상 결코 주어질 수 없을 것이며, 달아나고 계기적인 음영들에 의해 맡겨진다. 하지만 어떻게 비존재가 존재의 기초가 될 수 있는가? 어떻게 부재하고 예상되고(attendu) 주관적인 것이 그로 인해 대상적인 것이 되겠는가? 내가 바라는 큰 기쁨, 내가 두려워하는 고통은 그렇게 바라고 두려워한다는 사실에 의해 어떤 초월성을 획득한다. 나는 이에 동의한다. 하지만 이 내재성 속의 초월성은 우리를 주관적인 것에서 벗어나게 해 주지 못한다. 사물들, 음영들에 의해 — 즉 아주 단순하게 현출들에 의해 — 주어지는 것은 사실이다. 그리고 각개의 현출이 다른 현출들을 가리킨다는 것도 역시 사실이다. 하지만 각개의 현출은 그것만으로 이미 주관적이고 인상적인 자료가 아니라 하나의 초월적인 존재(un être transcendant)이며 — 결여가 아니라 하나의 존재 충만(une plénitude d'être)이며 — 부재가 아니라 하나의 현전이다. 주관적이고 인상으로 된 충만을 바탕으로 대상의 실재성을 정초하려 하고, 비존재를 바탕으로 대상성을 정초함으로써 마술을 부리려고 해도 헛된 일일 것이다. 대상적인 것은 결코 주관적인 것에서 생겨나지 않으며, 초월적인 것은 내재성으로부터 생겨나지 않으며, 존재는 비존재에서 생겨나지 않을 것이다. 하지만 사람들은 이렇게 말할 것이다. 후설이 의식을 하나의 초월성으로 정의한다고 말이다. 사실, 이것이 바로 후설이 정립한 것이다. 그리고 그것이 정확하게 그의 본질적인 발견이다. 하지만 그가 노에마를 하나의 비실재적인 것, 노에시스와 상관적인 것으로 만들고, 그 존재를 지각된 것으로 여기는 순간부터, 그는 전적으로 자기의 원칙에 충실하지 않게 된다.

　의식은 무엇인가에 대한(de) 의식이다. 이것은 초월성이 의식의 구성적 구조임을 의미한다. 다시 말해 의식은 그 자체가 아닌 하나의 존재의 도움을 받아(portée sur) 발생한다. 이것이 바로 우리가 존재론적 증거(la preuve ontologique)라 부르는 것이다. 물론 사람들은 의식의 요구가 있다고 해서 이 요구가 충족되어야 한다는 것을 증명하지 않는다고 응수할 것이다. 하지만 이런 반박은 후설이 일컫는 지향성에 대한 분석에 대해서는 타당하지 않다. 후설은 이 지향성의 본질적인 성격에 대해 오해한 것이다. 의식이 무엇인가에 대한 의식이라고 말하는 것은, 의식에게 무엇인가, 즉 하나의 초월적인 존재를 드러내는 직관이어야 한다는 명백한 의무를 제외하면 의식을 위한 존재는 없음을 의미한다. 만일 순수한 주관성이 먼저 주어진다면, 그것은 단순히 자기를 초월해 대상적인 것을 정립하는 데 실패할 뿐만 아니라, "순수한" 주관성도 사라지고 말 것이다. 고유하게 주관성이라 부를 수 있는 것은 의식(에 대한) 의식이다. 하지만 이 의식(임에 대한) 의식은 어떤 방식으로든 질적으로 규정해야 한다. 그리고 그것은 드러내는 직관(intuition révélante)으로서 질적으로 규정할 수 있을 뿐이다. 그렇지 않으면 그것은 아무것도 아니다. 그런데 드러내는 직관에는 하나의 드러나는 것(un révélé)이 함축되어 있다. 절대적인 주관성은 하나의 드러난 것을 마주함으로써만 구성될 수 있을 뿐이다. 내재성은 하나의 초월적인 것을 파악함으로써 규정할 수 있을 뿐이다. 여기에서 사람들은 문제가 되는 관념론에 대한 칸트식의 반박의 반향을 다시 발견한다고 생각할 것이다. 하지만 오히려 데카르트를 생각해 보아야 한다. 여기에서 우리는 인식의 차원이 아니라 존재의 차원에 있다. 내적 감각으로 이루어진 현상이 대상적이고 공간적인 현상의 현존을 함축함을 보여 주는 것이 문제가 아니다. 문제가 되는 것은 오히려 의식이 그 존재에 있어서 비의식적·초현상적인 하나의 존재를 함축함을 보여 주는 것이다. 특히, 주관성이 실제로 객관성을 함축한다든가, 아니면 주관성이 대상적인 것을 구성함으로써 자신이 구성된다고 반론해 보았자 아무 소용이 없을 것이다. 우리는 주관성이 대상적인 것을 구성하는 데는 무력함을 이미 보았다. 의식이 무엇인가에 대한 의식이라고 말하는 것은 곧 의식이 그 자신이 아닌 하나의 존재, 의식이 그것을 드러낼 때 이미 존재하는 것으로 주어지는 하나의 존재의 드러내 보인-드러남(révélation révélée)으로써 생성되어야 함을 말한다.

이렇게 해서 우리는 단순한 외현에서 출발해서 충만한 존재에 도달했다. 의식은 그 존재가 본질을 정립하는 존재이다. 반대로 의식은 그 본질이 존재를 내포하는 하나의 존재에 대한, 즉 그 외현이 그것의 존재함을(d'être) 요구하는 하나의 존재에 대한 의식이다. 존재는 곳곳에 있다. 확실히 우리는 하이데거가 현존재(Dasein)에 부여한 정의를 의식에 적용할 수 있을 것이고, 또 의식은 자신의 존재 속에서 자신의 존재가 자신에 대해 문제가 되는 하나의 존재라고 말할 수 있을 것이다. 하지만 이 정의를 보완해 간략하게 공식화해야 할 것이다. 의식은 자신의 존재가 자기와 다른 존재를 함축하는 한, 자신의 존재 속에서 자신의 존재가 자신에 대해 문제가 되는 하나의 존재이다.

말할 것도 없이 이 존재는 현상들의 초현상적인 존재 외의 다른 것이 아니며, 현상들의 배후에 숨어 있을 법한 하나의 본체적인(nouménal) 존재가 아니다. 의식에 의해 함축되는 것은 이 책상의 존재, 이 담뱃갑의 존재, 이 램프의 존재이고, 좀 더 일반적으로 말하면 세계의 존재이다. 의식은 그저 나타나는 것의 존재가 오직 그것이 나타나는 한에서만 존재할 뿐임을 요구한다. 의식에 대해(pour la conscience) 존재하는 것인 초현상적인 존재 자체는 즉자적으로(en soi) 존재한다.

VI. 즉자존재

이제 우리는 앞에서 고찰한 내용을 확립하기 위해 지금까지 참고한 존재의 현상에 대해 좀 더 정확성을 부여할 수 있게 되었다. 의식은 존재자들의 드러내 보인-드러냄(révélation-révélée)이며, 이 존재자들은 각각의 존재를 근거로 의식 앞에 나선다. 그렇지만 한 존재자의 존재가 갖는 특징은 의식에 대해 그 자신을 직접 드러내지 않는다는 것이다. 하나의 존재자에서 그 존재를 박탈할 수는 없다. 그 존재는 항상 존재자의 현전하는 기초이다. 그 존재는 존재자의 모든 곳에 있으면서 어느 곳에도 있지 않다. 하나의 존재 방식으로 존재하지 않는 존재는 없고, 존재를 나타내는 동시에 가리는 존재 방식을 거쳐서 파악되지 않는 존재는 없다. 하지만 의식은 항상 존재를 뛰어넘을 수 있으나, 이것은 존재자의 존재를 향한 것이 아니라 이 존재의 의미(sens)를 향한 것이다. 이것이 우리로 하여금 의식을 존재적-존재론적(ontico-ontologique)이라 일컫을 수 있도록 한다. 왜냐하면 의식의 초월성이 갖는 근본적인 특징은 존재론적인 것을 향해 존재적인 것을 초월하는 것이기 때문이다. 존재자의 존재의 의미는, 그것이 의식에 자기를 드러내 보이는 한에서, 존재의 현상이다. 존재자의 존재의 의미 자체가 하나의 존재를 갖는다. 그리고 이 존재를 바탕으로 존재자의 존재의 의미가 나타난다. 이 관점에서 우리는 유명한 스콜라철학적인 논증을 이해할 수 있다. 이 논증에 따르면, 존재에 관련된 모든 명제에는 악순환이 있다. 왜냐하면 존재에 대한 모든 판단에는 이미 존재가 함축되어 있기 때문이다. 하지만 실제로는 악순환이 없다. 왜냐하면 그 의미의 존재 자체의 의미를 향해 그 의미의 존재를 넘어설 필요가 없기 때문이다. 존재의 의미는 의미 자신의 존재도 포함해 모든 현상의 존재에 적용되기 때문이다. 우리가 이미 지적했듯이, 존재의 현상은 존재가 아니다. 하지만 존재의 현상은 존재를 가리키고 요구한다 — 사실을 말하면 이것은 앞에서 우리가 언급한 존재론적 증명이 존재의 현상에 대해 특별하게 합당한 것도 아니고 유일하게 합당한 것이 아니라고 해도 그렇다. 의식의 모든 영역에 대해 통용되는 하나의 존재론적 증명이 있다. 하지만 이 증명은 우리가 존재의 현상에서 이끌어 낼 수 있는 모든 가르침을 정당화하기에 충분하다. 존재의 현상은 모든 일차적인 현상처럼 의식에 직접 드러난다. 우리는 존재의 현상에 대해 매 순간 하이데거가 선존재론적 이해(une compréhension préontologique)라고 부르는 것, 즉 개념적 고정(fixation)과 해명이 수반되지 않는 이해를 갖는다. 따라서 지금 우리에게 문제가 되는 것은 그 [존재의] 현상을 고찰하고, 이 방법으로 존재의 의미를 확정하고자 시도하는 것이다. 그렇지만 다음과 같이 지적해야 한다.

(1) 존재의 의미에 대한 이 해명은 현상의 존재에 대해서만 타당할 뿐이다. 의식의 존재는 근본적으로 다르기 때문에, 그것의 의미는 특별한 다른 해명을 필요로 할 것이다. 의식의 존재가 갖는 의미에 대한 해명은 대자존재(l'être-pour-soi)라는 다른 유형의 존재의 드러내 보인-드러냄에서 출발해 이루어질 것이다. 대자존재에 대해 나중에 정의할 텐데, 이는 현상의 즉자존재(l'être-en-soi)에 대립한다.

(2) 여기에서 우리가 시도하고자 하는 즉자존재의 의미에 대한 해명은 잠정적인 것에 불과하다. 우리에게 드러날 여러 측면에는 다른 의미작용들이 함축되어 있는데, 이에 대해서는 나중에 파악한 후 확정할 것이다. 특히 지금까지의 성찰은 전 반성적 코기토의 존재와 현상의 존재라는, 절대적으로 단절된 두 존재의 영역을 구분할 수 있도록 해 주었다. 하지만 존재의 개념이 이렇게 양도 불능의 두 영역으로 갈라진다는 특수성을 띤다 할지라도, 이 두 영역이 동일한 표제하에 놓일 수 있다는 것은 설명해야 한다. 이를 위해서는 두 유형의 존재를

검토할 필요가 있다. 그리고 두 유형의 존재가 일반적인 개념과 맺는 진정한 관계와 그것을 결합하는 관계를 확립할 수 있을 때만 우리는 비로소 이 두 유형의 존재가 갖는 각각의 의미를 진정으로 파악할 수 있을 뿐이다. 이는 분명하다. 사실 우리는 자기(에 대한) 비정립적 의식을 검토함으로써 현상의 존재는 어떤 경우에도 의식에 대해 작용할 수 없다는 점을 밝혔다. 이를 통해 우리는 현상과 의식의 관계에 대한 하나의 실재론적 사고방식을 배제했다. 하지만 우리는 또한 비반성적 코기토의 자발성을 검토함으로써 다음과 같은 사실을 보여 주었다. 즉 주관성이 처음부터 의식에 주어져 있다면, 의식은 자신의 주관성에서 벗어날 수 없다는 것, 또 의식은 초월적 존재에 대해 작용을 가할 수 없으며, 모순 없이는 하나의 초월적 존재를 구성하기 위한 출발점으로서 필요한 수동적 요소들을 포함할 수 없다는 것이 그것이다. 이렇게 해서 우리는 현상과 의식의 관계에 대한 관념론적 해결책을 배제했다. [그 결과] 우리가 우리 자신에 대해 모든 문을 닫아 버린 것 같다. 그리고 초월적 존재와 의식을 서로 닫혀 있고 소통 불가능한 두 개의 닫힌 총체로 간주할 수밖에 없다는 선고를 받은 것 같다. [이를 극복하기 위해] 우리는 초월적 존재와 의식의 문제가 실재론과 관념론 저편에 또 하나의 다른 해결책을 간직하고 있다는 것을 보여 주어야 할 것이다.

하지만 몇몇 특징은 즉각적으로 확정할 수 있다. 왜냐하면 이 특징들은 대부분 우리가 방금 말한 것에서 저절로 나오기 때문이다.

존재의 현상에 대한 뚜렷한 관찰은 흔히 우리가 창조설이라 부르는, 아주 일반적인 편견에 의해 자주 빛을 잃었다. 사람들은 신이 세계에 존재를 주었다고 상정하고 있기 때문에, 존재는 항상 어떤 수동성에 의해 더럽혀진 것으로 여겼다. 하지만 무로부터의(ex nihilo) 창조는 존재의 융기(surgissement)를 설명할 수 없다. 왜냐하면 만일 존재가 주관성 안에서 생각되었다면, 그 주관성이 신적이라고 해도, 존재는 하나의 주관 내적(intrasubjectif) 존재 양식에 머물기 때문이다. 이 주관성 속에는 하나의 대상성의 표상(représentation)조차 있을 수 없으며, 따라서 이 주관성은 심지어 대상적인 것을 창조하려는 의지에 감응하지도 않을 것이다. 게다가 존재가 라이프니츠가 말하는 섬광(fulguration)[29]에 의해 주관적인 것 바깥에 불현듯 놓인다 할지라도, 존재는 그 창조자의 반대편에서 적대적일 때에만 존재로서 긍정될 수 있을 뿐이다. 그렇지 않으면 존재는 창조자 속에서 녹아 버린다. 연속적인 창조설은 존재로부터 독일인들이 "독립성(Selbstständigkeit)"이라 부르는 것을 박탈함으로써 존재를 신적 주관성 속에서 소멸하게 만든다. 만일 존재가 신과 마주해 존재한다면, 그것은 이 존재가 그 자신을 고유하게 지탱하기 때문이며, 이 존재가 신적인 창조의 최소한의 흔적도 보존하지 않기 때문이다. 한마디로 말하면, 설사 존재가 창조되었다 하더라도, 즉자존재는 창조에 의해 설명할 수 없을 것이다. 왜냐하면 존재는 창조의 저편에서 자신의 존재를 되찾기 때문이다. 이것은 존재가 창조되지 않았다는 것과 같다. 하지만 존재가 그 자신을 창조한다고 결론지어서는 안 될 것이다. 그러면 존재가 그 자신에 앞서 있음을 상정하는 것이기 때문이다. 존재는 의식의 방식으로 자기원인(causa sui)일 수는 없을 것이다. 존재는 자기(soi)이다. 이것은 존재가 수동성도 아니고 능동성도 아님을 의미한다. 수동성과 능동성 개념은 인간적이며, 인간적인 행위 또는 인간적인 행위를 위한

---

29 독일어 명사 'Ausstrahlung'에 해당하는 단어로, '돌연발산(émanation soudaine)'의 의미이다. 고트프리트 빌헬름 라이프니츠(Gottfried Wilhelm Leibniz, 1646~1716)에 의하면, '모나드(單子monade)'는 신에 의해 끊임없이 방사(放射)된다.

도구를 가리킨다. 의식적인 존재가 목적을 위해 수단을 동원할 때는 능동성이 있다고 말한다. 그리고 우리가 여러 대상에 능동성을 행사할 때, 또 그 대상들이 우리가 그것들을 활용하고자 하는 목적을 자발적으로 겨냥하지 않는 한, 그 대상들을 수동적이라 부른다. 한마디로 말해 인간은 능동적이고, 인간이 이용하는 수단은 수동적이라 일컬어진다. 이 두 개념을 절대적인 것으로 생각하면 모든 의미가 사라진다. 특히 존재는 능동적이지 않다. 목적과 수단이 있기 위해서는 먼저 존재가 있어야 하기 때문이다. 하물며 존재는 수동적일 수 없다. 왜냐하면 수동적이기 위해서는 존재하고 있어야 하기 때문이다. 존재의 즉자적인-견고함(consistance-en-soi)은 능동과 수동의 저편에 있다. 마찬가지로 그것은 부정과 긍정의 저편에 있다. 긍정은 항상 무엇인가에 대한 긍정이다. 즉 긍정 행위는 긍정되는 것과 구분된다. 하지만 만일 하나의 긍정이 있고, 그 안에서 긍정되는 것이 긍정하는 것을 가득 채워 긍정되는 것과 긍정하는 것이 혼융된다면, 그 긍정은 지나치게 충실해서 노에마가 노에시스에 너무 밀착해 있기 때문에 자기를 긍정할 수 없다. 우리가 관념을 분명하게 하기 위해 의식과 관련해서 존재를 규정한다면, 존재란 바로 이런 것이다. 존재는 노에시스 속의 노에마, 다시 말해 존재는 최소한의 거리도 없는 자기와의 밀착이다. 이런 관점에서 존재를 "내재성(immanence)"이라고 불러서는 안될 것이다. 왜냐하면 내재성이란 자기와의 전적인 관계이면서도 또한 자기가 자기에 대해 취할 수 있는 최소한의 후퇴이기 때문이다. 하지만 존재는 자기와의 관계가 아니다. 존재는 자기이다. 존재는 실현할 수 없는 하나의 내재성이고, 자기를 긍정할 수 없는 하나의 긍정이며, 작용할 수 없는 하나의 능동성이다. 왜냐하면 존재는 자기 자신과 반죽되어 있기 때문이다. 모든 것은 마치 존재의 중심에서 자기에 대한 긍정을 끌어내기 위해서는 존재의 감압(減壓, décompression)이 있어야 하는 것처럼 진행된다. 게다가 존재가 자기에 대한 하나의 무차별적인 긍정이라고 이해하지 말자. 자기를 긍정하는 무한한 방식이 있는 만큼, 즉자의 무차별성은 자기에 대한 긍정의 무한성 저편에 있다. 우리는 이러한 최초의 귀결을 존재는 즉자적으로 존재한다(l'être est en soi)라는 말로 요약할 것이다.

하지만 존재가 즉자적으로 존재한다고 해도, 이것은 자기에 (대한) 의식처럼 자기를 가리키는 것이 아님을 의미한다. 즉 존재는 이 자기(soi), 바로 그것이다. 자기를 구성하는 끊임없는 반성이 동일성 속으로 용해될 정도로 존재는 이 자기이다. 이런 이유로 존재는 결국 자기 저편에 있다. 그리고 [존재는 즉자적으로 존재한다는] 우리의 첫 번째 명제는 언어의 필요성에서 기인하는 근사치에 불과하다. 사실 존재는 그 자신에게 불투명하다. 왜냐하면 그것은 그 자신으로 꽉 차 있기 때문이다. 우리가 존재는 그것이 있는 그대로의 것이다(l'être est ce qu'il est)고 말함으로써 더 잘 표현하고자 하는 것이 바로 이것이다. 이 명제는 겉으로 보기에 엄밀하게 분석적이다. 사실 동일률의 원리가 모든 분석적 판단의 무조건적인 원리인 한, 이 명제는 동일률로의 귀결과는 거리가 멀다. 우선, 이 명제는 존재의 특수한 영역, 즉 즉자존재(l'être en soi)를 지시한다. 우리는 그와 반대로 대자(le pour soi)의 존재는, 그것이 있지 않은 것이며, 그것이 있는 것이 아닌 것으로 규정되는 것을 보게 될 것이다. 따라서 여기에서 문제 되는 것은 하나의 영역적인 원리이고, 그런 것으로서 종합적인 원리이다. 그 외에도 "즉자존재는 그것이 있는 그대로의 것이다(l'être en soi est ce qu'il est)."라는 명제를 의식의 존재를 가리키는 명제와 대립해야 한다. 사실, 우리가 곧 보게 될 것처럼 의식은 "그것이 있는 그대로의 것이어야 한다(a à être ce qu'elle est)." 이것은 우리에게 "존재는 그것이 있는 그대로의 것이다.(l'être est ce qu'il est)"라는 문장에서 "이다(est)"에 부여해야 할 특수한 의미를 가르쳐 준다. 그것이 있는 그대로의 것이어야 하는 모든 존재가 존재한다면, 그 순간부터 우리가 있는 그대로의 것이라는 사실은 결코 하나의 순수한 공리적인 특징이 아니다. 이것은 즉자존재의 하나의 우연한 원리이다. 이런 의미에서 동일률, 즉분석적 판단의 원리는 또한 존재의 하나의 영역적이고 종합적인 원리이다. 그것은 즉자존재(l'être-en-soi)의 불투명성을 가리킨다. 이 불투명성은, 우리가 [즉자존재] "바깥에" 있기 때문에 그것을 배우고 관찰하지 않으면 안 된다는 의미에서 즉자에 대한 우리의 입장에서 기인하지 않는다. 즉자존재는 바깥에 대립하리라 여겨지는 안, 또 판단, 법칙, 자기의식 등과 유사하리라 여겨지는 안을 전혀 갖지 않는다. 즉자는 비밀을 가지고 있지 않다. 존재는 덩어리져(massif) 있다. 어떤 의미에서 보면 즉자는 하나의 종합을 가리킬 수도 있다. 하지만 즉자는 모든 종합 중에서 가장 풀기 어려운 종합, 즉 자기와 자기의 종합이다. 이로부터 존재는 그 존재 속에 고립되어 있고, 자신이 아닌 것과 그 어떤 관계도 맺지 않는다는 사실이 명백하게 도출된다. 이행과 생성을 비롯해, 존재는 그것이 있을 것으로 아직 있지 않고, 또 이미 그것이 있지 않은 것이라고 말할 수 있는 모든 것은 원칙상 즉자에게 거부당한다. 왜냐하면 존재는 [그것의] 생성의 존재이고, 그로 인해 존재는 생성의 저편에 있기 때문이다. 존재는 그것이 있는 것이다. 이 말은 존재는 심지어 그것이 있지 않은 것일수조차 없음을 의미한다. 우리는 사실 존재에 어떤 부정도 포함되어 있지 않다는 것을 보았다. 존재는 충만한 긍정성이다. 따라서 존재는 이타성(異他性, l'altérite)을 모른다. 즉 존재는 다른 존재와 다른 것(autre)으로서 자기를 정립하지 않는다. 달리 말해 존재는 다른 것과 어떤 관계도 유지하지 않는다. 존재는 무한하게 그것 자체이고, 온 힘을 다해 그것 자체이고자 한다. 이런 관점에서 우리는 존재[즉자존재]가 시간성을 벗어남을 나중에 보게 될 것이다. 존재는 있다. 그리고 존재가 붕괴될 때도 그것이 더 이상 있지 않다고 말할 수조차 없다. 또는 적어도 존재를 이미 있지 않은 것으로서 의식할 수 있는 것은 의식이다. 그것은 바로 의식이 시간적이기 때문이다. 하지만 [존재가 붕괴될 때] 존재 자체는 그것이 있었던 곳에서 하나의 결여로서 존재하지 않는다. 존재의 충만한 긍정성은 그 붕괴 위에서 재편성된다. 존재는 있었다. 그리고 지금은 다른 존재들이 있다. 그뿐이다.

마지막으로 — 이것이 세 번째 특징이 될 것이다 — 즉자존재는 있다. 이것은 존재가 가능적인 것에서 도출될 수도 없고, 또 필연적인 것으로 되돌려질 수도 없음을 의미한다. 필연성은 관념적 명제들의 연결에 관계되는 것이지, 존재자들의 연결에 관계되지 않는다. 하나의 현상적인 존재자는, 그것이 존재자인 한, 다른 하나의 존재자에서 결코 도출될 수 없다. 이것을 우리는 즉자존재의 우연성(contingence)이라 부를 것이다. 하지만 즉자존재는 또한 가능적인 것에서도 도출될 수 없다. 가능적인 것은 대자의 한 구조이다. 다시 말해 가능적인 것은 존재의 다른 영역에 속한다. 즉자존재는 결코 가능하지도 않고 불가능하지도 않다. 즉자존재는 있다. 의식은 이것을 — 의인적(擬人的, anthropomorphiques)인 용어로 — 즉자존재는 남아도는 것(de trop)이라고 표현할 것이다. 다시 말해 의식은 즉자존재를 어떤 것에서도(de rien) 도출할 수 없다. 의식은 다른 하나의 존재에서도, 하나의 가능적인 것에서도, 하나의 필연적인 법칙에서도 즉자존재를 절대로 도출할 수 없다. 창조되지 않았고, 존재 이유를 가지지 않으며, 다른 존재와 어떤 관계도 맺지 않는 즉자존재는 영원히 남아돈다.

존재는 있다. 존재는 즉자로 있다. 존재는 그것이 있는 그대로의 것이다. 이 세 가지 성격이야말로 우리가 존재의 현상에 대해 잠정적으로 검토한 결과, 현상의 존재에 할당할 수 있다. 지금으로서는 우리의 고찰을 더 이상 더 멀리 밀고 나가기란 불가능하다. 즉자를 아무리 검토해도 우리는 즉자와 대자와의 관계를 확립하고 설명할 수 없다 — 즉자는 바로 그것이 있는 것일 뿐이다. 이렇게 해서 우리는 "현출들"에서 출발해서 두 가지 존재 유형, 즉 즉자와 대자를 확립하는 데까지 이르렀다. 이 즉자와 대자에 대해 우리는 아직 피상적이고 불완전한 지식만을 가지고 있을 뿐이다. 수많은 문제가 아직 대답 없이 남겨져 있다. 이 두 가지 존재 유형이 지닌 깊은 의미는 무엇인가? 무슨 이유로 즉자와 대자는 각각 존재 일반에 속하는가? 존재가 자기 속에 근본적으로 단절된 존재의 이 두 영역을 품고 있는 한, 그 존재의 의미는 무엇인가? 만일 권리상 소통 불가능한 이 영역들을 사실상 통합하는 여러 관계를 관념론으로도, 실재론으로도 설명하는 데 실패한다면, 이 문제에 대해 어떤 다른 해결책을 제시할 수 있는가? 그리고 현상의 존재는 어떻게 초현상적일 수 있는가?

이 책의 목적은 이들 질문에 답하기 위해서이다.

제1부 무의 문제

제1장 **부정의 기원**

I. 질문

우리의 탐구는 우리를 존재의 중심으로 이끌었다. 하지만 또한 우리가 발견한 존재의 두 영역의 연결을 확립할 수 없었으므로, 이 탐구는 막다른 골목에 이르렀다. 그것은 분명히 우리가 우리의 탐구를 이끌어 가기 위해 나쁜 관점을 선택했기 때문이다. 데카르트도 정신과 육체의 관계를 다루지 않으면 안 되자, 이와 비슷한 문제에 봉착했다. 당시 그는 사고하는 실체와 연장을 가진 실체의 통일이 이루어질 것으로 여겨지는 사실적인 영역에서, 다시 말해 상상력 속에서 이 문제에 대한 해법을 찾을 것을 권고했다. 그의 권고는 소중하다. 물론 우리의 관심은 그의 관심과 다르다. 우리는 데카르트처럼 상상력을 생각하지 않는다. 하지만 우리가 놓치면 안 될 것은, 먼저 한 관계의 두 항을 분리한 뒤 나중에 그 두 항을 결합하려는 것은 적절치 않다는 것, 즉 관계는 [이미] 종합이라는 것이다. 따라서 분석한 결과들은 이 종합의 계기들과 일치할 수 없을 것이다. 라포르트[1]는 고립되어 존재하지 않게끔 한 것을 고립된 상태에서 생각할 때 추상화가 이뤄진다고 말한다. 이와 반대로 구체적인 것은 그것만으로 존재할 수 있는 하나의 총체성이다. 후설도 의견이 같다. 그에게서 붉음은 하나의 추상적인 것이다. 왜냐하면 색깔은 형상 없이는 존재할 수 없기 때문이다. 이와 달리 시공간적인 "사물"은 그것의 모든 규정을 수반하는 하나의 구체적인 것이다. 이런 관점에서 보면 의식은 하나의 추상적인 것이다. 왜냐하면 의식은 그 자체 속에 즉자를 향한 하나의 존재론적 기원을 내포하고 있기 때문이다. 한편 현상 역시 하나의 추상적인 것이다. 왜냐하면 현상은 의식에 "나타나야" 하기 때문이다. 구체적인 것은 종합적인 총체성일 수 있을 뿐이고, 의식은 형상과 마찬가지로 이 종합적인 총체성에 대한 계기들을 구성할 뿐이다. 구체적인 것은, 예컨대 하이데거가 "세계-내-존재(être-dans-le monde)"[2]라고 한 인간과 세계의 특수한 결합을 지닌 세계 속의 인간이다. 칸트처럼 "경험"을 그 가능성 조건에 대해 탐문하거나, 후설처럼 현상학적으로 환원함으로써 세계를 의식의 노에마적인 상관자의 상태로 환원하는 것은 의도적으로 추상적인 것에서 출발한다. 하지만 구체적인 것에서 추상된 여러 요소의 집계나 편성에 의해 구체적인 것을 회복하는 데 도달

---

1   장 라포르트(Jean Laporte, 1886~1948)는 프랑스 철학자로, 고등사범학교를 졸업하고 교수자격 시험에 합격해 여러 대학에서 중세, 근대철학을 가르쳤다. 주요 저서에 『추상의 문제(Le problème de l'Abstraction)』(1940) 등이 있다.

2   독일어 표현은 'In-der-Welt-sein'이다. 하이데거가 우리 인간이 기본적으로 세계 속에 있으면서 세계와 더불어 의미를 주고받는 관계의 존재임을 나타내기 위해 제시한 개념이다. 사르트르는 이 개념에 해당하는 프랑스어 표현으로 두 가지를 사용한다. 'être-dans-le-monde'와 'être-au-milieu-du-monde'가 그것이다. 하지만 그 의미에는 차이가 있다. 전자는 우리가 세계 속에 살면서 주어지는 상황이나 환경에 의미를 부여하는 존재, 곧 의식을 가진 인간 존재를 일컫고, 후자는 세계 속에서 다른 사물과 마찬가지로 아예 하나의 사물처럼 고착되어 타성적인 방식으로 현전하는 존재를 일컫는다. 다른 한편, 메를로퐁티 역시 'être-au-monde'라는 개념을 사용하는데, 이것은 우리가 신체를 통해 세계 속에 있으면서 세계를 '향해' 나아간다는 뜻이다. 이런 이유로 이 개념은 '세계-에의-존재'로도 옮길 수 있다.

할 수는 없을 것이다. 이것은 바로 스피노자의 체계에서 실체의 양태들을 무한하게 집계하더라도 실체에 도달할 수 없는 것과 같다. 존재 영역들의 관계는 하나의 시원적인 솟아오름이고, 이것은 그 존재의 구조 자체의 일부를 이루고 있다. 그런데 이 관계는 우리의 첫 번째 검토에서 곧장 드러날 것이다. 눈을 뜨고 세계-내-인간이라는 이 총체성을 그저 소박한 상태에서 탐문하는 것만으로도 충분하다. 우리는 이 총체성을 기술함으로써 다음과 같은 두 개의 물음에 답할 수 있다. (1) 우리가 세계-내-존재라고 부르는 그 종합적인 관계는 무엇인가? (2) 인간과 세계 사이의 관계가 가능하려면, 인간과 세계는 무엇이어야 하는가? 사실을 말하면 이 두 개의 물음은 서로 넘나든다. 그만큼 우리가 이 두 문제에 대해 따로 분리해서 답을 할 수 있다고 바랄 수 없다. 하지만 인간 각각의 행동은 세계 내 인간 행동이며, 그렇기 때문에 이 행동은 우리에게 인간과 세계, 그리고 그 둘을 결합하는 관계를 동시에 보여 줄 수 있다. 다만, 우리가 이 행동들을 객관적으로 파악할 수 있는 실재로 고찰해야 하며, 단순히 반성적 관점에서만 발견할 수 있으리라 여겨지는 주관적인 감정으로 여기지 않는다는 조건하에서만 그렇다.

우리는 우리의 연구를 단 하나의 행동에 대한 연구에 한정하지는 않을 것이다. 반대로 우리는 "인간-세계" 관계의 심오한 의미에 이르기까지 행동에서 행동으로 옮아가면서 여러 행동을 기술하고 파고들어 가 보고자 할 것이다. 하지만 무엇보다도 먼저 우리의 탐구를 안내하는 실마리 역할을 할 수 있는 하나의 원초적인 행동을 선택하는 것이 편리할 것이다.

그런데 이 탐구 자체가 우리에게 바라는 대상이 되는 행동을 제공해 준다. 나(je)인 이 인간, 만일 내가 이 인간을 바로 이 순간에 이 세계에서 있는 그대로 파악한다면, 나는 이 인간이 하나의 질문하는 태도(une attitude interrogative) 속에서 존재 앞에 서 있다는 사실을 확인하게 된다. 내가 "나에게 인간과 세계의 관계를 드러낼 수 있는 행동이 있는가?"라고 묻는 바로 그 순간, 나는 하나의 물음을 제기한다. 나는 이 물음을 객관적인 방식으로 고찰할 수 있다. 왜냐하면 여기에서 묻는 자가 나 자신인가, 아니면 [지금] 나의 이 저작을 읽으면서 나와 함께 묻는 독자인가 하는 것은 그다지 중요하지 않기 때문이다. 하지만 다른 한편으로 이 물음은 단순히 이 종이 위에 적힌 낱말의 객관적인 총체가 아니다. 이 물음은 그것을 표현하는 기호와는 무관하다. 한마디로 말해 이 물음은 의미작용(signification)을 갖춘 하나의 인간적인 태도이다. 이 태도는 우리에게 무엇을 보여 주는가?

모든 물음에서 우리는 우리가 질문하는 존재와 마주하고 있다. 따라서 모든 물음은 하나의 묻는 존재와 하나의 물음을 받는 존재를 상정한다. 물음은 즉자존재에 대한 인간의 시원적인 관계가 아니다. 이와 반대로 물음은 이 시원적인 관계를 상정하고, 이 시원적인 관계의 한계 내에서 유지된다. 다른 한편으로, 질문을 받는 존재에게 우리가 질문하는 것은 무엇인가에 대해서(sur)이다. 내가 그것에 대해 존재에게 질문하는 '무엇인가'는 존재의 초월성에 관여한다. 나는 그 존재에게 그 존재 방식에 대해 또는 그 존재에 대해 질문한다. 이런 관점에서 물음은 기대의 한 변형이다. 나는 질문받는 존재로부터 하나의 대답을 기대한다. 다시 말해 존재와의 선질문적인(préinterrogative) 친근성을 바탕으로 나는 이 존재로부터 그 존재에 대한, 또는 그 자신의 존재 방식에 대한 드러내 보임을 기대한다. 대답은 '그렇다' 또는 '아니다'일 것이다. 똑같이 객관적이며 모순적인 이 두 가능성의 존재에 의해 물음은 원칙상 긍정이나 부정으로 구별된다. 물음 중에는 겉으로 보기에 부정적인 대답을 포함하지 않는 물음이 — 예컨대 우리가 앞에서 제시한 "이 태도는 우리에게 무엇을 보여 줄 것인가?"라는 물음이 그렇다 — 존재한다. 하지만 사실상 이런 유형의 물음에 대해 사람들은 "아무것도(Rien)", "아무도(Personne)" 또는 "결코(Jamais)"라는 말로 대답하는 것이 항상 가능하다. 이렇게 해서 "나에게 인간과 세계의 관계를 보여 주는 행동도 있는가?"라고 내가 묻는 순간, 나는 "아니, 그런 행동은 존재하지 않는다."라고 하는 것과 같은 부정적 대답을 할 가능성을 원칙적으로 용인한다. 이것은 우리가 그런 행동의 비존재(non-existence)라는 초월적인 사실과 직면할 수 있음을 인정한다는 것을 의미한다. 아마도 하나의 비존재(non-être)가 객관적으로 존재한다는 것을 믿지 않으려 할 수도 있을 것이다. 즉 이 경우, 그 [초월적인] 사실이 나를 나의 주관성을 가리킨다고 간단히 말하는 사람도 있을 것이다. 달리 말해 나는 초월적인 존재로부터 추구된 행동이 순전히 허구임을 배우게 될 것이다. 하지만 그 행동을 하나의 순수한 허구라고 일컫는 것은 무엇보다도 우선 부정을 제거하지 않고 가리는 것이다. 여기에서 "순전한 허구임"은 "허구일 뿐임"과 같다. 그다음으로 부정의 실재성을 파괴하는 것은 대답의 실재성을 소멸하는 것이다. 사실, 이 대답은 존재 자체가 나에게 하는 것이다. 따라서 나에게 부정을 열어 보이는 것은 그 존재 자체이다. 그러므로 묻는 자에게는 하나의 부정적인 대답의 영구적이고 객관적인 가능성이 있다. 이런 가능성과 관련해 묻는 자는 그가 묻는다는 그 사실 자체로 인해 비결정 상태에 있게 된다. 즉 그는 대답이 긍정적일지 부정적일지 모른다. 이렇듯 질문은 두 개의 비존재, 즉 인간에게서 일어나는 앎의 비존재와 초월적인 존재에서 일어나는 비존재의 가능성 사이에 걸려 있는 다리이다. 결국 물음에는 하나의 진리의 존재가 함축되어 있다. 묻는 자는 물음 자체에 의해 "그것은 이런 것이고, 다른 것이 아니다."라고 말할 수 있는 하나의 객관적인 대답을 자신이 기대하고 있다는 사실을 인정한다. 한마디로 말해 존재의 차별화의 자격으로 진리는 물음을 결정하는 것으로서의 제3의 비존재, 즉 한정(limitation)이라는 비존재를 끌어들인다. 이 세 가지 비존재는 모든 질문, 특히 형이상학적 질문의 조건이 된다 ── 그리고 이것이 바로 우리의 질문이다.

우리는 존재의 탐구를 위해 출발했다. 그리고 우리는 우리가 제기하는 일련의 질문에 따라 존재의 중심으로 인도된 것처럼 보였다. 그런데 우리가 목표에 거의 다다랐다고 생각한 그 순간, 질문 자체에 눈길을 던지자마자 우리는 갑자기 무에 에워싸여 있다는 사실이 드러났다. 존재에 대한 우리의 물음을 조건 짓는 것은 우리 밖에도 있고 또 우리 안에도 있는 비존재의 끊임없는 가능성이다. 그리고 대답을 에워싸게 될 것 역시 비존재이다. 존재가 존재하게 되리라는 것은 필연적으로 그것이 존재하지 않은 것을 기반으로 해서 부각될 것이다. 이 대답이 어떠한 것이든, 그것은 다음과 같이 정식화할 수 있을 것이다. "존재는 그것(cela)이다. 그리고 그것을 벗어나서는 아무것도 아니다(rien)."

이렇게 해서 신재를 구성하는 새로운 요소, 즉 비존재가 방금 우리에게 나타났다. 그만큼 우리의 문제는 더욱더 복잡해진다. 왜냐하면 우리는 이제 단순히 인간 존재와 즉자존재의 관계를 다루는 데 그치지 않고, 존재와 비존재의 관계과 인간의 비존재와 초월자의 비존재의 관계 역시 다루지 않으면 안 되기 때문이다. 하지만 이 점에 대해 좀 더 살펴보기로 하자.

II. 부정(否定)

사람들은 우리에게 즉자존재는 부정적 대답을 할 수 없을 것이라고 반박할 것이다. 즉자존재가 긍정 너머와 마찬가지로 부정 너머에 있다고 우리 스스로 말하지 않았던가? 게다가 그 자체로 환원되는 진부한 경험은 우리에게 비존재를 드러내는 것으로 보이지 않는다. 나는 나의 지갑에 1500프랑이 들어 있다고 생각했는데, 1300프랑만 있다는 사실을 발견한다. 이 사실을 두고서 사람들은 경험이 나에게 1500프랑의 비존재를 발견했다고 말하지 않고, 아주 간단하게 내가 100프랑짜리 지폐 13장을 세었다고 말할 것이다. 말하자면 부정을 나의 탓으로 돌릴 수 있다. 부정은 그저 내가 기대한 결과와 파악한 결과를 비교할 수 있도록 해 주는 하나의 판단적 행위의 수준에서 나타날 뿐이다. 이렇듯 부정은 단순히 하나의 판단 성질이 될 것이고, 묻는 자의 기대는 판단-대답(jugement-réponse)에 대한 기대가 될 것이다. 무에 대해 보면, 무는 그 기원을 부정 판단에서 끌어낼 것이다. 또 무는 모든 부정 판단의 초월적인 통일성, 즉 "X는 …… 아니다(X n'est pas)."라는 형태의 명제를 확립하는 기능이 될 것이다. 사람들은 이 이론이 어디로 귀착되는지를 안다. 이 이론을 통해 즉자존재는 충만한 긍정성이고, 그 자체 속에 어떤 부정도 포함하지 않는다는 사실을 지적하지 않을 수 없다. 다른 한편으로, 이 부정 판단은 주관적인 작용의 자격으로 전적으로 긍정 판단에 동화된다. 예컨대 칸트가 그 내적 구조로 보아 긍정적 판단 작용과 부정적 판별 작용을 구분했다는 것을 사람들은 눈여겨보지 않는다. 이 두 경우에 사람들은 개념들의 하나의 종합을 이룩한다. 다만 심리적 삶의 구체적이고 충만한 사건인 이 종합은, 긍정 판단에서는 "이다"라는 계사(繫辭)를 수단으로 해서 이루어지고, 부정적 판단에서는 "아니다"라는 계사를 수단으로 해서 이루어진다. 이와 같은 방식으로 선별(분리)의 조작과 모으기(통일)의 조작은 사실상의 동일한 실재성을 가진 두 개의 객관적인 행동이다. 이렇게 해서 부정은 판단 작용 "끝에" 있을 것이지만, 그렇다고 해도 존재 "안에" 있는 것은 아니다. 부정은 두 개의 실재 사이에 끼어 있는 비실재적인 것인데, 이 두 개의 실재 중 어느 것도 부정을 요구하지는 않는다. 부정에 대해 질문을 받은 즉자존재는 판단을 가리킨다. 왜냐하면 즉자존재는 그것이 있는 그대로의 것일 뿐이기 때문이다. 그리고 전적으로 심리적인 긍정성인 판단은 존재를 가리킨다. 왜냐하면 판단은 존재에 관련한 부정, 따라서 초월적인 부정을 정식화하기 때문이다. 부정은 구체적인 심리적 조작의 결과이고, 이런 조작 자체에 의해 존재 속에서 유지되지만, 그 자체로 존재하는 것은 불가능하며, 노에마적인 상관자로서의 존재를 가질 뿐이다. 부정의 존재(esse)는 바로 그것의 지각됨(percipi) 속에 존재한다. 그리고 부정적 판단의 개념적인 통일인 무는 스토아학파가 "렉톤(lecton)"[3]이라고 명명한 것에 부여한 정도의 실재성 외에는 어떤 성질도 가질 수 없게 될 것이다. 그런데 우리는 이 생각을 받아들일 수 있을까?

물음은 다음과 같이 제기할 수 있다. 판단적 명제의 구조로서의 부정이 무의 기원에 있는가? 아니면, 그 반대로 실재의 구조로서의 무가 부정의 기원이며 근거인가? 이렇듯 존재의 문제는 인간적인 태도로서의 물음의 문제로 우리를 이끌고, 이 문제는 부정의 존재의 문제로 우리를 이끈다.

비존재가 항상 인간적인 기대의 한계 내에서 나타난다는 것은 분

---

3 '말로 표현된 것'이라는 의미로, 스토아학파의 일원인 제논이 사용했다. 시간과 공간처럼 이름뿐인 실재성만을 가진 것을 말한다.

명하다. 내가 1300프랑만 발견할 수밖에 없는 것은 1500프랑을 발견
하리라 기대하고 있기 때문이다. 자연이 물리학자에게 아니라고 말할
수 있는 것은, 그가 자신의 가설에 대해 이런저런 증명을 기대하기 때
문이다. 따라서 부정이 인간과 세계 사이의 관계라는 원초적인 바탕
위에서 나타난다는 것을 부인하는 것은 헛된 일이다. 세계는 먼저 그
런 비존재를 가능한 것으로 정립하지 않는 자에게는 그 비존재를 드
러내지 않는다. 그렇다면 그것은 세계의 이 비존재가 단순한 주관성
으로 환원되어야 함을 말하는 것인가? 그것은 세계의 이 비존재에게
스토아학파의 "렉톤"과 후설의 노에마와 같은 존재의 유형과 중요성
을 부여해야만 한다는 것인가? 우리는 그렇다고 생각하지 않는다.

　무엇보다도 먼저 부정이 판단의 한 성질에 불과하다는 것은 진실
이 아니다. 물음은 묻는 성격을 지닌 판단에 의해 정식화된다. 하지
만 물음은 판단이 아니다. 물음은 판단 이전의 행동이다. 나는 눈짓
과 몸짓으로서 질문을 던질 수 있다. 질문에 의해 나는 어떤 방식으
로든 존재와 마주하고 선다. 그리고 존재에 대한 관계는 하나의 존재
의 관계이고, 그것에 대한 판단을 표명하는 것은 임의적인 선택일 뿐
이다. 이와 마찬가지로 묻는 자가 존재에 대해 물을 때, 그 상대가 반
드시 인간일 필요는 없다. 물음이 인간 사이에서 성립한다는 생각은
물음을 상호 주체적 현상으로 만들게 되고, 또 물음이 붙어 있는 존
재에서 물음을 떼어내 단순한 대화의 양태로 허공에 떠 있게 만든다.
이와는 반대로 대화로 된 물음은 "질문"이라는 유(類)의 특정한 한 종
(種)이라는 것, 그리고 질문을 받는 존재는 우선 하나의 생각하는 존
재가 아니라는 것을 생각해야 한다. 만일 나의 자동차가 고장 난다
면, 나는 기화기와 점화장치 등에 대해 질문할 것이다. 만일 나의 시계
가 멈춰 서면, 나는 이 멈춤의 원인에 대해 시계 수리공에게 질문할

수 있을 것이다. 하지만 시계 수리공이 그 나름으로 물음을 던지는 것은 시계의 다른 기계장치에 대해서이다. 내가 기화기에서 기대하는 것, 시계 수리공이 시계의 톱니바퀴에서 기대하는 것, 그것은 판단이 아니다. 그것은 우리가 판단을 내릴 수 있는 근거 역할을 하는 존재의 드러남이다. 그리고 내가 존재의 드러남을 기대한다면, 그것은 내가 그와 동시에 비존재의 우발성에 대해 예비하고 있기 때문이다. 내가 기화기에 대해 질문한다면, 그것은 내가 기화기에는 "아무 문제도 없음"이 가능함을 내가 생각하기 때문이다. 이렇게 해서 나의 물음에는 본성상 비존재에 대한 판단 이전의 이해가 포함되어 있다. 이 이해는 그 자체로 근원적인 초월성을 바탕으로 존재와 비존재의 관계, 다시 말해 존재와 존재와의 하나의 관계이다.

게다가 비록 물음이 예사로 한 사람으로부터 다른 사람에게 제기된다는 사실에 의해 질문의 본성이 애매해진다고 할지라도, 여기에서 비판단적인 여러 행동이 그 근본적인 순수성에서 존재에 근거하는 비존재에 대한 직접적인 이해를 제시한다는 점을 지적하는 것이 합당하다. 예컨대 우리가 파괴(la destruction)를 고려한다고 할 때, 그것이 판단을 하나의 도구로 이용할 수 있는 하나의 활동(activité)이기는 하다. 하지만 오로지 또는 주로 판단적인 것으로 규정할 수 없을, 하나의 능동성이라는 사실을 인정해야 할 것이다. 그런데 파괴는 질문과 같은 구조를 제시한다. 어떤 의미에서는 확실히 인간은 그에 의해 파괴를 수행할 수 있는 유일한 존재이다. 지질학적 습곡 작용이나 폭풍우도 파괴하지 않는다. 또는 적어도 그것들은 직접적으로 파괴하지 않는다. 그것들은 다만 수많은 군집의 존재의 배치를 변경할 뿐이다. 폭풍우가 지난 뒤에도 이전보다 감소한 것(moins)은 없다. 다른 것(autre chose)이 있다. 사실, 이 표현도 적절하지 않다. 왜냐하면 이타성(l'altérité)을 제시하려면 어떤 방식으로든 과거를 다시 붙들어 "더 이상 ……가 아닌(ne-plus)"이라는 형태로 현재와 비교할 증인 한 명이 있어야 하기 때문이다. 증인이 없는 상태에서는 폭풍우가 일어나기 전이나 일어난 뒤에도 그저 존재가 있을 뿐이다. 그것이 전부이다. 그리고 만일 태풍이 어떤 생물을 죽음으로 몰아갈 수 있다고 할지라도, 그 죽음은 그것이 죽음으로 체험될 때만 파괴일 것이다. 파괴가 있기 위해서는 먼저 인간과 존재와의 관계, 다시 말해 초월성이 있어야 한다. 그리고 이 관계의 한계 안에서 인간은 하나의 존재를 파괴할 수 있는 것으로 파악해야 한다. 전제는 존재 안에서 하나의 존재를 한정적으로 잘라 내는 것이다. 이 잘라 냄(découpage)은, 우리가 진리에 대해 살펴본 것처럼, 이미 무화작용(néantisation)이다. [여기에서] 고려한 존재는 그것(cela)이고, 그것 외에는 아무것(rien)도 아니다. 하나의 목표를 할당받은 포수는 다른 모든 방향을 배제하고 그 방향을 향해 포를 겨냥하기 위해 세심한 주의를 기울인다. 하지만 만일 존재가 깨지기 쉬운(fragile) 것으로 드러나지 않는다면, 이것은 무의미할 것이다. 결정된 상황 속에서 주어진 하나의 존재에 있어 비존재의 어떤 개연성을 의미하는 것이 아니라면, 이 깨지기 쉬움은 대체 무엇이겠는가? 하나의 존재는 그것이 자기 존재 속에 비존재의 일정한 가능성을 가진 경우에 깨지기 쉽다. 하지만 또 마찬가지로, 깨지기 쉬움이 존재에 도달하는 것은 인간에 의해서이다. 왜냐하면 우리가 방금 언급한 [한 방향으로의] 개별화에 의한 한정이 깨지기 쉬움의 조건이기 때문이다. 하나의 존재가 깨지기 쉬운 것이지, 모든 가능한 파괴 저편에 있는 모든 존재가 깨지기 쉬운 것이 아니다. 이렇듯 인간이 자기와 존재와의 관계를 떠받치는 최초의 근거 위에서 하나의 존재와 맺는 개별화에 의한 한정 관계는 깨지기 쉬움이 비존재의 끊임없는 가능성의 출현으로서 그 존재에 도달한다. 하지만 이것이 전부는 아니다. 파괴 가능성이 존재하려면, 이런 비존재의 가능성에 직면해 인간이 긍정적으로든 부정적으로든 스스로 결정해야 한다. 인간은 파괴 가능성(이른바 파괴)을 실현하기 위해 또는 비존재에 대한 부정에 의해 파괴 가능성을 단순한 하나의 가능성의 수준에서 유지하기 위해 필요한 조치들(보호의 조치들)을 취해야 한다. 이렇듯 도시를 파괴 가능한 것으로 만드는 것은 인간이다. 그것은 정확하게 인간이 도시를 취약한 것으로, 그리고 소중한 것으로 세우기 때문이며, 또 인간이 도시에 대해 일체의 보호 장치를 갖추기 때문이다. 그리고 이런 일체의 보호 장치 때문에 지진이나 화산 폭발이 도시나 인간적인 구조물을 파괴할 수 있다. 그리고 전쟁의 일차적인 의미와 목표는 인간의 사소한 구축물 속에 이미 들어 있다. 따라서 파괴는 본질적으로 인간적인 것이며, 지진을 통해서든 직접 그러하든 도시를 파괴하는 자는 바로 인간이며, 태풍을 통해서든 직접 그러하든 선박을 파괴하는 자는 바로 인간임을 충분히 인정해야 한다. 하지만 이와 동시에 파괴에는 무에 대한 선(先)판단적 이해와 무에 직면한 하나의 행위가 전제되어 있다는 사실을 고백해야 할 것이다. 이외에도 인간에 의해 존재에 도래한다 할지라도, 파괴는 하나의 사유가 아니라 하나의 객관적인 사실이다. 깨지기 쉬움이라는 성질이 각인되어 있는 것은 바로 이 꽃병의 존재 속이다. 그리고 내가 단지 단언할 수 있는 것은, 그 꽃병의 파괴가 하나의 돌이킬 수 없는 절대적 사건이라는 사실이다. 거기에는 존재의 경우와 마찬가지로 비존재의 초현상성이 있다. 따라서 "파괴"라는 행동을 검토함으로써 우리는 질문하는 행동을 검토하는 것과 같은 결과에 이른다.

하지만 만일 우리가 확실히 결정하고자 한다면, 하나의 부정적 판단을 그 자체로 고려하고, 또 이 부정적 판단이 존재의 한가운데에서 비존재를 나타나게 하는지, 아니면 이 부정적 판단이 이전의 발견을 고정하는 것으로 그치는가를 물어보면 된다. 나는 4시에 피에르를 만나기로 했다. 나는 15분 늦게 도착한다. 피에르는 항상 시간을 정확하게 지킨다. 그는 나를 기다렸을까? 나는 실내의 손님들을 둘러본다. 그러고는 "그가 없구나."라고 말한다. 이 경우 피에르의 부재에 대한 하나의 직관이 있는 것인가, 아니면 부정이 판단과 함께 개입한 것인가? 얼핏 보기에 여기에서 직관에 대해 말하는 것은 부조리한 것 같다. 왜냐하면 없는 것(rien)에 대한 직관은 있을 수 없고, 또 피에르의 부재는 없는 것이기 때문이다. 그렇지만 통속적인 의식이 이런 직관을 입증해 준다. 예컨대 우리는 이렇게 말하지 않는가? "그가 거기에 없다는 것을 나는 즉각 알아챘다." 문제가 되는 것은 단순히 부정의 자리 이동인가? 이 점을 좀 더 자세히 살펴보자.

카페는 손님들, 탁자들, 의자들, 거울들, 연기가 자욱한 분위기, 왁자지껄한 목소리, 서로 부딪는 컵과 컵 받침들, 그곳을 채우는 발걸음 등을 포함해 그 자체로 하나의 존재 충만인 것은 확실하다. 그리고 내가 가질 수 있는 세부적인 것에 대한 모든 직관은 그 냄새, 그 소리, 그 색깔에 의해, 즉 각각의 초현상적인 존재를 가진 모든 현상으로 채워져 있다. 이와 마찬가지로 내가 모르는 어떤 곳에 있는 피에르의 지금의 현전 역시 존재충만이다. 우리는 곳곳에서 충만을 발견하는 것 같다. 하지만 지각에서는 항상 하나의 배경 위에 하나의 형태가 형성된다는 데에 주목해야 한다. 어떤 대상이나 어떤 일군의 대상도 배경이나 형태로 조직하기 위해 특별히 지정하는 것은 아니다. 모든 것은 나의 주의 방향에 달려 있다. 내가 피에르를 찾기 위해 카페에 들어설 때, 카페의 모든 대상은 종합적 배경으로 조직되며, 그 배경 위에 피에르가 나타나야 하는 것으로 주어진다. 그리고 이렇게 카페가 배경으로 조직되는 것이 최초의 무화작용이다. 실내를 이루는 인간, 탁자, 의자와 같은 각각의 요소는 다른 대상 전체로 구성되는 배경 위에서 스스로 고립되고 떠오르려 하다가 이 배경의 무차별 속으로 다시 떨어져 그 속에서 희미해진다. 왜냐하면 배경은 덤으로만 보일 뿐이고, 순전히 주변적인 주의 대상이기 때문이다. 이렇듯 하나의 배경의 전면적인 등가성 안에서 나타나고 파묻히는 모든 형태에 대한 이 최초의 무화작용은 주된 형태 — 여기에서는 피에르라는 인물 — 의 출현을 위한 필수 조건이다. 그리고 이 무화작용은 나의 직관에 주어지고, 나는 내가 바라보는 모든 대상, 특히 사람들의 얼굴이 차례로 사라져 가는 것의 증인이다. 그 얼굴들은 한순간 나의 주의를 끌지만("피에르인가?"), 그것이 피에르의 얼굴이 "아니기" 때문에 즉각 분산된다. 그렇지만 만일 내가 마침내 피에르를 발견하게 된다면, 나의 직관은 하나의 견고한 요소에 의해 채워질 것이고, 나는 갑자기 그의 얼굴에 매료될 것이며, 카페 전체가 조심스럽게 현전하는 가운데 그를 중심으로 조직될 것이다. 하지만 정작 피에르는 없다. 이것은 그 카페의 일정한 장소에서 내가 그의 부재를 발견함을 뜻하는 것은 전혀 아니다. 사실, 피에르는 카페 전체에 없다. 그의 부재는 카페를 서서히 소실 상태로 고정한다. 카페는 배경으로 머문다. 카페는 다만 나의 주변적인 주의에 대해 무차별적인 총체로서 계속 자기를 제공한다. 카페는 배후로 미끄러지고, 자신의 무화를 뒤쫓는다. 카페는 다만 하나의 정해진 형태를 위한 배경이 된다. 카페는 어디에서나 그 전면에 이 형태를 지니고 있다. 카페는 곳곳에서 이 형태를 나에게 제시한다. 나의 시선과 카페 내의 견고하고 실재적인 대상 사이로 계속해서 미끄러지는 이 형태, 그것은 정확히 끊임없는 소실이고, 카페의 무화의 배경 위에서 무로 떠오르는 피에르이다. 따라서 [나의] 직관에 제공되는 것은 무의 반짝거림이고, 배경의 무화가 형태의 출현을 부르고 요구하는 그 배경의 무이며, 또 형태 ── 하나의 없는 것으로서 바탕의 배경에서 미끄러지는 무 ── 이다. 따라서 "피에르는 거기에 없다."라는 판단에 기초로 소용되는 것은 바로 이중의 무화작용에 대한 직관적인 파악이다. 그리고 분명히 피에르의 부재에는 나와 이 카페 사이의 최초의 관계가 전제되어 있다. 자신들의 부재를 확인해 주는 하나의 현실적인 기대가 없기 때문에 이 카페와 아무 관계도 없이 존재하는 수많은 사람이 있다. 하지만 나는 정확하게 피에르를 보기를 기대한다. 그리고 나의 기대는 이 카페에 관련한 하나의 현실적인 사건으로서 피에르의 부재를 도래하게 했다. 내가 피에르의 부재를 발견했고, 이 부재는 이제 피에르와 내가 그를 찾는 실내와의 하나의 종합적인 관계로 제시된다는 것은 하나의 객관적인 사실이다. 부재하는 피에르가 이 카페에 붙어 다닌다(hante). 부재하는 피에르는 카페가 무화되면서 배경으로 조직되는 조건이다. 이에 반해 내가 재미 삼아 할 수 있는 판단, 가령 "웰링턴은 이 카페에 없다. 폴 발레리도 없다 등"과 같은 판단은 단순히 추상적인 의미를 지닐 뿐이고, 또 부정 원리의 단순한 적용에 불과할 뿐, 아무런 현실적인 근거도 없고 아무런 효과도 없다. 그리고 이런 판단은 웰링턴이나 발레리와 카페 사이에 하나의 현실적인 관계를 확립하는 데 이르지 못한다. 여기에서 그 관계가 "없다"는 것은 그저 생각된 것에 지나지 않는다. 이로써 비존재(le non-être)가 부정의 판단만으로 [객관적인] 사태에 이르는 것이 아님을 충분히 드러낼 수 있다. 그 반대로, 부정의 판단이 비존재에 의해 조건지워지고 지탱된다.

　도대체 어떻게 일이 다르게 될 수 있는가? 만일 모든 것이 존재와 긍정성으로 충만해 있다면, 우리가 어떻게 판단의 부정형조차 생각해 볼 수 있는가? 우리는 한순간 부정을 예상한 결과와 획득한 결과 사이에 성립하는 비교에서 생겨날 수 있다고 생각했다. 하지만 다음의 비교를 검토해 보자. 한편에 "내 지갑에 1300프랑이 있다."라는 사실을 확인하는 최초의 판단, 즉 구체적·긍정적·심리적 행위가 있다. 다른 한편에 "나는 1500프랑을 발견할 것이라고 기대했다."라는 또 하나의 사실의 확인과 긍정 이외의 다른 것이 아닌 다른 판단이 있다. 따라서 두 경우에 실재적이고 객관적인 사실들, 긍정적이고 심리적인 사건들, 확언의 판단들이 있다. 부정은 어디에 자리할 수 있는가? 사람들은 부정이 하나의 범주의 완전히 단순한(pure et simple)[4] 적용이라고 생각할 것인가? 그리고 정신은 그 자체 속에 부(否, le non)를 구별과 분리의 형식으로서 가진다고 할 것인가? 하지만 그 경우에 부정에서 가장 사소한 부정성조차 제거하고 만다. 만일 정신 속에 사실상 존재하는 범주, 우리의 인식을 뒤섞고 체계화하기 위한 적극적이고 구체적인 작용인 부(否)의 범주가 우리 속에 있는 어떤 긍정적인 판단이 현전에 의해 갑자기 작동하기 시작한다는 점을 인정한다면, 만일 이 부의 범주가 이런 판단에서 생겨나는 어떤 사고(思考)에 갑작스럽게 그 각인을 찍기 위해 찾아온다는 것을 인정한다면, 우리는 이런 고찰에 의해 부정으로부터 모든 부정적 기능을 철저하게 빼앗는 셈이 될 것이다. 왜냐하면 부정은 존재의 거부이기 때문이다. 부정에 의해 하나의 존재(또는 하나의 존재 방식)가 정립하고, 이어서 무속에 내던져진다. 만일 부정이 범주라면, 만일 부정이 어떤 판단들에 무차별적으로 찍히는 도장에 지나지 않는다면, 그 부정이 하나의 존

---

4 '무조건적인'으로 옮길 수도 있으며, 'purement et simplement'도 '무조건적으로'로 옮길 수 있다.

재를 무로 만들 수 있다고 어떻게 생각할 수 있으며, 그 존재를 순식간에 솟아나게 하고, 그것에 이름을 붙인 뒤, 다시 그것을 비존재 속에 던져 넣을 수 있다고 어떻게 생각할 수 있겠는가? 만일 앞선 판단이, 우리가 앞에서 예로 든 것처럼, 사실상의 확인이라면, 부정은 하나의 자유로운 고안이라야 하고, 우리를 조이고 있는 이 긍정성의 벽에서 우리를 떼어 놓는 것이어야 한다. 부정은 어떤 경우에도 앞선 긍정들로부터 귀결될 수 없는, 연속성을 급작스럽게 녹여 버리는 것, 근원적이고 되돌릴 수 없는 하나의 사건이다. 하지만 여기에서 우리는 의식 영역에 있다. 그리고 의식은 부정에 대한 의식 형태하에서가 아니면 부정을 산출할 수 없다. 어떤 범주도 의식에 "거주할(habiter)" 수 없고, 의식에 하나의 사물의 방식으로 깃들 수 없다. 갑작스러운 직관적 발견으로서의 부(否)는 부에 대한 의식(임에 대한) 의식으로 나타난다. 한마디로 말해 곳곳에 존재(l'être)가 있다고 해도, 베르그송이 말하고자 한 것처럼, 생각할 수 없는 것은 단순히 무뿐만이 아니라, 우리는 존재로부터 결코 부정을 끌어낼 수 없을 것이다. 아니다라고 말할 수 있기 위한 필요조건은, 비존재가 우리 속에, 그리고 우리 밖에서의 끊임없는 현전이라는 것, 즉 무가 존재에 붙어 다닌다는 것이다.

하지만 무는 어디에서 오는가? 그리고 무가 묻는 행동의 첫 번째 조건, 또 좀 더 일반적으로 말해 철학적이거나 과학적인 모든 탐사의 첫 번째 조건이라면, 인간 존재와 무의 최초의 관계는 어떤 것이며, 또 최초의 무화하는 행동은 어떤 것인가?

III. 무에 대한 변증법적인 사고방식

우리는 질문으로 인해 갑자기 무 앞에 내던져졌다. 하지만 우리가 이 무의 의미를 끌어낼 수 있다고 주장하기에는 아직 이르다. 하지만 지금부터 우리가 제시할 수 있는 몇 가지 분명한 것이 있다. 특히 존재와 존재에 들러붙어 다니는 비존재의 관계를 결정하는 것도 나쁘지 않을 것이다. 실제로 우리는 존재에 직면한 인간의 행동들과 인간이 무와 직면해서 취하는 행동들 사이에 모종의 평행관계(un certain parallélisme)가 있음을 확인했다. 그러자 곧장 우리에게 존재와 비존재를 빛과 그림자의 방식으로 실재의 두 가지 상호 보완적 구성 요소로 여기고자 하는 유혹이 찾아온다. 요컨대 엄밀하게 동시적인 두 개념이 문제가 되는데, 이 두 개념은 존재자의 발생에서 그것들을 따로 떼내어 고찰하는 것이 헛수고일 정도로 하나로 결합되어 있다. 순수한 존재와 순수한 비존재는 두 개의 추상이며, 그 둘의 결합만이 구체적인 실재의 바탕에 있을 것이다.

이것은 확실히 헤겔의 관점이다. 실제로 그는 『논리학』에서 존재(Etre)와 비존재(Non-Etre)의 관계를 연구하고, 논리학을 "사유에 대한 순수규정의 체계"라고 부른다. 또 그는 논리학의 정의를 이렇게 밝힌다.[5] "사람들이 보통 표상하는 사유는 순수한 사유가 아니다. 왜냐하면 사람들은 사유된 존재를 경험적인 내용을 지닌 하나의 존재로 이해하기 때문이다. 논리학에서 사유는 사유 자체의 것이자 사유에 의해 산출된 내용 외에 다른 내용을 갖지 않는다는 방식으로 파악된다." 이 규정은 분명히 "사물들(les choses)에 가장 내적인 것"이다. 하

---

5 Hegel, *Enzyklopädie*, 2ᵉ éd., §XXIV. 르페브르(Lefebvre)의 『선집(*Morceaux choisis*)』에서 인용했다.—원주.

지만 이와 동시에 사람들이 이 규정을 "그 자체로서, 그리고 그 자체를 위해" 고찰한다면, 그들은 이 규정을 사유 자체에서 연역해 내며, 그것의 진리를 그 자체 속에서 발견한다. 그렇지만 헤겔 논리학의 노력은 "(논리학이) 차례로 고찰하는 그 개념들[즉 존재와 비존재]의 불완전성을 밝히는 것이고, 그 개념들을 이해하기 위해서 그것을 통합함으로써 그것을 넘어 더욱더 완전한 하나의 개념으로 상승해야 하는 필요성을 밝히는 데에 기울어질 것"이다.[6] 르 센[7]이 아믈랭[8]의 철학에 대해 말하는 것을 헤겔에게도 적용할 수 있을 것이다. "하부의 항 각각은 상부의 항에 의존한다. 이것은 추상적인 것이 그 자체를 실현하는 데 필요한 구체적인 것에 의존하는 것과 같다." 헤겔에게 있어 진실로 구체적인 것은 자기의 본질을 지닌 존재자이고, 그것은 모든 추상적 계기를 종합적으로 총합함으로써 생산된 총체성이다. 이 모든 추상적 계기는 서로의 보충을 요구하기 때문에 이 총체성에서 극복된다. 이런 의미에서, 만일 우리가 존재(Etre)를 그 자체로 고찰한다면, 다시 말해 존재가 본질(Essence)을 향한 초월에서 이 존재를 단절시켜 고찰한다면, 존재는 가장 추상적이고 가장 빈곤한 추상일 것이다. 실제로 [헤겔은 이렇게 말한다.] "존재는 직접적인 것이 간접적인 것에 관계하듯이 본질에 관계한다. 일반적으로 사물은 '존재한다.' 하지만 그 존재는 그 자신의 본질을 나타내는 것으로 성립한다. 존재는 본질로 이행한다. 이것은 '존재는 본질을 전제한다'라고 표현할 수 있다. 본질은 존재와 관련해서 매개된 것으로 나타나지만, 그럼에도 본

---

6   Laporte, *Le probième de l'Abstraction*, p. 25 (Presses universitaires, 1940). — 원주.
7   에르네스트 르네 르 센(Ernest René Le Senne, 1882~1954)은 프랑스 철학자, 형이상학자, 심리학자로, 성격론을 창시했다.
8   옥타브 아믈랭(Octave Hamelin, 1856~1907)은 프랑스의 철학자로, 프랑스에 헤겔 철학을 소개했으며, 네오헤겔주의를 대표한다.

질은 참다운 근원이다. 존재는 그 기초로 되돌아간다. 존재는 본질을 향해 자기를 초월한다."[9]

이렇듯 그 자신의 토대인 본질로부터 단절된 존재는 "단순히 공허한 직접성"이 된다. 이렇게 『정신현상학』은 존재를 규정하고 있다. 이 규정에 의하면, 존재는 "진리의 관점에서 보면" 직접적인 것(l'immédiat)으로 제시된다. 만일 논리학의 시초가 직접적인 것이어야 한다면, 존재에서 시초를 발견할 수 있을 텐데, 이 존재는 "모든 규정에 앞서는 비규정성(l'indétermination)이자 절대적인 출발점으로서의 비규정적인 것(l'indéterminé)"이다.

하지만 이렇게 규정된 존재는 곧바로 그 반대편으로 "이행한다." 헤겔은 『소논리학』에서 이렇게 쓰고 있다. "이 순수한 존재는 순수한 추상이고, 따라서 절대적 부정이다. 이 절대적 부정이 그 직접적인 계기에서 파악된다면, 그 역시 비존재이다." 사실 무는 그 자체와의 단순한 동일성이고, 완전한 공허이며, 규정과 내용의 부재이지 않은가? 따라서 순수한 존재와 순수한 무는 동일하다. 또는 차라리 그 둘이 다르다고 말하는 것이 사실일 것이다. 하지만 "여기에서 차이는 아직 하나의 규정된 차이가 아니다. 왜냐하면 존재와 비존재는 직접적인 계기를 구성하기 때문이다. 그런데 이 양자 속에 있는 대로의 이 차이는 지칭할 수 없으며, 하나의 단순한 사념(opinion)에 불과할 뿐이다."[10] 이것은 구체적으로 다음을 의미한다. "하늘과 땅은 그 자체 속에 존재와 무를 포함하고 있지 않은 것은 아무것도 없다."[11]

---

9   1808년과 1811년 사이에 헤겔이 뉘른베르크 김나지움에서 강의 초고로 작성한 『논리학 초고 (Esquisse de la logique)』. —원주.

10   Hegel, *Enzyklopädie*, E. §LXXXVIII. —원주.

헤겔의 사고방식을 그 자체로 논의하기에는 아직 너무 이르다. 우리의 탐구 결과 전체가 우리에게 헤겔적인 사고방식에 대해 입장을 취하는 것을 허용해 줄 것이다. 다만 [지금으로서는] 헤겔에 의해 존재가 존재자의 하나의 의미로 환원된다는 사실을 지적하는 것이 좋을 듯하다. 존재는 지기의 토대이자 기원인 본질에 의해 에워싸여 있다. 헤겔의 이론 전체는 다음과 같은 생각에 기초하고 있다. 즉 논리학의 시작에서 매개적인 것에서 출발해 직접적인 것을 재발견하고, 추상적인 것의 토대가 되는 구체적인 것에서 출발해 추상적인 것을 재발견하기 위해 철학적 과정을 밟아야 한다는 것이다. 하지만 우리는 존재가 현상에 대해 갖는 관계가 추상적인 것이 구체적인 것에 대해 갖는 관계와 같지 않음을 이미 지적했다. 존재는 [대상이 갖는] "다른 여러 구조 중의 하나"가 아니며, 대상의 한 계기도 아니다. 존재는 모든 구조와 모든 계기의 조건 그 자체이다. 존재는 그 위에서 현상의 성격들이 나타나는 토대이다. 그리고 그와 마찬가지로 사물의 존재가 "그것의 본질을 나타나는 것으로 이루어진다."라는 것은 인정할 수 없다. 왜냐하면 그렇게 되면 그 존재에 대해 또 하나의 존재(un être de cet être)가 있어야 할 것이기 때문이다. 이외에도 만일 사물의 존재가 [사물의 본질을] 나타내는 것으로 "이루어진다면", 우리는 그 기본적인 구조의 흔적조차 찾아볼 수 없는 존재의 한 순수한 계기를 헤겔이 어떻게 파악할 수 있었는지를 알 수 없다. 순수한 존재는 오성에 의해 파악되고, 그 규정들 자체 속에 고립되어 고정되는 것은 사실이다. 하지만 만일 본질을 향한 뛰어넘음이 존재의 일차적 성격을 구성한다면, 그리고 만일 오성이 규정들에서 [그것들을] 결정하고 또

---

11 Hegel, *Grande Logique*, chap. 1. — 원주.

[그것들을] 보존하는 것에 그친다면, 우리는 어떻게 해서 오성이 존재를 "나타내는 것으로 이루어진다"고 정확하게 규정하지 않는가를 알 수 없다. 사람들은 헤겔에게서 모든 규정은 부정이라고 말할 것이다. 하지만 이런 의미에서 오성은 그 대상에 대해 그것이 있는 것과는 다른 것임을 부인하는 데에 그칠 것이다. 물론 이것만으로도 모든 변증법적 과정을 방해하기에 충분하다. 하지만 이것은 뛰어넘음의 싹까지 사라지게 하는 데는 결코 충분하지 못할 것이다. 존재가 자기를 넘어 다른 것으로 나아가는 한, 존재는 오성의 규정들에서 벗어난다. 하지만 존재가 자기를 뛰어넘는 한, 즉 존재가 자신의 가장 깊은 곳에서 자기의 뛰어넘음의 기원인 한, 존재는 그 반대로 그것이 있는 그대로 오성에게 나타나야 하고, 이 오성은 그 자신의 고유한 규정들 속에 이 존재를 응고시킬 것이다. 존재는 있는 그대로의 것일 뿐임을 긍정하는 것은, 존재가 자신의 뛰어넘음인 한, 적어도 이 존재를 손대지 않고 내버려 두는 것이 될 것이다. 바로 거기에 "뛰어넘음"[지양(止揚)]이라는 헤겔적 개념의 양의성(兩儀性, ambiguïté)이 있다. 이 개념은 때로는 고찰된 존재의 가장 깊은 곳에서 솟아오름으로 보이기도 하고, 때로는 이 존재가 그것에 의해 끌려가는 하나의 외적 운동으로 보이기도 한다. 오성이 존재 속에서 이 존재가 있는 그대로의 것이라는 사실만을 발견한다고 단언하는 것으로는 충분하지 않다. 있는 그대로의 것인 그 존재가 어떻게 바로 그것(que cela)일 수밖에 없는가 하는 것을 여전히 설명해야 한다. 이런 설명은 오성의 부정하는 절차에 대한 고찰에서가 아니라, 있는 그대로인 존재의 현상(le phénomène d'être)에 대한 고찰에서 그 정당성을 끌어내게 될 것이다.

하지만 여기에서 검토해야 할 것은 특히 존재와 무에 대한 헤겔의 주장이다. 이 주장에 의하면, 존재와 무는 두 상반자(deux contraires)

를 구성하고 있으며, 고찰된 추상의 수준에서 그 차이는 하나의 단순한 "사념"에 불과하다는 것이다.

헤겔의 오성의 방식으로 존재와 무를 정립과 반정립으로 대립시키는 것은 이 양자 사이의 논리적인 동시성을 전제한 것이다. 이렇게 해서 두 상반자는 하나의 논리적 계열의 두 극한의 항으로서 동시에 솟아오른다. 하지만 여기에서 두 상반자가 똑같이 긍정적(또는 똑같이 부정적)이기 때문에, 그것만이 동시성을 누릴 수 있다는 사실에 주의해야 한다. 하지만 비존재는 존재의 반대 개념이 아니다. 비존재는 존재의 모순 개념이다. 그것에는 무가 존재에 대해 논리적으로 후속적이라는 점이 함축되어 있다. 왜냐하면 무는 먼저 정립되고 그다음에 부정된 존재이기 때문이다. 따라서 존재와 비존재가 동일한 내용의 개념일 수는 없다. 그도 그럴 것이 비존재는 [존재와는] 반대로 정신의 환원 불가능한 진행을 전제하기 때문이다. 즉 존재의 원초적인 무차별화(l'indifférenciation)가 어떤 것이든, 비존재는 바로 이 동일한 무차별화가 부정된 것이기 때문이다. 헤겔이 존재를 무로 "이행시킬 수 있게 된" 것은, 그가 존재에 대한 그의 정의에 부정을 암암리에 끌어 넣었기 때문이다. 이것은 자명하다. 왜냐하면 하나의 정의(définition)는 부정적이기 때문이다. 이것은 헤겔이 스피노자의 명제를 취하면서 모든 규정은 부정이다(omnis determinatio est negatio)라고 말했기 때문이다. 그리고 헤겔은 이렇게 쓰지 않았는가? "어떤 규정 또는 어떤 내용이든 간에, 존재를 다른 사물과 구분하고, 존재에 하나의 내용을 정립하는 것은, 존재가 그 순수성 속에서 유지되는 것을 허용하지 않을 것이다. 존재는 순수한 무규정이고 텅 빈 것이다. 존재에서는 아무것도 파악할 수 없다⋯⋯." 이렇듯 외부로부터 [미리] 존재 속에 이 부정을 도입했다가 나중에 이 존재를 비존재로 이행시킬 때, 이 부정을 재발견하는 것은 바로 헤겔이다. 여기에는 다만 부정이라는 개념 자체에 대해 말장난만 있을 뿐이다. 왜냐하면 내가 존재에 대해 모든 규정과 모든 내용을 부정한다고 할 때, 그 부정은 적어도 존재가 있다고 긍정함으로써만 가능하기 때문이다. 이렇게 해서 우리가 존재에 대해 원하는 모든 것을 부정할 수 있다고 해도, 우리가 부정하는 것은 존재가 이런 것이냐 저런 것이냐라는 사실만으로, 그 존재를 있지 않게끔 할 수는 없을 것이다. 부정은 절대적인 충만이자 완전한 긍정성인 존재에 대해 존재의 중핵에 침해할 수 없다. 그 반대로 비존재는 완전한 밀도를 지닌 [존재의] 중핵 자체를 겨냥하는 하나의 부정이다. 비존재가 부정되는 것은 존재의 심장부에서이다. 헤겔이 "(존재와 무)는 텅 빈 추상이고, 한쪽은 다른 쪽과 같이 비어 있다."라고 쓸 때,[12] 그는 빈 것(le vide)이 무엇인가에 대해(de) 빈 것임을 잊고 있다.[13] 그런데 존재는 그 자체와의 동일성이라기보다 모든 규정에 대해(de) 텅 빈 것이다. 하지만 비존재는 존재에 대해(d'être) 텅 빈 것이다. 한마디로 헤겔에 반대하면서 여기에서 상기해야 할 것은 존재는 존재하고(est), 무는 존재하지 않는다(n'est pas)는 사실이다.

이렇듯 비록 존재가 어떤 차별화된 성질을 담당하는 것은 아니라 해도, 무는 논리적으로 존재보다 뒤에 올 것이다. 왜냐하면 무는 존재를 부정하기 위해 이 존재를 전제해야 하기 때문이다. 또 아니다라고 하는 환원 불가능한 성질은 자기를 넘겨주기 위해 존재의 무차별한 이 덩어리에 덧붙여지기 위해 와야 하기 때문이다. 이것은 존재와 비존재를 동일한 차원에 놓아서는 안 됨을 의미하는 것뿐만이 아니라,

12 Hegel, *Enzyklopädie*, 2ᵉ éd., §LXXXVII. — 원주.
13 마찬가지로 더 기이한 것은, 헤겔이 "모든 부정은 규정된 부정이다." 즉 모든 부정은 어떤 내용에 대해 가해지는 것임을 지적한 첫 번째 인물이라는 사실이다. — 원주.

또한 우리가 무를 근원적인 심연으로 보고, 거기에서 존재가 나오는 것으로 여겨서는 결코 안 됨을 역시 의미한다. 우리가 무라는 개념을 친숙한 형태로 표현할 때의 어법에는 항상 존재의 선행하는 내역이 전제되어 있다. 이 점에 대해 언어가 사물들의 무("아무것도")와 인간 존재의 무("누구도")와 같은 용례를 제공한다는 사실은 인상적이다.[14] 하지만 이런 내역이 더 많은 경우에 그대로 통용된다. 우리는 흔히 특정한 물건 더미를 가리키면서 "아무것에도 손대지 마!"라고 말한다. 좀 더 정확하게 말하면, 이 더미 중 그 어느 것에도 손대지 말라는 것이다. 이와 비슷하게 사적이거나 공적인 삶에서 명확하게 한정된 사건에 대해 누군가가 물을 때, "나는 아무것도 모른다(Je ne sais rien)."라고 대답한다. 그런데 여기에서 아무것(rien)에는 질문의 대상이 되는 사실의 총체가 포함되어 있다. 소크라테스 스스로 "나는 내가 아무것도 모른다는 사실을 안다(Je sais que je ne sais rien)."라는 유명한 말을 했을 때, 그는 이 '아무것'에 의해 진리(Vérité)로 여겨진 존재의 총체를 정확하게 지시한 것이다. 만일 우리가 한순간 소박한 우주 생성론의 관점을 취하면서 세계가 있기 전에 "있었던 것"이 무엇인가 묻고, "아무것도"라고 대답한다면, 우리는 이 "아무것"과 "있기 전에"가 소급적인 효력을 발휘한다는 사실을 인정하지 않을 수 없을 것이다. 존재 속에 자리 잡고 있는 우리가 오늘 부정하고 있는 것은, 이 존재 이전에 어떤 존재가 있었다는 사실이다. 여기에서 부정은 근원을 향해 돌아선 의식에서 발산된다. 만일 이 근원적 텅 비어 있음에서 이 세계와 세계의 형태를 취한 모든 전체의 텅 비어 있음의 성격이 제거된다면, 또한 내가 이전을 이전으로서 구성하는 것은 이후와의 관

14 프랑스어 부정대명사 'rien'은 사물에 대한 부정을 표현할 때, 'personne'은 사람에 대한 부정을 표현할 때 사용한다.

계에 있어서임에도, 이 근원적 공허에서 이후를 전제하는 이전이라는 성격이 제거된다면, 그때 사라지게 될 것은 부정 자체이다. 그러면서 부정은 무로서조차도, 특히 무로서 생각하는 것이 불가능한 하나의 전적인 미규정에 자리를 내주게 된다. 따라서 우리는 스피노자의 명제를 뒤집어 모든 부정은 한정이라고 말할 수 있다. 이것은 존재가 무에 앞서 있고, 무에 기초를 부여함을 의미한다. 이것에 의해 우리는 존재가 무에 대해 논리적인 우선권을 갖는다는 것뿐만 아니라, 무가 자신의 효력을 구체적으로 끌어내는 것은 무로부터라고 이해해야 한다. 이것이 바로 무는 존재에 붙어 다닌다(le néant hante l'être)라고 말하면서 우리가 표현하고자 하는 것이다. 이것은 존재가 생각되기 위해 무를 전혀 필요로 하지 않는다는 것, 그리고 존재에서 무의 최소한의 흔적을 발견하는 일 없이 이 존재 개념을 철저하게 검토할 수 있음을 의미한다. 하지만 그 반대로 존재하지 않는(qui n'est pas) 무는 하나의 빌려온 존재(qu'une existence empruntée)만을 가질 뿐이다. 무가 자신의 존재를 받는 것은 존재로부터이다. 무가 가지고 있는 존재적인 무는 존재의 한계 안에서만 만날 수 있을 뿐이다. 존재의 전적인 소멸로 비존재의 지배가 도래하는 것이 아니다. 그 반대로 존재의 전적인 소멸과 함께 무의 소멸이 있게 될 것이다. 비존재는 존재의 표면에서만 있을 뿐이다(il n'y a de non-être qu'à la surface de l'être).

IV. 무에 대한 현상학적 사고방식

존재와 무의 상호보완성을 다른 방식으로 생각해 볼 수도 있다. 존재와 무에서 실재(le réel)를 구성하는 데 똑같이 필요한 두 요소를 볼 수 있다. 하지만 헤겔처럼 존재를 무 속으로 "이행시키지" 않고, 또 우리가 시도했듯이 무의 후행성(postériorité)을 주장하지 않을 수도 있다. 반대로 존재와 비존재가 서로에게 행사하는 상호 배제의 힘을 강조하면서, 실재는 적대적인 힘에서 생겨나는 모종의 긴장이라고 여길 수도 있다. 하이데거는 이 새로운 사고방식으로 향하고 있다.[15]

　무(Néant)에 대한 하이데거의 이론이 헤겔에 비해 이룬 진전에 대해서는 쉽게 알 수 있다. 먼저, 존재와 비존재는 이제 더 이상 공허한 추상이 아니다. 하이데거는 주저[16]에서 존재에 대한 질문의 정당성을 보여 주었다. 하이데거에게 존재는 헤겔에게서 여전히 보존되던 스콜라적인 보편적 성격을 더 이상 지니지 않는다. 해명해야 하는 존재의 의미가 있다. 존재에 대한 하나의 "선존재론적 이해(compréhension préontologique)"가 있는데, 이것은 "인간실재"의 각개의 행동에, 즉 인간실재의 각개의 기투(projets)에 들어 있다. 그런 방식으로 철학자가 무의 문제를 다루자마자 습관적으로 제기되는 논리적 궁지(아포리아, apories)가 효력이 없음이 드러난다. 아포리아는 오성의 사용을 제한하는 한에서만 가치를 가질 뿐이며, 단지 무의 문제가 오성의 권한에 속한 것이 아님을 나타낼 뿐이다. 반대로 "인간실재"의 태도는 증오, 금지, 후회와 같은 무에 대한 이해를 함축하고 있다. 심지어 현존재에게 있어서도 무에 "직면해" 있고, 또 무를 현상으로서 발견할 끊임없는 가능성이 있다. 그것이 불안(l'angoisse)[17]이다. 그렇지만 하이데거는 무를 구체적으로 파악할 가능성을 확립하면서도 헤겔이 범한 오류에는 빠지지 않는다. 하이데거는 비존재에 하나의 존

15　Heidegger, *Qu'est-ce que la métaphysique?*(trad. Corbin, N.R.F., 1938). ─ 원주.
16　하이데거의 『존재와 시간』을 가리킨다.
17　독일어로는 'Angst'이다.

재를 간직해 두지 않는다. 그것이 하나의 추상적인 존재일지라도 그렇다. [그에게서] 무는 존재하지 않는다. 무는 자신을 무화한다. 무는 초월에 의해 지탱되고 조건지워진다. 우리는 하이데거가 인간실재를 존재가 "세계-내-존재"로 정의한다는 사실을 알고 있다. 그리고 세계는 도구적 실재들의 종합적 복합이다. 이것은 이 도구적인 실재들이 점점 더 광범위한 순환 관계에 따라 서로를 지시하는 한에서, 또 인간이 이 도구적 실재들의 종합적 복합에서 출발해 자기가 무엇인지를 알리는 한에서 그러하다. 이것은 한편으로 "인간실재"는 존재로 에워싸여 있는 한에서 나타난다는 것, 존재 속에서 "자기를 발견한다(sich befinden)"는 것을 의미하고, 이와 동시에 인간실재가 자신을 에워싸고 이 존재를 세계라는 형식 아래 자기 주위에 배치되도록 한다는 것을 의미한다. 하지만 인간실재가 존재를 세계라는 형태로 조직된 총체로서 드러나도록 하는 것은 오직 그가 세계를 넘어섬으로써만 가능할 뿐이다. 하이데거에게서 모든 규정은 넘어섬이다. 왜냐하면 모든 규정에는 [대상으로부터의] 후퇴이면서 [그 대상에 대해] 관점을 취하는 것이 전제되기 때문이다. 세계에 대한 이 넘어섬이 세계가 바로 그런 것으로 나타나기 위한 조건인데, 현존재는 이런 넘어섬을 자기 자신을 향해서 수행한다. 사실 [인간의] 자기성(自己性, ipséité, Selbstheit)의 특징은, 인간이 항상 자기가 그것이 아닌 존재의 그 모든 폭에 의해 자기가 그것인 것으로부터 분리되어 있다는 것이다.[18] 인간은 세계의 저편에서 자신에게 자기를 알리고, 지평선에서 출발해 자신을 향해 자기를 내면화하기 위해 되돌아온다. 즉 인간은 "먼 곳에서 오는 하나의 존재(un être des lointains)"이다. 존재

18 여기에서부터 사르트르는 하이데거를 그 나름의 독창적으로 해석함으로써 그 자신만의 고유한 인간 존재론을 확립하는 중요한 계기를 확보하기 시작하는 것으로 보인다.

가 세계로서 나타나고 조직되는 것은 모든 존재를 가로지르는 [인간의] 이 내면화 운동 속에서이다. 그렇다고 이 운동이 세계에 대해 우선성(priorité)을 갖는 것도 아니고, 세계가 이 운동에 대해 우선성을 갖는 것도 아니다. 하지만 세계의 저편에서의 이 자기의 나타남, 다시 말해 실재적인 것 총체의 나타남은 무 속에서의 인간실재의 창발(émergence)이다. 우리가 존재를 넘어설 수 있는 것은 오직 무 속에서이다. 이와 동시에 존재가 세계로 조직되는 것은 세계 저편의 관점에서이다. 이것은 한편으로는 인간실재가 비존재 속에서의 존재의 창발로서 솟아남을 의미하고, 다른 한편으로는 세계가 무 속에서 "정지 상태에(en suspens)" 있음을 의미한다. 불안은 이런 이중적이고 끊임없는 무화작용의 발견이다. 그리고 현존재가 세계의 우연성을 실감하게(réaliser) 되는 것, 다시 말해 현존재가 "아무것도 없지 않고 오히려 무엇인가가 있는 것은 무엇 때문인가?"라는 물음을 던지는 것은 바로 세계를 넘어서는 데서부터 출발해서이다. 따라서 세계의 우연성은 인간실재가 이 우연성을 파악하기 위해[19] 무 속에 자리를 잡는 한에서 이 인간실재에게 나타난다.

따라서 여기에서는 [즉 하이데거에게서는] 무가 사방에서 존재를 에워쌈과 동시에 존재로부터 축출된다. 여기에서는 무가 세계에 세계로서의 윤곽을 부여하는 것으로 주어진다. 이 해결책이 우리를 만족시켜 줄 것인가?

확실히 세계를 세계로 파악하는 것이 무화적임을 부인할 수 없을 것이다. 세계가 세계로 나타나자마자, 세계는 이외의 아무것도 아닌 것으로 주어진다. 따라서 세계에 대한 이런 파악에 필수적으로 요구되

---

19 여기에서 현존재가 세계의 우연성을 파악하고자 하는 것은 아무것도 없지 않고 왜 무언가가 있는가에 대한 물음에 대한 답을 얻고자 하는 것을 달리 말한 것이다.

는 대립항은 무에서 이루어지는 인간실재의 창발이다. 하지만 이렇게 인간실재가 비존재 속에서 창발하는 힘은 어디에서 오는가? 부정이 무에서 자신의 근거를 끌어낸다는 사실을 강조한 하이데거가 옳다는 데는 의심이 없다. 하지만 무가 부정의 근거가 된다면, 그것은 무가 자기 속에 그 본질적인 구조로서 부(否)를 포함하고 있기 때문이다. 달리 말해 무가 부정의 근거가 되는 것은, 무가 무차별적인 텅 빔 또는 자신이 이타성으로서 정립될 수 없을 이타성으로서가 아니다.[20] 무는 부정적 판단의 기원에 있다. 왜냐하면 무는 그 자체가 부정이기 때문이다. 무는 작용으로서 부정의 근거가 된다. 왜냐하면 무가 [일종의] 존재(être)로서 부정이기 때문이다. 무는 오직 무가 세계의 무로서 그 자신을 명백하게 무화하는 경우에만 무일 수 있을 뿐이다. 다시 말해 무가 그 자신의 무화에서 세계에 대한 거부로서 자기를 구성하기 위해 명백하게 이 세계를 향하는 경우에만 무가 무일 수 있을 뿐이다. 무는 존재를 그 자신의 핵심에 지니고 있다. 하지만 이 창발은 이 무화적 거부를 무엇으로 설명할 것인가? 초월, 즉 "······의 저편으로의 자기의 기투"는 무의 근거가 될 수 없다. 그렇기는커녕 그 반대로 초월의 핵심에 있으면서 초월을 조건짓는 것이 바로 무이다. 그런데 하이데거 철학의 특징은 현존재를 기술하기 위해 암시적인 모든 부정을 가리는 긍정적인 용어를 사용한다는 것이다. 현존재는 "자신 바깥에, 세계 속에" 있다. 현존재는 "먼 곳에서 오는 하나의 존재"이다. 현존재는 "염려"이다. 현존재는 "자신의 고유한 가능성"이다 등. 이 모든 규정은 다음과 같은 사실로 귀결된다. 즉 현존재는 즉자적으로 "있지 않다는" 것, 현존재는 자신에 대해 아주 가까운 곳에 "있지 않다는" 것, 또

---

20   헤겔은 이것을 '직접적 이타성'이라고 불렀다. —원주.

현존재가 자기를 즉자적으로 있지 않은 것으로서, 그리고 세계가 아닌 것으로서 정립하는 한에서 세계를 "넘어선다" 것이 그것이다. 이런 의미에서 정신(Esprit)을 부정적이라고 선언한 헤겔은 하이데거에 비해 옳다. 다만, 약간 다른 형태를 띠긴 하지만 두 사람 모두에게 동일한 물음을 던질 수 있다. 헤겔에게는 이렇게 말해야 한다. "정신을 매개이자 부정적인 것으로 정립하는 것만으로는 충분하지 않다. 부정성을 정신의 존재 구조로 제시해야 한다. 정신이 부정적인 것으로서 자기를 구성할 수 있기 위해서는 과연 정신은 무엇이어야 하는가?" 그리고 하이데거에게는 이렇게 물어볼 수 있다. "만일 부정이 초월의 제1의 구조라면, 세계를 초월할 수 있기 위한 인간실재의 제1의 구조는 무엇이어야 하는가?" 철학자 모두 부정적인 활동성을 우리에게 보여주고는 있지만, 그들은 그것이 하나의 부정적인 존재에 근거를 두고 있다는 사실은 크게 염두에 두지 않는다. 이외에도 하이데거는 무를 초월에 대한 일종의 지향적 상관자로 만들면서도, 그 자신이 무를 이미 초월 자체 속에 그 근본 구조로서 끼워 놓고 있다는 사실을 알지 못한다.

하지만 무가 부정을 세우는 기초가 된다고 주장해도, 만일 이 주장이 나중에 가정적으로 모든 구체적인 부정으로부터 무를 끊어 내는 비존재의 이론을 내세우기 위한 것이라면, 이 주장이 무슨 소용이 있겠는가? 만일 내가 무 속에서 세계 저편에 창발한다면, 이 초-세계적인(extra-mondain) 무는 매 순간 우리가 존재 핵심에서 끊임없이 만나는 비존재의 작은 호수를 어떻게 근거 지을 수 있는가? 나는 "피에르가 거기에 없다", "나는 더는 돈이 없다"라는 등의 말을 한다. 이런 일상적인 판단을 정초하기 위해 정말로 무를 향해 세계를 넘어서야 하고, 이어서 존재로까지 되돌아와야 하는가? 그리고 이런 활동은 어떻게 이루어질 수 있는가? 세계를 무 속으로 미끄러져 들어가도록 하는 것이 결코 문제가 아니다. 단순히 존재의 한계 안에 머물면서 한 주체에 대해 속성을 거부하는 것이 문제가 된다. 거부된 개개의 속성, 부인된 개개의 존재가 초-세계적인 단 하나의 동일한 무에 덥석 포획되었다고 말할 것인가? 비존재는 존재하지 않는 것으로 가득 채워진 것이라고 말할 것인가? 실재가 가능한 것 속에서 정지된 것처럼, 세계가 비존재 속에서 정지되었다고 말할 것인가? 이 경우 각각의 부정이 하나의 특수한 넘어섬, 즉 다른 존재를 향한 존재의 넘어섬을 근원으로 삼는다고 해야 할 것이다. 하지만 이 넘어섬은 아주 간단하게 말해 헤겔이 말하는 매개가 아니라면 무엇인가? 그런데 우리는 매개의 무화적인 근거를 이미 헤겔에게 물었지만, 소용없지 않았던가? 게다가 이 설명은 어떤 일정한 대상에 대한 존재의 핵심에 있는 모든 종류의 현전을 거부하는 단순하고 근본적인 부정("반인반마는 존재하지 않는다." "그가 늦을 이유가 없다." "고대 그리스인들은 일부다처제를 시행하지 않았다.")에 유효할 수 있다. 또한 이 설명은 엄격하게 말해 실패한 모든 시도, 부정확한 모든 표상, 사라진 모든 존재, 또는 단순히 그 관념이 날조되었을 뿐인 모든 존재의 일종의 기하학적인 장소로 구성하는 데 두움이 될 수 있는 근본적이고 간단한 부정에도 유효할 수 있다. 설사 그렇다 할지라도 비존재에 대한 해석은 그런 존재 속에 비존재를 포함하고 있는 어떤 유형의 실재 — 사실을 말하자면 가장 빈번하다 — 에 대해서는 더 이상 효력을 발휘하지 못할 것이다. 사실, 이런 실재의 일부는 우주 속에 있지만, 그 밖의 다른 부분은 모두 바깥에, 초-세계적인 무 속에 있다는 것을 어떻게 용인할 것인가?

예컨대 어떤 위치의 결정과 어떤 점의 위치를 조건 짓는 거리 개념을 보자. 이 개념이 하나의 부정적인 계기를 갖는다는 것을 알기는 쉽다. 두 개의 점이 어떤 길이에 의해 분리되었을 때, 이 두 점은 거리를 갖는다. 이것은 한 직선의 선분에 대해 긍정적인 속성인 길이가 하나의 절대적이고 미분적인 근접을 부정하는 자격으로 여기에 개입함을 의미한다. 여기에서 아마도 사람들은 거리를 두 점 A와 B를 양 끝으로 하는 선분의 길이일 뿐인 것으로 환원하고자 할 것이다. 하지만 이 경우 주의의 방향이 바뀌었다는 사실, 그리고 같은 단어를 구실로 직관에 하나의 다른 대상을 제시하고 있다는 사실을 사람들이 보지 못할까? 사실 두 개의 극단을 지닌 선분에 의해 구성되는 조직된 복합체는 인식에 다른 두 대상을 제공할 수 있다. 실제로 선분을 직관의 직접적인 대상으로 제시할 수 있다. 이 경우 이 선분은 길이를 그 긍정적인 속성으로 가진 충만하고 구체적인 긴장을 형성한다. 그리고 두 점 A와 B는 전체의 한 계기로만 나타날 뿐이다. 다시 말해 이 두 점은 선분의 두 극단으로서 선분 자체에 포함된 것으로만 나타난다. 그때 선분과 그 길이로부터 추방된 부정은 그 두 극단으로 도피하게 된다. 점 B가 이 선분의 극단이라는 것은, 선분이 이 점 너머로 확장되지 않는다는 것이다. 여기에서 [······ 않는다는] 부정은 대상의 이차적인 구조이다. 반대로, 만일 우리가 두 점 A와 B에 주의를 기울이면, 이 두 점은 공간을 직관의 직접적인 대상으로서 공간의 배경 위로 떠오른다. 이 선분은 충만하고 구체적인 대상으로서는 사라진다. 선분은 두 점에서 출발해 텅 빈 것, 두 점을 분리하는 부정적인 것으로 파악된다. 이 두 점은 극단이기를 그치고, 부정은 두 점에서 벗어나 길이 자체에 거리라는 자격으로 선분에 배어든다. 이렇듯 선분과 그 극단으로 구성되고, 그 내부 구조로 부정을 가진 이 전체적인 형태는 두 가지 방식으로 파악할 수 있다. 또는 차라리 두 가지 형태가 있고, 그중 하나의 출현 조건은 다른 한 형태의 해체이다. 이것은 지각의 경우와 똑같다. 우리는 지각에서 이런저런 대상을 형태(forme)로 구성하면서 그 밖의 다른 대상을 밀쳐 내 하나의 배경(fond)으로 만든다. 그 반대의 경우도 마찬가지이다. 두 경우에서 우리는 동일한 분량의 부정을 발견한다. 부정은 때로는 두 극단의 개념으로 이행하고, 때로는 거리의 개념으로 이행하지만, 어떤 경우에도 제거될 수는 없다. 사람들은 거리의 관념이 심리적이고, 또 점 A에서 점 B로 가기 위해 단지 건너뛰어야(franchir) 하는 넓이를 가리킬 뿐이라고 말할 것인가? 우리는 동일한 부정이 이 "건너뛰기"에 포함되어 있다고 대답할 것이다. 왜냐하면 이 개념이 정확히 거리 두기에 대한 수동적인 저항을 표현하기 때문이다. 우리는 하이데거와 더불어 인간실재가 "거리를 생몰케 하는(déséloignante)" 자, 다시 말해 거리를 창조하면서 동시에 거리를 소멸시키는(ent-fernend) 자로서 세계 속에 나타나는 자라는 사실을 기꺼이 받아들일 것이다.[21] 그러니 이 거리를 생몰케 하기(déséloignement)가 일반적으로 거리 두기가 "있기" 위한 필요조건이긴 하지만, 여기에는 부정적인 구조로서 극복되어야 하는 거리 두기가 포함되어 있다. 우리가 거리를 측정의 단순한 결과로 환원하고자 해도 헛된 일일 것이다. 앞의 설명하는 과정에서 나타난 것, 즉 두 점과 그 사이에 포함된 선분은 독일인들이 "게슈탈트(Gestalt)"라고 부르는, 분해될 수 없는 통일성을 가지고 있다. 부정은 이 통일성을 실

---

21 여기에서 사르트르는 괄호 속에 독일어 'ent-fernend'를 덧붙이고 있는데, 타동사 'entfernen'의 현재분사형이다. 독일어 타동사 'entfernen'은 '멀리하다', '제거하다', '떼어 놓다'라는 뜻이 있다. 그런데 여기에 특별히 이음줄을 넣어 'ent-'라는 전철(前綴)을 강조하고 있다. 이는 전철 'ent-'가 '……하게 함', '……에서 벗어남'이라는 두 가지 의미를 지님으로써 'entfernen'이 위의 두 가지 뜻을 동시에 가지고 있음을 보이고자 한 것이다. 그러니까 프랑스어에서 쓰이지 않는 'déséloigner'의 현재분사형인 'déséloignant(e)'는 독일어 'entfernend'를 궁여지책으로 번역한 것으로 볼 수 있다. 우리말에서 이 두 가지 뜻을 모두 살린 낱말을 찾기는 참으로 어렵다. 이를 고려해 여기에서는 '거리를 생몰케 하는'이라고 번역했다.

현하는 시멘트이다. 부정은 정확히 이 두 점을 연결해 분해할 수 없는 거리의 통일성으로 만들어 직관에 제공하는 직접적인 관계이다. 만일 당신이 거리를 길이의 측정으로 환원하고자 한다면, 그것은 그저 부정을 덮어 버리게 될 것이다. 왜냐하면 그 측정의 존재 이유가 바로 부정이기 때문이다.

우리가 방금 거리에 대한 검토를 통해 본 것은 부재, 변심, 이타성, 혐오, 후회, 기분 전환 등과 같은 현실을 묘사함으로써 똑같이 밝힐 수도 있을 것이다. [거리 개념과 같은] 단순히 판단의 대상만이 아니라, 인간 존재가 힘들게 겪거나 싸우거나 두려워하거나 하는 현실, 또 그 내부 구조 속에 마치 존재의 필요조건인 것처럼 부정을 품고 있는 수없이 다양한 현실이 존재한다. 우리는 그 현실을 부정태(négatités)라고 부를 것이다. 칸트가 부정적인 것과 긍정적인 것의 종합 방식으로서 제한적인(limitatif) 개념(예컨대 영혼 불멸성)을 언급했을 때(여기에서는 부정이 긍정성의 조건이 된다.) 그는 이 부정태의 중요성을 엿보았다.[22] 부정의 기능은 고려하는 대상의 성질에 따라 다양하게 변한다. 즉 완전히 긍정적인 현실(하지만 이것은 자신의 윤곽을 분명하게 하기 위한 조건으로, 이 현실을 있는 그대로의 것으로 머물러 있게 하는 부정을 붙들고 있다.)과 외관만 긍정적일 뿐, 배후에는 무의 구멍을 감추고 있는 현실 사이에는 다양한 중간 상태가 가능하다. 어쨌든 이런 부정은 존재 속

22 칸트가 『순수이성비판』에서 12가지 범주를 제시한 것은 유명하다. 그 가운데 성질의 범주로서 '실재성(Realität)', '부정성(Negation)', '제한성(Limitation)' 등 세 가지를 제시한다(B 106). 여기에서 그는 "제한성은 부정성과 결합된 실재성이다."라고 말한다(B 111). 제한성은 대체로 'A가 B가 아닌 것은 아니다'와 같은 이중 부정에 대한 범주이다. 하지만 칸트가 제시하는 이들 범주는 오로지 오성적인 판단에만 적용된다. 하지만 사르트르는 욕망과 감정을 비롯해 인간 실존의 다양한 현실에 칸트가 말한 제한성과 같은, 부정의 이중적인 작용이 작동하고 있다고 말한다. 여기에서 '영혼 불멸성'을 예로 든 것은, 영혼이 죽는(부정) 것은 아니다(부정)는 식으로 이중 부정을 통해 새로운 긍정을 종합해 낸다고 볼 수 있기 때문으로 추정된다.

에 흩어져 존재에 의해 지탱되고, 그럼으로써 현실의 조건으로 작동하고 있으므로, 이 부정을 초-세계적인 무 속으로 내던져 버리는 것은 불가능하다. 초(超)-세계적인(ultra-mondain) 무[23]는 절대적 부정을 설명해 준다. 하지만 우리는 방금 내-세계적인(intra-mondain) 존재의 급속도의 증식을 발견했다. 이 존재들은 다른 존재들만큼이나 현실성과 효능을 지니고 있지만, 그 속에 비존재를 안고 있다. 이 존재들은 실재의 한계를 넘어서지 않는 설명을 요구한다. 무가 존재에 의해 지탱되지 않는다면, 무는 무로서의 한도에서 사라져 버릴 것이고, 우리는 존재 위로 되돌아올 것이다. 무는 존재의 기반 위에서만 무화될 수 있을 뿐이다. 만일 무가 주어질 수 있다면, 그것은 존재 이전도 이후도 아니며, 일반적인 방식으로 말하면, 존재 바깥에서도 아니다. 무가 주어질 수 있는 것은 바로 존재의 핵심에서이며, 한 마리의 벌레로서이다.

V. 무의 기원

이제 눈을 뒤로 돌려 우리가 걸어온 길을 되짚어 보는 것이 좋을 것 같다. 먼저 우리는 존재에 대한 물음을 제기했다. 이어서 우리는 이 물음 자체로 되돌아가 이 물음을 인간적 행동의 한 유형으로 생각하고, 이 물음 자체에 질문을 던졌다. 그때 우리는 만일 부정이 존재

---

23 하이데거의 '존재를 밖에서 감싸는 무'를 사르트르는 '외(外)-세계적인 무(néant extramondain)'라고 명명한다. 여기에 대해 사르트르는 그 자신이 고안한 '존재에 붙어 다니는 무'는 '초(超)-세계적인 무(néant ultra-mondain)'라고 명명한다. 하지만 이 경우 '초(ultra)'는 '세계를 초월한 저 너머'라는 의미가 아니라 '극단적으로 세계적인(extrêmement mondain)'의 의미이다.

하지 않는다면, 그 어떤 물음도 제기할 수 없고, 특히 존재에 대한 물음을 제기할 수 없다는 사실을 인정해야 했다. 하지만 이 부정 자체를 더 가까이에서 고찰하면서 우리는 부정의 기원과 그 근거로서의 '무'의 문제로 나아가게 되었다. 세계 속에 부정이 있기 위해서는, 따라서 우리가 존재에 대해 질문을 던질 수 있기 위해서는, 어떤 방식으로든 무가 주어져 있어야 한다. 우리는 상호 보완적이고 추상적인 개념으로서든, 존재가 그 속에 정지되어 있는 무한한 환경으로서든, 존재 바깥에서는 무를 생각할 수 없음을 깨닫게 되었다. 우리가 부정태라고 불렀던 특수한 유형의 현실을 파악하기 위해서는 무가 존재의 핵심에 주어져 있어야 한다. 하지만 즉자존재가 내-세계적인(intra-mondain) 무를 산출할 수는 없을 것이다. 충만한 긍정성으로서의 존재의 개념은 무를 그 구조의 하나로 포함하고 있지 않다. 하지만 충만한 긍정성인 존재의 개념이 무와 양립하지 않는다고 말할 수조차 없다. 이 존재의 개념은 무와 아무 관계도 없다. 그로부터 지금 당장 특별히 긴급을 요하는 한 가지 문제가 우리에게 제기된다. 만일 무가 존재 바깥에서도 생각될 수 없고 또 존재에서 출발해서도 생각될 수 없다면, 그리고 다른 한편으로 만일 무가 비존재인 탓에 "자기를 무화하는"데 필요한 힘을 자기로부터 이끌어 낼 수 없다면, 도대체 무는 어디에서 오는가?

만일 이 문제를 좀 더 가까이에서 파악하길 원한다면, 우리는 먼저 무에 대해 "자기를 무화한다"는 특성을 허용해서는 안 된다는 점을 인정해야 한다. 왜냐하면 "자기를 무화한다"는 이 동사가 조금이라도 존재와 유사한 점을 무에서 제거하기 위해 생각해 낸 것이라 할지라도, 오로지 존재만이 자신을 무화할 수 있음을 고백해야 하기 때문이다. 또 어떤 것이 그 자신을 무화하려면 어떤 방식으로든 존재해야 하기 때문이다. 그런데 무는 존재하지 않는다. 우리가 무에 대해 말할 수 있다면, 그것은 무가 단지 존재의 외양 또는 빌려 온 존재를 가지고 있을 뿐이기 때문이다. 우리는 이 사실을 앞에서 지적했다. 무는 존재하지 않는다. 무는 "존재해져 있다(est été)."[24] 무는 자기를 무화하지 않는다. 무는 "무화된 것이다(est néantisé)." 따라서 무를 무화함을 특성으로 가진 하나의 존재, 그 존재 자체에 의해 무를 지탱하고 있는 하나의 존재, 즉 무가 사물들에게 오게 하는 하나의 존재 — 즉자존재일 수는 없다 — 가 있어야 한다. 그런데 그 자신에 의해 무가 사물들에게 오게끔 하기 위해서는 이런 존재는 무와 어떤 관계에 있어야 하는가? 먼저 여기에서 고려된 존재가 무에 대해 수동적일 수 없다는 사실을 지적해야 한다. 즉 이 존재는 무를 받아들일 수 없다. 무는 다른 하나의 존재(un autre être)에 의해서가 아니면 이 존재에 도래할(venir) 수 없다. 이것은 우리를 무한 퇴행에 빠지게 할 것이다. 하지만 다른 한편으로 무를 세계 속에 오게 하는 이 존재는, 자신은 변하지 않으면서 결과를 산출하는 스토아적인 원인[25]과 같이, 이 산출에 무관심한 채로 머물면서 무를 산출할(produire) 수는 없다. 충만한 긍정성인 하나의 존재가 자기 밖에서 초월적인 존재인 하나의 무를 창조하고 유지한다는 것은 생각해 볼 수 없다. 왜냐하면 존재 안에는 존재

24 프랑스어에서 '존재하다(être)'는 자동사이지 타동사가 아니다. 이 동사를 타동사로 사용한 예는 없다. 하지만 사르트르는 종종 타동사의 의미로 사용한다. 예컨대 'Je suis cette douleur'라는 문장에서 'suis'를 단지 계사(繫辭)로서 '이다'로 해석하는 것은 이 문장의 정확한 의미를 드러내지 못한다. 이보다는 오히려 타동사성을 강조해 '나는 이 고통을 존재한다.'라고 해석해야 한다. 또한 사르트르는 'exister'의 경우에도 타동사로 사용하고 있기도 하다. 'J'existe mon corps(나는 나의 신체를 존재한다.)' 등이 그 예이다.

25 스토아학파의 크리시포스(Chrysippos, BC 280?~BC 207?)가 주장한 '사물들을 촉발하는 직접적인 원인'의 의미를 가진 'το προκαταρκτικόν(to prokatartikon, 사물들을 촉발하는 직접 원인)'이 그것이다. 가령, 미(美)는 스스로 변하지 않고 사랑을 태어나게 한다.

가 비존재를 향해 자기를 뛰어넘음을 가능케 하는 것은 아무것도 없기 때문이다. 무를 세계 속에 오게 하는 존재는 자기의 존재 안에서 무를 무화해야 한다. 그리고 심지어 그 경우에도, 만일 이 존재가 자신의 존재 안에서 자신의 존재에 대해 무를 무화하지 않는다면, 이 존재는 여전히 내재성의 중심에서 무를 하나의 초월적인 것으로 확립하는 위험을 무릅쓰게 될 것이다. 무를 세계에 오게 하는 존재는, 이 존재 속에서 이 존재의 무가 문제 되는 하나의 존재이다. 즉 자신의 존재에 의해 무를 세계에 오게 하는 그 존재는 그 자신의 무여야 한다(l'être par qui le néant vient au monde doit être son propre néant). 그리고 이 규정을 통해 존재에 근거를 요구하는 하나의 무화작용이 아니라, 차라리 요구되는 그 존재의 존재론적인 특성으로 이해해야 할 것이다. 남은 문제는 섬세하고 미묘한 존재의 영역에서 우리가 자기 자신의 무인 존재를 과연 만날 것인가를 알아보는 일이다.

우리에게 출발점으로 소용되었던 행동(conduite)에 대해 좀 더 자세히 검토한다면 우리의 탐구에 도움이 될 것이다. 따라서 우리는 질문으로 되돌아가야 한다. 기억하고 있겠지만, 우리는 모든 물음이 본질상 부정적인 대답의 가능성을 정립한다는 사실을 보았다. 물음에서 우리는 하나의 존재에 대해 또는 그 존재 방식에 대해 묻는다. 그런데 이 존재 방식이나 이 존재는 가려져 있다. 즉 이 존재가 하나의 무로서 자신을 드러내 보일 가능성은 항상 열려 있다. 하지만 하나의 존재자가 항상 아무것도 아닌 것(rien)으로 드러날 수 있음을 우리가 생각한다는 사실 자체로 인해, 모든 물음에는 우리가 소여에 대해 무화적인 후퇴를 실행하고, 그 결과 이 소여는 존재와 무 사이에서 동요하는 하나의 단순한 제시(présentation)가 된다는 것이 전제되어 있다. 따라서 질문하는 자가 존재를 구성하고 존재만을 산출할 수 있을 뿐인 인과적 계열에서 이탈할 항구적인 가능성을 갖는 것이 중요하다. 만일 실제로 우리가 질문하는 자에게서 질문이 보편적인 결정론에 따라 결정됨을 용인한다면, 이 질문은 이해 가능하지도 않고 심지어 생각도 할 수 없을 것이다. 사실 하나의 실재적인 원인은 하나의 실재적인 결과를 산출하고, 결과로 산출된 존재는 원인에 의해 긍정성 속에 전적으로 구속되어 있다. 결과로 산출된 존재가 그 존재 속에서 원인에 의존하고 있는 한, 그 존재 속에는 무의 싹이 돋아날 최소한의 여지도 없을 것이다. 묻는 자가 물어지는 것에 대해 일종의 무화적 후퇴를 실행할 수 있어야 하는 한, 묻는 자는 세계의 인과적 질서에서 벗어나고 또 존재의 덫에서 빠져나온다. 이것은 무화의 이중 운동을 통해, 한편으로는 묻는 자가 자기와의 관계에서 물어지는 것을 무화하고, 그러면서 그 물어지는 것을 존재와 비존재 사이 하나의 중립적인 상태(un état neutre)로 놓는다는 것을 의미한다. 다른 한편으로, 이것은 묻는 자가 물어지는 것과의 관계에서 묻는 자인 자기 자신을 무화하고, 자기에게서 비존재의 가능성을 끌어낼 수 있도록 존재에서 자기를 분리함을 의미한다. 이렇게 해서 물음과 더불어 어느 정도의 부정태가 세계 속에 도입된다. 우리는 무가 세계를 무지갯빛으로 채색하고 사물 위에서 영롱하게 빛나는 것을 보게 된다. 하지만 이와 동시에 물음은 묻는 자로부터 발산되며, 그 묻는 자는 존재에서 떨어져 나옴으로써 묻는 자로서의 자기 존재 속에서 스스로 동기를 부여하게 된다. 이렇듯 물음은 정의상 하나의 인간적인 과정이다. 따라서 적어도 이 경우에, 인간은 무가 세계 속에서 알을 깨고 나오도록 하는 하나의 존재로 현전하며, 이것은 그가 이 목적을 위해 비존재로부터 영향을 받는 한에서 그렇다.

이런 지적은 앞에서 우리가 말한 부정태에 대한 검토를 하기 위한 길잡이 구실을 할 수 있다. 이 부정태가 초월적인 현실들임은 의심할 여지가 없다. 예컨대 거리는 우리가 고려해야 하는 무엇인가, 애써 뛰어넘어야 할 무엇인가로 우리에게 주어진다. 하지만 이 현실들은 본성상 매우 특수하다. 이것은 모두 인간실재와 세계의 본질적인 관계를 직접적으로 가리킨다. 이것은 기대라든가 기투와 같은 인간 존재의 하나의 행위에서 그 기원을 끌어낸다. 이것은 모두 세계 속에 자기를 구속하고 있는 인간 존재 앞에 나타나는 한, 존재의 어느 한 측면을 보여 준다. 그리고 부정태가 가리키는 인간과 세계의 관계는 우리의 경험적인 활동에서 나오는 후천적(a posteriori) 관계들과 아무런 공통점이 없다. 하이데거에 의하면, 세계의 대상들을 "인간실재"에게 드러나도록 하는 것은 도구성(ustensilité)의 관계에 의해서이지만, 여기에서는 이런 관계가 문제가 되지 않는다. 오히려 모든 부정태는 이 도구성의 관계의 본질적인 조건 중 하나로 나타난다. 존재의 총체성을 도구로서 우리 주위에 배치하기 위해서는, 또 존재의 총체성이 서로를 가리키며 도움이 될 수 있는 분화된 복합으로 분할되기 위해서는, 부정이 여러 사물 중 하나로서가 아니라, 존재의 거대한 덩어리를 여러 사물로 배치·배분하는 것을 주재하는 하나의 범주적 항으로서 솟아올라야 한다. 이렇게 해서 "인간을 둘러싼" 존재의 한복판에서 인간이 솟아오름으로써 하나의 세계가 드러난다. 하지만 인간이 솟아오르는 그 본질적이고 원초적인 계기는 바로 부정이다. 이렇게 해서 우리는 이 연구의 첫 번째 목표에 이르렀다. 인간은 무가 세계에 도래하게 하는 존재라는 것이다. 하지만 이 문제는 즉각 또 하나의 다른 문제를 촉발한다. 인간에 의해 무가 존재에 도래하기 위해서, 인간은 그 존재에서 무엇이어야 하는가?

존재는 존재를 낳을 수 있을 뿐이다. 만일 인간이 이 생산 과정에 포괄되어 있다면, 인간으로부터는 존재만이 나올 뿐이다. 만일 인간이 이 생산 과정에 대해 질문할 수 있어야 한다면, 다시 말해 이 과정을 문제시할 수 있어야 한다면, 인간은 이 과정을 하나의 총체로서 자기 시야 아래 둘 수 있어야 한다. 다시 말해 인간은 자기를 존재 바깥에 둘 수 있어야 하고, 동시에 존재의 존재 구조를 약화할 수 있어야 할 것이다. 그렇지만 인간실재가 자기 앞에 놓인 존재 덩어리를 일시적으로나마 없애는 것(anéantir)은 인간실재가 할 수 없다. 인간실재가 변경할 수 있는 것은 자기와 이 존재와의 관계이다. 인간실재에게 있어 하나의 특정한 존재자를 [존재가 존재를 생산하는] 회로 바깥에 놓는 것은 이 존재와의 관계에 있어 자기 자신을 그 회로 바깥에 두는 것이다. 이 경우 인간실재는 존재자에서 벗어나고, 인간실재는 존재자의 손이 닿지 않는 범위에 있다. 존재자는 인간실재에게 작용할 수 없을 것이다. 인간실재는 무 저편으로 물러나게 된다. 인간실재가 자신을 고립시키는 무를 분비하는 가능성에 대해 데카르트는 스토아학파를 따라 이름을 하나 붙여 주었다. 그것이 바로 자유(liberté)이다. 하지만 여기에서 자유는 그저 하나의 단어일 뿐이다. 만일 우리가 이 문제에 깊이 파고들고자 한다면, 우리는 이런 대답에 만족해서는 안 될 것이다. 우리는 이제 이렇게 물어야 할 것이다. 만일 무가 인간실재에 의해 세계 속에 도래해야 한다면, 과연 인간의 자유는 무엇이어야 하는가?

우리가 자유의 문제를 전면적으로 다루기란 아직 불가능하다.[26] 사실 우리가 지금까지 살펴본 과정에서 자유는 우리가 따로 떼 내어 고찰하고 서술할 수 있는 인간 영혼이 지닌 하나의 능력이 아니라는

---

26 이 책 제4부 제1장 참조.─원주.

사실이 명백히 드러났다. 우리가 규정하려 하는 것은 무의 출현을 조건 짓는 인간의 존재이다. 그리고 이 존재는 우리에게 자유로서 나타났다. 이렇듯 무의 무화작용에 요구되는 조건으로서의 자유는 다른 여러 속성 중에서 인간 존재의 본질에 속하는 하나의 속성(propriété)이 아니다. 게다가 우리가 지적했듯이 인간에게 있어 실존과 본질의 관계는 세계 속의 사물에 있어서의 그 관계와 유사하지 않다. 인간의 자유는 인간의 본질에 선행하며, 인간의 본질을 가능케 한다. 인간 존재의 본질은 인간의 자유 속에서 정지 상태에 있다. 따라서 우리가 자유라고 부르는 것을 인간실재의 존재(l'être de la réalité-humaine)와 구분하기란 불가능하다. 인간이 먼저 있고 그다음에 자유가 있는 것이 아니다. 인간의 존재와 인간의 "자유로움(être libre)" 사이에는 차이가 없다. 따라서 인간 존재를 엄밀하게 해명한 뒤에라야 남김없이 다룰 수 있을 것으로 여겨지는 하나의 문제에 정면으로 부딪치는 것이 문제가 아니다. 우리는 자유를 무의 문제와 연결해서 다루어야 하고, 자유가 철저하게 무의 나타남을 조건짓는 한에서 자유를 다루어야 한다.

먼저 분명하게 보이는 것은, 인간실재가 — 물음, 방법적 회의, 회의론적 회의, 에포케 등에서 — 세계로부터 자기를 떼 낼 수 있는 것은 본성상 오직 인간실재가 본성적으로 자기 자신으로부터의 이탈(arrachement)인 한에서 가능하다는 사실이다. 데카르트가 파악한 것이다. 데카르트는 우리의 판단을 중지할 가능성을 요구함으로써 회의를 자유 위에 근거를 마련했다. 그리고 데카르트에 이어 알랭도 그것을 보았다. 헤겔이, 정신이 매개인 한에서, 즉 부정적인 것(le Négatif)인 한에서, 정신의 자유를 확언한 것도 이런 의미에서이다. 이외에도 인간의 의식 속에서 일종의 자기로부터의 도피(une sorte d'échappement à soi)를 보는 것은 현대 철학의 흐름 중 하나이다. 하이데거의 초월 개념이 갖는 의미가 그렇고, 후설과 브렌타노가 제시한 지향성 역시 여러모로 자기 이탈(un arrachement à soi)의 성격을 지닌다.[27] 하지만 우리가 자유를 고찰하고자 하는 것은 아직 의식의 내적 구조로서가 아니다. 지금 우리에게는 이 고찰을 잘 수행할 수 있는 도구와 기술이 부족하다. 질문은 회의와 같은 하나의 행위이기 때문에, 지금 우리의 관심을 끄는 것은 하나의 시간적인 작용이다. 시간적인 작용에는 인간 존재가 먼저 존재의 품 안에서 쉬고 있으며, 이어서 무화적 후퇴에 의해 자신으로부터의 이탈이 전제되어 있다. 따라서 여기에서 우리가 무화작용의 조건으로서 고찰하는 것은 시간적인 과정에서 일어나는 [물음을 던지는 자의] 자기와의 관계이다. 간단하게 우리가 의식을 끊임없이 계속되는 인과 계열에 동화시킨다면, 우리는 의식을 하나의 존재 충만 속으로 옮기게 되고, 그렇게 함으로써 의식을 존재의 무한한 총체성 속에 빠뜨리게 됨을 보여 주고자 하는 것이다. 이것은 심리학적인 결정론이 보편적 결정론에서 떨어져 나와 별도로 계열을 구성하기 위한 헛된 노력이 보여 주고 있는 것이다. 어느 부재자의 방, 그가 책장을 넘기던 책, 그가 만졌던 물건은 그 자체로 보면 책일 뿐이고 물건, 즉 충만한 현실태(actualités)일 뿐이다. 그가 남긴 흔적조차도 그가 이미 부재자로서 정립된 하나의 상황의 내부에서만 그의 흔적으로 해독할 수 있을 뿐이다. 책장에 때가 묻고

---

27 후설은 수학자였는데, 프란츠 브렌타노(Franz Brentano, 1838~1917)의 철학 강의를 들은 뒤 철학으로 학문 진로를 변경한 후 심리학을 기반으로 철학을 건립하고자 했다. 그가 말하는 심리학은 기술 심리학(descriptive psychology)이다. 기술 심리학의 대상은 내적 지각, 즉 반성을 통해 주어지는 심리적인 내용이다. 브렌타노는 이 내적 지각에서 의식의 작용 방식과 의식의 대상이 지향적으로 연결된다고 보았다. 후설이 현상학을 정초하면서 내세운 유명한 '에포케(판단중지)'는 스승 브렌타노의 입장을 이어받으면서 그 심리학적인 틀을 제거하기 위한 방법론적인 조치였다. 하지만 '순수기술(記述)'이나 '지향성' 등의 개념은 스승 브렌타노의 연구를 이어받아 더욱 정교하게 만든 것이라 할 수 있다.

귀가 접혀진 책은 그 자체로는 피에르가 한때 책장을 넘겼으나 지금 더 이상 책장을 넘기지 않는 한 권의 책이 아니다. 그것은 다만 책장이 접혀지고, 때가 묻은 한 권의 책일 뿐이다. 비록 우리가 이 책을 나의 지각의 현재적·초월적인 동기 부여로 여기거나, 또는 나의 감각적 인상의 정돈된 종합적인 흐름으로 여긴다고 해도, 이 책은 그 자체, 현재 주어진 [주위의] 물건들, 그것을 비추고 있는 빛, 그것이 놓여 있는 책상 등을 가리킬 수밖에 없다. 플라톤이 『파이돈』에서 어느 부재자가 만진 리라나 키타라의 지각 주변에 이 부재자의 이미지를 나타나게 하고 있는 것처럼,[28] 여기에서 인접에 의한 하나의 연상을 원용한다 해도 아무 소용이 없을 것이다. 만일 이 이미지를 그 자체로서, 그리고 고전적 이론의 정신에 따라 고려한다면, 이 이미지는 하나의 충만이고, 하나의 구체적이고 긍정적인 심리적 사실이다. 따라서 이 이미지에 대해 양면적으로 부정적인 판단을 내릴 수밖에 없다. 주관적으로는 이미지가 지각이 아님을 나타내기 위해서이고, 객관적으로는 내가 그의 이미지를 형성하고 있는 그 피에르가 지금 거기에 있음을 부인하기 위해서이다. 이것은 텐[29]과 스파이어[30]에 이르는 수많은 심리학자의 관심을 끌었던 참된 이미지의 특징에 관련된 유명한 문제이다. 주지하다시피 연상으로는 이 문제가 해결되지 않는다. 연상은 문제를 반성의 수준으로 밀어 넣을 뿐이다. 하지만 어떻든 이미지는 부정을 요구한다. 다시 말해 적어도 주관적인 현상으로 파악한 그 이

28 플라톤, 『파이돈』 73d.
29 이폴리트 텐(Hyppolyte Taine, 1828~1893)은 프랑스의 철학자·사상가·비평가·역사가로, 19세기 프랑스 실증주의 사상가이다. 콩트의 실증주의적 방법을 이용해 과학적으로 문학을 연구했으며, 작가는 인종, 환경, 시대의 세 가지 요소에 의해 지배받는다는 이론으로 유명하다.
30 알베르 스파이어(Albert Spaier, 1883~1934)는 프랑스의 철학자로, 주요 저서에 『사고와 양(La pensée et la quantité)』, 『구체적 사고(La Pensée concrète)』, 『자연과 습관의 심적 요소(La Nature et les éléments psychiques de l'habitude)』 등이 있다.

미지를 마주하고 있는 의식에게 무화적인 후퇴를 함으로써 이 이미지를 정확하게 하나의 주관적인 현상에 불과한 것으로 정립할 것을 요구한다. 그런데 나는 다른 곳에서,[31] 만일 우리가 먼저 이미지를 재생하는 지각으로 정립한다면, 그다음에 이 이미지를 현행적인 지각과의 구분이 근본적으로 불가능해진다는 점을 보여 주려고 했다. 이미지는 그 구조 자체 속에 하나의 무화하는 명제를 포함하고 있어야 한다. 이미지는 그 대상을 다른 곳에 존재하는 것으로, 또는 존재하지 않는 것으로 정립하면서 그 자체를 이미지로서 구성한다. 이미지는 자기 속에 이중의 부정을 지니고 있다. 이미지는 먼저 (이 세계가 이미지로 겨냥된 대상을 지각의 현행적인 대상으로서 지금 제공하는 세계가 아닌 한) 세계에 대한 무화이다. 이어서 (이 대상이 비(非)현행적인 것으로 정립되는 한) 이미지는 이미지의 대상의 무화이다. 이와 동시에 (이미지가 구체적이고 충만한 심리적 과정이 아닌 한) 이미지는 그 자신의 무화이다. 내가 방에서 피에르의 부재를 파악한 것을 설명하기 위해 후설의 유명한 "공지향(空指向, intentions vides)" ── 많은 경우 지각의 내용을 구성한다 ── 을 소환하는 것은 헛된 일이다. 사실 여러 다른 지각적인 지향 사이에는 동기화의 관계가 있다(하지만 이 동기화는 원인이 되는 작용이 아니다). 그리고 이들 지향 중 어떤 것은 충족된 것, 즉 그 지향이 겨냥하는 것으로 채워져 있지만, 다른 지향은 텅 빈 것이다. 하지만 정확하게 말해 공지향을 채워야 하는 재료(matière)는 존재하지 않기 때문에, 공지향을 그 구조에서 동기를 부여하는 것은 재료일 수는 없다. 그리고 다른 지향은 충족되기 때문에, 그렇게 충족된 지향은 공지향이 텅 빈 것인 한에서, 그 공지향에 동기를 부여할 수 없다. 게다가 이

---

31 *L'Imagination*, Alcan, 1936. ── 원주.

지향들은 본성상 심리적인 것이고, 따라서 그것들을 사물의 방식으로 생각하는 것은 잘못이다. 다시 말해 그것들을 어떤 주어진 그릇처럼 생각하는 것은 잘못이다. 다시 말하면, 이 지향들을 때에 따라 비어 있을 수도 채워져 있을 수도 있으며, 또 그 본성상 비어 있는 상태나 채워진 상태와는 무관한 그릇 같은 것으로 여기는 것은 잘못이다. 후설이 이런 의물론적(擬物論的, chosiste)[32] 착각에서 항상 벗어나 있었던 것 같지는 않다. 하나의 지향이 비어 있기 위해 그 지향은 그 자신을 비어 있는 것으로 의식하고, 바로 그 지향이 겨냥하는 재료에 대한 비어 있음으로 자기 자신을 의식해야 한다. 하나의 공지향이 그 자체로 텅 빈 것으로 구성되는 것은, 이 공지향이 정확히 그 재료를 존재하지 않는 것, 또는 부재하는 것으로 정립하는 한에서이다. 한마디로 하나의 공지향은 그 자신이 부재하거나 존재하지 않는 것으로 정립하는 하나의 대상을 향해 자기를 초월하는 하나의 부정에 대한 의식이다. 이렇게 해서 우리가 피에르의 부재를 어떤 식으로 설명하든, 피에르의 부재가 확인되거나 감지되기 위해서는 [피에르의 존재와 관련해] 앞서 있었던 모든 규정이 결여된 의식이 자기를 부정으로 구성하는 하나의 부정적인 계기가 필요하다. 피에르가 지냈던 그 방에 대한 나의 지각에서 출발해, 지금 그 방에 더 이상 없는 인간을 생각할 때, 나는 완전히 필연적으로 앞선 그 어떤 상태에 의해서도 규정되지도 않고 동기지울 수도 없는 사고 행위를 하는 쪽으로, 간단히 말해 나 자신에게서 존재와 일종의 결별을 이루는 쪽으로 유도된다. 그리고 존재자들을 고립시키고 규정하기 위해, 즉 이 존재자들을 사유하기 위해 내가 계속해서 부정태[33]를 사용하는 한, 나의 "의식들"의 이

---

32 'chosiste'는 'chose(사물)'에서 파생된 신조어로, 심적 사실 또는 의식의 사실을 마치 사물처럼 다루는 것을 의미한다.

어짐은 원인으로부터 결과를 끊임없이 분리시킨다. 왜냐하면 무화하는 모든 과정은 그것의 원천을 오직 그 자체에서만 이끌어 낼 것을 요구하기 때문이다. 나의 현재 상태가 앞선 나의 상태의 연장인 한, 부정이 미끄러져 들어올 수 있는 모든 틈은 완전히 막혀 있을 것이다. 따라서 모든 무화작용의 심적인 과정에는 직전의 심리적인 과거와 심리적인 현재 사이에 하나의 결렬(coupure)이 포함되어 있다. 정확하게 이 결렬이 무이다. 사람들은 적어도 무화하는 과정 사이에 연속적인 함축의 가능성이 남아 있다고 말할 것이다. 피에르의 부재에 대한 나의 확인은 또한 내가 그를 보지 못한다는 서운함을 결정하는 것이어야 할 것이다. 그러니까 무화들 사이의 결정론을 배제한 것은 아니었다.[34] 하지만 무화의 계열에서 첫 번째 무화가 앞선 긍정적인 과정으로부터 반드시 벗어나야 함을 차치하고서라도, 무에 의한 [다른] 무의 동기화는 도대체 무엇을 의미하는가? 하나의 존재는 확실히 끊임없이 자기를 무화할 수 있다. 하지만 그 존재가 자기를 무화하는 한, 그것이 두 번째 무화라 할지라도, 그 존재는 또 다른 하나의 현상의 기원이 되기를 포기한다.

모든 부정을 조건짓는 의식들의 분리와 박리(剝離, décollement)가 무엇인가를 설명해야 한다. 만일 우리가 고찰한 앞의 의식을 동기화로 여긴다면, 그 상태와 현재의 상태 사이로 아무것도 미끄러져 들어오지 못한다는 것을 우리는 곧바로 확실하게 알 수 있다. 시간적인 전개의 흐름 속에서 연속성이 풀려 버리는 일은 없었다. 그렇지 않으

---

33 사르트르가 앞에서 규정한 부정태를 상기하자. 그러니까 존재자들을 사유하려면 그것들이 성립하는 데 필요한 현행적 계기들, 부정의 계기에 의해 그것들 속에 들어 있는 또 다른 현행적 계기들을 활용해야 한다.

34 피에르의 부재에 대한 확인에서 하나의 무화가 작동하고, 그를 보지 못한다는 서운함에서도 하나의 무화가 작동하는데, 두 무화 사이에 일종의 결정 관계가 있다는 것이다.

면, 우리는 시간의 무한한 가분성(可分性) 또는 시점, 즉 분할의 극한으로서의 순간 같은 용인할 수 없는 생각에 다시 빠지고 말 것이다. 그렇다고 과도의 날이 과일을 두 쪽으로 쪼개듯이, 앞의 의식과 뒤의 의식을 떼어 놓는 어떤 불투명한 요소의 갑작스러운 끼어들기 같은 것도 없었다. 또한 앞의 의식이 지닌 동기화의 힘이 약화되는 일도 없었다. 이 앞의 의식은 있는 그대로 머물며, 그 긴급함을 전혀 잃어버리지 않는다. 앞의 의식을 뒤의 의식에서 분리하는 것은 바로 아무것도 아닌 것이다. 그리고 이 아무것도 아닌 것은 바로 아무것도 아니므로, 이 아무것도 아닌 것은 절대적으로 뛰어넘을 수 없다. 왜냐하면 뛰어넘어야 할 모든 장애물에는 뛰어넘어야 하는 것으로 자기를 제공하는 하나의 긍정적인 것이 있기 때문이다. 하지만 우리가 당면한 이 경우, 타파해야 할 저항이나 극복해야 할 장애를 찾아보았자 헛일이다. 앞선 의식은("과거성(passéité)"이라는 변양을 거친 상태이긴 하지만) 항상 거기에 있다. 앞선 의식은 항상 현재의 의식과 상호 침투성의 관계를 유지한다. 하지만 실존적 관계의 배경 위에서 앞선 의식은 장외로 밀려나고, 회로 바깥으로 밀려나 괄호 속에 묶인다. 이것은 현상학적인 에포케를 실행하는 자의 눈에는 그의 내부와 그의 외부 세계가 괄호 안에 묶이는 것과 똑같다.[35] 이렇게 해서 인간실재가 세계 전

---

35 후설 현상학에서 기초 개념으로, 흔히 '판단중지'로 번역한다. 그 뜻은 바깥 세계에 대해 존재한다고 여겨지는 일체의 사물에 관한 판단을 이른바 '괄호로 묶어' 힘을 쓰지 못하도록 한다는 것이다. 후설은 이를 '자연적 태도(natürliche Einstellung)'의 일반 정립을 괄호로 묶어 작용하지 못하도록 하는 것이라 말한다. 이것은 '초월론적 환원(transzendentale Reduktion)'이라는 용어로 지칭되기도 한다. 그 기원은 흔히 회의주의의 선구로 불리는 고대 그리스의 피론(Pyrrhon, BC 360~BC 270)에게로까지 거슬러 올라가는 데, 이때 '에포케'는 명증하지 않은 사태에 대한 모든 판단을 중지한다는 것이었다. 이런 태도는 데카르트의 '방법론 회의'로 변형되어 나타나 어떤 논리적인 상상력을 통해서라도 그 존재의 명증함을 의심할 수 있는 것은 진리가 아닌 것으로 일단 제외하는 조치가 된다. 그리고 이것을 다시 현대적인 형태로 바꾼 것이 후설의 '판단중지', 즉 '에포케'이다.

부 또는 일부를 부정할 수 있는 조건은, 그가 자신의 현재를 그의 모든 과거로부터 분리하는 아무것도 아닌 것(le rien)으로서 무(le néant)를 자기 안에 지니는 것이다. 하지만 이것이 전부가 아니다. 왜냐하면 지금 고찰하고 있는 이 아무것도 아닌 것은 아직 무의 의미를 가지고 있지 않을 수 있기 때문이다. 그러니까 이름이 주어지지 않은 채 머무르는, 또 존재를 정지시키는 의식일 수 없는 존재 정지가 의식 밖에서 찾아올 것이고, 그 결과 이 의식을 둘로 쪼개어 이 절대적 투명성의 핵심에 불투명성을 다시 끌어들일지도 모르기 때문이다.[36] 그 밖에도 이 아무것도 아닌 것은 전혀 부정적인 것이 아닐 수도 있다. 우리가 앞에서 살펴본 것처럼, 무는 부정의 근거이다. 왜냐하면 무는 그 자신 속에 부정을 내포하고 있기 때문이고, 또 무는 존재로서의 부정이기 때문이다. 따라서 의식적 존재(l'être conscient)는 자기의 과거에 대해, 무에 의해 이 과거로부터 분리된 것으로서 그 자신을 구성해야 한다. 의식적 존재는 존재로부터의 이 단절에 대한 의식이어야 한다. 하지만 이때 그것이 이 의식적 존재가 겪는 현상으로서가 아니라, 의식을 가진 존재 바로 그것인 하나의 의식 연관적 구조(une structure conscientielle)로서여야 한다. 자유는 자기 자신의 무를 분비함으로써 자신의 과거를 장외로 내모는 인간 존재이다. [의식하는 존재가] 자기 자신의 무로서 존재한다는 이 최초의 필연성이 의식에 간헐적으로 또 개개의 부정의 기회에 나타나는 것이 아니라는 점을 이해하자. 심리적 생활에서 부정적이거나 질문을 하는 행위가 적어도 부차적인 구조들로서나마 나타나지 않는 때는 없다. 그리고 의식은 그 자신의 과거에 대한 무화로서 계속해서 살아간다.

36 이 책 서론 III 참조.─원주.

하지만 사람들은 여기에서 우리가 자주 이용한 다음과 같은 반론을 우리에게 되돌려줄 수 있다고 생각할 것임에 틀림없다. 만일 무화하는 의식이 무화에 대한 의식으로만 존재할 뿐이라면, 의식의 지속적인 양태를 의식으로서 현전하는 것으로, 그리고 무화에 대한 의식인 것으로 규정하고 서술할 수 있어야 한다는 반론이 그것이다. 이런 의식이 존재하는가? 따라서 여기에서 새로운 문제가 제기된다. 만일 자유가 의식의 존재라면, 의식은 자유의 의식으로서 존재해야 할 텐데, 그렇다면 이 자유의 의식이 취하는 형태는 대체 무엇인가? 자유에서 인간 존재는 무화의 형태하에서 그 자신의 고유한 과거이다(또한 그 자신의 고유한 미래이기도 하다). 만일 우리의 분석이 우리로 하여금 길을 잃게 하지 않았다면, 인간 존재가 존재를 의식하는 한, 이 인간 존재에 있어서는 자기의 과거와 미래에 직면해 동시에 그 과거와 그 미래이면서, 또한 그 과거와 그 미래가 아닌 것으로서 스스로 처신하는 하나의 존재 방식이 있어야 한다. 우리는 이런 물음에 대해 즉각적인 답을 제시할 수 있을 것이다. 인간이 자신의 자유에 대한 의식을 갖는 것은 불안에서라고 말이다. 또는 이렇게 말하자면, 불안은 존재에 대한 의식으로서의 자유의 존재 방식이고, 자유는 불안 속에서야말로 그 존재 내적으로 그 자신을 위한 문제가 된다고 말이다.

키르케고르는 죄 이전의(avant) 불안을 서술하면서, 이 불안을 자유 앞에서의(devant) 불안이라고 특징짓는다. 하지만 우리가 알고 있듯이, 키르케고르[37]에게서 적지 않은 영향을 받은 하이데거는 그와는 반대로 불안을 무의 파악으로 간주한다. 불안에 대한 이 두 가지 서술은 우리에게 모순인 것 같지 않다. 그 반대로 이 두 가지 서술은

---

37 J. Wahl, *Études kierkegaardiennes. Kierkegaard et Heidegger.* ― 원주.

서로 함축적인 관련을 맺고 있다.

먼저 키르케고르가 옳다고 해야 한다. 불안은 다음과 같은 점에서 공포와 구분된다. 즉 공포는 세계의 존재들에 대한 공포이고, 불안은 자기 앞에서의 불안이다. 현기증이 불안인 것은, 내가 절벽 아래로 떨어질 것을 두려워하는 것이 아니라, 내가 스스로 절벽 아래로 뛰어내릴 것을 두려워하기 때문이다. 상황에 따라서는 그것이 외부로부터 나의 삶과 나의 존재에 변화를 일으킬 위험성이 있는 한에서, [나에게] 공포를 일으키지만, 내가 이 상황에 대한 나 자신의 고유한 반응을 통해 도전하는 한, 이 상황은 [나에게] 불안을 일으킨다. 공격에 앞선 포격의 준비는 포격을 당하는 병사에게 공포를 불러일으킬 수 있다. 하지만 그 병사에게서 불안이 시작하는 것은, 그가 포격에 대항해서 취해야 하는 행동을 예상할 때이며, 과연 그가 "견뎌 낼" 수 있을까를 자문할 때이다. 이와 마찬가지로 전쟁이 발발해 자기 부대를 찾아가는 동원병은 상황에 따라 죽음에 대한 공포를 느낄 수 있다. 하지만 훨씬 더 자주 그는 "공포를 느끼는 것에 대한 공포"를 느낀다. 다시 말해 그는 자기 자신 앞에서 불안을 느끼는 것이다. 대부분의 경우 위험하거나 위협적인 상황에는 여러 측면이 있다. 이런 상황은, 상황이 인간에게 작용하는 것으로 보느냐 또는 인간이 상황에 대해 작용하느냐에 따라 공포의 감정 또는 불안의 감정을 통해 파악할 수 있다. 경제공황이 들이닥쳐 얼마 전에 "혹독한 타격"을 받아 재산의 대부분을 잃어버린 사람은 위협적인 빈곤으로 인해 공포를 느낄 수 있다. 신경질적으로 두 손을 비벼 꼬면서(이 동작은 자신에게 가해진, 하지만 전적으로 미결정 상태로 있는 작용에 대한 상징적인 반응이다.), "이제 어떻게 해야 하는가? 아, 어떻게 해야 하는가?" 하고 소리치는 순간 그는 불안에 빠져들 것이다. 여기에서 공포와 불안은 서로를 배제한다. 왜냐하면 공포는 초월적인 것에 대한 비반성적 파악이고, 불안은 자신에 대한 반성적 파악이기 때문이다. 또한 한쪽은 다른 쪽의 파괴에서 생겨나고, 방금 내가 인용한 경우에서 정상적인 과정은 한쪽에서 다른 쪽으로의 끊임없는 이행이기 때문이다. 하지만 불안이 순수한 형태로 나타나는 상황 역시 존재한다. 즉 공포에 앞서 일어나지도 않고 뒤이어 나타나지도 않은 채로 말이다. 예컨대 만일 내가 새로운 직위에 올라 미묘하고도 유혹으로 가득 찬 새로운 직책을 맡게 되었다면, 나는 아마도 일어날 수 있는 나의 실패의 결과에 대해 조금도 공포를 느끼지 않으면서, 그 직책을 수행할 수 없는 것은 아닐까 하는 생각 때문에 불안을 느낄 수 있다.

내가 방금까지 제시한 여러 다른 예에서 불안은 무엇을 의미하는가? 현기증의 예를 다시 들어 보자. 공포는 현기증의 조짐으로 나타난다. 나는 난간도 없이 절벽을 따라 나 있는 좁은 오솔길 위에 서 있다. 절벽은 나에게 피해야 할 것으로 주어지며, 또한 그것은 죽음의 위험을 나타낸다. 이와 동시에 나는 이 죽음의 위험을 현실로 바꿀 수 있는 보편적인 결정론에 속하는 몇몇 원인을 생각한다. 나는 돌 위에서 미끄러질 수도 있고, 절벽 아래 심연으로 떨어질 수도 있다. 오솔길의 단단하지 않은 흙이 내 발밑에서 무너질 수도 있다. 이런 여러 다른 예상을 거쳐 나는 나 자신을 하나의 사물로 여기게 된다. 나는 이런 가능성과의 관계에서 수동적이고, 이 가능성은 나의 외부에서 온다. 나 역시 만유인력에 끌리고 있는 이 세계에 속한 하나의 대상인 한, 그 가능성은 나의 가능성이 아니다. 이 순간에 공포가 나타난다. 이 공포는 상황에서 출발해서 나 자신을 초월적인 것 중에서도 파괴될 수 있는 초월적인 것으로 파악되도록 하고, 자신의 미래의 소멸의 근원을 자기 안에 가지고 있지 않은 물체로서 파악되도록 한다. [여기에서 나의] 반응은 반성적 차원에 속할 것이다. 나는 길에 있는 돌을 "조심할 것이다." 그리고 나는 그 오솔길에서 가능한 한 절벽에서 멀리 떨어질 것이다. 이렇듯 나는 스스로 온 힘을 다해 위협적인 상황을 물리치고자 할 것이다. 그리고 나에게서 세계의 위협을 멀리하기 위한 목적을 가진 몇몇 미래의 행동을 내 앞에서 기획한다. 이 행동들은 나의 가능성들이다. 나는, 나 자신의 가능성들이 인간적인 활동의 개입 여지가 전혀 없는 초월적인 개연성을 대치하는 차원에 스스로 자리한다는 사실 자체에 의해 공포에서 벗어난다. 하지만 이 행동들은, 그것이 정확히 나의 가능성들이기 때문에, 나에게는 낯선 원인에 따라 결정되는 것으로 나타나지 않는다. 엄밀하게 보면, 이 행동들이 유효할지는 물론이고, 그것이 특히 준수될 것인지도 확실하지 않다. 왜냐하면 이 행동들은 그 자체로 충분한 존재를 가지고 있지 않기 때문이다. 사람들은 버클리의 말을 남용해서 이 행동들의 "존재는 하나의 준수된-존재이다", 그리고 이 행동들의 "존재 가능성은 하나의 지켜져야-하는-존재일 뿐이다"라고[38] 말할 수 있을 것이다. 이런 사실로 인해 그런 행동들의 가능성은 그것과 모순되는 행동들의 가능성(길 위의 돌에 주의를 기울이지 않는다거나, 뛴다거나, 다른 생각을 하는 등)과 이와 대립하는 행동들의 가능성(절벽 아래로 몸을 던지는 것 등)을 필요조건으로 한다. [그러니까] 내가 나의 구체적인 가능으로 만드는 그 가능은, [주어진] 상황이 지니고 있는 논리적으로 가능한 것 전체를 배경으로 그 위에 솟아오를 때만 나의 가능으로 나타날 수 있을 뿐이다. 하지만 거부된 여러 가능은 그 나름대로 "준수된-존재" 이외의 다른 존재를 가지지 않는다. 이 거부된 가능들을 존재 속에 유지하는

38   가능적인 것에 대해서는 이 책 제2부에서 다시 다룰 것이다. ─원주.

것은 나 자신이다. 그리고 반대로 현재 그것들의 비존재는 일종의 "준수되어서는 안 됨"이다. 그 어떤 외적인 원인도 그것을 배척하지 않을 것이다. 오로지 나만이 그것의 비존재의 영속적인 원천이다. 나는 그 안에서 구속되어 있다. 나는 나의 가능들이 나타나게 하기 위해, 나는 이외의 다른 가능들을 정립하고 무화해야 한다. 만일 내가 이 다른 가능들과 맺는 관계에서 나 자신을 결과를 초래하는 원인으로 파악할 수 있다면, 그 정립이 나에게 불안을 일으키지는 않을 것이다. 이 경우 나의 가능으로 규정된 그 결과는 엄밀하게 결정되어 있을 것이다. 하지만 그렇게 결정되어 있다면, 나의 가능은 가능이기를 그치고, 단순히 와야 하는 것(à-venir)이 될 것이다. 따라서 만일 내가 불안과 현기증을 피하고자 한다면, 내가 당면한 상황을 거부하게끔 하는 여러 동기(생존 본능, 선행하는 공포 등)를 나의 선행하는 행동으로부터 결정된 것으로 여기는 것만으로 충분할 것이다. 그것은 마치 어느 하나의 물체 덩어리가 하나의 정해진 점에서의 현전이 다른 물체 덩어리에 의해 그려지는 궤도에 의해 결정되는 것과 같은 방식이다. 나는 내 안에서 하나의 엄밀한 심리적 결정론을 파악해야 할 것이다. 하지만 정확하게 말하면 나의 행동이 가능적일 뿐이기 때문에 나는 불안한 것이다. 이것은 바로 이 상황을 물리칠 동기의 총체를 구성하면서도 나는 바로 그 순간에 이 동기가 충분히 효율적이지 못하다고 파악한 것을 의미한다. 내가 나 자신을 절벽에 대한 전율(horreur) 상태에 있다고 파악하는 바로 그 순간, 나는 이 전율을 나의 가능한 행동과의 관계에서 비결정적인 것으로 의식한다. 어떤 의미에서 이 전율은 하나의 신중한 행동을 불러일으키고, 그 자체로 신중한 행동의 개략적인 윤곽이다. 그리고 다른 의미에서 이 전율은 뒤이어 전개를 단순히 가능적인 것으로만 정립한다. 그것은 정확히 내가 이 행동을 그것에 뒤이어 전개의 원인으로 파악하지 않고 요구, 호소 등으로 파악하기 때문이다. 그런데 우리가 살펴본 것처럼, 존재에 대한 의식은 곧 의식의 존재이다. 따라서 여기에서는 이미 형성된 전율이 있고 난 후에 내가 할 수 있을 그것에 대한 관조가 문제가 되는 것이 아니다. 전율이 불러일으키는 행동의 원인이 아닌 것으로서 자기 자신에게 나타나는 것, 이것이 바로 전율의 존재 그 자체이다. 한마디로 공포는 엄밀하게 결정된 초월적인 미래를 나에게 내주지만, 나는 이 공포를 피하려고 반성 속으로 도피한다. 하지만 이 반성은 나에게 결정되지 않은 미래만을 제공할 뿐이다. 이것은 어느 하나의 행동을 가능적인 것으로 내가 구성할 때, 이 행동이 나의 가능이므로 아무것도 나로 하여금 이 행동을 준수하도록 강제할 수 없음을 내가 알고 있음을 의미한다. 그렇지만 나는 분명히 저 너머, 미래 속에 있다. 나는 온 힘을 다해 내가 곧 오솔길의 모퉁이에 있게 될 미래를 향해 나아간다. 이런 의미에서 나의 미래의 존재와 나의 현재의 존재 사이에 이미 하나의 관계가 있다. 하지만 이 관계의 중심으로 하나의 무가 미끌어져 들어왔다. 나는 내가 있을 자로 지금은 있지 않다. 이것은 먼저 시간이 현재의 나를 미래의 나로부터 분리하기 때문이고, 그다음으로 내가 현재의 나인 것은 내가 장차 있을 것의 근거가 아니기 때문이다. 끝으로, 현재의 어떤 존재자도 내가 있게 될 것을 엄밀하게 결정할 수 없기 때문이다. 그렇지만 나는 이미 내가 있을 것으로 있기 때문에(그렇지 않다면, 나는 내가 이런저런 존재라는 것에 관심을 두지 않을 것이다), 나는 장차 있을 그것이 아니라는 방식으로 내가 장차 있을 자이다(je suis celui que je serai sur le mode de ne l'être pas). 내가 미래를 향해 옮아가는 것은 내가 느끼는 전율을 통해서이며, 또 전율은 그것이 미래를 [나의] 가능으로 구성한다는 점에서 자기를 무화한다. 우리가 불안이라 부르는 것은 바로 있지-않음(n'être-pas)의 방식으로 자기 자신의 미래로 있다는 것에 대한 의식이다. 그리고 정확하게 상태로서의 전율을 강화하는 결과를 낳는 동기로서의 전율을 무화하는 것은, 그 긍정적인 대가로서 다른 행동들의 출현(특히 절벽 아래로 몸을 던지는 행동의 출현)을 있을 수 있는 나의 가능으로서 가지고 있다. 만일 내가 내 생명을 구하도록 아무것도 강제하지 않는다면, 아무것도 내가 절벽 아래로 몸을 던지는 행동을 방해하지 않을 것이다. 결정적인 행동은 내가 아직 그것이 아닌 하나의 나에게서 발산될 것이다. 이렇게 해서 아직 내가 아닌 내가, 정확히 내가 지금 그것인 나에게 의존하지 않는 한, 내가 지금 그것인 나는 그 자체로는 내가 아직 그것이 아닌 나에게 의존한다. 그리고 현기증은 이런 의존 관계에 대한 파악으로 나타난다. 나는 절벽으로 다가간다. 나의 시선이 절벽 바닥에서 찾는 것은 바로 나이다. 이 순간부터 나는 나의 가능과 유희를 한다. 나의 눈은 절벽 아래의 심연을 위에서 아래로 훑으면서 일어날 수 있는 나의 추락을 모방하고, 그것을 상징적으로 실현한다. 이와 동시에 자살 행동은, 그것이 있을 수 있는 "나의 가능"이 된다는 사실로 인해, 이번에는 이 행동을 채택할 가능한 동기들을 나타나게 한다(자살은 불안을 그치게 할 것이다). 다행스럽게도 이제 이 동기들은, 그것이 하나의 가능의 동기라는 오직 그 사실로 인해, 효과가 없는 것으로 주어진다. 즉 결정되지 않은 것으로 주어진다. 추락에 대해 내가 느끼는 전율이 추락을 피하도록 나를 결정할 수 없는 것과 마찬가지로, 이 동기들은 더 이상 자살이 일어나게 할 수 없다. 일반적으로 불안을 비(非)결단으로 바꿈으로써 불안을 그치게끔 하는 것은 바로 이런 반(反)불안(contre-angoisse)이다. 이번에는 비결단이 결단을 부른다. 이렇게 해서 우리는 절벽 가장자리에서 갑자기 물러나 다시 갈 길을 간다.

방금 우리가 분석한 예는 "미래 앞에서의 불안"이라 부를 수 있을 내용을 보여 준다. 또 하나의 다른 불안이 있다. 그것은 "과거 앞에서의 불안"이다. 이 불안은 더 이상 도박을 하지 않을 것이라고 자유롭게 성실하게 결심하고서도, "도박 테이블"에 다가서면서 자신의 모든 결심이 갑자기 "녹아내리는" 것을 경험하는 도박꾼의 불안이다. 우리는 종종 이 현상을, 마치 도박 테이블을 보는 것이 우리 내부에서 이전의 결심과 충돌하는 경향을 일깨우고, 마침내 그 결심에도 불구하고 우리를 도박 테이블로 끌고 들어가는 것으로 서술하곤 했다. 이런 서술은 [관념을 물체화하는 이른바] 의물론적 용어이고, 또 정신을 상호 적대적인 힘으로(예컨대 너무나도 유명한 도덕론자의 "이성과 정념의 투쟁") 채우는 것일 뿐만 아니라, 사실을 설명하지 못한다. 실제로 ― 도스토옙스키의 편지가 증언해 주듯 ― 우리 안에는 우리가 결심하기 전에 여러 동기와 이유를 신중하게 검토하는 등의 그런 내적 논쟁(débat) 비슷한 것은 아무것도 없다. "더 이상 도박을 하지 않겠다"라는 이전의 결심은 항상 거기에 있다. 그리고 대부분의 경우 도박 테이블 앞에 앉은 도박꾼은 이전의 결심을 되돌아보며 구원을 요청한다. 왜냐하면 그는 도박을 원치 않기 때문이다. 아니면 오히려 전날 결심했기 때문에, 그는 자기가 아직도 더 이상 도박을 원치 않는다고 생각하며, 그 결심의 효력을 믿고 있기 때문이다. 하지만 그때 그가 불안 속에서 파악하는 것은 바로 과거의 결심이 완전히 효과가 없다는 것이다. 물론 그 결심은 거기에 있다. 하지만 내가 그 결심에 대해 의식하고 있다는 사실 자체로 인해, 그 결심은 응고되고, 효과가 없으며, 이탈한 채로 있다. 내가 시간의 흐름을 통해 나 자신과의 동일성을 끊임없이 실현하는 한, 그 결심은 아직 나이다. 하지만 그 결심이 나의 의식에 대해 있다는 사실로 인해 그 결심은 더 이상 내가 아니다. 나는 그 결심에서 빠져나간다. 그 결심은 내가 그것에 부여한 임무를 어기고 있다. 하지만 거기에서도 나는 아직 그것으로 있지-않음이라는 방식으로 그 결심이다. 그 순간에 도박꾼이 파악하는 것은 여전히 결정론의 끊임없는 파기이다. 이 도박꾼을 그 자신으로부터 떼어 놓는 것은 무이다. 나는 더 이상 도박을 하지 않겠다고 그토록 원했다. 어제만 해도 나는 주어진 상황(위협해 오는 파산, 나의 가족의 절망 등)이 나의 도박을 금지한다고 종합적으로 파악했다. 따라서 나는 도박과 나 사이에 하나의 실재적인 장벽을 세웠다고 여겼다. 하지만 [도박 테이블 앞에서] 나는 갑자기 이 종합적인 파악이 지금은 하나의 관념적인 추억, 하나의 감정적인 추억에 불과하다는 사실을 깨닫는다. 이 파악이 다시 나를 돕기 위해서, 내가 이것을 무로부터 그리고 자유롭게 다시 해야 한다. 이 파악을 하는 것[도박을 하지 않는 것]은 나의 가능들 중 하나일 뿐이다. 도박한다는 사실이 나의 가능들 중 또 다른 하나인 것과 같다. 그 이상도 그 이하도 아니다. 나는 나의 가족을 비탄에 빠뜨리는 그 공포를 다시 찾아내야 한다. 나는 그 공포를 체험된 것으로서 다시 만들어 내야 한다. 그 공포는 뼈 없는 유령처럼 나의 뒤에 도사리고 있다. 내가 그 유령에게 나의 살을 빌려 주는 것은 오직 나에게 달려 있다. 나는 전날처럼 유혹 앞에 홀로 벌거숭이로 서 있다. 참을성 있게 댐과 벽을 쌓은 뒤에, 결심이라는 하나의 마법적인 테두리 속에 나를 가둔 뒤에, 나는 아무것도 내가 도박하는 것을 막을 수 없음을 깨닫고 불안에 빠진다. 그 불안은 바로 나 자신이다. 왜냐하면 나를 존재 의식(conscience d'être)으로 존재케 한다는 사실 그 자체만으로, 나는 현재 나인(que je suis) 그 훌륭한 결심으로 있으면서, 나 자신을 이 결심의 과거로 있지 않는(n'être pas) 것으로 만들기 때문이다.

이런 불안이 밑에 깔려 있는 심리적 결정론에 대한 무지라는 조건에서만 생겨난다고 헛되이 반론을 제기하는 사람도 있을 것이다. 내가 불안한 것은, 무의식의 그늘 속에서 나의 행동을 결정하는 실재적이고 효율적인 동인을 알지 못하기 때문이다. 이런 반론에 대해 우리는 먼저 이렇게 대답할 것이다. 불안은 인간의 자유에 대한 하나의 증거로서 우리에게 나타나는 것이 아니며, 인간의 자유는 물음의 필요조건으로서 우리에게 주어졌다고 말이다. 우리는 다만 자유에 대한 하나의 특수한 의식이 존재함을 보여 주려 했을 뿐이고, 또 이 의식이 바로 불안이라는 것을 보여 주려 했을 뿐이다. 이것은 우리가 불안을 그 본질적인 구조에서 자유의 의식으로 확립하고자 했음을 의미한다. 그런데 이 관점에서 보면 심리적 결정론의 존재는 우리의 기술의 결과를 깎아내리지 못할 것이다. 사실, 불안은 이 결정론을 깨닫지 못하는 무지 ── 이때 실제로 불안은 자기를 자유로 파악한다 ── 이거나, 또는 불안은 우리의 행위의 실제적 원인을 모르는 것에 대한 의식이거나, 둘 중의 하나라고 사람들은 주장한다. 여기에서 불안은, 유죄인 행위를 갑자기 발현하는 해괴한 동기가 우리 내부에 웅크리고 있음을 우리가 예감하는 데서 기인한다. 하지만 이 경우 우리는 우리에게 세계 속의 사물로서 나타나게 될 것이고, 우리는 우리에게 우리 자신을 벗어난 초월적인 상황이 될 것이다. 그렇게 되면 불안은 사라지고 공포가 그 자리를 차지하게 될 것이다. 왜냐하면 초월적인 것을 무서운 것으로서 종합적으로 파악하는 것이 바로 공포이기 때문이다.

불안 속에서 우리에게 드러나는 이 자유는 동기와 행위 사이에 끼어드는 아무것도 아닌 것의 존재에 의해 특징지어질 수 있다. 나의 행위가 동기의 결정에서 벗어나는 것은 내가 자유롭기 때문이 아니다. 그 반대로 효력을 발휘하지 못하는 동기의 구조가 나의 자유의 조건이다. 만일 누군가 우리에게 자유를 근거 짓는 아무것도 아닌 것이 무엇이냐고 묻는다면, 그것이 존재하지 않기 때문에 서술할 수 없다고 대답할 것이다. 또 그것이 인간 존재에 의해, 인간 존재와의 관계 속에 존재하는 한, 우리는 겨우 그 의미를 부여할 수 있다고 대답할 것이다. 이 아무것도 아닌 것은 동기가 동기에 대한 의식의 상관자로서만 동기로 나타나는 필연성에 상응한다. 한마디로 우리가 의식의 내용이라는 가정을 단념하자마자, 우리는 의식 속에는 동기라는 것이 결코 없음을 인정해야 한다. 동기는 의식에 대해서만 존재할 뿐이다. 그리고 동기가 현출로서만 발휘된다는 바로 그 사실로 인해, 동기 그 자체는 효력이 없는 것으로 구성된다. 물론 동기는 시공간적인 사물이 갖는 외부성을 갖지 않는다. 동기는 항상 주관성에 속하고, 나의 것으로 파악된다. 하지만 동기는 본성상 내재성 속의 초월성이다. 그리고 의식은 동기를 정립한다는 바로 그 사실로 인해 동기에서 벗어난다. 왜냐하면 현재 상황에서 동기에 대해 그 의의와 중요성을 부여하는 것은 의식의 몫이기 때문이다. 따라서 의식에서 동기를 분리하는 이 아무것도 아닌 것은 내재성 속의 초월성으로 특징지워진다. 의식이 의식 자체에게 있어 초월성으로 존재케 하는 것은 이 아무것도 아닌 것에 의해서이고, 이 아무것도 아닌 것을 무화하는 것은 바로 의식이 그 자신을 내재성으로 산출함으로써이다. 하지만 모든 초월적 부정을 조건 짓는 이 무는 두 가지의 서로 다른 원초적인 무화작용에서 출발해서만 해명될 뿐이다. (1) 의식이 어떤 내용도 가지지 않고 비어 있는 한, 의식은 그 자체의 동기가 아니다. 이것은 전 반성적 코기토가 지닌 무화적 구조를 우리에게 가리킨다. (2) 의식이 자기와 마주할 때 그것으로 있지 않다고 하는 방식으로 그것으로 있다. 이와 마찬가지로 의식은 자신의 과거와 미래를 마주한다. 이것은 시간성이 무화적 구조를 우리에게 가리킨다.

이 두 유형의 무화작용을 해명하는 것은 아직 문제가 될 수 없을 것이다. 우리에게는 당장 이것을 해명하는 데 필요한 기법이 없다. 여기에서는 다만 부정을 결정적으로 설명하는 것이 자기(에 대한) 의식과 시간성에 대한 의식을 설명하지 않고서는 이루어질 수 없을 것이라는 사실을 지적하는 것만으로 충분하다.

여기에서 주목해야 할 것은 불안에 의해 드러나는 자유가 자유로운 존재를 가리키는 나(le Moi)를 끊임없이 새롭게 만들어야 하는 의무에 의해 특징지워진다는 사실이다. 사실 방금 우리가 나의 가능들이 불안한 것은 이 가능들을 그 존재 속에서 지탱하는 것이 오직 나(moi)에게 달려 있기 때문이라는 것을 보여 주었다. 그렇다고 해서 그 가능이 나에게서 파생되고, 이런 나는 적어도 먼저 주어져 있고, 또 시간의 흐름 속에서 하나의 의식에서 다른 의식으로 이행함을 말하려는 것은 아니다. 도박을 금지하는 하나의 상황에 대한 종합적인 파악을 다시 새롭게 실현해야 하는 도박꾼은 그 상황을 평가할 수 있음과 동시에 "상황 속에 놓인" 나를 다시 창안해야 한다. 선험적이고(a priori) 역사적인 내용을 갖춘 이 '자아'가 바로 인간의 본질이다. 그리고 자기 면전에서의 자유의 나타남인 불안은 바로 인간은 항상 무에 의해 자신의 본질에서 분리되어 있음을 의미한다. 여기에서 "본질은 과거에 있었던 것이다(Wesen ist was gewesen ist)."[39]라는 헤겔의 말을 되새겨야 한다. 본질은 있었던 것이다. 본질은 인간 존재에 대해 '그것은 ……이다'라는 말로 지시할 수 있는 모든 것이다. 그

---

39 헤겔, 『엔치클로페디』, 제1부 논리학, 112절 보유.

리고 그로 인해 본질은 행위를 설명하는 성격의 총체이다. 하지만 행위는 항상 본질 저편에 있다. 행위는 우리가 그것에 줄 수 있는 모든 설명을 넘어서는 한에서만 인간의 행위일 뿐이다. 그 이유는 바로 '그것은 ……이다'라는 문구에 의해 인간에게서 지적할 수 있는 모든 것은, 그 사실 자체로 인해 '[그것은] ……이었던' 것이기 때문이다. 인간은 자신과 더불어 자신의 본질에 대한 선(先)판단적 이해를 항상 가지고 있다. 하지만 그 사실로 인해 인간은 무에 의해 자신의 본질로부터 분리되어 있다. 본질은 인간실재가 그 자신을 있어 온(ayant été) 것으로 파악하는 모든 것이다. 그리고 인간이 있는 것으로부터의 끊임없는 이탈로서 존재하는 것처럼, 또는 좀 더 자세히 말하자면, 그가 자신을 그런 자로서 존재케 하는 것처럼, 불안은 여기에서 자신에 대한 파악으로 나타난다. 왜냐하면 우리는 하나의 "체험"을 우리의 것인 본성(nature)의 하나의 살아 있는 결과로서 결코 파악할 수 없기 때문이다. 우리 의식의 흐름은 점진적으로 본성을 구성한다. 하지만 우리의 의식은 항상 우리 뒤에 머물고, 회고적으로 수행하는 이해의 대상으로 언제나 우리에게 붙어 다닌다. 이 본성을 불안을 일으키는 요소로 파악하는 것은 의지할 것이 아닌 하나의 요구인 한에서이다.

불안 속에서 자유는, 결코 그 어떤 것에 의해서도 간청되지도 않고 금지되지도 않는 한, 자기 앞에서 스스로 불안해진다. 이에 대해 사람들은 이렇게 말할 것이다. 자유가 인간 존재의 영구적인 구조로 정의된 것은 사실이라고 말이다. 만일 불안이 자유를 나타낸다면, 불안은 나의 정서(affectivité)의 영구적인 상태이어야 할 것이다. 그런데 오히려 그 반대로 불안은 아주 예외적이다. 불안이라는 현상이 드물게 일어난다는 사실을 어떻게 설명할 것인가?

무엇보다 먼저 주목해야 할 것은, 우리 삶의 가장 일상적인 상황, 우리가 우리의 가능들을 이 가능들의 적극적인 실현 안에서, 그리고 그 실현에 의해 그런 가능으로서 파악하는 상황은 우리에게 불안에 의해 나타나는 것이 아니라는 사실이다. 이유는 이런 일상적인 상황의 구조 자체가 불안함에 따른 파악과 양립하지 않기 때문이다. 사실 불안은 하나의 가능성을 나의 가능성으로 인정하는 것이다. 다시 말해, 의식이 무에 의해 자기의 본질에서 단절되거나, 또는 의식이 자기의 자유 자체에 의해 미래에서 분리되어 있음을 알 때, 불안은 성립한다. 이것은 하나의 무화하는 아무것도 아닌 것(qu'un rien néantisant)이 나에게서 모든 변명을 앗아 감을 의미하고, 이와 동시에 내가 나의 미래 존재로서 기획한 것이 항상 무화되어 단순한 가능성의 단계로 환원됨을 의미한다. 왜냐하면 내가 그것으로 있는 미래는 나의 손이 닿지 않는 곳에 있기 때문이다. 하지만 여러 다른 경우에 내가 미래에서 나를 기다린다거나, 내가 "이 시간이나 이날 또는 이달을 지나서 만날 약속을 하는" 하나의 시간적인 형식과 관련되어 있다는 점을 지적하는 것이 좋을 것이다. 불안은 이 약속 장소에 내가 있지 못하게 된다는 두려움이고, 심지어 내가 그곳에 가는 것을 원하지 않는다는 것에 대한 두려움이다. 하지만 또한 나는 행위가 나의 가능성을 실현하는 바로 그 순간에, 나의 가능성을 나에게 드러내 보이는 행위 속에 이미 구속되어 있는 나를 발견할 수도 있다. 내가 나의 구체적인 가능성, 이를테면 담배를 피우고 싶은 나의 욕망을 아는 것은 이 담배에 불을 붙임으로써이다. 내가 이 책을 쓰는 행동을 가장 직접적인 나의 가능성으로서 나에게 제시하는 것은, 이 종이와 펜을 끌어오는 행위 자체에 의해서이다. 이미 나는 그 행동에 구속되어 있다. 그리고 나는 그 행동에 나를 내던지는 바로 그 순간에 나의 가능성을 발견한다. 바로 그 순간 이 행동은 확실히 나의 가능성으로 머물러 있다. 왜냐하면 나는 매 순간 나의 작업에서 눈을 돌려 노트를 밀쳐놓고 만년필 캡을 닫을 수 있기 때문이다. 하지만 [글을 쓰는 나의] 행동을 중단할 수 있는 가능성은, 나의 행동을 통해 나에게서 드러나는 행동이 초월적이고 또 상대적으로 독립적인 형태로 구체화하려는 경향을 지녔다는 사실로 인해 이차적인 수준으로 떨어진다. 행동하고 있는(en action) 인간의 의식은 비반성적 의식이다. 이 의식은 무엇인가에 대한 의식이고, 이 의식에 대해 드러나는 초월적인 것은 하나의 특별한 본성을 갖는다. 이 본성은 세계에 대한 하나의 요구의 구조(une structure d'exigence)이고, 이 요구의 구조가 의식 속에 상관적으로 도구적 복합 관계를 드러낸다. 내가 글을 쓰는 행위에서 아직 완성되지 않은 전체 문장이 쓰인다고 하는 수동적인 요구로 드러나게 된다. 이 문장 전체는 내가 형성해 나가는 단어의 의미 자체이고, 이 전체 문장의 호소는 문제 되지 않는다. 왜냐하면 이 문장 전체를 향해 단어를 초월하지 않고서는 내가 글을 써 나갈 수 없고, 나는 이 문장 전체를 내가 써 나가는 단어의 의미에 대한 필요조건으로 발견하기 때문이다. 이와 동시에 그리고 글을 써 나가는 행위의 범위에서 하나의 지시적인 도구적 복합체가 드러나 (펜-잉크-종이-글줄-여백 등으로) 조직된다. 이 복합체는 그 자체로는 파악할 수 없지만, 내가 써야 할 문장을 수동적인 요구로서 나에게 드러내 보여 주는 초월성의 한복판에서 나타나 솟아오른다. 이렇듯 일상적인 행위의 준(準)일반성 안에서 나는 이미 구속되어 있고, 내기를 걸어 놓고 있다. 그리고 나는 나의 가능들을 실현함으로써 또 그것을 요구, 긴급, 도구로 실현하는 행위 자체에서 나의 가능들을 발견한다. 물론 이런 종류의 모든 행위에서 이 행위가 그 궁극적인 의미와 나의 본질적인 가능성과 같은 더 멀고 더 본질적인 목적을 가리키는 한, 이 행위를 문제 삼을 가능성은 남아 있다. 예컨대 내가 쓰는 문장은 내가 쓰는 단어의 의미이다. 하지만 내가 생산하고자 하는 작품 전체는 문장의 의미이다. 그리고 이 작품은 하나의 가능성인데, 나는 이 가능성에 대해 불안을 느낄 수 있다. 이 작품은 참된 나의 가능이다. 그리고 나는 내일 이 작업을 계속할지 여부를 모른다. 내일, 이 작품과 관련해 나의 자유가 무화하는 힘을 행사할 수도 있다. 다만 이런 불안에는 작품을 나의 가능성으로서 파악함이 함축되어 있다. 즉 나는 이 작품과 직접 마주해야 하고, 나는 이 작품과의 관계를 실현해야 한다. 이것은 그저 이 작품에 대해 "이 작품을 써야만 하는가?"라는 유형의 객관적인 물음을 제기해서는 안 됨을 의미한다. 왜냐하면 이 물음은 나에게 단순히 다음과 같은 광범위하고 객관적 의미의 물음을 가리키기 때문이다. "이 순간에 이 작품을 쓰는 것이 시의적절한가?", "다른 이런저런 책과 겹치는 작업은 아닐까?", "이 작품의 소재는 충분히 흥미를 끌 만한가?", "이 소재는 충분히 숙고되었는가?" 등. 이런 물음들이 지닌 의미들은 모두 초월적이며, 그것은 세계로부터 수많은 요구로 주어진다. 내가 쓰는 책과 관련해서 나의 자유가 불안해지려면, 이 책이 나와의 관계 속에서 나타나야 한다. 다시 말해 나는 한편으로 나였던 것으로서의 나의 본질(나는 "이 책을 쓰기를 원하고" 있었다, 나는 이 책을 구상했다, 나는 이 책을 쓰는 것이 흥미로울 수 있다고 생각했다, 나는 이 책이 나의 본질적인 가능이었다는 사실을 생각하지 않고서는 아무도 더 이상 나를 이해할 수 없는 식으로 구성되었다.)을 발견해야 한다. 다른 한편으로 이런 본질에서 나의 자유를 분리하는 무(나는 "이 책을 쓰기를 원하고" 있었다, 하지만 아무 것도, 심지어 내가 그것으로 있었던 것조차도 내가 그 책을 쓰도록 강요할 수 없다.)를 발견해야 한다. 마지막으로 내가 앞으로 있을 것으로부터 나를 분리하는 무(나는 이 책을 포기할 수 있다는 그 끊임없는 가능성을, 내가 그 것을 쓸 수 있다는 가능성의 조건 자체로서, 또 나의 자유가 갖는 의미 자체로 서 발견한다.)를 발견해야 한다. 나는 나의 자유가 현재와 미래에서 내 가 현재 있는 그대로의 것을 파괴할 수 있는 가능인 한, 나의 가능으 로서의 이 책의 구성 자체 속에서 이 자유를 파악해야 한다. 다시 말 해 나는 반성 차원에 나를 위치시켜야 한다. 내가 행위의 차원에 머 무는 한, 저술되어야 할 책은 나에게 나의 가능을 열어 보이는 행위에 의해 예상되는 요원한 의미일 따름이다. 그 책은 쓰는 행위의 함축에 불과하다. 그 책은 그 자체로는 주제화되지도 않고 조정되지도 않는 다. 그 책은 "문제가 되지" 않는다. 그 책은 필연적인 것으로도 우연적 인 것으로도 생각되지 않는다. 그 책은 내가 지금 쓰고 있는 것을 내 가 이해하기 위한 실마리가 되는 영속적이고 요원한 의미일 뿐이다. 그리고 이런 이유로 그 책은 존재로 생각된다. 다시 말해 내가 나의 문 장에 하나의 결정적인 의미를 부여할 수 있는 것은, 오직 현재 존재하 고 있는 나의 문장이 그 위에 떠오르기 위해 존재하는 배경으로서 그 책을 정립함으로써이다. 그런데 우리는 매 순간 세계 속에 깊숙이 뛰 어들어 구속되어 있다. 이것은 우리가 우리의 가능을 정립하기에 이 전에 행동을 먼저 하고 있다는 것을 뜻한다. 그리고 이것은 실현된 것 또는 실현되고 있는 중으로 드러나는 가능이 여러 의미를 가리키는 데, 이 의미들이 문제가 되기 위해서는 특수한 행위가 있어야 함을 뜻 한다. 아침에 울리는 자명종 소리는 내가 나의 가능성인 나의 일을 하 러 갈 수 있다는 가능성을 가리킨다. 하지만 잠을 깨우는 자명종의 호출을 호출로서 파악하는 것은 잠자리에서 일어나는 것이다. 따라 서 잠자리에서 일어나는 행위 자체는 [나를] 안심시킨다. 왜냐하면 그 행위는 "일이 나의 가능성인가?"라는 물음을 면제해 주기 때문이다. 따라서 일어나는 행위는 정적주의(quiétisme)[40]나 일의 거부, 마침내는 세계의 거부나 죽음의 가능성을 파악할 여유를 나에게 주지 않기 때문이다. 한마디로 자명종 소리의 의미를 파악하는 것이 그 호출에 따라 이미 일어나 있는 것인 한, 이 의미 파악은 자명종 소리에 그 요구를 부여하는 것은 나이고, 게다가 오로지 나, 나뿐이라는 불안한 직관으로부터 나를 보호해 준다. 이와 같은 방식으로 일상적인 도덕이라 부를 수 있는 것은 윤리적 불안을 배제한다. 내가 가치에 대해 나의 근원적인 관계에서 나를 생각할 때 윤리적 불안이 생겨난다. 사실 가치는 하나의 근거를 구하는 요구이다. 하지만 이 근거는 어떤 경우에도 존재일 수는 없을 것이다. 왜냐하면 그 이상적인 본성의 근거를 그 존재에 두는 모든 가치는 바로 그 사실로 인해 가치이기를 그칠 것이고, 나의 의지의 타율(他律, hétéronomie)을 실현할 것이기 때문이다. 가치는 그 존재를 자신의 요구에서 끌어내지, 그 요구를 자신의 존재에서 끌어내지 않는다. 따라서 가치는, 그것을 가치인 것(étant valeur)으로 파악하는, 또 그렇게 함으로써 나의 자유에 대해 가치가 갖는 권리를 가치에서 제거하는 관조적 직관에는 자기를 내주지 않는다. 하지만 그 반대로 가치는 가치를 그런 것으로 인정한다는 단 하나의 사실로 인해, 가치를 가치로서 존재케 하는 능동적인 자유에 대해서만 드러내 보인다. 그로부터 나의 자유가 가치의 유일한 기초이고, 아무것도, 절대적으로 아무것도 내가 이런저런 가치의 기준을 채택하는 것을 정당화하지 않는다는 사실이 도출된다. 가치들이 존재하게끔 하는 것이 나의 존재인 한, 나는 정당화될 수 없다. 그리고 나의 자유는 내가 가치들의 기초가 없는 근거인 것에 대해 불안해진다.

40 인간이 자신의 의지를 신 속에 용해시켜 조용히 관조적 생활을 하는 것을 이상으로 삼는 신비주의에 속하는 종교 유파 중 하나이다.

게다가 나의 자유가 불안해지는 것은, 가치들이 본질상 하나의 자유에 대해 드러난다는 사실로 인해, 그리고 동시에 가치들은 "문제 되는 일" 없이는 드러내 보일 수 없기 때문이다. 그것은 가치의 기준을 전복시킬 가능성이 상호 보완적으로 나의 가능성으로서 나타나기 때문이다. 가치들 앞에서의 이 불안이 바로 가치들의 이상성에 대한 인정이다.

하지만 보통 나는 가치들에 대해 아주 안심하는 태도를 가진다. 그것은 실제로 내가 가치 세계에 구속되었기 때문이다. 가치들이 나의 자유에 의해 존재 속에 지탱되고 있다는 불안한 자각은 하나의 사후적이고 매개된 현상이다. 직접적인 것은 긴급하게 다가오는 세계이다. 내가 스스로 구속되어 있는 세계 속에서 나의 행위는 가치를 자고 새처럼 날아오르게 한다. "비열함"이라는 반(反)가치로 나에게 주어지는 것은 나의 분노에 의해서이고, "위대함"이라는 가치가 나에게 주어지는 것은 나의 찬미 속에서이다. 그리고 특히 많은 터부에 대한 나의 복종을 통해 이 터부가 실제로 존재하는 것으로 나에게 나타난다. 스스로 "신실한 사람들(honnêtes gens)"[41]로 명명하는 부르주아가 신실한 것은 도덕적 가치를 고려한 이후에 성립하는 것이 아니다. 오히려 그들은 세계 속에 나타나자마자 신실이라는 의미를 가진 하나의 태도 속에 내던져져 있다. 이렇게 해서 성실함은 하나의 존재를 얻게 되고, 그것에 대한 문제가 제기되지 않는다. 가치들이 잔디밭에 들어가는 것을 금지하는 팻말과 같은 수많은 작은 현실적 요구로서 내가 가는 길에 뿌려져 있다.

이렇게 해서 우리의 비반성적 의식에 주어지는 세계, 직접적인

---

41 정직한 사람들 또는 교양인들로 번역하기도 한다.

세계라고 불리는 세계에서 우리는 먼저 나타나고, 그다음에 기도 (entreprises) 속에 내던져지는 것이 아니다.[42] 그보다는 차라리 우리의 존재는 직접적으로 "상황에 처해(en situation)" 있다. 다시 말해 우리의 존재는 기도 속에서 솟아오르고, 이런 기도 속에서 자기를 반성하는 한에서 우선 자기를 인식하게 된다. 따라서 우리는 여러 요구로 가득 찬 세계 속에서 "실현 과정에 있는" 기도의 중심에서 자신을 발견한다. 나는 글을 쓴다, 나는 담배를 피울 것이다, 나는 오늘 저녁 피에르와 약속이 있다, 나는 시몽에게 답장을 보내는 것을 잊어서는 안 된다, 나는 클로드에게 더는 오랫동안 진실을 숨길 권리를 가지고 있지 않다. 현실적인 것에 대한 모든 사소하고 수동적인 기대들, 모든 범속하고 일상적인 가치들은, 사실을 말하자면, 이 세계 속의 나 자신에 대한 나의 선택으로서의 나 자신의 최초의 기투에서 그 의미를 끌어낸다. 하지만 정확하게 최초의 가능성을 향한 나의 기투는 가치, 호출, 기대, 그리고 일반적으로 말해 하나의 세계가 있게끔 하는데, 이 기투는 나의 기도가 갖는 추상적이고 논리적인 의미와 의의로서 세계 너머에서만 나에게 나타날 뿐이다. 이외에도 자명종 시계, 팻말, 납세 통지서, 경찰이 모두 불안에 대한 방어막으로 구체적으로 존재하고 있다. 하지만 기도가 나에게서 멀어지자마자, 내가 미래에 기대를 걸어야 하므로 내가 나 자신을 향하게 되자마자, 나는 곧 나 자신을 자명종 시계에 의미를 부여하는 자로서, 팻말에 의해 화단이나 잔디밭의 출입을 스스로 금지하는 자로서, 상사의 명령에 긴급하게 준비하고 있는 자로서, 자신이 쓰고 있는 책의 흥미를 결정하는 자로서,

---

42 사르트르는 여기에서 하이데거가 『존재와 시간』에서 현존재(인간)의 실존적 상황을 설명하면서, 우리 인간이 우선 세계에 내던져짐(geworfenheit)을 드러내고, 그에 따른 무전제를 기반으로 자기 존재를 위한 기투(企投, Entwurf), 즉 기획을 수행하게 된다고 말한 것을 비판하고 있는 것으로 보인다.

요컨대 자신의 행동을 가치의 요구에 따라 결정하기 위해 가치가 존재하게끔 하는 자로서 발견한다. 나는 나의 존재를 구성하는 최초이자 유일한 기획에 직면해 홀로 불안 속에서 떠오른다. 모든 방벽과 모든 울타리는 나의 자유에 대한 의식에 의해 무화되어 무너진다. 가치를 유지케 하는 것이 나라는 사실을 거스르면서, 나는 어떤 가치에도 의지하지 못하고 또 의지할 수도 없다. 어떤 것도 나 자신을 거슬러 나를 안전하게 해 줄 수 없다. 내가 그것으로 있는 이 무에 의해 세계와 나의 본질로부터 단절되어 있으므로, 나는 세계와 나의 본질의 의미를 실현해야 한다. 나는 홀로, 정당화하지 못하고, 변명도 하지 못한 채로 그 의미를 결정한다.

따라서 불안은 자유 자체에 의한 자유의 반성적 파악이다. 이 의미에서 불안은 매개이다. 왜냐하면 불안이 그 자체에 대한 직접적인 의식이긴 하지만 불안은 세계의 호출을 부정하는 데서 솟아오르기 때문이고, 또 불안은 내가 구속되어 있던 세계로부터 나 자신을 빼내자마자, 그리고 나 자신을 그 본질에 대한 선존재론적 이해와 자신의 가능에 대한 선판단적 이해를 가진 의식으로 파악할 때 나타나기 때문이다. 불안은 세계에서 출발해서 가치를 파악하고, 또 가치의 의물론적·고정적인 실체화 속에 안주하는 근엄한 정신(l'esprit de sérieux)[43]과 대립한다. 이 근엄한 정신에서 나는 대상에서 출발해서 나 자신을 규정한다. 그러면서 나는 내가 착수하지 않은 모든 기도를 선험적으로 불가능한 것으로 여기면서 옆으로 제쳐 두며, 나의 자유가 세계에 부여한 의미를 세계 쪽에서 오는 것으로, 또 나의 의무와

---

43 인간이 자유가 아니라 그 자신의 과거, 그 자신의 사물화된 모습, 기존 가치 등에서 출발해서 행동하는 정신을 가리킨다. 사르트르는 특히 『구토』에서 부르주아 계급에 속한 자들의 '근엄한 정신'을 통렬하게 비판하고 있다. '고지식한 정신', '진지한 정신' 등으로도 옮기기도 한다.

나의 존재를 구성하는 것으로 파악한다. 불안 속에서 나는 나 자신을 전적으로 자유로운 것으로 파악함과 동시에 세계의 의미가 나에 의해 이 세계에 도래케 하지 않을 수 없는 것으로 파악한다.

그렇지만 반성 차원에 자신을 두고, 멀리서 또는 가까운 자신의 가능을 인정함으로써, 하나의 순수한 불안 속에서 자기를 파악하기만 하면 충분하다고 생각해서는 안 될 것이다. 각각의 반성의 경우, 의식이 반성된 의식을 고려하는 한, 불안은 반성적 의식의 구조로서 생겨난다. 하지만 나는 나 자신의 고유한 불안에 대해 여러 행동, 특히 도피 행동을 할 여지가 있다. 사실 모든 것은 마치 불안에 대한 우리의 본질적이고 직접적인 행동이 도피인 것처럼 진행된다. 심리적 결정론은 하나의 이론적 사고방식이기 전에 먼저 하나의 변명하는 행동, 또는 이렇게 말하면, 모든 변명하는 행동의 토대이다. 심리적 결정론은 불안에 대한 일종의 반성적 행동이다. 심리적 결정론은 우리 안에 대립하는 힘이 있음을 확언하는데, 이 힘의 존재 유형은 사물의 존재 유형과 비교할 수 있다. 심리적 결정론은 우리를 둘러싼 텅 비어 있는 것을 메우고, 과거에서 현재로 또 현재에서 미래로의 연결을 재확립하고자 시도한다. 심리적 결정론은 우리의 행위를 생산하는 하나의 본성을 우리에게 제공하고, 이 행위 자체를 초월적인 것으로 만든다. 심리적 결정론은 우리 행위에 타성(惰性, inertie)과 외재성을 부여한다. 이 타성과 외재성은 우리의 행위 자체와는 다른 방식으로 그 행위에 그 자신과는 다른 사물 속에서 근거를 부여하고, 또한 이 타성과 외재성이 끊임없이 변명의 역할을 수행함으로써 행위는 대단한 안정성을 확보하게 된다. 심리적 결정론은 인간실재의 초월성을 부정하는데, 이 인간실재는 이 초월을 그 자신의 고유한 본질 저편에서 불안 속에 떠오른다. 이와 동시에 심리적 결정론은 우리를 오직 우리가 있는 그대로의 것 이외의 어떤 것도 아닌 것으로(à n'être jamais que ce que nous sommes) 환원함으로써, 우리 속에 즉자존재의 절대적인 긍정성을 다시 도입하고, 이를 통해 우리를 존재의 한복판에 재통합한다.

하지만 불안에 대한 반성적 방어인 이 결정론은 하나의 반성적 직관으로 주어지지 않는다. 이 결정론은 자유의 명증함에 대해서는 아무것도 할 수 없다. 그만큼 이 결정론은 피난처에 대한 믿음으로서, 우리가 불안을 피해 거기로 향해 갈 수 있는 이상적인 목표로서 주어진다. 이것은 철학 영역에서 결정론을 따르는 심리학자들이 그들의 주장을 내적 관찰에서 주어지는 단순한 소여 위에 기초하려 하지 않는다는 사실에 의해 드러난다. 그들은 이 주장을 하나의 만족스러운 가설로서 — 이 가설의 가치는 그것이 사실을 설명하는 데서 온다 —, 또는 모든 심리학의 정립에 필요한 가정으로 제시한다. 그들은 또한 그들의 반대자들이 "내적 감각의 직관에 의한 증거"라는 이름하에 그들에게 맞서는 자유의 직접적인 의식의 존재를 인정한다. 그들은 다만 논쟁을 이런 내적 계시의 가치 쪽으로 가져간다. 이렇게 해서 우리의 상태와 행위에 대한 첫 번째 원인으로 파악할 수 있도록 하는 [이 내적 계시의] 직관에 대해서는 그 누구도 논의하지 않는다. 불안 위로 자기를 고양시킴으로써, 또 불안이란 우리가 우리 행위의 실제적인 원인에 대한 무지에서 기인하는 착각이라고 판단함으로써, 불안을 매개하려고 시도하는 것이 우리 각자의 능력 범위 안에 있는 일인가를 알아보는 문제가 남아 있다. 그때 제기되는 문제는 이런 매개를 어느 정도로 신뢰할 수 있는가의 문제이다. [매개를 통해] 판단한 불안은 과연 누그러진 불안인가? 분명히 그렇지 않다. 그렇지만 여기에서 하나의 새로운 현상이 생겨난다. 불안에 관련된 기분 전환의 과정이 그것이다. 이 기분 전환의 과정은 다시 무화하는 능력을 자기 안에 전제하고 있다.

　결정론은 하나의 요청 또는 하나의 가정일 뿐이므로, 그것만으로는 이 기분 전환을 정초하기에는 충분하지 않을 것이다. 결정론은 좀 더 구체적인 도피의 노력이며, 또한 반성의 지반 자체 위에서 작동한다. 그것은 무엇보다 나의 가능에 반대되는 가능과 관련해 기분 전환을 시도하는 것이다. 내가 나를 하나의 가능을 나의 가능으로서 이해하는 자로 구성할 때, 나는 그 가능의 존재를 나의 기투의 끝 지점에서 인정해야 하고, 그리고 하나의 무에 의해 나로부터 분리되어 있으며, 저기 미래에서 나를 기다리는 나 자신으로서 이 가능을 파악해야 한다. 이 의미에서 나는 나를 나의 가능의 최초의 근원으로 파악하며, 그것이 보통 자유의 의식이라 불린다. 자유의지를 지지하는 자들이 내적 감각의 직관에 대해 말할 때, 그들이 시야에 두고 있는 것이 바로 이런 의식의 구조, 오직 이런 의식의 구조뿐이다. 하지만 이와 동시에 내가 나의 가능에 반하는 다른 가능들의 구성으로부터 애써 나의 기분을 전환시키려는 경우도 있다. 사실을 말하자면 나는 선택된 가능을 나의 가능성으로 낳는 바로 그 운동에 의해 다른 가능들의 존재를 조정할 수밖에 없다. 나는 그 다른 가능들을 살아 있는 가능들, 다시 말해 나의 가능들이 될 가능성을 지닌 것으로 구성하지 않을 수 없다. 하지만 나는 애써 그 다른 가능들을 초월적이고 순수하게 논리적인 하나의 존재를 부여받은 것, 요컨대 사물로 보려고 노력한다. 만일 내가 반성 차원에서 이 책을 쓸 가능성을 나의 가능성으로 여긴다면, 그때 나는 이 가능성과 나의 의식 사이에서 하나의 존재의 무(un néant d'être)를 솟아오르게끔 한다. 그런데 이 존재의 무는 이 가능성을 가능성으로 구성하며, 이 책을 쓰지 않는 것이 나의 가능성이 되는 끊임없는 가능성 속에서 나는 정확히 이 존재의 무를 파악한다. 하지만 나는 이 책을 쓰지 않을 그 가능성을 관찰할 수 있는 하나의 대상에 대해서와 같이 행동하려 시도하고, 또 나는 그 속에서 보고자 하는 것을 내 속에 침투시킨다. 즉 나는 그 가능성을 단순히 기억을 위해 언급해야 하는 것으로서, 또 나와 관련이 없는 것으로 파악하고자 애쓴다. 움직이지 않는 당구공에 대한 움직임처럼 내가 이 책을 쓰지 않을 그 가능성은 나와 관련해서 외적인 가능성이라야 한다. 만일 내가 거기에 이를 수 있다면, 나의 가능의 적대적인 가능들, 논리적인 개별체들(entités)로 구성된 가능들은 그 효력을 잃게 될 것이다. 그 가능들은 더 이상 위협적이지 않을 것이다. 왜냐하면 그것들은 바깥의 것들(des dehors)이기 때문이고, 그것들은 순전히 생각될 수 있는, 다시 말해 결국 타인에 의해서도 생각될 수 있는 것으로, 또는 같은 경우에 처한 다른 사람의 가능으로서 나의 가능을 둘러싸고 있기 때문이다. 이 적대적인 가능들은 하나의 초월적인 구조로서 객관적인 상황에 속할 것이다. 또는 하이데거적인 용어를 이용해 이렇게 말할 수도 있을 것이다. 나는 이 책을 쓰겠지만, 사람들(on)은 이 책을 쓰지 않을 수도 있다고 말이다.[44] 이렇듯 나는 이 적대적인 가능들이 나 자신이며, 나의 가능이 지닌 가능성의 내재적 조건임을 나에게 숨기게 될 것이다. 이 적대적인 가능들은 나의 가능에 그 무상적(無償的)인 성격, 즉 자유로운 한 존재의 자유로운 가능성이라는 성격을 유지하는 데 충분한 존재를 보존하게 될 것이다. 하지만 이 적대적인 가능들에서 그 위협적인 성격이 무장해제될 것이다. 이 적대적인 가능들은 나의 관심을 끌지 못할 것이고, [그 대신] 선택된 가능은 선택되었다는 사실로 인해 나의 유일한 구체적인 가능으로 나타날 것이다.

---

44 여기에서 하이데거적인 용어를 이용한 점을 고려할 때, '나'는 본래적인 존재 방식을 띤 실존에 해당하고, '사람들'은 비본래적인 존재 방식을 띤 '세인(世人, das Man)'에 해당한다.

그리고 이어서 나를 그 선택된 가능과 분리하고 그 가능에 정확히 가능성을 부여했던 무는 채워지게 될 것이다.

하지만 불안 앞에서의 도피는 단순히 미래 앞에서의 기분 전환의 노력만이 아니다. 이 도피는 또한 과거의 위협을 무장해제하는 시도이다. 여기에서 내가 도피하고자 시도하는 것은 나의 본질을 지탱하면서 뛰어넘는 한에서 나의 초월성 그 자체로부터이다. 나는 내가 즉자의 존재 방식에 있어 나의 본질임을 확언한다. 그렇지만 이와 동시에 나는 이 나의 본질을 역사적으로 구성한 것으로서 여기는 것을 거부하고, 또 원이 여러 속성을 함축하듯이 거기에 행위를 함축하고 있는 것으로 여기는 것을 거부한다. 나는 나의 본질을 나의 가능의 최초의 시작으로 파악하거나, 적어도 그런 것으로 파악하고자 시도한다. 그리고 나는 나의 본질 자체 속에 하나의 시작이 있다는 것을 전혀 인정하지 않는다. 따라서 나는 하나의 행위가 정확하게 나의 본질을 반영할 때 그 행위가 자유롭다고 확언한다. 하지만 이외에도 이 자유가 자아(Moi)의 면전에서의 자유라면 나를 불안하게 하며, 나는 이 자유를 나의 본질, 즉 나의 자아(mon Moi)의 중심으로 옮겨 놓고자 한다. 문제가 되는 것은 이 나의 자아를 나의 내부에서 거주하고, 또 나의 자유를 하나의 형이상학적인 덕으로 소유하려는 일종의 작은 신(un petit Dieu)으로 생각하는 것이다. 자유로운 것은 존재로 있는 한에서 더 이상 나의 존재가 아니라, 나의 의식의 중심에서 자유로운 나의 자아일 것이다. 여기에서 자유는 불투명한 존재의 와중에 파묻혀 있기 때문에 완전히 안심할 수 있는 허구이다. 자유가 나의 속성 중 하나가 되는 것은, 나의 본질이 반투명하지 않은 한에서, 나의 본질이 내재성 속의 초월인 한에서이다. 한마디로 나의 자아 속의 나의 자유를 타인의 자유로 파악하는 것이 문제이다.[45] 우리는 이 허구의 주요 명제를 알 수 있다. 즉 타자가 그 자신의 행위의 근원이듯이, 나의 자아는 이미 구성된 인격의 자격으로 자기 행위의 근원이 된다. 나의 자아는 분명히 살아 있고 변형된다. 나의 자아의 행위 하나하나가 나의 자아 자신을 변형시키는 데 기여할 수 있다는 것은 누구나 인정할 것이다. 하지만 이런 조화롭고 계속 이어지는 이 변형들은 생물학적 유형에 따라 생각되었다. [예컨대] 이 변형들은, 내가 친구인 피에르를 한동안 만나지 못하다가 만났을 때, 그에게서 내가 확인할 수 있는 것과 비슷하다. 베르그송이 심층 자아(Moi profond) 이론을 구상했을 때, 그는 이 생물학적 자아 변형과 관련한 요구를 명시적으로 충족하는 것이었다. 그의 심층 자아는 지속하고 또 자기를 형성한다. 이 심층 자아는 내가 그것에 대해 갖는 의식과 계속해서 동시적이다. 이 의식은 심층 자아를 뛰어넘을 수 없다. 심층 자아는 대변동을 일으키는 힘으로서가 아니라 자식을 낳는 아버지와 같은 것으로 우리 행위의 기원에 있다. 그 결과, 행위는 하나의 엄밀한 결과처럼 본질에서 흘러나오지 않고, 심지어 예견할 수도 없이 본질과 하나의 안정된 관계, 하나의 가족적인 유사성을 유지하고 있다. 행위는 본질보다 더 멀리 나아가지만, 같은 방향 속에서이다. 분명 행위는 확실한 환원 불가능성을 간직하고 있다. 하지만 마치 아버지가 가업을 이어받은 아들에게서 자신을 인지하고 발견하듯이, 우리는 행위 속에서 우리 자신을 인지하고 발견한다. 이렇듯 베르그송은 자유 —— 우리가 우리 안에서 파악하는 —— 를 자아라고, 하나의 심적 대상 속에 투사함으로써 우리의 불안을 감추고자 하는 데 기여했으나, 그 대가로 의식 자체를 희생해야 했다. 이렇게 해서 베르그송이 구성하고 서술한 것은, 우리의

45 이 책 제3부, 제1장 참조.—원주.

자유가 그 자신에게 나타나는 그대로의 모습이 아니다. 그것은 타인의 자유이다.

이것이 결국 우리가 불안을 가리려고 시도하는 과정의 총체이다. 우리는 다른 가능들의 고려를 회피하면서 우리의 가능을 파악한다. 이때 우리는 이 다른 가능들을 누구라도 상관없는 타인의 가능들로 만들어 버린다. 우리는 이 가능을 하나의 순수한 무화적 자유에 의해 지탱되어 존재하는 것으로 보지 않고, 이미 구성된 하나의 대상에 의해 생겨난 것으로 파악하고자 한다. 이 대상은 우리의 자아 외의 다른 것이 아니며, 이 우리의 자아는 타인의 인격으로 고려, 서술된다. 우리는 최초의 직관으로부터 타인의 인격이 우리에게 우리의 독립성과 책임으로 넘겨주는 것을 보존하고 싶어 한다. 하지만 우리에게 문제가 되는 것은 이 최초의 직관 속에서 모든 근원적인 무화작용을 약화시키는 것이다. 게다가 이 자유가 우리에게 짐이 된다든지, 아니면 변명할 필요가 있음을 느낄 때, 우리는 언제든지 결정론에 대한 믿음으로 도피할 준비 태세를 갖추고 있다. 이렇듯 우리는 우리 자신을 외부로부터 타인 또는 하나의 사물로 파악하고자 함으로써 불안에서 도피한다. 사람들이 습관적으로 내적 감각에서 오는 계시 또는 자유에 대한 최초의 직관이라 부르는 것에는 아무런 근원적인 것이 없다. 그것은 이미 구축된 하나의 과정이며, 명백하게 우리에게서 불안, 즉 우리의 자유의 "직접적 소여"를 감추게 되는 과정이다.

이런 여러 구성에 의해 과연 우리는 우리의 불안을 해소하거나 숨길 수 있을까? 우리가 불안을 억누를 수 없는 것은 분명하다. 왜냐하면 우리가 불안이기 때문이다. 불안을 가린다는 것에 대해서는, 의식의 본성 자체와 그 반투명성이 그것을 문자 그대로의 표현을 금지할 뿐만 아니라, 우리가 그것을 통해 의미하는 행위의 특수한 유형을 주의해야 한다. 우리는 어떤 외부의 대상을 감출 수 있다. 그것이 우리와 독립적으로 존재하기 때문이다. 이와 같은 이유로 우리는 외부의 대상으로부터 우리의 눈길이나 주의를 돌릴 수 있다. 다시 말해 아주 간단하게 어느 다른 대상 위에 눈을 고정할 수 있다. 이 순간부터 각각의 실재 ─ 나의 실재와 대상의 실재 ─ 는 자기의 고유한 생을 되찾고, 의식을 그 사물에 연결했던 우연한 관계는 사라진다. 그렇다고 어느 한쪽의 존재가 변질되지는 않는다. 하지만 만일 나 자신이 내가 가리고자 하는 것이라면, 문제는 전혀 다른 양상을 띤다. 사실 내가 나의 존재의 어떤 측면을 "보지 않으려" 할 수 있다면, 그것은 오직 나 자신이 정확하게 내가 보기를 원하지 않는 측면을 잘 알고 있는 경우뿐이다. 이것은 내가 보지 않으려는 나의 측면에서 눈을 돌릴 수 있기 위해서 내가 그 측면을 나의 존재 속에서 지시해야 함을 의미한다. 좀 더 적절하게 말하면, 내가 그 측면을 생각하지 않도록 조심하기 위해서 내가 그 측면을 계속해서 생각해야 한다. 이것을 통해 우리는 다음과 같은 사실을 이해해야 한다. 즉 내가 피하고자 하는 것을 어쩔 수 없이 계속 내가 함께 가지고 다녀야 할 뿐 아니라, 또한 내가 어떤 대상을 피하기 위해서는 그 대상을 겨냥해야 한다는 사실이 그것이다. 이것은 불안과 불안에 대한 지향적 겨냥, 그리고 불안으로부터 위안이 될 수 있는 신화로의 도피는 통일된 하나의 같은 의식 속에 주어져야 함을 의미한다. 한마디로 [뭔가를] 알지 않기 위해 내가 [그것으로부터] 도피하지만 나는 [그것으로부터] 도피한다는 것을 알지 않을 수가 없다. 그리고 불안으로부터의 도피는 불안을 의식하는 하나의 방식에 불과할 뿐이다. 이렇듯 적절하게 말하면 불안은 감춰질 수도 없고 피할 수 있는 것도 아니다. 그렇지만 불안을 피하는 것 또는 불안으로 있는 것은 결코 같은 사태일 수 없을 것이다. 만일 내가 나의 불안으로부터 도피하기 위해 나의 불안으로 있다면, 거기에는 내가 나의 있는 그대로의 것에 대해 나를 탈중심화한다는 것, 나는 "불안으로 있지 않다는 것"의 형태하에서 불안으로 있을 수 있다는 것, 나는 불안 자체의 중심에서 무화하는 힘을 이용할 수 있다는 것 등이 전제되어 있다. 이 무화하는 힘은 내가 불안을 피하는 한에서 불안을 무화하고, 내가 불안을 피하기 위해 불안으로 있는 한에서 사라진다. 이것이 바로 사람들이 자기기만[46]이라고 부르는 것이다. 따라서 의식에서 불안을 내쫓는 것도 문제가 아니고, 또 불안을 무의식적인 심적 현상으로 구성하는 것도 문제가 아니다. 그보다는 오히려 아주 단순하게 내가 불안으로 있는 그 불안에 대한 파악 속에서 나는 자기기만에 굴복할 수 있고, 또 나 자신과의 관계에서 내가 '그것으로 있는 무'를 채우는 역할을 하도록 되어 있는 자기기만에는 바로 그것에 의해 제거되는 무가 내포되어 있다.

우리의 첫 번째 설명은 여기에서 마침내 종착점에 이르렀다. 부정에 대한 검토가 더 이상 우리를 끌고 갈 수 없다. 부정은 우리에게 특수한 형태의 행위가 존재함을 보여 주었다. 비존재와 마주하는 행위가 그것이다. 이 행위에는 별도로 연구하는 것이 좋을, 하나의 특수한 초월이 전제되어 있다. 따라서 우리는 두 가지 인간적 탈존(脫存, ek-stases humaines)과 마주하고 있다. 우리를 즉자존재 속으로 던져 넣는 탈존과 우리를 비존재 속으로 밀어 넣는 탈존이 그것이다. 단지 이

---

46 'mauvaise foi'의 번역어이다. '나쁜 신앙'으로 직역할 수도 있다. 사르트르가 처음으로 고안한 개념은 아니며, 이미 파스칼이 『팡세(Pensées)』에서 'bonne foi'와 대립하면서 사용했다. 보통의 경우 'bonne foi'는 '성실', '성의'로, 'mauvaise foi'는 '불성실', '무성의' 등으로 옮길 수 있으나, 사르트르는 후자에 대해 '자기에 대한 불성실'이라는 의미로 사용하고 있다. 이런 이유로 여기에서는 'mauvaise foi'를 '자기기만'으로 옮긴다. 그리고 뒤에서 다시 언급하겠지만, 'bonne foi'는 남의 말을 있는 그대로 무비판적으로 믿는 경우를 강조해 '융통성 없는', '고지식한' 등의 의미가 포함된 '성실함'으로 옮기기로 한다.

를 통해 인간과 존재의 관계와 관련 있었던 우리의 첫 번째 문제는 아주 복잡해진 것으로 보인다. 하지만 비존재를 향한 초월에 대한 우리의 분석을 끝까지 밀고 나가면, 우리가 모든 초월을 이해하기 위한 엄격한 교훈을 얻는 것은 전혀 불가능하지 않다. 게다가 무의 문제가 우리의 탐구에서 제외될 수 없다. 인간이 즉자존재와 마주해 행동한다면 — 그리고 우리의 철학적 탐구가 이런 행동의 한 유형이다 — 그것은 인간이 이 [즉자]존재로 있지 않기 때문이다. 따라서 우리는 존재를 향한 초월적 조건으로 비존재를 재발견한다. 그만큼 우리는 무의 문제에 매달려야 하고, 이 문제를 완전하게 해명할 때까지 그것을 놓아서는 안 된다.

다만 질문과 부정에 대한 검토는 우리에게 그것이 줄 수 있는 모든 것을 주었다. 우리는 그것에서부터 시간성 속의 인간의 무화로서, 또 부정태의 초월적 파악의 필요조건으로서, 경험적 자유로 향했다. 이 경험적 자유 자체를 정초해야 하는 일이 남아 있다. 이 경험적 자유는 최초의 무화작용일 수 없고, 모든 무화작용의 근거일 수도 없을 것이다. 사실 경험적 자유는 모든 부정적 초월을 조건 짓는 내재성 속의 초월을 구성하는 데 기여한다. 하지만 경험적 자유의 초월이 내재성 속에서 초월로 구성된다는 사실 자체가 근원적 무의 존재를 전제하는 제2차적 무화작용이 문제라는 것을 보여 준다. 이 제2차적 무화작용은 "부정태"라고 일컬어지는 초월에서 자기 자신의 고유한 무인 존재까지 우리를 인도하는 분석적 역행의 한 단계일 뿐이다. 분명히 우리는 모든 부정의 근거를 내재성의 핵심 자체에서 일어나는 것으로 여겨지는 하나의 무화작용에서 찾아야 한다는 것이다. 인간으로 하여금 그 자신에 대해 그 자신의 고유한 무가 되게 하는 근원적 행위를 우리가 발견해야 하는 것은 바로 절대적인 내재성 속에서이고, 순간적인 코기토의 순수한 주체성 속에서이다. 의식 속에서, 그리고 의식에서 출발해서 인간이 자기 자신의 고유한 무인 존재로서, 또 무를 세계에 도래케 하는 존재로서 이 세계 속에 솟아오르기 위해, 의식은 그 자신의 존재에서 무엇이어야 하는가?

여기에서 이 새로운 문제를 해결하도록 해 주는 도구가 우리에게는 부족한 것으로 보인다. 부정은 직접적으로 자유만을 끌어들일 뿐이다. 우리를 더욱 멀리 나아갈 수 있게 해 주는 행위를 자유 자체에서 발견해야 한다. 그런데 우리를 내재성의 문턱까지 인도할 행위, 게다가 우리가 그 가능성의 조건을 객관적으로 끌어내는 데 충분할 정도로 객관적 행위를 우리는 이미 만나 보았다. 자기기만을 하면서 하나의 동일한 의식의 통일 속에서 우리는 불안을-도피하기-위해-불안으로-있었음을 방금 우리가 지적하지 않았는가? 만일 자기기만이 가능해야 한다면, 우리는 동일한 하나의 의식 속에서 존재와 비존재의 통일, 즉 그것으로 존재하지 않기-위해-그것으로 존재하는 것(l'être-pour-n'être-pas)과 만날 수 있어야 한다. 따라서 이제 자기기만이 우리의 물음의 대상이 될 것이다. 인간이 물음을 던질 수 있기 위해서는 그가 그 자신의 고유한 무로 있을 수 있어야 한다. 다시 말해 인간이 존재 속에서 비존재의 근원에 있을 수 있는 것은, 오직 그의 존재가 자기 자신에게 있어서, 그 자신에 의해서 무에 전율하는 경우뿐이다. 이렇게 해서 인간실재의 시간적인 존재 속에서 과거와 미래의 초월이 나타난다. 하지만 자기기만은 순간적이다. 그렇다면 만일 인간이 자기기만을 할 수 있어야 한다면, 전 반성적 코기토의 그 순간성 속에서 의식은 무엇이어야 하는가?

제2장 자기기만

I. 자기기만과 거짓

    인간 존재는 단지 부정태를 세계 속에서 드러나도록 하는 존재일 뿐만 아니라, 또한 자신에 대해 부정적인 태도를 취할 수 있는 존재이기도 하다. 우리는 서론에서 의식을 "그 존재가 자신과는 다른 하나의 존재를 함축하는 한에서, 그 존재 속에서 그 존재가 문제가 되는 하나의 존재"로 규정했다. 하지만 묻는 행위를 해명하고 난 후, 이제 우리는 이 표현을 다음과 같이 묘사할 수 있음을 안다. "의식은 그것에 대해서는 그 존재 속에 그 존재의 무에 대한 의식이 있는 하나의 존재이다." 예컨대 인간 존재는 금지 또는 거절에서 미래적인 초월을 부정한다. 하지만 이 부정은 확정적이지 않다. 나의 의식은 하나의 부정태를 직시하는 데 그치지 않는다. 나의 의식은 자신의 근저에서 (dans sa chair) 다른 인간실재가 그의 가능성으로서 기투하는 하나의 가능성에 대한 무화작용으로 자기 자신을 구성한다. 이를 위해 나의 의식은 세계 속에서 하나의 부(否, un Non)로서 솟아올라야 한다. 노예가 우선 주인을 파악할 때 또는 탈출하고자 애쓰는 죄수가 그를 감시하는 간수를 파악할 때의 바로 그 부와 같다. 세상에는 자기의 사회적 실재가 오직 부인 사람들(파수꾼, 감시병, 간수 등)이 있으며, 이들은 지상에서 하나의 부로써만 살고 죽어 갈 것이다. 다른 부류의 사람들도 인격을 지닌 한, 그들의 주체성 자체 안에 이 부를 지니기 위해 그들 역시 자기를 끊임없는 부정으로 구성한다. 셸러[47]의 "원한의 인간"[48]의 의미와 기능, 그것이 바로 부이다. 하지만 이보다 미묘한 행동이 존재하는데, 그것에 대한 설명은 우리를 더 깊은 의식의 내밀함 속으로 데려갈 것이다. 아이러니(ironie)[49]가 그 행동에 속한다. 아이러니에서 인간은 하나의 같은 행위의 통일 속에서 그가 정립하는 것을 무효화한다. 그는 믿도록 하지만 믿어 주지 않는다. 그는 부정하기 위해 긍정하고, 긍정하기 위해 부정한다. 그는 하나의 긍정적인 대상을 창조하지만 그 대상은 그것의 무 이외 다른 존재를 가지지 않는다. 이렇게 해서 자기에 대한 부정적 태도는 하나의 새로운 물음을 제기

---

47 막스 셸러(Max Scheler, 1874~1928)는 독일 철학자로, 후설을 만나 현상학적 방법론에 관해 연구했다. 특히 현상학적 방법에 의한 '실질적 가치윤리학'을 정립하고 '철학적 인간학'을 창시했으며, 만하임과 더불어 '지식사회학'의 창시자로도 알려져 있다. 주요 저서에 『윤리학에 있어 형식주의와 실질적 가치윤리학』이 있다.

48 '원한(ressentiment)'에 특별한 의미를 부여한 것은 니체이다. 그는 "강자에 대한 약자의 반감, 주인에 대한 노예의 증오"에서 '노예도덕'이 기인한다고 본다. 억압받은 자들의 행복을 설교하고, 겸허와 동정을 가르치는 그리스도교 도덕, 또는 거기에서 파생된 근대 시민사회의 사회주의 운동 등은 이런 노예도덕의 구체적인 양상이다. 니체는 노예도덕을 권력의지 또는 거리의 파토스(pathos)에 근거한 군주의 도덕으로 대체할 것을 주장한다. 셸러는 그리스도교에서는 노예도덕을 부정하면서도 사회주의 운동에서는 인정한다고 본다.

49 일반적으로 '아이러니'는 '풍자', '빈정댐' 등의 의미로 사용되나, 그 어원에 해당하는 그리스어 'εἰρωνεία(eironeia)'는 '자기를 더욱 작아 보이게 하는 것', '무지를 가장하는 것'이라는 의미이다. 특히 자기의 무지를 고백하거나, 자기는 무식한 질문자라고 가장하면서, 지자(知者)로 자처하는 소피스트들을 공격해 자기모순에 빠뜨림으로써 그들의 무지를 폭로하는 소크라테스 문답법의 특징으로 여겨지고 있다. 헤겔은 최초로 아이러니의 본질을 '무한한 절대적 부정성'으로 파악했으며, 키르케고르는 이런 헤겔의 주장에서 출발해 무한한 부정성으로서의 아이러니를 미적 실존에서 윤리적 실존으로의 이행 모델로 삼았다. 여기에서 사르트르도 아이러니가 가진 무한한 부정성에 주목하고 있다.

할 수 있도록 해 준다. 즉 인간이 자신을 부인할 수 있기 위해서는 그 자신의 존재에 있어 무엇이 되어야 하는가? 하지만 "자기 부정"의 태도를 자신의 보편성 속에서 지적하는 것은 문제가 될 수 없을 것이다. [그 경우 "자기 부정"이라는] 이 항목 아래 정돈될 수 있는 행위는 너무 다양해 우리는 그 추상적인 형태만을 포착하게 될 공산이 크다. 차라리 인간실재에 대해 본질적이면서 동시에, 의식이 그 부정을 외부로 향하는 대신에 자기 자신에게로 향하게끔 하는 일정한 태도를 선택해 검토하는 것이 좋을 듯하다. 우리에게는 이 태도가 자기기만이어야 하는 것으로 보인다.

우리는 흔히 자기기만을 거짓(mensonge)과 동일시한다. 우리는 누군가에게 무차별적으로 그가 자기기만을 한다거나 또는 그 자신에게 거짓말을 하고 있다고 말한다. 자기에 대한 거짓말과 단순한 거짓말을 즉각 구분할 수 있는 조건하에서 우리는 자기기만이 자기에 대한 거짓임을 기꺼이 받아들일 것이다. 거짓은 하나의 부정적인 태도이다. 누구라도 인정할 것이다. 하지만 이 부정은 의식 자체에 관계되는 것이 아니다. 이 부정은 초월적인 것을 겨냥할 뿐이다. 사실 거짓의 본질에는 거짓말을 하는 자는 그가 진실을 위장하고 있음을 완전히 알고 있다는 것이 함축되어 있다. 우리는 모르는 것에 대해서는 거짓말을 하지 않는다. 자기 자신이 속고 있음을 깨닫지 못하고, 그 오류를 남에게 전할 때, 우리는 거짓말을 하는 것이 아니다. 자기가 잘못 알고 있을 때, 우리는 거짓말을 하는 것이 아니다. 따라서 거짓말을 하는 자의 이상은, 자기는 진실을 긍정하면서 자신의 말에서는 이 진실을 부정하고, 또 자기 자신에 대해서는 그 부정을 부정하는 냉소적인 의식이라 할 수 있다. 그런데 이중의 부정적인 태도는 초월적인 것을 향하고 있다. 언표된 사실은 존재하지 않으므로 초월적이다. 그리고 이 첫 번째 부정은 하나의 진실, 다시 말해 하나의 특수한 유형의 초월을 향하고 있다. 내가 나에 대해 [부정의 부정을 통해] 진실을 긍정하면서 그것과 상호적으로 수행하는 내심에서의 부정에 대해서 보면, 이 부정은 그런 말(paroles), 다시 말해 세계의 어떤 사건을 향해 있다. 이외에도 거짓말하는 자의 내심에서 일어나는 기분은 긍정적이다. 즉 그 기분은 긍정적 판단의 대상이 될 수도 있을 것이다. 거짓말하는 자는 속이고자 하는 의도가 있으며, 이 의도를 자신에게 감추려고 하지 않으며, 그 [속이고자 하는] 의식의 반(半)투명성을 가리려고도 하지 않는다. 반대로 이차적인 행동을 결정하는 것이 문제가 될 때, 그가 참고하는 것이 바로 이 [속이고자 하는] 의도이다. 이 의도는 그의 모든 태도에 대해 규제적인 통제력을 분명하게 행사한다. 진실을 말한다고 표방한 의도("나는 당신을 속이고 싶지 않습니다. 정말입니다. 맹세합니다.")를 살펴보면, 분명 내심에서 일어나는 부정의 대상이기는 하지만, 그것은 또한 거짓말을 하는 자는 그것을 자신의 의도로 인정하지 않는다. 이 의도는 연출되고 모방된 것이다. 이 의도는 거짓말하는 자가 그의 대화 상대자가 보는 앞에서 연출해 내는 바로 그 인물의 의도이다. 하지만 그 인물은 존재하지 않으므로 하나의 초월적인 것이다. 이렇듯 거짓은 현전하는 의식의 내부 구조와 관련되지 않는다. 거짓을 구성하는 모든 부정은, [거짓을 구성한다는] 그 사실로 인해 의식에서 쫓겨난 대상들에게로 향해 있다. 따라서 거짓은 특별한 존재론적인 기초를 요구하지 않는다. 일반적으로 부정의 존재가 요구하는 설명이 있다면, 그것은 속임수(tromperie)의 경우에도 변형 없이 그대로 유효하다. 물론 우리는 이상적 형태의 거짓을 규정한 것이다. 거짓말하는 자가 많든 적든 자신의 거짓말에 희생당해 스스로 반쯤 설득당하는 일이 종종 발생한다. 하지만 흔히 접하는 이런 통속적인 형태의 거짓은 또한 거짓의 퇴락한 양상이다. 이런 형태는 거짓과 자기기만 사이에서 벌어지는 중간적인 형태를 재현한다. 거짓은 하나의 초월 행동이다.

그런데 그 이유는 거짓이 하이데거가 "함께-있는-존재(Mitsein)"라고 한, 정상적인 현상이기 때문이다. 거짓은 나의 존재, 타인의 존재, 그리고 타인에 대한 나의 존재와 나에 대한 타자의 존재를 전제한다. 이렇듯 거짓말하는 자가 아주 명석하게 거짓을 기획할 것이고, 또 그가 변질시키는 진실과 거짓에 대해 전적인 이해를 가지고 있어야 한다는 사실을 아무 어려움 없이 생각할 수 있다. 원리상 불투명성이 자기의 의도를 타인에게 가려 주는 것으로 충분하고, 타인이 거짓을 진실로 받아들일 수 있는 것으로 충분하다. 거짓에 의해 의식은 그것이 본성상 타자에게 숨겨진 것으로(comme cachée à autrui) 존재함을 긍정한다. 또 의식은 나와 자신의 이익을 위해 나와 타자의 나라고 하는 존재론적 이원성을 이용한다.

만일, 위에서 우리가 말한 것처럼, 자기기만이 정말로 자기에 대한 거짓이라면, 자기기만의 경우에는 사정이 같지 않을 것이다. 자기기만을 일삼는 사람에게 분명하게 문제 되는 것은 달갑지 않은 진실은 감추는 것, 또는 달가운 실수를 진실로 제시하는 것이다. 따라서 자기기만은 겉으로는 거짓의 구조를 가지고 있다. 다만 전적으로 다른 것은 자기기만에서는 내가 나 자신에 대해 진실을 감춘다는 점이다. 이렇듯 여기에서는 속이는 자와 속는 자의 이원성이 존재하지 않는다. 반대로 자기기만에는 본질상 하나의 의식의 통일성이 함축되어 있다. 하지만 이것이 인간실재의 모든 현상과 마찬가지로 자기기만이 "함께-있는-존재"에 의해 조건지워질 수 있다는 것을 의미하지 않는다. 그보다는 오히려 "함께-있는-존재"는 하나의 상황으로 나타남으로써 자기기만을 촉진할 수 있을 뿐이다. 자기기만은 이 상황을 뛰어넘을 수 있다. 자기기만은 외부로부터 인간실재에게 오는 것이 아니다. 사람들은 자기의 자기기만을 당하는 것이 아니다. 사람들은 자기기만에 감염되는 것이 아니다. 자기기만은 하나의 상태(un état)가 아니다. 그보다는 오히려 의식 스스로가 자기기만의 영향을 받는다. 자기기만의 최초의 의도와 하나의 기투가 있어야 한다. 이 기획에는 자기기만을 자기기만으로 이해한다는 것이 함축되어 있고, 자기기만의 영향을 받는 의식에 (대한) 전 반성적 파악이 함축되어 있다. 그로부터 먼저 거짓말을 할 때의 상대와 거짓말을 하는 사람이 동일한 사람이라는 결과가 도출된다. 이것은 속이는 사람인 한에서 나는 진실을 알고 있어야 하지만 이 진실은 내가 속는 사람인 한에서는 나에게 감추어져 있음을 의미한다. 좀 더 자세히 말하면, 나는 이 진실에 심혈을 기울여 나에게 감추기 위해서 이 진실을 아주 정확하게 알아야 한다. ― 그리고 이것은 시간상 다른 두 순간에 이루어지지 않는다 ― 그렇게 되면 엄밀히 말해 이원성과 유사한 것을 재정립할 수 있을 것이다. 하지만 하나의 동일한 기투의 구조 속에서 그래야 한다. 따라서 만일 거짓을 조건짓는 이원성이 폐기되면, 거짓은 어떻게 성립될 수 있을까? 이 어려움에 의식의 전적인 반투명성에서 파생되는 또 다른 하나의 어려움이 더해진다. 자기기만의 영향을 받은 자는 자기기만에 대한 의식이 있어야 한다. 왜냐하면 의식의 존재는 존재에 대한 의식이기 때문이다. 따라서 나는 적어도 나의 자기기만에 대해 의식하고 있다는 점에서는 성실함(bonne foi)[50]처럼 보인다. 하지만 그리되면 이 모든 심적 체계는 없어진다. 사실 만일 내가 고의적이고 냉소적인 태도로 나에게 거짓말을 하고자 시도한다면, 나의 시도는 완전히 실패하고 말 것임을 사람들은 인정할 것이다. 거짓은 시선 아래에서 물러나면서 무너질 것이다. 거짓은 나에게 거짓말을 하려는 의식 자체에 의해 배후에서 파괴된다. 이 의식은 나의 기투 쪽에서 이 기투의 조건으로 냉철하게 구성된다. 거기에는 그 자신의 고유한 구분 속에서, 그리고 그 구분에 의해서만 존재할 뿐 하나의 덧없는 현상이 존재한다. 분명히 이 현상들은 자주 일어난다. 그리고 우리는 실제로 자기기만의 "덧없음"이 있다는 것을 보게 될 것이다. 그리고 자기기만이 성실함과 냉소 사이에서 끊임없이 동요하는 것은 분명하다. 그렇지만 비록 자기기만의 존재가 아주 불안정하다 할지라도, 비록 자기기만이 "준안정 상태(métastables)"라고 할 수 있는 심적 구조를 지닌 종류에 속한다고 할지라도, 자기기만은 또한 자율적이고 지속적인 형태를 드러내고 있다. 자기기만은 아주 많은 사람에게서 삶의 정상적인 모습일 수 있다. 사람들은 자기기만 속에서 살아갈 수 있다. 이것은 우리가 냉소 또는 성실성을 갑자기 깨닫는 일이 없음을 의미하는 것이 아니다. 이것은 자기기만에는 항상적이고 특수한 하나의 생활 양식이 함축되어 있음을 의미한다. 따라서 우리는 자기기만을 거부할 수도 없고 이해할 수도 없기 때문에 극도로 혼란스러운 상태에 있는 것처럼 보인다.

이 어려움에서 벗어나기 위해 사람들은 기꺼이 무의식적인 것에서 도움을 얻고자 한다. 예컨대 정신분석학적 해석에서는 속이는 자와 속는 자의 이원성을 재확립하기 위해 검열의 가설을 이용한다. 이 검열은 세관이나 여권과 또는 어음 관리과 등에서 설정한 경계선과

---

50 직역하면 '좋은 신앙'이라는 의미이나, 여기에서 사르트르는 이 개념을 다른 사람이 하는 말을 자기 판단 없이 곧이곧대로 믿고 받아들이는 '융통성 없는', '고지식한', '어리석은' 등의 의미로 사용하고 있다. 여기에서는 '성실함'이라고 번역한다. 또한 이 개념과 구별하기 위해 'sincérité'는 '성실성'으로 옮긴다. 이 책 제1장 각주 46 참조.

같은 것으로 여겨진다. 여기에서 본능 — 또는 이렇게 말하자면, 제1
차적인 경향과 우리 각자의 개인적인 역사에 의해 형성된 경향의 복
합 등 — 은 실재의 형태를 띤다. 이 본능은 대자적으로 존재하지 않
기 때문에 진실도 아니고 거짓도 아니다. 이 본능은 단순히 있다. 그것
은 그 자체 진실도 아니고 거짓도 아니고, 그저 실재적일 뿐인 책상과
똑같이 있다. 본능의 의식적인 상징화에 대해서 말하면, 그것은 외현
으로가 아니라 심적 실재의 사실로 파악해야 한다. 공포증, 실언, 꿈
은 의식의 구체적인 사실의 자격으로 실제로 존재한다. 그것은 마치
거짓말하는 자의 말과 태도가 구체적이고 실제적인 행위인 것과 같
은 방식으로 존재한다. 다만 [공포증, 실언, 꿈]의 당사자는, 마치 속
는 사람이 속이는 사람 앞에 있는 것처럼, 이런 현상들 앞에 있는 것
이다. 그 당사자는 이 현상들을 그 실재성 속에서 확인하고, 또 그것
을 해석해야 한다. 속이는 사람의 행위에는 하나의 진실이 있다. 만일
속는 사람이 속이는 사람의 행위를 속이는 사람이 있는 상황과 속이
는 사람의 기획에 연결시킬 수 있다면, 그 행위는 거짓말 같은 행위의
자격으로 진실의 통합적인 부분이 될 것이다. 이와 마찬가지로 [본능
에 대한] 상징적 행위에는 하나의 진실이 있다. 이 진실은 바로 정신
분석기가 이 상징적 행위를 환자의 역사적인 상황에, 이 행위가 표현
하는 무의식적 콤플렉스에 또 검열의 관문에 연결할 때 발견하게 된
다. 이렇게 해서 정신분석 대상자는 자신의 행동의 여러 의미에 대해
속는 것이다. 이 당사자는 자신의 행동을 그 구체적인 존재에서 파악
하지, 그 진실에서 파악하는 것이 아니다. 이때 당사자는 자기에게 낯
선 최초의 상황과 심적 구성에서 이 행동을 끌어낼 수 있는 능력이 없
다. 그 이유는 사실 프로이트가 "이드(ça)"와 "자아(moi)"를 구별함으
로써 정신적 덩어리를 둘로 분할했기 때문이다. 나는 자아이지 이드

가 아니다. 나는 의식적이지 않은 나의 정신기제(psychisme)에 대해서는 아무런 특권적인 지위가 없다. 내가 나 자신의 고유한 심적 현상으로 있는 것은 바로 내가 이 현상을 그 의식적 실재에서 확인하는 한에서이다. 예컨대 나는 서가에서 이런저런 책을 훔치고자 하는 그 충동이고, 나는 그 충동과 일체를 이루고 있고, 나는 그 충동을 드러내며, 나는 그 충동 작용에 따라 훔치고자 결심한다. 하지만 내가 이 심적 사실들을 수동적으로 받아들이는 한, 나는 이 심적 사실들로 있는 것이 아니다. 마치 과학자가 외적 현상의 본성과 본질에 대해 억측하는 것과 같이, 내가 심적 사실들의 기원과 그 참된 의미에 대해 가설들을 세우지 않을 수 없는 한, 나는 이 심적 사실들로 있는 것이 아니다. 예컨대 내가 이 훔치는 행위를 훔치고자 하는 그 책의 희소성, 재미 또는 가격에 따라 직접 결정된 충동으로 해석하지만, 이 훔치는 행위는 사실상 자기형벌에서 유래하는 하나의 과정이며, 이 과정은 많든 적든 직접적으로 오이디푸스콤플렉스와 연결되어 있다. 따라서 훔치고자 하는 충동에 하나의 진실이 있으며, 많든 적든 개연적 가설에 의해서만 이 진실에 이를 수 있을 뿐이다. 이 진실의 기준은 이 진실이 설명하는 의식적인 심적 사실들의 범위일 것이다. 또 이 진실의 기준은 더 실용적인 관점에서 보면 그 진실에서 얻을 수 있는 정신의학적 치료의 성과일 것이다. 결국, 이 진실의 발견에는 나의 무의식적인 경향과 나의 의식적인 삶을 매개하는 자로 등장하는 정신분석가의 협력이 필요할 것이다. [나의] 무의식적인 테제와 의식적인 안티테제의 종합을 실현할 수 있는 유일한 자로 타자가 나타난다. 나는 타자의 매개에 의해서만 나를 알 수 있을 뿐이다. 이 말은 나는 나의 "이드"에 대해 타자의 위치에 있음을 의미한다. 만일 내가 정신분석학의 몇몇 개념을 가지고 있다면, 나는 특별히 유리한 상황에서 스스로 나 자신에 대한 정신분석을 시도할 수 있을 것이다. 하지만 이런 시도는, 내가 모든 종류의 직관을 경계하고, 추상적인 도식과 배워 익힌 규칙을 바깥에서부터 나의 경우에 적용함으로써만 성공할 수 있을 뿐이다. 그 결과에 대해서 말하면, 그것이 나 혼자만의 노력에 의해서 얻어진 것이든 또는 전문가의 협조에 의해서 얻어진 것이든, 그것은 직관에 의해 주어질 수 있는 확실성을 결코 갖지 못할 것이다. 그것은 그저 학문적인 개연성, 항상 증가일로에 있는 개연성을 갖게 될 것이다. 원자론의 가설처럼 오이디푸스콤플렉스 가설은 하나의 "실험적인 이념"이외의 다른 아무것도 아니다. 퍼스[51]의 말처럼, 이 가설은 그것이 실현할 수 있게 해 주는 경험의 총체와 그것이 예견할 수 있게 해 주는 결과의 총체와 구분되지 않는다. 이렇게 해서 정신분석학은 자기기만 개념을 거짓말하는 사람이 없는 거짓이라는 관념으로 대체한다. 정신분석학은 어떻게 내가 나를 속이지 않고 속을 수 있는지를 이해하게 해 준다. 왜냐하면 정신분석학은 나 자신에 대해 나를 나와 마주하고 있는 타자의 상황에 위치시키기 때문이다. 정신분석학은 거짓의 본질적인 조건인, 속이는 자와 속는 자의 이원성을 "이드"와 "자아"의 이원성으로 대체한다. 정신분석학은 가장 깊은 나의 주관성 속에 함께-있는-존재의 상호 주관적 구조를 도입한다. 우리는 이런 정신분석학의 설명에 과연 만족할 수 있는가?

좀 더 자세히 들여다보면, 정신분석학 이론은 처음에 드러나는 것처럼 그리 간단하지 않다. 정신분석학의 가설에 따라 "이드"가 하나의 사물로 나타난다고 하는 것은 정확하지 않다. 왜냐하면 사물은 사람들이 그것에 대해 가지는 억측과 무관하고, 그 반대로 "이드"는 그

---

51   찰스 샌더스 퍼스(Charles Sanders Peirce, 1839~1914)는 미국의 철학자·수학자·물리학자로, 현대 분석철학 및 기호논리학의 선구자로 알려져 있다.

억측이 진실에 다가갈 때 이 억측에 의해 충격을 받기(touché) 때문이다. 실제로 프로이트는 제1 치료기의 마지막에 가서 의사가 진실에 다가갈 때 [환자가 내보이는] 저항을 지적한다. 이 저항은 외부에서 파악한 객관적인 행위이다. 환자는 불신을 보이고, 이야기를 거부하고, 그의 꿈에 대해 공상적으로 설명하고, 때로는 심지어 정신분석 치료를 완전히 회피하기까지 한다. 그런데 환자 자신의 어떤 부분이 이렇게 저항할 수 있는지의 물음을 허용한다. 그 저항하는 부분은 의식적인 사실의 심적인 총체로 여겨지는 "자아(Moi)"일 수는 없다. 사실 자아는 정신과 의사가 목표에 접근하는지를 짐작할 수 없다. 왜냐하면 정신과 의사와 똑같이 자아는 자아 자신의 반작용이 갖는 의미 앞에 놓여 있기 때문이다. 자아에게는 기껏해야 정신분석의 입회인이 할 수 있는 것처럼 제시된 가설의 개연성 정도를 그 가설이 설명하는 주관적 사실의 전개에 따라 객관적으로 평가하는 것이 가능할 정도이다. 게다가 이 개연성은 [환자의] 자아가 보기에 거의 확실한 것처럼 보일 수 있다. 하지만 자아는 그것을 속일 수는 없다. 왜냐하면 대부분 경우 의식적인 결정에 의해 정신분석적 치료의 길로 들어선 것이 바로 이 자아이기 때문이다. 정신분석가가 환자에게 행하는 일상적인 계시에 대해 불안해한다고 말할 수 있을까? 그리고 환자가 그 자신이 보기에도 계속해서 치료받기를 원하는 척하면서도 그 일상적인 계시에서 빠져나오려고 한다고 말할 수 있을까? 이 경우에는 자기기만을 설명하기 위해 더 이상 무의식의 도움을 받는 것은 불가능하다. 자기기만은 그 모든 모순을 지닌 채 완전히 의식적이 되어 거기에 있다. 하지만 게다가 정신분석가가 [환자가 내보이는] 저항을 이런 식으로 설명하고 싶어 하지 않는다. 정신분석가에게 그 저항은 둔하고 심층적이며, 멀리서 오고, 이제 밝히고자 하는 사태 속에 뿌리를 내리고 있다.

그렇지만 이런 저항은 드러내야 할 콤플렉스에서 나오는 것일 수는 없을 것이다. 만일 그것이 콤플렉스에서 나온다면, 그 콤플렉스는 차라리 정신분석가의 협력자가 된다고 해야 할 것이다. 왜냐하면 콤플렉스는 명증한 의식에서 자기의 표현을 노리고 있기 때문이고, 어떻게든 검열을 속여 검열을 피하고자 하기 때문이다. 우리가 피분석자[환자]의 거부에 자리매김할 수 있는 유일한 장(場)은 검열의 장이다. 검열만이 정신분석가의 물음이나 계시를 이 검열이 억압하고자 하는 실재적인 경향에 조금이나마 가까이 다가가는 것으로 파악할 수 있을 뿐이다. 오직 검열만이 그렇게 할 수 있다. 왜냐하면 검열만이 자기가 억압하는 것이 무엇인지를 알고 있기 때문이다.

만일 우리가 정신분석학의 의물론적인 언어와 신화를 실제로 물리치면, 우리는 검열이 분별 있게 그 역할을 수행하려면 검열이 억압하는 것이 무엇인지를 검열 자체가 알고 있어야 함을 깨닫게 된다. 만일 우리가 실제로 억압을 맹목적인 힘의 충격으로 재현하는 모든 은유를 실제로 포기하면, 검열은 선택해야 하는 것이고, 또 선택하기 위해서는 자기를 표상해야 한다는 사실을 인정할 수밖에 없다. 그렇지 않다면 검열이 합법적인 성적 충동을 묵인하거나 또는 욕구(배고픔, 목마름, 수면 등)가 밝은 의식에서 나타나는 것을 허용하는 것은 어디에서 기인할 것인가? 또한 검열이 그 감시를 느슨하게 할 수도 있고, 심지어 본능의 위장에 속을 수 있다는 것은 어떻게 설명할 것인가? 하지만 검열이 나쁜 경향을 식별하는 것만으로는 충분하지 않다. 검열이 그 나쁜 경향을 억압해야 하는 것으로 파악해야 한다. 이것은 적어도 검열 자신의 고유한 활동에 대한 표상이 검열에 함축되어 있음을 의미한다. 한마디로 억압해야 할 충동을 식별한다는 의식이 없이 검열은 어떻게 이 충동을 분간해 낸다. 자기에 대해 알지 못하는 앎을 생각할 수 있을까? 알랭에 따르면, 안다는 것은 자신이 안다는 것을 아는 것이다. 우리로서는 차라리 모든 앎은 앎에 대한 의식이라고 말하자. 이렇게 해서 검열 수준에서 환자의 저항에는 다음과 같은 것이 함축되어 있다. 즉 억압된 것을 그런 것으로 떠올리는 표상 작용, 정신분석가의 물음이 노리는 목표에 대한 이해, 억압된 콤플렉스의 진실과 이 콤플렉스를 노리는 정신분석적 가설을 검열이 비교할 때의 종합적인 결합 행위 등이 그것이다. 그리고 이런 여러 다른 작동에는 그 나름대로 검열이 (자기에 대한) 의식이라는 사실이 함축되어 있다. 하지만 검열의 자기(에 대한) 의식은 어떤 유형일 수 있을까? 검열은 억압해야 할 경향(에 대한) 의식이어야 할 것이다. 하지만 정확하게 말하면 검열은 억압해야 할 경향에 대한 의식이 아니기 위해 그런 의식이어야 할 것이다. 이것은 검열이 자기기만이어야 한다는 사실이 아니라면 무엇을 의미하는가? 정신분석학은 자기기만을 제거하기 위해 무의식적인 것과 의식 사이에 자율적이고 또 자기기만에 대한 의식을 세워 놓았으므로, 정신분석은 우리에게 아무것도 가져다주지 못했다. 이것은 진정한 이원성 — 그리고 심지어 삼원성(이드(Es), 자아(Ich), 검열에 의해 표현되는 초자아(Über-Ich)) — 을 확립하기 위해 정신분석학의 모든 노력이 언어적 용어에 그치고 말았기 때문이다. 무엇인가를 "자기에게 감추는 것"에 대한 반성적 관념의 본질 자체에는 하나의 동일한 심적 현상의 통일성이 함축되어 있고, 그 결과 그 통일성의 중심에는 이중의 활동이 함축되어 있다. 한편으로는 감추어야 할 사물을 유지하고 드러내도록 하면서, 또 다른 한편으로는 감추어야 할 그 사물을 물리치고 가리고자 하면서 말이다. 이중 활동의 각 측면은 상호보완적이다. 다시 말해 각각의 측면의 자기 존재 속에는 다른 쪽의 측면

이 포함되어 있다. 정신분석은 검열에 의해 의식적인 것과 무의식적인 것을 분리했지만, 행위의 두 가지 면을 분리하는 데는 성공하지 못했다. 왜냐하면 리비도(libido)가 의식적 표현을 향한 하나의 맹목적인 노력(conatus)이고, 의식적 현상은 하나의 수동적이고 기만당한 결과이기 때문이다. 정신분석학은 반발과 견인이라는 이중의 활동을 그저 검열 수준에 위치시켰다. 게다가 하나로 통일된 전체 현상(스스로 위장하고 또 상징적 형태를 취해 "통과하는" 경향의 억압)을 설명하기 위해서는, 이 현상의 여러 다른 계기 사이에 이해 가능한 연결을 확립해야 할 일이 남아 있다. 만일 억압된 경향이, (1) 억압되었다는 의식, (2) 의식은 그것이 있는 그대로의 것이기 때문에 거부되었다는 의식, (3) 위장의 기획을 포함하지 않는다면, 억압된 경향이 어떻게 "스스로 위장할" 수 있는가? 응축과 전이에 대한 그 어떤 기계적인 이론도 이 경향이 그 자체에 영향을 주는 변양을 설명할 수 없다. 왜냐하면 위장 과정에 대한 묘사에는 은밀한 방식으로 이루어지는 최종 목적에의 의존이 포함되어 있기 때문이다. 또 이와 마찬가지로 의식이 검열 저편에서 도달하고자 하는 목적이 욕망되면서 동시에 금지되는 한에서, 만일 의식에 이 목적에 대한 어렴풋한 이해가 포함되어 있지 않다면, 이 경향의 상징적이고 의식적인 충족에 수반되는 쾌락이나 불안을 어떻게 설명할 것인가? 프로이트는 정신의 심적 통일성을 내던졌으므로, 마치 원시적인 주술이 저주받는 인물과 그의 모습을 본떠 제작된 밀랍인형을 하나로 여기듯이, 멀리 떨어져 장애물 너머에 있는 현상들을 연결하는 일종의 마술적 통일성이 있다는 것을 곳곳에서 암시할 수밖에 없었다. 무의식적인 "충동(Trieb)"은 전체에 퍼져 그것을 착색시키고, 그것의 상징화를 마술적으로 야기하는 성격에 가담함으로써 "억압된" 또는 "저주받은" 충동의 모습을 띠게 된다.

이와 비슷하게 의식적인 현상은, 비록 이 현상이 그 자체에 의해, 그리고 밝은 의식 속에서 그 상징적인 의미를 파악할 수 없다 할지라도, 그 의미에 의해 전적으로 채색된다. 하지만 이런 마술에 의한 설명은 그 원리적인 결함을 차치하고서라도, ─ 무의식 단계, 검열 단계 그리고 의식 단계에서 ─ 서로를 함축하고, 서로를 파괴하는 모순적이면서도 상호 보완적인 두 구조의 공존을 없애지는 못한다. 사람들은 자기기만을 실체화하고 "사물화"했고, 그것을 피하지 못했다. 이것이 바로 빈의 한 정신과 의사 슈테켈[52]이 정신분석학적 추종에서 벗어나 『불감증의 여인(*La Femme frigide*)』[53]에서 다음과 같이 쓰도록 부추긴 것이다. "내가 나의 탐구를 충분히 멀리까지 밀고 나갈 수 있었는데, 그때마다 나는 정신병의 핵심이 의식적이라는 것을 확인했다." 게다가 슈테켈이 자신의 저서에서 보고하는 실례는 프로이트주의가 설명할 수 없을 병리적인 자기기만을 증언해 준다. 예컨대 결혼 생활의 환멸로 인해 불감증에 걸린 여인, 다시 말해 성행위가 그녀에게 제공하는 쾌감을 자신에게 숨기게까지 된 여인을 문제 삼고 있다. 사람들은 우선 그녀에게서는 반쯤 생리학적인 암흑 속에 깊이 묻혀 있는 콤플렉스가 문제가 아니고 객관적으로 밝혀낼 수 있는, 그리고 그녀가 그것을 실행하는 순간에 기억하지 않을 수 없는 행위를 자기에게 감추는 것이 문제라는 점을 지적할 것이다. 사실 남편은 슈테켈에게 자기 아내가 쾌감을 느낀다는 객관적인 신호를 내보인다고 자주 털어놓지만, 아내 쪽에서는 슈테켈의 질문을 받았을 때 이 사실을 극구 부인

---

52 빌헬름 슈테켈(Wilhelm Stekel, 1868~1940)은 오스트리아의 내과의·심리학자로, 한때 프로이트의 가장 뛰어난 제자로 여겨졌다. 주요 저서에『양성애: 동성애 신경증(*Bi-sexual love: the homosexual neurosis*)』이 있다.

53 N.R.F.[1937]. ─ 원주.

한다. 여기에서 문제가 되는 것은 외면(distraction)하는 행동이다. 마찬가지로 슈테켈이 유도해 낼 수 있었던 고백들은, 이렇게 병적으로 불감증인 여자들이 미리 자신들이 두려워하는 쾌감을 외면하기 위해 애쓴다는 사실을 우리에게 알려 준다. 예컨대 성행위를 할 때 대부분의 여자는 생각을 일상적인 일로 돌리거나 가계부를 계산하곤 한다. 여기에서 누가 무의식을 말하겠는가? 그렇지만 만일 불감증인 여자가 이렇게 자기가 느끼는 쾌감에서 생각을 다른 데로 돌려 외면한다고 해도, 그것은 냉소적으로 또 자기 자신과 완전히 일치해서 하는 행동은 아니다. 그것은 그녀가 불감증임을 자신에게 입증해 보이기 위한 것이다. 여기에서 우리는 하나의 자기기만 현상을 마주한다. 왜냐하면 자기가 느낀 쾌감에 집착하지 않으려고 시도한 노력은 쾌감을 느꼈다는 사실에 대한 인정을 포함하고 있기 때문이고, 또 정확히 말해 이 노력이 그 인정을 포함하고 있는 것은 이 인정을 부인하기 위해서이기 때문이다. 하지만 우리는 더 이상 정신분석학 영역에 있지 않다. 이렇듯 한편으로는 무의식에 의한 설명은, 이 설명이 심적 통일을 깨뜨린다는 사실로 인해, 일견 이 심적 통일에 속하는 것으로 보이는 사실을 설명할 수 없을 것이다. 또 다른 한편으로는 이 무의식에 의한 유형의 설명을 분명하게 물리치는 자기기만 행동이 무수히 존재한다. 왜냐하면 자기기만 행동의 본질은 이 행동이 의식의 반투명성 속에서만 나타날 수 있다는 사실을 함축하고 있기 때문이다. 우리는 우리가 피하고자 한 문제가 해명되지 않고 있음을 다시 발견한다.

II. 자기기만 행동

만일 우리가 이런 난관에서 벗어나기를 원한다면, 자기기만 행동을 좀 더 면밀하게 검토하고, 또 그것을 묘사하는 것이 좋을 것이다. 묘사를 통해 우리는 자기기만의 가능성의 조건을 더욱더 명확하게 확정할 수 있을 것이다. 다시 말해 우리가 출발점에서 제기한 "인간이 자기기만일 수밖에 없다면, 인간은 그 존재에 있어 무엇이어야 하는가?"라는 물음에 답할 수 있을 것이다.

예를 들어 여기에 첫 데이트에 나온 한 여자가 있다고 하자. 여자는 자기에게 말을 건네고 있는 남자가 자기에게 품고 있는 의도를 아주 잘 파악하고 있다. 여자는 또한 그 남자가 조만간에 결단을 내려야 한다는 것도 알고 있다. 하지만 여자는 남자의 결단에 대해 조급함을 느끼고자 하지 않는다. 여자는 단지 상대방의 태도에서 풍기는 정중하고 조심스러운 면에만 몰두한다. 여자는 남자의 행위를 흔히 "첫 단계의 접근"이라 일컫는 행위를 실현하고자 하는 것으로 파악하지 않는다. 다시 말해 여자는 이 행위가 제시하는 시간적인 전개의 가능성을 보려 하지 않는다. 여자는 남자의 행동을 그것이 현재 있는 그대로의 것에 한정한다. 여자는 상대방이 자기에게 하는 말 속에서 분명한 의미 이외의 다른 것을 읽고자 하지 않는다. 만일 상대방이 자기에게 "나는 당신을 많이 찬미합니다."라고 말한다면, 여자는 이 문장에서 성적인 저의를 제거해 버린다. 여자는 대화 상대자의 말과 행위에 자신이 객관적인 성질로 여기는 직접적인 의미만 부가한다. 여자에게 말하는 남자는 그녀에게는, 마치 책상이 둥글거나 네모진 것처럼, 마치 벽지가 푸르거나 회색빛인 것처럼, 성실하고 정중해 보인다. 그리고 이렇게 여자가 귀를 귀울이고 있는 사람에 부가된 성질은 의

물론적인 항상성 속에 응고된 것이다. 이때 그 항상성은 그 성질의 엄격한 현재적인 모습만이 시간의 흐름 속에 투사된 것 이외의 다른 것이 아니다. 이것은 여자가 자신이 바라는 것을 알고자 하지 않기 때문이다. 여자는 자기가 상대방에게 불어넣은 욕정에 대해 지극히 민감하다. 하지만 노골적이고 적나라한 그 욕정으로 인해 여자는 모욕을 느낄 것이고 혐오감을 품게 될 것이다. 그렇지만 여자는 오로지 존경일 뿐인 존경에 대해서는 아무런 매력도 발견할 수 없을 것이다. 여자를 만족하게 하기 위해서는 전적으로 그녀의 인격에 호소하는, 다시 말해 그녀의 전적인 자유에 호소하는 감정과 그녀의 자유를 인정하는 감정이 필요하다. 하지만 이와 동시에 이 감정은 전적으로 욕정이어야 한다. 다시 말해 이 감정은 대상인 한에서 여자의 몸에 호소하는 것이어야 한다. 따라서 이번에는 여자가 욕정을 있는 그대로 파악하기를 거부한다. 여자는 욕정에 심지어 이름을 붙이려고도 하지 않고, 욕정이 찬미, 존중, 존경을 향해 초월되는 한에서만, 그리고 이 욕정이 생산해 내는 좀 더 고양된 형태에 전적으로 흡수되어 일종의 열기와 농밀함으로 나타난다고밖에 형용할 수 없을 정도에 이른 한에서만, 그 욕정을 인정할 뿐이다. 하지만 바로 그때 남자가 여자의 손을 잡는다. 여자의 대화 상대자가 취한 이 행동은 하나의 즉각적인 결단을 재촉함으로써 상황을 일변시킬 위험이 있다. 이 손을 내맡기는 것은 여자 스스로 가벼운 연정에 동의하고 연루되는 것이다. 손을 빼는 것은 그 순간의 매혹을 이루는 몽롱하고 불안정한 조화를 깨는 것이다. 결단의 순간을 가능한 한 더 멀리 미루는 것이 문제이다. 우리는 이때 무슨 일이 벌어지는가를 알고 있다. 그 젊은 여자는 손을 내맡긴다. 하지만 여자는 자신이 손을 내맡긴다는 사실을 알아차리지 않는다. 여자가 그것을 알아차리지 않는 것은, 마침 그 순간에 여자는 하필이면 전적으로 정신 그 자체이기 때문이다. 여자는 자신의 대화 상대자를 최고도로 고양된 감정적인 사색의 영역으로까지 끌어올린다. 여자는 삶에 대해, 자신의 삶에 대해 말하고, 자신의 본질적인 측면하에서 자기 자신을 보여 준다. 즉 하나의 인격을, 하나의 의식을 보여 준다. 그사이 신체와 영혼의 분리가 이루어진다. 여자의 손은 상대방의 뜨거운 두 손 사이에서 생기 없이 휴식을 취한다. 동의하는 것도 아니고 저항하는 것도 아닌 여자의 손은 하나의 사물이다.

우리는 이 여자가 자기기만 상태에 있다고 말한다. 하지만 우리는 곧바로 여자가 자기를 자기기만 속에서 유지하기 위해 여러 다른 방편을 이용한다는 것을 알게 된다. 여자는 상대방의 행동을 오직 있는 그대로의 것으로, 다시 말해 즉자의 방식으로 존재하는 것으로 환원함으로써 그 행동을 무장해제했다. 하지만 여자는 남자의 욕정을 있는 그대로의 것이 아닌 것으로 파악하는 한에서, 다시 말해 욕정의 초월을 인정하는 한에서, 욕정을 즐길 것을 자기에게 허락한다. 마지막으로 여자 자신의 신체의 현전을 깊이 느끼면서도 ── 아마도 혼미해질 정도로 ── 자신을 자신의 고유한 신체가 아닌 것으로 실현하고, 또 자신의 신체를 높은 곳에서 하나의 수동적인 대상으로 바라본다. 그런데 이 수동적인 대상에게는 여러 사건이 발생할 수 있지만, 이 대상의 모든 가능이 그 바깥에 있기 때문에, 그 사건을 일으킬 수도, 피할 수도 없다. 자기기만이 가진 여러 다른 양상 속에서 우리는 어떤 통일성을 발견하는가? 그것은 모순된 개념을 형성하는 모종의 기술, 다시 말해 하나의 관념과 이 관념의 부정을 이 모순된 개념 속에서 통합하는 모종의 기술이다. 이렇게 해서 생긴 기초 개념은 사실성(事實性, facticité)[54]과 초월성(transcendance)이라는 인간 존재의 이중의 속성을 이용한다. 사실을 말하면, 인간실재의 두 측면은 유효하게 조정할 수 있고, 또 그래야 한다. 하지만 자기기만은 인간실재의 두 측면을 조정하고자 하지도 않고 또 두 측면을 하나의 종합 속에서 극복하고자 하지도 않는다. 자기기만에서 문제가 되는 것은 두 측면의 차이를 보존하면서 그것의 동일성을 긍정하는 것이다. 한쪽을 파악하는 그 순간에 갑작스럽게 다른 쪽에 직면할 수 있는 방식으로, 사실성이 초월성임을 긍정해야 하고, 초월성이 사실성임을 긍정해야 한다. 자기기만에 대한 표현의 원형은 바로 자기기만의 정신에서 그 모든 효과를 내기 위해 고안된 유명한 몇몇 문장을 통해 우리에게 주어진다. 우리가 알고 있는 자크 샤르돈[55]의 작품 제목인『사랑은 사랑 이상의 것(*L'amour, c'est beaucoup plus que l'amour*)』이 그 예이다. 여기에서 우리는 사실성에서 현재적인 사랑, 즉 "두 피부의 접촉", 성감, 이기심, 프루스트적인 질투의 메커니즘, 아들러적인 양성의 투쟁 등과 초월로서의 사랑, 모리아크적인 "불의 강", 무한한 것의 부름, 플라톤적 사랑, 로렌스의 어렴풋한 우주적 직관 등이 어떻게 통일을 이루는가를 본다. 여기에서 우리는 사실성에서 출발해서 갑자기 현재 저편에, 인간의 사실상의 조건 저편에, 그리고 심리적인 것의 저편에, 완전히 형이상학의 한복판에 있게 된다. 반대로『나는 나에 대해 너무 크다(*Je suis trop grand pour moi*)』라는 사르망[56]의 희곡 제목 역시 자기기만의 특징을 보여 준다. 이 제목은 먼저 우리를 완전한 초월성의 한복판으로 내던진

---

54 여기에서 'facticité'는 하이데거의 'Faktizität'를 염두에 두고 프랑스어로 옮겨 쓴 것으로 보인다. 하이데거의 이 개념은 사실을 사실이게끔 하는, 인간 주체와 사실과의 관계에서 비롯되는 모종의 역량과 같은 것인데, 국내에서 하이데거의 경우에는 '현사실성'이라 번역한다. 여기에서는 '사실성'이라고 옮긴다.

55 자크 샤르돈(Jacques Chardonne, 1884~1968)은 프랑스의 소설가 자크 부텔로(Jacques Boutelleau)의 필명이다. 폴 모랑 등과 함께 극우파에 속한다.

56 장 사르망(Jean Sarment, 1897~1976)은 프랑스의 극작가 장 벨메르(Jean Bellemère)의 필명이다. 1944년에 코메디 프랑세즈 단장을 지냈다.

다음, 갑자기 우리를 우리의 사실상의 본질의 좁은 한계 속에 가둔다. 우리는 이런 구조를 "그는 그가 있었던 그대로의 것이 되었다."라는 유명한 구절이나, 또는 그것을 뒤집은, 역시 유명한 구절인 "마침내 영원이 그를 그 사람 자신으로 바꾸듯이"[57]에서도 발견할 수 있다. 물론 이런 다른 표현은 자기기만의 외관만을 가지고 있을 뿐이다. 이런 표현은 분명히 그 역설적인 형식을 통해 정신에 충격을 주고, 또 하나의 수수께끼로 정신을 당황케 하기 위해 고안한 것이다. 하지만 우리에게 중요한 것은 정확하게 이 외관이다. 여기에서 중요한 것은, 이런 표현이 새롭고 튼튼하게 구조화된 개념을 구성하지 않는다는 것이다. 반대로 이런 표현은 계속해서 분열 상태에 놓여, 자연주의적인 현재에서 초월로의 끊임없는 미끄러짐이 가능하게끔 되어 있고, 그 역도 마찬가지이다.

사실, 자기기만이 내가 있는 그대로의 것으로 있지 않다는 것을 확립하고자 하는 이 모든 판단을 활용할 수 있음을 사람들은 안다. 만일 내가 있는 그대로의 것일 뿐이라면, 나는 예컨대 사람들이 나에게 가하는 비난을 진지하게 생각해서 소심하게 자문할 수도 있을 것이다. 그리고 아마도 나는 그 비난의 진실을 인정하지 않을 수 없을 것이다. 하지만 바로 초월에 의해 나는 내가 있는 모든 것에서 벗어난다. 수잔이 피가로에게 "내가 옳다는 것을 증명하는 것은 내가 틀릴 수 있음을 인정하는 것이 될 거예요."[58]라고 말할 때의 의미에서, 나는 그

---

57 스테판 말라르메(Stéphane Mallarmé, 1842~1898)의 14행시 「에드거 앨런 포의 무덤」의 첫머리 구절로, 사르트르의 『자유의 길(Les Chemins de la liberté)』의 제2권 『유예(Le Sursis)』에서도 인용하고 있다.
58 프랑스의 극작가 피에르 보마르세(Pierre Beaumarchais, 1732~1799)의 『피가로의 결혼』(1784)에 나오는 구절로, 피가로가 연인 수잔에게 염문을 품은 백작을 곤궁에 빠뜨리고 결국 두 사람이 부부가 된다는 이야기이다.

비난이 제대로 된 근거를 지녔는가를 검토해 볼 필요조차 없다. 나는 그 어떤 비난도 나에게 미치지 못하는 차원에 있다. 왜냐하면 내가 진정으로 있는 그대로의 것은 바로 나의 초월이기 때문이다. 나는 나에게서 도피하고, 나에게서 빠져나가고, 나는 나의 남루한 옷을 설교자의 손에 맡겨 버린다. 다만 자기기만에 필수적인 애매성은 사람들이 여기에서 긍정하는 것, 즉 내가 사물의 존재 방식을 띤 나의 초월이라는 사실에서 온다. 그리고 나는 내가 그 모든 비난으로부터 벗어난다고 느낄 수 있는 것은 사실상 오직 이렇게 함으로써만이다. 앞에서 예로 든 우리의 젊은 여자는 자신으로 하여금 욕정이라 부르는 것조차 피하게끔 하는 순수한 초월만을 고려하고자 함으로써, 욕정을 그 치욕스러움으로부터 정화하고자 한 것은 바로 이런 의미에서이다. 하지만 역으로 "나는 나에게 있어서 너무 크다."라는 것은, 사실성으로 바뀐 초월을 우리에게 보여 주므로 우리의 실패나 연약함에 대한 무한한 변명의 원천이 된다. 이와 마찬가지로 교태를 부리는 그 젊은 여자도 자신의 구애자의 행위를 통해 표명되는 존경과 평가가 이미 초월적인 차원에 있는 한에서 그 초월을 유지하고 있다. 하지만 여자는 거기에서 이 초월을 멈춘다. 여자는 그 초월을 현재의 모든 사실성과 뒤섞는다. 존경은 존경 이외의 아무것도 아니다. 이 존경은 어떤 것을 향해서도 자기를 넘어서지 못하는 하나의 응고된 넘어섬이다.

하지만 이 "초월성-사실성"이라는 준안정 상태의 개념은, 비록 이것이 자기기만의 기초 도구의 하나라고 해도, 그 유일한 도구는 아니다. 사람들은 이 개념과 마찬가지로 인간실재의 또 다른 하나의 이중성을 이용할 것이다. 이중성에 대해 우리는 인간실재의 대자존재에 하나의 대타존재가 상호 보완적으로 내포되어 있다고 말하는 것으로 거칠게나마 표현하고자 한다. 나의 행위 중 어느 하나에 대해 내가 두 개의 시선, 즉 나의 시선과 타인의 시선을 집중시키는 것은 항상 가능하다. 그런데 정확하게 말해 이 행위가 두 시선에서 동일한 구조를 드러내 보이지는 않을 것이다. 하지만 우리가 나중에 살펴보겠지만, 또 누구나 느끼겠지만, 나의 존재의 이 두 가지 양상 사이에는, 마치 내가 나 자신에 대해 나 자신의 진실인 것처럼, 마치 타자는 나에 대해 왜곡된 이미지만 가질 뿐인 것처럼, 외관과 존재의 차이가 있는 것이 아니다. 타인에게 있어서 나의 존재와 나 자신에게 있어서 나의 존재가 갖는 그 동등한 위엄은 끊임없이 붕괴하는 종합을 허용하고, 또 대자가 대타로부터, 그리고 대타가 대자로부터 끊임없이 달아나는 놀이를 허용한다. 사람들은 또한 우리의 젊은 여자가 우리의 세계-한복판의-존재(être-au-milieu-du-monde), 다시 말해 다른 대상들 사이에서 우리의 수동적인 대상의 타성적 현전을 어떻게 이용하는지를 보았다. 여자는 그것을 이용해 자신의 세계-내-존재(être-dans-le-monde)의 기능들을 갑자기 벗어 던지고자 한 것이다. 다시 말해 세계를 넘어 그녀 자신의 고유한 가능성들을 향해 자기를 기투함으로써 하나의 세계가 있게 하는 존재의 기능을 벗어 던진 것이다. 마지막으로 세 가지 시간적 탈자가 가진 무화적인 애매성 위에서 유희하는 혼돈의 종합을 지적해 보자. 이 종합은 나는 내가 있었던 그대로의 것으로 있다는 것을 긍정하는(고의로 자기 삶의 한 시기에 멈춰서 그 뒤의 변화를 고려에 넣는 것을 거부하는 인간) 동시에, 나는 내가 있었던 그대로의 것이 아니라는 것(비난이나 원한에 직면해 전적으로 자기 과거와의 연대를 끊고, 자기의 자유와 자기의 끊임없는 재창조를 강조하는 인간)을 긍정한다. 이 모든 개념은 추론에서 이행의 역할을 할 뿐이고, 또 물리학자의 계산에서 허수처럼 결론에서 제거된다. 하지만 우리는 이 모든 개념에서 동일한 구조를 발견한다. 문제는 인간실재를 그것이 있지 않은 것으로 있고, 그것이 있는 그대로의 것으로 있지 않는 하나의 존재로 구성하는 것이다.

하지만 이 분열의 개념이 겉모습으로나마 존재를 얻을 수 있기 위해서는, 비록 소멸해 가는 과정에서라도 이 분열의 개념이 일순간 의식에 나타날 수 있기 위해서는, 정확하게 무엇이 필요한가? 이 점에 대해 자기기만의 반대 명제인 성실성(sincérité)의 관념을 빠르게 검토하는 것이 아주 많은 것을 가르쳐 줄 것이다. 사실 성실성은 하나의 요구로 제시된다. 따라서 성실성은 하나의 상태가 아니다. 그렇다면 이 경우에 도달하고자 하는 이상은 무엇인가? 인간은 자기 자신에게 있어서는 바로 있는 그대로의 것일 뿐이어야 한다. 한마디로 인간은 전적으로 오로지 그가 있는 그대로의 것이어야 한다. 하지만 이것은 바로 즉자의 정의 — 또는 이렇게 말하는 것이 좋다면, 바로 동일성의 원리가 아닌가? 사물의 존재를 이상으로 세우는 것은 이와 동시에 이 존재가 인간실재에 속하지 않는다는 것, 그리고 동일성의 원리가 일반적으로 보편적인 공리이기는커녕, 그저 영역적인 보편성을 누리는 하나의 종합의 원리일 뿐임을 고백하는 것이 아닌가? 이렇듯 자기기만의 개념이 적어도 일순간 우리에게 환영을 품을 수 있기 위해서는, 그리고 "순수한 마음(cœurs purs)"(지드, 케셀[59])의 정직함이 인간실재에 있어 이상으로서 가치를 지닐 수 있기 위해서는, 동일성의 원리가 인간실재를 구성적 원리를 대표하는 것이어서는 안 되며, 인간실재가 필연적으로 그것이 있는 그대로의 것이 아니라, 그것이 있지 않은 것으로 있을 수 있어야 한다. 이것은 무엇을 의미하는가?

---

59 조제프 케셀(Joseph Kessel, 1898~1979)은 아르헨티나 출신의 프랑스 소설가 겸 신문기자로, 프랑스 아카데미 예술원 종신회원을 지냈다. 제1, 2차 세계 대전 동안에 종군기자 및 레지스탕스로 활약했으며, 그 이후에는 언론계로 복귀했다.

만일 인간이 그가 있는 그대로 있다면, 자기기만은 아예 불가능할 것이고, 또 정직함(franchise)은 인간의 이상이기를 그치고 그의 존재가 될 것이다. 하지만 인간은 그가 있는 그대로의 것인가? 그리고 일반적으로 우리가 존재에 대한 의식으로 있을 때, 어떻게 우리가 있는 그대로의 것일 수 있는가? 만일 정직함 또는 성실성이 하나의 보편적인 가치라면, "사람은 있는 그대로의 것이어야 한다."라는 격언은, 내가 있는 그대로의 것을 내가 표현하는 경우의 판단과 개념을 위한 규제적 원리로서 유일하게 사용되는 것이 아님은 자명하다. 이 격언은 단지 인식의 이상을 세울 뿐만 아니라, 또한 존재의 이상을 세우기도 한다. 이 격언은 존재의 원형으로서의 존재와 존재 자체의 절대적인 합치를 우리에게 제시한다. 이런 의미에서 우리는 우리가 있는 그대로의 것으로 있도록 해야 한다. 따라서 만일 우리가, 우리가 있는 그대로의 것으로 있게 한다는 의무를 끊임없이 지고 있다면, 만일 우리가 있는 그대로의 것으로 있어야 한다는 존재 방식으로 존재한다면, 그때 우리는 과연 무엇인가? 카페 종업원을 생각해 보자. 그의 동작은 민첩하고 절도가 있지만, 약간 지나치게 정확하고 지나치게 빠르다. 그는 약간 지나치게 빠른 걸음으로 손님에게 다가온다. 그는 약간 지나칠 정도로 정중하게 인사를 한다. 그의 목소리와 그의 두 눈은 지나칠 정도로 배려하는 태도로 손님의 주문에 관심을 표한다. 마침내 그는 되돌아온다. 그는 걸음걸이에서 어딘지 모르게 로봇처럼 뻣뻣한 빈틈없는 태도를 흉내 내려 하면서, 일종의 곡예사와 같은 경쾌한 몸짓으로 접시를 들고 온다. 접시는 끊임없이 불안정하고 끊임없이 균형을 잃는 것 같지만, 그는 팔과 손을 가볍게 움직여 계속해서 접시의 균형을 유지한다. 그의 모든 행동은 우리에게 하나의 유희(jeu)처럼 보인다. 그는 자신의 동작을 마치 하나하나가 서로에게 명령하는 기계장치처럼 계속 연결하려고 애쓴다. 그의 몸짓과 목소리조차 기계장치인 것 같다. 그는 사물이 가진 신속함과 냉혹한 민첩성을 자신에게 부여한다. 그는 연기하고 즐긴다. 그런데 그는 도대체 무엇을 연기하는 것일까? 그것을 알기 위해 그를 오랫동안 관찰할 필요가 없다. 그는 카페 종업원임을 연기한다. 여기에는 우리가 놀랄 것은 아무것도 없다. 그 유희는 일종의 측정이고 탐색이다. 아이는 자신의 신체를 가지고 놀면서 그 신체를 탐색하고, 그 신체에 대한 목록을 작성한다. 카페 종업원은 자신의 신분을 가지고 유희하면서 그 신분을 실현한다. 이 의무는 모든 상인에 부과된 것과 다르지 않다. 그들의 신분은 전부 의식(儀式)으로 되어 있다. 공중은 그들에게 그들이 그 신분을 하나의 의식으로 실현할 것을 요구한다. 식료품상, 양복점 주인, 경매인에게는 각자의 춤이 있다. 그 춤을 춤으로써 그들 각자는 자기의 손님에게 자신이 한 명의 식료품상, 한 명의 양복점 주인, 한 명의 경매인 이외의 다른 아무것도 아님을 설득하기 위해 노력한다. 멍하니 꿈을 꾸는 식료품상은 손님에게 무례한 자이다. 왜냐하면 그때 그는 더는 식료품상이 아니기 때문이다. 예의는 그가 식료품상의 직분 속에 자기를 붙들어 두기를 요구한다. 마치 차렷 자세를 하고 있는 병사가 자신을 사물-병사(chose-soldat)로 만드는 것과 같다. 병사는 정면을 바라보고 있지만, 그의 눈은 결코 보고 있는 것이 아니다. 그의 눈은 이미 보기 위한 것이 아니다. 왜냐하면 그가 시선을 고정해야 하는 지점(10보 앞에 고정된 시선)을 결정하는 것은 명령이지, 그 순간의 관심이 아니기 때문이다. 바로 거기에서 사람을 그가 있는 그대로의 것 속에 가두어 두는 조심성이 있다. 마치 그 사람이 그곳에서 달아나지 않을까, 그가 갑자기 경계를 넘어 그의 신분을 벗어나지 않을까 하는 끊임없는 두려움 속에 우리가 살고 있기라도 한 것처럼 말이다. 하지만 이와 동시에 내면에서 보면, 카페 종업원은 잉크병이 잉크병으로 있고, 컵이 컵으로 있는 것과 같은 의미에서, 직접적으로 카페 종업원일 수는 없다. 그가 자신의 신분에 대해 반성적 판단이나 개념을 형성할 수 없다는 것은 아니다. 그는 자신의 신분이 "의미하는" 것을 잘 안다. 5시에 일어나야 하는 의무, 가게 문을 열기 전에 가게를 청소해야 하는 의무, 커피 주전자를 준비해 두어야 하는 등의 의무가 그것이다. 그는 자신의 신분에 내포된 권리도 인지하고 있다. 팁을 받을 권리, 노동조합에 가입할 권리 등이 그것이다. 하지만 이 모든 개념, 이 모든 판단은 초월적인 것을 가리킨다. 추상적인 가능성들, "권리의 주체"에게 주어지는 권리들과 의무들이 문제이다. 내가 그것으로 있어야 하지만 내가 그것으로 있지 않은 것은 바로 이 주체이다. 이것은 내가 그 주체로 있기를 원하거나 이 주체가 어떤 다른 것이기 때문이 아니다. 그보다는 오히려 그 주체의 존재와 나의 존재 사이에 공통의 척도가 없기 때문이다. 그 주체는 다른 사람들과 나 자신에게도 하나의 "표상"이다. 이것은 내가 표상에서만(en représentation) 주체일 수 있음을 의미한다. 하지만 정확하게 말해, 만일 내가 나를 그 주체로 표상한다면, 나는 결코 그 주체가 아니고, 대상이 주체로부터 분리하는 것처럼 나는 아무것도 아닌 것에 의해 그 주체로부터 분리된다. 이 아무것도 아닌 것은 그 주체로부터 나를 고립시킨다. 나는 그 주체로 있을 수 없다. 나는 내가 그 주체로 있음을 연기할 수 있을 뿐이다. 다시 말해 나는 내가 그 주체로 있음을 상상할 수 있을 뿐이다. 그리고 그렇게 함으로써 나는 이런 주체에 무로 영향을 주게 된다. [그 결과] 내가 아무리 카페 종업원의 직분을 완수해도 소용이 없다. 나는 배우가 햄릿인 것과 마찬가지로 다만 중립적인 방식으로만 카페 종업원일 수 있을 뿐이다. 이것은 내가 나의 신분의 전형적인 몸짓을 기계적으로 수행하면서, 또 내가 "아날로공(analogon)"[60]으로서의 몸짓을 상상적인 카페 종업원으로서 나를 겨냥하면서이다.[61] 내가 실현하고자 하는 것은 카페 종업원의 즉자존재이다. 마치 내가 나의 신분의 의무에 그 가치와 긴급성을 부여하는 것이 나의 능력 안에 있지 않은 것처럼, 마치 내가 매일 아침 5시에 일어나거나 아니면 해고당할 것을 각오하고 일어나지 않고 침대에 그대로 누워 자거나 하는 것이 자유로운 나의 선택에 속한 것이 아닌 것처럼 말이다. 마치 내가 생활에서 이 역할을 유지한다는 사실 자체로 인해 이 그 역할을 모든 방향에서 초월하지 못하는 것처럼 되고, 나는 나를 나의 신분을 넘어선 자로 구성하지 않는 것처럼 된다. 그렇지만 어떤 의미에서 내가 카페 종업원으로 있다는 것은 의심의 여지가 없다. 그렇지 않다면 내가 외교관이나 신문기자를 자칭할 수도 있지 않겠는가? 하지만 내가 카페 종업원이라 할지라도, 그것이 즉자의 존재 방식에 따른 것일 수는 없다. 내가 카페 종업원으로 있는 것은, 내가 그것으로 있지 않는 방식에서이다. 게다가 단지 사회적인 신분만이 문제가 되는 것은 아니다. 나는 결코 나의 태도 중 어느 하나로 있는 것도 아니고, 나의 행위 중 어느 하나로 있는 것도 아니다. 말하기의 달인은 말하는 것을 연기하는 사람이다. 왜냐하면 그가 말하는 것임일(être parlant) 수가 없기 때문이다. 선생을 향해 눈을 부릅뜨고 귀를 활짝 열어 주의를 기울이고 있기를 [즉 주의를 기울임을] 원하는 학생은, 주의를 기울이는 자를 연기하

---

60 *L'Imaginaire*(N.R.F., 1940), 결론.─원주.
61 사르트르의 고유 개념으로 '유동대리물(類同代理物)'로 옮기기도 한다. 이 개념은 우리가 심적 이미지(image mentale)를 만들어 낼 때 수용되는 유사한 외재대상물(外在對象物)을 가리킨다. 예컨대 한 인물의 초상화는 그 인물에 대한 우리의 심적 이미지의 아날로공이고, 무대에서 연기하는 한 배우의 눈물은 그가 연기하는 비실재적인 주인공의 눈물의 아날로공이다. 또한 연주되고 있는 한 편의 교향곡은 그 교향곡에 대한 우리의 심적 이미지의 아날로공이다.

는 데 너무 힘을 소진해 결국 아무것도 듣지 못하게 되고 만다. 나는 나의 신체, 나의 행위에 대해 끊임없이 부재하기 때문에, 나는 본의 아니게 발레리가 말하는 그 "신적인 부재(divine absence)"이다. "이 성냥갑이 책상 위에 있다."라는 의미에서는, 나는 내가 여기에 있다고도, 내가 여기에 있지 않다고도 말할 수가 없다. [그렇게 말한다면] 나의 "세계-내-존재"를 하나의 "세계-한복판의-존재"와 혼동하게 될 것이다. 나는 내가 서 있다[서 있음이라]고도 말할 수도 없고, 내가 앉아 있다[있음이라]고도 말할 수도 없을 것이다. [그렇게 말한다면] 나의 신체와 나의 신체가 그 구조 중 하나일 뿐인 개성적인 총체성(totalité idiosyncrasique)을 혼동하게 될 것이다. 사방에서 나는 존재로부터 벗어난다. 그렇지만 나는 존재한다.

하지만 여기에 오로지 나에게만 관련된 하나의 존재 방식이 있다. 나는 슬프다는 것[슬프게 있음]이 그것이다. 나는 내가 있는 그대로의 것으로 있는 존재 방식으로, 내가 있는 그대로의 이 슬픔으로 있는 것[이 슬프게 있음]은 아니지 않은가? 그렇지만 이 슬픔은 나의 행동을 전체를 끌어모아 거기에 활기를 불어넣는 지향적인 통일이 아니고 무엇이겠는가? 이 슬픔은 내가 세계에 던지는 흐릿한 시선, 나의 굽은 어깨, 나의 숙여진 고개, 나의 신체 전체의 무기력함 등을 포함한다. 하지만 내가 이 행위 하나하나를 행하는 바로 그 순간에, 나는 그렇게 하지 않을 수도 있다는 사실을 알고 있지 않은가? 한 낯선 이가 갑자기 나타났다고 하자. 그러면 나는 고개를 들고, 활기차고 발랄한 태도를 되찾게 될 것이다. 이 낯선 이가 떠나고 난 뒤에 내가 이 슬픔에 곧 다시 만나자는 약속을 기쁘게 하는 것이 아니라면, 이 슬픔에서 무엇이 남을 것인가? 게다가 이 슬픔 자체가 하나의 행동이 아닌가? 너무 긴급한 상황에 대처하는 마술적인 구원으로서 자신에게 슬픔을 부여하는 것은 의식이 아닌가?[62] 그리고 바로 이 경우에 슬프게 있음(être triste)은 먼저 자기를 슬프게 하는 것이 아닌가? 그렇다고 사람들은 말할 것이다. 하지만 자기에게 슬픔의 존재(l'être de la tristesse)를 주는 것은 어쨌든 이 존재를 받아들이는 것이 아닌가? 결국, 어디에서 내가 그것을 받는가 하는 것은 별로 중요하지 않다. [중요한] 사실은 바로 그 때문에 자기에게 슬픔을 부여하는 의식은 슬프게 있다는 것이다. 하지만 그것은 의식의 본성을 잘 이해하지 못하는 것이다. 슬픈-존재(l'être-triste)는, 내가 나의 친구에게 이 책을 줄 수 있는 것처럼, 내가 나에게 주는 하나의 완성된 존재가 아니다. 나는 나에게 존재를 부여할 자격이 없다. 만일 내가 나를 슬프게 만든다면, 나는 철두철미하게 나의 슬픔으로써 나를 슬프게 해야 한다. 나는 획득한 비약을 이용해 그 슬픔을 재창조하지도 않고, 또 최초의 충격에 이어서 자기운동을 계속해 가는 타성적인 사물과 같은 방식으로 나의 슬픔이 그저 풀려 나가도록 내버려 둘 수도 없다. 의식 속에는 그 어떤 타성도 없다. 내가 나를 슬프게 만든다면, 그것은 내가 슬픔에 있지 않기 때문이다. 슬픔의 존재는, 내가 나 자신에게 슬픔을 부여할 때의 행위에 의해, 그리고 이 행위 안에서 나로부터 빠져나간다. 슬픔의 즉자존재는 슬프게 있음(에 대한) 나의 의식에 끊임없이 붙어 다닌다. 하지만 슬픔의 즉자존재는 내가 실현할 수 없는 하나의 가치로서, 또 나의 슬픔을 조정하는 하나의 의미로서 붙어 다니는 것이지, 나의 슬픔의 구성적 양상으로서 붙어 다니는 것이 아니다.

나의 의식은, 그것이 스스로 의식하고 있는 대상 또는 상태가 어떤 것이든, 적어도 존재한다(est)고 사람들은 말할 것인가? 하지만 슬

---

62 *Esquisse d'une théorie des émotions*, Hermann, Paris, 1939. — 원주.

품과 슬프게 있음(에 대한) 나의 의식을 어떻게 구분하는가? 그것은 완전히 하나가 아닌가? 어쨌든 나의 의식이 존재한다는 것은 사실이다. 만일 이 말로써 나의 의식이 타자에게 있어 판단을 내릴 수 있는 존재의 일부를 이루는 것으로 이해한다면 그렇다. 하지만 후설처럼, 나의 의식은 근원적으로 타자에게 하나의 부재로서 나타난다는 사실을 지적해야 한다. 나의 의식은 항상 나의 모든 태도와 모든 행위의 의미로서 현전하는 대상이다 ― 그리고 항상 부재하는 대상이다. 왜냐하면 그것은 타자의 직관에 하나의 끊임없는 물음으로서 주어지고, 좀 더 정확하게 말하면 하나의 끊임없는 자유로서 주어지기 때문이다. 피에르가 나를 바라볼 때, 나는 물론 그가 나를 바라본다는 것을 알고, 그의 두 눈 ― 세계 속의 사물(choses du monde) ― 이 나의 신체 ― 세계의 사물 ― 에 고정됨을 안다. 이것은 내가 "그가 있다."라고 말할 수 있는 객관적인 사실이다. 하지만 이 사실 역시 세계에 속하는 하나의 사실이다. [피에르가 나를 바라보는] 그 시선의 의미는 존재하지 않는다. 그것이 나를 거북하게 한다. 내가 미소를 짓고, 약속하고, 위협을 해도, 그 어느 것도 나의 마음을 풀어 줄 수가 없다. 내가 찾는 자유로운 판단이 항상 저 너머에 있음을 나는 안다. 나는 나의 행동 자체에서 그의 자유로운 판단을 느낀다. 나의 행동은 사물에 대해서는 여전히 제작자의 성격을 유지하고 있으면서도, 나 자신에 대해서는 더 이상 그런 성격을 지니고 있지 않다. 내가 나의 행동들을 타자에게 결부하는 한에서, 그것은 나 자신에게 있어서는 이미 단순한 제시에 불과할 뿐이다. 그리고 나의 행동들은 상대방의 파악에 따라 우아한 행동, 우아하지 못한 행동, 성실한 행동, 불성실한 행동 등으로 구성되기를 기다리고 있을 뿐이다. 이 상대편의 파악은 항상 그것을 촉발하고자 하는 나의 모든 노력의 저편에 있다. 이 상대편의 파악은, 그것이 그 자체로서 나의 노력에 힘을 빌려 주는 경우에만, 나의 노력에 의해 촉발할 수 있을 뿐이다. 이 상대편의 파악은, 그것이 외부에 의해 스스로 촉발되도록 하는 한에서만 존재할 뿐이다. 이 상대편의 파악은 초월적인 것과 자기 자신 사이의 매개자와도 같다. 이렇듯 타인의 의식의 즉자존재라는 객관적인 사실은 확립되자마자 부정성과 자유 속으로 증발한다. 타자의 의식은 있지 않은 것처럼 존재한다. 타자의 의식의 "지금", "여기에서"의 즉자존재는 존재하지 않는다.

타자의 의식은 그것이 있지 않은 그대로의 것으로 있다.

게다가 나 자신의 고유한 의식은 그 존재에서 나에게 타자의 의식으로 나타나지 않는다. 나의 의식은, 그것이 자기를 만들기 때문에 존재한다. 이것은 의식의 존재는 존재에 대한 의식이기 때문이다. 하지만 이것은 함(faire)이 있음(être)[63]을 지탱한다는 것을 의미한다. 의식은 그 자신의 존재로 있어야 한다. 의식은 결코 존재에 의해 지탱되지 않는다. 존재를 주관성의 중심에서 지탱하는 것은 의식이다. 이것은 또한 의식에 존재가 깃들어 있지만, 의식이 결코 존재가 아니라는 것을 의미한다. 의식은 그것이 있는 그대로의 것으로 있지 않다.

이 조건에서 성실성의 이상은, 그것이 수행이 불가능한 과제, 그 의미가 나의 의식의 구조와 모순 상태에 있는 과제가 아니라면, 무엇을 의미하는가? 성실하다는 것은, 사람이 있는 그대로의 것으로 있는 것이다. 그것에는 나는 근원적으로 내가 있는 그대로의 것으로 있지 않다는 것이 전제된다. 하지만 여기에는 칸트가 말한 "너는 해야 한다. 그러므로 너는 할 수 있다."가 당연히 함축되어 있다. 나는 성실

---

63 뒤에서 다시 다뤄지지만, '함(faire)'과 '있음(être)'은 '가짐(avoir)'과 함께 사르트르가 주장하는 실존의 주요 세 범주(catégories)에 속한다.

해질 수 있다. 여기에는 바로 성실성에 대한 나의 의무와 노력이 함축되어 있다. 그런데 우리는 정확하게 "사람이 있는 그대로의 것으로 있지 않음의 근원적인 구조가 즉자존재 또는 사람이 있는 그대로의 것으로 있음"을 향한 모든 생성(devenir)도 불가능하게 함을 확인한다. 그리고 이 불가능성은 의식에 대해 숨겨져 있지 않다. 반대로 불가능성은 의식의 소재 그 자체이다. 이 불가능성은 우리가 경험하는 끊임없는 방해물이자, 우리가 우리 자신을 있는 그대로의 것으로 인지하고 구성할 수 없는 불능 자체이다. 이 불가능성은, 우리가 내적 경험에 기초한 합법적인 판단 또는 선험적이거나 경험적인 전제에서 바르게 연역된 합법적인 판단에 의해, 우리가 우리를 하나의 존재로 정립하자마자, 바로 이 정립 자체에 의해 우리가 이 존재를 뛰어넘게끔 ── 그리고 이것은 또 다른 하나의 존재를 향한 것이 아니라 공허, 아무것도 아닌 것을 향한 것이다 ── 할 수밖에 없는 필연성이다. 따라서 우리가 어떻게 타자를 성실하지 않다고 비난하거나 또는 우리의 성실성을 즐거워할 수 있겠는가? 왜냐하면 이 성실성은 이와 동시에 우리에게 불가능한 것으로 나타나기 때문이다. 또 우리가 어떻게 심지어 담화 속에서, 고백 속에서, 양심의 성찰 속에서 성실성을 향한 노력을 이끌어 낼 수 있을까? 왜냐하면 이 노력은 본질상 실패할 수밖에 없고, 우리가 그 노력을 알리는 순간, 우리는 이 노력의 헛됨에 대해 선판단적인 이해를 가지고 있기 때문이다. 사실 내가 나를 성찰할 때 나에게 문제가 되는 것은, 내가 그것으로 있는 것을 정확하게 규정하고 솔직하게 그것으로 있기를 ── 나를 변화시킬 수 있을 수단은 나중에 찾기 시작해도 상관없다 ── 결심하는 것이다. 하지만 이것은 나에게 있어 내가 나를 하나의 사물로 구성하는 것이 문제라고 말하는 것이 아니라면, 무엇을 말하는 것일까? 내가 나로 하여금 이런저런 행동을 하게끔 밀어붙인 동기와 동인 전체를 결정할 것인가? 하지만 [만일 그렇게 한다면] 그것은 나의 의식의 흐름을 일련의 물리적 상태로 구성하는 인과율적 결정론을 이미 가정하는 것이다. 수치심 속에서 "경향들"을 고백할 수밖에 없음에도, 내가 내 안에서 그것을 발견할 수 있을 것인가? 하지만 [만일 그렇게 발견한다면] 그것은 그 경향들이 나의 협력을 통해 실현된다는 것, 그것이 자연의 힘이 아니라, 내가 끊임없이 그 가치에 대해 결정을 내림으로써 그 효능을 그것들에 마련해 주는 것임을 고의적으로 망각하는 것이 아닌가? 내가 나의 성격과 나의 본성에 대해 하나의 판단을 내릴 것인가? [만일 그렇다면] 그것은 바로 그 순간에 내가 그 밖에 알고 있는 것을 나에게 숨기는 것이 아닌가? 그것은 정의상 나의 현재가 과거에서 빠져나왔음에도 내가 과거를 그렇게 판단하는 것이 아닌가? 그 증거로 자기는 사실 과거에 자기가 있었던 그대로의 것으로 있다고 성실한 마음으로 말하는 그 당사자가 마음속에 원한을 품은 타자에 대해 화를 내면서, 자기는 이미 과거에 자기가 있었던 그대로의 것일 수는 없다고 주장하면서 상대방을 진정시키고자 하는 경우를 들 수 있다. 과거에는 유죄였으나 이제 새로운 자유 속에서 더 이상 유죄가 아닌 한 사람에게 법정이 부과한 처벌에 우리는 놀라고 진심으로 가슴 아파한다. 하지만 이와 동시에 우리는 이 사람에게 그가 자신이 유죄자로 있음을 인정할 것을 요구한다. 그때 성실성이 정확히 자기기만의 현상이 아니라면 무엇이겠는가? 우리는 실제로 자기기만에서 인간실재를 그것이 있지 않은 것으로 있고, 그것이 있는 것으로 있지 않는 하나의 존재로서 구성하는 문제라는 것을 보여 주지 않았던가?

　동성연애자는 견딜 수 없는 죄의식의 감정을 번번이 느끼고, 그의 존재가 이 감정과 관련해서 결정된다. 우리는 이것으로 그가 자기기만에 빠져 있다고 기꺼이 추측하고자 할 것이다. 사실 이 사람은 자신의 동성애적인 성향을 전적으로 인정하고, 또 그가 저지른 개별적인 잘못을 하나하나 고백하면서도 자신을 "한 명의 남색가(un pédéraste)"로 여기는 것을 극구 거부한다. 그의 경우는 항상 "예외적"이고 특이하다. 그는 놀이 삼아, 우연히 불운으로 빠져들었다고 말한다. 그것은 이미 지나간 탈선이고, 그것은 여자들이 만족시켜 줄 수 없는 어떤 미(美)에 대한 생각에 의해 설명된다고 말한다. 거기에서는 아주 깊이 뿌리박힌 경향의 발로보다는 오히려 불안정한 탐색의 결과로 보아야 한다고 말한다 등. 이 사람은 분명 우스꽝스러울 정도로 자기기만에 빠진 사람이다. 왜냐하면 그는 자기에게 전가된 모든 사실을 안정하면서도 그것에서 당연히 부과되는 결과를 끌어내는 것을 거절하기 때문이다. 또한 그의 가장 엄격한 비판자인 그의 친구는 그의 이중성에 대해 화를 낸다. 이 비판자는 오직 한 가지만 요구할 뿐이다 — 아마도 그는 이 요구가 충족되면 관대한 태도를 보일 것이다. 즉 유죄인 자가 자신이 유죄임을 스스로 인정하고, 동성애자가 솔직하게 — 굴욕적이든 권리 주장을 하든 그것은 그다지 중요하지 않다 — "나는 남색가이다."라고 선언하는 것이다. 여기에서 우리는 물을 수 있다. 누가 자기기만에 빠졌는가? 동성애자인가, 아니면 성실성의 대표자인가? 동성애자는 자신의 잘못을 인정한다. 하지만 그는 자신의 탈선이 자신의 운명을 구성한다는 내리누르는 전망에 맞서 있는 힘껏 싸운다. 그는 자신이 하나의 사물로 여겨지는 것을 원치 않는다. 책상이 책상이거나, 붉은 머리의 남자가 붉은 머리인 것과 같이, 그는 동성애자가 동성애적이지 않다는 막연하고도 강한 이해를 가지고 있다. 자신의 탈선을 고백하고 그것을 인정하자마자, 그에게는 자기가 모든 탈선에서 완전히 벗어난 것으로 보인다. 좀 더 자세히 말하면, 심적 지속이 그 자체로 하나하나의 잘못을 씻어 주고, 자기에게 하나의 미결정된 미래를 구성해 주며, 자신을 새롭게 태어나도록 한다고 여기는 것 같다. 그의 생각이 틀렸는가? 그는 자기 자신에 의해 인간실재의 특이하고 환원 불가능한 성격을 인정하는 것이 아닌가? 따라서 그의 태도에는 진리에 대해 부인할 수 없는 이해가 내포되어 있다. 하지만 이와 동시에 그는 살아남기 위해 이 끊임없는 재생, 이 계속되는 도피가 필요하다. 그는 집단이 내리는 끔찍한 판단을 피하기 위해 끊임없이 공격권 바깥에 몸을 두어야 한다. 그만큼 그는 '있다'라는 단어와 유희를 한다. 만일 그가 "나는 내가 있는 그대로의 것으로 있지 않다."라는 의미에서 "나는 남색가가 아니다."라는 문장을 이해한다면, 그는 실제로 정당할 것이다. 다시 말해, 만일 그가 "일련의 행위는 남색가의 행위로 규정되고, 또 내가 그 행위를 하는 한에서, 나는 남색가이다. 인간실재가 행위를 통해 모든 규정에서 벗어나는 한에서, 나는 남색가가 아니다."라고 선언한다면, 그는 실제로 정당할 것이다. 하지만 그는 음험하게 "있다"라는 단어의 또 하나의 다른 의미로 미끄러져 들어간다. 그는 "있지 않다."는 말을 "즉자적으로 있지 않다."라는 뜻으로 이해한다. 그는 이 책상은 잉크병이 아니라는 의미에서 [자신이] "남색가가 아니다."라고 선언한다. 그는 자기기만적이다.

하지만 성실성의 대표자는 인간실재의 초월성을 모르지 않는다. 그리고 그는 필요에 따라 이 초월성을 자신을 위해 요구할 줄 안다. 그는 심지어 이 초월성을 이용하고, 또 그는 현재의 자신의 요구 속에서 내세우기도 한다. 그는 성실성의 이름으로 ── 따라서 자유의 이름으로 ── 동성애자가 자기 자신으로 돌아가 자신을 동성애자로 인정하지 않겠는가? 그리고 그 고백을 들으면 자기도 너그러워질 수 있음을 암시하는 것은 아닐까? 만일 이것이 자신이 동성애자임을 인정하는 사람은 이미 스스로 그렇다고 인정한 그 동성애자와 똑같은 사람이 아니라는, 또 그는 자유와 선의의 영역으로 탈출할 것이 아니라면, 무엇을 의미하겠는가? 따라서 성실성의 그 대표자는 동성애자에게 더 이상 그 사람이 있는 그대로의 것으로 있지 않기 위해 그 사람이 있는 그대로의 것으로 있는 것을 요구한다. 이것이 "고백한 죄는 반은 용서받은 것이다."라는 문장의 깊은 의미이다. 그가 죄를 지은 자에게 요구하는 것은, 정확히 그 사람을 더 이상 사물로 다루지 않기 위해 그 사람이 자기 자신을 하나의 사물로 구성하라는 것이다. 그리고 이 모순은 성실성을 요구하는 구성 요소이다. 사실 "이런, 저 사람은 남색가야!"와 같은 문장에서 그 누가 타자에 대한 모욕적인 것과 나를 위한 위안을 보지 못하겠는가? 이 문장은 불안하게 하는 타자의 자유를 선을 그어 없애고, 이제부터는 타자의 모든 행위를 엄밀하게 그 사람의 본질에서 기인하는 결과처럼 구성하려고 겨냥한다. 그렇지만 심판자가 그의 희생자에게 요구하는 것은 다음과 같다. 즉 희생자는 자신을 사물로 구성해야 한다는 것, 희생자가 자신의 자유를 마치 봉토인 것처럼 심판자에게 바치고, 그다음 마치 군주가 신하에게 영지를 하사하듯이 심판자가 희생자에게 자유를 되돌려주라는 것이다. 성실성의 대표자는 그가 심판한다고 주장하면서 자신을 위로하고자 하는 한에서, 그리고 [희생자인 타자의] 자유에 대해 자유인 채로 자기를 사물로 구성할 것을 요구하는 한, 그는 자기기만에 빠져 있다. 여기에서는 단지 헤겔이 "주인과 노예의 관계"로 명명하는 의식 사이의 목숨을 건 투쟁을 일러 주는 하나의 일화가 문제가 된다. 우리는 의식의 본성이라는 이름으로 하나의 의식에게 의식으로서의 자기를 단호하게 파괴할 것을 요구하지만, 그와 동시에 이런 파괴를 넘어서서 그 의식에게 재생의 희망을 품도록 독려하면서 말을 건넨다.

그럴 수 있다고 사람들은 말할 것이다. 하지만 우리가 내세우는 성실성의 대표자는 성실성을 멋대로 타자에 대한 하나의 무기로 삼고 있다. 성실성을 "함께-있는-존재"의 관계에서 찾으려 해서는 안 된다. 성실성은 그것이 순수하게 드러나는 곳, 다시 말해 자기 자신과 마주한 관계에서 찾아야 한다. 하지만 객관적인 성실성에서 그런 방식의 구성을 누가 보지 못하겠는가? 성실한 사람은 자신을 하나의 사물로 구성하지만, 그것은 바로 성실성의 작용 자체에 의해 사물의 조건에서 빠져나가기 위함이라는 것을 누가 보지 못하겠는가? 자신이 악인이라고 고백하는 자는 자신을 불안케 하는 "악에-대한-자유" (liberté-pour-le mal)를 악인이라는 비활성적 성격과 맞바꾸었다. 그는 악인으로 있다. 그는 자기에게 달라붙어 있다. 그는 그가 있는 그대로의 것이다. 하지만 이와 동시에 그는 이 사물에서 탈출한다. 왜냐하면 그는 이 사물을 관조하는 자이기 때문이고, 이 사물을 자기의 시선 아래에 두거나 또는 그것을 무수히 많은 개별적 행위로 붕괴되도록 방치하는 것이 그에게 달려 있기 때문이다. 그는 자신의 성실성으로부터 하나의 공적(mérite)을 끌어낸다. 그리고 공적이 있는 사람은, 그가 악인인 한에서, 악인이 아니라, 그가 자신의 사악함 저편에 있는 한에서 악인이다.

이와 동시에 사악함은 무력해진다. 왜냐하면 사악함은, 그것이 결정론 차원에서가 아니라면, 아무것도 아니기 때문이다. 또한 내가 사악하다는 것을 고백함으로써 나는 악함과 대립해 나의 자유를 정립하기 때문이다. 즉 나의 미래는 순결하고, 모든 것이 나에게 허용되어 있다. 이렇듯 성실성의 본질적인 구조는 자기기만의 본질적인 구조와 다르지 않다. 왜냐하면 성실한 인간은 그것으로 있지 않기 위해 그것으로 있는 것으로서 자기를 구성하기 때문이다. 바로 이것이 너무 성실한 나머지 사람이 자기기만에 빠질 수 있다고 하는, 모든 사람이 인정하는 진리를 설명해 준다. 발레리의 말에 의하면, 이것이 바로 스탕달의 경우이다. 자기에게 들러붙기 위해 지속적으로 유지되는 전체적이고 꾸준한 성실성은 본성상 자기와 결별하기 위한 지속적인 노력이다. 사람들은 자기를 자기에 대한 대상으로 만들려고 하는 행위 자체를 통해 자기로부터 해방된다. 사람들이 그것으로 있는 것에 대해 끊임없이 목록을 작성하는 것은 자신을 끊임없이 다시 부인하는 것이고, 그들이 순수하고 자유로운 시선 이외의 아무것도 아닌 영역으로 도피하는 것이다. 우리는 자기기만이 안전한 곳에 자신을 두는 것을 목표로 삼는다고, 그래서 그것은 하나의 도피라고 말했다. 이제 우리는 성실함을 정의하기 위해서도 동일한 용어를 사용해야 함을 확인한다. 이것은 무엇을 말하고자 함인가?

그것은 결국 성실함의 목적과 자기기만의 목적이 다르지 않다는 것이다. 확실히 과거와 관련된 성실성이 있지만, 그것은 지금 우리의 관심사가 아니다. 만일 내가 이런저런 쾌락 또는 의도를 가졌다고 고백한다면, 나는 성실하다. 다시 살펴보겠지만, 이런 성실성이 가능하다면, 그것은 그 성실성의 과거로의 추락 속에서 인간의 존재가 하나의 즉자존재로 구성되기 때문이다. 하지만 여기에서 우리에게는 단지 현재의 내재성 속에서 자기 자신을 겨냥하는 성실성만이 중요할 뿐이다. 이 성실성의 목적은 무엇인가? 그 목적은 내가 있는 그대로의 것을 스스로 고백하고, 그 결과 마침내 내가 나의 존재와 합치하게 만드는 것이다. 한마디로 나는 "내가 있는 그대로의 것으로 있지 않음"의 방식으로 있는 것을 나로 하여금 즉자의 방식으로 있게 하는 것이다. 그리고 그 요청은, 내가 결국 즉자의 양식에 있어서, 내가 있어야 하는 것으로 있다는 것이다. 이렇게 해서 우리가 성실성의 밑바탕에서 발견하는 것은 거울과 그 반사의 끊임없는 놀이이고, 있는 그대로의 것인 존재에서 있는 그대로의 것이 아닌 존재에로의 끊임없는 이행, 또 역으로 있는 그대로의 것이 아닌 존재에서 있는 그대로의 것으로의 끊임없는 이행이다. 그렇다면 자기기만의 목표는 어떤 것인가? 그것은 나로 하여금 "있는 그대로의 것이 아닌" 방식에서 내가 있는 그대로의 것으로 있도록 하는 것, 또는 나로 하여금 "있는 그대로의 것으로 있는" 방식에서 내가 있는 그대로의 것으로 있지 않도록 하는 것이다. 여기에서도 우리는 똑같은 거울 놀이를 다시 발견한다. 사실 그것이 성실성의 의도가 있기 위해서는 근원적으로 나는 내가 있는 그대로의 것으로 있는 동시에, 내가 있는 그대로의 것으로 있지 않아야 하기 때문이다. 성실성은 나에게 하나의 존재 방식이나 특수한 성질을 할당하는 것이 아니라, 이 성질에 대해 성실성은 나로 하여금 하나의 존재 양식에서 다른 존재 양식으로 이행하도록 겨냥한다. 그리고 이 두 번째 존재 양식은 성실성의 이상인데, 내가 그 존재 양식에 도달하는 것은 본성상 금지되어 있다. 그리고 내가 그 존재 양식에 도달하려고 애쓰는 바로 그 순간, 나는 내가 그 존재 양식에 도달하지 못할 것이라는 막연하고 선판단적인 이해를 가지고 있다. 하지만 이와 마찬가지로 내가 단지 자기기만의 의도를 품기 위해서는, 나는 본성상 나의 존재 안에서 나의 존재를 벗어나야 한다. 만일 잉크병이 잉크병인 방식으로 내가 슬프거나 비겁하다면, 자기기만의 가능성은 생각조차 할 수 없을 것이다. 나는 나의 존재에서 벗어날 수 없을 뿐만 아니라, 또한 내가 나의 존재에서 벗어날 수 있다는 것을 상상조차 할 수 없을 것이다. 하지만 자기기만이 단순한 기투로서 가능하다면, 그것은 바로, 나의 존재가 문제가 될 때, '있음'과 '있지 않음' 사이에 뚜렷한 차이가 없기 때문이다. 자기기만은 성실성이 본성상 자기의 목적이 [달성될 수] 없음을 의식하기 때문에만 가능할 뿐이다. 내가 비겁하게 "있는"데, 내가 나를 비겁하게 있지 않은 것으로 파악하고자 시도할 수 있는 것은, 오직 이 "비겁한 존재"가 그것이 존재하는 바로 그 순간에 그 자체가 "문제시되는" 한에서일 뿐이고, 그 "비겁함" 자체가 하나의 문젯거리인 한에서일 뿐이며, 또 내가 "비겁한 존재임"을 파악하고자 하는 바로 그 순간에 그것이 사방에서 나를 벗어나면서 소멸하는 한에서일 뿐이다. 내가 자기기만에 빠지고자 하는 노력을 시도할 수 있는 조건은 어떤 의미에서는 내가 그것으로 있기를 원치 않는 이 비겁자로 있지 않다는 것이다. 하지만 만일 내가 단순히 "있지-않은-그것으로-있지-않다"라는 양식으로 내가 비겁하지 않다면, 나는 내가 비겁하지 않음을 선언함으로써 "성실한" 사람이 될 것이다. 이렇듯 나는 어떤 방식으로든 이 비겁자, 즉 내가 그것으로 있지 않고 사라져 가는 이 비겁자이어야 한다. 그렇다고 해서 이 말을 내가 "약간" ─ 이 "약간"이 "어느 정도는 비겁하고 또 어느 정도는 비겁하지 않음"을 말하는 의미에서 ─ 비겁자이어야 한다고 이해해서는 안 된다. 아니다. 이는 전적으로 모든 측면에서 내가 비겁자임과 동시에 비겁자가 아닌 것이다. 이렇게 해서 이 경우 자기기만은 나는 내가 있는 그대로의 것으로 있지 않기를 요구한다. 다시 말해 인간 실재의 존재 양식에서 존재와 비존재를 가르는 정도를 가늠할 수 없는 차이가 있어야 한다. 하지만 자기기만은 내가 소유하고 있는 성질을 거부하는 데에 그치지 않고, 내가 그것으로 있는 존재를 보지 않는 데에 그치지 않는다. 또한 자기기만은 내가 그것으로 있지 않는 것으로 있는 것으로서 나를 구성하고자 시도한다. 자기기만은 내가 용감하지 않는 데도 나를 적극적으로 용감한 자로 파악한다. 또 자기기만은 이제 내가 그것으로 있지 않은 것으로 있어야만 가능할 뿐이다.

다시 말해 나에게서 비존재는 비존재로서의 자격으로 존재를 가지고 있지 않아야 한다. 물론 나는 용감한 자로 있지 않는 것이 필요하다. 그렇지 않으면, 자기기만은 불량한 믿음(foi mauvaise)일 수 없을 것이다. 하지만 자기기만을 위한 노력에는 다음과 같은 존재론적 이해가 내포되어 있다. 즉 나의 일상적인 존재에서조차 나는 사실 내가 있는 그대로의 것으로 있지 않다는 것, 그리고 예컨대 "슬프게-있다(être-triste)" — 내가 있는 그대로의 것으로 있지 않는 존재 방식에서, 내가 그것으로 있는 것 — 와 내가 나에게 감추고자 하는 '용감하게-있지-않다'의 "아니-있음(ne-pas-être)" 사이에는 큰 차이가 없다는 것에 대한 이해가 그것이다. 그 외에도 특히 존재[있음]의 부정 자체가 끊임없는 무화의 대상이어야 하고, 인간실재에서 "아니-있음"의 의미 자체가 끊임없이 문제가 되어야 한다. 만일 이 잉크병이 책상으로 있지 않는 것과 같은 방식으로, 내가 용감한 자로 있지 않다면, 다시 말해 만일 내가 나의 비겁함 속에 고립되어 있고, 이 비겁함에 의지해 그것을 그 반대의 것과 연결시킬 수 없다면, 만일 내가 나를 비겁자로서 한정할 수가 없고, 다시 말해 나에 대해 용기를 부정할 수 없고, 그 결과 내가 나의 비겁함을 내세우는 바로 그 순간, 나의 비겁함에서 벗어날 수 없다면, 또 만일 나의 용감한-것으로-있지-않음과 또한 나의 비겁함으로-있는-것과 일치하는 것이 원리상 불가능하지 않다면, 자기기만의 모든 시도는 나에게는 금지될 것이다. 이렇듯 자기기만이 가능하기 위해서는 성실성 자체가 자기기만이어야 한다. 자기기만이 가능한 조건은 인간실재가 그의 가장 직접적인 존재에서, 전 반성적 코기토의 내부 구조에서, 그것이 있지 않은 그대로의 것으로 있고, 그것이 있는 그대로의 것으로 있지 않아야 한다는 것이다.

III. 자기기만의 "신앙"

하지만 우리는 지금까지 자기기만을 생각할 수 있는 조건과 이 자기기만의 개념을 형성해 주는 존재의 구조만 지적했을 뿐이다. 우리는 이 고찰에만 그칠 수는 없다. 우리는 아직 자기기만과 거짓을 구분하지 않았다. 우리가 기술한 양의적(兩義的, amphibolie)[64] 개념은 확실히 거짓말쟁이가 그의 대화자를 어리둥절하게 만드는 데 이용할 수 있다. 하기야 이 두 개념의 양의성은 인간 존재 위에 기초한 것이지, 어떤 경험적인 상황에 기초한 것이 아니기 때문에, 모든 사람에게 나타날 수 있고 또 나타나야 한다. 자기기만에 대한 진정한 문제는 명백히 이 자기기만이 신앙(foi)이라는 데서 생겨난다. 자기기만은 냉소적인 거짓일 수도 없고 명증일 수도 없다. 명증이 대상을 직관적으로 소유하는 것이라면 말이다. 하지만 대상이 주어지지 않았을 때 또는 불분명하게 주어졌을 때, 그 대상과 존재의 밀착을 믿음(croyance)이라고 한다면, 그때 자기기만은 믿음이다. 그리고 자기기만의 본질적인 문제는 믿음의 문제이다. 사람들은 자기를 설득하기 위해 전적으로 일부러 꾸며 낸 개념을 어떻게 자기기만에 빠져 믿을 수 있는가? 실제로 자기기만의 기투는 그 자체로 자기기만적이라는 점을 지적해야 한다. 내가 노력한 끝에 나의 양의적 개념을 구성하고 또 나 자신을 설득했을 때만 내가 자기기만에 빠지는 것은 아니다. 사실을 말하면, 나는 나에게 설득되지 않았다. 내가 나를 설득할 수 있었던 만큼, 나는 항상 나를 설득해 왔다. 그리고 내가 나를 자기기만하고자 준비하고 있는 순간, 나는 나의 준비 자체를 대면하면서 자기기만에 빠져 있다

---

64 '양의성'의 의미를 지닌 그리스어 'ἀμφιβολία(amphibolía)'에서 파생한 단어로, 'amphibologie' 로도 사용된다.

고 해야 할 것이다. 내가 이런 준비를 자기기만적으로 표상했다면, 그것은 냉소주의에 빠져 버렸을 것이다. 그런 나의 준비를 진지하게 흠없는 것으로 믿는다면, 그것은 성실함에 빠진 것이 될 것이다. 자기기만에 빠지겠다는 결심은 이름을 붙일 수 없다. 이 결심은 자신이 자기기만적이라고 믿고 또 믿지 않는다. 이 결심은 자기기만이 발동되자마자 그 뒤의 모든 사후적 태도를 결정하고, 또 자기기만에 관련된 일종의 세계관(Weltanschauung)을 결정하는 것이다. 왜냐하면 자기기만은 성실의 비판적 사유에 의해 받아들여지고 있는 진리에 대한 규범과 기준을 간직하고 있지 않기 때문이다. 사실 이런 결심이 결정하는 것은 우선 진리의 본성에 대한 것이다. 자기기만과 더불어 하나의 진리, 하나의 사유 방법, 대상이 갖는 하나의 존재 유형이 나타난다. 그리고 갑자기 이 주체를 에워싸는 자기기만의 세계는, 존재가 그것이 있지 않은 그대로의 것으로 있고, 그것이 있는 그대로의 것으로 있지 않다고 하는 존재론적 특징을 가진다. 그 결과, 하나의 특이한 형태의 명증이 나타난다. 설득적이지 않은 명증이 그것이다. 자기기만은 [자기기만자는] 여러 명증을 파악한다. 하지만 자기기만은[자기기만자는] 이들 명증에 의해 채워지는 것, 즉 성실함으로 설득되고 변형되지 않도록 처음부터 체념하고 있다. 자기기만은[자기기만자는] 공손하고 겸허하게 처신한다. 자기기만은[자기기만자는] 신앙이 결심이라는 사실, 하나하나의 직관이 있고 난 뒤에 결심하고, 또 있는 그대로의 것을 원해야 함을 모르지 않는다고 말한다. 이렇듯 자기기만은[자기기만자는] 그 시원적인 기투에서, 그리고 그것을 발동한 이후 자기의 요구의 정확한 본성을 결정한다. 자기기만은[자기기만자는] 전적으로 다음과 같은 결의 속에서 자기의 모습을 묘사한다. 너무 지나치게 요구하지 말자, 잘 납득이 되지 않더라도 만족한 것으로 여기자, 불확실한 진리에 대한 자기 동의를 결심을 통해 강행하자에 대한 결의가 그것이다. 자기기만[자]의 최초의 기투는 믿음의 본성에 대한 하나의 자기기만적인 결의이다. 자기기만[자]의 이 최초의 기투는 믿음의 본성에 대해 자기기만자가 내리는 결심이다. 반성적이고 의지적인 결심이 문제가 아니라, 우리의 존재에 대한 자발적인 결심이 문제라는 것을 잘 이해하자. 사람들은 잠을 자듯이 자기기만에 빠져들고, 꿈을 꾸듯이 자기기만에 빠진다. 일단 이 존재 방식이 실현되면, 잠에서 깨어나는 것만큼이나 벗어나기가 어렵다. 깨어 있음이나 꿈과 마찬가지로 자기기만은 세계 내에서 하나의 존재 유형에 속하며, 그 구조가 준안정적인 유형이긴 하나 그 자신이 영속하고자 하는 경향을 띠기 때문이다. 하지만 자기기만은 자신의 구조를 의식한다. 그리고 자기기만은 준안정적인 구조가 존재의 구조이고, 그것에 설득당하지-않음이 모든 확신의 구조라고 결정함으로써 조심스러운 태도를 견지한다. 남은 문제는, 만일 자기기만이 믿음이고, 또 최초의 기도 속에서 자기 자신의 고유한 부정을 포함하고 있다면(자기기만은 나는 내가 있지 않은 그대로의 것으로 있다고 스스로를 설득하기 위해서 잘 설득되지 않기로 결심한다.), 근원적으로 설득당하지 않기를 원하는 하나의 믿음이 있어야 한다는 것이다. 이 믿음의 가능성의 조건은 어떤 것인가?

나는 내 친구 피에르가 나에 대해 우정을 느끼고 있다고 믿고 있다. 나는 그 사실을 성실하게(de bonne foi) 믿는다. 나는 그 사실을 믿는 것이지, 그것에 명증이 수반되는 직관을 가지고 있는 것은 아니다. 왜냐하면 본성상 대상 자체는 직관에 주어질 수 없기 때문이다. 나는 그 사실을 믿고 있다. 다시 말해 나는 신뢰의 충동을 따르도록 내버려 두고, 그 사실을 믿고자 결심하고, 그 결단에 매달리고자 결심한다. 그리고 마침내 마치 내가 그 사실을 확신하는 것처럼, 나는 전체를 하나의 동일한 태도의 종합적 통일 속으로 끌어가는 방식으로 처신한다. 이렇게 해서 내가 성실성으로 규정한 것을 헤겔이라면 직접태(l'immédiat)라 명명했을 것이다. 이것은 숯쟁이의 믿음이다.[65] 헤겔이라면 곧장 직접태는 매개를 부르고, 믿음은 대자적 믿음이 됨으로써 비-믿음(non-croyance)의 상태로 이행함을 보여 줄 것이다. 만일 내가 나의 친구 피에르가 나를 좋아한다고 믿고 있다면, 이것은 그의 우정이 나에게 그의 모든 행동의 의미로 나타난다는 것을 말하고자 함이다. 믿음은 피에르의 행동이 갖는 의미에 대한 하나의 특수한 의식이다. 하지만 만일 나의 믿음을 내가 안다면, 믿음은 나에게 외부적 상관자가 없는 순수한 주관적 결정으로 나타난다. 이것이 바로 "믿는다"라는 낱말 자체를 믿음의 흔들리지 않는 확고부동함("나의 하느님, 나는 당신을 믿습니다.")과 무장해제되고 완전히 주관적인 성격("피에르는 나의 친구인가? 이에 대해 나는 아무것도 모른다. 나는 그렇다고 믿는다.")을 지적하기 위해 무차별적으로 사용하게끔 하는 것이다. 하지만 의식의 본성은 의식에서 매개태와 직접태가 하나의 동일한 존재라는 데 있다. 믿는다는 것은 믿는다는 것을 아는 것이다. 그리고 믿는다는 것을 아는 것은 더 이상 믿지 않는다는 것이다. 이렇듯 믿는다는 것은 더 이상 믿지 않는다는 것이다. 왜냐하면 믿는다는 것은 오로지 믿기만 한다는 것이고, 자기(에 대한) 동일한 비정립적 의식의 통일성 속에서 그럴 뿐이기 때문이다. 우리는 여기에서 우리가 안다

---

65 스페인의 철학자 미겔 데 우나무노(Miguel de Unamuno, 1864~1936)가 「기독교의 고통」이라는 글에서 믿음의 부조리를 제시하면서, "무엇이, 왜 숯쟁이의 믿음으로 귀결되는가?"라고 묻고, 그 내용을 다음과 같이 말한다. "너는 무엇을 믿느냐? ──우리의 성모 교회가 믿고 가르치는 것이면 무엇이든 믿습니다. ──그러면 성모 교회가 믿고 가르치는 것은 무엇이냐? ──내가 믿는 것입니다." 알랭도 『종교론』에서 "숯쟁이의 신앙 이외의 것은 모든 이단(異端)이다."라고 말하고 있다. 이렇듯 '숯쟁이의 믿음'은 고지식한 신앙을 표현할 때 주로 사용된다.

는 말로 그 현상을 지적함으로써 이 현상을 무리하게 서술한 것은 확실하다. 비정립적 의식은 앎이 아니다. 하지만 비정립적 의식은 그것의 반투명성 자체에 의해 모든 앎의 기원에 있다. 이렇게 해서 믿는다는 것에 대한 비정립적 의식은 믿음에 대해 파괴적이다. 하지만 이와 동시에 전 반성적 코기토의 법칙 자체에는 믿는다는 것의 존재가 믿는다는 것에 대한 의식이라는 사실이 함축되어 있다. 이렇게 해서 믿음은 그 자신의 고유한 존재에서 자기를 문제 삼는 하나의 존재이고, 오직 자기파괴 안에서만 자기를 실현할 수 있을 뿐인 하나의 존재이며, 자기를 부정함으로써만 자기에 대해 자기를 나타낼 수 있을 뿐인 하나의 존재이다. 믿음은 그것을 위해 존재하는 것을 나타내는 것이고, 나타나는 것은 자기를 부정하는 것이다. 믿는다는 것은 믿지 않는다는 것이다. 우리는 그 이유를 안다. 의식의 존재는 자기에 의해 존재하는 것이고, 따라서 자기를 존재하는 것이며, 또 그럼으로써 자기를 극복하는 것이기 때문이다. 이런 의미에서 의식은 자기로부터의 끊임없는 탈출이다. 믿음은 비-믿음이 되고, 직접태는 매개태가 된다. 절대적인 것은 상대적인 것이 되고, 또 상대적인 것은 절대적인 것이 된다. 성실함의 이상(자신이 믿는 것을 믿는 것)은 성실의 이상(자신이 있는 그대로의 것으로 있는 것)과 같이 하나의 즉자존재의 이상이다. 모든 믿음은 충분한 믿음이 아니다. 사람들은 결코 자신이 믿는 것을 믿지 않는다. 따라서 자기기만의 시원적인 기투는 의식의 사실에 따른 자기파괴를 활용하는 것일 뿐이다. 만일 성실함에 따른 모든 믿음이 하나의 불가능한 믿음이라면, 이제 모든 불가능한 믿음이 들어설 여지가 있다. 내가 용감하다는 것을 믿을 수 없는 나의 불능은 더 이상 나를 괴롭히지 않을 것이다. 왜냐하면 정확히 모든 믿음을 결코 충분히 믿을 수 없기 때문이다. 나는 이런 불가능한 믿음을 나의 믿음으로 정의할 것이다. 분명 내가 믿지 않기 위해 믿는다는 것, 또 내가 믿기 위해 믿지 않는다는 것을 감출 수 없을 것이다. 하지만 자기기만 그 자체에 의한 미묘하고도 전적인 소멸이 나를 놀라게 할 수는 없을 것이다. 이 소멸은 모든 믿음의 바탕에 존재하고 있다. 그렇다면 도대체 그것은 무엇인가? 내가 나를 용감하다고 믿고 싶어 하는 순간, 나는 내가 비겁하다는 것을 아는 것일까? 그리고 이 확실성이 그 믿음을 파괴하러 오는 것일까? 하지만 첫째, 만일 즉자의 존재 양식으로 그 확실성을 이해해야 한다면, 나는 용감함으로 있지도 않고 비겁함으로 있지도 않다. 둘째, 나는 내가 용감하다는 것을 알지 못한다. 나에 대한 이런 관점은 믿음에 의해서만 수반될 수 있을 뿐이다. 왜냐하면 그런 관점은 순수한 반성적 확실성을 넘어서기 때문이다. 셋째, 자기기만은 그것이 믿고자 하는 것을 믿는 데 이르지 못한다는 것은 사실이다. 하지만 자기기만이 자기기만인 것은 정확히 그것이 믿는 것을 믿지 못한다는 것을 받아들이는 한에서이다. 성실함은 존재 속에서 "믿는-것을-믿지-않음"을 피하고자 한다. 자기기만은 "믿는-것을-믿지-않음" 속에서 존재를 피하고자 한다. 자기기만은 미리 모든 믿음을 무력하게 만든다. 자신이 얻고자 하는 믿음뿐만 아니라 이와 동시에 자신이 피하고자 하는 믿음까지 무력하게 만든다. 과학은 이런 자기파괴를 피해 명증으로 향해 가는데, 자기기만은 믿음의 이 자기파괴를 원함으로써 사람들은 자기기만에 대립하는 믿음을 무너뜨린다. 이런 믿음들은 그 자체가 믿음에 지나지 않음으로써 자체를 드러내 보인다. 이렇게 해서 우리는 자기기만의 최초의 현상을 잘 이해할 수 있다.

자기기만 속에는 냉소적인 거짓도 없고 또 허위적인 개념의 교묘한 준비도 없다. 하지만 자기기만의 최초의 행위는 자신이 피할 수 없는 것을 피하려는 것이고, 자신이 있는 그대로의 것을 피하려는 것이다. 그런데 이 도피의 기투 자체는 자기기만에게 존재의 중심에서 일어나는 내적 분해를 드러낸다. 그리고 자기기만이 그것으로 있기를 원하는 것이 바로 이 분해이다. 사실을 말하면, 그 이유는 우리가 우리의 존재 앞에서 취할 수 있는 두 개의 직접적인 태도가 우리의 존재가 지닌 본성 자체와 이 존재가 즉자와 맺는 직접적인 관계에 의해 조건지어지기 때문이다. 성실함은 나의 존재의 내적 분해에서 벗어나, 자신이 그것으로 있어야 하지만 결코 그것으로 있지 않은 즉자를 향하려고 한다. 자기기만은 나의 존재의 내적 분해 속에서 즉자를 피하고자 한다. 하지만 자기기만은 그 자신에 대해 자신이 자기기만이라는 것을 부정하는 것처럼, 이 내적 분해 자체를 부정한다. "자신이-있는-그대로의-것으로-있지 않은-것"에 의해, 있지 않은 것으로 있다는 방식에 있어서는, 내가 그것으로 있지 않은 즉자를 피함으로써, 자기기만으로서의 자기를 부정하는 자기기만은 "자신이-있지-않은-그대로의-것으로-있지-않다"는 존재 방식에 있어서는 내가 그것으로 있지 않은 즉자를 겨냥한다.[66] 자기기만이 가능하다면, 그것은 자기기만이 인간 존재의 모든 기투가 갖는 직접적이고 항구적인 위협이기 때문이며, 의식이 그 존재 속에 이 자기기만의 항구적인 위험을 숨기고 있기 때문이다. 그리고 이 위험의 근원은, 의식이 그 자신의 존재에서 그것이 있지 않은 그대로의 것으로 있고, 이와 동시에 그것이 있는 그대로의 것으로 있지 않다는 사실이다. 이런 고찰에 비춰 보아 우리

---

66 자기기만은 성실함을 되찾아 이 성실한 기투의 근원 자체 속에 숨어들기에, 성실한가 자기기만적인가는 상관없을지라도, 그것이 우리가 근원적으로 자기기만에서 벗어날 수 있음을 의미하지 않는다. 오히려 그 자체에 의해 퇴락한 존재 그 자신에 의한 그 존재의 회복이 전제되어 있다. 이 존재 회복을 진정성(authenticité)이라고 하는데, 이에 대한 묘사는 아직 시기상조이다. ― 원주.

는 이제 의식이 인간 존재의 총체성이 아니라 이 인간 존재의 순간적 핵심인 한에서, 의식에 대한 존재론적인 탐구에 착수할 수 있다.

제2부 대자존재

제1장 대자의 직접적 구조

I. 자기에의 현전

    부정은 우리를 자유로 향하게 했고, 자유는 우리를 자기기만으로 향하게 했으며, 자기기만은 우리를 그 가능성의 조건으로서 의식의 존재로 향하게 했다. 따라서 우리가 앞의 여러 장에서 확립한 요구에 비추어 우리가 이 책 서론에서 시도한 설명을 다시 되돌아보는 것이 좋을 듯하다. 다시 말해 전(前) 반성적 코기토의 영역으로 되돌아갈 필요가 있다. 하지만 코기토는 우리가 그것에게 내주도록 요구하는 것만을 내줄 뿐이다. 데카르트는 "나는 의심한다, 나는 생각한다."라는 코기토의 기능적인 면을 물었다. 그리고 기능적인 면에서 어떤 도화선도 없이 실존적 변증법으로 넘어가고자 했기 때문에, 그는 실체론적 오류에 빠졌다. 후설은 이 오류를 교훈 삼아 조심스럽게 기능적인 묘사 차원에 머물렀다. 이로 인해 그는 있는 그대로의 외현에 대한 순수 묘사에서 전혀 벗어나지 않았다. 그는 코기토 속에 갇혔다. 그의 부인에도 불구하고 그는 현상학자(phénoménologue)라기보다는 현상론자(phénoméniste)라 불릴 만하다. 그리고 그의 현상론은 언제든지 칸트의 관념론을 따라간다.[1] 하이데거는 본질을 메가라학파[2]적이고 반(反)변증법적인 고립에 이르는 현상론을 피하려고 코기토를 통하지 않고 직접 실존적 분석에 접근한다. 하지만 "현존재(Dasein)"는 처음부터 의식 차원이 결여되어 있으므로, 이 의식 차원을 결코 회복할 수는 없을 것이다. 하이데거는 인간실재에게 자기 이해를 부여하고, 이 자기 이해를 자신의 고유한 가능성의 "탈자적(脫自的) 기투(企投) (pro-jet ek-statique)"라고 규정한다. 그리고 그는 기투의 존재를 부정하고자 하는 우리의 의도에 동참하지 않는다. 하지만 그 자체 안에서 이해(에 대한) 의식이 아닌 하나의 이해는 어떤 것인가? 인간실재의 이 탈자적 성격은, 만일 그것이 탈자에 대한 의식으로부터 출현하지 않는다면, 하나의 의물론적이고 맹목적인 즉자 속으로 다시 떨어지고 말 것이다. 사실을 말하면, 코기토에서 출발해야 한다. 하지만 코기토에 대해 우리는 하나의 유명한 구절을 패러디하여 말할 수 있다. 즉 코기토는 모든 곳으로 데려가지만, 다만 거기에서 벗어나게 한다는

---

1 철학사에서 현상론은 지각하는 마음과 지각된 관념 외에 객관적인 사물을 전혀 인정하지 않는 버클리의 인식론을 주로 지칭한다. 사르트르가 후설의 현상학을 이렇게 버클리적 관념론으로 보고 또 칸트의 관념론을 추종하는 것으로 보는 것은 가혹한 비판이라 할 수 있다. 후설은 인식에 있어 '단적인 대상(Gegenstand schlechthin)'의 존재기 주어진디고 지적히는데, 해석에 따라 다를 수 있지만, 이는 지각의 인식에서 의식이 어찌할 수 없는 대상적인 계기가 의식에게 강하게 압박을 가하는 사태를 서술한 것으로 볼 수 있다. 버클리의 현상론과는 다르다. 그리고 후설의 현상학은 칸트의 '초월론적 관념론 (der transzendentale Idealismus)'과 크게 다르다. 칸트는 경험적인 내용을 지니면서도 틀릴 수 없는 판단, 즉 '선험적 종합판단(das synthetische Urteil a prioi)'이 어떻게 성립할 수 있는가를 설명하기 위한 논리적 체계를 세우고자 했다. 하지만 후설은 지각의 경험적 인식을 설명하기 위한 체계를 건립하고자 한 것이 아니라, 지각의 경험적 인식을 둘러싼 의식에서의 사건들이 어떻게 일어나는가를 주어지는 그대로 서술하고자 한 것이다. 그렇다면 여기에서 사르트르가 후설에 대해 가하는 비판은 적절성이 높다고 할 수 없다.
2 메가라학파는 소크라테스의 제자인 메가라 출신의 에우클레이데스(Eucleides, BC 450?~BC 380?)를 시조로 하는 철학파이다. 이 학파에 따르면, 악(惡)은 실체가 없고, 오직 유일하게 존재하는 최고 진리로서의 선(善)만이 있다.

조건에서라고 말이다. 어떤 행위의 가능성 조건에 대해 우리가 앞에서 수행한 연구는 다음과 같은 목표를 가졌을 뿐이다. 즉 우리가 코기토의 존재에 대해 코기토에게 물어볼 수 있도록 준비하는 것, 또 우리가 순간성에서 탈출해 인간실재가 구성하는 존재 전체를 향하는 방법을 코기토 자체 속에서 찾아볼 수 있도록 변증법적 도구를 제공하는 것이다. 따라서 자기(에 대한) 비정립적 의식에 대한 서술로 되돌아가 그 결과를 검토해 보자. 그리고 의식이 그것으로 있지 않은 것으로 있고, 또 그것으로 있는 그대로의 것으로 있지 않다는 필연성이 이 의식에 대해 무엇을 의미하는지를 자문해 보자.

우리는 서론에서 "의식의 존재는 그 존재에 있어 그 존재가 자기 자신에게 문제가 되는 하나의 존재이다."라고 했다. 이것은 의식의 존재가 하나의 완전한 동등성(une adéquation plénière)에서 자기 자신과 일치하지 않음을 의미한다. 즉자의 동등성인 이 동등성은 다음과 같은 간단한 명제, 즉 존재는 그것이 있는 그대로의 것으로 있다고 표현할 수 있다. 즉자 속에는 그 자신과 거리를 가지고 있지 않은 존재는 단 한 조각도 없다. 이렇게 생각된 존재 속에는 이원성을 나타내는 최소한의 조짐도 없다. 이것이 바로 우리가 즉자의 존재 밀도가 무한하다고 말함으로써 표현하려는 것이다. 그것이 충만이다. 동일률(principe d'identité)이 종합적이라 말할 수 있는 것은, 단지 그 범위가 일정한 영역에 한정되기 때문만이 아니라, 또한 특히 그것이 자신 속에 무한한 밀도를 끌어모으기 때문이기도 하다. 'A는 A다'가 의미하는 것은, A가 무한한 압축 밑에서 무한한 밀도로 존재한다는 것이다. 동일성은 통일의 한계 개념이다. 즉자가 그 존재의 종합적 통일을 필요로 한다는 것은 사실이 아니다. 통일성(l'unité)은 그 자체의 극단적인 한계에서 소멸하고 동일성(l'identité)으로 이행한다. 동일함은 일자(l'un)의 이상이다. 그리고 일자는 인간실재에 의해 세계에 도래한다. 즉자는 그 자체로 충만하다. 그리고 우리는 그보다 더 총체적인 충만, 그보다 더 완전한 내용과 내용의 용기의 동등성을 상상할 수 없다. [즉자]존재 속에는 최소한의 빈틈도, 무가 미끄러져 들어갈 수 있는 최소한의 균열도 없다.

반대로 의식의 특징은 그것이 존재의 감압(減壓, décompression)이라는 것이다. 의식을 자기와의 일치로 정의하는 것은 사실상 불가능하다. 책상에 대해, 나는 이것이 순전히 그리고 단순히[3] 책상이라고 말할 수 있다. 하지만 나의 믿음에 대해 나는 그것이 믿음이라고 말하는 것으로 그칠 수는 없다. 나의 믿음은 믿음(에 대한) 의식이다. 사람들은 종종 반성적 시선은 그것이 향하고 있는 의식의 사실을 변질시킨다고 말한다. 후설 자신도 "보인다는" 사실이 하나하나의 "체험"에 전적인 변양을 가져온다는 사실을 인정한다. 하지만 우리는 모든 반성성(réflexivité)의 최초의 조건이 전 반성적 코기토라는 사실을 보여주었다고 생각한다. 분명히 이 전 반성적 코기토는 대상을 정립하지 않는다. 이 코기토는 의식 내부적이다. 하지만 자기 자신에 의해 보인다는 것이 비반성적 의식에게 있어 최초의 필연성으로서 나타난다는 점에서, 이 전 반성적 코기토도 반성적 코기토와 같은 종류이다. 따라서 이런 코기토에는 근원적으로 한 명의 증인에게 있어서는 존재한다는 실효적(失效的, dirimant) 특징이 내포되어 있다. 비록 의식이 이 증인에게 있어 존재하는 것은 그 자신이지만 말이다. 이렇듯 나의 믿음이 믿음으로 파악된다는 그 사실만으로 나의 믿음은 믿음 이외 아무것도 아니다. 다시 말해 나의 믿음은 이미 더 이상 믿음이 아니고, 혼

---

3 앞에서 언급한 것처럼, 'purement et simplement'은 '무조건적으로'로 옮길 수도 있다.

란 상태에 빠진 믿음이다. 따라서 "믿음은 믿음(에 대한) 의식이다."라는 존재론적 판단은 그 어떤 경우에도 동일성에 따른 판단으로 파악할 수 없을 것이다. 주어와 술어는 근본적으로 다르다. 그렇지만 이것은 하나의 동일한 존재의 분해할 수 없는 통일 속에서 다르다.

그렇다고 하자. 사람들은 이렇게 말할 것이다. 하지만 적어도 믿음(에 대한) 의식은 믿음(에 대한) 의식이라고 말해야 한다. 우리는 이 수준에서 동일성과 즉자를 다시 발견한다. 다만 우리가 우리의 대상을 파악하게 될 차원을 적절하게 선택하는 것이 문제가 될 뿐이다. 하지만 그것은 사실이 아니다. 믿음(에 대한) 의식이 믿음(에 대한) 의식이라고 확언하는 것은 의식과 믿음의 연대성을 끊는 것이고, 괄호를 제거하는 것이며, 또 믿음을 의식을 위한 하나의 대상으로 만드는 것이다. 그것은 반성성 차원으로 갑자기 도약하는 것이다. 믿음(에 대한) 의식일 뿐인 믿음(에 대한) 의식은 사실상 자기 자신(에 대한) 의식을 믿음(에 대한) 의식으로 확보해야 할 것이다. 믿음은 단순히 의식의 초월적이고 노예마적인 성질을 부여하는 것이 될 것이다. 의식은 이 믿음과 마주해서 자기 마음에 드는 대로 자기를 결정하는 데 자유로울 것이다. 의식은 빅토르 쿠쟁의 의식이 심적 현상들을 차례차례 밝히기 위해 그것들에 던지는 그 냉엄한 시선을 닮았다고 할 수 있을 것이다.[4] 하지만 후설이 시도한 방법적 회의에 따른 분석은, 오로지 반성적 의식만이 반성된 의식이 정립하는 것으로부터 자기를 떼어 놓을 수 있다는 사실을 잘 보여 주었다. 에포케, 즉 괄호 속에 묶을 수도 있고, 후

---

4 빅토르 쿠쟁(Victor Cousin, 1792~1867)은 프랑스의 철학자이자 정치가로, 물질로부터 독립된 정신으로 자연을 설명하려는 유심론을 주장했다. 여기에서 사르트르가 말하는 것처럼, 그가 심리 현상을 냉엄하게 바라보는 시선을 발휘했다고 하는 것은, 그가 반성하는 의식으로서 자신의 심리 현상을 객관적 대상으로 여겼음을 의미한다.

설이 "가담함(Mitmachen)"[5]이라고 부른 것을 거부할 수 있는 것은 오직 반성의 수준에서이다.[6] 믿음(에 대한) 의식은 믿음을 돌이킬 수 없을 정도로 변질시키는 데도 믿음과 구별되지 않는다. 믿음(에 대한) 의식은 믿음의 행위를 하기 위한 것이다. 이렇듯 우리는 믿음(에 대한) 의식이 믿음이라고 시인하지 않을 수 없다. 이렇게 해서 우리는 그 근원에서 이중의 가리키기 놀이를 파악한다. 믿음(에 대한) 의식은 믿음이고, 믿음은 믿음(에 대한) 의식이다. 어떤 경우에도 우리는 의식은 의식이라(est)고도 말할 수 없고, 믿음이 믿음이라고(est)도 말할 수 없다.[7] [믿음과 의식이라는] 두 항 중 하나는 다른 하나를 가리키고, 다른 하나 속으로 넘어간다. 그렇지만 각 항은 다른 항과 다르다. 지금까지 살펴본 바와 같이, 믿음도 쾌락도 기쁨도 의식되기 전에는 존재할 수

5 '협력'으로 옮기기도 한다. 뒤에서 보겠지만, 타자를 나와 'mitmachen'하지 않는 존재로 규정하는 경우에는 '협력하다', '함께하다(aller avec)'로도 옮길 수 있다.

6 현상학을 기초한 후설은 주저인 『순수 현상학과 현상학적 철학의 이념들(*Ideen zu einer reinen Phänomenlogie und phänomenologischen Philosophie*)』제1권의 특히 30~31절에서 외부 세계가 의식과 무관하게 현실로서 항상 거기에 있다고 믿는 태도를 '자연적 태도'라고, 이 태도에 따라 세계가 항상 거기에 있다고 정립하는 것을 '자연적 태도의 일반 정립(Generalthesis der natürlich Einstellung)'이라고 했다. 그리고 이런 자연적 태도에 따른 세계의 존재가 근원적으로 어떻게 성립하는가를 밝히기 위한 철학적 방법으로서 '자유로운 회의의 시도(der freie Zweifelversuch)'의 가능성을 제시한다. 그런 뒤에 이런 회의를 시도함으로써 세계의 존재에 대한 일체의 판단을 전적으로 무시하고서도 끝내 남아도는 근원적인 의식의 자료늘늘 획득하여, 그 자료들을 바탕으로 근원적인 '의식작용(Noesis)'과 '의식자료(Hyle)', 그리고 의식자료에 의식작용이 작동함으로써 구성해 내는 '의식대상(Noema)'이라는 의식의 근본 구도를 찾아낸다. 이를 위해 자연적 태도의 일반 정립에 따른 일체의 판단을 무시하면서 중지하는 철학적 반성의 조치를 '판단중지(Urteilsenthaltung)', 즉 '에포케(ἐποχή)'라 지칭하고, 이를 달리 그 일체의 판단을 '괄호로 묶어(Einklammerung)' '작용 밖으로 내모는 것(außer Aktion Setzen)'이라고 달리 표현하기도 한다. 이를 특히 '초월론적 환원(die transzendentale Reduktion)'이라 정식화하기도 한다. 그리고 여기에서 사르트르가 인용하고 있는 '가담함(Mitmachen)'은 인식하는 주체가 자연적 태도로써 세계가 현실로서 늘 저기에 있다고 판단하면서 그 판단에 이미 개입해 들어가 있음을 말한다.

7 의식은 사물, 곧 즉자존재와 같은 방식으로 존재하지 않는다는 것을 의미한다. 다시 말해 의식은 '책상은 책상이다', '잉크병은 잉크병이다'라는 방식과는 다르게 존재한다. 이런 이유로 사르트르는 'être'와 'exister'를 구분한다.

없다. 의식은 그 존재의 척도이다. 하지만 믿음은, 그것이 오로지 혼란스러운 것으로서만 존재할 수 있을 뿐이라는 사실 때문에, 처음부터 자기로부터 빠져나오는 것으로서, 그것을 가두고자 하는 모든 개념의 통일을 부수는 것으로서 존재한다는 것 또한 사실이다.

이렇듯 믿음(에 대한) 의식과 믿음은 유일한 하나의 동일한 존재이고, 이 존재의 특징은 절대적인 내재성이다. 하지만 우리가 이 존재를 파악하려 하자, 그것은 우리의 손가락 사이로 빠져나가고, 우리는 이원성의 조짐과 반영[8]의 놀이에 직면하게 된다. 왜냐하면 의식은 반영이기 때문이다. 하지만 그것이 바로 반영인 한에서, 의식은 반성하는 자(le réfléchissant)[9]이고, 만일 우리가 의식을 반성하는 자로 파악하고자 한다면, 이 의식은 소멸하고, 우리는 반영 위로 다시 추락한다. 반영-반영하는 자의 구조는 무한자에 호소해 이 구조를 설명하고자 했던 철학자들을 당혹스럽게 했다. 그들은 때로는 스피노자처럼 관념의 관념의 관념 등을 불러일으키는 관념의 관념을 정립하면서, 때로는

8　'reflet'와 'reflétant'은 동사 'refléter'에서 파생했다. 'refléter'는 철학에서 흔히 '반성'이라 불리는 'réfléxion'의 동사 원형으로 '반성하다'라고 옮길 수 있지만, 기본적으로 '반사하다', '반영하다'라는 뜻이다. 만일 '반성하다'라는 뜻을 그대로 살리면, 'reflet'는 '반성'으로, 'reflétant'는 '반성하는 자'로, 그리고 'refleté'는 '반성된 것'이라고 번역해야 하는데, 사르트르는 'le réfléchissant', 'le réfléchi'라는 단어를 사용하기도 한다. 이들 단어는 '반성하는 것' 또는 '반성된 것'이라 번역해야 할 것이다. 여기에서는 'refléter'에 관련된 단어들을 '반영하다'라는 더 기초적인 뜻을 살려, 'reflet-le reflétant'은 '반영-반영하는 자'로, 'le reflété'는 '반영된 것'으로 번역한다. 그리고 'réfléxion'은 '반성'으로 옮기고, 'le réfléchi'는 '반성된 것'으로 옮기기로 한다. 다만 '반영'이란 번역어에 의식에서의 반영, 즉 '반성'이란 뜻이 근본적으로 들어 있음을 항상 염두에 두어야 할 것이다. 참고로 일본어 번역본, 정소성과 양원달의 우리말 번역본에서는 'reflet'가 '반사'로, 'le reflétant'이 '반사하는 것'으로, 'le reflété'가 '반사된 것'으로 번역되어 있다. 그리고 우리말 번역본 중 손우성의 번역본에서는 'reflet'가 '반영'으로, 'le reflétant'이 '반영하는 자'로, 'le reflété'가 '반영된 것'으로 번역되어 있다는 사실을 지적한다.

9　이 단어의 동사 원형인 'réfléchir'는 '숙고하다', '반성하다', '반사하다' 등의 의미로 사용된다. 사르트르는 이 단어를 변형시켜 'le réfléchissant', 'le réfléchi', 'le irréfléchi' 등으로 사용하기도 한다. 이들 단어에는 '반성'의 의미가 강하게 들어 있어, 주로 '반성하는 자', '반성된 것', '반성되지 않은 것' 등으로 옮기기도 한다.

헤겔의 방식으로 자기에로의 귀환을 진정한 무한자로 정의하면서 설명하고자 했다. 하지만 의식에 무한자를 도입하는 것은, 현상을 응고하고 그것을 불투명한 것으로 만들 뿐 아니라, 의식의 존재를 즉자의 존재로 명백히 환원할 수밖에 없어 하나의 설명 이론이 될 뿐이다. 만일 우리가 반영-반영하는 자의 객관적 존재를 주어지는 대로 받아들인다면, 우리는 반대로 즉자와는 다른 존재 양식을 생각하지 않으면 안 된다. 이 다른 존재 양식은 이원성을 포함한 일원성이 아니고, 정립과 반정립의 추상적인 계기를 지양하는 종합도 아니다. 그것은 오히려 일원성인 이원성, 그 자신의 고유한 반성(réflexion)인 하나의 반영이다. 만일 우리가 실제로 총체적 현상에, 즉 이 이원성의 일원성 또는 믿음(에 대한) 의식에 도달하려면, 이 총체적 현상은 곧 우리에게 두 항 중 어느 하나를 가리킬 것이고, 또 이 가리켜진 항은 그 나름대로 우리에게 내재성의 일원적인 조직을 가리킬 것이다. 하지만 만일 반대로 우리가 있는 그대로의 이원성에서 출발해서 의식과 믿음을 하나의 쌍으로 정립하고자 한다면, 우리는 스피노자가 말한 관념의 관념에 다시 맞닥뜨리게 될 것이고, 우리가 탐구하고자 한 전 반성적 현상을 놓치게 될 것이다. 전 반성적 의식은 자기(에 대한) 의식이기 때문이다. 그리고 탐구되어야 할 것은 바로 자기(soi)라는 개념 자체이다. 왜냐하면 이 개념이 의식의 존재 자체를 정의하기 때문이다.

무엇보다도 먼저 초월적인 존재를 지적하기 위해 전통에서 빌려온 즉자(en-soi)라는 용어가 적절하지 않다는 사실을 지적하자. 자기와의 일치의 극한에서 자기는 사실상 소멸하고, 동일한 존재에게 자리를 내주게 된다. 자기는 즉자존재의 한 속성일 수 없을 것이다. 자기는 본성상 하나의 반성된 것(un réfléchi)이다. 이것은 통사론적 측면을 통해서 충분히 지적된다. 특히 라틴어 통사론의 논리적인 엄격함과 문법이 확립해 놓은 "그의(ejus)"의 용법과 "자기의(sui)"의 용법 사이의 엄격한 구분을 통해 충분히 지적된다. 자기는 가리킨다. 하지만 자기는 정확하게 주어를 가리킨다. 자기는 주어가 자기 자신과 맺는 관계를 지시한다. 그리고 이 관계는 정확하게 이원성이기는 하지만 특수한 이원성이다. 왜냐하면 이 이원성은 특수한 언어적 상징을 요구하기 때문이다. 하지만 다른 한편으로 자기는 주어로서도, 목적보어로서도 존재를 지시하지 않는다. 실제로, 예컨대 내가 "그는 권태롭다[그는 자기를 권태롭게 하고 있다](il s'ennuie)"[10]에서 "자기(se)"를 생각해 본다면, 나는 이 자기가 반쯤 자기를 열어 보여서 자기 뒤에 주체 자체가 나타나게 하고 있다고 단언한다. 이 자기는 결코 주체가 아니다. 왜냐하면 자기와 관계를 갖지 않는 주어는 즉자의 동일성 속에 응축될 것이기 때문이다. 이 자기는 실재의 하나의 안정된 분절도 아니다. 왜냐하면 자기는 자신의 뒤에서 주어가 나타나게 하기 때문이다. 사실상 자기는 하나의 실재적인 존재자로 파악할 수 없다. 주어는 자기로 있을 수 없다. 왜냐하면 우리가 살펴보았듯이, 자기와의 일치는 자기를 사라지게 하기 때문이다. 하지만 자기는 또한 자기로 있지 않을 수도 없다. 왜냐하면 자기는 주어 자체에 대한 지시이기 때문이다. 따라서 자기는 주어의 자기 자신에 대한 내재성 속에서 이상적인 거리(distance idéale)를 나타낸다. 자기는 자기 자신과의 일치로 있지 않는 하나의 방식이자 동일성을 일원성으로 정립함으로써 동일성에서 벗어나는 하나의 방식이다. 요컨대 다양성의 흔적이 없는 절대적 응집으로서의 동일성과 다수성의 종합으로서의 일원성 사이에서 끊임없이 불안정한 균형 상태에 있는 하나의 방식이다. 이것이 바로

---

10 제대로 번역하면, "그는 권태롭다."이다. 이런 뜻에서 보면, 원문에서 '자기'를 나타내는 'se'는 뒤로 숨어 버리고 은근히 주어(주체)인 '그'를 드러나게 한다.

우리가 자기에의 현전(la présence à soi)이라고 하는 것이다. 의식의 존재론적 근거로서의 대자의 존재 법칙은 자기에의 현전이라는 형태에서 대자가 그 자신으로 있는 것이다.

사람들은 종종 이 자기에의 현전을 존재의 충만으로 오해하곤 했다. 그리고 철학자들 사이에 널리 퍼진 하나의 선입견으로 인해 의식에 대해 존재의 최고 수준의 위엄이 부여되었다. 하지만 이런 요청은 현전 개념을 좀 더 정교하게 기술한 후에는 더 이상 유지될 수 없다. 사실, 모든 "……에의 현전"에는 이원성, 따라서 적어도 잠정적인 분리가 함축되어 있다. 존재의 자기에의 현전에는 자기에 대한 존재의 박리(décollement)가 내포되어 있다. 동일자에서 나타나는 일치는 존재의 참된 충만이다. 왜냐하면 정확하게 이 동일자가 이 일치 속에서 그 어떤 부정성도 들어설 자리를 내주지 않기 때문이다. 물론 동일률은 헤겔이 살펴본 것처럼 모순율을 불러일으킬 수 있다. 그것으로 있는 그대로의 존재는 그것으로 있지 않은 존재로 있을 수 있어야 한다. 하지만 우리가 이미 보았듯이, 우선 이 부정은 모든 다른 부정처럼 인간실재에 의해 존재의 표면에 도래하지, 존재 자체에 고유한 변증법에 의해 도래하는 것이 아니다. 이외에도 이 원리는 존재와 외부적인 것의 관계만을 지시할 수 있을 뿐이다. 왜냐하면 이 원리가 바로 존재와 이 존재가 그것으로 있지 않는 것과의 관계를 지배하기 때문이다. 따라서 즉자존재에 대해 현전해 있는 인간실재, 세계 속에 구속되어 있는 인간실재에게 나타날 수 있는 것과 같은 외적 관계를 구성하는 하나의 원리가 문제가 된다. 이 원리는 존재의 내적 관계와는 관련되지 않는다. 이 내적 관계는, 그것이 하나의 이타성을 정립하는 한, 존재하지 않는다. 동일률은 즉자존재 안에서의 모든 종류의 관계에 대한 부정이다. 반대로 자기에의 현전은 미세한 균열이 존재 속으로 미끄러져 들어왔음을 상정한다. 존재가 자기에게 현전한다면, 그 것은 존재가 전적으로 자기가 아니기 때문이다. 현전은 일치의 즉각 적인 퇴락이다. 왜냐하면 현전에는 분리가 전제되기 때문이다. 하지 만 만일 우리가 지금 주체를 그 자신으로부터 분리하는 것이 무엇인 가 하고 묻는다면, 우리는 그것이 아무것도 아니라고 고백할 수밖에 없다. 분리하는 것은 보통 공간 속의 거리이고, 시간의 경과이며, 심리 적 갈등 또는 단순히 공현전하는 두 사람의 개별성, 요컨대 성질을 띠 고 있는 하나의 실재이다. 하지만 우리의 관심을 끌고 있는 이 경우, 아 무것도 아닌 것이 믿음(에 대한) 의식을 믿음으로부터 분리할 수 없다. 왜냐하면 믿음은 믿음(에 대한) 의식 이외의 아무것도 아니기 때문이 다. 전 반성적 코기토의 통일 속에 이 코기토에 대해 외부적인 성질을 가진 요소를 도입하는 것은, 그 통일을 깨뜨리는 것이며, 또 그 반(半) 투명성을 파괴하는 행위가 될 것이다. 그때 의식 속에는 의식이 그것 에 대한 의식이 아닌 무엇인가, 그리고 그 자체로 의식으로서 존재할 수 없는 무엇인가가 있을 것이다. 믿음을 그 자체로부터 떼어 놓는 분 리는 그것만 따로 파악되지도 않고 따로 생각할 수조차 없다. 이 분리 를 밝혀내려고 하면 사라진다. 우리는 믿음을 순수한 내재성으로 다 시 재발견할 뿐이다. 하지만 만일 그 반대로 우리가 믿음을 있는 그대 로 파악하고자 한다면, 그때 그 균열이 거기에 있다. 이 균열은 우리 가 보지 않으려고 하면 나타나고, 보려고 하자마자 사라진다. 따라서 그 균열은 순수하게도 부정적이다. 거리, 시간의 경과, 심리적 갈등은 그 자체에서는 파악할 수 있고, 거기에는 긍정적인 요소들이 담겨 있 다. [하지만] 이것들은 단순히 하나의 부정적인 기능을 가지고 있을 뿐이다. 하지만 내부의식적인 균열은 그것이 부정하는 것 밖에서는 아무것도 아니며, 또 우리가 그것을 보지 않는 한에서만 존재할 수 있을 뿐이다. 존재의 무인 이 부정적인 것, 모든 것을 함께 무화할 수 있는 힘인 부정적인 것, 그것이 바로 무(néant)이다. 우리는 어디에서도 이 무를 그와 같은 순수함의 상태에서 파악할 수 없을 것이다. 게다가 어디에서나 어떤 방식으로든 무에 대해 무로서의 즉자존재를 부여해야 한다. 하지만 의식의 핵심에서 솟구치는 무는 존재하지 않는다 (n'est pas). 무는 존재해져 있다(est été). 예컨대 믿음은 한 존재의 다른 하나의 존재와의 인접(contiguïté)이 아니다. 믿음은 자기에 대한 그 자신의 고유한 현전이고, 그 자신의 고유한 존재 감압이다. 그렇지 않다면, 대자의 일원성은 두 즉자의 이원성으로 무너질 것이다. 이렇듯 대자는 그 자신의 고유한 무로 있어야 한다. 의식인 한에서의 의식의 존재는 자기에 대한 현전으로서 자기로부터 거리를 두고서 존재한다. 그리고 존재가 자기의 존재 속에 지니고 있는 아무것도 아닌 거리 (distance nulle), 바로 이것이 무(Néant)이다. 이렇게 해서 하나의 자기가 존재하기 위해서는, 이 존재의 일원성에 동일성의 무화로서 그 자신의 고유한 무가 포함되어야 한다. 왜냐하면 믿음 속으로 미끄러져 스며드는 무는 그 자신의 무이기 때문이며, 즉자적인 믿음으로서의 믿음, 맹목적이고 충만한 믿음, "숯쟁이의 믿음"으로서의 믿음의 무이기 때문이다. 대자는, 그것이 자기 자신과 일치할 수 없는 한에서 존재하도록 스스로 자기를 규정하는 존재이다.

이때부터 우리는 길잡이도 없이 전 반성적 코기토에 대해 물었지만 어디에서도 무를 발견하지 못했음을 이해한다. 우리는 무를 하나의 존재를 발견하고 드러낼 수 있는 것과 같은 방식으로 발견하는 것도 아니고 드러내는 것도 아니다. 무는 항상 하나의 다른 곳(un ailleurs)이다. 자기 자신에 대해 하나의 다른 곳의 형식으로만 존재하는 것, 존재의 불안정으로부터 끊임없이 영향을 받는 하나의 존재로 존재하는 것, 이것이 바로 대자의 의무이다. 게다가 이 존재적인 불안정은 또 다른 하나의 존재를 가리키지 않는다. 이 존재적인 불안정은 자기에 대한 자기의 항구적인 가리킴(renvoi), 반영하는 자에 대한 반영의 항구적인 가리킴, 반영에 대한 반영하는 자에 대한 영구적인 가리킴일 뿐이다. 그럼에도 이 가리킴은 대자의 중심에서 무한한 운동을 일으키지 않는다. 이 가리킴은 유일한 하나의 행위의 일원성 속에서 주어진다. 무한한 운동은 현상을 총체성으로 파악하고자 하고, 또 반영에서 반영하는 자로, 반영하는 자에서 반영으로 멈출 수 없이 지시하는 반성적 시선에서만 나타날 뿐이다. 이렇듯 무는 이런 존재의 구멍이고, 즉자에서 자기를 향한 추락이며, 이 추락에 의해 대자가 구성된다. 하지만 이 무는, 그것이 빌린 존재가 존재의 무화 행위와 상관적인 경우에만, "존재될" 수 있을 뿐이다. 즉자가 끊임없이 자기에 대한 현전으로 전락할 때의 이 행위를 우리는 존재론적 행위(acte ontologique)라고 부를 것이다. 무는 존재를 존재에 의해 문제 삼는 것, 다시 말해 정확히 의식 또는 대자이다. 이것은 존재에 의해 존재에게로 오는 하나의 절대적 사건이며, 또 존재를 지니지 않고 존재에 의해 끊임없이 지탱되는 하나의 절대적 사건이다. 존재 자체는 전적인 긍정성에 의해 자신의 존재 속에 고립되어 있으므로, 어떤 존재도 존재를 산출할 수 없고, 무가 아니면 그 어떤 것도 존재에 의해 존재에 도달할 수 없다. 무는 존재의 고유한 가능성이고, 그 존재의 유일한 가능성이다. 더욱이 이 근원적인 가능성은 이것을 실현하는 절대적 행위 속에서만 나타날 뿐이다. 무는 존재의 무이므로, 존재 자체에 의해서만 존재에 도래할 수 있을 뿐이다. 물론 무는 인간실재라는 특이한 하나의 존재에 의해 존재에 도래한다. 하지만 이 존재는, 그것이 그 자신의 고유한 무의 근원적 기투 이외의 다른 것이 아닌 한에서, 자기를 인간실재로 구성한다. 인간실재는 자신의 존재 속에서, 그리고 자신의 존재에 대해서 존재의 한복판에서의 무의 유일한 근거인 한에서만 존재이다.

II. 대자의 사실성

그렇지만 대자는 존재한다. 대자는 그것이 있는 그대로의 것으로 있지 않고, 그것이 있지 않은 것으로 있는 존재의 자격이긴 하지만 우리는 대자가 존재한다고 말할 것이다. 성실성을 좌초시키는 암초가 어떻든, 적어도 성실성의 기투는 생각할 수 있기 때문에, 대자는 존재한다. 대자는 사건의 자격으로 존재한다. 필리프 2세가 존재했다, 나의 친구 피에르가 존재한다, 실존한다고 내가 말할 수 있는 의미에서 그렇다. 대자가 그 자신이 선택하지 않은 조건 속에서 나타나는 한에서, [예컨대] 피에르가 1942년 프랑스의 부르주아 계층이고, 슈미트가 1870년 베를린의 노동자 계층이었던 한에서, 대자는 존재한다. 세계 속에 내던져졌고, 하나의 "상황"에 내버려진 한에서, 대자는 존재한다. 순수한 우연성인 한에서, 또 그 자신에 대해서와 마찬가지로 세계 속의 사물들, 이 벽, 이 나무, 이 찻잔에 대해서 "왜 이 존재는 다른 모습이 아니라 바로 이 모습으로 존재하는가?"라는 근원적인 질문을 제기할 수 있는 한에서, 대자는 존재한다. 대자는 자기 안에 그 근거가 아닌 무엇인가, 즉 그 자신의 세계에의 현전이 있는 한에서 존재한다.

존재는 그 자신에 의해 자기 자신의 고유한 근거가 아닌 것으로 파악하는데, 이 파악이 모든 코기토의 바탕에 놓여 있다. 이 점에 대해서는 데카르트의 반성적 코기토에서 직접적으로 발견된다는 사실은 주목할 만하다. 사실상 데카르트가 그의 발견에서 유용한 점을 끌어 내고자 할 때, 그는 "그가 의심하기 때문에" 그 자신을 하나의 불완전한 존재로 파악한다. 하지만 이 불완전한 존재 속에서 그는 완전함이라는 관념(idée de parfait)의 현전을 확인한다. 따라서 그는 그가 생각할 수 있는 존재의 전형과 자기가 그것으로 있는 존재 사이에서 간격을 파악한다. 신의 존재에 대한 제2증명[11]의 근원에 있는 것이 바로 이존재의 간격 또는 존재의 결여이다. 만일 실제로 스콜라철학적인 용어를 배척한다면, 이 증명에서 무엇이 남는가? 자기 안에서 완전함의 관념을 소유하는 존재는 그 자신의 고유한 근거가 될 수 없다는 아주분명한 의미가 남을 것이다. 그렇지 않다면, 이 존재는 이 관념에 따라자기를 산출할 것이다. 달리 말하면, 자기 자신의 고유한 근거일 수 있는 한, 존재는 자기가 있는 그대로의 것과 자기가 생각하는 것 사이에최소한의 간격도 허용할 수 없을 것이다. 왜냐하면 이런 존재는 자기의 존재에 대한 이해에 따라 자기를 산출할 것이고, 자기가 있는 그대로의 것만을 생각할 수밖에 없을 것이기 때문이다. 하지만 이렇게 존재를 존재와 마주한 존재의 결여로 파악하는 것은 우선 코기토에 의해 그 자신의 우연성을 파악하는 것이다. 나는 생각한다, 그러므로 나는 존재한다. [이때] 나는 도대체 무엇인가[나는 무엇으로 존재하는가]? 자기 자신의 고유한 근거가 아닌 존재로서 [나는] 존재한다. 이존재는 존재인 한에서는 자기가 현재 있는 것과는 다르게 존재할 수있으나, 그것이 가능한 것은 이 존재가 자기의 존재를 설명하지 않는

---

11 데카르트에게서 '신의 본질 속에는 그 존재가 품어져 있다'라는 '선험적(a priori)' 원리에 근거한 신의 존재론적 증명(본체론적 증명)이 제1증명이다. 이와 달리 '우리가 자기의 불완전한 존재에 있어서, 완전함이라는 관념을 가지고 있다'라는 경험적 사실에 근거한 증명이 '후천적(a posteriori)' 증명인데, 이를 제2증명이라고 한다.

한에서이다. 하이데거가 비본래적인 것(l'inauthentique)에서 본래적인 것(l'authentique)으로 이행하는[12] 첫 번째 동기로서 제시하는 것이 바로 우리 자신의 고유한 우연성에 대한 이 첫 번째 직관이다. 그것은 불안, 양심의 호소("양심의 부름"), 죄책감 등이다. 사실을 말하면, 하이데거의 묘사는, 자기는 거기에 관심이 없다고 주장하지만 존재론적으로 윤리학(Ethique)을 정초하려는 관심과 자기의 휴머니즘을 초월자의 종교적 의미와 화해하고자 하는 관심 역시 너무나 명백하게 드러내고 있다. 우리의 우연성에 대한 직관은 죄책감과 동일시할 수 없다. 그렇다고 해도 우리 자신에 의한 우리 자신에 대한 파악에서 우리는 정당화할 수 없는 사실이 지닌 성격과 더불어 나타난다.

하지만 우리는 방금[13] 우리 자신을 의식으로, 다시 말해 하나의 "자기에 의해 존재하는 존재"로 파악하지 않았는가? 우리가 존재에 대한 동일한 솟아오름의 통일 속에서, 자기에 의해 존재하면서 어떻게 자기 존재의 근거로 있지 않은 존재로 있을 수 있는가? 또는 달리

---

12 하이데거는 인간을 현존재로 규정하면서, 그 존재 방식을 '본래적인 것(das Eingentliche)'과 '비본래적인 것(das Uneigentliche)', '본래성(Eigentlichkeit)'과 '비본래성(Uneigentlichkeit)'으로 구분한다. 전자는 오로지 기획을 통해 자신의 존재를 향해 성립하는 존재 방식이고, 후자는 주변 사람들에 따라 평균적인 방식으로 성립하는 존재 방식이다. 그런데 여기에서 사르트르는 데카르트가 발견한 순수한 '나'의 정체를 문제 삼아, 그것이 자신의 근거가 될 수 없는 한에서 그런 '나'임을 지적하면서, 이것을 하이데거가 말한 비본래적인 것에서 본래적인 것으로 나아가는 첫 번째 동기로 삼을 것이라고 말한 것은 쉽게 이해하기 어렵다. 이어지는 대목에서 불안, 양심의 호소, 죄책감 등을 언급하지만, 그보다는 하이데거가 현존재는 자신의 존재를 근본적으로 묻고 그 존재를 추구하고자 하는 데서 본래적인 존재 방식인 실존이 성립한다고 말하는 것이 더 적절해 보인다. 하이데거는 인간이 자신의 존재를 근본적으로 물을 때, 그 존재가 전혀 근거가 없음을 실감하고, 거기에서 불안을 느낀다고 말하기 때문이다. 사르트르의 윤리 정립의 과정에서 중요한 역할을 하는 'l'authentique'와 'l'authenticité'는 각각 '진정한 것', '진정성'으로, 'l'inauthentique'와 'l'inauthenticité'는 각각 '비진정한 것', '비진정성'으로 옮기고 있다. 아울러 사르트르가 사용하고 있는 진정성과 비진정성 개념이 그의 고유 개념으로 굳어져 독일 철학에 역으로 수용되고 있다. 이런 점을 고려해 이 책에서는 이들 용어가 하이데거와 관련한 경우를 제외하고는 '진정한 것', '진정성', '비진정한 것', '비진정성'으로 옮긴다.
13 이 장과 서론 Ⅲ. "전 반성적" 코기토와 "지각함"의 존재 참조. —원주.

말하면, 대자는 그것이 존재하는 한에서, 대자가 자기 존재의 고유한 근거일 것이라는 의미에서, 대자는 대자인 한에서 어떻게 그 자신의 고유한 무의 근거가 될 수 있는가? 답은 물음 속에 있다.

사실상 존재가 그 자신의 고유한 존재에 대한 무화인 한에서 무의 근거라고 해도, 그것이 곧 그 존재가 자기 존재의 근거라고 말하는 것은 아니다. 자기 자신의 고유한 존재를 정초하기 위해서는, 존재가 자기에 대해 거리를 두고 존재해야 한다. 그리고 거기에는 근거가 부여된 존재와 마찬가지로 근거를 부여하는 존재의 일종의 무화, 일원성이 되는 하나의 이원성이 포함될 것이다. 즉 우리는 대자의 경우에 다시 빠지게 될 것이다. 한마디로 자신의 존재의 근거가 될 하나의 존재라는 관념을 생각하기 위한 모든 노력은, 이 노력에도 불구하고 즉 자존재인 한에서는 우연적이고, 그 자신의 고유한 무의 근거인 존재의 관념을 형성하기에 이르게 된다. 신을 자기원인(causa sui)이게끔 하는 원인적 행위는 자기에 의한 자기 회복의 모든 경우와 마찬가지로 하나의 무화적 행위이다. 이것은 정확히 필연성의 최초의 관계가 자기로의 귀환이고 반성성인 한에서이다. 그리고 이 근원적인 필연성은 그 나름대로 하나의 우연한 존재의 근거 위에서, 즉 정확히 자기원인으로 있기 위해 존재하는 하나의 우연한 존재의 근거 위에서 나타난다. 가능적인 것에서 출발해 필연적인 것을 정의하고자 하는 — 칸트가 다시 취한 정의 — 라이프니츠의 노력에 대해 보면, 이런 노력은 존재의 관점에서 생각된 것이 아니라 인식의 관점에서 생각된 것이다. 라이프니츠가 생각한 것과 같은 가능적인 것에서 존재로의 이행은(필연적인 것은 그 가능성에 실존이 함축되어 있는 존재이다.) 우리의 무지에서 인식으로의 이행을 나타낸다. 사실상 여기에서 가능성은 우리의 사유와 관련해서만 가능성일 뿐이다. 왜냐하면 이 가능성은 실존에 앞서기 때문이다. 이 가능성은 존재의 가능성이면서 이 존재에 대해 외적인 가능성이다. 왜냐하면 존재는 하나의 원리의 결과로서 이 가능성에서 나오기 때문이다. 하지만 우리는 앞에서 가능성의 개념이 두 측면에서 고찰될 수 있다는 사실을 지적했다. 사실 우리는 가능성을 하나의 주관적인 지시로 만들 수 있다(피에르가 죽었을 수 있다는 것은 내가 피에르의 운명에 대해 무지하다는 것을 의미한다). 이 경우 세계에 현전에서 가능적인 것을 결정하는 것은 증인이다. 존재는 자신의 가능성을 자기 바깥에서, 그 존재 기회를 계량하는 순수한 시선 속에서 갖는다. 물론 그 가능성은 존재에 앞서 우리에게 주어질 수 있지만, 그 가능성이 주어지는 것은 바로 우리에 대해서이다. 이 가능성은 결코 이 존재의 가능성이 아니다. 천의 주름 때문에 당구공이 양탄자 위에서 빗나가면서 구르는 것은 당구공의 가능성에 속하지 않는다. 그 빗나감의 가능성은 양탄자에 속하는 것도 아니다. 그 가능성은 증인에 의해 하나의 외적 관계로서 종합적으로 확립될 뿐이다. 하지만 이 가능성은 또한 실재의 존재론적 구조로서 우리에게 나타날 수도 있다. 그때 이 가능성은 어떤 존재에게 그 존재의 가능성으로 속한다. 그 가능성은 그 존재가 그것으로 있는 가능성이고, 그 존재가 그것으로 있어야 할 가능성이다. 이 경우에 존재는 존재에서 그 자신의 고유한 가능성을 지탱한다. 존재는 그 가능성의 근거이다. 따라서 존재의 필연성이 존재의 가능성으로부터 도출되는 것은 불가능하다. 한마디로 만일 신이 존재한다면, 신은 우연적이다.

이렇듯 의식의 존재는, 이 존재가 자기를 대자로 무화하기 위해 자기 안에 있는 한, 우연적인 것으로 머문다. 다시 말해 자기에게 존재를 주는 것도, 다른 존재로부터 존재를 받는 것도 의식에 속하지 않는다. 게다가 우주론적 증거와 마찬가지로 존재론적 증거도 실제로 하나의 필연적인 존재를 구성하는 데 실패한다. 하지만 내가 이런저런 하나의 존재로 있는 한에서 나의 존재에 대한 설명과 근거는 이 필연적인 존재 속에서 찾을 수 없을 것이다. "우연적인 모든 것은 하나의 필연적인 존재에서 근거를 찾아야 한다. 그런데 나는 우연적이다."라는 두 가지 전제는 근거를 얻고자 하는 하나의 욕망을 나타내는 것이지, 하나의 실재적인 근거에 대한 설명적 연결을 나타내는 것이 아니다. 실제로 이 전제들은 결코 여기 이 우연적인 것을 설명할 수 없고, 단지 우연성 일반에 대한 추상적인 관념을 설명할 수 있을 뿐이다. 게다가 이들 전제에서 문제가 되는 것은 가치이지, 사실이 아니다.[14] 하지만 만일 즉자존재가 우연적이라면, 그것은 대자로 전락하면서 스스로 자신을 회복한다. 즉자존재는 대자 속으로 자신을 상실하기 위해 존재한다. 한마디로 존재는 존재하고, 존재할 수밖에 없다. 하지만 존재의 고유한 가능성 — 무화적인 행위 속에서 자신을 드러낼 가능성 — 은 존재를 무화하는 희생적인 행위에 의해 의식으로서 자기의 근거로 있는 것이다. 대자는 의식으로서 자기를 근거 짓기 위해 즉자로서 자기를 상실하는 즉자이다. 이렇듯 의식은 그 자신으로부터 자기 의식으로 있음(être-conscience)을 끌어낸다. 그리고 이 의식은 그 자신의 고유한 무화작용인 한에서만 그 자신을 가리킬 뿐이다. 하지만 의식의 근거라고 일컬어질 수도 없이 이 의식에서 무화되는 것은 바로 우연한 즉자이다. 즉자는 아무것도 근거 지울 수 없다. 즉자가 그 자신을 근거 짓는다면, 그것은 자기에게 대자의 변양을 줌으로써이다. 즉자가 그 자신의 근거라면, 그것은 즉자가 이미 더 이상 즉자가 아닌 한에서이다. 그리고 우리는 여기에서 모든 근거의 근원과 조우한

---

14 실제로 이 추론은 명백히 이성의 요구에 바탕을 두고 있다. —원주.

다. 만일 즉자존재가 그 자신의 고유한 근거일 수도 없고, 다른 존재의 근거일 수도 없다면, 근거 일반은 대자에 의해 세계에 도래한다. 무화된 즉자로서의 대자는 스스로 자기의 근거를 정초할 뿐만 아니라, 또한 이 대자와 더불어 근거가 최초로 나타난다.

하지만 대자의 근거의 출현 또는 대자의 솟아남이라는 절대적 사건 속에 삼켜지고 무화된 이 즉자는 대자의 품속에서 그 근원적인 우연성으로 머물고 있는 것은 사실이다. 의식은 그 자신의 고유한 근거이다. 하지만 순수하고 단순한 즉자가 무한히 있는 것보다는 오히려 하나의 의식이 있다는 것은 우연적이다. 절대적인 사건 또는 대자는 그 존재 자체에서 우연적이다. 만일 내가 전 반성적 코기토의 소여를 해독한다면, 분명히 나는 대자가 자기를 가리키는 것을 확인한다. 대자는 무엇이든, 그것은 존재에 대한 의식의 방식에서 대자이다. 목마름은 목마름이 그것으로 있는 그대로의 목마름에 대한 의식을 자신의 근거로 가리킨다 ─ 그리고 그 역도 마찬가지이다. 하지만 "반영된 것-반영하는 것"의 총체는, 만일 그것이 주어질 수 있다면, 그것은 우연성이고 즉자일 것이다. 다만 이 총체에는 도달할 수 없다. 왜냐하면 나는 목마름의 의식이 갈증의 의식이라고도 말할 수도 없고, 목마름이 목마름이라고도 말할 수도 없기 때문이다. 여기에서 이 총체는 무화된 총체로, 현상의 사라져 가는 통일로 있다. 만일 내가 현상을 복수성으로 파악한다면, 이 복수성은 그 자체로 자기를 총체적 통일로 지시할 것이다. 따라서 이 현상의 의미는 우연성이다. 다시 말해 나는 나에게 왜 나는 목마른가, 왜 나는 이 잔에 대한 의식이며, 이 자아에 대한 의식인가라고 자문할 수 있다. 하지만 내가 이 총체를 그 자체로 고려하자마자, 그것은 나의 시선 아래에서 무화된다. 그것은 존재하지 않는다. 그것은 존재하지 않기 위해 존재한다. 그리고 나는 이원성의 소묘 속에서 자기의 근거로 파악된 대자에게로 되돌아간다. 내가 분노하는 것은, 내가 분노에 대한 의식으로 나를 산출하기 때문이다. 대자의 존재를 구성하는 이 자기의 원인작용을 제거해 보라. 그러면 당신은 더 이상 아무것도 만나지 못할 것이다. 심지어 "즉자적인 분노"조차도 말이다. 왜냐하면 분노는 본성상 대자로서 존재하기 때문이다. 이렇듯 대자는 하나의 끊임없는 우연성에 의해 지탱되고 있다. 대자는 이 우연성을 자신의 입장에서 되찾고 그것을 자기에게 동화시키지만, 결코 그것을 제거할 수는 없다. 자신은 파악되도록 결코 방임하지 않으면서 대자에 들러붙어 이 대자를 즉자존재와 연결시키는 즉자의 이 끊임없이 소멸해 가는 우연성, 이것이 바로 우리가 대자의 사실성이라고 부르고자 하는 것이다. 비록 우리가 이 사실성을 결코 실감할 수 없고, 또 우리가 항상 대자를 통해 파악할 수 있다고 할지라도, 대자가 있다고, 대자가 존재한다고 말할 수 있도록 하는 것이 바로 이 사실성이다. 우리는 앞에서 우리가 그것으로 있는 것을 연기하지 않고서는 아무것으로도 있을 수 없다는 사실을 지적했다.[15] "내가 카페 종업원으로 있다면, 그것은 그것으로 있지 않다는 방식으로만 그렇다." 그리고 그것은 사실이다. 만일 내가 카페 종업원으로 있을 수 있다면, 나는 갑자기 나를 동일성의 우연한 하나의 덩어리로 구성하게 될 것이다. 그 일은 결코 없다. 이 우연적이고 즉자적인 존재는 항상 나에게서 빠져나간다. 하지만 나의 신분에 따르는 의무에 내가 자유롭게 하나의 의미를 부여하려면, 어떤 의미에서는 대자의 품속에서 나의 상황이 소멸해 가는 우연성으로서의 즉자존재가 끊임없이 소멸해 가는 총체로 주어져야 한다. 만일 내가 카페 종업원

---

15 제1부 제2장 II. 자기기만 행동. — 원주.

으로 있기 위해 내가 그것으로 있는 것을 연기해야 한다면, 적어도 내가 외교관이나 선원을 연기해 보아야 소용없을 텐데, 이는 분명한 사실이다. 나는 카페 종업원이 될 수는 없다. 나의 신분의 이 파악할 수 없는 사실, 일부러 연기하고 있는 희극과 순수하고 단순한 희극을 가르는 이 미세한 차이, 바로 이로 인해 대자는 자기 상황의 의미를 선택하고 또 스스로 상황에 처한 자신의 근거로 자신을 구성하면서도, 자기의 위치를 선택하지 않는다. 이 사실로 인해 [한편으로] 내가 나의 존재의 근거인 한, 내가 나를 전적으로 나의 존재에 책임 있는 것으로 파악함과 동시에, [다른 한편으로] 나를 전적으로 정당화할 수 없는 것으로 파악하게 된다. 사실성이 없다면, [플라톤의] 『국가』에서 영혼들이 [태어나면서] 자기의 신분을 선택하는 방식으로, 의식은 자신이 세계에 연결되는 방식을 선택할 수도 있을 것이다. 나는 내가 "노동자로 태어나도록" 또는 "부르주아로 태어나도록" 결정할 수도 있을 것이다. 하지만 다른 한편으로, 사실성은 나를 부르주아로 또는 노동자로 구성할 수 없다. 사실을 말하면, 사실성은 사실의 저항 같은 것이 아니다. 왜냐하면 내가 사실성에 그 의미와 그 저항을 부여하는 것은 전 반성적 코기토의 내부 구조에서 그 사실성을 되찾음으로써 이루어지기 때문이다. 사실성은 내가 있는 것으로 있기 위해 내가 다시 결합해야 하는 존재를 내가 스스로 나 자신에게 주는 하나의 지시일 따름이다. 사실성을 적나라한 상태로 파악하기란 불가능하다. 왜냐하면 우리가 사실성에 대해 발견하게 되는 모든 것은 이미 회복된 것이고 또 자유롭게 구성된 것이기 때문이다. 이 방 안에서, 이 책상에게 있어 "거기에 있다(être là)"라는 단순한 사실은 이미 하나의 한계-개념의 순수한 대상이고, 또 그런 것인 한에서 도달할 수 없다. 그렇지만 이 사실은 나의 "거기에 있는 것에 대한 의식" 속에 그 완전한 우연성으로서, 무화된 즉자로서 내포되어 있으며, 대자는 이런 즉자를 바탕으로 거기에 있는 것에 대한 의식으로서 스스로 자기를 산출한다. 거기에 있다는 것에 대한 의식으로서 스스로 자기를 심화하는 대자는 결코 자기 속에서 동기화만을 발견할 수 있을 뿐이다. 다시 말해 대자는 끊임없이 자기 자신과 그 자신의 끊임없는 자유를 가리키게 될 것이다(나는 …… 을 위해 거기에 있다 등). 하지만 동기화는 전적으로 스스로 자기를 근거 짓는 한에서, 이 동기화를 동결시키는 우연성, 그것이 대자의 사실성이다. 대자인 한에서 그 자신의 고유한 근거인 대자와 사실성과의 관계는 정확히 "사실상의 필연성(nécessité de fait)"이라고 지칭할 수 있다. 그리고 데카르트와 후설이 코기토의 명증성을 구성하는 것으로 파악한 것이 바로 사실상의 필연성이다. 대자가 스스로 자기를 근거짓는 한, 대자는 필연적이다. 그리고 이런 이유로 대자는 논리필증적(apodictique) 직관의 반성된 대상이다. 나는 내가 존재한다는 것을 의심할 수 없다. 하지만 있는 그대로의 이 대자가 존재하지 않는 한, 이 대자는 사실상의 모든 우연성을 가지고 있다. 나의 무화하는 자유가 불안에 의해 스스로 자기를 파악하는 것과 마찬가지로, 대자는 자신의 사실성을 의식하고 있다. 대자는 자기의 전면적인 무상성(gratuité)의 감정을 가지고 있다. 대자는 자기를 아무런 이유 없이(pour rien) 거기에 있는 것으로서 그리고 잉여로(de trop) 있는 것으로 자기를 파악한다.

사실성과 사유를 속성으로 하는 데카르트적 실체를 혼동해서는 안 된다. 분명 사유하는 실체는 그것이 사유하는 만큼만 존재할 뿐이다. 그리고 이런 실체는 창조된 사물이므로 창조된 존재(l'ens creatum)의 우연성에 관여한다. 하지만 사유하는 실체는 존재한다. 비록 대자가 이런 실체의 속성이라 할지라도, 이 실체는 그 통합성 속에서 즉자의 성격을 보존하고 있다. 이것을 바로 데카르트의 실체론적 착각(l'illusion substantialiste)이라고 한다. 반대로 우리에게 있어 대자의 출현 또는 절대적 사건은 바로 즉자가 자기를 근거 짓기 위한 즉자의 노력을 말한다. 이 노력은 존재가 그 자신의 존재에서 우연성을 제거하기 위한 시도에 상응한다. 하지만 이 시도는 즉자의 무화에 이른다. 왜냐하면 즉자는 자신의 존재가 갖는 절대적인 동일성 속에 자기 또는 반성적이면서 무화적인 지향을 끌어들이지 않고서는, 따라서 자신을 대자로 전락하지 않고서는 자신의 근거를 정초할 수 없기 때문이다. 따라서 대자는 즉자의 감압적 해체에 상응하고, 즉자는 무화되면서 자기를 근거 짓기 위한 자신의 시도 속에 흡수된다. 그만큼 대자를 속성으로 갖는 즉자는 실체가 아니고, 또 사유를 생산하면서 그 생산 자체에서 고갈되지 않는 실체가 아니다. 즉자는 단지 대자 속에서 존재의 추억으로서, 그 정당화될 수 없는 세계에의 현전으로 남아 있다. 즉자존재는 자신의 존재가 아니라 자신의 무를 근거 지울 수 있다. 즉자존재는 자신의 감압 속에서 하나의 대자로 무화된다. 이때 대자는 대자인 한에서 자기 자신의 고유한 근거가 된다. 하지만 즉자존재가, 즉자적인 우연성은 여전히 손이 미치지 않는 곳에 머물러 있다. 이것이 대자 속에서 사실성으로 남아 있는 즉자적인 것이다. 그리고 이것이 대자로 하여금 하나의 사실상의 필연성만을 갖게끔 한다. 다시 말해 대자는 자신의 의식-존재(être-conscience) 또는 존재(existence)의 바탕이지만, 어떤 경우에도 자신의 현전에 근거를 부여할 수 없다. 이렇듯 의식은 어떤 경우에도 자기를 존재하지 못하게 할 수는 없지만, [일단 존재하면] 자신의 존재에 대해 전적으로 책임을 지게 된다.

III. 대자와 가치의 존재

인간실재에 대한 연구는 코기토로부터 시작해야 한다. 하지만 데카르트의 "나는 생각한다"라는 시간성의 순간적인 전망 속에서 고찰된다. 코기토 내부에서 이 순간성을 넘어설 수단을 발견할 수 있을까? 만일 인간실재가 '나는 생각한다'의 존재에 한정된다면, 인간실재는 하나의 순간적인 진리만 갖게 될 뿐이다. 그리고 데카르트에게 인간실재가 순간적인 총체성이라는 것은 사실이다. 왜냐하면 인간실재는 그 자체에 의해 미래에 대한 어떤 요구(prétention)도 내세우지 않기 때문이고, 또 인간실재를 어느 한순간에서 다른 순간으로 이행하기 위해서는 연속적인 "창조" 행위가 필요하기 때문이다. 하지만 대체 누가 순간의 진리를 생각할 수 있을까? 그리고 코기토는 그 나름의 방식으로 과거와 미래를 구속하지 않는가? 하이데거는 후설의 '나는 생각한다'가 종달새들이 걸려들 수 있는 매혹적인 덫임을 너무 확신하고 있기 때문에, 그는 현존재에 대해 설명하면서 의식에의 호소를 극구 피했다. 하이데거의 목표는 현존재를 즉각 염려(souci)로서 보여 주는 것이다. 다시 말해 자기 기투에서 자기가 그것으로 있는 가능성들을 향해 자기를 벗어나는 것으로서 말이다. 그가 "이해(compréhension, Verstand)"[16]라고 일컬은 것이 바로 자기 밖으로의 자기 기투인데, 이 기투는 그로 하여금 인간실재를 "드러내면서-드러나는" 것으로의 확립을 가능케 해 준다. 하지만 현존재의 자기로부터의 벗어남을 먼저 보여 주기 위한 이런 시도는 그 나름대로 극복할

---

16 하이데거가 말하는 '이해'를 뜻하는 독일어 'Verstand'를 사르트르가 괄호 속에 넣어 병기했는데, 이는 잘못된 것 같다. 'Verstand'는 지성을 뜻하는데, 하이데거가 말하는 자기 기투는 지성적인 것이 아니다. 제대로 쓰려면 하이데거가 쓴 그대로 'Verstehen' 또는 'Verständnis'라고 병기해야 한다.

수 없는 어려움에 부딪친다. 비록 의식을 나중에 재확립하기 위해서일이지라도, 먼저 이 의식의 차원을 말소할 수 없다는 것이 그것이다. 이해는 그것이 이해에 대한 의식인 경우에만 의미를 지닐 뿐이다. 나의 가능성은 이것을 향해 자기를 벗어나는 것이 나의 의식인 경우에만 나의 가능성은 나의 가능성으로서 존재할 수 있을 뿐이다. 그렇지 않으면, 존재와 그 가능성들의 체계 전체가 무의식적인 것 속으로, 즉 즉자 속으로 떨어지게 될 것이다. 우리는 코기토를 향해 다시 던져진다. 코기토에서 출발해야 한다. 반성적 명증성의 이점을 잃어버리지 않고 코기토를 확장할 수 있을까? 대자에 대한 묘사는 우리에게 무엇을 드러내 보였을까?

우리는 우선 대자의 존재가 그 존재에서 영향을 받는 하나의 무화작용과 만났다. 그리고 이 무의 드러남은 우리에게 코기토의 범위를 넘어서는 것으로 보이지는 않았다. 하지만 좀 더 자세히 살펴보도록 하자.

대자는 자기를 하나의 존재 결핍(un défaut d'être)으로 규정하지 않고서는 무화작용을 지탱할 수 없다. 이것은 무화작용이 의식 속에 단순히 텅 빔(le vide)을 도입하는 것과 일치하지 않는다는 사실을 의미한다. 하나의 외적인 존재는 의식에서 즉자를 축출한 것은 아니었다. 그보다는 오히려 스스로 끊임없이 즉자로 있지 않도록 규정한 것은 바로 대자이다. 이것은 대자는 즉자에서 출발해서만, 또 즉자와 대립해서만 그 자신을 근거 지을 수 있을 뿐임을 의미한다. 이렇듯 무화작용은 존재에 대한 무화작용이므로, 무화작용은 대자의 존재와 즉자의 존재 사이의 근원적인 결합을 나타내고 있다. 구체적이고 실재적인 즉자는, 의식이 스스로 자기를 그것으로 있지 않도록 규정하는 것으로서, 의식의 핵심에서 온전히 현전하고 있다. 코기토는 우리를 필연적으로 인도해서 즉자의 이런 전면적이고 도달 범위 밖에 있는 현전을 발견하게끔 한다. 물론 현전이라는 사실은 대자의 초월성 그 자체일 것이다. 하지만 정확하게 말하면 대자와 즉자의 근원적인 결합으로 생각된 초월성의 기원이 바로 무화작용이다. 이렇게 해서 우리는 코기토에서 빠져나갈 하나의 수단을 엿보게 된다. 사실상 우리는 뒤에서 코기토의 깊은 의미가 본질상 자기 밖으로 다시 내던지는 것임을 보게 될 것이다. 하지만 아직은 대자의 이런 특징을 묘사할 때가 아니다. 존재론적인 묘사가 직접 나타내고자 하는 것은 바로 [대자인] 존재가 존재 결핍으로서 자기의 근거라는 것이다. 다시 말해 [대자인] 존재는, 자신이 그것으로 있지 않는 하나의 존재에 의해 자기의 존재 안에서 자기를 규정하게 한다는 것이다.

그럼에도 '있지 않다(n'être pas)'에는 여러 방식이 있다. 그리고 그중에는 그것이 있지 않은 것으로 있지 않은 존재의 내적 본성에 도달하지 못하는 것이 있다. 예컨대 만일 내가 하나의 잉크병을 한 마리의 새가 아니라고 말한다면, 잉크병과 새는 부정(négation)에 영향을 받지 않은 채로 머물러 있다. 이 부정은 증인으로서의 인간실재에 의해서만 확립될 수 있을 뿐인 하나의 외적 관계(une relation externe)이다. 이와 반대로 다른 유형의 부정이 있다. 그것은 우리가 부정하는 것인 그것과 우리가 무엇인가에 대해 그것을 부정할 때의 그 무엇과의 사이에서 확립되는 내적 관계(un rapport interne)이다.[17] 모든 내적 부정 중에서 존재 속으로 가장 깊이 파고드는 부정, 즉 부정이 뭔가를 부정할 때 그 뭔가의 존재와 이 부정이 부정하는 존재와 함께

---

17 헤겔 식의 대립은 이 유형의 부정에 속한다. 하지만 이 대립은 그 자체로 시원적인 내적 부정, 즉 결핍에 근거해 있다. 예컨대 비본질적인 것이 그 나름대로 본질적인 것이 된다면, 그것은 본질적인 것이 비본질적인 것을 결여로 그 품속에 간직하고 있기 때문이다. —원주.

자신의 존재 속에서 구성하고 있는 부정, 그것이 바로 결여(manque)이다. 이 결여는 전적으로 긍정성인 즉자의 본성에 속하지 않는다. 이 결여는 인간실재의 등장과 더불어 세계 속에 나타날 뿐이다. 결여가 있을 수 있는 것은 오직 인간 세계에서일 뿐이다. 결여에는 다음과 같은 삼원성(三元性)이 전제되어 있다. 첫째, 결여되어 있는 것 또는 결여분(ce qui manque ou manquant), 둘째, 결여되어 있는 것[결여분]이 결여되어 있는 것[결여자] 또는 현실존재자(ce à quoi manque ce qui manque ou existant), 셋째, 결여에 의해 분해되었으나 결여분과 현실존재자의 종합에 의해 복원될 총체, 즉 결여를 입은 것(le manqué)이 그것이다.[18] 인간실재의 직관에 주어지는 존재는 항상 그에게 무엇이 결여된 자[결여자] 또는 현실존재자이다. 예컨대 내가 달은 차지 않고 4분의 1이 결여되어 있다고 말한다면, 나는 초승달에 대한 충분한 직관에 따라 판단한 것이다. 이렇듯 직관에 주어진 것은 하나의 즉자인데, 이 즉자는 그 자체로 완전한 것도 불완전한 것도 아니다. 하지만 이 즉자는 다른 존재와는 아무 관계를 맺지 않은 채 그저 단순하게 있는 그대로의 것으로 있다. 이 즉자를 초승달로 파악하려면, 한 인간실재가 실현된 총체 ── 여기에서는 보름달의 둥근 원반 ── 라는 기투를 향해 소여[즉 직관에 주어진 초승달]를 넘어서고, 그다음에 이

---

18 여기에서 '결여(manque)'의 삼원성을 우리말로 옮기기는 대단히 어렵고 복잡하다. 사르트르가 예로 들고 있는 달의 경우를 보자. 초승달과 보름달에서 초승달은 보름달이 될 것이므로 결여된 부분이 있다. 바로 보름달에서 초승달을 뺀 부분이다. 보름달을 염두에 둘 때, 초승달에게는 보름달이 되기 전에 채워지지 않은 부분, 곧 결여된 부분이 있다. 그것이 '결여되어 있는 것(ce qui manque)', 곧 '결여분(le manquant)'이다. 초승달은 보름달이 될 것이지만, 지금 있는 상태에서 초승달은 보름달이 되기에는 이 결여분이 채워져야 하는 존재이다. 다시 말해 초승달은 '결여분이 결여되어 있는 것(ce à quoi manque ce qui manque)'이고, 사르트르는 이것을 '현실 존재자(l'existant)'라고 부르고 있다. 그리고 보름달은 결여자인 초승달과 이 초승달에 결여되어 있는 부분, 즉 결여분을 합하여 총체가 될 것이다. 이런 의미에서 보름달은 '결여를 입은 것(le manqué)[결여된 것]'이다. 결국 초승달에 결여되어 있는 것[결여분]은 일차적으로는 보름달이 되기 위한 나머지 부분이고, 이차적으로는 보름달인 셈이다.

소여를 초승달로 구성하기 위해서는 그것으로 되돌아와야 한다. 다시 말해 이것은 소여의 근거가 되는 총체에서 출발해서 이 소여를 그 존재에서 실현하기 위함이다. 그리고 바로 이 뛰어넘기 그 자체에서 결여분은 현실존재자에게 덧붙여져 종합됨으로써 결여를 입은 것의 종합적인 총체를 재구성해야 할 것으로 정립될 것이다. 이런 의미에서 결여분은 현실존재자와 동일한 본성을 갖는다. 결여분이 결여자인 현실존재자가 되기 위해서는 상황이 뒤바뀌는 것으로 충분할 것이다. 반면 현실존재자는 결여분이 될 것이다. 현실존재자와 상호 보완적인 이 결여분은 그 존재에 있어 결여를 입은 것의 종합적 총체에 의해 규정된다. 이렇게 해서 인간 세계에서 결여분으로 직관에 맡겨지는 불완전한 존재는 그 존재에 있어 결여를 입은 것에 의해 — 즉 이 불완전한 존재가 그것으로 있지 않은 것에 의해 — 구성된다. 초승달에 이 초승달의 존재를 부여하는 것은 바로 보름달이다. 있는 그대로의 것을 규정하는 것은 있는 그대로 있지 않은 것이다. 자기 밖에서 자신이 있지 않은 것으로 있는 존재에까지, 즉 자신의 의미에까지 이르게 하는 것은 바로 인간적 초월과 상관관계에 있는 현실존재자의 존재 속에서이다.

결여가 세계 속에 나타나도록 인간실재는 그 자신이 하나의 결여로 있어야 한다. 왜냐하면 결여는 [인간실재의] 결여에 의해서만 존재하여 생겨날 수 있을 뿐이기 때문이다. 달리 말해 존재가 결여분이나 결여를 입은 것이 되기 위해서는 하나의 존재가 그 자신을 자신의 고유한 결여로 만들어야 한다. 결여되어 있는 존재만이 유일하게 결여를 입은 것을 향해 존재를 뛰어넘을 수 있다.

인간실재가 결여라는 것은 인간적 사실로서의 욕망(désir)의 존재가 그것을 충분히 증명해 줄 것이다. 실제로 만일 욕망에서 하나의 심적 상태를 보고자 한다면, 다시 말해 그 본성이 있는 그대로의 것으로 있는 존재를 보고자 한다면, 욕망을 어떻게 설명하겠는가? 그것이 있는 그대로의 것으로 있는 하나의 존재는, 그것이 있는 그대로의 것으로서 생각되는 한, 자기를 완성하기 위해서 자기에게 그 어떤 것도 불러들이지 않는다. 하나의 미완성의 원은 인간의 초월에 의해 극복되는 한에서만 완결을 불러들일 뿐이다. 이 미완성의 원은 그 자체로 보면 완전하고 또 열린 곡선으로서는 완전히 긍정적이다. 게다가 이런 곡선의 충족과 같은 방식으로 존재하는 하나의 심적 상태는 다른 것을 "향한" 최소한의 "부름"을 소유할 수 없을 것이다. 이런 심적 상태는 자기가 아닌 것과는 어떤 관계도 없이 자신으로 있을 수 있을 것이다. 이 심적 상태를 배고픔이나 갈증으로 구성하기 위해서는, 초승달이 보름달을 향해 자신을 뛰어넘는 것처럼, 이 심적 상태를 "진정된 배고픔"이라는 총체를 향해 뛰어넘는 하나의 외적 초월이 필요할 것이다. 욕망을 물리적인 힘의 이미지에 따라 생각된 코나투스로 여겨 보았자 문제가 해결되는 것은 아니다. 왜냐하면 코나투스는, 비록 우리가 그것에 원인으로서의 효력을 인정한다고 해도, 그 안에서는 다른 하나의 상태를 향한 욕구라는 성격을 가질 수 없을 것이기 때문이다. 상태들을 낳는 것으로서의 코나투스는 자신을 상태의 부름으로서의 욕망과 일치할 수는 없을 것이다. 심리-생리적 평행론[19]에 호소할지라도 이 어려움을 더 많이 제거할 수는 없을 것이다. 유기체적인 현상으

---

19 '심리-생리적 평행론'은 스피노자의 이론이다. 이 이론에 따르면, 물리적인 물체와 정신적인 관념이 동일한 하나의 실재인 신(神)의 두 변용 양태로서, 한쪽에서 생성 소멸의 사건이 일어나면 다른 쪽에서도 반드시 이에 상응한 생성 소멸의 사건이 동시에 일어난다. 예컨대 나의 정신에서 팔을 들어 올리고자 의지의 관념이 발생하면, 나의 신체에서 팔이 들어 올려지는 사건이 발생하고, 그 팔을 오래 들고 있는 물리적인 사건이 지속되면, 이에 상응해 나의 정신에서 통증이 발생하는데, 이를 원인과 결과의 관계로 볼 수는 없으며, 신의 존재론적인 작용에 따라 두 종류의 사건이 동시에 병행해서 일어난다는 것이다. 일종의 증명할 수 없는 가설이라고 할 수 있다.

로서의 목마름, 물의 "생리학적" 필요로서의 목마름은 존재하지 않는다. 물이 부족한 유기체는 몇몇 긍정적인 현상, 예컨대 혈액의 농축 같은 현상을 나타내며, 이 현상은 다시 다른 여러 현상을 불러일으킬 것이다. 그 전체는 유기체의 하나의 긍정적 상태이며, 이 상태는 그 자신만을 가리킬 뿐이다. 이것은 수분이 증발해서 용액이 농축될지라도, 그것만으로는 이 용액이 물을 욕망하고 있다고 생각할 수 없는 것과 같다. 만일 우리가 정신적인 것과 생리적인 것의 정확한 상응을 전제할지라도, 이 상응은 스피노자가 본 것처럼 존재론적 동일성의 근거 위에서만 성립할 수 있을 뿐이다. 그 결과 심적인 목마름의 존재는 한 상태의 즉자적인 존재일 것이고, 우리는 다시 증인으로서의 어떤 초월로 돌아간다. 하지만 그때 목마름은 그 자체를 위한 것이 아니라 초월을 위한 욕망이다. 목마름은 타자의 눈에 비친 욕망이 될 것이다. 만일 욕망이 자기 자신에 대해 욕망이어야 한다면, 욕망은 초월 자체가 되어야 한다. 다시 말해 욕망은 본성상 욕망된 대상을 향해 이루어지는 자기로부터의 탈출이 되어야 한다. 달리 말해 욕망은 하나의 결여여야 한다. 하지만 그것은 하나의 결여-대상이 아니며, 욕망이 그것으로 있지 않은 뛰어넘기에 의해 만들어지고 감내된 결여도 아니다. 욕망은 ……에 대한 그 자신의 고유한 결여여야 한다. 욕망은 존재의 결여이다. 욕망은 가장 내면적인 존재 속에서 자기가 욕망하는 존재에 붙어 다닌다. 이렇듯 욕망은 인간실재의 존재에서 결여의 존재를 증언한다. 하지만 만일 인간실재가 결여라면, 인간실재에 의해 존재 속에서 [결여의] 삼원성, 즉 결여분, 현실존재자, 결여를 입은 것이 나타난다. 삼원성을 이루는 이 세 가지는 정확히 무엇인가?

여기에서 현실존재자의 역할을 연기하는 것은 욕망의 직접태로서 자기를 코기토에 내맡기는 것이다. 예컨대 우리가 그것이 있는 그대로의 것으로 있지 않고, 그것이 있지 않은 것으로 있는 것으로 파악하는 대자이다. 그렇다면 결여를 입은 것은 무엇인가?

이 물음에 답을 하기 위해서 우리는 결여의 관념으로 되돌아가 현실존재자와 결여분을 이어 주는 연결을 최대한 좀 더 자세히 규정해야 한다. 이 연결은 단순한 인접일 수는 없다. 결여되어 있는 것[결여분]이 그 부재 속에, 현실존재자의 핵심에 그토록 깊게 현전해 있다면, 그것은 현실존재자와 결여분이 동시에 하나의 동일한 총체의 통일로 넘어가기 때문이다. 그리고 자기 자신이 자기를 결여로서 구성하는 것은 분해된 하나의 커다란 형태를 향해 자기를 뛰어넘으면서만 이루어질 수 있을 뿐이다. 이렇듯 결여는 하나의 총체의 기반 위에서의 나타남이다. 게다가 이 총체가 근원적으로 주어져 있었는데, 지금은 분해되었거나("밀로의 비너스의 두 팔이 결여되어 있다.") 또는 이 총체가 아직 전혀 실현된 적이 없는 것("그는 용기를 결여하고 있다.")은 그다지 중요하지 않다. 중요한 것은 단지 결여분과 현실존재자가 결여를 입은 총체의 통일 속에서 무화될 것으로서 주어지거나 파악된다는 사실이다. 모든 결여되어 있는 것[결여분]은 ……에 있어서 ……을 위해서(à……pour……) 결여되어 있다. 그리고 하나의 원초적인 나타남의 통일에서 주어지는 것은 아직 있지 않은 것, 또는 더 이상 있지 않은 것으로 생각된 ……을 위함(le pour)이고, 결함을 가진 현실존재자가 그것을 향해 자기를 뛰어넘거나 뛰어넘어지고, 그로 인해 결함을 가진 자로 자기를 구성할 때의 부재이다. [그렇다면] 인간실재의 ……을 위함은 어떤 것인가?

자기의 근거로서의 대자는 부정의 나타남이다. 대자는 자기에 대해(de soi) 어떤 하나의 존재 또는 하나의 존재 방식을 부정하는 한에서 자기를 근거 짓는다. 우리가 알고 있듯이, 대자가 부정하거나 무화하는 것은 즉자존재이다. 하지만 어떤 즉자존재라도 좋은 것은 아니다. 인간실재는 무엇보다도 자기 자신의 고유한 무이다. 인간실재가 대자로서 자기에 대해 부정하거나 무화하는 것은 자기(soi)일 수밖에 없다. 그리고 인간실재가 그 자신의 의미 속에서 이런 무화에 의해 구성되고, 또 인간실재가 무화하는 것이 무화된 것의 자격으로 인간실재 속에 현전함에 의해서 구성되기 때문에, 인간실재의 의미를 이루는 것은 결여를 입은 즉자-존재-로서의-자기(le soi-comme-être-en-soi)이다. 인간실재가 자기와의 시원적 관계 속에서 자기가 있는 그대로의 것으로 있지 않는 한, 그가 자기와 맺는 관계는 시원적이지 않으며, 무관계(le rapport nul) 또는 동일성이라고 하는 원초적인 관계에서만 그 의미를 끌어낼 수 있을 뿐이다. 대자를, 그것이 있는 그대로의 것으로 있지 않은 것으로 파악할 수 있도록 하는 것은, 있는 그대로의 것으로 있을 자기이다. 대자의 정의에서 부정된 관계 —— 그리고 먼저 그런 것으로서 정립되어야 하는 관계 —— 는 동일성의 방식에서의 대자와 그 자신의 끊임없는 부재의 관계로 주어진 하나의 관계이다. 목마름이 목마름에 대한 의식인 한에서, 목마름이 자기를 벗어나 목마름이 아니게 될 때의 그 미묘한 혼란의 의미, 그것은 [그 자체로] 목마름일 것이며, 또 목마름에 붙어 다니는 목마름이다. 대자가 결여하는 것은 바로 자기 —— 또는 즉자로서의 자기 자신 —— 이다.

그런데도 이 결여를 입은 즉자와 사실성의 즉자를 혼동해서는 안 될 것이다. 사실성의 즉자는 자신을 근거짓는 데 실패함으로써 대자의 세계에의 순수한 현전 속에 흡수되어 버렸다. 그 반대로 결여를 입은 즉자는 순수한 부재이다. 그 외에도 근거짓는 행위의 실패를 통해 즉자로부터 그 자신의 고유한 무의 근거로서 대자가 나타나게 되었다. 하지만 결여를 입은 근거 짓는 행위의 의미는 초월적인 것으로 머문다. 대자는 그 존재에 있어 실패이다. 왜냐하면 대자는 무(無)인 한에서 자기 자신의 근거일 뿐이기 때문이다. 사실을 말하면, 이 실패는 대자의 존재 자체이다. 하지만 대자가 의미를 갖는 것은 오직 다음의 경우에서일 뿐이다. 즉 대자가 그것으로 있으려다 실패한 존재의 현전에서, 다시 말해 단지 그 자신의 무의 근거만이 아니라 그 자신의 존재의 근거일 수도 있는 존재, 즉 자기와의 일치로서 자신의 근거인 존재의 현전에서, 대자가 스스로 자기를 실패로 파악하는 경우가 그것이다. 코기토는 본성상 자신이 결여하고 있는 부분과 자신이 결여하고 있는 전체를 가리킨다. 왜냐하면 데카르트의 관찰처럼, 코기토는 존재에 붙어 다니는 코기토이기 때문이다. 그리고 바로 이것이 초월의 기원이다. 인간실재는 자신이 결여한 것을 향한 그 자신의 고유한 뛰어넘기이다. 인간실재는, 만일 자신이 있는 그대로의 것으로 있다면, 그렇게 있을 특수한 존재를 향해 자신을 뛰어넘는다. 인간실재는 먼저 존재하고 나중에 이것 또는 저것에 의해 결여를 겪는 것이 아니다. 인간실재는 먼저 결여로 존재하고, 그리고 자신이 결여하고 있는 것과 직접적이고 종합적인 연결 속에서 존재한다. 이렇듯 인간실재가 세계에의 현전으로서 나타나는 순수한 사건은 그 자신에 대해 자기에 의해 그 자신의 고유한 결여로 파악된다. 인간실재는 자기의 존재에의 도래에서 자기를 불완전한 존재로 파악한다. 인간실재는, 자기가 결여하고 있는 독특한 총체, 인간실재가 그것으로 있지 않는 형태로 있는 특이한 총체, 인간실재가 그것으로 있는 특이한 총체의 현전에서, 자기가 있지 않는 한에서 존재하는 것으로 자기를 파악한다. 인간실재는 자기와의 일치를 향한 끊임없는 뛰어넘기이지만, 이런 일치는 결코 주어지지 않는다. 코기토가 존재를 지향한다면, 그것은 코기토가 그 나타남 자체에 의해 존재를 향해 자신을 뛰어넘기 때문이다.

이때 코기토는 자기의 존재 속에서 자기가 있는 그대로의 것으로 있기 위해서 자기와의 일치가 결여되는 있는 존재로서 자기 존재 속에서 자기를 규정한다. 코기토는 즉자존재와 풀 수 없을 정도로 연결되어 있으나, 그 대상에 대한 사유 —— 이것은 즉자를 상대화하게 될 것이다 —— 로서가 아니라, 하나의 결여와 그 결여를 규정짓는 것의 연결로서이다. 이런 의미에서 불완전한 존재는 완전한 존재를 향해 자신을 초월한다는 데카르트의 두 번째 증명은 엄밀하다. 자기 자신의 무의 근거일 뿐인 존재는 자기 존재의 근거인 존재를 향해 자기를 뛰어넘는다. 하지만 인간실재가 자신을 뛰어넘어 향하는 존재는 하나의 초월적인 신이 아니다. 그 존재는 인간실재의 핵심에 있고, 총체로서의 인간실재 자신일 뿐이다.

이것은 사실상 이 총체가 초월적인 것의 단순하고 우연적인 즉자가 아니기 때문이다. 만일 이 초월적인 것이 단순한 즉자라면, 의식이 자기를 뛰어넘어 향하는 존재로서 파악하는 것은 의식의 절멸과 일치할 것이다. 하지만 의식은 자신의 소멸을 향해 자기를 뛰어넘지 않는다. 의식은 자기의 뛰어넘기의 극한에서도 동일성을 띤 즉자 속에서 자기를 상실하기를 원치 않는다. 대자가 즉자존재를 요구하는 것은 대자로서 있는 한에서의 대자를 위한 것이다.

이렇듯 대자에 붙어 다니는 이 끊임없이 부재하는 존재는 그 자신이 즉자 속에 응고되어 있다. 그것은 대자와 즉자의 불가능한 종합이다. 이 존재가 무로서가 아니라 존재로서 있는 한에서 그 자신의 고유한 근거이다. 그리고 이 존재는 자기 속에 자기와 즉자존재의 일치를 간직함과 동시에 의식에게 불가피한 반투명성을 간직할 것이다. 이 존재는 자기 속에 모든 필연성과 모든 근거를 조건짓는 자기에로의 귀환을 보유할 것이다. 하지만 자기에로의 귀환은 거리를 두지 않고 이루어질 것이고, 그것은 결코 자기에 대한 현전이 아니라 자기와의 동일성이다. 간단히 말해 이 존재는 앞에서 우리가 보여 준 끊임없이 소멸해 가는 관계로서만 존재할 수 있는 바로 그 자기일 것이다. 하지만 이 존재는 실체적인 존재인 한에서 그런 자기일 것이다. 이렇듯 인간실재는 인간실재로서 그 자신의 고유한 총체의 현전에서, 또는 자기의 현전에서 이 총체의 결여로서 나타난다. 그리고 이 총체는 본성상 주어질 수는 없다. 왜냐하면 이 총체는 자기 속에 양립할 수 없는 즉자와 대자의 성격을 끌어모으기 때문이다. 그리고 이 경우 우리가 이런 종류의 한 존재를 멋대로 고안해 낸다고 비난하지 말기를 바란다. 그 존재와 절대적인 부재가 세계 저편에서, 사후에 이루어지는 매개 운동에 의해 초월자로서 실체화될 때, 이 총체는 신이라는 이름을 얻게 된다. 그런데 신은 전적으로 긍정성이며 세계의 근거인 한에서, 그것이 있는 그대로의 것으로 있는 존재임과 동시에 자기에 대한 의식이고, 자기 자신의 필요한 근거인 한에서 그것이 있는 그대로의 것으로 있지 않는 존재이며, 또 그것으로 있지 않는 것으로 있는 존재가 아니던가? 인간실재는 자신의 존재에서 번민하는 존재이다. 왜냐하면 인간실재는 정확히 대자로서의 자기를 상실하지 않고서는 즉자에 도달할 수 없으므로, 자신이 그것으로 있을 수 없으면서 그것으로 있는 하나의 총체가 자기에 끊임없이 붙어 다니는 존재에게 나타나기 때문이다. 따라서 인간실재는 본성상 불행한 의식(conscience malheureuse)이며, 불행한 상태를 뛰어넘을 가능성이 없다.

하지만 그 존재에서 불행한 의식이 자신을 뛰어넘어 향해 가는 이 존재는 과연 어떤 것일까? 우리는 이런 존재가 존재하지 않는다고 말할 것인가? 이 존재에서 우리가 드러낸 모순은 단지 이 존재가 실현될 수 없음을 입증할 뿐이다. 그리고 그 어떤 것도 다음과 같은 명증한 진리에 맞서 아무런 가치도 지니지 못한다. 즉 의식은 모든 방향에서 자기를 둘러싸고 있는 존재 속에, 그리고 그 환영 같은 현전에 의해 의식을 전율시키는 존재 속에 구속됨으로써 존재할 수 있을 뿐이라는 — 의식은 이 존재이지만 이 존재는 의식이 아니다 — 진리가 그것이다. 우리는 이것이 의식에 상대적인 하나의 존재라고 말할 것인가? [이렇게 말한다면] 그것은 이 존재와 하나의 명제의 대상과 혼동하는 것이 될 것이다. 이 존재는 의식에 의해 정립되는 것도 아니고 또 의식 앞에 정립되는 것도 아니다. 이 존재에 대한 의식은 없다. 왜냐하면 이 존재는 자기에 (대한) 비정립적 의식이 붙어 다니기 때문이다. 이 존재는 의식을 자기 존재의 의미로 가리킨다. 그리고 의식은 이 존재에 대한 의식도 아니고, 자기에 대한 의식도 아니다. 그렇지만 이 존재는 의식에서 벗어날 수도 없을 것이다. 오히려 의식이 존재(에 대한) 의식으로서 자신을 그 존재로 지향하는 한, 그 존재는 거기에 있다. 그리고 정확히 의식이 잉크병이나 연필에 의미를 부여하듯이, 의식이 이 존재에 의미를 부여하는 것은 아니다. 하지만 의식이 그것으로 있지 않은 형태로 있는 이 존재가 없다면, 의식은 의식이 아닐 것이다. 다시 말해 의식은 결여가 아닐 것이다. 그 반대로 의식이 자기 자신을 위해 의식으로서의 의의를 끌어내는 것은 이 존재로부터이다. 이 존재는 의식과 동시에 의식의 핵심에서도 나타나고 의식 밖에서도 나타난다. 이 존재는 절대적 내재성 속의 절대적 초월성이다. 이 존재가 의식에 대해 우선권을 갖는 것도 아니고, 의식이 이 존재에 대해 우선권을 갖는 것도 아니다. 이 둘은 쌍을 이룬다. 물론 이 존재는 대자 없이는 존재할 수 없을 것이다. 하지만 대자도 이 존재 없이 존재할 수 없을 것이다. 의식은 이 존재로 있는 방식으로 이 존재에 대해 자신을 견지한다. 왜냐하면 이 존재는 의식 자체이기 때문이다. 하지만 의식이 그것으로 있을 수 없는 하나의 존재로서 그렇다. 이 존재는 의식의 핵심에서, 또 의식이 닿을 수 없는 곳에서 하나의 부재로서 또 하나의 실현될 수 없는 것으로서 의식 자체이다. 그리고 이 존재의 본성은 자기 속에 그 자신의 고유한 모순을 품는다. 이 존재가 대자와 맺는 관계는 전적인 초월성 속에서 완성되는 하나의 전적인 내재성이다.

게다가 이 존재를 우리의 연구를 통해 확립된 추상적인 성격과 더불어서만 의식에 현전하는 것으로 생각해서는 안 된다. 구체적인 의식은 상황 속에서 나타난다. 그리고 의식은 이 상황에 대한 또 상황 속에 놓인 자기 자신(에 대한) 특이하고 개별화된 의식이다. 자기가 현전하는 것은 이 구체적인 의식에 대해서이다. 그리고 의식의 모든 구체적인 성격은 자기의 총체 속에서 그 상관물을 가지고 있다. 자기는 개별적이다. 그리고 자기가 대자에 붙어 다니는 것은 자기의 개별적인 완성으로서이다. 예컨대 하나의 감정은 하나의 규범의 현전에 있어서의 감정이다. 다시 말해 하나의 동일한 유형의 감정이지만, 그것이 있는 그대로의 것으로 있는 하나의 감정의 현전에서이다.[20] 이 규범 또는 감정적인 자기의 총체는 바로 고뇌(souffrance)의 핵심에서 고뇌를 겪는(souffert) 결여로서 직접적으로 현전한다. 우리는 고뇌한다. 그리고 우리는 충분히 고뇌하지 않음에 고뇌한다. 우리가 말하는 고뇌는 우리가 느끼는 고뇌가 결코 아니다. 우리가 "아름다운" 또는 "훌륭한" 또는 "진정한" 고뇌라고 말하고, 우리를 감동시키는 고뇌는, 우리가 타인의 얼굴에서, 아니 그보다는 오히려 초상화에서나 조각상의 얼굴에서 또 비극의 가면 위에서 읽는 고뇌이다. 그것은 존재를 가

---

20 여기에서 사르트르가 말하는 '하나의 규범(une norme)'은 사회적이거나 윤리적인 규범이 아니라, 바로 이어지는 '동일한 유형의(de même type)'라는 말에서 알 수 있듯이 감정의 일정한 유형으로서 그때그때 일어나는 감정을 포섭하는 범주로 작동한다는 뜻에서의 규범이다.

지고 있는 고뇌이다. 이 고뇌는 치밀하고 객관적인 전체로서 우리에게 제시된다. 이 전체는 우리의 도래를 기다리지 않고 존재했다. 이 전체는 그것에 대해 우리가 갖는 의식을 넘어선다. 이 고뇌는 이 나무나 이 돌처럼 침투할 수 없는 농밀한 상태로 거기, 세계의 한복판에 있으며, 지속한다. 그리고 마침내 이 고뇌는 있는 그대로의 것으로 존재한다. 우리는 이 고뇌에 대해 이렇게 말할 수 있다. 즉 이를 악물고 미간에 주름을 잡는 것으로 표현되는 고뇌라고 말이다. 이 고뇌는 표정에 의해 지탱되고 제시되지만, 표정에 의해 창조되는 것은 아니다. 이 고뇌는 표정 위에 정립된다. 이 고뇌는 능동성과 수동성 저편에, 그리고 긍정과 부정 저편에 있다. 이 고뇌는 존재한다. 그렇지만 이 고뇌는 자기에 대한 의식으로서만 존재할 수 있을 뿐이다. 우리는 이 얼굴이 잠자는 사람이 무의식적으로 찡그린 얼굴도 아니고, 죽은 사람이 드러내고 있는 입의 삐죽거림도 아님을 잘 안다. 이 얼굴은 세계 속의 여러 가능과 하나의 상황을 가리킨다. 이 고뇌는 이 가능에 대한, 또 이런 상황에 대한 의식적인 관계이다. 하지만 이 관계는 존재의 청동 틀 속에 주입되어 고형화되어 있다. 이 고뇌는 바로 그 고뇌인 한에서 우리를 매혹한다. 이 고뇌는 우리 자신의 고유한 고뇌에 붙어 다니는 즉자적인 고뇌의 정도가 낮은 근사치로 존재한다. 그 반대로 내가 느끼는 고뇌는 결코 충분히 고뇌일 수 없다. 그것은 나의 고뇌는 자기를 근거짓는 행위에 의해 자기를 무화하기 때문이다. 나의 고뇌는 고뇌하는 것에 대한 의식을 향해 고뇌로서 자신을 벗어난다. 나는 나의 고뇌에 기습당하지 않는다. 왜냐하면 나의 고뇌는 정확하게 내가 그것을 느끼는 한에서만 존재하기 때문이다. 나의 고뇌의 반투명성은 나의 고뇌에서 모든 깊이를 제거한다. 나는 조각상의 고뇌를 관찰하는 것처럼 나의 고뇌를 관찰할 수는 없다. 왜냐하면 내가 그 고뇌를 만들고 또 그것을 알고 있기 때문이다. 만일 고뇌해야 한다면, 나는 나의 고뇌가 나를 사로잡고 폭풍우처럼 나를 넘어 범람하기를 바랄 것이다. 하지만 반대로 나는 나의 자유로운 자발성 속에서 고뇌를 존재에까지 끌어올려려 할 것이다. 나는 고뇌로 있고 싶고, 이와 동시에 고뇌를 당하고 싶다. 하지만 나를 나의 밖으로 데려갈 이 거대하고 불투명한 고뇌는 끊임없이 그 날개로 나를 가볍게 스치기만 할 뿐, 나는 붙잡지 못한다. 나는 나(moi)만을, 한탄하는 나만을, 신음하는 나만을, 내가 그것으로 있는 고뇌를 실현하기 위해 쉼 없이 고뇌하는 희극을 연기해야 하는 나만을 발견할 뿐이다. 나는 두 팔을 뒤틀고 소리친다. 이것은 목소리와 몸짓 같은 즉자적인 존재들이, 내가 그것으로 있을 수 없는 즉자적인 고뇌에 올라타 온 세상을 뛰어다니기 위함이다. 고뇌하는 사람의 탄식 하나하나, 표정 하나하나는 고뇌의 즉자적인 조각상을 만드는 것을 겨냥하고 있다. 하지만 이 조각상은 타인에 의해서만, 타인에 대해서만 존재할 수 있을 뿐이다. 나의 고뇌는 그것이 있지 않은 것으로 있는 것에 대해 고뇌하고, 또 그것이 있는 것으로 있지 않은 것에 대해 고뇌한다. 나의 고뇌는 자기와 합치하려고 할 때, 아무것도 아닌 것에 의해서, 다시 말해 나의 고뇌가 그 근거가 되는 무에 의해서, 나의 고뇌로부터 분리되고 자기로부터 빠져나간다. 나의 고뇌는 충분히 존재하지 않기 때문에 말을 많이 늘어놓지만, 그 이상(理想)은 침묵이다. 그 침묵은 조각상의 침묵이고, 머리를 숙이고 아무 말 없이 얼굴을 가리고 있는 짓눌린 인간의 침묵이다. 하지만 이 침묵하는 인간이 말하지 않는 것은 나에 대해서이다. 이 인간은 자기 안에서는 지치지 않고 지껄인다. 왜냐하면 내적 언어의 낱말들은 고뇌의 "자기(soi)"에 대한 소묘로 존재하기 때문이다. 이 인간이 고뇌로 인해 "짓눌리는" 것은 나의 눈에 대해서이다. 이 인간이 자신 속에서 스스로 원하지 않음으로써 원하고, 원함으로써 원하지 않는 이 고통, 또 하나의 끊임없는 부재에 붙어 다니는 이 고통에 대해 자기 안에서 책임이 있음을 느낀다. 여기에서 끊임없는 부재는 움직이지 않는 무언의 고뇌이다. 다시 말해 자기(le soi), 고뇌하는 대자가 도달할 수 없는 구체적인 총체, 고뇌하는 인간실재가 향하는 그것(le pour)[목표]의 부재이다. 우리가 알다시피 나의 고뇌를 찾아오는 이 자기로서의-고뇌는 결코 나의 고뇌에 의해 정립되지 않는다. 그리고 나의 현실적인 고뇌는 자기에게 도달하기 위한 하나의 노력이 아니다. 오히려 나의 현실적인 고뇌는 이 완전하고 부재하는 고뇌의 현전에서 충분히 고뇌로 있지 않는 것(에 대한) 의식으로서만 고뇌일 수 있을 뿐이다.

　이제 우리는 좀 더 분명하게 자기의 존재가 무엇인가를 규정할 수 있다. 그것은 가치이다. 사실 가치는 도덕론자들이 아주 불완전하게 설명한 무조건적으로 존재한다는 것과 존재하지 않는다는 이중의 성격을 갖는다. 사실 가치는 가치인 한에서 존재를 갖는다. 하지만 이 규범적 현실존재자는 실재로서는 정확하게 존재를 갖지 않는다. 가치의 존재는 가치로 있다. 다시 말해 존재로 있지 않은 것이다. 이렇듯 가치인 한에서 가치의 존재는 존재로 있지 않은 것이다. 따라서 가치는 파악할 수 없는 것처럼 보인다. 가치를 존재로서 파악할 경우, 그 비실재성을 전적으로 오해하고, 사회학자들처럼 가치를 여러 다른 사실 가운데 하나의 사실적 요구로 만들 위험이 있다. 이 경우 존재의 우연성은 가치를 죽인다. 하지만 반대로 만일 가치의 이상성에만 눈길을 돌린다면, 우리는 가치에서 존재를 빼앗게 되고, 이 가치는 존재를 지니지 못함으로써 붕괴하고 말 것이다. 물론 셸러가 드러내 보인 바와 같이 나는 구체적인 예에서 출발해 가치에 대한 직관에 도달할 수 있다. 예컨대 나는 하나의 고귀한 행위를 통해 고귀함을 파악할 수 있다. 하지만 이렇게 파악한 가치는 존재 속에서 이 가치에 의해 가치가 부여되는 행위와 똑같은 존재 단계에 있는 것으로서 — 예컨대 특정한 붉음에 대한 "붉음"의 본질 같은 것으로서 — 자기를 넘겨주지 않는다. 가치는 고려된 행위들 중 저편에 있는 하나의 행위로, 가령 고귀한 행위들의 무한한 과정의 한계로 주어진다. 가치는 존재 저편에 있다. 그렇지만 만일 우리가 말로만 만족할 수 없다면, 존재 저편에 있는 존재는 적어도 어떤 방식으로든 존재를 소유한다는 사실을 인정해야 한다. 이런 고찰을 통해 우리는 인간실재가 가치를 이 세계에 도래하게끔 한다는 사실을 충분히 인정해야 한다. 그런데 가치는 하나의 존재가 그것을 향해 자기의 존재를 뛰어넘기가 존재의 의미이다. 가치를 부여받은 모든 행위는 '……를 향한(vers)' 자기의 존재로부터의 이탈이다. 가치는 항상 어디에서든지 모든 뛰어넘기의 저편에 있으므로, 모든 존재의 뛰어넘기의 무조건적인 통일로 간주할 수 있다. 따라서 가치는 근원적으로 자기의 존재를 뛰어넘고, 그 뛰어넘기가 존재에게 오도록 하는 실재, 즉 인간실재와 쌍을 이룬다. 또한 가치는 모든 뛰어넘기의 무조건적인 저편이므로, 근원적으로 뛰어넘는 존재 그 자체의 저편이어야 한다. 왜냐하면 그것이야말로 가치가 모든 가능한 뛰어넘기에 대한 근원적인 저편일 수 있는 유일한 방식이기 때문이다. 사실 만일 모든 뛰어넘기가 뛰어넘어질 수 있어야 한다면, 뛰어넘는 존재는 그것이 뛰어넘기의 원천 자체로 있는 한에서, 선험적으로 뛰어넘어지지 않으면 안 된다. 이렇듯 그 기원에서 파악한 가치 또는 지고한 가치는 뛰어넘기의 너머이자 향하는 것(le pour)[목표]이다. 이런 가치는 나의 모든 뛰어넘기를 뛰어넘으면서 정초하는, 하지만 내가 그것을 향해 나를 뛰어넘을 수 없는 저편이다. 왜냐하면 정확하게 나의 뛰어넘기에 이 가치가 전제되어 있기 때문이다. 이 가치는 결여분이 아니라 모든 결여의 결여를 입은 것(le manqué)이다. 가치는 자기가 대자에 있어서의 그 향함(ce pour)으로서 대자의 핵심에 붙어 다니는 한에서의 자기이다. 의식이 모든 순간에 자기의 존재 자체에 의해 자신을 뛰어넘어 그쪽을 향해 나아가고자 하는 지고의 가치는 동일성, 순수성, 항구성 등의 성격을 지니고, 또 자기의 근거인 한에서의 자기의 절대적인 존재이다. 바로 이것이 우리에게 가치가 왜 존재할 수 있으면서 동시에 존재할 수 없는가를 생각할 수 있도록 해 준다. 가치는 모든 뛰어넘기의 의미이자 저편으로 존재한다. 가치는 대자존재에 붙어 다니는 부재하는 즉자로서 존재한다. 하지만 이 가치를 고려하자마자, 우리는 그것이 그 자체로 즉자존재의 뛰어넘기라는 것을 알게 된다. 왜냐하면 가치는 자기에게 즉자존재를 주기 때문이다. 가치는 그 자신의 고유한 존재 저편에 있다. 왜냐하면 가치의 존재는 자기와의 일치라는 유형에 속하므로, 이 가치는 곧장 이 존재를 뛰어넘기 때문이다. 가치는 그 항구성, 그 순수성, 그 견고함, 그 동일성, 그 침묵을 자기에의 현전이라는 자격으로 요구하면서도 이들 성격을 초월한다. 그리고 반대로 만일 우리가 가치를 자기에의 현전으로 고려하기 시작하면, 이 현전은 즉시 즉자로 고형화되고 응고된다. 그 외에도 가치는 그 존재에 있어 결여된 총체이고, 하나의 존재는 그것을 향해 자기를 존재하도록 한다. 가치는 한 존재에게 있어 이 존재가 완전한 우연성 속에서 그것이 있는 그대로의 것으로 있는 한에서가 아니라, 이 존재가 그 자신의 고유한 무화작용의 근거인 한에서 나타난다. 이런 의미에서 가치는 이 존재가 존재하는 한에서가 아니라 이 존재가 자기를 근거 짓는 한에서 존재에 붙어 다닌다. 가치는 자유에 붙어 다닌다. 이것은 가치가 대자와 맺는 관계는 아주 특수하다는 것을 의미한다. 가치는 이 존재가 자기 존재의 무의 근거로 있는 한에서, 그것으로 있어야 하는 존재이다. 그리고 이 존재가 그 가치의 존재로 있어야 한다면, 그것은 어떤 외적인 강제력하에서도 아니고, 또 가치가 아리스토텔레스의 제1동자(動者)[21]처럼 이 존재 위에 사실적인 견인력을 행사하기 때문도 아니고, 또 이 존재에 의해 수용된 어떤 성격 때문도 아니다. 이것은 오히려 이 존재가 자신의 존재에서 이런 가치의 존재로 있어야 하는 것으로 자신을 존재하도록 하기 때문이다. 한마디로 자기와 대자, 또 그 둘의 관계는, 하나의 무조건적인 자유의 한계 안에서 동시적으로 유지되고 — 만일 단번에 나 자신을 존재하도록 하는 이 자유가 아니라면, 아무것도 가치를 존재하게 하지 않는다는 의미에서 — 또 이와 동시에 대자가 자신의 무의 근거로 있으면서도 자신의 존재의 근거로는 있을 수 없는 한에서, 구체적인 사실성의 경계에서 유지된다. 따라서 가치를-위한-존재의 하나의 전적인 우연성 — 이것은 그다음에 모든 도덕 위로 되돌아와 그것을 동결시키고 상대화할 것이다 — 이 있고, 이와 동시에 하나의 자유롭고 절대적인 필연성이 있다.[22]

---

21 아리스토텔레스가 고안한 개념으로, 모든 운동의 궁극적인 원인으로서 그 자체는 움직이지 않거나 다른 존재를 움직이게 하는 '부동의 동자(unmoved mover, ho ou kinoúmenon kineî[움직이지 않은 채 움직이는 자]', 관조하는 자, 즉 본인만을 관조하는 자로 묘사하고 있으며, 또한 '순수형성'이라고도 불렀다. 오늘날의 '신' 개념에 해당한다.

22 사람들은 삼원성을 헤겔적 용어로 옮겨 즉자를 정립으로, 대자를 반정립으로, 즉자-대자 또는 가치를 종합으로 생각하고자 할 것이다. 하지만 여기에서 주목해야 할 점은, 비록 대자가 즉자를 결여하고 있지만, 즉자는 대자를 결여하고 있지 않다는 사실이다. 따라서 대립 속에는 상호성이 없다. 한마디로 대자는 즉자에 대해 비본질적이고 우연적이다. 그리고 우리가 앞에서 대자의 사실성이라 일컫은 것이 바로 이 비본질성이다. 이외에도 종합 또는 가치는 바로 정립으로의 귀환, 즉 자기에로의 귀환일 것이다. 하지만 이 종합 또는 가치는 실현 불가능한 총체이기 때문에, 대자는 뛰어넘을 수 있는 하나의 계기가 아니다. 이로써 대자의 본성은 이 대자를 키르케고르가 말한 "애매한" 실재에 훨씬 더 가깝게 한다. 이외에도 우리는 여기에서 일방적인 대립의 이중적인 작용을 발견한다. 어떤 의미에서 대자는 대자 [자신을] 결여하지 않는 즉자를 결여하고 있다. 하지만 다른 의미에서 대자는 자기의 가능(또는 결여분으로서의 대자)을 결여하고 있고, 이 가능은 또한 대자를 결여하고 있지 않다. —원주.

그 근원적인 나타남 속에서 가치는 결코 대자에 의해 정립되지 않는다. 자신의 가치에 붙어 다니지 않는 의식은 없고, 또 인간실재는 넓은 의미에서 대자와 가치를 싸안는 만큼, 가치는 대자와 공실재적(consubstantiel)이다. 가치가 대자에 의해 정립되지 않으면서도 대자에 붙어 다닌다면, 그것은 가치가 하나의 조정 대상이 아니기 때문이다. 실제로 대자가 그런 대상이 되기 위해서는 대자가 자기 자신에게 조정 대상이 되어야 한다. 왜냐하면 가치와 대자는 한 쌍이 공실재적인 통일 속에서만 나타날 수 있기 때문이다. 이렇듯 라이프니츠에게 있어 모나드(monade)가 "오로지 신과 직면해서만" 존재한다는 의미에서, 자기(에 대한) 비조정적 의식으로서의 대자는 가치에 직면해서 존재하지 않는다. 따라서 이 단계에서 가치는 결코 인식되지 않는다. 왜냐하면 인식은 의식을 마주한 대상을 정립하기 때문이다. 가치는 다만 존재에 대한 의식으로서 자기를 존재하도록 하는 대자의 비조정적 반투명성과 함께 주어질 뿐이다. 가치는 모든 곳에 있으면서도 어디에도 없고, "반영-반영하는 것"의 무화하는 관계의 핵심에, 현전하면서도 손이 닿지 않는 곳에 있으며, 단지 나의 존재를 현전케 하는 결여의 구체적인 의미로서만 체험된다. 가치가 하나의 명제의 대상이 되기 위해서는, 가치에 붙어 따라다니는 대자가 반성의 시선 앞에 나타나야 한다. 실제로 반성적 의식은 그 결여의 본성에서 반성된 체험을 정립하고, 이와 동시에 결여를 입은 것의 손이 미치지 않는 의미로서 가치를 추출한다. 이렇듯 엄밀하게 보면, 반성적 의식은 도덕적 양심[의식]이라고 말할 수 있다. 왜냐하면 그것은 반성적 의식이 가치를 동시에 드러내 보이지 않고서는 나타날 수 없기 때문이다. 나의 반성적 의식에서 내가 가치에 주의를 기울이든 또는 그것을 무시하든, 그것이 자유라는 것은 당연하다. 이것은 책상 위에서 나의 만년필이나 나의 담뱃갑 중 어느 것에 특별히 주시하는가는 나에게 달려 있는 것과 같다. 하지만 가치가 면밀한 주의의 대상이든 아니든, 가치는 존재한다.

하지만 반성적 시선이 가치를 나타나게 할 수 있는 유일한 것이라고 결론지어서는 안 될 것이다. 또한 우리는 유비에 의해 우리의 대자의 가치를 초월 세계 속에 투사한다고 결론지어서도 안 될 것이다. 만일 직관의 대상이 인간실재의 한 현상이기는 하지만 초월적이라면, 그 대상은 즉각 그 가치와 더불어 주어질 것이다. 왜냐하면 타자의 대자는 하나의 숨겨진 현상도 아니고, 유비에 의한 추리의 결론으로서만 주어지는 것도 아니기 때문이다. 타자의 대자는 근원적으로 나의 대자에 대해 자기를 나타내고, 곧 살펴보게 되듯이, 타자의 대자가 대타(pour-autrui)로서 현전하는 것은 대자가 그것으로서 구성될 때의 필요조건이다. 그리고 이 대타의 나타남에서 가치는 다른 존재 양식으로이긴 하지만 대자의 나타남에서와 마찬가지로 주어진다. 하지만 우리가 대타의 본성을 해명하지 않은 만큼, 세계 속에서 이루어지는 가치의 객관적인 만남을 다룰 수는 없을 것이다. 따라서 우리는 이 문제에 대한 검토를 이 책 제3부로 미루기로 한다.

IV. 대자와 가능들의 존재

지금까지 인간실재가 하나의 결여이고, 대자인 한에서 자기 자신과의 어떤 일치를 결여하고 있음을 살펴보았다. 구체적으로 각각의 개별적인 대자(체험)는 어떤 종류의 개별적이고 구체적인 실재를 결여하고 있으며, 이 실재와의 종합적인 동화를 통해 대자는 자기로 변할 것이다. 이 대자는 '……을 위해(pour)……을(de……)' 결여하고 있는데, 이것은 이지러진 달의 둥근 원반이 그것을 보충해 보름달로 변하게 하는 데 필요한 부분을 결여하고 있는 것과 마찬가지이다. 이렇듯 결여분은 [대자의] 초월 과정에서 나타나고, 결여를 입은 것에서 출발해 현실존재자를 향해 되돌아감으로써 자신을 규정한다. 이렇게 정의된 결여분은 현실존재자에 대해 초월적이고 상호보완적이다. 따라서 이 결여분은 [현실존재자와] 동일한 본성을 갖는다. 초승달에게 있어 달[보름달]이 되기 위해 결여되어 있는 것은 바로 달의 한쪽 끝이다. 2직각을 이루기 위해 둔각 ABC에 결여되어 있는 것은 BCD이다.[23] 따라서 자기와 통합하기 위해 대자에게 결여되어 있는 것은 바로 대자이다. 하지만 어떤 경우에도 하나의 낯선 대자, 즉 내가 그것으로 있지 않은 대자가 문제일 수는 없을 것이다. 사실, 나타난 이상은 자기의 일치이기 때문에, 결여분으로서의 대자는 내가 그것으로 있는 하나의 대자이다. 하지만 다른 한편으로, 만일 내가 동일성의 방식으로 대자라면, 그 총체는 즉자가 되고 말 것이다. 내가 결여분으로서의 대자인 것은, 자기의 통일 속에서 이 결여분과 일체가 되기 위해, 내가 그것으로 있지 않은 대자로 있어야 하는 양식에서이다. 이렇듯 대자의 근원적인 초월적 관계는, 대자가 스스로 그것으로 있고, 또 그것을 결여하고 있는 하나의 부재하는 대자와 일체가 되고자 하는 기투를 끊임없이 소묘하고 있다. 개개의 대자에게 있어 고유한 결여분으로 주어지는 것, 그리고 다른 대자에게가 아니라 정확히 이 대자의 결여분으로 엄밀하게 규정하는 것, 다른 여느 대자가 아니라 바로 이 대자에게 결여한 자로 엄밀하게 규정하는 것, 그것이 바로 대자의 가

---

23 ABCD를 모서리로 하는 평행사변형의 내각은 4직각이다. 넓은 둔각과 좁은 예각을 합치면 2직각이다. 사르트르는 둔각 ABC와 예각 CBD를 말하는데, CBD는 BCD라고 해야 맞다.

능(le possible)이다. 이 가능은 대자의 무화작용의 바탕으로부터 나타난다. 이 가능은 자기와 재결합하는 수단으로서 사후에(par après) 주제화되어 여겨지는 것이 아니다. 하지만 즉자의 무화와 존재의 감압으로서의 대자의 나타남은 가능을 이 존재 감압의 여러 양상 중 하나로, 다시 말해 자기와 거리를 두고서 그것이 있는 그대로의 방식으로 나타나게 한다. 이렇듯 대자는 가치가 자기에 붙어 다니지 않고서는, 또 그 자신의 고유한 가능성을 향해 기투되지 않고서는 나타날 수 없다. 그렇지만 대자가 우리에게 그 가능들을 가리키자마자, 코기토는 대자가 그것으로 있지 않은 양식으로, 그것으로 있는 것을 향해 우리를 축출한다.

하지만 인간실재가 어떻게 자신의 고유한 가능성이면서 동시에 그 가능성이 아닌가를 좀 더 자세히 이해하기 위해 우리는 이 가능 개념으로 되돌아와 해명할 필요가 있다.

가능의 경우도 가치의 경우와 사정이 다르지 않다. 우리는 가능의 존재를 이해하는 데 큰 어려움을 느낀다. 왜냐하면 가능은 존재의 순수한 가능성에 앞서는 것으로 주어지는데, 그럼에도 적어도 가능인 한에서 존재를 가져야 하기 때문이다. 우리는 "그가 온다는 것은 가능하다."라고 말하지 않는가? 라이프니츠 이래로 사람들은 "가능"이라는 단어로, 사건을 확실히 규정할 수 있는 하나의 엄존하는 인과적 계열에 결코 구속되지 않은 하나의 사건, 그 자신과도 또 고려된 체계와도 아무런 모순을 일으키지 않는 하나의 사건을 지칭한다. 이렇게 정의한 가능은 인식의 관점에서만 가능할 뿐이다. 왜냐하면 우리는 고려된 가능을 긍정할 수도 부정할 수도 없기 때문이다. 그로부터 가능 앞에서의 두 가지 태도가 기인한다. 스피노자처럼 가능이 우리의 무지에 비춰서만 존재할 뿐이라고 여기는 태도와 우리의 무지가 사라지면 가능도 사라진다고 여기는 태도가 그것이다. 이 경우 가능은 완전한 인식을 향한 도정에서 나타나는 하나의 주관적인 단계일 뿐이다. 이때 가능은 하나의 심적인 방식의 실재성만을 가질 뿐이다. 그리고 결함이 있거나 혼란스러운 사고인 한에서 가능은 하나의 구체적인 존재를 가지지만, 세계의 특질로서의 존재를 가지는 것은 아니다. 또한 라이프니츠의 방식으로 무한한 가능을 신적 오성의 사유 대상으로 삼을 수도 있다. 이것은 이 가능들에 대해 하나의 절대적인 실재성의 방식을 부여하는 것이다.[24] 이때 이 가능들 중 최상의 체계를 실현하는 능력은 신적인 의지에 보존된다. 이 경우 모나드에 대한 지각의 연쇄는 엄격하게 규정되고, 또 전지(全知)한 존재[신]가 자신의 실체의 명제 자체에서 출발해서 아담의 결정을 확실하게 확립할 수 있다고 해도, "아담이 사과를 따지 않는 것이 가능하다."라고 말하는 것은 부조리하지 않다. 이것은 단지 신적 오성에 대한 사유의 자격으로 공가능들(compossibles)의 또 다른 하나의 체계가 존재함을 의미할 뿐이다. 아담이 지혜의 나무의 열매를 따 먹지 않았던 자로 나타나는 체계 말이다. 하지만 이것이 스피노자의 사고방식과 그리 많이 다른가? 사실상 가능의 실재는 오직 신적 사고의 실재이다. 여기에서 가능은 결코 실현되지 않은 사고로서 존재를 가지고 있음을 의미한다. 물론 여기에서 주관성이라는 관념은 그 극한까지 추진된 것이다. 왜냐하면 나의 의식이 문제가 되는 것이 아니라 신적 의식이 문제가 되기 때문이다. 그리고 만일 우리가 처음부터 주관성과 유한성을 혼동했다면, 오성이 무한한 것이 될 때 주관성은 사라진다. 그렇다고 해도 가능이 사고일 뿐인 하나의 사고라는 것은 사실이다. 라이프니츠

24 이것이 바로 앞에서 언급한 두 개의 태도 가운데 두 번째이다.

자신은 가능들에 자율성과 일종의 고유한 무게를 부여하려 한 것으로 보인다. 왜냐하면 쿠튀라가 편집한 형이상학적 단편들[25]은 우리에게 가능들은 그 자체로 공가능들의 체계 내에서 조직되고, 또 그중에서도 가장 충실하고 가장 풍부한 가능은 스스로 자기를 실현하는 경향이 있음을 보여 주기 때문이다. 하지만 거기에는 하나의 학설의 초안이 있을 뿐이고, 라이프니츠는 그것을 발전시키지 않았다. —— 물론 그것은 학설로서 정립할 수 없었기 때문이다. 가능에 대해 존재를 향한 하나의 경향이 있음을 부여하는 것은 다음과 같은 두 가지 중 하나를 의미한다. 꽃봉오리에 꽃이 되고자 하는 하나의 경향을 부여할 수 있다는 의미에서, 가능은 이미 충만한 존재의 일부에 속하고, 존재와 동일한 유형의 존재를 지니고 있거나, 아니면 신적 오성 안에서 가능이 이미 하나의 관념-힘(une idée-force)이고, 또 체계로 조직된 관념-힘 중 가장 큰 것이 신적 의지를 자동으로 일으킨다는 것이 그것이다. 하지만 후자의 경우 우리는 주관적인 것에서 벗어나지 못한다. 따라서 만일 우리가 가능을 모순적이지 않은 것으로 정의한다면, 가능은 현실 세계에 앞선 또는 있는 그대로의 세계에 대한 순수한 인식에 앞선 어떤 존재에 대한 사고로서만 그 존재를 지닐 수 있을 뿐이다. 앞의 두 경우에 있어 가능은 그 가능의 본성을 상실하고, 또 표상의 주관적 존재 속에 흡수된다.

하지만 가능에 대한 이 표상된 존재(cet être-représenté)는 가능의 본성을 설명할 수 없을 것이다. 왜냐하면 이 표상된 존재는 도리어 이 가능의 본성을 파괴하기 때문이다. 우리는 우리의 일상 용법에서는 이 가능을 결코 우리의 무지의 한 양상으로 파악하지 않는다. 또

25 루이 쿠튀라(Louis Couturat, 1868~1914)는 프랑스의 논리학자·철학자로, 제대로 편집되지 않고 전해 오던 라이프니츠의 단편을 모아 편집해 1903년에 발간했다.

한 이 가능을 이 세계 주변에서 실현되지 않는 하나의 세계에 속하는 모순이 없는 하나의 구조로도 파악하지 않는다. 가능은 우리에게 존재의 한 특질로서 나타난다. 내가 "비가 오는 것이 가능하다."라고 말하는 것은, 하늘을 올려다본 후의 행위이다. 나는 여기에서 "가능하다."라는 말을 "현재 하늘의 상태와 모순이 없다."라는 것으로 이해하지 않는다. 이 가능성은 [날씨가 좋지 않을] 하나의 징조로서 하늘에 속한다. 이 가능성은 내가 지각하는 구름이 비를 향해 뛰어넘음을 나타내고 있다. 그리고 구름은 이 뛰어넘기를 자기 속에 지니고 있다. 이것은 이 뛰어넘기가 실현되리라는 것을 의미하는 것이 아니라, 그저 구름의 존재 구조가 비를 향한 초월임을 의미할 뿐이다. 여기에서 가능성은 어떤 특수한 존재에의 부속물로 주어지며, 이 가능성은 이 존재가 가진 하나의 능력(un pouvoir)이다. 이것은 우리가 친구를 기다리면서 "그가 오는 것은 가능하다."라거나 "그는 올 수 있다."라고 무심코 말하는 사실이 보여 주는 것이다. 이렇듯 가능은 하나의 주관적 실재로 환원할 수 없다. 가능은 실재적이거나 참된 것에 앞서지도 않는다. 하지만 가능은 이미 존재하는 현실의 하나의 구체적인 속성이다. 비가 가능하기 위해서는 하늘에 구름이 있어야 한다. 가능을 그 순수성에서 확립하기 위해 존재를 없애는 것은 부조리한 시도이다. 가능을 거쳐 비존재에서 존재로 나아가는, 자주 인용되는 과정은 현실에 상응하지 않는다. 분명 가능한 상태는 아직 존재하지 않는다. 하지만 가능한 상태는 어떤 존재자의 가능한 상태이고, 이 존재자는 자기의 존재에 의해 자기의 미래 상태의 가능성과 비존재를 지탱하고 있다.

이런 몇몇 지적이 우리를 아리스토텔레스의 "가능태(puissance)"로 이끌어 갈 위험이 있음이 확실하다. 가능에 대한 순수하게 논리적인 생각을 피하려다 마술적인 생각에 빠지는 것은 카리브디스를 피하려다 스킬라에 부딪치는 결과가 될 수도 있을 것이다.[26] 즉자존재는 "가능태로 존재"할 수도 없고 "가능태를 지닐" 수도 없다. 즉자존재는 그 자체로 그 동일성의 절대적 충만성 속에서 있는 그대로의 것으로 있다. 구름은 "가능태로 있는 비"가 아니다. 구름은 그 자체로 일정량의 수증기로, 이 수증기는 주어진 온도와 압력과 관련해 엄밀하게 있는 그대로의 것으로 있다. 즉자는 현실태로 있다. 하지만 어떻게 과학적인 시각이 세계를 비인간화하고자 하는 시도에서, 가능태로서의 가능들에 부딪치고 또 그 가능들을 우리의 논리적 계산과 우리의 무지에 따른 단순한 주관적 결과로 만들면서 그 가능들에서 벗어났는가를 충분하고도 명확하게 알 수 있다. 가능은 인간실재에 의해 세계에 도래한다고 주장하는 과학적인 첫걸음은 옳다. 이 구름은 내가 그것을 비를 향해 뛰어넘는 경우에만 변할 수 있을 뿐이다. 이와 마찬가지로 달의 이지러진 원반은 내가 그 달을 보름달을 향해 뛰어넘는 경우에만 초승달이라는 결여로 변할 수 있을 뿐이다. 하지만 그 뒤에 가능을 우리의 심적 주관성에 주어진 하나의 단순한 소여로 만들 필요가 있는가? 자기 자신의 고유한 결여로 있는 하나의 존재에 의해 결여가 세계에 주어지는 경우에만 이 세계에 결여가 있을 수 있을 뿐인 것과 마찬가지로, 자기 자신에게 자기 자신의 고유한 가능성으로 있는 하나의 존재에 의해 오는 경우에만 세계에 가능성이 있을 수 있을 뿐이다. 하지만 정확하게 말해 가능성은 본질상 가능성에 대한 순수한

---

26 그리스 신화에서 카리브디스(Charybdis)는 메시나(Messina) 해협에 있는 전설적인 소용돌이이고, 스킬라(Scylla)는 맞은편 해안에 출몰하던 바다 괴물이다. 이 해협을 지나가던 배가 소용돌이를 피하려고 반대편 바위에 가까이 가면, 머리가 여섯 달린 여자 괴물의 먹이가 된다는 이야기로, 하나의 재난을 피하려다 더 무서운 재난을 당한다는 의미로 사용된다.

사유와 일치할 수는 없다. 만일 가능성이 실제로 먼저 존재들 또는 하나의 특수한 존재의 객관적인 구조로 주어지지 않는다면, 사고를 어떤 방식으로 생각할지라도 이 사고는 그 사고 내용으로서 가능을 자기 속에 가둘 수는 없을 것이다. 사실 만일 우리가 가능들을 신적 오성 안에서 신적 사고의 내용으로 여긴다면, 거기에서 이 가능들은 순수하고 단순한 구체적인 표상들이 될 것이다. 순수한 가정에 의해 신이 부정하는 능력, 즉 자기의 표상들에 대해 부정적 판단을 내릴 수 있는 능력을 ── 이런 부정하는 능력이 전적으로 긍정적인 하나의 존재에게 어디에서부터 오는지를 이해할 수 없지만 ── 갖추었다고 용인해 보자. 그렇다 할지라도 우리는 신이 그 표상들을 어떻게 가능들로 바꿀 수 있는지를 알 수 없을 것이다. 기껏해야 부정은 그 표상들을 "현실적인 대응을 갖지 않는" 것으로 구성하는 결과를 낳을 것이다. 하지만 [반인반마의 괴물] 켄타우로스가 존재하지 않는다고 말하는 것은, 이 켄타우로스가 가능하다고 말하는 것이 결코 아니다. 긍정도 부정도 하나의 표상에 가능성이라는 성격을 부여할 수는 없다. 그리고 설사 이 가능성이라는 성격이 부정과 긍정의 하나의 종합에 의해 주어질 수 있다고 주장하는 사람이 있을지라도, 하나의 종합이 하나의 총계가 아니며, 또 이런 종합이 종합되어 있는 여러 요소에서 출발하여 설명하는 것이 아니라, 하나의 고유한 의미를 지닌 유기체적 총체의 자격으로 설명되어야 한다는 것은 여전히 지적되어야 한다. 이와 마찬가지로 우리가 가진 관념 중 하나와 실재의 관계에 대한 우리의 무지에서 기인하는 순전히 주관적이고 부정적인 확인도, 이런 표상이 갖는 가능성이라는 성격을 설명할 수 없을 것이다. 그런 확인은 단지 우리를 표상에 대해 무관심한 상태에 놓이도록 할 수는 있겠지만, 그 표상에 가능의 근본적인 구조인 실재에 대한 권리를 부여할 수는 없을 것이다. 만일 어떤 경향들이 나로 하여금 이것 또는 저 것을 우선적으로 기대하도록 한다고 덧붙이는 사람이 있다면, 우리 는 이 경향들이 초월을 설명하기는커녕 그 반대로 전제한다고 말할 것이다. 우리가 이미 살펴보았듯, 그런 경향들은 이미 결여로서 존재 해야 한다. 이외에도, 만일 가능이 어떤 방식으로든 주어져 있지 않다 면, 그런 경향들은 우리로 하여금 나의 표상이 실재에 충분히 대응하 기를 바라게끔 유도할 수는 있지만, 실재에 대한 권리를 나에게 부여 하도록 유도할 수는 없을 것이다. 한마디로 가능을 가능으로 파악하 는 것은 하나의 근원적인 뛰어넘기를 전제한다. 그것이 있는 그대로 의 것으로 있는 하나의 주관성, 즉 자기 속에 틀어박혀 있는 주관성 에서 출발해 가능을 확립하고자 하는 모든 노력은 원리상 실패하도 록 정해져 있다.

하지만 만일 가능이 존재에 대한 하나의 선택이라는 것이 사실이 라면, 또 만일 자기 자신의 고유한 가능성으로 있는 하나의 존재에 의 해서만 가능이 세계에 도래할 수 있을 뿐이라는 것이 사실이라면, 인 간실재가 자기의 존재에 대한 선택이라는 형식으로 자신의 존재로 존 재해야 한다는 필연성이 함축되어 있다. 가능성이 있게 되는 것은 바 로 내가 순전히 그리고 단순하게 그대로의 것으로 있기는커녕, 내가 있는 그대로의 것으로 있어야 할 권리(Droit)로 존재할 때이다. 하지 만 이 권리 자체는 내가 그것으로 있을 권리가 있음에서 나를 분리시 킨다. 소유권은 누가 나의 소유에 대해 이의를 제기할 때, 즉 사실상 어느 측면에서 나의 소유가 더 이상 나에게 속하지 않을 때 나타날 뿐이다. 내가 소유하는 것을 평온하게 누리는 권리는 하나의 순수하 고 간단한 사실이지, 권리가 아니다. 이렇듯 가능이 있기 위해 인간실 재는, 그것이 자기 자신인 한에서, 자기 자신과는 다른 무엇이어야 한다. 가능은, 대자가 대자인 한에서, 본성상 자기에서 빠져나가는 대자의 요소이다. 가능은 대자 안에서의 즉자에 대한 무화작용의 새로운 한 양상이다.

사실상 가능이 오직 그 자신의 고유한 가능성으로 있는 하나의 존재에 의해서만 세계에 도래할 수 있을 뿐이라면, 본성상 있는 그대로의 것으로 있는 즉자가 가능들을 "가질" 수 없기 때문이다. 즉자와 하나의 가능성과의 관계는 외부로부터만, 즉 가능성들 자체와 마주함으로써 자기를 유지하는 하나의 존재에 의해서만 확립될 수 있을 뿐이다. 당구대 융단의 주름에 의해 당구공이 멈출 가능성은 구르는 당구공에도 속하지 않고 융단에도 속하지 않는다. 그 가능성은 당구공과 융단이 형성하는 체계의 조직 속에서 그 가능을 이해하고 있는 하나의 존재에 의해서만 나타날 수 있을 뿐이다. 하지만 이 이해는 외부에서부터, 즉 즉자로부터 그 존재에게 도래할 수도 없고, 의식의 주관적인 방식인 하나의 사고에 지나지 않는 것으로 한정할 수도 없다. 그만큼 이 이해는 가능들을 포함하고 있는 존재의 객관적인 구조와 일치해야 한다. 가능성을 가능성으로 이해하는 것 또는 자기 자신의 고유한 가능성인 것은 자기의 존재에서 자기의 존재가 문제가 되는 존재에게 유일하면서도 동일한 하나의 필연성이다. 하지만 정확히 자기 자신의 고유한 가능성으로 있는 것, 다시 말해 이 가능성에 의해 스스로 정의하는 것은, 자기가 그것으로 있지 않은 자기 자신의 이 부분에 의해 자기를 규정하는 것이고, ……을 향해 자기에게서-벗어남(échappement-à-soi)으로 자기를 규정하는 것이다. 한마디로 내가 나의 직접적인 존재를 그저 그것이 있지 않은 것으로 있고, 그것이 있는 그대로의 것으로 있지 않은 한에서 설명하고자 하는 바로 그 순간부터, 나는 손이 닿지 않는 곳에 있고 또 어떤 방식으로도 내재적인 하나의 주관적 표상과 혼동할 수 없는 하나의 의미를 향해 나의 그 직접적인 존재 바깥으로 내던져진다. 데카르트가 코기토에 의해 자기를 회의로 파악하지만, 만일 그가 이 의심을 순전히 순간적인 시선의 파악에 그친다면, 그는 이 의심을 방법적 회의 또는 간단하게 회의로 규정하고자 희망할 수 없다. 회의는, 하나의 명증이 이 회의를 "해소"한다는 회의에 대해 항상 열려 있다는 가능성에서 출발해서만 이해할 수 있을 뿐이다. 회의를 회의로 파악할 수 있으려면, 이 회의가 아직 실현되지 않았지만 항상 열려 있는 에포케의 가능성을 가리키지 않으면 안 된다. 적절히 말해 그 어떤 의식의 사실도 이 의식이 아니다. 후설처럼 이 의식에 일부러 내부 구조적인 미래지향(protensions)을 부여해 보아도 그렇다. 이 미래지향은 그 존재에 있어 스스로 그 하나의 구조인 의식을 뛰어넘을 수 있는 어떤 수단도 가지고 있지 않음으로써, 가련하게도 자기 자신 위에 주저앉을 뿐이며, 격자창에 코를 부딪치면서 그 창을 넘어가지 못하는 파리와 닮았다. 우리가 하나의 의식을 회의, 지각, 목마름 등으로 규정하려 하자마자, 의식은 우리에게 아직 있지 않은 것의 무를 가리킨다. 읽는 것(에 대한) 의식은 이 글자를 읽는 것(에 대한) 의식이 아니고, 이 낱말, 이 구절, 심지어 이 단락을 읽는 것(에 대한) 의식조차 아니며, 이 책을 읽는 것(에 대한) 의식이다. 읽는 것(에 대한) 의식은 나에게 아직 읽지 않은 쪽 전체, 이미 읽은 쪽 전체를 가리킨다. 읽는 것(에 대한) 의식은 정의상 의식을 자기로부터 떼어 놓는다. 자기가 있는 그대로의 것에 대한 의식은 철자를 하나하나씩 읽도록 강요할 것이다.

구체적으로 각각의 대자는 자기와의 어떤 종류의 일치의 결여이다. 이것은 이 대자가 자기이기 위해 그것과 일치해야 하는 것의 현전이 이 대자에 붙어 다님을 의미한다. 하지만 이 자기에서의 일치 역시 자기와의 일치이기 때문에, 대자가 자기가 될 때 동화해야 할 존재로서 이 대자에게 결여되어 있는 것은 여전히 대자이다. 우리는 대자가 "자기에의 현전"임을 살펴보았다. 자기에의 현전에 결여되어 있는 것은 이 자기에의 현전에 대해 역시 자기에의 현전으로서만 결함이될 뿐이다. 대자와 그 가능의 결정적인 관계는 자기에의 현전의 연결을 무화작용을 통해 완화하는 것이다. 이 완화는 초월에까지 나아간다. 왜냐하면 대자가 결여하고 있는 자기에의 현전은 존재하지 않는 자기에의 현전이기 때문이다. 이렇듯 그것이 자기로 있지 않은 대자는 자기에의 어떤 종류의 자기에의 현전을 결여하고 있는 하나의 자기에의 현전이다. 그리고 대자가 자기에의 현전인 것은 바로 이런 현전을 결여하고 있는 한에서이다. 모든 의식은 ……을 위한 ……을 결여하고 있다. 하지만 초승달에서 결여가 달[보름달]에게 도래하는 것과 같이, 이 결여가 외부에서 대자에게 도래하지 않음을 잘 이해해야 한다. 대자의 결여는 대자가 그것으로 있는 결여이다. 대자의 존재를 자기 자신의 고유한 무의 근거로 구성하는 것은 대자에게 결여된 것으로서 하나의 자기에의 현전에 대한 소묘이다. 가능은 의식이 스스로 자기를 만드는 한에서 의식을 구성하는 하나의 부재이다. 예컨대 목마름은 그것이 자신을 목마름으로 만드는 한에서는 결코 충분한 목마름이 아니다. 목마름에는 자기의 현전 또는 목마름-자기의 현전이 붙어 다닌다. 하지만 목마름에 구체적인 가치가 붙어 다니는 한에서, 목마름은 자신을 채워진 목마름(soif comblée)으로 실현할 수 있는, 또 이 목마름에 즉자존재를 부여할 어떤 종류의 대자를 결여하고 있는 것으로, 자신의 존재에서 자기를 문제 삼는다. 결여를 겪는 이 대자가 바로 가능(le Possible)이다. 실제로 어떤 목마름이 목마름인 한에서 자기의 소멸을 향한다는 것은 정확하지 않다. 소멸인 한에서 자신의 제거를 겨냥하는 의식은 결코 없다. 그렇지만 우리가 앞에서 지적했듯이, 목마름은 하나의 결여이다. 그것인 한에서 목마름은 채워지기를 원한다. 하지만 대자-욕망 또는 목마름과 반성-대자 또는 마시는 행위의 일치적 행위에서 종합적인 동화에 의해 실현될 채워진 목마름은, 목마름을 제거함으로써 겨냥하는 것이 아니다. 오히려 그 반대이다. 이 채워진 목마름은 존재 충만으로 이행된 목마름이고, 아리스토텔레스적인 형상이 질료를 붙들어 그것을 변형하는 것처럼, 포만을 붙들어 그것을 자기에게 합체하는 목마름이다. 이 채워진 목마름은 영원한 목마름이 된다. 자신의 목마름을 해결하기 위해 물을 마시는 사람의 관점은, 자신의 성적 욕망을 해결하기 위해 유곽으로 향하는 사람의 관점과 마찬가지로, 훨씬 뒤에 오는 반성적 관점이다. 비반성적이고 소박한 상태의 목마름과 성적 욕망은 그 자체를 즐기고자 만족이라는 자기와의 일치를 추구한다. 거기에서 목마름은 마시는 행위에 의해 목마름이 해소되는 바로 그 순간, 자기를 목마름으로 인식한다. 이 경우 이 목마름은 만족 속에서, 또 만족에 의해 자기를 목마름이게 하면서도 만족이라는 사실 자체로 인해 자기의 결여로서의 성격을 상실한다. 이렇게 해서 에피쿠로스는 옳으면서도 동시에 틀리기도 하다. 사실상 욕망은 그 자체로 텅 빈 것이다. 하지만 그 어떤 비반성적 기투도 이 텅 빈 것을 그저 단순히 제거하고자 겨냥하지 않는다. 욕망은 스스로 자신을 영속하고자 하고, 인간은 자기의 욕망에 완강하게 집착한다. 욕망이 그것으로 있기를 원하는 것은 채워진 텅 빔이다. 하지만 이 채워진 텅 빔은 마치 주형이 그 안에 부은 청동에 형태를 만들어 주는 것과 마찬가지로 욕망의 만족에 그 형태를 만들어 준다. 목마름의 의식의 가능은 물을 마시는 것에 대한 의식이다. 게다가 사람들은 자기와의 일치가 불가능함을 안다. 왜냐하면 가능의 현실화에 의해 [이 일치에] 도달한 대자는 자기를 대자로서, 다시 말해 가능의 또 다른 하나의 지평을 가진 것으로서 존재하도록 할 것이기 때문이다. 그로부터 포만에는 지속적인 실망이 수반된다. 그 유명한 "그것뿐인가?"라는 말은, 만족이 주는 구체적인 쾌락을 가리키는 것이 아니라 자기와의 일치의 소멸을 가리킨다. 이를 통해 우리는 시간성(temporalité)의 기원을 엿보게 된다. 왜냐하면 목마름은 자신의 가능임과 동시에 자신의 가능이 아니기 때문이다. 인간실재를 그 자신과 분리하는 무는 시간의 원천에 있다. 우리는 이 문제로 되돌아올 것이다. 어쨌든 여기에서 지적해야 할 점은, 결여를 겪는 대자 또는 가능적인 대자가 세계의 어떤 상태에의 현전으로서의 대자인 한에서, 대자는 자신에게 결여되어 있고, 또 그 자신의 고유한 가능인 자기에의 현전으로부터, 어떤 의미에서는 아무것도 아닌 것에 의해, 또 다른 하나의 의미에서는 세계 속에 존재하는 총체에 의해 분리되어 있다는 사실이다. 이런 의미에서 대자가 자기와의 일치를 기투할 때 뛰어넘어야 할 존재는 세계이거나, 또는 인간이 자신의 가능과 결합해야 할 때 뛰어넘어야 할 것은 바로 무한한 존재의 거리이다. 우리는 대자와 대자가 그것으로 있는 가능과의 관계를 "자기성(自己性)의 회로 (circuit de l'ipséité)"라고 칭할 것이며, 아울러 자기성의 회로에 의해 횡단되는 한에서의 존재의 총체를 "세계(monde)"라고 할 것이다.

이제부터 우리는 가능의 존재 양식을 밝힐 수 있다. 가능은 대자가 자기로 있기 위해서 결여하고 있는 바로 그 부분이다. 따라서 가능이 가능으로 있는 한에서, 가능이 존재한다고 말하는 것은 적합하지 않다. 적어도 존재라는 말로, 그것이 존재하지 않는 한에서 존재하는 어떤 존재자의 존재를 의미하는 것이 아니라면, 달리 말해 내가 있는 것으로부터 거리를 두고 나타나는 것을 의미하는 것이 아니라면 말이다. 비록 부정되는 순수한 표상이라 할지라도, 가능은 순수한 표상으로 존재하는 것이 아니고, 오히려 결여의 자격으로 존재 저편에 있는 하나의 실재적인 존재의 결여로서 존재한다. 가능은 하나의 결여라는 존재를 갖는다. 그리고 결여로서 가능은 존재를 결여하고 있다. 가능은 존재하지 않는다. 가능은 정확히 대자가 자신을 존재하게끔 하는 한에서 자기를 가능하게 한다. 가능은 도식적 소묘에 의해 대자가 자기 자신의 저편에서 그것으로 있는 무의 장소를 결정한다. 당연하지만 가능은 우선 주제적으로 정립되지 않는다. 가능은 세계 저편에서 자기를 소묘한다. 그리고 대자는 세계로부터 자기성의 회로 속에 나의 현재적 지각이 파악되는 한에서 나의 현재적 지각에 자신의 의미를 부여한다. 하지만 가능은 알려지지 않은 것도, 무의식적인 것도 아니다. 가능은 비조정적 의식인 한에서 자기(에 대한) 비조정적 의식의 한계를 소묘한다. 목마름(에 대한) 비반성적 의식은, 욕망의 목적으로서의 자기를 구심점으로 정립함 없이, 마셨으면 하는 한 컵의 물로부터 파악된다. 하지만 가능한 포만은 세계-한복판의-컵의 지평에 자기(에 대한) 비정립적 의식의 비정립적 상관자로서 나타난다.

V. 자아와 자기성의 회로

우리는 『철학 연구(Recherches philosophiques)』에 발표한 논문[27]에서 자아(Ego)가 대자 영역에 속하지 않는다는 사실을 보여 주고자 했다. 우리는 그 문제를 다시 다루지는 않을 것이다. 여기에서는 다만 자

27   1936년 사르트르는 이 학술지에 「자아의 초월성(La Transcendance de l'Ego)」을 실었다.

아의 초월성에 대한 근거만을 지적하기로 하자. "체험들(Erlebnisse)"을 통합하는 극으로서 자아는 즉자이지, 대자가 아니다. 만일 자아가 "의식에 속한" 것이라면, 자아는 사실 직접태의 반투명성에 있어, 자기 자신에게 있어 그 자신의 고유한 근거가 될 것이다. 하지만 그리되면, 자아는 그것이 있지 않은 것으로 있고, 그것이 있는 그대로의 것으로 있지 않게 될 것이다. 이것은 결코 나(Je)의 존재 양식이 아니다. 사실 내가 나에 대해 갖는 의식은 나를 결코 고갈시키지 못한다. 그리고 나를 존재에게로 오게 하는 것도 의식이 아니다. 나는 의식에 앞서서 항상 거기에 있었던 것으로, 또 이와 동시에 조금씩 자기를 드러내 보여야 하는 깊이를 가진 것으로 주어진다. 이렇듯 자아는 하나의 초월적 즉자로서, [달리 말하면] 의식에 속한 것이 아니라 인간 세계의 한 존재로서 의식에 드러난다. 하지만 그로부터 대자가 하나의 순수하고 단순한 "비인격적인(impersonnelle)" 관조라고 결론지어서는 안 될 것이다. 간단히 말해, 자아는 하나의 의식을 인격화하는 극이고, 자아가 없으면 의식은 비인격적인 단계에 머문다고 할 수 없다. 그러기는커녕 그 반대로, 어떤 조건에서 자기성이 초월적 현상으로서 자아의 나타남을 허용하는 것은 바로 자신의 근본적인 자기성 속에서의 의식이다. 지금까지 살펴보았듯이, 실제로 즉자에 대해서는 그것이 자기라고 말하는 것조차 불가능하다. 즉자는 단순히 존재할 뿐이다. 그리고 이런 의미에서, 흔히 사람들이 의식의 거주자로 잘못 생각하고 있는 나에 대해서도 나(Je)는 의식의 나(Moi)라고 말하지, 나 자신의 고유한 자기(soi)라고 말하지 않을 것이다. 이렇게 해서 대자의 반성된-존재를 하나의 즉자로 실체화했기 때문에, 사람들은 자기에 대한 반성의 움직임을 응고시키고 파괴한다. 그렇게 되면 의식은 자신의 자기로서의 자아에 대한 단순한 가리킴이 될 테지만, 자아는 더 이상 아무것도 가리키지 않게 된다. 사람들은 반성의 관계를 하나의 단순한 구심적 관계로 변형하고, 게다가 그 중심을 불투명한 핵으로 여기게 되었다. [하지만] 이와는 반대로 우리는 자기가 원리상 의식에 거주할 수 없다는 사실을 보여 주었다. 말하자면 자기는 그것에 의해 반영이 반영하는 것을 가리키고, 또 반영하는 것은 반영을 가리키는 무한 운동의 근거이다. 즉 정의상 자기는 하나의 이상이고, 하나의 한계이다. 그리고 [이렇게] 자기를 한계로서 나타나도록 만드는 것은, 존재의 전형으로서의 존재의 통일 속에서 존재가 존재에게 현전할 때의 무화하는 실재이다. 이렇게 해서 의식은 나타나자마자 반성을 통한 단순한 무화하는 움직임에 의해 자신을 인격적으로 만든다. 왜냐하면 하나의 존재에 인격적 존재를 부여하는 것은 하나의 자아 — 이것은 인격의 기호일 뿐이다 — 의 소유가 아니고, 자기에의 현전으로서 대자적으로 존재한다는 사실이기 때문이다. 하지만 이외에도 이 최초의 반성적 움직임은 제2의 반성 운동 또는 자기성을 유도한다. 자기성 속에서 나의 가능은 나의 의식 위에 자기를 반영하고, 나의 의식을 있는 그대로의 것으로 규정한다. 자기성은 전 반성적 코기토의 자기에의 순수한 현전보다 심화된 무화작용의 한 단계를 나타낸다. 이 의미에서 내가 그것으로 있는 가능은 반영과 반영하는 것과 같은 대자에의 현전이 아니라 부재하는-현전이다. 하지만 이 사실로 인해 대자의 존재 구조로서의 지향의 존재가 한층 더 명료하게 제시된다. 대자는 손이 닿지 않는 곳, 대자 자신의 가능성들로부터 멀리 떨어져 있는 곳, 저기에 있는 자기이다. 그리고 자기성 또는 인격의 제2의 본질적 측면을 구성하는 것은, 우리가 결여라는 형태 아래 있는 그대로의 것으로, 저편에 있어야 하는 자유로운 필연성이다. 그런데 사실 자기와의 자유로운 관계가 아니라면 인격을 어떻게 정의하겠는가? 세계, 즉 존재의 총체가 자기성의 회로 내부에서 존재하는 한에서 이 존재의 총체에 대해서 말하면, 그 세계는 인간실재가 자기를 향해 뛰어넘는 것, 또는 하이데거의 정의를 빌리면 "인간실재가 거기에서 출발해 자신이 무엇인가를 자기에게 알려 주는 것"[28]일 수밖에 없을 것이다. 사실 나의 가능으로 있는 가능은 가능한 대자이고, 그것으로서 즉자에 대한 의식으로서의 즉자에의 현전이다. 내가 세계의 면전에서 찾는 것은, 내가 그것으로 있는 대자와 세계에 대한 의식인 하나의 대자와의 일치이다. 하지만 현재적 의식에 비조정적으로 현전하면서-부재하는 가능은, 그것이 반성되는 것이 아니라면, 하나의 정립적 의식의 대상으로 현전하는 것이 아니다. 나의 현재의 목마름에 붙어 다니는 채워진 목마름은 채워진 목마름으로서의 자기(에 대한) 의식이 아니다. 채워진 목마름은 마셔지고 있는 물컵에 대한 조정적 의식이고, 자기(에 대한) 비정립적 의식이다. 따라서 채워진 목마름은 자신이 그것에 대한 의식으로 있는 물컵을 향해 자기를 초월케 한다. 그리고 비조정적이고 가능한 의식의 상관자로의 마셔 버린-물컵은 채워진 물컵에 그의 가능으로서 붙어 다니며, 그것을 마셔야 할 물컵으로 구성한다. 이렇듯 세계는, 그것이 무의 즉자적인 상관자로 있는 한, 다시 말해 세계가 필연적인 장애물임에도 내가 이 장애물 저편에서 나 자신을 "그것으로 있어야 한다."라는 형태로 내가 그것으로 있는 것으로서 재발견하는 한, 본성상 나의 것이다. 세계가 없다면 자기성도 없고 인격도 없다. 그리고 자기성도 없고 인격도 없다면 세계도 없다. 하지만 이처럼 세계가 인격에 속하는 것은 전 반성적 코기토 차원에서 결코 정립되지 않는다. 세계는 그것이 인식되는 한, 나의 것

---

28 우리는 이 정의 —— 우리가 임시로 채택한 —— 가 불충분하게, 또 잘못 제공하고 있는 것이 무엇인가에 대해 이 책 제2부 제3장에서 살펴볼 것이다. — 원주.

으로 인식된다고 말하는 것은 부조리하다. 그렇지만 세계의 이 "아성 (我性, moïté)"은 일시적이면서도 항상 현전하는 하나의 구조이고, 나는 이 구조를 살아간다(je vis). 세계는 나의 것이다. 왜냐하면 내가 있는 그대로의 자기(에 대한) 가능한 의식은 가능들에 대한 의식이며, 이 가능들이 세계에 붙어 다니고 있기 때문이다. 그리고 이 세계에 세계로서의 통일성과 세계로서의 의미를 부여하는 것은 가능인 한에서 가능들이다.

우리는 부정적인 행위들과 자기기만에 대한 검토를 통해 먼저 코기토에 대한 존재론적인 연구를 수행할 수 있었고, 또 코기토의 존재가 대자존재로 우리에게 나타난다는 점을 알 수 있었다. 이 코기토의 존재는 우리의 눈앞에서 가치와 가능을 향해 자기를 초월했다. 우리는 이 코기토의 존재를 데카르트적 코기토의 순간성의 실체론적인 경계 속에 가둬 둘 수 없었다. 하지만 바로 그 때문에 우리는 우리가 방금 얻은 결과에 만족할 수 없을 것이다. 코기토가 순간성을 거부하고, 또 자기의 가능들을 향해 자기를 초월하는 것은 시간적 뛰어넘기 속에서만 가능할 뿐이다. 대자가 "있지 않음"의 양식으로 그 자신의 고유한 가능으로 있는 것은 "시간 속에서"이다. 그리고 나의 가능들이 이 세계의 지평선 위에 나타나 세계를 나의 것으로 만드는 것은 시간 속에서이다. 따라서 만일 인간실재가 스스로 자기를 시간적 존재로 파악한다면, 또 만일 인간실재의 초월이 갖는 의미가 그의 시간성이라면, 우리가 시간적인 것(le Temporel)이 갖는 의미를 설명하고 고정하기 전에는 대자의 존재를 해명하기를 기대할 수 없을 것이다. 시간적인 것이 갖는 의미를 설명하고 고정한 뒤라야 비로소 우리는 우리를 사로잡고 있는 문제, 즉 의식과 존재의 근원적인 관계의 문제에 대한 탐구를 시작할 수 있을 것이다.

제2장 시간성

I. 시간적인 삼차원의 현상학

　시간성은 분명 하나의 체계적인 구조를 이룬다. 우리는 과거, 현재, 미래라고 하는, 이른바 시간의 세 "요소"를, 그 총계를 구해야 하는 "자료들"의 수집으로 — 예컨대 어떤 "지금"은 존재하지 않고, 다른 "지금"은 더 이상 존재하지 않는다는 식의 무한 계열로 — 고찰해서는 안 되며, 하나의 근원적인 종합의 구조화된 계기들로 고찰해야 한다. 그렇지 않으면, 우리는 우선 다음과 같은 역설과 마주하게 될 것이다. 즉 과거는 더 이상 존재하지 않고, 미래는 아직 존재하지 않고, 순간적인 현재에 관해서는, 누구나 알고 있듯이, 전혀 존재하지 않으며, 마치 점이 차원을 갖지 않는 것처럼, 순간적인 현재는 무한한 분할의 극단이라는 역설 말이다. 이렇듯 전체 계열은 소멸하고, 그것도 이중으로 소멸한다. 왜냐하면 예컨대 미래의 "지금"은 미래인 한에서 하나의 무이고, 또 현재의 "지금" 상태로 넘어갈 때는 자기를 무로서 실현할 것이기 때문이다. 시간성을 연구할 수 있는 유일한 방법은 시간성의 2차적 구조들을 지배하고, 이 구조들에 의미를 부여하는 하나의 총체로서 시간성을 다루는 것이다. 이것을 우리는 결코 시야에서 놓쳐서는 안 된다. 그럼에도 우리는 시간(Temps)의 세 차원이 갖는 너무나도 자주 애매한 의미를 선존재론적으로 그리고 현상학적으로 서술하지 않고서는 시간의 존재에 대한 검토 작업에 착수할 수 없다. 다만 현상학적 서술이 일시적인 작업이고, 그 목적이 우리로 하여금 시간성 전반에 대한 직관에의 도달에 있다는 사실을 염두에 두어야 할 필요가 있다. 그리고 특히 시간성을 구성하는 각 차원의 "비독립성"을 항상 생각하면서 그 각각의 차원이 시간적인 총체의 배경 위에 나타나도록 해야 할 것이다.

A) 과거

기억에 대한 모든 이론에는 과거의 존재에 대한 하나의 가정이 내포되어 있다. 지금까지 전혀 해명한 적이 없는 이 가정으로 인해 상기(想起, souvenir)의 문제와 시간성 일반의 문제가 애매한 채 남아 있게 되었다. 따라서 이번에야말로 다음과 같은 문제를 제기해야 한다. 지나간 존재의 존재란 어떤 것인가? 상식은 똑같이 막연한 두 사고방식 사이에서 동요하고 있다. 사람들은 과거란 더 이상 존재하지 않는다고 말한다. 이 관점에서 보면, 사람들은 오로지 현재에만 존재를 부여하는 것처럼 보인다. 이 존재론적 가정으로부터 그 유명한 뇌흔적설[29]이 유래했다. 과거는 더 이상 존재하지 않기 때문에, 과거는 무로 돌아갔기 때문에, 상기가 계속 존재하려면, 우리의 존재가 현재

---

29 플라톤의 『테아이테토스(Theaetetos)』 이래 역사가 오래되었으며, 데카르트도 또한 그렇게 생각했다. 역행성 기억상실이론으로 유명한 프랑스의 심리학자 테오뒬 리보(Théodule Ribot, 1839~1916)도 이 설을 그대로 채용했다.

적 변양으로 존재하지 않으면 안 된다. 예컨대 일군의 뇌세포 위에 현재 새겨진 흔적 같은 것이다. 이렇듯 모든 것은 현재적이다. 신체, 현재적 지각, 신체 속에 현전하는 흔적으로서의 과거가 그렇다. 모든 것은 현실태로 존재한다. 왜냐하면 흔적은 그것이 상기인 한에서 잠재적인 존재를 갖지 않고, 전적으로 현재의 흔적이기 때문이다. 만일 상기가 재생된다면, 그것은 현재 속에서이고, 일련의 현재적 과정에 이어서이다. 다시 말해 상기는 고찰된 뇌세포군에서 원형질적 평형의 파탄으로서 생겨난다. 순간적이고 시간 외적인 심리-생리학적 평행론은, 어떻게 이런 생리적 과정이 엄밀하게 심적이지만 또한 현전하는 하나의 현상, 즉 의식 속에서의 상기-이미지(l'image-souvenir)의 나타남과 상관적일 수 있는지를 설명하기 위해 생겨났다. 최근 엔그람(engramme)[30]이라는 개념은 의사과학적인 용어로 구성된 이론을 장식하는 것이 아니라면 아무런 성과도 내지 못하고 있다. 하지만 만일 모든 것이 현재적이라면, 상기의 수동성을 어떻게 설명할 것인가? 다시 말해 자기를 회상하는 하나의 의식이, 자신의 지향에서, 사건을 그것이 있었던 곳에서 겨냥하기 위해 현재를 초월한다는 사실을 어떻게 설명할 것인가? 우리가 다른 곳에서[31] 보여 주었듯이, 만

---

30 독일의 동물학자이자 진화생물학자인 리하르트 제몬(Richard W. Semon, 1859~1918)이 처음으로 제시한 개념이다. 그 후 미국의 행태주의 심리학자인 칼 래슐리(Karl Lashley, 1890~1958)와 도널드 헵(Donald O. Hebb, 1904~1985)에 의해 좀 더 세밀하게 다듬어졌다. 이 개념은 기억을 신경생리학적으로 설명하기 위한 것으로, 외부에서 뇌에 자극이 주어지면, 그 자극의 빈도와 강도에 따라 뉴런 사이의 시냅스에서 향후 더 쉽게 반응이 일어난다는 것을 통해 기억을 설명한다. 그러니까 외부의 자극이 뇌의 일정한 장소에 있는 시냅스가 작용하는 방식을 바꾸는 방식으로 특정한 흔적을 남긴다는 것이다. 제몬은 기억의 엔그람이 대뇌피질에서 일어난다고 주장했고, 래슐리도 소뇌에서도 엔그람의 현상이 일어난다고 했는데, 오늘날에는 해마를 중심으로 엔그람 현상이 일어나는 것으로 정식화되었다. 여기에서 사르트르는 뇌과학에 따른 생리심리학적인 설명을 일종의 사이비과학으로 취급하고 있다. 하지만 오늘날 뇌과학의 성과를 충분히 고려하는 인지과학이 발달함으로써 후설의 현상학적인 입장을 최대한 반영하고자 하는 학문적인 경향이 나타나고 있다.

일 먼저 이미지를 하나의 재생하는 지각으로 만들어 버린다면, 지각과 이미지를 구별할 수 있는 아무 수단이 존재하지 않는다. 여기에서 우리는 동일한 불가능성에 마주하게 된다. 여기에 더해 우리는 상기와 이미지를 구별할 수단을 잃게 된다. 즉 상기의 "퇴색성(faiblesse)", 상기의 흐릿함, 상기의 불완전함, 지각의 소여들과 더불어 상기가 제공하는 모순 등을 가지고서도 우리는 상기를 허구-이미지(l'image-fiction)와 구별할 수 없을 것이다. 왜냐하면 허구-이미지 역시 상기의 똑같은 성격을 보여 주기 때문이다. 게다가 이들 성격은 상기의 현재적인 성질이므로 우리로 하여금 현재에서 빠져나와 과거로 향하게 할 수는 없을 것이다. 클라파레드[32]처럼 상기가 자아 또는 "아성(我性)"에 속한다고 환기하거나, 제임스[33]처럼 "친밀성"을 환기해 보았자 헛일일 것이다. 이 성격들은 단지 상기를 감싸는 하나의 현재적 분위기를 나타내거나 ── 이때 이 성격들은 현재적으로 머물고 현재를 지시한다 ── 또는 이 성격들은 이미 과거인 한에서 과거와 맺는 하나의 관계이거나 ── 하지만 이때 이 성격들은 설명을 전제한다 ── 이다. 사람들은 재인(再認, reconnaissance)을 위치부여(localisation)[34]라는 하나의 밑그림으로 환원하고, 또 그것을 "기억의 사회적 틀(cadres sociaux de la mémoire)"[35]의 존재에 의해 용이하게 된 지적 조작의 전

31 *L'Imagination*, Alcan, 1936.── 원주.

32 에두아르 클라파레드(Édouard Claparède, 1873~1940)는 스위스의 신경학자·아동심리학자·교육자로, 단기 기억을 상실할지라도 고통스러운 사건이 남긴 트라우마가 어떻게 유지될 수 있는가를 실험했다.

33 윌리엄 제임스(William James, 1842~1910)는 미국의 심리학자로, 『심리학의 원리(*The Principles of Psychology*)』(1890) 등의 저작을 남겼다.

34 '위치부여'는 특히 시간적인 위치부여, 즉 연월일시에 대한 위치부여로, 개인적인 역사의 경우도 있지만, 사회적·일반적 역사의 일부와 자주 연결된다. 예컨대 '지진이 일어난 때'라든가 '전쟁이 끝난 때' 등과 관련하여 기억에 위치가 부여되는 경우가 그것이다.

체로 환원함으로써 이 문제를 쉽게 해결했다고 생각했다. 이런 조작들은 의심의 여지 없이 존재하는 것으로 심리학적 연구의 대상이 되어야 한다. 하지만 만일 과거와의 관계가 어떤 방식으로든 주어지지 않는다면, 이런 조작들은 이 관계를 창안해 내지 못할 것이다. 한마디로, 만일 인간을 그의 현재라는 순간적인 섬에 갇혀 버린 섬사람으로 만들어 버리는 것으로 시작한다면, 또 만일 그의 모든 존재 양식이 나타나자마자 본질상 끊임없는 현재에 매여 있도록 운명 지워져 있다면, 그의 과거에 대한 근원적인 관계를 이해할 수 있는 모든 수단을 근본적으로 상실하게 된다. "발생론자들(génétistes)"이 연장되지 않은 요소로 연장을 구성하는 데 이르지 못하는 것 못지않게, 우리도 현재로부터 배타적으로 빌려 온 요소를 가지고 "과거" 차원을 구성하는 데 이르지 못할 것이다.

게다가 통속적인 의식은 과거에 실재적인 존재를 부여하는 데 어려움을 겪으며, 그 결과 이 첫 번째 명제와 동시에 똑같이 불명확한 또 하나의 사고방식을 허용한다. 그런데 이 사고방식에 의하면 과거는 일종의 명예적 존재를 가지게 된다. 어느 한 사건이 과거에 있다는 것은 아주 간단하게 뒤로 물러나게 되는 것이고, 존재는 상실하지 않으면서도 효력을 잃게 된다. 베르그송의 철학은 다음과 같은 관념을 다시 취하고 있다. 즉 하나의 사건은 과거로 향하면서 존재하는 데에 그치지 않고, 단지 작용하기를 그칠 뿐이다. 하지만 그 사건은 "그것의 자리에", 그것의 날짜에 영원히 머문다는 관념이 그것이다. 이렇게 해서 우리는 과거에 존재를 회복시켜 주었다. 이것은 아주 잘한 일이다. 우리

---

35 '기억의 사회적 틀'은 모리스 알박스가 1925년에 출간한 같은 제목의 저서에서 제시한 개념으로, 상기(souvenir)는 그 주체가 일찍부터 속해 있던 사회적 집단 틀에서 출발하여 이루어진다는 의미를 내포한다. 이를테면 가족, 친구, 직장, 학교 등이 그 틀이다.

는 심지어 지속이 다양한 상호 침투이고, 또 과거가 현재와 함께 계속적으로 짜인다고 확언하기까지 한다. 하지만 그렇다고 해서 우리가 이런 짜임새와 상호 침투의 근거를 확보한 것은 아니다. 우리는 과거가 "재생"할 수 있고, 우리에게 붙어 다닐 수 있다는 것, 요컨대 우리를 위해 존재할 수 있음을 설명하지 못했다. 만일 베르그송이 원한 바와 같이, 과거가 무의식적이라면, 또 만일 무의식적인 것이 작용하지 않는 것이라면, 어떻게 과거가 우리의 현재적 의식의 씨줄 속에 편입할 수 있겠는가? 과거는 하나의 고유한 힘을 가질 것인가? 그렇다 할지라도, 그 힘은 현재에 대해 작용하기 때문에 현재적인가? 그것으로서의 과거로부터 그 힘이 어떻게 발산되는가? 후설처럼 이 문제를 거꾸로 뒤집어 현재의 의식 속에서 지나간 의식들을 붙들어 그 날짜를 유지하게 함으로써 그 소멸을 막는 "과거지향(rétentions)"의 작용을 드러내 보일 것인가? 하지만 만일 후설적인 코기토가 먼저 순간적인 것으로 주어진다면, 거기에서 빠져나올 수 있는 그 어떤 방법도 없다. 우리가 앞 장에서 본 것처럼, 미래지향(protensions)은 현재라는 유리창을 깨뜨릴 수 없음에도 헛되어 부딪치기만 한다. 과거지향도 마찬가지이다. 후설에게는 그의 오랜 철학적 탐구 경력 내내 초월성과 뛰어넘기라는 관념이 늘 붙어 다녔다. 하지만 그가 이용한 철학적 도구들, 특히 현재에 대한 그의 관념론적 사고방식은 그에게서 초월성을 설명할 수 있는 수단을 앗아가 버렸다. 그가 내세운 지향성은 이 초월성의 희화일 뿐이다. 후설이 말하는 의식은 실제로 세계를 향해서도, 미래를 향해서도, 과거를 향해서도 자신을 초월할 수 없다.[36]

이렇듯 우리는 과거의 존재를 허용했지만, 아무것도 얻지 못했다.

---

36 과거에 대한 의식도 의식인 한에서 현재적인 의식이다. 의식은 현재적 대상을 지향하면서도 항상 '과거지향(rétentions)'이거나 '미래지향(protensions)'이거나 둘 중의 하나이다.

왜냐하면 이 허용을 나타내는 용어에 따르면, 과거는 우리에게 존재하지 않는 것으로 존재하기 때문이다. 만일 과거와 우리의 현재 사이에 걸친 다리를 끊어 버리는 것으로 시작한다면, 베르그송과 후설이 원한 방식으로 과거가 존재하든, 데카르트가 원한 방식으로 과거가 더 이상 존재하지 않든, 그것은 전혀 중요하지 않다.

만일 우리가 실제로 현재에 "세계에의 현전"으로서의 하나의 특권을 부여하면, 우리는 과거의 문제를 검토하기 위해 세계 내적 존재의 전망 속에 자리 잡게 된다. 우리는 우리가 먼저 이 의자 또는 이 책상과 동시적으로 존재한다고 생각한다. 우리는 세계를 통해 시간적인 것이 갖는 의의를 우리 자신에게 지적하게 한다. 그런데 만일 우리가 세계 한복판에 자리 잡으면, 우리는 더 이상 존재하지 않는 것과 존재하지 않는 것을 구분할 수 있는 모든 가능성을 상실한다. 그렇지만 사람들은 이렇게 말할 것이다. 즉 더 이상 존재하지 않는 것은 적어도 있었던 것인 데 반해, 존재하지 않는 것은 존재와 그 어떤 종류의 연결도 갖지 않는다고 말이다. 이것은 사실이다. 하지만 우리가 살펴본 것처럼, 세계 내적 순간의 존재 법칙은 "존재는 존재한다."와 같은 단순한 말로 표현할 수 있다. 이 말은 긍정성으로 충만한 하나의 덩어리를 지시하는데, 거기에서는 존재하지 않는 것은, 어떤 것이든, 어떤 방식으로든, 설령 하나의 흔적에 의해서도, 하나의 빈틈에 의해서도, 하나의 회고에 의해서도, "히스테레시스(hystérésis)"[37]에 의해서도 표상될 수 없다. 존재하는 존재는 존재하는 데 온 힘을 쏟는다. 이런 존재

---

37 'hystérèse'라고도 표기하는 이 단어는 '후에', '나중에' 등의 의미를 가진 그리스어 ὕστερος (hústeros)'의 번역어로, 우리말로는 '이력 현상(履歷現象)'이다. 물질이 거쳐 온 과거가 현재 상태에 영향을 주는 현상을 가리킨다. 즉 어떤 물리량이 그때의 물리 조건만으로 결정되지 않고, 이전에 그 물질이 거쳐 온 과정에 의존하는 특성을 말한다.

는 존재하지 않는 것이나, 더 이상 존재하지 않는 것과 아무런 상관이 없다. 철저한 부정이든, 아니면 "더 이상 …… 않는"의 형태로 완화된 부정이든, 어떤 부정도 이 절대적인 밀도 속에서 자리를 발견할 수 없다. 그렇다면 과거는 다리가 끊어졌다는 방식을 통해 존재할 수 있다. 심지어 존재는 자기의 과거를 "망각한" 것도 아니다. 망각한다는 것도 연결의 한 방식이다. 과거가 하나의 꿈처럼 존재로부터 미끄러져 나간 것이다.

데카르트와 베르그송의 사고방식이 무승부로 판정된다면, 그것은 두 사람 모두 동일한 비난을 받기 때문이다. 과거를 소멸시키는 것이 문제이든, 아니면 과거에 수호신과 같은 존재를 보존하는 것이 문제이든, 두 사람 모두 과거를 현재로부터 고립시켜 과거의 운명을 따로 떼 내어(à part) 고찰했다. 그리고 그들이 의식에 대한 사고방식이 어떻든 간에, 그들은 의식에 즉자존재를 부여했고, 의식을 있는 그대로의 것으로 존재하는 것으로 여겼다. 이어서 그들이 과거를 다시 현재에 연결하는 데 실패한 것도 전혀 이상하지 않다. 왜냐하면 그렇게 생각된 현재는 온 힘을 다해 과거를 거부할 것이기 때문이다. 만일 그들이 시간적 현상을 그 총체에서 고찰했더라면, 그들은 "나의" 과거는 우선 니의 것임을 간파했을 것이다. 다시 말해 그들은 "나의" 과거가 내가 그것으로 있는 어떤 존재의 함수로 존재함을 간파했을 것이다. 과거는 아무것도 아닌 것이 아니다. 과거는 또한 현재가 아니다. 하지만 과거는 어떤 현재와 어떤 미래에 연결된 것으로서 현재의 원천 자체에 속한다. 클라파레드가 말한 "아성"은 회상을 파괴하러 오는 주관적인 뉘앙스가 아니다. 그것은 과거를 현재에 통일시키는 하나의 존재론적 관계이다. 나의 과거는 그 "과거성(passéité)"의 고립 속에서 나타나는 것이 결코 아니다. 나의 과거가 그것으로서 존재할 수 있다고 여기는 것 자체가 부조리하다. 나의 과거는 근본적으로 이 현재로 부터 지나간 것이다. 그리고 우선 해명해야 할 것이 바로 이것이다.

나는 폴이 1920년에 에콜 폴리테크니크(Ecole polytechnique) 학 생이었다(était)고 쓴다. 누가 "이었다"는 것인가? 분명히 폴이다. 하지 만 어떤 폴인가? 1920년의 청년인가? 1920년에 생각된 폴에게 적합 한 동사 '이다(être)'의 유일한 시제는, 우리가 그에게 에콜 폴리테크니 크 학생이라는 자격을 부여하는 한, 현재형이다. 그가 ……이었던 한 에서, 그에 대해 "그는 ……이다"라고 말했어야 한다. 만일 에콜 폴리 테크니크 학생이었던 사람이 과거로 되어 버린 어떤 폴이라면, 현재 와의 모든 관계는 끊어진다. 이 자격을 갖춘 인간, 즉 주어는 1920년 의 속사를 지닌 채 저편에 머물러 있다. 만일 우리가 회고가 가능한 상태로 머물기를 원한다면, 과거와의 현재에서 접촉을 유지하러 오는 하나의 재인의 종합을 가정 속에서 인정해야 할 것이다. 만일 그 종합 이 하나의 근원적 존재 양상이 아니라면, 그런 종합을 생각하는 것은 불가능하다. 이와 유사한 하나의 가정이 없다면, 우리는 과거를 그 어 찌할 수 없는 고립 속에 포기해야 할 것이다. 게다가 이 인격의 분열은 무엇을 의미하는가? 물론 프루스트는 자아들(des Moi)의 연속적인 복수성을 인정한다. 하지만 만일 이런 사고방식을 글자 그대로 받아 들인다면, 이런 사고방식은 관념연합론자들이 그 시대에 부딪쳤지만 극복할 수 없었던 어려움 속으로 우리를 빠뜨릴 것이다. 아마도 사람 들은 변화 속에서의 항구성이라는 가정을 들고나올 것이다. 에콜 폴 리테크니크 학생이었던 사람은 1920년에 존재했고, 지금도 존재하는 그 동일한 폴이다. 이 사람에 대해 사람들은 옛날에는 "그는 에콜 폴 리테크니크 학생이다."라고 말했지만, 현재에는 "그는 에콜 폴리테크 니크 졸업생이다."라고 말하는 것이다. 하지만 이처럼 항상성에 의지한다고 해도 우리는 문제에서 벗어날 수 없다. 만일 시간적인 계열을 구성하고 또 이 계열 속에서 항상적인 성격을 구성하기 위해 "지금들"의 흐름을 거꾸로 거슬러 올라가며 파악할 수 있는 방도가 전혀 없다면, 항상성은 각개의 개별적인 "지금"의 순간적이고 두께가 없는 어떤 내용 이외의 아무것도 아니다. 하나의 항상성이 있기 위해서는 하나의 과거가 있어야 하고, 따라서 이 과거였던 무엇인가 또는 누군가가 있어야 한다. 항상성이 시간을 구성하는 데 도움을 줄 수 있기는커녕, 항상성은 시간을 전제함으로써 시간에서 영속성이 드러나고 또 항상성과 더불어 변화가 드러난다. 따라서 우리는 앞에서 엿보았던 것으로 다시 돌아간다. 만일 과거의 형태하에서 현실존재적 잔류가 근원적으로 나의 현행적인 현재로부터 나타나지 않는다면, 만일 어제의 나의 과거가 오늘의 나의 현재 뒤에 있는 하나의 초월성으로 존재하지 않는다면, 우리는 과거를 현재에 연결하고자 하는 모든 희망을 잃어버릴 것이다. 따라서 만일 내가 폴에 대해 그가 에콜 폴리테크니크 학생이었다(il fut)라고 또는 에콜 폴리테크니크 학생으로 있었다(il était)라고 말한다면,[38] 내가 그렇게 말하는 것은 현재 존재하는 폴에 대해서이고, 또 내가 그가 40대이다라고 말하는 폴에 대해서이다. 에콜 폴리테크니크 학생이었던 자는 그 청년이 아니다. 그 청년에 대해서는, 그가 있었던 한에서, 그가 있다(est)고 말해야 했다. 에콜 폴리테크니크 학생이었던 자는 40대이다. 사실을 말하면, 서른 살의 이 남자 역시 에콜 폴리테크니크 학생이었다. 하지만 그 서른 살의 남자가 이번에는 그 서른 살의 남자였던 40대 남자가 없다면 도대체 그는 무엇일까? 그리고 40대 남자 자신이 에콜 폴리테크니크 학생"이었던" 것은 그의 가장 가까운 현재에서이다. 결국, 그것으로 있었던 적이 있다(l'avoir-été)라는 방식으로 40대이고, 서른 살의 남자이며, 청년인 사명을 가진 것은 "체험"의 존재 그 자체이다. 이 "체험"에 대해, 오늘날의 사람들은 그런 체험이 있다고 말한다. 사람들은 이 40대 남자에 대해 각자 자기 나름의 시간에 있다고 말한다. 오늘날의, 이 40대 남자도, 그 청년도 과거의 일부를 이루고 있다. 그리고 과거 그 자체는 현재 폴의 과거 또는 이 "체험"의 과거라는 뜻에서 [지금] 있다. 이렇듯 완료형이 가지는 개별적인 시제들은 다양한 존재 양식을 지니고 있기는 하지만,[39] 모두 실제로 현실적으로 있는 존재들[40대의 남자, 그 청년]을 가리킨다. 하지만 이 존재들 중 한편은 다른 편으로 있고, 동시에 다른 편으로 있었다. 과거는 무엇인가의 또는 누군가의 과거로 특징된다. 사람들은 하나의 과거를 가지고 있다. 이 도구, 이 사회, 이 사람은 각각 자신의 과거를 가지고 있다. 먼저 하나의 보편적인 과거가 있고, 그다음에 구체적인 과거로 개별화되는 것이 아니다. 이와 반대로, 우리가 우선 발견하는 것은 과거들(des passés)이다. 그리고 진정한 문제 ── 우리가 다음 장에서 다루게 될 ── 는 이런 개별적인 과거

38 프랑스어의 동사 용법은 아주 복잡하다. 그중에서도 반과거(l'imparfait), 복합과거(la passé composé), 단순과거(le passé simple)의 차이는 분명하지만, 특히 우리말로 옮길 때는 애매한 부분이 없지 않다. 반과거는 '완료되지 않은 행위나 상태'를 가리킨다. 따라서 반과거는 과거에서의 현재라는 의미로 이해되기도 한다. 이로 인해 반과거는 '…… 하고 있었다/…… 이었다' 등으로 번역하는 경우가 많다. 복합과거와 단순과거는 '완료된 행위나 상태'를 가리킨다. 다만 복합과거와 단순과거의 차이는, 전자는 과거에 완료된 행위나 상태의 결과가 현재에 영향을 미치는 경우에, 후자는 그렇지 않은 경우이다. 본문에서 'était'와 'fut'는 각각 프랑스어 동사 'être'의 반과거와 단순과거 형태이다. 전자는 폴이 과거에 몇 년 동안 학생 신분으로 '있었다'는 의미를, 후자는 그가 과거에 몇 년 동안 학생 신분이었고', 지금은 이로 인해 아무런 영향을 받고 있지 않다는 의미를 강조하면서 옮겼다. 이 동사의 복합과거 형태는 'avoir été'이며, 이것은 폴이 과거에 몇 년 동안 학생 신분으로 '있었고', 현재까지 그 영향이 지속되고 있음을 의미한다.
39 '완료형이 가지는 개별적인 시제들은 다양한 존재 양식을 지니고 있기는 하지만'에서, '개별적인 시제들'은 엄밀하게 말해, 복합과거와 단순과거를 가리킨다고 할 수 있다. 그리고 프랑스어에서 복합과거는 다음과 같은 두 가지 방식으로 이루어진다. 'avoir'와 '동사의 과거분사'의 결합과 'être'와 '동사의 과거분사'의 결합이 그것이다. 전자는 주로 직접목적보어(영어의 직접목적어에 해당)를 갖는 동사에, 후자는 자동사와 왕래, 출발 등의 의미를 갖는 동사 등에 사용된다.

들이 어떤 과정을 거쳐 하나로 결합해 이른바 과거(le passé)를 만들어 내는지를 파악하는 것이다.

아마도 누군가는 우리가 "있었던(était)" 주체가 현재에도 여전히 존재하는 예를 선택함으로써 논의를 유리한 쪽으로 몰고 갔다고 이의를 제기할 수도 있을 것이다. 그 누군가는 우리에게 다른 예를 제시할 것이다. 예컨대 나는 죽은 피에르에 대해 "그는 음악을 좋아했었다."라고 말할 수 있다. 이 경우 주어도 속사도 모두 과거이다. 그리고 현실적인 피에르가 있고, 그로부터 출발해서 과거-존재가 나타나는 것은 아니다. 우리는 동의한다. 우리는 심지어 피에르에게서 음악에 대한 취미가 전혀 과거로 있었던 적이 없었음을 인정하자는 데도 동의한다. 피에르는 자신의 취미였던 이 취미와 언제나 동시적이었다. 그런데 그의 살아 있는 인격이 취미보다 뒤에 살아남은 것도 아니고, 이 취미가 그의 살아 있는 인격보다 뒤에 살아남은 것도 아니다. 그 결과, 여기에서 지나가 버린 것은 음악을-좋아하는-피에르이다. 그리고 나는 조금 전 내가 제기한 물음을 내놓을 수 있다. 이 과거-피에르는 누구의 과거인가? 그것은 존재에 대한 단순한 긍정인 하나의 보편적인 현재에 대해 존재할 수는 없을 것이다. 따라서 그것은 나의 현실성의 과거이다. 그리고 피에르는 사실상 나에게-있어서 존재했었고, 나는 그에게-있어서 존재했었다. 다시 살펴보겠지만, 피에르의 존재는 나의 뼛속까지 이르러 있었던 것이다. 그의 존재는 "세계-내에서의, 나에게-있어서의 그리고 타자에게-있어서의" 하나의 현재의 일부를 이루고 있었고, 이 현재는 피에르가 살아 있을 때의 나의 현재, 곧 내가 그것으로 있었던 하나의 현재이다. 이렇듯 사라진 구체적인 대상들이 과거인 것은, 이 대상들이 살아 있는 한 사람의 구체적인 과거의 일부를 이루는 한에서이다. 말로[40]는 말한다. "죽음(la Mort) 속에 있는 무서운 것이, 바로 죽음은 삶을 운명(Destin)으로 바꾼다는 것이다." 이 말은 죽음이 대자-대타(le pour-soi-pour-autrui)를 단순한 대타의 상태로 환원하는 것으로 이해해야 한다. 오늘의 나는 죽은 피에르의 존재에 대해 나의 자유 속에서 유일하게 책임지는 자이다. 그리고 한 사람의 살아남은 자의 구체적인 과거의 영역으로 옮아지지 않았고, 그 영역에서 구원받지 못한 죽은 자들은 과거로 있는 것이 아니다. 오히려 그들과 그들의 과거는 소멸되어 버렸다.

따라서 과거들을 "지닌" 존재들이 있다. 조금 전에 우리는 하나의 도구, 하나의 사회, 한 명의 사람을 무차별하게 끌어들여 말했다. 우리가 옳았던가? 근원적으로 유한한 모든 존재자에게 하나의 과거를 할당할 수 있는가, 아니면 그중에서 단지 어떤 범주에 속한 것에만 하나의 과거를 할당할 수 있는가? 만일 우리가 하나의 과거를 "가진다"라는 아주 특수한 관념을 좀 더 면밀하게 검토한다면, 우리는 이 문제를 훨씬 더 수월하게 결정할 수 있을 것이다. 우리는 한 대의 자동차나 한 필의 경주용 말을 "소유하는" 것처럼 하나의 과거를 "소유할" 수는 없다. 다시 말해 과거는 내가 나의 만년필에 대해 외적으로 머무는 것처럼, 과거는 그 과거에 대해 엄밀하게 외적으로 머무는 하나의 현재적 존재에 의해 소유될 수 없을 것이다. 한마디로 소유가 보통 소유자와 소유물의 외적 관계를 표현한다는 의미이지만, 이 의미에서라면 소유라는 표현은 불충분하다. 외적 관계는 실재적 소통을 하지 않는 두 개의 사실상의 소여로서의 과거와 현재 사이의 넘어설 수 없는 하나의 심연을 감추고 있다. 베르그송의 생각처럼 심지어 과거와 현재의 절대적인 상호 침투도 이 어려운 점을 해결할 수는 없다. 왜냐하면 현재와

---

40 앙드레 말로(André Malraux, 1901~1976)는 프랑스의 소설가·정치가로, 드골 정부에서 문화부 장관을 지냈다. 작품에 『인간의 조건(La Condition humaine)』, 『정복자들(Les Conquèrants)』 등이 있다.

과거의 짜임새인 이 상호 침투는 결국 과거 그 자체에서부터 오고, 또 이 상호 침투는 그저 하나의 거주 관계(un rapport d'habitation)에 불과하기 때문이다. 그리되면 과거는 현재 속에 있는 것으로 생각될 수도 있지만, 우리는 이 내재성을 돌이 시냇물 속에 있는 것과 같은 내재성과는 완전히 다르게 제시할 수 있는 수단을 이미 박탈당한 것이다. 과거는 정말로 현재에 붙어 다닐 수 있지만, 과거는 현재로 있을 수 없다. 자신의 과거로 있는 것은 현재이다. 따라서 만일 과거에서 출발해 과거와 현재와의 관계를 연구한다면, 우리는 상호간의 내적 관계를 결코 확립할 수 없을 것이다. 따라서 어떤 즉자의 현재는 그것이 있는 그대로의 것으로 있으며, 이 즉자는 과거를 "소유할" 수 없을 것이다. 슈발리에[41]가 자신의 주장을 뒷받침하기 위해 인용한 예들, 특히 히스테레시스의 사실로도 물질의 과거가 그 현재 상태에 미치는 작용을 확립하는 것은 가능하지 않다. 사실 그 예 중 어떤 것도 기계적 결정론의 통상적인 수단을 통해 설명할 수 없다. 슈발리에는 우리에게 다음과 같은 예를 제시하고 있다. 두 개의 못이 있는데, 하나는 방금 만들어진 것이어서 한번도 사용한 적이 없다. 다른 하나는 한번 구부러진 것을 다시 망치로 두드려서 편 것이다. 두 개의 못은 겉으로는 똑같아 보인다. 하지만 첫 번째 못은 처음으로 망치질을 하면 판자에 똑바로 박히지만, 두 번째 못은 다시 구부러질 것이다. 이것이 과거의 작용이다. 우리의 생각으로는 이 사례에서 과거의 작용을 보기 위해서는 다소 자기기만 상태에 있어야 한다. 밀도 그 자체인 존재에 대해 이 이해할 수 없는 설명을, 가능하고 유일한 설명으로 대체하는 것이 더 쉽다.

---

41 자크 슈발리에(Jacques Chevalier, 1882~1962)는 프랑스의 가톨릭 철학자이자 정치가이다. 플라톤을 연구했으며, 비시 정권에서 교육부 장관을 지냈다. 앙리 베르그송(Henri Bergson, 1859~1941)의 철학적 제자이다.

두 개의 못의 외관은 비슷하지만, 현재 그 분자 구조는 현저하게 다르다. 또 현재의 분자 상태는 매 순간 그에 앞선 분자 상태의 엄밀한 결과이다. 이것은 과학자에게는 어느 한순간에서 다른 순간으로 넘어가는 "이행"과 과거의 항상성이 있음을 결코 의미하는 것이 아니라, 오직 물리적 시간의 두 순간의 내용 사이에는 불가역적 연결이 있음을 의미할 뿐이다. 과거의 항상성에 대한 증거로서 한 조각의 연철에서 볼 수 있는 자기의 잔류를 제시한다고 해서 훨씬 진지한 증거를 제시하는 것은 아니다. 사실 거기에서는 원인 뒤에 남아 있는 하나의 현상이 문제가 되지, 과거 상태에 대한 원인인 한에서의 원인의 존속이 문제가 되는 것은 아니다. 물을 뚫고 들어간 돌이 연못 바닥에 닿은 뒤에도 오랫동안 동심원의 파문이 여전히 연못 표면에 펼쳐진다. 이 현상을 설명하기 위해 우리는 뭔지 모를 과거의 작용에 호소하지 않는다. 이 현상의 메커니즘은 거의 눈에 보인다. 이력 현상 또는 자기 잔류의 사실을 설명하는 데 이와 다른 방식의 설명이 필요한 것 같지는 않다. "하나의 과거를 가진다."라는 말은, 소유자가 수동적일 수 있을 소유 방식을 예상케 한다. 또 그런 것으로서 물질에 적용되는 경우에 지장이 없지만, "자기 자신의 고유한 과거로 있다."라는 말로 대체되어야 하는 것은 분명하다. 과거는, 자신의 배후 저편에 자신의 과거로 있지 않고는 존재할 수 없는 하나의 현재에 대해서만 존재할 뿐이다. 다시 말해 자신의 과거로 있는 것이 자신의 존재 속에서 문제가 되는 존재들, 또 자신의 과거로 있어야 하는 존재들만 하나의 과거를 가질 뿐이다. 이 지적들은 우리로 하여금 즉자에 대해 과거를 선험적으로 거부할 수 있게끔 한다(이것이 우리가 과거를 현재 속에 격리해야 함을 의미하는 것은 아니다). 우리는 생명체의 과거 문제를 단번에 해결하지는 않을 것이다. 우리가 지적하고자 하는 것은, 설사 생명에 하나의 과거를 인정해야 한다고 해도 ── 이것은 결코 확실한 것은 아니다 ── 생명을 가진 존재가 하나의 과거를 간직하는 방식으로 존재한다는 점을 입증한 후가 될 뿐이라는 사실이다. 한마디로 생명이 있는 물질이 물리 화학적 체계와 다른 사물임을 사전에 입증해야 할 것이다. 이와 반대되는 노력 ── 슈발리에의 노력 ── 은 생명의 독자성을 구성하는 것으로서의 과거를 더욱더 강조하려는 데 있지만, 그 노력은 전적으로 의미가 없는 본말전도[42]이다. 과거의 존재는 오로지 인간실재에 대해서만 분명하다. 왜냐하면 인간실재는 자신이 그것으로 있는 그대로의 것으로 있어야 하기 때문이다. 과거가 세계 속에 도래하는 것은 대자에 의해서이다. 왜냐하면 대자의 "나는 존재한다(Je suis)"는 "나는 나를 존재한다(Je me suis)"라는 형식이기 때문이다.

그렇다면 "있었다(était)"[43]는 무엇을 의미하는가? 우선 우리는 이것이 하나의 타동사라는 것을 안다.[44] 만일 내가 "폴은 피곤하다(Paul est fatigué)."([폴은 피곤한 자이다.])라고 말한다면, 사람들은 아마도 [est라는] 계사[45]가 하나의 존재론적 가치를 갖는다는 사실에 이의를 제기할 수도 있다. 사람들은 이 계사에서 하나의 속성을 지시하는 것만 보고자 할 것이다. 하지만 우리가 "폴은 피곤해 있었다(Paul était fatigué)."([폴은 피곤한 자로 존재했다.])라고 말할 때, "있었다"의 본질적 의미가 눈에 두드러진다. 현재의 폴은 현행적으로 과거에 피곤해 했던 것의 책임자이다. 만일 폴이 자신의 존재와 더불어

---

42 원문의 'ὕστερον πρότερον(hysteron proteron)'은 수사학에서 '나중에 올 말을 앞에 두는 것'이라는 의미로, '신발과 양말을 신고'가 그 예이다. '뒤의 것을 앞에 두기'로도 옮긴다.

43 원문은 'Qu'est-ce donc que signifie《'était'》?'인데, 여기에서 'était'는 우리말로 '……이었다'도, '있었다'도 된다.

44 '…… 이다', '있다'는 타동사가 아니다. 그런데 사르트르는 여기에서 타동사적으로 사용된 것을 강조하고 있다.

45 한 명제의 주사(主辭)와 빈사(賓辭)를 연결해 긍정이나 부정을 나타내는 말이다.

이 피곤을 지탱하지 않는다면, 이 상태의 망각조차도 있을 수 없을 것이다. 오히려 "이미-있지 않음(n'être-plus)"이 있을 것이다. 그런데 이것은 엄밀하게 "있지-않음(n'être-pas)"과 같다. 피곤은 "사라져 버릴" 것이다. 따라서 현재의 존재는 그 자신의 고유한 과거의 기초이다. 그리고 "있었다"가 나타내고 있는 것은 이런 근거로서의 성격이다. 하지만 현재의 존재가 과거에 의해 깊이 변양되지 않고서, 무관심이라는 양식으로 과거를 정초한다고 이해해서는 안 된다. "있었다"는 현재의 존재가 스스로 자신의 과거로 있음으로써 자신의 존재에 있어 자신의 과거에 대한 근거임을 의미한다. 이것은 무엇을 의미하는가? 현재는 어떻게 과거로 있을 수 있는가?

문제의 매듭은 분명히 "있었다"라는 용어 속에 있다. 현재와 과거를 매개하는 데 사용되는 이 용어는 그 자체로 완전히 현재도 아니고 완전히 과거도 아니다. 실제로 이 용어는 현재도 과거도 될 수 없다. 왜냐하면 만일 어느 한 경우에 속한다면, 이 용어는 자신의 존재를 지시하게 될 시간의 내부에 포함될 것이기 때문이다. 따라서 "있었다"라는 용어는 현재의 과거 속으로의 존재론적 도약을 지시하고, 시간성의 두 가지 양식의 근원적인 종합을 표상한다. 이 종합을 무엇으로 이해해야 하는가?

나는 우선 "있었다"라는 용어가 하나의 존재 양식임을 안다. 이 의미에서 나는 나의 과거이다. 나는 나의 과거를 가지는 것이 아니다. 나는 나의 과거이다. 나의 어제의 행위, 나의 기분에 대해 누군가가 나에게 말할 때, 그 말은 나를 무관심한 상태로 내버려 두지 않는다. 나는 불쾌, 유쾌할 것이다. 나는 격앙되거나 그 말을 듣기만 할 것이다. 나는 뼛속까지 타격을 받을 것이다. 나는 나의 과거와의 연대를 끊지 않는다. 물론 나는 결국 그 연대를 끊으려 시도할 수 있다. "나는 더 이상 내가 있었던 것으로 있지 않다."라고 선언할 수도 있고, 변화나 진보를 주장할 수도 있다. 하지만 그때 문제가 되는 것은 이차적인 반응이고, 이 반응은 그것으로 따로 주어진다. 내가 이런저런 개별적인 사항에 대해 나의 과거와의 연대를 부정하는 것은 나의 삶 전체에 대해 이 연대를 긍정하는 것이다. 극한에 이르러 나의 죽음이 극도로 임박한 순간이 되면, 나는 이미 나의 과거 이외의 아무것도 아닐 것이다. 그때에는 오직 나의 과거만이 나를 규정할 것이다. 이것은 소포클레스가 『트라키스 여인들(*Les Trachiniennes*)』에서 데이아네이라의 입을 통해 표현하고자 했던 것이다. "오래전부터 사람들 사이에서 통용되던 격언이지만, 죽을 수밖에 없는 자들의 삶에 대해 그들이 죽기 전에는 왈가왈부할 수 없고, 그들의 삶이 행복했는지 불행했는지에 말할 수 없다." 또한 이것은 우리가 앞에서 인용한[46] "죽음은 삶을 운명으로 바꾼다."라는 말로의 문구에 담긴 의미이기도 하다. 신자(信者)가 죽음의 순간에 이르러 내기는 끝나고, 더 이상 남아 있는 패가 하나도 없다는 사실을 놀라움과 함께 깨달았을 때, 그를 강타하는 것이 결국 이것이다. 영원이 우리 자신에게서 우리를 변화시킨 것처럼, 죽음은 우리를 우리 자신과 한 몸이 되게 한다. 죽음의 순간에 우리는 존재한다(sommes).[47] 다시 말해 우리는 타자의 판단 앞에 방어할 수단 없이 존재한다. 사람들은 우리가 무엇인지에 대해 진실로 결정할 수 있다. 우리는 하나의 전지(全知)한 지성이 마련할 수 있는 총체적인 내용에서 벗어날 수 있는 기회를 가지지 못한다. 그리고 그 마지

---

46 이 책의 원문 147쪽에서 인용한 앙드레 말로의 번역문은 271쪽이다.

47 크게 보아 사르트르는 자기에의 현전을 실현하는 대자에 대해서는 '실존한다(exister)'고 말하고, 자신과 하나가 된 즉자에 대해서는 '존재한다(être)'고 말한다. 죽음은 우리를 우리 자신과 한 몸으로 만들어 완전히 즉자로 만드는 것이기 때문에, 여기에서 'être'의 1인칭 복수 현재형인 'sommes'을 사용함으로써 두 존재 방식의 구분을 분명하게 드러내고자 했다.

막 순간의 뉘우침은 우리 위에서 서서히 굳어져 고체화되는 그 존재 전체를 뒤흔들기 위한 총체적인 노력이며, 우리가 그것으로 있는 것과의 연대를 끊기 위한 마지막 도약이다. [하지만] 헛일이다. 죽음은 마지막 도약을 나머지와 함께 응고시킨다. 이 마지막 도약은 여러 다른 요인 가운데 한 요인으로서, 또 총체에서 출발해서만 이해될 뿐인 하나의 단독적인 결정으로, 이 도약에 앞서 이루어진 것과 한 몸이 되는 것 외의 다른 방법이 없다. 대자가 죽음에 의해 통째로 과거로 미끄러져 들어가는 한에서, 이 대자는 영원히 즉자로 변한다. 이렇듯 과거는 우리가 그것으로 있는 즉자가 항상 증대되는 총체이다. 그럼에도 우리가 죽지 않은 한, 우리는 동일성의 양식을 띤 그 즉자로 있는 것이 아니다. 우리는 그 즉자로 있어야 하는 것이다. 원한은 통상적으로 죽음과 함께 끝난다. 그것은 인간이 죽음에서 자신의 과거와 한 몸이 되기 때문이고, 그는 자신의 과거로 있으면서도, 그로 인해 자신의 과거에 대해 책임을 지는 것이 아니기 때문이다. 그가 살아 있는 한, 그는 나의 원한의 대상이다.[48] 다시 말해 내가 그에게 그의 과거를 비난하는 것은, 단지 그가 그의 과거로 존재하는 한에서뿐만 아니라, 또한 그가 매 순간 그의 과거를 되찾아 존재케 하는 한에서, 그가 그의 과거에 대해 책임을 지는 한에서이다. 원한이 [상대편의] 인간을 그가 있었던 그대로의 것 속에 응고시킨다는 것은, 나의 원한이 죽음 뒤에서 존속하지 않는다면, 진실이 아니다. 나의 원한은 살아 있는 자에게 향하는데, 이때 살아 있는 자는 자신의 존재에서 자유로이 그가 있었던 것으로 존재한다. 나는 나의 과거로 있다. 만일 내가 나의 과거로 있는 것이 아니라면, 나의 과거는 나에 대해서도 누군가에 대해서

---

48 여기에서 사르트르는 '나'와 '그 인간' 사이에 원한이 있다고 가정하고 있는 것으로 보인다. 보다 구체적으로 '그 인간'이 '나'의 비난과 원한을 살 만한 행동을 했다고 말이다.

도 더 이상 존재하지 않을 것이다. 나의 과거는 현재와 그 어떤 관계도 맺지 못할 것이다. 이것은 나의 과거가 존재하지 않으리라는 것을 의미하는 것이 아니라, 단지 나의 과거의 존재가 밝혀질 수 없을 것이라는 점을 의미한다. 나는 나의 과거가 이 세계 속에 도래케 하는 자이다. 하지만 내가 나의 과거에 그 존재를 부여하는 것이 아니라는 사실을 잘 이해해야 한다. 달리 말해 나의 과거는 "나의" 표상의 자격으로 존재하지 않는다. 나의 과거가 존재하는 것은, 내가 나의 과거를 나에게 "표상"하기 때문이 아니다. 하지만 나의 과거가 세계에 들어오는 것은, 내가 나의 과거로 있기 때문이다. 또 내가 어떤 심리적인 과정에 따라 나에게 나의 과거를 표상할 수 있는 것은 나의 과거의 세계-내-존재에서 출발해서이다. 나의 과거는 내가 그것으로 있어야 하는 것이기는 하지만, 그럼에도 나의 과거는 본성상 나의 가능들과는 다르다. 가능은 내가 그것으로 있어야 하는 가능이지만, 그것은 나의 구체적인 가능으로서이며, 그 반대도 또한 — 미세한 정도의 차이는 있지만 — 똑같이 가능으로 머문다. 이와 반대로 과거는 그 어떤 종류의 가능성도 없이 존재하는 것이고, 그 가능성을 소진해 버린 것이다. 나는 나의 존재-가능(mon pouvoir-être)에 더 이상 결코 의존하지 않는 것, 이미 그 자체가 그것이 있을 수 있는 모든 것으로 있어야 한다. 나는 과거에 있지만, 나는 그것으로 있지 않은 어떤 가능성도 없이 그것으로 있어야 한다. 나는 마치 내가 나의 과거를 바꿀 수 있는 것처럼, 나의 과거에 대해 전적으로 책임을 지지만, 나는 나의 과거가 아닌 다른 것으로 있을 수 없다. 나중에 살펴보겠지만, 과거가 하나의 미래를 지닌 일종의 전현재(ex-présent)인 한, 우리는 과거의 의미를 바꿀 수 있는 가능성을 계속해서 보유하고 있다. 하지만 바로 그 과거로서의 과거의 내용에 대해 나는 그 어떤 것도 제거하거나 더할 수도 없다. 달리 말해 내가 그것으로 있었던 과거는 그것이 그것으로 있는 그대로의 것이다. 그것은 세계의 사물들과 마찬가지로 하나의 즉자이다. 그리고 내가 나의 과거와 더불어 유지해야 하는 존재 관계는 즉자 유형의 관계이다. 다시 말해 자기와의 동일화이다.

하지만 다른 한편으로, 나는 나의 과거로 있는 것이 아니다. 나는 나의 과거였기 때문에, 나는 나의 과거로 있지 않다. [나에 대한] 타자의 원한은 항상 나를 놀라게 하고 항상 나를 분개하게 한다. 사람들은 어떻게 내가 그것으로 있는 자에서 내가 그것으로 있었던 자를 미워할 수 있는가? 옛 지혜는 다음과 같은 사실을 강조했다. 나는 나에 대해 아무것도 진술할 수 없다. 내가 무엇이든 진술할 때 그것은 이미 허위가 되어 있다고 말이다. 헤겔은 이 논변을 거리낌 없이 활용했다. 내가 무엇을 하든, 내가 무슨 말을 하든, 내가 그것으로 있고자 바라는 그 순간에 이미 나는 그 일을 하고 있었고, 이미 그 말을 하고 있었다. 하지만 이 아포리즘을 좀 더 검토해 보자. 이 아포리즘은, 내가 나에 대해 내린 모든 판단은, 내가 그렇게 판단할 때 이미 허위라고 말하는 것과 같다. 나는 다른 것(autre chose)이 되어 있다고 말하는 것과 같다. 하지만 이 다른 것을 무슨 뜻으로 이해해야 하는가? 만일 우리가 이 말을 현재적 존재를 거부하는 존재의 유형을 가진 인간실재의 한 양상으로 이해한다면, 이것은 우리가 술어를 주어에 귀속시키는 데서 과오를 범했고, 또 다른 하나의 술어를 귀속시키는 것이 무방했다고 선언하는 것이 된다. 즉 직접적인 미래에서 단지 또 하나의 다른 술어를 겨냥할 필요가 있었다는 말이 된다. 이것은 마치 새가 보이는 곳에서 겨냥하는 사냥꾼이 그 새를 놓치는 것과 같다. 왜냐하면 총알이 도달할 때는 새가 더 이상 그 자리에 있지 않기 때문이다. 반대로 만일 사냥꾼이 살짝 앞쪽을, 즉 새가 아직 도달하지 않은 지점을 겨냥한다면, 그는 새를 맞출 수 있을 것이다. 그 새가 더 이상 그 자리에 있지 않다는 것은 이미 그 새가 다른 자리에 있기 때문이다. 아무튼 그 새는 어딘가에 있다. 하지만 우리는 운동에 대한 엘레아학파[49]의 사고방식이 얼마나 그른 것인지를 보게 될 것이다. 만일 화살이 진실로 AB에 있다고 말할 수 있다면, 이때 운동은 수많은 부동의 하나의 계기이다.[50] 이와 마찬가지로, 만일 더 이상 존재하지 않는 무한소(infinitésimal)의 순간, 즉 내가 이미 있지 않은 것으로 있던 순간이 있었다고 생각한다면, 나는 마치 마법적인 환등기의 이미지들처럼 연속하는 고정된 상태로 이루어진 하나의 계열로[51] 구성된다. 내가 고정된 이미지들의 계열로 있지 않는 것은 판단적 사고와 존재 사이의 약간의 차이, 즉 판단과 사실 사이에 일종의 지연 때문이 아니다. 그것은 원칙상 나의 직접적인 존재에서, 나의 현재의 현전에서, 내가 그 고정된 이미지들의 계열로 있지 않기 때문이다. 한마디로, 내가 나의 그것으로 있었던 것으로 있지 않은 것은, 하나의 변화, 즉 존재의 동질성 속에서 이질적인 것으로의 이행으로 여겨지는 하나의 생성이 있기 때문이 아니다. 그 반대로 하나의 생성이 있을 수 있다면, 그것

49 엘레아학파는 기원전 6세기 후반 고대 그리스의 식민지 엘레아에서 발흥한 소크라테스 이전 철학 학파로, 창시자는 파르메니데스(Parmenides, BC 515~?)로 알려져 있으며, 제논도 이 학파에 속한다. 이 학파는 그때까지의 우주론적 사색을 반성해 형이상학적인 사색을 전개하면서 유일한 것으로서 변화하지 않는 존재를 추구했고, 영원의 유전(流轉)을 존재로 하는 헤라클레이토스(Heracleitos, BC 540?~BC 480?)와는 대조적인 입장을 취했다. 논증과 설득이라는 학문 방법에 기여했다.
50 앞의 문장과 관련해서 보면, 이 문장은 '날아가는 화살이 차지하는 앞 끝의 지점인 A에서 뒤끝의 지점인 B에 이르는 공간에 정확하게 위치해 있다고 진실로 말할 수 있다면'의 의미일 것이다. 그렇다면 날아가는 화살은 매 순간 정확한 자리를 차지하게 될 것이고, 그 정확한 자리는 부동을 의미할 것이기 때문에, 운동은 부동의 계기, 즉 끊어지면서 이어지는 연속이 된다. 사르트르는 여기에서 엘레아학파의 파르메니데스의 제자 제논이 제시한 '쏜 화살은 날아가지 않는다'는 역설적인 주장을 염두에 두고 있다.
51 영화 스크린에 동영상이 나타나지만, 사실은 필름에 새겨진 한 장 한 장의 고정된 사진(포토그램)이 스크린에 빠른 속도로 연속해 투사될 뿐인 것처럼, 환등기를 통해서도 고정된 이미지들을 연속해서 빠르게 바꾸어 주면 움직이는 것처럼 보이는 동영상을 만들어 낼 수 있다.

은 원칙상 나의 존재가 나의 여러 존재 양식에 대해 이질적이기 때문이다. 세계를 존재와 비존재의 종합으로 생각되는 생성에 의해 설명하는 것은 편리한 방법이다. 하지만 사람들은 생성 중인 존재가 이 종합이 될 수 있는 것은, 오직 이 존재가 자기 자신의 고유한 무를 정초하는 하나의 행위 속에서 이 종합의 경우일 뿐이라는 사실을 생각해 보았을까? 비록 내가 있었던 것으로 이미 더 이상 있지 않다고 해도, 나는 나 자신이 내가 존재에 대해 지탱하는 무화하는 종합의 통일 속에서 내가 이미 있었던 것으로 있어야 한다. 그렇지 않으면, 나는 내가 이미 있지 않은 것과 어떤 종류의 관계도 맺지 못할 것이고, 나의 완전한 긍정성은 생성에 본질적인 비존재로부터 배제되고 말 것이다. 생성은 하나의 소여, 즉 존재의 직접적인 하나의 존재 방식으로 있을 수도 없다. 왜냐하면 만일 우리가 그런 하나의 존재를 생각한다면, 그 존재의 중심에서 존재와 비존재는 병립할 뿐이고, 또 어떤 강제적 또는 외적인 구조도 이 양자를 서로 융합시킬 수는 없을 것이기 때문이다. 존재와 비존재의 연결은 내적일 수밖에 없다. 즉 비존재가 나타나는 것은 존재인 한에서의 존재 속에서가 아니면 안 되고, 존재가 가리키는 것은 비존재 속에서가 아니면 안 된다. 그리고 이것은 하나의 사실, 하나의 자연법칙일 수도 없을 것이고, 오히려 자기 자신의 고유한 존재의 무로 있는 존재의 나타남이다. 따라서 내가 나 자신의 고유한 과거로 있지 않다면, 그것은 생성의 근원적인 방식에 있어서일 수는 없다. 오히려 내가 나 자신의 과거로 있지 않기 위해 내가 그것으로 있어야 하고, 또 내가 나 자신의 과거로 있기 위해 그것으로 있지 않아야 하는 한에서 그러하다. 이것은 "있었다"라는 존재 양식의 본성을 우리에게 밝혀 준다. 내가 나의 있었던 그대로의 것으로 있지 않은 것은, 내가 이미 변했기 때문이 아니라, ── 여기에는 시간이 이미 주어졌다는 사실이 전제되어 있다 — 내가 나의 존재에 대해서 있지 않다(n'être-pas)고 하는 내적 연결 방식으로 존재하기 때문이다.

이렇듯 내가 나의 과거로 있지 않을 수 있는 것은, 내가 나의 과거로 있는 한에서이다. 내가 나의 과거로 있지 않다는 사실의 유일하게 가능한 근거는 바로 [내가] 나의 과거로 있어야 한다는 필연성이다. 그렇지 않다면, 매 순간 나는 나의 과거로 있을 수도, 또 과거로 있지 않을 수도 없을 것이다. 엄밀하게 외적인 한 명의 증인, 게다가 그 자신이 있지 않음(n'être-pas)의 양식으로 자기 과거로 있어야 하는 한 명의 증인의 눈으로 보는 것을 제외하고 말이다.

이들 지적은 우리로 하여금 나는 이미 내가 말하는 그것으로 더이상 있지 않다는 것만 유일하게 강조하는 헤라클레이토스에서 기원하는 회의론에 부정확한 점이 있음을 이해하게 해 준다. 물론 나는 내가 그것으로 있다고 말할 수 있는 모든 것으로 있는 것은 아니다. 하지만 내가 이미 더 이상 그 모든 것으로 있지 않다고 확언하는 것은 잘못이다. 왜냐하면 만일 내가 그 모든 것을 "즉자로 있음"으로 이해한다면, 내가 그 모든 것으로 있었던 적이 한 번도 없었기 때문이다. 그리고 다른 한편으로, 내가 그 모든 것으로 있다고 말함으로써 내가 잘못을 범한다는 결론이 도출되는 것도 아니다. 왜냐하면 내가 그 모든 것으로 있지 않기 위해서는 내가 그 모든 것이어야 하기 때문이다. 그러니까 나는 "있었다"라는 방식으로 그 모든 것으로 있다.

이렇게 해서 즉자적으로 완전히 충만한 밀도를 지니고서 내가 그것으로 있다는 의미에서, 내가 그것으로 있다고 말할 수 있는 모든 것(그는 화를 잘 낸다. 그는 공무원이다. 그는 불만이다.)[52]은 항상 나의 과거이

---

52 여기에서 '그'는 충분히 결정된 즉자존재로서의 나를 3인칭 방식으로 지칭한 것이다.

다. 내가 나의 있는 그대로의 것으로 있는 것은 과거에 있어서이다. 하지만 다른 한편으로, 이 둔중한 존재의 충만은 나의 배후에 있다. 이 존재의 충만을 나로부터 단절하고, 그것을 나의 사정거리 밖으로 내던져 접촉도 부착도 없도록 하는 절대적인 거리가 있다. 내가 행복했거나 또는 행복했던 적이 있었다면, 그것은 내가 [지금] 행복하지 않기 때문이다. 하지만 이것은 내가 불행하다는 것을 의미하지는 않는다. 단순히 내가 과거에서만 행복할 수 있다는 것뿐이다. 내가 나의 배후에 나의 존재를 짊어지고 다니는 것은 내가 과거를 지녔기 때문이 아니다. 오히려 과거는 나를 배후에서 내가 있는 그대로의 것으로 있게끔 강요하는 존재론적인 구조일 따름이다. 바로 이것이 "있었다"의 의미이다. 정의로 보면, 대자는 자기의 존재를 떠맡아야 하는 책무를 띠고서 존재한다. 그리고 대자는 자기에 대해서, 이외에는 어떤 것으로도 있을 수 없다. 하지만 대자는 정확하게 자기의 존재에서 자기와 거리를 두고 있는 이 존재의 회복에 의해서만 자신의 존재를 떠맡을 수 있을 뿐이다. 내가 즉자의 방식으로 내가 있다고 하는 긍정 자체에 의해, 나는 이 긍정에서 벗어난다. 왜냐하면 이 긍정은 그 본성 자체 속에 하나의 부정을 함축하기 때문이다. 이렇듯 대자가 대자적으로 있다는 사실, 또 대자가 자기가 있는 그대로의 것이어야 한다는 사실로 인해, 대자는 항상 자기가 있는 것의 저편에 있다. 하지만 이와 동시에 대자의 배후에 머무는 것은 실로 그의[대자의] 존재이지, 하나의 다른 존재가 아니다. 이렇게 해서 우리는 단지 대자의 존재 유형, 다시 말해 대자가 자기의 존재와 맺는 관계를 특징짓는 "있었다"의 의미를 이해하게 된다. 과거는 뛰어넘어진 한에서, 내가 그것으로 있는 즉자이다.

대자가 자기 자신의 과거로 "있었던" 방식 자체를 연구하는 것이 남아 있다. 그런데 우리는 대자는 즉자가 자신을 근거짓기 위해 자기를 무화하는 근원적인 행위 속에서 나타남을 알고 있다. 대자는, 이 대자가 자신의 대자로 있기 위해 자기를 즉자의 실패가 되는 한에서, 그 자신의 고유한 근거이다. 하지만 대자는 그것만으로는 자기를 즉자로부터 해방하지는 못한다. 뛰어넘어진 즉자는 남아 있고, 또 그것은 대자의 근원적인 우연성으로서 대자에 붙어 다닌다. 대자는 결코 즉자에 이르지 못하고, 자기를 이것 또는 저것으로 있는 것으로서 결코 파악하지 못한다. 하지만 대자는 자기와 거리를 두고 자신이 있는 그대로의 것으로 있는 것도 방해하지 않는다. 대자에서 거리를 둔 우연성, 둔중함은 대자가 그것으로 있는 것은 결코 아니다. 하지만 둔중함은 뛰어넘기 자체 속에서 뛰어넘어지고 보존되는데 대자는 바로 그 둔중함으로 있어야 한다. 바로 이 우연성, 이 둔중함이 사실성이다. 하지만 그것은 또한 과거이기도 하다. 사실성과 과거는 하나의 유일하고 동일한 사태를 지시하기 위한 두 단어이다. 사실 과거는 사실성과 마찬가지로, 내가 그것으로 있지 않을 어떤 가능성도 없이, 그것으로 있어야 하는 즉자의 손상될 수 없는 우연성이다. 과거는 사실상의 필연성에 따른 불가피한 것인데, 이것은 필연성의 자격으로서가 아니라 사실의 자격으로서 그러하다. 과거는 사실상의 존재인데, 이 사실상의 존재는 나의 동기화의 내용을 결정할 수 없지만, 그 우연성에 의해 나의 동기화를 동결시킨다. 왜냐하면 나의 동기화는 과거라고 하는 사실상의 존재를 제거할 수도 없고, 또 그것을 변화시킬 수도 없기 때문이다. 오히려 그 반대로 과거라고 하는 이 사실적 존재는 그것을 변양시키기 위해 나의 동기화가 필연적으로 자신과 함께 가지고 가야 하는 것이고, 또 그것으로부터 달아나기 위해 나의 동기화가 보존하고 있는 것이기 때문이다. 또한 그것으로 있지 않기 위한 자신의 노력 자체에서 나의 동기화가 그것으로 있어야 하며, 그리고 그것에서 출발해서 나의 동기화가 자신을 자신의 있는 그대로의 것이 되도록 하는 출발점이기 때문이다. 매 순간 내가 외교관으로도 선원으로도 있지 않고, 교수로 있게끔 하는 것이 바로 과거라고 하는 이 사실상의 존재이다. 비록 이 경우에도 나는 교수의 존재를 연기할 뿐이지, 결코 교수라는 존재와 한 몸일 수는 없지만 말이다. 내가 과거 속으로 되돌아갈 수 없다면, 그것은 과거를 손이 닿지 않는 곳에 두는 어떤 마술적인 힘 때문이 아니라, 그저 과거는 즉자이기 때문이고, 또 나는 대아(對我, pour-moi)이기 때문이다. 과거는 내가 그것으로 있으면서 그것을 살아갈 수 없는 것이다. 과거는 실체이다. 이런 의미에서 데카르트의 코기토는 차라리 "나는 생각한다. 그러므로 나는 존재하고 있었다"로 표현해야 할 것이다. 오류를 불러일으키는 것은 과거와 현재 사이의 표면상의 동질성이다. 왜냐하면 내가 어제 경험했던 그 수치심은 내가 그 수치심을 경험했을 때 대자적인 것이기 때문이다. 따라서 사람들은 그 수치심이 오늘도 대자인 채로 머물러 있다고 생각하고, 그렇게 해서 내가 그것으로 되돌아갈 수 없다면, 그것은 그 수치심이 더 이상 있지 않기 때문이라고 결론을 잘못 내린다. 하지만 진실에 도달하려면 관계를 뒤집어야 한다. 과거와 현재 사이에는 절대적인 이질성이 있다. 그리고 내가 과거로 들어갈 수 없다면, 그것은 과거가 존재하기 때문이다. 그리고 내가 과거로 있을 수 있는 유일한 방법은 나 자신이 즉자적으로 존재하는 것이고, 그 결과 동일화의 형태로 과거 속에서 나를 상실하는 것이다. 하지만 그것은 본질상 나에게서 거부된 것이다. 사실상 내가 어제 경험했던 수치심, 그때는 대자적인 수치심이었던 이 수치심은 현재에도 계속되는(toujours) 수치심이다. 그리고 본질상 그 수치심은 여전히 대자로서 기술될 수 있다. 하지만 그 수치심은 그 존재로 보면 더 이상 대자적으로 있지 않다. 왜냐하면 그 수치심은 더 이상 반영-반영하는 것으로서 존재하지 않기 때문이다. 그 수치심은 대자로서 묘사할 수 있지만 전적으로 단순히 존재한다. 과거는 즉자가 된 대자로서 주어진다. 이 수치심은, 내가 그것을 살아가는 한, 그것이 있는 그대로의 것으로 있지 않다. 내가 이 수치심으로 있었던 만큼, 나는 이제 그것은 수치심이었다고 말할 수 있다. 이 수치심은 나의 배후에서 그것이 있었던 것이 되었다. 이 수치심은 즉자의 항상성과 불변성을 가지고 있다. 이 수치심은 그 날짜에 있어 영원한 것이다. 이 수치심은 즉자의 자기 자신에게의 전적인 귀속이라는 성격을 가지고 있다. 따라서 대자이자 동시에 즉자인 과거는 어떤 의미에서 보면 우리가 앞 장에서 서술한 가치 또는 자기와 닮았다. 가치와 마찬가지로 과거는 그것이 있지 않은 것으로 있으며, 그것이 있는 것으로 있지 않은 존재와, 그것이 있는 그대로의 것으로 있는 존재의 모종의 종합을 나타낸다. 우리가 점차 소멸해 가는 과거에 대한 가치에 대해 말할 수 있는 것은 이런 의미에서이다. 그로부터 상기는 우리에게 우리가 그것으로 있었던 존재를 존재의 충만함과 더불어 현전해 준다는 사실이 도출된다. 이 존재의 충만함은 상기에 대해 일종의 시풍(詩風)을 부여해 준다. 우리가 지니고 있던 그 고통은 과거에 고착되어 있으나 하나의 대자의 의미를 그치지 않고 현전한다. 그렇지만 이 고통은 타자의 고통이나 조각상의 고통처럼 침묵하는 고정 상태로 존재한다. 이 고통은 자기 자신을 존재하기 위해 더 이상 자기 앞에 출두할 필요가 없다. 이 고통은 존재한다. 그리고 그 반대로 이 고통이 갖는 대자의 성격은 이 고통의 존재의 존재 방식이기는커녕 그저 하나의 존재 방식, 하나의 성질이 된다. 심리학자들이 의식을 심적인 것의 존재에서 변양하지 않고 영향을 끼칠(affecter) 수도 있고 끼치지 않을 수도 있는 하나의 성질이라고 주장한 것은, 바로 이 심적인 것을 과거에 있어서(au passé) 고찰했기 때문이다. 지나가 버린 심리적인 것은 먼저 존재하고, 이어서 대자적이다. 마치 피에르가 금발인 것처럼, 그리고 이 나무가 참나무인 것처럼 말이다.

하지만 정확히 이런 이유로 가치를 닮은 과거는 가치가 아니다. 가치에서 대자는 자기 존재를 뛰어넘으면서 또는 자기 존재에 근거를 부여하면서 자기가 된다. 가치에는 자기에 의한 즉자의 회복이 있다. 이 사실로 인해 존재의 우연성은 필연성에 자리를 내준다. 이와는 반대로 과거는 먼저 즉자적이다. 대자는 즉자에 의해 존재로 유지되고, 대자의 존재 이유는 더 이상 대자적으로 존재하지 않는다. 대자는 즉자가 되었고, 그 점에서 대자는 그 순수한 우연성 속에서 우리에게 나타난다. 우리의 과거가 이러저러한 것인 데는 아무 이유가 없다. 우리의 과거는 그 계열의 총체 속에서 순수한 사실로 나타나는데, 이 순수한 사실은 사실인 한에서 무상의 것으로 간주되어야 한다. 결국 우리의 과거는 뒤집힌 가치이고, 즉자에 의해 회복된 대자이며, 이미 반영하는 것에 대한 반영으로서도, 또 반영에 대한 반영하는 것으로도 존재할 수 없을 정도로 즉자에 의해 두툼해진 대자이다. 하지만 이 대자는 반영하는 것-반영이라는 한 쌍을 즉자적으로 지시하는 데 그치는 대자이다. 이 이유로 과거는 엄밀하게 말하면 가치를 실현하고자 하는 하나의 대자, 자기의 끊임없는 부재가 제공하는 불안을 피하고자 하는 하나의 대자에 의해 겨냥된 대상일 수 있다. 하지만 과거는 본질상 가치와 근본적으로 구분된다. 과거는 정확히 직설법이며, 그로부터 그 어떤 명령법도 도출될 수 없다. 과거는 각각의 대자에 고유한 사실이고, 내가 그것으로 있었다는 우연적이고 변경 불가능한 사실이다.

이렇듯 과거는 즉자에 의해 되잡혀(ressaisi) 익사한 하나의 대자이다. 어떻게 이런 일이 가능할 수 있는가? 우리는 하나의 사건에 있어서 과거로 있는 것(être-passé)과 한 인간실재에게 있어 하나의 과거를 가지는 것(avoir un passé)이 무엇을 의미하는가를 설명했다. 우리는 과거가 대자의 하나의 존재론적 법칙이라는 사실, 다시 말해 대자가 있을 수 있는 모든 것은 자기 배후에서, 손이 닿지 않는 곳, 저곳에 있는 그곳으로 있어야 한다는 사실을 살펴보았다. 우리가 "본질은 그것이 있었던 그대로의 것이다."라는 헤겔의 말을 받아들일 수 있는 것은 이 의미에서이다. 나의 본질은 과거에 있다. 그것이 나의 본질의 존재 법칙이다. 하지만 우리는 대자의 어떤 구체적인 사건이 왜 과거가 되는가를 설명하지 않았다. 자신의 과거로 있었던 하나의 대자가 어떻게 하나의 새로운 대자이어야 하는 과거가 되는가? 과거로의 이행은 존재의 변양이다. 이 변양은 어떤 변양인가? 이것을 이해하기 위해서는 먼저 현재의 대자가 존재와 맺는 관계를 파악해야 한다. 이렇게 해서 우리의 예측처럼, 과거에 관한 연구는 우리에게 현재에 대한 연구를 가리켜 보인다.

B) 현재

즉자인 과거와는 달리 현재는 대자이다. 현재의 존재는 어떤 것인가? 현재에 고유한 하나의 이율배반이 있다. 한편, 우리는 현재를 기꺼이 존재에 의해 정의한다. 아직 존재하지 않은 미래와 더 이상 존재하지 않은 과거에 대립해 존재하는 것이 현재이다. 하지만 다른 한편 현재를 그것으로 있지 않은 모든 것, 다시 말해 과거와 직접적인 미래로부터 떼어 내어야 한다고 주장하는 엄격한 분석으로는 사실상 하나의 무한소의 순간만을 발견할 수 있을 뿐이다. 다시 말해 후설이 『시간의 내적 의식에 대한 강의들』에서 지적하고 있듯이, 분할을 무한히 밀어붙였을 때 생겨나는 이념적인 극점, 즉 하나의 무가 그것이다. 이렇게 해서 하나의 새로운 관점에서 인간실재에 대한 연구에 착수할 때마다, 우리는 떼어 놓을 수 없는 쌍인 존재와 무(l'Etre et le Néant)를 다시 발견한다.

현재가 지닌 제1의 의미는 무엇인가? 현재에 존재하는 것이 그 현전의 성격에 의해 다른 모든 존재와 구분된다는 것은 분명하다. 점호할 때, 병사 또는 학생은 "나 여기 있다(adsum)"라는 의미로 "프레장(Présant!)"이라고 대답한다. 그리고 프레장[53]은 '지나간(passé)'과 마찬가지로 부재하는(absent)과도 대립한다.[54] 이렇듯 현재(le présent)의 의미는 ……에의 현전(la présence à ……)이다. 따라서 현재는 무엇에 대한 현전인지, 그리고 누가 현전하는지를 물어야 한다. 물론 나중에 이것은 우리를 현재의 존재 자체를 해명하는 쪽으로 유도할 것이다.

나의 현재는 현전해 있음이다. 무엇에 대해(à quoi) 현전하는가? 이 책상에 대해, 이 방에 대해, 파리에 대해, 세계에 대해, 요컨대 즉자존재에 대해 현전한다. 하지만 반대로 즉자존재는 나에 대해, 그리고 즉자존재가 그것으로 있지 않은 다른 즉자존재에 대해 현전하는 것

---

53 'présent'은 '지나간(과거)'과 대립할 때는 '현재하는(현재)'으로 이해해야 하고, '부재하는'과 대립할 때는 '현전하는'으로 이해해야 한다. 프랑스 단어는 같지만, 우리말은 맥락에 따라 달리 번역해야 하는데, 여기에서는 '현재하는'이라고 번역할 수도 없고, '현전하는'이라고 번역할 수도 없다. 그래서 '프레장'이라고 했다.

54 애매해서 뚜렷하게 구분하기는 쉽지 않지만, 정관사가 붙은 'le présent'은 '현재'로 이해되고, 이 문장에서처럼 정관사가 없는 'présent'은 명사로 쓰일 때라도 '현전하는 것'으로 이해해야 할 것이다. 'passé'와 'absent'도 마찬가지이다. 다만 맥락에 따라 'le présent'은 '현재'도 되지만, '현전하는 것'이 되기도 한다. 특히 'l'absent'은 '부재하는 것'으로 번역해야 할 경우가 대부분이고, '부재'라고 번역해야 할 경우는 'l'absence'일 때이다. 'le présence'는 '현전'이라 번역해야 한다.

인가? 만일 그렇다면, 현재는 현전하는 것 사이의 하나의 상호적 관계일 것이다. 쉽게 알 수 있을지라도 결코 그렇지 않다. ……에 대한 현전은 현전하는 존재와 이 존재가 그것에 대해 현전해 있는 존재 사이의 하나의 내적 관계이다. 단순히 외적인 인접 관계가 문제가 되는 경우는 없다. ……에 대한 현전은 자기의 바깥에, ……에 가까이에 존재한다는 것을 의미한다. ……에 대해 현전할 수 있는 것은 그 존재에 있어 다른 존재들과의 하나의 존재 관계가 자신 속에 있어야 한다. 내가 이 의자에 대해 현전할 수 있는 것은, 오직 내가 존재론적 종합의 관계 속에서 이 의자와 결합하는 한에서이고, 또 내가 이 의자가 아닌 것으로서 저 의자의 존재 속에 있는 한에서이다. 따라서 ……에 대해 현전하는 존재는 즉자적으로 휴식 상태에 있을 수 없다. 즉자는 과거적일 수 없는 것과 마찬가지로 현재적일 수도 없다. 즉자는 그저 존재한다. 하나의 즉자가 다른 즉자와 모종의 동시성을 갖는 것은, 두 개의 즉자에 대해 공현전하는 하나의 존재, 또 자기 자신 속에 현전의 역량을 가지고 있는 하나의 존재의 관점을 취하지 않고서는, 문젯거리가 될 수 없다. 따라서 현재는 즉자존재에 대한 대자의 현전일 수밖에 없다. 그리고 이 현전은 우연이나 병존의 결과일 수도 없다. 반대로 이 현전은 모든 병존에 의해 전제되고 또 대자의 존재론적 구조이어야 한다. 이 책상이 이 의자에 현전하는 것은, 인간실재가 하나의 현전으로서 붙어 다니는 하나의 세계 속에서야 한다. 달리 말해 먼저 대자로 있고 그다음에 존재자에 현전하는 그런 존재자의 한 유형을 생각할 수도 없을 것이다. 하지만 대자는 자기를 대자로 있게 함으로써 자기를 존재에 대해 현전하도록 하고, 또 대자는 대자이기를 그침으로써 현전임을 그친다. 대자는 존재에의 현전으로 정의된다.

대자는 어떤 존재에 대해 자기를 현전하게끔 하는가? 대답은 분명하다. 대자가 현전하는 것은 모든 즉자에 대해서이다. 또는 오히려 대자의 현전은 즉자존재라는 하나의 총체가 있게끔 하는 것이다. 왜냐하면 존재인 한에서의 존재에 현전하는 이런 방식 자체에 의해, 대자가 다른 존재들보다 하나의 특권적인 존재에 더 많이 현전할 수 있는 모든 가능성이 배제되기 때문이다. 비록 대자의 존재의 사실성이 대자를 다른 곳보다 오히려 거기에 있게 한다고 해도, 거기에 있다는 것은 현전해 있는 것이 아니다. 거기에-있다는 것은 단지 즉자의 총체에 대한 현전이 실현되는 경우의 시야를 규정할 뿐이다. 이것을 통해 대자는 존재가 하나의 동일한 현전에서 존재한다. 존재들은 공현전적인 것으로서 하나의 세계 속에 드러내 보이지만, 이 세계 속에서 대자는 현전이라 지칭되는 탈자적인 전적인 희생을 통해 자기 자신의 피(sang)로 이 존재자들을 결합시킨다. 대자의 희생이 있기 "전에" 존재들이 함께 존재한다거나 분리되어 존재한다고 하는 것은 불가능하다. 하지만 대자는 현재가 세계 속에 들어오게 하는 존재이다. 세계의 존재들은, 사실상 하나의 동일한 대자가 그것들 모두에게 동시에 현전하는 한에서, 공현전적으로 있다. 이렇게 해서 우리가 즉자들에 대해 보통 현전한다고 칭하는 것은, 그 즉자들의 존재와 뚜렷하게 구별된다. 게다가 보통 우리가 말하는 현재는 그 이상의 무엇인가로 있는 것은 아니다. 보통 우리가 말하는 현재는, 하나의 대자가 그 즉자존재들에 대해 현전하는 한에서, 그 즉자들의 공현전일 뿐이다.

이제 우리는 누가 현전하고 있고, 또 현재는 무엇에 대해 현전하는지를 안다. 그렇다면 도대체 현전은 무엇인가?

우리는 이 현전이 순수한 외적 관계로서 생각되는 두 존재자의 단순한 공현존일 수 없다는 사실을 살펴보았다. 왜냐하면 단순한 공현존은 이 공현존을 확립하기 위해서는 제3항을 요구할 것이기 때문이다. 이 제3항은 세계 한복판에서 사물들이 공현존하는 경우에 존재한다. 다시 말해 모든 사물에 대해 자기를 공현전하도록 함으로써 이 공현존을 확립하는 것은 대자이다. 하지만 대자가 즉자존재에 현전하는 경우에는 제3항은 있을 수 없다. 어떠한 증인도, 심지어 신이라 할지라도, 제3항을 확립할 수는 없다. 대자 자신도 이 현전이 이미 존재하는 한에서만 이 현전을 인식할 수 있을 뿐이다. 그럼에도 이 현전은 즉자의 방식으로 존재할 수는 없을 것이다. 이것은 근원적으로 대자가 자기 자신에 대해 자기 자신의 고유한 공현존의 증인인 한에서, 존재자에 현전함을 의미한다. 우리는 이 사실을 어떻게 이해해야 하는가? 우리는 대자가 자기의 존재에 대한 증인이라는 형태로 존재하는 존재임을 안다. 그런데 대자가 존재에 대해 현전하는 것은, 이 대자가 자기 밖에, 존재 위로 지향적으로 향할 경우이다. 그리고 대자는 그 존재에 최대한 밀착하되 그 존재와 동일화되지 않고서 그럴 수 있어야 한다. 다음 장에서 살펴보겠지만, 이 밀착은 대자가 존재와의 근원적인 연결 속에서 자기에게서 태어난다는 사실로 인해 실재적이다. 즉 대자는 이 존재로 있지 않은 것으로서 자기 자신에 대해 자기의 증인으로 있다. 그리고 이 사실로 인해 대자는 자기 밖에, 존재 위에, 존재 속에 이 존재로 있지 않은 것으로서 존재한다. 게다가 우리는 현전의 의미 작용 자체에서 연역해 낼 수 있었다. 한 존재에 대한 현전에는 우리가 내적 연결에 의해 이 존재와 연결되어 있다는 사실이 함축되어 있다. 그렇지 않다면, 현재가 그 존재와 맺는 그 어떤 연결도 불가능할 것이다. 하지만 이 내적 연결은 하나의 부정적인 연결이다. 이 연결은 현재의 존재에 대해 그것이 현전하고 있는 그 존재임을 부정한다. 그렇지 않으면 내적 연결은 단지 단순한 동일화로 소멸할 것이다. 그래서 대자의 존재에 대한 현전에는 이 대자가 존재의 현전에서 존재로 있지 않은 것으로서의 자기의 증인이라는 사실이 함축되어 있다. 존재에 대한 현전은, 대자가 존재하지 않는 한에서, 대자의 현전이다. 왜냐하면 부정은 대자를 존재와 구별하는 존재 방식의 차이(différence de manière d'être)가 아니라 존재의 차이(différence d'être)와 관련한 것이기 때문이다.[55] 이것이 바로 현재는 존재하지 않는다고 말하면서 우리가 간단하게 표현하고자 하는 것이다.

현재와 대자의 비존재는 무엇을 의미하는가? 비존재를 파악하기 위해서는 대자와 그 존재 양상으로 되돌아가야 하고, 또 대자가 존재와 맺는 존재론적 관계를 간단하게 설명해야 한다. 대자인 한에서의 대자에 대해서는, 예컨대 9시이다(il est neuf heures)라고 말할 때와 같은 의미로, 다시 말해 자기를 정립시키고 소멸시키며, 또 수동성의 외관을 부여하는 존재와 자기 자신의 전면적인 동등성이라는 의미에서, 대자는 있다(il est)고 결코 말할 수는 없을 것이다. 왜냐하면 대자는, 반영이 반영하는 어떤 대상도 없이, 하나의 반영하는 자를 가리키는 반영의 증인과 한 쌍을 이루는 외현의 존재를 가지고 있기 때문이다. 대자는 존재를 가지고 있지 않다. 그 이유는 대자의 존재는 항상 거리를 두고 존재하기 때문이다. 만일 당신이 반영하는 자에게 있어서만 외현 또는 반영일 뿐인 외현을 고려한다면, 대자의 존재는 저기, 반영하는 자 안에 있을 것이다. 만일 당신이 그 자체만으로는 오직 이 반영을 반영하는 단순한 기능일 뿐인 반영하는 자를 고려한다면, 대자의 존재는 저기, 반영 안에 있을 것이다. 하지만 이외에도 대자는 그 자체에 있어서도 존재가 아니다. 왜냐하면 대자는 그 자신이 존재로 있지 않은 것으로서, 명백하게 자기를 대자로 있게끔 하기 때문이다. 대자

---

55 '존재하는가, 존재하지 않는가의 차이', '존재와 무'의 차이라는 의미이다.

는 ……에 대한 내면적 부정으로서 ……에 대한 의식이다. 지향성과 자기성의 기본적인 구조는 대자의 사물에 대한 내적 관계로서의 부정이다. 대자는 사물에서 출발해서 이 사물의 부정으로서 자기를 외부에서 구성한다. 이렇듯 대자가 즉자존재와 맺는 최초의 관계는 부정이다. 대자는 대자의 방식으로 "존재한다." 다시 말해 대자는, 그것이 존재로 있지 않은 것으로서 그 자신에게 드러나는 한에서, 분산된 존재자로 존재한다. 대자는 이중적으로, 즉 내면적 분열과 분명한 부정에 의해 존재에서 벗어난다. 그리고 현재는 정확하게 이 존재의 부정이고, 우리가 그곳에서 벗어나는 출발점인 거기에 존재가 있는 한에서의 존재로부터의 탈출이다. 대자는 탈주 형식으로 존재에 현전한다. 현재는 존재에 직면해서 끊임없이 탈주한다. 이렇게 해서 우리는 현재에 대한 첫 번째 의미, 즉 현재는 존재하지 않는다는 의미를 밝혔다. 현재의 순간은 대자를 실재화하고 사물화하는 사고방식에서 나온다. 존재하는 것이면서 또 대자가 그것에 대한 현전을 수단으로 이용해 — 예컨대 시계판 위의 시곗바늘을 수단으로 이용하는 것처럼 — 대자를 표현하도록 하는 것이 바로 이 사고방식이다. 이런 의미에서 대자에 대해 지금은 9시이다라고 말하는 것은 부조리하다. 하지만 대자는 9시를 가리키는 시곗바늘에 현전할 수는 있다. 우리가 현재라고 잘못 말하는 것은 무엇인가에 대해 현재가 현전해 있는 존재이다. 현재를 순간 형태로 파악하기란 불가능하다. 왜냐하면 순간은 현재가 존재하는 찰나일 것이기 때문이다. 그런데 현재는 존재하지 않는다. 현재는 탈주의 형태로 자기를 현재화한다(présentifie).

하지만 현재는 대자를 단순히 현재화하는 비존재로 있는 것만은 아니다. 대자인 한에서 현재는 자기 밖에, 전방과 배후에 자신의 존재가 있다. 배후에서 현재는 자신의 과거로 있었고, 전방에서 현재는 자신의 미래로 있을 것이다. 현재는 공현전하는 존재 밖으로의 탈주이고, 자신이 그것으로 있었던 존재로부터 자신이 그것으로 있을 존재를 향한 탈주이다. 현전하는 것인 한에서, 현재는 자신이 그것으로 있는 것(과거)으로 있지 않고, 또 자신이 그것으로 있지 않은 것(미래)으로 있다. 결국 우리는 미래(Futur)로 향한다.

C) 미래

먼저 즉자가 미래로 있을 수도 없고 미래의 한 부분을 포함할 수도 없다는 사실을 지적하자. 내가 초승달을 바라볼 때, 보름달은 인간실재에 드러내 보이는 "세계 속에서"만 미래일 뿐이다. 미래가 세계 속에 도래하는 것은 인간실재에 의해서이다. 달의 부분에서 차지하는 이 4분의 1은 그 자체로 있는 그대로이다. 이 부분에서는 어떤 것도 잠재태로 있지 않다. 이 부분은 현실태이다. 따라서 즉자존재의 근원적인 시간성의 현상으로서의 미래도 없을뿐더러 과거도 없다. 즉자의 미래는, 만일 그것이 존재한다면, 과거와 마찬가지로 존재에서 단절된 상태로 즉자로서 존재할 것이다. 비록 우리가 라플라스[56]처럼 미래의 한 상태를 예견하도록 도와준 전적인 결정론을 인정한다고 해도, 미래의 정황은 장래(avenir)인 장래의 선행적 드러남 위에, 세계에 올-하나의-존재(un être-à-venir) 위에 그 윤곽을 그려야 한다. 그렇지 않다면, 시간은 착각이고, 또 시간적 순서는 연역 가능성의 엄격하

---

56 피에르 시몽 마르키스 드 라플라스(Pierre Simon Marquis de Laplace, 1749~1827)는 프랑스의 수학자로 선형대수, 확률론, 해석학 등을 연구했다. 친구인 화학자 앙투안 라부아지에(Antoine Lavoisier, 1743~1794)와의 공동 연구는 그가 화학 혁명의 근본이 되는 수학적(정량적) 방법론의 중요성을 깨닫는 데 영향을 주었다.

게 논리적인 질서를 감추고 있다는 것이 되고 만다. 장래의 윤곽이 세계의 지평에 그려진다면, 그것은 자기 자신의 장래로 있는 하나의 존재에 의해서만 가능할 뿐이다. 다시 말해 자기 자신을 향해 와야 하는 (à-venir) 존재, 그 존재가 자신의 존재의 자기-에게-옴(un venir-à-soi)에 의해 구성되는 하나의 존재에 의해서만 가능할 뿐이다. 여기에서 우리는 과거에 대해 서술한 것과 유사한 탈자적 구조를 다시 발견한다. 단순히 자신의 존재로 있는 것이 아니라, 자신의 존재로 있어야 하는 단 하나의 존재만이 장래를 가질 수 있다.

하지만 자신의 장래로 있다는 것은 대체 무엇인가? 그리고 장래는 어떤 유형의 존재를 갖는가? 먼저 장래가 표상으로 존재한다는 생각을 버려야 한다. 무엇보다 장래는 드물게 "표상된다." 하이데거의 말처럼, 장래가 표상될 때 장래는 주제화되면서 나의 장래이기를 그치고, 나의 표상과 무관한 대상이 되고 만다. 그다음으로 장래는, 그것이 표상된다고 해도, 나의 표상의 "내용"일 수 없을 것이다. 왜냐하면 만일 내용이 있다면, 그 내용은 현전해야 하기 때문이다. 이 현전하는 내용이 "미래를 지향하는(futurante)" 하나의 의도에 의해 생기를 얻게 될 것인가? 그것은 전혀 의미를 가지지 못할 것이다. 심지어 이 의도가 존재한다고 해도, 그 자체가 현전할 수밖에 없을 것이다 ─ 그리고 그 경우에 장래의 문제는 아무런 해결책도 얻지 못할 것이다. 또는 이 의도는 현재를 장래 속에서 초월해야 할 것이다. 그리고 그때에는 이 의도의 존재는 와야 할 것으로 있으며, 단순한 지각됨과는 다른 존재를 장래에 인정해야 할 것이다. 게다가 만일 대자가 자신의 현재 속에 한정되어 있다면, 대자는 어떻게 자기에게 장래를 표상할 수 있을까? 대자는 어떻게 장래에 대한 인식 또는 예감을 가질 수 있을까? 어떤 이념을 생각해 낸다고 해도 대자에게 장래에 상당하는 것을 제공할 수는 없을 것이다. 만일 먼저 현재를 현재 속에 가둔다면, 현재가 현재로부터 결코 빠져나올 수 없음은 자명하다. 이 현재를 "장래의 개요(gros de l'avenir)"로 제시한다고 해도 아무 소용이 없을 것이다. 이 표현은 아무것도 의미하지 않거나, 현재의 현실적 효력을 지시하거나, 또는 자기 자신에게 미래적으로 있는 것으로서의 대자의 법칙을 지시하는 것이다. 그리고 마지막의 경우에서 그 표현은 단지 서술하고 설명해야 한다는 사실을 나타낼 뿐이다. 대자가 자기의 자기에 대한 근원적이고 선판단적인 관계를 기반으로 하지 않는 한, 대자는 "장래의 개요"일 수도, "장래에 대한 기다림"일 수도 없고, 또 "장래에 대한 인식"일 수도 없을 것이다. 대자가 장래로부터 출발해 자기 자신에게 오는 존재, 즉 자신의 밖에, 장래에, 자신의 존재를 가진 것으로서 자기를 존재케 하는 존재가 아니라면, 비록 과학적인 우주의 비결정 상태에 대해서일지라도, 우리는 대자를 위해 주제화된 예견의 최소한의 가능성도 생각할 수 없을 것이다. 간단한 예를 하나 들어 보자. 내가 테니스 코트에서 실감나게 취한 이 자세는, 그다음에 내가 라켓으로 공을 쳐서 네트 너머로 돌려보낼 동작에 의해서만 의미를 가질 뿐이다. 하지만 나는 미래의 동작에 대한 "명백한 표상"에 복종하는 것도 아니고, 이 미래의 동작을 실행하려는 "확고한 의지"에 복종하는 것도 아니다. 표상과 의지는 심리학자들이 고안해 낸 우상일 뿐이다. 심지어 주제적으로 정립되지도 않고, 내가 취하는 자세로 되돌아와 그 자세를 조명하고, 연결하고, 변양시키는 것은 바로 미래의 동작이다. 나는 먼저 테니스 코트 위에서 단번에 공을 저쪽으로 날려 보냄으로써 나는 나 자신에 대해 결여로 존재한다. 그리고 내가 취하는 중간의 자세들은 나를 미래의 상태에 융합하기 위해 나를 그 상태에 접근시키는 수단일 뿐이다. 이 중간의 자세 하나하나는 전적으로 미래 상태에 의해서만 의미를 가질 뿐이다. 나의 의식의 한 순간이라 하더라도 이와 마찬가지로 하나의 미래에 대한 내적 관계에 의해 정의되지 않는 것은 없다. 내가 글을 쓰든, 내가 담배를 피우든, 내가 술을 마시든, 내가 휴식을 취하든, 나의 의식의 의미는 항상 거리를 두고, 저기에, 밖에 있다. 이 의미에서 하이데거가 현존재에 대해 "만일 그것을 그 순수한 현재에 한정한다면, 그것이 장차 있을 것보다는 항상 무한히 그 이상의 것이다."라고 말한 것은 타당하다. 좀 더 적절하게 말하면, 이런 한정은 불가능할 것이다. 왜냐하면 그때는 현재를 하나의 즉자로 만들 것이기 때문이다. 이렇게 해서 사람들은 정확하게 목적성은 뒤집힌 원인성, 다시 말해 미래 상태의 효력이라고 말했다. 하지만 사람들은 이 명제를 문자 그대로 받아들임을 너무 자주 망각했다.

미래를 아직 존재하지 않는 하나의 "지금"으로 이해하면 안 된다. 그리되면 우리는 즉자 속에 빠지게 될 것이고, 특히 우리는 시간을 하나의 주어지고 정태적인 그릇으로 간주할 수밖에 없을 것이다. 미래는, 내가 그것으로 있지 않을 수 없는 한에서, 내가 그것으로 있어야 하는 것이다. 대자가 존재 앞에, 이 존재로 있지 않은 것으로서, 또 과거에 자기의 존재로 있었던 것으로서 자기를 현재화한다는 사실을 상기하자. 이 현전은 도피이다. 존재 옆에서 정체하면서 쉬고 있는 현전이 문제가 아니라, 존재 밖으로의 ……을 향한(vers) 도피가 문제이다. 이 도피는 이중적이다. 왜냐하면 현전은 자기가 그것으로 있는 존재로부터 달아나면서 자기가 그것으로 있었던 존재로부터 달아나기 때문이다. 현전은 무엇을 향해 달아나는가? 대자가 존재로부터 달아나기 위해 자신을 존재로 현재화하는 한에서, 이 대자는 하나의 결여라는 사실을 잊지 말자. 가능은 대자가 자기가 되는 데에 결여하고 있는 것이다. 이렇게 말해도 좋다면, 가능은 내가 그것으로 있는 것과 거리를 둔 출현이다. 이제 우리는 현전이라는 도피의 의미를 파악한다. 현전은 자신의 존재를 향한 도피, 다시 말해 자신에게 결여되어 있는 것과 일치할 때 자신이 있게 될 자기를 향한 도피이다. 미래는 결여인 한에서 현전을 현전의 즉자에서 떼어 놓는 결여이다. 만일 현전이 아무것도 결여하고 있지 않다면, 현전은 존재 속으로 다시 빠져들 것이고, 존재에 대한 현전까지 상실하고, 그 대신 완전한 동일성의 고립을 얻게 될 것이다. 현전을 현전으로 있을 수 있게 하는 것은 결여인 한에서 결여이다. 이것은 현전이 자기 자신의 밖으로, 세계 저편에 있는 하나의 결여분을 향해 존재하기 때문이다. 현전이 자기 자신 밖에, 자신이 있지 않은 하나의 즉자에 대한 현전일 수 있는 것도 바로 이 때문이다. 미래는 대자가 존재 저편에서 그것으로 있어야 하는 것을 규정하는 존재이다. 대자가 단순히 자신의 존재로 있는 것이 아니고 자신의 존재로 있어야 하기 때문에, 하나의 미래가 있다. 대자가 [그것으로] 있어야 할 존재는 공현전하는 즉자들과 같은 방식으로 존재할 수는 없을 것이다. 그렇지 않으면 이 존재는 존재되어야 하는 일 없이 ⟨sans avoir à être été⟩ 존재할 것이다. 따라서 우리는 이 존재를 단지 현전이 결여되어 있을 뿐인, 완전히 규정된 하나의 상태라고 생각할 수는 없을 것이다. 이것은 칸트가 현실존재는 개념 대상에 더 이상 아무것도 덧붙이지 않는다고 말한 것과 같다. 하지만 이 존재는 또한 존재하지 않을 수도 없다. 그렇지 않으면, 대자는 하나의 소여에 불과할 것이다. 이 존재는 대자가 그것에 대해 미완성인 것으로서 끊임없이 자신을 대자적으로 파악함으로써 자신을 그것으로 있게 한다. 이 존재는 반영-반영하는 것의 쌍에 거리를 두고 붙어 다니는 것이며, 이로 인해 반영은 반영하는 것에 의해(또 그 반대로) 하나의 아직-아닌 것

(un Pas-encore)으로서 파악된다. 하지만 정확하게 이 결여분은 결여자인 대자와 함께 단일한 출현의 통일 속에서 주어져야 한다. 그렇지 않으면, 대자가 그것에 대해 자기를 아직-아닌 것으로서 파악할 것이 아무것도 없을 것이다. 미래는 대자가 아직 그것으로 있지 않은 것으로서 대자에게 자신을 드러내 보인다. 그것은 대자가 자기를 위해 이 드러내 보임의 시각에서 자기를 아직-아닌 것으로서 비정립적으로 구성하는 한에서, 또 대자가 자기가 있지 않은 것을 향해 현재의 밖으로 자기 자신을 기투하는 자로 존재하게끔 하는 한에서 그러하다. 그리고 미래는 분명 드러내 보임 없이는 존재할 수 없다. 또 이 드러내 보임은 그 자신이 자기에게 드러날 것을 요구한다. 다시 말해 드러내 보임은 대자의 드러내 보임을 자기 자신에게 요구한다. 그렇지 않으면, 드러내 보임(Révélation) 전체는 무의식적인 것 속으로, 즉 즉자 속으로 추락하게 될 것이다. 이렇듯 자기 자신에게 자기의 드러내 보인 것으로 있는 하나의 존재만이, 즉 그 존재가 자기에게 문젯거리인 존재만이 하나의 미래를 지닐 수 있을 뿐이다. 하지만 반대로 그 존재는 아직-아닌 것의 시각에서만 자기에게 존재할 수 있을 뿐이다. 왜냐하면 그 존재는 자기 스스로를 하나의 무로, 다시 말해 자기 자신의 존재의 보충분이 자기와 거리를 두고 있는 하나의 존재로 파악하기 때문이다. 거리를 두고서, 즉 존재 저편에서 말이다. 이렇듯 대자가 존재 저편에서 그것으로 있는 것은 모든 것이 미래이다.

이 "저편"은 무엇을 의미하는가? 이것을 파악하기 위해서는 미래가 대자의 본질적인 특징을 가지고 있다는 사실, 즉 미래는 존재에 대한 (미래적) 현전이라는[57] 사실을 지적해야 할 것이다. 그리고 미래는 여기에 있는-대자의 현전, 즉 미래가 그것의 미래인 그 대자의 현전이다. 내가 "나는 행복할 것이다."라고 말할 때, 행복할 자는 현재의 대자이다. 그것은 체험이 그것으로 있었던 것과 체험이 자기 뒤에 끌고 다니는 모든 것과 함께 있는 현행적인 "체험"이다. 그리고 이 현행적인 체험은 존재에 대한 현전으로서, 다시 말해 대자의 공미래적(cofutur)인 존재에 대한 미래적 현전으로서 행복일 것이다. 따라서 현재적인 대자의 의미로서 나에게 주어져 있는 것은, 보통 공미래적인 존재이다. 이것은 공미래적인 존재가 미래적인 대자에게 자기를 드러내 보이는 한에서이고, 대자는 그에 대해 현재적인 것으로 있다. 왜냐하면 대자는 현전의 형태로 이루어지는 세계에 대한 조정적 의식이지, 자기에 대한 조정적 의식이 아니기 때문이다. 이렇듯 보통 의식에 드러나는 것은 미래의 세계이지만, 이때 의식은 미래적 세계가 의식에 나타날 것인 한에서의 세계이며, 이 미래적인 세계가 장차 올 대자의 현전에 의해 미래로 정립되는 한에서의 세계라는 것에 유의하지 않는다. 이 세계는, 다른 하나의 신체적·감정적·사회적 위치에서 내가 그것으로 있을 한 명의 타인으로서 내가 이 세계에 현전하는 한에서만, 의미를 가질 뿐이다. 그렇지만 나의 현재적 대자의 끝에 있는 것, 또 즉자존재 저편에 있는 것은 바로 이 미래적인 세계이다. 그리고 이런 이유로 우리는 먼저 미래를 하나의 세계 상태로 제시하고, 그다음에 미래가 이 세계를 배경으로 해서 우리에게 나타나도록 하려는 경향이 있다. 만일 내가 글을 쓴다면, 나는 쓰이는 것으로 또 쓰여야 하는 것으로서의 낱말에 대한 의식을 갖는다. 낱말만이 나를 기다리고 있는 미래로 보인다. 하지만 낱말들이 써야 할 것으로 나타난다는 그 단적인 사실에는 자기(에 대한) 비조정적 의식으로서의 글을 쓰는 것은 내가

---

57 원문은 'il[le futur] est présence (future) a l'être'이다. 하지만 이 부분은 'il[le futur] est présence (future) à l'être'의 오기로 보인다. '텔(Tel)' 총서 1979년 판과 '사상 총서(Bibliothèque des Idées)' 1943년 판에도 'a'가 'à'로 표기되어 있다.

그것으로 있는 가능성임이 함축되어 있다. 이렇듯 하나의 존재에 대한 대자의 미래적인 현전으로서의 미래는 그 자신과 함께 즉자존재를 미래 속으로 끌어당긴다. 대자가 어떤 존재에 대해 현전할 존재는, 미래가 대자의 의미인 것과 같이 현재적 대자에게 공현전적인 즉자의 의미이다. 미래는 공미래적인 어떤 존재에 대한 현전이다. 왜냐하면 대자는 자기 밖에, 존재 곁에서만 존재할 수 있을 뿐이기 때문이고, 또 미래는 하나의 미래적인 대자이기 때문이다. 하지만 이렇게 해서 장래는 미래에 의해 세계에 도래한다. 다시 말해 대자는 존재 저편에 있는 어떤 존재에 대한 현전으로서 자기 자신의 의미로 있다. 대자에 의해 존재 저편이 드러나며, 이 존재 옆에서 대자는 자신이 있는 그대로의 것으로 있어야 한다. 저 유명한 문구에 따르면, 나는 "내가 있었던 그대로의 것이 되어야" 한다. 하지만 내가 있었던 그대로의 것이 되어야 하는 것은 그 자신이 생성된(devenu) 하나의 세계 속에서이다. 게다가 그것이 있는 그대로의 것에서 출발해 생성된 세계 속에서이다. 이것은 내가 세계에 대해 파악한 상태에서 출발해 세계에 그 고유한 가능성을 부여함을 의미한다. 결국 결정론은 나 자신을 미래화하는 기투를 기반으로 나타난다. 이렇게 해서 미래는 상상적인 것과 구별될 것이다. 이 상상적인 것에서 나는 [미래에서와] 똑같이 내가 있지 않은 것으로 있고, 또 똑같이 하나의 존재 속에서 나의 의미를 발견한다. 하지만 이 상상적인 것에서 내가 그것으로 있어야 하는 대자는 존재의 세계 옆에서, 세계의 무화라는 바탕으로부터 나타난다.

하지만 미래는 오로지 대자가 존재 저편에 위치한 하나의 존재에 대해 현전으로만 있는 것은 아니다. 미래는 내가 그것으로 있는 대자를 기다리는 무엇인가이다. 이 무엇인가는 바로 나 자신이다. 나는 내가 행복할 것이라고 말할 때, 행복하게 될 자는 자기 뒤에 자신의 과

거를 끌고 다니는 나의 현재적인 나(mon moi présent)임은 말할 나위
가 없다. 이렇듯 미래는, 내가 존재 저편에서 한 존재에 현전하는 것으
로서 나를 기다리는 한에서, 바로 나이다. 나는 나를 미래를 향해 기
투함으로써, 나는 내가 미래에서 결여하고 있는 것, 다시 말해 그것이
나의 현재에 종합적으로 부가되면 내가 있는 그대로의 것이 되는 것
과 나를 융합하고자 한다. 이렇듯 존재 저편의 존재에 대한 현전으로
서 대자가 있어야 하는 것은 바로 그 자신의 고유한 가능성이다. 미래
는 사실성(과거)과 대자(현재)와 그 대자의 가능(장래)의 갑작스러우면
서도 무한한 압축이 마침내 대자의 그 자신에 있어서의 존재로 자기
(le Soi)를 나타나게 하는 이상적인 지점이다. 그리고 그것으로 있는
미래를 향한 대자의 기투는 즉자를 향한 기투이다. 이 의미에서 대자
는 그 자신의 미래로 있어야 한다. 왜냐하면 대자는 자기 앞에서, 또
존재 저편에서만 자신이 있는 것의 근거일 수 있을 뿐이기 때문이다.
"항상 미래적인 하나의 구멍"이어야 하는 것이 대자의 본성 자체이
다. 이 사실로 인해 대자는 그가 미래에 자신이 있어야 하는 것(ce qu'
il avait à être)으로 현재에 되어 있는(devenu) 일은 결코 있을 수 없
을 것이다. 현재적인 대자의 미래 전반은 이 대자 자체와 더불어 미래
인 채 과거 속으로 떨어진다. 이 미래는 어떤 한 대자의 과거적인 미래
(future passé) 또는 선행미래(futur antérieur)[58]가 될 것이다. 이 미래
는 실현되지 않는다. 실현되는 것은 미래에 의해 지시된 대자, 또 이 미
래와 함께 연결되어 자기를 구성하는 대자이다. 예컨대 테니스 코트

---

58 '선행미래(또는 '전미래')'는 어떤 행위와 상태가 미래의 어떤 시점에서 이미 완료되어 있을 것을
가리키는 시제이다. 예컨대 "그가 그곳에 도착했을 때, 나는 이미 그곳을 떠났을 것이다."라는 문장에
서, '그가 그곳에 도착했을 때'는 단순미래(futur simple)이고, "나는 이미 그곳을 떠났을 것이다."가 선
행미래(또는 전미래)이다. 이 의미에서 선행미래(또는 전미래)는 '과거적인 미래'라고도 할 수 있다.

제2장 시간성 —— 303

에서 내가 최종적으로 취하는 자세는 장래를 바탕으로 해서 나의 중간적인 모든 자세를 결정했고, 또 최종적으로 이 자세는 나의 동작의 의미로 장래에 그렇게 있던 자세와 궁극적으로 동일한 자세가 재결합된 것이다. 하지만 정확하게 말하면 이 "재결합"은 순전히 관념적이며, 그것은 실제로는 이루어지지 않는다. 미래는 재결합하도록 자기를 내버려 두지 않는다. 미래는 오랜 미래인 과거로 미끄러져 들어간다. 그리고 현재적인 대자는 자기 자신의 고유한 무의 근거로서, 그리고 다시금 새로운 미래의 결여로서 그 모든 사실성 안에서 자기를 드러내 보인다. 그로부터 미래로의 각각의 출구에서 대자를 기다리는 존재론적 기만, 예컨대 "제정하에서 공화정은 얼마나 멋있었던가!" 하는 식의 기만에 기인한다. 비록 나의 현재가 존재 저편에서 내가 미래를 향해 나를 기투했을 때의 그 미래와 그 내용에서 엄격하게 일치한다고 하더라도, 내가 나를 기투하면서 그쪽을 향한 것은 이 현재가 아니다. 왜냐하면 나는 미래인 한에서 미래를 향해, 다시 말해 나의 존재의 재결합의 지점인 한에서, 자기(le Soi)가 나타남의 장소인 한에서의 미래를 향해, 나를 기투한 것이기 때문이다.

이제 우리는 미래의 존재에 대해 좀 더 자세하게 질문을 던질 수 있다. 왜냐하면 내가 있어야 할 것으로 있는 이 미래가 단순히 존재의 저편에서 존재에 현전할 수 있는 나의 가능성이기 때문이다. 이런 의미에서 미래는 과거와 엄격하게 대립한다. 실제로 과거는 내가 나의 밖에서 그것으로 있는 존재이지만, 과거는 내가 그것으로 있지 않을 수 있는 가능성 없이 내가 그것으로 있는 존재이다. 이것이 바로 우리가 "자기의 배후에서 자신의 과거로 있다."라고 했던 것이다. 반대로 내가 있어야 하는 것으로 있는 미래는, 그 존재에 있어 내가 단순히 그것으로 있을 수 있는 것이다. 왜냐하면 나의 자유는 미래를 그 존재에 있어 밑에서 갉아먹기 때문이다. 이것은 미래가 나의 현재적인 대자의 의미를 그 가능성의 기투로서 구성함을 의미하기는 하지만, 미래가 결코 다가올 나의 대자를 미리 결정하는 것을 의미하지 않는다. 왜냐하면 대자는 자기의 무의 근거로 있다는 무화하는 의무 속에 항상 내던져져 있기 때문이다. 미래는, 대자가 또 하나의 다른 미래를 향해 있는 존재에 대한 현재화하는 도피로서 자기를 그 안에서 존재케 하는 틀을 미리 그려 줄 뿐이다. 미래는, 내가 자유롭지 않았더라면, 내가 그것으로 있을 것이고, 또 내가 자유롭기 때문에만 내가 그것으로 있을 수 있어야 한다. 미래는, 내가 그것으로 있을 것에서 출발해 내가 그것으로 있는 것을 나에게 알리기 위해서("자네 뭐 하는가?", "나는 이 양탄자에 못을 박고, 이 그림을 벽에 거는 중이네.") 지평 위에 나타남과 동시에, 미래는 대자-현재적 미래(futur présent-pour-soi)라는 그 본성에 의해 무장해제된다. 왜냐하면 앞으로 있게 될 대자는 자기 스스로 존재하도록 결정하는 방식으로 있을 것이기 때문이다. 또 이 대자의 미리 그려진 소묘로서 과거적 미래가 된 미래는, 과거의 자격으로 대자가 자기를 그것으로 있게 만들도록 대자를 간청할 수 있을 뿐이기 때문이다. 한마디로 나는 내가 나의 미래로 있지 않을 가능성이 지속되는 전망 속에서 나의 미래로 있다. 그로부터 우리가 앞에서 기술한 불안이 기인한다. 이 불안은 내가 있어야 하는 이 미래로 충분히 있지 못하다는 사실에서 생겨난다. 이 불안은 나의 현재에 대해 나는 그 의미가 항상 문제적인 하나의 존재라는 의미를 부여한다. 대자가 자기 밖에 있지만, 적어도 확실하게 자기 자신의 밖에서 그것으로 있는 하나의 존재에 매달리는 것처럼, 자기의 가능에 매달리고자 하는 것은 헛된 일이다. 대자는 오직 문제적으로만 자신의 미래로 있을 수 있을 뿐이다. 왜냐하면 대자는 자기가 그것으로 있는 무에 의해 미래에서 분리되어 있기 때문이다. 한마디로 대자는 자유롭고, 그의 자유는 그 자체에 대해 그 자신의 고유한 한계이다. 자유롭다는 것은 자유롭도록 선고받은 것이다. 이렇듯 미래는 미래인 한에서는 존재를 갖지 않는다. 미래는 즉자적으로 존재하지 않고, 대자의 존재 방식으로도 존재하지 않는다. 왜냐하면 미래는 대자의 의미이기 때문이다. 미래는 존재하지 않는다. 미래는 자기를 가능화한다. 미래는 현재적인 대자의 의미로서, 이 의미가 문제적인 한에서, 또 이 의미가 그런 것으로서 현재적인 대자에게서 근본적으로 빠져나가는 한에서, 가능의 계속되는 가능화이다.

이렇게 묘사한 미래는 다가올 순간의 동질적이고 연대순으로 이어짐에 상응하지 않는다. 분명 나의 가능들의 위계질서가 있다. 하지만 이 위계질서는 근원적인 시간성의 기초 위에 확립할 것과 같은 보편적인 시간성의 질서에 상응하지 않는다. 나는 무한한 가능성으로 있다. 왜냐하면 대자의 의미는 복합적이고, 또 하나의 공식으로 다룰 수 없을 것이기 때문이다. 하지만 그 가능성이 보편적 시간에서 훨씬 더 가까운 어떤 다른 가능성보다 현재적 대자의 의미에 대해서는 오히려 결정적이다. 예컨대 내가 지난 2년 전부터 보지 못한 친구를 2시에 만날 가능성은 참으로 내가 그것으로 있는 하나의 가능이다. 하지만 더 가까운 가능들 — 택시로, 버스로, 지하철로, 도보로 갈 가능성들 — 은 현재로서는 미결정으로 남아 있다. 나는 이 가능성 중 그 어느 것으로도 있지 않다. 그만큼 나의 가능성들의 계열에는 구멍들이 있다. 그 구멍들은 인식의 질서에서는 동질적이고 빈틈없는 시간적 구성에 의해 메워질 것이고, 행동의 질서에서는 의지에 의해, 다시 말해 합리적이고 주제화하는 선택에 의해 메워지게 될 것이다. 이때 나의 가능들, 현재 나의 가능성으로 있지 않고, 또 결코 나의 가능성으로 있지 않을, 그리고 내가 있는 그대로의 하나의 가능과 재결합하기 위해 전적인 무관심의 방식으로 내가 실현하게 될 가능성들이 함수로 작동할 것이다.

II. 시간성의 존재론

A) 정태적인 시간성

우리는 세 가지 시간적인 탈자(脫自)에 대해 현상학적으로 설명했다. 이를 바탕으로 이제 우리는 이차적인 탈자적 구조를 자기 속에서 조직하는 전체적 구조인 시간성을 검토할 수 있을 것이다. 하지만 이 새로운 탐구는 두 가지 다른 관점에서 이루어져야 한다.

시간성은 흔히 정의할 수 없는 것으로 여겨진다. 그렇지만 모든 사람은 시간성이 무엇보다 계기(繼起, succession)라는 것을 인정한다. 그리고 이 계기는 다시 전후(avant-après) 관계에 순서를 매기는 것을 주요 원리로 삼는 하나의 질서로서 정의할 수 있다. 전후에 따라 순서가 매겨진 하나의 다양태(multiplicité), 그것이 시간적 다양태이다. 따라서 먼저 "앞(avant)"과 "뒤(après)"라는 항의 구성과 요구를 고찰하는 것이 바람직할 것이다. 이것을 우리는 시간적인 정태(靜態, la statique temporelle)라고 부를 것이다. 왜냐하면 앞과 뒤라는 개념은 원래 의미에서의 변화와는 별개로 엄격하게 이루어지는 순서의 양상 아래 고찰할 수 있기 때문이다. 하지만 시간은 일정한 다양태를 위한 하나의 고정된 순서만은 아니다. 시간성을 좀 더 관찰해보면, 우리는 계기의 사실, 다시 말해 이런저런 이후(tel après)가 하나의 이전(un avant)이 되고, [이렇게 해서] 현재가 과거가 되며, 또 미래가 전미래(futur-antérieur)가 된다는 사실을 확인한다. 이에 대해서는 이어서 시간적인 동태(動態, Dynamique)라는 이름으로 검토하는 것이 적합할 것이다. 물론 시간의 정태적 구성의 비밀을 모색해야 하는 것은 시간적인 동태 속에서이다. 하지만 어려움을 나누는 것이 더 낫다. 어떤 의미에서 시간적인 정태는 시간성의 하나의 형식적 구조 ─ 이것을 칸트는 시간의 순서라고 했다 ─ 로 별도로 고찰될 수 있고, 또 동태는 실질적인 유출의 흐름, 또는 칸트의 용어에 따르면, 시간의 흐름에 상응한다고 할 수 있다. 따라서 이 순서와 이 흐름을 차례로 고찰하는 것은 흥미로울 것이다.

"전후"의 순서는 무엇보다 먼저 불가역성에 의해 정의된다. 한 계열 속의 항들을 하나하나 단일한 방향으로만 고찰할 수 있는 경우, 우리는 그 계열을 계기적이라 부를 것이다. 하지만 사람들은 앞과 뒤에서 ─ 정확하게 계열에 속한 이 항들이 하나씩 드러나고, 또 그 각각은 다른 항들에 대해 배타적이기 때문에 ─ 분리의 형식들을 보고자 했다. 사실 나를 나의 욕망들의 실현으로부터 분리하는 것은 바로 시간이다. 내가 이런 욕망의 실현을 기다려야 한다면, 그 실현이 다른 사건들이 일어나고 난 뒤의 시점에 위치하기 때문이다. 수많은 "뒤"의 계기가 없다면, 나는 즉시 내가 있고자 하는 것으로 있을 것이고, 나와 나 사이에 더 이상 거리가 없을 것이며, 행동과 꿈 사이의 분리도 없을 것이다. 소설가와 시인은 본질적으로 시간이 가진 분리적 효과에 대해서 강조하고, 아울러 시간적 동태에 속하는 유사한 관념, 즉 모든 "지금(maintenant)"이 "지난날(autrefois)"이 될 수밖에 없다는 관념에 대해서도 강조한다. 시간은 갉아먹고, 시간은 구멍을 뚫고, 시간은 분리하며, 시간은 달아난다. 그리고 시간은 분리자의 자격으로 — 인간을 고통 또는 고통의 대상으로부터 분리함으로써 — 그를 치료해 준다.

"시간이 하는 대로 내버려 두라." 왕이 로드리고 경에게 말한다.[59] 일반적으로 사람들은 이어지는 뒤(après)의 무한한 분산으로 갈가리 찢어짐이 모든 존재에게 있다는 그 필연성으로 인해 특히 충격을 받았다. 심지어 항상적인 것조차, 심지어 내가 변화를 겪는 동안 불변으로 머물러 있는 이 책상마저도, 시간적인 분산 속에서 자신의 존재를 펼치고 접어야 한다. 시간은 나 자신으로부터, 내가 있었던 것으로부터, 내가 있고자 하는 것으로부터, 내가 행하고자 하는 것으로부터, 또 사물과 타자로부터 나를 분리한다. 그리고 거리의 실질적인 척도로 선택된 것은 시간이다. 우리가 저 도시에서는 30분, 또 다른 도시에서는 1시간 거리에 있고, 이 일을 끝마치기 위해서는 세 시간이 필요하다 등. 이 전제들로부터 세계와 인간의 시간적인 모습이 수많은 전과 후로 찢겨 무너져 내릴 것이라는 결과가 도출된다. 이렇게 찢긴 분산의 단위, 즉 시간적 원자는 순간(l'instant)일 것이다. 그런데 이 순간은 결정된 어떤 순간 앞에, 그리고 다른 순간 뒤에 자기 자리를 가지고 있다. 그렇지만 이 순간은 그 자신의 고유한 형태 내부에 앞도 뒤도 포함하고 있지 않다. 순간은 분할할 수 없고 비시간적이다. 왜냐하면 시간성은 계기이지만, 세계는 무한한 티끌 같은 순간들로 무너져 내리기 때문이다. 예컨대 데카르트에게는 하나의 순간에서 다른 하나의 순간으로 어떻게 이행이 있을 수 있는가 하는 것이 문제였다. 왜

---

59 로드리고 경은 프랑스의 극작가 피에르 코르네유(Pierre Corneille, 1606~1684)의 비극 『르 시드(Le Cid)』(1637)에 등장하는 인물이다. 왕은 페르낭이다. 이 문장은 왕 페르낭이 로드리고 경에게 명령하는 유명한 대사이다. "시간과 너의 용맹과 너의 왕이 하는 대로 맡겨 두어라(Laisse faire le temps, ta vaillance, et ton Roi)."이다.

냐하면 순간들은 병존해 있기 때문이다. 다시 말해 순간들은 아무것도 아닌 것에 의해 분리되어 있으면서도 소통하지 않는다고 여겨졌기 때문이다. 이와 비슷하게 프루스트는 어떻게 자신의 자아(Moi)가 한 순간에서 다른 하나의 순간으로 넘어갈 수 있는가를 자문하고 있다. 예컨대 그는 밤에 잠을 자고 난 뒤에 뭔가 다른 자아보다는 정확하게 오히려 그 전날의 자신의 자아를 어떻게 되찾을 수 있을까를 자문하고 있다. 더욱 근본적으로 경험론자들은 자아의 항상성을 부인한 뒤에, 심적 생활의 수많은 순간을 통한 횡적 통일과 비슷한 것을 확립하고자 했지만, 그것은 헛된 시도였다. 이렇듯 시간성을 분해하는 힘을 따로 떼 내어 고찰하면, 주어진 하나의 순간에 존재했던 사실은 이어지는 순간에 존재하기 위한 권리를 구성하지 않고, 심지어 장래에 대한 하나의 저당권이나 선택권을 구성하지 않는다는 점을 고백하지 않을 수 없다. 그리고 이때 문제는 하나의 세계가 있다는 것, 다시 말해 시간 속에 서로 연결된 변화와 항상성이 어떻게 존재하는가를 설명하는 것이다.

그렇지만 시간성이 오직 분리인 것은 아니고, 심지어 [나중에 어떨지라도] 우선 분리인 것도 아니다. 시간성을 이해하기 위해서는 앞과 뒤의 개념을 정확하게 고찰하는 것으로도 충분하다. A가 B 뒤에 있다고 해 보자. 이때 우리는 A와 B 사이의 순서라는 확실한 관계를 세운 것이다. 따라서 순서 자체 속에서의 A와 B의 통일이 전제되어 있다. A와 B 사이에 순서 외에 다른 관계가 없다고 해도, 적어도 양자의 결합을 확인하는 것으로 충분할 것이다. 왜냐하면 순서는 한쪽에서 다른 한쪽으로 이동한다는 것과 계기에 따른 판단 속에서 양자를 잇는다는 것을 생각할 수 있게 해 주기 때문이다. 따라서 설사 시간을 분리라고 할지라도, 적어도 시간은 하나의 특수한 유형의 분리, 즉

재통합하는 분할이다. 사람들은 그럴 수도 있다고 말할 것이다. 하지만 하나로 결합하는 이 관계는 무엇보다도 하나의 외적 관계이다. 연합주의자들이 정신에 새겨진 인상들은 순전히 외적 연결에 의해서만 서로를 붙잡아 둘 수 있을 뿐이라는 사실을 확립하고자 했을 때, 그들은 결국 모든 연상적 연결을 단순한 "인접성"으로 인지되는 앞뒤의 관계로 환원하고자 하지 않았던가?

물론이다. 하지만 칸트는 경험적 연상을 이루는 최소한의 연결을 생각하기 위해서는 경험의 통일이 필요하고, 따라서 시간적 다양의 통일 작용이 필요하다는 것을 보여 주지 않았던가? 연합주의 이론을 좀 더 살펴보자. 이 이론은 존재가 모든 곳에서 즉자존재로 있다고 하는 존재의 일원론적인 사유를 수반한다. 정신에 각인된 각각의 인상은 그 자체에 있어 그것이 있는 그대로의 것으로 있다. 이 인상은 그 현재적인 충만 속에 고립되어 있고, 장래의 어떤 흔적도, 어떤 결여도 포함하고 있지 않다. 흄[60]은 그 유명한 도전을 감행하면서 자신이 경험으로부터 이끌어 냈다고 주장한 다음과 같은 법칙을 확립하는 데 몰두했다. 즉 원하는 바에 따라 강한 인상을 탐사하든 또는 약한 인상을 탐사하든, 사람들은 그 인상 속에서 그 인상 외의 다른 어떤 것도 결코 발견할 수 없을 것이다. 그 결과, 하나의 앞선 인상과 이어지는 인상의 모든 연결은, 그것이 아무리 불변하더라도, 인지 불가능한 것으로 남아 있다는 법칙이 그것이다. 그러면 즉자적인 한 존재로서 존재하는 하나의 시간적 내용 A와, 같은 방식으로, 즉 동일성을 띤 자기에 소속된 방식으로 이것보다 뒤에 오면서 존재하는 시간적 내용 B를 상정해 보자. 우선 이런 자기와의 동일성은 A와 B 모두를 각기 자

---

60 데이비드 흄(David Hume, 1711~1776)은 영국의 경험론 철학자로, 인식 대상의 통일성이 정신에 새겨진 인상들의 관념적인 연합을 통해 성립한다고 주장했다.

기와의 그 어떤 분리 — 이 분리가 시간적이라 할지라도 — 없이, 영원 속에서 또는 순간 속에서 존재할 수밖에 없도록 한다는 사실을 지적해야 한다. 그런데 이 경우 영원이든 순간이든 그 결과는 같다. 왜냐하면 순간은 앞뒤라는 연결에 의해 결코 내적으로 정의되지 않으며, 그만큼 무시간적이기 때문이다. 이런 조건에서 상태 A가 어떻게 상태 B에 앞설 수 있는가를 물을 수도 있다. 이 물음에 대해 앞서거나 뒤에 오는 것이 이런 상태들이 아니라 이 상태들을 포함하고 있는 순간들이라고 대답해 본들 아무 소용이 없다. 왜냐하면 순간들은 가정에 의해 상태로서 즉자적이기 때문이다. 그런데 A가 B보다 앞선다는 것에는 A(순간이든 상태이든)의 본성 자체 속에서 B쪽을 가리키는 불완전성이 전제되어 있다. 만일 A가 B에 앞선다고 한다면, A가 이 규정을 받아들일 수 있는 것은 B에서이다. 그렇지 않으면, 자신의 순간에 고립되어 있는 B의 생성도 소멸도 자신의 순간에 고립되어 있는 A에게 아무런 특정한 성질도 부여할 수 없다. 한마디로, 만일 A가 B에 앞서야 한다면, A는 자신의 존재 자체 속에서 자기에 대한 미래로서 B 안에 존재해야 한다. 그리고 반대로 만일 B가 A보다 뒤에 있어야 한다면, B는 자신의 배후에 뒤에 온다는 의미를 자신에게 부여할 A 안에 꼬리를 끌고 들어와야 한다. 따라서 만일 우리가 A와 B에 대해 즉자적인 존재를 선험적으로 인정한다면, 양자 사이에 최소한의 계기적인 연결을 확립하는 것은 불가능하다. 사실 이 연결은 순전히 외적 관계일 것이고, 또 그것으로서의 연결은 기체의 자격을 빼앗긴 채 일종의 비시간적인 무 속에서 A에도 B에도 달라붙지 못한 채 공중에 있다는 것을 인정해야 할 것이다.

이 앞뒤의 관계는 그것을 확립하는 한 명의 증인에게만 존재할 수 있을 뿐이라는 가능성이 남아 있다. 다만, 이 증인이 A와 B 안에 동시에 있을 수 있다면, 그것은 이 증인 자체가 시간적이기 때문이고, 그렇게 되면 이 증인에 대한 문제가 새롭게 제기될 것이다. 또는 반대로 이 증인은 비시간성에 해당하는 시간적인 편재성이라는 선물에 의해 시간을 초월할 수도 있다. 이와 비슷하게 데카르트와 칸트도 이런 해결책에 머물렀다. 그들에게 앞뒤의 종합적인 관계는 시간적인 통일성 속에서 펼쳐졌는데, 이 시간적인 통일성은 스스로 시간성에서 벗어나는 하나의 존재에 의해 순간의 다양태에 주어진다. 데카르트와 칸트는 모두 분할의 형식이자 그 자체로 순수한 다양태로 해소되는 시간을 전제로 출발한다. 시간의 통일성은 시간 그 자체에 의해 제시될 수 없기 때문에, 데카르트와 칸트는 이 시간의 통일성을 하나의 시간 외적 존재에게 맡긴다. 데카르트의 경우에는 신과 신의 계속된 창조, 칸트의 경우에는 나는 생각한다[61]와 그 종합적인 통일의 형식들이 그것이다. 다만 데카르트에게서 시간은 그 실질적 내용에 의해 통일되고, 이 실질적 내용은 무로부터(ex nihilo) 이루어지는 끊임없는 창조에 의해 존재로 유지된다. 반대로 칸트의 경우에는 시간의 형식 자체에 대해 순수 오성 개념이 적용된다. 아무튼 비시간적인 것(순간들)에 그 시간성을 부여하는 역할을 하는 것은 비시간적인 것(신 또는 나는 생각한다.)이다. 시간성은 비시간적인 실체들 사이의 하나의 외적이고 추상적인 단순한 관계가 되어 버린다. 사람들은 무시간적(a-temporels) 재료로 시간성을 완전히 재구성하고자 한다. 처음에 시간을 거스르는 방식으로 이루어진 이와 유사한 재구성에 이어 시간적인 것에 이를 수 없다는 것은 명백하다. 사실 우리는 암묵적으로 또 교활하게 비시간적인 것을 시간화하려 하거나, 또는 만일 우리가 비시간적인

---

61 칸트는 이것을 '순수통각(rein Apperzeption)'이라고 했다.

것에 대해 조심스럽게 그 비시간성을 보존하려 한다면, 시간은 하나의 단순한 인간적인 착각, 즉 하나의 몽상이 되고 말 것이다. 만일 시간이 실재적이라면, 사실 신은 "설탕이 녹는 것을 기다려야만"[62] 한다. 여러 시점의 연결을 작동하기 위해서 신은 저편의 장래 속에, 그리고 과거 속의 여기에 있어야만 한다. 왜냐하면 신이 이 시점들이 있는 곳으로 그것들을 포착하러 가야 하기 때문이다. 이렇듯 신의 의사(擬似) 비시간성은 다른 개념들, 즉 시간적 무한성과 시간적 편재성을 감추고 있다. 하지만 이 개념들은 즉자적인 존재와는 어떤 식으로든 결코 상응하지 않는 자기로부터의 이탈이라는 종합적인 형식을 위해서만 하나의 의미를 가질 수 있을 뿐이다. 그 반대로, 만일 예컨대 신의 전지(全知)를 그의 시간외성(extratemporalité)에 토대를 둔 것으로 여긴다면, 그때는 설탕이 다 녹는 것을 보기 위해 설탕이 녹기를 기다릴 필요가 전혀 없을 것이다. 하지만 그때는 기다릴 필요성, 따라서 시간성은 인간적 유한성에서 비롯하는 착각을 재현할 수 있을 뿐이고, 시간적 순서는 논리적이고 영원한 순서의 어수선한 지각 외에 아무것도 아니게 된다. 이 논법은 아무런 변경 없이 칸트의 "나는 생각한다"에 적용할 수 있다. 칸트의 경우 시간은 선험적 형식으로 비시간적인 것으로부터 나타나기 때문에, 시간이 바로 그런 것으로서 하나의 통일성을 가지고 있다고 반박해 보았자 아무 소용이 없다. 왜냐하면 시간의 나타남의 전체적인 통일성보다는 앞과 뒤의 시간 내적(intratemporelle) 연결을 설명하는 것이 더 문제가 되기 때문이다. 잠재적인 시간성이 있고, 통일 작용이 그것을 현세적인 상태로 나아가

---

62 베르그송은 이 인용문을 『창조적 진화』에서 시간이 수학적으로 사유되는 것이 아니라, 체험되는 지속으로서, 설탕이 녹아 설탕물이 되기를 기다리는 나의 지속과 일치하는 것임을 나타내기 위해 사용하고 있다.

게 한다고 말할 것인가? 하지만 이 잠재적인 계기는 우리가 방금 지적한 실재적인 계기보다 이해하기 어렵다. [실재적인] 계기가 되려고 통일 작용을 기다리는 [잠재적인] 계기는 무엇인가? 그것은 누구에게, 무엇에게 속하는가? 그렇지만, 만일 그 [잠재적인] 계기가 어느 곳에선가 이미 주어져 있지 않다면, 비시간적인 것이 자기의 그 비시간성을 전적으로 상실하지 않고서 어떻게 [실재적인] 계기를 분비할 수 있으며, 심지어 그 [잠재적인] 계기가 비시간적인 것을 깨부수지 않고서 어떻게 자신으로부터 [실재적인] 계기를 나오게 할 수 있는가? 게다가 여기에서 통일 작용이라는 관념 자체는 완전히 이해하기가 어렵다. 사실상 우리는 그들 각각의 위치와 그들 각각의 날짜에 고립되어 있는 두 개의 즉자를 상정했다. 그것을 어떻게 통일시킬 수 있을까? 실재적인 통일 작용이 문제인가? 그 경우 우리는 말로만 만족하거나 ── 그렇게 되면 통일 작용은 각각 자신의 동일성과 완전성 속에서 고립되어 있는 두 개의 즉자에 달라붙을 수 없을 것이다 ── 또는 새로운 유형의 하나의 통일성, 정확하게 말해 탈자적인 통일성을 구성해야 할 것이다. 즉 각각의 상태는 다른 상태의 앞 또는 뒤에 존재하기 위해 자기 밖에, 저기에 존재해야 할 것이다. 다만 두 즉자를 그저 접근시키는 것이 아니라, 그것들의 존재를 부수고, 감압시키고, 한마디로 그것을 시간화시켜야 할 것이다. 그런데 단순한 사유하는 능력으로서의 나는 생각한다의 비시간적인 통일성은 어떻게 이런 존재의 감압을 일으킬 수 있을까? 통일 작용이 잠재적으로 존재한다고, 다시 말해 인상 너머에 후설의 노에마와 유사한 어떤 유형의 통일성이 투사되었다고 말할 것인가? 하지만 비시간적인 것들을 통일해야 하는 하나의 비시간적인 것[즉 나는 생각한다.]이 어떻게 계기의 유형인 하나의 통일 작용을 생각해 낼 수 있을 것인가? 그리고 그 경우에 시간의 있음(l'esse)이 하나의 지각되는 것(le percipi)임을 인정해야 할 텐데, 그 지각됨(le percipitur)은 어떻게 구성되는가? 요컨대 무시간적인 구조를 가진 하나의 존재는 어떻게 각각의 비시간성 속에 고립된 즉자들을 시간적인 것들로 파악할 수(또는 시간적인 것들로서 지향할 수) 있을까? 이렇듯 시간성이 분리의 형식이자 종합의 형식인 한에서, 시간성은 하나의 비시간적인 것으로부터 도출되도록 내버려 두지도 않고, 비시간적인 것들에 대해 밖으로부터 부과되도록 내버려 두지도 않는다.

라이프니츠는 데카르트에 반대하고, 또 베르그송은 칸트에 반대하면서, 그들은 나름대로 시간성 속에서 단순한 내재성의 관계와 밀착의 관계만을 보고자 했을 뿐이다. 라이프니츠는 한순간에서 다른 한순간으로의 이행 문제와 [그 해결책인] 연속적인 창조를 무익한 해결책을 지닌 가짜 문제로 여긴다. 라이프니츠에 의하면, 데카르트는 시간의 연속성을 망각한 것이 될 것이다. 시간의 연속성을 긍정하면, 우리는 시간을 순간으로 이루어진 것으로 생각할 수 없게 된다. 만일 순간들이 더 이상 존재하지 않는다면, 순간들 사이의 앞뒤 관계도 더 이상 존재하지 않을 것이다. 시간은 유출(流出, écoulement)의 광대한 연속이며, 우리는 그것에 대해 즉자적으로 존재하는 제1요소들[63]을 결코 할당할 수는 없을 것이다.

이것은 또한 앞뒤를 분리하는 하나의 형식이기도 하다는 사실을 망각한 처사이다. 만일 시간이 분리에로의 부정할 수 없는 경향과 함께 주어진 연속이라고 한다면, 우리는 데카르트의 다음 물음을 다른 형태로 제기할 수 있다. 연속성의 밀착력은 어디에서 오는가? 물론 하

63　'제1요소'라고 하는 것은 '다른 것으로 환원될 수 없는 가장 근원적인 것'이라는 의미이다.

나의 연속적인 것(un continu) 속에는 병립된 제1요소들은 존재하지 않는다. 하지만 이것은 우선 정확히 하나의 연속적인 것이 통일이기 때문이다. 단 하나의 행위의 통일 속에서 그어진 직선이 무한한 점들과는 다른 것은, 칸트의 말처럼, 내가 그 직선을 긋기 때문이다. 그렇다면 누가 시간을 긋는가? 한마디로 이 연속성은 설명해야 할 하나의 사실이다. 연속성이 하나의 해결일 수는 없을 것이다. 게다가 푸앵카레의 유명한 정의를 상기해 보자. 그는 이렇게 말한다. 하나의 계열 a, b, c는 $a=b$, $b=c$, $a \div c [a \neq c]$로 쓸 수 있을 때 연속적이다[64]라는 정의가 그것이다. 이 정의는 그것이 바로 있지 않은 것으로 있고, 있는 것으로 있지 않은 존재의 하나의 유형을 바로 예감케 한다는 점에서 뛰어나다. 공리로 보면 $a=c$이다. 그리고 연속성 자체로 보면 $a \div c$이다. 이렇듯 a는 c와 등가적이면서 등가적이지 않다. 그리고 a와도 동등하고 c와도 동등한 b는, a가 c와 동등하지 않은 한에서, b 자체와 다르다. 하지만 이 기발한 정의도 즉자의 관점에서 고찰하면 단순한 정신의 유희이다. 그리고 설사 이 정의가 있으면서 동시에 있지 않은 하나의 존재 유형을 우리에게 제공할지라도, 이 정의는 그 원리와 근거를 우리에게 제공하지 않는다. 모든 것은 해야 할 것으로 남아 있다. 시간성에 대한 연구에서 특히 연속성이 우리에게 어떤 도움을 주는지

---

64   원문에는 $a \div c$로 되어 있는데, 이는 잘못 표기된 것 같다. $a=b$이고 $b=c$라면 $a \div c$는 1인데, a는 c이면서 c가 아님을 말하고자 하는 부분에서 1은 아무 의미도 없다. a, b, c 사이의 연속성이 보장되기 위해서는 $a \risingdotseq c$는 $a \neq c$일 수도 있어야 한다. 이 관계를 색으로 설명해 보자. 흑과 백을 양극으로 하는 회색의 중간지대를 가지고 있는 종잇조각을 생각해 보자. 지금 회색의 한 곳을 a라고 하고, 흰색 쪽으로 기울어진 그 옆을 b라고, 또 그보다 흰색 쪽으로 더 가까운 옆을 c라고 가정해 보자. 이 경우에 a와 b는 전혀 또는 거의 분간이 되지 않으므로 $a=b$ 또는 $a \risingdotseq b$이고, b와 c도 $b=c$ 또는 $b \risingdotseq c$이다. 하지만 a와 c 사이에는 농도 차이가 약간 있으므로 $a \risingdotseq c$ 또는 $a \neq c$일 것이다. 이처럼 공리(公理)로 보면 $a=b$, $b=c$이면 $a=c$이어야 하지만, 연속성이라는 면에서는 같은 전제일 경우에 $a=c$가 반드시 성립하지 않고, 대신 $a \div c$ 또는 $a \neq c$이어야 한다.

를 잘 알게 된다. 왜냐하면 연속성은, 순간 a와 순간 c가 아무리 접근해 있다고 해도, 그 사이에 중간항 b를 삽입함으로써 이루어지기 때문이다. 이때 a=b, b=c, a÷c의 공식에 따르면, 중간항 b는 a와 구분할 수도 없고 동시에 c와 구분할 수도 없다. 하지만 a와 c는 완전히 구분할 수 있다. 앞뒤의 관계를 실현하는 것이 바로 이 중간항 b이다. 자신이 a와도 c와도 구분될 수 없는 한에서, b는 자기 자신에 앞서 있을 것이다. 이것은 아주 잘 된 것이다. 하지만 그 [b와 같은] 하나의 존재가 어떻게 존재할 수 있을 것인가? 그 탈자적 본성은 어디에서 오는가? 이 존재 안에서 그려지는 분열은 어떻게 완성되지 않는가? 이 존재가 두 항으로 파열해, 하나는 a와 융합하고, 다른 하나는 c와 융합하는 일이 어떻게 해서 일어나지 않는가? 이 존재의 통일성 문제가 있다는 사실을 어떻게 보지 못할 수 있는가? 아마도 이 존재의 가능성의 조건에 대한 더 깊이 있는 연구는 우리에게 오직 대자만이 자기의 탈자적 통일성 속에서 그 방식으로 존재할 수 있다는 사실을 가르쳐 줄 것이다. 하지만 정확하게 이런 연구가 시도된 적이 없다. 라이프니츠에서 시간적인 밀착은 결국 논리적인 것의 절대적 내재에 의한 밀착, 다시 말해 동일성을 숨기고 있다. 하지만 정확하게, 만일 시간적인 순서가 연속적이라면, 그 순서는 동일성이 순서와 일치할 (symboliser)[65] 수 없을 것이다. 왜냐하면 연속적인 것은 동일한 것과 양립할 수 없기 때문이다.

65 'symbole'은 '함께 두다, 기여하다, 비교하다'라는 의미의 'συμβάλλομαι(sumballomai)'에서 파생한 고대 그리스어 'σύμβολον(sumbolon)'에서 유래했다. '함께'의 의미를 가진 'σύν(sun)'과 '던지다'의 의미를 가진 'βάλλΩ(ballo)'의 결합어인 '숨볼론(sumbolon)'은 두 조각으로 나뉘어 두 계약자 간에 공유되는 도자기 조각이었다. 계약을 청산하려면 완벽하게 맞아야 하는 두 부분을 하나로 모아서 사실을 입증해야 했다. 그 결과, 언어나 몸짓과 같은 추상적인 형태는 헌신, 약속, 동맹, 계약, 두 파트너 사이에 봉인된 협약을 나타내는 기능에서 대상을 대체할 수 있었다. 여기에서는 이런 의미를 고려해 'symboliser'를 '일치하다'의 의미로 옮긴다.

이와 비슷하게 베르그송은 선율적인 조직과 상호침투의 다수성인 지속(durée)을 제시했지만, 다수성의 조직에 하나의 조직하는 행위가 전제된다는 사실을 보지 못한 것 같다. 그가 데카르트에 반대해 순간을 제거한 것은 옳다. 하지만 칸트가 베르그송에 반대해 주어진 종합이 없다는 것을 확언하는 것도 옳다. 과거가 현재에 들러붙고 심지어 현재 속에 침투한다는 베르그송의 과거는 수사학의 하나의 문채에 불과할 뿐이다. 그리고 베르그송이 그의 기억론에서 부딪친 어려운 점을 잘 보여 주는 것이 바로 이것이다. 왜냐하면 그의 단정처럼, 만일 과거가 아무런 작용도 하지 않는다면, 과거는 그저 배후에 머물러 있어야 한다. 과거는 하나의 현재적인 존재로 있는 것이 아니라 탈자적으로 과거로 존재하고자 애쓰지 않는 한, 회상의 형태로 현재에 침투하기 위해 돌아오는 일은 없을 것이다. 그리고 베르그송에서 지속하는 것은 하나의 동일한 존재라는 것은 의심의 여지가 없다. 하지만 바로 이 점이야말로 그것에 관해 존재론적 해명을 할 필요가 있음을 절실히 느끼게 한다. 왜냐하면 우리는 결국 존재가 지속하는지, 아니면 지속이 바로 그 존재인지 알지 못하기 때문이다. 그리고 만일 지속이 존재로 있다면, 그때 지속의 존재론적인 구조가 어떤 것인지를 우리에게 말해 주어야 한다. 반대로 만일 존재가 지속한다면, 그 존재가 지속하도록 하는 것이 무엇인가를 그 존재 속에서 우리에게 보여 주어야 한다.

이 논의 끝에서 우리는 어떤 결론을 내릴 수 있는가? 무엇보다도 먼저 시간성은 하나의 분해하는 힘이지만, 하나의 통일하는 행위 중심에서 그러하다는 점이다. 시간성은 실재적 다수성 — 이것은 다음에 어떤 통일도 받아들일 수 없고, 또 그 결과 다수성으로 존재할 수조차 없을 것이다 — 이라기보다 준다수성(quasi-multiplicité), 즉 통일의 중심에서의 분해에 대한 소묘이다. 이 두 측면 중 어느 한쪽을 따로 고찰하고자 해서는 안 된다. 우선 시간적 통일성을 세운다면, 우리는 이 통일의 의미로서의 불가역적인 계기에 대해 더 이상 아무것도 이해할 수 없게 될 우려가 있을 것이다. 하지만 분열시키는 계기를 시간의 근원적인 성격으로 여긴다면, 심지어 우리가 하나의 시간이 존재한다는 것을 더 이상 이해할 수 없게 될 우려조차 있을 것이다. 따라서 만일 다수성에 대한 통일의 우위도 없고 통일에 대한 다수성의 우위도 없다면, 시간성은 자기를 다수화하는 통일로 생각해야 한다. 다시 말해 시간성은 동일한 존재의 중심에서의 하나의 존재 관계일 수밖에 없다. 우리는 시간성을 존재가 주어질 하나의 용기(容器)로 여길 수 없다. 왜냐하면 그것은 [용기라는] 즉자의 존재가 어떻게 다수성으로 파편화될 수 있는지, 또는 이 최소한의 용기들, 즉 순간들이라는 즉자가 어떻게 하나의 시간의 통일 속에서 다시 통일될 수 있는지 이해하기를 영원히 포기하는 것이 될 것이기 때문이다. 시간성은 존재하지 않는다. 어떤 종류의 존재 구조(structure d'être)를 지닌 단 하나의 존재만이 그 존재의 통일 속에서 시간적일 수 있을 뿐이다. 우리가 지적한 것처럼, 앞과 뒤는 내적 관계로서만 이해할 수 있을 뿐이다. 앞이 자기를 앞으로 규정하는 것은 저기, 뒤에서이고, 그 반대도 마찬가지이다. 한마디로 앞은 그것이 자기 자신의 앞에 있는 존재인 경우에만 인지 가능할 뿐이다. 다시 말해 시간성은 자기 밖에서 자기 자신으로 있는 하나의 존재의 존재 방식을 지시할 수 있을 뿐이다. 시간성은 자기성의 구조를 가져야 한다. 사실, 자기가 자기의 앞 또는 뒤에 있을 수 있는 것은, 또 일반적으로 앞과 뒤가 있을 수 있는 것은, 자기가 오직 자기의 밖, 저기에 있기 때문이다. 자기의 존재로 있어야 하는 한 존재의 내부 구조, 다시 말해 대자의 내부 구조로서의 시간성만이 존재할 뿐이다. 그렇다고 대자가 시간성에 대해 존재론적 우위를 갖는 것은 아니다. 오히려 시간성은, 대자가 탈자적으로 대자로 있어야 하는 한에서, 대자의 존재이다. 시간성은 존재하는 것이 아니라, 대자가 존재하면서 자기를 시간화하는 것이다.

역으로 과거, 현재, 미래에 대한 우리의 현상학적 연구는 우리로 하여금 대자는 시간적 형식 속에서가 아니면 존재할 수 없음을 보여 줄 수 있도록 해 준다.

존재 속에서 즉자의 무화로서 나타나는 대자는 동시에 무화의 모든 가능한 차원하에서 자기를 구성한다. 어떤 측면에서 보아도 대자는 한 올의 실에 의해서만 자기 자신과 연결되는 존재이다. 또는 좀 더 정확하게 대자는 존재하면서 자신의 무화의 모든 가능한 차원을 존재케 하는 존재이다. 고대 세계에서는 유대 민족의 분산과 그 깊은 밀착을 "디아스포라(diaspora)"[66]라고 했다. 이 말은 우리에게 대자의 존재 방식을 보여 주는 데 도움이 될 것이다. 즉 대자는 디아스포라적이다. 즉자존재는 하나의 존재 차원만을 지닐 뿐이다. 하지만 존재의 심장에 존재하는 것으로서의 무의 출현은 자기(Soi)의 존재론적 환영을 나타나게 함으로써 그 실존적 구조를 복잡하게 만든다. 우리

---

66 '디아스포라'는 특정 민족이 자의적·타의적으로 기존에 살던 땅을 떠나 흩어져 다른 지역으로 이동해 집단을 형성하는 것, 또는 그런 집단을 일컫는 말로, '흩뿌리거나 퍼트리는 것'을 뜻하는 그리스어 'διασπορά'에서 유래했다. '디아스포라'가 처음으로 언급된 부분은 『구약 성경』「신명기」 28:25의 추방에 대한 내용인 '그대가 이 땅의 모든 왕국에 흩어지고'이다. 『히브리어 성경』이 그리스어로 번역되면서, 기원전 587~586년 바빌로니아인들이 이스라엘에서, 기원후 70년 로마 제국이 유대 지방에서 유대인들을 쫓아내는 부분에서 '디아스포라'라는 낱말을 사용했으며, 그 이후로 지금의 의미를 얻게 되었다. 이렇게 해서 '디아스포라'는 이스라엘의 유대인 민족 집단이 해외로 흩어진 역사적 현상과 그들의 문화적 발전 혹은 그들 집단 그 자체를 의미하게 되었다. 여기에서는 고정되고, 자기와의 관계 이외의 다른 관계를 맺을 수 없는 사물, 곧 즉자존재의 존재 방식과는 달리, 의식의 존재 방식인 대자의 존재 방식은 끊임없는 자기로부터의 벗어나기, 곧 탈자(脫自), 밖을 향한 계속되는 폭발, 운동 등을 비유적으로 의미한다.

는 반성, 초월, 세계-내-존재, 대타존재가 무화의 여러 차원을 재현한다는 사실, 또는 이렇게 말하자면, 존재와 자기 사이의 여러 근원적인 관계를 재현한다는 사실을 나중에 보게 될 것이다. 이렇듯 무는 존재의 중심에 준-다수성을 도입한다. 이 준-다수성은 세계 내적 모든 다수성의 기초이다. 왜냐하면 다수성에는 그 중심에서 다수성이 소묘되는 최초의 통일성이 전제되기 때문이다. 이런 의미에서, 메이에르송[67]의 주장처럼, 다양함(le divers)이라고 하는 하나의 스캔들이 있고, 또 이 스캔들에 대한 책임은 실재적인 것(le réel)으로 귀착한다는 점은 사실이 아니다. 즉자는 다양하지 않다. 즉자는 다수성이 아니다. 그리고 즉자가 자신의 세계-한복판의-존재의 특징으로서 다수성을 받아들이기 위해서는, 그 동일성 속에서 고립된 각각의 즉자에 대해 동시에 현전하는 하나의 존재가 나타나야 한다. 다수성이 세계에 오는 것은 인간실재에 의해서이다. 수가 세계 속에 드러나도록 하는 것은 대자존재의 중심에서 있는 준-다수성이다. 하지만 대자의 다수 또는 준-다수 차원이 갖는 의미는 무엇인가? 이 차원들은 대자가 자신의 존재에 대해 갖는 여러 다른 관계이다. 우리가 아주 단순하게 우리의 있는 그대로의 것으로 있을 때, 자신의 존재로 있는 존재 방식은 오직 하나만 있을 뿐이다. 하지만 우리가 더 이상 자신의 존재로 있지 않는 순간부터, 전혀 자기의 존재로 있지 않으면서도 자기의 존재로 있는 여러 다른 방식이 동시에 나타난다. 우리를 최초의 탈자들 ─ 무화작용의 근원적인 의미를 가리키는 동시에 최소한의 무화작용을 재현하는 탈자들 ─ 에 붙잡아 두기 위해서, 대

---

67 에밀 메이에르송(Emile Meyerson, 1859~1933)은 폴란드 출신의 유대계 프랑스 철학자, 과학철학자, 화학자로, 19세기 말 실증주의적 사고에 맞서 동일성 원리에 기초한 합리주의적 인식론을 발전시켰다.

자는 동시에 다음과 같은 방식으로 존재해야 하고 또 존재할 수 있다. (1) 대자는 자기가 있는 그대로의 것으로 있지 않다. (2) 대자는 자기가 있지 않은 것으로 있어야 한다. (3) 대자는 끊임없는 지향의 통일 속에서 자기가 있지 않은 것으로 있고, 자기가 있는 것으로 있지 않다. 탈자의 의미는 자기와의 거리이지만, 여기에서 문제가 되는 것은 바로 이 세 차원의 탈자이다. 이 세 차원에 따라 존재하지 않으리라 여겨지는 하나의 의식을 생각하는 것은 불가능하다. 그리고 비록 코기토가 우선 이 세 차원 중 하나를 발견한다고 해도, 그것은 그 차원이 최초의 차원임을 의미하는 것이 아니고, 단지 그 차원이 더 쉽게 드러내 보임을 의미할 뿐이다. 하지만 이 차원은 그 자체만으로 "비자립적(unselbstständig)"이고, 즉시 다른 차원들을 내비치게 된다. 대자는 그 모든 차원에서 동시에 존재해야 하는 하나의 존재이다. 여기에서 자기와의 거리로 생각된 거리는 전혀 실재적인 것이 아니고, 즉자로서 일반적인 방식으로 존재하는 아무것도 아니다. 이 거리는 단순히 아무것도 아닌 것, 분리로서 "있게 된" 무(無)이다. 각각의 차원은 자기를 향해 헛되이 자기를 기투하는 하나의 방식이고, 무의 저편에서 우리가 있는 그대로의 것으로 있는 하나의 존재 방식이며, 이 대자가 있어야 하는 이 존재의 굴절, 존재의 실추를 이루는 하나의 다른 존재 방식이다. 이 차원 하나하나를 따로 고찰해 보자.

첫 번째 차원에서 대자는 자신이 그것으로 있으면서 그것의 근거로 있지 않은 것으로서 자신의 배후에서 자신의 존재로 있어야 한다. 대자의 존재는 자기에 반해 저기에 존재한다. 하지만 하나의 무가 대자를 그 존재로부터 분리하고, 또 이 대자를 사실성으로부터 분리한다. 자기의 무의 근거로서의 대자 —— 또 그것으로서 필연적인 —— 는, 자기의 근원적인 우연성을 제거할 수도 없고 또 그것과 융합할 수도 없다는 점에서, 자기의 근원적인 우연성으로부터 분리되어 있다. 대자는 자기 자신을 위해 존재한다. 하지만 대자는 치유할 수 없고 무상의 방식으로 존재한다. 대자의 존재는 자기를 위해 존재하지만, 이 존재를 위해 존재하는 것이 아니다. 왜냐하면 정확하게 이 반영-반영하는 것의 상호성은 존재하는 것의 근원적인 우연성을 사라지게 할 것이기 때문이다. 정확하게 대자는 존재의 형식하에서 자기를 파악하기 때문에, 대자는 즉자 속으로 빨려들어 가는 반영-반영하는 것의 유희처럼 거리를 두고 존재한다. 이 유희 속에서 반영하는 것을 존재케 하는 것은 더 이상 반영이 아니고, 또 반영을 존재케 하는 것은 더 이상 반영하는 것이 아니다. 이 사실로 인해, 대자가 그것으로 있어야 하는 이 존재는 더 이상 그것에로 되돌아올 수 없는 무엇인가로 주어진다. 왜냐하면 정확하게 대자는 반영-반영하는 것의 방식으로는 이 존재를 근거 지을 수 없으며, 단지 이 존재와 자기 자신과의 연결을 근거 짓는 한에서만 이 존재를 근거 짓기 때문이다. 대자는 결코 이 존재의 존재를 근거 짓지 않으며, 그저 이 존재가 주어질 수 있다는 사실만을 근거 지을 뿐이다. 거기에서는 하나의 무조건적인 필연성이 문제가 된다. 고려된 대자가 무엇이든, 그 대자는 어떤 의미에서는 존재한다. 이 대자는 존재한다. 왜냐하면 대자에게 이름이 붙여질 수 있기 때문이고, 이 대자에 대해 어떤 성격을 긍정하거나 부정할 수 있기 때문이다. 하지만 대자가 대자인 한에서, 대자는 결코 그것이 있는 그대로의 있는 것은 아니다. 그 대자가 있는 그대로의 것은 그 배후에 끊임없이 뛰어넘어진 것으로서 존재한다. 우리가 과거라고 하는 것은 정확하게 이 뛰어넘어진 사실성이다. 따라서 과거는 대자의 하나의 필연적인 구조이다. 왜냐하면 대자는 무화작용을 하는 하나의 뛰어넘기로서만 존재할 수 있을 뿐이기 때문이고, 또 이 뛰어넘기에는 하나의 뛰어넘어진 것이 함축되어 있기 때문이다. 따라서 우리가 어떤 순간에 하나의 대자를 고려하든, 대자를 아직-과거를-갖지-않은-것으로서 파악하는 것은 불가능하다. 대자가 먼저 존재하고, 또 과거가 없는 하나의 존재가 절대적인 새로움으로 세계 속에서 나타나고, 그다음에 대자가 점차 과거를 자신에게 구성한다고 생각해서는 안 될 것이다. 하지만 대자의 세계 속에서의 나타남이 어떤 것이든, 대자는 자기의 과거와의 관계의 탈자적 통일 속에서 세계 속으로 온다. 과거를 갖지 않은 채 과거가 될 하나의 절대적인 시작은 존재하지 않는다. 하지만 대자인 한에서 대자가 자기의 과거로 있어야 하기 때문에, 이 대자는 하나의 과거를 가지고 세계로 온다. 몇몇 지적을 통해 어느 정도 새로운 견지에서 출생의 문제를 고찰할 수 있다. 사실, 의식이 어느 시점에 "나타난다"거나, 의식이 태아에 "깃들기" 위해 온다거나, 간단히 말해, 생명체가 의식 없이 형성되기 시작하는 시점이 있다거나, 형성 중인 생명체가 의식 없이 존재하는 어떤 시점이 있고, 또 과거를 가지지 않은 하나의 의식이 그 생명체 속에 갇히는 시점이 있다는 것은 터무니없는 것처럼 보인다. 하지만 과거를 가지지 않은 의식이 있을 수 없다는 것이 밝혀지면, 이런 터무니 없는 스캔들은 그칠 것이다. 그렇다고 이것이 모든 의식에 즉자 속에 응고된 하나의 선행하는 의식이 전제되어 있음을 의미하는 것은 아니다. 현재적인 대자와 즉자가 된 대자의 이 관계는 대자와 순수 즉자의 관계인 시원적인 과거성(passéité)의 관계를 우리에게 가린다. 대자가 세계 속에서 나타나는 것은 사실상 즉자의 무화작용의 한에서이다. 그리고 대자의 즉자에 대한 근원적이고 무화하는 관계로서 과거가 그 과거로 구성되는 것은 바로 이 절대적인 사건에 의해서이다. 대자의 존재를 근원적으로 구성하는 것은 의식으로 있지 않은 하나의 존재와의 관계, 즉 동일성이라는 완전히 어두운 밤 속에 존재하는 하나의 존재에 대한 관계이다. 그렇지만 대자는 자신의 밖에서, 자신의 배후에서 이 존재로 있지 않으면 안 된다. 어떤 경우에도 대자를 그것에게로 다시 데려갈 수 없는 이 존재, 대자가 그것에 대해 하나의 절대적인 새로움을 재현하는 이 존재, 대자는 이 존재와 함께 깊은 존재 연대를 느낀다. 이 존재 연대는, 즉자는 대자가 앞에 그것으로 있었던 것이라고 말할 때의 이 앞이라는 단어로 표시된다. 이 의미에서 우리의 과거는 결코 오점이 없는 선명한 선에 의해 한계가 정해진 것으로 우리에게 나타나는 것이 아니라 — 만일 의식이 과거를 갖기 전에 세계 속에 나타난다면, 이것은 일어날 수 있을 것이다 — 반대로 우리의 과거는 점진적인 어둠 속에서, 그렇지만 여전히 우리 자신인 어둠 속에서까지 자신의 상실을 생각한다. 그러니까 태아와의 이런 충격적인 연대성, 즉 우리가 부정할 수도 이해할 수도 없는 이 연대성의 존재론적 의미를 생각하게 된다. 왜냐하면 이 태아는 결국 나(moi)였기 때문이며, 이 태아는 나의 기억의 사실상의 한계를 나타내는 것이지, 나의 과거의 권리상의 한계를 나타내는 것은 아니기 때문이다. 어떻게 내가 그런 하나의 태아에서 태어났는지를 알고자 마음 쓰는 한에서, 출생과 관련한 하나의 형이상학적인 문제가 발생한다. 아마도 이 문제는 해결할 수 없을 것이다. 하지만 여기에 존재론적인 문제는 없다. 우리는 왜 여러 의식이 있을 수 있는가를 자문할 필요는 없다. 왜냐하면 의식은 즉자에 대한 무화작용으로서만, 다시 말해 이미 태어나 있는 것으로서만 자기 자신에게 나타날 수 있을 뿐이기 때문이다. 출생은, 의식이 그것으로 있지 않은 즉자에 대한 탈자적인 관계로서 또 수동성에 대한 선험적인 구성으로서, 대자의 하나의 존재 법칙이다. 대자로 있다는 것은 태어나 있다는 것이다. 하지만 대자가 거기에서 태어난 즉자에 대한 형이상학적인 물음을 그다음에 제기할 필요는 없다. "대자가 태어나기 전에 어떻게 하나의 즉자가 있었는가? 대자는 어떻게 다른 즉자가 아니라 오히려 이 즉자에서 태어났는가? 등", 이 모든 물음은 일반적으로 과거가 존재할 수 있는 것은 즉자에 의해서라는 점을 고려하지 않는다. 앞이 있다면, 그것은 대자가 세계에서 나타났기 때문이다. 이 앞을 설정할 수 있는 것은 대자로부터 출발해서이다. 즉자가 대자에 공현전적(共現前的)이 되는 한에서, 하나의 세계가 즉자의 수많은 고립을 대신해 나타난다. 그리고 이 세계 속에서 지시 행위를 하는 것이 가능하고, 또 이 대상, 저 대상이라고 말하는 것이 가능하다. 이 의미에서 대자가 자신의 존재로의 나타남 속에서 하나의 공현전의 세계를 존재하게 하는 한에서, 이 대자는 또한 하나의 세계 속에서 또는, 이렇게 말하자면, 과거를 지닌 하나의 세계 상태에서 여러 즉자에 공현전하는 자신의 "앞"이 나타나게 한다. 그 결과, 어떤 의미에서 보면 대자는 세계로부터 태어난 것으로 나타난다. 왜냐하면 대자가 그것으로부터 태어난 즉자는 지나간 여러 공현전 사이에서 지나간 하나의 공현전으로서 세계의 한복판에 존재하기 때문이다. 세계 속에서 그리고 세계에서 출발해서 전에는 존재하지 않았던 하나의 대자, 그리고 태어난 하나의 대자의 나타남이 있다. 하지만 다른 의미에서, 일반적인 방식으로 하나의 앞을 존재케 하는 것은 대자이다. 그리고 하나의 지나간 세계의 통일 속에 결합되어 있으면서, 우리가 그것 사이에서 이 대상이라고 말하면서 이것 또는 저것이라 지시할 수 있는 그대로의 공현전을 이 앞 속에서 나타나게 하는 것도 역시 대자이다. 먼저 하나의 보편적인 시간이 있고, 이 시간 속에서 갑자기 아직 과거를 가지지 않은 하나의 대자가 나타나는 것이 아니다. 하지만 대자의 근원적이고 선험적인 존재 법칙으로서의 출생에서 출발해야, 하나의 보편적인 시간을 가진 하나의 세계가 드러내 보이며, 이 보편적인 시간 속에서 우리는 대자가 아직 존재하지 않았던 순간, 대자가 나타난 순간을 지시할 수 있고, 대자가 그것으로부터 태어나지 않은 존재와 대자가 그것으로부터 태어난 하나의 존재를 지시할 수 있다. 출생은 즉자속에서 대자의 탈자적인 존재로서 과거성의 절대적인 법칙의 나타남이다. 이 출생에 의해 세계의 하나의 과거(un Passé du Monde)가 나타난다. 우리는 이것을 다시 다루게 될 것이다. 여기에서는 의식 또는 대자가 그것으로 있는 어떤 돌이킬 수 없는 것의 저편에서 존재에게 나타나는 하나의 존재라는 사실, 또 이 돌이킬 수 없는 것은, 그것이 대자 배후에, 세계의 한복판에 존재하는 한에서, 과거라는 사실을 지적하는 것으로 충분할 것이다. 내가 그것으로 있지 않을 어떤 가능성도 없이, 내가 그것으로 있어야 하는 돌이킬 수 없는 존재로서의 과거는, "체험"에서 이루어지는 "반영-반영하는 것"의 통일 속에 들어가지 않는다. 이 과거는 밖에 존재한다. 그렇지만, 예컨대 지각된 의자는 그것에 대해 지각적인 의식이 있다는 의미이지만, 이와는 달리 이런 과거는 그것에 대해 의식이 있는 것으로 존재하는 것도 아니다. 의자에 대한 지각의 경우, 조정이 있다. 다시 말해 의식이 그것으로 있지 않은 즉자로서의 의자에 대한 파악과 긍정이 있다. 의식이 대자의 존재 방식에서 그것으로 있어야 하는 것은 의자로-있지-않은-것이다. 왜냐하면, 나중에 살펴보겠지만, 이 "의자로-있지-않는 것"은 "있지-않은 것"(에 대한) 의식의 형태하에서, 즉 있지-않은-것의 외관의 형태로, 이 비존재를 증언하기 위해서만 거기에 있을 뿐인 한 명의 증인에게 있어 존재하기 때문이다. 따라서 [이 경우에] 부정은 명백하고, 이 부정은 지각된 대상과 대자 사이의 존재의 연결을 구성한다. 대자는 지각된 사물의 부정인 이 반투명한 아무것도 아닌 것 이상의 어떤 것도 아니다. 하지만 비록 과거가 밖에 존재하더라도, 여기에서 그 [밖과의] 연결은 [지각의 경우와] 같은 유형이 아니다. 왜냐하면 대자가 과거로 있는 것으로서 주어지기 때문이다. 이 사실로 인해 과거에 대한 조정은 있을 수 없다. 왜냐하면 우리는 오직 우리가 그것으로 있지 않은 것만을 정립할 뿐이기 때문이다. 이렇듯 대상에 대한 지각에서 대자는 이 대상이 아닌 것으로서 자기를 대자적으로 떠맡는다. 이에 반해 과거에 대한 드러내 보임에서 대자는 과거로 있는 것으로서 자기를 떠맡으며, 또 대자는 어떤 것으로도 있을 수 없다는 대자 그 자신의 본성에 의해 이 과거로부터 분리되어 있을 뿐이다. 이렇게 해서 과거에 대한 조정은 존재하지 않는다. 그렇지만 과거는 대자에 내재적이지는 않다. 대자가 이런저런 개별적인 사물이 아닌 것으로서 자기를 떠맡는 그 순간에서조차도 과거는 대자에 붙어 다닌다. 과거는 대자의 시선의 대상이 아니다. 자기 자신에 대해 반투명한 이 시선은 사물을 넘어 장래 쪽으로 향한다. 과거는, 우리가 그것을 정립하지 않았음에도 그것으로 있는 사물인 한에서, 또 주목되지 않은 채 [대자를] 따라다니는 한에서, 과거는 대자 배후에, 대자가 밝히고자 하는 것으로 대자의 앞에 있는 주제화의 영역 밖에 존재한다. 과거는 "대자와 맞서" 정립되며, 대자가 그것으로 있어야 하는 것으로 떠맡아지지만, 이 대자에 의해 긍정되거나, 부인되거나, 주제화되거나, 흡수될 수도 없다. 물론 이것은 과거가 나에 대해 조정의 대상이 될 수 없다는 것도 아니고, 심지어 과거가 자주 주제화되지 않는다는 것도 아니다. 하지만 그것은 과거가 명시적인 탐구의 대상일 때의 일이며, 이 경우에 대자는 자신이 정립하는 이 과거로 있지 않은 것으로 자기를 긍정한다. 과거는 더 이상 [대자의] 배후에 있지 않다. 과거는 과거이기를 그만두지 않는다. 하지만 나는 과거로 있기를 그만둔다. 첫 번째 방식에서 나는 나의 과거로 있었지만 이 과거를 인식하지 않은 채였고(하지만 나의 과거에 대해 의식을 가지지 않은 것은 아니다.), 두 번째 양식에서 나는 나의 과거를 인식하지만 내가 나의 더 이상 나의 과거로 있었던 것이 아니다. 사람들은 이렇게 말할 것이다. 만일 조정적 방식으로가 아니라면 내가 어떻게 나의 과거에 대한 의식을 가질 수 있는가? 그렇지만 과거는 끊임없이 거기에 존재한다. 과거는 내가 이미 보았고, 또 지금 보고 있는 대상의 의미 자체이고, 나를 둘러싸고 있는 친근한 얼굴의 의미 자체이다. 과거는 현재 계속되고 있는 이 운동의 발단이다. 그리고 만일 나 자신이 과거에 그 시작의 증인이 아니었다면, 나는 이 운동에 대해 그것이 순환적이라고 말할 수 없을 것이다. 과거는 나의 모든 행동의 기원이자 도약판이다. 과거는 계속해서 주어진 이 세계의 두께이고, 이 세계의 두께는 나의 방향을 정하게끔 해 주고, 나의 위치를 가늠하게 해 준다. 내가 하나의 인격(또한 자아(Ego)에서 기인하는 구조도 있다.)으로서의 나를 살아가는 한에서, 과거는 나 자신이다. 요컨대 과거는 내가 그것을 전적인 내버려짐(délaissement)으로서 계속해서 살아가는 한에서, 세계와 나 자신에 대한 나의 우연적이고 무상적인 연결이다. 심리학자들은 이 [과거로서의] 연결을 지식(savoir)이라고 명명한다. 하지만 그들은 이 용어 자체에 의해 이 연결을 "심리학화(psychologisent)"하는 것 외에는 설명할 수단을 놓쳐 버린다. 왜냐하면 지식은 모든 곳에 있고, 모든 것, 심지어 기억조차도 조건짓기 때문이다. 한마디로 지적인 기억에는 지식이 전제된다. 만일 지식을 현재적 사실로 이해해야 한다면, 그들이 말하는 지식은 지적인 기억이 아니고 무엇이겠는가? 유연하고, 암시적이고 또 변하기 쉬운 지식은 우리의 모든 사고의 씨줄을 이루고 있고, 수많은 공허한 지표로 구성되어 있으며, 이미지도 언어도 조정도 없이 우리의 배후를 가리키는 수많은 지시로 구성되어 있다. 이 지식은, 내가 나의 과거로 있었던 한에서, 나의 모든 사고와 나의 모든 감정의 돌이킬 수 없는 배후의 깊이인 한에서, 나의 구체적인 과거이다.

두 번째 무화작용 차원에서 대자는 자기를 어떤 하나의 결여로 파악한다. 대자는 이 결여이고 또한 결여분이기도 하다. 왜냐하면 대자는 자신이 있는 그대로의 것으로 있어야 하기 때문이다. 마시는 것 또는 마시고 있는 자로 있는 것은 결코 마시기를 끝내지 않은 것이고, 내가 그것으로 있는, 마시는 자의 저편에서 아직도 마시고 있는 자로 있어야 함을 말하고자 함이다. 그리고 내가 마시기를 끝냈을 때, 나는 마신 것이다. 그러니까 총체[마시기와 마시는 자]가 과거로 미끄러진다. 따라서 현행적으로 마시고 있을 때, 나는 내가 그것으로 있어야 하면서도 그것으로 있지 않은 그 마시는 자이다. 나 자신에 대한 모든 지시는, 만일 그것이 엄숙하고 충만한 것이어야 한다면, 만일 그것이 동일한 밀도를 지녀야 한다면, 나에게서 빠져나가 과거 속으로 미끄러져 들어간다. 그 지시가 현재에서 나에게 적중한다면, 그것은 그 지시가 아직-아님(le Pas-encore) 속에서 스스로 자기를 갈라놓기 때문이고, 또 그 지시가 나를 미완의 총체이자 완성될 수 없는 총체로 지시하기 때문이다. 이 아직-아님은 대자의 무화하는 자유에 의해 침식된다. 이 아직-아님은 그저 거리를-두고-존재하는 것이 아니다. 그것은 존재의 감퇴이다. 무화작용의 첫 번째 차원에서는 대자가 자기에 앞서 존재했던 데에 반해, 여기에서는 대자가 자기의 뒤에 있다. [대자는] 자기의 앞과 자기의 뒤에 있지, 결코 자기가 아니다. 이것이 과거와 미래라는 두 가지 탈자의 의미 자체이다. 이런 이유로 그 자체에 있어서의 가치는 본성상 자기에 있어서의 휴식, 즉 무시간성이다! 인간이 추구하는 영원성은, 내가 스스로 그 책임자인 자기를 쫓는 이 공허한 질주의 무한, 지속의 무한이 아니다. 오히려 그것은 자기에 있어서의 휴식, 자기와의 절대적인 일치의 무시간성이다.

　마지막으로 세 번째 차원에서는 반영하는 것-반영되는 것 (reflété-reflétant)의 끊임없는 유희 속에서 분산된 대자가 하나의 동일한 도피의 통일 속에서 자기 자신을 향해 자신으로부터 빠져나간다. 여기에서 존재는 어디에나 있으면서도 어디에도 없다. 우리가 존재를 파악하고자 하는 곳에서 존재는 면전에 있으면서도 이미 빠져나가 있다. 존재에 대한 현전이라는 것은 대자의 중심에서 일어나는 교차 무용[68]이다.

　현재·과거·미래의 세 차원에서 동시에 자신의 존재를 분산시킴으로써, 대자는 자기를 무화한다는 그 사실만으로 시간적이다. 이 세 차원 중 어느 것도 다른 두 차원에 비해 존재론적 우위가 없고, 그중 어느 것도 다른 두 차원 없이는 존재할 수 없다. 그럼에도 — 하이데거처럼 미래적 탈자에 중점을 두는 것이 아니라 — 현재적 탈자에 중점을 두는 것이 마땅하다. 왜냐하면 대자가 하나의 무화하는 뛰어넘기에서 대자적으로 그것으로 있어야 하는 것으로서 자기의 과거로 있는 것은, 대자 자신에 대한 드러내 보임(révélation)인 한에서이기 때문이다. 또 대자가 결여인 것은, 다시 말해 대자가 자신의 미래, 즉 대자가 거리를 두고 저편에 대자적으로 그것으로 있는 것에 붙어 다니는 것은, 자기에 대한 드러내 보임으로서이기 때문이다. 현재는 존재론적으로 과거와 미래에 "앞서"는 것이 아니다. 현재가 과거와 미래를 조건

68　Chassé-croisé. 무용의 한 동작으로, 관객의 관점에서 남녀 무용수의 다리가 번갈아 앞으로 뛰어나오는 유형의 춤을 가리킨다. 비유적인 의미로는 행위, 역할, 위치, 상황의 엇갈림, 교차, 또는 인구, 차량 등의 반대 방향으로의 동시 이동이다. 여기에서는 의식의 무화작용의 계속되는 운동, 의식의 자기의 앞뒤에서의 계속되는 움직임, 의식의 '반영하는 것-반영되는 것'의 끊임없는 유희, 의식의 '존재'와 '비-존재' 사이의 끝없는 왕복운동 등을 비유적으로 의미하는 것으로 보인다.

짓는 것만큼 과거와 미래도 현재를 조건 짓는다. 하지만 현재는 시간성의 전체적인 종합 형식에 없어서는 안 되는 비존재의 공허함이다.

이렇듯 시간성은 모든 존재자, 특히 인간실재를 담는 하나의 보편적인 시간이 아니다. 시간성은 밖으로부터 존재에게 강요되는 하나의 발전 법칙도 아니다. 시간성은 또한 존재도 아니고, 오히려 그 자신의 고유한 무화작용인 존재의 내적 구조, 다시 말해 대자존재에 고유한 존재 방식이다. 대자는 시간성의 디아스포라적인 형식하에서 자신의 존재로 있어야 하는 존재이다.

B) 시간성의 동태

대자가 시간성의 세 차원에 따라 필연적으로 나타난다고 해도, 그것은 시간의 동태에 속하는 지속의 문제에 대해 우리에게 아무것도 가르쳐 주지 않는다. 얼핏 이 문제는 이중적으로 보인다. 대자가 자신의 존재의 변양을 겪고, 이로 인해 대자가 과거가 되는 것은 어떤 이유에서인가? 하나의 새로운 대자가 무로부터 나타나 왜 이 과거의 현재로 되는가?

이 문제는 인간 존재를 [영속적이고 동일한] 즉자로 보는 사고방식에 의해 오랫동안 가려져 있었다. 변화에는 본래 항상성이 내포되어 있다는 것은 버클리의 관념론에 대한 칸트 비판의 핵심을 이루며, 라이프니츠가 선호한 논법이다. 따라서 만일 우리가 시간을 관통하면서 머물러 있는 어떤 비시간적인 항상성을 가정하면, 시간성은 변화의 척도와 질서로만 귀결될 뿐이다. 변화가 없으면 시간성도 없다. 왜냐하면 시간은 항상적인 것과 동일한 것을 지배할 수 없기 때문이다. 게다가 만일 라이프니츠에게서처럼 변화 자체가 전제와 결과 사이의 관계에 대한 논리적인 설명으로 주어진다면, 다시 말해 항상적인 한 주체가 가진 속성의 발전으로 주어진다면, 그때는 더 이상 실재적인 시간성은 존재하지 않는다.

하지만 [항상적인 주체를 전제하는] 사고방식은 여러 오류 위에 근거한다. 무엇보다도 먼저, 변화하는 것 곁에 하나의 항상적인 요소가 존속한다고 해도, 변화하는 것과 남아 있는 것의 통일로 있는 한 증인의 눈을 제외하면, 변화는 변화로서 자기를 구성할 수 없다. 한마디로 변화와 항상적인 것의 통일은 변화가 변화로서 구성되는 데 필수적이다.[69] 하지만 라이프니츠와 칸트가 남용한 이 통일이라는 용어 자체는 여기에서 큰 의미를 갖지 않는다. [변화와 항상성처럼] 어울리지 않는 요소들의 통일이 무엇을 의미할 수 있을까? 그것은 하나의 순전히 외적인 병합에 불과할 뿐인가? 그렇다면 통일은 아무 의미도 갖지 못한다. 통일은 존재의 통일이어야 한다. 하지만 이 존재의 통일은 항상적인 것이 변화하는 것으로 있기를 강요한다는 말이다. 그리고 이로 인해 통일은 본질상 탈자적이다. 이외에도 통일은 항상성과 변화가 갖는 즉자적 성격을 파괴한다. 여기에서 항상성과 변화가 현상으로 파악되고, 또 하나의 상대적인 존재를 지닐 뿐이라고 말해서는 안 된다. 즉자는 본체(le noumène)에 대립하는 것처럼 현상에 대립하지 않는다. 우리가 정의한 용어법 자체에 따르면, 하나의 현상은 그것이 있는 그대로 존재할 때, 한 주체와의 관계에서든 또는 하나의 다른 현상과의 관계에서든 즉자적이다. 게다가 여러 현상 상호 간의 사이를 규정하는 관계의 출현에는 그에 앞서 하나의 탈자적인 존재의 나타남이 전제되어 있다. 이 탈자적인 존재의 나타남은 그것이 있지 않은 것으로 있

---

69 변화에 대해 말하려면 변화를 겪는 무엇인가가 있어야 하고, 이때 그 무엇인가는 항상적이어야 한다. 그렇지 않고서는 아예 변화를 말할 수 없다는 것이다. 그런데 사르트르는 이것을 반박하고자 한다.

을 수 있으며, 이를 통해 다른 곳과 관계를 정초할 수 있다.

게다가 변화를 정초하기 위해 항상성에 호소하는 것은 완전하게 무용하다. 우리가 보여 주고자 하는 것은, 하나의 절대적인 변화는, 적절하게 말하면, 더 이상 변화가 아니라는 사실이다. 왜냐하면 [절대적인 변화에서는] 변화하는 것은 더 이상 아무것도 ─ 또는 그것과 관련해 변화가 있는 것은 아무것도 ─ 남아 있지 않기 때문이다. 하지만 사실, 항상성이 잉여분이 되기 위해서는 변화하는 것이 과거의 방식으로 자기의 옛 상태로 있는 것으로 충분하다. 이 경우 변화는 절대적일 수 있고, 존재 전체에 미치는 하나의 변형(métamorphose)이 문제가 될 수 있다. 그럼에도 변화는 "있었다"라는 방식에 따라 과거에 있어 그 선행하는 하나의 상태에 대해 변화로 역시 구성될 것이다. 과거와의 이런 연결을 영속성이라는 의사-필연성을 대체하면, 지속의 문제가 절대적인 변화에 대해 제기될 수 있고 또 제기되어야 한다. 게다가 절대적인 변화 외에 다른 변화는 없다. 심지어 "세계 속에서"도 마찬가지이다. 게슈탈트 학자들이 실험을 통해 보여 준 바와 같이, 이 변화들은 어떤 영역까지는 존재하지 않지만, 이 영역을 넘으면 모든 형태도 확산한다.

하지만 이외에도 인간실재가 문제 되는 경우에 필요한 것은 순수하고 절대적인 변화이다. 게다가 이런 변화는 변화하는 것이 아무것도 없는 변화, 그리고 지속 그 자체인 변화일 수 있다. 예컨대, 비록 우리가 하나의 대자가 하나의 항상적인 즉자에의 절대적으로 텅 빈 방식으로의 현전을 이 대자의 단순한 의식으로 인정한다고 할지라도, 의식의 존재 자체에는 시간성이 내포될 수 있을 것이다. 왜냐하면 의식이 "그것으로 있었다(avoir été)"의 형태하에서 변화 없이 자신이 있는 그대로의 것으로 있어야 할 것이기 때문이다. 따라서 현재적인 대자에게 있어서는 하나의 새로운 현재의 과거가 되어야 하는 꾸준한 필연성이 있는 것이지, 영원성이 있는 것이 아니다. 그리고 이것은 의식의 존재 자체에 따른 것이다. 그리고 만일 누군가가 우리에게 새로운 현재에 의해 현재가 과거에서 끊임없이 회수되는 대자의 내적 변화를 내포하고 있다고 말한다면, 우리는 그 경우 변화의 근거는 시간성이고, 시간성을 정초하는 것은 변화가 아니라고 대답할 것이다. 따라서 그 어떤 것도 처음에 해결할 수 없을 것처럼 보인 다음과 같은 문제들을 가릴 수는 없을 것이다. 현재는 왜 과거가 되는가? 그때 솟아나는 이 새로운 현재는 무엇인가? 이 새로운 현재는 어디에서 오는가, 그리고 왜 닥치는가? 하나의 "텅 빈" 의식이라는 우리의 가설이 잘 보여주듯이, 여기에서 문제가 되는 것은, 항상성이 물질적으로는 하나의 항상성으로 머물면서 순간에서 순간으로 폭포처럼 잇달아 쏟아져야 하는 항상성에 있어서의 필요성이 아니라는 사실에 주목하자. 오히려 문제가 되는 것은, 어떤 존재이든, 그 존재가 형식과 내용 전체에서 동시에 자신을 변형해 과거 속으로 빠져들어 가고, 또 이와 동시에 이 존재에게 있어 무로부터 미래를 향해 자기 자신을 생산해야 하는 필요성이다.

그렇다면 두 가지 문제가 있는가? 좀 더 검토해 보자. 만일 현재가 뒤로서 자신을 구성하는 하나의 대자의 앞이 되는 것이 아니라면, 현재는 지나갈 수 없을 것이다. 따라서 다음과 같은 단 하나의 현상이 있을 뿐이다. 즉 자신이 있었던 현재를 과거화하는(passéifiant) 하나의 새로운 현재의 나타남, 또 이 현재가 그것에 대해 과거가 될 하나의 대자의 출현을 야기하는 하나의 현재의 과거화가 그것이다. 시간적 생성의 현상은 하나의 전반적인 변양이다. 왜냐하면 그 어떤 것의 과거도 아닌 하나의 과거는 더 이상 하나의 과거일 수 없을 것이기 때문이고, 하나의 현재는 필연적으로 이 과거의 현재여야 하기 때문이다. 게다가 이 변형은 단지 순수한 현재에만 영향을 주는 것이 아니다. 앞서는 과거와 미래 역시 이 변형의 영향을 받는다. 과거성이라는 변양을 겪은 현재의 과거는 하나의 과거의 과거 또는 대과거(plus-que-parfait)[70]가 된다. 이와 관련해 현재와 과거의 이질성은 단번에 제거된다. 왜냐하면 현재로서 과거와 구별한 그것이 과거가 되었기 때문이다. 변형이 이루어지는 동안에 현재는 이 과거의 현재로 머물지만, 이 현재는 이 과거의 지나간 현재가 된다. 이것은 우선 현재가 출생까지 거슬러 올라가는 과거의 계열과 동질적임을 의미하고, 그다음으로 현재는 그것으로 있어야 하는 형태하에서 더 이상 자신의 과거로 있는 것이 아니라, 오히려 그것으로 있어야 했다는 존재 방식으로 자신의 과거라는 사실을 의미한다. 과거와 대과거의 연결은 즉자 방식의 연결이다. 그리고 이 연결은 현재적인 대자를 근거로 해서 나타난다. 단 하나의 덩어리로 용접된 과거와 대과거의 계열을 지탱하고 있는 것은 바로 이 현재적인 대자이다.

다른 한편, [과거와] 마찬가지로 변형에 의해 영향을 받더라도, 미래는 미래로 있기를 그치지 않는다. 다시 말해 미래는 대자의 밖에, 앞에, [대자]존재의 저편에 머물기를 그치지 않는다. 하지만 미래는 과거의 미래 또는 선행미래가 된다. 임박한 미래가 문제가 되는가, 아니면 먼 미래가 문제가 되는가에 따라, 미래는 새로운 현재와 두 종류의 관계를 유지할 수 있다. 첫 번째의 경우, "내가 기다리고 있었던 것이 바로 이것이다."라는 식으로, 현재는 과거에 대해 이 미래로 있는

---

70 대과거는 프랑스어 동사 시제의 하나로, 과거의 어떤 행위나 상태에 대해 그보다 먼저 이루어진 행위나 상태를 표시하는 데 쓰인다. 예컨대 "그가 그곳에 도착했을 때, 나는 그곳을 15분 전에 떠났다."라는 문장에서, 뒷부분, 즉 '나는 그곳을 15전에 떠났다'에서 '떠났다'가 대과거 시제로 표현되어야 한다.

것으로 주어진다. 현재는 이 과거의 선행미래 방식으로 자신의 과거의 현재이다. 하지만 현재가 이 과거의 미래로서 대자로 있는 동시에, 현재는 대자로서, 따라서 미래가 그것으로 있을 것을 약속하고 있는 것으로 있지 않은 것으로 실현된다. 여기에는 이중 분화가 있다. 즉 현재는 자신이 이 미래로 있는 것을 완전히 부정하면서 과거의 선행미래가 된다. 그리고 원초적인 미래(futur primitif)는 결코 실현되지 않는다. 원초적인 미래는 현재에 대해서는 더 이상 미래로 있지 않지만, 과거에 대해서는 여전히 미래로 있다. 원초적인 미래는 현재의 실현 불가능한 공현전이 되고, 또 하나의 전적인 관념성(une idéalité)을 보존한다. "도대체 이것이 내가 기다렸던 것인가?" 원초적인 미래는 이 현재의 과거의 실현되지 않은 미래로서 현재에 관념적으로 공현전적인 미래로 머문다.

　미래가 멀리 있는 경우, 미래는 새로운 현재에 대해 미래로 머문다. 하지만 만일 현재가 스스로 자신을 이 미래의 결여로서 구성하지 않는다면, 현재는 가능성이라는 자신의 성격을 상실한다. 이 경우 선행미래는 자기의 미래가 아니라 새로운 현재에 대해 무관심한 가능이 된다. 이런 의미에서 선행미래는 더 이상 자기를 가능화하지 않고, 오히려 가능으로서의 한에서 즉자존재를 받아들인다. 선행미래는 주어진 가능, 다시 말해 즉자가 된 하나의 대자의 즉자적인 가능이 된다. 어제, 나는 다음 월요일에 시골로 떠나는 것이 ─ 나의 가능으로서 ─ 가능했더랬다. 오늘, [어제 나의 가능이었던] 그 가능은 더 이상 나의 가능이 아니다. 그 가능은 내가 그것으로 있었던 항상 미래적인 가능의 자격으로 나의 사려(思慮, contemplation)의 주제화된 대상으로 머문다. 하지만 그 가능과 나의 현재 사이의 유일한 유대는, 나는 "이었다"의 방식으로 과거가 된 이 현재로 있어야 하며, 이 현재는 나의 현재 저편에서 과거의 가능으로 있기를 그만두지 않았다는 것이다. 하지만 미래와 지나간 현재는 나의 현재의 바탕 위에서 즉자로 응고된다. 이렇듯 시간적 경과의 흐름 속에서 미래는 그 미래라는 성격을 전혀 상실하지 않은 채 즉자로 이행한다. 미래는, 그것이 현재에 의해 도달되지 않는 한, 단순히 주어진 미래가 된다. 미래가 도달했을 때, 미래는 관념성의 성격을 띠게 된다. 하지만 이 관념성은 즉자적인 관념성이다. 왜냐하면 이 관념성은 현재적인 대자가 있지-않음의 방식으로 그것으로 있어야 하는 결여분으로 나타나는 것이 아니라, 주어진 한 과거의 주어진 결여로서 나타나기 때문이다. 미래가 뛰어넘어질 때, 그 미래는 과거들의 계열의 가장자리에서 언제까지나 선행미래로 머문다. 즉 대과거가 된 그 과거의 선행미래, 말하자면 과거가 된 하나의 현재에 공현전적인 것으로 주어진 관념적인 미래가 그것이다.

하나의 새로운 현재의 연계적 나타남과 더불어 현재적 대자의 과거로의 변형을 검토하는 일이 남아 있다. 사라진 현재의 하나의 이미지를 붙잡아 둘 하나의 즉자적인 현재의 나타남과 함께 선행하는 현재의 폐기가 있다고 생각하는 것은 오류일 것이다. 어떤 의미에서는 진리를 발견하기 위해 관련 항을 거의 뒤집는 것이 적합할 수도 있다. 왜냐하면 전현재(前現在, l'ex-présent)의 과거화는 즉자로의 이행인 반면, 하나의 새로운 현재의 출현은 이 즉자의 무화이기 때문이다. 현재는 하나의 새로운 즉자가 아니다. 현재는 있지 않는 것이고, 존재 저편에 있다. 현재에 대해 우리는 과거에 있어서만 "그것이 있다"라고 말할 수 있을 뿐이다. 과거는 폐기되지 않는다. 과거는 그것이 있었던 그대로의 것이다. 과거는 현재의 존재이다. 우리가 충분히 지적한 것처럼, 결국 현재와 과거의 관계는 하나의 존재 관계이지, 재현 관계가 아니다.

그 결과, 우리의 주의를 끄는 첫 번째 성격은 존재에 의한 대자의 탈환이다. 마치 대자가 자신의 고유한 무를 지탱할 힘을 더 이상 가지고 있지 않은 것처럼 말이다. 대자가 그것으로 있어야 하는 깊은 균열은 메워지고, "있었어야" 하는 무는 무로 있기를 그친다. 과거화된 대자존재가 즉자의 하나의 성질이 되는 한, 무는 축출된다. 내가 과거에 이런저런 슬픔을 경험했다면, 그것은 더 이상 내가 나에게 그 슬픔을 경험시킨 한에서가 아니다. 이 슬픔은 스스로를 자기 자신의 증인으로 만드는 하나의 나타남을 가질 수 있는 정확한 존재 척도를 더 이상 갖지 않는다. 이 슬픔은 존재했기 때문에 존재한다. [슬픔의] 존재는 거의 외적인 하나의 필연성으로 이 슬픔에게 온다. 과거는 하나의 거꾸로 된 운명이다. 대자는 자신을 자신이 원하는 바로 만들 수 있다. 대자는 새로운 한 대자에 대해 불가피하게 자신이 있고자 원한 것으로 있을 수밖에 없는 필연성에서 벗어날 수 없다. 이런 이유로 과거는 즉자에 대해 초월적인 현전이기를 그만둔 하나의 대자이다. 과거는 즉자적으로 세계의 한복판에 빠져 있다. 내가 그것으로 있어야 하는 것은, 내가 그것으로 있지 않는 세계에의 현전으로 있는 것이다. 하지만 내가 그것으로 있었던 것은, 내가 사물의 방식으로, 세계 내적 존재자의 자격으로, 세계 한복판에서 그것으로 있었던 것이다. 그럼에도 대자가 그 안에서 자신이 있었던 것으로 있어야 하는 이 세계는, 대자가 현행적으로 현전하고 있는 그 세계 자체일 수는 없다. 이렇듯 대자의 과거는 세계의 지나가 버린 한 상태로 이행된 현전으로 구성된다. 비록 대자가 현재에서 과거로 "이행하던" 동안에 세계가 아무런 변화를 겪지 않는다고 해도, 적어도 세계는 방금 우리가 기술한 것과 동일한 형식적인 변화를 대자존재의 핵심에서 겪는 것으로 파악된다. 이 변화는 의식의 진실한 내적 변화의 한 반영에 불과할 뿐이다. 달리 말해 즉자가 된 존재에 대해 이루어지는 전현전으로서 과거로 떨어지는 대자는 "세계-한복판의" 한 존재가 된다. 그리고 세계는 지나가 버린 대자가 그 한복판에서 즉자로 있는 곳으로서의 과거적인 차원 속에 붙들려 있다. 인간의 몸을 갖추고 있는 세이렌이 물고기의 꼬리로 끝나듯, 세계 외적인 대자는 자기의 배후에서 세계 속의 사물로 끝난다. 나는 언제나 성격이 급하고, 우울하고, 나는 오이디푸스콤플렉스 또는 열등 콤플렉스를 가지고 있다. 하지만 그것은 과거에 있어서이고, 세계의 한복판에서 "있었다"의 형식으로서이며, 이것은 마치 내가 공무원이나 장애인 또는 프롤레타리아로 있는 것과 마찬가지이다. 과거에 있어, 세계는 나를 조인다. 그리고 나는 보편적인 결정론 속에서 나를 상실한다. 하지만 내가 "나의 과거로 있었던 한에서", 나는 장래를 향해 철저하게 나의 과거를 초월한다.

자신의 무를 모두 표현해 버린 하나의 대자, 즉자에 의해 탈환된 하나의 대자, 세계 속에서 희박해지고 있는 하나의 대자, 이것이 내가 있어야 하는 과거이고, 이것이 대자의 화신이다. 하지만 이 화신은 세계에 대한 현전으로서 자신을 무화하고 또 자신이 초월하는 과거로 있어야 하는 하나의 대자의 출현과 통일을 이룬 가운데 생겨난다. 이 [화신의] 나타남의 의미는 어떤 것인가? 여기에서 하나의 새로운 존재의 출현을 보는 것은 경계해야 한다. 모든 것은 마치 현재는 곧 메워지고 끊임없이 재생하는 하나의 끊임없는 존재의 구멍인 것처럼 진행된다. 또 [모든 것은] 마치 현재가 "즉자"의 삼켜 버림(engluement) 앞에서의 끊임없는 도피인 것처럼 진행된다. 이 즉자의 삼켜 버림은 더 이상 어떤 대자의 과거도 아닌 하나의 과거 속에 현재를 끌어들여 즉자가 최종 승리를 거둘 때까지 현재를 위협한다. 이런 [즉자의] 승리는 죽음이다. 왜냐하면 죽음은 체계 전체의 과거화에 의한 시간성의 근본적인 정지이거나, 또는 이렇게 말한다면, 즉자에 의한 인간적인 총체의 탈환이기 때문이다.

우리는 어떻게 시간성의 이 동적인 성격을 설명할 수 있을까? 만일 시간성이 ─ 우리가 그것을 보여 주었기를 바란다 ─ 대자의 존재에 부가되는 하나의 우연적인 성질이 아니라면, 시간성의 동태는 자기 자신의 고유한 무로 있어야 하는 존재로 생각된 대자의 본질적 구조임을 보여 줄 수 있어야 한다. 우리는 다시 우리의 출발점으로 되돌아와 있는 것 같다.

하지만 사실 거기에는 문제가 없다. 우리가 하나의 문제에 부딪치고 있다고 생각했다면, 그것은, 대자를 대자로 사유하기 위한 우리의 노력에도 불구하고, 우리가 대자를 즉자로 응고시키지 않을 수 없기 때문이다. 실제로 변화의 출현이 하나의 문제, 즉 "만일 즉자가 그것이 있는 그대로의 것으로 있다면, 어떻게 즉자가 더 이상 그것의 있는 그대로의 것으로 있지 않을 수 있는가?" 하는 문제를 구성할 수 있다면, 그것은 우리가 즉자에서 출발하기 때문이다. 하지만 반대로 만일 우리가 대자에 대한 충분한 이해에서 출발한다면, 설명해야 할 것은 변화가 아니고 오히려 항상성일 것이다. 이 항상성이 존재한다는 조건에서 말이다. 만일 실제로 우리가 시간 순서에 대한 우리의 서술을 시간의 흐름으로부터 시간에 올 수 있는 모든 것의 외부에서 고찰한다면, 그 순서로 환원된 하나의 시간성이 즉각 즉자적인 시간성이 되리라는 것은 명백하다. 시간적인 존재의 탈자적인 성격은 거기에서 아무것도 바꾸지 못할 것이다. 왜냐하면 이 성격은 대자의 구성 요소로서가 아니라 즉자에 의해 지탱되는 성질로서 과거에서 재발견되기 때문이다. 만일 실제로 우리가 하나의 미래를, 그저 단순하게 어떤 과거의 대자인 하나의 대자의 미래로 생각한다면, 그리고 만일 변화가 시간성으로서의 시간성에 대한 서술에 대한 하나의 새로운 문제라고 생각한다면, 우리는 이런 미래로서 생각된 이 미래에 대해 하나의 순간적인 부동성을 부여하게 될 것이고, 우리는 대자를 하나의 응고된 성질, 또 우리가 지시할 수 있는 하나의 성질로 만들게 될 것이다. 결국 모든 것은 만들어진(faite) 총체가 되고, 미래와 과거는 대자를 한정해 이 대자에게 주어진 한계를 구성한다. 존재하는 시간성으로서의 [과거와 미래의] 총체는 대자의 현재적 순간인 하나의 견고한 핵 주위에서 화석화된다. 그렇게 되면 그 순간으로부터 과거와 미래의 행렬과 함께 또 다른 하나의 순간이 어떻게 나타나는가를 설명하는 것이 문제가 된다. 우리는 순간이 장래의 무와 과거의 무에 의해 한정된 유일한 즉자적인 실재로 여겨지는 순간주의(instantanéisme)[71]에서 벗어났다. 하지만 시간적인 여러 총체 하나하나가 하나의 순간 주위에 집중해 있는 이 시간적 총체의 하나의 계기를 암묵적으로 인정하는 경우, 우리는 순간주의에 다시 빠질 것이다. 한마디로 우리는 순간에 탈자적인 차원을 부여했지만, 그렇다고 해서 우리가 순간을 폐기한 것은 아니다. 이것은 우리가 시간적인 총체를 비시간적인 것을 통해 지탱케 함을 의미한다. 시간은, 만일 그것이 존재한다면, 또다시 하나의 몽상이 된다.

하지만 변화는, 대자가 자발성인 한에서 당연히 대자에 속한다. 우리가 "자발성이 존재"한다거나 또는 간단하게 "이 자발성"이라고 말할 수 있는 자발성은 그 자체에 의해 한정되도록 자신을 내맡겨야 할 것이다. 다시 말해 자발성은 자신의 존재의 무의 근거일 뿐만 아니라 또한 자신의 존재의 근거일 것이며, 이와 동시에 존재는 그 자발성을

71 순간 위주의 사고 체계라고 할 수 있다.

사로잡아 그것을 주어진 것으로 응고시킬 것이다. 자발성인 한에서 자기를 정립하는 하나의 자발성은 이와 동시에 자신이 정립하는 것을 거부해야 한다. 그렇지 않으면, 자발성의 존재는 기득(旣得, acquis)의 존재가 될 것이고, 자발성을 자발성으로 있기를 지속하는 것은 이 기득의 존재 덕택이다. 그리고 이 거부 자체도 자발성이 거부해야 하는 하나의 기득이다. 그렇지 않으면, 자발성은 자신의 존재의 타성적 연장(延長) 속으로 삼켜지게 될 것이다. 사람들은 연장과 기득이라는 개념은 이미 시간성을 전제한다고 말할 것이다. 이는 사실이다. 하지만 그것은 자발성이 스스로 거부에 의해 기득을 구성하고, 기득을 통해 거부를 구성하기 때문이다. 원래 자발성은 자기를 시간화하지 않고서는 존재할 수 없다. 자발성의 고유한 본성은 자신을 자발성으로 실현하면서 자신이 구성하는 기득을 이용하지 않는다. 자발성을 하나의 순간으로 수축하고, 또 그렇게 함으로써 자발성을 즉자로 응고시키지 않는 한, 다시 말해 하나의 초월적인 시간을 상정하지 않는 한, 자발성을 다르게 생각하기란 불가능하다. 시간적인 형식하에서가 아니면 아무것도 생각할 수 없다거나, 또 우리가 존재를 시간화하고, 그 즉시 이 존재에서 시간을 끌어내기 때문에, 우리의 설명이 논점 선취의 오류를 범하고 있다고 이의를 제기할 수도 있을 것이다. 이것은 헛된 일이다. 또 칸트가 비시간적 자발성이 불가해할지라도 모순적인 것이 아님을 보여 주고 있는 『순수이성비판』의 몇몇 구절[72]을 상기해도 헛된 일이다. 이와 반대로 우리에게는 자기 자신으로부터 탈출하지 않는 자발성, 이 탈출 자체로부터 탈출하지 않는 자발성, 자발성은 이것이라고 말할 수 있는 자발성, 확고한 하나의 호칭 속에 갇히도록

72　순수이성의 이율배반, 특히 제3의 모순에서 자유의 원인성, 절대적 자발성을 정립한 부분이 해당된다.

방임하는 자발성은, 정확하게 하나의 모순이다. 그리고 이 자발성은 결국 하나의 특정한 긍정적 본질, 즉 결코 술어가 되지 않는 영원한 주체와 등가적이 될 것이다. 그리고 자신의 여러 탈출의 불가역성 자체를 구성하는 것은 바로 자발성이라는 그 성격이다. 왜냐하면 정확하게 자발성이 나타나자마자, 그것은 자기를 거부하기 위함이고, 또 "정립-거부"의 순서는 뒤바뀔 수 없기 때문이다. 사실, 정립 자체는 거부에서 끝나고 결코 긍정적인 충만에 이르지 못한다. 그렇지 않다면, 정립은 하나의 순간적인 즉자 속에서 소진되고 말 것이다. 그리고 정립이 자신의 완성의 총체성 속에서 존재로 이행하는 것은 단지 거부당한 정립의 자격으로서이다. 게다가 이 "기득-거부"라는 통일적인 계열은 변화에 대해 존재론적 우위를 갖는다. 왜냐하면 변화는 그저 이 계열의 실질적인 내용 사이의 관계이기 때문이다. 그런데 우리는 시간화의 비가역성 자체를 자발성의 전적으로 비어 있으면서 선험적 형식에 필수적인 것으로 보여 주었다.

우리는 독자들에게 좀 더 친밀하다고 여겨지는 자발성 개념을 이용하면서 주제를 설명했다. 하지만 우리는 이제 이 [주제에 대한] 생각을 대자의 관점에서, 그리고 우리 자신의 고유한 용어로 다시 파악할 수 있다. 지속하지 않는 하나의 대자는 틀림없이 초월적 즉자의 부정으로 머물 것이며, "반영-반영하는 것"의 형태하에서 그 자신의 고유한 존재의 무화작용으로 머물 것이다. 하지만 이 무화작용은 하나의 소여가 될 것이다. 다시 말해 이 무화작용은 즉자의 우연성을 얻게 될 것이고, 대자는 자기 자신의 고유한 무의 근거이기를 멈출 것이다. 대자는 자기 자신의 고유한 무의 근거로 있어야 하는 것으로서는 더 이상 아무것도 아니지만, '반영-반영하는 것'의 쌍이 이루는 무화하는 통일성 속에 있을 것이다. 대자의 도피는 우연성의 거부이다. 이 거부는 대자를 자기의 무의 근거로 구성하는 행위 자체에 의해 이루어진다. 하지만 이 도피는 정확하게 도피당하는 것(ce qui est fui)을 우연성으로 구성한다. 즉 도피당하는 대자는 그 자리에 남아 있다. 도피당하는 대자는 소멸할 수 없을 것이다. 왜냐하면 내가 이 도피당하는 대자로 있기 때문이다. 하지만 또한 이런 대자는 자기 자신의 고유한 무의 근거로 있을 수 없을 것이다. 왜냐하면 이런 대자는 도피 속에만 존재할 수 있을 뿐이기 때문이다. 즉 그 대자는 완료된다. ……에 대한 현전으로서의 대자에게 타당한 것은 또한 당연히 시간화의 총체에도 부합한다. 이 총체는 결코 완료되어 있는 것이 아니다. 이 총체는 자신을 거부하고 자신으로부터 도피하는 총체이다. 이 총체는 하나의 같은 나타남의 통일 속에서 자기로부터의 이탈이고, 자기를 주는 순간에 이미 자기의 증여 저편에 있는 파악할 수 없는 총체이다.

이렇듯 의식의 시간은 스스로에게 자기 자신의 고유한 미완료인 총체로서 자기를 시간화하는 인간실재이다. 의식의 시간은 탈총체화하는 효소로서 하나의 총체 속으로 미끄러져 들어가는 무이다. 자기를 뒤쫓으면서 동시에 자신을 거부하고, 자기 자신의 고유한 뛰어넘기이고 동시에 자기 자신을 향해 스스로를 뛰어넘기이기 때문에, 자기 안에서 자기의 뛰어넘기에 어떤 종점도 발견할 수 없는 총체는, 어떤 경우에도 한순간의 한계 안에서 존재할 수는 없을 것이다. 대자가 존재한다고 긍정할 수 있는 순간은 결코 없다. 왜냐하면 정확하게 대자는 결코 존재하지 않기 때문이다. 이와 반대로 시간성은 순간의 거부로서 자신을 전적으로 시간화한다.

III. 근원적 시간성과 심적 시간성: 반성

대자는 지속하는 것(에 대한) 비조정적 의식의 형태하에서 지속한다. 하지만 나는 "흐르는 시간을 느낄" 수 있으며, 또 스스로 나 자신을 계기의 통일로 파악할 수 있다. 이 경우에 나는 지속하는 것에 대한 의식을 갖는다. 이 의식은 조정적이며, 인식과 아주 비슷하다. 그것은 나의 시선 아래에서 시간화되는 지속이 하나의 인식의 대상에 매우 가까운 것과 마찬가지이다. 근원적인 시간성과 내가 나 자신을 "지속하는 중"이라고 파악하자마자 내가 맞닥뜨리는 이 심적 시간성 사이에는 어떤 관계가 존재할 수 있는가? 이 문제는 우리를 곧바로 또 다른 하나의 문제로 이끈다. 왜냐하면 지속에 대한 의식은 지속하는 하나의 의식에 대한 의식이기 때문이다. 따라서 지속에 대한 이 조정적 의식의 본성과 권리에 대한 물음을 제기하는 것은, 결국 반성의 본성과 권리에 대한 물음을 제기하는 것에 귀착한다. 사실, 시간성이 심적 지속의 형태로 나타나는 것은 반성에서이다. 그리고 심적 지속의 모든 과정은 반성된 의식에 속한다. 따라서 하나의 심적 지속이 어떻게 반성의 내재적인 대상으로 구성될 수 있는가를 자문하기 전에, 우리는 다음과 같은 선행하는 질문에 답을 시도해야 한다. 우리는 과거에서만 존재할 수 있을 뿐인 하나의 존재[심적 지속]에 대해 반성이 어떻게 가능한가? 반성은 데카르트와 후설에 의해 하나의 특권적인 직관의 유형으로 주어진다. 왜냐하면 반성이 현재적이고 순간적인 내재성의 한 행위 속에서 의식을 파악하기 때문이다. 반성이 인식해야 하는 존재가 반성에 대해 과거적으로 있는 경우에도, 반성은 과연 그 확실성을 간직할까? 그리고 우리의 모든 존재론이 반성적 경험에 그 근거를 가지고 있는 만큼, 그것이 자기의 모든 권리를 상실할 우려가 있는 것은 아닐까? 하지만 반성적 의식의 대상이 되어야 하는 것은 결국 과거적인 존재일까? 그리고 만일 반성이 대자라면, 반성 자체는 하나의 현실존재와 또 하나의 순간적인 확실성에 자기를 한정해야 하는 것일까? 우리가 반성적 현상으로 되돌아가 그 구조를 규정하는 경우에만 우리는 이 점들에 대해 결정할 수 있을 것이다.

반성은 자기 자신에 대해 의식적인 대자이다. 대자는 이미 자기(에 대한) 비조정적 의식이기 때문에, 우리는 반성을 갑자기 나타난 의식, 반성된 의식을 겨냥하면서, 그것과 함께 살고 있는 하나의 새로운 의식으로서 표상하는 습관을 가지고 있다. 여기에서 우리는 스피노자의 오래된 관념에 대한 관념을 재확인한다.

하지만 반성적 의식이 무로부터 나타난다는 것을 설명하기는 어렵다. 하지만 반성된 의식과 반성적 의식의 절대적인 통일, 즉 반성적 직관의 권리와 확실성을 이해하도록 해 주는 유일한 통일을 설명하기란 완전히 불가능하다. 사실 우리는 여기에서 반성된 것의 존재(esse)를 하나의 지각된 것(percipi)으로 정의할 수 없을 것이다.[73] 왜냐하면 정확하게 반성된 것의 존재는 존재하기 위해 지각될 필요가 없는 존재이기 때문이다. 그리고 반성된 것이 반성과 맺는 최초의 관계는 하나의 표상과 사고하는 한 주체가 이루는 단일한 관계일 수 없다. 만일 인식된 존재자가 인식하는 존재자와 같은 위엄을 가져야 한다면, 이 두 존재자의 관계는 결국 소박한 실재론(réalisme naïf)의 관점에서 기술되어야 할 것이다. 하지만 그때 우리는 정확하게 실재론이 가진

---

73 앞에서 언급한 버클리의 그 유명한 'esse est percipi', 즉 "존재함은 지각됨이다."라는 명제를 떠올리자. 이때 '존재함(esse)'은 객관적인 사물이라 할 수 있고, '지각됨(percipi)'은 관념이라 해야 한다. 그러니까 이 명제는 '사물은 관념이다'로 요약할 수 있다. 여기에서 사르트르의 논의를 따라가면서 이 사실을 염두에 둘 필요가 있다.

다음과 같은 가장 큰 어려움에 부딪치게 될 것이다. 전적으로 고립되어 있고, 독립적이며, 독일인들이 "독립성"이라고 부르는 이 존재 충족을 갖추고 있는 두 존재자가, 어떻게 상호적인 관계를 유지할 수 있는가? 또 이 두 존재자가 특히 인식이라 불리는 내적 유형의 관계를 유지할 수 있는가? 만일 우리가 먼저 반성을 하나의 자율적인 의식으로 생각한다면, 우리는 그다음에 반성을 반성된 의식과 결코 다시 결합할 수 없을 것이다. 반성과 반성된 의식은 언제나 둘일 것이다. 그리고 설사 반성적 의식이 반성된 의식에 대한 의식일 수 있다고 할지라도, 두 의식 사이의 외적인 연결일 뿐이다. 기껏해야 우리는 그 자체 속에 고립된 반성은 반성된 의식에 대한 하나의 이미지와 같은 것을 소유한다고 상상해 볼 수 있을 뿐이다. 이렇게 해서 우리는 다시 관념론에 빠질 것이다. 반성적 인식과 특히 코기토는 그 확실성을 상실하게 될 것이고, 그 대신 일종의 개연성, 게다가 정의하기 어려운 개연성만을 얻게 될 뿐이다. 따라서 반성은 하나의 존재 관계를 통해 반성된 것과 통일되는 것이 바람직하고, 또 반성적 의식은 반성되는 의식이라고 하는 것이 정당하다.

하지만 다른 한편으로, 반성하는 것(le réflexif)과 반성된 것(le réfléchi)의 전적인 동일시는, "반영-반영하는 것"이라는 환영의 이원성만을 존립케 함으로써 반성 현상을 단번에 폐기할 것인데, 여기에서 이 동일시는 문제가 될 수 없을 것이다. 우리는 여기에서 다시 한번 대자를 다음과 같이 정의하는 존재 유형과 다시 맞닥뜨린다. 만일 반성이 논리필증적 명증이어야 한다면, 반성하는 것이 반성된 것이기를 요구한다는 정의가 그것이다. 하지만 반성이 인식인 한에서, 반성된 것은 반성하는 것의 대상이어야 한다. 여기에는 존재의 분리가 함축되어 있다. 이렇듯 반성하는 것은 반성된 것으로 있어야 하고 동시에 그것으로 있지 않아야 한다. 우리는 이런 존재론적 구조를 이미 대자의 핵심에서 발견했다. 하지만 그때 존재론적 구조가 완전히 똑같은 의미를 갖지 않았다. 사실 이 구조는 [대자의 경우에는] 대략 소묘된 이원성의 "반영된 것과 반영하는 것"의 두 항에서 근본적인 "비자립성(Unselbstständigkeit)"을 전제하고 있다. 다시 말해 두 항이 따로 자기를 정립할 수 없어서, 이원성은 끊임없이 소멸되어 갔고, 각 항은 다른 항에 대해 자기를 정립함으로써 다른 항이 되는 것이었다. 하지만 반성의 경우에는 사정이 약간 다르다. 왜냐하면 여기에서는 반성된 "반영-반영하는 것"은 반성적 "반영-반영하는 것"에 대해 존재하기 때문이다. 달리 말해 반성된 것은 반성하는 것에 대한 **외현**이지만, 이로 인해 자기(에 대한) 증인이기를 그치는 것은 아니다. 그리고 반성하는 것은 반성된 것에 대한 증인이지만, 이로 인해 자기 자신에게 외현이기를 그치는 것은 아니다. 반성된 것이 반성하는 것에 대해 외현인 것은, 반성된 것이 그 자신에서 자기를 반영하는 한에서이다. 그리고 반성하는 것이 증인일 수 있는 것은, 그것이 오직 존재(에 대한) 의식인 한에서일 뿐이다. 다시 말해 반성하는 것이 그것으로 있는 이 증인은, 반성하는 것이 또한 그것으로 있는 반영하는 것에 대해 정확히 반영으로 있는 한에서이다. 따라서 반성된 것과 반성하는 것은 각기 "자립성"으로 향한다. 그리고 그것들을 분리하는 아무것도 아닌 것은, 대자의 무가 반영을 반영하는 것으로부터 분리하는 것보다 더 심하게 그 둘을 갈라놓는다. 다만 다음 사실을 지적해야 한다. 근거짓는 (1) 증인으로서의 반성은 외현 속에서, 그리고 외현에 의해서만 증인으로서의 존재를 가질 수 있을 뿐이다. 다시 말해 이 증인은 자기의 반성성에 의해 자신의 존재에서 심각하게 침범당하고, 또 그런 한에서 이 증인은 자기가 겨냥하는 "독립성"에 결코 도달할 수 없다. 왜냐하면 이 증인은 자신의 기능에서 자기의 존재를 끌어내고, 또 자기의 기능을 반성된 대자의 기능에서 끌어내기 때문이다. (2) 반성된 것은, 그것이 이런저런 초월적 현상에 대한 반성된 의식으로서 자기(에 대한) 의식이라는 의미에서, 반성에 의해 심하게 변질된다. 반성된 것은 자신이 응시당하고 있음을 안다. 하나의 감각적인 이미지를 이용하면, 반성된 것은 책상 위에 몸을 굽혀 글을 쓰고 있는 사람이 그렇게 글을 쓰는 동안 자기 뒤에 서 있는 누군가에 의해 관찰되고 있음을 알고 있는 상태와 더 잘 비교될 수 있을 것이다. 따라서 반성된 것은 어떤 점에서 이미 하나의 외부를 가지고 있는 것으로서, 또는 오히려 하나의 외부의 소묘를 가지고 있는 것으로서 자기 자신(에 대한) 의식을 가지고 있다. 다시 말해 반성된 것은 스스로 자기를 ……에 대한 대상으로 만든다. 그 결과, 반성된 것의 의미는 반성하는 것과 분리 불가능하고, 자기와 거리를 두고서 저편에, 그것을 반성하는 의식 속에서 존재한다. 이런 의미에서 반성된 것은 반성하는 것 자체와 마찬가지로 더 이상 "독립성"을 소유하지 않는다. 후설은 우리에게 반성된 것은 "반성 이전에 거기 있었던 것으로 주어진다."라고 했다. 하지만 우리는 여기에 속아서는 안 된다. 반성되지 않은 것인 한에서 반성되지 않은 것이 갖는 "독립성"은 가능한 모든 반성에 대해 반성의 현상 속으로 이행하지 않는다. 왜냐하면 정확하게 말해 현상은 자신의 반성되지 않은 것이라는 성격을 상실하기 때문이다. 하나의 의식에 있어 반성된 의식이 된다는 것은, 이 의식이 자신의 존재에서 심각한 변양을 겪는다는 것이고, 또 정확하게 "반영되고-반영하는" 준총체성인 한에서 이 의식이 소유하고 있던 "독립성"을 상실한다는 것이다. 결국, 하나의 무가 반성된 것을 반성하는 것으로부터 분리하는 한에서, 자신의 존재를 자기 자신에게서 끌어낼 수 없는 이 무는 "존재되어야

(être été)" 한다. 이 말을 단일한 하나의 존재의 구조만이 그것으로 있어야 한다는 형태하에서 그 자신의 고유한 무로 있을 수 있다는 것으로 이해하자. 실제로 반성하는 것도 반성된 것도 이렇게 분리하는 무를 만들어 내지 못한다. 하지만 반성은 하나의 존재이다. 이것은 비반성적 대자가 하나의 존재의 부가가 아니라 자기 자신의 고유한 무로 있어야 하는 하나의 존재라는 것과 같다. 반성은 대자를 향한 하나의 새로운 의식의 출현이 아니다. 반성은 대자가 자기 안에서 실현하는 하나의 구조 내적 변양이다. 한마디로 반성은 단순히 '반영-반영하는 것'의 양태로 존재하게 하는 대신, 반성하는 것-반성된 것의 양상으로 자기를 존재하게 하는 대자 그 자체이다. 게다가 이 새로운 존재 양상은 반영-반영하는 것의 양상을 원초적인 내적 구조의 자격으로 존속하도록 방치한다. 나에 대해 반성하는 자는 뭔지 알 수 없는 비시간적인 순수한 시선이 아니다. 나에 대해 반성하는 자는 바로 나이다. 이 나는 지속하는 나이고, 나의 자기성 속에 연루되어 있고, 세계 속에서 위험에 처해 있으며, 나의 역사성을 가지고 있는 나이다. 다만, 내가 있는 그대로의 대자는 이 역사성, 세계 속의 이 존재, 이 자기성의 회로를 반성적인 양분(兩分) 방식으로 살아간다.

지금까지 살펴본 바와 같이, 반성하는 것은 하나의 무에 의해 반성된 것과 분리되어 있다. 이렇듯 반성이라는 현상은 대자의 하나의 무화작용인데, 이 무화작용은 밖으로부터 이 대자에게 오는 것이 아니고, 이 대자가 있어야 하는 것으로 있는 무화작용이다. 이렇게 한층 더 진척된 무화작용은 어디에서 올 수 있는가? 이것에 동기를 부여할 수 있는 것은 어떤 것인가?

존재에 대한 현전으로서의 대자의 나타남 속에는 하나의 근원적인 분산이 있다. 대자는 밖에서, 즉자 옆에서, 그리고 시간적 세 가지 탈자에서 자기를 상실한다. 대자는 그 자신의 밖에 있고, 또 이 대자존재는 자기의 가장 내밀한 곳에서 탈자적이다. 왜냐하면 이 대자존재가 다른 곳에서 자신의 존재를 찾아야 하기 때문이다. 즉 대자가 자신을 반영으로 만들 때는 반영하는 자에게서 자신의 존재를 찾아야 하고, 자신을 반영하는 자로서 정립할 때는 반영에서 자신의 존재를 찾아야 하기 때문이다. 대자의 나타남은 자기 자신의 고유한 근거로 있을 수 없었던 대자의 실패를 일러 준다. 반성은 존재의 회복을 위한 시도로서 대자의 끊임없는 가능성으로 머문다. 자기 밖에서 자신을 상실하는 대자는 반성에 의해 자신의 존재 속에 자신을 내면화(內面化, s'intérioriser)하고자 한다. 이것이 대자가 자신을 정초하고자 하는 두 번째 노력이다. 대자에게 있어서는 자기에 대해 자기가 있는 그대로의 것으로 있는 것이 중요하다. 만일 실제로 반영-반영하는 것의 준이원성이 준이원성 자체일 한 증인에게 있어 하나의 총체 속에 모아진다면, 준이원성은 자기 자신의 눈에 자신이 있는 그대로의 것으로 있을 것이다. 요컨대 문제는, 있지 않다의 방식으로 있는 그대로의 것으로 있으면서 자기로부터 도피하는 존재, 자기 자신의 고유한 흐름으로 있으면서 스스로 흘러가는 존재, 자기 자신의 손가락 사이로 빠져나가는 존재를 극복하는 것이고, 또 이런 존재를 하나의 소여, 즉 마침내 자기가 있는 것으로 있는 하나의 소여로 만드는 것이다. 문제는, 그것이 오직 자기 자신에 대해 자기의 미완성으로 있기 때문에만 미완성으로 있을 뿐인, 미완성된 이 총체를 하나의 시선의 통일 속에 모으는 것이고, 자기 자신에 대한 지향으로 있어야 하는 끊임없는 지향의 권역에서 탈출하는 것이고, 또 정확하게 우리가 이 지향의 사슬에서 탈출했기 때문에 이 지향을 보여진 지향으로서, 다시 말해 자기가 있는 그대로의 것으로 있는 지향으로 존재하게끔 하는 것이다. 하지만 이와 동시에 자기를 회복하고 자기를 소여로서 정초하는 존재, 즉 존재의 우연성을 정초함으로써 이 존재의 우연성을 구해 내기 위해 자기에게 존재의 우연성을 부여하는 이 존재는, 그 자신이 회복하고 근거를 세우는 것이어야 하고, 탈자적인 흩어짐으로부터 자신을 구하는 것으로 있어야 한다. 반성에 대한 동기부여는 [반성하는 것이 자신을] 대상화하면서 내면화하는 이중의 동시적인 시도로 구성된다. 내면화의 절대적 통일 속에서 즉자적 대상으로서 자기 자신에 대해 존재하는 것, 그것이 바로 반성-존재(l'être-réflexion)이어야 한다.

자기 자신에게 자기 자신의 고유한 근거로 있고자 하는 노력, 자기 자신의 고유한 도피를 내부에서 회복하고 지배하기 위한 노력, 마지막으로 자신에게서 달아나는 도피로서 이 도피를 시간화하는 대신에 바로 그 도피로 있고자 하는 노력은, 실패로 끝나야 한다. 그리고 정확하게 반성이란 바로 이 실패이다. 사실 자기를 상실하는 이 존재를 회복해야 하는 것은 바로 자기를 상실하는 이 존재 자신이다. 이 존재는 그 자신의 것으로 있는 존재 양식에서, 다시 말해 대자의 양식에서, 따라서 도피의 양식에서 이 회복으로 있어야 한다. 대자가 자신이 있는 그대로의 것으로 있고자 시도하는 것은 대자인 한에서이다. 또는 이렇게 말하면, 대자는 자기에 대해 자신이 대자적으로 있는 그대로의 것일 것이다. 이렇듯 반성 또는 자기를 돌아봄으로써 대자를 회복하려는 시도는 대자에게 있어 대자의 출현에 이른다. 존재 속에서 근거를 세우고자 하는 존재는 그 자신이 자기 자신의 고유한 무의 근거일 뿐이다. 따라서 그 총체는 무화된 즉자로 머문다. 그리고 이와 동시에 존재의 자기에 대한 돌아봄은 자기를 돌아보는 것과 이 돌아봄의 대상이 되는 것 사이에 하나의 거리가 나타나게 할 수 있을 뿐이다. 자기에 대한 이 돌아봄은 자기를 돌아보기 위한 자기로부터의 이탈이다. 반성적 무를 나타나게 하는 것은 바로 이 돌아봄이다. 왜냐하면 대자의 구조상의 필연성은, 대자가 대자의 형태하에서[74] 스스로 존재하는 하나의 존재에 의해서만 자신의 존재 속에서만 회복할 수 있기를 요구할 뿐이기 때문이다. 이렇듯 회복을 수행하는 존재는 대자의 양식으로 자기를 구성해야 하고, 또 회복되어야 하는 존재는 대자로서 존재해야 한다. 그리고 이 두 존재는 똑같은 존재여야 한다. 하지만 정확하게 이 존재가 자기를 회복하는 한에서, 이 존재는 자기와 자기 사이에, 존재의 통일 속에 하나의 절대적 거리가 존재하게끔 한다. 이 반성이라는 현상은 대자의 끊임없는 가능성이다. 왜냐하면 반성적 분열은 반성된 대자 속에 잠재태로 존재하기 때문이다. 사실 반영하는 대자가 자신에 대해 반영의 증인으로서 자신을 정립하고, 또 반영인 대자는 자신에 대해 이 반영하는 것의 반영으로서 자기를 정립하는 것으로 충분하다. 이렇듯 있지-않음의 방식으로 그것으로 있는 하나의 대자에 의해 하나의 대자를 회복하는 노력으로서의 반성은, 순수하고 단순한 대자의 존재와 있지-않음의 방식으로 그것으로 있지 않은 하나의 대자에 의해 하나의 대자를 회복하는 행위로서의 타자에 대한 존재 사이를 매개하는 무화작용의 한 단계이다.[75]

이렇게 묘사한 반성은, 대자가 시간화되는 사실에 의해 자신의 권리와 범위 속에서 제한할 수 있는가? 우리는 그렇다고 생각하지 않

74 원문에는 'sans forme de pour-soi'로 되어 있으나, 이는 'sous forme de pour-soi'의 오기로 보인다.
75 여기에서 우리는 헤겔이 의식의 특징으로 여긴 '자기 자신과 동일한 것의 분열'을 다시 보게 된다. 하지만 이 분열은 『정신현상학』에서처럼 좀 더 고차적인 통합으로 인도하는 대신, 의식을 자기로부터 분리하는 무를 더 깊게, 그리고 더 돌이킬 수 없게 파고들도록 할 뿐이다. 의식은 헤겔적이지만, 이 점이 그의 가장 큰 착오이다.— 원주.

는다.

만일 우리가 반성적 현상을 시간성과의 관계 속에서 파악하고 자 한다면, 두 종류의 반성을 구분해야 마땅하다. 즉 반성은 순수 할(pure) 수도 있고 불순할(impure) 수도 있다. 순수 반성(réflexion pure), 즉 반성하는 대자의 반성된 대자에 대한 현전은, 반성의 근원 적 형태와 동시에 반성의 이상적 형태이다. 이 순수 반성은 불순 반성 (réflexion impure)이 나타날 때 그 근거가 되는 반성이고, 결코 먼저 주어지지 않는 반성이며, 일종의 카타르시스에 의해 획득해야 할 반성 이다. 뒤에서 다루게 될 불순 반성 또는 공모적(complice) 반성은 순 수 반성을 감싸지만, 그 요구를 더 멀리까지 확장하기 때문에, 순수 반성을 뛰어넘는다.

명증에 비추어 볼 때, 순수 반성의 자격과 권리는 무엇일까? 명확 하게 반성하는 것이 반성된 것이라는 사실이다. 여기에서 벗어나면, 우리는 반성을 정당화할 아무런 수단도 갖지 못하게 될 것이다. 하지 만 반성하는 것은, 비록 "즉자로-아니-있음"의 형태에서이기는 해도, 전적으로 내재성에서 반성된 것이다. 반성된 것이 반성에 대해 완전 히 대상으로 있는 것이 아니고 준대상이라는 사실이 잘 보여 주는 것 이 바로 이것이다. 사실 반성된 의식은 아직 반성에 대해 하나의 외부 로서 넘겨지는 것이 아니다. 다시 말해 반성된 의식은 거기에 "하나의 관점을 취할" 수 있는 하나의 존재, 그것에 대해 후퇴를 실현하고, 그 것을 분리하고 있는 거리를 늘이거나 줄일 수 있는 하나의 존재로서 넘겨지는 것이 아니다. 반성된 의식이 "외부로부터" 보여지기 위해서 는, 또 반성이 이 반성된 의식에 대해 방향을 잡을 수 있기 위해서는, 반성하는 것은 그것이 있지 않은 것으로 있지 않는 방식에서 반성된 것으로 있지 않아야 한다. 이런 분열은 대타존재에 대해서만 실현될 뿐이다. 반성은 하나의 인식이다. 이것은 의심의 여지가 없다. 반성은 하나의 정립적 성격을 갖추고 있다. 반성은 반성된 의식을 긍정한다. 하지만 곧 보게 되겠지만, 모든 긍정은 하나의 부정에 의해 조건 지워진다. 이 대상을 긍정하는 것은 동시에 내가 그 대상임을 부정하는 것이다. 인식한다는 것은 자기를 타자로 만드는 것이다. 그런데 정확하게 반성하는 것은 자기를 반성된 것과 완전히 다른 타자가 되게 할 수는 없다. 왜냐하면 반성하는 것은 반성되는 것으로 있기-위해-있기(est-pour-être) 때문이다. 반성하는 것의 긍정은 중간에서 멈춘다. 왜냐하면 그것의 부정은 완전히 실현되지 않기 때문이다. 따라서 반성하는 것은 반성된 것으로부터 자기를 완전히 떼 내지도 않고, 또 반성된 것을 "하나의 관점에서" 포괄할 수도 없다. 반성하는 것이 수행하는 인식은 전체적이다. 그것은 굴곡도 없고 출발점도, 도착점도 없는 하나의 섬광과도 같은 직관이다. 모든 것은 일종의 절대적 근친성 속에 한꺼번에 주어진다. 우리가 보통 인식하는 것(connaître)이라 부르는 것에는 여러 굴곡, 여러 차원, 하나의 순서, 하나의 위계가 전개되어 있다. 심지어 수학적인 본질마저 다른 진리, 몇몇 귀결에 대한 하나의 방향을 수반하고서 우리에게 드러난다. 수학적 본질은 그 모든 특징과 함께 결코 동시에 드러나지 않는다. 하지만 반성은 반성되는 것을 하나의 소여가 아니고, 관점이 없는 무차별 속에서 우리가 그것으로 있어야 하는 존재로 우리에게 건넨다. 이렇듯 반성은 그 자신에 의해 넘치는, 설명이 없는 하나의 인식이다. 이와 동시에 반성은 결코 그 자신에 의해 기습당하지 않는다. 반성은 우리에게 아무것도 가르쳐 주지 않는다. 반성은 그저 정립할 뿐이다. 사실 하나의 초월적 대상에 대한 인식에는 대상의 드러내 보임이 있고, 또 드러내 보인 대상은 우리를 실망시키거나 놀라게 할 수 있다. 하지만 반성적인 드러내 보임에서는 자신의 존재에서 이미 드러내 보임이었던 하나의 존재에 대한 정립이 있다. 반성은 이 드러내 보임을 자기에 대해 존재시키는 데 그친다. 드러내 보인 존재는 자신을 하나의 소여로서가 아니라, "이미 드러내 보였다"의 성격과 함께 자신을 드러낸다. 반성은 인식이라기보다는 오히려 재인(再認, reconnaissance)이다. 반성에는 이 반성이 회복의 근원적인 동기부여로서 회복하고자 하는 것에 대한 하나의 전 반성적 이해가 내포되어 있다.

하지만 만일 반성하는 것이 반성된 것이라면, 만일 [이 둘의] 존재의 통일이 반성의 권리에 기초가 되면서 한계를 설정한다면, 반성된 것 자신이 반성하는 것의 과거이자 장래라는 사실을 덧붙여야 마땅하다. 따라서 반성하는 것이 있지-않음의 방식으로 그것으로 있는 반성된 것의 총체에 의해 끊임없이 경계가 무너진다고 해도, 반성하는 것이 자신의 논리필증성(apodicticité)[76]의 권리를, 자신이 그것으로 있는 이 총체 자체로까지 확장한다는 것은 의심의 여지가 없다. 이렇게 해서 데카르트의 반성적 획득물(conquête)인 코기토는 무한소의 순간으로 제한되어서는 안 된다. 게다가 이것은 사고(pensée)가 과거를 구속하는 하나의 행위이고, 또 장래에 의해 미리 자기를 소묘하게 하는 행위라는 사실로부터 우리가 결론을 내릴 수 있는 것이었다. 데카르트는 말한다. "나는 의심한다. 그러므로 나는 존재한다." 하지만 만일 이 방법적 회의[77]를 순간에 제한할 수 있다면, 방법적 회의

76 '보여 주다, 증명하다' 등의 의미를 가진 그리스어 'ἀποδεικτικός'에서 파생한 프랑스어 'apodictique'의 명사형으로, 모든 정신에 대해 보편성과 절대적 필연성을 가진 명제를 지칭한다. "S는 P로 있지 않으면 안 된다."는 식의 판단의 지배를 받는 명제가 그것이다. '필당연성(必當然性)'으로 옮기기도 하나, 여기에서는 '논리필증성'으로 옮긴다.
77 'doute méthodique'에 해당하는 개념으로, '방법적 의심'으로 옮길 수도 있으나, '방법적 회의'라는 용어로 사용이 굳어져 있다. 여기에서는 'doute'는 '의심'으로 옮기고, 'doute méthodique'는 '방법적 회의'로 옮긴다.

에 무엇이 남을 것인가? 아마도 하나의 판단중지가 남을 것이다. 하지만 판단중지는 의심이 아니다. 판단중지는 회의의 필수적인 하나의 구조일 뿐이다. 의심이 있기 위해서는 이 [판단]중지가 긍정하거나 부정할 근거의 불충분함 — 이 불충분함은 과거를 가리킨다 — 에 의해 동기화되어야 한다. 그리고 이 [판단]중지는 새로운 요소의 개입에 이르기까지 고의적으로 유지되어야 하는데, 이것은 이미 장래의 기투이다. 의심은 인식하는 것에 대한 선(先)존재론적 이해와 진실한 것에 대한 요구의 기반 위에 나타난다. 의심에 모든 의미를 부여하는 이해와 요구는 인간실재의 총체성과 그의 세계 속에서의 존재를 구속한다. 이해와 요구에는 인식과 의심이 가지는 하나의 대상의 존재, 다시 말해, 보편적 시간 속에서의 초월적인 항상성이 전제되어 있다. 따라서 의심은 하나의 속박된 행위, 즉 인간실재의 세계-내-존재의 양식 중 하나를 재현하는 행위이다. 자신을 의심하는 자로 발견한다는 것은, 이미 자기 자신 앞에서 이 의심의 목표와 중지와 의의를 감추고 있는 미래 속에 존재한다는 것이고, 또 자기 뒤에서 의심을 구성하는 동기화와 의심의 단계를 감추고 있는 과거 속에 존재한다는 것이며, 자기 밖에서 의심의 우리가 의심하는 그 대상에 대한 현전으로서 세계 속에 존재한다는 것이다. 이 같은 [세 가지] 지적은 [의심에 대해서뿐 아니라], 나는 읽는다, 나는 꿈꾼다, 나는 지각한다, 나는 활동한다 등의 그 어떤 반성적 확언에도 작용할 것이다. 이 [세 가지] 지적은 우리로 하여금 반성에 대해 논리필증적 명증을 거부하게끔 하거나 — 이때는 내가 나에 대해 갖는 근원적인 인식은 개연적인 것 속으로 붕괴할 것이고, 나의 존재 자체는 하나의 개연성에 불과할 것이다. 왜냐하면 나의 순간-내-존재(être-dans-l'instant)는 하나의 존재가 아니기 때문이다 — 또는 반성의 권리를 인간의 총체로, 즉 과거로, 장래로, 현전으로, 대상으로 확장해야 한다. 그런데 우리가 제대로 파악했다면, 반성은 스스로 자신을 끊임없는 미완성의 상태로 있는 총체로서 회복하고자 하는 대자이다. 반성은 자기 자신에 대해 그 자신의 고유한 드러내 보임인 존재의 드러내 보임의 긍정이다. 대자는 자기를 시간화하기 때문에, 그로부터 다음과 같은 결과가 나온다. (1) 대자의 존재 방식으로서의 반성은 시간화(temporalisation)로서 존재해야 한다는 것과 또 반성 자체는 그 자신의 과거이고 장래라는 것이다. (2) 반성은 본성상 내가 그것으로 있는 모든 가능성에까지, 또 내가 그것으로 있었던 과거에까지 자신의 권리와 확실성을 확장한다는 것이다. 반성하는 것은 하나의 순간적인 반성된 것을 파악하는 것이 아니다. 반성하는 것 자신은 순간성이 아니다. 이것은 반성하는 것이 자신의 미래와 함께 반성되는 것의 미래를 인식한다거나, 자신의 과거와 함께 인식해야 할 의식의 과거를 인식함을 의미하지 않는다. 오히려 반대로 반성하는 것과 반성된 것이 그 존재의 통일 속에서 상호 구별되는 것은 미래와 과거에 의해서이다. 사실 반성하는 것의 미래는 반성하는 것이 반성하는 것으로 있어야 하는 자기 자신의 가능성의 총체이다. 그것으로서의 한에서, 반성하는 것은 반성된 미래에 대한 의식을 포함할 수는 없을 것이다. 이와 같은 지적은 반성적인 과거에 대해서도 해당할 것이다. 이 반성적인 과거가 결국 근원적인 대자의 과거 속에서 자기를 정초한다고 해도 그럴 것이다. 하지만 만일 반성이 자신의 장래와 과거로부터 자신의 의미를 끌어낸다면, 이 반성은 하나의 도피에 대한 도피적인 현전인 한에서, 그렇게 도피하는 내내 이미 탈자적으로 존재한다. 달리 말해 반성적인 이중화의 방식으로 자기를 존재케 하는 대자는, 대자인 한에서, 자신의 가능성과 자신의 장래에서 자신의 의미를 끌어낸다. 이런 의미에서 반성은 하나의 디아스포라적 현상이다. 하지만 대자는 자기에 대한 현전인 한에서, 자신의 모든 탈자적 차원에 대한 현재적 현전이다. 사람들은 이렇게 말할 것이다. 이른바 이 논리필증적인 반성이, 당신이 그것에 인식의 권리를 부여하는 바로 이 과거에 대해 왜 그렇게 많은 오류를 범할 수 있는가를 설명해야 한다고 말이다. 나는 이렇게 답한다. 반성이 과거를 비주제적인 형태로 현재에 붙어 다니는 것으로 파악하는 한, 이 반성은 전혀 오류를 범하지 않는다고 말이다. 우리가 보여 준 것처럼, 내가 "나는 읽는다, 나는 의심한다, 나는 바란다 등"을 말할 때, 나는 과거를 향해 나의 현재의 경계를 훌쩍 넘어선다. 그런데 그 가운데 어떤 경우에도 나는 틀릴 수가 없다. 반성이 과거로 있어야 하는 것으로 있는, 반성된 의식에 대해, 그것이 있는 그대로의 과거를 정확히 파악하는 한, 이 반성의 논리필증성은 의심할 여지가 없다. 다른 한편으로, 내가 반성적인 방식으로 나의 지나간 감정이나 관념을 상기함으로써 많은 오류를 범할 수 있다면, 그것은 내가 기억의 차원에 있기 때문이다. 즉 그 순간 나는 더 이상 나의 과거로 있지 않고, 나의 과거를 주제화한다. 그때 우리는 더 이상 반성 행위를 상대하지 않는다.

이렇듯 반성은 세 가지 탈자적 차원에 대한 의식이다. 반성은 흐름(에 대한) 비조정적 의식이고, 지속에 대한 조정적 의식이다. 반성에 대해 반성된 것의 과거와 현재는 준외부로서 존재하기 시작한다. 이것은 반성된 것의 과거와 현재는, 그것으로 있어야 함으로써 단지 그것의 존재를 소진하는 하나의 대자의 통일 속에서 유지되어야 할 뿐만 아니라, 또한 하나의 무에 의해 그것으로부터 분리된 하나의 대자에 대해서도 ── 비록 하나의 존재의 통일 속에서 그것들과 함께 존재하기는 하지만, 그것의 존재로 있어서는 안 되는 하나의 대자에 대해서도 ── 유지되어야 한다는 의미에서이다. 또한 반성에 의해, 흐름은 내재성 속에서 소묘되는 하나의 외부로서 존재하려는 성향이 있다. 하지만 순수 반성은 여전히 자신의 근원적인 비실체성(non-substantialité) 속에서만, 즉자로 있는 것에 대한 자신의 거부 속에서만 시간성을 발견할 뿐이다. 순수 반성은 대자의 자유에 의해 완화된 가능들을 가능들인 한에서 발견한다. 순수 반성은 현재를 초월적인 것으로 드러낸다. 그리고 만일 과거가 순수 반성에게 즉자로서 나타난다면, 그 역시 현전의 기초 위에서이다. 마지막으로, 순수 반성은, 비교할 수 없는 개별성으로 있어야 하는 방식으로 스스로 그것으로 있는 이 비교할 수 없는 개별성인 한에서, 대자를 그 탈총체화된 총체(sa totalité détotalisée) 속에서 발견한다. 순수 반성은 대자를 탁월하게 "반성된 것"으로서, 오직 자기일 뿐인 존재로서 발견하고, 또 순수 반성은 장래에서, 과거에서, 세계에서 자기 자신과 거리를 두고 언제나 이 "자기"로 있는 존재를 발견한다. 따라서 반성은, 시간성이 하나의 자기성의 유일하고 비교할 수 없는 존재 방식으로, 다시 말해 역사성으로 자기를 드러내 보이는 한에서 시간성을 파악한다.

하지만 우리가 인식하고, 또 우리가 일상적으로 사용하고 있는 심리적 지속은, 시간적인 형식 계기인 한에서, 역사성의 대척점에 존재한다. 사실 이 심리적 지속은 흐름의 여러 심적 단위로 구성된 구체적인 직물이다. 예컨대 이 기쁨은 하나의 슬픔 이후에 나타나는 하나의 조직된 형식이며, 그 이전에는 내가 어제 겪었던 그 굴욕이 있었다. 일반적으로 앞과 뒤의 관계들이 확립되는 것은 이런 흐름의 단위들, 즉 성질·상태·행위 사이에서이다. 그리고 날짜를 매기는 데조차 도움이 되는 것이 바로 이들 단위이다. 이렇듯 세계-내-인간에 대한 반성적 의식은 그 일상적인 존재 속에서 심리적 대상들을 마주하고 있다. 이 심리적 대상들은 그것들이 있는 그대로의 것으로 있으며, 양탄자의 그림과 주제처럼 우리의 시간성 속에서 연속적인 씨줄 위에 나타난다. 또한 이 심리적 대상들은 보편적인 시간 속에서 세계의 사물과 같은 방식으로, 다시 말해 그것들 사이에서 계기라고 하는 순전히 외적 관계들과는 다른 관계들을 유지하지 않고 서로 교체되면서 차례차례 이어진다. 사람들은 내가 느낀 또는 내가 느꼈던 기쁨에 대해 말하고, 마치 내가 그 기쁨의 받침대인 것처럼 나의 기쁨이라고 말하고, 또 스피노자에게서 유한한 양태들이 속성의 기반 위에서 풀려나오는 것처럼,[78] 그 기쁨이 나로부터 풀려나온다고 말한다. 심지어 사람들은 마치 나의 시간화의 직물 위에 도장처럼 각인되기 위해 오는 것처럼, 또는 좀 더 자세히 말하면, 마치 그 감정, 그 관념, 그 상태의 나에 대한 현전이 일종의 방문이기라도 한 것처럼, 내가 이 기쁨을 체험한다고 말한다. 우리는 자율적 조직의 구체적인 흐름에 의해 구성된, 즉 요컨대 심적인 사실들, 의식의 사실들의 계기에 의해 구성된 이 심적인 지속을 착각(illusion)이라고 부를 수는 없을 것이다. 사실 심리학의 대상이 되는 것은 이런 사실들의 실재성이다. 실제로 인간들 사이에서 구체적인 관계들, 가령 요구·질투·원한·암시·투쟁·책략 등이 정립되는 것은 바로 심적인 사실의 수준에서이다. 그렇지만 자신의 나타남 속에서 자기를 역사화하는 비반성적 대자가 그 자체로 이 성질들, 이 상태들, 그리고 이 행위들이라고는 생각할 수 없다. [만일 그렇게 생각한다면], 비반성적 대자의 존재 통일은 서로 외적인 존재들의 다수성으로 붕괴할 것이고, 시간성의 존재론적 문제가 다시 나타나게 될 것이며, 또 이번에 우리는 이 문제를 해결할 수단을 빼앗기게 될 것이다.

---

78 스피노자에 의하면, 신적 실체의 무한 속성 중에서 우리가 인식할 수 있는 것은 사유와 연장(延長)이라는 두 속성뿐이지만, 이 두 속성에서, 한편으로는 지성과 의지라는 양태가, 다른 한편으로는 운동과 정지라는 양태가 도출된다.

왜냐하면 대자가 자기 자신의 고유한 과거로 있기가 가능하다면, 나의 기쁨에 대해 그것이 "있지-않음"의 방식으로라도 이 기쁨에 앞섰던 슬픔으로 있기를 요구하는 것은 부조리할 것이기 때문이다. 심리학자들은 심적 사실들이 서로 상대적이고, 또 긴 침묵 뒤에 들리는 천둥소리는 "긴-침묵-뒤의-천둥소리"로 파악된다고 단언할 때,[79] 이런 탈자적인 존재에 대한 희미한 표상을 준다. 아주 잘한 일이다. 하지만 그들은 이 상대성에서 모든 존재론적 기초를 제거함으로써 그것을 계기 속에서 설명하는 길을 잃어버렸다. 사실 만일 우리가 대자를 그 역사성 속에서 파악한다면, 심적인 지속은 소멸하고, 상태들과 성질들, 그리고 행위들이 사라지며, 그 자리에 대자존재인 한에서 대자존재가 들어서게 된다. 이 대자존재는 유일한 개별성으로만 존재할 뿐이며, 그 역사화의 과정은 불가분하다. 흐르고, 장래의 바탕에서 자기를 부르며, 자신이 있었던 과거로 인해 둔중해지는 것이 바로 이런 대자이다. 자신의 자기성을 역사화하는 것은 이 대자이다. 그리고 우리가 알고 있는 것처럼, 대자는 원초적이거나 비반성적인 방식으로 세계에 대한 의식이지, 자기에 대한 의식이 아니다. 이렇듯 성질들과 상태들은 대자의 존재 속에서(기쁨이라는 하나의 흐름의 단위가 의식의 "내용"이거나 "사실"일 수 있다는 의미에서) 여러 존재일 수는 없을 것이다. 대자에 대해서는 비정립적인 내적 채색만이 존재할 뿐이다. 이 채색은, 대자가 대자인 한에서, 대자 자신 이외의 다른 것일 수 없으며, 또 대자의 밖에서는 파악할 수 없다.

따라서 우리는 두 가지 시간성을 마주하고 있다. 하나는 근원적 시간성으로, 우리는 그것의 시간화이다. 다른 하나는 심적 시간성으

---

79 형태심리학의 입장이다.

로, 이것은 우리의 존재의 존재 방식과 양립할 수 없는 것으로 나타나며, 이와 동시에 상호 주관적인 실재로서, 과학의 대상으로서, 인간적인 여러 행동의 목표로서(예컨대 아니에게 "나를 사랑하도록" 하기 위해, 그녀에게 "나에 대한 사랑을 일으키기" 위해, 내가 모든 수단을 이용한다는 의미에서) 나타난다. 이 심적 시간성은 분명 파생된 시간성이긴 하지만, 근원적 시간성으로부터 직접적으로 파생될 수는 없다. 이 근원적 시간성은 그 자신 이외에는 아무것도 구성하지 않는다. 심적 시간성에 대해 보면, 이것은 자기를 구성할 수 없다. 왜냐하면 심적 시간성은 사실들의 계기적인 하나의 순서일 따름이기 때문이다. 게다가 심적 시간성은 세계에 대한 단순한 탈자적 현전인 비반성적 대자에 나타날 수 없을 것이다. 심적 시간성이 자기를 드러내 보이는 것은 반성에 대해서이며, 이 심적 시간성을 구성해야 하는 것은 반성이다. 하지만 만일 반성이 스스로 그것으로 있는 역사성에 대한 단순한 발견이라면, 반성은 어떻게 심적 시간성을 구성할 수 있는가?

여기에서 순수 반성과 불순 반성 또는 구성하는 반성을 구별해야 한다. 왜냐하면 심적 사실들의 계기 또는 정신(psyché)을 구성하는 것은 불순 반성이기 때문이다. 그리고 일상생활에서 최초로 주어지는 것은 불순 반성 또는 구성하는 반성이다. 이 불순 반성은 자신 속에 그 근원적인 구조로서 순수 반성을 포함하고 있기는 하지만 말이다. 하지만 불순 반성은 카타르시스 형태로 자기 자신에 대해 행하는 하나의 변양의 결과로서만 순수 반성에 이를 수 있을 뿐이다. 지금은 카타르시스의 동기화와 구조를 기술할 때가 아니다. 우리에게 중요한 것은, 불순 반성이 심적 시간성의 구성이자 드러내 보임인 한에서, 이 불순 반성을 묘사하는 것이다.

지금까지 살펴본 바와 같이, 반성은 대자가 자기 자신에게 자신이 있는 그대로의 것으로 있기 위해 취하는 하나의 존재 유형이다. 따라서 반성은 존재의 단순한 무차별 속에서 하나의 변덕스러운 나타남이 아니다. 반성은 하나의 위하여(un pour)라는 전망 속에서 산출된다. 사실 우리는 여기에서 대자가 그 존재 속에서 하나의 위하여의 근거로 있는 존재임을 살펴보았다. 따라서 반성의 의의는 대자의 위하여-있음(être-pour)이다. 특히 반성하는 것은 자기를 회복하기 위해 자기 자신을 무화하는 반성된 것이다. 이 의미에서 반성하는 것은, 자신이 반성된 것으로 있어야 하는 한에서, 반성하는 것이 "반성된 것으로 있어야 한다"라는 형태하에서, 그것으로 있는 대자로부터 벗어난다. 하지만 만일 반성하는 것이 단순히 그것으로 있어야 하는 것으로 있는 반성된 것으로 있기 위해서만 벗어난다면, 반성하는 것은 대자로부터 벗어나도 이 대자를 재발견할 것이다. 어디에서든, 어떤 방식으로 자기가 영향을 받든, 대자는 대자존재로 있도록 선고받았다. 사실 순수 반성이 발견하는 것이 바로 이것이다. 하지만 최초의 자발적인(하지만 근원적은 아닌) 반성적 운동인 불순 반성은, 즉자로서의 반성된 것으로 있기-위해-존재한다(est-pour-être). 불순 반성의 동기화는 그 자체로 — 우리가 묘사한 것처럼 — 내면화와 대상화라는 이중의 운동 속에 있다. 즉 반성된 것을 즉자로서 파악하고[대상화], 자기를 이 파악되는 즉자로 있게끔 하는 것[내면화]이다. 따라서 불순 반성은 자기성의 회로 속에서만, 반성된 것으로서의 반성되는 것으로부터 파악할 수 있을 뿐이다. 그런데 이 자기성의 회로 속에서 불순 반성은, 그것이 있어야 하는 것으로 있는 하나의 즉자와 직접적인 관계를 맺는다. 하지만 다른 한편으로, 불순 반성이 그것으로 있어야 하는 이 즉자는, 반성하는 것이 반성된 것을 즉자로 있는 것으로 파악하고자 시도하는 한에서, 반성된 것이다. 이것은 불순 반성 속에 세 가지 형식이 존재함을 의미한다. 반성하는 것, 반성된 것, 그리고 하나의 즉자가 그것이다. 다만 이 즉자는, 그것이 반성된 것으로 있을 것인 한에서, 반성하는 것이 그것으로 있어야 하는 즉자이고, 또 이 즉자는 반성적 현상의 위하여(le pour) 외의 다른 것이 아니다. 이런 즉자는 반성된 것을 회복하고 또 그것을 정초하기 위해 그것을 관통하는 반성에 의해 대자-반성된 것(le réfléchi-pour-soi)의 배후에 미리 소묘되어 있다. 이런 즉자는 의의인 한에서 대자-반성된 것이 즉자 속에 투사된 것으로 존재한다. 이런 즉자의 존재는 존재하는 것이 아니고, 무처럼 존재되는 것(être été)이다. 이런 즉자는 반성하는 것에 대해 순수한 대상인 한에서 반성된 것이다. 반성이 반성하는 것에 하나의 관점을 취하자마자, 반성된 것이 반성하는 것에 대해 관점 없이 주어지는 그 섬광을 발하고 굴곡이 없는 그 직관으로부터 반성이 벗어나자마자, 반성이 반성된 것으로 있지 않은 것으로 자기를 정립하자마자, 또 반성이 반성된 것이 그것으로 있는 것을 결정하자마자, 반성은 반성된 것의 배후에서 결정되고 성질이 규정되는 것을 받아들일 수 있는 하나의 즉자를 나타나게 한다. 이 초월적 즉자 또는 존재 속으로 옮긴 반성된 것의 그림자, 그것은 바로 반성된 것이 그것으로 있는 한에서, 반성하는 것이 그것으로 있어야 하는 것으로 있는 것이다. 이 초월적 즉자는, 총체적이면서 무차별한 직관 속에서 반성에 주어지는 반성된 것의 가치와 전혀 혼동되지 않는다. 또 이 초월적 즉자는, 비조정적 부재로서 또 자기(에 대한) 비정립적 의식인 한에서, 반성적 의식의 위하여로서 반성하는 것에 붙어 다니는 가치와 전혀 혼동되지 않는다. 이 초월적 즉자는 모든 반성에 필수적인 대상이다. 이 초월적 즉자가 나타나기 위해서는 반성이 반성된 것을 대상으로서 고려하는 것으로 충분하다. 반성된 것의 초월적 대상화로서 즉자를 나타나게 하

는 것은, 반성이 반성된 것을 대상으로 여길 것을 결정하도록 할 때
의 바로 그 결정이다. 그리고 반성이 반성된 것을 대상으로 파악하고
자 결정하도록 하는 행위는 그 자체에 있어서, (1) 반성하는 것을 반
성된 것으로 있지 않은 것으로 정립하는 것이고, (2) 반성된 것에 대
해 관점을 취하는 것이다. 게다가 이 두 계기는 실제로는 하나일 뿐
이다. 왜냐하면 반성하는 것이 반성된 것에 대해 자기를 그것으로 있
게끔 하는 구체적인 부정은 정확하게 하나의 관점을 취한다는 사실
속에서, 그리고 하나의 관점을 취한다는 사실에 의해서 나타나기 때
문이다. 주지하다시피, 대상화 행위는 반성적 중첩의 엄격한 연장 속
에 존재한다. 왜냐하면 이 중첩이 반영과 반영하는 것을 분리하는 무
의 심화에 의해 이루어지기 때문이다. 대상화는, 반성된 것이 반성하
는 것에 대해 대상으로 나타나기 위해, 반성적 운동을 반성된 것이 아
닌 것으로 회복한다. 다만 이 반성은 자기기만적이다. 왜냐하면, 반성
이 반성된 것을 반성하는 것을 하나로 만드는 연결을 끊는 것처럼 보
인다면, 또 근원적인 반성의 나타남 속에서 반성하는 것은 있는 것
으로 있지 않는 방식에서 반성된 것으로 있지 않은 반면, 반성에 의
해 반성하는 것이 그대로 있는 것으로 있지 않은 것의 방식에서 반성
된 것으로 있지 않는다고 선언되는 것처럼 보인다면, 그것은 그다음
에 동일성의 긍정을 회복하고, 또 이 즉자에 대해 "내가 그것으로 있
음"을 긍정하기 위해서이기 때문이다. 한마디로 반성은, 그것이 내가
나 자신으로 있게 하는 대상을 드러내 보임으로써 자신을 구성하는 한
에서, 자기기만적이다. 하지만 둘째로, 훨씬 더 근본적인 이 무화작용
은 하나의 실재적이고 형이상학적인 사건이 아니다. 실재의 사건, 즉
무화작용의 세 번째 과정은 바로 대타(le pour autrui)이다. 불순 반
성은 자기로 남아 있으면서 타자로 있으려다가 실패한 대자의 노력이다.

반성된 대자의 배후에 나타난 초월적 대상은, 반성하는 것이 이런 의미에서 자신은 "그것으로 있지 않다."라고 말할 수 있는 유일한 존재이다. 하지만 이 초월적 대상은 존재의 하나의 그림자이다. 이 초월적 대상은 존재되고 있고(est été), 반성하는 것은 이 초월적 대상으로 있지 않기 위해 이 초월적 대상으로 있어야 한다(a à l'être). 심리학자가 심적 사실이라는 이름으로 연구하는 것은 불순 반성의 필연적이고 영속적인 상관자인 이 존재적 그림자이다. 따라서 심적 사실은, 반성하는 것이 있지-않음의 방식으로 탈자적 존재로 있어야 하는 한에서, 반성된 것의 그림자이다. 이렇듯 반성이 "대자를 즉자로 직관하는 것"으로 주어질 때, 그 반성은 불순하다. 이런 직관에 드러나 보이는 것은 반성된 것의 시간적이면서 비실체적인 역사성이 아니다. 그것은 이 반성된 것의 저편에 있는 흐름의 조직된 형태들의 실체성 자체이다. 이런 잠재적 존재들의 통일은 심적 삶 또는 정신이라고 불리는데, 이것은 대자의 시간화의 기반이 되는 잠재적이고 초월적 즉자이다. 순수 반성은 어디까지나 하나의 준인식일 뿐이다. 하지만 오직 정신에 대해서만 반성적인 인식이 있을 수 있을 뿐이다. 사람들은 각각의 심적 대상에서 현실적이지만, 즉자로 전락한 반성된 것의 성격들을 당연히 다시 발견하게 될 것이다. 간단하게 정신에 대해 선험적으로 묘사하면 우리는 이것을 이해할 수 있을 것이다.

(1) 우리는 "정신"을 자아(Ego), 자아의 상태, 자아의 성질, 자아의 행위로 이해한다. 자아는 나(Je)[주어]와 나(Moi)[목적보어[80]]라는 이중의 문법 형태를 통해 초월적·심적 통일로서의 우리의 인격(personne)을 나타낸다. 우리는 다른 곳에서 이것을 서술했다. 우리

---

80 프랑스어에서 1인칭 대명사 'Je'는 전치사 뒤에 올 때 'moi'의 형태(목적보어)를 취한다. 예를 들어, "그는 나를 생각한다."라는 문장은 프랑스어로 "Il pense à moi."로 옮길 수 있다.

가 사실상의 주체이고 권리상의 주체이며, 능동적이고 수동적이며, 의지적 행위자이고, 가치 판단이나 책임에 대한 판단이 가능한 대상인 것은 자아인 한에서이다.

자아의 성질은 우리의 성격과 우리의 습관(그리스어의 'έξις'의 의미에서)을 구성하는 잠재적인 것, 잠복적인 것, 잠세적인 것의 총체를 나타낸다. 성질이 급하다, 부지런하다, 질투심이 많다, 야심적이다, 관능적이다 등은 하나의 "성질"이다. 하지만 또한 우리의 내력(histoire)에서 오는 성질과 우리가 습관이라고 부르는 또 다른 종류의 성질도 인정해야 한다. 나는 늙은이 같을 수 있고, 기력이 없을 수도 있고, 까탈스러울 수도 있고, 보수적일 수도 있으며, 진보적일 수도 있다. 나는 나에게 "성공해서 자신감을 획득한 자"로 나타날 수도 있고, 반대로 (오랜 질병으로 인해) "병자 같은 취미, 습성, 성생활이 몸에 밴 자"로 나타날 수도 있다.

[자아의] 상태들은 "잠재태"로 존재하는 성질과는 반대로 현실태로 존재하는 것으로 주어진다. 증오·사랑·질투는 상태들이다. 하나의 질병도, 그것이 병자가 심리생리적 실재로 파악하는 한, 하나의 상태이다. 이와 같은 방식으로, 외부에서부터 나의 인격에 들러붙는 다수의 특징도, 내가 그렇게 살고 있는 한, 상태들이 된다. (어느 특정한 인물에 대해) 부재·추방·불명예·승리 등은 상태들이다. 우리는 성질과 상태와의 구분을 알고 있다. 예컨대 어제 내가 화를 낸 뒤, 나의 "급한 성질"은 나에게 화를 잘 내게 하는 잠복적인 단순한 기질로 살아남아 있다. 반대로 피에르의 행동과 내가 그의 행동에 대해 원한을 품고 난 뒤에는, 설사 나의 사고가 현재 다른 대상에 사로잡혀 있다고 할지라도, [피에르에 대한] 나의 증오는 현행적인 실재로 살아남아 있다. 이외에도 성질은 나의 인격을 질적으로 규정하는(qualifier) 데 기

여하는 선천적인 또는 후천적인 하나의 정신적 기질이다. 반대로 상태는 훨씬 더 우발적이고 우연적이다. 상태는 나에게 도래하는 무엇인가이다. 그렇지만 상태들과 성질들 사이에 중간적인 것들이 존재한다. 예컨대 나폴레옹에 대한 포초 디 보르고[81]의 증오심은, 포초와 나폴레옹 1세 사이에 사실상 존재하고 또 우연적이면서 감정적인 관계를 나타내지만, 포초의 인격을 구성하는 요소이다.

[자아의] 행위에 대해서는, 대자가 자기 자신의 고유한 가능성인 한에서가 아니라, 행위가 대자가 살아가야만 하는 초월적인 하나의 심적 종합을 나타내는 한에서, 인격의 모든 종합적 활동, 다시 말해 목적을 위한 수단의 모든 이용으로 이해해야 한다. 예컨대 권투 선수의 훈련은 하나의 행위이다. 왜냐하면 훈련은 대자를 초월하고 지탱하고 있지만, 거기에 더해 대자는 훈련 속에서, 그리고 훈련에 의해서 자기를 실현하기 때문이다. 학자의 연구에서나, 예술가의 작업에서나, 정치가의 선거 운동에서도 사정은 마찬가지이다. 이 모든 경우에서 심적 존재로서의 행위는 하나의 초월적 존재를 나타내고, 대자가 세계와 맺는 관계의 객관적인 면을 나타낸다.

(2) "심적인 것(Psychique)"은 오직 인식적인 행위, 즉 반성적인 대자의 행위들 중 하나의 특수한 범주에 대해 주어진다. 사실 비반성적 차원에서 대자는 비조정적 방식에 따른 그 자신의 고유한 가능성들이다. 그리고 이 가능성들은 세계의 주어진 상태의 저편에서 세계에 대한 가능한 현전이기 때문에, 이 가능성을 통해 조정적이기는 하

81　카를로 안드레아 포초 디 보르고(Carlo Andrea Pozzo di Borgo, 1764~1842)는 이탈리아의 외교관이자 정치가이다. 나폴레옹 보나파르트에게 박해를 당하고 평생 적대자로 살았다. 사르트르가 여기에서 포초 디 보르고의 예를 든 것은, 부대적·우연적 상태와 소질로서의 성질의 중간적 의미에서의 증오심이 그 인물의 인격을 구성한다는 것을 보여 주기 위해서이다.

지만 비주제적으로 드러나는 것은, 주어진 [세계] 상태에 종합적으로 연결된 세계의 한 상태이다. 그 결과, 세계에 대해 가해져야 할 변양들은 조정적으로 현전하는 사물 속에서 객관적인 잠재성으로 주어지지만, 이 객관적인 잠재성은 우리의 신체를 빌려 자신을 실현해야 한다. 이렇게 해서 화를 내고 있는 사람은 그의 대화 상대자의 얼굴에서 주먹을 한 방 날리고 싶은 객관적인 성질을 보게 된다. 이로부터 "따귀를 후려갈기고 싶은 낯짝", "주먹을 한 방 먹이고 싶은 턱" 등의 표현이 나온다. 여기에서 우리 신체는 그저 최면 상태에 빠져든 하나의 매체로서 드러난다. 여러 사물의 어떤 잠재성(마셔져야-하는-음료, 초래되어야-할-구원, 제거되어야-할-해로운-동물 등)이 자기를 실현해야 하는 것은 바로 우리의 신체를 통해서이다. 그때 나타나는 반성은 대자와 그 가능들에 대한 존재론적 관계를 파악하지만, 그것이 대상인 한에서 그러하다. 이렇듯 행위는 반성적 의식의 잠재적인 대상으로서 일어난다. 따라서 피에르에 대한 의식과 그에 대한 나의 우정에 대한 의식을 동시에, 그리고 동일한 차원에서 갖는 것은 나에게 불가능하다. 이두 존재는 항상 대자의 두께에 의해 분리되어 있다. 그리고 이 대자는 그 자체는 하나의 감춰진 실재이다. 비반성적 의식의 경우, 이 대자는 비조정적으로 존재하는 것이고, 또 세계의 대상과 그 잠재성들 앞에서 사라진다. 반성적 나타남의 경우 이 대자는 반성하는 것으로 있어야 하는 잠재적 대상을 향해 초월된다. 오직 순수 반성적 의식만이 반성된 대자를 그 실재성에서 발견할 수 있을 뿐이다. 우리는 불순 반성에 끊임없는 행렬을 이루는, 또 심리학적 탐구의 본래 대상인 존재들로 이루어진 총체를 정신이라고 명명한다.

(3) 대상들이 잠재적이라고 해도 추상적인 것은 아니다. 반성하는 것은 대상들을 헛되이 겨냥하지 않는다. 대상들은 반성하는 것이 반

성된 것의 저편에서 그것으로 있어야 하는 구체적인 즉자로서 주어진다. 우리는 증오, 추방, 방법적 회의가 반성적 대자에 대해 직접적으로 또 "몸소(en personne)" 현전하는 것을 명증성(évidence)이라고 부를 것이다. 이런 현전이 존재하기에는, 잃어버린 사랑이나 과거에 체험한 어떤 지적인 분위기를 떠올리려 애쓴 우리의 개인적 경험에서 여러 경우를 회상해 그 현전을 확신하는 것으로 충분하다. 여러 다른 경우에서 우리는 여러 다른 대상을 헛되이 겨냥한다는 의식을 뚜렷하게 가지고 있었다. 우리는 그 대상을 특수한 개념으로 만들 수도 있었고, 그 개념들에 대한 문학적인 묘사를 시도할 수도 있었다. 하지만 우리는 그 대상이 거기에 없었음을 알고 있었다. 이와 마찬가지로 진행 중인 사랑에서도 간헐적으로 뜸한 시기가 있으며, 그동안 우리는 사랑하고 있음을 알지만, 그 사랑을 결코 느끼지 못한다. 이 "심정적인 간헐성"은 프루스트가 너무 잘 묘사하고 있다. 반대로 사랑을 충분히 파악하고 그것을 응시하는 것은 가능하다. 하지만 이를 위해서는 반성된 대자의 하나의 특수한 존재 방식이 필요하다. 예컨대 내가 피에르에 대한 나의 우정을 파악할 수 있는 것은, 하나의 반성적 의식에 의해 반성된 나의 현재 순간의 공감을 통해서이다. 한마디로 이 성질들, 이 상태들 또는 이 행위들을 현재화하는 수단은 그것들을 반성된 의식을 통해 파악하는 것 외의 다른 방법은 없다. 이때 이것들은 즉자 속에 투영된 이 반성된 의식의 그림자이고 또 그것의 대상화이다.

하지만 하나의 사랑을 현재화할 가능성은 심적인 것의 초월성을 어떤 논증보다도 더 잘 증명해 준다. 내가 나의 사랑을 갑자기 발견할 때, 내가 나의 사랑을 볼 때, 나는 이 사랑이 의식 앞에 존재함을 동시에 파악한다. 나는 이 사랑에 대해 여러 관점을 취할 수 있고, 그것을 판단할 수 있다. 나는 반성하는 것이 반성된 것에 구속되어 있는 것과는 달리 이 사랑에 구속되어 있지 않다. 바로 이 사실로 인해 나는 이 사랑을 대자로 있지 않음으로 파악한다. 이 사랑은 [대자의] 그 절대적인 투명성에 비해 무한정 더 무겁고, 더 불투명하고, 더 견고하다. 이런 이유로 불순 반성의 직관에 주어질 때 함께하는 명증성은 논리필증적이지는 않다. 사실 나의 자유에 의해 끊임없이 갉아먹히고 가벼워진 반성된 대자의 미래와 나의 사랑에게 정확하게 사랑의 의미를 주는 나의 사랑이 갖는 밀도 있고 위압적인 미래 사이에는 괴리가 있다. 만일 내가 심적 대상에서 실제로 그의 사랑의 미래를 결정이 끝난 것으로 파악하지 않는다면, 과연 그것이 여전히 하나의 사랑일 수 있을까? 그때 사랑은 변덕의 대열로 떨어지는 것이 아닐까? 그리고 변덕이 변덕으로 머물러야 하는 것으로 주어지고, 또 결코 변덕이 사랑으로 변해서는 안 되는 것으로 주어지는 한에서, 이 변덕은 그 자체로 장래를 구속하지 않을까? 이렇듯 대자의 항상 무화된 미래는, 대자를 사랑하는 대자 또는 증오하는 대자로 즉자적으로 결정하는 것을 철저하게 방해한다. 그리고 반성된 대자의 투영된 그림자는 즉자로 추락한, 그리고 이 그림자의 의미를 결정하면서 그것과 하나를 이루는 하나의 미래를 당연히 소유한다. 하지만 반성된 미래의 연속적인 무화작용과 관련해 자신의 미래와 함께 조직된 심적 총체는 단지 개연적인 것에 머문다. 그리고 이 개연적인 것으로 나의 인식과 맺는 하나의 관계에서 비롯하는 하나의 외적인 성질, 또 경우에 따라 확실성으로 변할 수도 있는 하나의 성질이 아니라 하나의 존재론적인 특징으로 이해해야 한다.

(4) 심적 대상은 반성된 대자가 투영된 그림자이기 때문에, 정도는 덜하지만 의식의 성격을 갖는다. 특히 심적 대상은 대자가 하나의 탈총체화된 총체의 디아스포라적 통일 속에서 자기를 존재케 하는

곳에서 완성되었으면서도 개연적인 하나의 총체로 나타난다. 이것은 시간성의 탈자적 세 차원을 통해 파악된 심적인 것이 하나의 과거, 하나의 현재, 그리고 하나의 미래에 의해 구성된 것으로 나타남을 의미한다. 하나의 사랑, 하나의 기투는 이 세 차원으로 조직된 통일이다. 마치 미래가 그것이 특징짓는 대상에 외적이기라도 한 것처럼, 하나의 사랑이 실제로 하나의 장래를 "가졌다"라고 말하는 것으로는 충분하지 않다. 오히려 장래는 "사랑"의 흐름으로 조직되는 형식을 구성하는 일부를 이룬다. 왜냐하면 사랑에 대해 사랑이라는 의미를 주는 것은 바로 미래에서 사랑이 존재하기 때문이다. 하지만 심적인 것이 즉자라는 사실로 인해, 사랑의 현재는 도피일 수 없을 것이고, 사랑의 장래도 순수한 가능성일 수 없을 것이다. 이런 흐름의 형식들 속에 과거의 본질적인 우위가 있다. 그런데 이 과거는 대자가 있었던 것으로 있는 과거, 또 거기에 이미 대자의 즉자로의 변형이 전제된 과거이다. 반성하는 것은 시간적인 세 차원을 갖추고 있는 하나의 심적인 것을 투영한다. 하지만 반성하는 것은 오직 반성된 것이 그것으로 있었던 것과 함께 이 세 차원을 구성한다. 미래는 이미 있다. 그렇지 않으면, 나의 사랑이 어떻게 사랑일 수 있겠는가? 다만 미래는 아직 주어지지 않았을 뿐이다. 미래는 아직 드러나지 않은 하나의 "지금"이다. 따라서 미래는 내가-그것으로-있어야-하는-가능성(possibilité-que-j'ai-à-être)이라는 성격을 상실한다. 나의 사랑, 나의 기쁨이 그 미래로 있어야 하는 것은 아니다. 나의 사랑, 나의 기쁨은 마치 만년필이 펜인 것과 동시에 저기에서 만년필의 뚜껑이기도 한 것처럼, 병존이라는 고요한 무관심 속에서 미래로 있다. 이와 마찬가지로 현재는 그것이 갖는 그곳에-있다(être-là)고 하는 실재적인 성질에 의해 파악된다. 다만 이 그곳에-있다는 그곳에-있었던 것(ayant-été-là)으로 구성된다.

현재는 이미 완전히 구성되어 머리에서 발끝까지 무장하고 있다. 현재는 순간이 기성복처럼 가져왔다가 가져가는 하나의 "지금"이다. 현재는 내밀었다가 다시 돌아오는 한 장의 트럼프 카드이다. 미래의 하나의 "지금"에서 현재로의 이행, 그리고 현재에서 과거로의 이행은 지금에 아무런 변양도 일으키지 않는다. 왜냐하면 어쨌든 미래이든 아니든 간에, 지금은 이미 지나갔기 때문이다. 심리학자들이 심적인 것의 세 가지 "지금"을 구별하기 위해 순진하게도 무의식에 의지함을 통해 명백히 드러나는 것이 바로 이것이다. 사실 사람들은 의식에 현전하고 있는 지금을 현재라고 할 것이다. 과거 또는 미래인 지금도 정확히 동일한 성격을 가지고 있다. 하지만 이 지금은 무의식의 주변에서 대기하고 있다. 그리고 이 무차별한 환경 속에서 이 지금을 파악한다면, 우리가 그것에서 과거와 미래를 식별하기란 불가능하다. 무의식 속에서 살아남은 하나의 추억은 하나의 지나간 "지금"이다. 이와 동시에 이 지나간 지금이 일깨워지기를 기다리는 한에서, 그 추억은 하나의 미래적인 "지금"이다. 이렇듯 심적 형식은 "있어야 하는 것"이 아니고 이미 만들어진 것이다. 심적 형식은 "있었다"의 방식으로 이미 전적으로 과거이고, 현재이고, 미래이다. 심적 형식을 조성하는 "지금들"에게 있어서는 과거로 돌아가기 전에 하나하나 의식의 세례를 받는 것만이 문제가 될 뿐이다.

이로부터 심적 형식 속에 모순되는 두 가지 존재 양태가 공존한다는 결과가 도출된다. 왜냐하면 심적 형식은 이미 만들어져 있고 또 하나의 조직의 응집된 통일 속에서 나타나는 동시에, 각각 즉자로 고립하고자 하는 경향이 있는 "지금들"의 계기에 의해서만 존재할 수 있을 뿐이기 때문이다. 예컨대 이 기쁨은 하나의 순간에서 다른 순간으로 넘어간다. 왜냐하면 이 기쁨의 미래가 이미 종국적인 귀착점과 그 전개의 주어진 방향으로서 존재하기 때문이며, 이 기쁨이 있어야 할 것으로가 아니라 장래 속에서 "이미 있었던" 것으로 존재하기 때문이다.

사실 심적인 것의 내밀한 응집은 즉자 속에 실체화된(hypostasiée) 대자의 존재 통일 이외의 결코 다른 것이 아니다. 하나의 증오는 부분들을 가지고 있지 않다. 하나의 증오는 의식의 총합이 아니다. 오히려 하나의 증오는 행위와 의식을 통해 그 현출의 부분이 없는 시간적 통일로서 주어진다. 다만 대자의 존재 통일은 그 존재의 탈자적인 성격에 의해 설명된다. 즉 대자는 충만한 자발성 속에서 그것이 있을 것으로 있어야 한다. 반대로 심적인 것은 "존재되는" 것이다. 이것은 심적인 것이 자기에 의해 자기를 존재로 결정할 수 없음을 의미한다. 심적인 것은 반성하는 것의 면전에서 일종의 타성에 의해 지탱된다. 그리고 심리학자들은 종종 심적인 것의 "병리학적인(pathologique)" 성격을 강조했다. 데카르트가 "영혼의 정념(passions de l'âme)"에 대해 말할 수 있는 것은 이런 의미에서이다. 심적인 것이 세계의 존재자들과 동일한 존재 차원에 존재할 수 없다 할지라도, 심적인 것이 존재자들과 관계를 맺는 것으로 파악할 수 있게끔 하는 것은 바로 이 타성이다. 하나의 사랑은 사랑받는 대상에 의해 "야기된 것"으로 주어진다. 그 결과, 심적인 형식의 전적인 응집은 불가해한 것이 된다. 왜냐하면 심적인 것이 이 응집으로 있어야 하는 것이 아니기 때문이고, 또 그 통일도 그 자신의 고유한 종합이 아니기 때문이며, 그것의 통일이 하나의 소여라는 성격을 가지고 있기 때문이다. 하나의 증오가 완전히 완성되고 타성적인 여러 "지금"의 주어진 계기인 한에서, 우리는 이 증오 속에서 무한정한 분할 가능성을 발견한다. 그렇지만 심적인 것이 대자의 존재론적 통일이 대상화인 한에서, 이 분할 가능성은 가려지고 부정된다. 이로부터 증오의 계기적인 "지금들" 사이에 일종의 마술적인 응집이 기인한다. 그런데 이 계기적인 "지금들"은 부분들로 주어지지만, 나중에 그것들의 외면성을 부정하기 위한 것일 뿐이기 때문이다. 베르그송의 이론이 지속하는 의식에 대해, "상호 침투적 다수성"인 의식에 대해 밝혀 놓은 것이 바로 [지금들의] 이 애매성(ambiguïte)이다. 여기에서 베르그송이 파악한 것은 심적인 것이지, 대자로 생각된 의식이 아니다. 실제로 "상호 침투"는 무엇을 의미하는가? 권리상 모든 분할 가능성의 부재를 의미하는 것은 아니다. 사실 상호 침투가 있기 위해서는 서로 상호 침투하는 부분들이 있어야 한다. 다만 권리상 그 고립으로 다시 떨어져야 할 이 부분들은 마술적이고 전적으로 설명이 안 된 응집에 의해 서로에게로 흘러든다. 그리고 이 전적인 융합은 이제 분석을 무시한다. 베르그송은 이 심적인 것의 속성을 대자의 절대적인 하나의 구조 위에 정초할 생각을 결코 하지 않는다. 그는 이 속성을 하나의 소여로서 확인한다. 심적인 것은 하나의 내면화된 다수성이라는 사실을 베르그송에게 드러내는 것은 하나의 단순한 "직관"이다. 심적인 것이 갖는 타성과 수동적 소여성(所與性, datum)을 강조하는 것은, 심적인 것이 조정적이든 아니든, 하나의 의식에 대해 있는 일 없이 존재하기 때문이다. 심적인 것은 존재(에 대한) 의식 없이 존재한다. 왜냐하면 자연적인 태도에서 인간은 심적인 것을 완전히 오해하고, 또 그것을 파악하기 위해서는 직관에 의존해야 하기 때문이다. 이렇게 해서 세계의 한 대상은 보이지 않고서도 존재하고 있고, 또 우리가 이 대상을 집어내는 데 필요한 도구를 만들어 낸 뒤에 자기를 드러내 보일 수 있다. 베르그송에게 심적인 지속이 갖는 성격들은 경험상 하나의 단순하고 우연적인 사실이다. 우리가 그 성격들을 이렇게 만나기 때문에 그것들은 그러하다. 그뿐이다. 이렇듯 심적인 시간성은 하나의 타성적인 소여이며, 베르그송이 말하는 지속과 아주 가깝다. 이 타성적인 소여는 그 내밀한 응집을 만들지 않고 겪으며, 자신을 시간화함이 없이 끊임없이 시간화된다. 여기에서는 존재의 하나의 탈자적 관계에 의해 결코 통합되어 있지 않은 요소들의 비합리적이고 마술적인 사실상의 상호 침투는, 비이성적인 주술 행위와만 비교할 수 있을 뿐이고, 또 이미 완성된 "지금들"의 다수성을 감추고 있다. 그리고 이런 성격들은 심리학자들의 오류나 인식의 부족에서 기인하지 않는다. 그것들은 심적인 시간성, 즉 근원적인 시간성의 실체의 구성 요소이다. 사실 심적인 것의 절대적 통일은 대자의 존재론적이고 탈자적인 통일의 투영이다. 하지만 이 투영은 동일성과 거리가 없는 근접성 속에서, 자기가 있는 것으로 있는 즉자에서 이루어지기 때문에, 탈자적 통일은 무수한 "지금들"로 세분된다. 그리고 이 "지금들"은 그것들이 있는 것으로 있고, 또 정확히 이 때문에 그것들의 즉자적-동일성 속에서 고립하는 경향이 있다. 이렇게 해서 즉자와 대자의 성질을 동시에 띠는 심적 시간성은 극복되지 않는 하나의 모순을 감추고 있다. 그렇다고 우리가 이 사실에 놀라서는 안 된다. 불순 반성에 의해 산출되었기 때문에, 심적인 시간은 그것이 있지 않은 것으로 있어야 하고, 또 그것이 "있어야 하는" 것으로 있지 않은 것은 당연하다.

이것은 심적인 형식들이 심적인 시간 속에서 서로 유지하는 관계에 대한 검토를 통하면 더욱 뚜렷해질 것이다. 무엇보다도 먼저 하나의 복잡한 심적인 형식의 한복판에서 감정들의 연관을 지배하고 있는 것이 바로 상호 침투라는 사실을 지적하자. 우리 각자는 종종 소설가들이 묘사한 감정들, 예컨대 은근히 부러움이 "섞여 있는" 우정, 어쨌든 존경심이 "스며들어 있는" 증오심, 연애 감정이 섞인 동지애 등을 알고 있다. 또한 우리가 은근히 부러움이 섞인 우정을 우유를 조금 섞은 한 잔의 커피와 같은 방식으로 파악하는 것은 확실하다. 물론 이런 짐작은 대충 이루어진다. 그렇지만 연애 감정이 섞인 우정은, 이등변삼각형이 삼각형의 특수한 변형인 것과는 달리, 단지 우정이라는 특수한 변형으로 주어지는 것이 아닌 것은 확실하다. 이 우정은 전적인 사랑에 의해 전적으로 침투된 것으로 주어진다. 그렇지만 이 우정은 사랑이 아니다. 이 우정은 "자기를" 연애로 "만들지 않는다." 그렇지 않다면, 이 우정은 우정으로서의 자율성을 상실할 것이다. 하지만 이 사랑은 이름 붙이기 힘든 타성적이고 즉자적인 하나의 대상을 구성한다. 이 대상에게서 즉자적이며 자율적인 사랑은 마술적으로 모든 우정을 통해 퍼져 나간다. 이것은 마치 스토아학파의 혼합(σύγχυσις)[82]에서 [바다에 들어선 사람의] 다리가 바다 전체를 통해 퍼져 나가는 것과 같다.

하지만 또한 심적인 과정에는 앞선 형식이 뒤에 오는 형식에 대해 거리를 두고서 이루어지는 작용이 내포되어 있다. 우리는 이 거리를 둔 작용을, 예컨대 고전적인 역학 속에서 볼 수 있고, 또 순간 속에 갇힌 한 동인(動因)의 전적으로 타성적인 존재를 전제하고 있는 단순한 인과성의 방식으로 생각할 수는 없을 것이다. 그뿐 아니라 스튜어트 밀[83] 식의 물리적인 인과성의 방식으로도 생각할 수도 없을 것이다.

82 '쉰키시스(synchysis)'로 읽는다. 뜻에는 '혼합', '방해', '타도' 등이 있다. 스토아학파에서 이 개념을 본격적으로 제시하고 설명한 사람은 크리시포스(Chrysippos, ?~?)로 알려져 있다. 기본적으로 세계를 형성하는 네 개의 원소(흙, 물, 공기, 불)가 어떻게 혼합해서 물체를 만드는가, 그리고 하나의 물체에서 여러 성질이 어떻게 하나의 물체에 혼합되는가를 설명하고 있다. 그런데 레우키포스(Leukippos, BC 5세기)는 이 물체의 혼합을 세 가지 작용인 병치, 융합, 상호 침투로 보았다. 그리고 이 작용의 적용 대상이 고체인가 액체인가 기체인가에 따라 달라진다고 본다.
83 존 스튜어트 밀(John Stuart Mill, 1806~1873)은 영국의 사회학자, 철학자이자 정치경제학자이다. 논리학, 윤리학, 정치학, 사회평론 등에 걸쳐 수많은 작품을 남겼다. 경험주의 인식론과 공리주의 윤리학, 그리고 자유주의적 정치경제 사상을 바탕으로 현실 정치에도 적극적으로 참여했으며, 1865~68년 웨스트민스터 하원 의원을 지내기도 했다.

그도 그럴 것이 이 물리적 인과성은 각각이 그 고유한 존재에서 서로 다른 것을 배제하는 두 가지 상태의 영속적이고 무조건적인 계기에 의해 정의되기 때문이다. 심적인 것이 대자의 대상화인 한에서, 이 심적인 것은 정도가 떨어진 자발성을 가지고 있다. 그런데 이 자발성은 심적인 것의 형식으로 주어진 내적 성질로, 더욱이 심리적인 것의 응집력과 분리할 수 없는 성질로 파악된다. 따라서 엄밀히 말해, 심적인 것은 앞서는 형식에 의해 산출된 것으로 주어질 수 없을 것이다. 하지만 다른 한편으로, 이 자발성은 스스로 자기를 존재로 한정할 수는 없을 것이다. 왜냐하면 이 자발성은 주어진 한 존재자의 여러 한정 중의 하나로서만 파악되기 때문이다. 따라서 앞서는 형식은 자발적으로 흐름의 형식으로서 조직되는 똑같은 본성을 지닌 하나의 형식을 멀리서 태어나게 해야 한다. 이 경우 자신의 미래와 자신의 과거로 있어야 하는 존재는 없다. 다만 과거적·현재적·미래적 형식들의 계기들만이 있을 뿐이다. 하지만 이 계기들은 모두 "그것으로 있었던" 방식으로 존재하고, 또 거리를 두고서 서로에게 영향을 끼친다. 이 영향은 상호 침투에 의해 또는 동기화에 의해 나타날 것이다. 상호 침투의 경우, 반성하는 것은 우선 분리되어 주어졌던 두 개의 심적 대상을 단 하나의 대상으로서 파악한다. 그 결과로 생겨나는 것은 하나의 새로운 대상으로, 그 각각의 특징은 다른 두 대상의 종합이거나, 또는 두 대상 중 어느 것도 변질되지 않으면서 한편의 대상 그대로이며, 이와 동시에 다른 편의 대상 그대로 있는 것으로 주어지며 또 그 자체로는 이해되지 않은 하나의 대상이거나이다. 반대로 동기화에서 두 대상은 각각 자기 자리에 머문다. 하지만 이때 하나의 심적 대상은 조직된 형식이자 상호 침투의 다수성이기 때문에, 완전히 다른 하나의 대상에 대해 전적으로 작동할 수 있을 뿐이다. 이로부터 하나의 심적 대상이 다른 심적 대상에 대해 마술적인 영향을 멀리서 전면적으로 미치는 작용이 기인한다. 예컨대 오늘 아침의 나의 기분을 전면적으로 동기화하는 것은 어제 내가 받았던 굴욕 등이다. 멀리서 이루어지는 이 작용이 전적으로 마술적이면서 비합리적이라는 것은, 심적인 것의 차원에 머물면서 이 작용을 지성적 분석을 통해 지적인 인과성으로 환원하고자 하는 주지주의적 심리학자들의 노력이 얼마나 헛된 것인가를 그 어떤 분석보다도 더 잘 증명해 준다. 이렇게 해서 프루스트는 주지주의적 분해를 통해 심적 상태들의 시간적 계기 속에서 이 상태들 사이의 합리적 인과성의 연결을 계속해서 찾으려고 애쓴다. 하지만 이런 분석 끝에 그는 우리에게 다음과 같은 것과 유사한 결과만을 제시할 수 있을 뿐이다.

"스완이 두려움 없이 (오데트를) 떠올릴 수 있고, 그녀의 미소에서 상냥함을 다시 보게 되자마자, 질투 때문에 그녀를 다른 모든 사람에게서 떼 놓으려 했던 [자기의] 욕망이 그녀를 향한 사랑에 더 이상 들러붙지 않게 되자마자, 그 사랑은 다시 오데트의 인물됨이 그에게 주었던 감각들에 대한 하나의 취향이 되었고, 그녀가 올려다보는 한번의 눈길, 그녀가 짓는 한번의 미소, 그녀가 내는 한번의 목소리의 억양을, 마치 하나의 스펙터클처럼 찬탄하거나 또는 하나의 기이한 현상처럼 탐색하면서 그가 느끼는 쾌락에 대한 취향이 되었다. 그리고 다른 모든 쾌락과 다른 쾌락은 마침내 그의 내부에서 그녀에 대한 욕구, 그녀만이 자신의 현전이나 또는 자신의 편지로 충족할 수 있을 뿐인 욕구를 창조해 냈다……. 이렇게 해서 그의 아픔의 화학작용 자체에 의해, 그의 사랑으로써 질투를 만들어 낸 뒤, 그는 다시 오데트에 대한 애정을 꾸리고 연민을 꾸리기 시작했다."[84]

이 인용문은 분명 심적인 것과 관련한다. 사실 우리는 여기에서 서로에게 작용하는 본성상 개별적이고 분리된 감정들을 본다. 하지만 프루스트는 그 감정들의 작용을 밝히고 분류함으로써 스완이 거쳐야 하는 [감정의] 대안들을 이해시키고자 애쓴다. 프루스트는 그 자신이 할 수 있었던 검증(증오에 찬 질투에서 부드러운 사랑으로의 "동요"에 의한 이행)을 묘사하는 데 그치지 않고, 그 검증을 설명하고자 한다.

이 분석의 결과들은 어떠한가? 심적인 것의 이해 불가능성이 해소되었는가? 여기에서 거대한 심적 형식을 훨씬 더 단순한 요소로 약간 자의적으로 환원하는 것은, 이 심적 대상들 사이에서 유지되는 관계의 마술적인 비합리성을 백일하에 드러냄을 쉽게 알 수 있다. 어떻게 해서 질투심은 사랑에 "모든 다른 사람에게서 그녀를 떼 놓으려는 욕망"을 사랑에 "더하는가?" 어떻게 일단 사랑에 더해진 이 욕망은(언제나 커피에 "첨가된" 적은 양의 우유 이미지를 떠올린다.) 사랑이 다시 "오데트라는 인물이 그에게 주었던 그 감정들에 대한 하나의 취향"이 됨을 방해하는가? 쾌락은 어떻게 하나의 욕구를 창조해 낼 수 있는가? 사랑은 어떻게 오데트를 모든 다른 사람에게서 떼 놓으려는 욕망을 그 사랑에 더하는 질투를 꾸리는가? 또 사랑이 이 욕망에서 벗어나면 이 사랑은 어떻게 애정을 새로이 꾸리게 되는가? 프루스트는 여기에서 하나의 상징적인 "화학작용"을 구성하려고 시도한다. 하지만 그가 이용한 이 화학작용의 이미지들은 그저 비합리적인 동기화와 작용을 은폐할 수 있을 뿐이다. 누군가 우리를 심적인 것을 기계론적으로 해석하는 쪽으로 유인하려고 애쓸 수도 있지만, 이 해석은 심적인 것의 본성을 더 이해 가능하게 하기는커녕 완전히 왜곡하게 될 것이다. 그렇지만 누구도 우리가 그 [심적] 상태들 사이에서 거의 인간들 사이의 관

---

84 *Du côté de chez Swann*, 37ᵉ édition, II, p. 82. 강조는 원저자. ― 원주.

계와 비슷한 기묘한 관계(창조하기, 꾸리기, 덧붙이기)를 보여 주는 것을 방해할 수는 없다. 그런데 이런 관계에는 심적 대상이 마치 살아 있는 행위자라는 사실이 거의 전제되어 있다고 할 수 있다. 프루스트의 묘사에서 이루어진 주지주의적 분석은 매 순간 그 한계를 드러낸다. 이 분석은 전적인 비합리성의 표면과 바탕 위에서만 그 분해와 분류 작업을 해낼 수 있을 뿐이다. 심적 인과성이 지닌 비합리적인 것을 줄이는 것을 포기해야 한다. 이 심적 인과성은, 자기와 거리를 둔 채 자신의 존재로 있는 하나의 탈자적 대자가, 자기의 자리에서 자신이 있는 것으로 있는 하나의 즉자 속에 마술적으로 추락하는 것이다. 거리를 두고 영향을 끼치는 마술적 작용은, 존재의 연결들이 느슨해짐에 따라 필연적으로 일어나는 결과이다. 심리학자는 이 비합리적인 연결들을 묘사해야 하고, 또 그것들을 심적인 세계에서 첫 번째 소여로서 받아들여야만 한다.

이렇듯 반성적 의식은 지속에 대한 의식으로 구성되며, 또 그럼으로써 심적인 지속이 의식에 나타난다. 근원적인 시간성이 즉자 속에 투영된 것으로서의 이 심적 시간성은 하나의 잠재적 존재이며, 그 환영적인 흐름에는 끊임없이 대자의 탈자적인 시간화 작용이 수반된다. 다만 이것은 대자의 탈자적인 시간화가 반성에 의해 파악되는 한에서 그렇다. 하지만 만일 대자가 비반성적 차원에 머물러 있거나, 또는 만일 불순 반성이 순수해진다면, 이 심적 시간성은 완전히 사라진다. 심적 시간성은 구체적인 대상들의 한 존재 양식으로 나타나지, 하나의 틀이나 미리 세워진 하나의 규칙으로 나타나지 않는다는 점에서, 이 심적 시간성은 근원적 시간성과 비슷하다. 심적 시간은 시간적인 대상들이 합쳐진 집합에 불과할 뿐이다. 하지만 심적 시간성이 가지는 근원적 시간성과의 본질적인 차이는, 전자는 존재하는 것에 비해,

후자는 자기를 시간화한다는 것이다. 그것인 한에서 심적 시간은 과거와 함께만 구성할 수 있을 뿐이고, 또 [이 심적 시간에서] 미래는 현재적인 과거 뒤에 올 하나의 과거로 있을 수밖에 없다. 다시 말해 앞뒤라는 텅 빈 형식이 실체화되어, 똑같이 과거적인 대상들 사이의 관계에 순서를 부여한다. 이와 동시에 자기에 의해 존재할 수 없을 이 심적 지속은 끊임없이 존재되는 것이어야 한다. 병존의 다수성과 탈자적인 대자의 절대적인 응집 사이에서 끊임없이 동요하고 있는 이 심적 시간성은, 존재했었고 또 그것들에 할당된 자리에 머물고 있는 "지금들", 하지만 그것들의 총체 속에서 거리를 두고 서로에게 영향을 끼치는 "지금들"로 짜여 있다. 바로 이 점에서 심적 시간성은 베르그송의 마술적인 지속과 아주 많이 닮아 있다. 우리가 불순 반성의 차원, 다시 말해 내가 그것으로 있는 존재를 결정하고자 애쓰는 반성의 차원에 자리를 잡자마자, 이 [심적] 시간성으로 채워진 세계 전체가 나타난다. 잠재적 현전이고, 나의 반성적 의도의 개연적인 대상인 이 세계가 바로 심적인 세계 또는 정신이다. 어떤 의미에서 심적 세계의 존재는 순전히 관념적이고, 또 다른 의미에서 심적 세계가 존재한다. 왜냐하면 이 심적 세계는 존재-되었기 때문이고, 의식에게 드러나기 때문이다. 이 심적 세계는 "나의 그림자"이고, 내가 나를 보기를 원할 때 나에게 드러나는 것이다. 이외에도 이 심적 세계는 거기에서 출발해서 대자가 자신이 있어야 하는 것으로 있도록 자기를 결정하는 것이 될 수 있기 때문에,(나는 이런저런 사람에 대해 느끼는 반감 "때문에" 그 사람의 집에 가지 않을 것이고, 나의 증오 또는 나의 사랑을 고려함으로써 [그에 대해] 이런저런 행동을 하기로 결정하며, 나는 정치에 대해 [그와] 토론하기를 거부한다. 왜냐하면 나는 화를 잘 내는 나의 기질을 알고 있으며, 내가 흥분해서 화를 내는 위험을 감수하기를 원하지 않기 때문이다.) 이 환영의 세계는 대자의 실재적인 상황으로 존재한다. 반역사적인 무관심으로 무한한 생성(le devenir) 속에 자리 잡는 이 초월적인 세계와 함께, 이른바 "내적" 또는 "질적" 시간성이 정확하게 존재의 잠재적 통일로 구성된다. 그런데 이 시간성은 근원적인 시간성이 즉자로 대상화된 것이다. 거기에 하나의 "외부"에 대한 최초의 소묘가 있다. 대자는 자기 자신의 고유한 눈으로 자기에게 하나의 외부가 거의 주어지는 것을 본다. 하지만 이 외부는 순전히 잠재적이다. 우리는 잠시 후에 대타존재에 의해 "외부"에 대한 소묘가 실현됨을 보게 될 것이다.

제3장 초월

대자에 대해 가능한 한 완전하게 묘사하기 위해, 우리는 그 도선 (導線, fil conducteur)으로 여러 부정적인 행위에 대해 검토하기로 했다. 지금까지 살펴본 것처럼, 사실 우리가 제기할 수 있는 물음들과 거기에 할 수 있는 대답들을 조건짓는 것은, 우리 밖과 안에서의 비존재의 끊임없는 가능성이다. 하지만 우리의 최초의 목적은 단지 대자의 부정적 구조들을 드러내 보이는 것뿐만이 아니었다. 이 책 서론에서 우리는 하나의 문제에 맞닥뜨렸다. 그리고 우리가 해결하고자 한 그 문제는 다음과 같다. 인간실재가 현상의 존재 또는 즉자존재와 맺는 근원적인 관계는 무엇인가? 사실 우리는 서론에서부터 실재론적 해결책과 관념론적 해결책을 모두 배제해야 했다. 우리가 보기에 초월적인 존재는 결코 의식에 작용할 수 없는 것 같았고, 또 의식은 자신의 주관성에서 빌려 온 요소들을 대상화하는 것으로는 초월자를 "구성할" 수는 없는 것 같았다. 따라서 우리는 존재에 대한 근원적인 관계는 시원적으로 고립된 두 실체를 하나로 결합하리라 여겨지는 외적 관계일 수 없다는 사실을 이해했다. 우리는 이렇게 설명했다. "존재 영역들의 관계는 하나의 시원적인 용출이며, 이 용출은 이 존재들의 구조 자체의 일부를 이룬다." 구체적인 것(le concret)은 우리에게 종합적인 총체로 드러나며, 현상으로서의 이 종합적인 총체에 대한 의식은 분절들을 구성할 뿐이다. 하지만 의미에 따라 고립 상태에서 고려된 의식이 하나의 추상이라 할지라도, 그리고 이와 마찬가지로 현상들이 ── 심지어 존재 현상까지도 ── 추상적일지라도, 그 현상들이 하나의 의식에 나타남 없이는 현상으로서 존재할 수 없는 한, 현상들의 존재는 그것이 있는 것으로 있는 즉자로서 하나의 추상으로 고려할 수는 없을 것이다. 현상들의 존재는 존재하기 위해 그 자신만을 필요로 할 뿐이다. 현상들의 존재는 자기 자신만을 가리킬 뿐이다. 다른 한편, 대자에 대한 설명을 통해 우리는 반대로 대자가 가능한 한 하나의 실체와 즉자로부터 동떨어짐을 보여 주었다. 우리는 대자가 그 자신의 고유한 무화라는 것, 그리고 대자는 자기 자신의 [세 가지] 탈자의 존재론적인 통일 속에서만 존재할 수 있음을 보았다. 따라서 만일 대자의 즉자에 대한 관계가 근원적인 관계 속으로 들어가는 존재 자체의 구성 요소여야 한다면, 대자의 즉자에 대한 이 관계가 즉자의 구성 요소로 이해해서는 안 되며, 오히려 이 관계가 대자의 구성 요소일 수 있다고 이해해야 한다. 예컨대 우리가 인식이라 일컫는 존재에 대한 관계의 열쇠를 찾아야 하는 것은 오로지 대자 속에서이다. 대자는 그 존재 속에서 즉자와 맺는 관계에 대한 책임이 있다. 또는 이렇게 말하면, 대자는 근원적으로 즉자와의 관계의 토대 위에서 산출된다. 이것은 우리가 의식을 "그 존재에 자기와는 다른 하나의 존재가 내포되는 한에서, 자신의 존재에서 자신의 존재가 문제 되는 하나의 존재"로 정의했을 때 이미 예감한 것이다. 하지만 우리가 [의식에 대한] 이 정의를 정식화한 이래로, 우리는 새로운 인식들을 얻었다. 특히 우리는 대자의 심오한 의미를 대자 자신의 고유한 무의 근거로 파악했다. 지금이야말로 이런 인식들을 이용해 대자가 즉자에 대해 맺는 탈자적 관계를 결정하고 또 설명해야 할 때가 아닐까? 일반적으로 인식하기와 행동하기가 나타날 수 있는 것은 이 관계를 토대로 해서이다. 우리는 이제 최초의 물음에 대답할 수 있지 않을까? 우리는 자기(에 대한) 비조정적 의식으로 있기 위해서 의식은 무엇인가에 대한 조정적 의식으로 있어야 한다는 사실을 지적했다. 그런데 우리가 지금까지 탐구한 것은 자기(에) 대한 비조정적 의식의 근원적인 존재 방식으로서의 대자이다. 바로 이를 통해 우리는, 대자와 즉자와의 관계가 대자존재의 구성 요소인 한에서, 대자를 이 관계 자체 속에서 묘사하도록 이끌려 온 것이 아닌가? 이제부터 우리는 다음과 같은 유형의 물음들에 하나의 대답을 찾아낼 수 있지 않을까? 즉자는 그것이 있는 그대로 있는데, 대자는 왜, 그리고 어떻게 자신의 존재 속에서 즉자에 대한 인식으로 있어야만 하는가? 그리고 일반적으로 인식은 무엇인가?

I. 대자와 즉자 사이의 전형적 관계로서의 인식

직관적 인식 외의 다른 인식은 없다. 부적절하게도 인식이라고 불리는 추론(raisonnement)과 토론(discours)은 직관으로 인도되는 용구일 뿐이다. 이 직관에 이르면, 거기에 도달하기 위해 이용한 수단들은 직관 앞에서 지워진다. 직관에 이를 수 없는 경우에 추론과 토론은 손이 닿지 않은 곳에 있는 하나의 직관을 가리키는 표지판 역할에 머문다. 마지막으로, 만일 직관에 이르렀지만, 그 직관이 나의 의식의 현재적인 양상이 아니라면, 내가 사용하는 준칙들은, 데카르트가

"관념의 상기"라고 명명했듯이, 먼저 행해진 조작들의 결과로 머문다. 그리고 만일 직관이 무엇이냐고 묻는다면, 대부분의 철학자의 견해에 동의하면서 후설은 "사물(chose, Sache)이 의식에 몸소 현전하는 것이라고 대답할 것이다. 따라서 인식은 우리가 앞 장에서 "……에 대한 현전"이란 이름으로 설명한 존재의 유형에 속한다.[85] 하지만 우리는 바로 즉자는 그 자체로는 결코 현전일 수 없음을 확립했다. 사실 현재적-존재(l'être-présent)는 대자의 탈자적인 한 존재 양식이다. 그만큼 우리는 [바로 앞에서 후설을 따라 직관에 대해 내린] 우리의 정의를 구성하는 두 항을 뒤집어, 직관은 의식의 사물에 대한 현전이라고 해야 한다. 따라서 우리가 지금 다시 살펴보아야 하는 것은 대자존재에 대한 이 현전의 본성과 의미에 대해서이다.

　　우리는 이 책 서론에서 "의식"이라는 아직 해명되지 않은 개념을 사용해 의식이 무엇인가에 대한 의식이어야 하는 필요성을 확인했다. 사실 의식이 자신의 고유한 눈으로 자신을 식별하고, 또 자기(에 대한) 의식으로 있을 수 있는 것은 바로 의식이 그에 대한 의식으로 있는 그 무엇인가에 의해서이다. 무엇인가에 대한 의식으로 있지 않은 하나의 의식은 아무것도 아닌 것(에 대한) 의식으로 있지 않을 것이다. 하지만 지금 우리는 이미 의식 또는 대자의 존재론적 의미를 해명한 상태이다. 따라서 우리는 더욱 정확한 용어로 문제를 제기할 수 있고, 또 이렇게 자문할 수 있다. 의식은 무엇인가에 대한 의식으로 있어야 한다는 필요성은, 만일 우리가 이 필요성을 존재론적 차원에서, 다시 말해 대자존재의 관점에서 생각한다면, 무엇을 의미할 수 있을까? 사람들은 대자가 반영-반영하는 것이라는 이원적인 환영의 형태하에서 그

85　그리스어 'ἐπιστήμη(episteme)'는 어원적으로 '…… 에 대해서 앞선다'는 의미이며, 'Présence à……(……에 대한 현전)'라는 구조를 보여 준다.

자신의 고유한 무의 근거로 있음을 알고 있다. 반영하는 것은 반영을 반영하기 위해서만 존재할 뿐이고, 반영은 반영하는 것을 가리키는 한에서만 반영일 뿐이다. 이렇듯 이원성(dyade)이 윤곽을 이루는 두 항은 서로를 가리키며, 또 각 항은 자신의 존재를 다른 항의 존재에 구속시킨다. 하지만 만일 반영하는 것이 이 반영을 반영하는 것 외의 다른 것이 아니라면, 만일 반영이 자신의 "그 반영하는 것 속에서 자기를 반영하기 위한 존재"에 의해서만 자기를 특징지을 수 있을 뿐이라면, 준이원성의 두 항은 그 두 가지 무를 서로 기대어 의존하게 함으로써 함께 소멸한다. 그 총체가 아무것도 아닌 것 속으로 무너지지 않기 위해서는 반영하는 것은 무엇인가를 반영해야 한다. 하지만 만일 다른 한편으로 반영이 자신의 자신을-반영하기-위한-존재와 독립적으로 무엇인가라면, 반영은 반영이 아니라 즉자로서 질적으로 규정되어야 할 것이다. 이것은 "반영-반영하는 것"의 체계 속에 불투명성을 도입하는 것이고, 특히 대략 윤곽만 그려진 분열을 완성하는 것이다. 왜냐하면 대자 속에서 반영은 또한 반영하는 것이기 때문이다. 하지만 만일 반영이 질적으로 규정된다면, 반영은 반영하는 것과 분리되고, 그 외현은 실재와 분리된다. [그렇게 되면] 코기토는 불가능해진다. 반영이 "반영해야 할 무엇인가"와 동시에 아무것도 아닌 것이 될 수 있는 것은, 오직 반영이 자신과 다른 것에 의해 자신을 질적으로 규정하는 경우나, 또는 이렇게 말하면, 반영이 자신이 그것으로 있지 않은 하나의 외부에 대한 관계인 한에서 자신을 반영하는 경우뿐이다. 반영하는 것에 대해 반영을 규정하는 것은 항상 반영하는 것이 무엇인가에 대한 현전일 때의 그 무엇인가이다. 비반성적인 것의 차원에서 파악된 하나의 기쁨조차도 하나의 유쾌하고 열려 있으며, 행복한 전망으로 충만한 하나의 세계에 대한 "반영된" 현전 외의 다른 것이 아니다. 하지만 앞에서 제시한 몇 줄의 설명을 통해 이미 내다볼 수 있듯이, 아니-있음(le n'être-pas)은 현전의 본질적인 구조이다. 현전은 사람이 그것으로 있지 않은 것에 대한 현전으로서 하나의 근본적인 부정을 감싸고 있다. 나에 대해 현전적으로 있는 것은 내가 아니다. 게다가 이 "아니-있음"에는 모든 인식 이론이 선험적으로 함축되어 있다. 만일 우리가 대상을 의식으로 있지 않은 것으로 지시하는 하나의 부정적 관계를 근원적으로 가지고 있지 않다면, 대상 개념을 구축하기란 불가능하다. 이것은 한동안 유행했던 "비아(非我, non-moi)"라는 표현이 충분히 보여 주었다. 비록 이 표현을 사용한 사람들에게서는 외적인 세계를 근본에서부터 질적으로 규정하는 이 "부(否, non)"의 근거를 정초하려는 관심을 조금도 보여 주지 않았지만 말이다. 사실 만일 바로 이 부정이 먼저 주어져 있지 않다면, 또 만일 이 부정이 모든 경험의 선험적 근거가 아니라면, 표상들 사이의 연결도, 어떤 주관적인 종합의 필연성도, 시간적인 비가역성도, 무한에의 의존도 대상을 대상으로 구성하는 데 도움을 줄 수 없다. 다시 말해 그중 어떤 것도 비아를 잘라 내고, 그것을 자아로서의 자아에 대립시키는 하나의 사후 부정에 대해 근거로 소용될 수 없을 것이다. 사물은 모든 비교와 모든 구축 이전에 의식으로 있지 않은 것으로서 의식에 현전한다. 인식의 기초로서의 현전의 근원적인 관계는 부정적이다. 하지만 부정은 대자에 의해 세계에 오기 때문에, 또 사물은 동일성의 절대적인 무관심 속에서 그것이 있는 그대로의 것으로 있기 때문에, 대자로 있지 않은 것으로서 자기를 정립하는 것은 사물일 수는 없다. 부정은 대자 자체로부터 온다. 이 부정을 사물 자체에 관련되고, 또 사물에 대해 그것이 대자가 아니라고 부정하는 하나의 판단 유형으로 생각해서는 안 된다. 이 부정의 [판단] 유형은, 대자가 하나의 완성된 실체인 경우에만 생각할 수 있을 뿐이다. 설사 이 경우에라도 그것은 두 존재 사이의 하나의 부정적 관계를 밖에서 확립하는 제3자에 의해서만 생겨날 수 있을 뿐이다. 하지만 근원적 부정에 의해 사물로 있지 않은 것으로 자기를 구성하는 것은 대자이다. 그 결과, 방금 우리가 의식에 대해 내린 정의는 대자의 관점에서 다음과 같이 언명할 수 있다. "대자는 자신의 존재가 본질적으로 자기와는 다른 것으로서 동시에 정립하는 하나의 존재로 있지 않은 하나의 방식으로 있는 한에서, 그에 대해 자신의 존재가 자신의 존재 속에서 문제 되는 하나의 존재이다."[86] 따라서 인식은 하나의 존재 방식으로 나타난다. 인식한다는 것은 두 존재 사이에서 나중에 설정된 하나의 관계도 아니고, 이 두 존재 중 하나의 활동도 아니고, 하나의 성질이나 속성 또는 덕도 아니다. 인식은, 대자가 ……에 대한 현전인 한에서, 대자의 존재 자체이다. 다시 말해 대자가 자기로 하여금 자신이 현전하고 있는 어떤 존재로 있지 않게 함으로써 자신의 존재로 있어야 하는 한에서 그렇다. 이것은 대자가 자신이 어떤 존재로 있지 않은 것으로서 자기를 반영하는 하나의 반영 방식으로만 존재할 수 있을 뿐임을 의미한다. "반영-반영하는 것"의 쌍이 무 속에서 무너지지 않게 하기 위해서는, 반영된 것을 질적으로 규정하는 그 "무엇인가"는 순수한 부정이어야 한다.

---

86 원문은 다음과 같다. "Le pour-soi est un être pour qui son être est en question dans son être en tant que cet être est essentiellement une certaine manière de ne pas être un être qu'il pose du même coup comme autre que lui." 하이데거가 『존재와 시간』에서 "현존재는 자신의 존재에서 이 존재 자체가 자신에게 문제라는 점을 통해 오히려 존재적으로 뛰어나다(Es ist vielmehr dadurch ontisch ausgezeichnet, daß es diesem Seiendes in seinem Sein um dieses Sein selbst geht)."라고 말한 것과 유사하다. 다만 하이데거는 인간을 현존재가 근원적으로 다른 존재자인 사물과의 관계와 무관하게 자기 자신에게서 곧바로 자신의 존재를 문제 삼는다고 보는 데 반해, 여기에서 볼 수 있듯이, 사르트르는 인간을 한편으로 대자로 보면서, 다른 한편으로 이 대자가 자기가 아닌 사물을 정립하면서 그 사물이 자기가 아님을 확인하는 방식 자체에서 자신의 존재를 문제 삼는다고 본다.

반영된 것은 밖에서, 어느 하나의 존재자 옆에서, 이 존재로 있지 않은 것으로서 자기를 질적으로 규정케 한다. 이것이 정확하게 무엇인가에 대한 의식으로 있는 존재라고 부르는 것이다.[87]

하지만 이 근원적인 부정을 통해 우리가 무엇을 의미하는지를 분명하게 해 두어야 한다. 사실 두 유형의 부정, 즉 외적 부정(négation externe)과 내적 부정(négation interne)의 구분이 적합하다. 외적 부정은 한 증인에 의해 두 존재 사이에 설정된 단순한 외면성의 연결로 나타난다. 예컨대 내가 "찻잔은 잉크병이 아니다."라고 말할 때, 이 부정의 근거는 찻잔[88]에도 있지 않고, 잉크병에 있는 것도 아니라는 것은 명백하다. 두 대상의 각각은 그것이 있는 것으로 있다. 그뿐이다. [이때] 부정은, 내가 이 두 대상을 그 어떤 점에서도 변경하지 않고, 그 성질을 좀 더 풍부하게 하지도 않고, 좀 더 빈약하게도 하지 않으

---

87 후설이 의식의 지향성을 정의한 부분을 그대로 가져온 것이다. 후설은 의식 체험의 지향성을 근본적으로 '무엇인가에 대한 의식임(Bewußtsein vom etwas zu sein)'이라 규정한다. 여기에서 출발하여 이 책의 원문 201쪽에서부터 지금까지 사르트르가 수시로 언명해 온 '반영—반영하는 자'의 쌍을 이해해 보자. 이 쌍은 어디까지나 의식이 자신의 반성을 기본 구도로 삼아 성립한다. 사르트르가 의식은 항상 '무엇인가에 대해 현전하는 것'이라고 정의한 것도 바로 이 기본 구조를 염두에 둔 것이다. 이 반영(반성)의 기본 구도에서 의식은 한편으로는 반영(반성)하는 자이고, 동시에 다른 한편으로 반영된 것(반성된 것), 즉 반영이기도 하다. 이때 반영하는 것으로서의 의식은 반영인 자기를 대하고 있는 이른바 대자존재를 갖는 대자이고, 반영으로서의 의식은 즉자존재를 갖는 즉자로 추락할 태세를 갖춘 의식이다. 그런데 이것은 반성이 시작되면서 나누어지고, 반성이 일어나기 전, 즉 전 반성적 상태에서 의식은 '무엇인가(에 대해) 현전(présence (à) quelque chose)'이고 '무엇인가(에 대한) 의식(conscience (de) quelque chose)'이다. 이때 대자로서의 의식과 즉자로서의 의식은 미처 분리되지 않은 상태에 있다. 그러니까 전 반성적 상태에서 의식은 대자임과 동시에 즉자인데, 반성이 시작되면서 의식은 반성(반영)하는 의식과 반성(반영)된 의식으로 나누어진다. 이에 후자는 의식에 대해 '자기(soi)'가 되면서 즉자 형태를 취한다. 의식이 이 즉자로서의 자기에 빠지지 않으려고 몸부림치다시피 하면서 계속해서 자기에게서 벗어나려는 대자를 일컬어 '탈자적 대자'라고 한다. 탈자적 대자는 이념상으로는 무를 향해 있다. 따라서 사르트르는 문맥에 따라 대자로서의 의식을 아예 무와 같은 것으로 취급한다. 하지만 의식은 항상 '무엇인가에 대한 의식으로 있음'을 벗어날 수는 없다. 그래서 의식은 끝까지 자기(soi), 즉 자신의 존재(son être)를 문제 삼는 존재자로서 존재한다.
88 본문에는 'table'로 되어 있으나, 'tasse'의 오기로 보인다.

면서, 내가 그 사이에 확립하는 하나의 범주적이고 관념적인 하나의 연결로 존재한다. 이 대상들은 이 부정적 종합에 의해 살짝 스치지도 않는다. 이 부정은 이것을 좀 더 풍부하게 하거나 구성하는 데 도움이 되지 않기에, 이 부정은 [이것들에 대해] 엄격하게 외적인 것으로 머문다. 하지만 우리가 "나는 부자가 아니다."라거나, "나는 미남이 아니다."와 같은 문장을 고찰하면, 우리는 이미 다른 부정의 의미를 짐작할 수 있다. 어느 정도 비관적인 어조로 말해진 이들 문장은 단지 어느 하나의 성질을 거부함을 의미할 뿐 아니라, 또한 우리가 이런 성질을 거부한 긍정적인 존재[나 자신]에 대해 거부 자체가 그 내적 구조에서 영향을 끼친다는 사실을 의미한다. 내가 "나는 미남이 아니다."라고 말할 때, 나는 전적으로 구체적인 것으로 포착된 나에 대해 어떤 하나의 덕성을 부정하는 데 그치지 않는다. 또 이로 인해 이 덕성은 무로 이행하지만 나의 존재의 긍정적인 총체에는 아무런 영향도 주지 않는다(내가 "꽃병은 희지 않고 회색이다."라거나, "잉크병은 책상 위에 있지 않고 벽난로 위에 있다."라고 말할 때처럼 말이다). 나는 "미남이 아님"이 나를 나의 내면으로부터 특징짓는 일종의 부정적인 덕성이라는 의미로 이해한다. 부정성인 한에서 "미남이 아님"은 나 자신의 하나의 실재적인 성질이다. 그리고 이 부정적인 성질은 나의 비관적인 심정과 마찬가지로, 예컨대 나의 사교 생활의 실패를 설명해 줄 것이다. 우리는 내적 부정을 통해 두 존재 사이에서 한쪽의 존재[대자]에 의해 부정되는 다른 쪽의 존재[즉자]가, 자신의 부재 자체에 의해 자신의 본질 한가운데에서 다른 한쪽의 존재[대자]를 질적으로 규정하는 관계로 이해한다. 이때 부정은 하나의 본질적인 존재 연결이 된다. 왜냐하면 부정이 가해지는 존재 중 적어도 한쪽은 다른 한쪽을 지시하고 있고, 또 그 다른 한쪽을 하나의 부재로 자신의 중심에 간직하고 있기 때문이다. 그럼에도 이 유형의 부정이 즉자존재에 적용될 수 없다는 것은 분명하다. 이 유형의 부정은 본성상 대자에 속한다. 단지 대자만이 그 존재에 있어 자신이 그것으로 있지 않은 하나의 존재에 의해 규정될 수 있을 뿐이다. 그리고 만일 내적 부정이 세계에 나타날 수 있다고 ― 예컨대 사람들이 하나의 진주에 대해 가짜라고 한다거나, 하나의 과일에 대해 익지 않았다고 한다거나, 하나의 달걀에 대해 신선하지 않다고 한다거나 하는 것처럼 ― 한다면, 일반적으로 모든 부정과 마찬가지로 그 내적 부정이 세계에 오는 것은 대자에 의해서이다. 따라서 인식한다는 것이 오직 대자에 속한다면, 그것은 자기가 인식하는 것으로 있지 않은 것으로 나타난다는 것이 홀로 대자에게만 속하기 때문이다. 그리고 여기에서 나타남과 존재는 하나를 이룰 뿐이므로 ― 대자는 자신의 나타남의 존재를 갖기 때문이다 ― 대자는 자신의 존재 속에서 자기가 그것으로 있지 않은 대상의 존재를 감싸고 있다고 생각해야 한다. 이것은 대자가 자신의 존재 속에서 이 [대상의] 존재로 있지 않은 것으로 문제가 되는 한에서 그러하다.

여기에서 다음과 같이 표현할 수 있는 하나의 착각에서 벗어나야 한다. 자기 자신을 이런저런 존재로 있지 않은 것으로 구성하기 위해서는, 어떤 방식으로든 이 존재에 대한 하나의 인식을 미리 가져야 한다. 왜냐하면 내가 그것에 대해 아무것도 모르는 하나의 존재와 나의 차이에 대해서 판단할 수 없기 때문이라는 착각이 그것이다. 우리의 경험적인 생활에서 우리가 어떤 점에서 일본인이나 영국인과 다른가, 또 어떤 점에서 노동자나 군주와 다른가는, 이런 다른 존재에 대한 어떤 관념을 갖기 전에는 알 수 없다는 것은 아주 확실하다. 하지만 여기에서 우리는 이런 경험적인 구분을 기초로 이용할 수는 없을 것이다. 왜냐하면 우리는 모든 경험을 가능케 함에 틀림이 없는 하나의 존재론적 관계에 대한 연구에 착수하고 있고, 또 이 연구는 일반적으로 하나의 대상이 의식을 위해 어떻게 존재할 수 있는가를 밝히는 것을 겨냥하기 때문이다. 따라서 내가 대상을 대상으로 구성하기 전에 내가 아닌 대상으로서의 대상에 대해 모종의 경험을 갖는다는 것은 있을 수 없다. 하지만 반대로 모든 경험을 가능케 하는 것은, 대상이 주관에 대해 선험적으로 나타나는 것이다. 또는 나타남이 대자의 근원적인 사실이므로, 대자가 그것으로 있지 않은 대상에 대한 현전으로서의 대자의 근원적인 나타남이다. 따라서 앞에서 언급한 표현의 항들을 뒤집어 이렇게 표현해야 할 것이다. 대자가 그것에 대해 현전하고 있는 이 특수한 존재로 있지 않은 것으로서 존재해야 하는 경우의 그 근본적인 관계는, 이 존재에 대한 모든 인식의 근거라고 말이다. 하지만 만일 이 표현을 이해하려면 이 원초적인 관계를 자세하게 설명해야 한다.

우리가 앞 문단에서 비판한 주지주의적인 착각에 대한 언명에는 여전히 진실함이 남아 있다. 내가 나를 근원적으로 나와의 모든 연결이 끊어진 하나의 대상으로 있지 않은 것으로 규정할 수 없다는 것이 그것이다. 나는 내가 이 존재와 거리를 둔 이런저런 존재임을 부정할 수 없다. 만일 내가 자기 위에 완전히 갇힌 하나의 존재를 생각할 수 있다면, 그 존재는 그 자체에서 일의적으로 그것이 있는 그대로의 것으로 있을 것이다. 그리고 이런 이유로 이런 존재 속에서는 하나의 부정을 위한 자리도, 하나의 인식을 위한 자리도 발견할 수 없을 것이다. 하나의 존재[대자]가 그것으로 있지 않은 것[즉자]을 자기에게 알릴 수 있는 것은, 사실 자신이 그것으로 있지 않은 존재[즉자]에서 출발해서이다. 이것이 의미하는 것은, 내적 부정의 경우에 대자가 자신이 그것으로 있지 않는 것[즉자]으로 나타나는 것은, 자신이 그것으로 있지 않는 존재[즉자] 속에서, 그리고 이 존재 위에서라는 것이다. 이 의미에서 내적 부정은 하나의 구체적인 존재론적 연결이다. 여기에서는 이런 경험적인 부정 중의 하나가 결코 문제가 되지 않는다. 그런데 이런 경험적인 부정에서 부정된 성질들은 그것들의 부재 또는 심지어 그것들의 비존재에 의해 먼저 구분된다. 내적 부정에서 대자는 자신이 부정하는 것 위에서 짓눌린다. 정확하게 부정된 성질들은 대자에게 더욱 현전적으로 있다. 대자가 자기의 부정적인 힘을 끌어내 그것을 끊임없이 갱신하는 것도 이 부정된 성질들로부터이다. 이 의미에서 부정된 성질들은 대자의 존재를 구성하는 하나의 요인으로 보아야 한다. 왜냐하면 대자는 저편에, 자기 외부에 이런 성질들 위에 있어야 하기 때문이고, 대자 자신이 이 부정된 성질들로 있는 것을 부정하기 위해서는 이 부정된 성질들이어야 하기 때문이다. 한마디로 내적 부정의 근원-항은 즉자, 즉 거기에 있는 사물이다. 그리고 이 사물 밖에는 아무것도 존재하지 않는다. 존재한다면, 하나의 텅 빔, 하나의 무만이 존재할 것이다. 이 무는 이 사물이 내용 자체를 제공하는 하나의 순수한 부정에 의해서만 사물과 구별될 뿐이다. 유물론이 인식을 대상에서 끌어내리려다가 맞닥뜨리는 어려움은 하나의 실체를 다른 하나의 실체에서 출발하여 산출하고자 한 데서 비롯된다. 하지만 이 어려움은 우리를 멈추게 할 수 없을 것이다. 왜냐하면 우리는 즉자 밖에는 아무것도 없다는 사실을 단언하기 때문이다. 만일 [즉자 밖에 무엇인가가 있다고 한다면] 그것은 아무것도 아닌 것의 반영이 있을 뿐이다. 이때 아무것도 아닌 것 자체는, 그것이 정확히 이 즉자의 무인 한에서, 자신이 즉자로 있지 않다는 것만으로 아무것도 아니고 또 개별화된 아무것도 아닌 한에서, 이 즉자에 의해 극한이 되고 또 정의된다. 이렇듯 내적 부정과 인식의 구성 요소인 탈자적 관계에서는, 그 충만함에서 구체적인 극을 이루고 있는 것은 즉자 자신이며, 대자는 거기에서 즉자가 분리되는 텅 빔 이외의 다른 아무것도 아니다. 대자는 자기 밖에, 즉자 속에 존재한다. 왜냐하면 대자는 자신이 그것으로 있지 않은 것에 의해 정의되기 때문이다. 따라서 즉자와 대자의 최초의 연결은 존재의 연결이다. 하지만 이 연결은 하나의 결여도 아니고 하나의 부재도 아니다. 사실 부재의 경우 나는 내가 그것으로 있지 않은 하나의 존재, 또는 거기에 있지 않은 하나의 존재에 의해 나를 규정한다. 다시 말해 나를 규정하는 것은 내가 나의 경험적 충만이라 부르는 것의 한복판에 있는 하나의 구멍과 같다. 반대로 존재론적 존재 연결로 파악된 인식의 경우, 내가 그것으로 있지 않은 존재는 즉자의 절대적인 충만을 재현한다. 그리고 반대로 나는 무이고 부재이며, 이 부재는 [즉자의] 충만에서 출발해 존재로 규정된다. 이것은 흔히 인식하는 것이라고 불리는 이 존재 유형 속에서 우리가 맞닥뜨릴 수 있고, 또 끊임없이 거기에 있는 유일한 존재가 인식된 것(le connu)임을 의미한다. 인식하는 것은 존재하지 않는다. 인식하는 것은 파악될 수 없다. 인식하는 것은 인식된 것의 하나의 거기에-있음(un être-là), 즉 하나의 현전이 있도록 하는 것 외의 다른 아무것도 아니다 ― 왜냐하면 그 자체로 보면 인식된 것은 현전하는 것도 부재하는 것도 아니고, 그저 존재할 뿐이기 때문이다. 하지만 인식되는 것의 그 현전은 아무것도 아닌 것에 대한 현전이다. 왜냐하면 인식하는 것은 하나의 아니-있음(un n'être-pas)의 단순한 반영이기 때문이고, 따라서 인식된 것의 이 현전은 인식하는 것의 전적인 반투명성을 거쳐 절대적 현전으로 나타나기 때문이다. 이런 근원적인 관계에 대한 심리학적이고 경험적인 범례화는 매혹(fascination)의 경우에 의해 우리에게 제공한다. 사실 인식하는 것의 직접적 사실을 재현하는 매혹의 경우, 인식하는 것은 절대적으로 하나의 순수한 부정 외의 다른 아무것도 아니다. 인식하는 것은 어디에도 있지 않고, 어디에서도 회복되지 않는다. 인식하는 것은 존재하지 않는다. 인식하는 것이 지탱할 수 있는 유일한 성질은 정확하게 그것이 매혹적이게 하는 대상으로 있지 않다는 것이다. 매혹 속에는 황량한 하나의 세계 속에서의 하나의 거대한 대상 외에는 다른 아무것도 없다. 그렇지만 매혹된 직관은 대상과의 융합이 결코 아니다. 왜냐하면 매혹이 있기 위한 조건은, 대상이 텅 빔의 배경 위에서의 하나의 절대적인 부각과 함께 떠오르는 것, 다시 말해 내가 정확하게 대상의 즉각적인 부정이고, 이외의 아무것도 아니기 때문이다. 루소가 자기의 이력에 대한 구체적인 심리적 사건들로 종종 서술한 범신론적 직관의 바탕에서 우리가 만나는 것도 또한 이런 순수한 부정이다. 그때 그는 자신이 우주와 "융합"했고, 오로지 세계만이 갑자기 절대적인 현전이자 무제약적인 총체로서 현전했다고 우리에게 선언했다. 그런데 우리는 분명 세계의 전적이고 황량한 현전, 세계의 순수한 "거기에-있음"을 이해할 수 있다. 분명 우리는 이 특권적인 순간에 세계 외에 다른 어떤 것도 존재하지 않았음을 그대로 인정한다. 하지만 루소가 인정하고자 한 것과는 달리, 이것은 의식과 세계의 융합이 있음을 의미하는 것이 아니다. [만일 이 융합이 있다면] 그것은 대자가 즉자로 고착됨을 의미할 것이고, 또 그럼으로써 현전으로서의 세계와 즉자가 사라짐을 의미할 것이다. 범신론적 직관 속에서는, 즉자를 세계로서 현전적으로 있게 하는 것, 다시 말해 부정으로서의 자기(에 대한) 비조정적 의식의 부정인 하나의 순수한 부정을 제외하면, 세계 이외의 다른 아무것도 존재하지 않는다. 그리고 정확하게 인식은 부재가 아니고 현전이기 때문에, 인식하는 것과 인식된 것을 분리하는 것은 아무것도 없다. 사람들은 종종 직관을 인식된 것의 인식하는 것에 대한 직접적인 현전으로 정의했다. 하지만 [여기에서] 직접적이라는 개념의 요구에 대한 반성은 드물었다. 직접성(l'immédiateté)은 모든 매개자의 부재이다. 이것은 자명하다. 그렇지 않으면, 매개자가 인식될 것이고, 매개된 것은 인식되지 않을 것이다. 하지만 만일 우리가 그 어떤 중개자도 세울 수 없다면, 인식하는 것이 인식된 것에 대한 현전의 유형으로서는 연속성과 동시에 불연속성을 배제해야 한다. 사실 우리는 인식하는 것에서 인식된 것 사이에 연속성이 있음을 인정하지 않을 것이다. 왜냐하면 그것에는 인식하는 것이면서 동시에 인식된 것인 하나의 중간항이 전제되기 때문이다. 그런데 그리되면 인식된 것의 면전에서 인식하는 것의 자율성이 제거되어, 인식하는 것의 존재가 인식된 것의 존재 속에 구속당한다. 이때 대상의 구조가 사라진다. 왜냐하면 대상은 대자의 존재인 한에서의 대자에 의해 절대적으로 부정되기를 요구하기 때문이다. 하지만 우리는 대자와 즉자의 근원적인 관계를 불연속성의 관계로 여길 수도 없다. 확실히 불연속적인 두 요소 간의 분리는 하나의 텅 빔, 즉 하나의 아무것도 아닌 것이지만, 하나의 실현된 아무것도 아닌 것(un rien réalisé), 즉 즉자적인 아무것도 아닌 것이다. 이 실체화된 아무것도 아닌 것은 그것으로서 하나의 절연체와 같은 하나의 겹(épaisseur)이다. 이것은 현전의 직접성을 파괴한다. 왜냐하면 이것은 아무것도 아닌 것인 한에서의 무엇인가가 되었기 때문이다. 즉자에 대한 대자의 현전은, 연속성의 용어로도 불연속성의 용어로도 표현할 수 없기 때문에, 단순한 부정된 동일성이다. 이것을 좀 더 자세히 파악하기 위해 하나의 비교를 이용해 보자. 두 곡선이 서로 접할 때, 이 두 곡선은 중간항이 없는 현전의 한 유형을 제공한다. 하지만 또한 눈으로는 두 곡선이 접하는 전 구간에 걸쳐 단 하나의 선만을 포착할 뿐이다. 만일 두 곡선을 가린다면, 또 만일 단지 두 곡선이 서로 접하는 구간 AB만을 볼 수 있도록 한다면, 그 둘을 구분하기란 불가능할 것이다. 왜냐하면 두 곡선을 분리하는 것은 사실 아무것도 아닌 것이기 때문이다. 거기에는 연속성도 불연속성도 없고, 오로지 단순한 동일성만이 있을 뿐이다. [가려 놓았던] 두 도형을 갑자기 보이게 해 보자. 그러면 우리는 둘을 그것의 전 구간에서 둘인 것으로 다시 파악할 것이다. 그런데 이것은 양자 사이에 갑자기 이루어질 사실상의 갑작스러운 분리에서 기인한 것이 아니다. 오히려 이것은 우리가 이 두 곡선을 지각하기 위해 그것을 그릴 때의 움직임이, 각각 하나의 부정을 구성적인 작용으로 포함하고 있는 데서 기인한다. 이렇듯 두 곡선이 접해 있는 장소 자체에서 그것을 분리하는 것은 아무것도 아닌 것이다. 그것은 심지어 하나의 거리도 아니다. 그것은 하나의 구성적인 종합의 상대자로서의 하나의 순수한 부정성이다. 이 이미지를 통해 우리는 인식하는 것을 인식된 것에 근원적으로 통합시키는 직접성의 관계를 잘 파악할 수 있을 것이다. 사실 보통의 경우 하나의 부정은 부정에 앞서 존재하면서 이 부정의 소재를 구성하는 하나의 "무엇인가"와 관련된다. 만일 내가 예를 들어 잉크병이 책상 위에 있지 않다고 말한다면, 책상과 잉크병은 이미 대상들로 구성되어 있고, 이 대상들의 존재는 즉자적으로 부정적인 판단의 버팀목이 될 것이다. 하지만 "인식하는 것-인식된 것"의 관계의 경우, 인식하는 것 쪽에 부정의 버팀목이 될 수 있는 것은 아무것도 없다. 인식하는 것을 인식된 것으로부터 즉자적으로 분리해 내기 위한 그 어떤 차이도 "없고", 구분 원리도 "없다." 하지만 존재의 전적인 무차별 속에는 존재하지도 않는 하나의 부정, 존재해야 하는 하나의 부정, 자기를 부정으로 세우고 정립하지 않는 하나의 부정 외에는 아무것도 없다. 그 결과, 결국 인식과 인식하는 것 자체는, 존재가 "있다"는 사실,

존재는 그 자체로서 주어지며, 존재가 아무것도 아닌 것을 배경으로 그 위에 떠오른다는 사실 외의 아무것도 아니다. 이 의미에서 우리는 인식을 인식된 것의 순수한 적막(solitude)이라고 부를 수 있다. 인식의 근원적인 현상이 존재에 아무것도 덧붙이지 않고 또 아무것도 창조하지 않는다고 말하는 것으로 충분하다. 인식이라는 이 근원적인 현상을 통해 존재는 풍요로워지지 않는다. 왜냐하면 인식은 순수한 부정성이기 때문이다. 인식은 오직 존재가 있게 할 따름이다. 하지만 존재를 "있게 한다"라는 이 사실은 존재 — 그것이 있는 그대로의 것으로 있는 존재 — 의 하나의 내적인 규정이 아니라 부정성의 하나의 내적인 규정이다. 이 의미에서 존재의 긍정적인 성격의 모든 드러내 보임은 대자를 그 존재에 있어 순수한 부정성으로서의 존재론적 규정에 맞대응하는 부분이다. 예컨대 뒤에서 살펴볼 테지만, 존재의 공간성의 드러내 보임은, 대자가 대자 자신을 비연장(非延長, inétendu)으로서 비정립적으로 파악하는 것과 하나를 이룰 뿐이다. 그리고 대자의 비연장적인 성격은 부정적인 호칭 아래 가려져 있는 정신성의 긍정적인 하나의 신비한 덕성이 아니다. 대자의 비연장적인 성격은 본성상 하나의 탈자적인 관계이다. 왜냐하면 대자가 자기에게 자신의 고유한 비연장성을 알리고 또 실현하는 것은 초월적인 즉자의 연장에 의해서, 그리고 그 속에서이기 때문이다. 대자가 먼저 비연장적이고, 그다음에 하나의 연장적인 존재와 관계를 맺을 수는 없을 것이다. 왜냐하면 어떤 방식으로 고려한다고 해도 비연장적이라는 개념은 그것만으로는 의미를 가질 수 없을 것이기 때문이다. 그것은 연장의 부정 외의 다른 아무것도 아니다. 만일 우리가 즉자의 드러내 보인 규정들에서 연장을 제거할 수 있다면, 대자는 비공간적인 채로 머물 수는 없을 것이다. 대자는 연장적이지도 비연장적이지도 않을 것이고,

또 대자를 어떤 방식으로든 연장과 관련지어 특징짓는 것은 불가능할 것이다. 이 경우 연장이란, 대자가 스스로 정확하게 자기를 연장적임을 부정하는 한에서, 대자가 파악해야 하는 하나의 초월적인 규정이다. 이런 이유로 인식하다(connaître)와 존재하다(être)의 내적인 관계의 의미를 가장 잘 나타내는 것으로 보이는 단어는, 우리가 방금 존재론적이면서 인식론적이라는 이중적 의미로 사용한 "실재화하다(réaliser)"[89]라는 단어이다. 내가 하나의 계획을 실재화하는 것은, 내가 그것에 존재를 부여하는 한에서이다. 하지만 내가 나의 상황을 실재화하는 것은, 내가 그 상황을 사는 한에서이고, 내가 그 상황을 나의 존재와 함께 존재하게끔 하는 한에서이다. 나는 하나의 파국이 갖는 중대함을 "실재화하고", 하나의 기획의 어려움을 "실재화한다." 인식한다는 것은 두 가지 방향의 의미에서 "실재화하는 것"이다. 인식한다는 것은 존재의 반영된 부정으로 있어야 함으로써 이 존재를 거기에 있게끔 하는 것이다. 실재적인 것은 실재화함이다.[90] 우리는 대자를 그 존재에서 규정함으로써 즉자를 드러내 보이는 이 내적이고 실재화하는 이 부정을 초월(transcendance)이라고 명명할 것이다.

89 'réaliser'는 일반적으로 '실현하다' 또는 '현실화하다'로 옮긴다. 하지만 여기에서 사르트르는 어느 하나의 존재, 예컨대 책상 위의 잉크병을 인식한다는 것은 그 존재, 즉 그 잉크병이 공간에 연장을 갖고서 즉자적인 존재를 실현하는 것으로 보고 있다. '존재를 실재화한다'는 것은 하나의 존재에 실재성을 부여하는 것이다. 그래서 인식하기와 존재하기의 내적 관계가 운위된다. 이 의미에서 다소 어색하긴 하나 '이루다'라는 존재론적인 의미가 강한 '실재화하다'로 옮겼다.

90 어색한 표현이다. 여기에서 '실재'는 즉자로서의 존재를 일컫는다. '실재화함'은 대자가 인식을 통해 즉자적인 존재를 부정함으로써 그 존재에게 실재로서의 존재론적 위상을 부여한다. 이 둘은 떼려야 뗄 수 없는 내적 관계를 맺는다. 다소 어색해 보이지만, 이 문장에서는 둘의 관계가 아예 하나임을 적극적으로 강조하여 표현한 것으로 보인다.

II. 부정으로서의 규정에 대하여

대자는 어떤 존재에 대한 현전인가? 이 물음이 잘못 제기되었다는 점을 곧바로 지적하자. 존재는 그것이 있는 그대로의 것으로 있으므로, "어떤 것(lequel)?"이라는 물음에 답하는 "이것(celui-ci)"이라는 규정을 그 자체 속에 가질 수 없다. 한마디로 물음은 그것이 하나의 세계 속에서 제기되는 경우에만 의미를 가질 뿐이다. 따라서 대자는 저것에 대해 현전적이라기보다는 이것에 대해 현전적인 것은 있을 수 없다. 왜냐하면 하나의 "저것"보다는 하나의 "이것"이 [거기에] 있게끔 하는 것이 바로 대자의 현전이기 때문이다. 그렇지만 우리가 제시한 예들은 우리에게 하나의 대자는 자신이 이런저런 개별적인 존재라는 것을 구체적으로 부정함을 보여 주었다. 하지만 그것은 우리가 무엇보다도 인식이 지닌 부정성의 구조를 드러내는 데 신경을 쓰면서 인식 관계를 설명했기 때문이다. 이 의미에서, 예들을 통해 인식의 부정성의 구조가 드러났다는 바로 그 사실 자체로 인해 이 부정성은 이미 이차적인 부정성이었다. 근원적인 초월로서의 부정성은 하나의 이것에서 출발해서 자기를 규정하지 않는다. 오히려 부정성은 하나의 이것이 존재하게끔 한다. 대자의 근원적인 현전은 존재에 대한 현전이다. 그렇다면 우리는 이 현전이 모든 존재에 대한 현전이라고 말할 것인가? 하지만 그렇게 말하면 우리가 앞에서 저지른 오류에 다시 빠지게 될 것이다. 왜냐하면 총체는 대자에 의해서만 존재에게 올 수 있을 뿐이기 때문이다. 사실 하나의 총체에는 하나의 준다수성의 여러 항 사이에 하나의 내적인 존재 관계가 전제되어 있고, 또 이와 마찬가지로 하나의 다수성에는, 이 다수성으로 있기 위해, 이들 요소 사이에 하나의 총체화하는 내적 관계가 전제되어 있다. 더하기(addition) 자체가 하나의 종합적인 행위인 것은 바로 이 의미에서이다. 총체는 존재들의 현전에서 자기 자신의 고유한 총체로 있어야 하는 하나의 존재에 의해서만 이 존재들에 올 수 있을 뿐이다. 이것은 정확하게 하나의 끊임없는 미완성 속에서 자기를 시간화하는 탈총체화된 총체, 즉 대자의 경우이다. 모든 존재가 거기에 있게끔 하는 것은 존재에 대한 현전 속에서의 대자이다. 사실 [대자가 그것에 현전하고 있는] 이 존재를 이것이라 지칭할 수 있는 것은 모든 존재의 현전을 배경으로 해서만 가능하다는 사실을 이해하자. 이것은 하나의 존재가 존재하기 위해 모든 존재를 필요로 함을 말하고자 함이 결코 아니다. 오히려 대자는 모든 [존재]에 대한 실재화적 현전을 근원적 배경으로 해서 이 존재에 대한 실재화적 현전으로서 자기를 실현함을 말하고자 함이다. 하지만 역으로 총체는 이것들의 존재론적인 내적 관계이기 때문에 개별적인 이것들 속에서, 그리고 개별적인 이것들에 의해서만 드러내 보일 수 있을 뿐이다. 이것은 대자는 이것들에 대한 실재화적 현전인 한에서는 모든 존재에 대한 실재화적 현전으로서 자기를 실현하고, 또 모든 존재자에 대한 실재화적 현전인 한에서는 개별적인 이것들에 대한 실현적 현전으로서 자기를 실현함을 의미한다. 달리 말하면, 대자의 세계에 대한 현전은 하나 또는 여러 개의 특정한 사물에 대한 대자의 현전에 의해서만 실현될 수 있을 뿐이다. 또 역으로 대자의 하나의 특정한 사물에 대한 현전은 세계에 대한 현전의 배경으로 해서만 실현될 수 있을 뿐이다. 지각은 세계에 대한 현전의 존재론적 배경 위에서만 분절될 뿐이다. 그리고 세계는 각각의 개별적 지각의 배경으로서만 구체적으로 자기를 드러내 보인다. 이제 존재에 대한 대자의 나타남이 어떻게 하나의 전체(un tout)와 이것들(des ceci)이 거기에 있게 할 수 있는지를 설명해야 한다.

총체로서의 존재에 대한 대자의 현전은, 대자가 있지 않는 것으로 있고, 또 있는 것으로 있지 않는 존재 방식에서, 탈총체화된 총체로서의 자기 자신의 고유한 총체로 있어야 한다는 사실에서 비롯된다. 사실 대자가 똑같은 나타남의 통일 속에서 존재로 있지 않은 전체로서 자기를 존재케 하는 한에서, 존재는 대자가 그것으로 있지 않은 전체로서 대자 앞에 서 있다. 사실 근원적인 부정은 철저한 부정이다. 자기 자신의 고유한 총체로서 존재 앞에 서 있는 대자는, 그 자체로 부정의 전체이므로, 전체의 부정이다. 이렇듯 완성된 총체 또는 세계는 총체의 존재를 존재에서 나타나게끔 하는 미완성된 총체의 존재로부터 구성하는 것으로 자기를 드러내 보인다. 대자가 자신을 탈총체화된 총체로서 자신에게 알리는 것은 세계에 의해서이다. 이것은, 대자가 탈총체화된 양식으로 자기 자신의 고유한 총체로 있어야 하는 한, 대자가 자신의 나타남 자체에 의해 존재가 총체로서 드러내 보임을 의미한다. 이렇게 해서 대자의 의미 자체는 바깥에, 존재 속에 있다. 하지만 존재의 의미가 나타나는 것은 대자에 의해서이다. 이런 존재의 총체화(totalisation)는 존재에게 아무것도 덧붙이지 않는다. 존재의 총체화는, 존재가 대자로 있지 않는 것으로서 자기를 드러내 보이는 방식일 뿐이고, 존재가 거기에 있는 방식일 뿐이다. 존재의 총체화는 모든 침해를 벗어나면서 대자의 밖에서 대자를 그 존재에서 규정하는 것으로 나타난다. 하지만 존재를 총체로서 드러낸다는 사실은 존재에 대한 침해가 아니다. 이것은 탁자 위에서 두 개의 찻잔을 헤아리는 것이 그 찻잔 하나하나를 그 존재나 그 본성에서 침해하는 것이 아닌 것과 마찬가지이다. 그렇지만 이것은 대자의 단순한 주관적인 변경이 아니다. 왜냐하면 반대로 모든 주관성이 가능한 것은 대자에 의해서이기 때문이다. 하지만 만일 대자가 존재를 "거기에 있게끔" 하는 무여야 한다면, 존재는 근원적으로 총체로서만 존재할 수 있을 뿐이다. 이렇듯 인식은 세계이다. 하이데거 식으로 말하면, 세계와 이외에는 아무것도 아닌 것이 있을 뿐이다. 다만 이 "아무것도 아닌 것"은 근원적으로 그 속에서 인간실재가 출현하는 곳은 아니다. 아무것도 아닌 것은 세계가 자기를 드러내 보이는 그 철저한 부정으로서의 인간실재 자체이다. 그리고 확실히 세계를 총체로서 파악할 때만 세계의 편에서 이 총체를 둘러싸고서 지탱하는 하나의 무가 나타난다. 총체의 밖에 남겨진 절대적으로 아무것도 아닌 것으로서의 한에서 총체를 총체로 규정하는 것은 바로 이 무이다. 정확하게 이런 이유로 총체화는 존재에 아무것도 덧붙이지 않는다. 왜냐하면 총체화는 단지 존재의 한계로서의 무의 출현의 결과이기 때문이다. 하지만 이 무는 아무것도 아니다. 그렇지 않다면, 인간실재는 아무것도 아닌 것과 교류하면서 존재로부터 배제되고, 끊임없이 존재 저편에 있는 것으로 스스로 자기를 파악할 것이다. 이것은 이렇게 말하는 것과 같다. 즉 인간실재는 존재가 총체로서 자기를 드러내 보이도록 하는 것이거나, 또는 인간존재는 존재 밖에서 아무것도 "있지 않게끔" 하는 것이거나이다. 세계의 하나의 저편이 있을 수 있는 가능성으로서의 아무것도 아닌 것은, (1) 이 가능성이 존재를 세계로 드러나게 하는 한에서, (2) 인간실재가 이 가능성으로 있어야 하는 한에서, 존재에 대한 근원적인 현전과 더불어 자기성의 회로를 구성한다.

하지만 인간실재는, 그 자신이 존재에 대한 현행적인 현전으로서 그것으로 있어야 하는 하나의 구체적인 부정에서 넘쳐흐르는 한에서만, 자기를 미완성된 부정들의 총체로 만들 뿐이다. 만일 인간실재가 사실상 통합적이고 무차별적인 부정으로 있는 것(에 대한) 단순한 의식이라면, 이 인간실재는 스스로 자기를 규정할 수 없을 것이다. 따라서 인간실재는 설사 탈총체적인 방식이라 할지라도 자기의 규정들의 구체적인 총체일 수는 없을 것이다. 인간실재는, 자신이 현재 그것으로 있는 구체적인 부정에서 자신의 다른 모든 부정을 통해 벗어나는 한에서만, 전체일 수 있을 뿐이다. 인간실재의 존재는, 자신이 그것으로 있는 부분적인 구조로부터 자신이 그것으로 있어야 하는 전체를 향한 뛰어넘기인 한에서만, 그 자신의 고유한 총체일 수 있을 뿐이다. 그렇지 않다면, 인간실재의 존재는 그저 자신이 있는 그대로의 것으로 있을 것이고, 결코 총체 또는 비총체로 여겨질 수 없을 것이다. 따라서 하나의 부분적이고 부정적인 구조는, 내가 그것으로 있는 무차별적인 부정들 ── 부분적이고 부정적 구조도 이 부정들의 일부이다 ── 의 배경 위에 나타나야 한다는 의미에서, 나는 즉자존재에 의해 내가 그것으로 있지 않아야 하는 하나의 어떤 구체적인 실재를 나에게 알린다. 내가 현재 그것으로 있지 않은 존재는, 그것이 존재의 총체를 배경으로 나타나는 한에서, 이것(le ceci)이다. 이것은, 내가 존재와 관련해 아무것도 아닌 것으로 있어야 하는 한에서, 내가 현재 그것으로 있지 않은 것이다. 이것은, 내가 나의 부정들을 총체화하는 배경 위에서 내가 그것으로 있어야 하는 구체적인 부정을 나에게 알리기 위해, 존재의 무차별적 배경 위에 자기를 드러내 보이는 것이다. 총체와 이것의 근원적인 관계는 "게슈탈트 이론"이 밝힌 배경과 형태 사이에서 이루어지는 관계의 원천이다. 이것은, 대자가 존재의 무차별적인 총체의 철저하고 통합적인 부정인 한, 언제나 배경 위에서, 다시 말해 존재의 무차별적인 총체 위에서 나타난다. 하지만 이것은 다른 하나의 이것이 나타날 때는 항상 이 무차별적인 총체 안에서 희석될 수 있다. 하지만 배경 위에서의 이것 또는 형태의 출현은, 하나의 철저한 부정의 통합적인 배경 위에서의 나의 고유하고 구체적인 부정의 출현과 상관적이다. 그렇기 때문에 그 출현에는 내가 이 총체적인 부정인 동시에 아니기도 하다는 사실이 함축되어 있다. 또는 이렇게 말하면, 나는 "있지-않음"의 방식으로는 그 총체적인 부정이고, 그것으로 있다는 방식으로는 그 총체적인 부정이 아니다. 다만 이렇게 해서 현재적인 부정은 사실상 이 부정이 그것으로 있는 철저한 부정의 배경 위에 나타날 것이다. 그렇지 않다면, 사실 현재의 부정은 철저한 부정에서 완전히 단절되거나, 아니면 전격적인 부정 속에서 용해되어 버릴 것이다. 전체 위에서의 이것의 출현은, 대자가 자기 자신의 부정으로 있으면서 취하는 어떤 방식과 상관적이다. 하나의 이것이 거기에 있는 것은, 내가 아직 나의 미래의 부정으로 있지 않고, 내가 더 이상 나의 과거의 부정으로 있지 않기 때문이다. 이것의 드러내 보임에는 어떤 하나의 부정 위에 "강조점이 주어지고", 또 다른 부정들이 배경의 통합적인 소실 속으로 후퇴하는 것이 전제되어 있다. 다시 말해 대자는 철저한 부정성의 총체로 후퇴한 뒤에 자기를 구성하는 하나의 부정으로서만 존재할 수 있을 뿐이다. 대자는 세계, 공간성, 항상성, 물질, 요컨대 일반적인 즉자가 아니다. 대자의 이것들로-있지-않음(ne-les-être-pas)의 방식은, 부정성의 전적인 배경 위의 이 탁자, 이 컵, 이 방으로 있지 않아야 한다는 것이다. 따라서 이것에는 하나의 부정의 부정이 전제된다 ─ 하지만 이 부정은 자신이 부정하는 철저한 부정으로 있어야 하는 하나의 부정, 하나의 존재론적 끈에 의해 이 철저한 부정과 계속 연결되어 있는 부정, 또 다른 하나의 이것의 나타남에 의해 철저한 부정 속에 용해할 준비가 되어 있는 부정이다. 이런 의미에서 이것은 다른 모든 이것들의 "세계라는 배경으로의 후퇴"에 의해 이것으로 자기를 드러내 보인다. 이것이라는 규정 ─ 모든 규정의 근원이다 ─ 은 하나의 부정이다. 이 부정이 ─ 이것 쪽에서 보면 ─ 전적으로 관념적이라는 점을 이해하자. 이 부정은 존재에 아무것도 덧붙이지 않고 또 존재에서 아무것도 가져가지 않는다. 이것으로 포착된 존재는, 그것이 있는 그대로의 것이며, 그런 것으로 있기를 그치지 않는다. 이 존재는 생성되지 않는다. 그런 한에서 이 존재는 그 자신 밖에, 전체 속에, 전체의 구조로 존재할 수 없으며, 그 자신의 전체와의 동일성을 스스로 부정하기 위해 그 자신 밖에, 전체 속에 존재할 수도 없다. 부정은 존재 전체와 동시에 이것에 대한 현전으로 있어야 하는 하나의 존재에 의해, 다시 말해 하나의 탈자적인 존재[대자]에 의해서만 이것에 올 수 있을 뿐이다. 그리고 이 부정은 즉자적인 존재인 한에서 이것을 건드리지 않고 그냥 두기 때문에, 이 부정은 모든 이것을 현실적으로 종합적인 총체로 움직이게 하지 않기 때문에, 이것의 구성 요소인 부정은 하나의 외적 유형의 부정이고, 이것과 전체의 관계는 하나의 외면성의 관계이다. 우리는 이렇게 해서 규정이, 내가 그것으로 내적이고, 철저하며, 부정에 상관적인 외적 부정으로 나타남을 보게 된다. 이 사실이 바로 종합적인 총체로서, 또 이와 동시에 모든 이것의 단순하고 부가적인 집합체로서 자기를 드러내 보이는 세계가 지닌 애매한 성격을 설명해 준다. 사실 세계는 대자가 철저하게 자신의 고유한 무로 있어야 할 때의 배경으로서 자기를 드러내 보이는 총체인데, 그런 한에서 세계는 무차별의 총합으로 제공된다. 하지만 [대자가 수행하는] 이 철저한 무화작용은 항상 구체적이면서 현재적인 하나의 무화작용 저편에 있다. 그런 한에서 세계는 그 속에 이미 존재하고 있었던 하나 또는 여럿의 이것을, 배경의 무차별 속에서 그것들이 차별화된 형태로 지금 있는 대로 나타나게 하기 위해, 하나의 상자처럼 항상 열릴 준비가 되어 있는 것으로 보인다. 이렇듯 우리에게 커다란 덩어리로 주어졌던 하나의 풍경에 점차적으로 접근함으로써 우리는 이것들의 하나의 불연속적인 수집을 이루는 요소들의 자격으로 이미 거기에 존재하고 있었던 것들로 주어지는 대상들이 나타남을 보게 된다. 이렇게 해서 게슈탈트 이론의 경험에서는 연속적인 배경은, 그것이 형태로서 파악될 때, 다수의 불연속적인 요소들로 파열된다. 그렇게 해서 하나의 탈총체화된 총체의 상관자로서의 세계는, 그것이 결코 이것들의 현실적인 종합이 아니라, 이것들의 집합의 아무것도 아닌 것에 의한 관념적인 제한이라는 의미에서, 점점 소멸해 가는 총체로서 나타난다. 이렇듯 배경의 형태적인 성질로서의 연속적인 것은 이것과 총체 사이의 외적 관계의 유형으로서의 불연속적인 것으로 나타나게 한다. 사람들이 공간이라고 부르는 것은 정확하게 이런 총체에서 집합으로, 연속적인 것의 불연속적인 것으로의 끊임없는 소멸이다. 사실 공간은 하나의 존재일 수는 없을 것이다. 공간은 아무런 관계도 갖지 않는 존재들 사이에서 정립되는 하나의 움직이는 관계이다. 공간은, 즉자들의 총체적인 독립이 "모든" 즉자에 대한 현전으로 있는 하나의 존재에 대해, 이 즉자들의 상호 관계에서의 독립으로 자기를 드러내는 한에서, 이 즉자들의 총체적인 독립이다. 공간은, 관계가 세계에 오게 하는 존재에 대해 존재들이 아무런 관계도 갖지 않은 것으로서 자기를 드러낼 수 있는 유일한 방식이다. 다시 말해 순수한 외면성이다. 그리고 이 외면성은 고려된 이것들 중에서 이것이나 저것에 속할 수 없기 때문에, 게다가 이 외면성은 순전히 장소적 부정성인 한에서 자기 자신을 파괴하기 때문에, 이 외면성은 그 자체로서도 존재할 수도 없고 또 "존재될" 수도 없다. 공간화하는 존재는 전체와 이것에 대해 공현전적으로 있는 한에서 대자이다. 공간은 세계가 아니다. 오히려 공간은, 세계가 언제나 외적 다수성으로 분해될 수 있는 한에서, 총체로 파악되는 세계의 불안정성이다. 공간은 배경도 아니고 형태도 아니다. 오히려 공간은 배경이 언제든지 형태들로 분해될 수 있는 한에서 그 바탕의 관념성이다. 공간은 연속적인 것도 아니고 불연속적인 것도 아니다. 오히려 공간은 연속적인 것에서 불연속적인 것으로의 끊임없는 이행이다. 공간의 존재는 대자가 거기에 존재로 있게 하면서 존재에게 아무것도 부가하지 않는다는 증거이다. 공간은 종합의 관념성이다. 이 의미에서 공간은 세계로부터 자신의 근원을 끌어내는 한에서는 총체이고, 이와 동시에 이것들의 군집에 도달하는 한에서는 아무것도 아닌 것이다. 공간은 구체적인 직관에 의해 파악됨을 허용하지 않는다. 왜냐하면 공간은 존재하는 것이 아니고, 연속적으로 공간화되기 때문이다. 공간은 시간성에 의존하고, 시간성 속에서 나타난다. 이는 공간이 시간화를 자신의 존재 방식으로 삼는 하나의 존재에 의해서만 세계에 올 수 있을 뿐인 한에서이다. 왜냐하면 공간은 시간화를 자신의 존재 방식으로 삼는 존재가 [자신의] 존재를 실현하기 위해 탈자적으로 자신을 상실하는 방식이기 때문이다. 이것의 공간적인 특징은 이것에 종합적으로 덧붙여지는 것이 아니라, 단지 이것의 "장소"일 뿐이다. 다시 말해 이것이 배경과 맺는 외면적인 관계이다. 이는 배경 자체가 형태들의 다수성으로 분해될 때, 이 관계가 다른 이것들과 함께 외적 관계의 다수성으로 무너질 수 있는 한에서이다. 이 의미에서 공간을 [칸트처럼] 우리 감성의 선험적 구조에 의해 현상에 부과되는 하나의 형식[91]으로 삼는 것은 헛된 일이다. 공간은 하나의 형식일 수 없다. 왜냐하면 공간은 아무것도 아니기 때문이다. 반대로 공간은 부정이 아니고서는 ── 그리고 여전히 공간이 통일하는 것을 건드리지 않은 채 놓아두는 외적 관계 유형

91 공간에 대한 칸트적 견해이다.

으로서 ── 그 어느 것도 대자에 의해 즉자에게로 올 수 없음의 표식이다. 대자에 대해 살펴보면, 대자가 공간이 아니라면, 그것은 즉자가 대자에 대해 사람들이 연장된 것이라고 명명하는 외면성의 방식으로 자기를 드러내 보이는 한에서, 대자가 자신을 즉자존재가 아닌 것으로 정확하게 파악하기 때문이다. 대자가 공간을 공간화하는 것은 정확하게 대자가 자신을 탈자적으로 파악하면서 자기 자신에 대해 외면성을 부인하는 한에서이다. 왜냐하면 대자는 즉자와 더불어 하나의 병존 관계나 무차별적인 외면성의 관계에 있지 않기 때문이다. 대자가 즉자와 맺는 관계는 모든 관계의 근거로서의 내적 부정이다. 대자는 반대로 즉자존재가 하나의 세계 속에 존재하는 다른 존재들에 대한 무차별적인 외면성에 오게 한다. 무차별적인 외면성이 자기 속에서, 그리고 자기에 의해 존재하는 실체로 ── 이것은 인식의 저급한 단계에서만 일어날 수 있을 뿐이다 ── 고착될 때,[92] 이 무차별한 외면성은 기하학의 이름으로 이루어지는 특수한 하나의 탐구 유형의 대상을 구성하고, 또 다수성에 대한 추상적인 이론의 단순하게 특화된 하나의 영역이 된다.

외적 부정이 대자에 의해 세계에 오는 한에서, 이 외적 부정은 어떤 존재 유형을 가지는지를 결정하는 문제가 남아 있다. 우리는 외적 부정이 이것에 속하지 않는다는 것을 알고 있다. 예컨대 이 신문은 자신에 대해 자신이 그 위에 놓여 있는 책상이라는 사실을 부정하지 않는다. 그렇지 않다면, 이 신문은 자신이 부정하는 책상에서 자기 밖

─────────────────

92 원문은 'l'extériorité d'indifférence est hypostasiée comme substance existant en et par soi'이다. 여기에서 'hypostasiée'는 그 자체로 '실체화된다'라는 의미인데, 여기에 'comme substance', 즉 '실체로서'가 일종의 동어반복처럼 나열되어 있어, 'hypostasiée'를 '고착된다'로 옮겼다. 이 'hypostasier'는 레비나스의 존재론에서 무차별한 'il y a'에서 개별자가 실체화되는 것을 뜻하는 중심 개념으로 제시되어 있다.

에서 탈자적으로 존재할 것이고, 또 이 신문이 책상과 맺는 관계는 내적 부정이 될 것이다. 이 사실로 인해 이 신문은 즉자로 있기를 그치고 대자가 되고 말 것이다. 따라서 이것의 규정적인 관계는 이것에 속할 수도 없고 저것에 속할 수도 없다. 이 규정적인 관계는 이것과 저것을 둘러싸지만, 그것들을 건드리지 않으며, 그것들에게 조금도 새로운 성격을 부여하지 않는다. 이 규정적인 관계는 그것들을 그것들이 있는 그대로 놓아둔다. 이 의미에서 우리는 헤겔이 무한히 풍부한 의미를 띠고 있다고 말한 스피노자의 그 유명한 명제 "모든 규정은 부정이다(Omnis determinatio est negatio)."를 변경해야 한다.[93] 이렇게 해서 오히려 자기 자신의 고유한 규정으로 있어야 하는 존재에 속하지 않는 모든 규정은 관념적인 부정이라고 선언해야 한다. 게다가 이와 다르게 생각해 볼 수는 없다. 비록 우리가 경험 비판적 심리학의 방식으로 사물을 순전히 주관적인 내용으로 여긴다고 할지라도, 주관이 그 주관적인 내용 사이에서 내적·종합적인 부정을 실현하리라고 생각할 수는 없을 것이다. 이것은 주관이 객관성으로의 이행의 모든 희망을 앗아 가는 극단적인 탈자적 내재성 속에서 그 주관적인 내용으로 있지 않는 한에서 그렇다. 하물며 우리는 대자가 자신이 그것으로 있지 않은 초월적인 것들(les transcendants) 사이에서 변형된 종합적 부정들을 작동시킨다는 것은 상상할 수 없다. 이 의미에서, 만일 우리가 객관적이라는 말로 본성상 즉자에 속한 것으로 이해한다면, 또는 이런저런 방식으로 대상을 그것이 있는 대로 현실적으로 구성하는 것으로 이해한다면, 이것을 구성하는 외적 부정은 사물이 지닌 하나

---

93 사르트르가 모든 부정은 적어도 대자가 작동해야만 산출되며, '이것(ceci)' 또는 '저것(cela)'이라 지칭되는 즉자적인 개별 사물 자체 사이에서는 전혀 부정이 성립할 수 없다고 주장한다는 점을 염두에 두고서 앞뒤 맥락을 이해해야 한다.

의 객관적인 성격으로 나타날 수 없다. 하지만 우리는 그로부터 외적 부정이 대자의 단순한 존재 방식으로서 하나의 주관적 존재를 갖는다고 결론을 내려서는 안 된다. 대자의 존재 유형은 순수한 내적 부정이다. 대자 속에 하나의 외적 부정이 존재한다는 것은 대자의 존재 자체에 있어 파국적일 것이다. 따라서 외적 부정은, 현상들이 주관적인 환영들에 불과한 한에서, 그 현상들을 정리하고 분류하는 하나의 방식일 수는 없을 것이다. 또한 외적 부정은, 존재의 드러내 보임이 대자를 구성하는 한에서, 그 존재를 "주관화하는" 것일 수도 없을 것이다. 따라서 외적 부정의 외면성 자체는 외적 부정이 즉자에 대해서뿐 아니라 대자에 대해서도 외적인 것으로서 "공중에(en l'air)"에 머물러 있어야 할 것을 요구한다. 하지만 다른 한편으로, 이 외면성이 외면성이기 때문에, 이 외면성은 자기에 의해 존재할 수 없다. 그것은 모든 버팀목을 거부한다. 그것은 본성상 "비독립적"이다. 그렇지만 그것은 어떤 실체와도 관계를 맺을 수 없다. 이 외부성은 하나의 아무것도 아닌 것이다. 예컨대 우리가 잉크병을 잉크병으로 파악할 수 있는 것은, 잉크병이 책상이 — 파이프도, 꽃병 등도 — 아니기 때문이다. 그렇지만 만일 내가 잉크병은 책상이 아니라고 말할 때, 나는 아무것도 생각하지 않는다. 이렇듯 내적 구조라는 자격으로 규정은 사물에 속하지도 않고, 의식에 속하지도 않는 하나의 아무것도 아닌 것이다. 하지만 이 아무것도 아닌 것의 존재는 내적 부정의 하나의 체계를 통해 대자에 의해 부름을-받은(être-cité) 것이다. 그리고 이 내적 부정 속에서 즉자는 자기로 있지 않는 모든 것에 대한 무관심 상태에서 자기를 드러내 보인다. 대자가 내적 부정의 방식으로 자신이 그것으로 있지 않은 것을 즉자를 통해 자기에게 알리는 한에서 즉자의 무차별은, 대자가 그것으로 있어서는 안 되는 무차별인 한에서, 세계 속에서 규정으로서 드러나게 된다.

III. 성질과 양, 잠재성, 도구성

성질(qualité)[94]은, 이것이 세계 또는 다른 이것들과 맺는 모든 외적 관계의 밖에서 고려할 때의 이것의 존재 외에 아무것도 아니다. 사람들은 성질을 너무 자주 하나의 단순한 주관적인 규정이라고 생각했다. 그리고 그때 그 성질-존재(être-qualité)는 심리적인 것의 주관성과 혼동되었다. 이 경우 특히 여러 성질의 초월적 통일로 생각된 하나의 대상-극(un pôle-objet)의 구성을 어떻게 설명할 것인가의 문제가 제기되었다. 어떻게 설명할 것인가이다. 우리는 이 문제가 해결 불가능이라는 사실을 보았다. 하나의 성질이 주관적이라면, 객관화되지 않는다. 우리가 성질 저편에 하나의 대상-극의 통일을 투영한다고 가정하더라도, 이들 성질 하나하나는 기껏해야 우리에 대한 사물의 작용의 주관적인 결과로 직접적으로 주어질 것이다. 하지만 레몬의 노란색은 우리가 레몬을 파악할 때의 주관적인 하나의 방법이 아니다. 그 노란색은 레몬이다. 그리고 대상-x가 잡다한 성질 전체를 지탱하는 텅 빈 형식으로 나타난다는 것도 또한 사실이 아니다. 사실 레몬은 자신의 성질들을 통해 모두 퍼져 있고, 또 그 성질들 하나하나는 다른 성질들 하나하나를 통해 남김없이 퍼져 있다. 노란 것은 레몬의 신맛이고, 신 것은 레몬의 노란색이다. 사람들이 과자의 색깔을 먹는 것이고, 이 과자의 맛은 우리가 식품 직관(intution alimentaire)이

---

94 사르트르에 의하면, '성질'은 "그곳에 존재한다."라는 형식으로 파악되는, '이것(ceci)'의 존재 외의 다른 것이 아니다.

라 부르는 것에 대해 그 형태와 색깔을 드러내 보이는 장치이다. 반대로 만일 내가 나의 손가락을 하나의 잼 병에 넣는다면, 그때 이 잼의 끈적거리는 차가움은 내 손가락에 대한 그 단맛의 열어 보임이다. 한 수영장의 물의 유동성, 미지근함, 푸르스름한 색깔, 파동성 등은 서로를 통해 단번에 주어진다. 그리고 이것이라 불리는 것은 바로 이 전적인 상호 침투이다. 이것이 화가들, 특히 세잔이 경험을 통해 잘 보여 주고 있다. 후설의 생각처럼, 하나의 종합적인 필연성이 무조건 색과 형태를 무조건적으로 결합시킨다는 것은 사실이 아니다. 오히려 색과 빛이 형태이다. 만일 화가가 이들 요인에서 하나를 변경한다면, 다른 요인도 변경될 것이다. 이것은 이들 요인이 뭔지 모를 법칙에 의해 결합되기 때문이 아니라, 이들 요인이 근본적으로 동일하고 유일한 하나의 존재일 뿐이기 때문이다. 이 의미에서 존재의 모든 성질은 그대로 그 존재이다. 존재의 모든 성질은 그 존재의 절대적인 우연성의 현전이다. 존재의 모든 성질은 그 존재의 무차별적인 환원 불가능성이다. 따라서 성질의 파악은 그 존재가 이것으로 있다는 사실을 제외하고는 그 어떤 것도 그 존재에 덧붙이지 않는다. 이런 의미에서 성질은 존재의 하나의 외적인 양상이 아니다. 왜냐하면 "안"을 갖지 않은 존재는 "밖"을 가질 수 없을 것이기 때문이다. 다만 성질이 있기 위해서는 본성상 존재로 있지 않은 하나의 무를 위해 존재가 있어야 한다. 그렇지만 존재는, 비록 그것이 성질 이상도 이하도 아니라 해도, 그 자체로 성질은 아니다. 오히려 성질은 "거기에 있다(il y a)"가 지닌 한계 내에서 자기를 드러내 보이는 그 존재 전부이다. 성질은 결코 존재의 외부가 아니다. 성질은 전적으로 존재이다. 이것은 존재에 대해 존재가 있는 것이 아니라, 다만 자신을 존재로 있지 않게 하는 것에 대해서만 존재가 있을 수 있는 한에서 그렇다. 대자와 성질의 관계는 존재론적 관계이다. 성질에 대한 직관은 하나의 소여에 대한 수동적인 관조가 아니다. 그리고 정신은 그 관조 속에서 그것이 있는 그대로의 것으로 머무는 하나의 즉자, 다시 말해 관조된 이것에 대해 무차별한 방식으로 머무는 하나의 즉자가 아니다. 하지만 대자는 자신이 그것으로 있지 않은 것을 성질을 통해 자기에게 알려 준다. 빨강을 이 공책의 색깔로 지각하는 것은, 대자가 이 성질에 대한 내적 부정으로서 스스로 자신을 반영하는 것이다. 다시 말해 성질의 파악은, 후설이 원한 바와 같이 "충족(remplissement, Erfüllung)"이 아니라, 이 성질에 대한 한정된 텅 빔으로서의 하나의 텅 빔에 대한 알림이다. 이런 의미에서 성질은 끊임없이 손이 미치지 않는 곳에서 현전한다. 인식에 대한 설명은 너무 자주 음식을 섭취하는 식으로 이루어졌다. 인식론적 철학에는 아직도 전 논리적 사유가 너무 많이 남아 있다. 그리고 우리는 이런 시원적인 착각(우리는 나중에 이것을 해명해야 할 것이다.)을 떨쳐 버리지 못한다. 이 착각에 따르면, 인식한다는 것은 먹는 것이다. 다시 말해 인식된 대상을 집어삼키고, 그것으로 배를 채우고(충족), 그것을 소화("동화")하는 것이다. 우리는 다음과 같은 사실을 강조하면서 지각의 근원적인 현상을 한층 더 자세히 설명할 것이다. 즉 성질은 우리에 대해 자기를 주지도 않고 자기를 거부하지도 않은 채, 하나의 절대적인 근접 관계 ── 성질은 "그곳에 존재한다", 성질은 우리에게 붙어 다닌다 ── 속에 머물러 있다는 사실이 그것이다. 하지만 이 근접성에는 거리가 함축되어 있다는 사실을 덧붙여야 한다. 성질은 손이 닿는 범위에서 벗어나 직접적으로 존재한다. 그리고 성질은 정의상 우리를 우리 자신에게 하나의 텅 빈 것으로 가리킨다. 마치 손이 닿을 수 없는 곳의 음식을 보고 탄탈로스[95]의 허기가 더 심해지는 것처럼, 성질을 관조하는 것은 우리의 존재에 대한 갈증을 더욱더 증대시킬 뿐이다. 성질은 우리가 그것으로 있지 않은 것에 대한 지시이고, 또 우리에게 거부된 것의 존재 방식에 대한 지시이다. 흰색에 대한 지각은, 대자가 색깔로 존재하지 않는다는 것, 다시 말해 자기가 있는 그대로의 것으로 존재한다는 것이 원칙상 불가능하다는 것에 대한 의식이다. 이 의미에서, 존재는 그 성질들과 구별되지 않을 뿐만 아니라, 또한 성질에 대한 모든 파악은 하나의 이것의 파악이고, 성질은 그것이 어떤 것이든 하나의 존재로서 우리에게 자기를 드러내 보인다. 내가 눈을 감고서 갑자기 들이마신 향기는, 심지어 내가 그것을 향기를 풍기는 하나의 대상과 연관 짓기도 전에, 이미 하나의 향기-존재(un être-odeur)이지, 하나의 주관적인 인상이 아니다. 아침에 감겨 있던 나의 눈꺼풀을 통해 나의 눈을 자극하는 빛은 이미 하나의 빛-존재(un être-lumière)이다. 이것은 성질이 존재한다는 점을 우리가 조금만 반성해 보아도 분명히 드러날 것이다. 자신이 있는 그대로의 것으로 있는 존재인 한에서, 성질은 하나의 주관성에 분명히 나타날 수 있다. 하지만 성질은 자기가 있는 것으로 있지 않은 것으로 있고, 또 자기가 있는 것으로 있지 않은 주관성의 씨실 속에 끼어들 수는 없다. 성질이 하나의 성질-존재라고 말한다고 해서, 성질에 실체와 유사한 하나의 신비한 버팀목을 마련해 주는 것은 아니다. 이렇게 말하는 것은 그저 성질의 존재 방식이 "대자"의 존재 방식과 근본적으로 다르다는 점을 지적하기 위함이다. 사실, 하양 또는 신맛의 존재는 어떤 식으로든 탈자적인 것으로 파악될 수 없을 것이다. 만일 지금 누군가가 이것이 어떻게 "그" 성질들을 갖게 되느냐고 묻는다면, 우리는 사실 이것은 세

---

95 그리스 신화에서 탄탈로스(Tantalos)는 제우스와 요정 플루토 사이에서 태어났다. 신들을 시험한 죄로 지옥에 떨어져 지척에 있는 과일을 먹으려고 손을 내밀면 손에 닿을 수 없는 공중 위로 솟구쳐 영원히 배고픔에 시달리는 형벌에 시달린다.

계의 배경 위에서 총체로서 자기를 해방하고, 또 이것은 무차별적인 통일로 주어진다고 답할 것이다. 이것을 마주해서 여러 다른 관점에서 자기를 부인할 수 있고, 또 성질을 사물이라는 배경 위에서 하나의 새로운 이것으로 드러내는 것은 대자이다. 대자의 자유가 자발적으로 자신의 존재를 구성하는 각각의 부정적 행위에 "하나의 음영에 의한(par un profil)"[96] 존재의 전적인 드러남[97]이 상응한다. 이 음영은 대자 자신에 의해 실현되는 사물과 대자와의 관계 외의 아무것도 아니다. 그것은 부정성의 절대적인 규정이다. 왜냐하면 대자가 하나의 근원적인 부정에 의해 존재로 있지 않은 것으로 충분하지 않기 때문이고, 또 대자가 이 존재로 있지 않은 것으로도 충분하지 않기 때문이다. 대자의 규정이 존재의 무로서 충족되기 위해서는, 대자가 이 존재로 있지 않은 어떤 대체 불가능한 방식으로 여전히 자기를 실현해야 한다. 그리고 이 절대적인 규정은 이것의 음영으로서의 성질의 규정이며, 그것은 대자의 자유에 속한다. 이 절대적인 규정은 존재하지 않는다.[98] 이 절대적인 규정은 "존재해야 할" 것으로 있다. 이것은 사물

96 우리는 하나의 사물, 예컨대 하나의 '이것'인 컵을 바라볼 때 반드시 어느 한 방향, 즉 어느 한 관점을 통해서 바라볼 수밖에 없다. 이때 '이것'인 컵은 관점의 방향을 달리할 때마다 다른, 굳이 말하자면 일그러진 컵의 모양으로 나타날 수밖에 없다. 이때 일그러진 컵의 모양이 하나의 음영이다.

97 하나의 사물, 예컨대 컵을 어느 한 관점에서 바라볼 때, 컵의 '부분'이라 일컬을 수 있는 하나의 음영이 나타날 것이다. 여기에서 사르트르는 우리가 컵의 '부분적인' 한 음영을 보고서 컵 전체를 지각한다는 과감한 실재론적 입장을 내보인다. 후설은 그 부분적인 음영의 연속을 컵을 지각할 때의 인식적인 질료(Hyle)로 보고, 이 질료의 흐름에 지각하는 의식작용(Noesis)이 가해짐으로써 전체인 컵이 노에마(Noema)로 나타난다고 본다. 이런 후설의 지각 분석에 견주어 보면, 사르트르는 하나의 부분적인 음영으로서의 일그러진 컵의 모양에 컵 전체가 바로 직관적으로 반영되어 나타나 한꺼번에 지각된다고 여긴다.

98 일정한 한 방향의 관점에서 '이것'인 하나의 사물을 바라볼 때, 그 사물에 대해서는 존재한다고 해야 하지만, 그 사물의 음영을 존재한다고 말할 수는 없다. 사르트르가 무엇인가에 대해 존재한다거나 존재하지 않는다고 말할 때, 그 기준은 근본적으로 그 무엇인가가 즉자적인 사물이냐, 아니냐 여부를 염두에 두어야 한다.

이 가진 하나의 성질의 드러남이 항상 어느 정도로 [대자의] 하나의
자유를 통해 파악되는, 하나의 사실상의 무상성으로서 나타나는가
를 고려하면, 우리 모두가 이해할 수 있다. 나는 이 나무껍질이 초록
으로 있지 않도록 할 수 없다. 하지만 내가 이 나무껍질을 거친-초록
이나 초록-거침으로 파악하도록 하는 것은 나(moi)이다. 다만 여기
에서 형태-배경의 관계는 이것과 세계와의 관계와 확연히 다르다. 왜
냐하면 형태는 하나의 무차별한 배경 위에 나타나는 대신, 형태는 배
경에 의해 전적으로 침투되고, 자기 자신의 고유한 무차별적 밀도로
서 이 배경을 자기 속에 간직하고 있기 때문이다. 만일 내가 나무껍
질을 초록으로 파악한다면, 그 "빛남-거침"은 무차별적인 내적 배경
이자 초록의 존재 충만으로 자기를 드러내 보인다. 추상이 결합된 것
을 분리한다는 의미에서라면, 여기에는 어떤 추상도 없다. 왜냐하면
존재는 항상 자신의 음영 속에서 전체적으로 나타나기 때문이다. 하
지만 존재의 실재화(réalisation)는 추상을 조간짓는다. 왜냐하면 추
상은 "공중에 떠 있는" 하나의 성질을 파악하는 것이 아니고, 거기에
서는 내적 배경의 무차별화가 절대적인 균형을 향하는 하나의 성질-
이것(une qualité-ceci)[99]을 파악하기 때문이다. 추상적인 초록은 그
존재적인 밀도를 상실하지 않는다. 만일 상실한다면, 이 추상적인 초
록은 대자의 하나의 주관적인 양식에 불과할 것이다. 하지만 추상적
인 초록을 통해 주어지는 빛남, 형태, 거침 등은 완전히 단순한 덩어리
(massivité)의 무화하는 평형 속에서 용해된다. 그렇지만 추상은 존재
에 대한 현전이라는 하나의 현상이다. 왜냐하면 추상적인 존재는 그

---

99 '이것인 컵의 이 하얀색'을 지시해 말할 때, 그 하얀색이라는 성질을 따로 추상해 말하는 것이다.
이때 그 하얀색을 따로 '이것'이라 말할 수 있다. 이것은 일상에서 얼마든지 있을 수 있다. 사르트르는
이것을 염두에 두고서 '하나의 성질-이것'이라고 말하고 있다.

초월성을 간직하고 있기 때문이다. 하지만 추상은 존재 저편에서 존재에 대한 하나의 현전으로서만 실현할 수 있을 뿐이다. 추상은 뛰어넘기이다. 이 존재의 현전은 가능성의 수준에서만, 그리고 대자가 자기 자신의 고유한 가능성으로 있어야 하는 한에서만 실현될 수 있을 뿐이다. 추상적인 것(l'abstrait)은 다가올 하나의 대자의 현전에 대해 공현전적인 한에서, 성질이 그것으로 있어야 하는 의미로 자기를 드러내 보인다. 이렇듯 추상적인 초록은, 구체적인 이것이 "거칠고-빛나는-초록"이라는 그 음영에 의해 나에게 드러나는 한에서, 그 구체적인 이것의 와야-할-의미이다. 추상적인 초록은 음영의 고유한 가능성인데, 이것은 이 가능성이 내가 그것으로 있는 가능성들을 통해 드러나는 한에서, 다시 말해 그 가능성이 존재되는(est étée) 한에서이다. 하지만 이것은 세계의 도구성과 시간성을 가리킨다. 우리는 이에 대해 다시 다룰 것이다. 지금 당장으로서는 다음과 같이 말하는 것으로 충분할 것이다. 즉 추상적인 것은, 구체적인 것이 그것으로 있어야 하는 즉자 속에서 응고된 하나의 가능성으로서, 이 구체적인 것에 붙어 다닌다는 것이 그것이다. 존재와의 근원적인 접촉으로서 우리의 지각이 어떤 것이든, 추상적인 것은 항상 거기에 있지만, 오려고(à venir) 한다. 그리고 내가 추상적인 것을 파악하는 것은 장래에 있어, 나의 장래와 함께이다. 추상적인 것은 나의 현재적이고 구체적인 부정의 고유한 가능성과 상관적이지만, 이것은 이 부정으로만 있을 뿐인 가능성인 한에서이다. 추상적인 것은, 내가 그것으로 있어야 할 부정을 즉자로 응고시키는 나의 가능성을 통해 장래에 대해 자기를 드러내는 한에서, 이것의 의미이다. 만일 누군가가 추상에 대한 고전적인 아포리아를 우리에게 상기해 준다면, 우리는 그 아포리아가 이것의 구성과 추상화 작용이 별개의 것이라고 가정한다는 사실에 기인한다고 대답할 것이다. 만일 이것이 자기 자신의 고유한 추상적인 것들을 지니고 있지 않다면, 나중에 그 추상적인 것들을 이것에서 끌어낼 수 있는 어떤 가능성도 존재하지 않는다는 것은 확실하다. 하지만 추상작용이 나의 장래에 대한 음영의 드러남으로써 이루어지는 것은, 이것을 이것으로 구성하는 것 속에서이다. 대자는 "추상을 하는 자(abstracteur)"이다. 이것은 대자가 추상작용의 심리적 조작을 실현하기 때문이 아니라, 대자가 하나의 장래, 다시 말해 하나의 존재 저편과 함께 존재에 대한 현전으로 나타나기 때문이다. 즉자적으로 보면, 존재는 구체적인 것도 아니고 추상적인 것도 아니며, 현재적이지도, 미래적이지도 않다. 즉자적으로 보면 존재는 그것이 있는 그대로의 것이다. 그렇지만 추상은 존재를 풍요롭게 하지 않는다. 추상은 존재 저편에 있는 하나의 존재의 무의 드러내 보임일 뿐이다. 하지만 추상에 대한 고전적인 반론은, 존재를 하나의 이것으로 여기는 것에서 암암리에 그 반론들을 끌어내는 것이 아니라면, 우리로서 그 정식화는 도저히 불가능하다고 할 수밖에 없다.

이것들 사이의 근원적인 관계는 상호작용, 인과성, 심지어 세계라는 동일한 배경 위에서의 나타남일 수도 없을 것이다. 지반 위에서 발융하는 것일 수조차 없는 노릇이다. 만일 우리가 사실상 하나의 이것에 대해 현전하는 대자를 상정할지라도, 다른 이것들은 "세계 속에" 동시에 존재하지만, 그것은 무차별한 자격으로이다. 그러한 이것들은 배경을 구성하고, 그 위에 고려된 이것이 부각되어 올라와 있다. 하나의 이것과 하나의 다른 이것 사이에 어떤 하나의 관계가 정립되기 위해서는, 이 두 번째 이것은 대자가 그것으로 있어야 하는 하나의 분명한 부정을 계기로 세계를 배경으로 나타나면서 자기를 드러내 보여야 한다. 하지만 이와 동시에 각각의 이것이 순전히 외적인 유형의 하나의 부정에 의해 다른 이것으로 있지 않은 것으로서 다른 이것과 거리를 두고 있는 것이 당연하다. 이렇게 해서 이것과 저것의 근원적인 관계는 하나의 외적 부정이다. 저것은 이것이 아닌 것으로서 나타난다. 그리고 이 외적 부정은 대자에게 하나의 초월적인 것으로 자기를 드러내 보인다. 이 외적 부정은 바깥에 존재하며, 즉자적으로 존재한다. 우리는 이 외적 부정을 어떻게 이해해야 하는가?

이것-저것의 출현은 우선 총체로서만 산출될 수 있을 뿐이다. 여기에서 이 최초의 관계는 분해될 수 있는 하나의 총체의 통일이다. 대자는 세계의 배경 위에 "이것-저것"이 아니도록 자기를 덩어리로 규정한다. "이것-저것"은, 내가 거기에 현전하는 한에서, 나의 방(chambre) 전체이다. 이 구체적인 부정은 이 구체적인 한 덩어리가 이것과 저것으로 분해될 때도 사라지지 않을 것이다. 반대로 이 구체적인 부정은 이 분해의 조건 자체이다. 하지만 [대자의] 현전의 배경 위에서, 그리고 [대자의] 현전의 배경에 의해서, 존재는 자신의 무차별적인 외면성이 드러나게 한다. 이 무차별적인 외면성은, 내가 그것으로 있는 부정이 하나의 무차별적 총체라기보다는 오히려 하나의 다수성-단일성이라는 점에서 나에게 자기를 드러내 보인다. 존재에 대한 나의 부정적인 나타남은 독립적인 부정으로 분할되는데, 이 독립적인 부정은 내가 그것으로 있어야 할 것으로 있는 부정으로 있다는 것 외의 다른 연결을 가지고 있지 않다. 다시 말해 이 독립적인 부정들은 그것들의 내적 통일을 나에게서 끌어내지, 존재로부터 끌어내지 않는다. 나는 이 책상에, 이 의자들에 현전해 있다. 그리고 그런 상태로 나는 나를 총합적으로 다가적(多價的)인 부정으로 구성한다. 하지만 이 순수한 내적 부정은, 그것이 존재에 대한 부정인 한에서, 무의 여러 지대에 사로잡혀 있다. 이 부정은 부정의 자격으로 자기를 무화한다. 이 부정은 탈총체화된 부정이다. 부정이라고 하는 나의 고유한 무로서, 내가 그것으로 있어야 하는 여러 갈래의 무를 통해 존재의 무차별이 나타난다. 하지만 나는 이 무차별을 내가 그것으로 있어야 하는 이 부정의 무에 의해 실현해야 한다. 그런데 이 실현은 내가 근원적으로 이것에 현전하는 한에서가 아니라 저것에도 또한 현전하는 한에서 이루어진다. 내가 의자 ── 현재 나는 또한 이 의자로 있어서도 안 된다 ── 의 무차별을 하나의 도약대의 부재로, 하나의 있지-않음을 향한 나의 도약의 중지로, 하나의 회로의 단절로 실현하는 것은, 내가 이 책상에 대한 현전에 있어서, 그리고 이 책상에 대한 현전에 의해서이다. 저것은 이것의 곁에서, 하나의 총체적인 드러남 속에서, 내가 나 자신을 이것으로 있지 않도록 규정하기 위해 내가 전혀 이용할 수 없는 것으로 나타난다. 이렇듯 분열은 존재에서 기인한다. 하지만 분열과 분리가 있는 것은 오직 대자의 전체 존재에 대한 현전에 의해서일 뿐이다. 여러 부정의 통일에 대한 부정은, 부정이 존재의 무차별의 드러남인 한에서, 또 부정이 저것에 대한 이것의 무차별과 이것에 대한 저것의 무차별을 파악하는 한에서, 외적 부정으로서의 이것들 사이의 근원적인 관계의 드러남이다. 이것은 저것이 아니다. 하나의 분해할 수 있는[100] 총체의 통일 속에서 이 외적 부정은 '⋯⋯와[과](et)'라는 단어로 표현된다. "이것은 저것이 아니다"는 "이것과 저것"으로 표기된다. 외적 부정은 즉자존재와 순수한 이상성이라는 이중적 성격을 드러낸다. 외적 부정은, 그것이 대자에 결코 속하지 않는다는 점에서, 즉자이다. 대자가 존재의 무차별을 외면성으로 발견하는 것은 바로 대자 자신의 고유한 절대적인 내면성을 통해서이다(왜냐하면 미

---

100 원문은 'désagrégable'인데, 'désagrégeable'의 오기로 보인다.

적 직관에서 나는 하나의 상상적인 대상을 파악하기 때문이다). 게다가 존재가 그것으로 있어야 하는 하나의 부정은 전혀 문제가 되지 않는다. 이 부정은 고려된 이것들 중 그 어느 것에도 속하지 않는다. 이 부정은 그저 단순히 존재한다. 이 부정은 그것이 있는 그대로의 것이다. 하지만 이와 동시에 이 부정은 결코 이것이 갖는 하나의 특성이 아니다. 이 부정은 이것이 갖는 하나의 성질 같은 것이 결코 아니다. 이 부정은 이것들에서 완전히 독립해 있다. 왜냐하면 이 부정이 정확하게 이것들 중 그 어느 하나에도 속하지 않기 때문이다. 존재의 무차별은 아무것도 아니기 때문에, 우리는 이 존재의 무차별을 생각할 수도 없고 심지어 지각할 수도 없다. 이 존재의 무차별은 그저 단순히 저것의 소멸이나 변화가 이것들에 전혀 개입할 수 없음을 의미한다. 이 의미에서 이 존재의 무차별은 그저 이것들을 분리하는 하나의 즉자적인 무이다. 그리고 이 무는 의식이 존재를 특징짓는 동일성의 응집을 실현할 수 있는 유일한 방식이다. 이 관념적이고 즉자적인 무가 바로 양(quantité)이다. 사실상 양은 순수한 외면성이다. 양은 부가되는 항들에 결코 의존하지 않으며, 그 항들의 독립성의 긍정일 뿐이다. 헤아린다는 것(compter)은 이미 분해할 수 있는 것으로 주어져 있는 하나의 총체 내부에서의 관념적인 식별을 수행하는 것이다. 덧셈을 통해 얻어진 수는 헤아려진 이것들 중 그 어느 것에도 속하지 않고, 분해할 수 있는 총체가 총체로서 자기를 드러내 보이는 한에서 이 분해할 수 있는 총체에도 속하지 않는다. 내 앞에서 얘기를 하고 있는 이 세 사람을 내가 헤아리는 것은, 내가 먼저 그들을 "대화 중인 그룹"으로서 파악했기 때문이 아니다. 그리고 이들을 세 사람으로 헤아리는 것은 그들 그룹의 구체적인 통일을 전혀 건드리지 않고 내버려두는 것이다. "세 사람의 그룹"으로 있다는 것은 이 그룹의 구체적인 속성이 아니다. 그렇다고 해서 그것이 이 그룹의 구성원이 갖는 하나의 속성도 아니다. 그들 중 누구에게도 그가 세 사람이라고 말할 수는 없으며, 그가 세 번째라고조차 말할 수도 없다. 왜냐하면 세 번째라는 성질은 헤아리는 대자의 자유의 반영일 뿐이기 때문이다. 그들 중 누구라도 세 번째일 수도 있고, 그들 중 누구도 세 번째가 아닐 수도 있다. 따라서 양의 관계는 하나의 외면성의 관계, 즉자적이지만 순전히 부정적인 관계이다. 왜냐하면 이 외면성의 관계가 존재 위에서 무의 반영으로서 세계의 표면에서 고립되어 동떨어져 보이는 것은 정확하게 이 외면성의 관계가 사물에도 속하지 않고, 또 총체에도 속하지 않기 때문이다. 외부성의 관계는 이것들 사이의 단순한 외면성의 관계이므로, 그 자신이 이것들에 대해 외면적이고, 결국 자기 자신에 대해서도 외면적이다. 외면성의 관계는 존재의 파악할 수 없는 무차별이다. 이 존재의 파악할 수 없는 무차별은 존재가 있을 때만 나타날 수 있을 뿐이고, 존재에 속한다고 할지라도 하나의 대자에 의해서만 존재에 올 수 있을 뿐이다. 이것은 무차별이 존재에 대해서, 그리고 자기 자신에 대해서 외면적이어야 하는 외면성의 관계가 무한한 외면화에 의해 드러날 수 있는 한에서만 그러하다. 이렇게 해서 공간과 양은 부정의 하나의 유일하고 동일한 유형일 뿐이다. 이것과 저것이 내가 나 자신에 대해 나의 고유한 관계로 있는 나에 대해 아무런 관계도 갖지 않은 것으로 드러난다는 사실만으로도 공간과 양은 세계에 온다. 왜냐하면 공간과 양은 아무런 관계도 갖지 않은 사물들 사이의 관계, 또는 이렇게 말하면, 자신의 고유한 관계인 존재에 의해 관계로서 파악된 관계의 무이기 때문이다. 바로 이것을 통해 우리는 후설과 함께 범주들(전체와 부분의 단일성-다수성-관계 ― 더 많음과 더 적음 ― 주위에 ― 옆에 ― 뒤따라 ― 첫 번째, 두 번째 등 ― 1, 2, 3 등 ― 안과 밖에 ― 등)로 명명된 것이 사물들에 대한 관념적인 혼합에 불과함을 알 수 있다. 이 관념적인 혼합은 사물들을 전혀 건드리지 않고 그대로 두고, 그것을 풍부하게 하거나 조금도 빈곤하게 하지 않는다. 그리고 우리는 이런 범주들이 단지 대자의 자유가 존재의 무차별을 실현할 수 있는 무한히 다양한 방식을 가리킬 뿐이라는 것을 알 수 있다.

우리는 마치 대자가 데카르트의 코기토에 드러날 수 있는 것과 같은 하나의 단순한 의식처럼, 대자와 존재와의 원초적인 관계의 문제를 다루었다. 사실을 말하면, 우리는 이미, 대자가 이것들과 추상적인 것들의 출현의 필요조건인 한에서, 이 대자의 자기로부터의 벗어남을 만나 보았다. 하지만 대자의 탈자적인 성격은 여전히 암시적인 데에 불과했다. 비록 우리가 설명의 명료함을 위해 그 과정을 밟아야 했다고 할지라도, 그로부터 존재는 먼저 현전이고, 미래에 가서 사후에 자신을 구성할 하나의 존재[대자]에게 자기를 드러내 보인다고 결론지어서는 안 될 것이다. 하지만 즉자존재가 자기를 드러내 보이는 것은 다가올 것으로서 자기 자신에게 나타나는 하나의 존재[대자]에 대해서이다. 이것은 대자가 존재에 현전해서 자기를 그것으로 있게 하는 부정이 장래라고 하는 하나의 탈자적 차원을 가짐을 의미한다. 나는 이것을 드러내 보이는 실현으로서 즉자존재로 있지 않아야 하는 것은, 내가 나의 있는 그대로의 것으로 있지 않은(나 자신의 고유한 가능성들에 대한 탈자적인 관계) 한에서이다. 이것은 내가 하나의 탈총체적인 총체의 미완성 속에서 이것에 대한 현전으로 있음을 의미한다. 여기에서 이것의 드러내 보임에 있어 어떤 결과가 도출될 것인가?

내가, 언제나 내가 있는 그대로의 것의 저편에서, 나 자신에게 와야 할 것으로 있는 한에서, 내가 그 앞에 현전하는 이것은, 내가 나 자신을 향해 뛰어넘는 무엇인가로서 나에게 나타난다. 지각된 것은 근원적으로 뛰어넘어진 것이다. 지각된 것은 자기성의 회로를 이끄는 하나의 도체로 존재하며, 또 지각된 것은 이 회로의 한계 속에서 나타난다. 내가 나를 이것에 대한 부정으로 존재하게끔 하는 한, 나는 하나의 보완적인 부정(négation complémentaire)을 향해 이 부정을 피한다. 이 보완적인 부정과 최초의 부정의 융합은 내가 그것으로 있는 즉자를 나타나게 해야 할 것이다.[101] 그리고 이 가능적인 부정(négation possible)은 최초의 부정과 존재 관계로 연결되어 있다. 이 가능적인 부정은 아무런 부정이 아니다. 이 가능적인 부정은 정확하게 사물에 대한 나의 현전의 보완적인 부정이다. 하지만 대자는 현전인 한에서 자기(에 대한) 비정립적 의식으로 자기를 구성하기 때문에, 대자는 자기 밖에서 존재를 통해, 자신이 그것으로 있지 않은 것을 자기에게 알린다. 대자는 "반영-반영하는 것"의 방식으로 밖에서 자기 존재를 회복한다. 따라서 대자가 자신의 고유한 가능성으로서 그것으로 있는 이 보충적인 부정은 부정-현전(négation-présence)이다. 다시 말해 대자는 자기(에 대한) 비정립적 의식으로서, 또 존재-저편의-존재에 대한 정립적 의식으로서 보충적 부정으로 있어야 한다. 그리고 존재-저편의-존재는 어떤 외면적인 관계에 의해서가 아니라, 대자와 그 장래의 관계와 더불어 상관관계에 있는 보완성이라는 하나의 정확한

---

101 여기에서 세 가지 부정을 언급하고 있다. 내가 지각되는 '이것'이 아니라는 것이 '최초의 부정'이다. 이 부정은 대자로서의 나, 즉 지각되는 '이것'을 의식하는 나를 향한 것이다. 그리고 내가 지각되는 '이것'이 아니라고 할 때, 나는 신체를 지닌 하나의 사물로서의 '이것'이 아니다. 이 부정은 '이것'과 같은 존재 차원에서, 마치 '이것(이 책상)'이 '저것(저 선풍기)'이 아닌 것과 같은 방식으로 지각되는 '이것'이 아닌 데서 이루어진다. 사르트르는 이것을 '보완적인 부정'이라고 명명한다. 이 두 부정은 나 자신에게서 구분될 수도 있고 융합될 수도 있다. 융합되면 내가 지각된 '이것'과 마찬가지로 즉자로 드러난다. 이 두 번째 '보완적인 부정'에 이어 '가능적인 부정'이라 일컫는 것은 '최초의 부정', 즉 대자로서의 내가 지각된 '이것'이 아니라는 부정에서 벗어날 수 있기 때문이다.

결합에 의해, 현전적인 이것과 연결되어 있다. 그리고 무엇보다도 이것은 하나의 존재에 대한 부정 속에서 드러나 보이는데, 이 하나의 존재가 자기를 이것으로 있지 않게 하는 것은 단순한 현전의 자격으로가 아니라, 오히려 부정 자신에게 와야 할 것으로 있는 부정, 그것의 현재의 저편에서 그 자신의 고유한 가능성으로 있는 부정으로이다. 그리고 손이 미치지 않는 곳에 있는 자기의 의미로 또 즉자적으로 존재하기 위해 자기에게 결여되어 있는 것으로의 단순한 현전에 붙어 다니는 이 가능성은, 우선 구속의 자격으로 현재적인 부정의 투영으로 존재한다. 사실 자신의 저편에, 미래에, 자기에게 오는 가능성으로서, 자기가 그것을 향하여 피하는 가능성으로서, 하나의 구속의 뜻을 전혀 가지지 않는 모든 부정은, 부정의 모든 의미를 상실하게 될 것이다. 대자가 무엇인가를 부정할 때, 대자는 "장래의 차원과 함께" 그것을 부정한다. 이 사정은 이것이 저것이 아니고, 이 의자가 하나의 책상이 아니라는 외적 부정이 문제가 되든, 아니면 [대자인] 자기 자신과 관련되는 내적 부정이 문제가 되든 간에 마찬가지이다. 이것은 저것이 아니라고 말하는 것은, 지금과 장래에 있어서든, 또는 엄격한 "지금"에 있어서든, 저것에 대한 이것의 외면성을 정립하는 것이다. 하지만 이때 부정은 "이것과 저것"이라는 현재적 규정에 대해 장래를 단순한 외면성으로 구성하는 하나의 잠정적인 성격을 갖는다. 이 두 경우에 의미는 미래에서 출발해 부정에게로 온다. 모든 부정은 탈자적이다. 대자가 장래에 있어 자기를 부정하는 한, 대자가 자기를 그것의 부정이 되게 하는 이것은 장래로부터 이것 자신에게로 오는 것으로서 자기를 드러내 보인다. 의식이 비정립적으로 이것으로 있지 않을 수 있음(에 대한) 의식으로 존재할 가능성은, 자기가 있는 그대로의 것으로 있을 수 있다는 이것의 잠재성(potentialité)으로서 자기를 드러내 보인다. 구속의 상관자로서의 부정의 존재론적 구조인 대상의 첫 번째 잠재성은 바로 장래의 배경에서 대상에게 끊임없이 오는 항상성(permanence)이다. 이 책상이 책상으로 드러나는 데는 이 책상의 항상성이 요구되는데, 이 항상성은 미래로부터 이 책상에게 온다. 이 항상성은 순수하게 확립된 하나의 소여가 결코 아니라 하나의 잠재성이다. 게다가 이 항상성은 시간적인 무한 속에 놓인 미래로부터 이 책상에 오는 것이 아니다. 무한한 시간은 아직 존재하지 않는다. 이 책상은 무한히 책상으로 있을 수 있는 가능성을 가진 것으로서 자기를 드러내 보이지 않는다. 여기에서 문제가 되는 시간은 유한한 것도 아니고 무한한 것도 아니다. 잠재성은 그저 미래의 차원을 나타나게 한다.

하지만 부정의 와야 할 의미는 즉자적인 부정이 되기 위해 대자의 부정에 결여되어 있는 부분으로 있다는 것이다. 이 의미에서 부정은 미래에서 현재적인 부정을 명확하게 한다. 내가 있지 않아야 하는 것의 정확한 의미가, 내가 있어야 하는 정확한 부정의 상관자로서 자기를 드러내 보이는 것은 미래에서이다. 이것에서 초록은 "밝음-거침"이라는 하나의 총체에 의해 형성되어 있지만, 이것의 다양한 부정은, 그것이 초록에 대한 부정, 다시 말해 무차별적 균형을 향한 배경을 가진 하나의 초록-존재의 부정으로 있어야 하는 한에서만, 그 의미를 가질 뿐이다. 한마디로 나의 다양한 부정의 부재하는-의미는 무차별적 배경 위에서 좀 더 순수하게 초록인 하나의 초록의 압축된 부정이다. 이렇듯 순수한 초록은 장래의 배경으로부터 "밝음-거침-초록"에로 그것의 의미로서 온다. 우리는 여기에서 우리가 추상이라 불렀던 것의 의미를 파악한다. 존재자는 자신의 본질을 하나의 현재적인 성질로 소유하고 있지 않다. 심지어 존재자는 본질에 대한 부정이기도

하다. 초록은 결코 초록이 아니다. 하지만 본질은 장래의 배경으로부터 존재자에게, 결코 주어져 있지 않지만 이 존재자에 항상 붙어 다니는 하나의 의미로 온다. 본질은 나의 부정이 갖는 순수한 관념성의 단순한 상관자이다. 이 의미에서, 만일 우리가 추상작용을 통해 하나의 구성된 정신에 의해 이루어진 심리학적이고 긍정적인 하나의 선택 행위로 이해한다면, 이 추상작용은 결코 존재하지 않는다. 우리는 사물들에서 출발해 어떤 성질들을 추상하기는커녕, 반대로 대자의 근원적인 존재 방식으로서의 추상은 일반적으로 사물들과 하나의 세계가 존재하는 데 필수적임을 알아야 한다. 추상적인 것은 구체적인 것의 나타남에 필수적인 세계의 하나의 구조이다. 그리고 구체적인 것은, 자신의 추상을 향하는 한에서만, 그리고 추상적인 것에 의해 자신이 있는 그대로의 것을 자기에게 알리는 한에서만 구체적일 뿐이다. 대자는 자신의 존재 속에서 추상하면서-드러내 보이면서 존재한다. 이런 관점에서 우리는 항상성과 추상적인 것은 하나일 뿐이라는 사실을 알 수 있다. 책상이 책상인 한에서 항상성의 잠재성을 갖는다면, 그것은 책상이 책상이어야 하는 한에서이다. 항상성은 하나의 이것에 있어 이 이것이 자신의 본질과 합치할 수 있다는 단순한 가능성이다.

우리는 이 책 제2부에서 내가 그것으로 있는 가능과 내가 도피하는 현재는 서로 결여되어 있는 것[결여분]과 결여분을 결여하고 있는 자[결여자]의 관계 속에 있음을 보았다. 결여되어 있는 것[결여분]과 결여분을 결여하고 있는 자[결여자]의 이상적인 융합은 실현될 수 없는 총체로 대자에 붙어 다니고, 대자를 그 존재 자체 속에서 존재의 무로 구성한다. 이미 말한 것처럼 그것이 바로 즉자-대자 또는 가치이다. 하지만 이 가치는 비반성적 차원에서 대자에 의해 조정적으로 파악되지 않는다. 이 가치는 그저 존재의 조건이다. 만일 우리의 추론이 정확하다면, 이 실현될 수 없는 융합에 대한 끊임없는 지시는 비반성적 의식의 구조로서가 아니라 대상의 하나의 이상적인 구조의 초월적인 지시로 나타나야 한다. 이 구조는 쉽게 드러날 수 있다. 다양한 부정이 그것의 의미인 추상적인 부정과 융합하는 것에 대한 지시와 상관적으로, 초월적이면서 이상적인 하나의 지시가 드러나 보여야 한다. 즉 존재하는 이것과 와야 할 이것의 본질의 융합에 대한 지시가 드러나 보여야 한다. 그리고 이 융합은, 추상적인 것이 구체적인 것의 근거인 동시에 구체적인 것은 추상적인 것의 근거가 되는 것과 같아야 한다. 달리 말하면 "뼈와 살로 된" 구체적인 존재자는 본질이어야 하고, 본질은 스스로 자기를 총체적인 구체로서, 다시 말해 구체적인 것의 충만한 풍부함을 갖춘 것으로 자기를 만들어 내야 한다. 하지만 우리는 본질에서 전적인 순수성에서의 그 자신 외의 다른 것을 발견해서는 안 된다. 또는 이렇게 말하면 형식은 스스로 — 그리고 전적으로 — 그 자신의 고유한 질료이어야 한다. 그리고 거꾸로 질료는 절대적인 형식으로서 자기를 만들어 내야 한다. 이 불가능하면서도 끊임없이 지시된 본질과 실존의 이 융합은 현재에도 속하지 않고 장래에도 속하지 않는다. 오히려 이 융합은 과거와 현재와 장래의 융합을 지시하고, 또 실행해야 할 시간적인 총체의 종합으로서 제시된다. 이 융합은 초월인 한에서 가치이다. 그것이 바로 우리가 미(美, beauté)라고 일컫는 것이다. 따라서 미는 대자의 이상적인 실현의 상관자인 세계의 하나의 이상적인 상태를 재현한다. 이 상태에서 사물들의 본질과 실존은 하나의 존재에 대한 동일성으로 자기를 드러내 보이게 될 것이다. 그런데 이 존재는 드러내 보임 자체에서 자기 자신과 함께 즉자의 절대적 통일 속에서 용해될 것이다. 이것은 정확하게 미적인 것

(le beau)이 그저 실행되어야 할 하나의 초월적 종합일 뿐만 아니라, 또한 우리 자신이 총체화 속에서, 그리고 이 총체화에 의해서 실현될 수 있을 뿐이기 때문이다. 정확하게 이 이유로 우리는 미적인 것을 원하고, 또 우리 자신이 우리를 하나의 결여로 파악하는 한에서, 우리는 우주를 미적인 것의 결여분(manquant)으로 파악한다. 하지만 즉자-대자가 대자의 고유한 하나의 가능성이 아닌 것과 마찬가지로, 미적인 것은 사물들이 지닌 하나의 잠재성이 아니다. 미적인 것은 실현될 수 없는 것으로 세계에 붙어 다닌다. 그리고 인간이 세계에서 미적인 것을 실현하는 한에서, 그는 이것을 상상적인 방식으로 실현한다. 이것은 미학적 직관 속에서 나는 즉자적이고 즉자와 대자의 총체로서 나 자신의 상상적인 실현을 통해 하나의 상상적 대상을 파악함을 의미한다. 보통 가치로서의 미적인 것은 세계의-범위-밖의-가치로서 주제적으로 해명되지 않는다. 미적인 것은 사물들 위에서 하나의 부재로 암묵적으로 파악된다. 미적인 것은 세계의 불완전성을 통해 암묵적으로 자기를 드러내 보인다.

이 근원적인 잠재성들이 이것을 특징짓는 유일한 잠재성들인 것은 아니다. 사실 대자가 자신의 현재 저편에서 자기의 존재로 있어야 하는 한에서, 이 대자는 존재의 배경으로부터 이것에 오는 성질이 부여된 존재 저편의 드러내 보임이다. 대자가 초승달 저편에 미래의 보름달인 하나의 존재의-저편에-있는-존재 옆에 있는 한에서, 보름달은 초승달의 잠재성이 된다. 대자가 싹의 저편에 꽃 가까이에 존재하는 한에서, 꽃은 싹의 잠재성이다. 새로운 잠재성들의 드러내 보임에는 과거에 대한 하나의 근원적인 관계가 함축되어 있다. 초승달과 [보름]달의 연결과 싹과 꽃의 연결이 점차 발견되는 것은 과거 속에서이다. 그리고 대자의 과거는 대자에게 있어 지식으로 존재한다. 하지만 이 지식은 하나의 타성적인 소여로 머물지 않는다. 물론 이 지식은 대자의 배후에 존재하고, 그것으로서 인식 불가능하고 또 손이 미치지 않는 곳에 있다. 하지만 대자의 존재가 갖는 탈자적 통일에서는 이 과거에서 출발해서 대자는 장래에 있어 자신이 있는 그대로의 것을 자기에게 알린다. 달과 관련된 나의 지식은 주제적 인식인 한에서 나에게서 벗어난다. 하지만 나는 그 지식이다. 그리고 나의 존재 방식은 — 적어도 어떤 경우에는 — 내가 그것으로 아직 있지 않는 형태 하에서, 내가 더 이상 그것으로 있지 않은 것을 나에게 오게끔 한다. 나는 이중적으로 이것 — 내가 그것으로 있었던 — 에 대한 부정이다. 즉 더 이상 있지 않은 방식으로와 아직 있지 않은 방식으로가 그것이다. 나는 꽉 찬 원반인 [보름]달을 극단적으로 부정할 가능성으로서 초승달 저편에 존재한다. 그리고 내가 나의 미래적인 부정에서 나의 현재에로의 복귀와 관련해서, 보름달은 초승달로 되돌아와 이 초승달을 부정으로 이것 안에 규정한다. 보름달은 이 초승달에 결여되어 있는 것이고, 또 이 결여가 초승달을 초승달로 존재하게끔 한다. 이렇듯 하나의 동일한 존재론적 부정의 통일에서, 나는 미래의 차원을 — 항상성과 본질의 형식 아래 — 초승달인 한에서의 초승달에 부여한다. 그리고 나는 초승달에 결여되어 있는 것[보름달]에서 초승달로의 규정적인 복귀에 의해 초승달을 초승달로 구성한다. 이렇게 해서 항상성에서 여러 잠재태에 이르는 잠재성의 층위가 구성된다. 인간실재는 자기 자신의 고유한 부정의 가능성을 향해 자신을 넘어섬으로써, 자기를 그 뛰어넘기에 의한 부정이 세계에 오도록 하는 존재로 만든다. 결여가 "잠재태", "미완성", "유예", "잠재성" 등의 형식으로 사물에 오는 것은 인간실재에 의해서이다.

그럼에도 결여의 초월적 존재는 내재성 속에서 탈자적인 결여의 본성을 가질 수는 없을 것이다. 이를 좀 더 자세히 살펴보자. 즉자는 아직-아님(pas-encore)의 방식으로 자신의 고유한 잠재성으로 있어야 하는 것은 아니다. 즉자의 드러내 보임은 근원적으로 무차별적 동일성의 드러내 보임이다. 즉자는 자신의 존재의 어떤 탈자적인 분산도 없이 그것이 있는 그대로 있다. 따라서 내가 나의 장래로 있어야 하는 것처럼, 즉자는 자기의 항상성이나 자기의 본질 또는 자기에게 결여되어 있는 결여분으로 있어야 하는 것이 결코 아니다. 세계에서의 나의 나타남은 상관적으로 잠재성들을 나타나게 한다. 하지만 이 잠재성들은 그 나타남 자체 속에 응고된다. 이 잠재성들은 외면성에 의해 잠식된다. 우리는 여기에서 초월적인 것이 갖는 이중적인 측면을 다시 발견하는데, 이 이중적인 모습은 그 애매성 자체에서 공간을 만들어 냈다. 외면성이라는 관계 속으로 흩어지는 하나의 총체가 그것이다. 잠재성은 장래의 배경으로부터 이것으로 되돌아와 이것을 규정한다. 하지만 이것이 즉자로서 자신의 잠재성과 맺는 관계는 하나의 외면성의 관계이다. 초승달은 보름달과 관련해 결여자[102] 또는 ……을 결여한 자(privé de)로 규정된다. 하지만 이와 동시에 이 초승달은 충만하게 그것이 있는 그대로의 것으로 자기를 드러내 보인다. 하늘에 있는 이 구체적인 기호는 그것이 있는 그대로의 것으로 존재하기 위해 아무것도 필요로 하지 않는다. 이것은 싹에 대해서도 마찬가지이고, 이 성냥개비에 대해서도 마찬가지이다. 이 성냥개비는 그것이 있는 그대로의 것으로 있으며, 그것이 가지는 성냥개비로 있다는 것(d'être-allumette)의 의미는 성냥개비에 대해 외면적으로 머문다. 물론 이 성냥개비는 불이 붙을 수 있다. 하지만 현재 성냥개비는 검은 머

---

102 원문에는 'manquant'으로 되어 있으나, '결여분'이 아니라 '결여자'이어야 할 것으로 보인다.

리에 하얀 나뭇조각으로 되어 있다. 이것의 잠재성들은, 그것들이 아무리 이것과 밀접하게 연결되어 있다고 할지라도, 즉자로서 나타나며, 또 이것에 대해 무차별 상태에 있다. 이 잉크병은 벽난로의 대리석에 던져질 수 있으며 깨질 수 있다. 하지만 이 잠재성은 잉크병과 전적으로 단절되어 있다. 왜냐하면 이 잠재성은 그것을 벽난로의 대리석을 향해 던지는 나의 가능성의 초월적 상관자일 뿐이기 때문이다. 잉크병은 그 자체로는 깨질 수 있는 것도 아니고 깨지지 않을 수 있는 것도 아니다. 잉크병은 [그냥] 존재한다. 이 사실은 내가 하나의 이것을 모든 잠재성 밖에서 고려할 수 있음을 의미하지 않는다. 내가 나자신의 고유한 미래로 있다는 단 하나의 사실로 인해, 이것은 잠재성들을 갖춘 것으로 자기를 드러내 보인다. 성냥개비를 검은 머리에 하얀 나뭇조각으로 되어 있다고 파악하는 것은, 이 성냥개비에서 모든 잠재성을 박탈하는 것이 아니고, 그저 새로운 잠재성(하나의 새로운 항상성 — 하나의 새로운 본질)을 성냥개비에 부여하는 것이다. 이것이 잠재성들을 완전히 빼앗기기 위해서는, 내가 하나의 단순한 현재로 있어야 할 것이다. 하지만 그것은 생각할 수 없다. 다만 이것은 다양한 잠재성을 가지고 있는데, 이 다양한 잠재성은 등가적이다. 즉 이것에 대해 등가 상태에 있다. 그 이유는 사실 이것이 그 잠재성들로 있어야 하는 것은 결코 아니기 때문이다. 이외에도 나의 가능들은 결코 존재하지 않고 자기를 가능화한다. 왜냐하면 나의 가능들은 나의 자유에 의해 내부적으로 잠식되기 때문이다. 다시 말해 나의 가능이 어떤 것이든 간에, 그 반대가 똑같이 가능하기 때문이다. 나는 이 잉크병을 깨뜨릴 수도 있지만, 또한 서랍 속에 넣어 보관할 수도 있다. 나는 초승달 저편에서 보름달을 겨냥할 수도 있지만, 또한 있는 그대로의 초승달의 항상성을 요구할 수도 있다. 결국 잉크병은 서랍 속에 있거나 깨진다는 등가적인 가능들을 구비하고 있다. 초승달은 하늘에서 하나의 열린 곡선 또는 아직 완성 중에 있는 하나의 원반일 수도 있다. 이것에 의해 존재되는 것도 아니고, 이것으로 있어야 하는 것도 아니면서 이것으로 되돌아오는 이 잠재성들을 우리는 개연성들〈probabilités〉이라고 명명한다. 이는 이 잠재성들이 즉자의 존재 방식으로 존재한다는 것을 지적하기 위함이다. 나의 가능들은 결코 존재하는 것이 아니라 자기를 가능화한다. 하지만 개연적인 것들은 결코 "개연화되지" 않는다. 개연적인 것들은 개연적인 것들인 한에서 즉자적으로 존재한다. 이런 의미에서 잉크병은 존재하지만, 이 잉크병의 잉크병으로-있음〈être-encrier〉은 개연적인 것이다. 왜냐하면 잉크병의 "잉크병-으로-있어야-하는-것"은 즉시 외면적 관계로 용해되는 하나의 단순한 외현이기 때문이다. 존재 저편에 존재의 의미로 있는 이 잠재성들 또는 개연성들은, 정확하게 그것들이 존재 저편에서 즉자적으로 존재하기 때문에, 아무것도 아닌 것들이다. 잉크병의 본질은 대자의 가능한 부정의 상관자로 존재하지만, 잉크병의 본질은 잉크병이 아니고, 또 존재가 아니다. 잉크병의 본질은 즉자적으로 존재하는 한에서, 그것은 실체화되고 사물화된 부정이다. 다시 말해 잉크병의 본질은 정확하게 하나의 아무것도 아니다. 잉크병의 본질은 세계를 에워싸고 또 세계를 규정하는 무의 외피에 속한다. 대자는 잉크병을 잉크병으로 열어 보인다. 하지만 이 열어 보임은 잉크병의 존재 저편에, 존재하지 않는 이 미래 속에서 이루어진다. 항상성에서 성질이 부여된 잠재성에 이르기까지 존재의 모든 잠재성은, 존재가 아직 그것으로 있지 않은 것으로서 정의되지만, 존재가 진정으로 그것들로 있어야 하는 것은 결코 아니다. 여기에서도 여전히 인식은 존재에 아무것도 덧붙이지도 않고, 아무것도 떼 내지도 않는다. 인식은 존재를 그 어떤 새로운 성질로도 장식하지 않는다. 인식은 존재를 하나의 무를 향해 뛰어넘음으로써 거기에 존재가 있게끔 한다. 하지만 이 무는 존재와 부정적인 외면적 관계만을 간직할 뿐이다. 잠재성이 갖는 단순한 무라는 성격은 과학의 변천을 통해 충분히 드러난다. 과학은 단순한 외면적 관계들의 확립을 겨냥하면서 잠재적인 것, 다시 말해 본질과 잠재태를 철저하게 제거한다. 하지만 다른 한편으로 지각의 의미 구조로서의 잠재태의 필요성은 충분히 명백하므로, 거기에 대해 굳이 강조하지 않아도 된다. 사실 과학적 인식은 지각의 잠재화하는 구조를 극복할 수도 없고 제거할 수도 없다. 반대로 과학적 인식에는 그것이 전제되어 있다.

우리는 대자존재에 대한 현전이 어떻게 이 존재를 사물로 드러내 보이는가를 보여 주려고 시도했다. 그리고 설명을 명료하게 하기 위해 우리는 사물의 여러 다른 구조, 예컨대 이것, 공간성, 항상성, 본질, 잠재성 등을 차례로 보여 주어야 했다. 그렇지만 계속 이어지는 설명이 이런 계기들 중 어떤 것이 다른 것에 대한 현실적인 우위를 갖는다는 것을 의미하지 않음은 자명하다. 대자의 나타남은 사물을 그 구조들의 총체와 함께 자기를 드러내 보이게 한다. 게다가 그 구조들 중 어느 것 하나에도 다른 모든 구조가 함축되어 있다. 이것이 본질에 대해 논리적인 우선성을 가지고 있는 것도 아니다. 반대로 이것에는 본질이 전제되어 있고, 또 거꾸로 본질은 이것의 본질이다. 이와 유사하게 성질-존재(être-qualité)로서의 이것은 세계를 배경으로 해서만 나타날 수 있을 뿐이다. 하지만 세계는 이것들의 집합이다. 그리고 세계의 이것들에 대한 분해적인 관계와 이것들의 세계와의 분해적인 관계가 공간성이다. 따라서 여기에는 현상의 여러 출현 방식의 배후에서 대기하고 있는 어떤 실체적인 형식도, 어떤 통일 원리도 없다. 모든 것은 그 어떤 우위도 없이 단번에 주어진다. 같은 이유로 표상적인 것(le représentatif)이 모종의 우위를 갖는다고 생각하는 것은 잘못일 것이다. 사실 우리의 묘사는 우리를 세계 속의 사물을 부각하는 쪽으로 이끌었다. 그리고 이로 인해 우리는 세계와 사물이 일종의 관조적인 직관 속에서 대자에게 자기를 드러내 보인다고 믿고자 할 수도 있다. 또 대상들이 도구성에 따른 하나의 실천적인 질서 속에서 서로 관계를 맺으면서 정돈되는 것은 단지 이런 관조적인 직관 이후의 일일 것이라고 생각하기 쉽다. 만일 사람들이 세계는 자기성의 회로 내부에서 나타난다는 사실을 잘 생각해 보고자 한다면, 이런 오류를 피할 수 있을 것이다. 세계는 대자를 대자 자신으로부터 분리시키는 것이다. 또는 하이데거의 표현을 따르면, 세계는 여기에서 출발해서 인간실재가 자기가 무엇인가를 자기에게 알려 주는 것이다.[103] 자기성을 구성하는 대자의 자기를 향한 이 기투는 결코 관조적인 휴식이 아니다. 우리는 그 기투가 하나의 결여라고 말했다. 하지만 그것이 결코 주어진 결여는 아니다. 그것은 자기 자신에게 자신의 고유한 결여로 있어야 하는 하나의 결여이다. 사실 하나의 확인된 결여 또는 즉자적인 결여는 외면성 속에서 소실된다는 점을 잘 이해해야 한다. 우리는 앞에서 이 점을 지적했다. 하지만 스스로 자신을 결여로 구성하는 하나의 존재는 자기에게 결여되어 있는 저것, 자신이 그것으로 있는 저것을 기반으로 해서, 요컨대 자신이 있어야 할 자기를 향해 자기로부터 끊임없이 이탈함으로써만 자기를 규정할 수 있을 뿐이다. 이 말의 의미는, 결여가 거부된 결여로서만 자기 자신에게 자신의 고유한 결여일 수 있다는 것이다. 무언가를 결여한 자[결여자]가 결여되어 있는 것

---

103 하이데거가 현존재(Dasein) ─ 사르트르에게서는 인간실재 ─ 가 근본적으로 '세계-내-존재'라고 말한 점을 상기하자.

[결여분]과 맺는 고유한 내적 연결은 거부일 뿐이다. 사실 무언가를 결여한 존재[결여자]는 그가 결여되어 있는 것[결여분]으로 있지 않은 한에서, 우리는 그 존재 안에서 하나의 결여를 파악한다. 하지만 만일 이 부정이 단순한 외면성으로 소실되어서는 안 된다면 ─ 그리고 만일 이 부정과 함께 일반적인 부정의 모든 가능성이 소실되어서는 안 된다면 ─ 이 부정의 근거는 무언가를 결여한 존재[결여자인 존재]가 자기에게 결여되어 있는 것[결여분]이어야 한다는 그 필연성에 있다. 이렇듯 부정의 근거는 부정에 대한 부정이다. 하지만 이 근거-부정은, 이 부정이 하나의 본질적인 계기인 결여의 경우와 마찬가지로, 더 이상 하나의 소여가 아니다. 이 근거-부정은 존재해야 할 것으로서 존재한다. 대자는 "반영-반영하는 것"이라는 환영의 통일 속에서 자신을 그 자신의 고유한 결여가 되게 한다. 다시 말해 대자는 결여를 거부함으로써 그 결여를 향해 자기를 기투한다. 결여가 대자에 대해 내적 결여로 있을 수 있는 것은 단지 제거되어야 할 결여로서이다. 그리고 대자는 자신이 결여로 있어야 함으로써만, 다시 말해 자신의 결여의 제거를 향한 기투로 있음으로써만 그 자신의 고유한 결여를 실현할 수 있을 뿐이다. 이렇듯 대자와 자신의 장래와의 관계는 결코 정적인 것도 아니고 주어진 것도 아니다. 오히려 장래는, 대자가 이미 저기에, 장래에서 결여의 제거로서 존재하는 한에서, 대자의 현재에게로 와서 이 대자를 그 핵심에서 규정한다. 대자는, 저기에서 결여의 제거인 한에서만, 여기에서 결여로 있을 수 있을 뿐이다. 하지만 이 제거는 대자가 있지-않음의 방식으로 있어야 하는 제거이다. 개별적인 결여를 당한 결여 또는 견뎌 낸 결여로서 경험적으로 나중에 확정하는 것은 바로 이 근원적인 관계이다. 이 근원적인 관계는 일반적으로 정동(情動, l'affectivité)의 근거이다. 또한 이 근원적인 관계는 심리

적인 것 속에 흔히 경향들 또는 욕망들이라 부르는 우상과 환영을 설정하면서 사람들이 심리학적으로 설명하고자 시도하는 것이기도 하다. 사람들이 억지로 정신 속에 집어넣는 이 경향들 또는 이 힘들은 그 자체로는 이해할 수 없다. 왜냐하면 심리학자는 그것들을 즉자적으로 존재하는 것으로 제시하기 때문이다. 다시 말해 그것들이 갖는 힘의 성격 자체가 그것들이 가진 무차별적인 내적인 휴식과 모순되고, 또 그것들의 통일이 단순한 외면적 관계로 분산되기 때문이다. 우리는 그것들을 자기에 대한 대자의 내재적인 존재 관계가 즉자 속에 투영된 것으로서만 파악할 수 있을 뿐이다. 그리고 정확하게 이 존재론적 관계가 결여이다.

하지만 이 결여는 조정적으로 파악할 수 없으며, 비반성적 의식에 의해 인식할 수도 없다(이 결여는 그것을 심적 대상으로, 다시 말해 경향 또는 감정으로 파악하는 불순하고 공모적인 반성에도 나타나지 않는다). 결여는 순화하는 반성(réflexion purifiante)에서만 접근할 수 있을 뿐인데, 우리는 여기에서 이 순화된 반성의 문제에 관심을 가지고 있는 것이 아니다. 따라서 세계에 대한 의식 차원에서 이 결여는 투영으로서, 하나의 초월적이고 관념적인 성격으로서만 나타날 수 있을 뿐이다. 만일 대자에 결여되어 있는 것이 사실상 하나의 존재-저편에-있는-존재에 대한 관념적인 현전이라면, 이 존재-저편에-있는-존재는 근원적으로 존재에-대한-결여(manque-à-l'être)로서 파악된다. 이렇게 해서 세계는 실현해야 할 부재에 붙어 다니는 것으로 자기를 드러내 보이고, 각각의 이것은 이것을 지적하고 또 규정하는 일련의 부재들과 함께 나타난다. 이 부재들은 결국 잠재성들과 다르지 않다. 다만 우리는 이 부재의 의미를 잘 파악한다. 이렇듯 부재는 이것을 이것으로 가리키고, 역으로 이것은 부재를 겨냥한다. 각각의 부재가 존재-

저편에-있는-존재, 즉 부재하는 즉자이므로, 각각의 이것은 자기 존재의 다른 하나의 상태 또는 다른 존재들을 지향한다. 하지만 말할 것도 없이 지시적 복합의 이 조직은 즉자로 고정되고 화석화된다. 왜냐하면 문제가 되는 것은 즉자이기 때문이다. 이 화석화된 무언의 모든 지시는 그것들이 나타나는 바로 그 시간에 무차별과 고립 속으로 다시 빠지는데, 그것은 마치 돌의 미소, 조각상의 퀭한 두 눈을 닮았다. 그 결과, 사물들의 배후에 나타나는 부재들은 사물들에 의해 현재화되어야 할(à présentifier) 부재들로 나타나지 않는다. 또한 이 부재들이 나에 의해 실현되어야 할 것으로 드러내 보이지 않는다고 말할 수도 없다. 왜냐하면 나는 단지 반성적 의식에만 나타나는 정신의 하나의 초월적 구조이기 때문이다. 이 부재는 자기성의 회로의 한가운데에서 "채워져야 할 텅 빈 것들"로서 생겨나는 순수한 요구이다. 다만 이 "대자에 의해 채워져야 할 텅 빈 것들"이라는 부재의 성격은, 누군가와 관계없이 또 주제화되지도 않은 채, 그런 것으로서 체험된 직접적이고 개인적인 긴급성에 의해 비반성적 의식에서 드러날 뿐이다. 우리가 다른 장에서 자기성이라고 명명한 것이 드러나는 것은 이 부재를 포부(prétentions)로 체험한다는 사실 자체 속에서, 그리고 그 사실 자체에 의해서이다. 그것은 책무들(tâches)이다. 그리고 이 세계는 책무들의 세계이다. 책무들과의 관계에서 보면, 이 책무들이 가리키는 이것은 "이 책무들의 이것" —— 다시 말해 책무들에 의해 규정되는 유일한 즉자, 책무들을 충족할 수 있는 것으로서 책무가 가리키는 유일한 즉자 —— 이며, 이와 동시에 동일성의 절대적인 통일 속에 있기 때문에 결코 그 책무들로 있어야 하는 것이 아니다. 고립 속의 이 연결, 역동성 속의 이 타성적인 관계, 바로 이것이 우리가 목적과 수단의 관계라고 명명하고자 하는 것이다. 이 목적과 수단의 관계는 외면성에 의해 훼손되고 납작하게 된 하나의 ……을 위한-존재(l'être-pour)이다. 그 초월적 이상성은, 대자가 그것으로 있어야 하는 ……을 위한-존재의 상관자로서만 생각할 수 있을 뿐이다. 그리고 사물은, 자신이 무차별의 안온한 행복 속에서 쉬고 있으면서도, 이와 동시에 자기 저편에 채워져야 할 책무들을 가리키고, 이 책무들로부터 자신이 있어야 할 것이 고지되는 한에서, 용구(l'instrument) 또는 도구(l'ustensile)이다. 따라서 이것들 사이의 양적인 관계의 토대 위에 나타나는 사물들 사이의 근원적인 관계는 도구성(ustensilité)의 관계이다. 그리고 이 도구성은 먼저 지시된 구조들 뒤에 오는 것도 아니고, 그것들에 종속되는 것도 아니다. 어떤 의미에서 보면, 도구성에는 먼저 지시된 구조들이 전제되고, 또 다른 하나의 의미에서 보면, 먼저 지시된 구조들에 도구성이 전제된다. 또 다른 의미에서 사물은 먼저 사물로 있고, 그다음에 도구로 있는 것이 아니다. 사물은 먼저 도구로 있고, 그다음에 사물로 드러나는 것도 아니다. 사물은 사물-도구(chose-ustensile)이다. 그렇지만 사물은 학자가 나중에 수행할 탐구에서 순전히 사물로서, 다시 말해 모든 용구성(instrumentalité)을 박탈당한 사물로서 나타나게 될 것이라는 점은 사실이다. 하지만 그것은 학자가 단순히 외면적인 관계를 확립하는 데만 관심을 갖기 때문이다. 게다가 이 과학적 탐구의 결과로 모든 용구성을 박탈당한 사물 자체가 결국 절대적인 외면성으로 증발하기 때문이다. 여기에서 우리는 하이데거의 공식을 어느 정도 수정해야 할지를 알 수 있다. 세계가 자기성의 회로 속에서 나타나지만, 이 자기성의 회로가 비조정적이므로 내가 그것으로 있는 것의 고지는 그 자체가 조정적일 수 없다는 것은 분명하다. 세계 속에 있다고 하는 것은, 세계를 벗어나 자기 자신을 향해 탈출하는 것이 아니라, 오히려 세계에서 탈출해 미래적인 세계인 하나의 세계 저편으로 향하는 것이다. 세계가 나에게 알려 주는 것은 오로지 "세계적(mondain)"이다. 도구들의 무한에 대한 지시가, 결코 내가 있는 그대로의 대자를 지시하지 않는다고 해도, 도구들의 총체가 정확히 나의 가능성들의 상관자라는 것은 여전히 사실이다. 그리고 나는 나의 가능성들로 있기 때문에, 세계 속에서 도구들의 질서는 나의 가능성들이, 즉 내가 그대로 있는 것이 즉자 속에 투영된 이미지이다. 하지만 나는 이 세계적인 이미지를 결코 해독할 수 없다. 나는 행동 속에서, 그리고 행동에 의해서 그 이미지에 적응한다. 내가 나 자신에게 하나의 대상이 될 수 있기 위해서는 반성적 분열이 필요하다. 따라서 인간실재가 세계 속에서 자신을 상실하는 것은 비진정성에 의해서가 아니다. 오히려 인간실재에게 있어 세계-내-존재라는 것은 하나의 세계가 있도록 하는 드러남 자체에 의해 세계 속에서 자기를 철저하게 상실하는 것이고, 느슨해짐 없이, 심지어 "무엇에 쓸모가 있음"의 가능성조차 없이, 반성적 순환 외의 다른 의지처 없이 도구에서 도구로 보내진다. "무엇을 위함(pour quoi)"의 연쇄는 "누구를 위함(pour qui, Worumwillen)"에 이르러 중지된다[104]고 하면서 우리에게 반박해 보았자 아무 소용없을 것이다. 확실히 "누구를 위함"은 우리가 아직 해명하지 않은 존재의 한 구조, 즉 대타(對他, le pour-autrui)를 우리에게

---

104 "무엇을 위함"에 대한 답은 "목적으로 되는 사물"이고, "누구를 위함"에 대한 답은 "목적이 되는 인간"이다. 하이데거가 'Wozu'라고 말한 것은 전자에, 'Worumwillen'이라고 말한 것은 후자에 해당한다. 하지만 하이데거는 "목적이 되는 무엇"의 지향인 연쇄는 "목적이 되는 누구"에 이르러 정지된다고 본다. 예컨대 망치는 무엇을 위한 것인가? 그것은 물건을 두드리기 위함이다. 두드리는 것은 무엇을 위함인가? 집을 짓기 위함이다. 집은 짓는 것은 무엇을 위함인가? 비바람을 피하기 위함이다. 비바람을 피하는 것은 무엇을 위함인가? 인간, 곧 현존재(Dasein)의 존재를 가능케 하기 위함이다. 이렇듯 마지막에 이른 이 '현존재'는 이미 무엇을 위해 있는 것이 아니라, 그것을 위해 모든 도구가 연쇄를 이루며 있는 존재이다. 하지만 사르트르는 이런 지향인 도구 연쇄의 정지가 성립되지 않음을 여기에서 보여 주고자 하는 것이다.

가리킨다. 그리고 "누구를 위함"은 끊임없이 용구들의 배후에서 나타난다. 하지만 그 구성이 "무엇을 위함"과는 다른 이 누구를 위함은 연쇄를 중단하지는 않는다. 누구를 위함은 단지 "무엇을 위함"의 연쇄의 하나의 고리일 뿐이다. 용구성의 관점에서 본다면, 누구를 위함은 단지 즉자에서 벗어남을 허용하지 않을 뿐이다. 확실히 작업복은 노동자를 위해 존재한다. 하지만 그것은 노동자가 자기를 더럽히지 않고[105] 지붕을 고칠 수 있게 하기 위한 것이다. 그렇다면 그는 왜 자기를 더럽히면 안 되는가? 자신의 월급의 많은 부분을 옷을 구입하는 데 쓰지 않기 위해서이다. 그것은 실제로 그의 월급이 생계를 유지할 수 있는 최소한의 금액이기 때문이다. 자신이 자신의 생계를 유지하는 데 필요한 최소한의 돈만 월급으로 받기 때문이다. 그리고 그가 "생계를 유지하는" 것은 정확하게 자기의 노동력을 지붕을 수리하는 데 사용할 수 있기 위해서이다. 그렇다면 그는 왜 지붕을 수리해야 하는가? 직원들이 회계 일 등을 하는 사무실에 비가 새지 않도록 하기 위해서이다 등. 이것은 우리가 타자를 언제나 하나의 특수한 유형의 용구로 파악해야 함을 의미하지 않는다. 이것은 오히려 우리가 세계에서 출발해 타자를 고려할 때, 우리가 그것만으로는 도구적 복합의 무한 지향에서 결코 벗어날 수 없음을 단적으로 의미한다.

이렇게 해서 대자가 자기를 향한 도약과 상관적으로, 거부로서 자신의 고유한 결여로 있는 한에서, 존재는 세계의 배경 위에서 이 대자에게 사물-도구로서 자기를 드러내 보인다. 그리고 세계는 도구성의 지시적 복합의 무차별적 배경으로 나타난다. 이 지향의 총체는 의미작용을 잃고 있다. 하지만 그것은 이 차원에서는 의미작용의 문제를

---

105 노동자의 옷을 더럽힌다는 의미이다.

제기하기 위한 가능성조차 존재하지 않는다는 의미에서이다. 우리는 살기 위해 일하고, 일하기 위해 살아간다. 이 "삶-노동"의 총체가 갖는 의미에 대한 물음, 즉 "살고 있는 나, 나는 왜 일하는가? 사는 것이 일하기 위한 것이라면 왜 사는가?"라는 물음은 반성적 차원에서만 제기할 수 있을 뿐이다. 왜냐하면 이 물음에는 대자 자신에 의한 대자의 발견이 포함되어 있기 때문이다.

내가 그것으로 있는 순수한 부정의 상관자로서 도구성이 왜 세계에서 나타날 수 있는가를 설명해야 할 경우가 남아 있다. 단순한 이것인 한에서, 나는 어떻게 이것에 대해 무한히 반복되고 불모의 부정으로 있지 않은가? 만일 내가 나 자신이 그것으로 있어야 하는 단순한 무에 불과할 뿐이라면, 어떻게 이 부정이 나의 이미지인 다수의 책무를 드러내 보일 수 있는가? 이 물음에 답하기 위해서는 대자가 순수하고 단순하게 현재에게로 오는 하나의 장래가 아니라는 사실을 상기해야 한다. 대자는 또한 "있었다"라는 형태하에서 자신의 과거로 있어야 한다. 그리고 세 가지 시간적 차원의 탈자적인 함축은 다음과 같다. 만일 대자가, 자신이 있던 그대로의 것의 의미를 자신의 장래에 의해 자신에게 알려 주는 하나의 존재라면, 대자는 또한 그 동일한 나타남에서 자신이 도피하는 어떤 하나의 "있었다"의 관점에서 자신의 "있을 것이다(sera)"로 있어야 하는 존재이기도 하다. 이 의미에서 하나의 시간 차원의 의미를 항상 다른 데서, 또 다른 하나의 다른 시간적 차원에서 찾아야 한다. 바로 이것이 디아스포라인 것이다. 왜냐하면 디아스포라적인 존재의 통일은 하나의 주어진 단순한 귀속이 아니다. 이것은 자기의 통일 속에서 저기, 밖에서 자신을 조건지음으로써 디아스포라를 실현해야 하는 필연성이다. 따라서 내가 그것으로 있는 부정, 이것을 드러내는 부정은 "있었다"의 방식으로 존재해야 한다. 단순한 현전인 한에서 존재하지 않는 이 순수한 부정은 자신의 배후에 과거 또는 사실성으로서 자신의 존재를 가진다. 그런 한에서 부정이 결코 뿌리가 없는 부정이 아니라는 사실을 인정해야 한다. 오히려 반대로 부정은 성질이 부여된 부정이다. 만일 이 말로 부정이 "있었다"의 형태로 자신이 그것으로 있지 않아야 하는 존재로서 자기 배후에 자신의 질적 규정(qualification)을 끌고 다님을 의미한다면 말이다. 부정이 자신을 이것의 조정적 부정으로 만드는 한에서, 부정은 내적 규정의 방식으로 과거에 대한 비조정적 부정으로서 나타난다. 그리고 이 나타남은 하나의 이중적인 "……을 위한 존재"의 통일 속에서 산출된다. 왜냐하면 부정은 자신이 그것으로 있는 과거에서 벗어나기 위해 반영-반영하는 것의 방식으로 이것에 대한 부정으로서 현실존재에 대해 산출되며, 또 이 부정은 자신의 존재 속에서 장래를 향해 과거를 피하면서 이것에서 벗어나기 위해 과거에서 벗어나기 때문이다. 바로 이것이 우리가 세계에 대한 대자의 관점이라 부르고자 하는 것이다. 사실성과 유사한 이 관점은 즉자와의 근원적인 관계로서의 부정이 지닌 탈자적인 질적 규정이다. 하지만 다른 한편으로, 우리가 살펴본 것처럼, 대자가 그것으로 있는 모든 것은 세계에 대한 탈자적 귀속으로 "있었다"의 방식으로 있다. 내가 나의 현전을 다시 발견하는 것은 미래에서가 아니다. 왜냐하면 미래는 세계를 오게 될(à-venir) 하나의 의식의 상관자로서 나에게 자기를 건네기 때문이다. 하지만 나의 존재는 비록 비주제적일지라도 즉자존재의 테두리 속에서, 즉 세계 한복판에서 부각되어 과거에서 나에게 나타난다. 물론 이 존재는 여전히 '……에 대한 의식', 즉 대자이다. 하지만 그것은 즉자 속에 고정된 대자이고, 따라서 세계 한복판으로 실추된 세계에 대한 하나의 의식이다. 실재론, 자연주의, 유물론의 의미는 과거에 있다. 이 세 가지 철학은 과거를 마치 그것이 현재인 것처럼 묘사하는 철학이다. 따라서 대자는 세계로부터의 이중의 도피이다. 대자는 자신이 도피하는 하나의 세계에 대한 현전으로서 그 자신의 고유한 세계-한복판의-존재에서 벗어난다. [대자의] 가능은 이 도피의 자유로운 종착점이다. 대자는 자신이 그것으로 있지 않은 하나의 초월적인 것을 향해 도피할 수 없으며, 그저 자신이 그것으로 있는 하나의 초월적인 것을 향해 도피할 수 있을 뿐이다. 바로 이것이 끊임없는 도피에서의 모든 정지 가능성을 제거한다. 진부하기는 하지만 나의 생각을 좀 더 자세히 보여 줄 수 있는 하나의 이미지를 사용하는 것이 허용된다면, 수레를 끄는 당나귀가 끌채에 고정된 긴 막대기에 매달려 있는 당근을 낚아채기 위해 자기 뒤에 있는 수레를 끌고 가는 모습을 떠올려 보기 바란다. 당근을 덥석 물기 위한 당나귀의 모든 노력은 결과적으로 수레 전체가 앞으로 나아가도록 하지만, 당근 자체는 언제나 당나귀와 동일한 거리에 머물러 있다. 이렇듯 우리는 하나의 가능을 뒤쫓아 달리는데, 우리의 달음질은 그 가능 자체가 나타나도록 하지만, 그 가능은 우리의 달음질 외의 다른 아무것도 아니며, 또 그 자체도 우리의 도달 범위 밖에 있다. 우리는 우리 자신을 향해 달리고, 이로 인해 우리는 자신을 따라잡을 수 없는 존재이다. 어떤 의미에서 달음질은 의미가 없다. 왜냐하면 종착점이 결코 주어져 있지 않고, 오히려 우리가 그것을 향해 달리는 정도에 따라 고안되고 투영되는 것이기 때문이다. 그런데 또 다른 의미에서는, 우리가 달음질이 내던져 버리는 의미를 그것에 부여함을 거부할 수 없다. 왜냐하면 어쨌든 가능은 대자의 의미이기 때문이다. 오히려 도피의 의미는 있기도 하고 없기도 하다.

그런데 내가 그것으로 있는 과거로부터 내가 그것으로 있는 장래를 향한 이 도피 자체에서, 장래는 과거에 그 모든 의미를 부여함과 동시에, 과거와의 관계에 따라 자기의 모습을 미리 보여 준다. 장래는 자신의 고유한 근거로 있을 수 있는 하나의 즉자를 향해, 다시 말해 내가 그것으로 있어야 하는 한에서 존재할 수 있을 하나의 즉자를 향해, 주어진 즉자로서 초월된 과거이다. 나의 가능은 나의 과거의 자유로운 회복이지만, 이 회복이 나의 과거를 근거지으면서 과거를 구제할 수 있는 한에서 그렇다. 나는 내가 있었던, 근거도 없는 존재에서 벗어나, 내가 있을 수도 있다(serais)는 방식으로만 있을 수 있는 근거를 부여하는 행위를 향한다. 이렇듯 가능은 대자가 자신을 그것으로 있게 하는 결여이다. 다시 말해 현재적인 부정이 질적으로 규정된 부정(즉 자기 밖에, 과거에서 자신의 성질을 가진 부정)인 한에서, 이 현재적인 부정에 결여되어 있는 것이 바로 가능이다. 그런 한에서 가능 자체는 질적으로 규정된다. 이 질적인 규정은 즉자의 방식으로 자신의 고유한 성질이었을 소여의 자격으로서가 아니라, 대자가 그것으로 있었던 탈자적인 질적 규정 작용(qualification)을 근거 짓는 회복에 대한 지시로서 이루어진다. 이렇듯 갈증은 3차원적이다. 갈증은 대자가 그것으로 있었던 하나의 비어 있는 상태로부터의 현재적인 도피이다. 그리고 주어진 상태에 비어 있음 또는 결여라는 성격을 부여하는 것도 바로 이 도피 자체이다. 과거에서 결여는 결여로 있을 수는 없을 것이다. 왜냐하면 소여는, 자신의 고유한 초월로 있는 하나의 존재에 의해 ……을 향해 초월되는 한에서만, "결여할" 수 있을 뿐이기 때문이다. 하지만 이 도피는 ……을 향한 도피이고, 이 도피에 의미를 주는 것은 바로 이 "……을 향함"이다. 그런 한에서 이 도피는 그 자신이 자기를 만드는 결여이다. 다시 말해 이 도피는 소여를 과거에서 결여 또는 잠재성으로서 구성하는 일임과 동시에 "반영-반영하는 것"의 형태로, 즉 결여에 대한 의식으로서 자기를 결여가 되게 하는 하나의 대자에 의해 소여를 자유롭게 회복하는 일이다. 그리고 결여가 결여분에 의해 자신의 결여-존재(son être-manque) 속에 조건지어지는 한에서, 이 결여가 자기를 피해 향해 가는 것(ce vers quoi)은, 더 이상 결여로 있지 않을 갈증이라고 하는 결여가 그것으로 있는 가능성, 즉 갈증-포만(soif-réplétion)이다. 가능은 포만을 지시하고, 대자를 둘러싸고 여기저기에서 침투해 들어가는 환영-존재(être-fantôme)로서의 가치는 하나의 갈증을 가리킨다. 이때 갈증은 소여이자 — 갈증은 "갈증으로 있었던" 것이었기 때문에 — 동시에 회복 — "반영-반영하는 것"의 유희를 통해 이 갈증을 탈자적으로 구성하기 때문에 — 일 것이다. 주지하다시피 자기를 갈증으로 규정하는 하나의 충만이 문제가 된다. 이런 충만을 소묘하는 데 있어 현재적-과거적인 탈자적 관계는 "갈증"의 구조를 충만의 의미로 제공한다. 그리고 내가 그것으로 있는 가능은 밀도 자체를, 그 충만의 살(chair)을 포만으로 제공해야 한다. 이렇듯 존재를 이것으로 규정하는 나의 이 존재에 대한 현전은, 내가 또한 이것의 곁에서 질적으로 규정된 결여인 한에서, 이것에 대한 부정이다. 그리고 나의 가능은 존재-저편의-존재(l'être-pardelà-l'être)에 대한 가능적인 현전인 한에서, 나의 가능의 질적 규정은 하나의 존재-저편의-존재를 그것의 공현전이 하나의 오게 될 포만에 엄밀하게 연결된 공현전으로 드러낸다. 이렇게 해서 세계 속에서 부재가 실현되어야 할 존재로 자기를 드러내 보이는데, 이것은 바로 이 존재가 내가 결여하고 있는 가능-존재의 상관자인 한에서이다. 물컵은 마셔져야-하는 것으로 나타난다. 다시 말해 채워져야 하는 것으로서 비조정적으로 그 존재 자체 속에서 파악된 갈증의 상관자로 나타난다. 하지만 세계의 미래에 대한 모든 관계를 함축하고 있는 설명은, 이제 우리가 어떻게 근원적인 부정을 근거로 세계의 시간 또는 보편적인 시간이 의식에 드러내 보이는가를 보여 준다면, 그 내용이 훨씬 더 분명해질 것이다.

IV. 세계의 시간

보편적인 시간은 대자에 의해 세계에 온다. 즉자는 시간성을 마음대로 이용하지 못한다. 왜냐하면 정확하게 즉자는 즉자이기 때문이고, 또 시간성은 끊임없이 자기를 위해 자기와 거리를 두고 존재하는 하나의 존재가 갖는 통일적인 존재 방식이기 때문이다. 반대로 대자는 시간성이다. 하지만 대자가 "반성하는 것-반성된 것(réflexif-réfléchi)"의 관계에서 스스로 자기를 산출하는 경우를 제외하고는, 대자는 시간성에 대한 의식이 아니다. 비반성적 방식으로 대자는 존재 위에서, 다시 말해 밖에서 시간성을 발견한다. 보편적인 시간성은 객관적이다.

A) 과거

이것은 전에는 미래였으나, 그다음에 과거가 되어야 할 하나의 현재로서 나타나지 않는다. 이 잉크병은, 내가 그것을 지각하자마자, 그 존재 속에서 이미 시간적인 3차원에 속해 있다. 비록 내가 나의 현실적 현전에서 이 잉크병에 현전하는 것이 아니라 나에게-와야-할-것-자체로서 현전하고 있다고 해도, 내가 이 잉크병을 항상성으로, 다시 말해 본질로 파악하는 한, 잉크병은 이미 미래에 있다. 이와 동시에 내가 이미 나 자신이 현전으로서 거기에 있었던 한에서, 나는 그 잉크병을 이미 거기에, 세계 속에 있었던 것으로서가 아니라면 파악할 수 없다. 이 의미에서, 만일 우리가 "재인의 종합(synthèse de récognition)"이라는 말로 "지금들"의 계기적인 조직에 의해 지각된 사물에 하나의 "지속(maintenant)"을 부여하는 동일화의 점진적인 조작으로 이해한다면, 잉크병은 "재인의 종합"에 의해 결코 존재하는 것이 아니다. 오히려 대자는 그 끝을 보지 못하는 단조롭게 뻗은 큰 벽을 따라가는 것처럼, 자신의 시간성의 폭발을 드러난 즉자를 따라 배열한다. 나는, 있는 그대로의 것으로 있는 존재 옆에서, '아직-아님(pas-encore)'과 '이미(déjà)'의 방식으로, 내가 그것으로 있어야 하는 근원적 부정이다. 따라서 만일 우리가 불변적으로 그것이 있는 그대로의 것으로 있을 하나의 유일한 존재 곁에서, 하나의 움직이지 않는 세계에서 나타나는 하나의 의식을 상정한다면, 이 존재는 아무런 종합의 "조작"도 필요로 하지 않고, 또 자신의 드러남 자체와 하나가 될 뿐인 불변성을 띤 하나의 과거와 하나의 미래와 더불어 자기를 드러내 보일 것이다. [종합의] 조작은, 대자가 자신의 고유한 과거를 보유하고 이와 동시에 구성해야 하는 경우에만 필요할 것이다. 하지만 대자가 또한 자신의 고유한 장래로서 자신의 고유한 과거로 있다는 단 하나의 사실로 인해, 즉자의 드러남은 시간화될 수밖에 없다. 이것은 시간적으로 자기를 드러내 보이는데, 그것은 이것이 내감(內感, sens interne)의 하나의 선험적 형식을 통해 굴절되기 때문이 아니라, 오히려 이것이 그 존재 자체가 시간화인 하나의 드러남에 자기를 드러내 보이기 때문이다. 그럼에도 존재의 초시간성(atemporalité)이 이것의 드러남 자체 속에 표상되어 있다. 이것이 자신을 시간화하는 하나의 시간성에 의해, 그리고 이 시간성 속에서 파악되는 한, 이것은 근원적으로 시간적인 것으로 나타난다. 하지만 이것이 있는 그대로의 것으로 존재하는 한에서, 이것은 자신의 고유한 시간성이기를 거부하고, 그저 시간을 반영할 뿐이다. 이외에도 이것은 내적 탈자적 관계 —— 시간성의 기원에 있는 관계 —— 를 하나의 단순한 객관적인 외면성의 관계로서 나타난다. 따라서 비시간적인 동일성과 시간화의 탈자적 통일 사이의 타협으로서의 항상성은, 초시간적인 불변성을 보존하고 있는 하나의 존재의 표면에 즉자적인 순간들의 단순한 활주로, 서로 분리되어 있으면서도 단순한 외면적 관계에 의해 재통합되는 작은 무들(petits néants)의 활주로 나타날 것이다. 그만큼 존재의 비시간성이 우리를 벗어난다는 것은 사실이 아니다. 반대로 존재의 비시간성은 시간 속에 주어져 있다. 존재의 비시간성은 보편적인 시간의 존재 방식을 정초한다.

따라서 대자가 자신이 있는 그대로의 것으로 "있었던" 한에서, 도구 또는 사물은 이 대자에게 이미 거기에 있었던 것으로 나타난다. 대자는 있었던 현전으로서만 이것에 현전할 수 있을 뿐이다. 모든 지각은 그 자체로서 아무런 "조작"도 없는 하나의 재인이다. 그런데 과거와 현재의 탈자적인 통일을 통해 자신을 열어 보이는 것은 바로 하나의 동일한 존재이다. 이 동일한 존재는 과거와 현재에서 동등한 것(le même)으로 파악되는 것이 아니라, 오히려 그것(lui)으로서 파악된다. 시간성은 하나의 시각기관일 뿐이다. 그렇지만 이것은 있는 그대로의 것으로 이미 있었던 것이다. 이렇듯 이것은 하나의 과거를 가진 것으로 나타난다. 다만 이것은 이 과거로 있는 것을 거부한다. 이것은 이 과거를 가질 뿐이다. 따라서 시간성이 객관적으로 파악되는 한, 이 시간성은 하나의 단순한 환영이다. 왜냐하면 시간성은 대자의 시간성으로 주어지지 않고, 즉자가 있어야 하는 시간성으로도 주어지지 않기 때문이다. 이와 동시에 초월의 자격으로 즉자적으로 존재하는 초월적인 과거는, 현재가 그것으로 있어야 하는 것으로서 존재할 수는 없을 것이다. 즉자적인 초월적 과거는 "독립성"이라는 환영 속에 고립된다. 그리고 과거의 각각의 계기는 하나의 "현재로 있었던 것"이기 때문에, 이 고립은 과거의 내부 자체에서 추구된다. 그 결과, 불변하는 이것은 무한한 즉자적 환영들의 반짝임과 분할을 통해 자기를 드러내 보인다. 이렇게 해서 이 컵과 이 책상이 나에게 드러나 보인다. 그것들은 지속하지 않는다. 그것들은 존재한다. 그리고 시간이 그것들 위로 흐른다. 물론 사람들은 내가 그것들의 변화를 보지 않는다고 말할 것이다. 하지만 여기에서 엉뚱하게도 하나의 과학적인 관점을 도입한다. 아무것도 정당화해 주지 않는 이 관점은 우리의 지각 자체와도 모순된다. 이 파이프, 이 연필, 이 모든 존재는 그 "음영" 하나하나 속에 전적으로 주어지고, 또 이 모든 존재의 항상성은 무수한 그 음영과 완전히 무관하다. 또한 이 모든 존재는 시간성 속에서 드러나 보이지만 모든 시간성에 대해 초월적이기도 하다. "사물"은 "형태"로서, 다시 말해 우리가 그것에서 볼 수 있는 어떤 표면적이고 기생적인 변양에 의해서도 영향을 받지 않는 하나의 전체로서 단번에 존재한다. 각각의 이것은 그 문턱을 규정하는 하나의 존재 법칙, 즉 [이 문턱을 넘어서면] 이것이 있는 것으로 있기를 그치고, 단순히 더 이상 있는 것으로 있지 않게 되는 변화의 수준을 결정하는 하나의 존재 법칙과 함께 자기를 드러내 보인다. 그리고 "항상성"을 표현하는 이 존재 법칙은, 이 것의 본질이 직접적으로 드러난 하나의 직접적인 구조이다. 이 존재 법칙은 이것이 가진 잠재성-한계, 즉 [이것이] 세계에서 사라지는 하나의 잠재성-한계를 규정한다. 이 점에 대해서는 다시 다루게 될 것이다. 이렇게 해서 대자는 존재 위에서 시간성을 파악하며, 그것도 존재를 변경할 가능성을 전혀 갖지 않은 채 존재의 표면에서 일렁이는 단순한 반영으로 파악한다. 교양을 갖춘 사람은 시간의 이 절대적이고 환영적인 무성(無性, néantité)을 [시간의] 동질성(homogénéité)이라는 이름 아래 개념으로 고정할 것이다. 하지만 시간화하는 대자의 탈자적인 통일을 즉자 위에서 초월적으로 파악하는 것은, 이 통일로 있음으로써 정초하는 어떤 존재도 없이 시간적인 통일이 지닌 하나의 텅 빈 형식에 대한 파악으로서 작동한다. 그 결과, 과거-현재의 차원 위에서 외적 시간성이라는 절대적인 분산의 기이한 통일이 나타난다. 여기에서는 각각의 앞과 뒤가 그 무차별적인 외면성에 의해 다른 것들로부터 고립되어 있는 하나의 "즉자"이기는 하지만, 이 순간들은 동일한 하나의 존재의 통일 속에서 재결합해 있다. 그도 그럴 것이 이 동일한 하나의 존재는 공통 존재 또는 시간(Temps)으로서 필연성과 실체성으로 생각된 산포 그 자체 외의 다른 것이 아니기 때문이다. 이 모순적인 본성은 대자와 즉자라는 이중의 근거 위에서만 나타날 수 있을 뿐이다.[106] 여기에서 출발해서, 과학적 반성이 외면적 관계를 실체화하는 것을 겨냥하는 한에서, 그 과학적 반성에 있어 즉자는 시간을 통해 겨냥된 하나의 초월로서가 아니라, 순간에서 순간으로 이행하는 하나의 내용으로서, 좀 더 자세히 말하면, 서로에게 외적이고 서로 엄밀하게 닮은 다수의 내용으로 생각된 — 다시 말해 헛되이 생각된 — 것이다.

보편적인 시간성에 대한 우리의 여기까지의 설명은, 존재가 갖는 비시간적인 불변성을 제외하고는 이 존재로부터 아무것도 나오지 않을 것이라는 가정 아래 시도되었다. 하지만 정확하게 존재로부터 무

---

106 사르트르는 '시간(Temps)'이 필연성과 실체성으로 생각되는 산포 자체라고 하면서, 이것을 대자와 즉자를 근거로 한 모순적인 본성으로 여기는데, 여기에서 산포 자체는 대자와 연결되고, 필연성과 실체성은 즉자와 연결된다.

엇인가가 온다. 적당한 말이 없어 우리는 이 무엇인가를 폐지(閉止, abolitions)들과 현출(顯出, apparitions)들이라 명명할 것이다. 이 현출들과 이 폐지들은 순전히 형이상학적 해명의 대상이 되어야지, 존재론적 해명의 대상이 되어서는 안 된다. 왜냐하면 대자의 존재 구조에서 출발해서도, 즉자의 존재 구조에서 출발해서도 그것들의 필연성을 생각해 낼 수는 없을 것이기 때문이다. 그것들의 존재는 우연적이고 형이상학적인 사실의 존재이다. 우리는 현출의 현상에서 존재에게 오는 것이 무엇인지 제대로 알지 못한다. 왜냐하면 이 현상은 이미 하나의 시간화된 이것의 사실이기 때문이다. 그렇지만 우리는 경험을 통해 다양한 이것의 나타남과 소멸이 있음을 알고 있다. 그리고 우리는 지금 지각이 즉자를 드러내고, 즉자 밖에서는 아무것도 드러내지 않는다는 사실을 알기 때문에, 우리는 즉자를 이 나타남과 소멸의 근거로 여길 수 있다. 이외에도 우리는 즉자의 존재 법칙으로서의 동일률이 폐지와 현출이 나타난 즉자 또는 폐지된 즉자에 대해 전적으로 외적이기를 요구한다는 사실을 분명하게 본다. 만일 그렇지 않다면, 즉자는 존재하면서 동시에 존재하지 않는 것이 될 것이다. 폐지가 하나의 종말(une fin)이라는 의미에서 존재의 실추(déchéance d'être)일 수는 없을 것이다. 대자만이 이 실추를 인식할 수 있을 뿐이다. 왜냐하면 대자는 자기에게 자신의 고유한 목적이기 때문이다. 긍정하는 것과 긍정된 것이 불명료해지는(empâté) 준-긍정인 존재는 내적 유한성 없이 자신의 고유한 "자기-긍정" 속에서 존재한다. 이 존재가 가진 "거기까지(jusque-là)"는 전적으로 외적이다. 이렇듯 폐지는, 하나의 세계에서만, 그리고 하나의 대자에 대해서만 드러날 수 있을 뿐인 하나의 이후(un après)의 필연성을 의미하는 것이 아니라, 오히려 하나의 준-이후의 필연성을 의미한다. 이렇게 준-이후는 표현할 수 있다. 즉자적인 존재는 자기 자신과 자신의 무를 매개하는 역할을 할 수 없다고 말이다. 이와 유사하게 현출들은 현출하는 존재의 모험 (aventures de l'être)들이 아니다. 우리는 모험에 전제되는 자기에 대한 선행성(antériorité à soi)을 대자 속에서만 발견할 수 있을 뿐이다. 대자의 내적 모험은 목적으로서의 대자의 현출이다. 존재는 그것이 있는 그대로의 것이다. 존재는 "존재하기 시작하지"도 않고, 어린 시절도 청년 시절도 없이 존재한다. 현출한 것은 그 자신의 고유한 새로움이 아니다. 현출한 것은 단번에 존재로 있으며, 있지-않음의 방식으로 있어야 하는 하나의 이전, 즉 그것이 단순한 부재로서 존재해야 하는 하나의 이전과 아무 관계도 맺지 않는다. 여기에서도 우리는 또한 하나의 준-계기, 다시 말해 현출한 것이 자신의 무에 대해 갖는 하나의 완전한 외면성을 발견한다.

하지만 이 절대적인 외면성이 "거기에 있다(il y a)"라는 형태로 주어지기 위해서는 이미 하나의 세계가 있어야 한다. 다시 말해 하나의 대자의 나타남이 필요하다. 즉자에 대한 즉자의 절대적인 외면성으로 인해 현출의 준-이전 또는 폐지의 준-이후로서의 무 자체는 존재의 충만 속에서 자리를 찾을 수조차 없을 것이다. 존재하지 않았던 하나의 이것이 나타날 수 있는 것은, 오직 하나의 세계의 통일 속에서, 그리고 세계를 배경으로 해서일 뿐이다. 외면성이라는 이 관계-부재의-관계가 드러날 수 있는 것도 오직 하나의 세계의 통일 속에서, 그리고 세계를 배경으로 해서일 뿐이다. "존재하지 않았던" 하나의 현출된 것에 대한 선행성으로서의 존재의 무는 자신의 고유한 무이자 자신의 고유한 선행성인 하나의 대자에 의해서만 회고적으로 하나의 세계에 올 수 있을 뿐이다. 이렇게 해서 이것의 나타남과 소멸은 애매한 현상들이다. 여기에서도 여전히 대자에 의해 존재에게 오는 것은 하나의 순수한 무, 아직-있지-않음과 더 이상-있지-않음이다. 여기에서 고려된 존재는 이 무의 근거도 아니고, 이전 또는 이후에 파악된 총체로서의 세계도 더 이상 아니다. 하지만 다른 한편으로, 나타남이 자기 자신의 고유한 앞과 뒤인 하나의 대자에 의해 세계 속에서 드러나는 한에서, 현출은 우선 하나의 모험으로 주어진다. 우리 자신이 현출된 이것이 부재였을 때의 하나의 세계에 이미 현전하고 있었던 한에서, 우리는 현출한 이것을 그 고유한 부재로서 세계 속에 이미 거기에 있었던 것으로 파악한다. 이렇게 해서 사물은 그 자신의 고유한 무로부터 나타날 수 있다. 여기에서는 정신에 대한 하나의 개념적인 고찰이 문제가 아니라 지각의 하나의 근원적 구조가 문제이다. 게슈탈트 이론의 실험들이 명확하게 보여 주듯이, 순수한 현출은 언제나 동적인 나타남으로 파악되고, 현출된 것은 무의 배경으로부터 달음질쳐서 존재에게로 온다. 우리는 이와 동시에 여기에서 "인과성의 원리"의 기원을 발견한다. 인과성의 이상은 있는 그대로의 현출된 것인 한에서 현출된 것의 부정 — 이렇게 메이에르송은 주장하고 싶겠지만[107] — 이 아니고, 또 두 현상 사이에 외면성이라는 항상적인 연

---

107 메이에르송은 과학적인 설명이 법칙성의 원리와 인과성의 원리에 지배된다고 보았다. 그는 『동일성과 실재성』에서 "인과성의 원리에 따르면, 원인과 결과 사이에 동등성이 있어야 한다. 즉 조건들의 변화에서 본래의 속성들과 변형된 속성들은 동등해야만 한다."라고 말한다. 사실 사르트르의 인과성 이론은 아주 특이한데, 그가 그야말로 현상학적 사유에 따라 분석하기 때문이다. 시간성을 철저하게 대자의 탈자적인 존재에 의거한 것으로 보고, 그런 대자의 시간성과 초시간적인 영속성을 드러내는 즉자('이것')의 끊이지 않는 현출(자신의 고유한 무에서 지금 순간에 뛰어들어 나타남)과 소멸(지금 순간에서 자신의 고유한 무 속으로 사라짐)의 순간 사이의 기묘한 결합과 이탈의 관계를 분석·기술한다. 이를 통해 인과성을 즉자인 '이것'이 소멸의 계기에 따라 현출되는 것으로서 자신의 고유한 무에 지금의 순간에 돌연 나타나는 것을 바탕으로 분석하고자 한다. 사르트르가 이런 현상학적인 관점에서부터, 메이에르송처럼 현출·소멸을 염두에 두지 않고 어떤 사물의 변화에서 이전의 속성들과 이후의 속성들 사이의 순수한 외적 관계를 통해 객관적인 인과성을 생각하는 데에 이르게 되는가, 또는 흔히 생각하듯이 사물들 사이의 작용·반작용 관계에 의해 일어나는 객관적인 인과성으로 나아가게 되는가를 어떻게 설명하는가는 아직 이 부분에서는 드러나지 않는다.

결을 부여하는 것도 아니다. 최초의 인과성은, 현출된 것이 현출하기 이전에, 그것이 자신의 현출을 준비하기 위해 자신의 고유한 무 속에 이미 거기에 있는 것으로서 파악한다. 인과성은 그저 현출된 것의 시간성을 존재의 탈자적인 방식으로서 최초로 파악한다. 하지만 현출의 탈자적인 구성으로서 사건이 갖는 모험적인 성격은 지각 자체 속에서 분해된다. 앞과 뒤는 그 즉자-무 속에 고정되고, 현출된 것은 그 무차별적인 동일성 속에 고정된다. 선행하는 순간에서 현출된 것의 비존재는 지금 이 순간에 현존하는 존재의 무차별적인 충만으로 드러나 보이고, 인과성의 관계는 현출된 것에 선행하는 이것들과 현출된 것 자체 사이의 단순한 외면적 관계로 분해된다. 이렇듯 현출과 사라짐(disparition)의 애매성은, 이 둘이 끊임없이 분해되는 총체의 양상 하에서 공간으로서, 잠재성과 도구성으로서, 보편적인 시간 자체로서 주어지는 데서 기인한다.

결국, 이것이 단순한 외면성의 관계에 의해 서로 이어져 있는 동질적인 순간들로 이루어진 사실, 곧 세계의 과거이다. 우리가 이미 지적한 것처럼, 대자는 자신의 과거에 의해 즉자 속에서 용해된다. 과거에 즉자가 된 대자는 세계 한복판에 있는 것으로 드러난다. 즉 대자는 존재한다. 대자는 자신의 초월성을 상실한다. 그리고 이 사실로 인해 대자의 존재는 시간 속에서 과거화된다. 대자의 과거와, 대자와 공현전하는 세계의 과거 사이에는, 대자가 자신의 고유한 과거로 있어야 한다는 점을 제외하면, 아무 차이도 없다. 이렇듯 하나의 과거만이 있을 뿐이다. 이 과거는 존재의 과거 또는 그 속에 내가 있었던 객관적인 과거이다. 나의 과거는 세계 속의 과거이다. 나는 지나간 존재의 총체에 속하면서 동시에 그것으로부터 달아난다. 이것은 내가 그것으로 있어야 하는 탈자적인 시간성과 주어진 단순한 무로서의 세계의 시간 사이에는, 시간적인 3차원 중의 하나의 차원에 대한 일치가 존재함을 의미한다. 내가 보편적인 시간성에 속하는 것은 과거에 의해서이고, 내가 보편적인 시간성에서 벗어나는 것은 현재와 미래에 의해서이다.

B) 현재

대자의 현재는 존재에 대한 현전이다. 그리고 그런 한에서 대자의 현재는 존재하지 않는다. 하지만 대자의 현재는 존재의 드러남이다. 현전에 나타나는 존재는 현재에 있어 존재하는 것으로서 주어진다. 이런 이유로 현재는 이율배반적으로 주어진다. 현재는 체험될 때는 있지 않은 것으로 주어지고, 또 존재가 현재에서 그것이 있는 그대로의 것으로서 드러나 보이는 한에서는 존재의 유일한 척도로 있는 것으로 주어진다. 존재가 현재의 경계를 넘지 않는다는 것이 아니다. 오히려 이 존재의 과잉은 과거라는 파악 기관을 통해서만, 다시 말해 더 이상 있지 않은 것으로 파악할 수 있을 뿐이다. 이렇게 해서 나의 책상 위의 이 책은 현재에 존재하며, 그리고 그것은 과거에 (그 자신과 동일하게) 존재했다. 따라서 현재는 근원적인 시간성을 통해 보편적인 존재로 자기를 드러내 보인다. 이와 동시에 현재는 아무것도 — 존재 이상의 어떤 것도 — 아니다. 현재는 존재를 따라 일어나는 단순한 활주이며, 단순한 무이다.

이상과 같은 성찰은 존재로부터 그 존재를 제외하고는 어떤 것도 현재에 오지 않는다는 점을 지적하는 것으로 보일 수 있을 것이다. [만일 그렇다면], 그것은 존재가 대자에게 자기를 때로는 부동의 것으로 나타내 보이는 것으로, 때로는 운동으로서 나타내 보인다는 것,

또 운동과 휴지라는 두 개념이 변증법적 관계에 놓여 있음을 망각하는 것이 될 것이다. 그런데 운동은 존재론적으로 대자의 본성에서도, 즉자에 대한 대자의 근본적인 관계에서도, 우리가 존재의 현상에서 근원적으로 발견할 수 있는 것에서도 도출할 수 없을 것이다. 운동이 없는 하나의 세계를 생각할 수는 있을 것이다. 확실히 순전히 형식적인 가능성의 경우를 제외하면 변화 없는 하나의 세계의 가능성을 생각할 수는 없을 것이다. 하지만 변화는 결코 운동이 아니다. 변화는 이것의 성질의 변질이다. 우리가 살펴본 것처럼, 변화는 하나의 형태의 나타남 또는 분해에 의해 일괄적으로 발생한다. 그 반대로 운동에는 개성원리(quiddité)[108]의 항상성이 전제되어 있다. 만일 하나의 이것이 한 장소에서 다른 장소로 운반되고, 또 운반되는 동안에 그 존재에서 근본적인 변질을 겪는다면, 이것은 운동을 부정하는 것이 될 것이다. 왜냐하면 그렇게 되면, 운동하고 있는 그 어떤 것도 없을 것이기 때문이다. 운동은 하나의 이것이 다른 점에서는 변질을 일으키지 않으면서 단지 그 장소만이 바뀌는 것이다. 이것은 공간적 동질성의 공준(公準, postulat)을 통해 충분히 드러난다. 운동은 현전하고 있는 존재자들의 어떤 본질적 특징에서도 이끌어 낼 수 없는 것이고, 엘레아학파의 존재론[109]에 의해 부인된 것이며, 또 데카르트의 존재론에서

---

108 10세기 초 스물한 살 이전에 아리스토텔레스의 『형이상학』을 마흔 차례나 읽고 연구했다는 이슬람 철학자 아비센나(Avicenna, 본명은 Ibn Sīnā, 980~1037)가 제시한 라틴어 'quidditas'를 프랑스어로 옮긴 것이다. 'quidditas'는 아비센나가 해석하기에 까다롭기로 소문난 아리스토텔레스의 'τὸ τί ἦν εἶναι'를 라틴어로 번역한 것이다. 'τὸ τί ἦν εἶναι'는 '그 존재에 있어서 무엇인 것' 정도로 해석할 수 있다. 대체로 개별 사물(이것)의 본질을 뜻한다. 달리 말하면, '이것은 왜 다른 게 아니고 바로 이것인가?'라는 물음에 대한 대답으로 이해된다. '개성원리'라는 번역어에서, '개성'은 개별자인 이것을 지시하고, '원리'는 그것의 '본질'을 지시한다.

그 유명한 "손가락 튕기기(chiquenaude)"[110]의 의지처를 필요로 하지만, 그렇기 때문에 운동은 정확하게 하나의 사실로서의 가치를 갖는다. 운동은 존재의 전적인 우연성에 속하며, 따라서 하나의 소여로서 받아들여져야 한다. 곧 살펴보겠지만, 운동이 "있기" 위해서는 하나의 대자가 필요함은 분명하다. 이것이 순수한 운동에서 존재로부터 유래하는 것을 정확하게 할당하는 것을 특히 어렵게 한다. 하지만 어쨌든 다른 경우와 마찬가지로 대자가 존재에 아무것도 덧붙이지 않는다는 것은 의심의 여지가 없다. 다른 경우와 마찬가지로 이 경우에도 대자는 순수한 아무것도 아닌 것(le pur Rien)이며, 그 배경 위에서 운동이 떠오른다. 하지만 운동의 본성 자체로 인해 운동에서 하나의 연역을 시도하는 것이 우리에게 금지되어 있긴 해도, 운동에 대한 묘사는 적어도 가능하고 또 심지어 필요하다. 그렇다면 운동의 의미로 무엇을 생각해야 하는가?

사람들은 운동을 그저 존재의 변용(affection)이라고 생각한다. 왜냐하면 동체(mobile)는 운동 후에도 이전에 있었던 그대로 다시 발견되기 때문이다. 사람들은 종종 이동은 이동된 것의 형상을 변형하지 않는다는 사실을 원리로 삼았다. 운동은 존재를 변경하지 않은 채 그

---

109 엘레아학파의 시조인 파르메니데스는 '있는 것은 있고, 있지 않은 것은 있지 않다'라는 명제에서 출발해, 진실로 있는 것은 불가분이고, 일체(一體)이고, 불생불멸이며, 운동도 변화도 하지 않는 전체라고 생각했다. 그의 후계자 제논은 '아킬레우스와 거북이', '날아가는 화살은 움직이지 않는다' 등의 변증법으로 운동의 불가능성을 논증한 것으로 유명하다.

110 'chiquenaude'는 파스칼이 『팡세』의 단장 77에서 사용한 개념으로, 데카르트가 간단하게 최초의 원동자로서 신을 언급하고, 그 이후에 일어나는 모든 일은 인과적인 결정에 따라 기계적으로 이루어진다고 함으로써, 운동에서 신을 배척한 것을 비판하기 위해 제시한 것이다. 그러니까 신이 최초에 손가락을 튕겨 어느 한 존재를 움직이게 하고 나서, 그 움직임에 영향을 받은 다른 존재가 움직이기 시작하고, 이렇게 해서 우주 전체의 모든 사물이 자동기계적으로 움직인다는 것이다. 이것은 아리스토텔레스의 '부동의 동자'에 해당한다고 할 수 있다. 또한 "하느님은 우주를 자동기계로 만들고 지금까지 낮잠을 주무신다."라는 데카르트의 말 또한 유명하다.

존재에 덧붙여진다는 사실은 그만큼 명백해 보였던 것이다. 또한 우리가 살펴본 것처럼, 이것의 개성원리는 변질되지 않은 채 그대로 남아 있음이 확실하다. 피츠제럴드[111]의 수축설[112]이나 아인슈타인의 "질량 변화설"[113]이 부딪친 저항만큼 이 사고방식을 전형적으로 보여 주는 것은 아무것도 없다. 왜냐하면 이 이론들은 더욱 특별히 동체의 존재를 이루고 있는 것을 공격하는 것처럼 보였기 때문이다. 이로부터 운동의 상대성 원리가 분명하게 도출된다. 이 원리는, 만일 여기-이것(celui-ci)이 존재의 하나의 외적 특징이라면, 만일 그 어떤 하부 구조적 변경도 여기-이것을 규정하지 않는다면, 매우 훌륭한 것으로 이해된다. 이때 운동은 존재와 그 주위 사이의 하나의 외적 관계를 이루기 때문이다. 존재는 움직이고 있는데, 그 주위는 정지 상태에 있다고 말하는 것이나, 그 반대로 주위는 움직이고 있는데, 고려된 존재는 정지 상태에 있다고 말하는 것은 같은 것이다. 이 관점에서 운동은 하나의 존재로도, 하나의 존재 방식으로도 나타나지 않는다. 오히려 운동은 전적으로 탈실체화된 하나의 관계로 나타난다.

하지만 동체가 운동의 출발점에서나 도착점에서, 다시 말해 운동의 테두리를 이루는 두 정지 상태에서 그 자체와 동일하다는 사실은, 이 동체가 운동하고 있을 때 그것이 어떤 것이었는가에 대한 아무 억측도 용인하지 않는다. 이 억측은 마치 고압솥에서 끓고 있는 물이 처음에 차가울 때와 다시 식어 차가워질 때도 동일한 성격을 보여 준다

---

111 조지 프랜시스 피츠제럴드(George Francis FitzGerald, 1851~1901)는 아일랜드의 물리학자이다. 전자기 이론과 전기 역학을 공부했다. H. A. 로런츠가 제출하고 피츠제럴드가 발표한, 특수상대성이론의 기초가 된 로런츠–피츠제럴드 수축으로 잘 알려져 있다. 달의 이면에 있는 분화구가 그의 이름을 따서 명명되기도 했다.

112 운동하는 물체는 그 운동 방향으로 길이가 짧아진다는 이론이다.

113 아인슈타인은 특수상대성이론에서 운동하는 물체의 속도가 빠르면 빠를수록 질량이 커진다는 사실을 정확한 수식으로 표현했다.

는 구실로, 물이 끓고 있는 동안 아무 변화도 겪지 않는다고 말하는 것과 같다. 동체가 운동하고 있는 동안, 그 동체에게 차례로 여러 다른 위치를 할당해 줄 수 있다는 사실, 또 각각의 위치에서 동체가 그 자체와 비슷하게 나타난다는 사실도 우리를 멈추게 해서는 안 된다. 왜냐하면 이 위치들은 운동 자체를 규정하는 것이 아니라 [동체가] 주파하는 공간을 규정하기 때문이다. 반대로 동체를 정지 상태에서 끌어내지 않고 하나의 선을 따라 이동하는 하나의 정지된 존재로 취급하는 수학적인 경향이 바로 엘레아학파의 아포리아(논리적 궁지)의 기원에 도사리고 있다.

이렇듯 존재가 정지 상태에 있든 운동하고 있든, 존재가 자신의 불변으로 남아 있다는 단언은, 우리에게 비판하지 않고서는 받아들일 수 없는 하나의 단순한 공준으로 나타날 수밖에 없다. 이 공준을 비판하기 위해서 엘레아학파의 논증, 특히 화살의 비유를 통한 논증으로 돌아가 보자. 그들은 우리에게 이렇게 말한다. 화살이 AB 지점을 지나갈 때, 화살은 정지 상태에 있는 하나의 화살이 그곳에 존재하는 것과 같이 정확하게 거기에 "존재하며", 화살촉의 끝은 A 지점에 놓여 있고, 화살 꼬리의 끝은 B 지점에 놓여 있다. 만일 운동이 존재에 겹친나는 사실을 인정한다면, 따라서 존재가 운동하고 있는지 정지 상태에 있는지를 드러낼 수 있는 것이 아무것도 없음을 인정한다면, 그것은 분명한 것처럼 보인다. 한마디로, 만일 운동이 존재의 하나의 우유성(偶有性, accident)이라면, 운동과 정지는 분간할 수 없다. 엘레아학파의 가장 유명한 난제, 즉 아킬레우스와 거북이의 아포리아에 반대하기 위해 사람들이 습관적으로 제시하는 논증은 여기에서 효과가 없다. 실제로 엘레아학파가 공간의 무한 분할에 기대면서 시간의 무한 분할을 똑같이 계산에 넣지 않았다고 반박해 본들 무슨 소용이 있겠는가? 여기에서 문제가 되는 것은 위치도 아니고 순간도 아니다. 오히려 존재가 문제이다. 우리가 엘레아학파에게 당신들은 운동이 아니라 운동을 떠받치는 공간을 고려했다고 대답할 때, 우리는 문제에 대한 정확한 사고방식에 접근한 것이다. 그렇더라도 그때 우리는 문제를 해결함이 없이 문제를 지적하는 데 그치는 것이다. 운동하는 존재의 개성원리가 변질되지 않고 유지되기 위해서, 또 그렇지만 그 존재에 있어 운동하는 존재가 정지하고 있는 하나의 존재와 구분하기 위해서는, 그 동체의 존재는 실제로 어떤 존재이어야 하는가?

만일 우리가 제논의 논증에 대한 우리의 저항을 명백하게 드러내고자 한다면, 우리는 이 저항의 근원에 운동에 대한 어떤 하나의 자연스러운 사고방식이 있음을 확인한다. 우리는 화살이 AB를 "지나가는" 것을 인정하지만, 우리에게는 한 장소에서 지나가는 것(passer)은 그 장소에 머물러 있는 것, 즉 그 장소에 있다는 것과 등가일 수 없는 것으로 보인다. 다만 우리는 일반적으로 심각하게 혼동하고 있다. 왜냐하면 우리는 동체가 AB를 지나갈 뿐이라고(다시 말해 동체가 AB에 결코 있지 않다고) 생각하고, 또 이와 동시에 우리는 동체가 그 자체에 있어 존재한다고 계속해서 생각하고 있기 때문이다. 그렇다면 그 동체는 그 자체로는 존재하는 동시에, AB에 있어서는 존재하지 않는 것이 된다. 이것이 바로 엘레아학파의 아포리아의 근원이다. 화살이 AB에 존재하는데, 어떻게 화살이 AB에 존재하지 않을 수 있는가? 달리 말해 엘레아학파의 아포리아를 피하기 위해서는, 운동하는 존재가 자신의 즉자존재를 보존한다고, 일반적으로 용인되는 공준을 포기해야 한다. AB를 지나가는 것은 단지 지나감의-존재(être-de-passage)이다. 지나간다는 것은 무엇인가? 바로 한 장소에 존재하면서 동시에 존재하지 않는 것이다. 어떤 순간에도 지나가는 존재가 여기에 존재한다고 말할 수 없다. 만일 그렇게 말한다면, 지나가는 존재를 갑자기 정지시키게 될 것이다. 하지만 지나가는 그 존재가 존재하지 않는다고 할 수도 없고, 그것이 그곳에 존재하지 않는다고 할 수도 없고, 다른 곳에 존재한다고 할 수도 없을 것이다. 운동 중인 존재가 장소와 맺는 관계는 점유(occupation)의 관계가 아니다. 하지만 우리는 정지해 있는 하나의 이것의 장소는 그것이 배경과 갖는 외적 관계라는 사실을 앞에서 보았다. 다만 그것은 배경 자체가 다수의 형태로 분해될 때, 이 관계가 다른 이것들과의 다수의 외적 관계로 무너져 내릴 수 있는 한에서 그러하다.[114] 따라서 공간의 근거는 상호적인 외면성인데, 이 상호적인 외면성은 대자를 통해 존재에 오고, 또 그 기원은 바로 존재는 그것이 있는 그대로의 것으로 있다는 것이다. 한마디로 다른 존재들에게 무차별한 것으로서 하나의 대자에게 자신을 드러내면서 자기의 장소를 정의하는 것은 존재이다. 그리고 이 무차별성은, 이 존재가 다른 이것들에 이미 현전해 있는 하나의 대자에 의해 파악되는 한에서, 이 존재의 동일성 자체일 뿐이며, 이 존재의 탈자적인 실재성의 부재 외의 아무것도 아니다. 따라서 이것은 그것이 있는 그대로의 것으로 있다는, 단 하나의 사실로 인해, 이것은 하나의 자리를 차지하고, 하나의 장소에서 존재한다. 다시 말해 이것은 대자에 의해 다른 이것들과 아무 관계도 없는 것으로서 이 다른 이것들과의 관계를 맺는다. 공간은 자신의 고유 관계로 있는 존재에 의해 관계로서 파악된 관계의 무이다. 따라서 어떤 곳을 지나가지만 그곳에 존재하지 않는 사실은 존재에 따른 용어로서만 해석할 수 있을 뿐이다. 이것은 장소가 존재에 의해 근거 지워지지만, 존재는 자신의 장소를 근거 짓는 데 충분하지 않음을 의

---

114 이 책 제3장 II.—원주.

미한다. 존재는 자기의 장소를 그저 소묘할 뿐이다. 존재가 다른 이것들과 맺는 외적 관계들은 대자에 의해 정립할 수 없다. 왜냐하면 대자가 이 관계들을 정립하기 위해서는 존재하는 하나의 이것에서 출발해야 하기 때문이다. 그렇지만 이 외적 관계들이 소멸될 수는 없을 것이다. 왜냐하면 이 외적 관계들이 정립되는 출발이 되는 존재는 하나의 순수한 무가 아니기 때문이다. 다만 이 외적 관계들이 정립되는 바로 "지금"에서 그 존재는 이미 이 관계들에서 외적이다. 다시 말해 이 외적 관계들의 드러남과 동시에, 그 고려된 이것을 기초로 한 새로운 외적 관계들, 최초의 관계들과 함께 하나의 외적 관계 속에 존재하는 새로운 관계들이 이미 드러내 보인다. 하지만 존재의 장소를 규정하는 공간적인 관계의 연속된 외면성은, 고려되는 이것이 자기에 외적이라는 사실에서만 자신의 기초를 발견할 수 있을 뿐이다. 그리고 사실상 이것이 하나의 장소에서 지나간다고 말하는 것은, 이것이 거기에 아직 있을 때, 그것이 이미 더 이상 거기에 있지 않음을 의미한다. 다시 말해 이것이 자기 자신에 대해 탈자적인 존재 관계 속에 있는 것이 아니라, 하나의 단순한 외적 관계 속에 있음을 의미한다. 이렇듯 이것이 다른 이것들에 대해 외적인 것으로서 드러내 보이는 한에서, "장소"가 존재한다. 그리고 존재가 이 외면성 속에 더 이상 갇히는 것이 아니라, 반대로 이미 이 외면성에 대해 외적으로 있는 한에서, 이 장소에 지나감(passage)이 있다. 이렇듯 운동은 자기에 외적인 하나의 존재의 존재이다. 운동에 제기되는 유일한 형이상학적인 물음은 자기에 대한 외면상의 물음이다. 우리는 이것을 어떻게 이해해야 하는가?

운동에서 존재가 A에서 B로 지나갈 때, 이 존재는 어떤 것으로도 변화하지 않는다. 이 말의 의미는 존재의 성질은, 그것이 대자에게 이것으로 드러내 보이는 존재를 재현하는 한에서, 다른 하나의 성질로 변형되지 않는다는 것이다. 운동은 생성과 결코 동일시할 수 없다. 운동은 성질을 그 본질에 있어 변질시키지 않으며, 그렇다고 그 성질을 현실화하지도 않는다. 성질은 정확하게 있는 그대로의 것으로 머물러 있다. 변화한 것은 성질의 존재 방식이다. 당구대 위를 구르는 빨간 당구공은 결코 빨강으로 있기를 그치지 않는다. 하지만 빨간 당구공의 빨강은, 그것이 있는 그대로 있다고 해도, 그것이 정지해 있었을 때와 똑같은 방식으로 빨강으로 있지는 않다. 이 빨강은 폐기와 항상성 사이에서 미결정 상태에 있다. 사실상 이미 B에 있어서 이 빨강이 A에 있었던 빨강에 외적인 한에서, 이 빨강의 소멸이 있다. 하지만 이 빨강이 B 저편의 C에서 재발견되는 한에서, 이 빨강은 이 소멸에 외적이다. 이렇듯 이 빨강은 폐기에 의해 존재에서 벗어나고, 존재에 의해 폐기에서 벗어난다. 따라서 이 빨강은 세계에서 이것들의 한 범주에 부딪친다. 그런데 이 범주의 특징은 결코 존재하는 것(n'être jamais)은 아니지만, 그렇다고 이로 인해 이것들이 무는 아니라는 것이다. 대자가 이 이것들에 대해 근원적으로 파악할 수 있는 유일한 관계는 자기에 대한 외면성이라는 관계이다. 왜냐하면 외면성은 아무것도 아니므로, "자기에 대한 외면성"이 있기 위해서는 자기 자신에 대해 자신의 고유한 관계로 있는 하나의 존재가 있어야 하기 때문이다. 한마디로 하나의 대자에게 자기에-대한-외면성으로 드러나는 것을 단순한 즉자에 대한 용어로 정의하는 것은 불가능하다. 이 외면성은 하나의 존재, 즉 그 자신에게 이미 저기에서 그것이 여기에서 그것으로 있는 하나의 존재에 있어서만, 다시 말해 하나의 의식에 있어서만 발견될 수 있을 뿐이다. 이 자기에-대한-외면성은 존재의 단순한 질병으로서, 다시 말해 자기로 있음과 동시에 그것들의 고유한 무로 있다고 하는, 어떤 종류의 이것들에게 있어서는 있을 수 없는 불가능성으로서 나타난다. 이 자기에-대한-외면성은 세계 속의 하나의 아무것도 아닌 것, 즉 하나의 실체화된 아무것도 아닌 것으로서 존재하는 무엇인가에 의해 지시되어야 한다. 자기에-대한-외면성은 전혀 탈자적이지 않기 때문에, 동체의 자기 자신에 대한 관계는 사실상 단순한 무차별의 관계이고, 또 한 명의 증인에게만 발견될 수 있을 뿐이다. 그것은 자기를 만들 수 없는 하나의 폐기이고, 또 자기를 만들 수 없는 하나의 현출이다. 자기에-대한-외부성을 측정하고 또 그것을 의미하는 이 아무것도 아닌 것, 그것이 바로 하나의 궤적(trajectoire), 다시 말해 하나의 동일한 존재의 통일 속에서 외면성을 구성한다. 궤적은 그어지는 선이다. 다시 말해 궤적은 공간에서 종합적인 통일의 갑작스러운 나타남이고, 무한한 다수(multiplicité infinie)[115]의 외면성으로 곧장 붕괴하는 하나의 거짓 외관이다. 이것이 정지해 있을 때, 공간은 존재한다. 이것이 운동할 때, 공간은 발생하거나 생겨난다. 궤적은 결코 존재하지 않는다. 왜냐하면 궤적은 아무것도 아니기 때문이다. 궤적은 여러 장소 사이의 단순한 외적 관계에서, 다시 말해 단순한 무차별의 외면성 또는 공간성 속에서 소멸한다. 운동은 더더욱 존재하지 않는다. 운동은 폐기되기에 이를 수도 없고, 완전히 존재하기에 이를 수도 없는 하나의 존재의 최소-존재(le moindre-être)이다.[116] 운동은 바로 즉자의

---

115 '무한한 다수'는 '무한한 다양태'로 옮길 수도 있다. 전자로 옮기면 외면성의 양적-공간성이 잘 드러나긴 하나, 외부성의 장(場)을 셀 수 있는 단위로 절단해 낸다는 뉘앙스를 풍긴다. 후자로 옮기면 G. F. B. 리만(G. F. B. Riemann, 1826~1866)의 무한 다양체 이론과 리만의 이 개념에 영향을 받은 베르그송의 다양체 이론을 생각나게 한다.

116 '운동이 존재하지 않는다'라는 것은 운동이 물체처럼 즉자적이지 않다는 것이다. 사르트르는 '존재한다(être)'는 존재론적 술어를 오로지 '이것'이라 부르는 즉자적인 개별 존재에게만 적용한다. 다만 문제는 'être'가 맥락에 따라 '존재'를 의미할 때도 있고 '존재하다'를 의미할 수도 있다는 데 있다. 예컨대 개별 존재자인 이 책상이 세계 내에 존재한다고 할 때, 이 책상은 '세계-한복판의-존재'라 할 것인데, 여기에서 '존재'는 이 책상의 일종의 존재 방식인 '존재한다'를 가리킨다. 사르트르가 여기에서 운동을 '존재의 최소-존재'라고 할 때, '존재' 역시 일종의 존재 방식인 '존재한다'를 지칭한다.

핵심에서 일어나는 무차별한 외면성의 나타남이다. 이 단순한 존재의 요동침은 존재의 우연한 모험이다. 대자는 시간적인 탈자를 통해서만, 그리고 동체가 수행하는 탈자적이면서 항상적인 자기와의 동일화 안에서만 운동을 파악할 수 있을 뿐이다. [동체가 수행하는] 이 동일화에는 어떤 조작도, 특히 그 어떤 "재인의 종합"도 전제되어 있지 않다. 오히려 이 동일화는 대자에게 있어 과거와 현재가 탈자적으로 이루는 존재 통일 외의 다른 아무것도 아니다. 이렇듯 동체와 자기와의 시간적인 동일화는 동체 고유의 외면성의 끊임없는 정립을 통해 궤적을 드러내 보이게 한다. 다시 말해 소멸해 가는 하나의 생성이라는 형태하에 공간이 나타나게 한다. 운동에 의해 공간이 시간 속에서 발생한다. 운동은 자기에 대한 외면성의 흔적으로서의 선을 긋는다. 이 선은 운동과 동시에 사라지고, 또 공간의 시간적인 통일이라는 환영은 계속해서 비시간적인 공간 속에서, 다시 말해 생성 없이 존재하는 분산의 단순한 다수성 속에서 용해된다.

대자는 현재에 있어서는 존재에 대한 현전이다. 하지만 항상적인 것의 영원한 동일성으로 인해 이 현전을 사물들에 대한 하나의 반영으로 파악하는 것이 허용되지 않는다. 왜냐하면 [지금] 존재하는 것과 항상성 속에서 존재했던 것을 차별하기 위해 오는 것은 아무것도 없기 때문이다. 따라서 만일 운동이 존재하지 않는다면, 보편적 시간의 현재적인 차원은 파악할 수 없을 것이다. 보편적 시간을 순수한 현재로 규정하는 것은 운동이다. 우선 보편적인 시간이 현재적인 요동침으로 드러나므로, 보편적 시간은 이미 과거에서 하나의 사라지는 선, 흩어지는 하나의 항적일 뿐이다. 그리고 보편적인 시간은 미래에서 자신의 고유한 기투일 수 없으므로 전혀 존재하지 않는다. 보편적인 시간은 벽 위를 기어가는 도마뱀의 계속되는 전진과 같다. 게다가 보편적인 시간의 존재는 순간의 파악할 수 없는 애매성을 지니고 있다. 왜냐하면 보편적 시간은 존재한다고 말할 수도 없고 존재하지 않는다고도 말할 수도 없기 때문이다. 이외에도 보편적인 시간은 나타나자마자 이미 뛰어넘어지고, 자기에 대해 외적으로 있다. 따라서 보편적인 시간은 대자의 현재와 완벽하게 부합한다. 존재할 수도 없고 존재하지 않을 수도 없는 존재의 자기에 대한 외면성은, 대자에게 그것이 있지 않은 것으로 있고, 또 그것이 있는 것으로 있지 않아야 하는 하나의 존재 이미지 ─ 즉자의 차원에 투영된 ─ 를 가리킨다. 모든 차이는 자기에-대한-외면성 ─ 이 자기에-대한-외면성에서 존재는 자신의 고유한 외면성이기 위해 존재하지 않으며, 반대로 한 명의 탈자적인 증인이 행하는 동일화에 의해 "존재로 있다" ─ 과 시간화하는 순수한 탈자 ─ 여기에서 존재는 그것이 있지 않은 것으로 있어야 한다 ─ 를 분리하는 차이이다. 대자는 운동자(le mouvant)를 통해 자신의 현재를 자신에게 알린다. 대자는 현재의 운동과 동시적으로 자신의 고유한 현재이다. 대자가 동체의 현재에 의해 자신의 고유한 현재를 자기에게 알리는 한에서, 보편적인 시간을 실현하는 임무를 맡고 있는 것은 바로 운동이다. 이 [보편적 시간의] 실현을 통해 순간들의 상호적 외면성에 가치가 부여된다. 왜냐하면 동체의 현재는 ─ 운동의 본성 자체로 인해 ─ 자신의 고유한 과거에 대한 외면성으로서, 그리고 외면성에 대한 외면성으로서 정의되기 때문이다. 시간의 무한한 분할은 이 절대적인 외부성 속에 근거를 둔다.

C) 미래

근원적인 미래는, 현실적인 즉자 저편에 있는 하나의 즉자에 대한 현전이지만, 내가 현실 저편에 그것으로 있어야 하는 현전의 가능성이다. 나의 미래는 미래적인 공현전으로서 하나의 미래적인 세계에 대한 소묘를 불러일으킨다. 그리고 이미 살펴본 것처럼, 내가 그것으로 있을 대자에게 드러내 보이는 것은, 이 미래적인 세계이지, 반성적 시선에 의해서만 인식될 수 있을 뿐인 대자의 가능성 자체가 아니다. 나의 가능들은, 내가 현재 그것으로 있는 것의 의미임과 동시에, 내가 그것에 대해 현전하고 있는 즉자의 하나의 저편으로 나타나는 것이므로, 나의 미래에 대해 드러내 보이는 즉자의 미래는, 내가 그것에 대해 현전하고 있는 현실과 직접적이고 밀접한 연관이 있다. 즉자의 미래는 변양된 현재적인 즉자이다. 왜냐하면 나의 미래는 내가 변양시킬 하나의 즉자에 대한 나의 현전의 가능성일 뿐이기 때문이다. 이렇듯 세계의 미래는 나의 미래에 대해 드러내 보인다. 세계의 미래는 사물의 단순한 항상성과 순수한 본질에서부터 여러 잠재태에까지 이르는 잠재성들의 층위로 이루어져 있다. 내가 사물을 책상 또는 잉크병으로 파악하면서 그 본질을 고정하자마자, 나는 이미 저기 미래에 존재한다. 이것은 우선 사물의 본질이 이-부정일-수밖에-없다(n'être-plus-que-cette-négation)고 하는 나의 후일의 가능성에 대한 하나의 공현전일 수밖에 없기 때문이다. 그다음으로 이것은 책상이나 잉크병의 항상성과 도구성 자체가 우리에게 미래를 가리키기 때문이다. 우리는 이 점에 대해 앞의 절들에서 충분하게 지적했기 때문에, 여기에서 다시 강조할 필요는 없다. 다만 우리가 지적하고 싶은 것은, 모든 사물은 도구-사물로 나타나자마자, 단번에 그 약간의 구조와 특질을 미래 속에 위치시킨다는 것이다. 세계와 이것들이 나타나자마자 거기에 하나의 보편적인 미래가 존재한다. 다만 우리가 앞에서 지적한 바와 같이, 세계의 모든 미래적인 "상태"는 세계에게는 낯설면서 무차별의 완전히 상호적인 외면성으로 머물고 있다. 세계의 여러 미래가 있다. 그 세계의 미래들은 운(chances)에 의해 정의되고, 자율적인 개연적인 것들이 된다. 이 자발적인 개연적인 것들은 스스로 개연성화하는 것이 아니고, 오히려 개연적인 것들인 한에서, 완전히 구성된 "지금들"로 존재한다. 하지만 그 내용은 충분히 규정되었으나 아직 실현된 것은 아니다. 이 미래들은 각각의 이것에 또는 이것들의 집합에 속한다. 하지만 이 미래들은 밖에 있다. 그렇다면 보편적인 장래는 무엇인가? 이 보편적인 장래를 미래들이라고 하는 등가물의 위계를 나타내는 추상적인 테두리로 보아야 한다. 그러니까 상호적인 외면성들의 용기이면서 그 자신이 외면성인 용기로, 또한 그 자신이 즉자적인 즉자의 총화로 말이다. 말하자면 어떤 개연적인 것이 우위에 서든, 하나의 장래는 있고 또 있을 것이다. 하지만 이로 인해 서로 무차별적인 "지금들"이 앞뒤의 실체화된 관계에 의해 결합되어(앞뒤 관계는 그 탈자적 성격을 잃고 이미 외적 부정의 의미만 가지고 있을 뿐인 한에서) 만들어져 있는 무차별적인, 그리고 현재에 대해 외적인 장래는, 분산의 통일에 의해서 서로 결합된 일련의 텅 빈 용기들이다. 이 의미에서, 때로는 장래가 긴급함과 위협으로 나타나기도 한다. 그것은 내가 나 자신의 고유한 가능성을 공현전적인 것 저편에 기투함으로써, 하나의 이것이 갖는 미래를 이것의 현재에 밀접하게 연결하는 한에서 그렇다. 때로는 이 위협이 단순한 외면성으로 분해되기도 한다. 그때 나는 장래를 이미 하나의 단순한 형식적인 용기로만 파악할 뿐이다. 이 용기는 그것을 채우는 것과는 무관하며, 단순한 외면성의 법칙으로서의 공간에 동질적이다. 그리고 마지막으로 어떤 때는 이 장래가 존재 저편의 순수한 분산인 한에서, 이 장래는 하나의 즉자적인 무(un néant en-soi)로 드러난다.

이렇듯 비시간적인 이것은 시간적인 차원들을 통해 우리에게 그 초시간성(a-temporalité) 자체와 함께 주어진다. 이 시간적인 차원이 대상 위에서 나타날 때 새로운 성질들, 즉 즉자존재, 객관성, 무차별적인 외면성, 절대적인 분산 등의 새로운 성질들을 띠게 된다. 시간(le Temps)은, 그것이 자신을 시간화하는 탈자적인 하나의 시간성에서 드러나는 한, 어디에서든 자기에 대한 초월이고, 앞에서 뒤로, 또 뒤에서 앞으로의 지향이다. 하지만 이 자기에 대한 초월도, 시간이 자기를 즉자에서 파악되도록 하는 한에서, 시간은 이 초월로 있어야 하는 것이 아니라, 오히려 이 초월이 시간 속에 존재한다. 시간의 접착(cohésion)[117]은, 대자가 자기 자신을 향해 탈자적으로 수행하는 기투, 즉 인간실재의 동적인 접착의 객관적인 반영이고, 하나의 단순한 환영이다. 하지만 만일 시간을 그 자체로 고려한다면, 이 [시간의] 접착은 어떤 존재 이유도 없을 것이고, 그 즉시 순간들의 — 따로 분리해서 보면, 이 순간들은 모든 시간적인 본성을 상실하고, 완전히 이것의 전적인 초시간성으로 환원된다 — 절대적인 다수성으로 해체되고 말 것이다. 이렇듯 시간은 단순한 즉자적인 무이며, 이 무는 대자가 그것을 이용하기 위해 뛰어넘는 행위 자체에 의해서만 하나의 존재를 가질 수 있는 것으로 보일 뿐이다. 게다가 이 존재는 시간의 무차별한 바탕 위로 떠오르는 하나의 특이한 형태의 존재이고, 우리가 [시간의] 기간(laps du temps)[118]이라고 부르게 될 존재이다. 사실 객관적인 시간에 대한 우리의 최초의 파악은 실천적(pratique)이다. 내가 세

---

117 현재와 과거와 미래가 서로 들러붙어 하나의 시간을 형성하는 것을 의미한다. 미세하게 보면 각 순간이 서로 들러붙어 하나의 '시간 길이(후설은 이를 'Zeitlang'이라 부른다)'를 형성하는 것으로 볼 수도 있을 것이다.

118 후설이 말한 '시간 길이'를 사르트르 나름대로 새롭게 명명한 것으로 볼 수 있다.

계 속에서 객관적인 시간을 나의 가능으로부터 나를 분리하는 무의 상관적인 것으로서 발견하는 것은, [내가] 공현전하는 존재 저편에서 나의 가능성으로 있음으로써이다. 이 관점에서 보면 시간은 무한한 분산의 한가운데에서 유한하게 조직된 형식으로 나타난다. 기간은 하나의 절대적인 감압(décompression) 한가운데에서 일어나는 시간의 압축(comprimé)이다. 이것은 압축을 실현하는 우리의 가능들을 향한 우리 자신의 기투이다. 분명히 시간의 압축은 분산과 분리의 한 형태이다. 왜냐하면 이것은 세계 속에서 나를 나 자신으로부터 분리하는 거리를 표현하기 때문이다. 하지만 다른 한편으로, 내가 ……를 위해 내가 그것으로 있어야 하는 것이라는 일련의 조직적이고 의존적인 가능들을 통해서만 하나의 가능을 향해 나를 기투할 수 있을 뿐이기 때문이다. 그리고 나의 의존적인 가능들의 비주제적이고 비정립적인 드러남은 내가 그것을 향해 기투하는 훨씬 더 중요한 가능의 비주제적이고 비정립적인 드러남 속에 주어져 있기 때문이다. 시간은 객관적인 시간적 형태로서 개연적인 것들로 조직된 간격을 둔 배치로 나에게 드러내 보여진다. 이 객관적인 형태 또는 기간은 나의 행위의 궤적과 같다.

이렇듯 시간은 궤적들을 통해 나타난다. 하지만 공간적인 궤적들이 감압되고 또 단순히 정적인 공간성으로 붕괴하는 것과 마찬가지로, 시간적인 궤적도 그것이 우리 자신에 대한 우리의 기대를 객관적으로 암시하는 것으로서 체험되지 않자마자 붕괴하고 만다. 사실 나에게 나타나는 개연적인 것들은 그 자체에 있어서의 개연적인 것들로서 고립되고, 또 객관적인 시간에서 엄격하게 격리된 [시간의] 일부분을 차지하려는 자연스러운 경향을 지니고 있다. 기간은 소멸하고, 시간은 엄격하게 초시간적인 하나의 존재자의 표면에서 일어나는 무의 반짝임으로 드러내 보인다.

V. 인식

세계가 대자에 어떻게 드러나는가에 대한 빠른 소묘를 통해 우리는 이제 결론을 내릴 수 있게 되었다. 우리는 대자의 존재가 존재에 대한 인식이라는 점에서 관념론에 동의하지만, 거기에 이 인식이라는 하나의 존재가 있음을 덧붙일 것이다. 대자의 존재와 인식의 동일성은, 인식이 존재의 척도라는 데서 유래하는 것이 아니라, 오히려 대자는 그것이 있는 그대로의 것을 즉자에 의해 자기에게 알려 준다는 것, 다시 말해 대자는 그 존재에 있어 존재와의 관계라고 하는 것에서 유래한다. 인식은 존재의 대자에 대한 현전 외의 아무것도 아니고, 대자는 이 현전을 실현하는 아무것도 아닌 것일 뿐이다. 이렇듯 인식은 본성상 탈자적인 존재이고, 또 이런 이유로 인식은 대자의 탈자적인 존재와 뒤섞인다. 대자는 나중에 인식하기 위해 존재하는 것이 아니다. 그리고 대자는 그것이 인식하는 한에서 또는 인식되는 한에서만 존재한다고 말할 수 없다. 그렇게 말하는 것은 존재를 특정한 인식들이라는 일정한 무한으로 소멸하게 할 것이다. 하지만 인식은 대자가 존재 한가운데에서, 존재의 저편에서, 대자 자신이 그것으로 있지 않은 존재에서 출발해서, 또 이 존재에 대한 부정과 자기의 무화로서 절대적으로 나타난다. 이 절대적이고 원초적인 사건이 바로 인식이다. 한마디로 관념론적 입장을 근본적으로 뒤집음으로써 인식은 존재 속에 흡수된다. 인식은 존재의 하나의 속성도 아니고, 하나의 기능도 아니고, 하나의 우유성도 아니다. 오히려 존재만이 있을 뿐이다. 이 관점에서 보면, 관념론적 입장을 전적으로 포기하는 것이 필요해 보인다.

그리고 특히 대자의 즉자에 대한 관계를 하나의 근본적인 존재론적 관계로 고찰할 수 있다. 심지어 우리는 이 책 끝부분에서 즉자에 대한 대자의 관계를 우리가 존재(l'Etre)라고 명명할 수 있을 하나의 준총체성의 끊임없이 움직이는 소묘로 고찰할 수 있을 것이다. 이 총체성의 관점에서 보면, 대자의 나타남은 단지 대자에게 있어 절대적인 사건에 불과한 것이 아니라, 또한 즉자에 도달하는 무엇인가의 나타남, 즉자의 유일하게 가능한 모험이다. 실제로 모든 것은 마치 대자가 자신의 무화작용 자체에 의해 "……에 대한 의식"으로 자기를 구성하는 것처럼 전개된다. 다시 말해 모든 것은 마치 대자가 자신의 초월 자체에 의해 즉자의 법칙, 즉 즉자에서는 긍정과 긍정된 것이 들러붙어 있다는 법칙에서 벗어나는 것처럼 진행된다. 대자는 자기에 대한 자신의 부정을 통해 즉자에 대한 긍정이 된다. 지향적인 긍정은 내적 부정의 이면과 같다. 긍정은 자신의 고유한 무로 있는 하나의 존재[대자]에 의해서만, 또 자기가 긍정하는 존재가 아닌 하나의 존재[즉자]에 대해서만 있을 수 있을 뿐이다. 하지만 그때 존재(l'Etre)의 준총체성 속에서 긍정은 즉자에게서 발생한다. 긍정된다는 것은 즉자의 모험이다. 이 긍정은 자기의 즉자존재가 파괴됨 없이는 즉자에 의해 자기에 대한 긍정으로 이루어질 수 없다. 이 긍정이 대자에 의해 실현되는 일이 즉자에게 일어난다. 이 긍정은 즉자의 수동적인 하나의 탈자이다. 이 수동적인 탈자는 즉자를 변질되지 않은 상태로 놓아두지만, 즉자 속에서 그리고 즉자에서 출발해서 이루어진다. 모든 것은 마치 "세계"로서의 긍정이 즉자에 이르기 위해 스스로 자기를 상실하는 대자의 수난(passion du pour-soi)[119]처럼 진행된다. 그리고 분명히 이 긍정은 대

---

119 대자의 자기 부정을 그리스도의 수난과 비교하고자 하는 의도로 표현한 것이다. 사르트르는 이 책 제4부 끝부분에서 다시 사용하면서 인간을 '무용한 수난(passion inutile)'으로 정의하고 있다.

자에 대해서만 존재할 뿐이다. 이 긍정은 대자 자체이고 또 대자와 함께 사라진다. 그렇다고 해서 이 긍정이 대자 속에 있는 것은 아니다. 왜냐하면 이 긍정은 탈자 자체이기 때문이다. 그리고 만일 대자가 긍정의 두 항 중 하나의 긍정하는 자라면, 다른 항, 즉 즉자가 이 대자에게 실재적으로 현전하고 있기 때문이다. 나에게 드러나는 하나의 세계가 존재하는 것은 외부에서, 존재 쪽에서이다.

다른 한편으로, 실재론자에 대해 우리는 인식에서 의식에 현전하는 것은 존재 자체라는 사실, 또 대자는 즉자가 거기에 있었다는 사실 자체, 즉 긍정적인 부정 말고는, 즉자에게 아무것도 덧붙이지 않는다는 사실을 인정할 것이다. 사실 우리는 세계와 도구-사물, 공간과 양 등은 보편적인 시간과 마찬가지로 실체화된 순수한 무이며, 이들을 통해 열어 보이는 순수한 존재를 전혀 변경하지 않는다는 사실을 보여 주는 것을 임무로 삼았다. 이 의미에서 모든 것은 주어져 있고, 모든 것은 거리 없이(sans distance) 나에게 그 전적인 실재성 속에서 나에 대해 현전하고 있다. 내가 보는 어느 것도 나에게서 유래하지 않는다. 내가 보는 것 또는 내가 볼 수 있는 것의 바깥에는 아무것도 없다. 존재는 나의 주위에 모든 곳에 있다. 나는 그것을 만질 수 있고 파악할 수 있을 것 같다. 심적 사건인 표상은 순전히 철학자들이 고안해 낸 것이다. 하지만 사방에서 "나를 포위하고" 있는 존재, 또 어떤 것도 그것과 나를 분리하지 않는 존재는, 정확하게 나를 그것과 분리하는 아무것도 아닌 것이고, 그리고 아무것도 아닌 것은 무이기 때문에 뛰어넘을 수 없다. 나는 존재에 대한 부정이므로 존재가 "거기에 존재한다." 그리고 세계성(mondanité), 공간성, 양, 도구성, 시간성 등은 내가 존재에 대한 부정이기 때문에만 존재에게 올 뿐이다. 그것들은 존재에 아무것도 덧붙이지 않는다. 그것들은 "거기에 존재한다"의 무화되는 단순한 조건에 불과하다. 그것들은 거기에 존재함을 실현할 뿐이다. 하지만 아무것도 아닌 이 조건들은, 내가 프리즘에 의해 왜곡되는 것보다 좀 더 근본적으로 나를 존재로부터 분리한다. 나는 프리즘의 왜곡을 통해서는 여전히 존재를 발견할 수 있다는 희망을 가질 수 있다. 거기에 존재가 존재한다고 말하는 것은 아무 도움도 되지 않는다. 그렇지만 그렇게 말하는 것은 전면적인 변형을 일으킨다. 왜냐하면 하나의 대자에게 있어서만 존재가 거기에 존재할 뿐이기 때문이다. 존재가 대자에 대해 상대적인 것은 존재의 고유한 성질 속에서도 아니고, 존재의 존재 속에서도 아니다. 그리고 우리는 그 점에서 칸트적인 상대주의에서 벗어난다. [존재가 대자에 상대적인 것은] 오히려 대자의 "거기에 존재함"에 있어서이다. 왜냐하면 대자가 자신의 내적 부정에서 자기를 긍정할 수 없는 것을 긍정하기 때문이고, 대자는 "있는 그대로(tel qu'il est)"가 존재에 속할 수 없는데도 존재를 있는 그대로 인식하기 때문이다. 이 의미에서 대자는 존재에 대한 직접적인 현전임과 동시에 자기 자신과 존재 사이의 무한한 거리로서 [존재에] 미끄러져 들어간다. 왜냐하면 인식하기가 사람이-인식하는-것으로-있는 것을 이상으로 삼지만, 인식된-것으로-있지-않음을 그 근원적인 구조로 삼기 때문이다. 세계성과 공간성 등은 이 있지-않음(ne-pas-être)을 표현하는 일만을 할 뿐이다. 이렇게 해서 나와 존재 사이의 모든 곳에서 존재로 있지 않은 아무것도 아닌 것으로서 있다. 세계는 인간적이다. 우리는 의식이 차지하고 있는 아주 특수한 위치를 본다. 존재는 나에 맞서며 나의 주위의 모든 곳에 있다. 존재는 내 위로 무겁게 짓누르고, 나를 공격한다. 그리고 나는 존재에서 존재로 끊임없이 보내지고, 저기에 있는 이 책상은 존재이고, 그 이상의 아무것도 아니다. 이 바위, 이 나무, 이 풍경은 존재에 속하며, 그렇지 않으면 아무것도 아니다. 나는 이 존재를 파악하기를 원한다. 그런데 나는 나만을 발견할 뿐이다. 왜냐하면 존재와 비존재 사이의 매개자인 인식은, 만일 내가 인식이 주관적이기를 원한다면, 나에게 절대적인 존재에게로 향하게 하지만, 내가 그 절대적인 것을 파악한다고 생각할 때는 나를 나 자신에게로 향하게 하기 때문이다. 인식의 의미 자체는 그것이 그것으로 있지 않은 것으로 있고, 그것이 있는 것으로 있지 않은 것이다. 왜냐하면 존재를 있는 그대로 인식하기 위해서는, [내가] 그 존재로 있어야 할 것이지만, "있는 그대로"는 내가 나의 인식하는 존재로 있지 않으므로 있을 수 있으며, 또 만일 내가 그 존재가 된다면, 이 "있는 그대로"는 소멸해 더 이상 생각할 수조차 없을 것이기 때문이다. 여기에서 문제가 되는 것은 회의론 ─ 여기에는 있는 그대로가 정확하게 존재에 속한다는 것이 전제된다 ─ 도 아니고, 상대주의도 아니다. 인식은 우리를 절대적인 것의 면전에 세운다. 여기에는 인식의 진리가 있다. 하지만 이 진리는, 그것이 우리에게 절대적인 것 이상의 어떤 것도, 그 이하의 어떤 것도 양도하지 않는다고 해도, 어디까지나 인간적으로 머문다.

우리가 신체와 감각의 문제를 제기하지 않고, 또 단 한번도 언급하지 않은 채 인식의 문제를 다룬 데 대해 아마도 놀라는 사람들도 있을 것이다. 우리의 계획에는 신체의 역할을 무시하거나 소홀히 다룰 의도는 없다. 하지만 다른 모든 경우와 마찬가지로 존재론에서도 논술의 순서를 엄격하게 지키는 것이 무엇보다 중요하다. 그런데 신체는, 그 기능이 어떻든, 먼저 인식되는 것(le connu)으로 나타난다. 따라서 우리는 인식을 신체에 돌릴 수도 없고, 인식하기를 정의하기 전에 신체를 다룰 수도 없고, 또 어떤 방식, 어떤 양태로든 신체에서 인식함을 그 근본 구조에 맞추어 도출할 수도 없을 것이다. 이외에도 신체 ── 우리의 신체 ── 는 본질적으로 타자에 의해 인식된다는 것을 그 특수한 존재 성격으로 지닌다. 내가 인식하는 것은 타인들의 신체이며, 내가 나의 신체에 대해 아는 것의 본질은 타인들이 나의 신체를 보는 방식에서 나온다. 이렇듯 나의 신체의 본성은 타자의 존재와 나의 대타존재를 나에게 가리킨다. 나는 나의 신체와 더불어 인간실재에 있어 대자존재와 똑같이 근본적인 또 다른 하나의 존재 방식을 발견한다. 나는 그것을 대타존재(l'être-pour-autrui)로 명명할 것이다. 만일 내가 인간과 존재의 관계를 남김없이 기술하고자 한다면, 지금 나는 나의 존재의 이 새로운 구조, 즉 대타에 대한 연구에 착수해야 할 것이다. 왜냐하면 인간실재는 그 존재에 있어 유일하면서도 동일한 하나의 나타남에 의해 대자-대타존재로 있어야 하기 때문이다.

제3부 대타존재

제1장 **타자의 존재**

I. 문제

우리는 부정적인 행위들과 코기토로부터 출발해서 인간실재를 기술했다. 우리는 이 도선(導線)을 따라 인간실재가 대자라는 사실을 발견했다. 인간실재가 있다는 것의 모든 것은 그것뿐인가? 반성적 기술이라는 우리의 태도에서 벗어나지 않고서도 우리는 그 자체 내부에서 엄격하게 대자로 머물면서 근본적으로 다른 유형의 존재론적 구조를 가리키는 것처럼 보이는 의식의 방식을 만날 수 있다. 이 존재론적 구조는 나의 존재론적 구조이고, 내가 염려하는 것은 나 자신의 문제에 대한 것이다. 그렇지만 이 "대아적(對我的)" 염려는 대아적으로 있지 않으면서 나의 존재로 있는 하나의 존재를 나에게 드러내 보인다.

예컨대 수치심을 보자. 우리가 앞에서 서술한 모든 의식 구조와 동일한 구조를 가진 의식의 존재 방식이 문제가 된다. 수치심은 수치심으로서의 자기(에 대한) 비정립적 의식이다. 그리고 그러한 수치심은 독일인들이 "체험"이라고 부르는 것의 한 예이다. 수치심은 반성의

487

손이 미치는 곳에 있다. 게다가 수치심의 구조는 지향적이다. 수치심은 무엇인가에 대한 수치스러운 파악이며, 이 무엇인가는 바로 나이다. 나는 내가 그것으로 있는 것에 대해 수치심을 느낀다. 따라서 수치심은 나에 대해 나 자신과 함께 내적 관계를 실현한다. 즉 나는 수치심에 의해 나의 존재의 한 양상을 발견한 것이다. 그렇지만 수치심에서 파생한 몇몇 복합적인 형태가 반성적 차원에서 나타날 수 있다 해도, 수치심은 근원적으로 하나의 반성 현상은 아니다. 사실 사람들이 고독 속에서 수치심의 종교적 실천에 의해 얻을 수 있는 결과가 어떤 것이든, 수치심은 그것의 제1차적 구조에서 누군가의 앞에서의 수치심이다. 방금 나는 하나의 서툴거나 야비한 몸짓을 했다. 이 몸짓이 나에게 들러붙는다. 나는 이 몸짓을 판단하지도 비난하지도 않는다. 나는 이 몸짓을 단순히 체험한다. 나는 대자의 방식으로 이 몸짓을 실현한다. 그런데 나는 갑자기 고개를 든다. 누군가가 거기에 있었고, 나를 본 것이다. 나는 갑자기 나의 몸짓의 모든 야비함을 실감한다. 그리고 나는 수치심을 느낀다. 나의 수치심이 반성적이 아닌 것은 확실하다. 왜냐하면 나의 의식에 대한 타자의 현전은, 비록 촉매의 방식이라고 할지라도, 반성적 태도와는 양립하지 않기 때문이다. 나의 반성의 장에서 나는 나의 것인 의식만을 만날 수 있을 뿐이다. 그런데 타자는 나와 나 자신 사이의 필요 불가결한 매개자이다. 나는 내가 타자에게 나타나는 대로의 나에 대해 수치심을 느끼는 것이다. 그리고 타자의 출현 자체에 의해 나는 나 자신에 대해 마치 하나의 대상에 대해서처럼 나 자신에 대해 판단을 내릴 수 있게 된다. 왜냐하면 나는 타자에게 대상으로 나타나기 때문이다. 그렇지만 타자에게 나타난 이 대상은 타인의 정신 속에 나타난 하나의 헛된 이미지는 아니다. 물론 이 이미지는 전적으로 타자의 탓으로 여겨질 수 있을 것이고, 나에게 "타격을 줄(toucher)" 수 없을 것이다. 나는 이 이미지 앞에서 역정을 내고 분노를 느낄 수도 있을 것이다. 이것은 마치 내가 지니지 않은 추한 모습이나 비열한 모습을 나에게 뒤집어씌워 졸렬하게 그린 나의 초상화 앞에서와 마찬가지일 것이다. 하지만 나는 이로 인해 뼛속까지 타격을 입지는 않을 것이다. 수치심은 본질상 인정(reconnaissance)이다. 나는 타자가 나를 보는 것같이 내가 존재한다는 것을 인정한다. 하지만 여기에서는 마치 나에게서 대자의 존재 방식으로 내가 타자에 대해 존재하는 것과 동등한 것을 발견하듯, 내가 나에 대해 존재하는 것과 내가 타자에 대해 존재하는 것을 비교하는 것이 문제가 아니다. 먼저 이런 비교는 우리 내부에서 구체적인 심리 작용으로 일어나지 않는다. 수치심은 아무런 언어적 준비 없이 나의 머리끝에서 발끝까지 치닫는 직접적인 전율이다. 그다음으로 이런 비교는 불가능하다. 나는 거리도 없고, 후퇴도 없고, 전망도 없는 대자의 친밀성 속에 내가 있는 것과 내가 타자에 대해 있는 이 정당화될 수 없는 즉자적 존재를 연관 지을 수는 없다. 여기에는 기준도 대조표도 없다. 게다가 야비함(vulgarité)이라는 개념 자체에 상호 단자적 관계(relation intermonadique)[1]가 함축되어 있다. 사람은 혼자서 야비한 것이 아니다. 이렇듯 타자는 단지 내가 있었던 그대로의 것을 나에게 드러내 보인 것이 아니다. 타자는 새로운 자격을 지니고 있어야 할 하나의 새로운 유형의 존재에 따라 나를 구성한 것이다. 이 존재는 타자의 출현 이전에 나의 내부에 가능태로 있었던 것이 아니다. 왜냐하면 이 존재는 대자 속에서 자리를 발견할 수 없을 것이기

---

1 라이프니츠 철학의 핵심 개념 중 하나인 '모나드'는 폐쇄된 존재이며, 다른 존재와 소통이 안 된다. 사르트르는 라이프니츠와 비슷하게 의식의 담지자인 인간실재를 하나의 단자로 여기나, 이 단자는 다른 의식과의 관계 속에서 그 의미를 갖는다고 본다. 여기에서 '상호 단자적'이라는 의미가 바로 그것이다.

때문이다. 그리고 비록 사람들이 나의 신체[2]가 타인을 위해 존재하기 전에 전적으로 구성되어 있는 하나의 신체를 나에게 부여하고자 한다 해도, 나의 야비함이나 서투름을 가능태로 나의 신체 속에 깃들게 할 수는 없을 것이다. 왜냐하면 나의 야비함이나 서투름은 의미이기 때문이며, 그것으로서 그것들은 신체를 뛰어넘음과 동시에 그것들을 이해할 수 있는 한 명의 증인과 인간실재로서의 나의 전체를 가리키기 때문이다. 하지만 타자에게 있어 나타나는 이 새로운 존재는 타자 안에 거주하는 것이 아니다. 나는 이 새로운 존재에 대해 책임이 있다. 이것은 아이들에게 그들이 있는 것에 대해 "수치심을 느끼게 함으로써" 이루어지는 교육 방법에서 잘 드러난다. 이처럼 수치심은 타자 앞에서의 자기에 대한 수치심이다. 이 두 개의 구조는 분리될 수 없다. 하지만 이와 동시에 나는 나의 존재의 구조 전체를 완전히 파악하기 위해서는 타자를 필요로 한다. 대자는 대타를 가리킨다. 따라서 만일 우리가 인간과 즉자존재와의 존재 관계를 그 전체 속에서 파악하고자 한다면, 우리는 이 책 앞부분에서 소묘된 기술만으로 만족할 수 없다. 우리는 아주 다른 의미로 놀라운 두 가지 문제에 답을 해야 한다. 먼저 타자의 존재 문제이며, 그다음으로는 타자의 존재와의 나의 존재 관계의 문제이다.

---

2 앞에서도 'corps'가 여러 차례 나왔고, 이를 '신체'로 옮겼다. 그리고 앞으로도 이 번역어를 택할 것이다. 또한 이 개념과 유사하지만 의미에서 큰 차이를 보이는 'chair'를 '육체'로 옮길 것이다. 그 이유는 사르트르에게서 'corps'는 '의식'과 동일시하는 경우와 '사물'과 동일시하는 경우가 있는 반면, 'chair'는 '사물'로 여겨지기 때문이다. 메를로퐁티를 비롯해 다른 철학자들의 경우에 'corps'는 '몸', '신체' 등으로 옮긴다. 특히 메를로퐁티의 경우에는 'corps'는 '몸'으로, 'chair'를 '살'로 옮기는 것이 보통이다. 하지만 '사물-육체'의 의미를 갖는 사르트르의 'chair'와 인간의 개별적 몸을 포함해 존재의 근원적 요소 및 그 토대, 미분화 상태에 있는 세계의 구성 요소 등의 의미를 갖는 메를로퐁티의 'chair' 개념 사이에는 공통점이 없다. 이런 사실을 고려해 여기에서는 'corps'를 '신체'로, 'chair'를 '육체'로 옮긴다.

II. 유아론의 암초

　타인들(des Autres)[3]의 문제가 실재론자들을 진실로 괴롭힌 적이 없었다는 것은 기이하다. 실재론자가 자기에게 "모든 것이 주어진 것"으로 여기는 한, 그에게는 분명 타자도 주어진 것처럼 보인다. 사실 실재적인 것의 한복판에서 타자보다 더 실재적인 것이 또 있을까? 타자는 나와 같은 본질을 가진 하나의 사고하는 실체이다. 이 실체는 제2성질들로도 제1성질들로도 해소할 수 없으며, 나는 이 실체의 본질적 구조를 내 안에서 발견한다. 그럼에도 실재론이 사고하는 실체에 행해지는 세계의 작용에 의해 인식을 설명하고자 하는 한, 실재론은 사고하는 실체들 사이의 직접적·상호적 작용을 확립해 보려고 하지 않았다. 사고하는 실체들이 소통하는 것은 바로 세계를 매개로 해서이다. 타자의 의식과 나의 의식 사이에서 세계의 사물로서의 나의 신체와 타자의 신체는 필요 불가결한 매개자들이다. 따라서 타자의 영혼은 나의 영혼에서 분리되어 있다. 먼저 나의 영혼을 나의 신체에서 분리하는 거리, 그다음에는 나의 신체를 타자의 신체에서 분리하는 거리, 마지막으로 타자의 신체를 그의 영혼에서 분리하는 거리에 의해 분리되어 있다. 그리고 대자와 신체와의 관계가 외면성의 관계인가 아닌가는(우리는 이 문제를 뒤에서 다루어야 할 것이다.) 확실하지 않다고 해도, 적어도 나의 신체와 타자의 신체와의 관계는 하나의 순수한 무차별적 외면성의 관계인 것은 분명하다. 만일 영혼들이 각개의 신체에 의해 서로 분리되어 있다면, 이 영혼들은 이 잉크병이 이 책과 구별되듯이 서로 구별된다. 다시 말해 사람들은 하나의 영혼이 다른 영

3　앞에서도 'l'autre'와 'autrui'가 이미 여러 차례 나왔고, 이를 각각 '타인'과 '타자'로 옮겼다. 앞으로도 이 번역어를 택할 것이다.

혼에 직접적으로 현전하는 것을 결코 생각해 볼 수 없다. 그리고 사람들이, 나의 영혼이 타자의 신체에 대한 직접적인 현전을 용인한다고 해도, 내가 이 타자의 영혼에 도달하기 위해서는 여전히 하나의 신체의 두께 전체를 지나가야 한다. 따라서 실재론이 나의 의식에 대한 시공간적 사물의 "직접적인(en personne)" 현전 위에 그 확실성을 세운다고 해도, 실재론이 타자의 영혼의 실재에 대해 동일한 명증을 요구할 수는 없을 것이다. 왜냐하면 실재론이 스스로 고백하고 있는 것처럼, 타자의 영혼은 나의 영혼에 직접 주어지지 않기 때문이다. 타자의 영혼은 하나의 부재이며, 하나의 의미이다. 신체는 그것을 가리키기는 하지만 그것을 내주지는 않는다. 한마디로 직관 위에 세워진 철학에서는 타자의 영혼에 대한 그 어떤 직관도 존재하지 않는다. 그런데 이것이 말장난이 아니라면, 이것은 실재론이 타자에 대한 직관에 어떤 여지도 주지 않음을 의미한다. 이 경우 적어도 타인의 신체가 우리에게 주어졌다고 말하는 것, 이 신체가 타자의 현전 또는 타자의 한 부분의 현전이라고 말하는 것은 아무 소용이 없을 것이다. 신체는 우리가 "인간실재"라고 부르는 것의 총체성[4]에 그 구조 중 하나로 속해 있는 것은 사실이다. 하지만 기관이 유기체의 총체성 속에서만 살아 있는 기관인 것처럼, 신체는 정확히 그것이 인간실재라는 총체성의 분해될 수 없는 통일 속에 존재하는 한에서만 인간의 신체이다. 실재론의 입장은 신체를 인간의 총체 속에 둘러싸인 것으로서가 아니

---

4 'totalité'의 번역어이다. 보통 'totalité'는 '총체성' 또는 '전체성', '전체' 또는 '총체'로도 번역된다. 이 책 앞부분에서와 마찬가지로 여기에서도 '총체성'으로 옮긴다. 일본어 번역본에서는 '전체성'으로 옮겼다. 사르트르의 후기 저서를 집대성하고 있는 『변증법적 이성비판(Critique de la raison dialectique)』에서도 처음에는 '전체성'으로 번역했으나, 이번에 개정판을 내면서 모두 '총체성'으로 바꿔 옮겼다. 그 이유는 '전체성'이라는 단어가 자칫 '전체주의(totalitarisme)'와 밀접한 관련이 있는 것으로 여겨질 수 있기 때문이다. 이 단어와 관련된 'totalisation', 'détotalisation' 등은 '총체화', '탈총체화'로 옮긴다. 그리고 'totalité' 개념과 유사한 'le tout'와 'l'ensemble'은 각각 '전체'와 '총체'로 번역한다.

라 하나의 돌, 한 그루의 나무, 양초 한 조각과 같이 따로 떼어 놓은 것으로서 우리에게 제공한다. 이런 실재론의 입장은 생리학자가 생체의 총체성에서 메스로 살(chair)[5] 한 점을 떼어 내는 것처럼 확실하게 신체를 죽여 버린 것과 같다. 실재론적 직관에 현전하는 것은 타자의 신체(le corps d'autrui)가 아니라 하나의 물체(un corps)[6]이다. 이것은 많은 양상과 하나의 특수한 "소질(ἕξις)"을 가진 물체이지만, 이것은 물체라는 하나의 큰 유에 속한다. 유심론적 실재론에서 영혼이 신체보다도 인식하기가 좀 더 쉽다는 말이 사실이더라도, 신체는 타자의 영혼보다는 인식하기가 좀 더 쉬울 것이다.

사실을 말하면 실재론자는 이 문제에 충분한 관심을 가지지 않는다. 그 이유는 실재론자가 타자의 존재를 확실한 것으로 여기기 때문이다. 이런 이유로 19세기의 실재론적·실증적 심리학은 나의 이웃의 존재를 당연한 것으로 여기면서, 내가 오직 그의 존재를 인식하고, 또 나에게 낯선 하나의 의식이 가진 뉘앙스들을 신체 위에서 해독하기 위해 내가 어떤 수단을 마련해야 하는 것에만 전념한다. 신체가 하나의 대상이며, 이 대상의 "소질"이 하나의 특수한 해석을 요구한다고 사람들은 말할 것이다. 신체의 행동을 가장 잘 설명해 주는 가설은 나의 의식과 유사한 하나의 의식이 있고, 이 의식의 여러 다른 감동을 신체가 반영한다는 가설이다. 남아 있는 문제는 어떻게 우리가이 가설을 세우게 되는가를 설명하는 것이다. 그것은 때로는 내가 나자신에 대해 알고 있는 것과의 유추에 의해서(par analogie)라고, 또 때로는 예컨대 사람들은 얼굴색이 갑자기 변하는 것을 주먹질과 고

5 앞에서 지적한 것처럼, 'chair'의 의미는 메를로퐁티에게 있어 'chair' 개념의 의미와 아무 공통점이 없다. 여기에서 '살'은 총체성으로 여겨진 '신체'에서 떨어져 나온 '육체'의 한 부분이라는 의미이다.
6 여기에서 'corps'는 '여러 물리적 특징을 갖는 물질적 대상'이라는 의미이다.

함소리의 전조로 해독하도록 우리에게 가르쳐 주는 경험에 의해서라고 말할 것이다. 이런 방법들은 단지 타자에 대해 개연적(probable) 인식만을 우리에게 줄 수 있을 뿐이라는 사실을 사람들은 기꺼이 인정할 것이다. 타자가 하나의 대상에 불과하다는 사실은 항상 개연적이다. 만일 동물이 기계라고 한다면, 내가 보는 저 거리에 지나가는 사람은 왜 기계 중 하나가 아닐까? 왜 행동주의자들의 철저한 가설이 올바른 가설이 아닐까? 내가 이 얼굴에서 파악하는 것은 몇몇 근육의 수축뿐이다. 그런데 이 근육의 수축은 그대로 내가 그 과정을 알고 있는 하나의 신경 충동일 뿐이다. 이런 반응들의 총체를 왜 단순 반사작용들 또는 조건 반사작용들로 환원하지 못하는가? 하지만 대부분의 심리학자는 타자의 존재를 자신들의 구조와 같은 구조를 가진 총체적 실재라고 확신한다. 그들에게 있어 타자존재는 확실하고, 또 그것에 대해 우리가 가지고 있는 인식은 개연적이다. 사람들은 여기에서 실재론의 궤변을 본다. 실제로 이 단언의 두 항을 뒤집어, 만일 타자가 우리가 그에 대해 가지는 인식에 의해서만 접근할 수 있을 뿐이고, 또 만일 이 인식이 억측적(conjecturale)일 뿐이라면, 타자의 존재는 단지 억측적이며, 타자존재의 개연성의 정확한 정도를 결정하는 것은 비판적 반성의 몫이라는 점을 인정하지 않으면 안 된다. 이렇듯 실재론자는 외부 세계의 실재를 정립했기 때문에, 그는 타자의 존재를 고찰하면서 기묘한 전도에 의해 관념론에 빠지지 않을 수 없게 된다. 만일 신체가 사고하는 실체 위에 실제로 작용하는 하나의 실재적 대상이라면, 타자는 하나의 순수한 표상이 되며, 그의 있음(esse)은 단순한 지각됨(percipi)이며, 그의 존재는 우리가 그에 대해 가지고 있는 인식에 의해 측정된다. 감정도입(Einfühlung), 공감(sympathie), 형태(formes)에 대한 최근의 이론들은 타자를 현전시키는 방법의 기술을 완전하게 만들 뿐이고, 논쟁에 참다운 자리를 마련해 주지 않는다. 타자가 먼저 느껴지든, 아니면 타자가 모든 습관에 앞서 모든 유추적 추리의 부재 속에 하나의 특이한 형태로 경험 속에 나타나든, 의미작용을 하고 느껴진 이 대상, 즉 표현적인 형태는 단순히[7] 억측적인 존재에 지나지 않는 하나의 인간적 총체성(une totalité humaine)을 가리킬 뿐이다.

만일 실재론이 이렇게 우리에게 관념론을 가리킨다면, 우리가 즉각 관념론적·비판적 전망 속에 자리를 잡는 편이 더 현명하지 않겠는가? 타자가 "나의 표상"이므로, 대상들의 총체를 결합된 일군의 표상들로 환원시키는 하나의 체계, 즉 모든 존재를 내가 그것에 대해 갖는 인식을 통해 측정하는 하나의 체계의 중심에서 묻는 것이 더 낫지 않겠는가?

하지만 우리는 칸트에게서 거의 도움을 발견하지 못한다. 사실 만인에게 동일한 주체성[주관성]의 보편적 법칙들을 세우는 데 전념한 칸트는 인격의 문제를 다루지 않았다. 칸트가 말하는 주체[주관][8]는 단지 이런 인격들의 공통적인 본질이다. 이런 주체[주관]는 인격들의 다수성을 한정하는 것을 허용할 수 없을 것이다. 이와 마찬가지로 스

7　앞에서도 지적한 것처럼, 'purement et simplement'은 '순수하고 단순하게'로도, '무조건적으로'도 번역이 가능하다.

8　프랑스어에서 'sujet'와 'objet'를 옮기기란 쉽지 않다. 인식론에서는 각각 '주관'과 '주체', '객관'과 '대상' 등으로 옮기고, 현상학·생철학·존재론·실존주의·마르크스주의 이론 등에서는 '주체', '객체'와 '대상' 등으로 번역된다. 이 책에서는 앞부분에서와 마찬가지로 문맥에 따라 각각 '주체'와 '대상'으로 번역한다. 아울러 이 두 단어에서 파생된 'subjectivité'와 'objectivité'는 각각 '주체성'과 '대상성'(일본어 번역본에서는 '객체성'으로 번역되어 있다.)으로 옮긴다. 다만 '주관'의 의미가 강하다고 판단되는 경우에는 가령, 인식론, 감관, 감각기관 등과 관련된 경우에는 '주관', '주관성'으로 옮긴다. 또한 'subjectif'와 'objectif'에 대해서는 두 단어가 각각 개인의 판단에 관련된 것으로 여겨지는 경우에는 '주관적', '객관적'으로 번역하며, 특히 'objectif'가 '대상'과 관련된 것으로 여겨지는 경우에는 '대상적'으로 번역한다.

피노자의 경우에도 인간의 본질은 구체적 인간들의 본질을 한정하는 것을 허용하지 않는다. 따라서 칸트는 우선 타자의 문제를 그의 비판 영역에 속하지 않은 문제 중 하나로 다루고 있는 것처럼 보인다. 그렇지만 좀 더 자세히 보자. 있는 그대로의 타자는 우리의 경험 속에 주어져 있다. 타자는 하나의 대상, 하나의 특수한 대상이다. 칸트는 순수한 주체[주관]의 관점에 서서 단순히 일반적으로 하나의 대상에 대해서뿐만 아니라 물리적 대상, 수학적 대상, 미추의 대상, 목적론적 특징들을 보여 주는 대상 등 다양한 대상의 범주에 대해 그 가능성의 조건들을 규정하고자 했다. 사람들은 이런 시각에서 그의 저작의 결점을 비난하고, 예컨대 딜타이의 뒤를 따라 역사적 대상의 가능성의 조건들을 세워 보려고, 다시 말해 역사적 이성 비판을 시도하고자 했다. 이와 유사하게 타자가 우리의 경험에 나타나는 대상의 하나의 특수한 유형을 대표한다는 것이 사실이라면, 엄밀한 칸트주의 관점에서 어떻게 타자에 대한 인식이 가능한지를 자문하는 것, 다시 말해 타인들에 대한 경험의 가능성의 조건들을 세우는 것이 필요하다.

사실 타자의 문제와 본체적 실재(des réalités nouménales)의 문제를 동일시하는 것은 완전한 잘못이다. 만일 "타자"들이 존재하고, 그들이 나와 유사하다면, 그들의 예지적 존재의 문제는 나의 본체적 존재의 문제가 나에게 제기되는 것과 마찬가지로 그들에게 제기될 수 있다는 것은 분명하다.[9] 또한 그들의 경우에나 나의 경우에 모두 동일한 대답이 타당하다는 것도 분명하다. 즉 이런 본체적 존재는 단지 생각될 수 있을 뿐이고, 납득될 수는 없는 것이라는 대답이 그것이다.

9 '본체적 존재'나 '예지적 존재'는 모두 현상 배후에 있는 참된 실재를 가리키는 개념으로 거의 같은 의미로 사용된다.

하지만 내가 나의 일상의 경험에서 타자를 겨냥할 때, 내가 겨냥하는 것은 결코 하나의 본체적 실재가 아니다. 이것은 마치 내가 나의 감정들 또는 경험적 사상들을 인식할 때, 내가 나의 예지적 실재를 파악하거나 겨냥하지 않는 것과 마찬가지이다. 타자는 다른 현상들을 가리키는 현상이다. 타자는 또한 그가 나에 대해 느끼는 분노-현상을 가리키며, 그의 내적 감각의 현상들로서 그 자신에게 나타나는 일련의 사상을 가리키는 하나의 현상이다. 내가 타자 안에서 겨냥하는 것은, 내가 나 자신 속에서 발견하는 것과 전혀 다를 바가 없다. 다만 이런 현상들은 다른 모든 현상과 근본적으로 구별될 뿐이다.

첫째, 나의 경험 속에서 타자의 출현은 몸짓과 표현, 행위와 행동과 같은 조직된 형태들의 현전에 의해 이루어진다. 이런 조직된 형태들은 원칙적으로 우리의 경험 밖에 위치한 하나의 조직화하는 통일체를 가리킨다. 타자의 분노가 의미를 갖는 것은, 그것이 그의 내적 감각에 나타나는 한에서, 그리고 그것이 본성상 나의 통각(aperception)[10]을 거부하는 한에서이다. 타자의 분노는 아마도 내가 표현이나 몸짓이라는 이름 아래 나의 경험 속에서 포착하는 일련의 현상의 원인이다. 자신의 경험들의 종합적 통일로서, 그리고 의지와 동시에 정념으로서 타자는 나의 경험을 조직하기 위해 온다. 여기에서는 나의 감수성에 미치는 하나의 불가지적 본체의 순수하고 단순한 작용이 문제가 되지 않는다. 문제가 되는 것은 나의 경험의 장에서 내가 아닌 하나의 존재에 의해 결합된 일군의 현상의 구성이다. 그리고 이 현상들은 다른 모든 현상과 달리 가능한 경험들을 가리키는

10 '통각'은 라틴어의 '……를 향해'라는 의미의 접두어 'ap-(ad-)'와 '지각·이해'라는 의미의 'percipere'의 합성어로, 일반적으로 인식론에서 자신의 상태나 스스로의 경험 등 자신의 내면적인 것을 조회하고 이해하는 것을 가리키는 개념이다.

것이 아니라, 원칙적으로 나의 경험 밖에 있고, 또 내가 접근할 수 없는 하나의 체계에 속하는 경험들을 가리킨다. 하지만 다른 한편으로 모든 경험의 가능성의 조건은, 주체가 그의 인상들을 결합된 체계로 조직한다는 것이다. 따라서 우리는 사물 속에서 "우리가 거기 투사한 것만을" 발견할 뿐이다. 따라서 타자는 우리의 경험을 조직하는 자로서 아무런 모순 없이 우리에게 나타날 수 없다. 거기에는 현상의 중층결정(surdétermination)[11]이 있을 것이다. 우리는 또한 여기에서도 인과성을 적용할 수 있을까? 이 질문은 칸트 철학에서 타인이 지니는 애매한 특징을 지적하기에 아주 적절한 질문이다. 사실 인과성은 현상들을 서로 묶어 놓을 수 있을 뿐이다. 하지만 타자가 느끼는 분노는 정확히 하나의 현상이며, 그리고 내가 지각하는 격노한 표현은 하나의 다른 현상이다. 이 두 현상 사이에 하나의 인과적 유대가 있을 수 있는가? 이 유대는 그것들의 현상적 본성에는 합당할 수 있을 것이다. 그리고 이 의미에서 나는 폴의 붉은 얼굴빛을 그의 분노의 효과로 생각하게 된다. 이것은 통상적인 긍정들에 속한다. 하지만 다른 한편으로 인과성은 현상들을 하나의 동일한 경험으로 묶어서 이 경험을 구성하는 데 기여하는 경우에만 의미를 가질 뿐이다. 인과성은 근본적으로 분리되어 있는 두 경험 사이를 잇는 다리로 이용될 수 있을까? 여기에서는 인과성을 이런 자격으로 이용하면서 내가 인과성에서 경험적 나타남들의 관념적 통일이라는 그 본성을 빼앗을 수도 있다는 것은 점을 지적할 필요가 있다. 칸트적 인과성은 불가역성의 형태로 나의 시간의 순간을 통일하는 것이다. 칸트적 인과성이 나의 시

11 프로이트가 사용한 개념으로, 같은 이미지가 여러 요인과 작용에 의해 이루어지는 것을 의미한다. 사르트르는 여기에서 이 개념을 칸트를 비판하기 위해 차용한 것으로 보인다. 후일 알튀세르는 마르크스주의를 새로이 해석하면서 이 개념을 핵심 개념으로 사용한다.

간과 타인의 시간을 통일하리라는 것을 어떻게 용인할 수 있는가? 타자의 경험의 바탕 속에 나타난 현상인 자기를 표현하는 결정과 나의 경험의 현상인 표현 사이에 어떤 시간적 관계를 정립할 수 있는가? 동시성인가? 계기성인가? 하지만 나의 시간의 한순간이 어떻게 타자의 시간의 한순간과 동시성이나 계기성의 관계로 있을 수 있는가? 비록 예정된 조화(이것은 칸트적 관점에서는 이해 불가능한데)로 매 순간마다 이 두 사람의 시간이 일치한다고 해도, 이 두 가지 시간은 여전히 관계없는 둘의 시간일 것이다. 왜냐하면 각자의 시간을 위해 순간들의 통일적 종합은 주체[주관]의 행위이기 때문이다. 칸트에게서 시간의 보편성은 개념의 보편성일 뿐이다. 시간의 보편성은 단지 각개의 시간성이 정해진 구조를 가져야 할 것이고, 하나의 시간적 경험의 가능성의 조건들은 모든 시간성에 타당함을 의미한다. 하지만 시간적 본질의 이 동일성은 인간 의식들의 소통 불가능한 시간의 다양성을 방해하지 않는다. 이것은 인간적 본질의 동일성은 시간들의 소통 불가능한 다양성을 더 이상 방해하지 않는 것과 마찬가지이다. 이렇듯 의식들의 관계는 본질상 생각될 수 없기 때문에, 타자라는 개념은 우리의 경험을 구성할 수 없을 것이다. 타자라는 개념은 목적론적 개념들과 함께 규제적 개념들 안에서 정리해야 할 것이다. 따라서 타자는 "마치 ……인 것처럼(comme si)"의 범주[12]에 속한다. 이 범주는 하나의 선험적 가설이며, 이 가설은 그것이 있기 때문에 우리의 경험 속에

---

12 칸트는 신, 자유, 영혼, 세계 등과 같은 개념, 즉 선험적 관념이라고 불리는 것은 이론적으로 그 존재를 입증하기가 불가능하기 때문에, '마치' 그런 것들이 현실에서 존재하는 것'처럼' 여기지 않으면 안 된다고 주장한다. 독일 철학자 한스 파이잉거(Hans Vaihinger, 1852~1933)는 이 사상을 발전시켜 '……인 것처럼의 철학(Die Philosophie des Als Ob; The Philosophy of 'As if')'을 정립하기도 했다. 파이잉거에 의하면 무한자, 절대자, 인격, 영혼, 자유 물자체, 물질, 원자, 힘, 우주, 범주 등과 같은 개념은 인간 생활 목적의 필요에 의해 설정된 '허구(fiction)'에 불과하다. 이들 개념을 표현하기 위해 단언적 명제를 사용할 수 없기 때문에 '……인 것처럼'이라는 형식에 의존할 수밖에 없다.

서 통일이 이루어지는 것 외의 다른 정당성을 갖지 않으며, 또 이 가설은 모순 없이 생각될 수 없을 것이다. 실제로 우리의 감수성에 대한 하나의 예지적 실재의 작용을 순수한 인식의 기회로 생각하는 것이 가능하다고 해도, 이와 반대로 하나의 현상의 실재가 타자의 경험 속에서 그것의 나타남과 엄밀하게 상대적인 경우에, 이 현상이 나의 경험의 하나의 현상에 대해 실제로 작용한다는 것은 생각조차 할 수 없다. (예지적 실재가 나에게 영향을 끼칠 것과 비슷한 정도로 타자에게도 영향을 끼칠 것이라는 의미에서) 우리가 하나의 예지적인 것의 작용이 나의 경험과 동시에 타자의 경험에 작용한다는 것을 용인한다고 해도, 자발적으로 자기를 구성하는 두 체계 사이에 하나의 평행 관계와 하나의 대조표를 세우는 것은 물론이거니와, 심지어 그것을 가정하는 것까지도 근본적으로 불가능할 것이다.[13]

하지만 다른 한편으로 규제적 개념의 성질은 타자라는 개념에 적합한가? 사실 나에게 나타나는 대상들 속에서 단지 세부적 발견들을 가능케 해 주는 순수하게 형식적인 하나의 개념을 수단으로 나의 경험의 현상들 사이에 한층 더 강력한 하나의 통일을 확립하는 것이 문제 되는 것이 아니다. 나의 경험의 장을 뛰어넘지 않고 이 장의 한계 속에서 새로운 탐구들을 유도하는 일종의 선험적 가정들이 문제 되는 것도 아니다. 타자-대상에 대한 지각은 하나의 일관성 있는 표상들의 체계를 가리키는데, 이 체계는 나의 체계가 아니다. 이것이 의미하는 바는, 타자가 나의 경험 속에서는 나의 경험을 가리키는 하나의 현상이 아니라, 오히려 타자는 원칙상 나에게 있어 가능한 모든 경험 밖에 자리 잡은 현상들과 관련된다는 것이다. 그리고 분명 타자라는

---

13 비록 우리가 자연에 대한 칸트적 형이상학과 칸트가 작성한 원칙들의 표를 인정한다고 해도, 이런 원리로부터 출발해서 근본적으로 다른 물리학을 생각하는 것이 가능할 수도 있을 것이다. —원주.

개념은 나의 표상들의 체계 내에서 발견들과 예견들을 가능케 하고, 현상들의 씨실의 수축을 가능케 한다. 타인들이라는 가정(假定)에 의해 나는 이 표현으로부터 출발해서 이 몸짓을 예견할 수 있다. 하지만 타자라는 이 개념은 과학상의 개념들(예컨대 허수)과 같은 것으로 나타나지 않는다. 이 과학적 개념들은 문제의 경험적 언표에 나타나는 일 없이 도구로서 물리학적 계산의 도중에 개입할 뿐이며, 획득된 결과에서는 제거된다. 타자라는 개념은 순전히 도구적 개념은 아니다. 타자의 개념은 현상들의 통일에 소용되기 위해 존재하는 것이기는커녕, 오히려 그 반대로 어떤 범주의 현상들은 이 타자 개념을 위해서만 존재하는 것처럼 보인다. 나의 체계와는 근본적으로 구별되는 의미들과 경험들로 이루어진 하나의 체계의 존재는 고정된 틀이며, 다양한 현상 계열이 그 흐름 자체 속에서 이 틀을 지시한다. 그리고 이 틀은 원칙적으로 나의 경험에 외면적이며, 점차 그 속이 채워진다. 나와의 관계를 우리가 파악할 수 없고 결코 주어지지 않은 이 타자, 그를 우리는 하나의 구체적인 대상으로 조금씩 구성해 간다. 이 타자는 나의 경험의 하나의 사건을 예견하는 데 소용되는 도구가 아니다. 오히려 타자인 한에서의 타자, 즉 구체적이고 인식될 수 있는 하나의 대상으로 접근할 수 없는 곳에 있는 표상들의 체계인 한에서의 타자를 구성하는 데 소용되는 그것은 바로 나의 경험에 속하는 사건들이다. 내가 나의 경험을 통해 계속 겨냥하는 것, 그것은 타자의 감정과 그의 관념, 그의 의욕과 그의 성격이다. 그 까닭은 사실 타자는 단지 내가 보는 자일 뿐 아니라, 그가 나를 보는 자이기 때문이다. 내가 타자를 겨냥하는 것은, 타자가 그 속에서 내가 다른 대상 중 하나의 대상으로 등장하는 나의 손이 미치지 않는 경험들이 결합된 하나의 체계로 있는 한에서이다. 하지만 내가 표상들의 이 체계의 구체적인 본성과 대상의 자격으로 내가 그 속에서 차지하는 위치를 규정하려고 노력함에 따라, 나는 근본적으로 나의 경험의 장을 초월한다. 다시 말해 나는 원칙상 나의 직관이 결코 다가갈 수 없는 현상들의 계열에 관여한다. 그리고 그 결과 나는 나의 인식의 권한을 뛰어넘는다. 나는 결코 나의 경험들이 아닌 경험들을 그것들끼리 묶어 놓으려고 노력한다. 따라서 이 구성 작업과 이 통일 작업은 나 자신의 고유한 경험의 통일에는 아무 소용도 없을 것이다. 타자가 하나의 부재인 한에서 타자는 본성에서 벗어난다. 따라서 사람들은 타자에 규제적 개념이라는 자격을 부여할 수 없을 것이다. 이를테면 세계와 같은 관념 역시 원칙상 나의 경험에서 벗어나는 것은 확실하다. 하지만 적어도 이 관념들은 나의 경험에 관련되며, 그것들은 나의 경험에 의해서만 의미를 가질 뿐이다. 이와 반대로 타자는 어떤 의미에서 나의 경험의 근본적 부정으로서 나타난다. 왜냐하면 타자는 그에게 있어 내가 주체가 아니고 대상으로 있기 때문이다. 따라서 인식의 주체로서 나는 나의 주체로서의 성격을 부인하고, 자신이 나를 대상으로 규정하는 주체를 대상으로 규정하려고 노력한다.

이처럼 타인은 관념론적 전망에서 나의 인식의 구성적 개념으로도, 규제적 개념으로도 여겨질 수 없다. 타인은 실재적인 것으로 파악되지만, 나는 이 타인과 나와의 실재적 관계를 파악할 수 없다. 나는 그를 대상으로 구성하지만, 그는 직관에 의해 주어지지 않는다. 나는 이 타인을 주체로 정립하지만, 내가 그를 고찰하는 것은 나의 사고의 대상으로서이다. 따라서 관념론자에게는 두 가지 해결책만이 남아 있을 뿐이다. 타인의 개념에서 완전히 벗어나 이 개념이 나의 경험의 구성에 무용하다는 것을 입증하든지, 아니면 타인의 실재적 존재를 긍정하든지, 다시 말해 의식들 사이에 실재적, 경험 외적 소통을 정립하든지 둘 중 하나이다.

첫 번째 해결책은 유아론(solipsisme)이라는 이름으로 알려져 있다. 그렇지만 만일 이 해결책이 그 명칭에 부합하도록 나의 존재론적 고독의 긍정으로 표현된다면, 이것은 완전히 무상의 정당화되지 않은 순수한 형이상학적 가설이 되고 만다. 왜냐하면 이 해결책은 나를 제외하고는 아무것도 존재하지 않음을 의미하며, 따라서 나의 경험의 엄격한 장을 뛰어넘기 때문이다. 하지만 만일 이 해결책이 좀 더 겸허하게 경험의 견고한 영역을 떠나기를 거부하는 것으로, 타자의 개념을 사용하지 않기 위한 하나의 실증적 시도로 나타난다면, 이 해결책은 완전히 논리적이며, 또 이 해결책은 비판적인 실증주의 차원에 머물게 된다. 그리고 설사 이 해결책이 우리의 존재가 가진 가장 심오한 성향에 반대된다고 해도, 이 해결책은 관념론적 관점 속에서 고찰된 타인이라는 개념의 모순으로부터 그 정당성을 이끌어 낸다.

왓슨[14]의 "행동주의"처럼 정확하고 객관적이길 원하는 심리학까지도 결국 유아론만을 작업의 가설로 채택하고 있을 뿐이다. 나의 경험의 장에서 우리가 "심적 존재"라고 명명할 수 있는 대상의 현전을 부인하는 것이 문제가 아니다. 문제는 단지 하나의 주체에 의해 조직되고 나의 경험 밖에 위치한 표상 체계들의 존재에 대해 일종의 에포케를 실행하는 것이다.

이 해결책 앞에서 칸트와 그의 많은 후계자는 끊임없이 타자의 존재를 긍정한다. 하지만 그들은 자신들의 주장을 정당화하기 위해 양식(bon sens) 또는 우리의 심오한 성향만 참고할 수 있을 뿐이다. 주지의 사실이지만 쇼펜하우어는 유아론자를 "난공불락의 요새 속에 들

---

14 존 브로더스 왓슨(John Broadus Watson, 1878~1958)은 미국의 심리학자로, 행동주의 심리학을 창시했다.

어앉은 광인"으로 다룬다. 이것은 무기력의 고백이다. 그 까닭은 사실
타인의 존재를 정립함으로써 사람들은 즉시 관념론의 틀을 폭발시키
고, 그렇게 해서 그들은 다시 형이상학적 실재론으로 떨어지기 때문
이다. 먼저 외부(le dehors)를 통해서만 소통할 수 있을 뿐인 폐쇄된
다수의 체계를 세움으로써 우리는 암묵적으로 실체의 개념을 다시
세운다. 물론 이 체계들은 단순한 표상 체계이므로 비실체적이다. 하
지만 이것들의 상호적 외면성은 즉자적 외면성이다. 이것들의 외면성
은 인식되지 않은 채 존재한다. 우리는 확실한 방식으로 이 외면성의
효과를 파악조차 하지 못한다. 그 까닭은 유아론적 가설은 항상 가
능하기 때문이다. 우리는 이 즉자적 무를 하나의 절대적 사실로 정립
하는 데 그친다. 사실 이 즉자적 무는 우리의 타자에 대한 인식에 상
대적이지 않다. 이와 반대로 이 즉자적 무가 이런 인식을 조건 짓는
다. 따라서 비록 의식들이 현상들의 단순한 개념적 결합들에 지나지
않는다고 해도, 비록 이 의식들의 존재 법칙이 지각함(percipere)과 지
각됨(percipi)이라고 해도, 이 관계적 체계의 다수성은 즉자적 다수성
이라는 것, 또 이 다수성이 체계들을 즉각 즉자적 체계들로 변경시킨
다는 것은 여전한 사실이다. 하지만 이외에도 만일 타자의 분노에 대
한 나의 경험은 상호 관련자로서 하나의 다른 체계 속에 분노에 대한
하나의 주관적 경험을 가지고 있음을 내가 인정한다면, 나는 칸트가
그렇게 정성들여 떨쳐 버리고자 했던 진실한 이미지의 체계를 다시
세우게 된다. 분명 문제가 되는 것은 몸짓과 시늉 속에서 지각된 분노
와 내적 감각의 현상적 실재로 파악된 분노라는 두 현상 사이의 하
나의 대응 관계이지, 하나의 현상과 하나의 즉자적 사물 사이의 관계
가 아니다. 하지만 그래도 여기에서는 진리의 기준이 표상들 상호간
의 일치가 아니라 사고와 그 대상의 일치라는 것은 여전한 사실이다.

사실 여기에서는 정확히 본체에 도움을 구할 길이 막혀 있기 때문에, 저편에서 느껴진 분노 현상과 이편에서 확인된 분노 현상의 관계는 대상적 실재(le réel objectif)와 그것의 이미지와의 관계가 되고 만다. 이 경우 문제가 되는 것은 정확히 적절한 표상이다. 왜냐하면 거기에는 하나의 실재와 이 실재를 파악하는 하나의 방식이 있기 때문이다. 만일 나 자신의 분노가 문제라면, 나는 사실 나의 분노의 주체적 나타남과 객관적으로 밝혀낼 수 있는 생리학적 나타남을 하나의 동일한 원인에서 비롯된 두 계열의 결과로 간주할 수 있을 것이다. 한쪽의 계열은 분노의 진리 또는 그 실재를 의미하고, 다른 쪽의 계열은 다만 분노의 결과 또는 그 이미지를 의미한다고 생각할 수는 없을 것이다. 하지만 만일 현상들의 한쪽 계열은 타자 안에 있고, 다른 쪽 계열은 내 안에 있다면, 한쪽은 다른 쪽에 대해 실재로서 기능하게 되고, 진리의 실재론적 도식만이 이 경우에 적용할 수 있는 유일한 방식일 뿐이다.

이렇게 해서 필연적으로 문제의 실재론적 설정이 관념론으로 귀착했기 때문에만 우리는 이 실재론적 설정을 포기했을 뿐이다. 우리는 일부러 관념론적 전망 속에 있어 보았지만 거기에서 아무것도 얻지 못했다. 왜냐하면 이번에는 반대로 이 관념론적 전망이 유아론적 가설을 거절하는 한에서, 이 전망이 독단적이고 완전히 정당화되지 못한 하나의 실재론으로 귀착되기 때문이었다. 이 두 이론의 급격한 반전을 우리가 이해할 수 있을 것인가, 그리고 이런 역설로부터 문제의 올바른 설정을 쉽게 해 줄 어떤 교훈을 우리가 이끌어 낼 수 있을 것인가를 보도록 하자.

타자의 존재에 대한 문제의 근원에는 하나의 근본적 전제가 놓여 있다. 타자는 사실 타인(l'autre)이라는 전제, 다시 말해 내가 아닌 나라는 전제가 그것이다. 따라서 우리는 여기에서 타자-존재(l'être-autrui)의 구성적 구조로서의 하나의 부정을 파악한다. 관념론과 실재론에 공통되는 전제는 바로 이 구성적 부정이 외면성의 부정이라는 것이다. 타자는 내가 아닌 자이며, 내가 그것으로 있지 않은 자이다. 이 있지-않은(ne-pas)은 타자와 나 자신 사이에 주어진 분리의 요소로서의 하나의 무를 가리킨다. 타자와 나 자신 사이에는 하나의 분리의 무가 있다. 이 무는 그 근원을 나 자신에서 이끌어 내는 것도 아니고, 타자에게서 이끌어 내는 것도 아니며, 타자와 나 자신 사이의 상호적 관계에서 이끌어 내는 것도 아니다. 이와 반대로 이 무는 관계의 원초적 부재로서, 근원적으로 타자와 나 자신 사이의 모든 관계의 근거이다. 그 이유는 사실 타자는 내가 하나의 신체를 지각하는 기회에 경험적으로 나에게 나타나는 자이며, 이 신체는 나의 신체에 외면적인 하나의 즉자이기 때문이다. 이 두 신체를 결합시키고 분리시키는 관계의 유형은 상호 간에 아무런 관계도 갖지 않는 사물의 관계로, 그리고 주어져 있는 한에서의 단순한 외면성으로서의 공간적인 관계이다. 따라서 타자를 그의 신체를 통해 파악한다고 믿는 실재론자는, 하나의 물체가 다른 하나의 물체와 분리되어 있는 것과 같이, 그 자신은 타자와 분리되어 있다고 생각한다. 이것이 의미하는 바는 이렇다. 그러니까 "나는 폴이 아니다."라는 판단 속에 포함된 부정의 존재론적 의미는 "탁자는 의자가 아니다."라는 판단 속에 포함된 부정의 존재론적 의미와 같은 유형에 속한다. 이렇듯 의식들의 분리는 신체들 때문이며, 그만큼 여러 의식 사이에는 하나의 근원적인 공간 같은 것, 다시 말해 정확히 하나의 주어진 무, 즉 수동적으로 경험한 하나의 절대적인 거리가 있다. 관념론은 분명 나의 신체와 타자의 신체를 표상의 객관적 체계로 환원시킨다. 쇼펜하우어에게 있어서 나의 신체는 "직접적 대상" 외의 다른 것이 아니다. 하지만 사람들은 이런 이유로 의식들 사이의 절대적 거리를 제거하지 않는다. 하나의 총체적인 표상 체계 —— 다시 말해 각각의 단자 —— 는 그 자체에 의해서만 제한될 수 있기 때문에, 자기가 아닌 것과의 관계를 유지할 수는 없을 것이다. 인식하는 주체는 다른 하나의 주체를 제한할 수도 없고, 다른 하나의 주체에 의해 그 자신이 제한될 수도 없다. 인식하는 주체는 그 자신의 적극적 충만성에 의해 고립되어 있고, 따라서 그 자신과 똑같이 고립되어 있는 또 하나의 다른 체계 사이에는 하나의 공간적인 분리가 외면성의 유형 자체로 보존되어 있다. 이렇듯 나의 의식과 타자의 의식을 암암리에 분리하고 있는 것은 여전히 공간이다. 관념론자는 이 외면성의 부정을 나타내기 위해 자신은 유의하지도 않은 채 "제3의 인간(troisième homme)"[15]에 의거하고 있다는 것을 덧붙여야 한다. 왜냐하면, 우리가 살펴본 것처럼 모든 외적인 관계는, 이 관계의 두 항[타자와 나] 자체에 의해 구성되지 않는 한, 그 정립을 위해 한 명의 증인을 요구하기 때문이다. 이렇게 해서 관념론자에게나 실재론자에게나 마찬가지로 다음과 같은 결론이 부과된다. 타자가 하나의 공간적 세계에서 우리에게 드러난다는 사실로 인해 우리를 타자와 분리시키는 것은 실재적 또는 관념적 공간이라는 결론이 그것이다.

이런 전제는 하나의 중대한 결과를 낳는다. 사실 만일 내가 무차별적인 외면성의 방식으로 타자와 관계를 맺고 있어야 한다면, 하나

---

15 아리스토텔레스가 플라톤의 이데아론을 비판하기 위해 사용한 비유이다. 하지만 사르트르는 여기에서 '제3의 인간'을 이데아와 개체(예를 들면, 이데아적 인간과 현실적인 개의 인간)에 있어 양자에게 공통되는 의미로 사용하는 것이 아니고, 타자의 표상 체계와 나의 표상 체계 사이에서 양자의 관계를 세우는 증인이라는 의미로 사용하고 있다.

의 즉자가 다른 하나의 즉자의 출현이나 소멸에 의해 영향을 받지 않
는 것과 마찬가지로, 나는 타자의 출현이나 소멸에 의해 나의 존재에
서 아무런 영향도 받을 수 없을 것이다. 따라서 타자가 그의 존재에
의해 나의 존재에 작용할 수가 없을 때, 타자가 나에게 그 자신을 드
러내 보일 수 있는 유일한 방법은, 그가 나의 인식에 대상으로 나타나
는 것이다. 하지만 이것은 내가 타자를 나의 자발성이 다양한 인상에
부과하는 통일로 타자를 구성한다는 의미로 이해해야 할 것이다. 다
시 말해 나는 타자를 그의 경험의 장 속에서 구성하는 자라는 의미
로 말이다. 따라서 타자는 나에게는 하나의 이미지에 불과할 것이다.
비록 내가 구축한 인식의 이론 전체가 이 이미지라는 개념을 배제하
는 것을 겨냥함에도 그렇다. 그리고 나 자신과 동시에 타자에 외면적
으로 있을 한 명의 증인만이 이미지와 원본을 비교하고, 또 이 이미
지가 참인가를 결정할 수 있을 뿐이다. 더군다나 이 증인이 그 나름
대로 권위를 얻기 위해서는 나 자신과 타자에 대해 외면적인 관계에
있어서는 안 될 것이다. 그렇지 않으면 이 증인은 우리를 이미지에 의
해서만 인식하게 될 뿐이다. 이 증인은 그의 존재의 탈자적 통일 속
에서 나에 대해 여기에 나 자신의 내적 부정으로 존재함과 동시에 저
기에 타자에 대해 타자의 내적 부정으로서 존재하지 않으면 안 될 것
이다. 이렇듯 라이프니츠에게서 볼 수 있듯이 신에의 의거는 무조건
적으로 내적 부정에의 의거이다. 창조에 대한 신학적 개념 속에 감추
어져 있는 것이 바로 이것이다. 신은 나로 있고 타자로 있음과 동시
에 나 자신으로 있지 않고 타자로도 있지 않다. 왜냐하면 신은 우리
를 창조했기 때문이다. 사실 나의 실재를 매개 없이 하나의 논리필증
적 명증으로 파악하려면, 신은 나 자신으로 있어야 한다. 또한 증인
으로서 자신의 불편부당성을 보유하고, 저기에서 타자로 있고 타자

로 있지 않기 위해서, 신은 나로 있지 않아야 한다. 여기에서 창조의 모습이 가장 잘 들어맞는다. 그것은 창조적 행위 속에서 나는 내가 창조하는 것을 속속들이 보지만, ― 왜냐하면 내가 창조하는 것은 나이기 때문이다 ― 내가 창조하는 것은 객관성의 긍정이라는 점에서 그 자체 안에 자기를 가두면서 나에게 대립하기 때문이다. 이처럼 공간화하는 이 전제는 우리에게 선택의 여지를 주지 않는다. 신에게서 거점을 찾든가, 그렇지 않으면 유아론에게 문을 열어 주는 개연론 (probabilisme)에 빠지는 수밖에 없다. 하지만 자신의 창조물들로 있는 신이라는 이 개념은 우리를 하나의 새로운 곤경에 빠뜨린다. 이것은 데카르트 이후의 사상에서 실체의 문제가 보여 주는 곤경이다. 만일 신이 나라면, 만일 신이 타자라면, 무엇이 나 자신의 고유한 존재를 보장해 줄 것인가? 만일 창조가 계속되어야 한다면, 나는 항상 하나의 뚜렷한 존재와 창조자라는 존재(l'Etre Créateur) 속에서 이루어지는 범신론적 융합과의 사이에서 유예 상태에 머물게 된다. 만일 창조가 하나의 근원적인 행위이고, 만일 내가 신에 대해 나를 닫아 두고 있다면, 아무것도 신에 대해 나를 더 이상 보증해 주지 않는다. 왜냐하면 신은 이미 조각가와 완성된 조각상의 관계와 같이 하나의 외면적 관계에 의해서만 나와 맺어져 있기 때문이며, 그렇게 되면 신은 이미지들에 의해서만 나를 인식할 수 있기 때문이다. 이 조건에서 신이라는 개념은 의식들 상호 간의 유일하게 가능한 연결로서 내적 부정을 우리에게 열어 보이면서도 그의 불충분성을 속속들이 드러내 보인다. 신은 타자의 존재의 보증인으로서 필요하지도 않고 충분하지도 않다. 게다가 나와 타자 사이의 매개자로서의 신의 존재는 이미 타자가 나 자신에 대해 내면적으로 연결되어 현전하고 있는 것을 전제로 한다. 왜냐하면 신은 정령(Esprit)의 본질적인 성질을 갖춘 채 타자의 정수(quintessence)[제5원소][16]로 나타나기 때문이다. 또한 타자존재의 실재적 근거가 나에게 타당하기 위해서 신은 이미 나 자신과 내면적으로 맺어져 있어야 하기 때문이다. 따라서 타자존재에 대한 적극적 이론은, 만일 이 이론이 타자에 대한 나의 근원적 관계를 하나의 내면적 부정으로, 다시 말해 정확히 나를 타자에 의해 규정하고 타자를 나에 의해 규정하는 한에서 타자와 나 자신과의 근원적 구별을 세우는 하나의 부정으로 고찰하고자 한다면, 유아론을 피할 수 있어야 함과 동시에 신에의 의거도 없어야 할 것처럼 보인다. 이 관점에서 이 문제를 고찰하는 것이 가능한가?

Ⅲ. 후설, 헤겔, 하이데거

만일 사람들이 먼저 나 자신과 타자를 두 개의 분리된 실체의 양상 아래 고찰한다면, 19세기와 20세기의 철학은 유아론에서 벗어날 수 없음을 이해한 것처럼 보인다. 사실 이 두 실체의 결합은 불가능한 일로 여겨져야 한다. 이 이유로 현대의 이론들을 검토하면, 각각의 의식을 그 출현 자체 속에서 구성하게 될 하나의 근본적이며 초월적인 타자와의 결합을 바로 의식들의 중심에서 포착하려는 노력이 우리에게 드러난다. 하지만 외적 부정의 가정을 포기한 것처럼 보여도,

---

16 '제5원소(quintessence)'는 고대 그리스의 철학자 엠페도클레스(Empedocles, BC 490?~BC 430?)가 주장한 4원소(흙, 공기, 물, 불)에 더해 아리스토텔레스가 인정한 천체를 구성하는 원소로, '에테르'를 가리킨다. 제5원소는 무게도 없고, 색깔도 없으며, 냄새도 없는, 이른바 '완전한 물질' 같은 것으로 여겨졌다. 제5원소는 변화무쌍하고 불안정한 자연에 대비되는 완벽한 세계를 바라던 종교적 열망과 결합되어 서구 기독교 발전에 중요한 역할을 했다. 사르트르는 여기에서 신의 관념에서 도출되는 불가해한 편재적인 정령을 에테르에 비유하고 있다.

사람들은 이 가정의 본질적 귀결을 여전히 간직하고 있다. 다시 말해 나와 타자와의 근본적 결합은 인식에 의해 실현된다는 주장이 그 귀결이다.

사실 후설이 『데카르트적 성찰(*Méditations cartésiennes*)』과 『형식 논리학과 선험논리학(*Formale und Transzendentale Logik*)』에서 유아론을 반박하고자 했는데, 이때 그는 타자에의 의거가 세계의 구성에 필수 불가결한 조건이라는 것을 보여 주면 반박이 이루어진다고 생각했다. 우리는 이 이론의 세부까지 파고들지 않으면서 그의 주요 동기를 지적하는 것으로 그치고자 한다. 이것은 후설에게 있어 의식에 드러나는 대로의 세계는 상호 단자적인 세계라는 사실이다. 타자는 단지 이렇게 저렇게 구체적·경험적으로 나타남으로써 세계에 현전할 뿐 아니라, 세계의 통일과 풍부성의 항상적 조건으로 세계에 현전한다. 내가 이 탁자, 이 나무, 이 벽을 혼자 쳐다보든 아니면 사람들과 더불어 쳐다보든, 타자는 항상 내가 고려하는 대상 그 자체에 속하는 하나의 구성적인 의미층으로 존재한다. 간단히 말해 그 대상의 객관성의 참된 보증으로 거기에 존재한다. 그리고 우리의 심리-물리적 자아는 이 세계와 동시적이고, 이 세계의 일부를 이루고 있으며, 또 이 세계와 더불어 현상학적 환원의 일격을 받기 때문에, 타자는 이 나(ce moi)의 구성 자체에 필요한 것으로 나타난다. 나의 친구 피에르의 존재 — 또는 일반적으로 타인들의 존재 — 가 원칙적으로 나의 경험 밖에 있는 한에서, 만일 내가 이 존재를 의심해야 한다면, 나는 나의 구체적인 존재, 즉 이런저런 경향, 이런저런 습관, 이런저런 성격을 가진 교수로서의 나의 경험적인 실재까지도 의심해야 한다. 나의 자아를 위한 특권은 없다. 나의 경험적 자아(Ego)도 타자의 경험적 자아도 동시에 이 세계 속에 나타난다. 그리고 "타자"라는 일반적

의미는 이 두 "자아"의 어느 한편의 구성에도 필요하다. 이처럼 각각의 대상은 칸트에게서처럼 주체와의 단순한 관계에 의해 구성되기는 커녕 오히려 나의 경험 속에서 다가치적인 것으로 나타난다. 각각의 대상은 의식들의 무한한 다수성에 대한 참고 체계(des systèmes de références)[17]를 갖는 것으로 근원적으로 주어진다. 타자가 나에게 자신을 드러내는 것은 탁자 위에서, 벽 위에서이며, 피에르나 폴이 구체적으로 출현할 때와 마찬가지로 고려된 대상을 계속 참고하는 것으로서이다.

이 견해들은 고전적 학설에 비해 확실히 진보를 이루고 있다. 도구-사물은 발견되자마자 대자의 복수성을 가리킨다는 사실에는 반박의 여지가 없다. 우리는 나중에 이 문제를 다시 다룰 것이다. "타자"라는 의미는 경험에서 올 수 없고, 경험을 할 때 행해지는 유추에 의한 추리에서 올 수 없는 것 또한 확실하다. 하지만 반대로 경험이 해석되는 것은 타자 개념의 빛에 의해서이다. 이것은 타자라는 개념이 선험적이라는 것을 의미하는가? 우리는 뒤에서 이 개념을 규정하고자 시도할 것이다. 하지만 이론의 여지가 없는 장점에도 불구하고 후설의 이론은 우리에게 칸트의 이론과 현저하게 다른 것으로는 보이지 않는다. 그 까닭은 사실 나의 경험적 자아가 타자의 자아보다 더 확실하지 않음에도, 후설은 나의 자아와는 근본적으로 구별되고, 칸트적 주체[주관]를 많이 닮은 선험적 주체(sujet transcendantal)를 보존했기 때문이다. 그런데 입증해야 할 것은 누구에게도 의문의 여지가 없는 경험적 "자아들"의 병행 현상이 아니라 선험적 주체들의 병행 현상이다. 그 까닭은 사실상 타자는 결코 나의 경험 속에서 만나는 경

---

17 게슈탈트 심리학에서 사용하는 용어로, '관계계(關係系)', '지시 체계'라고도 옮길 수 있으나, 여기에서는 '참고 체계'로 옮긴다.

험적 인물이 아니기 때문이다. 타자는 본성상 이 인물이 가리키는 초월적 주체이다. 이렇듯 참된 문제는 경험 너머의 선험적 주체들의 연관에 대한 문제이다. 만일 선험적 주체가 기원에서부터 노에마적 총체의 구성을 위해 다른 주체들을 가리킨다고 대답한다면, 선험적 주체가 의미들을 가리키듯 이 주체들을 가리킨다고 대답하기는 쉽다. 여기에서 타자는 하나의 세계를 구성할 수 있게 해 주는 하나의 보조적 범주로서 존재하는 것이지, 이 세계 저 너머에 있는 하나의 실재적인 존재로서 존재하는 것은 아닐 것이다. 그리고 분명 타자라는 "범주"에는 그 의미 자체 속에 세계 저편에서 하나의 주체로의 지향이 함축되어 있지만, 이 지향은 가설적 지향이 될 수밖에 없을 것이다. 이 지향은 순전히 통일적 개념의 내용으로서의 가치를 갖는다. 이 지향은 세계 속에서, 그리고 세계를 위해서 타당하고, 그 권리는 세계에 한정되어 있다. 그리고 타자는 본성상 세계 밖에 존재한다. 게다가 후설은 타자의 세계 외적 존재가 무엇을 의미하는가를 이해하는 가능성 자체를 스스로 포기했다. 왜냐하면 후설은 존재를 수행해야 할 조작의 무한 계열을 단순히 지시하는 것으로 정의하고 있기 때문이다. 존재를 인식에 의해 측정하는 것보다 좋은 방법은 없을 것이다. 그런데 일반적으로 인식이 존재를 측정함을 인정한다 하더라도, 타자의 존재가 그 실재에서 측정되는 것은 이 타자가 자신에 대해 갖는 인식에 의한 것이고, 내가 이 타자에 대해 갖는 인식에 의한 것은 아니다. 나에 의해 도달해야 할 것은, 내가 타자에 대해 인식하는 한에서의 타자가 아니고, 타자가 자기에 대해 인식하는 한에서의 타자이다. 하지만 이것은 불가능하다. 사실 이것은 나 자신과 타자와의 내면적 동일화를 전제한 것이다. 따라서 우리는 여기에서 타자와 나 자신 사이의 원칙적인 구별을 다시 발견한다. 이 구별은 우리의 신체의 외면성에서 오는 것이 아니라 우리 각자가 내면성으로 존재한다는 단순한 사실, 그리고 내면성의 타당한 인식은 내면성 안에서만 이루어진다는 단순한 사실에서 비롯된다. 그렇다면 타자가 자기를 인식하는 대로, 다시 말해 타자가 있는 그대로의 그에 대한 모든 인식은 원칙적으로 금지된다. 게다가 후설은 이것을 이해하고 있었다. 왜냐하면 후설은 타자가 우리의 구체적인 경험에 나타나는 대로의 "타자"를 하나의 부재로 정의하고 있기 때문이다. 하지만 적어도 후설 철학에서 부재에 대한 충만한 직관을 어떻게 얻을 수 있는가? 타자는 텅 빈 지향들의 대상이다. 타자는 원칙적으로 [나에게] 자기를 거부하고 사라진다. 따라서 남아 있는 유일한 실재는 나의 지향의 실재이다. 나의 경험 속에 구체적으로 나타나는 한에서, 타자는 그를 향한 나의 의도[목표]에 대응하는 텅 빈 노에마이다. 하나의 초월적 개념으로 나타나는 한에서 타자는 나의 경험의 통일적·구성적 조작의 하나의 총체이다. 후설은 유아론자에게 타자의 존재는 세계의 존재 — 이 경우 세계 속에 나의 심리-물리적 존재를 포함시키며 — 와 똑같이 확실하다고 대답한다. 하지만 유아론자가 다른 말을 하는 것이 아니다. 타자의 존재는 확실하지만, 세계의 존재보다 더 확실한 것은 아니라고 유아론자는 말할 것이다. 하지만 그는 이렇게 덧붙일 것이다. 세계의 존재는 내가 그것에 대해 갖는 인식에 의해 측정되며, 타자의 존재에 대해서도 달리 될 수는 없을 것이라고 말이다.

　나는 예전에 후설에게서 그의 초월적 "자아"를 거부함으로써 유아론에서 벗어날 수 있다고 생각했다.[18] 그때 나는 나의 의식에서 그 주제를 비워 낸 만큼, 나의 의식에는 타자에 비해 특권을 가질 아무

18　"La Transcendance de l'Ego", *Recherches philosophiques*, 1937. — 원주.

것도 남아 있지 않는 것처럼 보였다. 사실 나는 하나의 선험적 주체의 가설이 무익하고 유해하다고 확신했지만, 이런 선험적 주체를 포기했다고 해서 타자의 존재 문제가 한걸음이라도 진척된 것은 아니었다. 비록 경험적 자아의 외부에는 이 자아에 대한 의식 — 다시 말해 주체 없는 하나의 선험적 영역 — 외에 다른 아무것이 없다고 해도, 타자에 대한 나의 긍정이 세계 너머에 하나의 유사한 선험적 영역이 존재해야 한다는 것을 가정하고 또 요구하는 것은 사실이다. 따라서 유아론을 피하는 유일한 방식은, 여기에서도 역시 나의 선험적 의식은 그 존재 자체에서 같은 유형의 다른 의식들의 세계 외적 존재에 의해 영향받고 있음을 증명하는 것이다. 이처럼 후설은 존재를 의미의 계열로 환원시켰기 때문에, 나의 존재와 타자의 존재 사이에 후설이 세울 수 있었던 유일한 연결은 인식의 연결이다. 그만큼 후설은 칸트와 마찬가지로 유아론에서 벗어날 수 없을 것이다.

만일 연대적 계기의 규칙들을 준수하지 않고 일종의 무시간적 변증법의 규칙에 따른다면, 헤겔이 『정신현상학』 제1권에서 제시한 이 문제의 해결책은, 후설이 우리에게 제시하는 해결책에 비해 중요한 진전을 이룬 것처럼 보인다. 사실 타자의 출현이 필수 불가결한 것은 더 이상 세계의 구성과 나의 경험적 "자아"의 구성에 대해서가 아니다. 타자의 출현은 자기의식으로서의 나의 의식의 존재 자체에 대해 필수 불가결하다. 사실 자기의식인 한에서 '나'는 스스로 자기를 파악한다. "나=나(moi=moi)" 또는 "나는 나이다(Je suis je)."라는 동일성은 바로 이 사실을 표현한 것이다. 먼저 이 자기의식은 자신과의 순수한 동일성이며, 순수한 대자존재이다. 이 자기의식은 자기 자신에 대해 확실성을 가진다. 하지만 이 확실성은 아직 진리를 결여하고 있다. 사실 자신의 고유한 대자적 존재가 이 자기의식에게 독립된 대상으로서 나타나는 한에서만, 이 확실성은 참된 확실성이 될 것이다. 이렇듯 자기의식은 먼저 하나의 주체와, 이 주체 자체이며, 아직 대상화되지 않은 하나의 대상 사이의 진리를 갖지 않은 혼합적 관계로 존재한다. 자기의식의 충동은 모든 면에서 자기 자신을 의식하면서 자기의 개념을 실현하기 때문에, 이 자기의식은 자기에게 대상성과 명백한 존재를 주면서 외면적으로 자기를 타당하게 만드는 경향이 있다. 여기에서는 "나는 나이다."를 밝히는 것이 문제가 되며, 스스로 자기를 대상으로 생산해서 결국 발전의 궁극 단계 ── 물론 이 단계는 다른 의미에서 의식 생성의 원동력이 된다 ── 에 도달하려는 것이 문제이다. 그리고 이 단계는 자기의식 일반이며, 이 자기의식 일반은 다른 자기의식들 속에서 자기를 인지하고, 또 이 자기의식 일반은 다른 자기의식들과 자기 자신과도 동일하다. 매개자는 타인이다. 타인은 나 자신과 함께 나타난다. 왜냐하면 자기의식은 모든 타인을 배제함으로써 자기 자신과 동일하기 때문이다. 이렇듯 최초의 사실은 의식의 다수성이다. 그리고 이 다수성은 이중의 상호적 배제 관계의 형태하에 실현된다. 우리는 여기에서 방금 우리가 요구한 내면성에 의한 부정의 유대에 직면한다. 외적이며 즉자적인 어떤 무도 나의 의식을 타자의 의식에서 분리하지 않는다. 내가 타인을 배제하는 것은 오히려 나로 있다는 사실 자체에 의해서이다. 타인은 그가 자기로 있음으로써 나를 배제하는 자이며, 또 타인은 내가 나로 있음으로써 내가 배제하는 자이다. 의식들은 그것들의 존재가 고기비늘처럼 서로 직접적으로 의존하고 있다. 이 사실은 동시에 우리로 하여금 타인이 나에게 나타나는 방식을 규정할 수 있게 해 준다. 타인은 나와는 다른 자이다. 따라서 타인은 부정적 성격을 가지고 비본질적 대상으로서 주어진다. 하지만 이 타인은 또한 하나의 자기의식이다. 그 자격으로 타인은 생명의 존재 속에 잠겨 있는 하나의 평범한 대상으로 나에게 나타난다. 그리고 이와 마찬가지로 나도 타인에게 구체적·감각적·직접적 존재로 나타난다. 헤겔은 여기에서 나(코기토에 의해서 파악된 나)에게서 타인으로 향하는 일의적 관계의 터전 위에 서 있는 것이 아니고, 오히려 "한쪽의 다른 쪽에서의 자기 파악(le saisissement de soi de l'un dans l'autre)"이라고 그가 정의한 상호적 관계의 터전 위에 서 있다. 사실 각자가 절대적으로 자기에게 있어 존재하는 것은 단지 각자가 타인에게 대립하는 한에서이다. 각자는 타인과 대립해서, 타인과 마주해서 개별성이 되는 자신의 권리를 주장한다. 이렇게 해서 코기토 그 자체는 철학에 있어 하나의 출발점이 될 수 없을 것이다. 코기토는 사실상 개별성으로서의 나를 위한 나의 나타남의 결과로서만 생겨날 뿐이다. 그리고 이런 나타남은 타인의 인정에 의해 조건 지워진다. 타인의 문제는 코기토에서 출발해서 제기되기는커녕, 그 반대로 코기토를 내가 나 스스로를 대상으로 파악할 때의 추상적 계기로서 가능하게 만드는 것은 바로 타인의 존재이다. 이처럼 헤겔이 타자에게 있어 존재(l'être pour l'autre)라고 명명하는 "계기"는 자기의식의 전개에서 하나의 필연적인 단계이다. 내면성의 길은 타인을 통과한다. 하지만 타인은 그가 하나의 다른 나, 나에게 있어서의 하나의 '나-대상(un Moi-objet)'인 한에서만, 그리고 반대로 그가 나의 나를 반영하는 한에서만, 다시 말해 내가 그에게 있어 대상으로 있는 한에서만, 나에 대해 관심을 가질 뿐이다. 내가 저편에서 타인 속에서만 나에게 있어 대상으로 있는 내가 처해 있는 이 필연성으로 인해, 나는 타인으로부터 나의 존재에 대한 인정을 받아야 한다. 하지만 만일 나의 대자적 의식이 하나의 다른 의식에 의해 자기 자신에게 매개되어야 한다면, 나의 의식의 대자존재는 — 따라서 일반적으로 나의 의식의 존재는 ─ 타인에게 의존하게 된다. 내가 타인에게 나타나는 대로, 나는 그렇게 존재한다. 게다가 타인은 그가 나에게 나타나는 대로 존재하기 때문에, 그리고 나의 존재는 타인에게 달려 있기 때문에, 내가 나에게 나타나는 방식 ─ 다시 말해 나의 자기의식의 전개 계기 ─ 은 타인이 나에게 나타나는 방식에 달려 있다. 타인에 의한 나에 대한 인정의 가치는 나에 의한 타인에 대한 인정의 가치에 달려 있다. 이 의미에서 타인이 나를 하나의 신체에 묶여 있는 자, 또 생명 속에 잠겨 있는 자로 파악하는 한에서, 나는 스스로 한 명의 타인일 뿐이다. 타자가 나를 인정하도록 하기 위해 나는 나 자신의 고유한 생명을 내걸면서 위험을 무릅써야 한다. 생명을 내거는 것, 이것은 사실 자기가 대상적 형태 또는 어떤 한정된 존재에 묶여 있지 않다는 것을, 다시 말해 생명에 얽매여 있지 않다는 것을 보여 준다. 하지만 이와 동시에 나는 타인의 죽음을 추구한다. 이것은 내가 단지 타인일 뿐인 한 명의 타인에 의해, 즉 그 본질적 성격이 한 명의 타인을 위해서만 존재하는 하나의 종속적 의식에 의해 나를 매개하고자 함을 의미한다. 이것은 내가 나의 생명을 내거는 바로 그 순간에 일어날 것이다. 왜냐하면 나는 타인에 대항하는 투쟁에서 나의 감각적 존재를 위험에 내걺으로써 이 감각적 존재를 배제하기 때문이다. 그런데 타인은 반대로 생명과 자유를 선호함으로써 그가 대상적 형태에 묶여 있지 않은 자로서 처신할 수 없음을 보여 준다. 따라서 타인은 외적인 사물들 일반에 묶여 있다. 타인은 나와 자기 자신에게 비본질적인 것으로 나타난다. 타인은 노예이고, 나는 주인이다. 타인에게 있어 본질로 있는 자는 나이다. 이렇게 해서 마르크스에게 아주 큰 영향을 준 "주인-노예"의 유명한 관계가 나타난다. 우리는 이 관계의 세부까지 파고들 필요는 없다. 우리에게는 노예는 주인의 진리라는 사실을 지적하는 것으로 충분하다. 하지만 이런 일방적이고 불평등한 인정은 불충분하다. 왜냐하면 노예의 자기 확신의 진리는 주인에게는 비본질적 의식이기 때문이다. 따라서 주인은 진리로서 대자존재에 대해 확신을 가지고 있는 것이 아니다. 이 진리가 달성되기 위해서는 "주인이 노예에 대해 하는 것을 주인이 자기에게 하고, 노예가 자기에 대해 하는 것을 노예가 주인에게 하는 하나의 계기"[19]가 필요할 것이다. 이때 다른 자기의식들 속에서 자기를 인지하고, 다른 자기의식들과 자기 자신과도 동일한 일반적 자기의식이 나타날 것이다.

이렇듯 이 경우 헤겔의 천재적 직관은 나로 하여금 나의 존재에서 타인에게 의존케 하는 점에 있다. 헤겔의 말에 따르면, 나는 타인에 의해서만 대자적으로 존재할 뿐인 하나의 대자적 존재이다. 따라서 타인이 나에게 침입해 들어오는 것은 나의 핵심에 대해서이다. "자기의식은 다른 하나의 자기의식 속에서 자기의 반향(그리고 자기의 반영)을 알아보는 한도에서만 현실적인 자기의식이다."[20] 그렇기 때문에 나는 나 자신을 의심하지 않고서는 타인을 의심할 수 없다. 그리고 의심 자체에 대자적으로 존재하는 하나의 의식이 내포되어 있으므로, 타인의 존재는 데카르트에게서 나의 존재가 방법적 회의를 조건 짓는 것과 같은 자격으로, 타인의 존재를 의심하려는 나의 시도를 조건 짓는다. 이렇듯 유아론은 결정적으로 전투력을 상실한 것처럼 보인다. 후설에서 헤겔로 넘어감으로써 우리는 상당한 진보를 이루었다. 먼저 타자를 구성하는 부정은 직접적이고 내적이며 상호적이다. 그다음으로 이 부정은 각개의 의식을 그 존재의 가장 깊은 부분을 엄습해서 상처를 준다. 문제는 내적 존재의 수준에서, 즉 보편적이고 선험적인

---

19 *Phénoménologie de l'esprit*, p. 148. Edition Lasson. ─원주.
20 *Propedeutik*, p. 20, I^{re}édition des œuvres complètes. ─원주.

나의 수준에서 제기된다. 마지막으로 내가 타자의 본질적 존재에 의존하는 것은 나의 본질적 존재 안에서이다. 그리고 나 자신에게 있어 나의 존재를 타자에게 있어 나의 존재에 대립시키는 것이 아니라, 대타존재가 나 자신에게 있어 나의 존재의 필요조건으로서 나타난다.

그렇지만 이 해결책은 그 넓은 폭에도 불구하고, 또 주인과 노예의 이론 속에서 꿈틀거리는 세밀한 논거들의 풍부함과 깊이에도 불구하고, 과연 우리를 만족시켜 줄 것인가?

헤겔은 분명 의식들의 존재에 대한 문제를 제기했다. 그가 탐구한 것은 대자존재와 대타존재이며, 그는 각개의 의식을 다른 의식의 실재를 포함하는 것으로 제시한다. 하지만 이런 존재론적 문제가 모든 곳에서 인식의 용어로 표현되어 있는 것 역시 확실하다. 의식들 사이의 투쟁의 원동력은 각개의 의식이 자기에 대한 그 자신의 확신을 진리로 변형시키고자 하는 노력에 있다. 그리고 우리는 나의 의식이 타인의 의식에게 있어 대상이 되는 한에서만, 이와 동시에 타인의 의식이 나의 의식에게 있어 대상이 되는 한에서만, 이런 진리에 도달할 수 있을 뿐임을 알고 있다. 이렇게 해서 관념론에 의해 제기된 질문 ― 타인은 어떻게 나에 대해 대상이 될 수 있는가? ― 에 대해 헤겔은 관념론 영역에 머물면서 이렇게 대답한다. 하나의 나가 존재하고, 이 나에게 있어 타자가 진실로 대상으로 있다면, 그것은 한 명의 타인이 존재하고, 그에게 있어 내가 대상으로 있기 때문이라고 말이다. 여기에서도 존재의 척도는 여전히 인식이다. 그리고 헤겔은 궁극적으로 하나의 "대상-존재"로 환원될 수 없는 하나의 대타존재가 있을 수 있다는 것을 생각조차 하지 않는다. 따라서 이 모든 변증법적 단계를 통해 자기를 해방시키고자 하는 보편적 자기의식은, 그 자신의 고백에 의하면, "나는 나이다."라는 하나의 순수하고 텅 빈 형식에 동화될 수 있다. 헤겔은 이렇게 말한다. "자기의식에 대한 이 명제에는 모든 내용이 비어 있다."[21] 그리고 다른 곳에서 헤겔은 이렇게 말한다. "(이것은) 모든 직접적 존재를 뛰어넘는 것으로 이루어지고, 자기 자신과 동일한 의식의 완전히 부정적 존재에 이르는 절대적 추상 과정이다." 이 변증법적 갈등의 종말 그 자체, 즉 보편적 자기의식은 자신의 유위전변(有爲轉變)의 한복판에서도 풍요로워지지 않았다. 이와는 반대로 이 보편적 의식은 완전히 박탈당했다. 이 보편적 의식은 "나는 타인이 나를 나 자신으로 알고 있다."라는 것뿐이다. 물론 그 이유는 절대적 관념론의 입장에서 보면 존재와 인식이 동일하기 때문이다. 하지만 이 동일화는 우리를 어디로 끌고 가는가?

먼저 "나는 나이다."라고 하는 동일성의 단순하고 보편적인 공식은, 이 책 서론에서 기술하고자 한 구체적인 의식과는 아무런 공통점도 가지고 있지 않다. 우리가 그때 주장한 것처럼, 자기(에 대한) 의식의 존재는 인식 용어로 규정할 수 없다. 인식은 반성과 함께 시작된다. 하지만 "반영-반영하는 것"의 유희는 암묵적인 상태에서라도 한 쌍의 주체-대상이 아니다. "반영-반영하는 것"의 유희는 그 존재에서 어떤 초월적 의식에도 의존하지 않는다. 오히려 그 존재 방식은 정확히 자기 자신에게 있어 문제가 된다는 것이다. 그다음으로 우리는 이 책 제2부 제1장에서 반영과 반영하는 것과의 관계는 결코 동일성의 관계가 아니며, 헤겔의 "나=나" 또는 "나는 나이다."로 환원될 수 없다는 것을 보여 주었다. 반영은 자기를 반영하는 것이 아닌 것으로 만들어 낸다. 여기에서는 자기 존재 안에서 자기를 무화하는 하나의 존재, 또 자기 자신에게 자기로서 자기를 용해하려고 헛되이 애쓰는 하나의 존

---

21 *Propedeutik*, p. 20, Iʳᵉ édition des œuvres complètes. — 원주.

재가 문제가 된다. 만일 이 기술이 의식이라는 근원적 사실을 이해할 수 있게끔 하는 유일한 기술이라면, 헤겔은 자기의식과 등가적인 것으로 제시된 나의 이런 추상적 겹침에 대한 설명에 이르지 못한다고 사람들은 판단할 것이다. 마지막으로 우리는 비반성적 순수의식에서 이것을 애매하게 만드는 선험적 나(Je transcendantal)를 떨쳐 버리게 되었다. 또한 우리는 개인적 실존의 근거인 자기성(ipséité)이 하나의 자아(Ego) 또는 이 자아의 자기 자신으로의 지향과는 아주 다른 것임을 보여 주었다. 따라서 의식을 선험적 자아론의 용어로 정의하는 것은 문제 되지 않을 것이다. 한마디로 의식은 구체적이고 독특한(sui generis) 하나의 존재이지, 동일성이라고 하는 추상적이며 정당화되지 않는 하나의 관계가 아니다. 의식은 자기성이지, 불투명하고 무용한 자아의 진리가 아니다. 의식의 존재는 선험적 반성에 의해 도달할 수 있다. 그리고 타자에 의존하지 않는 의식에 대한 하나의 진리가 있다. 하지만 의식의 존재 자체는 인식과는 독립적이므로, 의식의 존재는 인식에 대한 진리에 앞서 존재한다. 소박한 실재론의 경우처럼 이런 터전 위에서 진리의 척도는 존재이다. 왜냐하면 하나의 반성적인 직관의 진리는 존재와의 일치에 따라 측정되기 때문이다. 다시 말해 의식은 인식되기 이전에 거기에 있었던 것이다. 따라서 의식이 타자의 면전에서 자기를 주장하는 것은, 의식이 자기의 존재를 인정해 줄 것을 요구하기 때문이지, 하나의 추상적인 진리를 요구하기 때문이 아니다. 사실 주인과 노예의 격렬하고 위험한 투쟁이 "나는 나이다."라는 것만큼 빈약하고 추상적인 공식의 승인만을 내걸고 유희를 하고 있다는 것은 생각하기 어렵다. 게다가 이 투쟁 자체 속에 속임수가 있을 수 있다. 왜냐하면 최후에 도달할 목표가 보편적 자기의식, 즉 "자기에 의해 존재하는 자기에 대한 직관"일 것이기 때문이다. 다른 모든 경우와 마찬가지로 여기에서도 있는 그대로의 개별자의 요구를 대표하는 키르케고르를 헤겔에 대립시킬 필요가 있다. 개별자가 요구하는 것은 개별자로서의 자기의 완성이다. 개별자는 구체적인 자기의 존재에 대한 승인을 요구하는 것이지, 하나의 보편적인 구조에 대한 객관적인 설명을 요구하는 것이 아니다. 물론 내가 타자에게 요구하는 권리에는 자기의 보편성이 전제된다. 즉 인격을 존중하는 것은 보편적인 것으로서의 나의 인격에 대한 인정이 요구된다. 하지만 이 보편적인 것 속에 흘러들어 그것을 채우는 것은 구체적이며 개별적인 나의 존재이다. 내가 권리를 요구하는 것은 바로 이 거기에-있음(être-là)을 위해서이다. 여기에서는 특수자가 보편자의 지탱이며 근거이다. 이 경우 보편자는 그것이 개별자를 위해(à dessein) 존재하는 것이 아니라면 아무 의미를 가질 수 없을 것이다.

존재와 인식의 이런 동일시로부터 여기에서도 또한 많은 오류나 불가능한 일이 기인한다. 우리는 여기에서 이것들을 두 항목으로 요약해 볼 것이다. 다시 말해 우리는 헤겔에 대해 이중의 낙관론을 비판하게 될 것이다.

첫째, 우리가 보기에 헤겔은 인식론적 낙관론이라는 오류를 범한 것 같다. 사실 그에게는 자기의식의 진리가 나타날 수 있는 것으로 보인다. 다시 말해 타자에 의한 나의 승인과 나에 의한 타자의 승인이라는 이름하에 하나의 객관적 일치가 의식들 사이에서 이루어질 수 있는 것으로 보인다. 이 승인은 동시적이며 상호적일 수 있다. "나는 타자가 나를 자기 자신으로서 알고 있다는 것을 안다." 이 승인은 진실로 자기의식의 보편성을 만들어 낸다. 하지만 타자의 문제에 대한 정확한 진술은 보편적인 것으로의 이 이행을 불가능하게 만든다. 사실 만일 타자가 나의 자기를 나에게 가리켜야 한다면, 적어도 변증법적 전개의 마지막 단계에서는 내가 그에게 있는 것, 그가 나에게 있는 것, 내가 나에게 있는 것, 그가 그에게 있는 것 사이에 하나의 공통적인 척도가 있어야 한다. 확실히 이 동질성은 출발점에서는 존재하지 않는다. 헤겔도 이것을 인정한다. "주인-노예"의 관계는 상호적인 관계가 아니다. 하지만 헤겔은 상호성이 정립될 수 있다고 주장한다. 사실 이것은 헤겔이 출발점에서 대상성과 생명 사이를 혼동했기 — 일부러 그렇게 한 것처럼 보일 정도로 아주 교묘한 혼동이다 — 때문이다. 헤겔에 의하면 타인은 나에게 대상으로서 나타난다. 그런데 이 대상은 바로 타인 속에서의 나이다. 그리고 헤겔은 이 대상성을 좀 더 자세히 정의하고자 하면서 거기에서 세 가지 요소를 구별한다.[22] "한쪽의 다른 쪽에서의 자기파악은, (1) 자기와의 동일성의 추상적 계기이다. (2) 하지만 각자는 외적 대상인 한에서, 구체적이고 직접적인 감각적 존재인 한에서, 타인에게 스스로를 나타내는 특수성 또한 가지고 있다. (3) 각자는 절대적으로 자기에게 있어 존재하고, 그리고 타인에게 대립하는 한에서 개별적이다······." 이처럼 자기와의 동일성의 추상적 계기는 타인의 인식 속에 주어져 있다. 이 계기는 전체적인 구조의 다른 두 계기와 함께 주어져 있다. 하지만 종합(Synthèse)의 철학자에게는 기묘한 일이다. 헤겔은 세 가지 요소가 분석에 저항하는 하나의 새로운 형태를 구성하는 방식으로 서로 작용하고 있지 않는가에 대해서는 자문하지 않았다. 헤겔은 『정신현상학』에서 다음과 같이 선언하면서 자신의 관점을 밝히고 있다. 즉 타인은 우선 비본질적인 것(이것은 위에 인용한 세 번째 계기의 의미이다.)으로서, 그리고 "생명의 존재 속에 잠겨 있는 의식"으로서 나타난다고 말이다. 하지

22 *Propedeutik*, p. 18. — 원주.

만 추상적 계기와 생명의 단순한 공존이 문제가 된다. 따라서 나 자신이든 타인이든, 즉 우리가 우리의 생명을 내건다면, 그것만으로 자기를 위험에 내놓는 행위 자체 속에서 생명과 의식의 분석적 분리를 실현하기에 충분하다. "각개의 의식에 대해 타인이 무엇인가 하는 것은 타인에 대해 각개의 의식이 무엇인가 하는 것이다. 각개의 의식은 자기 자체 안에서, 그리고 그 나름대로 그의 고유한 활동성 자체에 의해, 그리고 타인의 활동성에 의해 대자존재의 순수한 추상을 이룩한다……. 자기의식의 순수한 추상으로서 자기를 나타내는 것, 이것은 자기의 객관적 형태의 순수한 부정으로서 자기를 드러내 보이는 것이다. 이것은 자기가 어느 한정된 존재에 묶여 있지 않은 것으로서 자기를 드러내 보이는 것이다……. 그것은 자기가 생명에 묶여 있지 않은 것으로서 자기를 드러내 보이는 것이다."[23] 물론 헤겔은 더 뒤에 가서 이렇게 말한다. 자기의식은 죽음의 모험과 위험의 경험을 통해, 생명이 그에게 순수한 자기의식과 마찬가지로 본질적임을 알게 된다고 말이다. 하지만 이것은 전혀 다른 관점에 속한다. 그럼에도 나는 타인에게서 그의 생명과 자기의식의 순수한 진리를 언제든지 분리할 수 있다는 것은 여전한 사실이다. 이렇듯 노예는 주인의 자기의식을 파악한다. 노예는 주인의 진리이다. 그렇다고 해도 우리가 살펴본 것처럼 이 진리는 아직 충분하지 않다.

하지만 타자는 원칙적으로 나에게 대상으로 나타난다고 말하는 것과, 타자가 어느 특수한 존재에 묶여 있는 것으로, 생명 속에 잠겨 있는 것으로 나에게 나타난다고 말하는 것은 같은가? 만일 우리가 여기에서 순수한 논리적 가정의 차원에 머문다면, 우리는 먼저 타자

---

23 *Phénoménologie de lEsprit*, p. 148. ─ 원주.

는 과연 대상의 형태로 하나의 의식에게 주어질 수 있지만, 이 대상은 정확히 사람들이 하나의 살아 있는 신체라고 부르는 우연적인 대상에 묶여 있지 않다는 점을 지적해야 할 것이다. 사실상 우리의 경험은 살아 있는 의식적인 개별자들만을 우리에게 보여 줄 뿐이다. 하지만 타자는 권리상 나에게 있어 대상인데, 이것은 그가 타자이기 때문이지, 그가 하나의 대상-신체에 따라 나타나기 때문이 아니라는 사실을 지적해야 할 것이다. 그렇지 않으면 우리는 앞에서 말한 공간화의 착각 속에 다시 빠지게 될 것이다. 이렇게 해서 타자인 한에서 타자에게 본질적인 것은 대상성이지, 생명이 아니다. 게다가 헤겔은 이 논리적 확인에서 출발했다. 하지만 하나의 의식과 생명과의 유대가 "자기의식의 추상적 계기" ─ 거기에 잠겨서 항상 발견될 수 있는 상태로 머물러 있는 계기 ─ 를 그 본성에서 결코 왜곡시키지 않는다는 것이 사실이라고 해도, 과연 대상성에 대해서도 사태는 마찬가지일 것인가? 달리 말하면 하나의 의식은 인식되기 전에 존재한다는 것을 우리가 알고 있는 이상, 하나의 인식된 의식은, 그것이 인식되어 있다는 사실 그 자체로 인해, 전면적으로 변화를 겪지 않는가? 하나의 의식에게 대상으로 나타난다는 것, 이것도 역시 의식으로 있는 것인가? 이 물음에 답하는 것은 어렵지 않다. 자기의식의 존재는 자기의 존재 속에 자기의 존재가 문제 되는 방식으로 존재한다. 이것은 의식이 순수한 내면성임을 의미한다. 의식은 그것이 있어야 할 하나의 자기에로의 항구적인 지향이다. 의식의 존재는, 의식은 그것이 있지 않은 것으로 있고, 그것이 있는 것으로 있지 않은 방식으로 있는 존재로 있다는 것에 의해 정의된다. 따라서 의식의 존재는 모든 대상성의 철저한 배제이다. 나는 나 자신에게 있어 대상으로 있을 수 없는 자이며, 자기에 대해서는 대상의 형태로 그 존재를 생각해 볼 수조차 없는 자이다

(다만 반성적 분열 차원에서는 예외이다. 하지만 반성은 자기 자신을 위해 대상으로 있을 수 없는 존재의 비극이라는 사실을 우리는 이미 보았다). 이것은 후퇴의 결여 또는 지적인 선입견 또는 나의 인식에 부과된 한계 때문이 아니라, 오히려 대상성이 하나의 명백한 부정을 요구하기 때문이다. 대상, 이것은 내가 나를 그것으로 있지 않게 하는 것이다. 반면 나 자신인 나는 나를 그것으로 있게 하는 자이다. 나는 도처에서 나를 따라간다.[24] 나는 나에게서 벗어날 수 없다. 나는 나를 뒤에서 다시 붙잡는다. 그리고 비록 내가 나를 대상으로 만들려고 시도한다 해도, 나는 이미 내가 그것으로 있는 이 대상의 핵심에서 나로 있을 것이고, 또 바로 이 대상의 중심부에서 나는 이 대상을 바라보는 주체로 있어야 할 것이다. 게다가 타인의 존재는 내가 나에게 있어 대상으로 있기 위해 필요하다고 헤겔이 말할 때, 그가 예감하고 있었던 것이 바로 이것이다. 하지만 헤겔은 자기의식이 "나는 나이다."로 표현된다고 했기 때문에, 다시 말해 자기의식을 자기 인식과 동일시했기 때문에, 그는 이런 최초의 확인에서 이끌어 내야 할 결과들을 놓쳤던 것이다. 그러니까 헤겔은 의식 자체 속에, 타자만이 그것을 변화시키지 않고 이끌어 내야 할 것인 하나의 가능태적 대상과 같은 무엇인가를 도입했던 것이다. 하지만 만일 대상으로 있음(être-objet)이 정확하게 이 나로-있지 않음(n'être-pas-moi)이라면, 하나의 의식에 있어 대상으로 있다는 사실은 의식을 근본적으로 변화시킨다. 물론 이 변화는 그 의식이 자기에 대해 있는 것에서가 아니라, 타자에 대한 그것의 나타남에서 이루어진다. 타자의 의식, 그것은 내가 단순히 관조할 수 있으며, 또

---

24   일본어 번역본에서는 'suis'를 'être' 동사의 1인칭 변화형으로 여기고 옮겼으나, 여기에서는 '쫓아간다', '따르다' 등의 의미를 가진 동사 'suivre'의 1인칭 변화형으로 보고 번역한다. 영어 번역본에서도 이 동사를 'pursue'로 번역하고 있다. 실제로 두 동사의 현재 1인칭 변화형은 동일하다.

이 이유로 그것은 나로 있어야 할 것으로 있지 않고, 나에게 단순한 소여로 나타난다. 타자의 의식은 보편적 시간 속에서, 다시 말해 순간들의 근원적 분산 속에서 나에게 인도되는 것이지, 타자의 고유한 시간화의 통일 속에서 나에게 나타나는 것이 아니다. 왜냐하면 자기 자신의 고유한 시간화 속에서 나에게 나타날 수 있는 유일한 의식은 나의 의식이기 때문이다. 그리고 나의 의식은 모든 대상성을 포기함으로써만 나에게 나타날 수 있을 뿐이다. 한마디로 대자는 타자에 의해 대자로 인식될 수 없다. 내가 타자라는 이름으로 포착하는 대상은 근본적으로 다른 형태로 나에게 나타난다. 타자는 그가 나에게 나타나는 식으로 자기에 대해 있지 않다. 나는 내가 타자에 대해 있는 식으로 나에게 나타나지 않는다. 내가 타자에 대해 있는 것으로 나를 나에 대해 파악하는 것이 불가능하듯이, 나에게 나타나는 타자-대상에서 출발해서 타자가 자기에 대해 있는 것을 파악하는 것도 불가능하다. 그렇다면 어떻게 사람들은 자기의식의 이름으로 나에게 있어서의, 그리고 (나에 대한) 나의 의식과 타자에 대한 나의 인식을 포괄하는 하나의 보편적 개념을 고안할 수 있는가? 하지만 그뿐이 아니다. 헤겔에 의하면, 타인은 대상이다. 그리고 나는 타인 안에서 나를 대상으로 파악한다. 그런데 이 두 주장 중 하나가 다른 주장을 무너뜨린다. 내가 타인 안에서 나에게 대상으로 나타나기 위해서, 나는 타인을 주체로 파악해야 할 것이다. 다시 말해 나는 타인을 그의 내면성 속에 파악해야 할 것이다. 하지만 타인이 나에게 대상으로 나타나는 한에서, 타인에게 있어 나의 대상성은 나에게 나타날 수 없을 것이다. 물론 나는 타인-대상이 의도와 행위를 통해 나와 관계되어 있다는 것을 파악한다. 하지만 타인이 대상이라는 사실 그 자체로 인해 타자-거울은 흐려지고, 더 이상 아무것도 반영하지 못한다. 왜냐하면 이 의도와 행위는 세계의 사물로서 세계의 시간 속에서 파악되고 확인되고 관조되며, 그리고 나에 대한 대상으로 있는 것에 이 사물의 의미가 있기 때문이다. 이렇듯 나는 단지 타자의 행위와 지향이 참조하는 초월적 성질로 나에게 나타날 수 있을 뿐이다. 하지만 정확히 타자의 대상성이 나의 그에 대한 대상성을 부수기 때문에, 이 지향과 행위가 관련되는 것으로서 내가 나를 파악하는 것은 내적 주체인 한에서이다. 그리고 나 자신에 의한 나의 이 파악은 인식의 용어가 아니라 순수한 의식의 용어로 이해해야 한다. 나는 (나에 대한) 탈자적 의식의 형태하에서 내가 그것으로 있는 것으로 있어야 하기 때문에, 나는 나를 지향하는 하나의 대상으로 타자를 파악한다. 이렇게 해서 헤겔의 낙관론은 실패로 귀결된다. 타자-대상(l'objet-autrui)과 주체-나(moi-sujet) 사이에는 자기(에 대한) 의식과 타인에 대한 의식 사이에서와 마찬가지로 그 어떤 공통의 척도도 없다. 만일 타자가 먼저 나에게 있어 대상으로 있다면, 나는 타자 안에서 나를 인식할 수 없다. 그리고 나는 타자를 그의 참된 존재 속에서, 다시 말해 그의 주체성 속에서 파악할 수도 없다. 그 어떤 보편적 인식도 의식들의 관계에서 도출할 수 없다. 이것을 우리는 의식들의 존재론적 분리(séparation ontologique)라고 부를 것이다.

하지만 헤겔에게는 좀 더 근본적인 다른 형태의 낙관론이 있다. 그것에 존재론적 낙관론이라고 이름 붙이는 것이 적합하다. 헤겔에게 있어 사실 진리는 전체(le Tout)의 진리이다. 그리고 헤겔은 타인의 문제를 고찰하기 위해 진리의 관점, 다시 말해 전체의 관점에 자리를 잡는다. 이렇듯 헤겔이 일원론을 통해 의식들의 관계를 고찰할 때, 그는 어떤 개별적인 의식 개체 속에도 자리를 잡고 있지 않다. 비록 전체는 실현되어야 할 것이지만, 이 전체는 진실한 모든 것의 진리로서 이미 거기에 있다. 또한 헤겔이 모든 의식은 그 자신과 동일해서 타인과는 다르게 있다고 할 때, 그는 전체 속에, 의식들의 외부에 자리 잡고 있으며, 또 이 의식들을 절대자(l'Absolu)의 관점에서 고찰하고 있다. 왜냐하면 의식들은 전체의 계기들, 즉 그 자체는 "비독립적"인 계기들이기 때문이며, 또 전체는 이 의식들 사이의 매개자이기 때문이다. 이로부터 인식론적 낙관론에 병행하는 존재론적 낙관론이 기인한다. 다수성은 총체성을 향해 뛰어넘어질 수 있고 또 뛰어넘어져야만 한다.[25] 하지만 헤겔이 이런 뛰어넘기의 실재성을 주장할 수 있다면, 이것은 그가 이미 출발점에서 이 극복을 제시했기 때문이다. 사실상 헤겔은 자신의 고유한 의식을 망각했다. 그는 전체로 있다. 그리고 이 의미에서 그가 그렇게도 쉽게 의식들의 문제를 해결했다면, 이것은 그에게는 이 주제와 관련된 참된 문제가 결코 제기된 적이 없었기 때문이다. 헤겔은 사실 자신의 고유한 의식과 타자의 의식과의 관계에 대한 문제를 제기하지 않았다. 그보다는 오히려 자신의 고유한 의식에 대한 문제를 완전히 도외시하면서 단순히 타자의 의식들의 관계를 연구했던 것이다. 다시 말해 헤겔에게 있어 이 관계는 이미 대상들인 의식들의 관계이고, 그에 따르면 그 본성이 정확히 대상들의 하나의 특수한 유형 — 주체-대상(le sujet-objet) — 으로 존재하는 의식들의 관계이며, 또 그가 취한 관점에서 보면, 서로 간에 엄격하게 동일한 가치를 지니고 있는 의식들의 관계이다. 물론 이 의식들 중 어떤 것도 하나의 개별적인 특권에 의해 분리되어 있지 않다. 하지만 비록 헤겔이 자

---

25 헤겔에게 있어서 'dépasser'는 '지양(止揚)하다', 즉 '폐기하면서 동시에 보존하다'라는 의미로 사용된다. 이런 의미에서 이 단어는 '극복하다', '초월하다'로 옮길 수도 있다. 하지만 '극복하다'의 경우에는 'surmonter'와, '초월하다'의 경우에는 'transcender'와 혼동할 우려가 있기에 여기에서는 일괄적으로 '뛰어넘는다'로, 그 명사형인 'dépassement'도 '뛰어넘기'로 옮긴다.

신을 망각했다고 해도, 우리는 그를 망각할 수 없다. 이것은 우리가 코기토를 가리키고 있음을 의미한다. 사실 우리가 이미 주장했듯이, 만일 나의 의식의 존재가 엄밀하게 인식으로 환원될 수 없다면, 이 경우 나는 내가 거기에서 나의 존재와 동시에 타자들의 존재를 동등한 것으로 볼 수 있을 상호적·보편적 관계를 향해 나의 존재를 초월할 수 없을 것이다. 반대로 나는 나의 존재 속에 나를 세워야 하며, 또 나의 존재로부터 출발해서 타자의 문제를 제기해야 한다. 한마디로 유일하게 확실한 출발점은 코기토의 내면성이다. 이 단언은 다음과 같은 의미로 이해해야 한다. 즉 각자는 자신의 고유한 내면성으로부터 출발해서 이 내면성의 존재 자체를 조건 짓는 하나의 초월로 타자의 존재를 다시 발견해야 한다는 의미로 말이다. 여기에는 필연적으로 의식들의 다수성은 원칙상 뛰어넘어질 수 없는 것이라는 사실이 함축되어 있다. 왜냐하면 나는 물론 하나의 전체를 향해 나를 초월할 수 있지만, 나를 관조하고 또 타자를 관조하는 나를 이 전체 속에 세울 수 없기 때문이다. 따라서 그 어떤 논리적이거나 인식론적인 낙관론도 의식들의 다수성이라는 스캔들[26]을 제거할 수는 없을 것이다. 헤겔이 이것을 가능하다고 생각했다면, 그것은 그가 자기(에 대한) 의식이라는 이 특수한 존재 차원의 본성을 결코 파악하지 못했기 때문이다. 하나의 존재론이 제시할 수 있는 임무는 이런 스캔들을 서술하고, 또 존재의 본성 자체 속에서 이 스캔들에 근거를 마련하는 일이다. 하지만 존재론은 이 스캔들을 뛰어넘기에는 무기력하다. 그럼에도, 곧이어 좀 더 자세히 살펴보겠지만, 사람들이 유아론을 반박하고, 또 타자의 존재가 우리에게 명증하고 확실하다는 것을 보여 주는 것은 가

---

26 '나'의 이 세계의 출현이 설명 불가능하고 우연적인 사건에 속하는 것처럼, '타인들'의 이 세계의 출현 역시 설명 불가능하고 우연적인 사건에 속함을 의미한다.

능하다. 하지만 비록 우리가 타자의 존재를 코기토 — 즉 나의 고유한 존재 — 의 논리필증적 확실성에 연결시켰다 할지라도, 우리는 그것만으로는 모종의 상호 단자적 총체성을 향해 타자를 "뛰어넘지"는 못할 것이다. 의식들의 분산과 투쟁은 있는 그대로 머물 것이다. 우리는 단지 의식들의 분산과 투쟁의 근거와 그것들의 참된 영역만을 발견하게 될 뿐이다.

　이런 긴 비판은 우리에게 무엇을 가져다주었는가? 단지 이것뿐이다. 유아론이 반박되어야 한다면, 그것은 나의 타자에 대한 관계는 먼저, 그리고 근본적으로 존재와 존재의 관계이지, 인식과 인식과의 관계가 아니기 때문이라는 사실이 그것이다. 사실 우리가 살펴본 것처럼, 후설은 이 특수한 경우에 존재를 인식으로 측정하려다가 실패했고, 헤겔은 인식과 존재를 동일화하려다 실패한 것이다. 하지만 우리가 똑같이 인정한 것처럼, 헤겔은 절대적 관념론이라는 가정에 의해 통찰이 흐려지긴 했지만, 이 논쟁을 참다운 수준에 올려놓을 수는 있었다. 하이데거는 『존재와 시간』에서 그 선구자들의 고찰에서 교훈을 이끌어 냈고, 또 그렇게 함으로써 다음과 같은 이중의 필요성을 깊이 통찰한 것으로 보인다. (1) "인간실재들"의 관계는 존재 관계라야 한다. (2) 이 관계는 "인간실재들"을 그들의 본질적 존재에서 서로 의존시키는 것이라야 한다. 하이데거의 이론은 최소한 이 두 가지 요구에 답하고 있다. 어려운 문제의 실마리를 풀어 보려고 노력하기보다는 오히려 고르디우스의 매듭을 끊어 버리는[27] 성급하고 조금

27　고르디우스의 매듭(nœud gordien)은 알렉산드로스 대왕이 칼로 잘랐다고 하는 전설 속의 매듭으로, 보통 '대담한 방법을 써야만 풀 수 있는 문제'라는 뜻의 속담이나 발상의 전환이 필요한 문제라는 의미로 쓰인다. 프리기아의 수도 고르디움에는 고르디우스의 전차가 있었고, 그 전차에는 매우 복잡하게 얽히고설킨 매듭이 있었다. 아시아를 정복한 사람만이 그 매듭을 풀 수 있다고 전해지고 있었는데, 알렉산드로스가 그곳을 지나가던 중 그 얘기를 듣고 칼로 매듭을 끊어 버렸다고 한다.

은 난폭한 방식으로 그는 하나의 단순한 정의에 의해 제기된 문제에 답하고 있다. 하이데거는 인간실재를 특징짓는 "세계-내-존재" 안에서 여러 계기 — 게다가 이 계기들은 추상에 의해서가 아니면 분리되지 않는다 — 를 발견했다. 이 계기들은 세계, 내-존재, 그리고 존재이다. 하이데거는 세계를 "그것에 의해 인간실재가 자기가 무엇인가를 자기에게 알려 주는 것"이라고 규정했다. 하이데거는 내-존재를 "심상성(Befindlichkeit)"과 "이해(Verstand)"로 규정했다.[28] 남은 문제는 존재에 대해, 즉 인간실재가 그의 세계-내-존재로 있는 방식에 대해 말하는 것이다. 하이데거는 그것이 'Mit-Sein', 다시 말해 함께-있는-존재(l'être-avec……)[29]라고 우리에게 말한다. 이렇게 해서 인간실재가 가진 존재의 특징은 바로 인간존재가 타인들과 함께 존재한다는 것이다. 여기에서는 하나의 우연이 문제 되지 않는다. 내가 먼저 존재하고, 그다음에 하나의 우연성이 나로 하여금 타자를 만나게 하는 것이 아니다. 여기에서 문제가 되는 것은 나의 존재의 본질적인 구조이다. 하지만 이 구조는 헤겔에게서처럼 외부에서, 전체적 관점에서 세워진 것이 아니다. 하이데거는 분명 의식 자체에 의한 의식의 발견이라는 데카르트적 의미에서의 코기토로부터 출발하지 않는다. 오히려 하이데거에게 드러내 보이는 인간실재, 즉 그가 개념들로 그 구조를 고정시키려 하는 인간실재는 그에게 고유한 인간실재이다. 하이데거는 이렇게 쓰고 있다. "현존재는 그때마다 나의 현존재이다(Dasein

---

28 두 개념 모두 하이데거에서 현존재의 세계-내-존재의 양식, 즉 인간존재가 세계 속에 있을 때의 존재 방식을 존재론적으로 드러내는 실존적 범주이다. 다만 '심상성'은 현존재가 세계 속에 내던져 있다는 사실성, 이른바 현존재의 '피투성(被投性)'을 가리키는 데 비해, '이해'는 인간존재의 세계 속에서 자기를 내던질 때, 즉 기투(企投)할 때의 존재 가능을 가리킨다.

29 앞에서 이미 나왔지만, 하이데거에게서 'Mit-sein'은 보통 '공존재', '공동존재', '더불어 있음' 등으로 옮기나, 여기에서는 '함께-있는-존재'로 옮긴다.

ist je meines)." 내가 타자와-함께 있는-존재를 나의 존재의 본질적 특징으로 파악하는 것은, 내가 나 자신에 대해 가지고 있는 전 존재론적 양해(compréhension préontologique)를 밝힘으로써이다. 한마디로 내가 타자에 대한 초월적 관계를 나 자신의 고유한 존재의 구성요소로 발견하는 것은 앞에서 내가 세계-내-존재를 나의 인간실재의 척도로 발견한 것과 마찬가지이다. 이때부터 타자의 문제는 이미 하나의 가짜 문제일 뿐이다. 먼저 타자는 이미 내가 세계 속에서 만나는 이런저런 개별적인 존재가 아니다. 내가 이 존재를 만나기 이전에 내가 존재하고 있었기 때문에 이 존재는 나의 고유한 존재에 필요불가결한 것이 될 수 없다. 타자는 나의 존재의 구성에 기여하는 원심적인 극한이다. 타자는, 그가 나에게서 벗어남과 동시에 나를 규정하는 구조들을 향해 나를 나의 외부로 내던져 버리는 한에서, 나의 존재에 대한 검토(examen)이다. 나에게 근원적으로 타자를 드러내 보이는 것이 바로 이 검토이다. 이외에도 타자와의 유대의 전형이 변했다는 사실을 지적하자. 실재론, 관념론, 후설, 헤겔의 경우에는 의식들 사이의 관계의 유형은 ……에 대해-있음(l'être-pour)[30]이었다. 타자는, 그가 나에 대해 존재했거나 또는 내가 그에 대해 존재했던 한에서, 나에게 나타났으며, 또 심지어는 나를 구성하기까지 했다. 거기, 세계 속에서 서로에게 나타났고, 서로 대립했으며, 서로 마주하면서 대면하고 있는 의식들의 상호적 인정이 문제였다. 그런데 함께-있는-존재는 전혀 다른 의미를 가진다. 함께는 나의 인간실재와는 다른 하나의 인간실재가 세계 한복판에 나타남으로써 생기는 인정과 투쟁의 상호적 관계를 가리키지 않는다. 함께는 오히려 이 세계의 탐

---

30 이 개념은 '대자존재(l'être-pour-soi)', '대타존재(l'être-pour)' 등에서 볼 수 있으며, '……에게 있어서의-존재[있음]'로도 번역이 가능하다.

사를 위한 일종의 존재론적 연대성을 표현한다. 타인은 세계 한복판에서 "도구들" 중에 하나의 특수한 대상의 전형으로 나타나는 하나의 존재적 실재로서 근원적으로 나와 연결되어 있지 않다. 만일 연결되어 있다면, 타인은 이미 퇴락한 것이며, 타인을 나와 맺어 줄 관계는 결코 상호성을 얻을 수 없을 것이다. 타인은 대상이 아니다. 타인은 나와의 관계 속에서 인간실재로 머문다. 타인이 나를 나의 존재에서 한정하면서 의지하는 존재는 바로 "세계-내-존재"로 파악된 그 자신의 순수한 존재이다. 그리고 잘 알다시피 "속(內, dans)"은 "경영한다(colo)", "거주한다(habito)"의 의미로 해석해야지, "속에 있다(insum)"의 의미로 해석해서는 안 될 것이다. 세계-내-존재, 그것은 세계에 붙어 다닌다(hanter)는 의미이지, 세계 속에 끈끈히 붙어 있다(y être englué)는 의미는 아니다. 그리고 타인이 나를 한정하는 것은 나의 "세계-내-존재"에서이다. 우리의 관계는 정면으로 이루어지는 대립이 아니다. 이 관계는 오히려 측면으로 이루어지는 상호 의존이다. 나는 내가 나의 인간실재를 위해 이용하는 도구적 복합으로 하나의 세계를 존재케 하는 한에서, 나는 자신의 실재를 위한 도구적 복합으로 동일한 세계를 존재케 하는 하나의 [다른] 존재에 의해 나의 존재에 있어 나를 한정하게끔 한다. 게다가 함께-있는-존재는 나의 존재로부터 수동적으로 받아들인 하나의 순수한 병립 관계로 이해해서는 안 될 것이다. 하이데거에게 있어 존재한다는 것은 바로 자기 자신의 고유한 가능성으로 있음이고, 자기를 존재시키는 것이다. 따라서 내가 나를 존재하게끔 하는 것은 하나의 존재 방식이다. 그리고 그것은 너무나 사실에 가까워, 나는 내가 본래성이나 또는 비본래성 속에서 자유롭게 나의 존재를 실현시키는 한에서, 타자에 대한 나의 존재[나의 대타존재]에 책임이 있다. 예컨대 내가 나의 함께-있는-존재를, "사람들(on)"[31]의 형태로 실현하는 것은 전적인 자유 속에서, 그리고 하나의 근원적인 선택에 의해서이다. 그리고 만일 사람들이 나에게 어떻게 나의 함께-있는-존재가 대아적으로 존재할 수 있느냐고 묻는다면, 이렇게 대답해야 한다. 즉 나는 내가 있는 그대로의 것을 세계를 통해 나 자신에게 알려 준다고 말이다. 특히 내가 비본래성의 방식으로, 즉 "사람들"의 방식으로 존재할 때, 세계는 도구들과 도구적 복합의 모습으로 나를 나의 비본래적 가능성들의 비인칭적 반영과 같은 것으로 가리킨다. 이런 도구들 및 도구적 복합들은 "모든 사람(tout le monde)"에게 속하며, 또 내가 "모든 사람"으로 있는 한에서 나에게도 속한다. 기성복, 대중교통, 공원, 정원, 광장, 누구라도 가서 피난할 수 있게 만들어진 방공호 등이 그것이다. 이렇게 해서 나는 "목적이 되는 누구인가(pour qui, Worumwillen)"로 나를 가리키는 지시적인 도구적 복합에 의해 나를 누구라도 상관없는 자(quiconque)로 나를 알려 준다. 그리고 비본래적 상태 — 내가 본래성으로의 전회(conversion)[32]를 실현하지 않은 한에서의 나의 일상적인 상태이다 — 는 나의 함께-있는-존재를 나에게 열어 보인다. 이 때 나의 함께-있는-존재는 하나의 독자적인 인격과 똑같이 독자적인 다른 인격들과의 관계로서가 아니고, "어떤 것으로도 대체할 수 없는 존재들" 간의 상호적 관계로서도 아니고, 오히려 관계의 여러 항의 전면적 교환 가능성으로서 나에게 나타내 보인다. 항들의 규정은 여전히 부족하다. 나는 타인에게 대립되는 것이 아니다. 왜냐하면 나는

---

31 하이데거에게서 '일반 사람들(das Man)'에 해당하는 말로, 인간이 자신의 고유한 삶, 곧 본래적 삶을 영위하지 못하고 다른 사람들과 부화뇌동하는 삶, 곧 비본래적 삶을 영위하는 자들을 가리키며, '세인(世人)'으로 옮기기도 한다.

32 'conversion'은 '개종(改宗)', '전향'의 의미가 있지만, 하이데거의 경우에는 '전회'로 옮긴다.

내가 아니기 때문이다. 우리는 사람들이라는 사회적 통일체를 가지고 있다. 개별적 주체들의 의사소통 불가능성의 수준에서 문제를 제기하는 것은 본말전도[33]를 범하는 일이었으며, 세계를 거꾸로 뒤집는 일이었다. 본래성과 개별성은 서로 다툰다. 내가 양심의 부름에 따라 나 자신의 가장 고유한 가능성을 향해 돌진하는 것처럼 결단성을 가지고 죽음을 향해 내가 돌진하는 경우에만, 나는 나의 고유의 본래성이 될 수 있을 뿐이다. 이 순간 나는 나 자신을 본래성 속에서 드러내 보이며, 또 나와 함께 타인들까지도 본래적인 것을 향해 끌어올리게 된다.

[함께-있는-존재에 대한] 하이데거적 직관을 싱징적으로 가장 잘 보여 주는 경험적 이미지는 투쟁의 이미지가 아니라 팀(équipe)의 이미지이다. 타인과 나의 의식과의 근원적인 관계는 나와 너가 아니라 우리(nous)이다. 그리고 하이데거가 말하는 함께-있는-존재는 다른 한 개인 앞에서 한 개인이 차지하고 있는 명확하고 뚜렷한 위치가 아니며, 인식도 아니다. 그것은 자기 팀 동료들과의 암묵적인 공동존재이다. 다시 말해 노의 리듬이나 또는 조타수의 규칙적 동작들이 조수들에게 느낄 수 있게 하는 공동존재이며, 또 도달해야 공동의 목표, 추월해야 할 보트 또는 여러 사람이 젓는 보트, 지평선 위에 떠오르는 전체 세계(관중, 경기 등)가 그들에게 드러내 보이는 공동존재이다. 나의 죽음을-향한-존재(mon être-pour-mourir)의 갑작스러운 드러남이 느닷없이 나를 하나의 절대적 "공동의 고독" 속에 떠오르게 함과 동시에 타인들을 이 고독에까지 올려놓는 것은 바로 이 공현존의 공동의 지반 위에서이다.

---

33 'hysteron proteron'은 '도치법'이라는 의미로, 수사학에서는 나중에 올 말을 앞에 사용하며, '신발과 양말을 신고'가 그 예이다. 논리학에서는 '논점 선취의 오류'를 가리키는 표현으로도 사용된다.

이번에는 우리가 계속 요구했던 것이 마침내 주어졌다. 즉 타자의 존재를 자기 존재 안에 품고 있는 하나의 존재가 그것이다. 그렇지만 우리는 그것으로 만족할 수는 없을 것이다. 무엇보다도 먼저, 하이데거의 이론은 문제의 해결책 자체보다 오히려 찾아내야 할 해결책의 지시를 우리에게 제공해 준다. 비록 우리가 함께-있는-존재를 ……에 대해-있음으로 대체한 것을 유보 없이 받아들인다고 해도, 이 해결책은 우리에게 근거 없는 하나의 단순한 주장에 지나지 않을 것이다. 물론 우리는 우리 존재의 몇몇 경험적 상태 — 특히 독일인들이 기분(Stimmung)이라는, 프랑스어로 번역 불가능한 용어로 부르고 있는 상태 — 를 만나는데, 이 상태는 대립적 관계보다는 오히려 의식들의 공현존(coexistence)을 드러내 보이는 것 같다. 하지만 설명되어야 할 것은 정확히 이 공현존이다. 왜 이 공현존이 우리 존재의 유일한 근거가 되는가? 왜 이 공현존은 타인들과 우리의 관계의 기본적 전형인가? 왜 하이데거는 함께-있는-존재에 대한 경험적·존재적 확인에서 나의 "세계-내-존재"의 존재론적 구조로서의 공현존의 정립으로 이행을 가능케 하는 권한을 가졌다고 스스로 생각했을까? 그리고 이 공현존은 어떠한 존재 유형을 가지는가? 타자로 하여금 한 명의 타인이 되게 하고, 또 타자를 비본질적인 것으로 구성하는 부정은, 대체 어디까지 유지되는가? 만일 사람들이 이 부정을 완전히 제거한다면, 우리는 일원론에 빠지는 것이 아닌가? 그리고 만일 사람들이 타자와의 관계의 본질적 구조로서 이 부정을 보존해야 한다면, 이 부정이 대타존재 속에 가지고 있던 대립의 성격을 상실하기 위해서는, 또 부정이 함께-있음의 구조 자체인 연대적인 유대라는 이 성격을 획득하기 위해서는, 이 부정에 어떤 변양을 가해야 하는가? 그리고 어떻게 우리는 그런 입장에서 다음과 같은 경험, 즉 내가 창문에서 길을 걸어가는 한 명의 통행인을 보듯이 세계 속에서 한 명의 타자에 대한 구체적 경험으로 이행할 수 있을까? 내가 나의 자유의 도약에 의해, 나의 유일한 가능성의 선택에 의해, 인간적인 것의 무차별적인 배경 위에 나를 부각하는 것으로 나를 생각하는 것은 분명 유혹적이다. 그리고 아마도 이 생각에는 진리의 중요한 부분이 내포되어 있을 수 있다. 하지만 적어도 이 형식에서는 이 사고방식으로 인해 중대한 반대가 야기된다.

무엇보다도 먼저, 여기에서는 존재론적 관점이 칸트적 주체의 추상적 관점과 다시 합쳐진다. 인간실재라는 것(la réalité-humaine)이 — 비록 그것이 나의 인간실재라고 해도 — 존재론적 구조에 의해 "함께-있다"고 말하는 것, 이것은 인간실재가 본성상, 즉 본질적·보편적 자격으로 함께 있다는 말이다. 설령 이런 주장이 증명되었다고 해도, 그것은 어떤 구체적인 함께-있는-존재도 설명해 주지 못할 것이다. 달리 말해 나의 "세계-내-존재"로서 나타나는 존재론적 공현존은, 예컨대 나와 피에르와의 우정 속에 또는 내가 아니와 이루는 부부관계 속에 나타나는 공현존처럼, 결코 하나의 존재적인 함께-있는-존재의 근거로 소용될 수 없다. 사실 증명되어야 하는 것은 "피에르와-함께-있음" 또는 "아니와-함께-있음"이 나의 구체적인 존재를 구성하는 하나의 구조라는 사실이다. 하지만 하이데거가 자리 잡고 있는 관점에서 이것을 증명하는 것은 불가능하다. 사실 존재론적 차원에서 파악된 "함께"라는 관계 속에서 타인은 직접적으로 고찰된 인간실재, 타인이 그것의 분신(alter-ego)인 인간실재와 마찬가지로 구체적으로 규정될 수는 없을 것이다. 이 타인은 추상적인 하나의 항이고, 따라서 비독립적이며, 피에르나 아니라는 이 타인이 될 힘을 자기 내부에 가지고 있지 않다. 이렇게 해서 "함께-있음"의 관계는 타자의 인지에 대한 심리학적이고 구체적인 문제를 해결하는 데 아무 도움도 주지 못할 것이다. 거기에는 소통 불가능한 두 개의 차원, 분리된 해결을 필요로 하는 두 개의 문제가 있다. 사람들은 이렇게 말할 것이다. 즉 이 문제들은 하이데거가 일반적으로는 존재론적 차원에서 존재적 차원으로, "세계-내-존재"에서 이 개별적인 도구와 나와의 관계로, 나의 죽음을 나의 가장 본질적인 가능성으로 만드는 나의 죽음을 향한-존재에서 내가 이런저런 외적 존재와의 만남에 의해 맞게 될 이 "존재적" 죽음으로 이행할 때 겪는 어려움의 여러 양상 중 하나라고 말이다. 하지만 엄밀하게 보면 이 어려움은 다른 모든 경우에는 숨겨져 있을 수 있다. 왜냐하면 예컨대 자기 자신과 관련이 있는 죽음의 위협이 감추어져 있는 하나의 세계를 존재케 하는 것은 바로 인간실재이기 때문이다. 나아가 세계가 존재한다면, 그것은 이 세계가 "치명적(mortel)"이기 때문이다. 하나의 상처가 치명적이라고 말하는 의미에서 그렇다. 하지만 반대로 타자의 문제에 있어서는 한쪽 차원에서 다른 쪽 차원으로의 이행이 불가능하다는 것이 드러난다. 그 이유는 실제로 그 세계-내-존재의 탈자적 출현에 있어서 인간실재가 하나의 세계를 존재하게끔 해도, 그것만으로는 그의 함께-있는-존재에 대해 그것이 하나의 다른 인간실재를 출현시킨다고는 말할 수는 없을 것이기 때문이다. 나는 분명 존재가 "거기에 있게(es gibt)" 하는 존재이다. 그렇다고 해서 나는 다른 인간실재가 "거기에 있게" 하는 존재라고 말할 수 있을까? 만일 사람들이 이 말을 나는 나에 대해 하나의 다른 인간실재가 거기에 있게 하는 존재라는 사실로 이해한다면, 그것은 전적으로 자명한 이치가 된다. 만일 사람들이 나는 일반적으로 타인들이 거기에 있게 하는 존재라고 말하고자 한다면, 우리는 유아론에 다시 빠지게 될 것이다. 실제로 "그것과 함께" 내가 존재하는 이 인간실재는, 그 자신이 "나와 함께-세계-내에" 존재하는 것이고, 이 인간실재는 하나의 세계의 자유로운 근거이며(어떻게 그것이 나의 세계로 있을 수 있는가? 사람들은 함께-있는-존재로부터 "그 속에" 인간실재들이 존재하는 여러 세계의 동일성을 이끌어 내는 것은 불가능할 것이다.) 이 인간실재는 그 자신의 고유한 가능성들이다. 따라서 이 인간실재는 내가 "거기에 있다."의 형태로 그의 존재를 존재시키는 것을 기다리지 않고서 그 자신에 대해 존재한다. 이렇게 해서 나는 이 세계를 "치명적"인 것으로 구성할 수 있다. 하지만 나는 하나의 인간실재를 자신의 고유한 가능성들인 구체적인 존재로 구성할 수는 없다. "나의" 존재로부터 출발해서 파악된 나의 함께-있는-존재는 나의 존재 속에 근거를 둔 하나의 순수한 요구로만 고찰될 수 있을 뿐이다. 게다가 나의 함께-있는-존재는 타자의 존재에 대한 최소한의 증거도 구성하지 않으며, 또 나와 타인 사이의 최소한의 교량 역할도 하지 않는다.

게다가 나와 추상적인 한 명의 타자와의 존재론적 관계는, 일반적으로 이 관계가 나와 타자와의 관계를 규정하고 있다는 사실로 인해, 나와 피에르와의 특수한 존재적 관계를 용이하게 만들기는커녕, 오히려 나의 존재와 나의 경험 속에 주어진 하나의 개별적 타자와의 모든 구체적인 유대를 근본적으로 불가능하게 만든다. 사실 만일 나와 타자와의 관계가 선험적이라고 한다면, 이런 관계는 타자와의 관계의 모든 가능성을 고갈시킨다. 경험적이고 우연적인 관계는 이 선험적 관계의 특수화일 수도 없고 또 개별적 경우일 수도 없을 것이다. 다음 두 경우에서만 어떤 법칙의 특수화가 있을 뿐이다. 하나는 그 법칙이 경험적이고 개별적 사실로부터 귀납적으로 도출되는 경우이다. 여기에서는 그 경우가 아니다. 다른 하나는 그 법칙이 칸트의 개념들처럼 선험적이며 경험을 통일하는 경우이다. 하지만 이 경우에는 정확히 법칙은 경험의 한계 안에서만 영향을 끼칠 뿐이다. 나는 사물들 속에서 내가 그 속에 넣은 것만을 발견할 뿐이다. 그런데 두 개의 구체적인 "세계-내-존재"의 관계 맺음은 나의 경험에 속할 수 없을 것이다. 따라서 이 관계 맺음은 함께-있는-존재의 영역에서 벗어난다. 하지만 정확히 법칙은 그 자체의 고유한 영역을 구성하므로, 이 법칙은 그 자체에 의해 구축되지 않는 모든 현실적 사실을 선험적으로 배제한다. 나의 감성의 선험적 형식으로서의 시간의 존재는, 하나의 존재로서의 특징을 가지게 될 하나의 본체적 시간과의 모든 유대로부터 선험적으로 나를 배제할 것이다. 이렇게 해서 하나의 존재론적인, 따라서 선험적인 함께-있는-존재의 존재는 하나의 절대적 초월자로서 대자적으로 나타나게 될 하나의 구체적인 인간실재와의 모든 존재적 유대를 불가능하게 만든다. 나의 존재의 구조로서 생각된 함께-있는-존재는 유아론의 논법과 마찬가지로 확실하게 나를 고립시킨다. 그것은 하이데거가 말하는 초월이 하나의 자기기만적 개념이기 때문이다. 분명 그의 초월은 관념론의 극복을 겨냥한다. 그리고 관념론이 자기 자신 속에서 휴식을 취하고 있고, 또 자기의 고유한 이미지들을 관조하고 있는 하나의 주체성을 우리에게 제시하는 한에서, 이 초월은 관념론을 극복하게 된다. 하지만 이렇게 극복된 관념론은 관념론의 하나의 사생아적 형태, 즉 일종의 경험비판적 심리주의에 불과할 뿐이다. 물론 하이데거의 인간실재는 "자기 밖에 존재한다(existe hors de soi)." 하지만 정확히 이 자기 밖의 존재는 하이데거 이론에서 자기에 대한 정의이다. 이 자기 밖의 존재는 플라톤의 탈자와도 닮지 않았다. 그런데 플라톤의 탈자에서는 존재가 현실적으로 소외, 즉 다른 어떤 것의 내부에 있는 존재이다. 하이데거의 자기 밖의 존재는 또한 말브랑슈의 신에 대한 견해도 닮지 않고, 우리 자신이 생각하고 있는 탈자와 내적 부정도 닮지 않았다. 하이데거는 관념론에서 벗어나지 못하고 있다.

하이데거가 말하는 자기 존재의 선험적 구조와 같은 것으로서의 자기 밖으로의 도피는, 우리 경험의 선험적 조건에 대한 칸트의 반성과 마찬가지로, 확실하게 자기를 고립시킨다. 인간실재가 이 자기 밖으로의 도피의 접근할 수 없는 마지막 단계에서 다시 발견하는 것은 여전히 자기이다. 자기 밖으로의 도피는 자기를 향한 도피이며, 세계는 자기와 자기 사이의 단순한 거리로 나타난다. 그 결과 『존재와 시간』 속에서 모든 관념론과 모든 실재론의 동시적 극복을 찾는 것은 헛수고일 것이다. 그리고 우리를 닮고, 그것으로서 우리의 경험에서 벗어나며, 또 그 구성 자체에서 우리의 선험에 속하지 않는 구체적 존재들의 존재(l'existence des d'êtres)를 정초하는 것이 문제가 될 때, 일반적으로 관념론이 부딪치는 어려움은, "인간실재"를 그의 고독에서 벗어나게 하고자 하는 하이데거의 시도 앞에서도 역시 나타난다. 하이데거는 이 어려움에서 벗어나는 것처럼 보인다. 왜냐하면 그가 어떤 때는 "자기 밖으로(hors-de-soi)"를 "자기-밖으로-자기를-향해(hors-de-soi-vers-soi)"의 의미로 여기고, 또 어떤 때는 "자기 밖으로-타자-안에(hors-de-soi-en-autrui)"의 뜻으로 여기기 때문이다. 하지만 그가 그의 추론의 우회를 통해 슬그머니 집어넣은 "자기 밖으로"의 두 번째 의미는 첫 번째 의미와 전혀 양립하지 않는다. 인간실재는 그 자신의 탈자의 중심에서조차도 홀로 머물고 있다. 그것은 ─ 그리고 그것은 우리가 하이데거의 이론에 대한 비판적 검토에서 얻게 될 새로운 소득일 것이다 ─ 타자의 존재는 하나의 우연적이고 환원 불가능한 사실이라는 본성을 가지고 있기 때문이다. 사람들은 타자를 만나는 것이지, 타자를 구성하는 것이 아니다. 하지만 이 사실이 필연성의 각도에서 우리에게 나타나야 한다 할지라도, 그것은 "우리의 경험의 가능성의 조건"에 속하는 필연성, 또는 이렇게 말하면, 존재론적 필연성으로서는 아닐 것이다. 타자의 존재의 필연성은, 만일 이 필연성이 존재한다면, 하나의 "우연적 필연성(nécessité contingente)"에 속하는 것이어야 한다. 다시 말해 타자존재의 필연성은 그와 함께 코기토가 부과되는 사실상의 필연성(nécessité de fait)의 유형 자체에 속하는 것이라야 한다. 만일 타자가 우리에게 주어질 수 있어야 한다면, 그것은 하나의 직접적인 파악에 의한 것이다. 그런데 이 직접적인 파악은 그 사실성이라는 특징을 우연한 만남에 일임하고 있다. 그것은 코기토 자체가 그 모든 사실성을 나 자신의 고유한 사고에 맡기는 것과 마찬가지이다. 하지만 이런 직접적 파악은 코기토 자체의 논리필증성에 관여한다. 다시 말해 코기토 자체의 의심할 수 없는 특징에 관여한다.

지금까지 우리는 이렇게 타자존재에 대한 이론에 대한 해제를 장황하게 설명했는데, 이를 통해 이 이론의 타당함을 보여 주기 위한 필요하고도 충분한 조건이 정확하게 밝혀진다면, 이 해제는 결코 무용하지는 않을 것이다.

(1) 이 이론이 타자의 존재에 대한 하나의 새로운 증거나 유아론에 반대하는 다른 논거보다 훌륭한 논거를 제공해 주는 것은 아니다. 실제로 유아론이 배척되어야 한다면, 그것은 이 유아론이 성립 불가능하기 때문이며, 또는 이렇게 말하면, 누구도 진실로 유아론자가 아니기 때문이다. 내가 심지어 그런 것을 생각할 수도 없으면서 "나는 나의 고유한 존재를 의심한다."라고 쓸 수 있는 것과 같은 방식으로, 사람들이 말로만 그리고 추상적으로만 타자를 의심한다면, 타자의 존재는 항상 의문에 부쳐질 것이다. 한마디로 말하면 타자의 존재는 하나의 개연성일 수 없다. 사실 개연성은 우리의 경험 속에 나타나

는 대상, 또는 새로운 결과가 우리의 경험 속에 나타날 수 있는 대상에게만 해당할 수 있을 뿐이다. 개연성은 확인이나 파기가 매 순간 가능할 경우에만 존재할 뿐이다. 만일 타자가 원칙상, 그리고 그의 "대자"에서 나의 경험 밖에 존재한다면, 하나의 다른 자기로서의 그의 존재의 개연성은 결코 확인될 수도 파기될 수도 없을 것이다. 타인의 존재의 개연성은 결코 커질 수도 줄어들 수도 없으며, 심지어 측정될 수도 없다. 따라서 이 개연성은 개연성으로서의 존재 자체를 상실하며, 또한 하나의 단순한 공상적인 추측이 되고 만다. 랄랑드[34]가 같은 방식으로 잘 보여 준 바와 같이,[35] 화성에 생물이 존재한다고 하는 가설은, 우리가 과학적 도구나 이론을 이용해 이 가설을 확인하거나 파기할 수 있게 하는 사실이 드러나지 않는 한, 진실이거나 거짓일 수 있는 그 어떤 "가능성"도 없이 단순히 억측적인 것으로 남을 것이다. 하지만 타자의 구조는 원칙상 어떤 새로운 실험에 의해서도 결코 고안될 수 없을 것이고, 어떤 새로운 이론도 타자의 존재에 대한 가설을 확인하거나 폐기하지 않을 것이며, 어떤 도구도 이 가설을 긍정하거나 배척하도록 나를 이끄는 새로운 사실을 드러내지는 않을 것이다. 따라서 만일 타자가 직접적으로 내게 현전하지 않는다면, 그리고 만일 그의 존재가 나의 존재와 똑같이 확실한 것이 아니라면, 이 타자에 대한 모든 억측은 전적으로 무의미한 것이 될 것이다. 하지만 정확히 나는 타자의 존재를 억측하지 않는다. 나는 타자의 존재를 긍정한다. 따라서 타자의 존재에 대한 하나의 이론은 단순히 나의 존재 속에서 나를 탐문하고, 이 긍정의 의미를 밝혀 뚜렷하게 만들어야 할 것이다.

34 앙드레 랄랑드(André Lalande, 1867~1964)는 프랑스의 철학자로, 에밀 뒤르켐에게 사사했으며, 프랑스철학회 창립에 기여했다.

35 *Les théories de l'lnduction et de l'expérimentation*, 1929. ─ 원주.

그리고 특히 하나의 증거를 생각해 내기는커녕, 이 확실성의 근거 자체를 분명히 밝혀야 할 것이다. 달리 말하면 데카르트는 자신의 존재를 증명하지 않았다. 왜냐하면 나는 사실 내가 존재하고 있었던 것을 항상 알고 있기 때문이다. 나는 결코 코기토를 실천하기를 그만두지 않았다. 이와 마찬가지로 유아론에 대한 나의 저항 ― 코기토를 의심하기 위한 시도에 의해 발생할 수 있는 저항과 똑같이 격심한 것이지만 ― 은 타자가 존재하고 있음을 내가 항상 알고 있었다는 것, 여전히 암묵적이기는 하지만 그래도 내가 타자의 존재에 대해 총체적인 이해를 항상 가졌음을 증명해 준다. 그리고 유아론에 대한 나의 저항들은, 이 "전 존재론적" 이해는 타자의 본성 및 나의 존재에 대한 타자의 존재 관계에 대해 사람들이 이 이해의 범위 밖에서 정립할 수 있는 모든 이론보다 더 확실하고 더 심오한 하나의 지성을 품고 있음을 입증한다. 타자의 존재가 하나의 헛된 억측, 한 편의 단순한 소설이 아니라면, 그것은 타자의 존재에 관계되는 하나의 코기토와 같은 무엇인가가 거기에 있기 때문이다. 그 구조를 명시하고 또 그 범위와 권한을 결정하면서 밝힐 필요가 있는 것이 바로 이 코기토이다.

(2) 하지만 다른 한편, 헤겔의 실패가 우리에게 보여 준 바와 같이, 가능한 유일한 출발점은 데카르트의 코기토였다. 게다가 이 코기토만이 타자존재의 터전인 이 사실상의 필연성이라는 터전 위에 우리를 세워 준다. 이렇게 해서 우리가 어쩔 수 없이 타자존재의 코기토라고 부른 것은 나 자신의 코기토와 혼동된다. 한번 더 자세히 검토해 보면, 코기토가 나를 자기 밖의 즉자 위로 내던진 것처럼 나를 자기 밖의 타자 위로 내던져야 한다. 그리고 이것은 똑같이 선험적인 하나의 타자를 가리킬 나 자신의 선험적 구조를 나에게 열어 보임으로써가 아니라, 마치 먼저 코기토가 비교할 수 없는, 우연적인, 하지만 필연적인,

그리고 구체적인 나의 존재를 나에게 열어 보인 것처럼, 이런저런 구체적인 타자의 구체적이고 의문의 여지가 없는 현전을 나에게 드러내 주는 것이라야 한다. 이렇게 해서 대타를 우리에게 내어 달라고 요구해야 하는 것은 대자에 대해서이며, 우리를 절대적인 초월 속에 내던져 달라고 요구해야 하는 것은 절대적인 내면성에 대해서이다. 다시 말해 나 자신의 가장 깊은 곳에서 나는 타자의 존재를 믿는 이유를 발견해야 하는 것이 아니라, 차라리 나로 있지 않는 자로서의 타자 자신을 발견해야 한다.

(3) 그리고 코기토가 우리에게 드러내 보여야 할 것은 하나의 대상-타자(un objet-autrui)가 아니다. 사람이 대상이라고 말할 때, 거기에는 개연적이라는 의미가 담겨 있다는 것을 오래전부터 생각했어야 했다. 만일 타자가 나에 대해 대상으로 있다면, 타자는 나에게 개연성을 가리킨다. 하지만 개연성은 오직 우리 표상들의 무한한 합치에 근거를 두고 있다. 타자는 하나의 표상도 아니고, 하나의 표상 체계도 아니며, 우리의 표상들의 필연적 통일도 아니므로, 타자는 개연적일 수 없다. 타자는 먼저 대상일 수는 없을 것이다. 따라서 만일 타자가 우리에 대해 존재한다면, 타자는 세계에 대한 우리 인식의 구성 요소로서일 수도 없고, 나에 대한 우리 인식의 구성 요소로서일 수도 없으며, 차라리 타자가 우리의 존재에 흥미를 갖는 한에서 그렇다. 그리고 타자가 우리의 존재를 구성하는 데 선험적으로 기여할 수 있는 한에서가 아니라, 오히려 타자가 구체적으로, 그리고 "존재적"으로 우리의 사실성의 경험적 상황 속에서 우리의 존재에 흥미를 갖는 한에서이다.

(4) 데카르트가 "완전성 관념에 의한 증명"이라는 이 초월성에 대한 직관에 의해 완전히 고취된 그 경탄할 만한 증명을 신에 대해 시도

하려고 한 바를 어느 정도 타자에 대해 시도해 보는 것이 문제라면, 우리는 타자를 타자로 파악하기 위해 외적 부정이라고 불렸던 하나의 부정의 전형을 배격할 수밖에 없다. 타자는 코기토에게 나로 있지 않은 것으로 나타나야 한다. 이 부정은 다음 두 가지 방식으로 생각할 수 있다. 하나는 그것이 순수한 외적 부정이며, 또 이 부정은 하나의 실체를 다른 하나의 실체로부터 분리하는 것처럼 타자를 나 자신으로부터 분리할 것이다. 이 경우 타자에 대한 모든 파악은 정의상 불가능하다. 다른 하나는 이 부정은 내적 부정일 것이다. 이것은 두 항의 종합적·능동적 연결을 의미하며, 각 항은 자기를 다른 것으로부터 부인함으로써 구성된다. 따라서 이 부정적 관계는 상호적이며 이중의 내면성에 속할 것이다. 이것은 먼저 "타자"의 다수성은 하나의 집합이 아니고 하나의 총체성임을 의미한다. 이 의미에서 우리는 헤겔이 옳다고 생각한다. 왜냐하면 각각의 타자는 타인 속에서 자기 존재를 발견하기 때문이다. 또한 이 총체성은 "전체의 관점"에 서는 것이 원칙상 불가능함을 의미한다. 사실 앞에서 살펴본 것처럼, 의식에 대한 어떤 추상적 개념도 타자에게 있어 나의 대상성과 그 자신에게 있어 나의 존재와의 비교에서 생겨날 수 없다. 이외에도 대자의 총체성처럼 이 총체성은 탈총체화된 총체성이다. 왜냐하면 대타존재는 타자의 근본적 거부이므로 "타자"의 총체적이고 통일적인 종합도 불가능하기 때문이다.

이 몇 가지 지적으로부터 출발해서 우리는 이제 타자의 문제에 접근하고자 시도할 것이다.

IV. 시선

　나를 향해 오는 저 여자, 거리를 지나가는 저 남자, 창 밑에서 노래하는 저 거지, 이들은 나에게 있어 내가 보고 듣는 대상들이다. 이것은 의심의 여지가 없다. 이렇듯 타자의 나에게의 현전의 양상 중 하나는 적어도 대상성이라는 것은 분명하다. 하지만 만일 이 대상성의 관계가 타자와 나 자신의 근본적인 관계라면, 타자의 존재는 순전히 억측적으로 머문다는 것을 우리는 보았다. 그런데 내가 지금 듣고 있는 목소리가 인간의 소리이고, 축음기의 노랫소리가 아니라는 것은 억측적일 뿐 아니라 개연적이기도 하다. 그리고 내가 지각하는 통행인이 한 명의 인간이고 하나의 정교한 로봇이 아니라는 것은 무한정 개연적이다. 이것은 내가 타자를 대상으로 파악하는 것은 개연성의 한계를 벗어나지 않고, 또 이 개연성 자체로 인해 본질상 타자의 근본적인 파악을 가리키는 것이며, 이 근본적인 파악에서 타자는 나에게 스스로를 더 이상 대상으로가 아니라 "직접적 현전(présence en personne)"으로 나타남을 의미한다. 한마디로 타자가 꿈과 같은 대상이 아니라 개연적인 대상이기 위해서는 타자의 대상성은 나의 손이 미치지 않는 곳에 있는 하나의 근원적인 고독을 가리키는 것이 아니라, 오히려 타자가 내가 그에 대해 갖는 인식에 의한 것과는 다르게 나타나는 하나의 근본적인 유대를 가리켜야 한다. 고전적 이론들이 올바르게 고찰하고 있는 것처럼, 지각된 모든 인체는 무엇인가를 가리키며, 이 인체가 가리키는 것은 그 개연성의 근거와 보증이다. 하지만 이 고전적 이론들의 오류는 이런 지향이 하나의 분리된 존재, 즉 칸트가 말하는 감각(Empfindung)의 배후에 본체가 존재하는 것과 마찬가지로, 지각될 수 있는 인체의 수많은 나타남의 배후에 존재할 수 있는 하나의 의식을 가리킨다고 생각한 것이다. 이 의식이 분리된 상태로 존재하든 존재하지 않든, 내가 보는 이 얼굴이 가리키는 것은 배후의 의식이 아니다. 내가 지각하는 개연적인 대상의 진리를 이루는 것도 배후의 의식이 아니다. 타인의 나에 대한 현전, 즉 하나의 쌍생아적 출현에 대한 사실상의 지향, 요약하면 하나의 "타인과-함께-쌍을 이룬-존재(être-en-couple-avec-l'autre)"에 대한 사실상의 지향은, 본래의 의미로서의 인식 — 비록 이 인식이 직관이라는 유형의 불분명하고 말로 표현할 수 없는 형태로 이루어진 것이라 해도 — 외부에서 주어진다. 달리 말하면 사람들은 일반적으로 타자의 문제를, 마치 최초의 관계 — 타자는 이 관계를 통해 자기를 드러낸다 — 는 대상성인 것처럼, 다시 말해 마치 타자가 먼저 — 직접적으로든 간접적으로든 — 우리의 지각에 자기를 드러내 보이는 것처럼 고찰했다. 하지만 이 지각은 본성상 지각 그 자체보다는 다른 사물과 관련되고, 또 이 지각은 — 마치 관념론에서 탁자나 의자에 대한 지각이 하는 것처럼 — 같은 유형의 무한한 나타남의 계열을 가리키는 것도 아니고, 원칙상 나의 손이 미치지 않는 곳에 자리 잡은 하나의 고립된 본체를 가리키는 것도 아니기 때문에, 이 지각의 본질은 나의 의식과 타자의 의식과의 최초의 관계와 관련되어야 한다. 또 이 최초의 관계에서 타자는, 비록 나와 유대를 맺고 있기는 하지만, 주체로서 직접적으로 나에게 주어져야 한다. 이 최초의 관계는 근본적 관계이며, 나의 대타존재의 전형 그 자체이다.

그렇다고 해서 여기에서 뭔가 신비적 경험이나 말로 형용할 수 없는 것을 우리와 관련시키는 일이 문제가 될 수는 없을 것이다. 타자가 우리에게 나타나는 것은 일상의 현실에서이며, 타자의 개연성은 일상적인 현실에 관련된다. 그만큼 문제는 명확해진다. 계속 겨냥될 수 있고, 따라서 하나의 종교적이거나 신비적인 불가지와의 모든 관계에서 벗어나 나에게 스스로를 드러낼 수 있는 타자와의 하나의 원초적인 관계가 일상적인 현실 속에 있는가? 이것을 알기 위해서는 나의 지각 장 속에서 타자의 이 평범한 나타남을 분명하게 검토해 보아야 할 필요가 있다. 이 기본적인 관계에 관련된 것이 이 지각인 이상, 이 지각은 최소한 겨냥된 현실의 자격으로 그것이 관련된 관계를 우리에게 발견할 수 있도록 해 주어야 할 것이다.

나는 지금 어느 공원에 있다. 나에게서 멀지 않은 곳에 잔디밭이 있고, 그 잔디밭을 따라 의자들이 있다. 한 남자가 의자 옆을 지나간다. 나는 이 남자를 본다. 나는 그를 하나의 대상으로, 동시에 한 명의 인간으로 파악한다. 이것은 무엇을 의미하는가? 내가 이 대상이 한 명의 인간이라고 단언할 때, 나는 무엇을 말하고자 하는가?

만일 내가 이 남자를 하나의 인형 이외의 다른 것이 아니라고 생각한다면, 나는 그에게 보통 시공간적 "사물들"을 통합하는 데 사용하는 여러 범주를 적용할 것이다. 다시 말해 나는 그를 의자 "옆에", 잔디밭에서 220센티미터 떨어져 있는 것으로, 땅 위에 어느 정도의 압력을 가하고 있다는 것 등으로 파악할 것이다. 이 남자와 다른 여러 대상 사이의 관계는 순전히 부가적인 유형일 것이다. 이것은 내가 다른 대상들 사이의 관계를 현저히 변양시키지 않고 그를 사라지게 할 수 있음을 의미한다. 한마디로 나의 우주에 속하는 이 사물들 사이에 그에 의해 어떤 새로운 관계도 나타나지 않을 것이다. 이 사물들은 나의 편에서 보면 도구적 복합으로 통합되고 종합되어 있지만, 그의 편에서 보면 무차별적 관계의 다양성으로 분해될 것이다. 반대로 그를 인간으로 지각하는 것은 그와 의자 사이의 부가적이 아닌 하나의 관계를 파악하는 것이고, 또 그것은 이 특권적인 대상의 주위에 나의 우주에 속하는 사물들로 된 거리를 가지지 않은 하나의 조직이 기입되는 것이다. 분명 잔디밭은 그에게서 220센티미터 떨어진 거리에 있다. 하지만 잔디밭은 또한 거리를 초월함과 동시에 거리를 포함하고 있는 하나의 관계 속에서 잔디밭으로서 그와 연결되어 있다. 이 거리의 두 끝은 무차별적인 것도 아니고, 교환 가능한 것도 아니다. 상호성의 관계 속에서 이 거리는 일방적 관계로 종합적으로 나타남으로써 내가 보는 이 남자로부터 출발해서 잔디밭까지 펼쳐진다. 여기에서 문제가 되는 것은 부분들이 없는 하나의 관계, 단번에 주어진 관계, 또 그 안에서 나의 공간성이 아닌 하나의 공간성이 전개되는 관계이다. 왜냐하면 사물들의 나를 향한 통합보다는 오히려 나에게서 벗어나는 방향이 문제 되기 때문이다. 거리도 없고 부분들도 없는 이 관계는 분명 내가 찾고 있는 타자와 나 자신과의 근원적인 관계는 결코 아니다. 먼저 이 관계는 단지 이 남자와 이 세계의 사물들만이 관련될 뿐이다. 그다음으로 이 관계는 여전한 인식 대상이다. 예컨대 이 남자가 잔디밭을 본다, 또는 그가 출입금지의 표찰에도 불구하고 그가 잔디밭 위를 걸으려고 한다 등을 말하면서, 나는 이 관계를 설명할 것이다. 마지막으로 이 관계는 하나의 순수한 개연성의 성격을 가진다. 먼저 이 대상이 한 명의 인간인 것은 개연적이다. 그다음으로 이 대상이 한 명의 인간인 것이 확실하다 해도, 내가 그를 지각하는 순간에 그가 잔디밭을 보고 있다는 것은 다만 개연적인 것으로 머물 뿐이다. 그는 그를 에워싸고 있는 것에 대해 뚜렷한 의식을 갖지 않은 채 어떤 사업에 대해 생각하는 것도 가능하다. 그는 맹인일 수도 있다 등. 하지만 그 인간-대상과 잔디밭-대상과의 새로운 관계는 하나의 특수한 성격을 갖는다. 왜냐하면 그 관계는 저기, 세계 속에서 내가 인식할 수 있는 하나의 대상으로 존재하기 때문이다(사실 피에르가 한차례 그의 시계를 쳐다보았다, 잔느가 창문 밖을 내다보았다 등. 내가 이렇게 말하면서 표현하는 것은 바로 하나의 대상적인 관계이다). 이와 동시에 그 관계는 전적으로 나를 벗어난다. 그 인간-대상이 이 관계의 기본적인 항이 되는 한에서, 그리고 그 관계가 그 인간-대상을 향해 가는 한에서, 그 관계는 나를 벗어난다. 나는 나를 중심에 둘 수 없다. 이 제1차적 관계의 종합적 출현을 통해 잔디밭과 이 남자 사이에 펼쳐진 거리는, 내가 — 외적 부정의 순수한 전형으로서 — 이 두 대상 사이에 세우는 거리에 대한 하나의 부정이다. 이 거리는 나의 우주의 대상들 사이에서 내가 파악하는 수많은 관계의 순수한 와해로 나타난다. 그리고 이 와해를 실현하는 것은 내가 아니다. 이 와해는 내가 사물들 사이에 근원적으로 세우는 거리를 통해 내가 헛되이 겨냥하는 하나의 관계로 나에게 나타난다. 그것은 원칙상 나에게서 벗어나는 사물들의 하나의 배경, 그리고 그것들에게 외부에서 주어진 하나의 배경으로 나타난다. 이렇듯 나의 우주의 대상들 사이에 이 우주를 와해시키는 한 요소의 출현, 이것이 바로 내가 나의 우주 속에서의 한 명의 인간의 출현이라고 부르는 것이다. 타자는 먼저 내가 나로부터 어느 정도 거리에 있는 대상으로 파악하는 하나의 항으로 향하는 사물들의 끊임없는 도피이다. 이와 동시에 이 항은 또한 자기 주위에 그 자신의 고유한 거리를 펼치는 한에서 나에서 벗어난다. 하지만 이 와해는 점점 더 확대된다. 만일 잔디밭과 타자 사이에 거리를 두지 않고 거리를 만들어 내는 하나의 관계가 존재한다면, 이 관계는 잔디밭 한복판의 받침대 위에 있는 조상(彫像)과 타자 사이에도, 또 오솔길에 인접한 큰 마로니에 나무들과 타자와의 사이에도 필연적으로 존재한다. 타자 주위에 통합되는 것은 하나의 공간 전체이며, 이 공간은 나의 공간으로(avec mon espace) 만들어진다. 나는 나의 우주를 채우고 있는 모든 대상의 재편성에 참여하며, 이 재편성은 나에게서 벗어난다. 이 재편성은 거기에서 멈추지 않는다. 잔디는 특질을 가진 사물이 된다. 타자에 대해 존재하는 것은 이 푸른 잔디이다. 이 의미에서 대상의 특질 자체, 그것의 짙고 생생한 초록색은 이 남자와의 직접적인 관계 속에 있다. 이 초록색은 나에게서 벗어나는 얼굴을 타자를 향해 돌린다. 나는 초록색과 타자와의 관계를 나의 대상적인 관계로 파악한다. 하지만 나는 이 초록색을 그것이 타자에게 나타나는 대로 파악할 수 없다. 이렇게 해서 갑자기 나에게서 세계를 도둑질한 하나의 대상이 나타났다. 모든 것은 제자리에 있다. 모든 것은 여전히 나에 대해 존재한다. 하지만 모든 것은 보이지 않는 도피에 의해 주파되며, 하나의 새로운 대상을 향해 응고된다. 따라서 세계 속에서의 타자의 출현은 전 우주의 응고된 미끄러짐에 해당하며, 내가 행하는 세계의 집중화 아래에서 동시적으로 이루어지는 세계의 탈집중화에 대응한다.

하지만 타자는 여전히 나에게 있어 대상이다. 타자는 나의 거리에 속해 있다. 그 남자는 저기, 나로부터 20보의 거리에 있다. 그는 나에게 등을 돌리고 있다. 그것으로서 그는 여전히 잔디밭에서 220센티미터, 동상에서 6미터 떨어진 곳에 있다. 이로 인해 나의 우주의 와해는 이 우주 자체의 한계 속에 포함되어 있다. 여기에서는 무를 향한 세계의 도피나 그 자신 밖으로의 도피가 문제 되지 않는다. 그보다는 오히려 나의 우주는 그 존재의 한복판에서 하나의 배수공이 뚫리고, 그 구멍으로 나의 우주가 계속 유출되는 것처럼 보인다. 우주, 유출, 배수공, 그 밖의 모든 것이 다시 회복되고, 다시 파악되며, 대상으로 응고된다. 비록 사실상 우주의 총체적인 와해가 문제 된다 해도, 이 모든 것은 세계의 하나의 부분적 구조로 나에 대해 거기에 있다. 게다가 내가 이런 와해를 좁은 한계 속에 담아 두는 것이 가능한 경우도 종종 있다. 예컨대 여기 산책을 하며 책을 읽는 남자가 있다. 그가 표상

하는 우주의 와해는 순전히 잠재적이다. 그는 귀로 아무것도 듣지 못한다. 그의 눈은 책 외에는 아무것도 보지 못한다. 그의 책과 그 사이에서 나는 조금 전에 이 산책하는 사람과 풀밭을 연결했던 관계와 같은 유형의 거리가 없으면서도 부정할 수 없는 하나의 관계를 파악한다. 하지만 이번에 형태는 그 자체 속에 갇힌다. 나는 파악해야 할 하나의 충만한 대상을 가진 것이다. 세계의 한복판에서 나는 "차가운 돌", "가는 비"라고 말할 수 있는 것처럼 "책을 읽고 있는-남자"라고 말할 수 있다. 나는 하나의 폐쇄된 "게슈탈트"[36]를 파악하는데, 독서 행위는 이 폐쇄된 게슈탈트의 본질적인 특질 중 하나이다. 게다가 [아무것도 보지 못하는] 장님이며 [아무것도 듣지 못하는] 귀머거리인 이 폐쇄된 게슈탈트[37]는 그 자체를 하나의 무조건적인 시공간적 사물로서 인식·지각되도록 한다. 그리고 이 폐쇄된 게슈탈트는 세계의 나머지 모든 것과 함께 단순한 무차별적 외면성 속에 있는 것처럼 보인다. 다만 이 남자와 그 책과의 관계로서의 "책을 읽고 있는-남자"의 특질 자체는, 나의 우주 속의 하나의 특수한 작은 균열이다. 이 눈에 보이는 단단한 형태의 중심에 하나의 특수한 공허가 생긴다. 이 형태는 단지 외관상으로만 부피를 가지고 있을 뿐이다. 이 형태의 고유한 의미는 나의 우주의 한복판에, 나로부터 10보 떨어진 곳에, 이런 집괴성(集塊性)의 한복판에, 굳게 다져지고 국지화된 도피처라는 것이다.

따라서 이 모든 것은 우리를 결코 타자가 대상으로 있는 터전에서 빠져나가지 못하게 한다. 기껏해야 우리는 하나의 특수한 대상성

---

36 앞에서 이미 나왔지만, 독일어로 '생김새'를 가리키는 용어로, 주로 심리학·철학 등에서 사용된다. 심리학·철학에서 게슈탈트는 세상을 지각하는 방식을 말한다. 우리가 세상을 볼 때, 일반적으로 눈으로 들어오는 정보를 단순히 받아들이지 않고 몇몇 부분을 수정하거나 보강해서 지각하는데, 이것을 게슈탈트라고 한다.
37 책을 읽는 데 집중하고 있는 남자의 모습을 가리킨다.

의 유형과 관계가 있다. 그것은 후설이 부재(absence)라는 용어로 지칭한 유형에 매우 가깝다. 그렇지만 후설은 타자를 내가 보는 신체와 관련된 하나의 의식의 부재로가 아니라, 이 세계에 대한 나의 지각의 바로 그 중심에서 내가 지각하는 세계의 부재로 정의됨을 지적하지 않았다. 이 차원에서 타자는 세계 속의 하나의 대상이며, 이 대상은 세계에 의해 정의된다. 하지만 나와 관련해 세계의 도피와 부재인 관계는 개연적일 뿐이다. 만일 타자의 대상성을 정의하는 것이 이 관계라면, 이 관계는 타자의 어떤 근원적인 현전과 관련되는가? 우리는 이제 이 질문에 답할 수 있다. 만일 대상-타자(objet-autrui)가 세계와의 유대에서 내가 보는 것을 보는 대상으로 정의한다면, 주체-타자(autrui-sujet)와 나의 근본적인 유대는 타자에 의해 보여진다는 나의 항구적인 가능성으로 귀착될 수 있어야 한다. 내가 타자의 주체-존재의 현전을 파악할 수 있는 것은, 타자에게 있어 나의 대상-존재의 계시 속에서, 그리고 그 계시에 의해서이다. 왜냐하면 타자는 나-주체에게 있어 하나의 개연적인 대상인 것과 마찬가지로, 나는 단지 하나의 확실한 주체에게 있어서만 개연적인 대상이 되고 있는 나를 발견할 수 있을 뿐이기 때문이다. 이 계시는 나의 우주가 타자-대상에 대해 대상으로 있다는 사실에서 유래할 수는 없을 것이다. 이 계시는 마치 타자의 시선이 잔디밭 위와 그 주위에 있는 대상들 위를 배회하고 난 후에, 하나의 정해진 길을 따라 내 위에 자리 잡기 위해 오는 것처럼 흘러나올 수는 없다. 나는 하나의 대상에 대해 대상으로 있을 수는 없을 것이라는 사실을 지적한 바 있다. [내가 대상으로 있기 위해서는] 타자를 대상성에서 벗어나게 하는 타자의 근본적인 전회(conversion radicale)가 필요하다. 따라서 나는 타자가 내게 던지는 시선을 그의 대상적인 존재의 가능한 여러 표명 중 하나로 간주할 수 없을 것이다. 타자는 그가 풀밭을 바라보는 식으로 나를 바라볼 수는 없을 것이다. 게다가 나의 대상성 자체는 세계의 대상성으로부터 나에게로 흘러나올 수는 없을 것이다. 왜냐하면 정확히 나는 이 나에 의해 하나의 세계가 거기 있게 하는 자이기 때문이다. 다시 말해 나는 원칙상 자기 자신에게 있어 대상으로 있을 수 없는 자이기 때문이다. 이렇게 해서 내가 "타자에 의해-보여짐(être-vu-par-autrui)"이라고 부르는 관계는, 인간이라는 말로 의미가 부여되는 관계 중의 하나이기는커녕, 대상-타자의 본질에서도 또 나의 주체-존재에서도 연역할 수 없는 하나의 환원 불가능한 사실을 표상한다. 하지만 이와 반대로 만일 대상-타자 개념이 하나의 의미를 가져야 한다면, 이 개념은 이 근원적인 관계의 전회와 강등에서만 그 의미를 얻을 수 있을 뿐이다. 한마디로 내가 세계 속에서 타자를 개연적으로 한 명의 인간으로 있는 것으로 파악할 때, 이 파악과 관련되는 것은 그에-의해-보여질 수 있다는 나의 끊임없는 가능성이다. 다시 말해 나를 보는 하나의 주체가 나에 의해 보여지는 대상을 대체할 수 있다는 끊임없는 가능성이다. "타자에-의해-보여짐"은 "타자를-봄(voir-autrui)"의 진리이다. 이렇듯 타자라는 개념은 어떤 경우에도 내가 생각조차 해 볼 수 없는 세계 밖에 있는, 고독한 하나의 의식을 겨냥할 수는 없을 것이다. 인간은 세계와 관련해서, 그리고 나 자신과 관련해서 정의된다. 인간은 우주의 하나의 내적 유출, 곧 내출혈을 결정하는 세계 속의 대상이다. 인간은 대상화로 향하는 나 자신의 도피 속에 나에게 자기를 드러내 보이는 주체이다. 하지만 나 자신과 타자와의 근원적 관계는 단지 나의 우주 속에서의 한 대상의 구체적인 현전을 통해 겨냥된 하나의 부재하는 진리인 것만은 아니다. 이 근원적인 관계는 또한 내가 매 순간 경험하는 하나의 구체적이고 일상적인 관계이기도 하다. 매 순간 타자는 나를 바라본다(me regarde). 따라서 타자에 대한 모든 이론의 기초가 되어야 하는 이 근본적인 유대를 구체적인 사례를 통해 기술하려고 시도하는 것은 우리에게는 어려운 일이 아니다. 만일 타자가 원칙상 나를 바라보는 자라면, 우리는 타자의 시선의 의미를 밝혀 볼 수 있어야 한다.

나에게로 향한 모든 시선은 우리의 지각 영역에서 하나의 감각적 형태의 출현과 연결되어 나타난다. 하지만 우리가 생각할 수 있는 것과는 반대로 모든 시선은 그 어떤 확정된 형태에도 연결되어 있지 않다. 물론 가장 흔히 시선을 나타내는 것은 나를 향한 두 눈동자의 집중이다. 하지만 시선은 나뭇가지들이 스치는 순간에, 침묵으로 이어지는 발자국 소리가 들리는 순간에, 덧창이 살짝 열리는 순간에, 커튼이 가볍게 움직이는 순간에도 역시 주어질 것이다. [기습 작전 중에] 한번의 손짓이 있을 때, 나무덤불 속에서 기고 있는 사람들은 두 눈이 아니라 언덕 위에 하늘과 맞닿아 부각되는 한 채의 하얀 농가 전체를 피해야 할 시선으로 파악한다. 이렇게 구성된 대상이 아직은 시선을 개연적인 것의 자격으로 나타낼 뿐이라는 것은 자명하다. 방금 흔들린 나뭇가지 뒤에 누군가가 나를 엿보며 매복하고 있다는 것은 다만 개연적일 뿐이다. 하지만 우리는 지금 이 개연성의 문제에 붙잡혀 있을 수는 없다. 우리는 이 문제를 다시 다룰 것이다. 중요한 것은 먼저 시선(regard) 그 자체에 대해 정의를 내리는 것이다. 그런데 나무덤불이나 농가는 시선이 아니다. 그것들은 단지 눈(œil)을 표상할 뿐이다. 왜냐하면 눈은 먼저 시각의 감각기관으로 파악하는 것이 아니라, 시선의 매체로 파악하기 때문이다. 따라서 그것들은 커튼 뒤에, 농가의 창문 뒤에 매복하고 복병의 눈을 가리키지 않는다. 그것들은 그 자체만으로 이미 눈이다. 다른 한편, 시선은 눈의 기능을 하는 대상의 다른 여러 성질 중의 하나가 아니고, 이 대상의 형태 전체도 아니고, 이 대상과 나 사이에 정립되는 하나의 "세계적(mondain)" 관계도 아니다. 이와는 반대로 시선을 나타내는 대상들 위에서 시선을 지각하기는커녕, 내가 나를 향한 하나의 시선을 파악하는 것은 "나를 바라보고 있는" 눈들의 파괴라는 배경 위에서이다. 내가 시선을 파악할 때, 나는 눈을 지각함을 그친다. 눈은 거기에 있다. 눈은 순수한 표상(présentations)[38]으로서 나의 지각장 속에 머문다. 하지만 나는 눈을 이용하지 않는다. 눈은 무효화되고, 장외로 밀려난다. 눈은 더 이상 문제의 대상이 되지 않는다. 눈은 "스위치를 끈" 상태에 머문다. 이 상태에서 세계는 후설이 기술한 현상학적 환원을 시행하는 하나의 의식을 위해 존재한다. 눈이 예쁘거나 밉다고 생각하는 것, 또 눈의 색깔을 지적할 수 있는 것은 결코 눈이 우리를 바라볼 때가 결코 아니다. 타자의 시선은 그의 눈을 가린다. 시선은 눈앞을 지나가는 것처럼 보인다. 이런 착각은 나의 지각의 대상으로서의 눈이 나와 눈 사이에서 펼쳐지는 일정한 거리 밖에 머문다는 사실에서 기인한다. 한마디로 나는 거리 없이 상대방의 눈앞에 현전하고 있는 것과는 달리, 그 눈은 내가 "있는" 곳에서 떨어져 있다. 반면 시선은 거리 없이 내 위에 있음과 동시에 거리를 두고서 나를 붙잡고 있다. 다시 말해 나에 대한 시선의 직접적인 현전은 나를 그 시선에서 떼어 놓는 거리를 펼친다. 따라서 내가 주의를 상대방의 시선으로 돌릴 때는 반드시 이와 동시에 나의 지각이 해체되며 배후로 물러나게 된다. 여기에서는 내가 상상계(l'imaginaire)라는 주제에 대해 다른 곳에서[39] 보여 주고자 했던

---

38 사르트르는 'présentations'이라는 단어를 사용하고 있다. 이 단어는 '제시', '표시' 등을 뜻하나, 여기에서는 '표상'이라는 뜻으로 사용한 것으로 보인다.

39 *L'Imaginaire*. N.R.F., 1940. — 원주.

것과 유사한 상황이 벌어진다. 그때 나는 이렇게 지적한 바 있다. 우리는 지각하는(percevoir) 동시에 상상할(imaginer) 수 없으며, 그중 어느 한편이어야 한다고 말이다. 여기에서는 이렇게 말하고 싶다. 우리는 세계를 지각하는 동시에 우리에게 고정된 하나의 시선을 파악할 수 없다. 그중 어느 한편이어야 한다고 말이다. 왜냐하면 지각한다는 것은 바라보는 것이며, 하나의 시선을 파악한다는 것은(이 시선이 우리에게 향하지 않았다면) 세계 속에서 하나의 시선-대상을 파악하는 것이 아니라 '바라보여져-있다'는 의식을 갖는 것이기 때문이다. 상대방의 눈이 나타내는 시선은, 그 눈이 어떤 성질을 가지든 간에, 나 자신을 향한 순수한 지향이다. 나의 뒤에서 나뭇가지가 우지직하는 소리가 들릴 때 내가 즉각 파악하는 것은, 거기에 누군가가 있다는 것이 아니라, 내가 공격에 취약하다는 것, 내가 상처를 입을 수 있는 신체를 가졌다는 것, 내가 하나의 자리를 차지하고 있다는 것, 그리고 내가 무방비 상태로 있는 공간에서 어떤 경우에도 빠져나갈 수 없다는 것, 요약하면 내가 보여졌다는 것이다. 이렇듯 시선은 먼저 나에게서 나 자신을 가리키는 하나의 중개자이다. 그렇다면 이 중개자는 어떤 성질을 가졌을까? 보여졌다는 것은 나에게 있어 무엇을 의미하는가?

질투심 때문에, 관심 때문에, 못돼 버릇 때문에, 내가 문에 귀를 대고 자물쇠 구멍을 통해 안을 들여다본다고 상상해 보자. 나는 홀로 나(에 대한) 비조정적 의식 차원에 있다. 이것은 내가 먼저 있고, 이어서 그것이 나의 의식에 들어와 거주하지 않음을 의미한다. 따라서 나에게는 나의 행위들을 무엇인가와 연결시키고, 또 그것들을 규정할 수 있는 것이 아무것도 없다. 나의 행위들은 결코 인식되지 않았다. 이와 반대로 나는 나의 행위들로 있다. 그리고 이 사실만으로 나의 행위들은 그 자체 속에 전면적인 정당화를 지니고 있다. 나는 사물들(에 대한) 순수의식이다. 그리고 나의 자기성의 회로 속에 포착된 이 사물들은 나의 고유한 가능성들(에 대한) 나의 비조정적 의식의 대응으로서 그것들의 잠재성을 나에게 제공해 준다. 이것은 문 뒤에서 어떤 광경이 "보아야 할" 것으로서 주어지고, 어떤 대화가 "들어야 할" 것으로 주어지고 있음을 의미한다. 문이나 자물쇠는 도구인 동시에 장애물이다. 이것들은 "조심스럽게 다루어야 할" 것으로 주어진다. 자물쇠는 "가까이 가서 조금 옆으로 들여다볼" 것으로 주어진다 등. 이때부터 "나는 내가 해야 할 일을 한다." 나의 행위에 대해 판단이 내려질 수 있는 소여의 성격을 부여하기 위한 초월적 시선은 전혀 없다. 나의 의식은 나의 행위에 달라붙어 있다. 나의 의식은 나의 행위이다. 나의 행위는 단지 도달해야 할 목적과 사용해야 할 도구의 지휘를 받고 있다. 예컨대 나의 태도는 어떤 "외부"도 가지지 않는다. 나의 태도는 도구(열쇠 구멍)와 도달해야 할 목적(엿보아야 할 광경)과의 단순한 관계 맺기이다. 나의 태도는 하나의 목표를 지향하는 하나의 도구적 복합을 세계의 배경 위에 종합적으로 부각하기 위해 나를 세계 속에서 소멸시키는 단순한 방식, 마치 잉크가 압지에 흡수되듯 나를 사물들에 의해 흡수되게 하는 순수한 방식이다. 그 순서는 인과적인 순서의 반대이다. 도달해야 할 목적에 앞서는 모든 순간을 조직하는 것은 바로 그 도달해야 할 목적이다. 목적이 수단을 정당화한다. 수단은 그 자체로는, 그리고 목적 밖에서는 존재하지 않는다. 게다가 그 총체는 나의 가능성의 자유로운 기투와 관련해서만 존재할 뿐이다. 질투심 자체를 향해 도구적 복합을 초월하면서 이것을 조직하는 것은 바로 내가 그것으로 있는 가능성으로서의 질투심이다. 나는 이 질투심으로 존재한다. 하지만 나는 이 질투심을 인식하지 않는다. 만일 내가 이 질투심을 형성하는 것이 아니라 관조한다면, 오직 세계의 도구적 복합만이 나에게 이 질투심을 가르쳐 줄 수 있을 것이다. 우리가 상황 (situation)이라고 부르게 될 것은 이중의 상반된 규정을 가진 세계 속의 총체이다. 문 뒤에 보아야 할 어떤 광경이 있는 것은 단지 내가 질투하고 있기 때문이다. 하지만 나의 질투심은 문 뒤에 보아야 할 어떤 광경이 있다는 단순한 객관적인 사실 말고는 아무것도 아니다. 이 상황은 나의 사실성과 동시에 나의 자유를 반영한다. 나를 에워싸고 있는 세계의 어떤 객관적인 구조를 계기로 상황은 자유롭게 이행해야 할 임무 형태로 나의 자유를 나에게 가리킨다. 거기에는 아무런 강제성도 없다. 왜냐하면 나의 자유가 나의 가능들을 갉아먹기 때문이며, 또 그것과 상관적으로 세계의 수많은 잠재성이 오직 그 자체들만을 가리키고 제공하기 때문이다. 따라서 나는 진실로 나를 상황 속에 존재하는 것으로 정의할 수 없다. 왜냐하면 먼저 나는 나 자신에 대해 정립적 의식으로 있지 않기 때문이고, 그다음으로 나는 나 자신의 고유한 무(無)로 있기 때문이다. 이 의미에서, 그리고 나는 내가 있지 않은 것으로 있기 때문에, 또 나는 내가 있는 것으로 있지 않기 때문에, 나는 내가 문에서 엿듣고 있는 중에 있는 것으로 나를 정의할 수조차 없다. 나는 나의 전적인 초월성에 의해 나 자신에 대한 이 잠정적인 정의에서 벗어난다. 우리가 살펴본 것처럼, 바로 거기에 자기기만의 근원이 있다. 이렇게 해서 나는 나를 인식할 수 없을 뿐 아니라, 또한 나의 존재조차 나에게서 벗어난다. 비록 내가 나의 존재로부터의 이 벗어남 자체이기는 하지만 말이다. 그리고 나는 아무것도 아니다. 거기에는 세계 속에서 부각되는 어떤 하나의 객관적인 총체, 하나의 실재적인 체계, 하나의 목적을 위한 수단의 배치 등을 둘러싸고, 또 그것이 출현하는 하나의 순수한 무(無) 외에는 아무것도 없다.

그런데 나는 갑자기 복도에서 발자국 소리를 듣는다. 누군가가 나를 바라보고 있다. 이것은 무엇을 의미하는가? 이것은 내가 갑자기 나의 존재에서 습격을 받고, 그리고 본질적인 변양들이 나의 구조 속에 나타남을 의미한다. 나는 이런 변양들을 파악할 수 있으며, 반성적 코기토를 통해 개념적으로 고정시킬 수 있다.

먼저 여기에서 나는 나(moi)의 자격으로 나의 비반성적 의식에 있어서 존재한다. 사람들이 가장 흔히 기술한 것이 바로 나의 이 침입(irruption)이다. 사람들이 나를 보기 때문에, 나는 나를 본다. 사람들은 이렇게 기술할 수 있었다. [그렇지만] 이런 형태로는 이 사태가 완전히 정확하게 기술된 것이 아니다. 하지만 좀 더 자세히 검토해 보자. 우리가 대자를 그 고독 속에서 고찰하는 한, 우리는 비반성적 의식 속에 내가 깃드는 것은 불가능하다고 주장할 수 있었다. 나는 대상의 자격으로 단지 반성적 의식에 있어서만 주어질 수 있었다. 하지만 여기에서는 내가 비반성적 의식에 들러붙는다. 그런데 비반성적 의식은 세계에 대한 의식이다. 따라서 나(le moi)는 비반성적 의식에 대해 세계에 속하는 대상 차원에서 존재한다. 그런데 나의 현재화라는 반성적 의식에만 귀속되어 있던 역할은 이제 비반성적 의식에 속한다. 다만 비반성적 의식은 직접적으로 나를 대상으로 삼을 뿐이다. 비반성적 의식은 인격을 직접적으로, 그리고 그 자체의 대상으로 파악하지 않는다. 인격은, 그것이 타자에게 있어 대상인 한에서 의식에 현전한다. 이것은 내가 나를 벗어나는 한에서, 나는 단번에 나에 대한 의식을 갖는다는 것을 의미하고, 또 내가 나 자신의 고유한 무의 근거로 있는 한에서가 아니라 나의 밖에 나의 근거를 가지고 있는 한에서, 나에 대한 의식을 갖는다는 것을 의미한다. 나는 오직 타자에게 있어 순수한 지향으로서만 나에 대해 존재할 뿐이다. 그렇지만 여기에서 대상은 타자이고, 나의 의식에 현전하는 자아(ego)는 타자-대상의 하나의 부차적인 구조 또는 하나의 의미라고 해석해서는 안 된다. 우리가 살펴본 것처럼, 여기에서 타자는 대상으로 있지 않으며 또 대상으로 있을 수도 없다. 내가 타자에게-있어-대상으로 있기를 그치고 또 소멸하는 것이 아니고서는 말이다. 이렇듯 나는 타자를 대상으로 겨냥하는 것도 아니고, 나의 자아를 나 자신에게 있어서의 대상으로 겨냥하는 것도 아니다. 나는 마치 현재 나의 손이 미치지 않는 곳에 있는 하나의 대상을 향하는 것처럼 이 자아를 향해 나의 텅 빈 지향의 방향을 돌릴 수조차 없다. 사실 이 자아는 내가 메울 수 없는 하나의 무에 의해 나와 분리되어 있다. 왜냐하면 나는 이 자아를 그것이 나에게 있어 존재하는 것이 아닌 한에서 파악하기 때문이고, 또 이 자아는 원칙상 타인에 대해 존재하기 때문이다. 따라서 내가 이 자아를 겨냥하는 것은, 이 자아가 언제인가 나에게 주어질 수 있는 한에서가 아니라, 오히려 반대로 이 자아가 원칙상 나를 도피하고, 또 이 자아가 결코 나에게 속하지 않는 한에서이다. 하지만 나는 이 자아로 있다. 나는 이 자아를 하나의 낯선 이미지로 거절하지 않는다. 오히려 이 자아는 내가 그것을 인식하지 않으면서 내가 그것으로 있는 하나의 나로서 나에게 현전한다. 왜냐하면 내가 이 자아를 발견하는 것은 수치심 속에서(다른 경우에는 자부심 속에서)이기 때문이다. 나에게 타자의 시선을 드러내 보이고, 이 시선의 끝에서 나 자신을 드러내는 것은 수치심 또는 자부심이다. 나로 하여금 바라보여진 자의 상황을 인식케 하는 것이 아니라, 살아가게 하는 것은 수치심 또는 자부심이다. 그런데 우리가 이 장 첫머리에서 지적한 것처럼, 수치심은 자기에 대한 수치심이다. 수치심은 내가 바로 타자가 바라보고 판단하는 이 대상으로 있다는 것에 대한 인정이다. 나는 나의 자유가 나에게서 벗어나 주어진 대상이 되는 한에서, 이 자유에 대해서만 수치심을 가질 수 있을 뿐이다. 이렇듯 근원적으로 나의 비반성적 의식과 나의 바라보여진-자아와의 유대는 인식의 유대가 아니라 존재의 유대이다. 나는 내가 가질 수 있는 모든 인식을 넘어서 한 명의 타인이 인식하는 이 나이다. 그리고 타자가 나를 소외시킨 하나의 세계 속에서, 나는 내가 그것으로 있는 이 나이다. 왜냐하면 타자의 시선은 나의 존재, 그리고 상관적으로 벽, 문, 자물쇠 등을 포괄하기 때문이다. 내가 그 한복판에 있는 모든 도구-사물은 원칙상 나에게서 벗어나는 하나의 얼굴을 타인에게 돌린다. 이렇게 해서 나는 타인을 향해 흘러가는 하나의 세계의 한복판에서 타인에게 있어 나의 자아로 있다. 하지만 조금 전에 우리는 타자-대상을 향해 나의 세계가 흘러나가는 것을 내출혈이라고 부를 수 있었다. 사실 타자를 향해 이 세계가 흘러나갈 때, 나는 이 타자를 나의 세계의 대상으로 응고시켰다는 사실 자체로 인해, 이 내출혈은 멈추었고 국지화될 수 있었다. 이렇듯 피 한 방울도 흘리지 않고, 비록 내가 침투해 들어갈 수 없는 하나의 존재 속에서이기는 하지만, 모든 것은 회복되고, 포위되고, 국지화되었다. 하지만 여기에서는 이와 반대로 이 도피는 끝이 없다. 이 도피는 외부로 사라진다. 세계는 세계 밖으로 흘러나가고, 나는 나의 밖으로 흘러나간다. 타자의 시선은 이 세계 속에서 나의 존재 저편에 나를 존재하게끔 한다. 이 세계임과 동시에 이 세계의 저편인 하나의 세계 한복판에서 나를 존재하게끔 한다. 내가 그것으로 있는 이 존재, 또 수치심이 나에게 드러내 보이는 이 존재와 나는 과연 어떤 종류의 관계를 맺을 수 있을까?

첫째, 하나의 존재 관계이다. 나는 이 존재로 있다. 나는 한순간도 그것을 부인할 생각은 없다. 나의 수치심은 하나의 고백이다. 나는 나중에 나에게 그것을 가리기 위해 자기기만을 이용할 수도 있을 것이다. 하지만 자기기만도 역시 하나의 고백이다. 왜냐하면 자기기만은 내가 그것으로 있는 존재로부터 도피하기 위한 하나의 노력이기 때문이다. 하지만 나는 "있어야 할 것"의 방식으로도, "있었던 것이다"의 방식으로도, 내가 그것으로 있는 이 존재로 있는 것이 아니다. 나는 이 존재를 그것의 존재 속에서 정초하지 않는다. 나는 이 존재를 직접적으로 산출할 수 없다. 땅에 비치는 나의 그림자, 거울 속의 나의 모습이 나의 몸짓과 연결되어 움직일 때처럼, 이 존재는 나의 행위의 간접적이고 엄밀한 결과도 아니다. 내가 그것으로 있는 이 존재는 일종의 미확정, 일종의 예견 불가능성을 간직하고 있다. 그리고 이 새로운 특징은 단지 내가 타자를 인식할 수 없는 데서 올 뿐 아니라, 또한 특히 타자가 자유롭다는 데서도 온다. 또는 말의 순서를 바꾸어, 좀 더 정확히 말하면, 내가 타자에 대해 그것으로 있는 존재의 불안한 미결정을 통해 타자의 자유가 나에게 계시된다. 이렇듯 이 존재는 나의 가능이 아니다. 이 존재는 항상 나의 자유의 중심에서 문제 되는 것이 아니다. 이와 반대로 이 존재는 나의 자유의 한계이며, 사람들이 "카드의 안쪽"이라고 말하는 의미에서 나의 자유의 "안쪽"이다. 이 존재는 내가 그것을 인식하기 위해 결코 돌아다볼 수 없이, 그 무게를 느껴 볼 수조차 없이 내가 짊어지고 있는 짐과 같이 나에게 주어져 있다. 만일 이 존재가 나의 그림자에 비교될 수 있다면, 그것은 움직이고 있고 또 예견 불가능한 하나의 소재에 투영되는 그림자이며, 또한 어떤 대조표로도 그 소재의 운동에서 기인하는 왜곡을 계산할 수 없을 것이다. 그렇지만 여기에서 문제 되는 것은 바로 나의 존재이지, 나의 존재의 이미지가 아니다. 여기에서 문제 되는 것은 타자의 자유 속에, 그리고 타자의 자유에 의해 묘사되는 대로의 나의 존재이다. 모든 것은 마치 내가 그것과 하나의 근본적인 무에 의해 분리되어 있는 하나의 존재 차원을 내가 가지고 있는 것처럼 진행된다. 그리고 이 무가 바로 타자의 자유이다. 타자는 그가 자기의 존재로 있어야 하는 한에서 그에게-있어서의-나의 존재(mon être-pour-autrui)를 존재케 해야 할 것이다. 이렇듯 나의 자유로운 행위 하나하나 나는 나를 하나의 새로운 환경 속에 구속시키는데(m'engage),[40] 이 환경 속에서는 나의 존재의 소재 자체가 한 명의 타인의 예견할 수 없는 자유이다. 그렇지만 나의 수치심 자체에 의해 나는 타인의 이 자유를 나의 자유로서 요구한다. 나는 의식들 사이의 하나의 심오한 통일을 긍정한다. 게다가 내가 긍정하는 것은 사람들이 가끔 대상성의 보증으로 여기던 단자들의 조화가 아니라, 하나의 존재 통일이다. 왜냐하면 타인들이 나에게 하나의 존재를 부여하고, 내가 이 존재를 인정한다는 것을 나는 받아들이고 또 원하기 때문이다.

하지만 수치심은 나에게 내가 이 존재로 있다는 것을 드러내 보인다. 그것은 있었다 또는 있어야 한다의 방식으로가 아니라 오히려 즉자의 방식으로이다. 나는 혼자서 나의 "앉아 있는-존재"를 실현할 수 없다. 사람들이 기껏 말할 수 있는 것은, 나는 그런 존재임과 동시에 그런 존재가 아니라는 것 정도이다. 내가 있는 그것으로 있기 위해서는 타자가 나를 바라보는 것으로 충분하다. 내가 있는 그대로의 것으로

---

40 'm'engage'의 의미를 정확하게 이해하기 위해서는 단어 속에 포함된 'gage(r)'에 주목할 필요가 있다. 이 단어는 '담보(를 맡기다)', '저당(잡히다)', '증거(를 제시하다)', '내기(에 돈을 걸다)' 등의 다양한 의미를 가지고 있다. 하지만 핵심은 'gage(r)'의 주체가 이 행위를 적극적으로 수행한다는 사실이다. 여기에서 파생된 동사 'engager'에 '자기'를 의미하는 'se'가 결합되어 이루어진 대명동사 's'engager'에는 '자기'를 담보로 맡기고, 자기를 저당잡히고, 자기를 내기 돈으로 건다는 의미, 곧 '자기를 구속시킨다'는 의미가 함축되어 있다. 여기에서는 나는 나의 자유로운 행위를 통해 나 자신을 새로운 환경 속에 처하게 하고, 또 이렇게 함으로써 이 환경과 밀접한 관계를 맺게 된다는 의미로 사용한 것으로 보인다. 이 점을 고려해 여기에서는 물론 이 책 전체에서 이 단어를 우리말로 옮기면서 '구속'이라는 단어와 연결시켰다. 아울러 사르트르는 후일 이 단어의 명사형인 'engagement'에 '참여'의 의미를 부여하고 있으며, 이로부터 '참여문학(engagement littéraire)', '참여지식인(l'intellectuel engagé)' 등이 파생했는데, 이 용어에도 역시 작가, 지식인의 '자기 구속'이 함축되어 있다.

있는 것은 나 자신에게 있어서가 아니다. 분명 나는 내가 타자의 시선 속에서 파악하는, 앉아 있는-존재를 결코 실현하지 못할 것이다. 나는 언제나 의식으로 머물러 있을 것이다. 하지만 내가 있는 그대로의 것으로 있는 것은 타자에게 있어서이다. 다시 한번 대자의 무화하는 탈출이 응고된다. 다시 한번 즉자가 대자 위에서 재형성된다. 하지만 다시 한번 이런 변신은 거리를 두고 이루어진다. 잉크병이 탁자 위에 존재하는 것처럼, 타인에게 있어 나는 앉아서 존재한다. 나무가 바람에 의해 기울어져 존재하는 것처럼 나는 타자에게 있어 자물쇠 구멍 위에 몸을 굽힌 채로 존재한다. 이렇게 해서 나는 타자에 대해서는 나의 초월을 포기한다. 사실 누구든지 나의 초월에 대한 증인이 되는 자, 즉 이 초월로 있지 않은 것으로 자기를 규정하는 자에게 있어 나의 초월은 순전히 확인된 초월이며, 주어진-초월이 된다. 다시 말해 타인이 그의 범주들을 통해 나의 초월에 부과하게 될 어떤 비틀림이나 또는 굴절에 의해서가 아니라, 그의 존재 자체에 의해 나의 초월에 하나의 외부를 부여한다는 사실만으로, 나의 초월은 하나의 본성(nature)을 얻게 된다. 만일 한 명의 타인이 존재한다면, 그가 누구이든, 그가 어디에 있든, 그와 나의 관계들이 어떤 것이든, 또 그의 존재의 단순한 출현에 의해서만 그가 나에게 달리 작용하는 일이 있을지라도, 나는 하나의 외부(un dehors)를 갖는다. 나는 하나의 본성을 갖는다. 나의 근원적 실추는 타인의 존재이다. 그리고 수치심은 ─ 자부심과 같이 ─ 본성으로서의 나 자신에 대한 파악이다. 물론 이 본성 자체는 나에게서 벗어나며, 또 그것으로 인식될 수 없는 것이기도 하다. 적절히 말하면 내가 하나의 사물이 되기 위해 나의 자유를 상실한다고 느끼는 것이 아니다. 오히려 나의 자유는 저편에, 체험된 나의 자유 밖에, 내가 타인에 대해 그것으로 있는 이 존재가 가진 하나의 주어진 속성으로 존재할 뿐이다. 나는 나의 행위의 한복판에서조차 타인의 시선을 나 자신의 고유한 가능성들의 공고화 및 소외로서 파악한다. 사실 내가 그것으로 있는 이 가능성들은 나의 초월의 조건인데, 나는 공포, 불안하거나 신중한 기대에 의해 이 가능성들이 다른 곳에서 한 명의 타인에게 주어진다고 느낀다. 그런데 이번에는 나의 가능성들이 그 타인의 고유한 가능성들에 의해 초월되어야 할 것으로 주어진다. 그리고 시선으로서의 타인은 나의 초월된 초월(ma transcendance transcendée)일 뿐이다. 그리고 물론 나는 이런 가능성들(에 대한) 비조정적 의식의 방식으로 항상 나의 가능성들로 있다. 하지만 이와 동시에 시선은 이런 가능성들을 나에게서 빼앗아 소외시킨다. 그때까지 나는 이 가능성들을 세계 위에서, 그리고 세계 속에서 도구들의 잠재성의 자격으로 조정적으로 파악했다. 복도 속의 컴컴한 구석은 나의 몸을 숨기는 가능성을, 그 어둠이 지닌 하나의 단순한 잠재적인 성질로, 그 어둠의 하나의 유혹으로 나에게 가리켜 보였다. 대상의 이런 성질 또는 도구성은 오직 그 대상에게만 속했다. 그리고 이런 성질이나 도구성은 객관적이며 관념적인 하나의 속성으로서 주어지며, 우리가 상황이라고 부른 이 복합에 그 대상이 현실적으로 소속되었음을 보여 주었다. 하지만 타자의 시선과 더불어 복합들로 이루어진 하나의 새로운 조직이 첫 번째 조직 위에서 겹쳐진다. 사실 나를 보여진 것으로 파악하는 것은, 나를 세계 속에서, 그리고 세계로부터 출발해서 보여진 것으로 파악하는 것이다. 시선은 나를 우주 속에서 부각하지 않는다. 시선은 나를 나의 상황의 중심으로 찾으러 온다. 시선은 나에 대해 도구들과 분해 불가능한 관계들만을 파악할 뿐이다. 만일 내가 앉아 있는 것으로 보여져 있다면, 나는 "하나의-의자-위에-앉아-있는"것으로 보여져야 한다. 만일 내가 몸을 굽히고 있는 것으로 파악되어 있다면, 그것은 "자물쇠-구멍-위로-굽히고-있는" 것으로서이다 등. 하지만 이번에는 바라보여진-존재로 있는 나의 소외에는 내가 조직하는 세계의 소외가 내포되어 있다. 내가 이 의자에 앉아 있는 것으로 보여지는 것은, 내가 이 의자를 보지 않은 한에서이고, 내가 이 의자를 보는 것이 불가능한 한에서이며, 이 의자가 다른 관계와 다른 거리를 가지고 나에게는 똑같이 하나의 비밀스러운 얼굴을 가진 다른 대상들의 한복판에서 새롭고 다르게 방향 지워진 하나의 복합으로 조직되기 위해 나에게서 벗어나는 한에서이다. 이렇듯 내가 나의 가능들인 한에서, 내가 있는 것으로 있지 않으며 또 내가 있는 것으로 있는 나는, 여기에서 누군가로 있다. 그리고 내가 그것으로 있는 것 — 그리고 원칙상 나에게서 벗어나는 것 — 은, 그것이 나에게서 벗어나는 한에서, 나는 세계의 한복판에서 그것으로 있다. 이 사실로 인해 대상과 나의 관계, 또는 대상의 잠재성에 대한 나의 관계는 타자의 시선 아래에서 해체된다. 그리고 이 관계는 그 대상을 사용하는 나의 가능성으로서 세계 속에서 나에게 나타난다. 하지만 그것은 이 가능성이 원칙상 나에게서 벗어나는 한에서, 다시 말해 이 가능성이 타인에 의해 그 자신의 고유한 가능성들을 향해 뛰어넘어지는 한에서이다. 예컨대 어두운 구석의 잠재성이 그 구석에서 나의 신체를 감추는 가능성이 되는 것은, 타인이 나의 가능성을 그 자신의 가능성을 향해 뛰어넘어 그 구석을 손전등으로 비춰 볼 수도 있다는 유일한 사실 때문이다. 타인의 이 가능성은 거기에 있다. 나는 이 가능성을 파악한다. 하지만 부재하는 것으로, 타인 안에 있는 것으로, 나의 불안에 의해, 그리고 "안전하지 않은" 이 은신처를 포기한다는 나의 결심에 의해 이 가능성을 파악한다. 이렇듯 타인이 나를 엿보고 있는 한, 나의 가능성들은 나의 비반성적 의식에 현전하고 있다. 만일 모든 일에 대비가 되어 있는 그의 태도, 하나의 무기가 들어 있는 주머니 속에 넣은 그의 손, 손가락을 비상벨에 갖다 대고 "나의 사소한 동작"에도 경보를 울리려는 그의 태도를 내가 본다면, 나는 나의 가능성들로 있음과 동시에 나의 가능성들을 외부로부터 그 타인을 통해 알게 된다. 그것은 마치 사람들이 사상을 언어에 흘려 넣기 위해 사상을 생각함과 동시에, 언어 자체를 통해 객관적으로 사상을 파악하는 것과 다소 비슷하다. 나에게서 달아나려고 하는 이 경향, 나를 지배하고, 나를 부추기며, 그러면서도 내가 그것으로 있는 이 경향을, 나는 엿보고 있는 이 시선 속에, 나를 겨누고 있는 무기라는 이 다른 시선 속에서 읽어 낸다. 타인이 나의 이 경향을 미리 짐작하고, 이미 거기에 대비하는 한, 그는 이 경향을 나에게 가르쳐 준다. 타인이 나의 이 경향을 뛰어넘고, 또 그것을 무력하게 만드는 한, 그는 나에게 이 경향을 가르쳐 준다. 하지만 나는 타인의 뛰어넘기 자체를 파악하지 못한다. 나는 다만 나의 가능성의 죽음을 파악할 뿐이다. 미묘한 죽음이다. 왜냐하면 나의 몸을 숨긴다는 나의 가능성은 여전히 나의 가능성으로 남아 있기 때문이다. 내가 나의 가능성으로 있는 한, 나의 가능성은 계속 살아 있다. 그리고 그 어두운 구석은 나에게 신호를 보내며 나에게 그 자체의 잠재성을 가리키는 데에 그치지 않는다. 하지만 도구성이 "……를 향해 뛰어넘어질 수 있다"라는 사실로 정의된다면, 이때 나의 가능성 자체가 도구성이 된다. 구석에 나의 몸을 숨길 수 있다는 나의 가능성은, 타자가 나의 속셈을 간파하고, 나를 알아보며, 나를 파악한다는 그의 가능성을 향해 뛰어넘어질 수 있는 것이 된다. 타자에게 있어 나의 가능성은 모든 도구와 마찬가지로 하나의 방해물임과 동시에 하나의 수단이다. 방해물이다. 왜냐하면 나의 가능성은 타자가 어떤 새로운 행위(나에게로 다가오기, 그의 손전등을 켜기)를 하도록 강요하기 때문이다. 수단이다. 왜냐하면 한번 막다른 골목에서 발견되고 나면 나는 "붙잡힌" 것이기 때문이다. 달리 말하면 타자에게 맞서 행해진 모든 행위는 원칙상 타자에게 있어 하나의 도구일 수 있는데, 이 도구는 나에게 맞서는 타자에게 도움이 될 것이다. 그리고 나는 정확히 타자를, 그가 나의 행위로 무엇을 하는지를 확실히 봄으로써가 아니라, 나의 모든 가능성을 애매한 것으로 체험하는 공포 속에 파악한다. 타자는 나의 가능성들의 감추어진 죽음이다. 이것은 내가 이 죽음을 세계 한복판에 감추어진 것으로 체험하는 한에서 그렇다. 나의 가능성과 도구와의 연관은 나에게서 벗어나는 하나의 목적을 위해 외부로부터 서로 연결된 두 도구의 연관에 불과할 뿐이다. 내가 구석으로 숨기 위한 동작을 행하기 전에 타자가 그 구석을 손전등으로 비춘다면, 컴컴한 구석의 어둠과 동시에 거기에 나의 몸을 감출 수 있는 나의 가능성이 타자에 의해 뛰어넘어지는 것이다. 이렇게 해서 내가 타자의 시선을 파악할 때, 나를 뒤흔드는 갑작스러운 충격 속에서는 다음과 같은 사태가 발생한다. 즉 나는 나로부터 멀리 떨어져 있는 세계 한복판에서 세계의 대상들로 이루어진 나의 모든 가능성의 미묘한 소외를 갑자기 경험하는 사태가 그것이다.

하지만 이로부터 두 가지 중요한 결과가 도출된다. 첫 번째 결과는 나의 가능성이 나의 밖에서 개연성이 된다는 것이다. 타자가 나의 가능성을 하나의 자유에 의해 갉아먹힌 것으로 파악하지만, 그가 이 자유로 있는 것이 아니고, 그는 이 자유의 증인이 되어 이 자유의 결과를 예측할 뿐이다. 그런 한에서 나의 가능성은 가능성들의 유희 속에서의 순수한 미확정이며, 내가 나의 가능성을 짐작하는 것은 정확히 이런 방식을 통해서이다. 뒤에서 우리가 언어를 통해 타자와 직접 관계를 맺게 되고, 또 타자가 우리에 대해 생각하는 바를 점차 알게 될 때, 우리를 매혹시킴과 동시에 우리를 전율케 할 수 있는 것이 바로 이것이다. "자네한테 맹세하네만, 나는 반드시 그렇게 할걸세." "그럴 수도 있네. 자네가 그렇게 말하니, 나도 자네를 믿고 싶네. 사실 자네가 그 일을 하는 것은 가능하네." 이 대화의 의미 자체에 함축되어 있는 것처럼, 타자는 미확정된 하나의 주어진 속성 앞에서와 같이 근원적으로 나의 자유 앞에 놓여 있으며, 또 나의 개연성들 앞에서와 같이 나의 가능들 앞에 놓여 있다. 내가 근원적으로 타자에게 있어 저편에 존재한다고 느끼는 것이 바로 이것이며, 또 나의 존재의 이런 환영-소묘는 나를 나 자신의 핵심에서 엄습한다. 왜냐하면 수치심과 격분과 공포심에 의해 나는 그런 자로 나를 떠맡기를 그치지 않기 때문이다. 그것도 맹목적으로 나를 떠맡는 것이다. 왜냐하면 나는 내가 떠맡는 것을 인식하지 못하기 때문이다. 나는 단순히 내가 떠맡는 자로 있다.

다른 한편, 도구를 마주하는 나 자신의 도구-가능성의 총체는 타자에 의해 뛰어넘어지고 또 세계 속에서 조직된 것으로 나에게 나타난다. 타자의 시선과 더불어 "상황"은 나에게서 벗어난다. 또는 평범하지만 우리의 생각을 잘 나타내는 표현을 사용하면, 나는 더 이상 나의 상황의 주인이 아니다. 또는 좀 더 정확히 말하면, 나는 상황의 주인으로 있지만, 이 상황은 하나의 실재적인 차원을 가지게 된다. 그런데 이 차원을 통해 이 상황은 나에게서 벗어나며, 이 차원을 통해 예견치 못한 반전이 이 상황을 나에게 나타나는 것과 다르게 존재하게끔 한다. 지독한 고독 속에서 나는 나의 예측과 나의 욕망과는 엄밀하게 반대되는 결과를 일으키는 행위를 하는 경우가 분명히 있다. 나는 이 깨지기 쉬운 꽃병을 이쪽으로 옮기려고 받침째로 가만히 끌고 온다. 하지만 이 행동이 청동상을 넘어뜨려 꽃병을 산산조각 나게 하는 결과를 낳을 수도 있다. 다만 여기에는, 만일 내가 좀 더 조심스러웠다면, 만일 내가 물건들의 배치를 주목해 보았다면 등의 내가 예측하지 못했을 것은 아무것도 없다. 원칙상 나에게서 벗어나는 것은 아무것도 없다. 이와 반대로 타인의 출현은 상황 속에서 내가 원하지 않았던 하나의 양상, 내가 그것의 주인이 아닌 하나의 양상, 그리고 원칙상 나에게서 벗어나는 하나의 양상을 나타나게 한다. 왜냐하면 이 양상은 타자에 대해 존재하기 때문이다. 지드[41]는 이것을 적절하게 "악마의 몫 (la part du diable)"이라고 불렀다. 이것은 예견할 수는 없지만 실제적인 이면이다. 카프카가 『심판』과 『성』에서 묘사하고자 애썼던 것이 바로 이 예견 불가능성이다. 어떤 의미에서 K와 측량사가 하는 모든 것은 그들에게는 당연한 것에 속한다. 그리고 그들이 세계에 대해 작용하는 한에서 그 결과들은 엄밀하게 그들의 예측과 부합한다. 그 결과들은 성공한 행위들이다. 하지만 이와 동시에 이런 행위들의 진리는 그들로부터 계속 벗어난다. 이 행위들은 원칙상 하나의 의미를 가지고 있다. 그 의미가 그들에게는 진실한 의미이지만, K나 측량사나 그것을 결코 인식하지 못할 것이다. 물론 카프카는 여기에서 신적인 것의 초월에 이르고자 한다. 인간적 행위가 진리로 구성되는 것은 신적인 것에 대해서이다. 하지만 여기에서 신은 타자의 개념을 극한까지 밀고 나간 것에 불과하다. 우리는 이 문제를 다시 다룰 것이다. 『심판』에 드러나 있는 이 고통스럽고 종잡을 수 없는 분위기, 무지로서 스스로 살아가는 무지, 하나의 전적인 반투명성을 통해서만 그 자체를 예감할 수 있을 뿐인 총체적인 불투명성, 이 모든 것은 그저 우리의 세계-한복판에서-타자에게-있어서의-존재에 대한 묘사일 뿐이다. 이렇듯

41 앙드레 지드(André Gide, 1869~1951)는 프랑스의 작가로, 1947년 노벨 문학상을 받았으며, 주요 작품에 『좁은 문』, 『배덕자』 등이 있다.

상황은 결국 타자에게 있어 그 뛰어넘기 속에서, 그리고 그 뛰어넘기에 의해서 나의 주위에 응고되고 조직되며, 또 게슈탈트 심리학자들이 사용하는 뜻에서 형태(forme)를 이룬다. 거기에는 내가 그것의 본질적인 구조인 하나의 주어진 종합이 있다. 그리고 이런 종합은 탈자적인 접착력과 즉자의 성격을 동시에 보유한다. 서로 말을 하고 있으며, 또 내가 엿보고 있는 이 사람들과 나와의 유대는, 내가 스스로 설정하는 유대의 인식 불가능한 하나의 기체로서 단번에 나의 외부에 주어진다. 특히 나의 고유한 시선 또는 그 사람들과의 거리 없는 유대는, 나의 시선이 바라보여진-시선이라는 바로 그 사실로 인해 초월을 박탈당한다. 사실 내가 보는 사람들, 나는 그들을 대상으로 응고시킨다. 그 사람들에 대한 나의 관계는 나에 대한 타자의 관계와 같다. 나는 그들을 보면서 나의 힘을 계량한다. 하지만 만일 타자가 그 사람들을 바라보고, 그리고 나를 바라본다면, 나의 시선은 그 힘을 잃는다. 나의 시선은 그 사람들을 타자에게 있어 대상들로 변형시킬 수 없을 것이다. 왜냐하면 그들은 이미 타자의 시선의 대상들이기 때문이다. 나의 시선은 단순히 대상-나와 바라보여진-대상과의 세계 한복판에서의 하나의 관계, 즉 두 개의 질량이 거리를 두고 서로 작용하는 인력과 같은 무엇인가를 나타내고 있을 뿐이다. 한편에는 이 시선 주위에 대상들이 배치된다. 나와 바라보여진 것들 사이의 거리는 현재에 존재한다. 하지만 이 거리는 나의 시선에 의해 줄어들고, 한계가 정해지며, 압축된다. "대상들-거리(distance-objets)"의 총체는, 마치 하나의 이것이 세계의 배경 위로 떠오르는 방식으로, 시선이 그 위에서 떠오를 때의 배경으로 존재한다. 다른 한편에는 이 시선 주위에 나의 태도들이 배치되는데, 이 태도들은 시선을 "유지하기" 위해 사용된 일련의 수단들로서 주어진다. 이 의미에서 나는 하나의 조직된 전체를 구성하는데, 이 전체가 시선이다. 나는 하나의 시선-대상(un objet-regard)이다. 다시 말해 나는 내적 목적성이 부여된 하나의 도구적 복합이며, 또 이 도구적 복합은 목적에 대한 수단의 관계 속에서 스스로를 이용하는데, 이것은 거리 저편에서 이런저런 다른 대상에 대한 하나의 현전을 실현하기 위함이다. 하지만 거리는 나에게 주어져 있다. 내가 바라보여지는 한, 나는 거리를 펼치지 않는다. 나는 거리를 건너뛰는 데(franchir) 그친다. 타자의 시선은 나에게 공간성을 부여한다. 자기를 바라보여진 것으로 파악하는 것은 공간화된-공간화하는 (spatialisant-spatialisé) 자로서 자기를 파악하는 것이다.

하지만 타자의 시선은 단지 공간화하는 것으로서만 파악되지 않는다. 그것은 또한 시간화하는 것이다. 타자의 시선의 출현은 나에게는 원칙상 고독 속에서 획득하는 것이 불가능했던 하나의 "체험", 즉 동시성의 체험을 통해 나타난다. 하나의 유일한 대자에게 있어 하나의 세계는 동시성을 포함할 수 없을 것이고, 다만 공현전을 포함할 수 있을 뿐이다. 왜냐하면 대자는 자기 밖에, 세계 속의 도처에서 자기를 상실하고, 그리고 그 혼자만의 현전의 통일에 의해 모든 존재를 연결시키기 때문이다. 그런데 동시성에는 그 어떤 관계에 의해서도 연결되어 있지 않은 두 존재자의 시간적 유대가 전제되어 있다. 서로 작용을 주고받는 두 존재자가 정확히 동시적인 것은 아니다. 왜냐하면 정확히 그것들이 동일한 체계에 속해 있기 때문이다. 따라서 동시성은 세계의 존재자들에게 속하는 것이 아니다. 동시성에는 ……에 대한 현전(présence-à)으로 여겨진 두 존재자의 세계에의 공현전이 전제되어 있다. 피에르의 세계에의 현전은 나의 [세계에의] 현전과 더불어서야 비로소 동시적이다. 이 의미에서 동시성의 근원적 현상은 바로 이 컵이 나에게 있어 존재함과 동시에 폴에게 있어서도 존재한다는 것이다.

따라서 거기에는 모든 동시성의 근거는 필연적으로 나의 고유한 시간화에 대해 자기를 시간화하는 하나의 타자가 반드시 현전해 있어야 한다는 사실이 전제되어 있다. 하지만 정확히 타자가 자기를 시간화하는 한에서, 타자는 그 자신과 더불어 나를 시간화한다. 타자가 그의 고유한 시간을 향해 나아가는 한, 나는 보편적 시간 속에서 그에게 나타난다. 타자의 시선은, 내가 그것을 파악하는 한에서, 나의 시간에 하나의 새로운 차원을 부여하러 온다. 타자에 의해 나의 현재로 파악된 현재인 한에서, 나의 현전은 하나의 외부를 갖는다. 나에 대해 스스로를 현재화하는 이 현전은, 타자가 자기를 현재적으로 만들 때의 현재 속에서 나를 위해 소외된다. 타자가 자기를 나에 대한 현전으로 만드는 한에서, 나는 보편적 현재 속에 던져진다. 하지만 내가 와서 자리를 차지하는 이 보편적 현재는 나의 보편적 현재의 순수한 소외이다. 물리적인 시간은 내가 그것으로 있지 않은 하나의 순수하고 자유로운 시간화를 향해 유출된다. 내가 체험하는 이 동시성의 지평에 윤곽을 드러내는 것, 이것은 바로 하나의 절대적 시간화이며, 나는 하나의 무에 의해 그것과 분리된다.

세계의 시간-공간적 대상인 한에서, 세계 속의 하나의 시간-공간적 상황의 본질적 구조인 한에서, 나는 타자의 평가에 나를 내맡긴다. 또한 나는 그것을 코기토의 순수한 작용에 의해 파악한다. 바라보여지는 것, 그것은 인식 불가능한 평가의, 특히 가치 평가의 인식되지 않은 대상으로 자기를 파악하는 것이다. 하지만 정확히 수치심에 의해서든 또는 자부심에 의해서든, 나는 이 평가들의 정당성을 인정함과 동시에 나는 이 평가들을 단순한 평가들로 여기는 것, 즉 소여에서 가능성을 향한 하나의 자유로운 뛰어넘기로 여기는 것을 그치지 않는다. 하나의 판단은 어떤 자유로운 존재의 초월적인 행위이다. 따라서 보여진다는 것은 나를 나의 자유가 아닌 하나의 자유에 대해 하나의 무방비한 존재로 구성한다. 우리가 타자에게 나타나는 한에서 우리가 우리 자신을 "노예"로 여길 수 있는 것은 바로 이 의미에서이다. 하지만 이 노예 상태는 의식의 추상적인 형식을 가지고 있는 하나의 생명의 — 역사적이고 극복될 수 있는 — 결과가 아니다. 나의 자유가 아닌 하나의 자유 속에서, 나의 존재의 조건 자체인 하나의 자유 속에서 내가 예속적으로 있는 한, 나는 노예이다. 나는 나를 규정하러 오는 가치들의 대상인데, 내가 이 규정에 대해 작용할 수도 없고, 또 그것을 인식할 수도 없는 한, 나는 노예 상태로 있다. 이와 동시에 내가 나의 가능성들이 아닌 가능성들의 도구로 있는데, 나로서는 나의 존재 저편에 이 가능성들의 순수한 현전을 엿보기만 하고, 이 가능성들이 나의 초월을 부인하며, 내가 나 자신을 알지 못하는 목적을 위한 하나의 수단으로 구성하는 한, 나는 위험한 상태에 있다. 그리고 이 위험은 하나의 우연한 일이 아니라 나의 대타존재의 항상적인 구조이다.

여기에서 우리는 이 설명에 있어 막바지에 이르렀다. 우리가 이 설명을 이용해 타자를 우리에게 드러내기 전에 우리는 이 설명이 전적으로 코기토 차원에서 이루어졌다는 사실을 먼저 지적해야 한다. 우리는 타자의 시선에 대한 여러 주관적인 반응의 의미를 밝혀 보았을 뿐이다. 예컨대 공포심(타자의 자유 앞에서 위험에 처해 있다는 감정), 자부심 또는 수치심(결국 내가 그것으로 있다는 감정인데, 그것도 다른 곳에서, 저편에서, 타자에 대해 그렇게 있다는 감정), 나의 노예 상태에 대한 인정(나의 모든 가능성의 소외 감정) 등이 그것이다. 이외에도 이 해명을 통해 다소 불분명한 인식들을 개념적으로 고정시키려는 것은 결코 아니다. 각자가 자기 경험에 비추어 보기 바란다. 언젠가 잘못된 태도 또는 단순히 우스꽝스러운 태도를 취하는 현장을 들켜 본 적이 없는 사람은 아무도 없을 것이다. 이때 우리가 체험한 갑작스러운 변양은 결코 하나의 인식의 침입에 의해서 야기된 것이 아니다. 이 갑작스러운 변양은 오히려 그 자체 안에서 하나의 공고화이고 하나의 돌연한 성층화이며, 성층화는 나의 가능성들과 나의 대자적 구조들을 손대지 않은 채 놓아두기는 하지만, 갑자기 나를 존재의 하나의 새로운 차원, 즉 드러내 보여지지-않은-것(non-révélé)의 차원 속으로 밀어 넣는다. 이렇듯 시선의 나타남은 나에 의해 하나의 탈자적 존재 관계의 출현으로서 파악된다. 이 탈자적 존재 관계의 한 항은, 그것이 있지 않은 것으로 있고, 또 그것이 있는 것으로 있지 않은 대자인 한에서의 나이다. 그리고 이 탈자적 존재 관계의 다른 항은 역시 나인데, 하지만 그것은 나의 범위 밖에 있고, 나의 행동 밖에 있으며, 나의 인식 밖에 있는 나이다. 그리고 이 다른 항은, 정확히 그것이 한 명의 자유로운 타자의 무한한 가능성들과 유대를 이루고 있기 때문에, 그 자체에서 드러내지지-않은 속성들의 무한하고 무궁무진한 종합이다. 타자의 시선에 의해 나는 세계 한복판에 응고된 것으로서, 위험에 처한 것으로서, 치유될 수 없는 것으로서 나를 살아간다. 하지만 나는 내가 어떤 것인지, 세계 속의 나의 자리는 어떤 것인지, 내가 있는 이 세계는 타자에게 어떤 얼굴을 하고 있는 것인지를 알지 못한다.

이제 우리는 타자의 출현의 의미를 그의 시선 속에서, 그리고 그의 시선에 의해서 밝혀 볼 수 있다. 어떤 방식으로도 타자는 우리에게 대상으로 주어지지 않는다. 타자의 대상화는 그의 시선-존재의 붕괴가 될 것이다. 게다가 우리가 살펴본 것처럼, 타자의 시선은 그것을 나타내는 대상으로서의 그의 눈의 소멸 자체이다. 타자는 그에 대한 나의 존재의 지평 위에서 공허하게 겨냥된 대상으로 있을 수조차 없을 것이다. 곧 살펴보겠지만, 타자를 대상화하는 것은 나의 존재에 대한 하나의 방어이다. 이 방어는 나에게 있어 하나의 존재를 타자에게 부여함으로써 그에게 있어 나의 존재로부터 나를 해방시킨다. 시선의 현상 속에서 타자는 원칙상 대상으로 있을 수 없다. 이와 동시에 우리가 방금 보았듯이, 타자는 나 자신에 대해 나를 드러내 보여지지-않은-것으로 나타나게 하는 나와 나 자신과의 관계의 한 항일 수는 없을 것이다. 타자는 또한 나의 주의(attention)에 의해 겨냥될 수도 없을 것이다. 타자의 시선의 출현 속에서 내가 시선이나 타자에 대해 주의한다면, 그것은 대상에 대해 주의하는 것과 같은 것이 될 수 있을 뿐이다. 왜냐하면 주의는 대상을 향한 지향적인 방향이기 때문이다. 하지만 타자는 하나의 추상적인 조건이라고, 탈자적 관계의 하나의 개념적 구조라고 결론을 내려서는 안 될 것이다. 여기에는 사실 타자가 그 보편적이고 형식적인 구조가 될 수 있는, 현실적으로 사고되는 대상이 있는 것이 아니다. 타자는 분명 나의 드러내 보여지지-않은-존재의 조건이다. 하지만 타자는 이 드러내 보여지지-않은-존재의 구체적이고 개별적인 조건이다. 타자는 세계 한복판에 있는 나의 존재 속에 나의 존재의 통합적인 부분 중의 하나로 참여하는 것이 아니다. 왜냐하면 정확히 타자는 그 한복판에 내가 드러내 보여지지-않은 것으로 있는 이 세계를 초월하는 자이기 때문이며, 따라서 그 자격으로 타자는 대상으로도 있을 수 없고, 하나의 대상의 형식적이고 구성적 요소도 될 수 없을 것이기 때문이다. 타자는 — 우리가 이미 살펴본 것처럼 — 나의 경험의 통일적이고 규제적인 범주로 나에게 나타날 수 없다. 왜냐하면 타자는 나에게 만남을 통해 도래하기 때문이다. 그렇다면 타자란 도대체 무엇인가?

타자는 무엇보다도 먼저 내가 그를 향해 나의 주의를 돌리지 않는 존재이다. 타자는 나를 바라보는 자이고, 또 내가 아직 바라보지 않은 자이다. 타자는 나를 드러내 보여지지-않은 것으로 나 자신에게 넘겨주지만, 그 자신은 자기를 드러내 보이지 않는 자이다. 또 타자는 그가 겨냥된 한에서가 아니라 그가 나를 겨냥하는 한에서, 나에게 현전해 있는 자이다. 타자는 구체적이고 나의 도피의 손이 닿지 않는 극(pôle)이고, 나의 가능들의 소외의 극이며, 이 세계와 같은 세계이지만, 이 세계와 소통 불가능한 하나의 다른 세계를 향한 세계 유출의 극이다. 하지만 타자는 이 소외 자체와 이 유출과 구분할 수 없을 것이다. 타자는 이 소외와 이 유출의 의미이고 방향이다. 타자는 이 유출에 들러붙는데, 그것은 하나의 실재적인 또는 범주적인 요소로서가 아니라 하나의 현전으로서이다. 그런데 이 현전은, 만일 내가 그것을 "현재화"하려고 시도하면, 응고되고 또 세계의 일부가 된다. 이 현전은 또한 내가 그것에 주의하지 않을 때 가장 현재적이며 가장 절박하다. 예컨대 내가 전적으로 나의 수치심 속에 잠겨 있으면, 타자는 이 수치심을 지탱하며, 사방에서 그것을 에워싸는 방대하고 보이지 않는 현전이다. 타자는 나의 드러내 보여지지-않은-존재를 지탱하는 중심이다. 이제 드러내 보여지지 않은-것을 체험한 나의 경험을 통해 드러내 보여질-수-없는 것(non-révélable)으로서의 타자로부터 무엇이 나타나는가를 보도록 하자.

먼저 나의 대상성의 필요조건으로서의 타자의 시선은 나에게 있어서의 모든 대상성의 파괴이다. 타자의 시선은 세계를 통해 나를 엄습한다. 타자의 시선은 다만 나 자신의 변형뿐 아니라 세계의 총체적인 변모이기도 하다. 나는 하나의 바라보여진 세계 속에서 바라보여지고 있다. 특히 타자의 시선은 — 바라보는-시선(regard-regardant)이고 바라보여지는-시선(regard-regardé)이 아니다 — 대상에 대한 나의 거리를 부정하고 그 자신의 고유한 거리를 펼친다. 이 타자의 시선은 하나의 거리 없는 현전의 한복판에서 거리가 세계로 오게 하는 것으로서 직접적으로 주어진다. 나는 후퇴한다. 나는 나의 세계에 대한 거리 없는 나의 현전을 박탈당한다. 그리고 나는 타자에 대한 하나의 거리를 할당받는다. 예컨대 지금 나는 문에서 열다섯 걸음, 창문에서 6미터 거리에 있다. 하지만 타자는 자기로부터 어느 정도 거리에서 나를 구성하기 위해 나를 찾으러 온다. 타자가 나를 그에게서 6미터 거리에 있는 것으로 구성하는 동안, 타자는 거리 없이 나에게 현전해 있어야 한다. 이렇듯 사물과 타자에 대한 나의 거리의 경험 자체속에서 나는 나에 대한 거리 없는 타자의 현전을 체험한다. 각자는 이런 추상적인 기술 속에서 자기를 자주 수치심으로 채워 준 타자의 시선의 직접적이고 불에 타는 듯한 이 현전을 인정할 것이다. 달리 말해내가 바라보여지는 것으로서 나를 체험하는 한에서, 타자의 하나의초세계적인 현전이 나에게 있어 실현된다. 타자가 나를 바라보는 것은, 타자가 나의 세계의 "한복판에" 있는 한에서가 아니라, 타자가 그의 모든 초월에 의해, 세계를 향해, 그리고 나를 향해 오는 한에서이다. 또한 그것은 타자가 어떠한 거리에 의해서도, 현실적으로도 관념적으로도, 세계의 어떤 대상에 의해서나 세계의 어떤 신체에 의해서도 나에게서 분리되어 있지 않는 한에서이며, 오히려 그의 타자라는유일한 본성에 의해서만 나로부터 분리되어 있는 한에서이다. 이렇듯타자의 시선의 출현은, "나의 세계" 속에서이든 "타자의 세계" 속에서이든, 세계 속에서의 출현이 아니다. 그리고 나를 타자와 결합시키는관계는 세계 내부에서의 외면성의 관계가 될 수 없을 것이다. 오히려나는 타자의 시선에 의해 세계의 하나의 저편이 있다는 사실을 구체적으로 경험한다. 타자는 나의 초월이 아닌 하나의 초월로서 아무 중개자 없이 나에게 현전한다. 하지만 이 현전은 상호적이 아니다. 내가 타자에게 현전해 있기에는 세계의 모든 두께가 부족하다. [타자의 시선은] 편재하고 붙잡을 수 없는 초월, 내가 나의 드러내 보여지지-않은-존재로 있는 한에서 중개자 없이 내 위에 놓여 있는 초월이다. 또한 이 초월은 내가 이 시선에 의해, 그 거리와 그 도구와 아울러 하나의 완전한 세계의 중심에 잠겨 있는 한에서, 존재의 무한에 의해 나에게서 분리되어 있다. 이것이 바로 내가 우선 시선으로 체험할 때의 타자의 시선이다.

하지만 이외에도 타자는 나의 가능성을 응고시킴으로써 내가 다른 한 인간의 자유에 대해서가 아니라면 대상으로 있는 것이 불가능함을 나에게 드러내 보인다. 나는 나 자신에 대해 대상이 될 수 없다. 왜냐하면 나는 내가 있는 그대로의 것이기 때문이다. 이 이중성을 향한 반성적 노력은, 오직 자신의 수단에만 달려 있으므로 결국 좌절로 끝나며, 나는 항상 나에 의해 회복된다. 그리고 내가 그 이유도 모르면서, 내가 하나의 대상적인 존재로 있는 것이 가능하다고 순진한 생각을 할 때도, 나는 바로 그것으로 인해 암묵적으로 타자의 존재를 전제로 하고 있다. 왜냐하면 하나의 주체에 대한 대상이 아니라면 어떻게 내가 대상으로 있을 수 있겠는가? 이렇게 해서 타자는 먼저 나에 대해 내가 그에게 있어 대상이 되는 존재, 다시 말해 내가 나의 대상성을 얻게 하는 존재이다. 만일 내가 단순히 나의 속성 중 하나를 대상적인 방식으로 생각하는 것이 가능하다면, 타자는 이미 주어져 있다. 그리고 타자는 나의 우주의 존재로가 아니라 순수한 주체로 주어져 있다. 이렇듯 정의상 내가 인식할 수 없는 이 순수한 주체, 다시 말해 내가 대상으로 정립할 수 없는 이 순수한 주체는, 내가 나를 대상으로 파악하고자 시도할 때에도 항상 거기, 손이 닿지 않는 곳에 거리를 두지 않고 존재한다. 그리고 시선의 체험 속에서 드러내 보여지지-않은 대상성으로 나를 체험하면서, 나는 직접적으로, 그리고 나의 존재와 함께 타자의 파악할 수 없는 주체성을 체험한다.

이와 동시에 나는 타자의 무한한 자유를 체험한다. 왜냐하면 나의 가능들이 제한되고 응고될 수 있는 것은 하나의 자유를 위해서, 하나의 자유에 의해서이며, 그리고 오로지 하나의 자유를 위해서, 하나의 자유에 의해서이기 때문이다. 하나의 물질적인 장애물은 나의 가능성을 응고시킬 수 없을 것이다. 이 장애물은 다만 나에게 있어 다른 가능성을 향해 나를 기투하는 기회일 뿐이다. 이 장애물은 나의 가능에 대해 하나의 외부를 부여할 수 없을 것이다. 비가 오기 때문에 집에 머무는 것과 외출하는 것을 금지당해 집에 머무는 것은 같은 사태가 아니다. 첫 번째 경우에는, 나의 행위의 결과들을 고려하면서 나는 집에 머물기로 스스로 결정한다. 나는 나 자신으로 향해 "비"라는 장애물을 뛰어넘는다. 나는 그것을 하나의 용구로 삼는다. 두 번째 경우에는, 외출한다든가 집에 머문다든가 하는 나의 가능성 자체가 뛰어넘어지고 응고된 가능성으로서 나에게 제시되고 있으며, 하나의 자유가 나의 가능성을 예견하는 동시에 예방하고 있다. 만일 타인이 우리에게 그것을 명령한다면 화를 냈을 일을 우리가 흔히 아주 자연스럽게 불평 없이 행하고 있다면, 그것은 변덕에 의해서가 아니다. 명령과 금지가 우리 자신의 고유한 노예 상태를 통해 우리가 타자의 자유를 체험하도록 강요하기 때문이다. 이렇듯 시선에서 나의 가능성의 죽음은 나에게 타자의 자유를 체험하도록 한다. 나의 가능성의 죽음은 이 자유 속에서만 실현될 뿐이다. 그리고 나는 나 자신에게 근접할 수 없는 나 자신으로서, 하지만 타자의 자유 속에 내던져지고 버려진 나 자신으로서 나이다. 이 체험과 연결되어 나의 보편적 시간에의 귀속은 오직 하나의 자율적인 시간화에 의해서만 포함되고 또 실현된 것으로 나에게 나타날 수 있을 뿐이다. 자기를 시간화하는 하나의 대자만이 오직 나를 시간 속으로 내던질 수 있을 뿐이다.

이렇듯 시선에 의해 나는 타자를 자유롭고 의식적인 주체로서 구체적으로 체험한다. 이 주체는 자신의 고유한 가능성을 향해 자기를 시간화함으로써 하나의 세계가 있게 한다. 그리고 이 주체의 중개자 없는 현전은, 내가 나 자신에 대해 형성하려고 시도할 수 있는 모든 사고의 필요조건이다. 타자란, 자기의 순수하고 전적인 자유가 아니고서는, 다시 말해 자기만이 자기에 대해, 그리고 자기에 의해 그것으로 있어야 할 것인 자기 자신의 이 미확정이 아니고서는 어떤 것도, 절대적으로 그 어떤 것도 나 자신으로부터 나를 분리하지 않는 바로 나 자신이다.

우리는 이제 양식(良識, le bon sens)이 유아론적 논의에 항상 반대해 온 요지부동의 저항을 설명하고자 시도하기 위한 충분한 지식을 갖추고 있다. 사실 이 저항의 근거는 타자가 하나의 구체적이고 명백한 현전으로 나에게 주어져 있다는 사실이다. 그런데 이 현전은 결코 내가 나에게서 이끌어 낼 수 없고, 결코 의문에 부칠 수도 없으며, 또 현상학적 환원이나 다른 "에포케"의 대상이 될 수도 없다.

사실 만일 누군가가 나를 바라본다면, 나는 대상으로 있다는 의식을 갖는다. 하지만 이 의식은 타자의 존재 속에서, 그리고 타자의 존재에 의해서만 생겨날 수 있을 뿐이다. 이 점에서 헤겔은 옳았다. 다만 이 다른 의식과 다른 자유는 나에게 결코 주어지지 않는다. 왜냐하면 만일 그것들이 주어진다면, 그것들은 인식될 것이고, 따라서 대상이 될 것이며, 또 나는 대상으로 있기를 그칠 것이기 때문이다. 또한 나는 나 자신의 고유한 내부로부터 그것들의 개념이나 표상도 이끌어 낼 수 없다. 그것은 첫째, 내가 그것들을 생각하는 것도 아니고, 그것들을 나에게 표상하는 것도 아니기 때문이다. 이와 유사한 표현들은 우리를 다시 원칙상 문제 밖에 놓여 있는 인식하기를 향하게 할 것이다. 하지만 둘째, 내가 나 자신을 통해 해 볼 수 있는 자유에 대한 구체적인 체험은 나의 자유에 대한 체험이며, 의식에 대한 모든 구체적인 파악은 나의 의식(에 대한) 의식이며, 의식의 개념 자체는 나의 가능한 의식을 가리킬 뿐이다. 사실 우리는 이 책 서론에서 자유의 삶(existence)과 의식의 삶(existence)[42]은 그것들의 본질에 선행하고, 그것들의 본질을 조건짓는다는 사실을 보았다. 그 결과 자유와 의식의 본질은 나의 의식이나 나의 자유의 구체적인 실례만을 포섭할 수 있을 뿐이다. 셋째, 타자의 자유와 의식은 또한 나의 표상의 통일에 소용되는 범주로도 소용될 수 없을 것이다. 후설이 보여 준 것처럼, 나의 세계의 존재론적 구조는 분명 이 세계가 또한 타자에게 있어 세계이기를 요구한다. 하지만 이것은 타자가 나의 세계의 대상들에게 하나의 특수한 유형의 대상성을 부여하는 한에서이고, 또 타자가 이미 대상의 자격으로 이 세계 속에 존재하기 때문이다. 피에르가 내 앞에서 책을 읽으면서 그에게로 향하고 있는 책의 지면에 하나의 특수한 유형의 대상성을 부여한다는 것이 정확하다면, 이것은 원칙상 내가 볼 수 있는 지면(앞에서 보았듯이, 이 지면은 정확히 그것이 읽히는 한에서 나에게서 벗어나기는 하지만)에 대해서이고, 내가 있는 이 세계에 속하는 지면에 대해서이며, 따라서 거리 저편에 어떤 마술적인 유대에 의해 대상-피에르와 연결되는 지면에 대해서이다. 이런 조건에서 타자의 개념은 사실 텅 빈 형식으로 고정될 수 있고, 나의 것인 이 세계를 위해

---

42 여기에서 'existence'는 '현존', '실존', '존재'의 의미보다는 오히려 자유와 의식의 작동 및 전개 과정, 그 방식 등을 포함한 '실존', '생애' 등에 가까운 것으로 보이며, 이를 감안해 '삶'으로 옮긴다.

대상성의 강화로 계속 이용될 수 있다. 하지만 자신의 바라보는-시선 속에서의 타자의 현전은 세계를 강화하는 데 기여할 수 없을 것이다. 이와 반대로 이 타자의 현전은 이 세계를 해체시킨다(démondanise). 왜냐하면 이 타자의 현전은 바로 세계가 나를 벗어나게끔 하기 때문이다. 세계가 나에게서 벗어남은, 그것이 상대적이고 또 그것이 대상-타자를 향한 벗어남일 때는 대상성을 강화한다. 그런데 세계와 나 자신이 나로부터 벗어나는 것은, 그것이 절대적이고 또 그것이 나의 자유가 아닌 하나의 자유를 향해 이루어질 때는, 나의 인식의 분해이다. 세계는 붕괴되어 저편에서 다른 하나의 세계로 재통합된다. 하지만 이 붕괴는 나에게 주어지지 않는다. 나는 이 붕괴를 인식할 수도 없고, 심지어 이것을 생각해 볼 수조차 없다. 따라서 타자-시선의 나에게의 현전은 나의 존재의 하나의 인식도 아니고, 나의 존재의 하나의 투영도 아니며, 통일의 형식 또는 범주도 아니다. 타자-시선의 현전은 존재한다. 그리고 나는 그것을 나에게서 이끌어 낼 수 없다.

이와 동시에 나는 이 타자-시선의 현전을 현상학적 에포케의 공격으로 쓰러뜨릴 수도 없을 것이다. 사실 이 현상학적 에포케는 세계를 괄호 안에 넣고, 초월적인 의식을 그 절대적인 실재에서 발견하는 것을 목표로 한다. 이 조작이 일반적으로 가능한가의 여부는 여기에서 논의할 문제는 아니다. 하지만 이 경우 우리가 관심을 갖는 에포케는 타자를 문제 밖에 둘 수는 없을 것이다. 왜냐하면 바라보는-시선인 한에서 타자는 정확히 세계에 속하지 않기 때문이다. 나는 타자 앞에서, 나에 대해 수치심을 느낀다고 말했다. 현상학적 환원은 수치심 자체를 그 절대적인 주체성 속에서 잘 두드러지게 나타나게끔 하기 위해 수치심의 대상을 문제 밖에 두어야 하는 결과를 낳아야 한다. 하지만 타자는 수치심의 대상이 아니다. 수치심의 대상이 되는 것은 세계 속에서의 나의 행위 또는 나의 상황이다. 엄밀히 말해 나의 행위나 나의 상황만이 "환원"될 수 있을 뿐이다. 타자는 나의 수치심의 하나의 객관적인 조건조차도 아니다. 그렇지만 타자는 나의 수치심의 존재-자체(l'être-même)와 같다. 수치심은 타자의 계시이다. 이것은 의식이 하나의 대상을 드러내 보이는 방식으로서가 아니라, 의식의 하나의 계기가 하나의 다른 계기를 그 동기화로서 측면적으로 품는 방식에 의한 것이다. 예컨대 우리가 코기토에 의해 순수 의식 (conscience pure)에 도달했다고 한다면, 그리고 비록 이 순수 의식이 수치심(으로 있는) 의식일 뿐이라 해도, 타자의 의식은 포착할 수 없는 현전으로 이 수치심 의식에 붙어 다닐 것이며, 이로 인해 모든 환원에서 벗어날 것이다. 이것은 먼저 타자를 찾아야 하는 것은 세계 속에서가 아니라 오히려 나의 의식의 편에서라는 사실을 우리에게 충분히 보여 준다. 이때 나의 의식이 자신으로 하여금 자신이 있는 그대로의 것으로 있게 하는 것은 바로 하나의 의식에 있어, 그리고 이 하나의 의식에 의해서이다. 코기토에 의해 파악된 나의 의식이 의심의 여지없이 자기 자신과 그 고유한 존재에 대해 증언하는 것과 마찬가지로, 예컨대 "수치심-의식"과 같은 몇몇 특수한 의식은 코기토에 대해 의심의 여지없이 그 자신에 대해, 또 타자의 존재에 대해 증언한다.

하지만 사람들은 이렇게 물을 것이다. 타자의 시선은 단순히 나의 나에게-있어서의-대상성(mon objectivité-pour-moi)의 의미가 아닌가? 하지만 이렇게 말한다면 우리는 다시 유아론에 빠지게 될 것이다. 내가 나를 대상으로서 나의 표상의 구체적인 체계 속에 통합시킬 때, 이런 대상성의 의미는 나의 밖으로 투영되고 또 타자로 실체화될 것이다.

하지만 여기에서 다음과 같은 사실들을 지적해야 한다.

(1) 나에게 있어서의 나의 대상성은 결코 헤겔이 말하는 "나는 나이다(Ich bin Ich)."의 해명이 아니다. 여기에서는 하나의 형식적인 통일성이 결코 문제 되지 않는다. 그리고 나의 대상-존재 또는 대타-존재는 나의 대아-존재와는 아주 다르다. 사실 대상성이라는 개념은, 이 책 제1부에서 지적한 것처럼, 하나의 명백한 부정을 요구한다. 대상은 나의 의식으로 있지 않으며, 그 결과 의식의 성격을 갖지 않는다. 왜냐하면 나에게 있어 의식의 성격을 가진 유일한 존재자는 나의 의식으로 있는 의식이기 때문이다. 이렇게 해서 나에게-있어서의-대상-나는 나로 있지 않은 하나의 나, 다시 말해 의식의 성격을 갖지 않는 나이다. 이런 나는 [대상으로] 강등된 의식이다. 대상화는 하나의 철저한 변신이다. 그리고 비록 내가 나를 대상으로서 명백하고 뚜렷하게 볼 수 있다고 해도, 내가 볼 수도 있을 것은 내가 나 자신에게 있어, 그리고 나 자신을 위해 존재하는 것의 적절한 표상은 아닐 것이며, 말로가 말하는 "어떤 것보다 더 뛰어나며 비할 데 없는 이 괴물"의 적절한 표상도 아닐 것이다. 내가 볼 수도 있을 것은 오히려 타인에게 있어서의 나의-나-밖의-존재의 파악, 다시 말해 나의 대아-존재와는 근본적으로 다르고, 또 결코 이 대아-존재를 가리키지 않는 나의 타-존재(mon être-autre)의 파악일 것이다. 예컨대 나를 심술궂은 자로 파악하는 것은, 내가 나 자신으로 있는 것과 관련한 것으로 있을 수는 없을 것이다. 왜냐하면 나는 나 자신에게 있어 심술궂은 것이 아니고, 또 심술궂을 수도 없기 때문이다. 첫째, 나는 나 자신에게 있어 내가 공무원이나 의사로 "있는" 것과 마찬가지로 심술궂은 자로 있는 것이 아니기 때문이다. 사실 나는 내가 있는 것으로 있지 않고, 내가 있지 않은 것으로 있는 방식으로 존재한다. 이와 반대로 심술궂음이라는 규정은 나를 하나의 즉자로서 특징짓는다. 둘째, 만일 내가 나에

게 있어 심술궂은 자로 있어야 한다면, 나는 그런 자로 있어야 할 방식으로 심술궂은 자로 있어야 할 것이기 때문이다. 다시 말해 나는 나를 심술궂은 자로 파악하고, 나를 심술궂은 자로 원해야 할 것이다. 하지만 그것은 내가 나 자신에게 나의 선(Bien)의 반대되는 것으로 나타나는 것을 욕망하는 자로서 나를 발견해야 함을 의미하는 경우가 될 것이다. 왜냐하면 바로 심술궂음이 악(Mal) 또는 나의 선의 반대가 되기 때문이다. 따라서 나는 분명하게 동일한 순간에, 동일한 관계하에서 내가 원하는 것의 반대를 원해야 한다. 다시 말해 나는 정확히 내가 나 자신으로 있는 한에서, 나 자신이 나를 증오해야 한다. 그리고 대자의 터전 위에서 이 심술궂음의 본질을 완전히 실현하기 위해 나는 나를 심술궂은 자로 떠맡아야만 할 것이다. 다시 말해 나는 나로 하여금 나를 비난하게 하는 바로 그 행위에 의해 나를 시인해야 할 것이다. 사람들은 이 심술궂음의 개념이 결코 그 근원을 내가 나로 있는 한에서 나로부터 이끌어 낼 수 없음을 충분히 알고 있다. 그리고 내가 대자로 나를 구성하는 탈자 또는 나로부터의 탈출을 아무리 그 한계까지 밀어붙여 보아도, 내가 나 자신의 고유한 수단에 맡겨져 있는 한, 나는 결코 나에게 심술궂음을 부여할 수도 없을 것이고, 또 나에게 있어 심술궂음을 생각할 수도 없을 것이다. 그것은 내가 나 자신으로부터의 탈출로 있기 때문이며, 나는 나 자신의 고유한 무로 있기 때문이다. 모든 대상성이 사라지기 위해서는 나와 나 사이에서 내가 나 자신의 중개자로 있는 것으로 충분하다. 나를 대상-나와 분리하는 이 무가 문제인데, 내가 그것으로 있어서는 안 된다. 왜냐하면 거기에는 내가 그것으로 있는 대상의 나에 대한 나타남(présentation)이 있어야 하기 때문이다. 이렇듯 나의 고유한 능력이 아닌 하나의 대상화하는 능력, 내가 사칭할 수도 없고 날조할 수도 없는 하나의 대상화하는 능력의 중개 없이 나는 나에게 어떤 성질도 부여할 수 없을 것이다. 물론 이것은 이미 지적되었다. 사람들은 오래 전부터 타자는 나에게 내가 누구인지를 가르쳐 준다고 말했다. 하지만 이 주장을 지지했던 같은 사람들은 다른 한편으로 나는 나 자신의 고유한 능력에 대한 반성에 의해, 투영이나 유추에 의해 타자 개념을 나 자신에게서 이끌어 낸다고 주장하기도 했다. 따라서 그들은 악순환의 중심에 머물고 있었으며, 거기에서 빠져나올 수 없었다. 사실 타자는 나의 대상성의 의미가 될 수는 없을 것이다. 타자는 나의 대상성의 구체적이고 초월적인 조건이다. 이것은 사실 "심술궂다", "질투하다", "호감적이거나 반감적이다" 등의 성질이 헛된 몽상이 아니기 때문이다. 내가 타자를 규정하기 위해 이 말을 사용할 때, 나는 타자를 그의 존재 속에서 습격하려는 것임을 나는 잘 알고 있다. 하지만 나는 이 성질을 나 자신의 고유한 현실성으로 체험할 수 없다. 만일 타자가 이런 성질을 나에게 부여한다면, 이 성질은 내가 대아적으로 있는 것에 대해 결코 부여되는 것을 거부하지 않는다. 타자가 나의 성격에 대해 나에게 서술할 때, 나는 결코 거기에서 내 모습을 "인지"하지 않는다. 그렇지만 나는 "그것이 나"라는 것을 안다. 사람들이 나에게 제시하는 이 낯선 사람, 나는 그를 곧장 떠맡지만, 그가 한 명의 낯선 사람으로 있는 것을 그치지 않은 채로이다. 이것은 그가 나의 주체적인 표상들의 단순한 하나의 통일도 아니고, "나는 나이다."의 의미로 내가 그것으로 있는 하나의 나도 아니며, 타자가 나를 가지고 만들어 내고, 또 그것에 대해 자기 혼자 모든 책임을 지게 되는 하나의 헛된 이미지도 아니기 때문이다. 내가 있어야 할 나와 비교 불가능한 이 나 또한 나이다. 하지만 하나의 새로운 환경에 의해 변모되고, 또 이 환경에 적응된 나이다. 그것은 하나의 존재이며, 나의 존재이다. 하지만 완전히 새로운 존재 차원과 양상을 가진 나의 존재이다. 이것은 통과할 수 없는 하나의 무에 의해 나에게서 분리된 나이다. 왜냐하면 나는 이 나로 있지만, 나는 나를 이 나에게서 분리하는 이 무로 있지 않기 때문이다. 이것은 모든 나의 탈자를 초월하는 하나의 궁극적인 탈자에 의해 내가 그것으로 있는 나이다. 왜냐하면 이 궁극적인 탈자는 내가 그것으로 있어야 할 탈자가 아니기 때문이다. 나의 대타존재는 절대적인 공허를 통해 대상성을 향하는 추락이다. 그리고 이 추락은 소외이기 때문에, 나는 나 자신에게 있어 나를 대상이 되게 할 수 없다. 왜냐하면 어떤 경우에도 나는 나 자신을 나 자신에게서 소외시킬 수 없기 때문이다.

(2) 게다가 타자는 나를 나 자신에게 있어서가 아니라 그에게 있어서 대상으로 구성한다. 달리 말하면, 타자는 내가 나 자신에 대해 가지게 될 여러 인식을 위한 규제적이거나 구성적인 개념으로서 소용되는 것이 아니다. 따라서 타자의 현전은 대상-나를 "나타나게" 하지 않는다. 나는 오직 ……로 향한 나로부터의 탈출만을 파악할 뿐이다. 타자가 나를 심술궂거나 질투한다고 생각하고 있는 것을 언어로 나에게 드러내 보여 주었을 때조차도, 나는 결코 나의 심술궂음이나 나의 질투에 대해 하나의 구체적인 직관을 갖지는 않을 것이다. 나의 심술궂음이나 나의 질투는 덧없는 개념에 불과하며, 그 본성조차도 나에게서 벗어나는 데 있을 것이다. 나는 나의 심술궂음을 파악하지 못할 것이다. 오히려 이런저런 행위에 대해 나는 나 자신에게서 벗어날 것이다. 나는 나의 소외와 하나의 존재를 향하는 나의 유출을 느낄 것이다. 그런데 이 존재는 다만 내가 심술궂은 자로 공허하게 생각할 수 있는 하나의 존재, 그렇지만 내가 그것으로 있음을 스스로 느끼게 될 하나의 존재, 내가 수치심 또는 공포에 의해 거리를 두고 살아갈 그

런 하나의 존재일 것이다.

이렇듯 나의 대상-나는 인식도 아니고, 인식의 통일도 아니며, 오히려 불편함이고, 대자의 탈자적 통일로부터 이탈하는 체험이며, 내가 도달할 수 없는, 하지만 내가 그것으로 있는 한계이다. 그리고 이 나는 타인에 의해 나에게 도래하는데, 이 타인은 인식도 아니고 범주도 아니고, 오히려 하나의 낯선 자유의 현전이라는 사실(fait)이다. 사실 나의 나로부터의 이탈과 타자의 자유의 출현은 하나를 이룰 뿐이다. 나는 이 두 가지를 함께 느끼고 체험할 수 있을 뿐이다. 나는 이 두 가지를 따로따로 생각하려고 시도조차 해 볼 수 없다. 타자라는 사실은 반박할 여지가 없으며, 나를 핵심에서 엄습한다. 나는 불편함에 의해 타자라는 사실을 실감한다. 타자라는 사실에 의해 나는 이 세계이면서도 내가 예감할 수 없는 하나의 세계 속에서 끊임없이 위험에 처해 있다. 그리고 타자는 먼저 구성되고, 그다음에 나를 만나게 되는 하나의 존재로 나에게 나타나는 것이 아니라, 오히려 나와의 근원적인 존재 관계 속에서 출현하는 하나의 존재로, 그리고 나 자신의 고유한 의식과 마찬가지로 의심의 여지가 없고, 또 사실상의 필연성을 가진 하나의 존재로 나에게 나타난다.

그렇지만 아직도 많은 난점이 남아 있다. 특히 우리는 수치심을 통해 타자에게 의심의 여지없는 현전을 부여한다. 그런데 앞에서 살펴본 바와 같이, 타자가 나를 바라보는 것은 단순히 개연적일 뿐이다. 언덕 꼭대기에서 온몸을 드러내 놓은 병사들을 내려다보는 것처럼 보이는 저 농가가 적군에 의해 점령되어 있는 것은 확실하다. 하지만 적군의 병사들이 지금 이 농가의 창문을 통해 엿보고 있다는 것은 확실하지 않다. 내 뒤에서 발자국 소리가 들리는 그 남자가 나를 바라보고 있다는 것은 확실하지 않다. 그의 얼굴은 다른 곳으로 향해 있을 수도 있고, 그의 시선은 땅바닥이나 책에 고정되어 있을 수도 있다. 마지막으로 일반적으로 나에게 고정되어 있는 눈이 진짜 눈인지 확실하지 않다. 그것은 단지 실제의 눈과 "비슷하게" "만들어진" 가짜 눈일 수도 있다. 한마디로 말해 나는 바라보여지고 있는 것이 아닌데 바라보여지고 있다고 항상 생각하고 있을 수도 있다는 사실로 인해, 시선이라는 것이 이번에도 개연적이 되는 것이 아닐까? 그리고 타자존재에 대한 우리의 모든 확실성은 이 사실로 인해 순전히 가설적인 성격을 띠지는 않을까?

이 난점은 이렇게 표현할 수 있다. 나에게 하나의 시선을 나타내는 것으로 보이는 어떤 나타남이 세계 속에 있는 경우, 나는 나 자신 속에서 일종의 "바라보여진-존재"를 파악하는 것이며, 이 바라보여진-존재의 고유한 구조 자체는 나에게 타자의 현실적인 존재를 가리킨다. 하지만 내가 잘못 생각했을 수도 있다. 내가 눈이라고 생각했던 세계의 대상이 눈이 아닐 수도 있다. 단지 바람이 내 뒤에서 나무덤불을 흔들었을 수도 있다. 한마디로 이 구체적 대상이 실제로 하나의 시선을 나타내는 것이 아니었을 수도 있다. 이 경우 나의 바라보여지고-있다는 확신은 어떻게 되는가? 사실 나의 수치심은 누군가의 앞에서의 수치심이었다. 그런데 거기에 아무도 없다. 이로 인해 이 수치심은 아무도 없는 앞에서의 수치심이 되는가? 다시 말해 이 수치심은 아무도 없는 곳에 누구인가를 세워 놓았기 때문에, 그것은 거짓 수치심이 되는 것이 아닐까?

이 난점은 우리를 오래 붙잡아 둘 수는 없을 것이다. 그리고 이 난점이 우리의 대타존재의 본성을 한층 더 순수하게 지적하는 장점을 갖지 않았더라면, 우리는 여기에서 그것을 언급조차 하지 않았을 것이다. 사실 이 난점은 아주 다른 두 인식의 질서와 비교해 볼 수 없는 두 존재의 유형을 혼동하고 있다. 우리는 세계-속의-대상이 개연적으로 있을 수밖에 없음을 항상 알고 있다. 그것은 대상이라는 것의 성격 자체에서 기인한다. 지나가는 자가 한 명의 인간이라는 것은 개연적이다. 그리고 만일 그가 내게로 향해 눈을 돌린다면, 그 즉시 나는 바라보여진-존재를 확신을 가지고 체험하지만, 나는 이 확신을 나의 대상-타자에 대한 경험 속으로 이행시킬 수는 없다. 사실 이 확신이 나에게 보여 주는 것은 주체-타자, 즉 세계에의 초월적인 현전이며 아울러 나의 대상-존재의 현실적인 조건인 주체-타자밖에 없다. 따라서 어떤 경우에도 주체-타자에 대한 나의 확신을 이 확신의 계기가 된 대상-타자 위로 옮기는 것은 불가능하다. 그리고 반대로 대상-타자의 구성적인 개연성으로부터 출발해서 주체-타자의 출현의 명증성을 무효화하는 것 역시 불가능하다. 좀 더 적절하게 말하면 앞에서 우리가 보여 준 바와 같이 시선은 그것을 나타내는 대상의 파괴라는 배경 위에 나타난다. 만일 저 뚱뚱하고 못생기고 어슬렁거리는 걸음으로 나에게로 다가오는 저 지나가는 사람이 갑자기 나를 바라본다면, 그의 뚱뚱함도 그의 못생김도 그의 어슬렁거리는 걸음도 그것으로 모두 끝장이다. 내가 바라보여지는 것을 느끼는 동안, 그는 나 자신과 나 사이를 중개하는 순수한 자유이다. 따라서 바라보여지는-존재는 시선을 나타내는 대상에 의존할 수 없을 것이다. 그리고 나의 수치심은 반성적으로 파악될 수 있는 "체험"으로서 그 자체와 동일한 자격으로 타자에 대해 증언하는 것이기 때문에, 나는 원칙상 의문을 가질 여지가 있는 세계의 어떤 대상을 계기 삼아 나의 수치심을 다시 문제 삼고자 하지 않는다. 이렇게 하는 것은, 내가 나 자신의 신체에 대해 갖는 지각(예컨대 내가 나의 손을 볼 때와 같은 지각)이 자칫 잘못될 수도 있다는 이유로, 나 자신의 존재를 의문에 부치는 것과 마찬가지 경우가 될 것이다.

따라서 만일 전적으로 순수하게 드러난 바라보여진-존재가 타자의 신체에 매어 있지 않는 것이, 의식으로 있는 나의 의식이 코기토의 단순한 작동 속에서 나 자신의 신체에 매어 있지 않는 것과 마찬가지라면, 나의 경험이 이루어지는 장에서의 어떤 대상의 출현, 특히 나를 향한 타자의 두 눈의 집중은, 나의 바라보여진-존재를 실현하기 위한 하나의 단순한 고시, 하나의 단순한 계기로 여겨야 할 것이다. 이것은 플라톤의 경우 감각 세계의 수많은 모순이 하나의 철학적 전회를 일으키는 계기가 되는 것과 같은 방식이다. 한마디로 확실한 것은 내가 바라보여지고 있다는 것이고, 단순히 개연적인 것은 그 시선이 세계 내부의 이런저런 현전과 연관되어 있다는 것이다. 그렇다고 해서 이것이 우리를 놀라게 할 여지는 전혀 없다. 그 까닭은, 우리가 살펴본 것처럼, 우리를 바라보고 있는 것은 결코 눈이 아니고 주체로서의 타자이기 때문이다. 하지만 사람들은 내가 잘못 알고 있는 것을 내가 발견할 수도 있다는 문제는 그대로 남아 있다고 말할 것이다. 나는 지금 자물쇠 구멍 위로 몸을 기울이고 있다. 그런데 나는 갑자기 발자국 소리를 듣는다. 나는 수치심으로 온몸이 부르르 떨린다. 누군가가 나를 보았다. 나는 벌떡 몸을 일으킨다. 나는 두 눈으로 복도를 둘러보았으나 텅 비어 있다. 그것은 헛된 경보였다. 나는 숨을 돌린다. 거기에 있었던 것은 스스로 무너져 내린 하나의 경험이 아닐까?

좀 더 자세히 살펴보자. 실수로 열어 보여진 것은 타자에게 있어 나의 대상적-존재(mon être-objectif)일까? 결코 그렇지 않다. 타자의 존재는 의심스럽기는커녕 오히려 이 헛된 경보가 나로 하여금 나의 [자물쇠 구멍 위로 몸을 굽히려는] 시도를 단념하는 결과를 낳기에 충분하다. 이와 반대로 내가 나의 이런 시도를 계속한다면, 나는 가슴이 두근거림을 느낄 것이며, 나는 사소한 소리에도 신경을 쓰며, 계단의 사소한 삐걱거림에도 귀를 기울일 것이다. 타자는 내가 느낀 첫 번째 경고와 함께 사라지기는커녕 오히려 이제는 사방에, 내 아래에, 내 위에, 옆방에 존재한다. 그리고 나는 계속해서 나의 대타존재를 깊이 느낀다. 나의 수치심은 사라지지 않을 수도 있다. 내가 자물쇠 구멍 위로 몸을 기울이는 것은 이제는 얼굴 붉히는 일이다. 나는 나의 대타존재를 체험하기(éprouver)를 그치지 않는다. 나의 가능성은 끊임없이 "죽는다." 거리는 누군가가 있을 "수도 있는" 계단으로부터 출발해서, 하나의 인간적인 모습이 숨어 있을 "수도 있는" 저 컴컴한 구석으로부터 출발해서, 나를 향해 계속 전개된다. 좀 더 정확히 말하면, 내가 하찮은 소리에 몸을 부르르 떠는 것은, 또는 뭔가가 삐걱거릴 때마다 그것이 나에게 하나의 시선을 알리는 것은, 내가 이미 바라보여지고-있는 상태에 있기 때문이다. 그렇다면 가짜 경보에 놀랐을 때, 대체 무엇이 거짓으로 나타났고, 또 무엇이 스스로 사라져 버린 것인가? 그것은 타자-주체도 아니고, 또 그의 나에 대한 현전도 아니다. 바로 타자의 사실성이다. 다시 말해 타자와 나의 세계 속에 있는 하나의 대상-존재와의 우연적인 결합이다. 이렇게 해서 의심스러운 것은 타자 자신이 아니라 타자의 거기에-있음(l'être-là)[현존재]이다. 다시 말해 "이 방 안에 누군가가 있다."라고 하는 말로 우리가 표현할 수 있는 이 역사적이고 구체적인 사건이다.

이 지적을 통해 우리는 더 멀리 나아갈 수 있다. 사실 세계 속의 타자의 현전은 분석적으로 나에 대한 주체-타자의 현전에서 나올 수는 없을 것이다. 왜냐하면 주체-타자의 근원적인 현전은 초월적이기 때문이다. 다시 말해 그것이 세계-저편의-존재이기 때문이다. 나는 타자가 방 안에 현전해 있다고 생각했다. 하지만 내가 틀렸다. 그는 거기에 있지 않았다. 그는 "부재"했다. 그렇다면 부재(absence)란 무엇인가?

부재라는 표현을 그 경험적이고 일상적인 용법으로 보면 알 수 있지만, 나는 이 표현을 아무런 종류의 "거기에-있지-않음"을 지적하기 위해 사용하지는 않을 것이다. 첫째, 내 담뱃갑을 평소의 자리에서 발견하지 못할 때, 나는 "거기에 있을 텐데."라고 말할 수는 있지만, 담뱃갑이 거기 부재한다고 말하지는 않는다. 그 이유는 하나의 물리적 대상 또는 용구의 자리는, 때로는 그 자리가 정확하게 그것에게 지정될 수 있을지라도, 그것의 본성에서 기인하지 않기 때문이다. 본성은 그것에게 똑바로 하나의 장소를 부여해 줄 수 있기는 하다. 하지만 하나의 연장의 자리가 실현되는 것은 나에 의해서이다. 인간실재는 각개의 대상에게 하나의 자리가 오게 하는 존재이다. 그리고 근원적으로 하나의 자리를 잡을 수 있는 것은 유일하게 인간실재뿐이며, 이 인간실재가 자신의 고유한 가능성인 한에서 그렇다. 하지만 다른 한편, 나는 아가 칸(Aga Khan)이나 모로코의 술탄이 이 아파트에 부재한다고도 말하지 않을 것이다. 그렇지만 평소 여기에 살고 있는 피에르가 15분간 부재한다고 말할 것이다. 한마디로 부재는 인간실재가 몸소 그의 현전에 의해 결정한 장소와 자리에 관련된 그의 하나의 존재 방식으로서 정의된다. 부재는 하나의 자리와 관련된 무가 아니다. 이와 반대로 피에르가 그 자리에 부재한다고 말하면서 나는 일정한 자리와 관련지어 그를 규정한다. 결국 나는 자연의 한 장소와 관련해 피에르의 부재에 대해 말하지 않을 것이다. 설사 그가 늘 거기를 지나간다고 해도 그렇다. 하지만 이와 반대로 나는 그가 한번도 가 본 적이 없는 어느 시골로 "장소를 정한" 소풍에서는 그의 부재를 아쉽게 생각할 수도 있을 것이다. 피에르의 부재가 규정되는 것은, 그가 스스로 거기 있을 것으로 결정해야 하는 하나의 자리와 관련해서이다. 하지만 이 자리 자체가 한정되는 것은 풍경에 의해서도 아니고, 심지어

이 장소와 피에르와의 단독적인 관계에 의해서도 아니고, 오히려 다른 인간실재들의 현전에 의해서이다. 피에르가 부재인 것은 다른 사람들과의 관계에 있어서이다. 부재는 테레즈와의 관계에서 피에르의 하나의 구체적인 존재 방식이다. 부재는 인간실재들 사이의 하나의 유대 관계이지, 인간실재와 세계 사이의 유대 관계가 아니다. 피에르가 이 장소에 부재하는 것은 테레즈와의 관계에 있어서이다. 따라서 부재는 둘 또는 여러 인간실재 사이의 하나의 유대 관계이고, 이 유대 관계는 이 인간실재들 상호 간의 하나의 근본적인 현전을 필요로 하며, 게다가 이 유대 관계는 이 현전의 특수한 구체화의 하나에 불과할 뿐이다. 테레즈와의 관계에서 피에르의 경우에 부재한다는 것, 이것은 [그가] 그녀에게-현전하고-있음의 하나의 특수한 방식이다. 사실 부재는 피에르와 테레즈의 모든 관계가 ── 피에르가 테레즈를 사랑한다, 그는 그녀의 남편이다, 그는 그녀의 생계를 보장한다 등 ── 오직 그대로 유지되는 경우에만 의미를 가질 뿐이다. 특히 부재에는 피에르의 구체적인 존재의 존속이 전제된다. 죽음은 부재가 아니다. 이 사실로 인해 피에르와 테레즈 사이의 거리는 그들의 상호적인 현전이라는 근본적인 사실에 아무런 변화도 주지 못한다. 사실 만일 이 현전을 피에르의 관점에서 고찰한다면, 이 현전의 의미는 테레즈가 세계 한복판에서 타자-대상으로 존재한다는 것이거나, 또는 피에르는 테레즈에 대해 하나의 타자-주체로 자기가 존재하는 것을 느끼는 것이거나, 둘 중에 하나임을 알게 된다. 그런데 첫 번째 경우에서 거리는 우연적인 사실이다. 그리고 이 거리는, 피에르가 하나의 세계를 총체성으로 "거기에 있게" 한다는 근본적인 사실과 관련해서, 아무 의미도 갖지 않는다. 두 번째 경우에서 피에르는 자기가 어디에 있든, 테레즈에게 있어 그가 거리를 두지 않고 존재하는 것을 느낀다. 그녀가 피에르를 멀리하고, 또 그녀와 그 사이에 하나의 거리를 펼치는 한, 테레즈는 그에게서 거리를 두고 존재한다. 세계 전체가 그녀를 그에게서 분리하고 있다. 하지만 그녀가 존재하게 하는 세계 속의 대상으로 있는 한, 그는 그녀에게 있어 거리를 두지 않고 존재한다. 그 결과 어떤 경우에도 멀어짐은 이 본질적인 관계를 변양시킬 수 없을 것이다. 거리가 가깝든 멀든 대상-피에르와 주체-테레즈 사이, 대상-테레즈와 주체-피에르 사이에는 하나의 세계의 무한한 두께가 있다. 주체-피에르와 대상-테레즈 사이, 주체-테레즈와 대상-피에르 사이에는 전혀 거리가 없다. 이렇듯 부재와 현전이라는 경험적인 개념은 피에르의 테레즈에 대한, 그리고 테레즈의 피에르에 대한 하나의 근본적인 현전의 두 가지 특수화이다. 이 두 개념은 서로가 다른 방식으로 현전을 표현할 뿐이고, 또 이 현전에 의해서만 의미를 가질 뿐이다. 런던에 있든, 인도에 있든, 미국에 있든, 무인도에 있든 피에르는 파리에 머물고 있는 테레즈에게 현전한다. 피에르는 자신의 죽음에 의해서만 테레즈에게 현전하는 것을 멈출 것이다. 그것은 하나의 존재는 그것의 장소와의 관계에 있어서 경도나 위도에 의해 위치지어지지 않기 때문이다. 이 존재는 하나의 인간적인 공간 속에, 가령 "게르망트 쪽"과 "스완의 집 쪽" 사이에 위치해 있다. 인간존재가 위치하는 이 "호돌로지적 공간(espace hodologique)"[43]을 펼칠 수 있게 해 주는 것은 바로 스완과 게르망트 공작부인의 직접적인 현전이다. 그런데 이 현전은 초월

43 호돌로지(hodologie, hodology)는 그리스어로 '길'을 의미하는 'ὁδός(hodós)'에서 파생한 말로, 독일 출신의 미국 위상심리학자 쿠르트 레빈(Kurt Lewin, 1890~1947)이 인간의 생활 공간을 연구하기 위해 제시한 개념이다. '호돌로지적 공간'은 철학, 심리학, 신경과학, 건축학, 지리학 등의 여러 분야에서 사용되며, 단순히 두 점 사이를 연결하는 추상적이고 수학적인 공간이 아니라 인간이 구체적으로 살아가고 체험하는 공간을 포함하는 개념이다. 호돌로지 공간 개념으로부터 '최상의 길'이 도출된다. 수학에서 가장 효율적인 공간은 두 지점을 잇는 최단의 길로 연결되는 공간이다. 하지만 이 공간에 들어선 인간의 심리, 요구 등에 따라 다양한 공간이 열리고, 그중에서 '최상의 길'이 등장한다.

속에서 일어난다(a lieu)[장소를 갖는다]. 모로코에 있는 나의 사촌이 초월 속에서 나에게 현전해 있기 때문에, 나는 나를 세계 속에 위치시키는 이 길, 모로코로 가는 길이라고도 불릴 수 있는 이 길을, 나와 나의 사촌 사이에 펼칠 수 있는 것이다. 사실 이 길은 나의 "⋯⋯에게-있어-존재(mon être-pour)"와의 연관에서 내가 지각할 수 있을 대상-타자[와(et)]⁴⁴ 나에게 거리를 두지 않고 현전하는 주체-타자 사이의 거리일 뿐이다. 이렇듯 나는 초월적인 주체의 직접적인 현전과 상호 관련되어 있는 나의 세계 속의 대상으로 나를 이끄는 무한히 다양한 길에 의해 위치지어져 있다. 그리고 세계는 그 모든 존재와 함께 단번에 나에게 주어져 있기 때문에, 이 무한히 다양한 길은 다만 도구적 복합의 총체를 표상하며, 또 이 도구적 복합들은 이미 암묵적으로 또 현실적으로 세계 속에 포함되어 있는 하나의 대상-타자를 세계의 배경 위에 "이것"으로 나타날 수 있게 해 준다. 하지만 이 고찰은 일반화할 수 있다. 근원적인 현전의 배경 위에서 나와 관련해 부재하거나 현전하는 것은 다만 피에르나 르네나 뤼시앵뿐이 아니다. 왜냐하면 그들만이 나를 위치지어 주는 데 기여한 것이 아니기 때문이다. 나는 또한 아시아인이나 흑인과 관련해서 유럽인으로, 젊은이와 관련해서 늙은이로, 범법자와 관련해서 사법관으로, 노동자와 관련해서 부르주아로 나를 위치시켜 준다 등. 한마디로 모든 인간실재가 근원적인 현전의 배경 위에 현전하거나 부재하는 것은 바로 살아 있는 모든 인간과 관련해서이다. 그리고 이 근원적인 현전은 바라보여진-존재 또는 바라보는-존재로서만 의미를 가질 수 있을 뿐이다. 다시 말해 이 근원적인 현전은 타자가 나에게 있어 대상이거나 또는 나 자신이 타

---

44 [ ]는 저자가 사용한 문장부호이다.

자에게 있어 대상이거나에 따라서만 의미를 가질 수 있을 뿐이다. 대타존재는 나의 인간실재의 하나의 항상적인 사실이다. 그리고 나는 내가 나 자신에 대해 갖게 되는 가장 사소한 사유 속에서도 대타존재를 그것의 사실상의 필요성을 가지고 파악한다. 내가 어디를 가든, 내가 무엇을 하든, 나는 대상-타자에 대한 나의 거리를 변경시킬 뿐이며, 타자로 향하는 길을 빌릴 뿐이다. 내가 멀어지는 것, 내가 접근하는 것 또는 이런저런 특수한 대상-타자를 발견하는 것, 이것은 나의 대타존재의 근본적인 주제 위에 경험적인 변화를 일으키는 것뿐이다. 타자는 나를 대상이 되도록 하는 자로서 나에게 곳곳에서 현전한다. 따라서 나는 방금 길에서 만나는 하나의 대상-타자의 경험적인 현전에 대해 착각할 수도 있다. 나는 길에서 나를 향해 오는 사람이 아니라고 생각했는데, 그 사람이 모르는 사람임을 깨닫게 되는 경우도 있을 수 있다. 그렇다고 나에 대한 아니의 근본적인 현전이 변하는 것은 아니다. 나는 어슴푸레한 빛 속에서 나를 엿보고 있는 것이 한 명의 인간이라고 생각하다가 하나의 나무 등치를 하나의 인간존재로 잘못 본 것임을 발견하는 경우도 있다. 모든 인간에 대한 나의 근본적 현전이나 나 자신에 대한 모든 인간의 현전은 그로 인해 변질되지 않는다. 왜냐하면 나의 경험의 장에서 한 명의 인간이 대상으로 출현함으로써 나에게 인간들이 있다는 것을 가르쳐 주는 것이 아니기 때문이다. 타자의 존재에 대한 나의 확신은 이 경험과는 독립적이다. 또한 이와 반대로 이 경험을 가능케 하는 것은 바로 이 타자존재에 대한 나의 확신이다. 그런 경험을 할 때, 나에게 나타나는 것, 그리고 이것에 대해 내가 잘못 생각할 수도 있는 것은 타자도 아니고, 타자와 나와의 현실적이고 구체적인 유대도 아니다. 그것은 오히려 하나의 이것인데, 그것은 대상-인간을 나타낼 수도 있고, 나타내지 않을 수도 있다. 다만 개연적인 것은 타자의 거리와 타자의 현실적인 접근성이다. 다시 말해 타자의 대상으로서의 성격과 내가 드러내 보이게 하는 타자의 이 세계에의 소속은 의문의 여지가 없다. 이것은 단순히 나의 출현 자체에 의해 내가 한 명의 타자를 나타나게 하는 한에서만 그렇다. 다만 이 대상성은 "세계 속 어디에선가의 타자"의 자격으로 세계 속에서 용해된다. 타자-대상은 나의 주체성의 탈환과 상관적인 출현으로서는 확실하지만, 타자가 이 대상이라고 하는 것은 결코 확실하지 않다. 그리고 이와 마찬가지로 근본적인 사실인 한 명의 주체에게 있어 나의 대상-존재는 반성적인 명증성과 같은 유형의 명증성을 가지고 있다. 하지만 바로 이 순간에 어떤 특정한 타자에게 있어 내가 세계의 무차별적인 배경 속에 빠져 있는 것이 아니라, 오히려 이 세계의 배경 위에 내가 "이것"으로 떠오른다는 사실은 그 명증성을 가지고 있지 않다. 내가 지금 누구든지 한 명의 독일인에게 있어 대상으로 존재한다는 것, 이것은 의문의 여지가 없다. 하지만 나는 유럽인, 프랑스인, 파리 시민의 자격으로 그 집단의 무차별성 속에 존재하는가, 아니면 그 주위에 파리 시민 전체나 프랑스인 전체가 갑자기 이 한 사람을 위해 그에게 배경으로 소용되기 위해 조직되며, 또 이 배경 위로 떠오르는 이 파리 시민의 자격으로 존재하는가? 이 점에 대해 내가 획득할 수 있는 인식들은 무한히 개연적일 수 있지만, 언제나 개연적인 인식들만 얻을 수 있을 뿐이다.

우리는 이제 시선의 본성을 파악할 수 있다. 모든 시선 속에는 나의 지각의 장 속의 구체적이고 개연적인 현전으로서 하나의 대상-타자의 나타남이 있다. 그리고 이 타자의 어떤 태도를 접할 때, 나는 스스로 수치심과 불안 등을 통해 나의 "바라보여진-존재"를 파악하도록 결정한다. 이 "바라보여진-존재"는 내가 지금 당장 이 구체적인 이것으로 있다는 순수한 개연성으로 나타난다. 이 개연성은, 내가 항상 타자에 대해 존재하는 한에서, 타자가 나에게 항상 현전적으로 있다는 하나의 근본적인 확신에서만, 그 의미와 개연적이라는 그 본성 자체를 이끌어 낼 수 있다. 다른 모든 살아 있는 인간에 대해 대상으로서 수백만 개의 시선 아래 투기장에 던져져 수백만 번 나 스스로 나에게서 벗어나는 나의 인간 조건에 대한 체험, 나는 이 체험을 나의 우주 속에 하나의 대상이 출현할 때 구체적으로 실감한다. 그런데 이때 이 대상은 나에게 나는 지금, 하나의 [타자의] 의식에 대해 차별화된 이것의 자격으로, 개연적인 대상으로 있음을 가리킨다. 이 체험이 바로 우리가 시선이라고 부르는 현상의 총체이다. 각각의 시선이 우리에게 구체적으로 — 그리고 코기토의 의문에 부칠 수 없는 확신 속에서 — 체험시키는 것은 바로 우리가 살아 있는 모든 인간에 대해 존재한다는 것, 다시 말해 내가 그들에 대해 존재하는 (여러 개의) 의식이 존재한다는 것이다. 우리가 이 "여러 개"를 괄호 속에 넣은 것은 이 시선 속에 나에게 현전적으로 있는 주체-타자는 다수성의 형태로 주어지는 것도 아니고, 그렇다고(하나의 특정한 대상-타자에 대한 주체의 구체적인 관계의 경우는 제쳐 놓고) 단일성으로 주어지는 것도 아님을 지적하기 위함이다. 사실 다수성은 대상에게만 속할 뿐이다. 다수성은 세계를 변양시키는 하나의 대자의 출현에 의해 존재에게 온다. 바라보여진-존재는 우리에게 (여러) 주체를 출현하게 함으로써 수를 갖지 않은 어떤 실재의 현전에 우리를 둔다. 이와 반대로 나를 쳐다보는 자들을 내가 쳐다보자마자, 다른 의식 개체들은 서로 고립되어 다양성이 된다. 다른 한편으로, 만일 내가 구체적인 체험의 계기로서의 시선을 외면하면서 인간적 현전의 무한한 무차별성을 헛되이 생각하려 하고, 결코 대상이 되지 않는 무한한 주체 개념 아래 무차별성을 통일하려

한다면, 나는 타자의 현전에 대한 일련의 무한한 신비로운 체험과 관련한 하나의 순수하게 형식적인 관념, 즉 그에게 있어 내가 존재하는 보편적이고 무한한 주체로서의 신의 관념을 얻는다. 하지만 구체적이며 열거적인(dénombrante)[45] 대상화와 통일적이고 추상적인 대상화라는 두 가지 대상화는 양쪽 모두 체험되는 현실을 결여하고 있다. 다시 말하면 수(數) 이전적 현전을 결여하고 있다. 이와 같은 몇 가지 지적은 누구라도 할 수 있는 관찰을 통해 좀 더 구체적으로 밝혀질 것이다. 예컨대 우연히 우리가 어떤 역할을 연기하기 위해서, 또는 강연을 하기 위해서 "공중 앞에" 나타나는 일이 있다면, 우리는 우리가 바라보여지고 있음을 결코 시야에서 놓치지 않는다. 그리고 우리는 우리가 수행하러 온 행위의 총체를 시선의 현전에서 행한다. 좀 더 자세히 말하면, 우리는 이 시선에 대해 하나의 존재와 대상들의 하나의 총체를 구성하려고 시도한다. 하지만 우리는 시선을 헤아리지 않는다. 우리가 설명하고자 하는 관념들에만 주의를 집중시키면서 말하고 있는 동안, 타자의 현전은 무차별화된 채로 머문다. "학급", "청중" 등의 명목하에 타자의 현전을 통일하려고 하는 것은 그릇된 일일 것이다. 사실 우리는 하나의 집단적 의식을 가지고서 하나의 구체적이고 개별화된 존재에 대한 의식을 갖지 않는다. 그런 명목들은 나중에 우리의 경험을 해석하는 데 도움이 될 수도 있지만, 반(半) 이상은 우리의 경험을 배반할 이미지들이다. 하지만 우리는 또한 다수의 시선을 파악하는 것도 아니다. 여기에서 문제 되는 것은 오히려 우리의 면전에서 우리의 드러내 보여지지 않은 나를 실현하고, 우리를 벗어나는 이 나의 생산에 우리와 협력하는 하나의 만져지지 않고, 사라지기 쉽고,

---

45 '헤아릴 수 있는'의 의미이다.

보편적으로 존재하는 실재이다. 이와 반대로, 만일 내가 내 생각이 잘 이해되었는가를 확인해 보기를 원한다면, 그리고 만일 이번에는 내 편에서 청중을 쳐다본다면, 나는 갑자기 수많은 머리와 수많은 눈이 나타나는 것을 볼 것이다. 타자라는 수 이전의 실재는 객관화됨으로써 이렇게 해체되고 다수화되었다. 하지만 또한 시선도 소멸되었다. "사람들(on)"이라는 말은 인간실재가 처한 비진정성의 상태라기보다는 차라리 타자라는 수 이전의 구체적 실재에 사용하는 것이 적합하다. 내가 어디에 있든 사람들은 끊임없이 나를 쳐다본다. 사람들은 결코 대상으로 파악되지 않는다. 사람들은 대상이 되면 즉각 분해된다.

이렇게 해서 시선은 우리를 우리의 대타존재의 흔적 위에 두었다. 그리고 시선은 이 타자의 의심할 수 없는 존재와 그에게 있어 우리가 존재한다는 사실을 우리에게 드러내 보여 주었다. 하지만 시선은 우리를 더 멀리 인도해 주지는 못할 것이다. 지금 당장 우리가 검토해야 할 것은 우리에게 드러난 대로의 나와 타인과의 근본적인 관계이다. 또는 이렇게 말하는 것이 좋다면, 우리는 이제 이 근원적인 관계의 한계 속에 포함되어 있는 모든 것을 밝히고, 그것을 주제적으로 정착시켜야 하며, 그리고 이 대타존재의 존재는 어떤 것인지를 자문해 보아야 한다.

우리의 임무에 도움이 될 것이고, 또 이제까지의 지적들로부터 드러나는 하나의 논거는, 대타존재는 대자의 하나의 존재론적인 구조가 아니라는 것이다. 사실 우리는 하나의 귀결을 하나의 원칙에서 끌어내는 것과 같이, 대타존재를 대자존재에서, 또는 거꾸로 대자존재를 대타존재에서 파생시키려고 생각해 볼 수는 없다. 물론 우리의 인간실재는 대자로 있고 동시에 대타로 있기를 강요한다. 하지만 우리의 현재의 탐구는 하나의 인간학을 구성하는 것을 겨냥하는 것이 아니다. 모든 대타로부터 완전히 자유로우며, 하나의 대상으로 존재하는 가능성이 있으리라고는 추호도 생각하지 않고서 존재할 것인 하나의 대자를 생각해 보는 것도 아마 불가능하지는 않을 것이다. 다만 그런 대자는 "인간"은 아닐 것이다. 여기에서 코기토가 우리에게 드러내 보여 주는 것은, 단순히 자기의 대자존재와 유대 관계에 있는 우리의 존재는 또한 타자에게 있어 존재한다는 것이 인정된다 ── 그리고 이것은 의심할 여지가 없다 ── 고 하는 하나의 사실상의 필연성이다. 반성적 의식에 대해 드러내 보여지는 존재는 대자-대타(pour-soi-pour-autrui)이다. 데카르트의 코기토는 하나의 사실, 즉 나의 존재라는 사실에 대한 절대적인 진리를 긍정할 뿐이다. 이와 마찬가지로 우리가 여기에서 사용하고 있는 다소 확대된 의미의 코기토는, 하나의 사실로서 타자의 존재와 타자에게 있어서의 나의 존재를 우리에게 드러내 보인다. 이것이 우리가 말할 수 있는 모든 것이다. 그만큼 대타존재는 나의 의식의 존재로의 출현과 마찬가지로 하나의 절대적인 사건의 성격을 가진다. 이 사건은 역사화 ── 왜냐하면 나는 타자에의 현전으로서 나를 시간화하기 때문이다 ── 이며, 이와 동시에 모든 역사의 조건이므로, 우리는 이 사건을 역사 이전적 역사화라고 부를 것이다. 그리고 우리가 이 사건을 고찰하는 것은 바로 이 자격, 즉 동시성의 역사 이전적 시간화의 자격으로서이다. 역사 이전적이라고 해도 이 사건이 역사에 앞서는 어느 시간 속에 있음을 의미하는 것은 아니다. 이것은 무의미할 것이다. 역사 이전적이라는 말은 오히려 이 사건은 역사를 가능하게 만듦으로써 자기를 역사화하는 근원적인 시간화의 일부를 이룬다는 것을 의미한다. 우리가 대타존재를 연구하고자 하는 것은 사실로서이지 ── 첫 번째의 끊임없는 사실로서 ── , 본질상의 필연성으로서가 아니다.

우리는 앞에서 내적 형식의 부정과 외적 부정을 가르는 차이를 보았다. 특히 우리는 어느 일정한 존재에 대한 모든 의식의 근거는, 대자가 그 출현 자체에 있어 이 존재로 있지 않은 것으로 존재해야 하는 경우의 근원적인 관계라는 사실을 지적했다. 대자가 이렇게 실현하는 부정은 내적 부정이다. 대자는 자신의 완전한 자유 속에서 이 내적 부정을 실현한다. 좀 더 적절하게 말하면, 대자는 자기를 유한성으로 선택하는 한에서 이 부정으로 있다. 하지만 이 부정은 다시 대자를, 대자가 그것으로 있지 않는 존재에게 떨어지지 않도록 묶어 놓는다. 그리고 대자는 자신의 존재 속에서 이 존재로 있지 않은 것으로 문제 되어 있는 한에서, 자기가 그것으로 있지 않은 대상의 존재를 품고 있다고 우리는 쓸 수 있었다. 이 지적들은 대자와 타자와의 최초의 관계에도 본질적인 변경 없이 적용될 수 있다. 일반적으로 한 명의 타자가 존재한다면, 무엇보다도 먼저 나는 이 타자가 아닌 자로 있어야 한다. 그리고 내가 나를 존재시키고, 타자가 타자로서 출현하는 것은, 나에 의해서 나에 대해 시행된 이 부정 자체 속에서의 일이다. 나의 존재를 구성하는 이 부정, 즉 헤겔이 말하는 바와 같이 타인의 면전에 나를 동등자(le Même)로서 나타나게 하는 이 부정은 나를 비조정적 자기성의 터전 위에 "나 자신(Moi-même)"으로서 구성한다. 그렇다고 해서 하나의 나가 우리의 의식 속에 거주하러 온다고 생각해서는 안 된다. 오히려 자기성은 하나의 다른 자기성의 부정으로 출현함으로써 자기를 강화하고, 이 강화는 적극적으로 보면 자기성 자체가 자기성을 동일한 자기성으로서, 그리고 이 자기성 자체로서 계속 선택되고 파악되는 것이라고 이해해야 할 것이다. 자기-자신으로 있지 않고, 자기의 자기로 있어야 하는 하나의 대자를 생각해 볼 수 있을 것이다. 다만 내가 그것으로 있는 대자는 타인을 거부하는 형식으로, 다시 말해 자기 자신으로서, 자기가 있는 그대로의 것으로 있어야 할 것이다. 이렇듯 일반적으로 비아(非我, Non-Moi)의 인식에 적용되는 공식을 이용해, 우리는 다음과 같이 말할 수 있다. 즉 자기 자신으로서의 대자는, 그것이 자기 존재에 있어 타자로 있지 않은 것으로서 문제 되는 한에서, 자기의 존재 속에 타자존재를 포함한다고 말이다. 다른 말로 표현하면, 의식이 타자로 있지 않기 위해서는, 그러니까 자기-자신의 조건인 이 "아니-있음"이 단순히 제3의 인간인 한 명의 증인에 대한 확인의 대상이 되지 않고도 한 명의 타자가 "거기에 있을" 수 있기 위해서는, 의식은 그 자신이 자발적으로 이 아니-있음으로 있어야 할 것이다. 의식은 단순히 타인에 대해 타인으로 있는 하나의 무로 자기를 택함으로써, 자유롭게 타자로부터 자기를 해방하고, 타인에게서 벗어나며, 이렇게 해서 "자기 자신" 속에 자기를 다시 합치는 것이라야 한다. 그리고 대자의 존재인 이런 이탈 자체는 거기에 한 명의 타자가 있도록 한다. 이것은 이런 이탈이 타인에게 존재를 주는 것을 의미하는 것이 결코 아니며, 오히려 단순히 이런 이탈이 타인에게 다른 자로-있음(l'être autre), 또는 "거기에 있다"의 본질적인 조건을 주는 것을 의미한다. 그리고 대자에게 있어 타자로-있지-않은-것으로-있는 존재 방식은 무에 의해 전적으로 두려움에 떨고 있음은 자명하다. 대자는 "반영-반영하는 것"이라는 무화하는 방식으로 타자로 있지 않는 자이다. 타자로-있지-않음은 결코 주어지지 않는 것이고, 끊임없는 부활 속에서 끊임없이 선택된다. 의식은 타자로 있지 않음으로써 자기 자신(에 대한) 의식으로 있는 한에서만 타자로 있지 않을 수 있을 뿐이다. 이렇듯 내적 부정은 여기에서나 세계의 현전의 경우에나 마찬가지로 존재의 통일적인 유대이다. 의식을 덫으로 붙잡을 위험이 있는 이 타자로부터, 의식이 정확히 무엇으로도 있지 않음으로써 벗어날 수 있기 위해서는, 타자는 사방에서 의식에 대해 현전적으로 있어야 하고, 나아가 타자는 의식을 완전히 관통해야 해야 한다. 만일 의식이 갑자기 무엇인가로 있다면, 자기 자신과 타자와의 구별은 하나의 전면적인 무차별화 속으로 사라져 버릴 것이다.

하지만 이 기술은 다만 그 범위를 철저하게 변경시키게 될 하나의 본질적인 부가를 용인해야 한다. 사실 의식이 세계 속에서 이런저런 이것으로 있지 않은 것으로 자기를 실현했을 때, 그 부정적인 관계는 상호적이지 않았다. 이 경우 고려된 이것은 자기를 의식으로 있지 않게 만들지는 않았다. 의식은 이것 안에서, 그리고 이것을 통해서 이것으로 있지 않도록 자기를 규정했다. 하지만 이것은 의식에 비해 하나의 순수한 무차별적인 외면성 속에 머물러 있었다. 그 이유는 사실 이것이 즉자로서의 그 본성을 보존하고 있었기 때문이다. 또 대자는 자기에 대해 자기가 즉자인 것을 부정하면서 자기를 존재시킨 것인데, 이 부정 자체 속에서 이것이 의식에게 자기를 드러낸 것은 즉자로서였기 때문이다. 하지만 반대로 타자가 문제 될 때, 내적 부정의 관계는 하나의 상호성의 관계이다. 의식이 그것으로 있지 않아야 하는 존재는 이 의식으로 있지 않아야 하는 하나의 존재로 정의된다. 그 이유는 사실 세계 속에서 이것을 지각할 때, 의식은 단지 자기 자신의 고유한 개별성에 의해 이것과 달라질 뿐 아니라, 또한 자기의 존재 방식에 의해 이것과 달라지기 때문이었다. 의식은 즉자 앞에서 대자로 있었다. 이와 반대로 타자의 출현에서 의식은 그의 존재 방식과 관련해 타인과 결코 다르지 않다. 타인은 의식이 그것으로 있는 그대로의 것이다. 타인은 대자이고 의식이다. 타인은 그 자신의 여러 가능인 가능들을 가리킨다. 타인은 자기에게 있어서의 타인을 배제함으로써 자기 자신으로 있다. 단순히 수적인 규정에 의해 자기를 타인에게 대립시킬 수는 없을 것이다. 여기에는 둘 또는 다수의 의식이 있는 것이 아니다. 사실 계산에는 한 명의 외부 증인이 전제된다. 계산은 단순한 외면적인 확인이다. 대자에게 있어서는 하나의 자발적이고 수 이전적인 부정 속에서만 타인이 있을 수 있을 뿐이다. 타인은 의식에게 있어 오직 거부당한 자기-자신으로만 존재할 뿐이다. 하지만 타인은 정확히 하나의 자기-자신이기 때문에, 그는 자기가 나를 거부하는 자기-자신으로 있는 한에서만, 나에 대해 그리고 나에 의해 거부당한 자기-자신으로 있을 수 있을 뿐이다. 나는 나를 파악하지 않는 하나의 의식을 파악해 볼 수도 없고 또 그것을 생각해 볼 수도 없다. 결코 나를 파악하지도 못하고, 나를 거부하지도 못한 채 존재하는 유일한 의식, 그리고 내가 스스로 생각해 볼 수 있는 유일한 의식, 이런 의식은 세계밖 어딘가에 고립되어 있는 하나의 의식이 아니라, 나 자신의 의식이다. 이렇듯 내가 타인으로 있기를 거부하기 위해 내가 인정하는 타인은 무엇보다도 먼저 그자에게 있어 나의 대자가 존재하는 자이다. 사실내가 나로 하여금 있지 않도록 하는 자[타자]가 나로 있지 않은 것은, 단순히 내가 나에 대해 그자[타자]를 부정하는 한에서뿐 아니라, 또한 내가 나로 하여금 자기를 나로 있지 않도록 하는 하나의 존재[나를 거부하는 타자]로 있지 않도록 하는 한에서이기도 하다. 다만 이이중의 부정은 의미에 따라서는 그 자체를 파괴하는 부정이다. 실제로 다음의 두 경우 중 하나가 발생한다. 먼저 나는 나로 하여금 어떤한 존재로 있지 않도록 한다. 그리고 이때 이 존재는 나에게 있어 대상이며, 나는 그에게 있어 나의 대상성을 상실한다. 이 경우 타인은타인-나(l'autre-moi)로 있기를 그친다. 다시 말해 나로 있는 것을 거부함으로써 나를 대상으로 있게 하는 주체로 있기를 그친다. 그다음으로 이 존재는 바로 타인이며, 또 자기를 나로 있지 않게 한다. 하지만 이 경우 나는 그에게 있어 대상이 된다. 그리고 이 존재는 그 자신의 고유한 대상성을 상실한다. 이렇듯 타인은 근원적으로 비아-비대상(le Non-moi-non-objet)이다. 타인에 대한 변증법이 추후 어느 과정을 밟든, 만일 타인이 먼저 타인으로 있어야 한다면, 그는 원칙상내가 그 타인으로 있기를 부인할 때의 출현 자체 속에는 드러내 보여질 수 없는 자이다. 이 의미에서 나의 근본적인 부정은 직접적일 수 없다. 왜냐하면 거기에는 나의 부정이 영향을 끼칠 수 있는 것이 아무것도 없기 때문이다. 내가 결국 그것으로 있기를 거부하는 것은, 타인이 나로 있기를 거부함으로써 나를 대상으로 만들 때의 이 거부 외의다른 것이 될 수 없다. 또는 이렇게 말하면, 나는 나의 거부당한 나를거부하는 것이다. 나는 거부당한-나의 거부에 의해 나를 나-자신으로 규정한다. 나는 내가 타자로부터 나를 벗어나게 하는 출현 자체 속에서 이 거부당한 나를 소외된 나로 정립한다. 하지만 바로 이 때문에나는 타자뿐만 아니라 나의 대타-나(mon Moi-pour-autrui)의 존재를 인정하고 긍정한다. 그 까닭은, 사실 만일 내가 타자에게 있어서의나의 대상-존재를 떠맡지 않는다면, 나는 타자로 있지 않을 수가 없기때문이다. 소외된 나의 사라짐은 나 자신의 붕괴에 의한 타자의 사라짐을 초래할 것이다. 나는 나의 소외된 나를 타자의 손에 맡겨 둠으로써 타자로부터 벗어난다. 하지만 나는 나를 타자로부터의 탈출로서선택하기 때문에, 나는 이 소외된 나를 나의 것으로 떠맡고 또 인정한다. 나의 타자로부터의 탈출, 즉 나의 나 자신은 본질적인 구조라는 점에서 보면, 타자가 거부하는 이 나를 나의 것으로 떠맡는 것이다. 나의타자로부터의 탈출은 그저 그것뿐이다. 이렇게 해서 소외되고 거부당한 나는 나와 타자와의 유대임과 동시에 우리의 절대적인 분리의 상징이다. 사실 내가 나의 자기성의 긍정에 의해 한 명의 타자를 거기에

있게끔 하는 자인 한, 나-대상은 나의 것이고, 또 나는 그것을 요구한
다. 왜냐하면 타자와 나-자신과의 분리는 결코 주어지지 않으며, 나
는 나의 존재에서 이 분리에 대해 끊임없이 책임을 지고 있기 때문이
다. 하지만 타자가 우리의 근원적인 분리의 공동 책임자인 한, 이 나
는 나에게서 벗어난다. 왜냐하면 이 나는 타자가 자기를 그것으로 있
지 않게 하는 것이기 때문이다. 이렇듯 나는 나에게서 벗어나는 하나
의 나를 나의 것으로서 나에 대해 요구한다. 그리고 타자가 나의 자발
성과 동일한 자발성인 한, 나는 나 자신을 타자로 있지 않게 하기 때
문에, 내가 이 대상-나를 요구하는 것은 정확히 나에게서 벗어나는
나로서이다. 이 대상-나는, 바로 그것이 나에게서 벗어나는 한에서,
내가 그것으로 있는 나이다. 그리고 이 대상-나가 순수한 자기성으로
서 나-자신과 합치할 수 있기 때문에, 나는 반대로 이 대상-나가 나
의 것임을 거부할 것이다. 이렇듯 나의 대타존재, 즉 나의 대상-나는
나에게서 잘려 나간 하나의 낯선 의식 속에서 커 가는 하나의 이미지
가 아니다. 나의 대타존재는 완전히 실재적인 하나의 존재이며, 타자
앞에서 나의 자기성의 조건으로, 그리고 내 앞에서의 타자의 자기성
의 조건으로 나의 존재이다. 이것은 나의 외부-존재이다. 하지만 하나
의 작용을 당한 존재, 그 자신이 외부에서 온 존재가 아니고, 나의 외
부로서 받아들여지고 인정된 하나의 외부이다. 사실 타자는 그 자신
이 주체인 한에서만 나에 대해 타자임을 부인하는 것이 나에게 가능
할 뿐이다. 만일 내가 즉각 타자를 순수한 대상으로 — 다시 말해 세
계 한복판에 있는 존재자로 — 거부한다면, 내가 거절해야 할 것은
타자가 아니라, 원칙상 주체성과 아무 공통점을 갖지 않는 하나의 대
상이다. 나는 타자에 대한 나의 전면적인 동화에 맞서 나를 방어하지
못한 채 머물 것이다. 왜냐하면 진짜 타자의 영역이고 또 나의 영역이

기도 한 하나의 주체성 속에서 나는 나를 방어할 방도가 없기 때문이다. 나는 나의 주체성에 대한 한계를 받아들임으로써만 거리를 두고 타자를 보유할 수 있을 뿐이다. 하지만 이 한계는 나에게서 올 수도 없고, 나에 의해 생각될 수도 없을 것이다. 왜냐하면 내가 나 자신을 제한할 수 없기 때문이다. 그렇지 않다면, 나는 하나의 완결된 총체성일 것이다. 다른 한편, 스피노자의 말처럼 사고는 오직 사고에 의해서만 제한될 수 있을 뿐이다. 의식은 오직 의식에 의해서만 제한될 수 있을 뿐이다. 두 의식 사이의 한계는, 이 한계가 제한하는 의식에 의해 이루어지고, 또 제한당하는 의식에 의해 떠맡아지는 한에서, 바로 나의 대상-나이다. 그리고 우리는 그것을 "한계(limite)"라는 말의 두 가지 의미로 이해해야 한다. 사실 제한하는 자의 쪽에서 보면 한계는 나를 포함하고, 나를 포위하는 내용으로, 즉 나를 장외로 밀어내면서 나를 총체성이라고 주장하는 공허의 외피로서 파악된다. 제한되는 쪽에서 보면 한계와 자기성의 모든 현상과의 관계는 수학적 극한과 결코 그 극한에 도달하지 못하면서 거기로 향하는 급수와의 관계와 같다. 내가 그것으로 있어야 할 모든 존재와 그것의 한계와의 관계는, 마치 하나의 점근곡선과 하나의 직선과의 관계와 같다. 이렇듯 나는 하나의 완결된 총체성 속에 포함된 탈총체화되고 무규정적인 하나의 총체성이며, 이 완결된 총체성은 나라는 이 탈총체화되고 무규정적인 총체성을 거리를 두고 포위하고 있고, 나는 나의 밖에서 이 완결된 총체성으로 있으면서 결코 그것을 실현할 수도, 또 거기에 도달할 수도 없다. 나 자신을 파악하고자 하는 나의 노력과 이 노력의 헛됨을 보여 주는 좋은 이미지로는, 푸앵카레의 말처럼, 중심에서 표면으로 갈수록 온도가 낮아지는 구체를 생각하면 좋을 것이다. 생물들은 이 구체의 중심에서 출발해 그 표면에까지 도달하려고 시도한다. 하지만 온도의 저하는 이 생물들에게 계속 증대하는 수축을 초래한다. 이것들은 목표에 접근함에 따라 무한히 납작하고자 하는 경향이 있다. 그리고 이로 인해 이것들은 무한한 거리에 의해 목표에서 떨어져 있다. 하지만 나의 '대상-나'가 그것으로 있는, 도달할 수 없는 이 한계는 관념적인 한계가 아니다. 그것은 하나의 실재적인 존재이다. 이 존재는 결코 즉자가 아니다. 왜냐하면 이 존재는 순수한 무차별적인 외면성 속에서 생겨나지 않기 때문이다. 하지만 이 존재가 대자인 것도 아니다. 왜냐하면 이 존재는 내가 나를 무화함으로써 내가 그것으로 있어야 할 것인 존재가 아니기 때문이다. 이 존재는 정확히 나의 대타존재이다. 근원부터 대립되고 반대 방향을 향하는 두 개의 부정 사이에서 갈래갈래 찢겨진 존재이다. 왜냐하면 타자는 그가 그것에 대해 직관을 가지고 있는 이 나로 있지 않기 때문이며, 그리고 나는 내가 그것으로 있는 이 나에 대해 직관을 가지고 있지 않기 때문이다. 하지만 한편에 의해 생산되고, 다른 편에 의해 떠맡아진 나는, 이 나가 존재 방식과 관련해서는 근본적으로 동일하고, 또 상호 간에 서로 즉각적으로 현전하고 있는 두 존재 사이의 유일하고 가능한 분리로 있다는 사실에서 이 나의 절대적인 실재성을 이끌어 낸다. 왜냐하면 의식만이 의식을 제한할 수 있고, 따라서 이 둘 사이에는 어떤 중간항도 생각해 볼 수 없기 때문이다.

우리가 타자의 대상화를 타인에 대한 나의 관계의 제2의 계기로 이해할 수 있는 것은 타자-주체의 나에 대한 이 현전으로부터 출발해서이며, 내가 떠맡은 나의 대상성 속에서, 그리고 나의 대상성에 의해서이다. 사실 열어 보여지지 않은 나의 한계 저편에서의 타자의 현전은 자유로운 자기성인 한에서의 나 자신의 재파악을 위한 동기화로 소용될 수 있다. 내가 타자로서의 나 자신을 부인하는 한에서, 그리고 타자가 먼저 자기를 나타내는 한에서, 타자는 타자로서만, 다시 말해 나의 한계 저편의 주체로서만, 즉 나를 제한하는 자로서만 자기를 나타낼 수 있을 뿐이다. 사실 타자가 아니고서는 아무것도 나를 제한할 수 없다. 따라서 타자는 그의 충만한 자유 속에서, 그리고 그의 가능들을 향한 그의 자유로운 투사 속에서, 나를 열외로 치고, 나에게서 나의 초월을 박탈하고, 그렇게 해서 "협력하기(faire avec)"(독일어 'mit-machen'의 의미에서)를 거부하는 자로 나타난다. 이렇게 해서 나는 먼저, 그리고 오로지 내가 책임을 지지 않는 두 개의 부정 중하나, 즉 나에 의해 나에게로 오는 것이 아닌 부정을 파악해야 한다. 하지만 이 부정의 파악 자체 속에서 나 자신으로서의 나(에 대한) 의식이 출현한다. 다시 말해 내가 나 자신의 고유한 가능성으로서 타자를 부정하는 일에도 또한 책임이 있는 한, 나는 나(에 대한) 하나의 명백한 의식을 가질 수 있다. 이것이 제2의 부정, 즉 나로부터 타자에게로 가는 부정에 대한 해명이다. 진실을 말하면, 제2의 부정은 이미 거기 있었다. 다만 제1부정에 의해 가려져 거기에 있었던 것이다. 왜냐하면 제2의 부정은 제1의 부정을 나타나게 하기 위해 그 자체를 소멸시켰기 때문이다. 하지만 제1의 부정은 정확히 새로운 제2의 부정이 나타나기 위한 동기이다. 왜냐하면 나의 초월을 순전히 관조된 초월로 정립함으로써 나를 열외에 두는 한 명의 타자가 거기에 있는 것은, 내가 나의 한계를 떠맡음으로써 내가 나를 타자에게서 벗어나게 하기 때문이다. 그리고 이 탈출(에 대한) 의식 또는 타인에 대해 동등자로 있는 의식은 나의 자유로운 자발성(에 대한) 의식이다. 타인으로 하여금 나의 한계를 소유하게 하는 이 탈출 자체에 의해 나는 이미 타인을 열외로 여긴다. 따라서 내가 나의 자유로운 가능성들의 하나로서 나 자신(에 대한) 의식을 갖는 한, 그리고 이 자기성을 실현하기 위해 내가 나 자신으로 향해 나를 기투하는 한, 타자의 존재에 대해 책임을 지는 '나'가 바로 여기에 있게 된다. 나의 자유로운 자발성의 긍정 자체에 의해 거기에 단순히 의식에서 의식으로의 무한한 지향이 있게 하는 것일 뿐만 아니라, 한 명의 타자가 거기에 있게 하는 것이 바로 이 나이다. 따라서 타자는 타자로 있지 않는 것이 나에게 달려 있는 자로서, 열외에 있게 된 자기를 발견한다. 그리고 이로 인해 그의 초월은 그 자신을 향해 나를 초월하는 초월이 더 이상 아니다. 그것은 순전히 관조된 초월이고, 단순히 주어진 자기성의 회로이다. 그리고 나는 두 개의 부정[제1, 제2의 부정]을 동시에 실현할 수 없기 때문에, 새로운 부정[제2의 부정]은 다른 하나의 부정[제1 부정]을 동기로 삼고 있지만, 이번에는 그것이 다른 부정[제1 부정]을 가린다. 타자는 나에게 [즉자로] 강등된 현전으로 나타난다. 그것은 실제로 타인과 나는 타인의 존재에 대한 공동 책임자이기 때문이다. 하지만 이것은 하나의 부정이 그 즉시 다른 부정을 가리지 않고서는 내가 그 하나의 부정을 체험할 수 없는 것과 같은 두 개의 부정에 의해 그렇다. 이렇게 해서 타자는 이제 타자로 있지-않음으로 향한 나의 기투 자체 속에서 내가 제한하는 것이 된다. 당연하게도 여기에서는 이런 이행의 동기화가 감정적 질서에 속하는 것임을 생각해야 할 필요가 있다. 예컨대 만일 내가 두려움, 수치심 또는 자부심 속에서 바로 자기의 저편을 가진 이 열어 보여지지-않은-것을 실현하는 것이 아니라면, 내가 이 열어 보여지지-않은-것에 의해 매혹된 상태로 머물러 있는 것을 아무것도 방해하지 못할 것이다. 그리고 정확히 이 동기화들의 감정적 성격이 이런 관점의 변화의 경험적인 우연성을 설명해 준다. 하지만 이런 감정들 자체는 우리가 우리의 대타존재를 오직 감정적으로 체험하는 방식일 뿐이다. 사실 두려움에는 내가 하나의 세계를 존재하게끔 하는 대자의 자격으로서가 아니라, 세계 한복판에의 현전의 자격으로 위협받고 있는 것으로서 나에게 나타난다는 의미가 함축되어 있다. 세계 속에서 위험에 처해 있고, 내가 그것으로 있어야 할 것인 존재와의 불가분한 존재 통일 때문에, 그[나라고 하는 대상] 자체의 파멸과 더불어 내가 그것으로 있어야 할 것인 대자의 파멸을 야기할 수 있는 것은 바로 내가 그것으로 있는 대상이다. 따라서 두려움은 나의 지각장에서 하나의 다른 대상이 출현하는 것을 계기로 나의 대상-존재를 발견한다. 이 발견은 모든 두려움의 근원을 가리킨다. 즉 그것은 나의 대상성이 나의 가능들이 아닌 가능들에 의해 뛰어넘어지고 초월되는 한에서, 나의 단순한 대상성을 조심스럽게 발견하는 것이다. 내가 나의 대상성을 비본질적인 것으로 여기게 되는 한, 내가 두려움에서 벗어나는 것은 나를 나 자신의 고유한 가능들로 향해 던짐으로써이다. 그것은 내가 타자의 존재에 대한 책임자인 한에서, 내가 나를 파악하는 경우에만 가능할 뿐이다. 그때 타자는 내가 나로 하여금 그것으로 있지 않게 하는 자가 된다. 그리고 타자의 가능성들은 내가 거부하는 가능성들, 내가 단순히 관조할 수 있는 가능들, 따라서 죽은-가능성들이다. 그렇기 때문에 나는 나의 현재의 가능성들을 타자의 가능성들에 의해 항상 뛰어넘어질 수 있는 것으로 여기는 한에서, 나는 나의 현재의 가능성들을 뛰어넘는다. 하지만 나는 타자의 가능성들 또한 뛰어넘는다. 타자의 성질이 그 자신의 고유한 가능성이 아니라, 이 타자가 지닌 유일한 성질 — 내가 거기에 한 명의 타자가 있게 하는 한에서 타자로서의 그의 성격 자체 — 의 관점에서 타자의 가능성들을 고찰함으로써, 또 타자의 가능성들을 내가 항상 새로운 가능성들로 향해 뛰어넘을 수 있는, 나를 뛰어넘는 가능성들로 여김으로써, 나는 타자의 가능성들을 뛰어넘는다. 이렇게 해서 나는 무한한 가능성들의 끊임없는 중심으로서의 나(에 대한) 나의 의식에 의해 나의 대자존재를 탈환함과 동시에 나는 타자의 가능성들을 모두 나에-의해-체험되지-않은-것, 다시 말해 단순히 주어진 것의 성격을 부여함으로써 타자의 가능성들을 죽은-가능성들로 변화시켜 버린 것이다.

이와 마찬가지로 수치심은 내가 나의 존재를 외부에 가지고 있으며, 이 나의 존재가 하나의 다른 존재 속에 구속되어 있고, 그것으로 아무런 방어 없이 하나의 순수 주체에서 발산되는 절대적인 빛에 의해 밝혀져 있음에 대한 근원적인 감정일 뿐이다. 수치심은 "유예 상태로", 다시 말해 "아직-있지 않은(pas-encore)"의 방식이나 또는 "이미-있지 않은(déjà-plus)"의 방식으로 돌이킬 수 없이 내가 항상 그것으로 있었던 것으로 있다는 것에 대한 의식이다. 순수한 수치심은 이런저런 비난을 받을 만한 대상으로 있다는 감정이 아니다. 이것은 오히려 일반적으로 하나의 대상으로 있다는 감정, 다시 말해 내가 타자에게 있어 그것으로 있는 추락한, 의존적인, 응고된 그 존재 속에서 나를 인정한다는 감정이다. 수치심은 근원적인 추락의 감정이다. 이것은 내가 이런저런 과오를 범했으리라는 사실에서가 아니라, 단순히 내가 세계 속에, 사물들의 한복판에 떨어져 있다는 사실, 그리고 내가 있는 것으로 있기 위해서는 타자의 중개가 필요하다는 사실에서 기인한다. 수줍음이라든가, 특히 벌거벗은 상태에서 기습당하지나 않을까 하는 두려움 등은 근원적인 수치심의 하나의 상징적인 특수화에 불과하다. 신체는 여기에서 우리의 방어 없는 대상성을 상징한다. 옷을 입는다는 것은 자신의 대상성을 감추는 것이다. 그것은 보여지지 않고 보는 권리, 다시 말해 순수 주체로 있는 권리를 요구하는 것이다. 같은 이유로 원죄 이후의 타락에 대한 성경의 상징은 아담과 이브가 "그들이 벌거벗고 있음을 안다."라는 사실이다. 수치심에 대한 반응은 바로 나의 고유한 대상성을 파악한 자를 거꾸로 대상으로 파악하는 것으로 이루어질 것이다. 사실 타자가 나에게 대상으로 나타나자마자 그의 주체성은 고려된 대상의 단순한 속성(propriété)이 된다. 타자의 주체성은 추락하며, "원칙상 나에게서 벗어져 나가는 대상적인 속성들의 총체"로 정의된다. 대상-타자는, 속이 빈 상자가 "하나의 내부"를 가진 것과 마찬가지로, 하나의 주체성을 "가지고 있다." 그리고 이렇게 해서 나는 나를 만회한다. 왜냐하면 나는 하나의 대상에게 있어 대상으로 있을 수 없기 때문이다. 나는 타자가 그의 "내면"에 의해 나와 유대 관계를 맺고 있음을 부인하지 않는다. 하지만 타자가 나에 대해 가지고 있는 의식은 대상-의식이므로, 그것은 효력 없는 순수한 내면성으로서 나에게 나타난다. 그것은 이 "내면"이 가지는 다른 여러 속성 중 하나이며, 카메라의 암상자 속 한 장의 감광필름에 비교할 수 있는 무엇인가이다. 내가 한 명의 타자를 거기에 있게 하는 한에서, 나는 나를 타자가 나에 대해 가지고 있는 인식의 자유로운 원천으로 파악한다. 그리고 내가 타자에게 타자라는 성격을 부여한 한에서, 타자는 그의 존재 안에서 그가 나의 존재에 대해 가지고 있는 인식을 부여받은 것으로 나에게 나타난다. 이때 이 인식은 "상대적"이라는 말의 새로운 의미에서 하나의 주관적인 성격을 얻는다. 다시 말해 이 인식은 내가 타자에게 부여한 타자존재에 대한 하나의 "상대적"인 성질로 대상-주체 속에 머문다. 이 인식은 더 이상 나에게 영향을 주지(toucher) 못한다. 이 인식은 대상-주체의 안에서의 나에 대한 하나의 이미지이다. 이렇게 해서 주체성은 내면성으로 추락하고, 자유로운 의식은 원리의 단순한 부재로 추락하며, 가능성들은 속성들로 추락하고, 타자가 나의 존재 속에서 나를 엄습하는 데 사용한 인식은 타자의 "의식" 속에서의 나에 대한 단순한 이미지로 추락한다.

수치심은, 그것이 그 자체 안에 나를 대상으로 삼고 있는 주체가 대상으로-있을-수-있다는 하나의 비조정적이고 또 암묵적인 이해를 품고 있는 한에서, 이 수치심을 뛰어넘고 또 그것을 극복하는 반응을 동기 짓는다. 그리고 이 암묵적인 이해는 나의 "나-자신으로-있음"(에 대한) 의식, 다시 말해 나의 강화된 자기성에 대한 의식 외의 다른 것이 아니다. 사실 "나는 나에 대해 수치심을 느낀다."는 말이 표현하는 구조에서, 수치심에는 타인에 대한 하나의 '대상-나'가 전제되어 있으며, 또한 수치심을 느끼고 있는 자기성, 그리고 이 문장 속의 나(Je)가 불완전하게 표현하고 있는 자기성 역시 전제되어 있다. 이렇듯 수치심은 "나는 타자 앞에서 나에 대해 수치심을 느낀다."고 하는 세 개의 차원에 대한 통일적인 이해이다.

만일 이 세 개의 차원 중 하나가 사라지면, 수치심 또한 사라진다. 하지만 사람들은 다수의 타자로 분산하지 않고서는 대상이 될 수 없는 한에서, 만일 내가 사람들을 그들 앞에서 내가 수치심을 느끼는 주체로 생각한다면, 만일 내가 사람들을 결코 대상이 될 수 없는 주체의 절대적인 통일로 내세운다면, 나는 그렇게 함으로써 나의 대상-존재의 영원성을 정립하며, 또 나는 나의 수치심을 영속시킨다. 이것은 신 앞에서의 수치심이다. 다시 말해 이것은 결코 대상이 될 수 없는 하나의 주체 앞에서의 나의 대상성에 대한 인정이다. 이와 동시에 나는 나의 대상성을 절대자 속에서 실현하며, 또 나는 나의 대상성을 실체화한다. 신의 정립에는 나의 대상성의 의물론(擬物論)이 수반된다. 좀 더 잘 표현하면, 나는 나의 신에게-있어서의-대상-존재를 나의 대자보다도 더 실재적인 것으로 정립한다. 나는 소외되어 존재한다. 그리고 나는 내가 그것으로 있어야 할 것을 나의 외부에 의해 나에게 알려 준다. 이것은 신 앞에서의 두려움의 근원이다. 마술 숭배의 흑미사,

성체 모독, 악마적인 결사 등은 절대적 주체(Sujet absolu)에게 대상의 성격을 부여하기 위한 노력들이다. 악에 대해 악을 원함으로써 나는 신적 초월 — 선은 신적 초월의 고유한 가능성이지만 — 을 단순히 주어진 초월로 바라보며, 이 신적 초월을 악을 향해 초월하려고 시도한다. 이때 나는 신을 "괴롭히며", 나는 "신을 분노케 한다" 등. 이 시도들에는 대상으로 있을 수 없는 주체로서의 신에 대한 절대적인 인정이 함축되어 있으며, 그 결과 이 시도들 자체 속에 그것들의 모순이 들어 있으며, 또 그것들은 끊임없이 좌절하고 만다.

자부심, 이 또한 근원적인 수치심을 배제하지 않는다. 자부심이 이루어지는 것은 근원적인 수치심 또는 대상으로 있는 수치심의 터전 위에서이다. 자부심은 하나의 모호한 감정이다. 자부심 속에서 나는 타자를, 대상성을 나의 존재에게 오게 하는 주체로 인정한다. 하지만 이외에도 나는 나를 나의 대상성에 대한 책임자로 인정한다. 나는 나의 책임성을 강조하며 또 이 책임성을 떠맡는다. 그러니까 어떤 의미에서 자부심은 먼저 체념(résignation)이다. 그것으로 있는 것에 대해 자부심을 갖기 위해 나는 먼저 그것밖에 아닌 것으로 체념해야 한다. 따라서 여기에서 하나의 최초의 반응이 문제가 된다. 그리고 그것은 이미 하나의 도피적인 반응이고 또 자기기만의 반응이다. 왜냐하면 타자를 주체로 간주하기를 그치지 않으면서 나는 나의 대상성을 통해 타자에게 영향을 미치게 하는(affectant) 자로 나를 파악하려고 애쓰기 때문이다. 한마디로 두 개의 진정한 태도가 있다. 내가 타자를 인정하고, 그에 의해 내가 대상성에 이른다고 생각하는 태도 — 이것은 수치심이다. 그리고 내가 나를 자유로운 기투로 파악하고, 이 기투에 의해 내가 대상성에 이른다고 생각하는 태도 — 이것은 오만함 또는 대상-타자 앞에서의 나의 자유의 확인이다. 하지만 자부심 — 또는 허영심 —— 은 하나의 균형을 잃은 감정이며, 자기기만의 감정이다. 허영심에서는 내가 대상으로 있는 한에서 나는 타자에게 작용하려(agir) 시도한다. 타자가 나를 대상으로 구성하는 한에서, 그가 나에게 부여하는 이 아름다움, 이 힘 또는 이 정신을 하나의 반격을 가하는 방법으로 사용해서 타자로 하여금 감탄의 감정 또는 사랑의 감정을 수동적으로 띠게 하고자 한다. 하지만 이외에도 나의 대상-존재에 대한 비준으로서의 이 감정을, 타자가 주체로 있는 한에서, 다시 말해 자유로서의 한에서, 타자가 다시 느껴 주기를 나는 요구한다. 사실 이것은 나의 힘 또는 나의 아름다움에게 절대적인 대상성을 부여하는 유일한 방식이다. 이렇게 해서 내가 타자에게 요구하는 이 감정은 그 자체 속에 자신의 고유한 모순을 지니고 있다. 왜냐하면 나는 타자가 자유인 한에서 그에게 이 감정을 띠게 해야 하기 때문이다. 이 감정은 자기기만의 방식으로 느껴지며, 이 감정의 내적 발전은 이 감정을 분해로 이끈다. 사실 내가 떠맡는 나의 대상-존재를 누리기 위해 나는 나의 대상-존재를 대상으로서 회복하고자 한다. 그리고 타자는 나의 대상-존재의 열쇠를 쥐고 있으므로, 타자가 나의 존재의 비밀을 나에게 넘기도록 하기 위해, 나는 타자를 장악하고자 한다. 이렇듯 허영심은 나를 떠밀어 타자의 마음을 장악하게 하고, 타자를 하나의 대상으로 구성해서 이 대상의 중심을 들추어내고, 그 속에서 나 자신의 고유한 대상성을 발견하게끔 한다. 하지만 이것은 황금의 알을 낳는 암탉을 죽이는 일이다. 타자를 대상으로 구성하면서 나는 나를 대상-타자의 핵심 속에서 이미지로 구성한다. 이로부터 허영심의 환멸이 기인한다. 내가 그것을 회복해 나의 존재에 용해시키기 위해 내가 파악해 보고자 한 이미지, 나는 그 이미지 속에서 더 이상 나를 알아보지 못한다. 좋든 싫든 간에 나는 타자의 주관적인 속성들 중 하나로서의 나의 이미지를 타자의 탓으로 돌려야 한다. 본의 아니게 나의 대상성에서 해방된 나는, 결코 나의 임무에서 벗어나지 못한 채 내가 있어야 할 것으로 있는 형언할 수 없는 나의 자기성 속에서 대상-타자 앞에 홀로 남겨진다.

따라서 수치심, 두려움, 자부심은 나의 근원적인 반응들이다. 그것들은 내가 타자를 나의 손이 미치지 않는 곳에 있는 주체로 인정하는 다양한 방식일 뿐이다. 그리고 이것은 그 자체 내부에서 나에게 타자를 대상으로 구성하기 위한 동기화로 소용될 수 있고, 또 동기화로 소용되어야 하는 나의 자기성에 대한 이해를 품고 있다.

나에게 갑자기 나타나는 이 대상-타자, 이것은 결코 하나의 단순한 객관적인 추상으로 머물지 않는다. 이 대상-타자는 자신의 특수한 의미들을 지닌 채 내 앞에 나타난다. 이 대상-타자는 단지 자유를 초월된 초월성이라는 하나의 속성으로 가지고 있는 대상만이 아니다. 이 대상-타자는 또한 "화를 내거나", "즐거워하거나", "조심스럽거나" 또는 "호감적"이거나 "반감적"인 자이기도 하다. 이 대상-타자는 "욕심쟁이"이거나 "격한 성질을 가진 자"이거나 등이다. 그것은 사실 나를 나 자신으로 파악하면서 내가 대상-타자를 세계 속에 존재케 하기 때문이다. 나는 이 대상-타자의 초월성을 인정한다. 하지만 나는 그의 초월을 초월하는 초월이 아니라 초월된 초월로 인정한다. 따라서 그의 초월은 어떤 목적을 향한 도구 하나하나의 뛰어넘기로 나타난다. 이것은 바로 내가 나 자신의 일원적 기투 속에서 그 목적, 그 도구, 그리고 목적을 향한 도구를 타자가 뛰어넘을 때의 그 뛰어넘기를 내가 뛰어넘는 것과 똑같은 한에서이다. 그것은 사실 나는 나를 결코 나 자신으로 있다는 단순한 가능성으로서 추상적으로 파악하는 것이 아니고, 차라리 나는 이런저런 목적을 향한 구체적인 그 기투 속에서 나의 자기성을 체험하기 때문이다. 나는 다만 구속되어 있는(engagé)[46] 자로서만 존재할 뿐이며, 그리고 나는 그런 자로서만 존재(에 대한) 의식을 가질 뿐이다. 이런 자격으로 나는 대상-타자를 그의 초월성의 구체적이고 구속된 뛰어넘기 속에서만 파악할 뿐이다. 하지만 거꾸로 타자의 존재 방식인 그의 구속은, 이 구속이 나의 초월에 의해 초월되는 한에서, 나에게 현실적인 구속으로, 뿌리박힘으로 나타난다. 한마디로 내가 대아적으로 존재하는 한에서, 하나의 상황 속에서의 나의 구속(engagement)은 다음과 같이 말하는 의미로 이해해야 한다. "나는 아무개에게 구속되어 있다[나는 아무개와 약속이 되어 있다]. 나는 이 돈을 갚겠다고 나를 구속했다[나는 이 돈을 갚겠다고 약속했다]. 등." 그리고 주체-타자를 특징짓는 것이 이런 구속이다. 왜냐하면 주체-타자는 다른 하나의 나-자신이기 때문이다. 하지만 내가 타자를 대상으로 파악할 때, 이 객관화된 구속은 추락하며, 다음과 같이 말하는 의미에서 대상-구속이 된다. "이 칼은 상처 속에 깊이 박혀[구속되어] 있다. 군대는 협로에 빠져[구속되어] 있다." 사실 나에 의해 타자에게 오는 세계-한복판의-존재는 하나의 실재적인 존재임을 이해해야 한다. 나에게 타자를 세계 한복판에 존재하는 것으로 인식시키는 것은 결코 하나의 주관적인 순수한 필연성이 아니다. 하지만 다른 한편으로 타자 자신은 이 세계 속에서 행방불명이 된 것은 아니다. 하지만 타자는 나에게 있어 내가 있지 않아야 할 자로 있다는 사실 하나만으로도, 즉 내가 그를 단순히 바라보여진 실재로, 나 자신의 고유한 목적들을 향해 뛰

---

46 '연루된', '약속한' 등으로도 옮길 수 있다. 여기에서 'engagé'는, '내'가 타자와의 관계 정립을 시도할 때, 때로는 주체-나, 초월하는-초월의 자격으로, 때로는 대상-나, 초월된-초월로서, 나의 자기성을 내걸고, 곧 구속시키는 경험을 한다는 등의 의미로 사용되고 있다.

어넘어진 실재로 나의 밖에 잡아 두고 있다는 사실 하나만으로도, 나는 나의 세계인 이 세계의 한복판에서 타자로 하여금 자기를 상실케 한다. 이렇게 해서 대상성은 나의 의식을 통한 타자의 단순한 굴절이 아니다. 대상성은 하나의 실재적인 규정으로 나에 의해 타자에게로 온다. 나는 타자로 하여금 세계 한복판에 존재하게 한다. 따라서 내가 타자의 실재적인 성격들로 파악하는 것, 그것은 하나의 상황-속의-존재이다. 사실 타자가 자기 자신을 향해 세계를 조직하는 한, 나는 타자를 세계 한복판에서 조직한다. 나는 타자를 도구들과 장애물들의 객관적인 통일로 파악한다. 우리는 이 책 제2부에서 [47] 도구의 총체성은 나의 가능성들의 엄밀한 상관자라는 사실을 설명했다. 나는 나의 가능성들로 있으므로, 세계 속의 도구들의 질서는 나의 가능성들의 즉자, 다시 말해 내가 그것으로 있는 것의 즉자 속에 투영된 이미지이다. 하지만 나는 이 세계적인 이미지를 결코 해독할 수 없다. 나는 행동 속에서, 그리고 행동에 의해서 나를 거기에 적응시킨다. 타자는 그가 주체인 한에서 똑같이 자기의 이미지 속에 구속된 자기를 발견한다. 하지만 이와 반대로 내가 타자를 대상으로 파악하는 한에서, 내 눈에 띄는 것은 바로 이 세계적인 이미지이다. 타자는 그와 다른 모든 용구와의 관계에 의해 정의되는 용구가 된다. 타자는 나의 도구들의 질서이며, 이 질서는 내가 이 도구들에게 부과하는 질서 속에 묻혀 둘러싸여 있다. 타자를 파악한다는 것은 이 묻혀 둘러싸인-질서를 파악하는 것이며, 또 이 묻혀 둘러싸인-질서를 하나의 중심적인 부재 또는 "내면성"과 관련시키는 것이다. 타자를 파악한다는 것은 이 부재를 나의 세계의 대상들의 나의 우주에 속하

---

47   이 책 제2부 제3장 III. 참조.

는 하나의 정해진 대상을 향한 고정된 유출로 정의하는 것이다. 그리고 이 유출의 의미는 이 대상들 자체에 의해 나에게 공급된다. 이 세계 내적인 내출혈의 의미를 정의하는 것은 망치와 못의 배치, 끌과 대리석의 배치이다. 그런데 이것은 내가 이런 배치의 근거가 아니고, 내가 이 배치를 뛰어넘는 한에서 그렇다. 이렇게 해서 세계는 타자를 그의 총체성에 있어, 그리고 총체성으로 나에게 알린다. 분명이 알림은 모호한 것으로 머문다. 그 까닭은 내가 타자에게로 향하는 세계의 질서를 무차별화된 총체성으로 파악하고, 이 무차별화된 총체성의 배경 위에서 밝혀진 몇몇 구조가 나타나기 때문이다. 만일 내가 모든 도구적 복합이 타자를 향해 돌아서 있는 한에서 이 모든 도구적 복합을 밝힐 수 있다면, 다시 말해 만일 내가 망치와 못이 이 도구적 복합 속에서 차지하는 자리뿐만 아니라, 또한 길거리, 도시, 국가 등을 파악할 수 있다면, 나는 타자의 존재를 대상으로 명료하게 총체적으로 정의할 수 있을 것이다. 내가 타자의 의도를 잘못 파악한다면, 그것은 결코 내가 그의 몸짓을 내 손이 미치지 않는 하나의 주체성에 귀착시키기 때문이 아니다. 이 주체성은 그 자체로, 그리고 그 자체에 의해 그 몸짓과는 아무런 공통 척도도 가지지 않는다. 왜냐하면 이 주체성은 대자적 초월이며, 뛰어넘을 수 없는 초월이기 때문이다. [내가 타자의 의도를 잘못 파악한다면] 그것은 오히려 세계가 사실상 자기를 조직하는 것과는 달리 내가 이 몸짓 주위에 세계 전체를 조직하기 때문이다. 이렇듯 타자가 대상으로 나타난다는 사실만으로 타자는 원칙적으로 나에게 총체성으로 주어진다. 타자는 이 세계의 종합적인 조직을 위한 세계적인 잠재력으로 세계 전체를 통해 퍼져 나간다. 다만 나는 이 종합적인 조직을 해명할 수 없으며, 세계가 나의 세계인 한에서 나는 이 세계 자체도 해명할 수 없다. 그리고 주체-타자(autrui-sujet), 다시 말해 대자로 있는 대로의 타자와 대상-타자(autri-objet) 사이의 차이는 전혀 전체와 부분의 차이, 또는 감춰진 것과 열어 보여진 것과의 차이가 아니다. 왜냐하면 대상-타자는 원칙상 주체적인 총체성과 공연장적인 하나의 전체이기 때문이다. 아무것도 감춰진 것은 없다. 그리고 대상들이 다른 대상들을 가리키는 한에서, 나는 타자와 세계의 다른 도구들과의 관계들을 무한정 해명하면서 타자에 대한 나의 인식을 무한정 증대시킬 수 있다. 그리고 타자에 대한 인식의 이상은 세계의 유출에 대한 의미를 남김없이 해명하는 일로 머문다. 대상-타자와 주체-타자 사이의 원칙적 차이는, 오직 주체-타자는 결코 인식될 수 없으며, 그리고 있는 그대로 생각해 볼 수도 없는 것이라는 사실에서 기인한다. 주체-타자에 대한 인식의 문제는 없다. 그리고 세계의 대상들은 주체-타자의 주체성을 가리키지 않는다. 세계의 대상들은 단지 세계 내적 유출의 — 나의 자기성을 향해 뛰어넘어진 — 의미로 세계 속에서 타자의 대상성을 가리킬 뿐이다. 이렇게 해서 나의 대상성을 만들어 내는 것으로서의 타자의 나에게의 현전은 하나의 주체-총체성(une totalité-sujet)으로 체험된다. 그리고 만일 이 주체-총체성을 파악하기 위해 내가 이 현전을 향해 돌아선다면, 나는 다시 타자를 하나의 총체성으로, 즉 세계의 총체성과 공연장적인 하나의 대상-총체성(une totalité-objet)으로 파악한다. 그리고 이 파악은 단번에 이루어진다. 내가 대상-타자에게로 오는 것은 세계 전체에서 출발해서이다. 하지만 세계의 배경 위에 형태로 부각되어 나올 것은 개별적인 관계들뿐이다. 내가 알지 못하는 이 남자, 지하철 안에서 책을 읽고 있는 이 남자 주위에 세계 전체가 현전한다. 그리고 이 남자를 그의 존재에서 규정하는 것은 — 세계 속의 대상으로서의 — 그의 신체뿐이다. 이것은 그의 신분증명서이며, 그가 타고 있는 지하철의 방향이며, 그가 손가락에 끼고 있는 반지이다. 이것은 그가 있는 것의 기호(signes)의 자격으로 — 사실 기호라는 개념은 우리에게 하나의 주체성을 가리킬 것이며, 나는 이 주체성을 생각해 볼 수도 없고, 또 적절하게 말하면 그런 주체성 속에서 그는 정확히 아무것도 아니다. 왜냐하면 그는 그가 있지 않은 것으로 있고, 또 그가 있는 것으로 있지 않기 때문이다 — 그를 그의 존재에 있어 규정하는 것이 아니라, 그의 존재의 실재적인 특징들이라는 자격으로서 그를 규정하는 것이다. 다만 그가 세계 한복판에서, 프랑스에서, 파리에서 글을 읽고 있는 중이며, 존재하고 있는 것을 내가 안다고 해도, 나는 그의 신분증명서를 보지 못하므로 그가 외국인이라는 것을 가정할 수밖에 없다(이것은 그가 어떤 통제를 받고 있다는 것, 그의 이름이 도경찰국의 이런저런 명부에 기재되어 있다는 것, 그에게서 이런저런 거동을 얻기 위해서는 네덜란드어 또는 이탈리아어로 말을 걸어야 한다는 것, 그에게 부치는 국제 우편물은 이런저런 우표가 붙여져 이런저런 경로를 거쳐 그에게 도달한다는 것 등을 가정함을 의미한다). 그렇지만 이 신분증명서는 원칙적으로 세계 한복판에서 나에게 주어진다. 이 신분증명서는, 그것이 일단 작성되면, 바로 그것이 나에 대해 존재하기 시작하면, 나로부터 벗어나지 않는다. 다만, 신분증명서는 내가 완결된 형태로 보고 있는 원주 위의 각각의 점과 같이 암묵적인 상태로 존재한다. 그리고 이 신분증명서를 우주의 배경 위에 명백한 이것으로 나타나게 하기 위해서는, 나와 세계와의 관계들의 실재적인 총체성을 변화시켜야 할 것이다. 이와 마찬가지로 대상-타자의 분노는, 이것이 그의 외침, 그의 발 동동 구름, 그의 위협적 거동을 통해 나에게 나타나는 것으로 보아, 하나의 주관적이고 감춰진 분노의 기호가 아니다. 이 분노는 다른 거동이

나 다른 외침 외의 어떤 것도 가리키지 않는다. 이 분노는 타자를 규정한다. 이 분노는 타자이다. 분명 나는 잘못 알고서 화를 낸 척한 것에 불과한 것을 진짜 분노로 여길 수도 있다. 하지만 내가 잘못 알 수 있는 것은 다만 객관적으로 파악할 수 있는 다른 거동과 다른 행위들과 관련해서뿐이다. 만일 내가 [그 사람의] 손의 움직임을 때리려고 하는 현실적인 의도로 파악한다면, 나는 잘못 생각하는 것이다. 다시 말해 만일 내가 그 손의 움직임을 객관적으로는 밝혀낼 수 있지만 발생하지 않을 것인 하나의 거동에 따라 해석한다면, 나는 잘못 생각하는 것이다. 한마디로 객관적으로 파악된 분노는 하나의 세계 내적 부재-현전(즉 대상-타자) 주위에서 이루어진 세계에 대한 하나의 배치이다. 그러면 행동주의자들이 옳다고 말해야 하는가? 결코 그렇지 않다. 왜냐하면 행동주의자들은 인간을 그의 상황으로부터 출발해서 해석하지만, 인간이 초월된-초월이라는 그의 원칙적인 특징을 그들의 관점에서 놓치고 있기 때문이다. 사실 타자는 대상이지만, 그 자체에 제한될 수는 없을 것이다. 타자는 그의 목적으로부터 출발해서만 이해되는 대상이다. 그리고 망치와 톱도 물론 다르게 이해되지 않는다. 망치나 톱도 그 기능, 다시 말해 그 목적에 의해 파악된다. 그 이유는 바로 이것들이 이미 인간적이기 때문이다. 나는 이것들이 나에게 타자가 중심이 되는 하나의 도구-조직을 가리키는 한에서만, 그리고 이것들이 하나의 목적을 향해 전부 초월된 하나의 복합의 부분을 이루고 있으며, 이번에는 내가 그 목적을 초월하는 한에서만, 이것들을 이해할 수 있을 뿐이다. 따라서 타자를 하나의 기계와 비교할 수 있다면, 그것은 기계가 인간적인 사실로서 이미 하나의 초월된 초월의 흔적을 보여 주고 있는 한에서이며, 방적공장에서의 작업들은 그것들이 생산하는 천들에 의해서만 설명되는 한에서이다. 행동주의적인 관점은 뒤집어져야 한다. 그리고 그 관점은 뒤집혀도 대체로 타자의 대상성을 손상하지 않을 것이다. 왜냐하면 우선 대상적인 것 — 그것을 우리는 프랑스와 영국 심리학자의 방식으로 의미라고 불렀고, 현상학자들의 방식으로 지향이라고 불렀고, 하이데거를 따라 초월이라고 불렀고, 또는 게슈탈트 심리학자들의 방식으로 형태라고 불렀다 — 은, 타자가 세계의 하나의 총체적인 조직에 의해서만 다르게 규정할 수 있을 뿐이고, 또 타자는 이 조직의 핵심이라는 사실이다. 따라서 내가 타자를 정의하기 위해 세계로부터 타자에게로 되돌아온다고 해도, 그것은 세계가 나에게 타자를 이해시키는 것에서 기인하는 것이 아니다. 그것은 오히려 타자-대상은 바로 나의 세계의 자율적인 세계 내적 지시 관계의 하나의 중심 외의 다른 것이 아니라는 데서 기인한다. 이렇게 해서 우리가 대상-타자를 지각할 때 파악할 수 있는(이 대상-타자에 대한) 대상적인 공포는, 우리가 맥파묘사기나 청진기를 가지고 보거나 가늠하는 것에 대한 생리학적 표명의 총체가 아니다. 공포는 도피이다. 공포는 기절이다. 그리고 이 현상들 자체는 일련의 단순한 거동들로 우리에게 넘겨지는 것이 아니라 초월된 초월로 우리에게 넘겨진다. 도피나 기절은 단지 가시덤불 사이를 정신없이 줄행랑을 치는 것도, 길에 깔린 돌 위에 둔중하게 쓰러지는 것도 아니다. 그것은 타자를 중심으로 이루어졌던 도구-조직의 전면적인 전복이다. 도주하는 이 병사는 조금 전까지 여전히 그의 총 끝으로 적-타자를 겨누고 있었다. 적과 그와의 거리는 그의 탄알의 탄도에 의해 측정되었다. 그리고 나 역시 이 거리를 "병사"라는 중심 주위에 조직되는 거리로 파악하고 초월할 수 있었다. 그런데 지금 그는 총을 참호 속에 내던지고 줄행랑을 친다. 곧바로 적의 현전은 그를 둘러싸고 그를 압박한다. 탄알의 탄도에 의해 거리를 두고 떨어져 있던 적은 탄도가 무너지는 바로 그 순간에 그에게 달려든다. 이와 동시에 지금까지 그가 방어하던 배후의 토지, 마치 벽에 기대듯 그가 의지하던 배후의 토지는 갑자기 방향을 바꾸며, 부채꼴로 열리면서 그쪽이 앞이 된다. 그가 향해서 도주하는 지평선이 그를 맞이한다. 이 모든 것을 나는 객관적으로 확인한다. 그리고 내가 공포로 파악하는 것은 정확히 그것이다. 공포는 우리가 거리를 유지할 수 없는 무서운 대상들을 주문에 의해 제거하고자 하는 하나의 마술적 행위 외의 다른 것이 아니다.[48] 그리고 우리가 공포를 파악하는 것은 정확히 이런 결과들을 통해서이다. 왜냐하면 공포는 세계의 세계 내적 내출혈의 하나의 새로운 유형으로, 즉 세계로부터 하나의 마술적인 존재의 유형으로의 이행으로 우리에게 주어지기 때문이다.

하지만 유의해야 하는 것은, 타자가 나에게 있어 성질이 부여된 대상인 것은, 내가 타자에게 있어 성질이 부여된 대상일 수 있는 한에서라는 사실이다. 따라서 타자가 대상화되어, 때로는 "사람들"의 비개별화된 단편이 되고, 때로는 순전히 그의 편지와 그의 소문 이야기로 나타나는 "부재자"가 되거나, 때로는 사실상 여기에 현전하고 있는 이 사람이 되는 것은, 나 자신이 타자에게 있어 "사람들의" 요소로 있거나, "부재하는 벗"으로 있거나 또는 한 사람의 구체적인 이 사람으로 있는 것에 달려 있다. 각각의 경우 타자의 대상화와 그의 성질들의 유형을 결정하는 것은 세계 속에서의 나의 상황과 동시에 타자의 상황, 다시 말해 우리가 각자 조직한 도구적 복합들과 세계의 배경 위에서 서로 상대방에게 나타나는 다른 이것들이다. 이 모든 것은 당연히

---

48 *Esquisse d'une théorie phénoménologique des émotions* 참조. — 원주.

우리를 사실성으로 이끈다. 타자가 나를 볼 수 있는가, 또 내가 이러이러한 타자를 볼 수 있는가를 결정하는 것은 나의 사실성과 타자의 사실성이다. 하지만 사실성의 문제는 일반적인 서술 범위에서 벗어난다. 우리는 다음 장에서 고찰하게 될 것이다.

이렇게 해서 나는 타자의 현전을 나의 대타-대상-존재(mon être-objet-pour-autrui) 속에서 주체들의 준-총체성으로 체험한다. 그리고 총체성의 배경 위에서 나는 하나의 구체적인 주체의 현전을 한층 더 특별하게 체험할 수 있다. 하지만 나는 이 주체를 이러이러한 (tel) 타자라고 명시할 수는 없다. 나의 대상성에 대한 나의 방어적인 반응은 타자를 이런저런 대상(tel ou tel objet)의 자격으로 내 앞에 출두시킬 것이다. 이런 자격으로 타자는 한 명의 이 사람으로 나에게 나타날 것이다. 다시 말해 타자의 주체적인 준-총체성은 추락하며, 세계의 총체성과 공연장적인 대상-총체성이 된다. 이 총체성은 타자의 주체성을 가리킴이 없이 나에게 열어 보여진다. 주체-타자와 대상-타자와의 관계는, 예컨대 물리학의 대상과 지각의 대상 사이에 흔히 잘 정립되는 관계와 결코 비교할 수 없다. 대상-타자는 그것이 있는 것으로서 나에게 자기를 열어 보인다. 대상-타자는 그 자신만을 가리킬 뿐이다. 다만 대상-타자는 대상성 일반 차원에서, 그리고 그의 대상-존재 속에서 그것이 나에게 나타나는 대로 존재한다. 내가 이 대상-타자에 대해 가지고 있는 어떤 인식을 시선의 경우 내가 체험하는 것과 같은 그의 주체성과 연관시켜 본다는 것은 생각해 볼 수조차 없다. 대상-타자는 대상일 뿐이다. 하지만 이 대상-타자에 대한 나의 파악은, 나를 하나의 다른 존재 차원에 위치시킴으로써 내가 항상 원칙적으로 그에 대해 하나의 다른 체험을 할 수 있을 것이라는 이해를 품고 있다. 이런 이해는 한편으로는 나의 과거의 체험의 지식에 의해 구성된다. 더구나 이미 살펴본 바와 같이, 이 과거의 체험은 이 체험의 순수한 과거(나의 손이 미치지 않는, 그리고 내가 그것으로 있어야 할 과거)로서의 지식에 의해 구성된다. 이런 이해는 다른 한편으로는 타인은 현재적으로 내가 나를 그것으로 있지 않게 하는 것이라는, 타인의 변증법에 대한 하나의 암묵적인 이해에 의해 구성된다. 하지만 비록 당장은 내가 그에게서 나를 해방하고, 또 내가 그에게서 벗어난다고 해도, 타인이 자기를 타인으로 만든다는 항구적인 가능성은 그대로 그의 주위에 남아 있다. 그렇지만 이 가능성은 타자-대상에 앞서 나의 태도의 특수성을 이루는 일종의 당혹과 강제 속에서 예감할 수 있지만, 적절히 말하면 생각해 볼 수 없는 일이다. 왜냐하면 먼저 나는 나의 가능성이 아닌 가능성을 생각해 볼 수도 없으며, 초월을 초월함으로써가 아니라면, 다시 말해 이 초월을 초월된 초월로 파악하는 것이 아니라면, 나는 초월을 파악해 볼 수조차 없기 때문이다. 그다음으로는 이 예감된 가능성은 대상-타자의 가능성이 아니기 때문이다. 대상-타자의 가능성들은 죽은 가능성들이며, 이 죽은 가능성들은 타자가 가진 다른 대상적인 양상들을 가리킨다. 대상으로서 나를 파악하는 고유한 가능성은 주체-타자의 가능성이므로, 이 가능성은 현재 나에게 있어서는 어느 누구의 가능성도 아니다. 이런 고유한 가능성은 대상-타자의 전면적인 무화의 배경 위에서 나의 대타-대상성을 통해 내가 체험하게 될 하나의 주체-타자가 출현하는 경우의 절대적인 가능성 ── 그리고 자기 자신에게서만 자기 원천을 끌어낼 뿐인 절대적인 가능성 ── 이다. 이렇듯 대상-타자는 내가 조심해서 다루는 폭발성이 있는 하나의 용구이다. 왜냐하면 나는 대상-타자 주위에서 사람들이 그것을 폭발시킬 수 있는 끊임없는 가능성, 그리고 이 폭발과 더불어 내가 갑자기 세계의 나의 밖으로의 도피와 나의 존재의 소외의 끊임없는 가능성을 예감하기 때문이다. 따라서 나의 계속적인 관심은 타자를 그의 대상성 속에 가두는 일이다. 그리고 대상-타자와 나의 관계들은 본질적으로 타자를 대상으로 남아 있도록 하기 위한 계략들로 이루어져 있다. 하지만 이 모든 계략이 무너져 버리고, 또 내가 다시 타자의 승격(transfiguration)[49]을 체험하기 위해서는 타자의 시선이 하나 있는 것으로 충분하다. 이렇게 해서 나는 승격에서 강등으로, 그리고 강등에서 승격으로 옮아가며, 또 언제까지나 타자의 이 두 존재 방식의 총체를 한눈에 파악할 수도 없다. 왜냐하면 이 두 방식 각각은 그 자체로 자족적이며, 자기만을 가리킬 뿐이기 때문이다. 그렇다고 나는 그 두 개의 존재 방식 중 어느 하나에 나를 묶어둘 수도 없다. 왜냐하면 그 각각은 그 자체에 불안정성이 있으며, 다른 편이 자기의 폐허로부터 솟아나도록 스스로 무너지기 때문이다. 결코 주체가 되는 일 없이 영구히 대상으로만 있는 자들로는 죽은 자들만이 있을 뿐이다. 왜냐하면 죽는다는 것은 결코 세계 한복판에서 자기의 대상성을 잃는 것이 아니기 때문이다. 모든 죽은 자는 거기에, 세계 속에, 우리의 주위에 있다. 하지만 죽는다는 것은 한 명의 타자에게 주체로 자기를 열어 보이는 모든 가능성을 상실하는 것이다.

우리 연구의 이 수준에서 일단 대타존재의 본질적인 구조들이 해명되면, 우리는 분명 "왜 타인들은 존재하는가?"라는 형이상학적 질문을 제기하고 싶은 유혹을 느끼게 된다. 우리가 살펴본 바와 같이 타인들의 존재는 사실 대자의 존재론적 구조에서 도출될 수 있는 하나의 결과가 아니다. 타인들의 존재는 분명 하나의 원초적 사건이지만,

---

49 'transfiguration'은 원래 '변모'의 의미이나, 여기에서는 '승격(昇格)'으로 옮긴다. 이것은 '타자-대상'이 자신의 시선을 폭발하고 나를 바라보면서 '주체-타자'로 변모된다는 의미와 그의 시선 하에 놓인 나는 '주체-나'에서 '대상-나'로 '강등(降等, dégradation)'됨과 대조를 강조하기 위함이다.

형이상학적 질서에 속하는 사건이다. 다시 말해 그들의 존재는 존재의 우연성에 속하는 사건이다. 본질상 왜라는 질문이 제기되는 것은 형이상학적 존재들에 대해서이다.

게다가 우리가 알고 있는 바이지만, 왜에 대한 대답은 우리에게 하나의 근원적인 우연성을 가리킬 수밖에 없다. 하지만 또한 우리가 고찰하는 형이상학적 현상이 하나의 환원 불가능한 우연성에 속한다는 사실을 입증해야 한다. 이 의미에서 존재론(ontologie)은 총체성으로 다루어진 존재자의 존재 구조들에 대한 해명이라고 정의할 수 있는 것처럼 보인다. 그리고 우리는 오히려 형이상학(métaphysique)을 존재자의 존재를 문제 삼는 것이라고 정의할 것이다. 그 이유로 존재자의 절대적인 우연성에 근거를 두고 우리는 모든 형이상학은 "그것은 존재한다(cela est)."에 의해 완결되어야 한다고, 다시 말해 이 우연성에 대한 직접적인 직관에 의해 완결되어야 한다고 확신한다.

타인들의 존재에 대한 질문 제기가 가능한가? 타인들의 존재는 하나의 환원 불가능한 사실인가? 아니면 타인들의 존재는 하나의 근본적인 우연성에서 파생되어야 하는가? 이런 것들이 타인들의 존재에 대해 질문하는 형이상학자에게 이번에는 우리가 제기할 수 있는 선결문제들이다.

형이상학적 질문의 가능성을 좀 더 자세히 검토해 보자. 먼저 우리에게 나타나는 것은, 대타존재가 대자의 제3의 탈자를 나타낸다는 것이다. 사실 제1의 탈자는 "있지-않음"의 방식으로 대자가 그것으로 있어야 할 하나의 존재를 향한 대자의 3차원적 기투이다. 제1의 탈자는 최초의 균열을 나타내고, 대자 자신이 그것으로 있어야 하는 무화를 나타내며, 이탈이 대자존재의 구성 요소가 되는 한에서 대자가 그것으로 있는 모든 것으로부터의 대자의 이탈을 나타낸다. 제2의 탈자 또는 반성적 탈자는 이 이탈 자체로부터의 이탈이다. 반성적 분열은, 대자가 그것으로 있어야 하는 무화에 대해 하나의 관점을 취하기 위한 헛된 노력에 상응한다. 그런데 이것은 단순히 주어진 현상으로서의 이 무화가 존재하는 무화로 있게 하기 위함이다. 하지만 이와 동시에 반성은 이 무화가 이 존재하는 무화로 있다는 것을 자기에 대해 확인하면서 이 무화를 순전히 주어진 것으로서 바라보고자 시도하는 이탈을 회복하길 원한다. 그 모순은 확연하게 나타난다. 나의 초월을 파악할 수 있기 위해서는 내가 이 초월을 초월해야만 할 것이다. 하지만 정확히 나 자신의 고유한 초월은 초월하는 것만 할 수 있을 뿐이다. 나는 이 초월로 있다. 나는 나 자신의 초월을 초월된-초월로 구성하기 위해 나 자신의 초월을 이용할 수 없다. 나는 끊임없이 나 자신의 고유한 무화로 있어야 하는 선고를 받았다. 한마디로 반성은 반성된 것이다. 그렇기는 하지만 반성적 무화는 단순한 자기(에 대한) 의식으로서의 순수한 대자의 무화보다 한층 더 멀리 나간 것이다. 사실 자기(에 대한) 의식에서 "반성하는 것-반성된 것"이라는 이원성의 두 항은, 그 이원성이 끊임없이 소멸해 가는 대로 남아 있으며, 각 항은 다른 항을 위해 자기를 내세움으로써 다른 항이 되어 가는 식으로 이 두 항은 각자 자기를 분리해서 제시하는 것이 불가능한 상태에 있었다. 하지만 반성의 경우에는 사정이 다르다. 왜냐하면 반성된 쪽의 "반영-반영하는 것"은 반성하는 쪽의 "반영-반영하는 것"을 위해 존재하기 때문이다. 따라서 반성된 것과 반성하는 것은 각각 독립으로 향하는 경향이 있으며, 이 둘을 분리시키는 아무것도 아닌 것(le rien)은 대자가 그것으로 있어야 하는 무가 반영과 반영하는 것을 분리시키는 것보다 더 심각하게 둘을 분리하는 경향이 있다. 하지만 반성하는 것도 반성된 것도 이 분리시키는 힘을 가진 무를 분비할 수 없다. 그렇지 않다면, 반성은 하나의 자율적인 대자가 되어 반성된 것을 향해 돌아올 것이다. 이것은 내면적 부정의 선결조 건으로 하나의 외면적 부정을 전제로 하는 일이 될 것이다. 반성이 완전히 하나의 존재, 즉 자기 자신의 고유한 무로 있어야 하는 하나 의 존재로 있지 않다면, 반성은 있을 수 없을 것이다. 이렇게 해서 반 성적 탈자는 대타존재라는 하나의 한층 더 근본적인 하나의 탈자의 도상에 있다. 사실 무화의 최종항, 즉 이상적 극은 외적 부정, 다시 말 해 하나의 즉자적 분열, 또는 무차별적인 공간적 외면성이어야 할 것이 다. 이 외면적 부정과 관련해 세 가지 탈자는 방금 우리가 설명한 순서로 배열된다. 하지만 이 세 가지 탈자는 외면적 부정에는 결코 도 달할 수 없을 것이다. 외면적 부정은 원칙상 이상적으로 머문다. 사 실 대자는 즉자적으로 존재하는 하나의 부정을 아무것이라도 무방 한 어느 한 존재와의 관계에서 스스로 실현할 수는 없다. 만일 실현 할 수 있다면 대자는 당장에 대자존재이기를 그칠 것이다. 따라서 대 타존재를 구성하는 부정은 하나의 내적 부정이다. 이것은 반성적 무 화의 경우와 마찬가지로 대자가 그것으로 있어야 할 것인 하나의 무 화이다. 하지만 여기에서 분열은 부정 자체를 침범한다. 존재를 반영 된 것과 반영하는 것으로 중첩시키고, 이번에는 반영된 것-반영하 는 것의 쌍을 반영된 (반영하는 것-반영된 것) 것의 쌍으로 중첩시키는 것은 이미 단순한 부정에 불과하다. 또한 여기에서 부정은 상반되는 두 개의 내적 부정으로 중첩된다. 그런데 각각의 부정은 내면적 부정 이지만, 또 이 각각의 부정은 하나의 파악할 수 없는 외면적 무에 의 해 서로 분리되어 있다. 사실 각각의 부정은 하나의 대자에 대해 이 대자가 다른 대자인 것을 부인하는 데 힘을 다하며, 이 부정이 그것 으로 있어야 할 것으로 있는 이 존재[대자] 속에 전적으로 구속되어 있어서, 두 부정의 각각은 자기에 대해 자기가 다른 편의 부정이라는 것을 부인하고자 하는데, 자기 자신만으로는 이미 이용할 아무 방법이 없다. 여기에 갑자기 소여(즉 대타존재)가 나타난다. 이 소여는 즉자존재적 동일성의 결과로서가 아니라, 일종의 외면적 환영으로 나타난다. 이 두 부정 중 어느 것도 이 외면적 환영으로 있어야 하는 것은 아니지만, 이 환영은 이 두 부정을 분리시킨다. 사실을 말하면, 우리는 이미 반성적 존재 속에서 이 부정적인 전환의 실마리를 발견했다. 사실 증인으로서 반성하는 것은 자기의 존재에서 자기의 반성성에 의해 깊이 침범당하고 있다. 그리고 이 사실로 인해 반성하는 것이 자기를 반성하는 것으로 만드는 한에서, 반성하는 것은 반성된 것으로 있지 않는 것을 겨냥한다. 하지만 거꾸로 반성된 것은 이러이러한 초월하는 현상에 대한 의식으로서 자기(에 대한) 의식이다. 우리는 반성된 것에 대해 그것은 자기가 바라보여지고 있음을 안다고 말한 바 있다. 이 의미에서 반성되는 것은 그의 편에서 반성하는 것으로 있지 않는 것을 겨냥한다. 왜냐하면 모든 의식은 그 부정성에 의해 규정되기 때문이다. 하지만 이중의 분열을 향하는 경향은, 어쨌든 반성하는 것은 반성된 것으로 있어야 하고, 또 반성된 것은 반성하는 것으로 있어야 한다는 사실에 의해 다시 만회되고 지워진다. 이중의 부정은 여전히 소멸해 가는 부정이었다. 제3의 탈자의 경우 우리는 훨씬 많이 진행된 반성적 분열에 입회한다. 거기에서 도출되는 결과들에 우리는 놀랄 수도 있다. 한편으로 부정들은 내면적으로 이루어지는 것이기 때문에, 타자와 나 자신은 외부로부터 서로 상대방에게 올 수는 없다. 마치 "반성하는 것-반성된 것"의 총체성이 자기 자신의 고유한 무로 있어야 하는 하나의 존재로 있는 것과 같이, 다시 말해 나의 자기성과 타자의 자기성은 동일한 존재의 총체성의 구조인 것과 같이,

거기에는 대타의 상호적인 분열로 있어야 할 "나-타자"라는 하나의 존재가 있어야 한다. 이렇듯 존재의 관점, 참된 관점은 총체성의 관점이라고 주장하는 헤겔의 입장은 옳은 것처럼 보인다. 모든 것은 마치 타자의 자기성 앞에서 나의 자기성은 자기 자신의 고유한 무화를 극단까지 밀고 나가는 하나의 총체성에 의해 태어나고 유지되는 것처럼 진행된다. 대타존재는 순수한 반성적인 분열의 연장인 것처럼 보인다. 이 의미에서 모든 것은 마치 타인들과 나, 즉 우리는 하나의 대자적 총체성이 자기 자신을 다시 찾으려는 헛된 노력, 또 이 대자적 총체성이 단순한 즉자의 방식으로 자기가 있어야 할 것으로 있는 것을 품으려고 하는 헛된 노력을 지적하는 것처럼 진행된다. 자기를 대상으로 되찾으려는 이런 노력은, 그것이 여기에서 극한까지 내몰리면, 즉 정확히 반성적인 분열의 저편까지 내몰리면, 이런 총체성이 스스로 기투하면서 향해 가는 목표와는 반대되는 결과가 초래할 것이다. 자기(에 대한) 의식으로 있기 위한 노력에 의해 대자-총체성은 자기의 면전에서 의식-자기로 자기를 구성할 것이다. 그런데 의식-자기는 대자-총체성에 의해 의식되는 자기로 있어서는 안 될 것이다. 그리고 역으로 대상-자기도, 그것이 존재하기 위해서는, 하나의 의식에 의해, 또 하나의 의식에 있어 존재된 것으로서 자기를 체험해야 할 것이다. 그런데 대상-자기는, 그것이 존재하고자 한다면, 이 의식으로 있어서는 안 된다. 이렇게 해서 대타의 분열이 일어날 것이다. 그리고 이런 두 갈래의 분열은 무한히 반복되어 의식들을 철저한 폭발의 파편으로 구성하게 될 것이다. 반성적인 실패와는 반대로 하나의 실패의 결과로서 타인들이 "거기에 있게 될 것이다." 사실 반성에서 내가 나를 대상으로 파악할 수 없고 단지 준-대상으로만 파악하면, 그것은 나는 내가 파악하고자 하는 대상이기 때문이다. 나는 나를 나로부터 분리하는 무로 있어야 한다. 나는 나의 자기성으로부터 벗어날 수도 없고, 나 자신에 대해 관점을 취할 수도 없다. 이렇듯 나는 나를 존재로 실현하는 데도 이르지 못하고, 나를 "거기에 있다."의 형태로 파악하는 데도 이르지 못한다. 회복은 실패한다. 왜냐하면 회복하는 자가 그 자신에 대해 회복된 자로 있기 때문이다. 이와 반대로 대타존재의 경우 분열은 좀 더 앞으로 나아간다. 반영된(반영-반영하는 것) 것은 철저하게 반영하는(반영-반영하는 것) 것과 구별된다. 바로 그 때문에 전자는 후자를 위해 대상이 될 수 있다. 하지만 이번에도 회복은 실패한다. 왜냐하면 회복된 자가 회복하는 자로 있지 않기 때문이다. 이렇게 해서 자기가 있지 않은 것으로 있음으로써 자기가 있는 것으로 있지 않은 이 총체성은, 자기로부터의 이탈이라는 철저한 노력에 의해 도처에서 자기 존재를 하나의 다른 것으로 만들어 놓을 것이다. 하나의 부서진 총체성의 사방에 흐트러진 즉자존재, 항상 다른 곳에, 항상 거리를 두고, 결코 자기 자신 안에 있지 않으며, 게다가 이 총체성의 끊임없는 폭발에 의해 존재로 유지되고 있는 사방으로 흐트러진 즉자존재, 이것이 바로 타인의 존재이며, 타인으로서 나 자신의 존재일 것이다.

하지만 다른 한편으로 나 자신에 대한 나의 부정과 동시적으로, 타자는 자기에 대해 자기가 나인 것을 부인한다. 이 두 부정은 대타존재에게 똑같이 필요 불가결하며, 이 부정들은 어떤 종합에 의해서도 결합할 수 없다. 그것은 하나의 외면적 무가 근원적으로 이 두 부정을 분리시켜 놓았기 때문이 아니라, 오히려 이 두 부정의 한쪽은 다른 쪽으로 있지 않고, 한쪽이 다른 쪽으로 있지 않아야 하는 것은 아니라는 단 하나의 사실로 인해, 즉자가 어느 한쪽을 다른 한쪽과 관계에서 다시 파악하기 때문이다. 여기에 대자 자신에게서 오는 대자의 하나의 한계가 있다. 하지만 이 한계는 한계인 한에서 대자와 독립되어 있다. 우리는 사실성과 같은 무엇인가를 다시 발견한다. 그리고 우리는 어떻게 우리가 조금 전에 말한 총체성이 가장 철저한 이탈의 중심에서 어떤 방식으로도 결코 그것으로 있어서는 안 될 하나의 무를 그의 존재 속에서 탄생시킬 수 있었을까를 생각해 볼 수 없다. 사실 이것은 마치 레우키포스[50]의 원자론에서 비존재가 파르메네데스의 존재의 총체성 속에 스며들어 가 그 총체성을 원자들로 폭발시키는 것처럼, 무가 우리가 말하던 총체성을 부수기 위해 그 속으로 스며들어 간 것처럼 보인다. 따라서 무는 모든 종합적인 총체성의 부정을 나타낸다. 이 부정에서 출발해서 사람들은 의식들의 다수성을 이해한다고 주장할 수도 있을 것이다. 물론 이 무는 파악할 수 없다. 왜냐하면 이 무는 타인에 의해서도, 나 자신에 의해서도, 어떤 중개자에 의해서도 태어난 것이 아니기 때문이다. 실제로 우리가 먼저 기술한 바와 같이 의식들은 중개자 없이 서로 상대방을 체험한다. 물론 어디로 눈을 돌리든, 우리는 기술의 대상으로 오직 하나의 단순한 내적 부정만을 만날 뿐이다. 하지만 현재 이 무는 부정의 이원성이 거기에 있다는 환원 불가능한 사실 속에 존재한다. 분명 이 무는 의식들의 다수성에 근거하지 않는다. 왜냐하면 만일 이 무가 의식들의 다수성보다 먼저 존재한다면, 이 무는 모든 대타존재를 불가능하게 만들 것이기 때문이다. 이와는 반대로 이 무는 이런 다수성의 표현으로서 생각되어야 한다. 이 무는 의식들의 다수성과 더불어 나타난다. 하지만 이 무를 근

50　레우키포스(Leucippos, BC 470?~?)는 고대 그리스 철학자로, 원자론(原子論)의 창시자이다. 엘레아학파처럼 불생불멸의 원자(더 이상 작게 분할할 수 없는 것)를 상정하여 이들 원자의 이합집산에 의해 우주만물이 생성되기도 하고 소멸되기도 한다고 보았다. 원자론은 데모크리토스(Democritos, BC 460?~BC 370)에 의해 완성되었다. "어떤 것이든 원인 없이는 발생하지 않는다. 모든 것은 일정한 근거에서 필연적으로 발생한다."라고 말한 단편만이 전해진다.

거지을 수 있는 것은 특수한 의식도 아니고, 의식들로 폭발하는 총체성도 아니며, 그런 것은 아무것도 존재하지 않는다. 그렇기 때문에 이 무는 환원 불가능하고 순수한 우연성으로 나타난다. 다시 말해 이 무는 타자가 존재하기 위해 내가 나에 대해 타자임을 부인하는 것으로는 충분하지 않고, 오히려 나 자신의 고유한 부정과 동시에 타자가 그 자신에 대해 나인 것을 부인해야 한다는 사실로 나타난다. 이 무는 대타존재의 사실성이다.

이렇게 해서 우리는 다음과 같은 모순적인 결론에 이른다. 즉 대타존재는, 그것이 하나의 총체성에 의해 존재됨(est été)으로써만, 그리고 이 총체성이 대타존재가 출현하기 위해 자기를 상실함으로써만 존재할 수 있을 뿐이라는 결론이 그것이다. 이것은 우리를 정신(esprit)의 존재와 수난(passion)[51]을 요청하도록 유도할 것이다. 하지만 다른 한편으로 대타존재는, 그것이 하나의 파악할 수 없는 외면적 비존재를 포함하는 한에서, 또 이런 비존재가 아무리 정신과 같은 것이라고 해도, 어떤 총체성에 의해서도 생산될 수도 없고, 근거지을 수도 없는 한에서만, 존재할 수 있을 뿐이다. 어떤 의미에서 의식들의 다수성의 존재는 하나의 원초적인 사실이 될 수 없고, 자기로부터의 이탈이라는 하나의 근원적인 사실, 즉 정신의 사실이라는 것을 우리에게 가리킨다. 이렇게 해서 "왜 의식들이 존재하는가?"라는 형이상학적 질문은 하나의 해답을 얻게 될 것이다. 하지만 다른 의미에서 이 다수성의 사실성은 환원 불가능한 것으로 보인다. 그리고 만일 정신을 다수성의 사실에서 출발해 고찰한다면 정신은 소멸되어 버릴 것이다. 형이

---

51 '타자'의 '정신', '주체', '초월', '총체성'으로서의 모습, 곧 '나'의 대타존재가 나타나기 위해서는 '나'라고 하는 또 다른 하나의 '정신', '총체성', '주체'가 자기를 대상화하는(s'objectiver) '수난'을 겪기를 요청한다는 의미이다.

상학적 질문은 더 이상 의미를 갖지 않는다. 우리는 근본적인 우연성에 부딪친 것이다. 그리고 우리는 거기에 "사실이 그렇다."라는 말로 대답할 수밖에 없다. 이렇듯 근원적인 탈자는 심화된다. 사람들은 이 무에게 자리를 마련해 줄 수 없는 것처럼 보인다. 대자는, 그것이 있는 것으로 있지 않고, 그것이 있지 않은 것으로 있는 한에서, 우리에게 존재하는 하나의 존재로 나타났다. 정신의 탈자적인 총체성은 결코 단순하게 탈총체화된 총체성이 아니다. 이 탈자적인 총체성은 오히려 우리에게 하나의 분쇄된 존재로 나타난다. 이 분쇄된 존재에 대해 사람들은 그것이 존재한다고도 존재하지 않는다고도 말할 수 없다. 이렇게 해서 우리의 설명은 타자의 존재에 대한 모든 이론에 우리가 제기한 선행 조건들을 만족시킬 수 있도록 해 주었다. 의식들의 다수성은 우리에게 하나의 종합(synthèse)으로 나타나지, 하나의 집합(collection)으로 나타나는 것이 아니다. 하지만 이 종합은 그 총체성을 생각해 볼 수 없는 하나의 종합이다.

총체성이 갖는 이 이율배반적인 성격은 그 자체로 환원 불가능하다는 것을 말하는가? 아니면, 훨씬 더 높은 관점에서 우리는 이 이율배반적인 성격을 사라지게 할 수 있는가? 우리는 대자를 그것이 있지 않은 것으로 있고, 그것이 있는 것으로 있지 않는 존재라고 규정한 바 있지만, 우리는 여기에서도 마찬가지로 정신은 있고, 있지 않는 존재라고 규정해야 하는가? 이런 질문에는 의미가 없다. 사실 이 질문에는 우리가 총체성에 대해 하나의 관점을 취할 수 있는 가능성, 다시 말해 총체성을 외부에서 고찰할 수 있는 가능성을 가지고 있음이 전제된다. 하지만 이것은 불가능하다. 왜냐하면 정확히 내가 이런 총체성의 근거 위에서, 내가 이런 총체성에 구속되어 있는 한에서, 나 자신으로 존재하고 있기 때문이다. 어떤 의식도, 비록 신의 의식이라 할지라도,

뒷면을 볼 수 없다. 다시 말해 이 총체성을 총체성으로 파악할 수 없다. 왜냐하면 만일 신이 의식이라면, 신은 총체성에 통합되기 때문이다. 그리고 만일 신이 그 본성상 의식 저편의 하나의 존재라면(다시 말해 자기 자신의 근거가 될 것인 하나의 즉자라면), 총체성은 신에게 하나의 대상으로 나타날 수 있을 뿐이거나(이 경우 신은 자기를 재파악하는 주체적인 노력으로서의 그 내적 분열을 결여하고 있다.), 또는 주체로(이 경우 신은 주체로 있지 않은 것이므로, 그는 주체를 인식하지 않고 다만 체험할 수 있을 뿐이다.) 그에게 나타날 수 있을 뿐이다. 이렇듯 총체성에 대한 어떤 관점도 생각해 볼 수 없다. 총체성은 어떤 외부도 가지고 있지 않다. 그리고 총체성의 안쪽이라는 의미에 대한 질문 자체는 전혀 의미가 없다. 우리는 더 이상 앞으로 나아갈 수 없다.

우리는 여기에서 이 설명의 종국에 이르렀다. 우리는 타자의 존재가 나의 대상성이라는 사실 속에서, 그리고 그 사실에 의해 명증적으로 체험됨을 알게 되었다. 그리고 우리는 또한 타자에게 있어 나 자신의 고유한 소외에 대한 나의 반응은 타자를 대상으로 파악하는 일로 해석된다는 것을 보았다. 요약하면 타자는 우리에게 있어 다음의 두 형태로 존재할 수 있다. 만일 내가 명증적으로 타자를 체험한다면, 나는 타자를 인식할 수 없다. 만일 내가 그를 인식한다면, 만일 내가 그에게 작용한다면, 나는 그의 대상-존재에만, 세계 한복판에서의 그의 개연적인 존재에만 이를 뿐이다. 이런 두 형태의 어떤 종합도 가능하지 않다. 하지만 우리는 여기서 멈출 수 없다. 타자가 나에게 있어 그것으로 있는 이 대상과, 내가 타자에게 있어 그것으로 있는 이 대상은 모두 신체로 나타난다. 그렇다면 나의 신체는 무엇인가? 타자의 신체는 무엇인가?

제2장 신체

    신체의 문제, 그리고 신체와 의식의 관계 문제는, 흔히 사람들이 신체를 먼저 그 자체의 고유한 법칙을 가지고 있고, 또 외부로부터 정의할 수 있는 일종의 사물로 정립한 사실에 의해 애매해졌다. 반면 사람들은 그 자체에 고유한 유형의 내적 직관에 의해 의식에 이른다고 생각했다. 사실 만일 내가 나의 의식을 그 절대적인 내면성에서, 또 일련의 반성적인 행위에 의해 포착한 후에, 이 나의 의식을 하나의 살아 있는 대상, 즉 신경계, 뇌, 림프샘, 소화기, 호흡기, 순환계 등으로 구성되어 있는 대상, 또 그 소재조차도 화학적으로 분석하면 수소, 탄소, 질소, 인 등으로 분해할 수 있는 대상과 연결하려 한다면, 나는 극복할 수 없는 많은 어려움에 부딪치게 될 것이다. 하지만 이 어려움은 내가 나의 의식을 나의 신체가 아니라 오히려 타인들의 신체와 연결하려고 시도하는 데서 유래한다. 사실 내가 여기에서 대략 소묘한 신체는 나에게 있어 있는 그대로의 나의 신체가 아니다. 나는 나의 뇌나 나의 내분비샘을 결코 본 적이 없으며, 또 앞으로도 볼 수 없을 것이다. 하지만 단지 전에 내가 사람의 시체를 해부하는 것을 본 적이 있고, 나도 한 명의 인간이라는 사실로부터, 또 내가 전에 생리학 개론을 읽었다는 사실로부터, 나는 다음과 같은 결론을 내린다. 즉 나의 신체도 해부대 위에서 보았거나 책 속의 색채 그림에서 보았던 모든 신체와 똑같이 구성되어 있을 것이라는 결론이 그것이다. 물론 나를 치료한 의사와 나를 수술한 외과의들은, 내가 나 스스로 인식한 적이 없는 신체를 직접 경험할 수 있었을 것이라고 말하는 사람들도 있을 것이다. 나는 그 사실을 부정하지 않는다. 그리고 나는 내가 뇌, 심장, 위가 없다고 주장하지 않는다. 하지만 무엇보다도 우리의 인식 질서를 선택하는 것이 중요하다. 의사가 나의 신체에 대해 할 수 있었던 경험에서 출발하는 것은 세계 한복판에서 나의 신체, 타자에 대해 있는 그대로의 나의 신체로부터 출발하는 것이다. 나에게 있어 있는 그대로의 나의 신체는 세계 한복판에서 나에게 나타나는 것이 아니다. 물론 나는 뢴트겐 검사 중에 나의 등골뼈의 영상이 스크린에 비치는 것을 나 스스로 볼 수 있었다. 하지만 나는 그때 정확히 외부에, 세계 한복판에 존재하고 있었다. 나는 전적으로 구성되어 있는 하나의 대상을 다른 이것들 사이에 있는 하나의 이것으로 파악했다. 내가 그 대상을 다시 가져와 나의 것으로 만든 것은 그저 하나의 추리에 의해서일 뿐이다. 이 대상은 나의 존재라기보다는 오히려 나의 속성이었다.

내가 나의 다리나 나의 손을 보고 또 만지는 것은 사실이다. 그리고 그 어떤 것도 나로 하여금 다음과 같은 감각기관의 배치를 가진 살아 있는 존재를 상상해 보는 것을 방해하지 못한다. 즉 자기 두 눈 중 하나로 다른 눈을 보고, 또 그동안에 그 다른 쪽 눈은 세계 위로 그 시선을 향하고 있는 존재를 말이다. 하지만 지적해야 할 것은 이 경우에도 여전히 나는 나의 눈에 대해 타인이라는 사실이다. 나는 나의 눈을 이런저런 방식으로 세계 속에 구성되어 있는 감각기관으로 파악한다. 하지만 나는 나의 이 눈이 지금 보고 있는 것을 볼 수는 없다.

다시 말해 나는 이 눈이 세계의 어떤 모습을 나에게 드러내 보이고 있는 한에서의 이 눈을 파악할 수 없다. 이 눈은 사물들 사이에 있는 하나의 사물이거나, 아니면 사물들을 나에게 드러내 주는 것이거나, 그 둘 중 하나이다. 하지만 이 눈이 동시에 그 두 눈일 수는 없을 것이다. 이와 마찬가지로 나는 나의 손이 대상을 만지는 것을 보지만, 나는 그 대상을 만지는 손의 행위 속에서 그 손을 인식하는 것은 아니다. 멘 드 비랑[52]의 유명한 "노력 감각(sensation d'effort)"이 실재적인 존재를 갖지 않는 중요한 이유가 바로 그것이다. 왜냐하면 나의 손은 대상의 저항, 그것의 단단함 또는 물렁함을 나에게 열어 보이지만, 그 손 자체를 열어 보이는 것은 아니기 때문이다. 이렇듯 내가 나의 손을 보는 것은, 내가 이 잉크병을 보는 것과 다르지 않다. 나는 나로부터 나의 손까지 하나의 거리를 펼친다. 그리고 이 거리는 내가 이 세계의 모든 대상 사이에 확립하는 거리 속에 통합된다. 한 의사가 나의 아픈 다리를 만지면서 그 다리를 진찰할 때, 내가 침대 위에 반신을 일으키고 이 의사가 진찰하는 것을 바라본다면, 이 경우 내가 이 의사의 신체에 대해 갖는 시각과 내가 나 자신의 다리에 대해 갖는 시각 사이에는 본성상의 아무 차이가 없다. 오히려 이 두 시각은 하나의 동일한 전체적인 지각의 각기 다른 구조의 자격으로서만 구별될 뿐이다. 그리고 의사가 나의 다리에 대해 갖는 지각과 내가 나의 다리에 대해 나 자신이 실제로 갖는 지각 사이에도 본성상의 차이는 없다. 물론 내가 나의 손가락으로 나의 다리를 만질 때, 나는 나의 다리가 만져짐을 느낀다. 하지만 이중감각(double sensation)이라고 하는 이 현상은 본질적

---

52 마리 프랑수아 피에르 멘 드 비랑(Marie François Pierre Maine de Biran, 1766~1824)은 프랑스의 철학자, 수학자이자 심리학의 선구자로, 관념론 철학과 결별한 후 프랑스의 유심론 철학에 속해 활동했다. 본명은 마리 프랑수아 피에르 공티에 멘 드 비랑(Marié François Pierre Gontier de Biran)이다.

인 것은 아니다. 추위나 모르핀 주사로 이 현상을 사라지게 할 수 있
다. 그것으로 여기서 문제가 되는 것은 본질적으로 상이한 두 개의 실
재 질서라는 것을 보여 주기에 충분하다. 만지는 것과 만져지는 것, 또
는 자기가 만지는 것을 느끼는 것과 자기가 만져지는 것을 느끼는 것
에는 두 종류의 현상이 있으며, 이 두 현상을 "이중감각"이라는 이름
으로 결합하고자 해도 소용이 없다. 사실 이 두 현상은 근본적으로
구별할 수 있으며, 또 소통 불가능한 두 개의 차원 위에 존재한다. 게
다가 내가 나의 다리를 만질 때, 또는 내가 나의 다리를 볼 때, 나는
나의 다리를 나 자신의 고유한 가능성 쪽을 향해 뛰어넘는다. 예컨대
나는 나의 바지를 입기 위해 또는 나의 상처 부위의 붕대를 교체하
기 위해 나의 다리를 뛰어넘는다. 그리고 물론 나는 이와 동시에 나의
다리 위치를 옮겨서 이 다리를 치료하는 행위를 편하게 할 수도 있다.
하지만 이런 일도 내가 치유된다고 하는 단순한 가능성을 향해 나의
다리를 초월한다고 하는 사실에서 아무것도 변화시키지 못한다. 나
의 다리가 나인 것도 아니고, 또 내가 나의 다리인 것도 아니며, 따라서
내가 나의 다리에 대해 현전하고 있다는 사실에는 아무런 변함이 없
다. 내가 이렇게 해서 존재케 하는 것은 사물로서의 "다리"이다. 그것
은 걷고 달리고 또는 축구를 할 수 있는 가능성, 내가 그것으로 존재하
는 가능성으로서의 다리가 아니다. 이렇듯 나의 신체가 세계에서의 나
의 고유한 가능성을 지시하는 한에서, 나의 신체를 본다거나 그것을
만진다는 것은 나의 것인 그 가능성을 죽어 버린 가능성으로 바꾸어
버리는 것이다. 이런 변모는 필연적으로 달리거나 춤추거나 하는 등,
살아 있는 가능성으로서의 한에서 나의 신체가 그것으로 있는 그대
로의 것에 대해 완전히 실명 상태에 빠지는 경우를 유도하게 된다. 분명
나의 신체를 대상으로 발견하는 것도 나의 신체 존재의 하나의 드러

남이다. 하지만 그렇게 해서 나에게 드러내 보여지는 존재는 나의 신체의 대타존재이다. 이 양자의 혼동이 얼마나 부조리한 결과에 이르는가를 그 유명한 "도립시(倒立視, vision renversée)"의 문제에서 명백히 볼 수 있다. 우리는 생리학자들이 제기하는 다음과 같은 질문을 알고 있다. "우리는 대체 어떻게 우리의 망막 위에 거꾸로 비치는 대상을 본래대로 다시 세울 수 있는가?" 우리는 또한 이 질문에 대한 철학자들의 답변 역시 알고 있다. "거기에는 아무 문제도 없다. 어떤 대상이 바로 서 있느냐 또는 거꾸로 서 있느냐는 것은 우주의 다른 것들과의 관계에 의해 성립된다. 우주 전체를 거꾸로 지각한다는 것은 아무 의미도 갖지 못한다. 왜냐하면 우주는 무엇인가와 관련해서 거꾸로 있어야 하기 때문이다." 하지만 우리에게 특히 흥미 있는 것은 이 가짜 문제의 기원이다. 그것은 사람들이 대상에 대한 나의 의식을 타인의 신체에 결부시키려 했다는 점이다. 여기에 양초가 있고, 렌즈 역할을 하는 수정체가 있으며, 망막의 스크린 위에 비친 도립상이 있다. 하지만 정확히 망막은 여기에서 하나의 물리 체계 속에 들어간다. 망막은 스크린이고, 단지 그것일 뿐이다. 그리고 수정체는 렌즈이고, 단지 그것일 뿐이다. 이 두 개는 모두 체계를 완결시키는 양초와 그 존재에 있어 동질적이다. 따라서 우리는 시각의 문제를 연구하기 위해 심사숙고해서 물리학적인 관점을, 다시 말해 외부의 관점, 외면성의 관점을 선택한 것이다. 우리는 이 세계의 가시성을 설명하기 위해 눈에 보이는 세계 한복판에서 하나의 죽은 눈을 고찰한 것이다. 절대적인 내면성인 의식이 이런 대상에 결부되기를 거부한다고 해서 새삼 놀랄 일이 무엇이겠는가? 타자의 신체와 외적인 대상 사이에 내가 정립하는 관계는 현실적으로 존재하는 관계이지만, 그것은 존재로서는 대타의 존재를 지니고 있다. 그런 관계에는 세계 내적인 유출의 하나의 중심이 전제되어 있으며, 그것에 대한 인식은 "거리를 둔 작용"이라고 하는 종류의, 하나의 마술적인 속성이다. 애당초 그런 관계는 대상-타자의 전망 속에 놓여 있다. 따라서 만일 우리가 신체의 본성에 대해 성찰하고자 한다면, 우리는 존재의 질서에 적합한 성찰의 질서를 정립해야 할 것이다. 우리는 계속해서 [두 개의] 존재론적 차원을 혼동할 수는 없다. 우리는 신체를 우선 대자존재로서의 한에서, 그리고 대타존재로서의 한에서 차례로 검토해야 한다. 그리고 "도립시"와 같은 종류의 부조리를 피하기 위해 우리는 신체의 이 두 가지 양상 중 한쪽이 다른 한쪽으로 환원 불가능하다는 사실을 염두에 두어야 한다. 왜냐하면 이 두 가지 양상이 두 개의 상이한 존재 차원 위에서 서로 소통 불가능한 상태로 있기 때문이다. 대자존재가 신체여야 하는 것은 전체로서이며, 대자존재가 의식이어야 하는 것도 역시 전체로서이다. 대자존재는 하나의 신체에 결합될 수 없을 것이다. 이와 마찬가지로 대타존재도 전체로서의 신체이다. 거기에 신체에 연결되어야 할 "심적 현상"이 따로 있지 않다. 신체 배후에는 아무것도 없다. 오히려 신체는 전체로서 "심적"이다. 우리가 지금 연구하고자 하는 것은 신체의 그 두 가지 존재 방식에 대해서이다.

I. 대자존재로서의 신체: 사실성

얼핏 보기에 우리가 앞에서 지적한 내용은 데카르트의 코기토의 소여들과 상반되는 것처럼 여겨진다. 데카르트에 따르면, "영혼은 신체보다 인식하기 쉽다." 그리고 이 말을 통해 데카르트가 보여 주고자 한 것은 반성에 도달할 수 있는 사고의 사실과, 그 인식이 신적인 선의에 의해 보증되고 있는 신체의 사실 사이의 근본적인 구별이다. 사실 반성이란 먼저 의식이라는 순수한 사실만을 우리에게 드러내 보이는 것 같다. 물론 사람들이 이 반성의 차원 위에서 마주치게 될 현상 중 어떤 것에는 그 자체 속에 신체와의 모종의 유대가 포함되어 있는 것처럼 보인다. 이를테면 "육체적" 고통, 불쾌, 쾌락 등의 현상이 그렇다. 하지만 이 현상들 역시 의식의 순수한 사실들인 것은 사실이다. 따라서 사람들은 이 현상들을 신체가 계기가 되어 나타나는 의식의 표지들, 의식의 감동들로 만들고자 하는 경향이 있다. 이때 그들은 스스로는 깨닫지 못한 채 신체를 의식으로부터 회복할 수 없을 정도로 축출한 것이며, 또 이미 대타-신체인 이 신체와 의식 — 그들이 신체를 표명한다고 주장하는 의식 — 은 어떤 유대를 하더라도 재결합될 수 없을 것이다.

그만큼 우리는 그곳에서부터 출발해서는 안 된다. 오히려 우리는 즉자에 대한 우리의 최초의 관계로부터, 즉 우리의 세계-내-존재로부터 출발해야 한다. 주지의 사실이지만, 한편으로 하나의 대자가 존재하지 않고, 다른 한편으로 하나의 세계가 각기 닫힌 두 개의 전체로서 존재하고, 또 그것들이 어떻게 서로 소통하는지를 이어서 고찰해야 한다는 것은 결코 아니다. 오히려 대자는 그 자신이 세계와의 관계이다. 대자는 자기 자신에 대해 자기가 존재임을 부정하면서 하나의 세계가 거기에 있게 만든다. 그리고 대자는 이런 부정을 자신의 고유한 가능성 쪽으로 뛰어넘음으로써 이것들을 도구-사물로 발견한다.

하지만 우리가 대자는 세계-내에 존재한다고 말할 때, 의식은 세계에 대한 의식이라고 말할 때, 세계는 무한히 다양한 상호적 관계로서 의식의 면전에 존재하고, 의식은 관점도 없이 그 위를 비상하며, 또 시점도 없이 이 관계를 관조한다는 식으로 이해하지 않도록 조심해야 한다. 나에게 있어 이 유리잔은 물병 왼쪽의 조금 뒤쪽에 있다. 그리고 피에르에게 있어 그것은 물병 오른쪽의 조금 앞쪽에 있다. 하나의 의식이 세계 위를 비상하고, 그 결과 그 의식에게 있어 이 유리잔이 물병의 오른쪽과 동시에 왼쪽에, 그리고 앞과 동시에 뒤에 존재하는 것으로 주어진다는 것은 생각조차 할 수 없다. 이것은 결코 동일률의 엄밀한 적용의 결과에 따르는 것은 아니다. 오히려 오른쪽과 왼쪽, 앞과 뒤의 융합은 하나의 원초적인 무차별의 중심에서 이것들을 전체적으로 소멸시키게 될 것이기 때문이다. 이와 마찬가지로 이 책상의 다리가 융단의 아라베스크 무늬를 나의 눈으로부터 가리고 있는 것은, 나의 시각기관의 어떤 유한성과 어떤 불완전함의 결과에 의한 것이 아니다. 그것은 오히려 책상에 의해 가려지지 않는 융단, 그리고 책상 밑에도 책상 위에도 또 책상 곁에도 존재하지 않는 융단은 이미 책상과 어떤 종류의 관계도 맺지 못할 것이기 때문이며, 또 이미 책상이 존재하는 이 "세계"에 더 이상 속하지 않을 것이기 때문이다. 그리되면 이것이라는 양상 아래 드러나는 즉자는 다시 그것의 무차별적인 동일성으로 돌아가게 될 것이다. 순수한 외면성의 관계로서의 공간 그 자체도 역시 소멸할 것이다. 사실 다양한 상호적 관계로서의 공간의 구성은 과학의 추상적인 관점에서만 이루어질 뿐이다. 그런 공간은 체험될 수도 없고, 표상될 수조차 없을 것이다. 내가 나의 추상적 추론을 돕기 위해 칠판 위에 그리는 삼각형은, 그것이 칠판 위에 존재하는 한에서, 필연적으로 그 한 변에 접하는 원의 오른쪽에 존재한다. 그리고 나의 노력은 분필로 그려진 도형의 구체적 특징을 뛰어넘기 위한 것이며, 그 경우에 나는 나와의 관계 속에서 그 도형의 방향은 생각하지도 못하며, 선의 굵기나 데생의 불완전함은 고려조차 하지 않는다.

이렇듯 하나의 세계가 존재한다는 사실만으로 이 세계는 나에 대해 일의적인 방향을 가지지 않고서는 존재할 수 없을 것이다. 관념론은 관계가 세계를 만든다고 하는 사실을 정당하게 주장했다. 하지만 관념론은 뉴턴 과학의 지반 위에 서 있었기 때문에, 이 관계를 상호적 관계로서 생각했다. 이렇게 해서 관념론은 순수한 외면성의 추상적인 개념, 즉 작용과 반작용 등의 개념에만 도달했을 뿐이다. 그리고 바로 이 사실 자체에 의해 관념론은 세계를 잃고, 절대적인 객관성이라고 하는 한계 개념(concept-limite)을 밝히는 일만을 했을 뿐이다. 이 개념은 결국 "사막의 세계" 또는 "인간이 없는 세계"라는 개념, 다시 말해 하나의 모순으로 되돌아왔다. 왜냐하면 하나의 세계가 거기 존재하는 것은 인간실재에 의해서이기 때문이다. 이렇듯 객관성이라는 개념은 독단론적 진리의 즉자를 표상 작용 사이의 상호적 일치라는 하나의 순수한 관계에 의해 대체하기를 겨냥했는데, 만일 사람들이 그것을 극단까지 밀고 간다면 객관성 개념 그 자체는 저절로 무너진다. 게다가 과학의 진보는 절대적인 객관성이라고 하는 관념을 포기하도록 유도했다. 오늘날 브로이[53]가 "경험"이라고 부르는 것은 관찰자를 배제하지 않는 일의적인 관계들의 하나의 체계이다. 그리고 원자물리학이 관찰자를 과학적 체계의 중심에 재통합시켜야 한다면, 그것은 단순한 주체성[주관성] ― 이 개념은 단순한 객관성의 관념과 마찬가지로 역시 의미를 갖지 않을 것이다 ― 의 자격으로서가 아니라, 하나의 세계와의 원초적 관계로서이고, 하나의 위치로서이며,

---

53 루이 드 브로이(Louis de Broglie, 1892~1987)는 프랑스의 물리학자이다. 1924년 박사 학위 논문에서 전자의 파동성을 수학적으로 증명하고, 모든 물질은 파동의 특성을 갖는다는 물질파(matter wave) 이론을 제안했다. 이 개념은 파동-입자 이중성의 예인 브로이 가설로 알려져 있으며, 양자역학 이론의 중심을 이룬다. 이 공로로 1929년 노벨 물리학상을 받았다.

고려된 모든 관계가 향하고 있는 목표로서이다. 따라서 예컨대 하이젠베르크[54]의 불확정성의 원리는 결정론적 가정의 파기로도, 또 그것의 확인으로도 고려할 수 없다. 다만 불확정성의 원리는 사물들 사이의 단순한 연결이기는커녕, 그 자체 속에 사물에 대한 인간의 근원적인 관계와 세계 속에서의 이 인간의 위치를 포함하고 있다. 이것은 예를 들면 운동을 하고 있는 물체의 크기를 비례적인 양으로 증대시킬 수 있기 위해서는 그 속도 관계를 바꾸지 않고서는 불가능하다는 사실에 의해서도 충분히 밝혀진다. 만일 내가 하나의 물체가 다른 하나의 물체 쪽으로 움직이는 것을 처음에는 눈으로 관찰하고, 그다음에는 현미경으로 관찰한다면, 그 물체는 두 번째 경우에 나에게 백 배는 더 빠르게 보일 것이다. 왜냐하면 운동을 하고 있는 물체는 그것이 향해 가는 목표물에 한층 더 가까이 간 것은 아니라고 해도, 같은 시간에 백 배는 더 큰 공간을 통과한 것이 되기 때문이다. 이렇듯 속도의 관념은, 만일 그것이 운동 중에 있는 물체의 주어진 크기와의 관계에서의 속도가 아니라면, 더 이상 아무것도 의미하지 못할 것이다. 하지만 세계 속에서 우리의 출현 그 자체에 의해 그 크기에 대해 결정을 내리는 자는 바로 우리-자신이다. 그리고 우리는 그것에 대해 결정을 내리지 않으면 안 된다. 그렇지 않으면 그 크기는 결코 존재하지 않을 것이다. 따라서 그 크기는 우리가 그것에 대해 갖는 인식과 상대적인 것이 아니라, 오히려 세계의 중심에서 우리의 최초의 구속(engagement)과 상대적이다. 이것은 상대성이론에 의해 완벽하게 밝혀졌다. 어떤 체계의 중심에 있는 한 명의 관찰자는, 그 체계가 정지

---

54 베르너 카를 하이젠베르크(Werner Karl Heisenberg, 1901~1976)는 독일의 이론물리학자로, 양자역학 분야의 선구자이다. 1927년 입자의 위치와 운동량을 정확하게 알 수 없다는 불확정성의 원리를 발표했다. 1932년 양자역학에 관한 연구와 불확정성의 원리에 대한 공로로 노벨 물리학상을 받았다.

해 있는지 또는 운동하고 있는지를 어떤 경험에 의해서도 결정할 수 없다. 하지만 이 상대성(relativité)은 하나의 "상대주의(relativisme)"가 아니다. 이 상대성은 인식에 관련되지 않는다. 좀 더 자세히 표현하면 이 상대성에는 독단론적인 가정이 함축되어 있는데, 이 가정에 의하면 인식은 존재하는 것을 우리에게 넘겨준다. 현대 과학의 상대성은 존재를 겨냥한다. 인간과 세계는 상대적인 존재이다. 그리고 그 양자의 존재 원칙은 관계이다. 이로부터 최초의 관계는 인간실재로부터 세계로 향해 가는 관계라는 결과가 도출된다. 나에게 있어 출현한다는 것은 사물에 대해 나의 거리를 펼치는 일이며, 그리고 바로 그것에 의해 사물을 그곳에 있게 만드는 것이다. 하지만 그 결과 사물은 정확히 "나-로부터-거리를-두고-존재하는-사물"이다. 이렇게 해서 세계는 나에게 이 일의적인 관계를 가리킨다. 이 관계는 나의 존재이며, 또 이 관계에 의해 나는 세계를 드러내 보이게 한다. 순수한 인식의 관점은 모순적이다. 단지 구속된 인식의 관점만이 존재할 뿐이다. 이것은 인식과 행동은 하나의 근원적이고 구체적인 관계의 추상적인 두 개의 면에 불과하다는 사실을 의미한다. 세계의 실재적인 공간은 레빈이 "호돌로지적"이라고 일컫는 공간이다. 사실 하나의 순수한 인식은 관점이 없는 인식이다. 그러니까 순수한 인식은 세계에 대한 인식이며, 원칙적으로 그 인식은 세계 밖에 위치할 것이다. 하지만 이것은 전혀 의미를 갖지 않는다. 인식하는 존재는 다만 인식일 뿐이다. 왜냐하면 인식하는 존재는 그 대상에 의해 정의될 것이며, 또 그 대상은 상호적 관계들의 전면적인 무차별 속에서 사라지게 될 것이기 때문이다. 이렇듯 인식은 일정한 관점 속에서 구속된 출현일 수밖에 없으며, 사람이란 그런 관점이다. 인간실재에게 있어 존재한다는 것은 거기에-있음이다. 다시 말해 "거기 그 의자 위에" 존재하는 것이며, "거기 그 책상 앞에" 존재하는 것이며, "거기 저 산정에, 이런저런 크기, 이런저런 방향 등으로" 존재하는 것이다. 그것은 하나의 존재론적인 필연성이다.

또한 그 점을 잘 이해해야 한다. 왜냐하면 이런 필연성은 두 개의 우연성 사이에서 나타나기 때문이다. 사실 한편으로, 만일 내가 거기에-있음의 형태로 존재하는 것이 필연적이라고 해도, 내가 있는 것은 완전히 우연적이다. 왜냐하면 나는 나의 존재의 근거가 아니기 때문이다. 다른 한편으로, 만일 내가 이런저런 관점에 구속되는 것이 필연적이라고 해도, 다른 모든 관점을 배제하고 바로 그 관점에 구속되어 있다는 것은 우연적이다. 우리가 대자의 사실성이라고 부른 것은 하나의 필연성을 그 사이에 포함하고 있는 이중의 우연성이다. 우리는 이 점을 이 책 제2부에서 기술했다. 우리는 그때 근거의 출현 또는 대자의 출현이 절대적인 사건 속에서 무화되고 또 삼켜져 버린 즉자는 그대로 대자의 중심에서 대자의 근원적인 우연성으로 머문다는 사실을 보여 준 바 있다. 이렇듯 대자는 하나의 끊임없는 우연성에 의해 지탱된다. 그런데 이 대자는 이 우연성을 그 자신의 부담으로 다시 떠맡고, 또 그것을 결코 제거할 수 없으면서도 자기에게 동화시키고자 한다. 어떤 경우에도 대자는 이 우연성을 자신에게서 발견하지 못하며, 또 어디에서도, 설령 그것이 반성적 코기토에 의해서라 할지라도, 대자는 이 우연성을 파악할 수도 없고 또 인식할 수도 없다. 왜냐하면 대자는 이 우연성을 항상 자신의 고유한 가능성을 향해 뛰어넘기 때문이며, 또 대자는 자신 속에서 대자가 그것으로 있어야 하는 무만을 만날 뿐이기 때문이다. 그렇지만 이 우연성은 계속 대자에 붙어 다닌다. 그리고 바로 이 우연성 때문에 나는 나를 나의 존재의 전적인 책임자로 파악하는 동시에 완전히 정당화할 수 없는 것으로 파악한다. 하지만 이런 정당화 불가능성을 세계는 나에 대한 이 세계의 일의적인 관계의 종합적 통일의 형태로 나에게 가리켜 보인다. 세계가 질서 있게 나에게 나타나는 것은 절대적으로 필요하다. 그리고 이 의미에서 이 질서는 바로 나이다. 우리가 이 책 제2부 마지막 장에서 기술한 것이 바로 나에 대한 이 이미지이다. 하지만 그 질서가 이 질서인 것은 전적으로 우연적이다. 이렇게 해서 그 질서는 존재 전체의 필연적이고 정당화할 수 없는 배치로 나타난다. 세계의 사물들의 절대적으로 필요하고 또 완전히 정당화될 수 없는 이 질서, 그리고 나의 출현이 그것을 필연적으로 존재케 하는 한에서 나 자신인 이 질서, 그러면서도 내가 나의 존재의 근거인 것도 아니고, 또 하나의 이런저런 존재의 근거도 아닌 한에서 나에게서 벗어나는 이 질서, 그것이 바로 대자의 차원 위에 존재하는 그대로의 신체이다. 이 의미에서 사람들은 신체를 나의 우연성의 필연성이 취하는 우연적인 형태(forme contingente que prend la nécessité de ma contingence)로 정의할 수 있을 것이다. 신체는 대자 외의 아무것도 아니다. 신체는 대자 속에서의 하나의 즉자가 아니다. 왜냐하면 이 경우 신체는 모든 것을 응고시키게 될 것이기 때문이다. 신체는 오히려 대자가 그 자신의 고유한 근거가 아니라고 하는 사실이다. 이것은 바로 그 사실이 우연적인 존재들 사이에 구속된 우연적인 존재로 존재해야 한다는 필연성에 의해 표현되는 한에서 그렇다. 그것으로서의 신체는 대자의 상황과 구분되지 않는다. 왜냐하면 대자에게 있어 존재한다(exister)는 것과 상황지어져(se situer) 있다는 것은 하나일 뿐이기 때문이다. 다른 한편으로 신체는, 세계가 대자의 총체적 상황이며, 대자존재의 척도인 한에서, 세계 전체에 동화되고 있다. 하지만 하나의 상황은 하나의 단순한 우연적 소여가 아니다. 이와는 정반대로 상황은 대자가 자기 자신을 향해 그것을 뛰어넘는 한에서만 드러내 보여질 뿐이다. 따라서 대자-신체는 결코 내가 인식할 수 없는 하나의 소여가 아니다. 신체는 거기에, 도처에, 뛰어넘어진 것으로 존재한다. 신체는 내가 나를 무화하면서 신체로부터 벗어나는 한에서만 존재할 뿐이다. 신체는 내가 무화하는 것이다. 신체는 무화하는 대자에 의해 뛰어넘어진 즉자이고, 또 이 초월 그 자체 속에서 대자를 다시 붙잡는 즉자이다. 신체는 내가 나 자신의 고유한 근거가 아닌 상태에서 내가 나 자신의 고유한 동기화라는 사실이다. 신체는 내가 있는 그대로의 것으로 있지 않는다면 아무것도 아니라는 사실이다. 게다가 내가 있는 그대로의 것으로 있어야 하는 한에서, 내가 있는 그대로의 것으로 있어야 하는 일 없이 존재한다는 사실이다. 따라서 어떤 의미에서 신체는 대자의 하나의 필연적인 특징이다. 신체가 창조자의 자의적인 결정의 산물이라는 것은 사실이 아니다. 또한 영혼과 신체의 결합은 근본적으로 구분되는 두 개의 실체의 우연적인 화합이라는 것도 사실이 아니다. 오히려 반대로 대자는 신체라는 대자의 본성으로부터, 다시 말해 존재로부터의 대자의 무화적인 탈출은 세계 속에서 하나의 자기 구속의 형태로 이루어진다는 대자의 본성으로부터 신체는 필연적으로 유래한다. 하지만 또 다른 의미에서 신체는 나의 우연성을 잘 드러낸다. 신체는 심지어 이 우연성일 뿐이다. 데카르트적 합리주의자들이 이런 특징에 충격을 받은 것도 당연했다. 사실 신체는 세계 속에서 발생하는 나의 구속의 개별화를 나타낸다. 그리고 플라톤이 영혼을 개별화하는 것으로 신체를 제시한 것도 결코 잘못된 것이 아니었다. 다만 대자가 신체의 고유한 개별화인 한에서, 영혼이 신체이다라고 가정하는 것은 헛된 일이다.

만일 우리가 이런 지적들을 감각적 인식(la connaissance sensible)의 문제에 적용한다면, 우리는 그 의의를 좀 더 자세히 파악할 수 있을 것이다.

감각적 인식의 문제는 우리가 감관(感官, sens)이라고 부르는 어떤 종류의 대상들이 세계 한복판에 출현하는 기회에 제기되었다. 우리는 먼저 타자가 눈을 가지고 있다는 사실을 단언했다. 그리고 시체를 해부하는 생리학자들이 눈이라고 하는 이 대상의 구조를 밝혔다. 그들은 각막과 수정체를 구별했고, 수정체와 망막을 구별했다. 그들은 수정체라고 하는 대상을 렌즈라고 하는 특수한 대상의 부류로 분류했다. 그리고 그들의 연구 대상에는 렌즈에 대한 기하광학의 법칙이 적용될 수 있음을 밝혔다. 외과 수술 기구들이 점점 더 완벽해짐에 따라 훨씬 더 정밀한 해부가 가능해졌으며, 그 결과 우리는 하나의 신경 다발이 망막에서 나와 뇌에까지 이르고 있다는 사실을 알게 되었다. 또 우리는 현미경으로 시체의 신경을 조사했다. 그 결과 우리는 신경의 경로, 신경의 출발점과 신경의 도달점을 정확히 결정했다. 이렇듯 이런 인식의 총체는 눈이라고 불리는 어떤 공간적 대상에 관련된 것이다. 이런 인식에는 공간의 존재와 세계의 존재가 포함되어 있다. 이외에도 이런 인식에는 우리가 그 눈을 볼 수 있고, 그 눈을 만질 수 있다는 것, 다시 말해 우리가 우리 자신이 사물에 대해 감각적 관점을 지니고 있음이 포함되어 있었다. 마지막으로 눈에 대한 우리의 인식과 눈 그 자체 사이에는 우리의 모든 기술적 인식(해부용 칼이나 메스를 제작하는 기술), 과학적 인식(예컨대 현미경을 조립하거나 다루는 일을 가능케 해 주는 기하광학) 등이 중간에 끼어 있었다. 요컨대 나와 내가 해부하는 눈 사이에는 내가 나의 출현 그 자체에 의해 그것을 나타나게 하고 있는 그대로의 세계 전체가 개입되어 있다. 나아가 한층 더 진보한 검사법을 통해 우리는 우리의 신체 주변에 있는 여러 개의 신경말단의 존재를 확인할 수 있게 되었다. 우리는 그런 말단의 어떤 것에 대해 따로따로 작용할 수 있게 되었으며, 또 살아 있는 피실험자에 대해 그 실험을 할 수 있게 되었다. 이제 우리는 세계의 두 가지 대상의 현전에 우리 자신이 놓여 있음을 알게 되었다. 한편으로는 자극자이고, 다른 한편으로는 우리가 자극하는 감각세포 또는 자유로운 신경말단이 그것이다. 자극자는 어떤 물리-화학적인 대상이고, 전류이며, 기계적이거나 화학적 작용 요인으로, 우리는 그것의 속성을 정확히 알고 있고, 또 우리는 일정한 방법으로 그 강도나 지속을 바꿀 수 있게 되었다. 따라서 문제가 된 것은 두 개의 세계적인 대상이다. 그리고 그 두 개 사이의 세계 내적 관계는 우리 자신의 감관에 의해 또는 기구를 사용으로써 확인할 수 있었다. 게다가 이 관계에 대한 인식은 다시 과학적이고 기술적인 인식의 체계 전체, 요컨대 하나의 세계의 존재와 또 이 세계 속에서의 우리의 근원적인 출현을 전제하는 것이었다. 또한 우리의 경험적인 조사 결과, 우리는 대상-타인의 "내면"과 그 대상적인 확인의 총체 사이에서 하나의 관계를 생각할 수 있게 되었다. 사실 우리는 어떤 감관에 작용함으로써 우리가 타인의 의식에 "변화를 일으킴"을 알게 되었다. 우리는 그것을 언어를 통해, 다시 말해 타인의 유의미적이고 객관적인 반응을 통해 알게 되었다. 어떤 물리적 대상(자극자, 하나의 생리적인 대상, 감관), 어떤 심적 대상(타인, 객관인 의미 표출, 언어), 이런 것들이 바로 우리가 확립하고자 했던 대상적인 관계의 항목들이다. 그중 어떤 것을 가지고도 우리가 대상의 세계에서 밖으로 나갈 수 없었다. 우리는 생리학자들이나 심리학자들의 연구에 피실험자로도 이용되기까지 했다. 만일 우리가 이런 종류의 실험에 가담할 준비가 되어 있다면, 우리는 갑자기 실험실로 가게 될 것이며, 그리고 우리는 거기에서 조금 밝은 스크린을 지각하거나, 약한 전기진동을 느끼게 되거나, 또는 무엇인지 아주 정확하게 결정할 수는 없지만, 세계 한복판에서, 또 우리에게 저항하는 그것의 전체적인 현전을 우리가 파악하는 하나의 대상이 우리를 가볍게 스치고 지나감을 느끼는 것이었다. 단 한순간도 우리는 세계에서 고립되어 있지 않았다. 그 모든 사건은 어떤 실험실에서, 파리 한복판에서, 소르본의 남쪽 건물에서 우리에게 발생한 것이었다. 우리는 타자 앞에 머물러 있었다. 그리고 이 실험의 의미 자체가 요구하는 것은 우리가 언어를 통해 타인과 소통할 수 있다는 것이었다. 실험자는 우리에게 스크린이 더 밝게 보이는가 덜 밝게 보이는가, 또 우리의 손 위에 가해지는 압력이 더 강하게 느껴지는가 덜 강하게 느껴지는가를 물었다. 그러면 우리는 거기에 답했다. 다시 말해 우리는 우리의 세계 한복판에 나타나는 사물에 대한 대상적인 정보를 주었던 것이다. 아마도 서툰 실험자라면 "우리의 빛의 감각이 더 강해졌는가 약해졌는가, 그리고 그 강도가 더 커졌는가 줄었는가?" 하고 우리에게 물을 수도 있다. 하지만 우리는 대상 한복판에서 그것을 관찰 중에 있었으므로, 만일 우리가 주어진 어떤 순간에 세계 속에서 우리에게 나타나게 되는 대로의 대상적인 빛을 '빛의 감각'이라고 부르도록 오래전부터 배우지 않았더라면, 이런 표현은 우리에게 아무런 의미를 가지지 못했을 것이다. 따라서 우리는 예컨대 불빛의 감각의 강도가 덜 강했다고 답한 것이다. 하지만 우리는 이 답으로 우리의 의견으로는 스크린의 밝기가 줄어들었다는 것을 말하고자 했다. 그리고 "우리의 의견으로"라는 이 말은, 만일 그것이 우리에게 있어 세계의 대상성과 실험적인 척도와 정신들 사이의 일치의 결과인, 한층 더 엄밀한 대상성을 혼동하지 않으려는 하나의 노력에 대응하는 것이 아니라면, 그 어떤 현실적인 것에도 상응하지 않는 것이었다. 왜냐하면 우리는 사실상 스크린의 밝기가 줄어든 것으로 파악했기 때문이다. 어쨌든 우리가 인식할 수 없었던 것, 그것은 실험자가 그 시간 동안 관찰하고 있었던 어떤 대상이다. 그리고 이 대상은 우리의 시각기관이나 촉각의 말단이었다. 따라서 실험 끝에 얻어진 결과는 두 계열의 대상을 관계 짓는 것뿐이었다. 한쪽 계열은 이 실험 중에 우리에게 드러나 보이게 된 대상들이었고, 또 다른 한쪽 계열은 같은 시간 중에 실험자에게 드러나 보여지게 된 대상들이었다. 스크린의 밝기는 나의 세계에 소속되었다. 반면 객관적인 기관으로서의 나의 눈은 실험자 세계에 소속되었다. 따라서 이 두 계열의 연결은 두 세계 사이에 놓인 다리와 같다. 하지만 어떤 경우에도 이 연결은 주관적인 것과 객관적인 것과의 대응표일 수는 없었다.

그렇다면 사실 이 실험실 안에서, 파리에서, 2월 어느 날에 등으로 나에게 나타나는 그대로의 빛을 내는 대상, 또는 무게가 나가는 대상, 또는 냄새가 나는 대상의 총체를 사람들은 어떤 이유로 주관성 (subjectivité)이라고 부르는가? 그리고 만일 우리가 어쨌든 이 총체를 주관적인 것으로 여겨야 한다면, 같은 실험실에서, 2월의 같은 날에 동시적으로 실험자에게 드러내 보였던 대상들의 체계에 대해 왜 대상성을 인정해야 하는가? 여기에는 두 개의 저울추도 두 개의 척도도 없다. 우리는 그 어디에서도 순수하게 느껴지는 것으로, 즉 대상화되지 않고 나에게 체험되는 것으로 주어지는 무엇인가를 만나지 못할 것이다. 여느 때와 마찬가지로 이 경우에서도 나는 세계에 대해 의식하고 있고, 또 세계의 배경 위에서 어떤 초월적인 대상에 대해 의식하고 있다. 여느 때나 마찬가지로 나는 내가 그것으로 있어야 하는 가능성을 향해서, 예컨대 실험자에게 정확히 대답할 가능성, 그리고 실험을 성공시킬 가능성을 향해 나에게 드러내 보여진 것을 뛰어넘는다. 물론 다음과 같은 비교는 몇몇 객관적인 결과를 낳을 수 있다. 예컨대 내가 뜨거운 물에 손을 담그고 난 후에 다시 미지근한 물에다 손을 담근다면, 나는 그 물이 나에게 차갑게 느껴진다고 단언할 수 있다. 하지만 "감각의 상대성의 법칙"이라고 과장되게 지칭되는 단언은 결코 감각에 관계되지 않는다. 여기에서 문제가 되고 있는 것은 나에게 드러나 보여진 대상이 가진 하나의 성질이다. 미지근한 물은 내가 거기에 뜨거운 내 손을 넣었을 때 차가운 것이다. 다만 그 물이 가진 이 대상적인 성질과 마찬가지로 하나의 대상적인 정보 — 온도계가 나에게 주는 정보 — 와의 비교는 나에게 하나의 모순을 드러내 보여 준다. 이 모순이 나의 편에서 참된 대상성에 대한 자유로운 선택을 동기 짓는다. 나는 내가 선택하지 않은 대상성을 주관성이라고 부를 것이다. "감각의 상대성"의 이유에 대해 보면, 좀 더 진일보한 검사법을 통해 내가 형태(게슈탈트)라고 부르게 될 대상적이고 종합적인 몇몇 종류의 구조에서 그 이유가 나에게 드러날 것이다. 뮐러-라이어 착시,[55] 감각의 상대성 등은 그런 형태의 구조에 관련된 대상적인 법칙들에게 주어진 각각의 이름이다. 이 법칙들은 외관에 대해 우리에게 가르쳐 주지 않으며, 오히려 이 법칙들은 종합적인 구조에 관련된다. 나는 세계 속에서의 나의 출현이 단지 대상들 상호 간의 관계 맺기를 생겨나게끔 하는 한에서만 여기에 개입할 뿐이다. 그것으로서 그 대상들은 형태로서 드러내 보여진다. 과학적 대상성은 구조를 전체로부터 고립시키고 그 구조만을 따로 고찰하는 것으로 이루어진다. 그렇게 되면 그 구조는 다른 특징들을 가지고 나타난다. 하지만 어떤 경우에도 우리는 하나의 존재하는 세계로부터 밖으로 나오지 못한다. 이와 마찬가지로 사람들은 "감각의 문지방(seuil de la sensation)" 또

---

55 뮐러-라이어 착시(Müller-Lyer illusion)는 1889년 독일의 심리학자이자 사회학자 프란츠 칼 뮐러-라이어(Franz Carl Müller-Lyer, 1857~1916)가 고안한 것이다. 세 개의 스타일화된 화살표(<—>, >—< <—<)로 구성된 착시 현상으로, 보는 사람이 세 개의 그림의 중간 지점에 표시를 하라는 요청을 받으면 항상 꼬리 끝에 더 많이 표시한다.

는 감관의 특수성(spécificité des sens)이라 불리는 것도 역시 있는 그대로의 대상에 대한 순수한 규정으로 귀착됨을 보여 줄 것이다.

하지만 사람들은 자극자와 감각기관과의 이 대상적인 관계 그 자체가 대상적인 것(자극자-감각기관)과 주체적인 것(순수한 감각)과의 관계를 향해 뛰어넘어지기를 바랐다. 왜냐하면 이 주관적인 것이 감각기관의 중개로 자극자가 우리에게 미치는 작용에 의해 정의되기 때문이다. 감각기관은 자극자에 의해 영향을 받는 것처럼 우리에게 보인다. 사실 감각기관 속에 나타나는 원형질적이고 물리화학적인 변화는 그 기관 자체에 의해 산출되지 않는다. 그 변화는 밖으로부터 이 기관에게로 온다. 우리는 최소한 모든 자연을 외면성으로 구성하고 있는 타성의 원리에 충실하기 위해 그것을 긍정한다. 따라서 우리가 현재 지각하는 자극자-감각기관이라고 하는 대상적 체계와 또 우리에게서 대상-타인의 내적 속성의 총체인 주관적 체계와의 사이에 우리가 상호 관계를 세울 때, 우리는 감관의 자극과 연결해 방금 이 주관성 속에 나타난 새로운 양상 역시 그 자신 외의 것에 의해 생겨남을 인정하지 않을 수 없다. 만일 이 새로운 양상이 실제로 자발적으로 생겨났다면, 그 결과로 이 새로운 양상과 자극을 받은 기관과의 모든 연결은 끊어질 것이다. 또는 이렇게 말하는 것이 좋다면, 사람들이 그 양자 사이에 세울 수 있는 관계는 아무래도 좋은 관계가 될 것이다. 따라서 우리는 지각될 수 있는 가장 작고 가장 짧은 자극에 대응하는 대상적인 단위를 생각하게 될 것이다. 그리고 우리는 그것을 감각(sensation)이라고 이름 붙일 것이다. 이 단위에 우리는 타성(l'inertie)을 부여할 것이다. 다시 말해 이 단위는 순수한 외면성일 것이다. 왜냐하면 이것으로부터 출발해서 생각된 이 단위가 즉자의 외면성에 관여할 것이기 때문이다. 감각의 핵심에 투사된 이 외면성은 감각을 거의 그 존재 자체에서 엄습한다. 감각의 존재 이유와 그 존재 기회는 감각 외부에 있다. 따라서 감각은 그 자체에 대한 외면성이다. 이와 동시에 감각의 존재 이유는 감각과 동일한 본성을 가진 어떤 "내면적인" 사실 속에 존재하는 것이 아니다. 그 존재 이유는 오히려 하나의 대상 속에, 즉 자극자 속에, 그리고 또 다른 하나의 실재적인 대상, 즉 감각기관에 영향을 끼치는 변화 속에 존재한다. 그렇지만 어떤 종류의 존재 차원에 존재하면서 자기 혼자만으로는 자신을 지탱할 수 없는 어떤 종류의 존재가, 근본적으로 다른 존재 차원에 서 있는 하나의 존재자에 의해 존재로까지 규정되는 것은 여전히 생각할 수 없는 것이므로, 나는 감각을 지탱하기 위해, 그리고 감각에게 존재를 제공하기 위해, 감각과 동질적이고, 감각과 마찬가지로 외면성으로 구성되어 있는 하나의 장(場, un milieu)을 생각한다. 이런 장을 우리는 정신(esprit)이라고 부르고, 때로는 의식이라고 부르기까지 한다. 하지만 나는 이 의식을 타인의 의식으로, 다시 말해 하나의 대상으로 생각한다. 그럼에도 내가 감각기관과 감각 사이에 세우고자 하는 관계는 보편적인 관계이어야 하기 때문에, 그렇게 생각된 의식은 대타적으로(pour l'autre)가 아니라 오히려 즉자적으로 나의 의식이기도 해야 한다고 생각한다. 이렇게 해서 나는 일종의 내적 공간을 확정했다. 그런데 이 내적 공간에서 감각이라고 불리는 어떤 종류의 형태가 외적 자극이 주어지는 기회에 형성된다. 이런 공간은 순수한 수동성이기 때문에, 나는 이 공간이 이 감각을 감내한다(subit)고 선언한다. 하지만 그것으로 내가 다만 이 공간이 감각에 대해 모태의 역할을 하는 내적인 장으로 소용된다는 것만을 의미하는 것은 아니다. 나는 지금 하나의 생물학적 세계관으로부터 영감을 받는데, 이 세계관은 내가 고려된 감각기관에 대한 나 자신의 대상적인 개념으로부터 빌려 온 것이다. 그리고 나는 이 내적인 공간은 그것의 감각을 살고 있다고 주장한다. 이렇게 해서 "생명"은 하나의 수동적인 장과 이 장의 수동적인 방식 사이에 내가 정립하는 하나의 마술적인 연결이다. 정신은 그 자체의 고유한 감각을 만들어 내지 않는다. 이 이유로 감각은 정신에 대해 외면적으로 머물러 있다. 하지만 다른 한편으로 정신은 감각을 삶으로써 그것을 자기 것으로 소유한다. 사실 살아지는 것(vécu)과 살고 있는 것(vivant)과의 통일은 더 이상 공간적인 병치도 아니고, 또 포함되는 것과 포함하는 것과의 관계도 아니다. 그것은 하나의 마술적 내속(內屬, une inhérence magique)이다. 정신은 감각과는 구별되는 것으로 머물면서도 그 자체의 고유한 감각이다. 그 결과 감각은 타성적인 것, 수동적인 것, 그리고 단순히 살아지는 것으로서 하나의 특수한 유형의 대상이 된다. 이제 우리는 이 감각에 대해서 절대적인 주관성을 부여할 수밖에 없다. 하지만 이 주관성이라는 말을 잘 이해해야 할 필요가 있다. 여기에서 이 말은 하나의 주관에 대한 귀속, 다시 말해 자발적으로 자기를 동기 짓는 하나의 자기성에 대한 귀속을 의미하지 않는다. 심리학자가 말하는 주관성은 전혀 다른 종류의 것이다. 앞의 의미와는 반대로 이 주관성은 타성과 모든 초월의 부재를 나타낸다. 여기에서는 자기 자신으로부터 밖으로 나갈 수 없는 것이 바로 주관적인 것이다. 그리고 정확히 감각이 단순한 외면성이며, 정신 속에서의 하나의 인상밖에 될 수 없는 한에서, 또 감각이 자기일 뿐이고, 또 하나의 소용돌이에 의해 심적 공간에서 형성된 형태일 뿐인 한에서, 감각은 초월이 아니다. 감각은 단순히 당하는 것[감내된 것]이며, 우리의 수용성에 대한 단순한 규정이다. 감각은 주관성이다. 왜냐하면 그것이 결코 표출적(présentative)인 것도 아니고, 또 표상적(représentative)인 것도 아니기 때문이다. 대상-타자가 가지는 주관적인 것, 그것은 단순하게 하나의 닫힌 작은 상자이다. 감각은 이 작은 상자 속에 있다.

이것이 감각 개념이다. 우리는 이 개념의 부조리성을 본다. 무엇보다도 먼저 이 개념은 단순히 고안된 것이다. 이 개념은 내가 나 자신 속에서 또는 타자에 대해서 경험하는 그 어떤 것에도 상응하지 않는다. 우리는 오직 대상적인 우주만을 파악했을 뿐이다. 우리의 개인적인 모든 규정에는 세계가 전제되어 있으며, 또 그 규정은 세계에 대한 관계로서 출현한다. 감각에도 이미 인간이 세계 속에 존재하는 것이 전제되어 있다. 왜냐하면 그가 감각기관을 갖추고 있기 때문이다. 그리고 감각은 그의 안에서 세계와 더불어 그가 맺는 관계의 순수한 정지로 나타난다. 이와 동시에 이 순수한 "주관성"은 감각의 출현으로 인해 방금 소멸된 그 모든 초월하는 관계를 재건하기 위해 필요한 기초로 주어진다. 이렇게 해서 우리는 다음과 같은 세 가지 사고의 계기와 만나게 될 것이다. (1) 감각을 수립하기 위해 사람들은 어떤 종류의 실재론에서 출발해야 한다. 따라서 타자에 대한 우리의 지각, 타자의 감각기관, 또 유도 도구를 유효한 것으로 여겨야 한다. (2) 하지만 감각의 수준에서는 이런 모든 실재론이 사라진다. 감각, 즉 작용을 당한 단순한 변화는 오직 우리 자신에 대해서만 정보를 줄 뿐이다. 감각은 살아지는 것에 속한다. (3) 그렇지만 내가 외적 세계에 대해 나의 인식의 기초로 줄 수 있는 것이 바로 이 감각이다. 이 기초는 사물과의 실재적인 접촉의 근거가 될 수는 없을 것이다. 이 기초는 정신의 지향적인 구조를 생각하는 것을 우리에게 허용하지 않는다. 우리가 대상성이라고 불러야 하는 것은 존재와의 직접적인 연결이 아니라, 오히려 훨씬 더 많은 항상성, 또는 더 많은 규칙성을 제시하는, 또는 우리의 표상의 총체와 더 잘 일치할 수 있는 감각의 몇몇 결합이다. 특히 그렇게 해서 우리는 타자에 대한 우리의 지각, 타자의 감각기관, 그리고 여러 가지 유도 도구를 정의해야 할 것이다. 여기에서 문제가 되는 것은 하나의 특수한 일관성을 지닌 주관적인 형성물이다. 그것이 전부이다. 이 수준에서 내가 타자에게서나 나 자신에게서 지각하는 것과 같은 감각기관에 의해 나의 감각을 설명하는 것이 문제가 되지 않을 것이다. 오히려 이와 정반대로 나는 감각기관을 나의 감각들의 일종의 연합으로 설명한다. 사람들은 불가피한 순환을 본다. 타자의 감각에 대한 나의 지각은 나에게 감각에 대한 설명을 위한, 특히 나의 감각에 대한 설명을 위한 근거로 소용된다. 하지만 역으로 그렇게 생각된 나의 감각은 타자의 감각에 대한 나의 지각의 유일한 실재를 구성한다. 그리고 이 순환에서 그 동일한 대상, 즉 타자의 감각기관은 그 각개의 출현에서 동일한 본성도 동일한 진리도 지니지 않는다. 이 대상은 먼저 실재이며, 또한 그것이 정확히 현실이기 때문에, 이 대상은 그것을 부정하는 하나의 이론을 근거짓는다. 외관적으로 감각에 대한 고전적 학설의 구조는 정확히 거짓말쟁이에 대한 냉소적 논의의 구조와 같다. 이 논의에서 크레타인이 자기가 거짓말하는 것을 알게 되는 것은 정확히 그가 진실을 말하고 있기 때문이다.[56] 하지만 이외에도, 우리가 방금 살펴본 것처럼, 하나의 감각은 순수한 주관성이다. 이런 주관성을 가지고 우리가 어떻게 하나의 대상을 구축하는 것을 바랄 수 있는가? 어떤 종합적인 집합체도 원칙적으로 살아지는 것에 속하는 것에 대해 대상적인 성질을 부여할 수는 없다. 만일 세계 속에 대상들에 대한 지각이 존재해야 한다면, 우리의 출현 그 자체부터 우리

---

56 기원전 6세기에 크노소스 혹은 파이스토스 출신의 예언자이자 철학자, 시인인 에피메니데스(Epimenides)는 모든 크레타인은 거짓말쟁이라고 주장했는데, 다음과 같은 추론에 의해 모순에 봉착한다. 그의 주장이 맞다고 전제하면, 모든 크레타인은 거짓말쟁이이다. 그런데 에피메니데스는 크레타인이다. 그러므로 에피메니데스는 거짓말쟁이이다. 거짓말쟁이의 말은 거짓말이므로, 에피메니데스의 말은 거짓말이다. 에피메니데스의 말이 거짓말이므로, 어떤 크레타인도 거짓말쟁이가 아니다.

가 세계와 대상들 앞에 존재해 있어야 한다. 감각은 주관적인 것과 대상적인 것과의 사이의 혼종 개념이며, 대상으로부터 출발해서 생각되고, 이어서 주관에게 적용된 개념으로, 그것이 사실상 존재하는 것인지, 아니면 권리상 존재하는 것인지를 결정할 수 없는 사생아적 존재이다. 감각이란 결국 심리학자의 순수한 몽상이다. 그만큼 감각이라는 개념은 의식과 세계와의 관계에 대한 진지한 모든 이론으로부터 특히 제외되어야 한다.

하지만 만일 감각이 하나의 말일 뿐이라면, 감관은 어떻게 되는가? 사람들은 물론 우리가 우리 자신의 내부에서 감각이라고 하는 엄밀히 주관적이고 또 환영적인 인상을 결코 만나지 못할 것이라는 사실을 인정할 것이다. 또 사람들은 내가 이 노트의 그 녹색과 그 나뭇잎의 그 녹색밖에는 결코 파악하지 못함을 인정할 것이다. 그리고 나는 결코 녹색이라고 하는 감각을 파악하는 것이 아니며, 지향에 의해 대상-녹색 속에서 활기를 띠게 하는 질료적인 물질로 후설이 제기하고 있는 "준-녹색"을 파악하는 것도 아니다. 사람들은 힘들이지 않고 다음과 같은 사실을 납득했다고 선언할 것이다. 즉 현상학적 환원이 가능함을 전제한다면 — 이것은 입증되어야 할 것으로 남아 있다 — 이 현상학적 환원은 인상적인 잔여의 상호 관련자로서가 아니라, 정립적 행위의 단순한 상호 관련자로서, 괄호 속에 넣어진 대상 앞에 우리를 놓아두게 될 것이라는 사실이 그것이다. 하지만 감각이 그대로 머물러 있다는 것은 여전히 사실이다. 나는 이 녹색을 본다. 나는 이 반들반들하고 차가운 대리석을 만진다. 나는 사고로 인해 어떤 감관을 완전히 잃어버릴 수도 있다. 나는 시력을 잃을 수도 있고, 귀머거리가 될 수도 있다 등. 이 경우 우리에게 감각을 주지 않는 감관이란 대체 무엇인가?

답은 쉽다. 먼저 감관은 도처에 있지만, 어디에서도 파악할 수 없다는 사실을 지적하자. 책상 위에 있는 이 잉크병은 하나의 사물 형태로 나에게 직접적으로 주어져 있다. 그렇지만 이 잉크병은 보는 것에 의해 나에게 주어진다. 이것은 이 잉크병의 현전은 볼 수 있는 현전이며, 또 나는 이것이 볼 수 있는 것으로 나에게 현전해 있다는 것을 의식함을 의미한다. 다시 말해 나는 그것을 보는 것(에 대한) 의식을 가지고 있다. 하지만 보는 것은 이 잉크병에 대한 인식임과 동시에 모든 인식으로부터 벗어나는 것이다. 보는 것에 대한 인식은 존재하지 않는다. 반성에 의해서조차도 이 보는 것에 대한 인식은 우리에게 주어지지 않을 것이다. 사실 나의 반성적 의식은 나에게 어떤 감각기관의 작용에 대한 인식이 아니라 잉크병에 대한 나의 반성된 의식에 대한 인식을 줄 것이다. "눈은 스스로 그 자체를 볼 수 없다."라고 한 오귀스트 콩트의 유명한 말은 이 의미로 이해되어야 한다. 사실 우리의 시각기관에 또 다른 하나의 구조나 하나의 우연적인 배치가 생겨 우리의 두 눈이 보는 동안 그 두 눈을 제3의 눈이 보는 것은 가능할 것이다. 나의 손이 만지고 있는 동안에 나는 그 손을 볼 수 있으며, 또 그 손을 만질 수 있지 않은가? 하지만 이때 나는 나의 감관 위에 타인의 관점을 취하게 될 것이다. 나는 대상-두 눈을 보게 될 것이다. 나는 보고 있는 그 눈을 볼 수 없다. 나는 만지고 있는 손을 만질 수 없다. 이렇듯 감관은, 그것이 대아적으로 존재하는 한, 파악할 수 없다. 감관은 나의 감각의 무한한 집합이 아니다. 왜냐하면 나는 이 세계의 대상들밖에는 결코 만나지 못하기 때문이다. 다른 한편, 만일 내가 나의 의식 위에 반성적 시선을 돌린다고 하면, 나는 세계-내-이런저런 사물에 대한 나의 의식을 만나게 되겠지만, 나의 시감관이나 나의 촉감관을 만나지는 못할 것이다. 결국 만일 내가 나의 감각기관을 보거나 만질 수 있다면, 나는 세계 속에서 순수한 대상들의 계시를 얻는 것이지, 드러나 보이는 활동성이나 구성적인 활동성의 계시를 얻는 것은 결코 아니다. 그렇다고 해도 감관은 거기에 존재한다. 보는 것, 만지는 것, 듣는 것은 거기에 존재한다.

하지만 다른 한편으로 만일 내가 나에게 나타나는 보여진 대상들의 체계를 고찰하면, 나는 이 대상들이 어떤 것이라도 상관없는 하나의 질서에서 나에게 현전하는 것이 아니라는 것을 확인한다. 이 대상들은 방향지어져 있다. 따라서 감관은 어떤 파악될 수 있는 행위에 의해서도 규정될 수 없고, 또 체험된 상태들의 연속에 의해서도 규정될 수 없기 때문에, 우리에게 남아 있는 것은 감관을 그것의 대상들에 의해 정의하고자 시도하는 일이다. 만일 보는 것이 시감각들의 총합이 아니라면, 이것은 보여진 대상들의 체계가 될 수 없는가? 이 경우 우리가 방금 지적한 방향(orientation) 개념으로 되돌아가 그 의미를 파악하려고 시도해야 한다.

첫 번째로 방향은 사물의 구성적인 구조의 하나라는 사실을 지적하자. 대상은 세계의 배경 위에 나타난다. 그리고 방금 나타난 다른 이것들과의 외면적인 관계에서 나타난다. 이렇듯 이 대상의 드러남에는 전체적인 지각장 또는 세계라고 하는 하나의 무차별적인 배경의 보완적인 구성이 내포되어 있다. 따라서 형태와 배경의 이 관계의 형식적인 구조는 필연적이다. 한마디로 말해 하나의 시각장, 하나의 촉각장, 하나의 청각장의 존재는 하나의 필연성이다. 예컨대 침묵은 무차별적인 소리의 음향의 장이며, 그 장 위로 우리가 주의를 기울이고 있는 특정한 소리가 미끄러져 들어가는 것이다. 하지만 어느 특정한 이것과 배경과의 물질적인 연결은 선택된 연결임과 동시에 주어진 연결이다. 이 연결은 대자의 출현이 세계를 배경으로 하는 하나의 어느 특정한 이것에 대한 뚜렷하고 내적인 부정인 한에서 선택된 연결이다. 나는 찻잔이나 잉크병을 바라본다. 또 이 연결은 나의 선택이 나의 출현의 사실성 자체를 나타내고 있는 이것들의 하나의 근원적인 배치로부터 출발해서 이루어진다는 의미에서 주어진 연결이다. 그 책이 나에게 책상 오른쪽에 나타나느냐 또는 왼쪽에 나타나느냐 하는 것은 필연적이다. 하지만 그 책이 나에게 정확히 책상 왼쪽에 나타나는 것은 우연적이다. 결국 책상 위에 있는 그 책을 바라보든, 그 책을 떠받치고 있는 그 책상을 바라보든, 나는 자유이다. 우리가 감관이라고 부르는 것은 필연성과 나의 선택의 자유 사이에 있는 우연성이다. 이 우연성에는 대상이 항상 전체로서 단번에 나에게 나타난다는 사실이 함축되어 있다. 내가 보는 것은 이 정육면체이며, 이 잉크병이며, 이 찻잔이다. 하지만 이 우연성에는 이런 나타남이 언제나 어떤 특수한 전망 속에서 일어나며, 또 이런 특정한 전망이 세계라는 배경과 또 다른 이것들에 대한 이 대상의 관계를 표현한다는 사실이 함축되어 있다. 내가 듣는 것은 언제나 바이올린의 소리이다. 하지만 내가 이 바이올린 소리를 어떤 문을 통해 듣는다거나, 열린 창을 통해 듣는다거나 또는 콘서트홀에서 듣는다거나 하는 것은 필연적이다. 그렇지 않다면 이 대상은 이미 세계 한복판에 존재하지 않을 것이다. 또 이 대상은 세계-한복판에-출현하는-하나의-존재자에게 나타나지 않을 것이다. 하지만 다른 한편으로 모든 이것이 동시에 세계라는 배경에 나타날 수는 없는 것이 사실이라 해도, 그중 어떤 것들의 출현으로 또 다른 어떤 것들과 배경과의 융합이 일어나는 것이 사실이라 해도, 또 각개의 이것이 그 자체를 위해 무한한 나타나는 방식을 가지고 있지만, 동시에 단 한 가지 방법에 의해서밖에 나타날 수 없다는 것이 사실이라 해도, 이런 출현의 규칙들은 주관적이고 심리적인 것으로 간주되어서는 안 된다. 이 규칙들은 엄밀히 대상적이며, 사물들의 본성으로부터 유래한다. 잉크병이 책상의 일부를 나에게 감추고 있다고 해도, 이 사실은 나의 감관의 본성으로부터 유래하는 것이 아니며, 오히려 그 잉크병의 본성이나 빛의 본성으로부터 유래하는 것이다. 이 대상이 멀어져 감에 따라 작아진다면, 관찰자 쪽에서의 뭔지 모를 착시에 의해 그것을 설명해서는 안 되며, 오히려 투시원근법이 지니는 엄밀한 외적인 법칙에 의해 그것을 설명해야 한다. 이렇게 해서 그런 대상적인 법칙에 의해 엄밀히 대상적인 하나의 준거 중심이 규정된다. 예컨대 한 투시원급법의 도식 위에서 눈이 모든 대상적인 선분의 수렴점인 한, 그 준거의 중심은 바로 눈이다. 이렇듯 지각장은 이런 준거에 의해 대상적으로 규정되는 하나의 중심을 참고하는데, 이 중심은 그 주위에 방향지어지는 그 장 자체 안에 상황지어져 있다. 다만 바로 그 해당된 지각장의 구조로서의 이 중심을 우리가 보고 있는 것이 아니다. 우리가 바로 그 중심이다. 이렇게 해서 세계의 대상들의 질서는 우리에게 끊임없이 하나의 대상의 이미지를 가리키는데, 이 대상은 원칙적으로 우리에 있어 대상일 수 없다. 왜냐하면 이 대상은 우리가 그것으로 있어야 하는 것이기 때문이다. 이렇듯 세계의 구조에는 우리는 보여지는 존재가 아니고서는 볼 수 없다는 사실이 함축되어 있다. 수많은 세계-내적인 준거는 세계의 대상들에 대해서만 이루어질 수 있을 뿐이다. 그리고 바라보여진 세계는 계속해서 하나의 볼 수 있는 대상을 규정하며, 이 세계에 대한 수많은 관점과 이 세계의 다양한 배치가 하나의 볼 수 있는 대상을 가리키게 된다. 이 대상은 세계와 동시에 세계 한복판에 나타난다. 이 대상은 항상 다른 대상들의 어떤 집합과도 상관없이 함께 주어진다. 왜냐하면 이 대상은 이 다른 대상들의 방향에 의해 규정되기 때문이다. 이 대상이 없다면 어떤 방향도 존재하지 않을 것이다. 왜냐하면 모든 방향이 같을 것이기 때문이다. 이 대상은 세계에 방향을 부여하는 무한한 가능성 속에서 하나의 방향 부여의 우연적 출현이다. 이 대상은 절대적인 것에까지 올라간 그 방향 부여이다. 하지만 이 차원에서 이 대상은 우리에게 추상적인 지시의 자격으로서만 존재할 뿐이다. 이 대상은 모든 것이 나에게 가리키는 것이며, 원칙적으로 내가 파악할 수 없는 것이다. 왜냐하면 내가 그것으로 있는 것이기 때문이다. 사실 내가 그것으로 있는 것은, 내가 그것으로 있는 한, 원칙적으로 나에 대해 대상이 될 수 없다. 세계의 사물들이 가리키고 있는 이 대상, 그리고 세계의 사물들이 원을 그려 둘러싸고 있는 이 대상은 그 자체로, 그리고 원칙적으로 하나의 비대상(非對象, un non-objet)이다. 하지만 나의 존재의 출현은 하나의 중심으로부터 출발해서 많은 거리를 펼치면서, 이 거리를 펼치는 행위 그 자체에 의해 나의 대상을 규정한다. 그리고 이 대상은 그것이 세계에 의해 자기를 가리키게 하는 한에서 그 자체이며, 또 그러면서도 나는 그것을 대상으로 직관할 수 없을 것이다. 왜냐하면 나는 그 대상이기 때문이다. 이 나는 나 자신의 고유한 무인 존재로서 나 자신에 대한 현전이다. 이렇게 해서 나의 세계-내-존재는, 그것이 하나의 세계를 실현한다고 하는 단지 그 사실로 인해, 그것이 실현하는 세계에 의해 자기를 자기 자신에게 하나의 세계-한복판의-존재로 가리켜지게 한다. 그리고 이것은 다르게 있을 수 없다. 왜냐하면 세계와 접촉하는 방법으로서는 세계에 속해 존재하는 방법 외의 다른 방법이 없을 것이기 때문이다. 내가 그곳에 있을 수 없는 하나의 세계, 그리고 상공을 비상하며 조망하는 경우의 순수한 대상일 하나의 세계를 실현하기란 나에게 불가능할 것이다. 오히려 이와 반대로 세계가 존재할 수 있기 위해서는, 그리고 내가 이 세계를 초월할 수 있기 위해서는, 내가 세계 속에서 나를 상실해야만 한다. 이렇게 해서 내가 세계 속에 들어왔다고 말하는 것, "세계에 왔다."라고 말하는 것, 또는 하나의 세계가 있다고 말하는 것, 내가 하나의 신체를 가지고 있다고 말하는 것, 이 모든 것은 유일하고도 같은 것이다. 이 의미에서 나의 신체는 세계 위의 도처에 있다. 나의 신체는 저기 보행로에서 자라고 있는 관목을 가로등이 가리고 있다는 사실 속에도 존재하는 동시에, 저 위 지붕창이 7층의 유리창 위에 있다는 사실 속에도, 지나가는 자동차가 트럭의 뒤를 따라가며 오른쪽에서 왼쪽으로 움직이고 있다는 사실 속에도, 또는 거리를 가로지르는 저 여자가 카페의 테라스에 앉아 있는 이 남자보다도 더 작게 보인다는 사실 속에도 존재한다. 나의 신체는 세계에 공연 장적이고, 수많은 사물을 통해 도처에 퍼져 있음과 동시에 그런 사물들이 함께 가리키고 있는 이 유일한 점, 내가 그것으로 있으면서도 그것을 인식할 수 없는 그 유일한 점에 집약되고 있다. 이것은 감관이 무엇인가를 우리에게 이해하도록 해 줄 것이다.

하나의 감관은 감각적인 대상들에 앞서 주어지지 않는다. 사실 감관은 타자에게 대상으로 나타날 수 있지 않은가? 그렇다고 해서 하나의 감관이 감각적인 대상들보다 뒤에 주어지는 것도 아니다. 그렇게 되면 현실의 단순한 모사 또는 소통 불가능한 이미지로 이루어진 나의 세계를 전제해야 하고, 또 그런 것들의 나타남의 메커니즘을 생각할 수 없을 것이다. 감관은 그 대상과 동시적이다. 감관은 모든 사물이 전망 속에서 우리에게 드러내 보여지는 대로의 사물 그 자체이다. 감관은 단순히 이런 드러내 보이기의 객관적인 규칙을 보여 준다. 이렇듯 보는 것이 시감각(sensations visuelles)을 만들어 내지 않는다. 보는 것은 빛에 의해 촉발되는 것도 아니다. 오히려 보는 것은 볼 수 있는 모든 대상의 집합이다. 이 대상들의 대상적이고 상호적인 관계들이 모두 척도로 선택된 — 그리고 동시에 받아들여진 — 어떤 크기로, 또 어떤 전망의 중심에 도달하는 한에서 그렇다. 이런 관점에서 감관은 결코 주관성과 일치할 수 있는 것이 아니다. 사람들이 지각장에서 기록할 수 있는 모든 변화는 사실 대상적인 변화들이다. 특히 사람들이 "눈을 감음으로써" 보는 것을 중단할 수 있다는 사실은 하나의 외면적인 사실이며, 이 사실은 지각의 주관성을 가리키지 않는다. 사실 눈꺼풀은 다른 대상 중에서 하나의 지각된 대상이며, 다른 대상과의 대상적인 관계의 결과로 인해 나에게 다른 대상을 감추는 대상이다. 내가 나의 눈을 감았기 때문에 내 방의 다른 대상들을 더 이상 보지 않는다는 것은 나의 눈꺼풀의 안쪽을 보는 것이다. 이와 마찬가지로 내가 책상보 위에 내 장갑을 놓는 경우, 책상보의 이런저런 무늬 모양을 더 이상 보지 않는다는 것은 정확히 그 장갑을 보는 것이다. 이와 유사하게도 하나의 감관에 영향을 끼치는 사고는 언제나 대상 영역에 속한다. "내가 보는 것은 노랗다", 이것은 내가 황달에 걸렸거나 또는 노란색 안경을 쓰고 있기 때문이다. 두 경우에서 이 현상의 이유는 감관의 주관적인 변화 속에 있는 것도 아니고, 또 [신체의] 기관의 변질 속에 있는 것도 아니다. 그 이유는 오히려 세계적인 대상들 사이의 객관적인 관계 속에 있다. 두 경우에서 우리는 무엇인가를 "통해서" 본다. 그리고 우리의 시각의 진리는 대상적이다. 마지막으로 이런저런 방법에 의해 시각의 준거 중심이 무너진다고 해도(이 무너짐은 세계가 그 자체의 고유한 법칙에 의해 전개되는 결과로서만 일어날 뿐이기 때문에, 다시 말해 이 무너짐은 어떤 방식으로 나의 사실성을 표현하기 때문에), 볼 수 있는 대상들이 동시에 무화되는 것은 아니다. 볼 수 있는 그 대상들은 나에게 있어 계속 존재한다. 하지만 그것들은 어떤 특수한 이것의 출현도 없이, 볼 수 있는 총체성으로서의 어떤 준거 중심도 없이 존재한다. 다시 말해 그것들은 그 대상들의 관계의 절대적인 상호성 속에 존재한다. 이렇듯 세계를 모든 사물의 총체성으로 존재시킴과 동시에 감관을 이 사물들의 성질들이 표현되는 객관적인 방법으로 존재시키는 것은 바로 세계 속에서의 대자의 출현이다. 근본적인 것은 세계에 대한 나의 관계이며, 이 관계는 사람이 취한 관점에 따라 세계와 감관을 동시에 규정한다. 실명, 색맹, 근시는 근원적으로 나에 대해 하나의 세계가 거기에 존재하는 방식을 나타낸다. 다시 말해 실명, 색맹, 근시는 나의 시감관을 규정한다. 이것은 나의 시감관이 나의 출현의 사실성인 한에서 그렇다. 이런 이유로 나의 감관은 세계에서 출발해서 나에 의해 공허하게나마 대상적으로 인식될 수 있고 또 정의될 수 있다. 사물들이 나의 감관에 대해 나 자신에게 주는 여러 지시를 나의 이성적이고 보편화하는 사고를 추상적인 데까지 연장하면 그것으로 충분하다. 그리고 마치 역사가가 역사상의 인물을 지시하는 발자취를 통해 그 인물을 재구성하듯이, 나의 이성적이며 보편적인 사고가 이런 기호에서 출발해서 감관을 재구성하는 것으로 충분하다. 하지만 이 경우 나는 사고에 의해 나를 세계로부터 떼어 내면서 단순한 합리성의 터전 위에 세계를 다시 세우는 것이 된다. 나는 세계에 묶이지 않은 채 세계 위를 비상한다. 나는 절대적인 객관성의 태도 속에 몸을 둔다. 그리고 감관은 대상들 사이에서 하나의 대상이 되고, 하나의 상대적인 준거 중심이 되며, 이 준거 중심에는 그 자체의 좌표가 전제된다. 하지만 바로 이 이유로 나는 나의 사고 속에 세계의 절대적인 상대성을 정립한다. 다시 말해 나는 모든 준거 중심의 절대적인 등가를 인정한다. 나는 스스로 그것을 생각해 보지도 못한 채 세계의 세속성(mondanité)을 파괴한다. 이렇게 해서 세계는 내가 그것으로 있는 감관을 끊임없이 가리키면서, 또 이 감관을 재구성하도록 나를 촉구하면서, 내가 그것으로 있는 개인차를 제거하도록 나를 추동하고, 그 결과 세계가 배치되는 경우의 세계적인 준거 중심을 세계에 세우려고 한다. 하지만 이와 동시에 나는 내가 그것으로 있는 감관으로부터 추상적인 사고에 의해 벗어난다. 다시 말해 나는 나의 세계와의 연결을 끊는다. 나는 단지 상공을 비상하는 상태에 나를 둔다. 그리고 세계는 그 무한하고 가능한 관계의 절대적인 등가 속에서 사라진다. 사실 감관은 우리가 세계-한복판의-존재라고 하는 형태로 우리가 그것으로 있어야 하는 한에서, 우리의 세계-내-존재이다.

이런 지적들은 일반화될 수 있다. 이것들은 나의 신체가 사물에 의해 지시되고 있는 전체적인 준거 중심인 한에서 나의 신체 전체에 적용될 수 있다. 특히 우리의 신체는 단지 사람들이 오랫동안 "오감의 자리"라고 불러오던 것만이 아니다. 우리의 신체는 또한 우리의 행동의 도구이고 목적이다. 고전 심리학의 용어를 그대로 따르더라도 감각과 행동을 구별하기란 불가능하다. 실재는 사물로서도 또 도구로서도 우리에게 나타나는 것이 아니라, 오히려 도구-사물로서 우리에게 나타남을 지적했을 때, 우리가 보여 주었던 것이 바로 이 구별 불가능성이다. 이 이유로 우리는 신체가 행동의 중심이 되는 한에서, 이 신체에 대한 우리의 연구를 위해 앞에서 감관의 참다운 본성을 드러내 보이는 작업에 도움이 되었던 추론을 도화선으로 삼을 수 있을 것이다.

사실 행동의 문제를 다루면서 사람들은 중대한 결과를 초래하는 혼란에 빠질 위험이 있다. 내가 이 펜을 집어 들어 그것을 잉크병에 담글 때, 나는 행동한다. 하지만 만일 내가 같은 순간에 책상 쪽으로 의자를 당기고 있는 피에르를 본다면, 나는 또한 그가 행동하고 있는 것을 확인한다. 따라서 여기에는 우리가 앞에서 감관에 대해 지적했던 오류를 범하게 될 아주 명백한 위험이 있다. 다시 말해 대아적으로 존재하는 그대로의 나의 행동을 타인의 행동에서 출발해서 해석할 위험이 있다. 왜냐하면 사실 어떤 행동이 발생하고 있는 바로 그 순간에 내가 인식할 수 있는 유일한 행동은 피에르의 행동이기 때문이다. 나는 그의 몸짓을 본다. 그리고 나는 이와 동시에 그의 몸짓의 목적을 다음과 같이 규정한다. 즉 그가 의자를 책상 쪽으로 당기는 것은, 그가 이 책상에 좀 더 가까이에 앉을 수 있고, 또 그가 쓰고 싶다고 나에게 이야기한 적이 있는 그 편지를 쓰기 위함이라고 말이다. 이렇듯 나는 의자와 그것을 움직이는 신체의 모든 중간적인 위치를 도구적인 조직으로 파악할 수 있다. 그 모든 중간적인 위치는 추구되고 있는 하나의 목적에 도달하기 위한 수단이다. 따라서 타인의 신체는 여기에서 다른 여러 도구의 한복판에서 하나의 도구로서 나에게 나타난다. 단지 기구를 만들기 위한 하나의 기구로서 나타날 뿐 아니라, 또한 기구를 조종하기 위한 하나의 기구로서도, 한마디로 말해 하나의 기구-기계로서도 나타난다. 만일 내가 타인의 신체에 대한 나의 인식의 빛에 비추어 나의 행동에 대해 나의 신체의 역할을 해석한다면, 나는 이 경우 나를 내 마음대로 배치할 수 있는 어떤 도구의 배치자로 생각할 수 있을 것이다. 그리고 이번에는 그 도구가 내가 추구하는 어떤 목적에 따라 다른 여러 도구를 배치하게 될 것이다. 이렇게 해서 우리는 "영혼은 신체라는 기구를 이용한다."라고 하는 영혼과 신체 사이의 고전적인 구별로 되돌아온다. 감각에 대한 이론과 평행 관계는 완벽하다. 사실 감각에 대한 이론은 타인의 감관에 대한 인식에서 출발했고, 또 이어서 내가 타자에 대해 지각하는 감각기관과 완전히 비슷한 감관을 나에게 부여했다는 사실을 우리는 살펴본 바 있다. 우리는 또한 그런 이론이 즉각 부딪치게 되는 어려움도 살펴보았다. 그때 내가 세계를, 특히 타자의 감각기관을 지각하는 것은 나 자신의 고유한 감관을 통해 이루어지는데, 이 감관은 왜곡시키는 기관이고, 빛을 굴절시키는 장소이며, 자기 자신의 고유한 정동(情動, affections)에 대해서만 나에게 가르쳐 줄 수 있을 뿐이었다. 이렇듯 이 이론의 결과는 그 결과를 수립하는 데 소용되었던 원리 그 자체의 객관성을 파괴한다. 행동에 대한 이론도 비슷한 구조를 가지고 있어 비슷한 어려움에 부딪힌다. 사실 만일 내가 타자의 신체로부터 출발한다면, 나는 그것을 하나의 도구로 포착한다. 그리고 나는 내가 타자의 신체를 하나의 도구로서 나 자신을 위해 이용하는 한에서 그것을 파악한다. 사실 나는 내가 홀로 도달할 수 없는 목적에 도달하기 위해 타자의 신체를 이용할 수 있다. 나는 명령에 의해 또는 간청에 의해 타자의 신체 행위를 강요한다. 나는 또한 나 자신의 행위에 의해 타자의 신체 행위를 야기할 수도 있다. 또 이와 동시에 나는 특히 위험하고 세심한 취급을 요하는 하나의 도구에 대해 조심해야 한다. 마치 직공이 자기의 기구-기계에 대해 그 작동을 조종함과 동시에 그 기계에 의해 물리지 않도록 피할 때의 복잡한 태도로 나는 그것에 대처한다. 그리고 또 한번 타자의 신체를 나의 이익에 가장 맞게 잘 이용하기 위해, 나는 나 자신의 고유한 신체라고 하는 하나의 도구를 필요로 한다. 이것은 마치 타자의 감각기관을 지각하기 위해 나는 나 자신의 고유한 감각기관이라는 타자의 감각기관과는 별개의 감각기관을 필요로 하는 것과 같다. 따라서 만일 내가 타자의 신체 이미지에 따라 나의 신체를 생각한다면, 나의 신체는 세계 속의 하나의 도구이다. 나는 이것을 세심하게 다루어야 하며, 또 이것은 다른 기구를 조작하는 열쇠와 같다. 하지만 특권적인 이 도구와 나와의 관계는 그 자체로 기술적 관계일 수밖에 없다. 그리고 나는 이 도구를 조작하기 위해 또 다른 도구를 필요로 한다. 이렇게 해서 우리는 무한을 향한다. 따라서 만일 내가 나의 감각기관을 타인의 감각기관으로 생각한다면, 나의 감각기관은 이것을 지각하기 위해 하나의 감각기관을 요구한다. 만일 내가 나의 신체를 타인의 신체와 비슷한 하나의 도구로 파악한다면, 나의 신체는 그것을 조종하기 위해 다른 하나의 도구를 요구한다. 그리고 만일 우리가 이런 무한에의 의거를 생각하지 않으려 한다면, 이때 우리는 하나의 영혼에 의해 조종되는 하나의 신체적인 도구라는 이 역설을 인정해야 한다. 하지만 누구나 알다시피 그 경우에 사람들은 헤어날 수 없는 아포리아[논리적 궁지]에 빠지고 만다. 오히려 여기에서 감관의 경우에서와 마찬가지로 신체에 그 대아적-본성을 복구할 수 있는지를 보도록 하자. 대상은 그것이 한정된 자리를 차지하고 있는 하나의 도구적 복합의 중심에서 우리에게 스스로를 드러낸다. 이 자리는 단순한 공간적 좌표에 의해서 정해지는 것이 아니라, 오히려 실제적인 준거축과의 관계에 의해 정해진다. "컵이 선반 위에 있다."라는 말은 그 선반을 옮길 때에 컵을 넘어뜨리지 않도록 주의해야 한다는 말이다. 담뱃갑이 벽난로 위에 있다는 말은 파이프에서 담배가 있는 곳까지 가려면 벽난로와 책상 사이에 놓여 있는 둥근 책상, 안락의자와 몇 개의 장애물 등을 피해 3미터 정도의 거리를 넘어가야 한다는 말이다. 이 의미에서 지각은 세계 속의 존재자들의 실제적인 조직과 결코 구별되지 않는다. 각각의 도구는 다른 도구를 가리킨다. 다른 도구는 그 하나의 도구의 열쇠이며, 또 그 하나의 도구는 다른 여러 도구의 열쇠이다. 하지만 이런 가리킴들은 순전히 관조적인 의식에 의해서는 파악되지 않을 것이다. 이와 유사한 의식에게 있어 망치는 결코 못만을 가리키지 않을 것이다. 망치는 못 옆에 있을 뿐이다. 또한 이 "옆에"라는 표현 역시, 만일 그것이 망치에서 못에 이르는 하나의 길, 뛰어넘어야 할 하나의 길을 소묘하는 것이 아니라면, 완전히 그 의미를 상실한다. 나에게 스스로를 드러내 보이는 근원적인 공간은 호돌로지적 공간이다. 이 공간은 수많은 길과 거리로 구분되어 있다. 이런 공간은 도구적인 공간이며, 온갖 도구의 풍경(site)이다. 이렇듯 세계는 나의 대자가 출현하면서부터 이루어져야 할 행위들의 지시로서 드러난다. 이 행위들은 다른 행위들을 가리키며, 이 가리켜진 행위들은 다시 다른 행위들을 가리키며, 이렇게 계속 이어진다. 그럼에도 다음과 같은 사실을 지적하자. 즉 이런 관점에서 본다면 지각과 행동이 구별되지 않는다 해도, 행동은 단순히 지각된 것을 뛰어넘고 초월하는 미래의 어떤 효력으로 여전히 나타난다는 사실을 말이다. 지각된 것은 나의 대자가 그것에 대해 현전해 있기 때문에, 나에게 공현전으로 드러난다. 지각된 것은 직접적인 접촉이며, 현전적인 접착이다. 지각된 것은 나를 가볍게 스친다. 하지만 그것으로서 지각된 것은 스스로를 제공해도 나는 그것을 현재에서 포착할 수가 없다. 지각된 사물은 약속되고 스치는 것이다. 지각된 사물이 나에게 드러내 보이기를 약속하는 속성, 암암리에 동의된 양도, 다른 사물에 대한 유의미적인 지시 하나하나가 장래를 구속한다. 이렇게 해서 나는 약속에 불과한 사물들 앞에 존재하며, 내가 소유할 수 없는, 그리고 말로써는 표현할 수 없는 하나의 현전 저편에 존재한다. 그리고 이 말로서 표현할 수 없는 현전은 사물들의 거기에-있음[현존재]이며, 다시 말해 나의 거기에-있음이고, 나의 사실성이고, 나의 신체이다. 찻잔은 거기에 접시받침 위에 있다. 이 찻잔은 거기에 있는 그것의 굽을 가진 채 현재 나에게 주어져 있다. 그리고 이 굽은 모든 것이 그것을 가리키고 있지만, 나는 그것을 보지 못한다. 만일 내가 그것을 보고자 한다면, 다시 말해 만일 내가 그것을 밝히고, 그것을 "찻잔의-배경-위에-나타나게" 하려 한다면, 나는 이 찻잔의 손잡이를 잡고서 찻잔을 뒤집어 보아야 한다. 이 찻잔의 굽은 나의 기투 끝에 존재한다. 그리고 이것은 이 찻잔의 나머지 다른 구조들은 이 굽을 찻잔의 불가결한 하나의 요소로서 가리킨다고 하는 것과 같은 말이다. 또는 이것은 이 찻잔의 나머지 다른 구조들은 내가 이 찻잔의 의미를 가장 잘 나의 것으로 만들 때의 행동으로서 이 굽을 나에게 가리키고 있다고 하는 것과 결국 같은 말이다. 이렇듯 내가 그것으로 있는 가능성들의 상관자로서의 세계는, 나의 출현에서부터 나의 가능한 모든 행동의 거대한 소묘로서 나타난다. 지각은 당연히 행동 쪽을 향해 자기를 뛰어넘는다. 좀 더 자세히 말하면, 지각은 행동의 기투 속에서만, 그리고 행동의 기투에 의해서만 드러나 보여질 뿐이다. 세계는 "하나의 항상 미래적인 동굴(un creux toujours futur)"로서 드러나 보인다. 왜냐하면 우리는 항상 우리 자신에게 미래이기 때문이다.

그렇지만 이렇게 우리에게 드러내 보여진 세계의 미래는 엄밀히 대상적이라는 사실을 지적해야 한다. 도구-사물은 그 자체와 함께 다른 도구들 또는 이 도구들을 사용하는 객관적 방식들을 가리킨다. 못은 이런저런 방식으로 "박혀야 할" 것으로 있다, 망치는 "자루에 의해 잡혀야 할" 것으로 있다, "찻잔은 손잡이에 의해 쥐어질" 것으로 있다 등이다. 사물의 이 모든 속성은 즉각적으로 드러내 보여지며, 라틴어의 동사형 형용사(gérondifs)가 이 속성을 훌륭히 나타내고 있다. 물론 이 속성은 우리가 그것으로 있는 비조정적인 기투의 상관자이다. 하지만 그것은 단순히 잠재성, 부재, 도구성 등과 같은 세계의 구조로 드러내 보인다. 이렇듯 세계는 나에게 대상적으로 연결된 것으로 나타난다. 세계는 결코 하나의 창조적인 주관성을 가리키는 것이 아니라 오히려 무한한 도구적 복합을 가리킨다.

그렇지만 각각의 도구는 또 하나의 다른 도구를 가리키며, 이 도구는 다시 또 다른 하나의 도구를 가리키는 것이기 때문에, 모든 도구는 결국 이 모든 것에 대해 그것들의 열쇠로 존재하는 하나의 도구를 가리키고 만다. 이 준거 중심은 필요하다. 그렇지 않다면, 모든 도구성은 같은 가치를 가지며, 세계는 동사형 형용사의 전체적인 무차별화에 의해 소멸되어 버릴 것이다. 카르타고는 로마인들에게 있어 사라져야 하는(delenda)[57] 것이지만, 카르타고인들에게 있어서는 지켜져야 하는(servanda)[58] 것이다. 이런 준거 중심과의 관계가 없다면, 카르타고는 더 이상 아무것도 아니며, 즉자의 무차별성을 다시 발견하게 된다. 왜냐하면 이 두 개의 동사형 형용사 모두 없어지기 때문이다. 그렇지만 열쇠는 결코 나에게 주어지지 않으며, 그저 단지 "빈 동굴 속에서 지시되는" 것뿐이라는 점을 지적해야 한다. 내가 행동 속에서 대상적으로 파악하는 것은 서로 관련되어 있는 수많은 도구로 이루어진 하나의 세계이다. 그리고 그 도구들 하나하나는 내가 나 자신을 그것에 적응시키고, 또 그것을 뛰어넘는 경우의 행위 속에서 그것이 파악되는 한에서, 그것을 내가 사용할 수 있게 해 주는 또 하나의 도구를 가리킨다. 이 의미에서 못은 망치를 가리키고, 또 망치는 그것을 사용하는 손과 팔을 가리킨다. 하지만 그 손이나 팔이 이번에는 내가 사용하고, 또 내가 그 잠재성을 향해 뛰어넘는 도구가 되는 것은, 내가 타자로 하여금 못을 박게 하는 한에서이다. 이 경우 타자의 손은 그 손을 내가 이용할 수 있게 해 줄 도구(위협-계약-보수 등)를 나에게 가리킨다. 최초의 항은 도처에 현전해 있다. 하지만 그것은 단지 지시되어 있을 뿐이다. 나는 글을 쓰는 행위에서 나의 손을 파악하는 것이 아니고, 오히려 단지 글을 쓰고 있는 펜을 파악할 따름이다. 이것은

---

57 '파괴하다', '지우다' 등의 의미를 가진 라틴어 동사 'deleo'의 동사형 형용사형 중 하나이다.
58 '유지하다', '지키다' 등의 의미를 가진 라틴어 동사 'servo'의 동사형 형용사형 중 하나이다.

나는 글씨를 쓰기 위해 펜을 사용하는 것이지, 펜을 잡기 위해 나의 손을 사용하는 것이 아니라는 사실을 의미한다. 나는 나의 손에 대해 펜에 대해서와 같이 이용하는 태도 속에 있는 것이 아니다. 나는 나의 손이다. 다시 말해 나의 손은 지시의 정지이고 그 귀결이다. 손은 단지 펜의 이용이다. 이 의미에서 손은 "쓰여야 할 책-종이 위에 쓰여야 할 글씨-펜"이라는 계열의 마지막 도구가 지시하는 인식 불가능하고 또 이용 불가능한 항임과 동시에 이 계열 전체의 방향지움이다. 인쇄된 책 그 자체가 지시된다. 하지만 나는 손을 —— 최소한 손이 움직이고 있는 한에서 —— 이 전체 계열의 끊임없는 지시로서, 사라져 가는 지시로서만 파악할 수 있을 뿐이다. 이렇게 해서 칼이나 몽둥이를 사용하는 결투에서 내가 눈으로 집중해서 보는 것, 내가 조종하는 것은 바로 그 [칼이나] 몽둥이다. 또한 글을 쓰는 행위에서 내가 종이 위에 그려진 선 또는 눈금과의 종합적인 연결에서 바라보는 것은 바로 펜촉 끝이다. 하지만 나의 손은 증발되어 버렸다. 나의 손은 도구성의 복합 체계가 존재하기 위해 그 체계 속에서 상실되어 버렸다. 나의 손은 단순히 그 체계의 의미이며 또 방향지움이다.

이렇게 해서 우리는 모순되는 이중의 필연성 앞에 놓여 있는 것처럼 보인다. 모든 도구는 다른 하나의 도구에 의해서만 이용할 수 있으므로 —— 또 동시에 파악할 수 있을 뿐이므로 —— 이 우주는 기구로부터 기구로 가는 무한한 대상적인 지시이다. 이 의미에서 세계의 구조에는 우리 자신이 도구가 되면서만이 우리가 도구성의 장에 포함될 수 있을 뿐이라는 사실, 또 우리는 작용당하지 않고서는 작용할 수 없다는 사실이 함축되어 있다. 다른 한편으로 다만 하나의 도구적 복합은 이 복합의 기본적인 방향의 결정에 의해서만 드러내 보일 수 있을 뿐이다. 그리고 이 결정은 그 자체로 —— 실천적이며 행동적이다 — 못을 박고, 씨를 뿌리는 것 등이다. 이 경우 그 복합의 존재 자체가 직접적으로 하나의 중심을 가리킨다. 이렇듯 중심은 그곳에 연계되는 도구적인 장에 의해 대상적으로 규정되는 하나의 도구이며, 이와 동시에 그 중심은 우리가 무한을 향해 보내게 될 것이기 때문에, 우리가 이용할 수 없는 도구이다. 우리는 이 도구를 사용하는 것이 아니라 우리가 그 도구이다. 그 도구는 세계의 도구적 질서에 의해, 호돌로지적 공간에 의해, 또는 기계들의 일의적이거나 상호적 관계에 의해서만 다른 방법으로 우리에게 주어질 뿐이다. 하지만 이 도구는 나의 행동에 대해 주어질 수 없을 것이다. 나는 이 도구에 나를 적응시켜야 하는 것도 아니며, 이 도구에 또 다른 하나의 도구를 적응시켜야 하는 것도 아니다. 오히려 이 도구는 그것에 대한 나의 적응 자체이며, 내가 그것으로 있는 적응이다. 이 이유로 만일 우리가 타자의 신체를 모방해 나의 신체를 유비적으로 재구성하는 것을 별도로 파악한다면, 신체를 파악하는 두 가지 방법이 남는다. 첫 번째 방법에 의하면 신체는 인식된다. 신체는 세계로부터 출발해서 대상적으로 정의된다. 하지만 공허하게 정의된다. 이를 위해 합리화하는 사고가, 내가 이용하는 여러 도구에 의해 주어지는 지시로부터 출발해서 내가 그것으로 있는 도구를 재구성하는 것으로 충분하다. 하지만 이 경우에 그 근본적인 기구는 하나의 상대적인 준거 중심이 되며, 이 상대적인 준거 중심에는 그 자체가 이 중심을 이용하기 위한 다른 도구들이 전제된다. 또한 이와 동시에 세계의 도구성이 사라진다. 왜냐하면 세계의 도구성이 드러내 보여지기 위해 도구성의 절대적인 하나의 중심에 대한 준거가 필요하기 때문이다. 행동의 세계는 고전적 과학에 속하는 작용받는 세계이다. 의식은 외면적인 우주의 상공을 비상하며, 어떤 방식으로도 더이상 세계 속으로 들어갈 수 없다. 두 번째 방법에 의하면, 신체는 대자가 사물의 배치를 새로운 배치로 향해 뛰어넘는 한에서, 사물의 배치 그 자체로서 구체적으로, 완전히 주어진다. 이 경우 설령 신체는 보이지 않는다고 해도 모든 행동 속에 현전한다. 왜냐하면 행동은 망치와 못, 그리고 브레이크와 속도의 변화를 드러내 보이는 것이지, 결코 브레이크를 밟는 발이나 망치질을 하는 손을 드러내 보이는 것이 아니기 때문이다. 신체는 살게 되는 것이지 인식되는 것이 아니다. 이것이 바로 멘 드 비랑이 흄의 도전에 응수하려고 내세워 하나의 심리학적 신화가 된 그 유명한 "노력 감각"을 설명해 준다. 우리는 결코 우리의 노력에 대한 감각을 갖지 않는다. 하지만 우리는 또 사람들이 그것을 대체하려고 시도한 말초 감각, 근육 감각, 골감각, 건(健)감각, 피부 감각 등을 갖는 것도 아니다. 우리는 사물의 저항(résistance)을 지각한다. 내가 이 컵을 나의 입으로 가져가려 할 때, 내가 지각하는 것은 나의 노력이 아니라 이 컵의 무게, 다시 말해 내가 세계 속에 나타나게 한 하나의 도구적 복합 속에 이 컵이 들어올 때의 저항이다. 바슐라르[59]는 그 자신이 대상의 "역행계수(le coefficient d'adversité)"[60]라고 부르는 것을 현상학이 충분히 고려하지 않고 있다는 점을 비판했는데, 이 비판은 정당하다. 또한 이 비판은 하이데거의 초월과 후설의 지향성에도 역시 해당된다. 하지만 도구성이 가장 중요함을 잘 이해해야 한다. 사물이 이런 저항과 역행을 드러내 보이는 것은 하나의 근원적인 도구적 복합과의 관계에서이다. 나사못이 너무 굵다는 것이 드러나 보이는 것은 너트 속에서 조여 들어가는 데 있어서이며, 받침대가 너무 약하다는 것이 드러내 보이는 것은 그 위에 내가 놓으려는 무게를 지탱하는 데 있어서이며, 돌이 너무 무겁다는 것은 담 위까지 들어 올리는

---

59 Bachelard, *L'Eau et les Rêves*, 1942. Editions José Corti. —원주.

60 가스통 바슐라르가 고안한 용어로, 대자의 기투의 외적 대상이 제공하는 저항의 양에 관계된다.

데 있어서 등이다. 또 다른 대상들은 이미 구성된 하나의 도구적 복합에 대해 위협적인 것으로서 나타나게 될 것이다. 폭풍우와 우박은 수확에 대해, 포도나무 뿌리 진딧물은 포도나무에 대해, 화재는 집에 대해 위협적인 것으로 나타날 것이다. 이렇듯 차츰차츰 그리고 이미 구성된 도구적 복합을 통해 그 위협은 그 모든 도구가 가리키고 있는 준거 중심에까지 확장될 것이다. 그리고 이번에는 그 위협이 모든 도구를 통해 그 준거 중심을 가리키게 될 것이다. 이 의미에서 모든 수단은 동시에 유리한 것이기도 하고 불리한 것이기도 하다. 하지만 이것은 대자의 출현에 의해 세계 속에서 실현되는 근본적인 기투의 한계 내에서이다. 이렇게 해서 나의 신체는 근원적으로는 도구-복합에 의해 지시되지만, 이차적으로는 파괴적인 도구들에 의해 지시된다. 나는 순종적인 도구들에 대해서와 마찬가지로 위협적인 도구들에 대해서도 위험 속에 놓여 있는 나의 신체를 살아간다. 나의 신체는 도처에 존재한다. 나의 집을 파괴하는 폭탄은, 그 집이 이미 나의 신체의 하나의 지시였던 한에서, 나의 신체까지도 침해한다. 그 까닭은 나의 신체는 항상 그것이 이용하는 기구를 통해 확장되기 때문이다. 나의 신체는 내가 의지하고 있는 지팡이 끝의 대지에 대항하며 존재한다. 나의 신체는 나에게 천체를 드러내 보이는 망원경 끝에 존재한다. 나의 신체는 의자 위에, 집 전체 속에 존재한다. 왜냐하면 나의 신체는 이런 기구에 대한 나의 적응이기 때문이다.

이렇게 해서 이 설명의 끝에서 감각과 행동은 다시 결합되어서 하나를 이루었을 뿐이다. 우리는 먼저 우리에게 하나의 신체를 부여하고, 그다음에 우리가 어떤 방법으로 이 신체를 통해 세계를 파악하거나 변형시키는가를 연구하기를 포기했다. 오히려 이와는 반대로 우리는 신체를 신체로서 드러내 보이기 위한 근거로서 세계에 대한 우리의 근원적인 관계, 다시 말해 존재 한복판에서의 우리의 출현 그 자체를 제시했다. 신체는 우리에게 있어 최초가 될 수 없으며, 또 신체는 우리에게 사물을 드러내 보이지도 않는다. 오히려 우리에게 우리의 신체를 그 근원적인 출현에서 지시하는 것은 바로 도구-사물이다. 신체는 사물과 우리 사이에 있는 하나의 스크린이 아니다. 신체는 단지 도구-사물에 대한 우리의 근원적인 관계의 개별성과 우연성을 나타낼 뿐이다. 이 의미에서 우리는 감관과 감각기관 전반을 우리가 세계-한복판의-존재라고 하는 형태로 있어야 하는 한에서, 우리의 세계-내-존재로서 정의한 것이다. 우리는 이와 마찬가지로 행동을, 우리가 세계-한복판의-도구-존재라는 형태로 있어야 하는 한에서, 우리의 세계-내-존재로서 정의할 수 있다. 하지만 내가 세계 한복판에 있는 것은, 내가 존재를 나-자신을 향해 초월함으로써 하나의 세계가 있도록 만들어 놓았기 때문이다. 그리고 내가 세계에 속하는 도구인 것은, 나의 가능을 향해 나 자신의 기투에 의해 내가 일반적으로 도구들을 있게 했기 때문이다. 하나의 신체가 존재할 수 있는 것은 하나의 세계 속에서일 뿐이다. 그리고 이 세계가 존재하기 위해서는 하나의 원초적인 관계가 필수 불가결하다. 어떤 의미에서 신체는 내가 직접적으로 그것으로 있는 것이다. 하지만 또 다른 의미에서 나는 세계의 무한한 두께에 의해 신체와 분리되어 있다. 신체는 나의 사실성을 향한 세계의 후퇴에 의해 나에게 주어진다. 그리고 이 끊임없는 후퇴의 조건은 하나의 끊임없는 뛰어넘기이다.

우리는 이제 우리의 신체의 대아적-본성을 밝힐 수 있다. 앞에서의 고찰을 통해 실제로 신체는 끊임없이 뛰어넘어지는 것이라는 결론을 내릴 수 있게 되었다. 사실 감각적인 준거 중심으로서의 신체는, 내가 지각하고 있는 컵, 책상 또는 멀리 보이는 나무에 대해서 내가 직접적으로 현전해 있는 한에서, 내가 그것의 저편에 그것으로 있는 그대로의 것이다. 사실 지각은 대상이 거리 없이 지각되는 바로 그 자리에서만 이루어질 수 있을 뿐이다. 하지만 이와 동시에 지각은 거리를 펼친다. 그리고 지각된 대상이 그 존재의 절대적인 하나의 속성으로서 그자체의 거리를 가리키는 것은 바로 신체에 대해서이다. 이와 마찬가지로 도구적 복합의 도구적인 중심으로서의 신체는 뛰어넘어진 것만 될수 있을 뿐이다. 신체는 도구적 복합의 하나의 새로운 결합을 향해 내가 그것을 뛰어넘는 것이며, 내가 도달하게 될 도구적인 결합이 어떤것이든 내가 끊임없이 그것을 뛰어넘어야 하는 것이다. 왜냐하면 모든 결합은 나의 뛰어넘기가 그것을 그것의 존재 속에 고정시키자마자, 그 고정된 부동성의 준거 중심으로서 신체를 가리키기 때문이다. 이렇듯 신체는 뛰어넘어진 것이기 때문에 과거이다. 신체는 "감각적인" 사물의 대자에 대한 직접적인 현전이다. 하지만 이것은 이 현전이 하나의 준거 중심을 가리키는 한에서이며, 또 이 현전이 하나의 새로운 이것의 출현을 향해서든, 도구-사물의 하나의 새로운 결합을 향해서든, 그것이 이미 뛰어넘어진 한에서이다. 대자의 각각의 기투 속에서, 그리고 각각의 지각 속에서, 신체는 거기에 있다. 신체는, 이 신체가 도피하는 현재에 아직도 살짝 스치는 한에서, 즉각적인 과거이다. 이것은 신체가 관점인 동시에 출발점임을 의미한다. 게다가 나는 하나의 관점, 하나의 출발점인 동시에, 나는 내가 그것으로 있어야 하는 것을 향해 이 출발점을 뛰어넘는다. 하지만 끊임없이 뛰어넘어진 이 관점, 그리고 이 뛰어넘기의 한복판에서 끊임없이 재생하는 이 관점, 내가 쉬지 않고 넘어서는 이 출발점, 그리고 나의 배후에 남아 있는 나 자신인 이 출발점으로서의 신체는, 나의 우연성의 필연성이다. 신체는 이중으로 필연적이다. 먼저 신체가 즉자에 의한 대자의 계속적인 재파악이기 때문이며, 또 대자가 자신의 고유한 근거로 있지 않은 존재로 서만 존재할 수 있을 뿐인 존재론적 사실이기 때문이다. 하나의 신체를 갖는다는 것은 자신의 무의 근거가 되는 것이며, 자기 존재의 근거가 되지 않는 것이다. 내가 나의 신체인 것은, 내가 존재하는 한에서이다. 내가 나의 신체로 있지 않은 것은, 내가 나인 그것으로 있지 않는 한에서이다. 내가 나의 신체로부터 벗어나는 것은 나의 무화에 의해서이다. 하지만 나는 그것을 위해 나의 신체를 하나의 대상으로 만들지는 않는다. 왜냐하면 내가 벗어나는 것은 끊임없이 내가 그것으로 있는 것으로부터이기 때문이다. 그다음으로 신체는 세계 속에 존재하기 위해 뛰어넘어야 하는 장애물로, 다시 말해 내가 나 자신에 대한 장애물로서 필연적이다. 이 의미에서 신체는 세계의 절대적인 질서와 다르지 않다. 또한 나는 이 질서를 하나의 도래해야 하는-존재를 향해, 존재-저편의-존재를 향해 뛰어넘음으로써 이 질서를 존재에까지 도달케 하는 것이다. 우리는 이 두 가지 필연성의 통일을 분명하게 파악할 수 있다. 대자적으로-존재한다는 것은 세계를 뛰어넘는 것이며, 또 세계를 뛰어넘으면서 하나의 세계가 존재하게끔 하는 것이다. 하지만 세계를 뛰어넘는 것은 정확히 세계의 상공을 비상하지 않는 것이고, 또 세계로부터 솟아오르기 위해 세계 속에 자기를 구속하는 것이며, 필연적으로 자기를 이 뛰어넘기의 전망으로 삼는 것이다. 이 의미에서 유한성은 대자의 근원적인 기투의 필요조건이다. 내가 존재에게로 오게 하는 하나의 세계 저편에 내가 그것으로 있지 않은 것으로 있으며, 또 내가 그것으로 있는 것으로 있지 않게 하기 위한 필요조건은, 내가 그것으로 있는 무한한 추구의 핵심에 하나의 파악할 수 없는 소여가 끊임없이 존재한다는 것이다. 나는 소여로 있어야 하는 일 없이 ─ 있지-않음의 방식으로가 아니라면 ─ 내가 그것으로 있는 이 소여를 나는 포착할 수도 없고 인식할 수도 없다. 왜냐하면 이 소여는 도처에서 다시 포획되고, 초월되고, 나의 기투를 위해 이용되며, 떠맡아지기 때문이다. 하지만 다른 한편으로 모든 것이 그 소여를 나에게 가리킨다. 모든 초월적인 것이 자기의 초월에 의해 그 소여를 공동 속에서 소묘하고 있지만, 나는 초월적인 것에 의해 지시되고 있는 이 소여 쪽을 결코 돌아볼 수 없다. 왜냐하면 나는 지시되고 있는 바로 그 존재이기 때문이다. 특히 이 지시되고 있는 소여를 도구-사물의 질서에 속하는 질서의 하나의 단순한 준거 중심으로 이해해서는 안 된다. 오히려 반대로 도구-사물의 동적인 질서는, 그것이 나의 행동에 의존하든 하지 않든 간에, 규칙에 따라 그 [준거] 중심에 귀착된다. 그리고 바로 이로 인해 그 준거 중심은 그 변화 속에서 규정됨과 동시에 그 동일성 속에서 규정된다. 이것은 달리 진행될 수 없다. 왜냐하면 내가 세계를 존재에게로 오게 하는 것은 내가 존재임을 나 자신에 대해 부정하면서이기 때문이다. 또 내가 이런저런 존재인 것을 나 자신에 대해 부정할 수 있는 것은 나의 과거로부터 출발해서, 다시 말해 나 자신의 고유한 존재 저편에 나를 기투하면서이기 때문이다. 이런 관점에서 보면 신체는, 다시 말해 이 파악할 수 없는 소여는 나의 행동의 하나의 필요조건이다. 사실 만일 내가 추구하는 목적이 순전히 자의적인 소망에 의해 도달될 수 있는 것이라면, 만일 획득하기 위해 바라는 것으로 충분하다면, 또 만일 정해진 규칙들이 도구의 사용법을 규정하고 있지 않다면, 나는 결코 욕망과 의지를, 꿈과 행위를, 또 가능과 현실을 내 안에서 구별할 수 없을 것이다. 나 자신의 어떤 기투도 가능하지 않게 될 것이다. 왜냐하면 실현하기 위해서는 생각하는 것만으로도 충분할 것이기 때문이다. 따라서 나의 대자존재는 현재와 미래의 미구별 속에서 무화되어 버릴 것이다. 사실 행동의 현상학이 보여 주듯이, 행위에는 단순한 사고 작용과 실현 사이에, 다시 말해 보편적이고 추상적인 생각 — "자동차의 기화기에는 매연이 끼어 있지 않도록 해야 한다" — 과 그 절대적인 차원과 그 절대적인 위치와 더불어 나에게 나타나는 대로의 이 기화기 위로 향한 기술적이고 구체적인 생각 사이에 하나의 연속성이라는 해결책이 전제되어 있다. 이 기술적인 생각의 조건 — 기술적인 생각이 향하는 행위와 구별되지 않는다 — , 그것은 나의 유한성, 나의 우연성, 요컨대 나의 사실성이다. 그런데 정확히 내가 사실상 존재하는 것은, 내가 하나의 과거를 지니는 한에서이다. 그리고 이 즉각적인 과거는 나에게 최초의 즉자를 가리킨다. 나는 출생에 의해 이 최초의 즉자의 무화 위에 출현한다. 이렇듯 사실성으로서의 신체는, 이것이 근원적으로 하나의 출생을 가리키는 한에서, 과거이다. 다시 말해 내가 그것으로 있어야 하는 것으로 있지 않고, 사실적으로 그것으로 있는 즉자로부터 나를 출현시키는 최초의 무화를 가리키는 한에서 그렇다. 출생, 과거, 우연성, 관점의 필연성, 세계에 대한 모든 가능한 행동의 사실상의 조건, 이것들이 나에게 있어 있는 그대로의 신체이다. 따라서 신체는 결코 나의 영혼에 대해 하나의 우연적인 부가물이 아니다. 오히려 반대로 신체는 나의 존재의 하나의 항상적인 구조이고, 세계에 대한 의식으로서의, 또 나의 미래를 향한 초월적인 기투로서의 나의 의식의 가능성의 항상적인 조건이다. 이런 관점에서 우리는 다음 두 가지 사실을 동시에 인정해야 할 것이다. 즉 내가 불구이고, 공무원이나 노동자의 자식이고, 성급하고 나태하다는 것은 완전히 우연적이고도 부조리한 일이지만, 또한 그러면서도 내가 그것 또는 그 밖의 것, 곧 프랑스인 또는 독일인 또는 영국인 등, 그리고 프롤레타리아, 부르주아 또는 귀족 등, 그리고 불구이고 허약하다든가 또는 튼튼하다든가, 성급하다든가 또는 온화한 성격이라든가 하는 것은 필연적이라는 사실이 그것이다. 이것은 정확히 세계가 사라지지 않은 이상, 나는 세계의 상공을 비상할 수 없기 때문이다. 대상들이 나에게 드러내 보이는 방식(예컨대 사치품이나 생활필수품은 구하기가 쉽거나 쉽지 않다. 경우에 따라 사회적 현실은 나에게 금지된 것으로 나타난다. 나의 호돌로지적 공간 속에는 수많은 울타리와 장애물이 있다.)을 조건짓는 한에서의 나의 출생, 나에 대한 타자의 태도에 의해 지시되는 한에서의(타자들은 경멸적인 태도나 경탄하는 태도로서, 또 신임하는 태도나 불신하는 태도로서 드러나 보인다.) 나의 인종, 내가 소속되어 있는 사회적 집단의 드러내 보임에 의해 드러나는 한에서, 그리고 내가 자주 들락날락하는 곳인 한에서의 나의 계급, 모든 도구에 저항적으로나 순종적으로 드러나 보이는 방식에 의해, 그리고 그런 도구의 역행률 자체에 의해 함축되어 있는 한에서의 나의 국적, 즉 나의 생리적 구조, 내가 체험한 모든 것이 세계에 대한 나의 관점으로서 세계 그 자체에 의해 가리켜지는 한에서의 나의 과거, 이 모든 것이 내가 나의 세계-내-존재의 종합적인 통일 속에 그것을 뛰어넘는 한에서의 나의 신체이다. 그리고 모든 것은 하나의 세계의 존재의 필연적 조건으로서의 나의 신체이며, 또 이 조건의 우연적인 실현으로서의 나의 신체이다. 우리는 앞에서 대아-존재로서의 신체에 부여한 다음과 같은 정의를 아주 명확히 파악한다. 즉 신체는 나의 우연성의 필연성이 취하는 우연적 형태라는 정의가 그것이다. 우리의 신체가 우리에게 있어 존재하는 한에서 우리는 이런 우연성을 우연성으로서 결코 파악하지 못한다. 왜냐하면 우리는 선택이며, 또 존재한다는 것은 우리에게 있어서는 우리 자신을 선택하는 것이기 때문이다. 내가 괴로워하는 이 불구조차도, 내가 살아 있다는 그 사실 자체로 인해, 나는 그것을 떠맡은 것이다. 나는 나 자신의 고유한 기도를 향해 불구를 뛰어넘는다. 나는 불구를 나의 존재에 있어서의 필연적인 장애로 삼는다. 그리고 내가 나를 불구로 선택하지 않는 한, 다시 말해 내가 나의 불구를 구성하는 방식을 선택하지 않는 한("견딜 수 없는 것"으로서, "굴욕적인 것"으로서, "숨겨야 할 것"으로서, "모든 사람에게 열어 보여 주어야 하는 것"으로서, "자존심의 대상"으로서, "나의 실패의 정당화"로서 등), 나는 불구자가 될 수 없다. 하지만 이 파악할 수 없는 신체는 정확히 하나의 선택이 있어야 한다는 필연성이다. 다시 말해 나는 단번에 모든 것으로 있는 것이 아니라는 필연성이다. 이 의미에서 나의 유한성은 나의 자유의 조건이다. 왜냐하면 선택이 없는 자유는 존재하지 않기 때문이다. 신체는 세계에 대한 순수 의식으로서의 의식을 조건짓는 것과 마찬가지로, 신체는 의식을 바로 그 자유 자체 속에서도 가능케 한다.

신체가 나에게 있어 무엇이냐를 생각하는 문제가 남아 있다. 정확히 신체는 파악할 수 없는 것이기 때문에, 신체는 세계의 대상들에 속하지 않는다. 다시 말해 신체는 내가 인식하고 또 내가 이용하는 그 대상들에 속하지 않는다. 그렇지만 다른 한편으로 나는 내가 그것으로 있는 것에 대한 의식으로 있지 않고는 아무것도 될 수 없기 때문에, 신체는 어떤 방식으로든 나의 의식에 주어져야 한다. 어떤 의미에서는 신체는 분명 내가 파악하는 모든 도구가 가리키는 것이다. 그리고 나는 내가 여러 도구 위에서 지각하는 그 지시 자체 속에서 신체를 인식하지 않은 채 신체를 파악한다. 하지만 만일 우리가 이런 지적에 그친다면, 우리는 예컨대 천문학자가 망원경을 통해 유성을 관측할 때의 그 망원경과 신체를 구별하지 못하게 될 것이다. 사실 만일 우리가 신체를 세계에 대한 우연적인 관점으로 정의한다면, 관점이라고 하는 이 개념에는 다음과 같은 이중의 관계가 전제되어 있음을 인정해야 한다. 하나는 사물들과의 관계이며, 관점은 이 사물들에 대한 관점으로 있다. 그리고 또 하나는 관찰자와의 관계이며, 관점은 이 관찰자에게 있어 관점으로 있다. 그런데 관점-신체가 문제 될 때, 제2의 관계는 제1의 관계와 근원적으로 다르다. 그러니까 신체와 구별되는 대상적인 도구라고 하는 의미로서의 세계 속의 관점(쌍안경, 전망대, 확대경 등)이 문제 될 때, 이 제2의 관계는 제1의 관계와 실제로 구별되지 않는다. 하나의 전망대로부터 경치를 바라보고 있는 한 산책자는 경치와 함께 전망대도 본다. 그는 전망대의 기둥 사이로 나무를 본다. 전망대의 지붕이 하늘을 가리고 있다 등. 하지만 그와 전망대 사이의 "거리"는 정의상 그의 눈과 경치 사이의 거리만큼 멀지 않다. 그리고 이 관점은 신체와 거의 합치할 때까지 접근할 수 있다. 예컨대 안경, 코안경, 외알박이 안경 등의 경우에서 볼 수 있는 것과 같다. 말하자면 보조적인 시각기관이다. 결국 —— 만일 우리가 하나의 절대적인 관점을 생각한다면 —— 관점과 그 관점이 누군가에게 있어서의 관점이 되는 경우의 그 누군가와의 거리는 없어진다. 이것은 "시야를 확보하기" 위해 후퇴하는 것, 그리고 그 관점에 대해 하나의 새로운 관점을 구성하는 것이 불가능함을 의미한다. 우리가 앞에서 살펴본 것처럼 정확히 그것이 신체를 특징짓는 것이다. 신체는 내가 다른 또 하나의 도구에 의해 이용할 수 없는 도구이며, 내가 이미 그것에 대해 관점을 취할 수 없는 관점이다. 그 까닭은 사실 내가 정확히 "훌륭한 관점"이라고 부르는 이 언덕 꼭대기에서 내가 골짜기를 바라보는 바로 그 순간에, 나는 하나의 관점을 취하기 때문이고, 또 관점에 대한 이 관점이 나의 신체이기 때문이다. 하지만 나의 신체에 대해 나는 무한소행에 빠지지 않고는 관점을 취할 수 없을 것이다. 다만 이 사실로 인해 신체는 나에게 있어 초월적인 것일 수도, 또 인식되는 것일 수도 없을 것이다. 자발적이고 비반성적인 의식은 더 이상 신체에 대한 의식이 아니다. 오히려 동사 존재한다(exister)를 타동사로 사용해 의식은 그 신체를 존재한다(elle existe son corps)고 말해야 할 것이다. 이렇듯 사물에 대한 관점-신체의 관계는 하나의 대상적 관계이며, 신체에 대한 의식의 관계는 하나의 존재적 관계이다. 후자의 관계를 통해 우리는 무엇을 말하고자 하는가?

　무엇보다도 먼저 의식은 의식으로서만 그 신체를 존재할(exister) 수 있다는 것은 명백하다. 이렇듯 나의 신체는 나의 의식의 하나의 의식적인 구조이다. 하지만 정확히 나의 신체는 그것에 대해서는 관점이 존재할 수 없는 관점이기 때문에, 비반성적 의식의 차원에서 신체에 대한 의식은 존재하지 않는다. 따라서 신체는 자기(에 대한) 비조정적 의식 구조에 속한다. 하지만 우리는 신체를 비조정적 의식과 전적으로 동일시할 수 있는가? 그 역시 불가능하다. 왜냐하면 비조정적 의식은 의식의 것인 하나의 가능성을 향한 자유로운 기투로서의 한에서, 다시 말해 의식이 자신의 고유한 무의 근거인 한에서, 자기(에 대한) 의식이기 때문이다. 비정립적 의식은 신체(에 대한) 의식인데, 신체는 이때 의식이 자기를 의식으로 만들면서 극복하고 또 무화하는 것으로서의 신체이다. 다시 말해 신체는 이때 의식이 그것으로 있어야 하는 일 없이 그것으로 있는 무엇인가이며, 또 의식이 자기가 그것으로 있어야 하는 것으로 있기 위해 그것을 극복하는 어떤 것이다. 한마디로 신체(에 대한) 의식은 측면적이고 회고적이다. 신체는 소홀히 여겨지는 것이고 묵과되는 것이다. 하지만 신체는 의식이 그것으로 있는 것이다. 의식은 신체 외의 다른 아무것도 아니다. 그 나머지는 무이며 침묵이다. 신체에 대한 의식은 표시(signe)[61]에 대한 의식과 비교할 수

61　여기에서는 '몸짓(geste)'의 의미이다.

있다. 게다가 표시는 신체 쪽에 속한다. 표시는 신체의 본질적인 구조 중 하나이다. 그런데 표시에 대한 의식은 존재한다. 그렇지 않다면 우리는 표시의 의미를 이해할 수 없을 것이다. 하지만 표시는 의미를 향해 초월되는 것이다. 표시는 의미를 위해 소홀히 여겨지는 것이고, 그 자체로서는 결코 파악할 수 없는 것이며, 끊임없이 그것의 저편으로 시선이 향해지는 것이다. 신체(에 대한) 의식은, 의식이 그것으로 있어야 하는 일 없이 그것으로 있는 것에 대한, 다시 말해 의식의 파악할 수 없는 우연성에 대한, 거기로부터 출발해서 의식이 자기를 선택하게 하는 것에 대한 측면적이고 회고적인 의식이다. 그만큼 신체에 대한 의식은 자기가 감응되는 방식에 대한 비조정적 의식이다. 신체에 대한 의식은 근원적인 정감(affectivité)과 혼합되어 있다. 그렇다고 해도 이 정감의 의미를 잘 파악해야 할 필요가 있다. 그것을 위해서는 하나의 구별이 필요하다. 사실 우리가 내적 성찰을 통해 드러내 보여지는 것과 같은 정감은 이미 구성된 정감이다. 이런 정감은 세계에 대한 의식이다. 모든 증오는 누군가에 대한 증오이다. 모든 분노는 누군가에 대해 그를 미운 자, 부정한 자, 잘못을 저지르는 자로 파악하는 것이다. 누군가에 대해 호감을 갖는다는 것은 그를 "호감을 가질 수 있는 사람으로 생각한다."라는 것 등이다. 이런 여러 예에서 하나의 초월적인 "지향"은 세계 쪽을 향하고, 또 세계를 있는 그대로 파악한다. 따라서 거기에는 이미 뛰어넘기가 있고, 내적 부정이 있다. 우리는 초월과 선택의 차원 위에 있다. 하지만 셸러가 잘 지적한 바와 같이, 이 지향은 순수한 정감적 성질과는 구별되어야 한다. 예컨대 만일 나에게 "두통"이 있을 때, 나는 나의 고통 쪽을 향하게 되는 하나의 지향적인 정감을 나에게서 발견한다. 이것은 고통을 "견뎌 내기" 위해서 체념하고, 고통을 받아들이기 위해서, 또는 고통을 물리치기 위해서, 또는 고통을 평가하기 위해서(부당한 것으로, 당연한 것으로, 정화적인 것으로, 굴욕적인 것으로, 등), 또는 고통을 피하기 위해서이다. 여기에서 정감은 지향 그 자체이다. 이 지향은 순수한 행위이고, 또 이미 기투이며, 무엇인가에 대한 순수 의식이다. 신체(에 대한) 의식으로 여겨질 수 있는 것은 이 지향일 수는 없을 것이다.

하지만 정확히 이 지향은 정감의 전부가 될 수는 없다. 왜냐하면 이 지향은 뛰어넘기이며, 따라서 그것에는 하나의 뛰어넘어진 것이 전제되기 때문이다. 게다가 그것은 볼드윈[62]이 적절치 못하게 이름 붙인 "정서적 추상(abstraits émotionnels)"의 존재를 통해 증명되고 있다. 볼드윈은 사실 우리가 어떤 종류의 정서를 구체적으로 느끼지 않고서도 그것을 우리 내부에서 정감적으로 실현할 수 있다고 주장했다. 예컨대 만일 사람들이 나에게 피에르의 삶을 힘들게 한 괴로운 사건을 이야기한다면, 나는 "그가 얼마나 괴로워했을까!"라고 외칠 것이다. 나는 이 괴로움을 인식하는 것이 아니다. 그렇다고 내가 이 괴로움을 사실상 느끼는 것도 아니다. 단순한 인식과 참된 정감 사이의 이 중간적인 것을 볼드윈은 "추상"이라고 불렀다. 하지만 이와 유사한 추상의 메커니즘은 아주 애매하다. "누가" 추상하는가? 만일 라포르트의 정의를 따라 추상한다는 것이 분리되어 존재할 수 없는 구조를 따로 떼어 생각하는 것이라면, 우리는 정서적 추상을 정서라고 하는 단순한 추상적 개념과 동일시한다든가, 또는 이런 추상은 있는 그대로의 한에서 의식의 현실적인 양상으로 존재할 수 없음을 인정해야 한다. 사실 이른바 "정서적 추상"은 공허한 지향이며, 단순한 정서적 기

---

62 제임스 마크 볼드윈(James Mark Baldwin, 1861~1934)은 미국의 사회 심리학자로, 진화론적 관점에서 아동심리를 연구하여 인격의 형성을 밝혀 냈으며, 존 듀이(John Dewey, 1859~1952)에게 영향을 주어 미국 사회 심리학의 기초를 세웠다.

투이다. 다시 말해 우리는 고통과 수치심 쪽으로 향한다. 우리는 그것들을 향해 우리 자신을 내민다. 의식은 자기를 헛되이 초월한다. 고통은 거기에 객관적이고 초월적으로 존재한다. 하지만 이 고통에는 구체적인 존재가 결여되어 있다. 실질(matière)이 없는 이런 의미는 정감적 이미지들이라고 부르는 편이 더 나을 것이다. 예술적인 창조와 심리적인 이해에서 이런 정감적인 이미지의 중요성은 부정할 수 없다. 하지만 여기에서는 하나의 현실적인 수치심과 이런 정감적인 이미지를 구분하는 것이 바로 "체험"의 부재라고 하는 사실이 중요하다. 따라서 정감적인 기투에 의해 극복되고 뛰어넘어진 순수한 정감적 성질이 존재한다. 우리는 이 정감적 성질을 셸러처럼 의식의 밀물에 의해 실려 온 뭔지 모를 "질료"라고 부르지는 않을 것이다. 우리에게 있어 문제가 되는 것은 단지 의식이 자기의 우연성을 존재하는(existe) 방식이다. 이것은 의식이 자신의 고유한 가능성을 향해 이 구조를 뛰어넘는 한에서 그 의식의 짜임새 자체이다. 이것은 의식이 조정적이긴 하나 암묵적으로 세계에 대한 관점으로 구성하는 것을, 의식이 자발적으로 또 비조정적인 방식으로 존재할 때의 방법이다. 이것은 순수한 고통일 수 있지만, 또한 비조정적인 상태로서의 기분일 수도 있고, 순수한 유쾌함일 수도 있고, 순수한 불쾌함일 수도 있다. 일반적으로는 이것은 전신 감각(全身感覺, cœnesthésique)[63]이라고 부르는 모든 것이다. 이 "전신 감각"이 대자의 초월적인 하나의 기투에 의해 세계를 향

---

63 '전신 감각'은 인간의 감각기관과는 상관없이 각 개인이 자신의 심신 전체 또는 일부에서 생기는 감정으로, 권태감·피로감·만족감·행복감 등을 말한다. 사르트르가 자주 거론하는 '구토'가 전신 감각의 대표적인 예라고 할 수 있다. 이 전신 감각은 심리학에서 거론되는 공감각(synesthésie), 즉 하나의 감각이 다른 영역의 감각을 가리키는 현상과 다르다. 또한 어원은 'Κοινή αίσθηση(koine aisthesis)'로 같지만, 아리스토텔레스가 말하는 '코이네 아이스테시스'는 일반 감각, 공통 감각, 오관에 공통되는 지각과도 다르다.

해 초월되지 않고 나타나는 경우는 드물다. 있는 그대로의 전신 감각을 따로 떼어 연구하는 것은 아주 어렵다. 하지만 특권적인 몇몇 경험이 있고, 사람들은 이 경험들에서 전신 감각을 그 순수성 속에서 파악할 수 있다. 특히 "육체적"이라고 명명되는 고통의 경험에서 그렇다. 따라서 우리가 신체에 (대한) 의식의 구조를 개념적으로 정착하기 위해 검토하게 될 것은 바로 이 경험이다.

나는 눈이 아프다. 하지만 나는 한 권의 철학책을 오늘 밤에 읽어야만 한다. 나는 [이 책을] 읽는다. 나의 의식의 대상은 이 책이고, 또 이 책을 통해 이 대상이 의미하는 진리들이다. 신체는 결코 그 자체로서는 파악되지 않는다. 신체는 관점이며 출발점이다. 낱말들은 계속해서 내 앞으로 미끄러진다. 나는 이 낱말들을 미끄러지게 한다. 내가 아직 읽지 않은 쪽 아랫부분에 있는 낱말들은 여전히 하나의 관계적인 배경 또는 "배경-페이지"에 속한다. 이 "배경-페이지"는 "배경-책" 위에 조직되며, 그리고 절대적인 배경 또는 세계라고 하는 배경 위에 조직된다. 하지만 그것들의 무차별적 배경으로부터 이 낱말들은 나를 부른다. 이 낱말들은 벌써 "부숴지기 쉬운 총체성"이라고 하는 성격을 지닌다. 이 낱말들은 "나의 시야 밑으로 미끄러져 오게 해야 할 것"으로서 주어진다. 이 모든 것에서 신체는 "암암리에" 주어져 있을 뿐이다. 나의 눈의 운동은 한 명의 관찰자의 시선에만 나타날 뿐이다. 나로서는 나에게 차례로 미끄러져 들어오는 낱말들의 이 응고된 출현만을 조정적으로 파악할 뿐이다. 그렇지만 객관적인 시간 속에서 낱말들의 계기는 나 자신의 고유한 시간화를 거쳐서 주어지고 또 인식된다. 이 낱말들의 부동의 운동은 나의 의식의 "운동"을 통해 주어진다. 그리고 시간적인 진행을 가리키는 단순한 비유로서의 의식의 "운동"은 정확히 나에게는 나의 눈의 운동이다. 타자의 관점에 의존하지 않고서는 내가 나의 눈의 운동과 내 의식의 종합적 진행을 구별하는 것은 불가능하다. 하지만 내가 이 책을 읽고 있는 바로 그 순간에 나는 눈이 아프다. 먼저 이 고통 자체는 세계의 대상에 의해, 다시 말해 내가 읽고 있는 그 책에 의해 지시될 수 있다는 점을 지적하자. 이 낱말들은 이것들이 구성하고 있는 무차별적인 배경으로부터 쉽게 분리할 수 없다. 이것들은 진동하고 깜빡거릴 수 있다. 이것들의 의미는 겨우 주어질 수 있다. 내가 방금 읽은 문장은 "이해되지 않은 것"으로, "다시 읽어야 할 것"으로 두 번 세 번 주어질 수 있다. 하지만 이 지시 자체가 빠질 수도 있다. 예컨대 나의 독서에 "내가 열중하고 있는" 경우 또는 나의 고통을 "내가 잊는" 경우가 그것이다(이것은 그 고통이 사라졌음을 결코 의미하지 않는다. 왜냐하면 만일 내가 차후의 반성적 행위에서 그것을 인식하면, 그 고통은 항상 그곳에 있었던 것으로 주어지게 될 것이기 때문이다). 어쨌든 우리의 관심은 그 점에 있지 않다. 우리는 의식이 그 고통을 존재하는 방식으로 파악하고자 한다. 하지만 사람들은 이렇게 물을 것이다. 무엇보다도 먼저 그 고통이 어떻게 눈의 고통으로 주어지는가? 거기에는 하나의 초월적인 대상에 대한, 정확히 신체가 외부, 즉 세계 속에 존재하는 한에서 나의 신체에 대한 하나의 지향적인 지시가 있는 것이 아닌가? 물론 그 고통이 그 자체에 대한 정보를 포함하고 있음은 의심의 여지가 없다. 눈의 고통을 손가락의 고통이나 위장의 고통과 혼동하는 것은 불가능하다. 그렇지만 고통은 전적으로 지향성을 잃고 있다. 다음 사실을 이해해야 한다. 그 고통이 "눈"의 고통으로 주어진다고 해도, 거기에 "국부적 징후"라고 하는 신비스러운 것이 있는 것도 아니고, 또 인식이 있는 것도 아니라는 사실이 그것이다. 다만 의식이 "눈을 존재하는" 한에서 고통은 정확히 눈이다. 그것으로서의 고통은 하나의 기준에 의해서도 아니고, 부가적인 그 어떤 것에 의해서도 아니며, 고통 그 존재 자체에 의해 모든 다른 고통과 구별된다. 분명 눈의 고통이라는 표현에는 우리가 기술해야 하는 하나의 구성적인 모든 작업이 전제된다. 하지만 지금 우리는 아직 그것을 고찰해야 할 단계에 와 있지 않다. 왜냐하면 그런 작업이 이루어지지 않았기 때문이다. 고통은 반성적인 관점으로부터 고찰되지 않는다. 고통은 대타-신체에 귀속되지 않는다. 고통은 고통-눈이거나 고통-시각이다. 고통은 그 초월적인 낱말들을 파악하는 나의 방법과 구별되지 않는다. 그것을 확실히 설명하기 위해 그것을 눈의 고통이라고 명명한 것은 바로 우리이다. 하지만 이 고통은 의식 속에서는 명명되지 않는다. 왜냐하면 그 고통은 인식되지 않기 때문이다. 다만 그 고통이 이루 말로 표현할 수 없을 정도로, 또 그 존재 그 자체에 의해 다른 모든 가능한 고통과 구별된다.

그렇지만 이 고통은 우주의 실재적인 대상들 사이 그 어디에도 결코 존재하지 않는다. 이 고통은 그 책의 오른쪽에 있는 것도 아니고 왼쪽에 있는 것도 아니다. 이 고통은 책을 통해 드러내 보이는 진리들 사이에 있는 것도 아니고, 나의 대상-신체(타자가 보는 나의 신체, 내가 부분적으로 만질 수 있고 부분적으로 볼 수 있는 나의 신체) 속에 있는 것도 아니며, 세계에 의해 암암리에 지시되는 한에서의 나의 관점-신체 속에 있는 것도 아니다. 또한 이 고통은 필름의 "이중 인화"와 같은 방법으로, 또는 내가 보는 사물 위에 조화적인 것으로 "겹쳐진 인상"과 같은 방식으로 존재한다고 말해서도 안 된다. 거기에 있는 것들은 의미를 지니지 않는 이미지들이다. 따라서 이 고통은 공간 속에 존재하지 않는다. 하지만 이 고통은 객관적인 시간에 속하는 것도 아니다. 이 고통은 스스로 시간화한다. 그리고 세계의 시간이 나타날 수 있는 것은 이 시간화 속에서이며, 그리고 이 시간화에 의해서이다. 그렇다면 이 고통은 무엇인가? 다만 그것은 의식의 반투명한 물질이고, 의식의 거기에-있음[현존재]이고, 세계에 대한 의식의 결합이며, 한마디로 말해 독서 행위 그 자체의 고유한 우연성이다. 이 고통은 모든 주의와 모든 인식 저편에 존재한다. 왜냐하면 이 고통이 주의니 인식이니 하는 각각의 행위 속으로 미끄러져 들어가기 때문이며, 이 고통이 그 행위의 존재의 근거가 되는 일 없이 존재하는 한에서 그 행위 자체이기 때문이다.

그렇지만 이 단순한 존재 차원에서도 세계에 대한 우연적인 결합으로서의 고통은, 그것이 뛰어넘어지는 한에서만 의식에 의해 조정적으로 존재할 수 있다. 고통 의식은 세계에 대한 내적 부정이다. 하지만 이와 동시에 고통 의식은 자기의 고통을 — 다시 말해 자기 자신을 — 자기로부터의 이탈로 존재한다. 단순한 체험으로서의 순수한 고통은 도달될 수 없다. 순수한 고통은 정의될 수 없는 것, 기술될 수 없는 것, 그것이 그것으로 있는 것의 부류에 속할 것이다. 하지만 고통 의식은 하나의 후속적인 의식을 향한 기투이며, 이 후속적인 의식에는 모든 고통이 결여되어 있을 것이다. 다시 말해 이 후속적인 의식 구조인 그것의 거기에-있음[현존재]은 비고통일 것이다. 그렇다고 해서 고통 의식을 특징짓는 이 측면적 탈출, 이 자기로부터의 이탈이 고통을 심적 대상으로 구성하지는 않는다. 이 탈출, 이 이탈은 대자의 하나의 비조정적인 기투이다. 우리는 이 기투를 오직 세계에 의해서만 배운다. 예컨대 이 기투는 그 책이 "빠른 리듬으로 읽혀져야 하는 것"으로 나타나고, 낱말들이 서로 밀쳐 대며 지옥의 원무 속에서 응고하고, 온 우주가 불안에 사로잡히는 방식으로 주어진다. 게다가 — 그리고 이것이 신체적 존재의 특성이다 — 사람들이 도피하고자 하는 이 말할 수 없는 것은 이 이탈 자체의 한복판에서 발견된다. 이 말할 수 없는 것은 그것을 뛰어넘는 의식을 구성하려 한다. 이 말할 수 없는 것은 우연성 그 자체이며, 그것을 피하려고 하는 도피의 존재이다. 우리는 어떤 곳에서도 대자에 의한 즉자, 이 무화에, 그리고 이 무화 자체를 가꾸는 즉자에 의한 대자의 재파악에 그토록 가까이 다가갈 수는 없을 것이다.

그럴 수 있다고 사람들은 말할 것이다. 하지만 고통이 정확히 기능하고 있는 기관의 고통, 눈이 바라보고 있는 동안의 그 눈의 고통, 손이 붙잡고 있는 동안의 그 손의 고통의 경우를 선택함으로써 당신은 아전인수 격인 입장에 있다. 왜냐하면 나는 결국 내가 책을 읽고 있는 동안에 손가락 상처의 아픔으로 인해 괴로워할 수도 있기 때문이다. 이 경우 나의 고통을 나의 "읽는 행위"의 우연성 그 자체라고 주장하기는 어려울 것이다.

먼저 만일 내가 나의 독서에 아무리 열중해 있다고 해도, 나는 세계를 존재로 오게끔 하는 것을 그치지는 못한다는 사실을 지적하자. 오히려 나의 독서는 그 본성 자체 속에 하나의 필연적인 배경으로서의 세계의 존재를 포함하고 있는 하나의 행위이다. 이것은 결코 내가 세계에 대한 사소한 의식을 가지고 있음을 의미하지 않으며, 오히려 내가 세계를 배경으로서 의식하고 있음을 의미한다. 나는 나를 에워싸고 있는 온갖 색깔과 운동을 결코 시야에서 놓치지 않는다. 나는 끊임없이 온갖 소리를 듣는다. 다만 이것들은 나의 독서 배경을 이루는 무차별적인 총체성 속에서 사라진다. 이것과 상관적으로 나의 신체는 세계적인 총체성에 대한 전체적인 관점으로서 끊임없이 세계에 의해 지시되고 있다. 하지만 나의 신체를 가리키는 것은 배경으로서의 세계이다. 이렇듯 나의 신체는, 그것이 나의 의식의 총체적인 우연성인 한에서, 총체성 안에서 끊임없이 존재되고(être existé) 있다. 나의 신체는 배경으로서의 세계의 총체성이 지시함과 동시에 세계에 대한 대상적인 파악과 관련해서 내가 감정적으로 존재하는 총체성이다. 하지만 하나의 개별적인 이것이 세계의 배경 위에 형태로서 떠오르는 한에서, 이것은 상관적으로 신체적 총체성의 하나의 기능적 특수화 쪽을 가리킨다. 그리고 이와 동시에 신체-총체성을 존재하는 나의 의식은 이 신체-총체성 위로 떠오르는 하나의 신체적 형태로 존재한다. 책은 읽힌다. 그리고 내가 존재하는 한에서, 내가 보는 것의 우연성, 또는 말하자면 독서의 우연성을 내가 뛰어넘는 한에서, 눈은 신체적 총체성의 배경 위에 형태로 나타난다. 물론 이 존재 차원에서 눈은 타자에 의해 보여지는 시각기관이 아니다. 이 눈은 오히려 나의 보는 의식이 단순히 세계에 대한 훨씬 더 넓은 나의 의식의 하나의 구조인 한에서, 나의 보는 의식 구조 그 자체이다. 사실 의식한다는 것은 항상 세계에 대해 의식하는 것이다. 이렇게 해서 세계와 신체는 다른 방식이긴 하지만, 나의 의식에 항상 현전한다. 하지만 세계에 대한 이런 총체적인 의식은 이런저런 개별적인 이것을 위한 배경으로서의 세계에 대한 의식이다. 이렇듯 의식이 무화라고 하는 그 행위 자체 안에서 자기를 개별화하는 것과 마찬가지로 거기에는 신체성(corporéité)이라고 하는 총체적인 배경 위에 신체의 개별적인 하나의 구조의 현전이 있다. 따라서 내가 읽고 있는 바로 그 순간에도 나는 이런저런 안락의자에 앉아서, 창문에서 3미터 거리에서, 주어진 기압과 기온 상태에서 하나의 신체로 있음을 그치지 않는다. 그리고 나의 왼손 집게손가락의 고통은, 마치 내가 나의 신체 전반이 존재하기를 그치지 않는 것처럼, 그 고통을 존재하기를 그치지 않는다. 다만 나는 그 고통이 신체적 총체성에 종속되는 하나의 구조로서 신체성이라고 하는 배경 속에서 증발하는 한에서, 나는 그 고통을 존재한다. 그 고통은 부재하지도 않고, 무의식적이지도 않다. 다만 그 고통은 그 자체를 위한 정립적 의식의 거리가 없는 이 존재의 일부를 이룰 뿐이다. 만일 조금 후에 내가 책의 페이지를 넘긴다면, 나의 집게손가락의 고통은 그것만으로는 인식 대상이 되지는 못하지만, 우연성의 총체적인 배경으로서의 나의 신체의 하나의 새로운 조직 위에 형태로서 존재하는 우연성의 열로 넘어가게 될 것이다. 게다가 이런 지적들은 다음과 같은 경험적 관찰과 일치한다. 우리가 책을 읽을 때는 집게손가락이나 허리의 고통을 "달래는" 것이 눈의 고통을 달래는 것보다 훨씬 더 쉽다는 관찰이 그것이다. 왜냐하면 눈의 고통은 정확히 나의 독서이기 때문이다. 그리고 내가 읽고 있는 낱말들은 나에게 매 순간 눈의 고통 쪽을 가리키고 있는 데 반해, 집게손가락과 허리의 고통은 배경으로서의 세계의 파악이기 때문에, 세계의 배경의 근본적인 파악으로서의 신체 속에 그 자체의 부분적인 구조로 간과되고 있다.

하지만 나는 갑자기 읽기를 중단한다. 그리고 나는 지금 나의 고통을 파악하기에 열중한다. 이것은 내가 나의 현재적인 의식 또는 나의 시-의식(conscience-vision) 위에 하나의 반성적 의식을 돌린다는 것을 의미한다. 이렇게 해서 나의 반성된 의식의 현실적인 구조 ── 특히 나의 고통 ── 는 나의 반성적 의식에 의해 파악되고 정립된다. 우리가 앞에서 반성에 대해 말한 바를 여기에서 상기할 필요가 있다. 반성은 하나의 총체적이고 관점을 지니지 않는 하나의 파악이다. 반성은 그 자체에 의해 포위당한 하나의 인식이다. 그리고 이 인식은 그 자체로 대상화하는 경향이 있고, 인식된 것을 멀리 내던지는 경향이 있다. 이것은 그 인식된 것을 관망하고 또 그것을 사고할 수 있게 하기 위함이다. 따라서 반성의 최초의 움직임은 고통이라고 하는 순전히 의식적인 성질을 하나의 대상-고통 쪽으로 초월하기 위함이다. 이렇듯 우리가 앞에서 공모적 반성이라고 부른 것을 고집한다면, 반성은 고통을 하나의 심적인 것으로 만드는 경향이 있다. 고통을 통해 파악되는 이 심적 대상이 바로 질병(le mal)이다. 이 대상은 고통의 모든 특징을 가지고 있지만 초월적이고 수동적이다. 이 대상은 그 자체의 고유한 시간 — 외적 우주의 시간도 아니고, 의식의 시간도 아닌 —, 즉 심적인 시간을 가진 하나의 실재이다. 그리고 이 실재는 여러 가지 평가와 결정을 견뎌 낼 수 있다. 그것으로서 이 실재는 의식 자체와 구별되며, 또 의식을 통해서 나타난다. 이 실재는 의식이 진전되는 동안에 여전히 변하지 않고 머물러 있다. 그리고 질병의 불투명성과 수동성의 조건이 되는 것이 바로 이 항구성 자체이다. 하지만 다른 한편으로 이 질병은, 그것이 의식을 통해 파악되는 한에서, 통일성·내면성·자발성과 같은 의식의 모든 성격을 지닌다. 비록 이 성격들이 흐릿해진 것이기는 하지만 말이다. 이 흐릿해짐은 그 질병에 대해 심적인 개별성을 부여한다. 다시 말해 무엇보다 먼저 질병은 절대적이고 부분적으로 흩어지지 않는 응집력이 있다. 이외에도 질병은 그 자체의 고유한 지속을 지닌다. 왜냐하면 질병이 의식 밖에 존재하고, 하나의 과거와 하나의 미래를 가지고 있기 때문이다. 하지만 근원적인 시간화의 투사일 뿐인 이 지속은 상호침투적인 다양성이다. 이 질병은 "침투적"이고 "애무적"이다 등. 그리고 이 특징은 이 질병이 그 지속 속에서 옆모습을 보이는 방식을 나타내는 것만을 겨냥할 뿐이다. 이 특징은 선율적인 성질들을 가지고 있다. 심한 통증이 있고, 이어서 그것이 멎게 되는 식으로 주어지는 아픔은 반성에 의해 고통스러운 의식과 고통스럽지 않은 의식의 단순한 교체로 파악되지 않는다. 조직적인 반성에 있어서는 그 고통의 짧은 휴지가 질병의 일부를 '이룬다.' 이는 마치 침묵이 멜로디의 일부를 이루고 있는 것과 같다. 그 총체는 질병의 리듬과 상태를 구성한다. 하지만 질병은 수동적인 대상임과 동시에, 그것이 의식이라고 하는 하나의 절대적인 자발성을 통해 보여지는 한에서, 이 자발성의 즉자 속으로 투영된 것이기도 하다. 수동적인 자발성인 한에서 질병은 마술적이다. 질병은 그 자체로 연장되는 것으로서, 그 자체의 시간적 형태의 주인으로 주어진다. 질병은 시공간적 대상과는 달리 나타나고 사라진다. 내가 더 이상 책상을 보지 않는 것은 정확히 내가 고개를 돌렸기 때문이다. 하지만 내가 더 이상 나의 질병을 느끼지 않는다면, 그것은 질병이 떠났기 때문이다. 사실, 여기에서 형태심리학자들이 스트로보스코프적 착각[64]이라고 부르는 것과 비슷한 하나의 현상이 발생한다. 질병의 사라짐은 반성적인 대자의 기투를 배반함으로써 거의 의지처럼 후퇴 운동으로 주어진다. 여기에는 질병의 애니미즘이라고 할 수 있는 것이 있다. 질병은 그 자체의 형태, 그 자체의 지속, 그 자체의 고유한 습관을 지니는 하나의 생물과 같은 것으로 주어진다. 환자는 질병과 일종의 친밀성을 갖는다. 질병은 하나의 새로운 현상으로 나타나는 것이 아니다. 환자가 말하는 것처럼, 질병은 "오후의 발작"이다. 이렇듯 반성은 하나의 동일한 발작의 계기들을 서로 연결하는 것이 아니다. 오히려 반성은 만 하루를 건너뛰어 그 발작들을 서로 연결시킨다. 그렇지만 이 재인식적인 종합은 하나의 특수한 성격을 갖는다. 이 재인식적인 종합은 그 대상이 의식에 주어지지 않을 때조차도 그대로 존재하고 있는(가라앉은 채로 머물러 있는 또는 무의식 속에 남아 있는 증오와 같은 방식으로 있는) 하나

---

64 스트로보스코프(stroboscope)는 시각 잔상(殘像)을 이용해 회전운동이나 진동 주기의 상태와 변화를 관찰하는 장치이다. 회전하는 운동체의 다양한 상태를 그린 후 원반 속에 붙여 회전시킨 다음 원반 주위의 구멍을 들여다보면 그림이 움직이는 것처럼 보이는데, 시네마성(性)이라고도 한다. 여기에서 사르트르가 질병을 이런 착각에 비유한 것은, 이 질병이 마치 그 자신의 의지를 지닌 것처럼 주어지기 때문으로 보인다.

의 대상을 구성하는 것을 겨냥하지 않는다. 사실 질병이 사라질 때, 그것은 정말로 없어져 버리고, 더 이상 거기에 없다. 하지만 이로부터 다음과 같은 기묘한 결과가 도출된다. 질병이 재발할 때, 이 질병은 일 종의 자발적인 생성에 의해 그 수동성 자체 속에 나타난다는 결과가 그것이다. 예컨대 사람들은 슬며시 이 질병의 "접근"을 느낀다. 그것 이 "또 나타났네." "이것이 그것이야." 하는 식이다. 이렇듯 최초의 고 통은 다른 고통과 마찬가지로 그 자체만으로는 반성된 의식의 단순 하고 적나라한 구조로 파악되지 않는다. 그 최초의 고통은 질병의 "전 조"이거나, 아니면 오히려 그 질병 자체이다. 그런데 이 질병은 서서히 시동을 거는 기관차와 같이 느리게 발생한다. 하지만 다른 한편으로 나는 고통과 더불어 이 질병을 구성한다는 것을 잘 알아야 한다. 이것 은 결코 내가 질병을 고통의 원인으로 파악함을 의미하지 않는다. 그 보다는 오히려 이것은 각각의 구체적인 고통이 마치 하나의 선율 속 의 하나의 음표와 같음을 의미한다. 각각의 음표는 이 선율 전체임과 동시에 또 이 선율의 하나의 박자이기도 하다. 각각의 고통을 통해 나 는 이 질병 전체를 파악한다. 그렇지만 질병은 그 고통 전체를 초월한 다. 왜냐하면 질병은 모든 고통의 종합적인 총체성이기 때문이며, 그 고통에 의해 그리고 그 고통을 통해 전개되는 주제이기 때문이다. 하 지만 질병의 질료가 선율의 질료와 닮은 것은 아니다. 먼저 질병의 질 료는 순수한 체험에 속한다. 반성된 의식과 고통 사이에도, 반성적 의 식과 반성된 의식과의 사이에도 어떤 거리가 없다. 이로부터 질병은 초월적이지만 거리 없이 존재한다는 사실이 도출된다. 질병은 종합적 인 총체성으로서의 나의 의식 밖에 있고, 또 이미 거의 다른 곳에 존 재한다. 하지만 다른 한편으로 질병은 나의 의식 속에 존재한다. 질병 은 그 모든 치상(齒狀)에 의해, 모든 그 음표 — 이것들이 나의 의식이다 — 에 의해 나의 의식 안으로 침투한다.

이 수준에서 신체는 어떻게 되었는가? 반성적인 투영의 순간에 거기에는 일종의 분열이 있었다는 사실을 지적하자. 비반성적 의식에서 고통은 신체였지만, 반성적 의식에서 질병은 신체와 구별된다. 질병은 그 자체의 고유한 형태를 지닌다. 질병은 왔다가 다시 가 버린다. 우리가 자리 잡고 있는 반성적인 수준에서, 다시 말해 대타가 개입하기 이전에 신체는 명백하게 또 주제적으로 의식에게 주어져 있지 않다. 반성적 의식은 질병에 대한 의식이다. 다만 만일 질병이 그 자체에 고유한 하나의 형태를 가지고 있고, 또 초월하는 하나의 개별성을 자신에게 부여하는 하나의 선율적 리듬을 가지고 있다면, 질병은 그 자체의 질료에 의해 대자에게 밀착해 있다. 왜냐하면 질병이 고통을 통해 동일한 유형의 나의 모든 고통의 통일로 드러내 보여지기 때문이다. 질병은 내가 그것에 그 질료를 준다는 의미에서 나의 질병이다. 나는 질병을 일종의 수동적인 자리에 의해 지탱되고 또 유지되는 것으로 파악한다. 그런데 이런 자리의 수동성은 고통의 우연적인 사실성이 즉자 속으로 정확히 투영된 것이다. 그리고 그것은 나의 수동성이다. 이 자리는, 내가 조각상의 형태를 지각할 때, 그 조각상의 질료가 파악되는 방식으로가 아니라면 그 자체로는 파악되지 않는다. 하지만 그 자리는 거기에 있다. 그 자리는 질병이 갉아먹는 수동성이며, 또 마치 대지가 안타이오스[65]에게 했듯이, 질병에게 마술적으로 새로운 힘을 주는 수동성이다. 그것은 하나의 새로운 존재 차원에서의 나의 신체이

---

[65] 안타이오스(Ἀνταῖος, Antaios)는 그리스 신화에 나오는 거인으로, 바다의 신 포세이돈과 대지의 여신 가이아 사이에서 둘째 아들로 태어났다. 어머니 가이아의 도움으로 땅에 발이 닿을 때마다 힘이 강해지는 특징이 있다. 헤라클레스는 안타이오스와 싸우게 되었는데, 그때 그의 특징을 알게 된 헤라클레스가 그를 안아 올려 대지에서 발을 뗀 상태에서 목을 졸라 죽였다고 한다.

며, 다시 말해 하나의 반성적 의식의 노에마적 상관자로서의 나의 신체이다. 우리는 그것을 심적 신체(corps psychique)라고 부를 것이다. 심적 신체는 아직 인식되지 않는다. 왜냐하면 고통 의식을 파악하고자 하는 반성은 아직 인식적이지 않기 때문이다. 이 반성은 그 근원적인 출현에 있어서의 정감이다. 이 반성은 질병을 하나의 대상으로, 하지만 하나의 정감적인 대상으로 파악하는 것이다. 사람들이 먼저 자신의 고통 쪽으로 향하는 것은 이 고통을 미워하기 위함이고, 참을성 있게 견뎌 내기 위함이고, 그것을 견딜 수 없는 것으로서 파악하기 위함이고, 때로는 사랑하기 위함이고, 즐기기 위함이며(이 고통이 해방, 치유를 알리는 경우), 어떤 방식으로 그것에 가치를 부여하기 위함이다. 물론 사람들이 가치를 부여하는 것, 또는 더 잘 말하면, 이 가치 부여의 필연적인 상관항으로 출현하는 것은 바로 질병이다. 따라서 질병은 결코 인식되지 않는다. 질병은 겪는 것(être souffert)[경험된 것]이고, 또 신체도 마찬가지로 질병에 의해 드러내 보여지는 것이며, 의식은 마찬가지로 신체를 겪는다[경험한다]. 반성에 주어지는 대로의 신체를 여러 인식적 구조로 풍요롭게 하기 위해서는 타인의 도움을 받아야 할 것이다. 우리는 지금 그것에 대해 말할 수가 없다. 왜냐하면 그러기 위해서는 벌써 대타-신체의 구조를 확실하게 밝혀 놓아야 하기 때문이다. 그렇지만 지금부터 우리는 다음과 같은 사실을 지적할 수 있다. 이 심적 신체는 의식의 내부 구조가 즉자 차원에 투영된 것이기 때문에, 정신(psyché)에 속하는 모든 현상의 암묵적인 질료를 이루고 있다는 사실이 그것이다. 근원적인 신체가 그 자체의 고유한 우연성으로서 각각의 의식에 의해 존재되었던 것과 마찬가지로, 심적 신체는 증오 또는 사랑의 우연성으로서, 그리고 행위와 성질의 우연성으로서 겪어진다[경험된다]. 하지만 이 우연성은 하나의 새로운 성질을 갖는다. 의식에 의해 존재되는 한에서, 그 우연성은 즉자에 의한 의식의 재파악이었다. 하지만 이 우연성은 질병이나 증오 또는 기투 속에서 반성에 의해 겪게 되는[경험되는] 한에서 즉자 속에 투영되어 있다. 이런 이유로 우연성은 그 마술적인 밀착의 저편에서 각각의 심적 대상이 외면성으로 세분화되는 경향을 보여 준다. 이 우연성은 심적 대상을 서로 연결시키고 있는 마술적인 관계 저편에서 심적 대상들 하나하나가 하나의 무차별적인 섬나라 속에서 고립되는 성향을 보여 준다. 따라서 이 우연성은 심적인 것의 선율적인 지속에 대응하는 하나의 암묵적인 공간과 같다. 신체가 우리의 심적인 모든 사건의 우연적이고 무차별적인 질료인 한에서, 신체는 하나의 심적 공간을 규정한다. 이 공간은 높낮이도 좌우도 갖지 않는다. 이 공간은 심적인 것의 마술적인 밀착이 무차별적인 세분화의 경향과 싸우러 오는 한에서, 아직은 부분들로 나뉘어 있지 않다. 그럼에도 이 공간이 프시케(psyché)[정신]의 하나의 현실적 특징인 것은 여전한 사실이다. 이것은 정신이 하나의 신체로 연결되어 있다는 의미가 아니다. 그보다는 오히려 프시케가 지니는 선율적인 조직 아래서 신체는 심적인 것의 실체이며, 또 그 가능성의 끊임없는 조건이라는 의미이다. 우리가 심적인 것이라고 이름 붙이자마자 나타나는 것이 바로 이 공간이다. 우리는 정신의 여러 사건을 분류하고 설명하기 위해 비유적인 메커니즘과 화학작용[66]을 사용하는데, 그 바탕에 있는 것이 바로 이 공간이다. 우리는 부재하는 감정을 겨냥하고 또 현전화하기 위해 그 이미지[상상하는 의식][67]를 만들어 내는

---

66 제2부 제2장 제3절 참조.
67 사르트르에게서 '이미지(image)'는 의식이 무엇인가를 지각하고 난 뒤에 그 결과물이 의식 속에 남아 있는 잔재가 아니라, 그 무엇인가를 부재하는 방식으로 정립하는 '상상하는 의식(conscience imageante)'을 의미한다. 이것은 지각하는 의식(conscience percevante)이 무엇인가를 직접적으로 현전하는 방식으로 정립하는 것과는 대조된다.

데, 그 이미지에서 우리가 겨냥하는 것, 우리가 만드는 것은 바로 이 공간이다. 마지막으로 무의식 이론과 같은 심리학적 이론과 추억의 보존과 같은 문제가 생기는 것도, 또 어느 정도까지 그것들을 동기화시키고 또 정당화시키는 것도 바로 이 공간이다.

우리가 심적 고통을 한 예로 선택했으며, 또 우리의 우연성을 존재하는 방식, 그 자체로 우연적인 방식은 이외에도 수없이 많다는 것은 자명하다. 특히 어떤 고통, 어떤 즐거움, 어떤 확실한 불쾌감이 의식에 의해 "존재되지" 않을 때도, 대자는 하나의 단순한 우연성, 이를테면 성질이 부여되지 않은 우연성 저편으로 자기를 기투하는 것을 그치지 않는다. 의식은 하나의 신체를 가지는 것을 그치지 않는다. 그 경우에 전신 감각적인 정감은 하나의 무색의 우연성을 단순히 비정립적으로 파악하는 것이며, 사실상의 존재로서 자기를 단순히 파악하는 것이다. 내가 거기로부터 벗어나려고 아무리 노력해도 끝까지 나를 따라오며 떨어지지 않는 그 싱거운 입맛을, 그리고 나의 입맛인 그 입맛을 나의 대자에 의해 끊임없이 파악하는 것, 그것이 바로 우리가 다른 곳에서 『구토』라는 제목으로 묘사했던 것이다.[68] 은연중에 생겨나는 극복 불가능한 한차례의 구토가 나의 신체를 나의 의식에게 끊임없이 드러내 보인다. 때로는 이 구토로부터 해방하기 위해 우리가 심적인 쾌감 또는 심적인 고통을 추구하는 것도 가능하다. 하지만 그 고통이나 쾌감이 의식에 의해 존재되자마자, 그것들이 이번에는 의식의 사실성 또는 의식의 우연성을 나타낸다. 고통과 쾌감이 드러내 보여지는 것은 바로 구토의 배경 위에서이다. 구토라는 단어를 우리의 생리적인 구역질로부터 이끌어 낸 하나의 은유로 이해해서는 안 될

---

68   사르트르가 1938년에 출간한 소설 『구토』를 가리킨다.

것이다. 그러기는커녕 이와 반대로 이 단어는 우리를 구역질로 이끄는 구체적이고 경험적인 모든 구역질(썩은 고기, 선혈, 똥 앞에서의 구역질)이 생기는 것은 바로 그런 구토라는 근거 위에서이다.

II. 대타 신체

우리는 방금 나의 대아적 신체의 존재에 대해 묘사했다. 이 존재론적 차원에서 나의 신체는 우리가 기술한 대로이며, 또 나의 신체는 그것일 뿐이다. 사람들은 나의 신체에서 하나의 생리적 기관의 흔적이며, 해부학적이고 공간적인 구성의 흔적을 찾아보았지만 소용없다. 나의 신체는 세계의 모든 도구-대상에 의해 헛되이 지시되는 준거 중심이거나, 아니면 대자에 의해 존재되는 우연성이거나이다. 좀 더 정확히 말해 이 두 가지 존재 방식은 상호보완적이다. 하지만 신체는 대자 그 자체와 동일한 유위변전을 알고 있다. 신체는 다른 존재 차원을 가지고 있다. 신체는 타자에게 있어서도 또한 존재한다. 지금 우리는 신체를 이 새로운 존재론적 전망 속에서 연구해야 한다. 나의 신체가 타자에게 나타나는 방식을 연구하거나 또는 타자의 신체가 나에게 나타나는 방식을 연구하는 것이나 마찬가지이다. 사실 우리는 앞에서 나의 대타존재의 구조는 나에게 있어 타자의 존재 구조와 동일함을 지적한 바 있다. 그만큼 우리는 편의상 이 후자의 구조로부터 출발해서 대타-신체(즉 타자의 신체)의 본성을 밝힐 것이다.

우리는 앞 장에서 신체는 먼저 타자를 나에게 나타내는 것이 아니라는 것을 보았다. 사실 만일 나의 존재와 타자의 존재의 근본적인 관계가 나의 신체와 타인의 신체 관계로 환원된다면, 이 관계는 단순한 외면성의 관계가 될 것이다. 하지만 타자에 대한 나의 연결은, 만일 그것이 하나의 내적 부정이 아니라면, 생각할 수도 없을 것이다. 나는 타자를 우선 그에 대해 내가 대상으로서 존재하는 것으로서 파악해야 한다. 나의 자기성의 재파악이 타자를 대상으로 나타나게 하는 것은 역사 이전적인 역사화의 이차적인 계기에서이다. 따라서 타자의 신체의 출현은 최초의 만남이 아니며, 오히려 반대로 타자와 나 사이의 관계의 한 일화에 불과할 뿐이다. 그리고 특히 우리가 타인의 대상화라고 명명한 하나의 일화에 불과할 뿐이다. 또는 이렇게 말하면, 타자는 먼저 나에게 있어 존재한다. 그리고 그다음에 나는 타자를 그의 신체 속에서 파악한다. 타자의 신체는 나에게 있어 하나의 이차적인 구조이다.

타자는 타인의 대상화라고 하는 근본적인 현상 속에서 나에게 초월된 초월로서 나타난다. 다시 말해 내가 나의 가능성을 향해 나를 기투한다는 그 사실만으로 나는 타자의 초월을 뛰어넘고 또 초월한다. 타자의 초월은 작용하지 않게 된다. 그것은 하나의 대상-초월이다. 나는 이 초월을 세계 속에서 파악하며, 게다가 그것은 근원적으로 나의 세계의 도구-사물의 어떤 배치로 파악하는 것인데, 이것은 이 도구-사물이 세계 한복판에 존재하는 하나의 이차적인 준거 중심을 덤으로 가리키며, 또 그것이 내가 아닌 준거 중심을 가리키는 한에서이다. 이 지시들은 나를 지시하는 여러 지시와는 달리 지시하는 사물을 구성하는 요소들은 결코 아니다. 지시들은 대상의 측면적인 속성이다. 우리가 살펴본 것처럼, 타자는 세계의 구성적인 개념일 수는 없을 것이다. 따라서 이 지시들은 모두 하나의 근원적인 우연성을 가지고 있고, 또 하나의 사건의 성격을 가지고 있다. 하지만 이것들이 지시하는 준거 중심은 단순히 관조된 초월 또는 초월된 초월로서의 타인이다. 대상들의 이차적인 배치가 나에게 가리키는 것은 분명 이런 배치의 조직자로서의 또는 수령자로서의 타자이다. 요컨대 그 자신이 만들어 내는 하나의 목적을 위해, 그 도구를 배치하는 하나의 도구로 서의 타자이다. 하지만 이 목적을 이번에는 내가 뛰어넘고 또 이용한 다. 이 목적은 세계 한복판에 있다. 그리고 나는 그 목적을 나 자신의 고유한 목적을 위해 사용할 수 있다. 이렇듯 타자는 먼저 사물에 의해 하나의 도구로서 지시된다. 나도 마찬가지여서, 수많은 사물이 나를 하나의 도구로서 지시한다. 그리고 정확히 내가 나를 사물에 의해 지 시되는 한에서 나는 신체이다. 따라서 사물들이 그 측면적이고 이차 적인 배치에 의해 가리키는 것은 바로 신체로서의 타자이다. 사실 나 는 이차적으로 타인의 신체에 귀착되지 않는 도구를 알지 못한다. 하 지만 나는 방금 살펴본 바와 같이, 나의 신체가 사물에 의해 지시되 는 한에서, 나의 신체에 대해 어떤 관점도 취할 수가 없었다. 사실 나 의 신체는 내가 그것에 대해 어떤 관점도 취할 수 없는 관점이며, 내 가 어떤 도구를 가지고서도 이용할 수 없는 도구이다. 보편화하는 사 고(思考)에 의해 내가 나의 신체를 세계 한복판에서 단순한 도구로서 헛되이 사고하고자 했을 때, 그로부터 곧장 세계로서의 한에서 세계 의 붕괴라는 결과가 발생했다. 이와 반대로 나는 타인으로 있지 않다고 하는 단 하나의 사실로 인해, 타인의 신체는 근원적으로 내가 그것에 대해 하나의 관점을 취할 수 있는 하나의 관점으로서, 내가 다른 도 구를 가지고 이용할 수 있는 하나의 도구로서 나에게 나타난다. 타자 의 신체는 도구-사물의 윤무에 의해 지시된다. 하지만 이번에는 타 자의 신체가 다른 대상들을 가리킨다. 타자의 신체는 결국 나의 세계 로 통합되며, 또 타자의 신체가 가리키는 것은 나의 신체이다. 이렇듯 타자의 신체는 나의 대아-신체와는 근본적으로 다르다. 타자의 신체는 내가 그것으로 있지 않는 기구이며, 또 내가 이용하는 (또는 결국 같은 것이지만, 나에게 저항하는) 기구이다. 타자의 신체는 나에게 근원적으로 어떤 대상적인 이용률과 역행률을 가지고 나타난다. 따라서 타자의 신체는 도구-초월로서의 타자 그 자신이다. 같은 지적이 감각기관의 종합적인 총체로서의 타자의 신체에도 적용된다. 우리는 타자의 신체 속에서, 그리고 타자의 신체에 의해서만 타자가 우리를 인식하게 될 가능성을 발견할 뿐이다. 이 가능성은 근본적으로 타자에게 있어서의 나의 대상-존재 속에서, 그리고 타자에게 있어서의 나의 대상-존재에 의해서 드러나 보여진다. 다시 말해 이 가능성은 타자에 대한 우리의 근원적인 관계의 본질적인 구조이다. 그리고 이 근원적인 관계에서 타자를 향한 나의 세계의 도피가 마찬가지로 일어난다. 나의 자기성의 재파악에 의해 나는 타자의 초월을 초월한다. 이것은 이 초월이 나를 대상으로 파악하는 항구적인 가능성인 한에서이다. 이로 인해 타자의 이 초월은 단순히 주어진 초월, 나 자신의 고유한 목표를 향해 뛰어넘어진 초월, 단순히 거기에-있는 초월이 된다. 그리고 타자가 나에 대해, 그리고 세계에 대해 갖는 인식은 대상-인식이 된다. 다시 말해 그 인식은 타자가 가진 하나의 주어진 속성이며, 이번에는 내가 인식할 수 있는 속성이다. 사실을 말하면, 타자가 지니는 이런 인식에 대해 내가 갖는 이 인식은 공허한 것으로 머문다. 이것은 내가 타자의 인식 행위를 결코 인식하지 못하리라는 의미에서 그렇다. 타자의 이 인식 행위는 단순한 초월이므로, 조정적 의식의 형태 아래서의 이 행위 자체에 의해서만, 또는 그 행위로부터 나오는 반성에 의해서만 파악할 수 있을 뿐이다. 내가 인식하는 것은 단지 거기에-있음으로서의 인식이거나, 또는 인식의-거기에-있음이다. 이렇게 해서 감각기관의 이 상대성은 나의 보편화하는 이성에게 드러내 보여진다. 하지만 이 상대성은 — 나 자신의 고유한 감각이 문제 될 때 — 세계의 붕괴를 야기시키지 않고는 생각할 수 없다. 그런데 내가 대상-타자를 파악할 때, 나는 먼저 감각기관의 이런 상대성을 파악한다. 그리고 나는 그것을 위험 없이 파악한다. 왜냐하면 타자가 나의 우주의 일부분을 이루고 있어 그의 상대성은 이 우주의 붕괴를 결정할 수 없을 것이기 때문이다. 이 타자의 감관은 인식하는 것으로서의 인식된 감관(sens connu comme connaissant)이다. 심리학자들은 나의 감관을 타자의 감관에 의해 규정하고, 또 나에게 있어 있는 그대로의 감각기관에게 그 대타존재에 속하는 상대성을 주는데, 사람들은 이 심리학자들의 오류가 어떻게 설명되는가를 알게 된다. 또 이와 동시에 만일 우리가 존재와 인식의 참다운 질서를 결정한 후에 그들의 오류를 그 존재 수준에 다시 놓는다면, 이 오류가 어떤 점에서 진리가 되는가도 알게 된다. 이렇듯 나의 세계의 대상들은 타자라고 하는 하나의 대상-준거 중심을 측면적으로 가리킨다. 하지만 이 중심은 이번에는 나의 것인 하나의 관점 없는 관점으로부터 나에게 나타난다. 이 관점 없는 관점은 나의 신체 또는 나의 우연성이다. 한마디로 적절하지 않은 표현이기는 하지만 통상적인 표현을 시용하면, 나는 감관을 통해 타자를 인식한다. 타자는 도구이며, 나는 이 도구를 내가 그것으로 있는 도구를 가지고, 즉 어떤 도구도 더 이상 이용할 수 없는 도구를 가지고 이용하는 것이다. 이와 마찬가지로 타자는 나의 감각적 인식에 드러내 보여지는 감각기관의 총체이다. 다시 말해 타자는 하나의 사실성에게 나타나는 하나의 사실성이다. 이렇게 해서 나에 의해 감각적으로 인식되는 대로의 타자의 감각기관에 대한 하나의 연구는 인식과 존재의 질서 속에서 참다운 자기 자리를 유지할 수 있다. 그리고 이 연구는 이 감각기관의 기능 중에서도 인식하는 기능에 가장 큰 비중을 두게 될 것이다. 하지만 이 인식은 이번에는 나에게 있어서는 단순한 대상이 될 것이다. 이로부터 예컨대 "도립시"라는 그릇된 문제가 발생한다. 사실, 근원적으로 타자의 감각기관은 그 타자에게 있어서는 결코 하나의 인식 도구가 아니다. 그것은 단순히 타자의 인식이며, 타자의 단순한 인식 행위인데, 그것은 이 인식이 나의 우주 속에서 대상의 방식으로 존재하는 한에서이다.

그렇지만 우리는 아직 타자의 신체가 나의 우주의 도구-사물에 의해 측면적으로 지시되는 한에서만 타자의 신체를 규정했을 뿐이다. 사실을 말하면, 이런 규정은 살과 뼈를 지닌 타자의 거기에-있음[현존재]을 우리에게 결코 주지 않는다. 분명 타자의 신체는 도구-사물이 타자의 신체에 의해 이용되고, 또 타자의 신체에 의해 인식되는 것으로서 드러내 보여지는 한에서, 이 도구-사물이 타자의 신체에게 주는 지시 그 자체 속의 도처에 현전한다. 내가 집주인이 오기를 기다리고 있는 이 객실은, 그 총체성 속에서 그 소유자의 신체를 나에게 드러내 보인다. 이 안락의자는 그가-앉는-의자이고, 이 책상은 그가-그 위에서-글을-쓰는-책상이며, 이 창은 그가-보는-모든-대상을 비쳐 주는 빛이 들어오는 창이다. 이렇게 해서 이 집주인의 신체는 모든 부분에서 소묘되며, 이 소묘는 대상-소묘이다. 하나의 대상은 모든 순간에 이 질료로 그 소묘를 채울 수 있다. 하지만 아직 이 집주인은 "거기에 있지-않다." 그는 다른 곳에 있다. 그는 부재중이다.

하지만 우리는 앞에서 부재가 정확히 거기에-있음의 하나의 구조라는 사실을 보았다. 부재한다는 것은 나의-세계-내-다른-곳에-있다는 것이며, 나에게 있어 이미 주어져 있는 것이다. 내가 아프리카에 있는 나의 사촌에게서 한 통의 편지를 받자마자, 그의 다른 곳에-있음이 이 편지의 지시 자체에 의해 구체적으로 나에게 주어진다. 그리고 이 다른 곳에-있음은 어디인가에-있음이다. 그것은 이미 그의 신체이다. 사랑하는 여자한테서 온 편지 자체가 그녀의 애인의 욕망을 자극한다는 사실은 달리 설명할 수 없을 것이다. 사랑받는 여자의 신체 전체는 이 편지 종이와 글줄 위에 부재로서 현전해 있다. 하지만 다른 곳에-있음은 어떤 구체적인 상황 속에서 도구-사물의 하나의 구체적인 총체와 관련해 거기에-있음이 되기 때문에, 그것은 이미 사실성이고 우연성이다. 피에르의 우연성과 나의 우연성을 규정하는 것은 단지 나와 피에르와의 오늘의 만남뿐이 아니다. 그의 어제의 부재도 마찬가지로 우리 두 사람의 우연성과 사실성을 규정했다. 그리고 이 부재자의 사실성은 부재자를 가리키는 이 도구-사물 속에 암암리에 주어져 있다. 그의 갑작스러운 나타남은 이 사실성에 아무것도 부가하지 않는다. 이렇듯 타자의 신체는 도구로서의 또 감각기관의 종합으로서의 그의 사실성이다. 하지만 이것은 타자의 사실성이 나의 사실성에 대해 드러내 보여지는 한에서이다. 타자의 사실성은 그가 세계 속에서 나에 대해 존재하자마자 나에게 주어진다. 타자의 현전 또는 그의 부재는 이 사실성에 아무런 변화도 주지 않는다.

하지만 여기에 피에르가 나타난다. 그가 내 방으로 들어온다. 이 나타남은 나의 그에 대한 관계의 근본적인 구조에 아무런 변화도 일으키지 않는다. 이 출현은 우연적이다. 하지만 그것은 그의 부재가 우연적이었던 것처럼 우연적이다. 여러 대상이 나에게 그를 가리킨다. 그가 여는 문은, 그것이 그의 앞에서 열릴 때, 하나의 인간적 현전을 가리킨다. 그가 앉은 안락의자 등도 마찬가지이다 등. 하지만 그 대상들은 그의 부재중에도 그를 가리키기를 그치지 않았다. 그리고 분명 나는 그에게 있어 존재하며, 그는 나에게 말을 한다. 그렇지만 나는 그가 나에게 그의 방문을 알리기 위해 보낸, 지금 내 책상 위에 있는 이 전보를 쳤던 어제도 마찬가지로 존재하고 있었다. 하지만 거기에는 새로운 무엇인가가 있다. 그것은 그가 현재, 세계의 배경 위에 하나의 이것으로서 나타나는 것이다. 내가 직접 바라볼 수 있고, 파악할 수 있으며, 이용할 수 있는 하나의 이것으로 말이다. 그 의미는 무엇인가? 그 의미는 무엇보다도 먼저 타자의 사실성, 다시 말해 타자존재의 우연성이 지금 명백하다는 것이다. 이것은 타자의 사실성이 도구-사물의 지시 속에 암암리에 포함되어 있던 것과는 다르다. 타자의 사실성은 정확히 그가 그의 대자 속에서, 또 그의 대자에 의해서 '존재하는' 그 사실성이다. 타자의 사실성은 그가 그것으로 있는 하나의 우연성에 대한 비정립적인 파악으로서, 또 사실상의 존재로서의 한에서의 단순한 자기 파악으로서 구토를 통해 끊임없이 살아가는 사실성이다. 한마디로 말해 이 사실성은 그의 전신 감각이다. 타자의 나타남은 그의 존재의 맛이 직접적인 현존으로서 드러나기이다. 다만 나는 그가 파악하는 대로의 그 맛을 파악하는 것이 아니다. 그에게 있어 구토는 인식이 아니다. 구토는 그가 그것으로 있는 그 우연성에 대한 조정적인 파악이다. 구토는 대자가 자신의 가능성을 향해 이 우연성을 뛰어넘는 것이다. 구토는 존재된 우연성이고 감내되고[견뎌지고] 거부당한 우연성이다. 내가 현재 파악하고 있는 것은 바로 이 동일한 우연성 — 그 밖의 아무것도 아니다 — 이다. 다만 나는 이 우연성으로 있는 것이 아니다. 나는 이 우연성을 나 자신의 가능성을 향해 뛰어넘는다. 하지만 이 뛰어넘기는 한 명의 타인을 초월하는 것이다. 이 우연성은 도움 없이 완전히 나에게 주어진다. 이 우연성은 돌이킬 수 없다. 타자의 대자는 이 우연성으로부터 벗어나고 또 끊임없이 뛰어넘는다. 하지만 내가 타자의 초월을 초월하는 한에서 나는 그것을 응고시킨다. 타자의 이 초월은 더 이상 사실성에 맞서는 나의 의지처가 아니다. 이와 정반대로 이 초월은 이번에는 사실성에 끼어든다. 이 초월은 이 사실성으로부터 생겨난다. 이렇게 해서 대자적인 맛으로서의 타자의 순수한 우연성과 나의 의식 사이에는 어떤 것도 개입하러 오지 않는다. 내가 파악하는 것은 바로 존재되는 그대로의 이 맛이다. 다만 나의 이타성이라고 하는 유일한 사실로 인해 이 맛은 세계 한복판에서 인식되고, 또 주어진 하나의 이것으로서 나타난다. 타자의 신체는 이 신체 존재의 단순한 즉자로 — 여러 즉자 중의 하나의 즉자로 —, 또 내가 나의 가능성 쪽을 향해 뛰어넘는 즉자로 나에게 주어진다. 따라서 타자의 신체는 동일하게 우연적인 두 가지 특징에 의해 드러내 보여진다. 타자의 신체는 여기에 있으며, 또 다른 곳에도 존재할 수도 있을 것이다. 다시 말해 도구-사물은 이 신체와 관련해 다르게 배치될 수도 있고, 이 신체를 다르게 가리킬 수도 있을 것이다. 의자와 신체와의 거리는 다를 수도 있을 것이다. 또 이 신체는 이것으로서 존재하기도 하고, 또 다르게 존재할 수도 있을 것이다. 다시 말해 나는 이 신체의 근원적인 우연성을 대상적이고 우연적인 나의 형상이라고 하는 형태로 파악한다. 하지만 실제로 이 두 가지 성격은 하나를 이룰 뿐이다. 제2의 성격은 나에 대해 제1의 성격을 제시하고, 그것을 밝혀 주기만 할 뿐이다. 타자의 신체란, 나의 세계에 타자가 하나의 이것-으로서-있음에 의해 표현되는 하나의 거기에-있음으로 현전한다고 하는 단순한 사실이다. 이렇게 해서 대아-타자로서의 타자의 존재 자체에는, 타자는 인식한다는 속성을 지니는 도구로서 드러나 보여진다는 사실, 그리고 인식한다는 속성은 그 어떤 대상적인 존재와 연결되어 있다는 사실이 내포되어 있다. 우리는 그것을 타자가 나에게 있어 우연적으로 있어야 한다는 타자에게 있어서의 필연성이라 할 것이다. 따라서 한 명의 타자가 거기에 있자마자 사람들은 그가 그 어떤 감각기관을 갖춘 하나의 도구라고 결론을 내려야 한다. 하지만 이런 고찰들은 타자에게서 하나의 신체를 가진다는 추상적인 필연성을 지적하는 데에 불과할 뿐이다. 타자의 이 신체는, 내가 그것을 만나는 한에서, 이 우연성의 필연성이 취하는 우연적 형태의 대아-대상으로서의 드러내 보임이다. 모든 타자는 감각기관을 가지고 있어야 하지만, 이런 감각기관을 반드시 가져야 하는 것은 아니며, 하나의 얼굴을 반드시 가져야 하는 것도 아니다. 요컨대 이 얼굴을 반드시 가져야 하는 것도 아니다. 하지만 얼굴, 감각기관, 현전, 이 모든 것은 바로 타자가 어떤 가문, 어떤 계급, 어떤 환경 등에 속하는 자로서 자기를 존재시켜야 하는 타자에게서의 필연성의 우연적 형태 외의 다른 것이 아니다. 이것은 이 우연적인 형태가 그것을 존재하지 않으면 안 되는 하나의 초월에 의해 뛰어넘어지는 한에서 그렇다. 타자에게서 자기의 맛이 되는 것이 나에게 있어서는 타인의 육체가 된다. 육체는 현전의 순수한 우연성이다. 육체는 보통 옷이나 화장, 머리털이나 수염을 깎는 방식, 표정 등에 의해 가려진다. 하지만 어떤 한 인물과의 오랜 교제 기간에 언젠가는 그 모든 마스크가 벗겨지고, 내가 그의 현전의 순수한 우연성 앞에 있게 되는 순간이 오게 마련이다. 이 경우 나는 하나의 얼굴 또는 하나의 신체의 다른 부분에서 육체에 대한 순수한 직관을 갖는다. 이 직관은 단순히 인식이 아니다. 이 직관은 하나의 절대적인 우연성에 대한 정감적인 파악이며, 또 이 파악은 구토의 한 특수한 유형이다.

따라서 타자의 신체는 그 사실성이 나의 사실성에 관련되는 한에서 초월된-초월의 사실성이다. 나는 명확한 방식은 아니지만 나의 신체를 타자에 의해 가려지는 준거 중심으로서 동시에 파악하지 않고서는 타자를 신체로서 결코 파악하지 않는다. 하지만 이와 마찬가지로 사람들은 타자의 신체를 다른 여러 이것과 단순한 외면적인 관계를 맺고 있는 고립된 대상의 자격으로서의 육체로 지각할 수는 없을 것이다. 이것은 오직 시체에게서만 진실일 뿐이다. 육체로서의 타자의 신체는 그 주위에 종합적으로 조직되는 하나의 상황의 준거 중심으로서 직접적으로 나에게 주어진다. 그리고 육체로서의 타자의 신체는 이 상황과 분리할 수 없다. 따라서 어떻게 해서 타자의 신체가 먼저 나에게 있어 신체가 될 수 있고, 그리고 그다음에 상황 속으로 오게 되는가를 묻지 말아야 한다. 오히려 타자는 상황 속의 신체(corps en situation)로서 나에게 근원적으로 주어진다. 따라서 예컨대 먼저 신체가 있고, 그리고 그다음에 행동이 있는 것이 아니다. 그보다는 오히려 신체는 타자의 행동의 대상적인 우연성이다. 이렇게 해서 우리는 또 다른 차원에서 나의 대아적 신체의 존재의 경우에 있어 지적한 하나의 존재론적 필연성을 다시 발견하게 된다. 앞에서 우리가 말한 것처럼, 대자의 우연성은 하나의 초월 속에서 그리고 하나의 초월에 의해서만 존재할 수 있을 뿐이다. 대자의 우연성은 최초의 무화를 배경으로 즉자에 의한 대자의 끊임없는 뛰어넘기이고 또 끊임없이 재파악되는 재파악이다. 이와 유사하게 여기에서도 육체로서의 타자의 신체는 미리 규정된 하나의 상황 속에 삽입될 수 없을 것이다. 오히려 타자의 신체는 바로 그것으로부터 출발해서 상황이 있게 된다. 여기에서도 역시 타자의 신체는 하나의 초월 속에서 그리고 하나의 초월에 의해서만 존재할 수 있을 뿐이다. 다만 이 초월은 먼저 초월되고 있다. 이 초월은 그 자체로 대상이다. 이렇듯 피에르의 신체는 먼저 하나의 손이고, 그다음에 그 손이 컵을 잡는 것은 아닐 것이다. 그런 생각은 살아 있는 신체의 근원에 시체를 놓으려고 하는 것과 같다. 오히려 피에르의 신체는 손-컵이라고 하는 복합이다. 이것은 손의 육체가 이 복합의 근원적인 우연성을 표시하는 한에서이다. 대상에 대한 신체의 관계는 하나의 문제이기는커녕, 우리는 그 신체를 이 관계의 밖에서 결코 파악하지 않는다. 이렇듯 타자의 신체는 의미작용을 한다. 그 의미는 초월의 응고된 하나의 운동 외의 다른 아무것도 아니다. 하나의 신체가 신체인 것은, 그 신체가 그것으로 있는 이 살덩어리가, 그 신체가 바라보는 그 책상, 신체가 걸터앉은 그 의자, 신체가 걸어 다니는 보도 등에 의해 규정되는 한에서이다. 하지만 이런 사태를 더 앞으로 밀고 나가더라도 신체를 구성하고 있는 의미들을 구체적인 행동을 참고하고, 또 도구-복합의 합리적인 이용을 참고하면서 남김없이 규명하는 것은 문제가 될 수 없을 것이다. 신체는 세계와의 유의미적인 관계의 총체성이다. 이 의미에서 신체는 그것이 호흡하는 공기를 참고해서, 그것이 마시는 물을 참고해서, 그것이 먹는 고기를 참고해서도 또한 규정된다. 사실 신체는 존재하는 것의 총체성과의 사이에 유의미적인 관계를 유지하지 않고서는 나타날 수 없을 것이다. 행동과 마찬가지로 삶은 초월된-초월이고 또 의미이다. 총체성으로서 생각된 삶과 행동 사이에 본성의 차이는 없다. 삶은 세계의 배경 위에 이것으로서 정립되어 있지 않은 대상을 향해 자기를 초월하는 의미의 총체를 나타낸다. 삶은 형태-신체와는 달리 타자의 배경-신체이다. 이것은 또한 이 배경-신체가 이미 타자의 대자에 의해 암암리에 정립적으로 파악되는 것이 아니라, 오히려 정확히 나에 의해 뚜렷하게 또 대상적으로 파악되는 한에서이다. 이때 타자의 이 배경-신체는 우주의 배경 위에 유의미적인 형태로 나타난다. 하지만 이것은 타자에게서 배경이기를 그치지 않으며, 정확히 배경으로서의 한에서 배경이다. 하지만 여기에서 하나의 중요한 구별을 하는 것이 좋을 듯하다. 사실 타자의 신체는 나의 신체에 대해 나타난다. 이것은 타자에 대한 나의 관점이 가진 하나의 사실성이 거기에 있음을 의미한다. 이 의미에서 신체적인 총체성의 배경 위에 하나의 기관(하나의 팔, 하나의 손)을 파악할 수 있는 나의 가능성과 타자의 신체에 대한 또는 타자에 의해 배경-신체로 체험되는 한에서의 신체의 어떤 구조에 대한 나의 명확한 파악을 결코 혼동해서는 안 된다. 우리가 타자를 삶으로 파악하는 것은 단지 두 번째의 경우에서뿐이다. 사실 첫 번째 경우에는 타자에게 있어 형태로 있는 것을 우리가 배경으로 파악하는 일이 일어날 수도 있다. 내가 타자의 손을 바라볼 때, 그의 신체의 나머지 부분은 배경 속으로 통합된다. 하지만 이때 그 타자에게서 하나의 배경 위에서의 형태로서 비조정적으로 존재해 있는 것은, 아마도 바로 그의 이마 또는 그의 가슴일 것이며, 이 배경 위에서 그의 팔과 그의 손은 희미해진다.

말할 나위 없이 그로부터 타자의 신체의 존재는 나에게 있어 하나의 종합적인 총체성이라는 결과가 도출된다. 그것은 다음과 같은 의미를 갖는다. (1) 나는 타자의 신체를 가리키는 하나의 총체적인 상황으로부터 출발하지 않고서는 결코 그의 신체를 파악하지 못할 것이다. (2) 나는 타자의 신체의 어느 하나의 기관을 고립시켜 따로 지각할 수 없을 것이다. 그리고 나는 항상 육체 또는 삶의 총체성으로부터 출발해서 각개의 개별적 기관을 나에게 가리키게 한다. 이렇듯 타자의 신체에 대한 나의 지각은 사물에 대한 나의 지각과는 근본적으로 다르다.

(1) 타자는 그의 다양한 운동과의 직접적인 연결에서 나타나는 한계 안에서 움직인다. 그리고 이 한계는 내가 거기로부터 출발해서 이 운동의 의미가 나에게 가리키게 하는 극한이다. 이 한계는 공간적인 동시에 시간적이다. 공간적으로 보면, 그것은 피에르로부터 거리

를 두고 놓여 있는 유리컵인데, 이 유리컵이 피에르의 현재의 몸짓이다. 이렇게 해서 나는 "책상-유리컵-병 등" 총체성에 대한 나의 지각 자체 속에서 피에르의 팔운동으로 나아감으로써 그 팔이 무엇인가를 나에게 알려 주게 한다. 만일 팔이 눈에 보이고 또 유리컵이 가려져 있다면, 나는 상황이라고 하는 단순한 이념으로부터 출발해서, 또 나에게 유리컵을 가리고 있는 물체 저편에 그의 몸짓의 의미로서 헛되이 겨냥된 극한으로부터 출발해서 피에르의 운동을 지각한다. 시간적으로 보면, 나는 항상 피에르의 몸짓이 향하고 있는 미래의 극한으로부터 출발해서 현재 나에게 드러내 보여지고 있는 한에서의 피에르의 몸짓을 파악한다. 이렇게 해서 나는 신체의 미래에 의해, 좀 더 일반적으로 말하면, 세계의 미래에 의해 신체의 현재를 나에게 알려 주게 한다. 만일 사람들이 먼저 타자의 신체는 다른 물체와는 완전히 다르게 지각된다고 하는 이 본질적인 진리를 파악하지 못한다면, 타자의 신체의 지각에 대한 심리학적인 문제를 결코 아무것도 이해하지 못할 것이다. 왜냐하면 타자의 신체를 지각하기 위해 사람들은 항상 타자의 신체 밖에, 시간과 공간 속에 존재하는 것으로부터 신체 그 자체에게로 가기 때문이다. 사람들은 시간과 공간의 일종의 전도에 의해 신체의 몸짓을 "역류적"으로 파악한다. 타자를 지각한다는 것은 세계에 의해 타자가 무엇인가를 자신에게 알려 주는 것이다.

(2) 나는 하나의 움직이지 않는 신체를 따라 들려지는 하나의 팔을 결코 지각하지 않는다. 나는 손을-드는-피에르를 지각한다. 하지만 그것으로 내가 판단에 의해 손 운동을, 그것을 일으키게 될 것인 하나의 "의식"과 관련짓는다고 이해해서는 안 될 것이다. 그보다는 오히려 나는 신체 전체의 시간적인 구조로서만 손 또는 팔의 운동을 파악할 수 있을 뿐이다. 여기에서 여러 부분의 질서와 운동을 결정하는

것은 바로 전체이다. 여기에서 타자의 신체에 대한 하나의 근원적인 지각이 문제가 된다는 것을 확신하기 위해서는, "신체에 속하는 것처럼 보이지 않는" 부러진 팔을 보았을 때 느끼는 끔찍함을 떠올리거나, 또는 예컨대 한 손(팔 부분은 가려져 있다.)이 출입문을 따라 거미처럼 기어오르고 있는 것을 우리가 보았을 때의 순간적인 어떤 지각을 떠올리는 것으로 충분하다. 이렇듯 여러 다른 경우에 신체의 붕괴가 있다. 그리고 이런 붕괴는 기이한 것으로 파악된다. 다른 한편, 우리는 게슈탈트 심리학자들이 종종 내세웠던 적극적인 증거를 알고 있다. 사실 사진이 앞으로 뻗은 피에르의 두 손을 아주 크게 확대시켜서 보여 주는 것은 놀라운 일이다(왜냐하면 사진은 피에르의 두 손을 신체적인 전체와의 종합적인 연결 없이 두 손 자체의 크기로 파악하기 때문이다). 반면 우리가 눈으로 피에르의 두 손을 본다면, 우리는 그 두 손 자체를 두드러지게 확대됨이 없이 지각한다. 이 의미에서 신체는 삶과 행동의 종합적인 총체성으로서의 상황에서 출발해서 나타난다.

이런 몇몇 고찰로 미루어 보면 피에르의 신체는 결코 나에게-있어서의-피에르와 구별되지 않는다는 것은 당연하다. 다만 타자의 신체는 나에게 있어서만 여러 가지 다른 의미를 가지고 존재한다. 대타-대상으로 있다든지, 또는 신체로-있다고 하는 이 두 개의 존재론적 양상은 대자의 대타-존재에 대한 엄밀히 등가적인 표현이다. 이렇듯 신체의 여러 의미는 하나의 신비로운 심령 현상을 가리키지 않는다. 그 의미들은 초월된-초월인 한에서 이 심령(psychisme)이다. 물론 심적인 것이 지니는 하나의 비밀 언어가 있다. 몇몇 현상은 감춰져 있다. 하지만 이것은 결코 그 의미들이 신체 저편에 귀착됨을 의미하지 않는다. 이 의미들은 세계에 귀착되고 또 그것들 자체에 귀착된다. 특히 이 정서적인 표출, 또는 좀 더 일반적인 방식으로 적절하지 않게 표정(expression)이라고 불리는 현상은, 결코 심리학자의 연구의 비물질적인 대상을 이루는 어떤 심령 현상에 의해 감춰지고 또 체험되는 하나의 감정을 우리에게 가리키는 것이 아니다. 눈살을 찌푸리는 것, 얼굴을 붉히는 것, 말을 더듬는 것, 손을 가볍게 떠는 것, 소심하면서도 동시에 위협적인 것처럼 보이게 눈을 치뜨는 것, 이런 행위들은 분노를 표현하는 것이 아니다. 이것들은 분노이다. 하지만 다음 사실을 잘 이해해야 한다. 움켜쥔 주먹은 그 자체로는 아무것도 아니고, 또 아무것도 의미하지 않는다는 사실을 말이다. 우리도 또한 하나의 움켜쥔 주먹을 결코 지각하지 않는다. 우리는 어떤 상황에서 주먹을 움켜쥐고 있는 한 인간을 지각한다. 이런 의미작용을 하는 행위, 과거와 가능들과 연결되어 생각되며, "상황 속의 신체"라는 종합적인 총체성으로부터 출발해서 이해되는 행위가 바로 분노이다. 분노는 세계 속에서 행동(때린다, 욕을 한다 등) 외의 다른 아무것도 가리키지 않는다. 다시 말해 신체의 새로운 의미작용을 하는 태도 외의 다른 아무것도 가리키지 않는다. 우리는 이런 사실에서 벗어날 수 없다. "심적 대상"은 완전히 지각에게 넘겨진다. 그리고 이 심적 대상은 신체적인 구조 밖에서는 생각될 수 없다. 지금까지 사람들이 이 점을 이해하지 못했다면, 또는 행동주의 심리학자들처럼 이 점을 주장한 자들은 자기들이 말하고자 하는 것과 그들 주위에서 스캔들을 일으킨 것을 자신들도 잘 이해하지 못했다면, 그것은 그들이 모든 지각을 똑같은 유형에 속한다고 기꺼이 생각하고 싶어 했기 때문이다. 사실 지각은 시공간적인 대상을 즉각 우리에게 넘겨주어야 한다. 지각의 근본적인 구조는 내적 부정이다. 그리고 지각은 대상을 있는 그대로 나에게 넘겨주는 것이지, 손이 미치지 않는 범위에 있는 어떤 실재의 하나의 텅 빈 이미지를 넘겨주는 것이 결코 아니다. 하지만 정확히 이 이유로 실재의 각각의 유형에 하나의 새로운 지각 구조가 대응한다. 신체는 훌륭한 심적 대상이며, 유일한 심적 대상이다. 하지만 만일 우리가 신체는 초월된-초월임을 고려한다면, 신체에 대한 지각은 본성상 생명 없는 물체에 대한 지각과 같은 유형에 속할 수는 없을 것이다. 그리고 이것은 다음과 같은 의미로 이해되어서는 안 될 것이다. 즉 신체에 대한 지각은 점차 풍부해지는 것이 아니라 근원적으로 또 하나의 다른 구조에 속한다는 의미가 그것이다. 이렇게 해서 표정적인 행위를 이해한다는 것을 설명하기 위해 습관 또는 유추에 의한 추론에 반드시 의거할 필요는 없을 것이다. 이 표정적인 행위는 근원적으로 이해될 수 있는 것으로 지각에게 넘겨진다. 표정적 행위의 의미는 그것의 존재 일부를 이루고 있다. 이것은 마치 종이의 색깔이 종이의 존재 일부를 이루고 있는 것과 마찬가지이다. 따라서 표정적 행위를 이해하기 위해 다른 행위를 더 이상 참조할 필요가 없다. 이와 마찬가지로 내 앞에 놓인 종이의 색깔을 지각하기 위해 책상의 색깔, 이 묶음 종이의 색깔, 또는 다른 종이의 색깔을 참조할 필요가 없다.

그렇지만 타자의 신체는 타인이 그것으로 있는 것으로서 우리에게 즉각적으로 주어진다. 이 의미에서 우리는 타자의 신체를 각개의 특수한 의미에 의해 끊임없이 하나의 목표를 향해 뛰어넘어지는 것으로 파악한다. 걷고 있는 한 남자를 예로 들어 보자. 처음부터 나는 시간-공간적인 하나의 총체성(거리-차도-보도-상점-자동차 등)으로부터 출발해서 그의 보행을 이해한다. 이런 시간-공간적인 총체성의 몇몇 구조는 이 보행의 도래해야-할-의미(le sens-à-venir)를 나타내고 있다. 나는 미래로부터 현재를 향해 감으로써 이 보행을 지각한다. 이 경우 문제가 되는 미래는 보편적 시간에 속해 있으며, 그리고 아직 거기에 있지 않은 하나의 단순한 "지금"이라는 것은 사실이다. 파악할 수 없고 무화하는 단순한 생성인 그 보행 자체는 "현재"이다. 하지만 현재는 걸어가는 "무엇인가"의 미래적인 하나의 극한을 향한 뛰어넘기이다. 팔운동의 단순하고도 파악할 수 없는 현재 저편에서 우리는 운동의 기체를 파악하고자 한다. 하지만 시체의 경우를 제외하고 우리가 결코 있는 그대로를 파악할 수 없는 이 기체는, 여전히 거기에 뛰어넘어진 것으로, 또 과거로 있다. 내가 운동하고-있는-팔에 대해 말할 때, 나는 정지하고 있던 이 팔을 운동의 실체로 생각한다. 하지만 우리가 이 책 제2부에서[69] 지적했듯이, 그 사고방식은 지지될 수 없다. 그러니까 운동하고 있는 팔은 부동의 팔일 수 없다. 운동은 존재의 하나의 질병이다. 그렇다고 해도 심적 운동이 두 가지 극한에 귀착한다는 것 역시 사실이다. 그 하나는 이 심적 운동의 결과인 미래적인 극한이다. 다른 하나는 이 심적 운동이 변질시키고 뛰어넘는 부동의 기관인 과거적인 극한이다. 그리고 나는 정확히 팔의-운동을 하나의 과거-존재 쪽을 향한 하나의 계속되고 파악할 수 없는 지시로 지각한다. 나는 이 과거-존재(정지 상태의 팔, 다리, 신체 전체)를 결코 보지 못한다. 나는 단지 이 과거-존재를 뛰어넘는 이 운동, 내가 그것에 대해 현전해 있는 이 운동을 통해 그 과거-존재를 엿볼 수 있을 뿐이다. 마치 우리가 물의 운동을 통해 시냇물 바닥에 있는 조약돌을 들여다보는 식으로 말이다. 그렇지만 항상 뛰어넘어지면서 결코 실현되지 않는 존재의 이 부동성, 내가 운동 중에 있는 그것을 명명하기 위해 끊임없이 그곳으로 돌아가는 부동성, 그것은 바로 순수한 사실성, 단순한 육체, 초월된-초월의 끊임없이 과거화하는 과거로서의 단순한 즉자이다.

---

69   제2부 제3장 IV. 세계의 시간 B) 현재 참조.

이 뛰어넘기 속에서, 그리고 이 뛰어넘기에 의해서 뛰어넘어진 것이라는 자격으로만 존재할 뿐인 이 단순한 즉자는, 만일 그것이 초월된-초월에 의해 드러내 보여짐과 동시에 가려지는 것을 그친다면, 시체의 열(列)로 떨어진다. 시체의 자격으로서도, 다시 말해 하나의 생명의 단순한 과거의 자격, 그리고 단순한 유체의 자격으로서도 이 즉자는, 그것을 이미 뛰어넘지 않는 뛰어넘기로부터 출발해서만 여전히 진정으로 이해될 수 있을 뿐이다. 그러니까 이 즉자는 끊임없이 갱신되는 상황을 향해 예전에 뛰어넘어졌던 것이다. 하지만 다른 한편으로 이 즉자가 단순한 즉자로서 현재에 나타나는 한에서 이 즉자는 다른 이것들과 관련해 단순한 무차별적인 외면성의 관계 속에 존재한다. 즉 시체는 더 이상 상황 속에 존재하지 않는다. 또 이와 동시에 이 즉자는 그 자체의 내부에서 각기 다른 즉자와 함께 단순한 외면성의 관계를 유지하고 있는 존재의 다수성 속으로 무너진다. 항상 사실성을 함축하고 있는 외면성에 대한 연구는 해부학이다. 이것은 이 외면성이 다만 시체 위에서만 지각되는 한에서 그렇다. 시체에서 출발해 생체에 대한 종합적인 재구성을 하는 것이 생리학이다. 생리학은 그 출발점에서부터 생명에 대해서는 아무것도 이해하지 못하도록 정해져 있다. 왜냐하면 생리학이 생명을 단순히 죽음의 하나의 특수한 양상으로 생각하기 때문이며, 또 생리학이 시체의 무한한 분할 가능성을 일차적인 것으로 보기 때문이다. 그리고 생리학이 "……을 향한 뛰어넘기"의 종합적인 통일에 있어서는 무한한 분할 가능성이 단순한 과거이지만, 그것을 인식하지는 못하기 때문이다. 생체에 있어 생명 연구, 생체 해부, 원형질의 생명 연구, 태생학 또는 난자에 대한 연구조차 생명을 재발견할 수는 없을 것이다. 사람들이 관찰하는 기관은 생체이다. 하지만 그것은 하나의 생명의 종합적인 통일 속에 용해되어 있지 않다. 그 기관은 해부학에서 출발해서, 다시 말해 죽음으로부터 출발해 이해되고 있다. 그만큼 우리에게 근원적으로 드러내 보여지는 타자의 신체가 해부학-생리학의 신체라고 믿는다면, 거기에는 중대한 오류가 있을 것이다. 그 오류는 우리의 "대아적" 감관을 타자에게 있어서의 우리의 감각기관과 혼동케 하는 것과 마찬가지로 중대한 오류이다. 하지만 타자의 신체는 초월된-초월의 사실성이다. 이것은 이 사실성이 끊임없는 탄생인 한에서, 다시 말해 이 사실성이 끊임없이 뛰어넘어진 하나의 즉자의 무차별적인 외면성에 귀착되는 한에서이다.

이런 고찰들은 우리가 성격이라고 부르는 것을 설명해 준다. 사실 성격이란 타자에게 있어서의 인식 대상의 자격으로서만 확실한 존재를 가질 뿐이라는 점을 지적해야 한다. 의식은 자기의 성격을 전혀 인식하지 않는다. 타인의 관점으로부터 출발해서 반성적으로 자기를 정의하지 않는 한, 의식은 확실하지 않은 대로의 성격을 비주제적으로 또는 비조정적으로 존재한다. 그리고 의식이 자기의 성격으로 존재하는 것은, 바로 의식이 자신의 고유한 우연성에 대해 하는 시험 속에서이며, 또 의식이 자기의 사실성을 인정하고 그것을 뛰어넘는 경우의 무화 속에서이다. 이 이유로 자기에 대한 순전히 내면적인 기술은 어떤 성격도 드러내 보이지 않는다. 프루스트의 주인공은 직접적으로 파악할 수 있는 성격을 가지고 있지 않다. 프루스트의 주인공은, 그가 자신을 의식하고 있는 한에서, 모든 인간에게 공통되는 일반적인 반응(정념, 감동, 추억의 출현 순서 등의 "메커니즘")의 하나의 총체로서 먼저 자기를 넘겨준다. 따라서 각자는 그 총체 속에서 자신의 모습을 인지할 수 있다. 그 이유는 이런 반응이 심적인 것의 일반적인 "본성"에 속하기 때문이다. 우리가(아브라함이 자신의 저서에서 프루스트에 대해 시도한 것처럼[70]) 프루스트의 주인공의 성격을(예컨대 그의 유약함과 수동성, 그에게 있어 사랑과 돈과의 특수한 연결에 대해) 확정할 수 있다면, 그것은 우리가 날것 그대로의 여러 소여(所與)를 해석하기 때문이다. 우리는 이 소여들에 대해 하나의 외면적인 관점을 취하고, 이것들을 비교하여 이로부터 영구적이고 객관적인 관계를 이끌어 내려고 시도한다. 하지만 이 시도에는 후퇴가 필요하다. 독자가 독서의 일반적인 기분을 따라 소설의 주인공에게 자기를 동화시키는 한, "마르셀"[71]의 성격은 독자에게서 벗어난다. 좀 더 자세히 말하면 마르셀의 성격은 그 수준에서 존재하지 않는다. 마르셀의 성격은 나를 작가와 하나로 결합시키는 공범 관계를 내가 깨는 경우에만 나타날 뿐이다. 마르셀의 성격은, 내가 그 작품을 이미 속내 이야기(confidence)를 할 수 있는 신뢰하는 친구(confident)로 여기지 않고, 오히려 하나의 속내 이야기로 여기거나 또는 차라리 하나의 "기록"으로 고려하는 경우에만 나타날 뿐이다. 따라서 마르셀의 성격은 대타의 차원에서만 존재할 뿐이다. 이런 이유로 "도덕주의자들", 즉 하나의 대상적이고 사회적인 심리학을 시도한 프랑스 저술가들의 잠언이나 설명들은 결코 주체에 의해 체험된 경험에 부합하지 못한다. 하지만 만일 성격이 본질상 대타적으로 존재한다면, 성격은 우리가 기술해 온 것처럼 신체와 구별할 수 없을 것이다. 예컨대 체질을 성격의 원인으로 상정하고, "다혈질"을 성급함의 원인이라고 상정하는 것은, 성격을 하나의 심적 실재로서, 즉 대상성의 모든 양상을 띠고 있으면서도 주관적이고 또 주체에 의해 체험되는 하나의 심적 실재로 인정하는 것이다. 사실 타자의 성급함

---

70 프랑스의 언론인 피에르 아브라함(Pierre Abraham, 1892~1974)의 『프루스트(*Proust*)』(1930)를 말한다.

71 프루스트의 『잃어버린 시간을 찾아서』의 화자이자 주인공이다.

은 외부에서 인식되며, 근원부터가 나의 초월에 의해 초월되고 있다. 이 의미에서 타자의 성급함은 예컨대 "다혈질"과 구분되지 않는다. 이 두 경우에 모두 우리는 동일한 뇌출혈형의 붉은 얼굴과 동일한 신체적 양상을 파악한다. 하지만 우리는 우리의 기투에 따라 이 소여를 다르게 초월한다. 만일 우리가 이 붉음을 배경-신체의 표출로 여긴다면, 다시 말해 이 붉음을 상황과의 연결로부터 분리해 고찰한다면, 우리는 체질을 문제 삼게 될 것이다. 만일 우리가 시체에서 출발해서 이 붉음을 이해하고자 한다면, 우리는 그로부터 생리학적이고 의학적인 연구를 시도할 수 있을 것이다. 하지만 만일 이와 반대로 우리가 총체적인 상황에서 출발해서 이 붉음을 향하면서 고찰한다면, 이 붉음은 분노 그 자체일 것이다. 아니면 분노의 약속 또는 차라리 약속된 분노, 다시 말해 도구-사물과의 하나의 끊임없는 관계, 하나의 잠재성일 것이다. 따라서 체질과 성격 사이에는 하나의 이론상의 차이만 있을 뿐이며, 성격은 신체와 동일시된다. 이것은 성격학적 연구의 기초로서 인상학(人相學)을 정립하고자 하는 수많은 저자의 시도들을, 그리고 특히 성격과 신체 구조에 대한 크레치머[72]의 훌륭한 연구를 정당화해 준다. 사실 타자의 성격은 종합적인 총체로서 직관에 즉각적으로 주어진다. 그렇다고 해서 이것은 우리가 그것을 곧바로 기술할 수 있음을 의미하지 않는다. 차별화된 구조를 나타나게 하기 위해서는, 또 우리가 당장에 정동적으로 파악한 어떤 소여를 밝히기 위해서는, 또 타자의 신체라고 하는 이 전체적인 불분명을 조직화된 형태로 변화시키기 위해서는 시간이 필요할 것이다. 우리가 잘못 생각할 수도 있을 것이다. 우리가 보는 것을 해석하기 위해 일반적이고 담

---

72 에른스트 크레치머(Ernst Kretschmer, 1888~1964)는 독일의 정신 의학자로, 인간의 체형을 비만형, 근골형, 허약형으로 분류하고, 이를 성격, 정신병, 기질과 연계해 상관관계를 연구했다.

론적인 인식(다른 피실험자들을 대상으로 경험적이거나 통계적으로 수립된 법칙)에 도움을 청할 수도 있을 것이다. 하지만 어쨌든 예측과 행동의 관점에서 우리 최초의 직관 내용을 분명하게 밝히고 조직화하는 것만이 문제가 될 뿐이다. 사람들은 "첫인상은 틀리지 않는"다고 종종 말하는데, 그들이 말하고자 하는 바가 바로 이것이다. 사실 첫 만남부터 타자는 완전히 또 즉각적으로 베일도 없고 신비도 없이 주어진다. 여기에서 안다는 것은 이해한다는 것이고, 전개하는 것이며, 평가하는 것이다.

그렇지만 타자가 이렇게 주어지는 것은, 그가 그것으로 있는 것 안에서이다. 성격은 사실성과 다르지 않다. 다시 말해 성격은 근원적인 우연성과 다르지 않다. 그런데 우리는 타자를 자유로운 것으로 파악한다. 우리는 앞에서 자유는 상황을 변화시키는 무조건적인 능력으로서의 타자가 가진 하나의 대상적인 성질이라는 사실을 지적했다. 이 능력은 근원적으로 타자를 구성하고 있는 능력과 구별되지 않는다. 그리고 이 능력은 일반적으로 하나의 상황을 존재케 하는 능력이다. 사실 하나의 상황을 변화시킬 수 있다는 것은 정확히 하나의 상황을 존재케 하는 것이다. 타자의 대상적인 자유는 초월된-초월일 뿐이다. 우리가 그것을 정립해 놓았듯이, 타자의 자유는 대상-자유이다. 이 의미에서 타자는 끊임없이 변화되는 하나의 상황으로부터 출발해서 이해되어야 할 것으로 나타난다. 신체를 항상 과거로 만드는 것이 바로 그것이다. 이 의미에서 타자의 성격은 우리에게 뛰어넘어진 것으로 내맡겨진다. 분노의 약속으로서의 성급함조차도 항상 뛰어넘어진 약속이다. 이렇듯 성격은 타자의 사실성으로서 주어진다. 이 사실성이 나의 직관에 대해 접근하기 쉬운 한에서, 하지만 또한 이 사실성이 뛰어넘어지기 위해서 존재할 뿐인 한에서 그렇다. 이 의미에서 "화를 내는" 것은 성급함에 동의한다는 사실 자체로 인해 이미 성급함을 뛰어넘는 것이고, 그것은 그 성급함에 하나의 의미를 준다. 따라서 분노는 대상-자유에 의한 성급함의 탈환으로 나타날 것이다. 하지만 이것은 이로 인해 우리가 하나의 주관성을 향해 돌려세워짐을 의미하지 않는다. 오히려 여기에서 우리가 초월하는 것은 단지 타자의 사실성일 뿐이 아니라, 또한 그의 초월이며, 단지 그의 존재, 다시 말해 그의 과거일 뿐 아니라, 그의 현재이며 미래임을 의미한다. 타자의 분노가 언제나 분노-자유로운 것으로 나에게 나타난다고 하더라도(이것은 내가 그의 분노를 판단한다는 그 사실 자체로 인해 분명하다.) 나는 항상 그의 분노를 초월할 수 있다. 다시 말해 나는 그의 분노를 더자극할 수도 있고 진정시킬 수도 있다. 좀 더 자세히 말하면, 내가 타자의 분노를 파악하는 것은 그의 분노를 초월하면서이고, 오직 그렇게 함으로써일 뿐이다. 이렇듯 신체는 초월된-초월의 사실성이기 때문에, 항상 자기-자신의-저편을-가리키는-신체이다. 공간 ─ 그것은 상황이다 ─ 에 있어서와 동시에 시간 ─ 그것은 대상-자유이다 ─ 에 있어서도 그렇다. 대타신체는 훌륭한 마술적인 대상이다. 이렇듯 타자의 신체는 항상 "신체-이상의-신체"이다. 왜냐하면 타자는 그의 사실성의 끊임없는 뛰어넘기 속에서 중개 없이, 총체적으로 나에게 주어지기 때문이다. 하지만 이 뛰어넘기는 나에게 하나의 주체성을 가리키지 않는다. 이 뛰어넘기는 바로 신체는 ─ 그것이 유기체로서 존재하든, 성격으로서 존재하든 또는 도구로서 존재하든 ─ 주위 없이는 나에게 결코 나타나지 않는다고 하는 객관적 사실, 그리고 신체는 이 주위로부터 출발해서 규정되어야 한다는 객관적인 사실이다. 타자의 신체는 그 신체의 대상성과 혼동되어서는 안 된다. 타자의 대상성은 초월된 것으로서의 그의 초월이다. 신체는 이 초월의 사실성이다. 하지만 타자의 신체성과 대상성은 엄밀하게 분리할 수는 없다.

Ⅲ. 신체의 제3의 존재론적 차원

나는 나의 신체를 존재한다(J'existe mon corps). 이것이 신체의 제1의 존재 차원이다. 나의 신체는 타자에 의해 이용·인식된다. 이것이 신체의 제2의 차원이다. 하지만 내가 타자에게 있어 존재하는 한에서, 타자는 나에게 주체로 드러나며, 이 주체에 대해 나는 대상이다. 지금까지 살펴본 것처럼, 여기에서도 역시 나의 타자와의 근본적인 관계가 문제가 된다. 따라서 나는 나에게 있어 타자에 의해 인식되는 것으로 존재한다. 특히 나의 사실성 자체에서 그렇다. 나는 나에게 있어 신체의 자격으로 타자에 의해 인식되는 것으로 존재한다. 이것이 나의 신체의 제3의 존재론적 차원이다. 우리가 지금부터 연구하고자 하는 것이 바로 이 제3의 차원이다. 이 차원과 더불어 우리는 신체의 존재 방식에 대한 문제를 남김없이 규명하게 될 것이다.

타자의 시선이 출현함과 더불어 나는 나의 대상-존재에 대한 계시를, 다시 말해 초월된 것으로서의 나의 초월에 대한 계시를 체험한다. 대상-나는 나에게 인식될 수 없는 존재로서, 또 내가 전적인 책임을 지고 있는 타자 안으로의 도피로서 드러내 보여진다. 하지만 비록 내가 대상-나를 그 실재에서 인식하거나 생각할 수 없다고 해도, 최소한 나는 이 대상-나의 몇몇 형식적 구조를 파악하면서 존재한다. 특히 나는 나의 사실상의 존재에서 내가 타자에 의해 습격당했음을 느낀다. 여기에서 내가 책임을 져야 하는 것은 바로 나의 타자에게-있어-거기에-있음에 대해서이다. 이 거기에-있음은 정확히 신체이다. 이렇듯 타자와의 만남은 단지 나의 초월에서만 나를 습격하는 것이 아니다. 타자가 뛰어넘는 초월 속에서, 그리고 타자가 뛰어넘는 초월에 의해서 나의 초월이 무화하고 초월하는 사실성은 타자에게 있어 존재한다. 그리고 내가 타자에게 있어 존재한다는 것을 의식하는 한에서, 나는 나 자신의 고유한 사실성을 단지 그것의 비조정적 무화에서뿐 아니라, 또 단지 이 사실성을 존재함으로써뿐 아니라, 하나의 세계-한복판에서의-존재를 향한 그 도피에서도 역시 파악하는 것이다. 타자와의 만남이라는 충격은 나에게 있어 나의 신체가 타인에게 있어 하나의 즉자로서 외부에 존재한다는 하나의 텅 빈 계시이다. 이렇듯 나의 신체는 단지 단순한 체험으로서 주어지는 것이 아니다. 오히려 이 체험 자체가 타자존재의 우연적이고 절대적인 사실에 있어, 그리고 그 사실에 의해서 나로부터 벗어나는 하나의 도피 차원에서 외부로 연장된다. 나의 대아 신체가 갖는 존재의 깊이는 나의 가장 은밀한 "내부"가 지니는 이 끊임없는 "외부"이다. 타자의 편재(l'omniprésence)가 근본적인 사실인 한에서, 나의 거기에-있음의 대상성은 나의 사실성이 갖는 하나의 항상적 차원이다. 내가 나의 가능들을 향해서 나의 우연성을 뛰어넘는 한에서, 그리고 나의 우연성이 하나의 돌이킬 수 없음을 향해 은연중에 나로부터 도피하는 한에서, 나는 나의 우연성을 존재한다. 나의 신체는 내가 그것으로 있는 관점으로 단지 거기에 있을 뿐 아니라, 또한 내가 결코 취할 수 없는 관점들이 현재 그것을 향해 취해져 있는 하나의 관점으로서도 거기에 존재한다. 나의 신체는 도처에서 나에게서 벗어난다. 이것은 먼저 나의 감관의 이 총체는 그 자체로 자기를 파악할 수 없음에도 불구하고, 다른 곳에서 그리고 타인들에 의해 파악되는 것으로 주어짐을 의미한다. 이처럼 헛되이 밝혀지는 이 파악은 하나의 존재론적 필연성의 성격을 지니지 않는다. 사람들은 이 파악을 나의 사실성의 존재 자체로부터 파생시킬 수 없다. 오히려 이 파악은 분명하고 절대적인 하나의 사실이다. 이 파악은 하나의 사실상의 필연성의 성격을 갖는다. 나의 사실성은 순수한 우연성이며, 나에게 비조정적으로 사실상의 필연성으로 드러내 보여지기 때문에, 이 사실성의 대타존재는 이 사실성의 우연성을 다양화한다. 나의 사실성은 나로부터 벗어나는 무한한 우연성 속으로 자기를 상실하고 또 나에게서 도피한다. 이렇듯 내가 나의 감관을 그것에 대해 내가 어떤 관점도 취할 수 없는, 친밀한 관점으로서 살아가는 바로 그 순간에, 나의 감관의 대타존재가 나에게 들러붙는다. 다시 말해 나의 감관이 존재한다. 타인에게 있어 나의 감관은 이 책상 또는 이 나무가 나에게 있어 존재하는 것처럼 존재한다. 나의 감관은 하나의 세계의 한복판에 존재한다. 나의 감관은 타자를 향한 나의 세계의 절대적인 유출 속에서, 또 그 유출에 의해 존재한다. 이렇듯 나의 감관의 상대성은, 내가 나의 세계를 파괴하지 않고서 추상적으로 생각할 수 없음과 동시에 타인의 존재에 의해 끊임없이 나에게로 현전화한다. 하지만 이 현전화는 파악되지 않는 하나의 순수한 제시(提示, apprésentation)이다. 이와 마찬가지로 나의 신체는 나에게 있어 내가 그것으로 있는 도구이며, 또 이 도구는 다른 어떤 도구에 의해서도 이용될 수 없다. 하지만 타자가 근원적인 만남에서 나의 거기에-있음을 그 자신의 가능성을 향해 초월하는 한에서, 내가 그것으로 있는 이 도구는 하나의 무한한 도구적인 계열 속에 잠긴 도구로서 나에게 현전화된다. 그렇지만 나는 어떤 방식으로도 이 무한한 도구적인 계열에 대해 비상하는 관점을 취할 수가 없다. 소외된 것인 한에서 나의 신체는 여러 도구 중에서 하나의 도구 존재를 향해, 여러 감각기관에-의해-파악된-하나의-감각기관-존재를 향해 나로부터 벗어난다. 이것은 나의 세계를 소외시키는 파괴와 나의 세계의 구체적인 붕괴와 더불어 발생한다. 나의 세계는 타자를 향해 흘러 나가고, 또 타자가 그의 세계 속에서 그것을 다시 파악하게 될 것이다. 예컨대 의사가 나를 진찰할 때, 나는 그의 귀를 지각한다. 그리고 세계의 대상들이 나를 절대적인 준거 중심으로 가리키는 한에서, 지각된 이 귀는 내가 나의 배경-신체 위에 존재하는 형태로서 몇몇 구조를 가리킨다. 이 구조는 정확히 — 그리고 나의 존재의 출현 그 자체 속에서 — 순수한 체험에 속하며, 또 이 구조는 내가 존재하는 것, 또 내가 무화하는 것이다. 이렇게 해서 우리는 여기에서 첫째로 지시와 체험의 근원적인 연결을 가진다. 지각된 사물이 가리키는 것은 내가 주체적으로 존재하는 것이다. 하지만 내가 "귀"라고 하는 감각적인 대상의 붕괴 위에서, 의사를 나의 신체의 소리를 듣고 있는 자로서, 그의 신체와 함께 나의 신체를 느끼고 있는 자로서 파악하자마자, 지시된 나의 체험은 나의 세계가 아닌 하나의 세계 한복판에서 나의 주관성 밖의 사물로서 지시된다. 나의 신체는 소외된 것으로서 지시된다. 나의 소외 경험은 소심과 같은 정감적인 구조 속에서, 그리고 이 구조에 의해서 이루어진다. "저절로 얼굴이 붉어진다", "저절로 땀이 나는 것을 느낀다" 등은 적절하지 않은 표현이다. 하지만 소심한 사람은 자기의 이 상태를 설명하기 위해 그렇게 표현한다. 그가 이 표현을 통해 말하고자 하는 것은 바로 그가 자신에게 있어서가 아니고 타인에게 있어 있는 대로의 자신의 신체에 대해 변함없고 생생한 의식을 가지고 있다는 것이다. 나의 신체가 돌이킬 수 없는 것으로 소외되어 있음에 대한 파악인 이런 변함없는 거북스러움은 적면(赤面)공포증이라고 하는 정신병의 원인이 될 수 있다. 이 정신병은 타인에게 있어 나의 신체의 존재를 형이상학적으로 또 두려움으로 파악하는 것 외의 다른 아무것도 아니다. 사람들은 기꺼이 소심한 자는 "자신의 고유한 신체에 의해 난처함을 겪는다."라고 말한다. 사실을 말하면 이 표현은 적절하지 않다. 나는 내가 나의 신체를 존재하고 있는 대로의 나의 신체에 의해 난처함을 겪을 수는 없을 것이다. 나를 난처하게 만드는 것은 타인에게 있어 존재하고 있는 대로의 나의 신체이다. 하지만 여기에서도 또한 이 표현은 잘된 것은 아니다. 왜냐하면 나는 우주 내부에 현전해 있는 하나의 구체적인 사물에 의해서만 난처해질 수 있을 뿐이고, 또 다른 기구의 사용을 위해 나를 방해하는 사물에 의해서만 난처해질 수 있을 뿐이기 때문이다. 여기에서 난처함은 더 미묘하다. 왜냐하면 나를 방해하는 것이 부재하기 때문이다. 나는 결코 하나의 장애물을 만나듯이 타자에게 있어 나의 신체를 만나는 것이 아니다. 이와 반대로 타자에게 있어 나의 신체가 난처해질 수 있는 것은, 그 신체가 결코 거기에 존재하지 않기 때문이며, 또 그 신체가 파악되지 않는 것으로 있기 때문이다. 나는 나의 대타-신체에 도달하고자 하고, 나의 대타-신체를 통제하고자 한다. 나는 나의 대타-신체를 하나의 도구로 나를 위해 사용하려고 하며 ─ 왜냐하면 나의 대타-신체는 하나의 세계 속에서 도구로 주어져 있기 때문이다 ─, 또한 나의 대타-신체에 적합한 형태와 태도를 주고자 하기도 한다. 하지만 정확히 나의 대타-신체는 원칙상 나의 손이 미치지 못하는 곳에 있다. 그리고 내가 그것을 아유화(我有化, appropriation)[73]하기 위한 모든 행위는 그 행위대로 나에게서 벗어나며, 나에게서 거리를 두고 떨어져 대타-신체로 응고된다. 이렇듯 나는 끊임없이 "맹목적으

73 사르트르는 '자기 것으로 하다'라는 의미를 가진 's'approprier'를 빈번하게 사용하고 있다. 이 표현은 경우에 따라 '자기 것으로 하다'로 옮기고, 명사형인 'appropriation'은 '아유화'로 옮긴다.

로" 행동해야 하고, 결코 사격의 결과를 알지 못한 채 방아쇠를 당겨야 한다. 이런 이유로 소심한 자의 노력은, 그가 이런 시도가 헛됨을 알게 된 후에는, 그의 대타-신체를 없애려는 쪽으로 향하게 될 것이다. 이 사람이 "더 이상 신체를 갖지 않기를" 원하고, 또 "남의 눈에 보이지 않기를" 원할 때, 그가 없애고자 하는 것은 그의 대자-신체가 아니고 오히려 소외된-신체의 이 파악할 수 없는 차원이다.

그 까닭은 사실 우리가 대타-신체에 대해 대아-신체에 대한 것과 같은 정도의 실재성을 부여하기 때문이다. 좀 더 자세히 말하면, 대타-신체, 그것은 파악될 수 없으며 소외된 대아-신체이다. 이렇게 해서 우리가 있는 그대로의 우리를 본다는, 우리에게 불가능한 것이면서도 우리에게 책임이 돌아오는 하나의 기능을, 타인이 우리를 대신해 수행하는 것으로 보인다. 언어는 우리의 대타-신체의 주요한 구조를 — 헛되게 — 우리에게 드러내 보임으로써(존재되고 있는 신체(corps existé)는 말로 표현할 수 없는 것인 데 반해), 이른바 우리의 사명을 전적으로 타자에게 일임하도록 우리를 부추긴다. 우리는 타인의 눈을 통해 우리를 보는 것을 체념한다. 이것은 우리가 언어에 의한 계시를 통해 우리의 존재를 알려고 시도함을 의미한다. 이렇게 해서 거기에 언어적 대응의 모든 체계가 나타난다. 이런 언어적 대응 체계에 의해 우리는 타인에게 있어 있는 그대로의 우리의 신체를 우리에게 가리키게 하고, 또 이 지시를 이용해서 우리의 신체가 우리에게 있어 있는 그대로의 우리의 신체를 가리킨다. 타자의 신체와 나의 신체의 유비적 동화가 이루어지는 것은 바로 이 수준에서이다. 사실 — "나의 신체가 타자에게 있어 존재하는 것은 타자의 신체가 나에게 있어 존재하는 것과 같다."라고 내가 생각할 수 있기 위해서는 — 나는 먼저 대상화하는 주체성 속에서 타자를 만나고, 그다음에 타자를 대상으로서 만날 필요가 있다. 내가 타자의 신체를 나의 신체와 비슷한 대상으로 판단하기 위해서는, 타자의 신체가 나에게 대상으로 주어져 있었어야 하며, 또 나의 신체 쪽에서도 나의 신체가 하나의 대상-차원을 나에게 드러내 보여 주었어야 한다. 유비(analogie) 또는 유사(ressemblance)는 결코 먼저 타자의 대상-신체와 나의 신체의 대상성을 구성할 수 없다. 오히려 이와 반대로 하나의 유추적 원리가 작용할 수 있기 위해서는 이 두 개의 대상성이 미리부터 존재해야 한다. 따라서 여기에서 나의 신체의 대타적인 구조를 나에게 알려 주는 것은 바로 언어이다. 그럼에도 다음과 같은 사실을 생각해야 할 필요가 있다. 의미를 지닌 언어가 나의 신체와 나의 신체를 존재하는 나의 의식 사이로 미끄러져 들어갈 수 있는 것은 비반성적인 차원에서가 아니라는 사실이 그것이다. 비반성적인 차원에서는 타자를 향한 신체의 소외와 신체의 제3의 존재 차원은 헛되이 체험될 수 있을 뿐이다. 이것들은 체험된 사실성의 연장에 불과할 따름이다. 어떤 개념, 어떤 인식적 직관도 거기에 결부될 수 없다. 나의 대타-신체의 대상성은 나에게 있어 대상이 아니며, 또 그것은 나의 신체를 대상으로 구성할 수 없을 것이다. 이 대상성은 내가 존재하는 신체로부터의 도피로 체험된다. 타자가 나의 신체에 대해 갖는 인식과 타자가 언어에 의해 나에게 전하는 인식이 나의 대아-신체에게 하나의 특수한 형태의 구조를 줄 수 있기 위해서는, 이 인식들이 하나의 대상에 적용되어야 하며, 또 나의 신체는 이미 나에게 있어 대상으로 있어야 한다. 따라서 이 인식들이 작용할 수 있는 것은 바로 반성적 의식의 수준에서이다. 이 인식들은 비조정적 의식에 의해 단순히 존재되는 것으로서의 한에서 사실성을 규정짓는 것이 아니라, 오히려 반성에 의해 파악된 준-대상으로서의 사실성을 규정지을 것이다. 준-대상과 반성적 의식 사이에 끼어들면서 심적 준-신체의 대상화를 완성하는 것은 바로 이 개념적인 층이다. 앞에서 살펴본 것처럼, 반성은 사실성을 파악하고, 또 그것을 하나의 비실재적인 것을 향해 뛰어넘는다. 그런데 이 비실재적인 것의 존재(esse)는 단순한 지각됨(percipi)이며, 우리는 그것을 심적인 것이라고 불렀다. 이 심적인 것은 구성되는 것이다. 우리가 우리의 역사 속에서 얻는 개념적인 인식, 우리의 타자와의 모든 교제로부터 우리에게 온 개념적인 인식은, 심적인 신체의 하나의 구성적인 층을 만들어 낼 것이다. 한마디로 우리가 우리의 신체를 반성적으로 경험하는 한에서, 우리는 공모적 반성에 의해 우리의 신체를 대상으로 구성한다. 이렇듯 관찰은 우리 자신으로부터 비롯된다. 하지만 우리가 우리의 신체를 인식하자마자, 다시 말해 우리가 하나의 순수하게 인식적인 직관 속에서 신체를 파악하자마자, 우리는 그 직관 자체에 의해 타자의 인식을 가지고 우리의 신체를 구성한다. 다시 말해 우리의 신체가 그 자체로는 결코 그것으로 있을 수 없는 대로의 신체를 구성한다. 따라서 우리의 심적인 신체의 인식될 수 있는 구조는 단순히, 그리고 헛되이 그것의 끊임없는 소외를 지시한다. 하지만 이 소외를 살아가는 대신에, 우리는 체험된 사실성을 심적 신체라고 하는 준-대상을 향해 뛰어넘음으로써, 그리고 다시 이 경험된 준-대상에 단순히 의미가 부여될 뿐이므로, 원칙상 나에게 주어질 수 없는 존재 성격을 향해 뛰어넘음으로써 헛되이 이 소외를 구성한다.

예컨대 "신체적" 고통에 대한 우리의 기술로 돌아가 보자. 우리는 반성이 어떻게 고통을 "경험하면서" 그것을 질병으로 구성하는가를 살펴보았다. 하지만 우리는 그때 우리의 기술을 멈추어야 했다. 왜냐하면 더 멀리 나아가기 위한 수단이 우리에게 없었기 때문이었다. 지금 우리는 그 수단을 추구해 나갈 수 있다. 내가 겪는 질병을 나는 그것의 즉자 속에서 겨냥할 수 있다. 다시 말해 정확히 그것의 대타존재 속에서 겨냥할 수 있다. 그 순간에 나는 이 질병을 인식한다. 다시 말해 나는 이 질병을 나에게서 벗어나는 그 존재 차원에서, 타인을 향해 돌리는 얼굴에서 이 질병을 겨냥한다. 나의 겨냥에는 언어가 나에게 가져다준 지식이 배어 있다. 다시 말해 나는 타자로부터 나에게 오는 도구적인 개념을 이용하며, 어떤 경우에도 나는 그 개념을 나 혼자 형성할 수 없었을 것이고, 또 나 자신이 그 개념을 나의 신체로 향하게 하려고 생각해 보지도 않았을 것이다. 내가 나의 신체를 인식하는 것은 바로 타자로부터 오는 개념을 수단으로 이루어진다. 하지만 이로부터 나는 반성 그 자체 속에서 나의 신체에 대해 타자의 관점을 취한다는 결론이 도출된다. 나는 마치 내가 나의 신체에 대해 타자인 것처럼 나의 신체를 파악하려고 시도한다. 이때 내가 이 질병에 적용하는 범주들이 나의 신체를 헛되게 구성한다는 것은 분명하다. 다시 말해 나에게서 벗어나는 차원에서 구성한다. 그렇다면 이때 왜 직관에 대해 말하는가? 그 이유는 어쨌든 경험된 신체는 그것을 뛰어넘어 소외시키는 의미들에 대해 핵 그리고 자료로 소용되기 때문이다. 경험된 신체는 이 질병이다. 이 질병은 내가 조직의 한계와 공허한 도식으로 세우는 새로운 특징을 향해 나에게서 벗어난다. 이렇게 해서 예컨대 심적인 것으로서 경험된 나의 질병은 나에게 반성적으로는 위의 질병으로 나타날 것이다. 위의 고통은 고통스럽게 체험된 한에서 위 그 자체라는 것을 잘 이해하자. 그것으로서의 이 고통은 소외시키는 인식적인 층의 개입 전에는 국소적인 증상도 아니고 확인도 아니다. 위통은 고통이라는 순수한 성질로서 의식에 현전해 있는 위이다. 앞에서 살펴본 것처럼, 그것으로서의 질병은 그 자체로 — 그리고 확인 또는 식별의 지적 조작 없이 — 다른 모든 고통 또는 다른 모든 질병과 구별된다. 단지 이 수준에서 "위"는 표현할 수 없다. 그것은 명명될 수도 없을 것이고 고찰되지도 않을 것이다. 그것은 그저 존재된-신체 (corps-existé)라고 하는 배경 위에 떠오르는 경험된 형태이다. 이 경험된 질병을 명명된 위를 향해 현재에 뛰어넘고 있는 객관화하는 지식은 위라고 하는 어떤 객관적인 본성에 대한 지식이다. 위는 풍적 모양을 하고 있다. 그것은 하나의 주머니이다. 그것은 여러 가지 즙액과 디아스타아제를 분비하며, 매끄러운 섬유질의 피막근으로 감싸여 있다 등. 나는 이 사실을 알고 있다. 또한 나는 ── 의사가 나에게 그것을 가르쳐 주었기 때문에 ── 위에 궤양이 생겼다는 것도 알 수 있다. 그리고 그때부터 나는 이 궤양을 다소간 확실하게 떠올려 볼 수도 있다. 나는 그것을 하나의 부식으로, 하나의 가벼운 내적 부패로 생각할 수 있다. 나는 그것을 비유적으로 화농, 열기로 꽃핀 반점, 고름, 종기 등으로 생각할 수도 있다. 이 모든 것은 원칙상 내가 타인들로부터 얻은 인식이거나 또는 타인들이 나에 대해 지니고 있는 인식에서 기인한다. 어쨌든 이것은 내가 누리고(jouis)[74] 있는 한에서의 나의 질병을 구성하지는 못할 것이다. 오히려 이것은 나에게서 벗어나는 한에서 나의 질병을 구성한다. 위와 궤양은 도피의 방향이 되고, 내가 누리는 대상의 소외의 전망이 된다. 이때 존재의 하나의 새로운 층이 나타난다. 우리는 앞에서 체험된 고통을 경험된 질병을 향해 뛰어넘었는데, 지금 우리는 질병을 병 쪽으로 향해 뛰어넘는다. 심적인 것으로서의 병은 분명 의사에 의해 인식되고 기술되는 병과는 아주 다르다. 이것은 하나의 상태이다. 여기에서는 박테리아나 조직의 상해가 문제되는 것이 아니라, 오히려 파괴라고 하는 하나의 종합적인 형태가 문

---

74 'jouir'는 주로 어떤 것을 '즐기다', '향유하다' 등의 의미로 사용되나, 여기에서는 우리 신체가 질병에 관련된 모든 것을 경험하면서 '맛보다'는 의미로 사용된 것으로 보인다.

제가 된다. 이 형태는 원칙상 나에게서 벗어난다. 이 형태는 때때로 고통의 "발작"을 통해 나의 질병의 "위기"를 통해 드러내 보여진다. 하지만 다른 때에 이 형태는 소멸됨 없이 손이 닿지 않는 곳에 머물러 있다. 그때 이 형태는 타인들에게 있어 객관적으로 밝혀질 수 있다. 타인들은 나에게 이 형태를 가르쳐 주었다. 타인들은 이 형태를 진단할 수 있다. 이 형태는 타인들에 대해 현전해 있는 데 반해, 나는 그것에 대해 아무런 의식도 가지고 있지 않다. 따라서 이 형태는 그 심오한 본성에 있어 하나의 단순한 대타존재이다. 그리고 내가 병을 앓고 있지 않을 때, 나는 그 형태에 대해 이야기한다. 나는 마치 원칙적으로 손이 닿지 않는 곳에 있으면서, 타인들이 그것을 보관하고 있는 하나의 대상에 대해 하듯이 이 형태에 대해 행동한다. 만일 내가 간염이라는 지병이 있다면, 나는 나의 간의 통증을 유발하지 않기 위해 포도주를 마시지는 않는다. 하지만 나는 간의 통증을 유발하지 않기 위해서라는 나의 명확한 목표는, 나에게 간의 통증을 드러내 보여 준 의사의 금지에 따르기 위해서라는 다른 목표와 결코 구별되지 않는다. 이렇듯 한 명의 타인은 나의 병의 책임자이다. 하지만 타인들에 의해 나에게 오는 이 대상은, 정도가 떨어지는 자발성이기는 하지만, 여전히 이 자발성이라는 성격을 보존하고 있다. 그렇지만 이 성격은 내가 나의 질병을 통해 이 대상을 파악한다는 사실에서 기인한다. 우리의 의도는 이 새로운 대상을 기술하는 것이 아니다. 또 마술적인 자발성, 파괴적인 종말, 좋지 않은 잠재태와 같은 이 새로운 대상의 성격들을 강조하며, 또 이 새로운 대상과 나와의 친근성과 그것과 나의 존재와의 구체적인 관계(왜냐하면 이것은 무엇보다도 나의 병이기 때문이다.)를 강조하는 것도 우리의 의도가 아니다. 우리는 다만 신체가 병 그 자체 속에 주어져 있음을 지적할 뿐이다. 신체가 질병의 지지대였던 것과 마찬가지로, 신체는 지금 병의 실체이며, 병에 의해 파괴되며, 그것을 통해 이 파괴적인 형태가 퍼져 나간다. 이렇게 해서 손상된 위는 위통을 통해 이 위통이 만들어지는 경우의 질료 자체로서 현전해 있다. 손상된 위는 거기에 있다. 그것은 직관에 대해 현전해 있다. 나는 경험된 고통을 통해 그 손상된 위를 그것의 성격들과 함께 파악한다. 나는 손상된 위를 부식된 것으로서, "풍적 모양의 주머니" 등으로 파악한다. 분명 나는 그것을 보지 못한다. 하지만 나는 그것이 나의 고통이라는 것을 안다. 그로부터 "엔도스코피"[75]라고 잘못 일컬어지는 현상이 생겨난다. 실제로 고통 그 자체는, 솔리에[76]가 주장하는 것과는 반대로, 나의 위에 대해 아무것도 나에게 가르쳐 주지 않는다. 하지만 고통에 의해서, 그리고 고통 속에서 나의 지식은 하나의 대타-위를 구성한다. 이 대타-위는 바로 내가 이것에 대해 정확히 인식할 수 있었던 만큼의 객관적인 성격을 가진 하나의 구체적이고 한정된 부재(不在)로서 나에게 나타난다. 하지만 원칙상 이렇게 한정된 대상은 나의 고통의 소외의 극으로서 존재한다. 이 대상은 원칙상 내가 그것으로 있는 일 없이, 또 다른 사물을 향해 뛰어넘는 일 없이, 내가 그것으로 있는 바로 그것이다. 이렇듯 하나의 대타존재가 비조정적으로 체험된 나의 사실성에 달라붙는 것과 마찬가지로, 하나의 대타-대상-존재는 나의 심적인 신체의 하나의 탈출 차원으로서, 공범적인 반성을 위해 준-대상으로 구성된 사실성에 달라붙는다. 이와 마찬가지로

---

75 엔도스코피(endoscopie)는 위나 자궁 등을 진찰하는 내시경이다. 여기에서 '엔도스코피'라고 일컬어지는 가짜 현상이란, 내시경을 통해 위나 자궁 등의 일부를 관찰할 경우, 그 부분이 위 전체나 자궁 전체와는 전혀 관계없이 나타나는 현상을 가리키는 것으로 보인다.

76 폴 솔리에(Paul Sollier, 1861~1933)는 프랑스의 정신과 의사이자 심리학자로, 자기 환시(autoscopie)와 프루스트가 묘사한 바 있는 심리 현상 중 하나인 '비의지적 기억' 개념을 창안했다. 프루스트의 의사이기도 했다.

순수한 구토는 하나의 소외 차원을 향해 뛰어넘어질 수 있다. 이때 이 순수한 구토는 나의 대타-신체를 그것의 "몸맵시", "거동", "용모"에서 나에게 넘겨줄 것이다. 이때 그 순수한 구토는 나의 얼굴에 대한 혐오, 지나치게 흰 나의 살갗에 대한 혐오, 지나치게 굳어진 나의 표정에 대한 혐오 등으로 주어질 것이다. 하지만 이 두 개의 항목을 거꾸로 뒤집어야 한다. 내가 혐오를 품고 있는 것은 그것 전부에 대해서가 결코 아니다. 오히려 구토는 비조정적으로 존재된 것으로서의 그것 전부이다. 그리고 나의 구토를 그것이 타자를 위해서 있는 것을 향해 연장하는 것은 바로 나의 인식이다. 왜냐하면 나의 구토를 정확히 육체로서, 그리고 모든 육체의 구토적 성격 속에 파악하는 것은 바로 타자이기 때문이다,

앞에서 고찰한 바와 같이 우리는 나의 신체의 출현에 대한 서술을 남김없이 규명하지는 못했다. 우리가 이상형(異常形, un type aberrant)의 출현이라고 부를 것을 서술하는 것이 남아 있다. 사실 나는 나의 손들을 볼 수 있고, 나의 등을 만질 수 있으며, 나의 땀 냄새를 맡을 수 있다. 예컨대 이 경우 나의 손은 다른 대상들 사이에 있는 하나의 대상으로 나에게 나타난다. 나의 손은 이미 주위의 것들에 의해 준거 중심으로 가리켜지지 않는다. 나의 손은 주위의 것들과 함께 세계 속에서 조직된다. 그리고 나의 손은 주위의 것들과 마찬가지로 준거 중심으로 나의 신체를 가리킨다. 나의 손은 세계 일부를 이룬다. 이와 마찬가지로 나의 손은 내가 다른 도구를 가지고 다룰 수 있는 도구가 더 이상 아니다. 이와 반대로 나의 손은 내가 세계 한복판에서 발견하는 도구의 일부를 이룬다. 나는 나의 또 다른 손에 의해 나의 그 손을 이용할 수 있다. 예컨대 아몬드나 호두를 쥐고 있는 왼손을 오른손이 때리는 경우가 그것이다. 이때 나의 손은 이용된-도구들의 무한한 체계

에 통합된다. 이 새로운 형식의 나타남 속에는 우리를 불안하게 할 수 있는 것, 또는 우리가 앞에서 했던 고찰들을 다시 검토하게 하는 것은 아무것도 없다. 그럼에도 이런 형식의 나타남을 언급할 필요는 있었다. 이런 형식의 나타남은 사람들이 그것을 신체의 나타남의 질서 속에서 그것을 제자리에 놓아두는 조건에서라면, 다시 말해 그것을 마지막으로 우리의 구성에 대한 하나의 호기심으로서 검토하는 조건에서라면 쉽게 설명할 수 있다. 사실 나의 손의 나타남은 단순히 다음과 같은 것을 의미한다. 한정된 몇몇 경우에서 우리는 우리 자신의 고유한 신체에 대해 타자의 관점을 취할 수 있거나, 또는 이렇게 말하면, 우리 자신의 고유한 신체가 우리에게 타자의 신체로서 나타날 수 있다는 것이 그것이다. 신체에 대한 일반 이론을 세우기 위해 이런 나타남으로부터 출발한 학자들은, 문제의 두 항을 근본적으로 뒤집어 놓은 것이었고, 이 문제에 대해 아무것도 이해할 수 없는 상황에 처해 있었다. 사실 우리의 신체를 볼 수 있다는 이 가능성은 하나의 단순하게 사실적인 소여이며, 절대적으로 우연적인 소여라는 사실을 지적해야 한다. 이 가능성은 대자에게 있어 하나의 신체를 "갖는다"는 필연성으로부터, 또 대타-신체의 사실적인 구조로부터도 연역될 수 없을 것이다. 자기 자신에 대해 어떤 관점도 취할 수 없는 신체를 쉽사리 생각해 볼 수 있을 것이다. 이를테면 분화한 신경계와 감각기관을 지니고 있어도 자기를 인지하기 위해 신경계과 감각기관을 이용할 수 없는 곤충의 경우가 해당하는 것으로 보인다. 따라서 거기에서 문제가 되는 것은 하나의 구조상의 특수성이며, 우리는 그것에 대해 언급해야 하지만 연역하려고 시도해서는 안 된다. 두 손을 가지는 것과 서로 마주 잡을 수 있는 두 손을 가지는 것은 동일한 우연성의 차원에 존재하는 두 개의 사실이다. 또 이와 같은 것으로서의 이 두 개의 사실은 단순한 해부학적 기술이나 형이상학 분야에 속한다. 우리가 그 사실을 신체성의 연구의 근거로서 삼을 수는 없을 것이다.

이외에도 다음과 같은 사실을 지적해야 한다. 신체의 이런 나타남은, 신체가 작용하고 또 지각하는 한에서 신체를 우리에게 넘겨주는 것이 아니라, 신체가 작용되고 지각되는 한에서 신체를 우리에게 넘겨준다는 사실이 그것이다. 한마디로 우리가 이 장 모두에서 지적한 바와 같이, 한쪽 눈으로 다른 한쪽 눈을 볼 수 있는 시각기관의 배치를 생각해 볼 수도 있을 것이다. 하지만 이 경우 보이는 쪽의 눈은 사물로서의 한에서 보이는 것이지, 준거 존재로서의 한에서 보이는 것이 아니다. 이와 마찬가지로 내가 한 손으로 다른 쪽 손을 잡을 때, 이 다른 쪽 손은 잡는 손으로서의 한에서 파악하는 것이 아니라, 파악할 수 있는 대상으로서의 한에서 파악하는 것이다. 이렇듯 우리의 대아-신체의 본성은, 우리가 그것에 대해 타자의 관점을 취할 수 있는 한에서, 전적으로 우리에게서 벗어난다. 게다가 다음 사실을 지적해야 한다. 비록 감각기관의 배치를 통해 나의 신체가 타자에게 나타나는 것처럼 나의 신체를 볼 수 있다고 해도, 도구-신체로서의 신체의 나타남은 어린이에게는 아주 늦게 나타난다는 사실이 그것이다. 어쨌든 신체의 이런 나타남은 이른바 신체(에 대한) 의식과 도구적 복합으로서의 세계에 대한 의식보다도 훨씬 더 뒤의 것이다. 또 신체의 이런 나타남은 타자의 신체에 대한 지각보다도 뒤지는 것이다. 어린아이가 자기 손을 잡을 줄 알고, 볼 줄 알기보다 훨씬 전부터 움켜쥐고, 자기 쪽으로 끌어당기고, 밀고, 집고 할 줄 안다. 여러 관찰로 미뤄 보면 태어난 지 2개월 된 영아는 자기의 손을 자기의 손으로 보지 않는다는 것을 알 수 있다. 영아는 자기의 손을 바라보고 있다. 그런데 만일 그 손을 자신의 시야에서 멀리하면, 영아는 머리를 돌려 눈으로 그것을 찾는다. 마치 손을 자기의 시야로 되돌려 놓는 것이 자기에게 달려 있지 않은 것처럼 말이다. 이 영아가 존재된-신체(le corps-existé)와 보여진-신체(le corps-vu) 사이의 대조표를 작성할 수 있는 것은 일련의 심리적 조작에 의해서이고, 또 식별과 재인식이라고 하는 일련의 종합에 의해서이다. 또한 이 영아가 먼저 타자의 신체에 대해 스스로 알기 시작해야 한다. 이렇듯 나의 신체에 대한 지각은 시간적으로 타자의 신체에 대한 지각 뒤에 온다.

나의 신체에 대한 지각은, 그것을 그 장소와 그 시기에 대해, 그리고 그 근원적인 우연성에서 고찰한다면, 그것이 새로운 문제의 계기가 될 수 있다고 생각되지 않는다. 신체는 내가 그것으로 있는 도구이다. 신체는 "세계-한복판에" 존재한다고 하는 나의 사실성인데, 이것은 내가 그 사실성을 나의 세계-내-존재를 향해 뛰어넘는 한에서이다. 분명 이 사실성에 대해 하나의 전체적인 관점을 취하는 것은 나에게 근본적으로 불가능하다. 그렇지 않다면 나는 나의 이 사실성으로 존재하기를 그칠 것이다. 하지만 나의 신체의 몇몇 구조는 세계의 여러 대상에 대해 준거 중심임을 그치지 않으면서 근본적으로 다른 하나의 관점에서 다른 대상들과 함께 배치되고, 그렇게 해서 그 다른 대상들과 함께 나의 감각기관 중의 하나를 그 배경-신체 위에 형태로서 떠오르는 부분적인 준거 중심으로서 가리키는 것인데, 이 점에 대해 놀랄 만한 것이 무엇이 있겠는가? 나의 눈이 스스로 그 자체를 보는 것은 본성상 불가능하다. 하지만 나의 손이 나의 눈을 만질 수 있다는 것에 놀랄 만한 것이 무엇이 있겠는가? 그 점이 놀랍다고 한다면, 사람들이 그곳에서 세계 한복판에서의 구체적이고 우연적인 존재의 필연성을 보아야 하는 데도, 반대로 세계에 대한 구체적인 관점으로서 출현해야 된다고 하는 대자에 있어서의 필연성을 대상들 사이의 인식될 수 있는 관계로, 또 나의 인식의 전개를 위한 단순한 규칙으로 엄밀히 환원될 수 있는 관념적인 의무라고 하는 자격을 가지고 파악했기 때문일 것이다.

제3장 타자와의 구체적인 관계

우리는 지금까지 타인과 우리의 기본적인 관계만을 기술했을 뿐이다. 이 관계는 우리에게 우리의 신체의 세 가지 존재 차원을 밝혀 주었다. 그리고 타자와의 근원적인 관계는 나의 신체와 타자의 신체의 관계에 비해 중요하기는 하나, 신체의 본성에 대한 인식이 나의 존재와 타자의 존재의 특수한 관계의 모든 연구에 필요 불가결하다는 사실이 분명하게 드러났다. 사실 이 특수한 관계에는 나와 타자 양쪽으로부터의 사실성이 전제된다. 다시 말해 세계 한복판에서 신체로서의 우리의 존재가 전제된다. 그렇다고 신체가 타자와 나의 관계의 도구이자 원인은 아니다. 하지만 신체는 이 관계의 의미를 구성한다. 신체는 이 관계들의 한계를 표시한다. 내가 타인의 초월된-초월을 파악하는 것은 상황-내-신체로서이다. 그리고 내가 나의 소외 속에서 타인을 이롭게 하는 것으로 체험하는 것도 상황-내-신체로서이다. 우리는 이제 이 구체적인 관계을 검토할 수 있다. 왜냐하면 우리는 우리의 신체가 무엇인가를 알고 있기 때문이다. 이 구체적인 관계는 기본적인 관계의 단순한 특수화가 아니다. 이 구체적인 관계 하나하나가 그 자체 안에 타자와의 근원적인 관계를 그 본질적인 구조와 그 근거로서 포함하고 있다 할지라도, 이 구체적인 관계는 완전히 새로운 대자의 존재 양상이다. 사실 이 구체적인 관계는 타인이 있는 하나의 세계에서 대자의 여러 가지 다른 태도를 나타낸다. 그만큼 이 관계 하나하나는 그 나름의 방식대로 대타-대자, 즉자와 같은 쌍방 관계를 드러낸다. 따라서 만일 우리가 우리의 세계-내-타인과의 가장 원초적인 관계의 구조를 밝힌다면, 우리는 우리의 임무를 마치게 될 것이다. 사실 우리는 이 연구의 시작 부분에서 대자와 즉자의 관계에 대해 질문을 던졌다. 하지만 우리는 이제 우리의 임무가 더 복잡하다는 것을 알게 되었다. 타인의 현전에서 이루어지는 대자와 즉자의 관계가 있는 것이다. 우리가 이 구체적인 사실을 서술할 때, 우리는 이 세 가지 존재 양상의 기본적인 관계에 대한 결론을 내릴 수 있을 것이다. 그리고 아마도 우리는 존재 일반에 대한 하나의 형이상학적 이론을 정립할 수 있을 것이다.

즉자의 무화로서의 대자는 ……를 향한 도피로서 자기를 시간화한다. 사실 대자가 자신의 고유한 근거로 있을 수 있다면, 대자는 자기의 사실성 — 주어진 존재 또는 과거, 또는 신체 — 을 대자가 그것으로 있을 것인 즉자를 향해 뛰어넘는다. 이것은 사람들이 이미 심리적 용어로 — 따라서 아마도 보다 더 명료하기는 하지만 적절하지 못한 용어로 — 다음과 같이 표현하게 될 것이다. 대자는 자기의 사실적 존재로부터 탈출하려 시도한다. 다시 말해 대자는 자기가 결코 그것의 근거가 아닌 즉자로서 자기의 거기에-있음으로부터 벗어나려 한다. 이 도피는 하나의 불가능하면서도 항상 추구되는 장래를 향해 이루어진다. 그곳에서 대자는 대자즉자로, 다시 말해 자신의 근거인 하나의 즉자로 있을 것이라고 말이다. 이렇듯 대자는 도피임과 동시에 추구이다. 대자는 즉자를 도피함과 동시에 즉자를 추구한다. 대자는 추구된 것-추구하는 것(poursuivant-poursuivi)이다. 하지만 앞에서의 지적들이 심리적으로 해석되는 위험을 줄이기 위해 우리는 다음 사실을 기억하고 있다. 대자는 먼저 존재하고, 그다음에 존재에 도달하고자 시도하는 것이 아니라는 사실이 그것이다. 한마디로 말해 우리는 대자를 여러 경향을 갖춘 하나의 존재자로서 생각해서는 안 된다. 마치 이 유리잔이 몇몇 특수한 성질을 갖추고 있는 것처럼 말이다. 이 추구하는 도피는 대자존재에 덤으로 부가되는 하나의 소여가 아니다. 오히려 대자는 이 도피 자체이다. 이 추구하는 도피는 근원적인 무화와 구별되지 않는다. 대자는 추구된 것-추구하는 것이라고 말하는 것이나, 대자는 자기의 존재로 있어야 하는 방식으로 존재한다고 말하는 것이나, 또는 대자는 그것이 있는 것으로 있지 않고, 그것이 있지 않은 것으로 있다고 말하는 것은 모두 하나의 같은 말이다. 대자는 즉자가 아니고 또 즉자일 수 없을 것이다. 오히려 대자는 즉자에 대한 관계이다. 대자는 즉자에 대한 단 하나의 가능한 관계이기도 하다. 모든 면에서 즉자에 의해 둘러싸여 있는 대자가 즉자로부터 벗어나는 것은, 오직 대자가 아무것도 아닌 것이고, 또 아무것도 아닌 것에 의해서 즉자로부터 분리되어 있기 때문이다. 대자는 모든 부정성과 모든 관계의 근거이다. 대자는 관계이다.

그렇기 때문에 타자의 출현은 대자를 그 핵심에서 타격한다. 타자에 의해서, 그리고 타자를 위해서 이 추구하는 도피는 즉자로 응고된다. 이미 즉자는 이 추구하는 도피를 차례차례 다시 붙잡곤 했다. 이 추구하는 도피는 이미 사실의 근원적인 부정, 가치의 절대적인 정립임과 동시에 철두철미하게 사실성에 의해 두려움에 떨고 있었다. 이 추구하는 도피는 적어도 시간화에 의해 자기로부터 탈출하고 있었다. 적어도 이 추구하는 도피가 지닌 총체분해적 총체성의 성격은, 이 추구하는 도피에 하나의 끊임없는 "다른 곳"을 부여하고 있었다. 하지만 타자는 이 총체성 자체를 자기 앞에 출두시킨다. 그리고 타자는 이 총체성 자체를 자신의 고유한 다른 곳을 향해 초월한다. 거기에서 총체화하는 것은 바로 이 총체성이다. 타자에게 있어 나는 돌이킬 수 없을 만큼 내가 있는 그대로의 것이며, 나의 자유마저도 나의 존재의 하나의 주어진 성격이다. 이렇듯 즉자는 미래에서까지도 나를 되찾고, 나의 도피 자체에서도 나를 완전히 응고시킨다. 나의 도피는 예견되고 관조된 도피, 주어진 도피가 된다. 하지만 이 응고된 도피는 내가 대아적으로 그것으로 있는 도피가 결코 아니다. 이 도피는 외부에서 응고된다. 나의 도피의 이 대상성을 나는 내가 초월할 수도 없고 인식할 수도 없는 하나의 소외로 체험한다. 그렇지만 내가 이 대상성을 체험하고, 또 나의 도피가 즉자를 벗어남에도 불구하고, 이 대상성은 나의 도피에 그 즉자를 부여한다는 그 사실만으로도, 나는 이 대상성 쪽으로 돌아서고, 이 대상성에 대해 여러 태도를 취해야 한다. 이것이 바로 나와 타자의 구체적인 관계의 근원이다. 이 구체적인 관계는 타자에게 있어 내가 그것으로 있는 대상에 대한 나의 태도에 의해 전적으로 좌우된다. 타자의 존재는 내가 그것으로 있는 존재를 나에게 드러내 보이기는 하지만, 나는 이 존재를 내 것으로 할 수도 없고 또 그것을 생각조차 할 수 없기 때문에, 타자의 이 존재는 나의 두 개의 상반되는 태도를 동기짓게 될 것이다. 타자는 나를 바라본다. 그리고 그런 자로서 타자는 나의 존재의 비밀을 쥐고 있다. 타자는 내가 무엇인지[그것으로 있는 것]를 안다. 이렇게 해서 나의 존재의 깊은 의미는 나의 바깥에 있고, 하나의 부재 속에 갇혀 있다. 타자는 나에 대해 우세하다. 따라서 나는, 내가 그것으로 있으면서 그것에 근거를 부여할 수 없는 즉자로부터 내가 도피하는 한에서, 외부에서 나에게 부여된 이 존재를 부인하려고 시도할 수 있다. 다시 말해 나는 이번에는 내 쪽에서 타자에게 대상성을 부여하기 위해서 타자 쪽으로 돌아설 수 있다. 왜냐하면 타자의 대상성은 타자에게 있어 나의 대상성을 파괴하는 것이기 때문이다. 하지만 다른 한편으로 자유로서의 타자가 나의 즉자존재의 근거인 한에서, 나는 타자에게서 자유의 성격을 제거함 없이 그 자유를 되찾고, 그것을 탈취하려고 할 수 있다. 사실 만일 내가 나의 즉자존재의 근거인 그 자유를 나에게 동화시킬 수 있다면, 나는 나 자신에 대해 나 자신의 근거가 될 것이다. 타자의 초월을 초월하는 것, 아니면 반대로 타자에게서 초월의 성격을 제거함 없이 그 초월을 내 안으로 삼키는 것, 이것이 바로 내가 타자에 대해 취하는 두 개의 원초적인 태도이다. 그리고 이 경우 이 말을 신중하게 이해해야 한다. 내가 먼저 존재하고, 이어서 내가 타자를 대상화하거나 또는 타자를 동화시키고자 "애쓴다"는 것은 사실이 아니다. 오히려 나의 존재의 출현이 타자의 현전에 있어서의 출현인 한에서, 또 내가 추구하는 도피이며, 추구된 것-추구하는 것인 한에서, 나는 나의 존재의 근원 자체에서 타자를 대상화하는 기투 또는 타자를 동화시키려는 기투이다. 나는 타자 체험(épreuve d'autrui)이다. 이것이 근원적인 사실이다. 하지만 이 타자 체험은 그 자체로 타자를 향한 태도이다. 다시 말해 내가 타자의 현전에서 존재할 수 있는 것은, 내가 그것으로 있어야 하는 형태하의 이 "현전-있에서"만 가능하다. 이렇듯 세계 속에서의 타자의 현전은 절대적이고 명백한 사실, 하지만 우연적인 사실, 다시 말해 대자의 존재론적 구조에서 연역될 수 없는 사실이기는 하지만, 우리는 또다시 이 대자존재의 구조를 기술해야 한다.

내가 그것으로 있는 이 두 가지 시도는 서로 상반된다. 한쪽은 다른 쪽의 죽음이다. 다시 말해 한쪽의 좌절은 다른 한쪽의 채택을 동기짓는다. 이렇듯 타자에 대한 나의 관계의 변증법은 존재하지 않는다. 여기에는 오히려 순환이 존재한다. 한쪽의 시도는 다른 한쪽의 시도의 실패로 인해 좀 더 풍요로워진다. 따라서 우리는 그것들 하나하나를 차례차례 연구할 것이다. 하지만 한쪽의 시도가 한창일 때라도, 다른 한쪽의 시도는 여전히 그대로 현전해 있다는 사실을 지적하는 것이 좋을 듯하다. 왜냐하면 정확히 이 두 가지 시도 중 어떤 것도 모순에 빠지지 않고서는 이루어질 수 없기 때문이다. 좀 더 자세히 말하면, 이 두 가지 시도의 하나하나는 다른 한쪽 안에 존재하며, 다른 한쪽의 죽음을 유발한다. 이렇게 해서 우리는 결코 이 순환으로부터 빠져나갈 수 없다. 타자에 대한 이 근본적인 태도에 대한 연구를 시작하면서 이 몇 가지 유의점을 놓치지 않는 것이 좋을 것이다. 이 태도들은 순환적으로 발생하고 또 자멸하기 때문에, 우리의 연구를 어느 쪽에서부터 시작하든 상관없다. 그렇지만 어느 쪽이든 하나를 선택해야 하기 때문에, 우리는 먼저 대자가 타자의 자유를 자기 것으로 삼으려고 하는 행동을 살펴보기로 한다.

I. 타자에 대한 첫 번째 태도: 사랑, 언어, 마조히즘

나에게 해당하는 것은 모두 타자에게도 해당한다. 내가 타자의 지배로부터 나를 해방하려고 하는 동안, 타자는 나의 지배로부터 자신을 해방하려고 한다. 내가 타자를 굴복시키려고 애쓰는 동안, 타자는 나를 굴복시키려고 애쓴다. 여기에서 결코 하나의 즉자적-대상과의 일방적인 관계가 문제 되지 않으며, 오히려 상호적이고 변동이 심한 관계가 문제이다. 따라서 이어지는 설명은 갈등(conflit)의 전망에서 고찰되어야 한다. 갈등은 대타-존재의 근원적인 의미이다.

만일 우리가 시선으로서 타자의 최초의 드러내 보임으로부터 출발한다면, 우리가 우리의 파악할 수 없는 대타존재를 소유〈possession〉 형태로 체험한다는 사실을 인정해야 한다. 나는 타자에 의해 소유된다. 타자의 시선은 나의 신체를 그 나상(裸像) 속에서 만들어 내고, 그것을 태어나게 하고, 그것을 조각하고, 그것을 있는 그대로 생산하며, 내가 결코 보지 못할 그 모습대로 그것을 본다. 타자는 하나의 비밀을 쥐고 있다. 그 비밀은 내가 무엇인가[내가 그것으로 있는 것]에 대한 비밀이다. 타자는 나를 존재케 하고, 또 바로 그것에 의해 나를 소유한다. 그리고 이 소유는 나를 소유한다는 의식 이외의 다른 아무것도 아니다. 그리고 나로서는 나의 대상성의 인지 속에서 나는 타자가 이 의식을 가지고 있음을 체험한다. 의식의 자격으로서 타자는 나에게 있어 나에게서 나의 존재를 훔친 자임과 동시에, 나의 존재인 하나의 존재가 "거기에 있게" 하는 자이다. 이렇게 해서 나는 다음과 같은 존재론적 구조에 대한 이해를 갖는다. 즉 나는 나의 대타존재에 책임이 있기는 하지만, 나는 나의 대타존재의 근거는 아니라는 것에 대한 이해가 그것이다. 따라서 나의 대타존재는 하나의 우연적인 소여이기는 하지만, 내가 그것에 대해 책임이 있는 하나의 우연적인 소여 형태로 나에게 나타난다. 그리고 타자는, 나의 존재가 "거기에 있다"고 하는 형태로 존재하는 한에서, 나의 존재를 근거 짓는다. 하지만 타자는 나의 존재에 대해 책임이 있는 것이 아니다. 비록 타자가 전적인 자유 안에서, 즉 그의 자유로운 초월 속에서, 그리고 그 자유로운 초월에 의해서 나의 존재를 근거짓는다고 해도 그렇다. 이렇듯 내가 나 자신에 대해 나의 존재의 책임자로 드러내 보이는 한에서, 나는 내가 그것으로 있는 이 존재를 요구한다. 다시 말해 나는 내가 그것으로 있는 이 존재를 되찾으려고 한다. 또는 좀 더 정확히 말해, 나는 나의 존재를 되찾고자 하는 기투이다. 나의 존재로서 내 앞에 나타나는 이 존재, 하지만 탄탈로스의 식사처럼 거리를 두고서 내 앞에 나타나는 이 존재, 나는 그것을 탈취하기 위해 나의 손을 내밀고, 또 나의 자유 그 자체에 의해 그것을 근거짓고자 한다. 왜냐하면 어떤 의미에서 설령 나의 대상-존재가 견딜 수 없는 우연성이며, 또 타인이 나를 완전히 "소유하는 일"이라고 해도, 또 다른 어떤 의미에서 이 대상-존재는, 내가 나의 근거이기 위해 내가 되찾아야 하는 것, 내가 근거지어야 하는 것의 지시로서 존재하기 때문이다. 하지만 이런 일은 내가 타자의 자유를 나의 것으로 동화하는 경우에만 생각할 수 있을 뿐이다. 이렇듯 나를 되찾으려고 하는 나의 시도는 근본적으로 타인을 다시 흡수하고자 하는 시도이다. 그렇지만 이 시도에서 나는 타인의 본성을 고스란히 그대로 두어야 한다. 다시 말해, (1) 나는 이로 인해 타자를 긍정하는 행위를 멈추지 않는다. 즉 내가 타인이라는 것을 나에 대해 부인하는 것을 멈추지 않는다. 타인은 나의 존재의 근거가 되기 때문에, 나의 대타존재가 소멸되지 않고서 타인이 내 안에서 용해될 수는 없을 것이다. 따라서 만일 내가 타자와의 일치를 실현하고자 시도한다면, 이것은 내가 있는 그대로의 타인의 이타성을 나 자신의 고유한 가능성으로서 나에게 동화하려고 시도함을 의미한다. 사실 나에게 문제가 되는 것은 나에 대해 타인의 관점을 취하는 가능성을 획득함으로써 나를 존재케 하는 것이다. 그렇다고 해서 단순한 추상적인 인식 능력을 획득하는 것이 문제인 것은 아니다. 내가 나의 것으로 하려고 시도하는 것은 타인이라고 하는 단순한 범주가 아니다. 이 범주는 생각되지도 또 생각할 수조차 없다. 오히려 이와 반대로 타인을 구체적으로, 경험적으로, 또 실감적으로 체험하는 기회에 내가 그의 이타성 속에서 합체하고자 하는 것은 바로 절대적인 실재로서의 구체적인 타인이다. (2) 내가 동화하고자 하는 타인은 결코 대상-타인이 아니다. 또는 이렇게 말하면, 타인을 나에게 합체하고자 하는 나의 시도는 결코 나의 대자를 나 자신으로 되찾는 재파악에 대응하는 것도 아니고, 또 나 자신의 고유한 가능들을 향해 타인의 초월의 뛰어넘기에 대응하는 것도 아니다. 이 경우 나에게 있어 타인을 대상화함으로써 나의 대상성을 지워 버리는 일이 문제가 되지 않는다. 이것은 나의 대타존재로부터 나를 해방하는 시도에 해당할 것이다. 하지만 이와는 정반대로 내가 타인을 나에게 동화하고자 하는 것은 바라보는-타인으로서의 한에서이다. 그리고 타인을 나에게 동화하고자 하는 이 시도에는 나의 바라보여진-존재에 대한 더 커진 승인이 포함되어 있다. 한마디로 말해 나는 나의 면전에서 타인의 바라보는 자유를 유지하기 위해 나의 바라보여진-존재에 전면적으로 나와 일치한다. 그리고 나의 대상-존재는 타인에 대한 나의 단 하나의 가능한 관계이기 때문에, 그저 나의 이 대상-존재만이 타인의 자유를 나에게 동화하려고 할 때, 나에게 도구로 소용될 수 있다. 이렇게 해서 제3의 탈자의 좌절에 대한 반응으로서 대자는 자기의 즉자존재를 근거짓는 것으로서의 타자의 자유에 자기를 일치하고자 한다. 자기 자신에 대해 타자로 있음 — 자기 자신에 대해 이 타자로 있음의 형태로 항상 구체적으로 겨냥된 이상 — , 이것은 타자와 맺는 관계가 지니는 첫 번째 가치이다. 이것은 나의 대타존재가 하나의 절대적-존재의 지시에 의해 들러붙었음을 의미한다. 이 절대적-존재는 타인으로서의 한에서 자기이며, 자기로서의 한에서 그것의 타인-존재인 그 존재이다. 그리고 이 절대적-존재는 타인으로서 자기의 자기-존재를, 그리고 자기로서 자기의 타자-존재를 자유롭게 자기에게 줌으로써 존재론적 증명의 존재 자체가 되는 존재, 다시 말해 신이 되는 존재이다. 이런 이상은 내가 나의 타자와의 관계의 근원적인 우연성을 극복하지 않고서는 실현될 수 없을 것이다. 다시 말해 타자가 나에 대해 자기를 다른 것이 되게 하는 경우의 부정과 내가 타인에 대해 나를 다른 것이 되게 하는 경우의 부정 사이에는 어떤 내적 부정의 관계도 존재하지 않는다. 그런데 이 사실을 내가 극복하지 않고서는 이런 이상은 실현될 수 없을 것이다. 우리는 앞에서 이 우연성이 극복될 수 없음을 보았다. 이 우연성은 나의 신체가 나의 세계-내-존재라고 하는 사실인 것처럼, 나와 타자와의 관계라는 사실이다. 따라서 타자와의 합일은 사실상 실현 불가능하다. 타자와의 합일은 권리상으로도 역시 실현 불가능하다. 왜냐하면 똑같은 초월 속에서 대자와 타자가 동화된다면, 이로 인해 필연적으로 타자의 이타성의 성격은 소멸될 것이기 때문이다. 이렇게 해서 내가 타자를 나에게 동화시키려고 시도하기 위한 조건은, 내가 나에 대해 내가 타인인 것을 부인함을 견지하는 것이다. 결국 이런 통일의 시도는 갈등의 원천이다. 왜냐하면 나는 타자에게 있어 대상으로서 나를 체험하고, 또 이 체험 속에서, 그리고 이 체험에 의해서 나는 타자를 동화하고자 시도하는 반면, 타자는 세계 한복판에서 나를 대상으로 파악하고 조금도 나를 그 자신에게 동화하려고 시도하지 않기 때문이다. 따라서 타자가 나의 초월을 초월하고 또 나를 타인으로서 존재시킬 때의 내적 부정에 대해 작용하는 것, 다시 말해 타자의 자유에 대해 작용하는 것이 필요할 것이다. 왜냐하면 대타존재에는 이중의 내적 부정이 포함되어 있기 때문이다.

이 실현 불가능한 이상(理想)은, 그것이 타자의 현전에서 나 자신의 시도에 붙어 다니는 한에서, 하나의 시도로서의 사랑, 다시 말해 나 자신의 고유한 가능성을 향한 시도 중 하나의 유기적 총체로서의 사랑에 동화될 수 없다. 하지만 이 실현 불가능한 이상은 사랑의 이상이고, 사랑의 동기이고, 사랑의 목적이며, 사랑의 고유한 가치이다. 타자에 대한 원초적인 관계로서의 사랑은, 내가 이 가치를 실현하려고 겨냥하는 때의 모든 시도의 총체이다.

이 시도들은 나로 하여금 타자의 자유와 직접적인 연결 관계에 있도록 한다. 사랑이 갈등이라는 것은 이런 의미에서이다. 사실 타자의 자유는 나의 존재의 근거라는 점을 지적한 바 있다. 하지만 정확히 나는 타자의 자유에 의해 존재하므로, 나는 전혀 안전하지 않다. 나는 타자의 자유 속에서 위험에 처해 있다. 타자의 자유는 나의 존재를 반죽하고, 나를 존재케 한다. 타자의 자유는 나에게 가치를 부여하고, 또 그 가치를 나에게서 빼앗기도 한다. 그리고 나의 존재는 타자의 자유로부터 끊임없는 수동적인 자기로부터의 탈출을 부여받는다. 책임지지 않고, 손이 미치지 않는 곳에 있으며, 또 내가 그 안에서 나를 구속한 이 변화무쌍한 형태를 지니는 타자의 자유는, 이번에는 나를 수없이 다른 존재 방식 속에 구속할 수 있다. 나의 존재를 되찾으려고 하는 나의 시도는, 내가 이 자유를 탈취하는 경우에만, 또 내가 이 자유를 나의 자유에 종속하는 자유로 환원하는 경우에만 실현할 수 있을 뿐이다. 이와 동시에 이런 나의 시도는 내가 자유로운 내적 부정에 대해 작용할 수 있는 경우의 유일한 방식이다. 이 자유로운 내적 부정에 의해 타인은 나를 타인으로 구성한다. 다시 말해 이 자유로운 내적 부정에 의해 나는 그 타인과 나와의 미래적인 동화에 이르는 길을 준비할 수 있다. 만일 사람들이 왜 사랑하는 자는 사랑받기를 원하는가와 같은 순전히 심리적 문제에 대해 생각한다면, 아마도 이것은 좀더 분명해질 것이다. 사실 만일 사랑이 단순히 육체적 소유의 욕망이라면, 그 사랑은 많은 경우에 쉽사리 만족할 수 있을 것이다. 예컨대 자기의 정부를 자기 집에 거주케 하고, 하루 중 어느 때고 그녀를 볼 수 있고, 그녀를 소유할 수 있으며, 또 물질적으로도 그녀를 완전히 자기에게 의존하게 할 수 있는 프루스트의 주인공은 불안을 떨쳐 버릴 수 있어야 할 것이다. 그렇지만 사람들은 그가 반대로 근심에 사로잡혀 있음을 알고 있다. 마르셀이 알베르틴[77] 곁에 있을 때조차도 알베르틴은 자신의 의식에 의해 마르셀에게서 탈출한다. 이 이유로 마르셀은 알베르틴이 잠들어 있는 것을 바라보고 있는 동안에만 휴식을 맛볼 수 있을 뿐이다. 따라서 사랑이 "의식"을 사로잡고자 한다는 것은 확실하다. 하지만 왜 사랑은 그것을 원하는가? 그리고 어떻게 해서인가?

사랑을 설명하면서 자주 사용되는 "소유(propriété)" 개념은 사실 최초의 개념일 수 없을 것이다. 만일 타자가 나를 존재케 하는 한에서가 아니라면, 내가 왜 타자를 내 것으로 만들고자 할 것인가? 하지만 거기에는 바로 어떤 종류의 아유화의 방식이 포함되어 있다. 우리가 탈취하고자 하는 것은 바로 있는 그대로의 한에서 타인의 자유이다. 그리고 이것을 권력의지에 의해 탈취하려는 것이 아니다. 폭군은 사랑을 비웃는다. 폭군은 공포를 주는 것으로 만족한다. 만일 폭군이 신하들의 사랑을 얻고자 한다면, 그것은 정략에 의해서이다. 그리고 만일 폭군이 신하들을 좀 더 수월하게 복종시키는 방법을 발견한다면, 그는 곧장 그것을 채택할 것이다. 이와는 반대로 사랑을 받고자 하는 자는 사랑받는 자의 복종을 욕망하지 않는다. 그는 넘쳐흐르고 기계적인 어떤 정념의 대상이 되기를 원하지 않는다. 그는 하나의 자

---

77 프루스트의 『잃어버린 시간을 찾아서』의 화자 마르셀이 사랑하는 여인이다.

동 현상을 소유하고자 원하지 않는다. 그리고 만일 사람들이 그를 모욕하고자 한다면, 사랑받는 자의 정념을 심리적 결정론의 결과로서 그에게 보여 주는 것만으로 충분하다. 그때 사랑하는 자는 자신의 사랑에서 그리고 자신의 존재에서 스스로 가치가 떨어진 것을 느끼게 될 것이다. 만일 트리스탄과 이졸데[78]가 미약[사랑의 묘약]에 의해 서로 사랑하게 되었다면, 그들의 예는 별로 흥미롭지 않다. 그리고 사랑받는 지의 전면적인 굴종은 사랑하는 자의 사랑을 죽이게 된다. 목표는 뛰어넘어진다. 만일 사랑받는 자가 자동인형으로 변한다면, 사랑하는 자는 외톨이가 된 자기를 다시 발견하게 된다. 이렇듯 사랑하는 자는 사람들이 하나의 사물을 소유하는 것처럼, 사랑받는 자를 소유하기를 원하지 않는다. 사랑하는 자는 하나의 특수한 유형의 아유화를 요구한다. 그는 자유로서의 하나의 자유를 소유하고자 원한다.

하지만 다른 한편으로 사랑하는 자는 자유롭고 의지적인 [자기] 구속인 이 고도의 형태인 자유에 만족할 수 없을 것이다. 서약된 맹세에 대한 단순한 신의로서 주어질 사랑에 누가 만족할 것인가? 따라서 "나는 당신을 사랑합니다. 왜냐하면 나는 당신을 사랑하겠다고 나를 자유롭게 구속했기 때문입니다. 또 나는 약속을 번복하고 싶지 않기 때문입니다. 나는 나 자신에 대한 신의에 의해 당신을 사랑합니다."라는 말을 누가 기꺼이 받아들이려고 하겠는가? 이렇듯 사랑하는 자는 서약(serment)을 요구하면서도 또 이 서약에 대해 화를 낸다. 그는 하나의 자유에 의해 사랑받고자 원하고, 또 자유로서의 이

---

78 트리스탄(Tristan)과 이졸데(Iseut)는 유럽 켈트인의 민간 전설로 전해 오다가, 12~13세기에 수많은 서사시로 씌어진 후, 후일 오페라와 영화 등으로 여러 차례 각색되었다. 트리스탄이 자신의 백부 콘월의 왕 마르크의 구혼 사자(使者)로, 아일랜드의 공주 이졸데를 데리고 돌아오는 배 위에서 실수로 사랑의 미약을 마심으로써 벌어지는 사랑의 비극이 그 주된 내용이다.

자유가 더 이상 자유가 아니기를 요구한다. 그는 타인의 자유가 스스로 결정해 사랑이 되기를 바란다. 그리고 이것은 연애 초기에만 그런 것이 아니라, 연애의 매 순간에 그렇다. 이와 동시에 그는 이 자유가 그 자체에 의해 사로잡히기를 바라며, 또 이 자유가 열광했을 경우처럼, 꿈속에서의 경우처럼 스스로 사로잡히기 위해 그 자신에게로 되돌아오기를 바란다. 또 이 사로잡힘은 자유로운 사임인 동시에 우리의 수중에 얽어 매인 사면이어야 한다. 사랑에서 우리가 타자에게 원하는 것은 정념적인 결정론도 아니고, 또 손이 미치지 않는 곳에 있는 하나의 자유도 아니다. 오히려 그것은 정념적인 결정론을 연기하는 하나의 자유이며, 자신의 연기에 사로잡히는 하나의 자유이다. 그리고 사랑하는 자는 그 자신을 위해 자유의 이 근본적인 변모의 원인이 되기를 요구하는 것이 아니라, 오히려 이 변모의 유일하고도 특권적인 기회이기를 요구한다. 사실 그는 사랑받는 자를 초월할 수 있는 하나의 기구로서 세계 한복판에 당장 가라앉지 않고서는 이 변모의 원인이 되기를 원할 수 없을 것이다. 이것은 사랑의 본질이 아니다. 이와 반대로 사랑에서 사랑하는 자는 사랑받는 자에게 있어 "세계의 전부"가 되기를 원한다. 그 의미는 그가 세계 쪽에 자리 잡는다는 것이다. 그는 세계를 총괄하는 자이며, 세계를 상징하는 자이다. 그는 다른 모든 이것을 감싸는 하나의 이것이다. 그는 대상이고, 또 대상이 되는 것을 수용한다. 하지만 다른 한편으로 그는 대상이기를 원한다. 그런데 이 대상은 그 안에서 타자의 자유가 자기를 상실하는 것을 수용하는 대상이다. 또 이 대상은 그 안에서 타인이 자기의 존재와 존재 이유를 자기의 제2의 사실성으로서 발견하는 것을 수용하는 대상이다. 이 대상은 초월의 한계이다. 타자의 초월은 이 대상을 향해 다른 모든 대상을 초월하지만, 타자의 초월은 결코 이 대상을 초월할 수 없다. 그리고 도처에서 그는 타자의 자유의 순환을 바란다. 다시 말해 매 순간마다 타자의 자유가 그의 초월에 대해 부여하는 이 한계에 동의할 때, 이 동의가 이미 고려된 동의의 동인으로 현전하고 있기를 그는 바란다. 그가 목적으로서 선택되기를 원하는 것은 이미 선택된 목적의 자격으로서이다. 우리는 이것을 통해 사랑하는 자가 사랑받는 자에게 요구하는 것이 무엇인지를 속속들이 파악할 수 있다. 그는 타인의 자유에 대해 작용하기를 원하지 않는다. 오히려 그는 타인의 자유의 대상적인 한계로서 선험적으로 존재하기를 원한다. 다시 말해 그는 타인의 자유가 자유이기 위해 받아들여야 하는 한계로서, 타인의 자유와 동시에 그것의 출현 자체 속에 주어지기를 바란다. 이런 사실 자체로 인해 그가 요구하는 것은 타자의 자유를 이 자유 자체에 의해 끈끈이로 잡는 것처럼 반죽으로 들러붙게 하는 것이다. 사실 이 구조적인 한계는 하나의 소여이다. 그리고 자유의 한계로서의 소여의 출현 그 자체는 다음과 같은 사실을 의미한다. [타자의] 자유는 그 소여를 뛰어넘음을 자기 스스로에게 금지함으로써 그 소여의 내부에 자기를 존재시킨다는 사실이 그것이다. 그리고 이 금지는 사랑하는 자에 의해 체험된 것으로서, 다시 말해 감내된 것으로서 ─ 한마디로 하나의 사실성으로서 ─ 생각됨과 동시에, 또 자유롭게 동의된 것으로 생각되어야 한다. 이 금지는 자유롭게 동의되어야 한다. 왜냐하면 이 금지가 스스로를 자유로서 선택하는 하나의 자유의 출현과 하나를 이룰 뿐이기 때문이다. 하지만 이 금지는 단순히 체험되어야 한다. 왜냐하면 이 금지가 항상 하나의 현재적인 불가능성이어야 하기 때문이며, 타인의 자유의 핵심에까지 역류하는 하나의 사실성이 되어야 하기 때문이다. 그리고 이것은 심리적으로는 미리부터 사랑받는 자가 나를 사랑하려고 내린 그의 자유로운 결정이 그의 현재의 자유로운 [자기] 구속의 내부에서 주술적인 동인으로서 스며들기를 요구하는 나의 요구에 의해 표현된다.

우리는 이제 이 요구의 의미를 알 수 있다. 사랑받고 싶다는 나의 요구에서 타자에게 있어 사실상의 한계가 되어야 하는 이 사실성, 그리고 그의 고유한 사실성이 되어야 하는 이 사실성, 그것은 바로 나의 사실성이다. 내가 타자의 초월 그 자체에 속하는 한계로 있어야 하는 것은, 내가 타자에 의해 존재에게 오게 되는 대상인 한에서이다. 그결과 타자는 존재에게 출현함으로써 나를 뛰어넘어질 수 없는 것, 그리고 절대적인 것으로서 존재시키는 것이다. 그런데 이것은 무화시키는 대자로서의 한에서 나를 존재시키는 것이 아니라, 세계-한복판-있어서의-대타존재로서 나를 존재시키는 것이다. 이렇듯 사랑받고자원하는 것은 타인을 그 자신의 고유한 사실성으로 감염시키는 것이며, 복종하고 자기를 구속하는 하나의 자유의 조건으로 끊임없이 우리를[79] 재창조하도록 타인을 강제하고자 원하는 것이다. 이것은 자유가 사실에 근거를 부여하고자 원하는 것임과 동시에 이 사실이 자유에 대해 우위에 서고자 원하는 것이다. 만일 이 결과를 얻을 수 있다면, 이로부터 제일 먼저 나는 타인의 의식 속에서 안전하게 존재할 수 있다는 결론을 도출할 수 있다. 왜냐하면 나의 불안과 나의 수치심의 동기는, 내가 나의 대타존재 속에서 항상 다른 사물을 향해 뛰어넘어질 수 있는 것으로서, 또 단순한 가치판단의 대상, 단순한 수단, 단순한 기구로서 나를 파악하고 나를 체험하는 것이기 때문이다. 나의 불안은 어떤 타인이 하나의 절대적 자유 속에서 나를 그것으로 있게 하는 이 존재를 내가 필연적으로, 또 자유롭게 떠맡는다는 사실에서 기

---

79 원문은 'à vous recréer'이지만, 'à nous recréer'로 여기고 옮긴다. 사랑의 불가능한 목표가 나와 타자가 공히 주체성의 상태에 있는 '우리(nous)'의 형성이기 때문이다.

인한다. "내가 그에 대해 어떤 존재인가는 신이 알고 있다! 그가 나를 어떻게 생각하고 있는지는 신이 알고 있다." 이것은 "그가 나를 어떻게 존재시키고 있는가를 신이 알고 있다."라는 것을 의미한다. 그리고 나는 언젠가 길모퉁이에서 만나게 될까 두려워하는 이 존재에 의해 붙잡혀 있다. 그런데 이 존재는 나에게 아주 낯설지만, 그것이 나의 존재이기도 하다. 그리고 나는 또한 나의 노력에도 불구하고 내가 이 존재와 만날 수 없으리란 것을 안다. 하지만 만일 타인이 나를 사랑한다면, 나는 뛰어넘어질 수 없는 것이 된다. 이것은 내가 절대적인 목적이어야 한다는 것을 의미한다. 이 의미에서 나는 도구성으로부터 구제된다. 세계 한복판에서의 나의 존재는 나의 대아적-초월의 엄밀한 상관자가 된다. 왜냐하면 나의 독립성이 절대적으로 보호되어 있기 때문이다. 타인이 나를 그것으로 있게 해야 하는 대상은 하나의 초월-대상이며, 하나의 절대적인 준거 중심이다. 이 준거 중심 주위에 세계의 모든 도구-사물이 단순한 수단으로서 배치된다. 이와 동시에 자유의 절대적인 한계로서, 다시 말해 모든 가치의 절대적인 원천의 절대적인 한계로서, 나는 일어날 수 있는 모든 가치 하락으로부터 보호를 받고 있다. 나는 절대적인 가치이다. 그리고 내가 나의 대타존재를 떠맡는 한에서, 나는 나를 가치로 떠맡는다. 이렇게 해서 사랑받고자 원하는 것은 타자에 의해 정립된 모든 가치 체계 저편에 모든 가치 부여의 조건으로서, 그리고 모든 가치의 객관적인 근거로서 스스로 자리 잡고자 원하는 것이다. 이런 요구는 연인들 사이의 대화에서 일상적인 주제를 이룬다. 『좁은 문』에서처럼[80] 사랑받고자 원하는 요구가 자기의 뛰어넘기라는 하나의 금욕적인 도덕과 합치하고, 또 이 뛰어

---

80 이 장면은 지드의 『좁은 문』에서 볼 수 있는 알리사의 경우에 해당한다.

넘기의 이상적 한계를 구현하려고 하는 경우와 합치한다. 또한 일반적으로는 사랑하는 자는 사랑받는 자가 자기에게 전통적인 도덕을 그의 행위 속에서 희생해 주기를 요구하며, 그러면서 사랑받는 자가 "자기를 위해 친구를 배반할 것인가", "자기를 위해서 도둑질을 할 것인가", "자기를 위해서 살인을 할 것인가" 등을 알고자 애태우는 경우도 해당한다. 이런 관점에서 본다면 나의 존재는 사랑받는 자의 시선에서 벗어나야 한다. 또는 오히려 나의 존재는 하나의 또 다른 구조를 가진 하나의 시선의 대상이어야 한다. 나는 더 이상 세계의 배경 위에서 다른 이것들 중의 하나의 이것으로 보여서는 안 된다. 그보다는 차라리 세계가 나로부터 출발해서 드러내 보여야 한다. 사실 자유의 출현이 하나의 세계를 존재케 하는 한에서, 나는 이 출현의 한계-조건으로서 하나의 세계의 출현 조건 그 자체이어야 한다. 나는 나무, 물, 도시, 밭과 다른 사람들을 존재시키고, 그다음에 그것들을 타인에게 주고, 그 타인이 그것들을 세계로서 배치할 수 있게 해 주는 기능을 가진 자이어야 한다. 마치 모계사회에서 어머니가 권리와 가명(家名)을 받는 것은 그것들을 보유하기 위해서가 아니라, 그것들을 자식들에게 직접 전달하기 위함이나 마찬가지이다. 어떤 의미에서 만일 내가 사랑받아야 한다면, 나는 나의 위임에 의해 세계가 타인에게 있어 존재하게 될 그런 대상이다. 또 다른 의미에서 나는 세계이다. 나는 세계의 배경 위에 떠오르는 하나의 이것이 아니라, 나는 그 위에 세계가 떠오르는 배경-대상이다. 이렇게 해서 나는 안심한다. 타인의 시선은 나를 더 이상 유한성으로 전율하게 만들지 않는다. 그의 시선은 나의 존재를 더 이상 단순히 내가 그것으로 있는 것으로 응고하지 않는다. 나는 이제 추남으로, 키가 작은 남자로, 비겁한 남자로 바라보여질 수는 없을 것이다. 왜냐하면 이런 성격들은 필연적으로 나의 존재의 사실상의 제한과 나의 유한성을 유한성으로서 포착하는 하나의 파악을 나타내기 때문이다. 분명 나의 가능은 초월된 가능성, 죽은-가능성으로 남아 있다. 하지만 나는 모든 가능성을 지닌다. 나는 세계의 모든 죽은-가능성이다. 그것을 통해 나는 다른 존재들로부터 출발해서, 또는 그 자체의 행위로부터 출발해서 이해되는 존재로 있기를 그친다. 오히려 내가 요구하는 사랑의 직관 속에서 나는 하나의 절대적인 총체성으로서 주이지고, 이 총체성으로부터 출발해서 모든 존재와 모든 행위를 이해해야 한다. 스토아학파의 저 유명한 문구를 살짝 변용해서 이렇게 말할 수 있을 것이다. "사랑받는 자는 세 번 땅재주를 넘을 수 있다."[81] 현자의 이상과 사랑받고자 원하는 자의 이상은, 사실 둘 모두 하나의 총체적인 직관에 접근할 수 있는 대상-총체성이고자 하는 점에서 일치한다. 이 총체적인 직관은 사랑받는 자의 세계 또는 현자의 세계에서의 행동들을 총체성으로부터 출발해서 해석되는 부분적인 구조로서 파악할 것이다. 그리고 지혜가 절대적인 변모에 의해 도달할 하나의 상태로서 그 자체를 제시하는 것과 마찬가지로, 타자의 자유는 사랑받는 자의 상태에 나를 도달하게 만들기 위해 스스로가 절대적으로 변모해야 한다.

지금까지의 묘사는 그 유명한 헤겔의 주인과 노예의 관계에 대한 묘사와 상당히 겹칠 것이다. 사랑하는 자가 사랑받는 자에 대해 그렇게 있어 주기를 바라는 것은, 주인이 노예에 대해 그렇게 있어 주기를 바라는 것과 같다. 하지만 이 유비는 여기에서 그친다. 왜냐하면 헤겔에게서 주인은 측면적으로만, 이렇게 말하자면 암묵적으로만 노예의 자유를 요구할 뿐인 데 비해, 사랑하는 자는 먼저 사랑받는 자

---

81 이 문장의 의미는 사랑받는 사람은 아무리 예절에 어긋나는 행동을 해도 그 가치가 조금도 손상되지 않는다는 것이다.

의 자유를 요구하기 때문이다. 이 의미에서, 만일 내가 타인에게 사랑받아야 된다면, 나는 사랑받는 자로서 자유롭게 선택되어야 한다. 우리는 사랑에 대한 통상적인 용어에서 사랑받는 자는 선택된 사람이라는 용어로 지시됨을 알고 있다. 하지만 이 선택은 상대적이고 우연적이어서는 안 된다. 사랑하는 자는, 사랑받는 자가 자기를 선택한 것이 다른 애인들 중에서라고 생각할 때, 화를 내고 또 자기의 가치가 낮게 평가되었다고 느낀다. "그러니까 만일 내가 이 도시로 오지 않았다면, 만일 내가 아무개의 집에 드나들지 않았다면, 당신은 나를 알지 못했을 것이고, 너는 당신을 사랑하지 않았을 수도 있었겠지?" 이런 생각은 사랑하는 자의 마음을 괴롭힌다. 그의 사랑은 다른 많은 사랑 가운데 하나의 사랑이며, 사랑받는 자의 사실성과 그 자신의 고유한 사실성에 의해 제한됨과 동시에 만남의 우연성에 의해 제한된 사랑이다. 따라서 그의 사랑은 세계 속의 사랑이며, 세계를 전제하는 대상이며, 이번에는 타인들에 대해서도 존재할 수 있는 대상이다. 사랑하는 자가 요구하는 것을 사랑하는 자는 "의물론"에 의해 더럽혀진 서툰 말로 표현한다. 그는 이렇게 말한다. "우리는 서로를 위해 태어났소." 또는 "영혼의 반려"라는 표현을 사용하기도 한다. 하지만 해석이 필요하다. 사랑하는 자는 "서로를 위해서 태어났음"이라는 말이 하나의 근원적인 선택에 귀착됨을 알고 있다. 이 선택은 절대적인 선택이 되는 존재로서의 신의 선택이 될 수 있다. 하지만 여기에서 신은 절대적인 요구에서 한계로의 이행을 나타낼 뿐이다. 사실 사랑하는 자가 요구하는 것은 바로 사랑받는 자가 자기를 절대적인 선택으로 만들어 주는 것이다. 이것은 결국 사랑받는 자의 세계-내-존재가 하나의 사랑하는 존재가 되어야 함을 의미한다. 사랑받는 자의 출현은 사랑하는 자의 자유로운 선택이어야 한다. 그리고 타인은 나의 대상-존재의 근거이기 때문에, 내가 그 타인에게 요구하는 것은 바로 그의 존재의 자유로운 출현으로 나에 대한 그의 선택을 유일하고 절대적인 목적으로 삼아 달라는 것이다. 다시 말해 타인이 나의 대상성과 나의 사실성에 근거를 부여하기 위해 스스로 존재하는 것을 선택했다는 것을 요구하는 것이다. 이렇게 해서 나의 사실성은 "구제"된다. 나의 사실성은 더 이상 나의 거기에서의 도피를 생각할 수도 없고 또 뛰어넘을 수도 없는 소여가 아니다. 나의 사실성은 타인이 자기를 자유롭게 존재하게 할 때의 그 무엇이다. 나의 사실성은 타인이 자기에게 주는 목적으로 존재한다. 나는 나의 사실성으로 타인을 감염시켰다. 하지만 타인이 나의 사실성에 감염된 것은 자유로서의 한에서이므로, 타인은 나의 사실성을 다시 회복되고 동의된 사실성으로서 나에게 가리킨다. 타인이 나의 사실성의 근거가 되는 것은 나의 사실성이 그의 목적이 되기 위해서이다. 따라서 이런 사랑에서 출발해서 나는 나의 소외와 나 자신의 고유한 사실성을 다르게 파악한다. 나의 사실성은 ── 대타로서의 한에서 ── 더 이상 하나의 사실이 아니라 하나의 권리이다. 나의 존재는 불려져(appelée) 있기 때문에 존재한다. 나의 이 존재는, 내가 그것을 떠맡는 한에서, 순수한 너그러움(pure générosité)[82]이 된다. 내가 존재하는 것은 내가 나를 아낌없이 주기 때문이다. 나의 손 위에 이 사랑받는 정맥이 존재하는 것은 바로 선의에 의해서이다. 내가 두 눈, 머리카락, 눈썹을 가졌고, 또 타자가 자유롭게 자기를 지칠 줄 모르는 욕망으로 만들 때, 내가 넘쳐흐르는 너그러움으로 그 욕망에 대해 꾸준히 그것들을 아낌없이 내주는 것은 얼마나 좋은 일인가! 사랑받기 이전에 우리가 우리의 존재라고 하는 정

---

82 '후한 인심, '관용', '고매한 마음' 등의 의미가 있으나, 여기에서는 '너그러움'으로 옮긴다.

당화되지 못한, 정당화될 수 없는 이 혹에 대해 불안했던 것과는 달리, 즉 우리가 우리를 "잉여(de trop)"로 느끼는 것과는 달리, 우리는 이제 우리의 이 존재가 가장 사소한 부분에서까지 [타자의] 하나의 절대적 자유에 의해 다시 회복되고 원해지고 있음을 느낀다. 또한 이와 동시에 우리의 존재는 타자의 이 절대적인 자유를 조건짓고, 또 우리는 우리 자신이 우리 자신의 고유한 자유를 가지고 타자의 이 절대적 자유를 원함을 느낀다. 사랑의 기쁨, 즉 우리가 존재하고 있는 것이 정당화되어 있음을 느낀다고 하는 사랑의 기쁨이 있을 때, 바로 거기에 그 근거가 있는 것이다.

이와 동시에 만일 사랑받는 자가 우리를 사랑할 수 있다면, 그 사랑받는 자는 항상 우리의 자유에 의해 동화될 준비가 되어 있다. 왜냐하면 우리가 열망하는 이 사랑받는-것은 벌써 우리의 대타존재에 적용된 존재론적 증거이기 때문이다. 우리의 객관적인 본질에는 타인의 존재가 포함되어 있으며, 또 역으로 우리의 본질을 근거짓는 것은 바로 타인의 자유이다. 만일 우리가 이 전체 체계를 내면화할 수 있다면, 우리는 우리 자신의 근거가 될 수도 있을 것이다.

따라서 이런 것이 사랑하는 자의 실질적인 목표이다. 그것은 그의 사랑이 하나의 시도인 한에서, 다시 말해 자신의 하나의 기투인 한에서이다. 이 기투는 하나의 갈등을 유발해야 한다. 사실 사랑받는 자는 사랑하는 자를 타인들 사이에서 하나의 대상-타인으로서 파악한다. 다시 말해 사랑받는 자는 사랑하는 자를 세계의 배경 위에서 지각하고, 그를 초월하며, 그를 이용한다. 사랑받는 자는 시선이다. 따라서 사랑하는 자는 자기의 뛰어넘기에 궁극적 한계를 정하는 데 자신의 초월을 이용할 수도 없을 것이고, 또 자기의 자유 자체를 사로잡는 데 있어 자신의 자유를 이용할 수도 없을 것이다. 사랑받는 자는 사랑하려고 원할 수 없을 것이다. 따라서 사랑하는 자는 사랑받는 자를 유혹해야 한다. 그리고 그의 사랑은 유혹(séduction)이라고 하는 이 시도와 구별되지 않는다. 유혹에서 나는 결코 타자에게 나의 주체성을 보여 주려 하지 않는다. 게다가 나는 타인을 바라봄으로써만 나의 주체성을 그에게 보여 줄 수 있을 뿐이다. 하지만 이 시선에 의해 나는 타자의 주체성을 사라지게 할 것이다. 그리고 내가 나에게 동화시키고자 원하는 것이 바로 이 타자의 주체성이다. 유혹한다는 것은 타자에게 있어 나의 대상성을 완전히, 그리고 극복해야 할 위험으로서 떠맡는 것이다. 유혹한다는 것은 나를 타자의 시선 아래 두는 것이며, 타자에 의해 나를 바라보이게끔 하는 것이다. 유혹한다는 것은 하나의 새로운 출발을 위해 보여지는 위험을 감행하는 것이며, 나의 대상성 속에서, 그리고 나의 대상성에 의해서 타인을 나의 것으로 만드는 일이다. 나는 내가 나의 대상성을 체험하는 터전에서 떠나는 것을 거부한다. 내가 나를 매혹하는 대상으로 만듦으로써 싸움을 시작하려는 것은 바로 이 터전 위에서이다. 우리는 제2부에서[83] 매혹(fascination)을 상태(état)로 규정했다. 그때 우리가 지적한 것처럼, 매혹은 존재의 현전에 있어 아무것도 아님에 대한 비조정적 의식이었다. 유혹은 유혹적인 대상 앞에서 자기의 무성(無性, néantité)에 대한 의식을 타자에게 일어나게 하는 것을 겨냥한다. 나는 유혹에 의해 나를 하나의 존재 충만으로서 구성하고, 나를 그런 존재 충만으로 인지함을 겨냥한다. 이를 위해 나는 나를 의미 있는 대상으로 구성한다. 나의 행위는 두 방향을 가리켜야 한다. 한편으로는 사람들이 주체성이라고 잘못 불리고 있는 방향인데, 이것은 오히려 대상적이고 숨겨

---

83 제2부 제3장 Ⅰ. "대자와 즉자 사이의 전형적 관계로서의 인식" 참조.

진 존재의 깊이이다. 행위는 오직 그 자체만을 위해 행해지는 것이 아니다. 행위는 오히려 대상적이고 눈에 띄지 않는 나의 존재를 구성하는 것으로, 내가 주는 현실적이고 가능한 다른 행위들의 무한하고 무차별적인 하나의 계열을 가리킨다. 이렇게 해서 나는 나를 초월하는 [타자의] 초월을 인도하고, 또 이 초월에게 무한한 나의 죽은-가능성들을 가리키려고 시도한다. 이것은 정확히 내가 뛰어넘어질 수 없는 것이기 위함이며, 또 뛰어넘어질 수 없는 것만이 무한한 것인 한에서이다. 다른 한편으로 나의 행위 하나하나는 가능한 세계의 최대의 부피를 지시하고자 하며, 세계의 가장 넓은 지역에 연결된 것으로서 나를 제시해야 한다. 하지만 이 경우 나는 사랑받는 자에게 세계를 제시하며, 그리고 내가 그와 세계와의 사이에 필요한 중개자로서 나를 구성하려고 시도한다. 또는 이 경우 단순히 나는 나의 행위에 의해 세계에 대한 무한히 다양한 능력(돈·권력·연고 등)을 나타내기도 한다. 첫 번째 경우, 나는 나를 하나의 무한한 깊이로 구성하려 한다. 두 번째 경우, 나는 나를 세계에 일치하려 한다. 이렇게 서로 다른 방식에 의해 나는 나를 뛰어넘을 수 없는 것으로서 제출한다. 이런 제출은 그것만으로는 충분하지 못할 것이다. 이런 제출은 오직 타인을 포위 공격하는 것일 뿐이다. 이런 제출은, 타인의 자유에 의한 동의가 없는 한, 또 타인이 나의 절대적인 존재 충만 앞에서 자기를 무(無)로 인정함으로써 스스로 사로잡히지 않는 한, 사실상의 가치를 가질 수 없을 것이다.

사람들은 이런 여러 표현상의 시도에는 언어가 전제된다고 말할 것이다. 우리는 그것을 부정하지 않을 것이다. 오히려 우리는 그 시도를 언어라고 말할 것이다. 또는 이렇게 말하면, 그 시도는 언어의 근본적인 하나의 양상이다. 왜냐하면 특수한 이런저런 언어의 존재·습득·

사용에 대해 심리적이고 역사적인 문제가 있다고 해도, 언어의 발명이라고 명명되는 것에 대해서는 어떤 특수한 문제도 존재하지 않기 때문이다. 언어는 대타존재에 덧붙여진 하나의 현상이 아니다. 언어는 근원적으로 대타존재이다. 다시 말해 언어는 하나의 주체성이 타인에게 있어 자기를 대상으로서 체험하는 사실이다. 순수한 대상들의 세계에서 언어는 결코 "발명되지" 못할 것이다. 왜냐하면 언어에는 근원적으로 하나의 다른 주체와의 관계가 전제되기 때문이다. 그리고 대타들의 상호 주체성 속에서는 언어를 발명할 필요는 없다. 왜냐하면 언어는 타인을 인지할 때 이미 주어져 있기 때문이다. 내가 무엇을 하든, 자유롭게 고안되고 또 실행된 나의 행위들, 또 나의 가능성을 향한 나의 기투는 나에게서 벗어나는 하나의 의미, 또 내가 경험하는 하나의 의미를 외부에 가지고 있다는 단 하나의 사실만으로도 나는 언어이다. 바로 이 의미에서 — 단지 이 의미에서만 — 이렇게 하이데거가 선언한 것은 옳다. "나는 내가 말하는 것으로 있다(Je suis ce que je dis)."[84] 사실 언어는 인간이라는 완성된 피조물의 하나의 본능도 아니고, 또 우리의 주체성의 하나의 발명도 아니다. 그렇다고 해서 언어를 현존재(Dasein)의 순수한 "탈자-존재(脫自存在, être-hors-de-soi)"로 돌려서도 안 될 것이다. 언어는 인간 조건의 일부이다. 언어는 근원적으로는 하나의 대자가 그의 대타존재에 대해 할 수 있는 체험이다. 최종적으로 언어는 이 체험의 뛰어넘기이며, 나의 가능성이 되는 가능성을 향한, 다시 말해 타자에게 있어 이것 또는 저것

---

84   이 명제는 벨기에의 철학자 알폰스 A. de 왈랑스(Alphonse de Waehlens, 1911~1981)의 『마르틴 하이데거의 철학(La Philosophie de Martin Heidegger)』(Louvain, 1942), 99쪽에 의한 것이다. 또 그가 인용한 하이데거의 다음 문장 참조. "이 증언은 여기에서는 인간존재의 부가적이고 부수적인 표현을 의미하는 것이 아니다. 오히려 이 증언은 인간의 현존재를 함께 구성하고 있다.(Hölderin und das Wesen der Dichtung, p. 6) ─ 원주.

이 되는 나의 가능성을 향한 체험의 이용이다. 따라서 언어는 타자존재의 인지와 구분되지 않는다. 나의 면전에서 일어나는 시선으로서의 타인의 출현은 나의 존재의 조건으로서 언어를 출현시킨다. 이 원초적인 언어가 반드시 유혹인 것은 아니다. 우리는 또 다른 언어의 형태를 볼 것이다. 우리는 다른 곳에서 타자의 면전에서 그 어떤 원초적인 태도도 존재하지 않고, 또 두 가지 태도가 순환적으로 번갈아 일어나며, 한쪽이 다른 쪽을 함축한다는 사실을 지적한 바 있다. 하지만 반대로 유혹은 언어에 앞서는 그 어떤 형태도 전제하지 않는다. 유혹은 전적으로 언어의 실현이다. 이것은 언어가 유혹에 의해서 완전히, 그리고 단번에 표현의 원초적인 존재 방식으로 드러내 보여질 수 있음을 의미한다. 우리는 여기에서 언어라는 단어로 모든 표현 현상을 의미하지, 그것이 반드시 목소리를 통해 나온 말만을 의미하는 것이 아님은 당연하다. 목소리를 통해 나온 말은 파생적이고 부차적인 양상이며, 그 출현은 역사적인 연구의 대상이 될 수 있다. 특히 유혹에서 언어란 인식시키는 것을 겨냥하는 것이 아니라 체험시키는 것을 겨냥한다.

하지만 매혹적인 언어를 발견하려는 이 최초의 시도에서 나는 암중모색을 한다. 왜냐하면 나는 단지 타인에게 있어 나의 대상성이라고 하는 추상적이고도 공허한 형태에 의지해 나갈 뿐이기 때문이다. 나는 나의 몸짓과 나의 태도가 어떤 효과를 내는지를 생각할 수조차 없다. 왜냐하면 나의 몸짓과 나의 태도가 항상 그것들을 뛰어넘는 하나의 자유에 의해 다시 잡혀지고 또 근거지워지기 때문이다. 또 나의 몸짓과 나의 태도가, 이 자유가 그것들에게 하나의 의미를 부여하는 경우에만 어떤 의미를 가질 수 있을 뿐이기 때문이다. 이렇듯 나의 표현의 "의미"는 나에게서 항상 벗어난다. 나는 내가 의미하고자 하는 것을 의미하고 있는 것인지를 결코 정확히 알지 못한다. 심지어는 내가 유의미적인가 하는 것조차 정확히 알지 못한다. 바로 이 순간에 나는 타인에게서 원칙상 생각할 수 없는 것을 읽어 내야만 할 것이다. 그리고 내가 표현하는 것이 실제로 타자에게서 무엇인가를 알 수 없으므로, 나는 나의 언어를 나 밖으로의 도피라는 하나의 불완전한 현상으로 구성한다. 내가 나 자신을 표현하자마자 나는 내가 표현하는 것의 의미를 추측하는 수밖에 없다. 다시 말해 결국 나는 내가 그것으로 있는 것의 의미를 추측하는 수밖에 없다. 왜냐하면 이런 관점에서는 표현한다는 것과 존재한다는 것은 하나를 이룰 뿐이기 때문이다. 타자는 언어에 그 의미를 주는 자로서 항상 그곳에 현전해 있고, 또 항상 그곳에서 체험된다. 각각의 표현, 각각의 몸짓, 각각의 단어는 내 편에서 보면 타자라고 하는 소외시키는 실재에 대한 구체적인 체험이다. 예컨대 빙의망상(憑依妄想)의 경우처럼,[85] "누군가가 나에게서 나의 사상을 훔친"다고 말할 수 있는 자는 정신병자만이 아니다. 오히려 표현이라는 사실 자체가 하나의 사상의 도둑이다. 왜냐하면 사상은 그것이 대상으로 구성되기 위해서는 하나의 소외시키는 자유의 협력을 필요로 하기 때문이다. 이런 이유로 이 언어의 최초의 양상은 ─ 타자에 대해 그것을 사용하는 것이 나인 한에서 ─ 성스럽다(sacré). 사실 성스러운 대상은 세계 저편의 하나의 초월을 가리키는 세계 속의 하나의 대상이다. 언어는 침묵 속에서 나의 말을 듣고 있는 자의 자유를, 다시 말해 그의 초월을 나에게 드러내 보인다.

85　게다가 일반적인 정신병과 마찬가지로 빙의망상은 하나의 커다란 형이상학적 사실, 즉 여기에서는 소외라는 사실에 대한 신화에 의해 표현되는 배타적인 시험이다. 미치광이도 그의 방식으로 이 인간 조건을 실현할 뿐이다. ─원주.

하지만 바로 그 순간 타인에게 있어 나는 그대로 유의미적인 대상 ― 내가 항상 그것으로 있었던 것 ― 으로 머문다. 나의 대상성에서 출발해서 타인에게 나의 초월을 가리킬 수 있는 그 어떤 길도 존재하지 않는다. 나의 태도, 표현, 말은 타인에게 다른 태도, 다른 표현, 다른 말만을 가리킬 수밖에 없다. 이렇듯 언어는 타자에게 있어 하나의 마술적인 대상의 단순한 특성으로 머물며, 또 마술적인 대상 그 자체이다. 언어는 거리를 둔 하나의 행동이며, 타자는 그 효과를 정확히 알고 있다. 이렇듯 말은 그것을 사용하는 자가 나일 때는 성스러우며, 타인이 그것을 들을 때는 마술적이다. 이렇게 해서 나는 타인에게 있어 나의 신체가 무엇인가를 알지 못하는 것과 마찬가지로 타인에게 있어 나의 언어가 무엇인지를 알지 못한다. 나는 내가 말하는 것을 들을 수 없으며, 또 내가 미소짓는 것도 볼 수 없다. 언어의 문제는 정확히 신체의 문제와 평행을 이루며, 신체의 경우에 타당한 기술은 언어의 경우에도 적용된다.

그렇지만 비록 매혹이 타자에게 하나의 매혹된-존재를 야기한다고 해도, 매혹만으로는 사랑을 일으키는 데까지는 이르지 못할 것이다. 사람은 한 명의 웅변가에게도, 한 명의 배우에게도 또 한 명의 곡예사에게도 매혹될 수 있다. 그렇다고 해서 그것이 사람들이 그를 사랑한다는 것을 의미하는 것은 아니다. 물론 사람들은 그로부터 눈을 뗄 수 없을 것이다. 하지만 그는 여전히 세계의 배경 위에 떠오르며, 그리고 매혹은 매혹적인 그 대상을 초월의 궁극적인 항(項)으로 제기하지 않는다. 오히려 이와 반대로 매혹은 초월이다. 그렇다면 이번에는 사랑받는 자는 언제 사랑하는 자가 되는가?

답은 간단하다. 그가 사랑받고자 시도할 때이다. 대상-타자는 그 자체로서는 결코 사랑을 불러일으키기에 충분한 힘을 결코 가지고 있지 못하다. 만일 사랑이 타자인 한에서의 타자를, 다시 말해 바라보는 주체성으로서의 한에서의 타자를 내 것으로 삼는 것을 이상으로 삼는다면, 이 이상은 대상-타자와 나의 만남이 아니라 주체-타자와 나의 만남에서 출발함으로써만 시도될 수 있을 뿐이다. 유혹은 나를 유혹하려 시도하는 대상-타자를 "소유해야 할" 소중한 대상이라고 하는 성격으로서만 장식할 수 있을 뿐이다. 나는 아마도 이 유혹을 통해 이 대상-타자를 정복하기 위한 모험의 감행을 결정할 수 있다. 하지만 세계 한복판에서의 하나의 대상을 내 것으로 소유하고자 하는 이 욕망은 사랑과 혼동될 수 없을 것이다. 따라서 사랑은 사랑받는 자가 자기의 소외와 또 타인을 향한 자기의 도피에 대해 하는 체험에 의해서만 그에게서 생겨날 수 있을 뿐이다. 하지만 사정이 이렇다면, 사랑받는 자는 또다시 자기가 사랑받으려고 시도하는 경우에만 스스로 사랑하는 자로 바뀔 뿐이다. 다시 말해 그가 정복하려고 하는 것이 하나의 신체가 아니고, 있는 그대로의 타인의 주체성인 경우에만 그럴 것이다. 사실 이 아유화를 실현하기 위해 그가 생각할 수 있는 유일한 수단은 자기를 사랑하게 만드는 것이다. 이렇듯 사랑한다는 것은 그 본질에서 자기를 사랑하게 만들고자 하는 기투인 것처럼 보인다. 이로부터 다음과 같은 새로운 모순, 새로운 갈등이 기인한다. 사랑하는 자들은 어느 쪽이나 상대의 포로이다. 더욱이 이것은 그가 상대로부터 다른 누구에게도 눈길을 돌리지 않는 사랑을 받고자 하는 한에서 그렇다. 하지만 이와 동시에 사랑하는 자들 각자는 상대에 대해 절대로 "사랑받고자 하는 기투"로 환원되지 않는 하나의 사랑을 요구한다. 사실 그가 요구하는 것은 바로 상대가 근원적으로 자기를 사랑하게 만들고자 하지 않으면서 상대의 자유의 대상적인 한계로서의 이쪽에 대해, 다른 쪽의 초월의 피할 수 없는 선택된 근거로서의 이쪽에 대해, 또 존재의 총체성이며 최고 가치로서의 이쪽에 대해, 그 관조적임과 동시에 애정적인 하나의 직관을 가져다 준다. 다른 쪽에 대해 이렇게 요구된 사랑은 아무것도 요구할 수 없을 것이다. 이런 사랑은 상호성이 없는 순수한 자기 구속이다. 하지만 정확히 이런 사랑은 사랑하는 자의 요구로서가 아니고서는 존재할 수 없을 것이다. 그리고 사랑하는 자가 사로잡혀 있는 방식은 완전히 다른 방식으로서이다. 사랑하는 자는 자신의 요구 자체의 포로이다. 이 것은 사실 그 사랑이 사랑받고자 하는 요구인 한에서 그렇다. 사랑하는 자는 스스로 신체이고자 하는 하나의 자유이며, 또 하나의 외부를 요구하는 하나의 자유이다. 따라서 사랑하는 자는 타인을 향한 도피를 흉내 내는 하나의 자유이며, 자유로서의 한에서 자기의 소외를 요구하는 하나의 자유이다. 사랑하는 자의 자유는 타인에 의해 대상으로서 스스로 사랑받고자 하는 그의 노력 자체 속에서 대타-신체 속으로 미끄러져 들어가면서 소외된다. 다시 말해 사랑하는 자의 자유는 타인을 향한 도피라고 하는 하나의 차원을 갖는 존재가 된다. 그의 자유는 순수한 자기성(自己性)으로서 자기를 정립하는 일에 대한 끊임없는 거부이다. 왜냐하면 그렇게 자기를 자기-자신으로서 긍정하면, 그 결과 시선으로서의 타자는 무너지고, 또 대상-타자가 나타나게 되며, 결국 사랑받을 가능성마저도 완전히 사라지는 상태를 야기할 것이다. 왜냐하면 타인이 대상성의 차원으로 환원되기 때문이다. 따라서 이 거부는 자유를 타인에게 종속되는 자유로 구성한다. 그리고 주체성으로서의 타인은 바로 대자의 자유의 뛰어넘을 수 없는 한계가 되며, 또 이 타인이 대자존재의 열쇠를 쥐고 있는 한에서, 대자의 목표와 최고의 목적이 된다. 우리는 여기에서 소외된 자유라고 하는 사랑이라는 기도(企圖)의 이상을 다시 발견하게 된다.

하지만 사람이 사랑받기를 원하는 한에서 자기의 자유를 소외시키는 것은 바로 사랑을 받고자 원하는 자이다. 나의 자유는 나의 대상성을 근거짓는 타인의 순수한 주체성의 현전에서 소외된다. 나의 자유는 대상-타자 앞에서는 결코 소외될 수 없을 것이다. 사실 이 형식 아래에서는 사랑하는 자가 꿈꾸는 사랑받는 자의 소외는 모순에 빠질 것이다. 왜냐하면 사랑받는 자는 원칙적으로 세계의 다른 대상을 향해 사랑하는 자를 초월하면서만 사랑하는 자의 존재를 근거시을 수 있을 뿐이기 때문이다. 따라서 이 초월은 그것이 뛰어넘는 대상을 초월된 대상으로서와 동시에 모든 초월의 한계-대상으로서 구성할 수 없다. 이렇게 해서 연인들의 경우에 한쪽은 자기가 대상이길 원하는데, 다른 쪽의 자유는 이 대상에게 있어 하나의 근원적인 직관 속에서 소외된다. 하지만 이른바 사랑이라고 할 수 있는 이 직관은 대자의 하나의 모순된 이상일 뿐이다. 그 결과 각자는 정확히 자기가 타자의 소외를 요구하는 한에서만 소외될 뿐이다. 한쪽은 다른 쪽이 자기를 사랑해 주길 바란다. 하지만 그는 사랑하는 것이 사랑받고 싶음이라는 것을 깨닫지 못하고 있다. 또 다른 쪽이 자기를 사랑해 주길 원하면서도, 그는 자기가 원하는 것이 실제로는 다른 쪽이 자기에게서 사랑받고 싶어 하는 것임을 깨닫지 못하고 있다. 이렇듯 연애 관계는 "사랑"이라는 가치의 이상적 표시 아래에서, 다시 말해 의식들의 한쪽이 다른 쪽을 근거짓기 위해 자기의 이타성을 간직하면서 그 두 의식이 융합하고 있다는 이상적 표시 아래에서, 의식의 단순한 "반영-반영되는 것"과도 유사한 하나의 무한 지향의 체계이다. 사실 의식들은 서로 극복될 수 없는 하나의 무에 의해 분리되어 있다. 왜냐하면 이 무가 다른 의식에 의한 한쪽 의식의 내적 부정인 동시에 두 개의 내적 부정 사이에 있는 사실상의 무이기 때문이다. 사랑은 내적 부정을 그대로 보유하면서 사실상의 부정을 극복하기 위한 하나의 모순된 노력이다. 나는 타인이 나를 사랑해 줄 것을 요구한다. 그리고 나는 나의 기투를 실현하기 위해 모든 수단을 강구한다. 하지만 만일 타인이 나를 사랑한다면, 그는 그의 사랑 자체에 의해 근본적으로 나를 실망시킨다. 나는 그에게 정확히 그가 나의 면전에서 순수한 주체성으로 자기를 유지하면서 나의 존재를 특권적인 대상으로서 근거지음을 요구했다. 그런데 그가 나를 사랑하자마자 그는 나를 주체로 체험하고, 또 그는 나의 주체성의 면전에서 그의 대상성 속으로 빠져든다. 따라서 나의 대타존재의 문제는 해결되지 않은 채 그대로 있다. 연인들은 그대로 각자 전면적인 하나의 주체성 속에서 대자적으로 머문다. 그 어떤 것도 그들이 저마다 대자적으로 자기를 존재케 해야 한다는 그들의 의무에서 그들을 해방하러 오지 않는다. 그 어떤 것도 그들의 우연성을 제거하러 오지 않으며, 또 그들을 사실성으로부터 구제하러 오지도 않는다. 하지만 최소한 그들 각자는 더 이상 타인의 자유 속에서 위험에 처해 있지 않다는 이득을 본 셈이다. 하지만 이것은 그들 각자가 생각하고 있는 것과는 아주 다르다. 사실 그들 각자가 더 이상 위험에 처해 있지 않은 것은, 타인이 그의 초월의 한계-대상으로서 나를 존재시키고 있기 때문이 아니다. 그보다는 오히려 타인[상대]이 이쪽을 [나를] 주체성으로서 체험하고, 또 이쪽을 그런 것으로서만 체험하고자 하기 때문일 뿐이다. 또한 그 이득은 끊임없이 위태로운 상황에 놓여 있다. 먼저 각개의 의식은 매 순간마다 자기의 족쇄로부터 해방되어 갑자기 타인을 대상으로 주시할 수 있다. 이때 주문은 풀리고, 타인은 여러 수단 중의 하나이다. 이때 타인은 그가 바라는 대로 대타-대상이 되지만, 기구-대상이고 끊임없이 초월되는 대상이 된다. 사랑의 구체적인 현실을 형성하고 있는 거울의 유희인 그 환영은 갑자기 멈추게 된다. 그다음으로 사랑에서 각개의 의식은 자기의 대타존재를 타인의 자유라는 피난처에 놓으려고 한다. 이것에는 타인이 순수한 주체성으로서, 세계를 존재에게까지 오게 하는 절대로서 세계 저편에 존재한다는 사실이 전제되어 있다. 하지만 각자가 자신의 대상화뿐만 아니라 타인의 대상화를 체험하기 위해서는 연인들이 한 명의 제3자에 의해 함께 바라보여지는 것으로 충분하다. 단번에 타인은 더 이상 나에 대해 나의 존재 속에서 나를 근거짓는 절대적인 초월이 아니다. 이와 달리 오히려 타인은 나에 의해서가 아니라, 또 한 명의 타인에 의해 초월된-초월이다. 그리고 그에 대한 나의 근원적인 관계, 다시 말해 사랑하는 자에 대한 사랑받는 자로서의 나의 관계는 죽은-가능성이 되어 응고된다. 그것은 이미 모든 초월의 하나의 한계-대상과 이 한계-대상을 근거짓는 자유의 체험적인 관계가 아니고, 오히려 제3자 쪽을 향해 고스란히 소외되는 하나의 대상-사랑이다. 이것이 바로 연인들이 단둘이 있는 상태를 모색하는 진짜 이유이다. 왜냐하면 제3자의 출현은, 그가 누구이든, 연인들의 사랑의 파괴이기 때문이다. 하지만 두 사람만의 사실상의 고독(우리는 내 방에 단둘이 있다.)은 결코 그들의 권리상의 고독이 아니다. 사실 아무도 우리를 보고 있지 않을 때에도, 우리는 모든 의식에게 있어 존재하고 있다. 또 우리는 모든 의식에게 있어 존재하고 있음을 의식하고 있다. 이로부터 대타존재의 근본적인 양상으로서의 사랑은 그 대타존재 속에 그 자체의 파괴의 뿌리를 갖는다는 결론이 도출된다. 우리는 방금 사랑의 삼중의 파괴성을 정의했다. 첫째, 사랑은 본질상 하나의 기만이며, 하나의 무한 지향이다. 왜냐하면 사랑한다는 것은 상대가 나를 사랑해 주기를 원하는 것이며, 따라서 상대가 나로부터 사랑받고자 원하는 것을 바라는 일이기 때문이다. 그리고 이 기만에 대한 하나의 전 존재론적 양해가 사랑의 충동 그 자체 속에 주어져 있다. 이로부터 사랑하는 자의 끊임없는 불만족이 기인한다. 우리가 너무 자주 말한 바와 같이, 이 불만족은 상대의 무가치로부터 오는 것이 아니라, 오히려 사랑의 직관이 근본-직관으로서 하나의 도달 불가능한 이상이라고 하는 사실에 대한 암묵적인 양해에서 온다. 사람들이 나를 사랑하면 할수록, 나는 더 많이 나의 존재를 잃게 되고, 나는 더 많이 나 자신의 책임에, 나 자신의 고유한 존재 가능에 맡겨진다. 둘째, 타인의 각성은 항상 가능하다. 타인은 어떤 순간에도 나를 대상으로 출두시킬 수 있다. 이로부터 사랑하는 자의 끊임없는 불안정이 기인한다. 셋째, 사랑은 타인들[제3자들]에 의해 끊임없이 상대화되는 하나의 절대이다. 사랑이 절대적인 준거 축이라고 하는 성격을 간직하기 위해서는 이 세계에 사랑받는 자와 단둘이만 있어야 할 것이다. 이로부터 사랑하는 자의 끊임없는 수치심(또는 자부심이다. 그것은 여기에서도 마찬가지이다.)이 기인한다.

이렇게 해서 내가 대상적인 것 속에서 나를 상실하고자 시도했다 하더라도 그것은 헛된 일이다. 나의 정념은 아무런 소용이 없을 것이다. 타인은 — 그 자신에 의해서이든, 또는 다른 사람들에 의해서이든 — 나의 정당화할 수 없는 주체성을 나에게 가리키는 것이었다. 이런 단언은 하나의 전면적인 절망을 일으킬 수도 있고, 또 타자와 나 자신과의 동화를 실현시키기 위한 하나의 새로운 시도를 야기할 수도 있다. 이 시도의 이상은 우리가 방금 서술한 이상의 반대일 것이다. 타인의 이타성을 그의 내부에 보존시킨 채로 그 타인을 흡수하려고 시도하는 대신에, 나는 나를 타인에 의해 흡수되도록 시도할 것이다. 그리고 나는 나의 주체성을 떨쳐 버리기 위해 타인의 주체성 안에서 자기를 잃으려고 시도할 것이다. 이런 시도는 구체적인 차원에서 마조히스트적 태도로 나타날 것이다. 타자는 나의 대타존재의 근거이므로, 만일 내가 나를 존재시키는 배려를 타자에게 일임한다면, 나는 타자의 존재 속에서 하나의 자유에 의해 근거지워진 하나의 즉자존재에 불과할 것이다. 여기에서 타자가 나의 존재 속에 나를 근거짓는 원초적인 행위에 장애가 된다고 생각하는 것은 바로 나 자신의 고유한 주체성이다. 무엇보다도 먼저 나 자신의 고유한 자유에 의해 부정해야 하는 것은 바로 나 자신의 주체성이다. 따라서 나는 나의 대상-존재 속에 완전히 나를 구속하려고 시도한다. 나는 대상 이상의 다른 어떤 것이기를 거부한다. 나는 타인 속에서 휴식한다. 그리고 나는 이 대상-존재를 수치심 속에 체험하기 때문에, 나는 나의 수치심을 나의 대상성의 깊은 표시로서 원하고 또 사랑한다. 그리고 타자는 성적 욕망에 의해 나를 대상으로 파악하기 때문에,[86] 나는 욕망되기를 원한다. 나는 수치심 속에서 나를 욕망의 대상이 되게 한다. 만일 내가 타인의 초월의 한계-대상으로서 타인에게 있어 존재하려고 애쓰기는커녕, 반대로 다른 대상들 중의 하나로, 또 이용할 수 있는 하나의 도구로서 내가 취급되기를 악착같이 원한다면, 이 태도는 사랑의 태도를 상당히 닮게 될 것이다. 사실 여기서 부정해야 하는 것은 바로 나의 초월이지, 타인의 초월이 아니다. 이번에 나는 타인의 자유를 사로잡고자 시도하지 않을 것이다. 오히려 반대로 나는 타인의 이 자유가 근본적으로 자유로운 것이고, 또 이 자유가 스스로 근본적으로 자유롭기를 바란다. 이렇듯 내가 나를 다른 목적을 향해 뛰어넘어진 것으로 느끼면 느낄수록, 나는 더 많이 나의 초월의 포기를 향유하게

---

86 다음 절 참조.─원주.

될 것이다. 마지막에는 나는 이미 하나의 대상 외의 다른 것이 아니게 되길, 다시 말해 근본적으로는 하나의 즉자에 불과하기를 시도한다. 하지만 나의 자유를 흡수한 하나의 자유가 이 즉자의 근거가 되는 한에서, 나의 존재는 또다시 자신의 근거가 될 것이다. 사디즘과 마찬가지로[87] 마조히즘도 유죄성의 떠맡음이다. 사실 나는 내가 단지 대상으로 있다는 그 단 하나의 사실만으로도 유죄이다. 나는 나 자신에 대해 유죄이다. 왜냐하면 내가 나의 절대적인 소외에 동의하기 때문이다. 나는 타자에 대해 유죄이다. 왜냐하면 나는 그가 유죄가 되는 기회를, 다시 말해 자유로서의 나의 자유를 근원적으로 놓치는 기회를 타자에게 제공하기 때문이다. 마조히즘은 나의 대상성에 의해 타인을 매혹시키기 위한 시도가 아니다. 마조히즘은 오히려 나의 대타-대상성에 의해 나 자신을 나에게 매혹시키기 위한 하나의 시도이다. 다시 말해 타자에 의해 나를 대상으로서 구성하려는 하나의 시도이다. 그 결과 이 경우 나는 내가 타자의 눈에 제시되고 있는 이 즉자의 현전에서 나의 주체성을 하나의 아무것도 아닌 것으로 비조정적으로 파악하고자 한다. 마조히즘은 일종의 현기증으로 특징지어진다. 이 현기증은 암벽과 지층의 낭떠러지 앞에서 느끼는 현기증이 아니라, 타자의 주체성의 심연 앞에서 느끼는 현기증이다.

하지만 마조히즘은 그 자체로 하나의 실패이며, 또 실패이어야만 한다. 사실 나의 대상-나에 의해 나를 매혹하기 위해서, 나는 그것이 타인에게 있어 있는 그대로의 이 대상-나에 대해 직관적인 파악을 실현할 수 있는 것이라야 한다. 하지만 이것은 원칙적으로 불가능하다. 이렇게 해서 소외된 이 나는, 그것에 입각해 내가 나를 매혹할 수 있

87 다음 절 참조.—원주.

기는커녕, 원칙상 파악할 수 없는 채로 머문다. 마조히스트가 아무리 무릎으로 기어다니고, 우스꽝스러운 시늉을 하고, 생명이 없는 단순한 도구처럼 자기를 이용하게 해도 아무 소용이 없다. 마조히스트의 자세가 외설적이거나 단순히 수동적인 것은 모두 타인에게 있어서이다. 마조히스트가 이 자세들을 감내하는 것은 타인에게 있어서이다. 마조히스트는 그런 자세를 자기에게 주도록 영원히 운명지어져 있다. 그가 초월해야 할 허나의 존재로서 자기를 이용하는 깃은 그의 초월 속에서이고, 그리고 그의 초월에 의해서이다. 그리고 그가 자기의 대상성을 맛보려고 시도하면 할수록, 그는 더욱더 자기의 주체성의 의식에 잠기게 될 것이고, 마침내 불안해질 것이다. 특히 어떤 여자에게 돈을 주어 자기를 채찍질하게 하는 마조히스트는 그녀를 도구로 취급하는 것이다. 그리고 그는 이 사실로 인해 그녀에 대해 자기를 초월 속에 두는 것이다. 이렇게 해서 마조히스트는 마침내 타인을 대상으로 취급하며, 또 타인을 타인 자신의 고유한 대상성을 향해 초월케 한다. 예컨대 우리는 자허마조흐[88]의 번민을 떠올린다. 그는 경멸을 받기 위해, 모욕을 받기 위해, 굴욕적인 상태에 빠지기 위해 여자들이 그에게 표명하는 큰 사랑을 이용하지 않을 수 없었다. 다시 말해 그는, 그녀들이 그에게 있어 하나의 대상으로서 자기를 체험하는 한에서, 그녀들에게 작용하지 않을 수 없었다. 이렇듯 마조히스트의 대상성은 그에게서 벗어난다. 그리고 빈번히 자기의 대상성을 파악하고자 함으로써 그는 타인의 대상성을 발견할 수도 있다. 아니, 오히려 이런

---

88   레오폴트 폰 자허마조흐(Leopold von Sacher-Masoch, 1836~1895)는 오스트리아의 소설가이자 언론인으로, 사회주의자와 인본주의자들이 이상향으로 제시한 것을 옹호했고, 유토피아에 대해 연구했다. 특히 소설 『모피를 입은 비너스』에서 여성에게 학대를 받음으로써 성적 쾌감을 느끼는 변태 성욕자를 처음으로 묘사함으로써 '마조히즘'이라는 용어가 생겼다.

일이 아주 흔하게 일어난다. 그리고 본의 아니게도 자기의 주체성을 해방하는 결과를 초래하기도 한다. 따라서 마조히즘은 원칙적으로 하나의 실패이다. 설사 우리가 마조히즘은 하나의 "악덕"이며, 또 이 악덕은 원칙상 실패의 사랑이라는 사실을 생각한다고 해도, 우리를 놀라게 하는 것은 아무것도 없다. 하지만 우리는 여기에서 그 악덕의 구조 자체를 서술할 필요는 없다. 여기에서는 다음과 같은 사실을 지적하는 것으로 충분하다. 즉 마조히즘은 타인에 의해 자기의 주체성을 다시 동화하게 함으로써 자신의 주체성을 없애 버리기 위한 하나의 끊임없는 노력이라는 사실이 그것이다. 그리고 이 노력에는 나른하고도 감미로운 실패 의식을 수반하며, 결국 마조히스트가 자기의 주요 목표로 궁극적으로 찾고자 하는 것은 바로 그 실패 자체라는 사실이 그것이다.[89]

II. 타자에 대한 두 번째 태도: 무관심, 욕망, 증오, 사디즘

타인에 대한 제1의 태도의 실패는 나에게 있어 제2의 태도를 취하는 기회이다. 하지만 사실을 말하면, 두 태도 중 어느 것도 진실로 첫 번째 태도가 아니다. 두 태도 각각은 근원적인 상황으로서의 대타 존재에 대한 하나의 근본적인 반응이다. 따라서 타인에게 있어 나의 대상성을 매개로 타인의 의식을 나에게 동화하려는 시도가 불가능함을 알게 되면, 내가 타인을 향해 결연히 돌아서서 그를 바라보는 것은

---

89 이 기술과 관련하여 마조히스트적 태도로 분류되어야 하는 노출증의 한 형태가 있다. 예컨대 루소가 세탁부들에게 '외설스러운 것이 아니라 오히려 우스꽝스러운 것'을 노출시켜 보여 줄 때가 그것이다. *Confessions*, chap. III 참조. ― 원주.

가능하다. 이 경우 타자의 시선을 바라보는 것은 자신의 고유한 자유 속에 자기를 두는 것이며, 이 자유를 토대로 타인의 자유에 맞서고 자 하는 것이다. 이렇듯 여기에서 추구하고 있는 갈등의 의미는 자유 의 자격으로 서로 맞서고 있는 두 개의 자유 투쟁을 완전히 밝혀 보 는 것이 될 것이다. 하지만 이런 의도는 즉각 물거품이 되고 만다. 왜 냐하면 내가 타자의 면전에서 나의 자유 속에 나 자신을 확립하려 한 다는 단지 그 사실만으로 나는 타인을 하나의 초월된-초월, 다시 말 해 하나의 대상으로 만들기 때문이다. 우리가 지금 서술하고자 하는 것은 바로 이 실패의 역사이다. 사람들은 그 기본적인 도식을 이렇게 파악한다. 나를 바라보고 있는 타자 위에 이번에는 내가 나의 시선을 쏘아 댄다. 하지만 하나의 시선은 바라보여질 수 없다. 내가 그 시선 을 향해 나의 시선을 돌리자마자 그 시선은 소실되고, 나는 두 눈만 을 볼 뿐이다. 이 순간에 타자는 내가 소유하는 하나의 존재가 되고, 나의 자유를 인정하는 하나의 존재가 된다. 나의 목표는 달성된 듯 보 인다. 왜냐하면 나는 나의 대상성의 열쇠를 쥐고 있는 존재를 소유하 기 때문이며, 나는 다양한 방식으로 나의 자유를 그에게 체험시킬 수 있기 때문이다. 하지만 사실 모든 것이 무너져 버린다. 왜냐하면 나의 손에 남아 있는 이 존재는 하나의 대상-타자이기 때문이다. 그것으 로서 그는 나의 대상-존재의 열쇠를 잃어버린 것이다. 그리고 그는 나 에 대해 단순한 하나의 이미지를 소유하고 있는데, 이 이미지는 그의 대상적인 정감들 중 하나에 불과하며, 더 이상 나와는 관련이 없다. 그리고 그가 나의 자유의 효과를 체험한다면, 내가 다양한 방식으로 그의 존재에 대해 작용할 수 있고, 또 나의 모든 가능성으로 그의 가 능성을 초월할 수 있다면, 그것은 그가 세계 속의 대상인 한에서이 고, 또 그런 것으로서 그가 나의 자유를 인정할 수 없는 상태에 있는 한에서이다. 나의 실망은 전면적이다. 왜냐하면 내가 타자의 자유를 나의 것으로 삼고자 하지만, 나는 갑자기 이 자유가 나의 시선 아래에서 무너져 버린 한에서만 내가 타인에게 작용할 수 있다는 것을 깨닫기 때문이다. 이 실망은 뒤따르는 나의 다른 시도의 계기가 된다. 이것은 타자가 나에게 있어 대상인 경우에 이 대상을 통해 타자의 자유를 찾기 위함이며, 또 타자의 신체의 전면적인 아유화를 통해 이 자유를 내 것으로 삼을 수 있는 특권적인 행위를 발견하기 위함이다. 이 시도들은, 이미 그 점에 대해 생각하고 있겠지만, 원칙적으로 실패할 운명이다.

하지만 시선을 바라보는 것이 나의 대타존재에 대한 나의 근원적 반응일 수도 있다. 이것은 내가 세계 속에서 나의 출현에서 나를 타인의 시선을 바라보는 자로 선택하고, 타인의 주체성의 붕괴 위에 나의 주체성을 세울 수 있음을 의미한다. 우리가 타자에 대한 무관심이라고 명명하는 태도가 바로 이것이다. 이 경우 타인에 대한 하나의 맹목성(cécité)이 문제가 된다. 하지만 "맹목성"이라는 용어를 오해하지 말아야 한다. 나는 이 맹목성을 하나의 상태로 받아들이지 않는다. 나는 타인들에 대해 나 자신의 맹목성으로 있다. 이 맹목성에는 대타존재에 대한 어떤 암묵적인 양해가 내포되어 있다. 다시 말해 시선으로서의 타자의 초월에 대한 어떤 암묵적인 양해가 내포되어 있다. 이 양해는 단순히 내가 그것을 가리고자 나 스스로 정해 놓은 것이다. 이때 나는 일종의 사실적인 유아론을 실천한다. 이 형태들은 타인들이 거리를 지나가는 것이며, 거리를 두고서 작용할 수 있는 마술적인 대상들이다. 그리고 그들에 대해 나도 일정한 행위를 통해 작용할 수 있다. 나는 그들에 대해 거의 주의를 기울이지 않으며, 나는 마치 내가 세계에 홀로 있는 것처럼 행동한다. 나는 벽을 가볍게 스치듯이 "사람들"을 가볍게 스친다. 나는 장애물을 피할 때처럼 사람들을 피한다. 그들의 대상-자유는 나에게 있어 그들의 "역행률"일 뿐이다. 나는 그들이 나를 바라볼 수 있으리라고 상상조차 하지 않는다. 물론 그들은 나에 대한 어떤 인식을 가지고 있다. 하지만 이 인식은 나를 건드리지 않는다. 여기에서는 순전히 그들 존재의 여러 변양이 문제이다. 그런데 이 변양들은 그들로부터 나에게로 옮아오는 것이 아니며, 우리가 "겪어진[감내된]-주체성(subjcctivité-subie)" 또는 "대상-주체성(subjectivité-objet)"이라고 부르는 것에 의해 더럽혀지고 있다. 다시 말해 그 변양들은 내가 그것으로 있는 것이 아니라 그들이 그것으로 있는 것을 나타낸다. 그리고 이 변양들은 그들에 대한 나의 행동의 결과이다. 이 "사람들"은 기능들이다. 개찰원은 차표를 끊는 기능 외에 아무것도 아니다. 카페에서 서빙하는 사람은 손님에게 봉사하는 기능 외에 아무것도 아니다. 여기에서 출발해서 만일 내가 그들의 메커니즘을 움직일 수 있는 "암호"나 그들의 [존재에 대한] 열쇠를 알고 있다면, 나는 나를 위해 그들을 가장 잘 이용할 수 있을 것이다. 이로부터 프랑스의 17세기가 우리에게 남겨 준 "도덕주의자" 식의 심리학이 유래한다. 또 이로부터 베로알드 드 베르빌의 『성공법(Le Moyen de parvenir)』,[90] 라클로의 『위험한 관계(Les Liaisons dangereuses)』,[91] 에로 드 세셸의 『야심론(Traité de l'ambition)』[92] 등과 같은 18세기의 논술들이 비롯한다. 이것들은 타인에 대한 실천적 인식과 타인에게 작용하

90 『성공법』(1610)은 프랑스의 시인 프랑수아 베로알드 드 베르빌(1556~1626)의 작품으로, 고대인과 현대인이 등장하여 나누는 대화 형식으로 이루어진 소설이다.
91 『위험한 관계』(1782)는 피에르 앙브루아르 프랑수아 쇼데를로 드 라클로(1741~1803)의 작품으로, 프랑스의 상류 사회를 모델로 한 서간체 소설이다.
92 『야심론』은 프랑스의 정치가 에로 드 세셸(1759~1794)의 작품으로, 작가는 35세의 나이에 조르주 당통(1759~1794)과 함께 단두대에서 처형당했다.

는 기술을 우리에게 보여 준다. 맹목성의 상태에서 나는 나의 즉자존재와 나의 존재의 근거로, 특히 나의 "대타-신체"의 근거로 타인의 절대적인 주체성을 함께 무시한다. 어떤 의미에서 나는 안심한다. 나는 "뻔뻔하다." 다시 말해 나는 타인의 시선이 나의 가능성과 나의 신체를 응고시킬 수 있음을 전혀 의식하지 않는다. 나는 소심함이라고 명명되는 상태와는 반대되는 상태 속에 있다. 나는 안락하다. 나는 나 자신을 거북스럽게 여기지 않는다. 왜냐하면 나는 외부에 있지 않기 때문이다. 나는 내가 소외되었다고 느끼지 않는다. 이 맹목성의 상태는 나의 근본적인 자기기만이 원하는 대로 오래 연장될 수 있다. 이 맹목성의 상태는 이따금 중단되면서 여러 해에 걸쳐 또는 평생을 두고 계속될 수도 있다. 이 세계에는 타인이 무엇이라는 것을 생각해 보지도 않은 채 ─ 순간적인 무서운 번득임의 시간을 제외하고 ─ 죽어 가는 인간들이 있다. 하지만 이런 상태에 완전히 잠겨 있을 때도 우리는 자신의 불충분을 체험하는 데 그치지 않는다. 그리고 모든 자기기만에서처럼 맹목성의 상태에서 벗어날 수 있는 동기를 우리에게 제공하는 것은 바로 이 맹목성의 상태 그 자체이다. 왜냐하면 타인에 대한 맹목성은 나의 대상성에 대한 모든 경험적인 파악을 함께 사라지게 하기 때문이다. 그렇지만 자유로서의 타인과 소외된-나로서의 나의 대상성은 거기에 존재한다. 이 두 가지는 간파되지 않았고 주제화되지 않았지만, 세계에 대한, 그리고 세계 속에서 나의 존재에 대한 나의 양해 그 자체 속에 주어져 있다. 개찰원은, 그가 단순한 기능으로서 간주되더라도, 바로 그의 기능 자체에 의해 나에게 하나의 외부-존재를 지시한다. 또한 이 외부-존재는 파악되지 않고 또 파악될 수 없다. 이로부터 끊임없는 결여감과 거북함이 기인한다. 왜냐하면 타자를 향한 나의 근본적인 시도가 ─ 내가 어떤 태도를 취하든 ─ 이중적이기 때문이다. 한편으로는 타자의-자유-속-나의-외부-존재가 나에게 초래하는 위험에 대해 나의 신체를 지키는 것이 문제이고, 다른 한편으로는 내가 그것으로 있는 총체분해적인 총체성을 결국 총체화하기 위해 열려 있는 순환을 닫고, 마침내 내가 나 자신의 근거로 있기 위해 타자를 이용하는 것이 문제이다. 한편으로 시선으로서의 타자의 소멸은 바로 정당화될 수 없는 나의 주체성 속에 나를 다시 내던지고, 파악할 수 없는 하나의 즉자-대자를 향한 이 끊임없이 추구된-추구로 나의 존재를 환원시킨다. 타인이 없으면, 나는 나의 몫인 자유롭다고 하는 이 무서운 필연성을 적나라하게 완전히 파악한다. 다시 말해 나는 존재하는 것을 선택한 것이 아니면서도, 또 내가 태어났음에도 불구하고, 나를 존재하게끔 하는 배려를 나 혼자에게 맡길 뿐이라는 사실을 적나라하게 완전히 파악한다. 하지만 다른 한편으로 타인에 대한 맹목성은 외관상 타인의 자유 속에서 위험에 처해 있다고 하는 두려움으로부터 나를 해방해 주는 것처럼 생각될지 모르지만, 그럼에도 이 맹목성에는 타인의 이 자유에 대한 은연중의 이해가 내포되어 있다. 따라서 이 맹목성은, 내가 나를 절대 유일의 주체성이라고 생각할 수 있는 바로 그 순간에, 나를 대상성의 마지막 단계에 위치시킨다. 왜냐하면 나는 보여지고 있으면서도 나 자신이 보여지고 있다는 것을 체험할 수도 없고, 또 나의 "보여진-것"에 대해 체험의 힘으로 나를 방어할 수도 없기 때문이다. 나는 나를 소유하고 있는 자 쪽으로 돌아설 수도 없는 상태로 소유되어 있다. 시선으로서의 타자에 대한 직접적인 체험 속에서 나는 타인을 체험하면서 나를 방어하며, 타인을 대상으로 바꿀 수 있는 가능성이 나에게 남아 있다. 하지만 비록 타인이 나를 바라보는 동안에 타인이 나에게 있어 대상일지라도, 이때 나는 그것을 알지 못한 채 위험에 처해 있다. 이렇듯 나의 맹목성은 불안이다. 왜냐하면 나의 맹목성에는 나도 모르는 사이에 나를 소외시킬 위험이 있는, 파악할 수 없는 "배회하는 시선"에 대한 의식이 수반되기 때문이다. 이 거북함은 내가 타자의 자유를 장악하려고 하는 하나의 새로운 시도의 계기가 되어야 한다. 하지만 이것은 나를 가볍게 스치고 있는 타자-대상 위로 내가 돌아서려고 하는 것이며, 그의 자유를 타격하기 위해 타자-대상을 도구로서 이용하려 함을 의미한다. 다만 내가 정확히 타자인 대상에게 호소하기 때문에, 나는 그의 초월에 대한 변명을 그에게 요구할 수 없다. 또 나 자신이 타자의 대상화 차원에 존재하기 때문에, 나는 내가 내 것으로 하길 원하는 것이 무엇인지를 생각해 볼 수조차 없다. 이렇듯 나는 내가 고려하는 이 대상에 대해 화가 나고 모순되는 태도 속에 있다. 나는 이로부터 내가 원하는 것을 얻을 수 없을 뿐만 아니라, 또한 이런 탐색은 내가 원하는 것에 대한 지식 자체의 소멸을 야기한다. 나는 타인의 자유에 대한 하나의 절망적인 탐구 속에 나 자신을 구속한다. 그리고 그 와중에 나는 그 의미를 잃어버린 하나의 탐색 속에 나 자신이 구속되어 있음을 발견한다. 그 탐색에 그 의미를 되돌려주고자 하는 나의 모든 노력은 이 탐색에서 의미를 더 많이 잃게 하며, 나의 놀라움과 거북함을 야기하는 결과를 낳을 뿐이다. 이것은 마치 내가 어떤 꿈에 대한 기억을 다시 생각해 내고자 할 때, 이 기억이 나의 손가락 사이에서 총체적이며 대상 없는 인식에 대해 화가 나도록 하고 또 모호한 인상을 나에게 남겨 주고 녹아내리는 것과 똑같다. 마치 내가 어떤 가짜 회상의 내용을 밝히고자 노력할 때, 이 노력 자체가 그 회상 자체와 반투명 상태로 녹아 버리는 것과도 같다.

타인의 대아-대상성을 통해 타인의 자유로운 주체성을 빼앗으려는 나의 근원적인 시도가 성적 욕망이다. 단지 우리의 대타존재를 실현하는 근원적인 방식을 나타내는 기본적 태도들의 수준에서 우리가 보통 "심리생리적 반응들"로 분류하는 하나의 현상을 다루는 것을 보고 아마도 사람들이 놀랄 수도 있다. 사실 대부분의 심리학자에게서 의식이라는 사실로서의 [성적] 욕망[93]은 우리의 성적 기관의 본성과 밀접한 상호 관계에 있으며, 성적 기관에 대한 심오한 연구와 더불어 비로소 이 욕망을 이해할 수 있을 것이다. 하지만 신체의 분화된 구조(포유류·대생류 등), 따라서 섹스(sexe)[94]의 개개의 구조(자궁·나팔관·난소 등)는 절대적인 우연성 영역에 속하고, 절대로 "의식" 또는 "현존재"의 존재론에 속하는 것이 아닌 것과 마찬가지로, 성적 욕망의 경우도 존재론이 다룰 문제가 아닌 것으로 보인다. 성적 기관이 우리 신체의 우연적이고 특수한 하나의 조직[95]인 것과 마찬가지로, 여기에 상응하는 성적 욕망도 우리의 심적 생활의 하나의 우연적인 양상일 것이다. 다시 말해 성적 욕망은 생물학에 기초를 둔 경험적 심리학 수준에 있어서만 서술할 수 있을 것이다. 이것은 이 욕망과 그것에 관련된 모든 심리적 구조에 대해 사람들이 예비한 성적 본능이라는 이름만으로도 충분히 명백하다는 것이 드러난다. 본능이라는 이 단어는 사실 항상 이중의 성격을 갖는 심적 생활의 우연적 조직을 나타낸다. 이 이중의 성격이란 심적 생활의 전체 지속 기간과 공연장적이지만 — 또는 어쨌든 결코 우리의 "경력"으로부터 유래하는 것이 아니다 — , 그렇다고 심적인 것의 본질 자체로부터 연역될 수 없다는 것이다. 이 이유로 여러 실존철학도 성욕(sexualité)[96] 문제에 관심을 가

---

93 사르트르는 '성적 욕망'을 설명하면서 많은 경우에 '욕망'으로만 표기하고 있다.
94 사르트르는 'sexe'를 주로 '성기(性器)'의 의미로 사용하고 있다.
95 원문에는 'information'으로 되어 있으며, 'informer'의 명사형이다. 주로 '정보를 주다', '알려 주다' 등의 의미로 사용되나, 철학에서 '형상을 부여하다'의 의미로 사용되기도 한다.
96 사르트르는 'sexualité'를 주로 '성욕'의 의미로 사용하고 있다.

져야 하는 것으로 생각하지 않았다. 특히 하이데거는 그의 실존적 분석에서 이 문제를 전혀 암시하지 않았다. 그 결과 그의 "현존재"는 우리가 볼 때 성별이 없는 것처럼 보인다. 그리고 틀림없이 "남성" 또는 "여성"으로 성별된다는 것은 "인간실재"에게 있어 사실상 하나의 우연성이라고도 여겨질 수 있다. 물론 성적 차이의 문제는 실존의 문제와는 아무 관련이 없다고 할 수 있다. 왜냐하면 남자나 여자나 다 같이 "실존하는" 것일 뿐, 그 이상도 그 이하도 아니기 때문이다.

　이 이유가 절대적으로 설득력을 갖는 것은 아니다. 성적 차이는 사실성 영역에 속한다는 사실을 우리는 어쩔 수 없이 받아들인다. 그렇다고 해서 이것이 "대자"가 성적인 것은 "우연에 의한" 것이고, 하나의 이런저런 신체를 가진다고 하는 단순한 우연성에 의해서임을 의미해야 하는가? 성생활이라는 이 엄청난 문제가 인간 조건에 덤으로 온다고 하는 것을 우리는 받아들일 수 있을까? 하지만 얼핏 보기에 성적 욕망과 그 반대인 성적 혐오(l'horreur sexuelle)는 대타존재의 기본적 구조인 것으로 보인다. 만일 성욕이 인간의 생리적이고 우연적인 결정으로서의 섹스로부터 그 기원을 이끌어 낸다면, 분명 성욕은 대타존재에 대해 필수 불가결한 것이 될 수는 없을 것이다. 하지만 우리는 이 문제가 이미 앞에서 감각과 감각기관에 대해 우리가 다룬 적이 있는 문제와 우연히 동일한 질서에 속하는 것은 아닌지의 여부를 검토할 권리는 없는가? 인간이란 하나의 섹스를 가지고 있기 때문에 하나의 성적 존재라고 말하는 사람도 있다. 하지만 만일 반대라면 어떻게 될까? 만일 섹스가 도구에 불과하고, 하나의 근본적인 성욕의 이미지로서만 존재한다면? 만일 인간이 세계 속에 다른 인간과의 연결에 의해 존재하는 한에서, 그가 근원적으로 그리고 기본적으로 하나의 성적 존재이기 때문에만 그가 하나의 섹스를 소유하는 것이라면? 어린아이의 성욕은 성적 기관의 생리적 성숙보다 앞선다. 환관의 생식기가 잘렸다는 것만으로 그의 성욕이 사라지는 것이 아니다. 노인의 경우도 마찬가지이다. 수태시키면서 또 쾌락을 얻게 하기에 적합한 하나의 성적 기관을 마음대로 이용할 수 있다는 사실은 우리의 성생활의 일면과 한 양상만을 드러낼 뿐이다. "충족의 가능성을 지닌" 성적 욕망의 한 양상이 있다. 그리고 성숙한 섹스는 이런 가능성을 나타내며, 또 그것을 구체화한다. 하지만 만족에 이르지 못하는 유형의 또 다른 양상이 있다. 그리고 만일 사람들이 이런 양상을 고려한다면, 성욕은 출생과 더불어 나타나고 죽음과 함께가 아니고서는 사라지지 않음을 인정해야 한다. 또한 남근의 팽창으로도 또 그 밖의 다른 어떤 생리적 현상으로도 결코 성적 욕망을 설명할 수도, 또 그것을 일으킬 수도 없다. 이것은 혈관 수축 또는 동공 확대(또는 이런 생리적 변화에 대한 단순한 의식)가 공포를 설명할 수도 없고 또 그것을 일으킬 수도 없는 것과 마찬가지이다. 어느 쪽이든 간에 신체가 수행해야 할 하나의 중요한 역할이 있는 것은 확실하지만, 이를 이해하기 위해 우리는 세계-내-존재와 대타존재를 참조해야만 한다. 나는 하나의 인간존재를 욕망하는 것이지, 한 마리의 곤충이나 한 마리의 연체동물을 욕망하는 것이 아니다. 그리고 내가 인간존재를 욕망하는 것은, 그 인간존재가, 또 내가 세계 속에서 상황 속에 존재하는 한에서이며, 그 인간존재가 나에게 있어 한 명의 타인이며, 또 내가 그에게 있어 한 명의 타인으로 있는 한에서이다. 따라서 성욕의 근본 문제는 이렇게 표현할 수 있다. 성욕은 우리의 생리적 본성에 연결된 하나의 우연적인 일인가? 아니면 대타-대자-존재의 하나의 필연적인 구조인가? 이 문제를 이런 용어로 제기할 수 있다는 단 하나의 사실만으로도, 이 문제에 대한 결정을 내리기 위해 우리가 되돌아갈 곳은 바로 존재론이다. 존재론은 정확히 그것이 타인에게 있어 성적 존재의 의미를 결정하고 고정시키려고 전념함으로써만 그 문제에 대해 결정을 내릴 수 있을 뿐이다. 사실 성별을 가지고 있다는 것은 — 우리가 앞 장에서 시도한 신체에 대한 서술에 의거해 보면 — 나에 대해 성적으로 존재하는 한 명의 타자에 대해 성적으로 존재한다고 하는 의미이다. 물론 이 타자는 반드시 먼저 나에 대해 하나의 이성적 존재자는 아니며 — 또 내가 그에 대해 그런 것도 아니다 — 그보다는 오히려 그저 일반적으로 성별을 가진 하나의 존재일 뿐이다. 하지만 대자의 관점에서 고려한 타자의 성별에 대한 파악은, 그 사람이 지니는 제1차적 성적 특징 또는 제2차적 성적 특징[97]에 대한 단순하고 냉철한 관찰이 될 수는 없을 것이다. 타자가 먼저 나에게 있어 성별을 지니는 것은, 내가 그의 머리카락이 자란 모양, 거친 손의 모습, 목소리, 그의 힘으로 미루어 보아 그가 남성이라고 결론을 내리기 때문이 아니다. 여기에서는 나의 원초적 상태로 귀착되는 파생적인 결론이 문제가 된다. 타자의 성욕에 대한 첫 번째 파악은, 그것이 체험되고 겪어지는 한에서, 성적 욕망만이 있을 뿐이다. 내가 타인의 성을-지닌-존재(son être-sexué)를 발견하는 것은 바로 이 타인을 욕망함으로써이며 (아니면 이 타인을 욕망할 수 없는 자로서 나를 발견함으로써이며), 또는 나에 대한 타인의 욕망을 파악함으로써이다. 그리고 성적 욕망은 나의 성을-지닌-존재를 나에게 드러내 보임과 동시에 타인의 성을-지닌-존재를 나에게 드러내 보인다. 즉 성적 욕망은 섹스로서의 나의 신체와 또 타인의 신체를 나에게 드러내 보여 준다. 따라서 우리는 여기에서

97 제1차적 성적 특징은 생식에 직접적으로 관련한 성적 기관의 차이를 보이는 특징이다. 제2차적 성적 특징은 생식과는 직접적으로 관계가 없는 외부 형태에 나타난 양성 간의 차이를 보여 주는 특징으로, 목소리나 모발 등이 그 예이다.

섹스의 본성과 그 존재론적 위치를 결정짓기 위해 욕망의 연구로 향해야 한다. 그렇다면 욕망이란 무엇인가?

먼저 욕망은 무엇에 대해 존재하는가?

단번에 욕망은 쾌락의 욕망 또는 고통을 없애 주는 것에 대한 욕망일 것이라는 생각을 포기해야 한다. 주체가 이런 내재성의 상태에서 나와 어떻게 자신의 욕망을 하나의 대상과 "결부시키는가"를 사람들은 알지 못한다. 주관주의적이고 내재론적인 이론으로는 우리가 한 명의 여자를 욕망하는 것이지, 단순히 우리의 만족 상태를 욕망하는 것이 아니라는 점을 제대로 설명하지 못할 것이다. 따라서 성적 욕망의 초월적 대상을 통해 이 욕망을 정의하는 것이 적합하다. 그렇지만 성적 욕망이란 원하는 대상의 "육체적 소유"에 대한 욕망이라고 말하는 것은 전적으로 부정확하다. 여기에서 소유한다는 것을 성행위를 함을 의미하는 것으로 해석한다면 말이다. 물론 성행위는 일시적으로 그 욕망을 해방해 줄 것이다. 또 어떤 경우에는 성행위가 욕망의 바람직한 결말로서 명확히 여겨질 수도 있을 것이다. 예컨대 이 욕망이 고통스럽고 곤란한 것으로 느껴지는 때가 그것이다. 하지만 이때이 욕망이 그 자체로 "제거할 수 있는" 것으로서 정립되어 있는 대상이어야 할 것이다. 게다가 이것은 하나의 반성적 의식을 통해서만 이루어질 수 있을 뿐이다. 그런데 이 욕망은 그 자체로 비반성적이다. 따라서 이 욕망이 그 자체를 제거될 수 있는 대상으로서 스스로 내세우지 못할 것이다. 오직 방탕아만이 자신의 욕망을 자신에게 제시한다. 또 그는 그것을 대상으로 취급하고, 그것을 자극시키고, 그것을 깨우며, 그것을 만족시키는 것을 지연시키는 등의 일을 한다. 하지만 이때 욕망의 대상이 되는 것이 바로 욕망이라는 사실을 지적할 필요가 있다. 여기에서 오류는 성행위가 이 욕망을 제거한다고 사람들이 배워

온 사실에서 기인한다. 따라서 사람들은 욕망 그 자체에 하나의 인식을 연결시켰다. 그리고 이 욕망의 본질에 대해 외적인 이유(생식, 모성의 신성한 성격, 사정으로 인해 야기되는 쾌감의 특출한 힘, 성적 행위의 상징적인 가치)로 인해 사람들은 이 욕망에 외부로부터 그것의 정상적인 충족으로서의 쾌락을 연결시킨 것이다. 그 결과 평범한 인간은 정신의 나태함 또는 순응주의에 의해 자기의 욕망에 대해 사정 외의 다른 목적을 생각하지 못한다. 바로 이 이유로 사람들은 이 욕망을 그 기원도 목적도 엄밀하게 생리적인 본능이라고 생각하게 된 것이다. 왜냐하면 남성에게서 그 본능이 원인이 되어 발기할 수 있고, 또 그 종말로서 사정할 수 있기 때문이다. 하지만 욕망에는 결코 성행위가 그 자체에 의해 포함되지 않는다. 욕망은 성행위를 주제적으로 제기하지 않는다. 욕망은 성행위를 설명조차 하지 않는다. 이것은 마치 어린아이의 욕망 또는 사랑의 "기교"를 모르는 성인의 욕망이 문제가 되는 경우에 볼 수 있는 것과 마찬가지이다. 이와 유사하게 욕망은 그 어떤 특수한 사랑의 실천에 대한 욕망도 아니다. 이것은 사회적 집단에 따라 달라지는 행위의 다양성에 의해서도 충분히 증명된다. 일반적으로 말하면 욕망은 함(faire)[행위]에 대한 욕망이 아니다. 함은 사후에 개입하며, 이 욕망에 외부로부터 더해지며, 따라서 학습이 필요하다. 하나의 사랑의 기교가, 그 자체의 목적과 고유한 수단을 갖는 하나의 사랑의 기교가 있게 마련이다. 이처럼 성적 욕망은 그 처리를 그 최상의 목적으로 내세울 수도 없고, 또 어떤 특수한 행위를 궁극의 목표로 선택할 수도 없으며, 그만큼 단순히 하나의 초월적 대상에 대한 욕망이다. 우리는 여기에서 앞 장에서 말한 바와 같은, 그리고 또 셀러와 후설이 기술한 감정적 지향성을 다시 발견하게 된다. 하지만 욕망은 어떤 대상에 대해 존재하는가? 욕망은 하나의 신체에 대한 욕망이라고 할 수 있는가? 의미에 따라서는 이것을 부인할 수 없을 것이다. 하지만 잘 이해해야 한다. 분명 사람의 마음을 어지럽히는 것은 신체이다. 때로는 팔, 살짝 드러난 가슴이기도 하고, 어쩌면 발이기도 하다. 하지만 먼저 우리는 유기적인 총체성으로서의 모든 신체의 현전을 배경으로 삼고서만 팔이나 드러난 가슴을 욕망할 뿐이라는 사실을 알아야 한다. 총체성으로서의 신체 그 자체는 가려져 있을 수도 있다. 이때 나는 그저 하나의 노출된 팔만 볼 수 있을 뿐이다. 하지만 총체성으로서의 신체는 거기에 존재한다. 총체성으로서의 신체는 거기에서부터 출발해서 내가 이 팔을 팔로 파악하는 것이다. 총체성으로서의 신체가 내가 보고 있는 이 팔에 대해 현전해 있고 또 연결되어 있다. 이것은 마치 책상다리로 가려진 융단의 아라베스크 무늬가 내가 보고 있는 아라베스크 무늬와 연결되고, 또 그것에 현전해 있는 것과 마찬가지이다. 그리고 나의 욕망은 그 점에서 속는 법이 없다. 나의 욕망은 생리적 요소의 총화로 향하는 것이 아니라, 하나의 총체적 형태로 향한다. 좀 더 자세히 말하면 상황 속에 있는 하나의 형태로 향한다. 뒤에서 다시 보겠지만, 태도는 욕망을 일으키기 위해 많은 것을 한다. 그런데 태도와 더불어 주변이 주어지고, 최종적으로는 세계가 주어진다. 하지만 그 결과 우리는 단순한 생리적 근질거림의 대척점에 서 있게 된다. 이 욕망은 세계를 내세우고, 이 세계로부터 출발해서 신체를 욕망하며, 이 신체로부터 출발해서 아름다운 손을 욕망한다. 이 욕망의 경로는 정확히 우리가 앞 장에서 기술한 과정, 즉 우리가 세계 속에서 그의 상황으로부터 출발해서 타자의 신체를 파악하는 과정을 그대로 따른다. 게다가 전혀 놀랄 사실이 아니다. 왜냐하면 이 욕망은 타자의 신체의 드러내 보임이 취할 수 있는 하나의 커다란 형식 외의 다른 것이 아니기 때문이다. 하지만 정확히 이로 인해 우리는 신체를 단순한 물질적 대상으로 욕망하지 않는다. 사실 단순한 물질적 대상은 상황 속에 존재하는 것이 아니다. 이렇게 해서 욕망에 대해 직접 현전해 있는 이 유기적인 총체성은, 그것이 생명을 드러내 보이는 한에서뿐만이 아니라, 또한 그것에 적응된 의식도 드러내 보이는 한에서만, 욕망할 수 있을 뿐이다. 그렇지만 뒤에서 보게 되듯이, 욕망이 드러내 보이는 타자의 상황-속-존재는 완전히 독특한 유형에 속한다. 게다가 여기에서 고려한 의식은 여전히 욕망하고 있는 대상의 하나의 속성일 뿐이다. 다시 말해 이 의식은 세계에 속하는 대상들의 유출의 의미 외의 다른 아무것도 아니다. 그리고 이것은 바로 이 유출이 에워싸이고, 국한되고, 나의 세계의 일부를 이루고 있는 한에서 그렇다. 분명 우리는 잠자고 있는 한 여자를 욕망할 수 있다. 하지만 그것은 이 잠이 의식의 배경 위에서 나타나는 한에서이다. 따라서 의식은 항상 욕망된 신체의 지평선 위에 머문다. 의식은 여전히 욕망된 신체의 의미와 그 통일을 이룬다. 그 지평선 위에서 의식과 더불어 상황 속에 있는 유기적인 총체성으로서 살아 있는 신체, 이것이 바로 그 욕망이 향하는 대상이다. 그렇다면 그 욕망은 이 대상에 대해 무엇을 원하는가? 우리는 그 점을 해결하기 위해서 먼저 다음과 같은 질문에 대답해야 할 것이다. 욕망하는 자는 누구인가?

의심의 여지 없이 욕망하는 자는 바로 나이다. 그리고 이 욕망은 나의 주체성의 특수한 하나의 [존재] 방식이다. 이 욕망은 의식이다. 왜냐하면 이 욕망이 그 자체에 대한 비조정적 의식으로서만 존재할 수 있을 뿐이기 때문이다. 그렇지만 욕망하는 의식이 예컨대 인식적 의식과 그 대상의 본성에 의해서만 차별화될 뿐이라고 생각해서는 안 될 것이다. 대자에게 있어 그 자체를 욕망으로 선택하는 것은, 스토아학파가 주장하듯이, 원인이 그 결과를 만들어 내는 경우처럼 무관심하고 변화하지 않은 채로 머물면서 하나의 욕망을 만들어 내는 것이 아니다. 대자가 자신을 욕망으로 선택하는 것은, 예컨대 하나의 대자가 자기를 형이상학적 존재로서 선택하는 경우의 존재 차원과는 다른 어떤 존재 차원 위에 몸을 두는 것이다. 이미 살펴본 것처럼, 모든 의식은 그 자체의 고유한 사실성과 모종의 관계를 유지하고 있다. 하지만 이 관계는 하나의 의식 양상에서 다른 의식 양상으로 변화할 수 있다. 예컨대 고통 의식의 사실성은 끊임없는 도피에서 발견된 사실성이다. 하지만 욕망의 사실성의 경우에는 사정이 다르다. 욕망하는 인간은 특수한 방식으로 자신의 신체를 존재한다. 그리고 이로 인해 욕망하는 인간은 하나의 특수한 존재 차원의 수준에 자리 잡는다. 사실 욕망이 단지 선망(envie)만이 아니라는 사실은 누구라도 인정할 것이다. 선망은 우리의 신체를 통해 어떤 대상을 노리며, 맑고 반투명하다. 욕망은 혼탁(trouble)으로 규정한다. 그리고 혼탁이라는 표현은 욕망의 본성을 좀 더 잘 정의하는 데 우리에게 유용할 것이다. 사람들은 혼탁한 물을 투명한 물과 대비시키고, 탁한 눈동자와 맑은 눈동자를 대비시킨다. 그래도 혼탁한 물은 여전히 물이다. 혼탁한 물은 물의 유동성과 본질적인 특징을 간직하고 있다. 하지만 혼탁한 물의 반투명성은 파악할 수 없는 하나의 현전에 의해 "혼탁해져" 있다. 이 파악할 수 없는 현전은 물과 더불어 일체를 이루고, 도처에 존재하면서도 어느 곳에도 존재하지 않으며, 물 그 자체에 의한 물의 점착으로 주어져 있다. 분명 사람들은 그 흐린 물을 액체 속에 떠 있는 미세한 고체 분자의 현전에 의해 설명할 수 있을 것이다. 하지만 이것은 연구자의 설명이다. 혼탁한 물에 대한 우리의 근원적인 파악은 그 물을 보이지 않는 무엇인가의 현전에 의해 변질된 것으로 우리에게 넘겨준다. 이 보이지 않는 무엇인가는 흐린 물 그 자체와 구별되지 않으며, 단순한 사실상의 저항으로서 나타난다. 욕망하는 의식이 혼탁한 것은 흐린 물과의 유비를 나타내기 때문이다. 이 유비를 확실하게 하기 위해 성적 욕망을 욕망의 또 다른 하나의 형태, 예컨대 굶주림과 비교하면 좋을 것이다. 굶주림에는 성적 욕망처럼 신체의 어떤 상태가 전제된다. 이를테면 여기에서는 빈혈 상태, 과다한 타액 분비, 위점막의 수축 등이 그것이다. 이런 여러 현상은 타자의 관점에서 기술·분류된다. 이 현상들은 대자에게 있어서는 순수한 사실성으로서 드러난다. 하지만 이 사실성은 대자의 본성 자체를 위태롭게 하지는 않는다. 왜냐하면 대자는 자기의 가능성을 향해, 다시 말해 충족된 굶주림의 어떤 상태를 향해 즉시 이 사실성에서 벗어나기 때문이다. 이 상태에 대해서 우리는 이 책 제2부에서[98] 이미 그것이 굶주림의 대자-즉자임을 지적한 바 있다. 이렇듯 굶주림은 신체적인 사실성의 단순한 뛰어넘기이다. 그리고 대자가 비조정적인 형태로 이 사실성을 의식하는 한에서, 대자는 이 사실성을 즉각적으로 하나의 뛰어넘어진 사실성으로 의식한다. 신체는 여기에서는 과거(le passé)이고, 지나가고-넘어가 버린(le dé-passé) 것이다. 분명 성적 욕망에서 사람들은 모든 욕구에 공통된 이 구조, 즉 신체의 어떤 상태를 다시 발견할 수 있다. 타인은 다양한 생리적인 변화(남근의 발기, 유두 팽창, 순환계의 변화, 체온의 상승 등)를 지적할 수 있다. 그리고 욕망하는 의식은 이 사실성을 존재한다. 욕망한 신체가 욕망할 만한 것으로 나타나는 것은 이 사실성에서 출발해서 — 말하자면 이 사실성을 통해서 — 이다. 그렇지만 만일 우리가 성적 욕망을 이렇게 기술하는 데 그친다면, 성적 욕망은 마시는 욕망이나 먹는 욕망에 비교할 수 있는 하나의 건조하고 맑은 욕

---

98 제2부 제1장 Ⅳ. "대자와 가능들의 존재" 참조.

망으로 나타날 것이다. 이 경우 성적 욕망은 다른 가능을 향한 사실
성으로부터의 단순한 도피일 것이다. 그런데 하나의 심연이 성적 욕
망과 다른 욕심을 갈라놓고 있다는 사실은 누구나 다 안다. 사람들
은 너무나 유명한 다음의 문구를 알고 있다. "탐내고 있던 한 예쁜 여
자와 사랑을 하는 것은 마치 목이 마를 때 한 잔의 냉수를 마시는 것
과 같다." 하지만 사람들은 동시에 이 문구가 정신에는 얼마나 불만
스럽고 또 심지어는 충격적이기까지 하다는 것도 알고 있다. 그 이유
는 사람들이 완전히 욕망 밖에 서서 한 여자를 욕망하는 것이 아니
기 때문이다. 성적 욕망은 나를 위태롭게 한다. 나는 나의 욕망의 공범
자이다. 또는 오히려 이 욕망은 완전히 신체와의 공범 속으로의 전락
이다. 각자가 자기의 경험에 비추어 보면 알 수 있을 것이다. 사람들
은 성적 욕망 속에서 의식이 끈적끈적 들러붙는 것임을 알고 있다. 사
람들은 [욕망에서] 사실성에 의해 침범되는 대로 내버려 두고, 사실
성으로부터 도피하기를 중단하며, 욕망에 대한 수동적인 동의를 향
해 미끄러져 들어가는 것으로 보인다. 또 어떤 때는 사실성이 의식을
그 도피 자체 속에서 침범하고, 그리고 의식을 그 자체에 대해 불투명
하게 만드는 것처럼 보인다. 이를테면 그것은 사실(fait)의 끈적끈적한
팽창이다. 또한 성적 욕망을 가리키기 위해 사용되는 여러 가지 표현
이 그 특이성을 충분히 보여 준다. "욕망이 당신을 사로잡는다.", 욕망
이 "당신을 빠져들게 한다.", "욕망이 당신을 마비시킨다."고들 한다. 사
람들이 굶주림을 가리키기 위해 이 말을 사용하려고 생각하겠는가?
대체 "빠져들게 하는"는 굶주림이라는 것을 생각할 수 있는가? 그 말
이 부득이하게 어떤 의미를 가진다면, 그것은 공허한 인상을 주게 될
뿐이다. 하지만 이와 반대로 가장 약한 성적 욕망도 이미 빠져드는 욕
망이다. 사람들은 굶주림의 경우처럼 거리를 두고서 이 욕망을 유지

할 수 없다. 그리고 사람들은 성적 욕망이라고 하는 비조정적 의식의 무차별적인 격조를 배경-신체의 하나의 기호로 간신히 유지하면서 "다른 것을 생각할" 수도 없다. 오히려 욕망은 욕망에 대한 동의이다. 둔 해지고 정신을 잃은 의식은 잠과 비교할 수 있는 무기력을 향해 미끄러져 들어간다. 게다가 각자가 타자에게서 이 욕망의 출현을 관찰하는 것도 가능할 것이다. 욕망하는 인간은 갑자기 무서우리만큼 무거운 정적으로 빠져든다. 그의 두 눈은 반쯤 고정되어 감긴 듯이 보인다. 그의 몸짓에는 무겁고 끈적끈적한 감미로움이 새겨져 있다. 대부분의 경우 그는 잠들어 있는 것처럼 보인다. 그리고 그들이 "욕망과 싸울" 때, 그들이 저항하는 것은 정확히 그 무기력에 맞서서이다. 만일 그들이 저항에 성공한다면, 욕망은 사라지기 전에 완전히 건조하고 완전히 맑은 굶주림과 유사한 욕망이 된다. 그리고 거기에는 하나의 "각성"이 있을 것이다. 그들은 무거운 머리와 두근거리는 심장을 지닌 채 스스로 명석해짐을 느끼게 될 것이다. 물론 이 모든 기술은 적절한 것이 아니다. 이 서술들은 오히려 우리가 성적 욕망을 설명하는 방식을 가리킨다. 하지만 이 서술들은 욕망의 원초적인 사실을 가리킨다. 성적 욕망에서 의식은 자기의 사실성을 하나의 다른 차원에서 존재하는 것을 선택한다. 의식은 더 이상 이 사실성에서 달아나지 않는다. 의식은 하나의 다른 신체를 — 다시 말해 다른 하나의 우연성을 — 욕망의 대상으로서 파악하는 한에서, 그 자신의 고유한 우연성에 스스로를 종속시키려 한다. 이 의미에서 성적 욕망은 단지 타자의 신체의 드러내 보이기일 뿐만 아니라, 또한 나 자신의 고유한 신체의 드러내 보임이기도 하다. 그리고 이것은 나의 이 신체가 도구나 관점인 한에서가 아니라, 오히려 나의 신체가 순수한 사실성인 한에서 그러하다. 다시 말해 나의 우연성의 필연성이 단순한 우연적 형태인 한에서 그렇다. 나는 나의 피부, 나의 근육과 나의 호흡을 느낀다. 게다가 내가 그것들을 느끼는 것은, 정서 또는 식욕에처럼 어떤 사물을 향해 그것들을 초월하기 위해서가 아니라, 오히려 살아 있으면서도 무기력한 하나의 소여로서이다. 또 내가 그것들을 느끼는 것은 단순히 세계에 대한 나의 행동의 유순하고도 신중한 도구로서가 아니라, 오히려 이 때문에 내가 세계 속에 구속되고, 세계 속에서 위험에 처하는 원인이 되는 하나의 수난(passion)으로서이다. 대자는 이 우연성으로 있지 않다. 대자는 우연성으로 계속 존재한다. 하지만 대자는 자신의 고유한 신체의 현기증을 겪는다. 또는 이렇게 말하면, 이 현기증은 정확히 대자가 자기의 신체를 존재하는 방식이다. 비조정적 의식은 스스로 신체에게 가는 것을 방임한다. 비조정적 의식은 신체이고자 한다. 그리고 비조정적 의식은 신체이고자 할 뿐이다. 성적 욕망에서 신체는 단지 대자가 자기에게 고유한 가능을 향해 도피하는 우연성이 아니라, 또한 동시에 대자의 가장 직접적인 가능이 된다. 성적 욕망이 단지 타자의 신체에 대한 욕망인 것은 아니다. 이 욕망은 하나의 행위의 통일에서 스스로 신체 속에 매몰되려고 하는 비조정적으로 체험된 기투이다. 이렇게 해서 성적 욕망의 최후 단계는 신체에의 동의의 마지막 단계로서의 실신(失神)이 될 것이다. 성적 욕망이 하나의 신체의 다른 하나의 신체에 대한 욕망이라고 말할 수 있는 것은 바로 이 의미에서이다. 사실 성적 욕망은 자신의 고유한 신체 앞에서 대자의 현기증으로서 체험된 타자의 신체를 향한 하나의 욕구이다. 그리고 욕망하는 이 존재는 자기를 신체로 만드는 의식이다.

하지만 만일 성적 욕망이 지평선에서 의식을 지닌 채 상황 속에서의 유기적인 총체성으로 파악된 타자의 신체를 자기 것으로 하기 위해 자기를 신체로 만드는 하나의 의식이라는 것이 사실이라면, 이 성적 욕망의 의미는 무엇인가? 다시 말해 왜 의식은 자기를 신체로 만들고자 — 또는 자기를 헛되이 신체로 만들고자 — 하는가? 그리고 의식은 이 욕망의 대상으로부터 무엇을 기대하는가? 만일 사람들이 성적 욕망에서 나는 타자의 육체를 내 것으로 만들기 위해 타자의 현전 앞에서 나 스스로를 육체로 만든다고 생각한다면, 이 질문에 답하기는 쉽다. 하지만 그것은 단지 내가 상대방의 양어깨나 양 옆구리를 붙잡거나, 또는 하나의 신체를 내쪽으로 끌어당기는 것만이 문제가 됨을 의미하지 않는다. 그것은 또한 나의 의식을 끈적끈적하게 하는 것으로서의 한에서의 신체라고 하는 이 특수한 도구를 가지고 상대방의 양어깨며 양 옆구리를 잡아야 함을 의미한다. 이 의미에서 내가 상대방의 어깨를 잡을 때, 사람들은 나의 신체가 상대방의 양어깨에 접촉하기 위한 수단일 뿐만 아니라, 또한 타자의 양어깨가 나에게 있어 나의 신체를 나의 사실성에 대해 매혹적으로 드러내 보임으로써, 다시 말해 육체로서 발견시켜 주는 하나의 수단이라고도 할 수 있을 것이다. 이렇듯 성적 욕망은 하나의 신체를 자기 것으로 삼으려고 하는 욕망이다. 이것은 상대방의 육체를 내 것으로 만드는 것이 나의 신체를 육체로 나에게 드러내 보이는 한에서 그렇다. 하지만 내가 내 것으로 삼으려고 하는 이 신체를 나는 육체로서 내 것으로 삼고자 한다. 그런데 타자의 신체는 우선 나에게 있어 육체로 있지 않다. 타자의 신체는 행위하고 있는 종합적 형태로 나타난다. 우리가 앞에서 살펴본 것처럼, 사람들은 타자의 신체를 단순한 육체로서, 다시 말해 다른 여러 가지 이것과 외면적인 관계를 가지는 고립된 대상의 자격으로서 지각할 수 없을 것이다. 타자의 신체는 근원적으로 상황 속의 신체이다. 이와 반대로 육체는 현전해 있는 것의 단순한 우연성으로 나타난다. 육체는 보통 화장, 의복 등에 의해 가려져 있다. 특히 육체는 여러 가지 움직임에 의해 가려져 있다. 아무리 알몸의 무용수라고 해도, 이 무용수만큼 "육체적이지" 않은 자는 없다. 성적 욕망은 상대방의 신체에서 그 의복과 함께 그 움직임까지도 벗겨 내고, 또 그 신체를 단순한 육체로 존재케 하려는 하나의 시도이다. 이것은 타자의 신체를 육체화(incarnation)하고자 하는 하나의 시도이다. 이 의미에서 애무는 타인의 신체를 자기 것으로 만드는 작업이다. 만일 애무가 그저 어루만지고 쓰다듬는 행위이어야 한다면, 애무와 이 애무가 만족시키려고 하는 강한 욕망 사이에는 아무 관계도 존재할 수 없게 될 것이라는 사실은 분명하다. 이 경우 애무는 시선과 마찬가지로 표면에 머물 것이고, 또 타인을 자기 것으로 만들지 못할 것이다. 사람들은 "두 사람의 피부 접촉"이라고 하는 이 유명한 말이 얼마나 실망스러운 것인가를 안다. 애무는 단순한 접촉이기를 원하지 않는다. 사람만이 오직 애무를 하나의 접촉으로 환원할 수 있을 뿐이다. 하지만 이때 애무의 본래적인 의미는 사라진다. 그 이유는 애무는 단순히 어루만지는 것이 아니기 때문이다. 애무는 가공이다. 타자를 애무하면서 나는 나의 애무에 의해 나의 손가락 밑에서 타자의 육체를 탄생하게 한다. 애무는 타자를 육체화하는 의식(儀式)의 총체이다. 하지만 타자는 이미 육체화되어 있지 않느냐고 사람들은 말할 것이다. 분명 그렇지 않다. 타자의 육체는 나에게 있어 명백히 존재하고 있지 않았다. 왜냐하면 나는 타자의 신체를 상황 속에서 파악했기 때문이다. 타자의 육체는 타자에게 있어 역시 존재하지 않았다. 왜냐하면 타자는 자신의 가능성을 향해, 그리고 대상을 향해 그의 육체를 초월하고 있었기 때문이다. 애무는 타자를 나에게 있어서나 그 자신에게 있어 육체로서 탄생하게 한다. 그리고 우리는 육체라는 말로 진피, 결합조직 또는 정확히 피부와 같은 신체의 일부분을 말하고자 하는 것도 아니다. 또한 반드시 "휴식하고 있는" 신체나 또는 잠들어 있는 신체가 문제 되는 것도 아니다. 비록 신체가 그 육체를 가장 잘 드러내 보이는 것은 흔히 그런 방식으로이긴 하지만 말이다. 하지만 애무는 신체에서 그 행동을 제거함으로써, 신체를 둘러싸고 있는 가능성에서 신체를 떼어 놓음으로써 육체를 드러내 보인다. 애무는 신체를 지탱하고 있는 타성적인 씨실 ─ 다시 말해 순수한 "거기에-있음"[현존재] ─ 을 행위 아래에 드러내기 위해 행해진다. 예컨대 내가 타인의 손을 잡고 그것을 애무하면서 나는 먼저 그 손이 잡기라는 형태로 잡힐 수 있는 뼈와 살로 된 하나의 확대라는 것을 발견하게 된다. 또한 이와 마찬가지로 내가 나의 눈으로 우선 무용수의 다리의 도약 아래에서 그녀의 넓적다리의 곡선을 그리는 확대를 발견할 때, 나의 시선은 애무를 하는 것이다. 이렇듯 애무는 결코 성적 욕망과 구분되지 않는다. 눈으로 애무하는 것이나 욕망하는 것은 하나를 이룰 뿐이다. 마치 사상이 언어에 의해 표현되는 것처럼, 성적 욕망은 애무에 의해 표현된다. 그리고 정확히 애무는 타자의 육체를 육체로서, 나 자신에게, 그리고 타자에게 드러내 보인다. 하지만 애무는 이 육체를 아주 특수한 방법으로 드러내 보인다. 내가 타자를 붙잡을 때, 이 행위는 그에게 그 자신의 타성태(inertie)와 초월돼-초월이라고 하는 그 수동성을 드러내 보인다. 하지만 이것은 타자를 애무하는 것이 아니다. 애무에서 타자를 애무하는 것은 행동하고 있는 종합적 형태로서의 나의 신체가 아니다. 오히려 타자의 육체를 탄생시키는 것은 나의 육체적 신체이다. 애무는 쾌락에 의해 타자에게, 그리고 나 자신에게 타자의 신체를 촉발된 수동성으로 탄생시키기 위한 것이다. 그리고 이것은 나의 신체가 자기의 고유한 수동성을 가지고서 타자의 신체를 촉발하기 위해 스스로를 육체로 만드는 한에서이다. 다시 말해 나의 신체가 타자의 신체를 애무하기보다도 오히려 스스로를 애무함으로써이다. 이런 이유로 사랑의 몸짓에는 거의 꾸며졌다(étudiée)고 할 수 있을 만한 간절함이 따른다. 이 경우 타인의 신체 일부를 잡기보다도 오히려 타인의 신체에 대해 자신의 고유한 신체를 갖다 붙이는 것이 문제가 된다. 능동적인 의미로 밀어붙이거나 또는 만지는 것이 문제가 아니라 오히려 갖다 대는 것이 문제이다. 나는 나 자신의 팔을 생명이 없는 물건처럼 지니고 다니다가, 욕망의 대상이 된 상대 여자의 옆구리에 나의 팔을 갖다 대는 것이며, 그녀의 팔 위에서 내가 이리저리 움직이고 있는 나의 손가락은 나의 손끝에서 무기력해져 있는 것처럼 보인다. 이렇게 해서 타자의 육체의 드러나 보임은 나 자신의 고유한 육체를 통해 이루어진다. 성적 욕망에서 또 그것의 표현인 애무에서 나는 타자의 육체화를 실현하기 위해 나를 육체화한다. 그리고 애무는 타인의 육체화를 실현함으로써 나 자신의 육체화를 나에게 발견하게 한다. 다시 말해 나는 타인을 그 자신에게 있어서도, 그리고 나에게 있어서도 그 자신의 육체를 실현시키도록 유도하기 위해 나를 육체로 만든다. 그리고 나의 육체가 타자에게 있어 타자를 육체로 태어나게 하는 육체인 한에서, 나의 애무는 나의 육체를 나에게 있어 태어나게 한다. 나는 타자에게 그 자신의 육체를 통해 나의 육체를 맛보도록 하고, 타자가 그 자신을 육체로서 느끼지 않을 수 없게 만든다. 그 결과 참다운 이중의 상호적 육체화(double incarnation réciproque)로서의 소유가 나타나게 된다. 이렇듯 성적 욕망 속에는 타인의 육체화를 실현하기 위한 의식의 육체화(조금 전 우리가 의식의 끈적끈적한 상태, 혼탁한 의식 등이라고 말한 것이 그것이다.)의 시도가 존재한다.

성적 욕망의 동기, 또는 이렇게 말하면 그 의미가 어떤 것인가를 규정하는 것이 남아 있다. 왜냐하면 우리가 여기에서 시도한 서술을 줄곧 따라왔다면 벌써 이해하고 있겠지만, '대자'에게 있어 존재한다는 것은 대자의 거기에-있음[현존재]이라고 하는 절대적인 하나의 우연성을 배경으로 해서 자기의 존재 방식을 선택하는 것이기 때문이다. 따라서 성적 욕망은 내가 쇳조각을 불길에 가까이 대면 그 쇳조각에 열이 다가오듯이 의식에게 다가오는 것이 아니다. 의식은 자기를 욕망으로 선택한다. 물론 이것을 위해 의식이 하나의 동기를 갖는 것은 당연하다. 나는 아무나 또 아무 때나 욕망하지 않는다. 하지만 우리가 이 책 제1부에서 보여 준 것처럼,[99] 동기는 과거로부터 출발해서 생겼으며, 또 의식은 과거 쪽을 돌아봄으로써 동기에 대해 그 무게와 그 가치를 부여했다. 따라서 욕망의 동기의 선택과 스스로를 욕망하는 것으로 만드는 의식의 — 지속의 탈자적인 세 가지 차원에서의 — 출현의 의미 사이에는 어떤 차이도 존재하지 않는다. 이 욕망은 감동, 상상적 태도 또는 일반적으로 대자의 모든 태도와 마찬가지로 이 욕망을 구성하고, 이 욕망을 뛰어넘는 하나의 의미를 지닌다. 우리가 방금 시도한 서술은, 만일 그것이 우리에게 다음과 같은 질문을 제기하도록 하지 않는다면, 아무 흥미도 없을 것이다. 왜 의식은 욕망이라는 형태하에서 자신을 무화하는가?

한두 가지 예비적인 고찰은 이 질문에 답을 하는 데 도움이 될 것이다. 첫째, 욕망하는 의식은 불변하는 세계를 배경으로 자기의 대상을 욕망하는 것이 아니라는 사실을 지적해야 할 필요가 있다. 달리 말하면, 우리와 함께 도구적 관계와 도구적 복합으로서의 조직을 보유하게 될, 하나의 세계의 배경 위에서 욕망할 만한 것을 어느 하나의 이것으로 나타나게 하는 것이 문제가 되지 않는다. 성적 욕망의 경

---

99 제1부 제1장 "V. 무의 기원" 참조.

우는 감동의 경우와 마찬가지이다. 감동은 하나의 불변하는 세계에서 어떤 감동적인 대상을 파악하는 것이 아니라는 점을 우리는 다른 곳에서 살펴본 바 있다.[100] 오히려 감동은 의식의 전면적인 변화, 그리고 의식과 세계와의 관계의 전면적인 변화와 일치하기 때문에, 감동은 세계의 하나의 근본적인 변질에 의해 나타난다. 이와 마찬가지로 성적 욕망도 대자의 근본적인 하나의 변화이다. 왜냐하면 대자는 하나의 다른 존재 차원 위에 자기를 존재시키기 때문이고, 대자는 자기의 신체를 다른 방식으로 존재하도록 스스로 결정하기 때문이며, 또 자기의 사실성에 의해 자기를 끈끈이가 붙게끔 스스로 결정하기 때문이다. 이것과 상관적으로 세계는 대자에게 있어 하나의 새로운 방식으로 존재에게로 와야 한다. 즉 성적 욕망의 세계가 거기에 존재하게 된다. 사실 나의 신체가 어떤 도구에 의해서도 사용될 수 없는 도구로서, 다시 말해 세계 속의 나의 행위의 종합적인 조직으로 더 이상 느껴지지 않을 때, 나의 신체가 육체로 체험될 때, 내가 세계의 대상을 파악하는 것은 나의 육체에 대한 지시와 같은 것으로서이다. 이것은 내가 세계 속의 대상들에 대해 나를 수동적으로 만든다는 것을 의미한다. 그리고 세계 속의 대상들이 나에게 드러내 보여지는 것은 바로 이 수동성의 관점에서, 그리고 이 수동성에 의해서이다(왜냐하면 수동성은 신체이며, 또 신체는 관점이기를 그치지 않기 때문이다). 이때 이 대상들은 나의 육체화를 나에게 드러내 보이는 초월적인 총체이다. 그런데 [이 대상들과의] 하나의 접촉은 애무이다. 다시 말해 나의 지각은 대상을 이용하는 것도 아니고, 어떤 목적을 위해 현재를 뛰어 넘는 것도 아니다. 오히려 욕망하는 태도에서 하나의 대상을 지각하

---

100 *Esquisse d'une théorie phénoménologique des émotions* 참조. ─ 원주.

는 것은 이 대상에 대해 나를 애무하는 것이다. 이렇게 해서 나는 대상의 형태에 대해서보다도 더, 그리고 이것의 도구성에 대해서보다도 훨씬 이 대상의 소재에 대해 민감해진다(뭉클뭉클하다, 매끈매끈하다, 미적지근하다, 기름지다, 까칠까칠하다 등). 그리고 나는 나의 욕망하는 지각 속에서 대상들의 육체와 같은 무엇인가를 발견한다. 나의 셔츠가 나의 피부에 닿는다. 나는 그것을 느낀다. 보통 나에게 있어 가장 먼 대상인 셔츠가 직접 느낄 수 있는 것이 된다. 공기의 열기, 바람의 산들거림, 태양의 광선 등, 이 모든 것이 내 위에 거리 없이 놓인 것으로서, 나에 대해 어떤 방식으로 현전적으로 있으며, 또 각각의 육체에 의해 나의 육체를 드러내 보인다. 이 관점에서 보면 욕망은 단지 사실성이 의식을 끈적끈적하게 하는 것일 뿐 아니다. 욕망은 또한 이것과 상관적으로 세계가 신체를 끈끈히 붙이는 것이다. 세계는 스스로 끈끈히 붙이는(engluant) 행위를 한다. 의식은 하나의 신체 속에 파묻히고, 이 신체는 세계 속에 파묻힌다.[101] 이렇게 해서 여기에서 제기되는 이상은 세계-한복판에-있어서의-존재이다. 대자는 자기의 세계-내-존재의 궁극적인 기투로서 하나의 세계-한복판의-존재를 실현하고자 한다. 이 이유로 성적 쾌락은 아주 흔히 죽음과 연결된다. 죽음은 또한 하나의 변신 또는 세계-한복판의-존재이기도 하다. 예컨대 우리는 "죽은 듯이 누워 있는 여자(la fausse morte)"라는 주제가 다양한 문학작품 속에서 풍요롭게 전개되고 있음을 알고 있다.

하지만 성적 욕망은 먼저, 또 특히 세계와의 하나의 관계가 아니

---

101   물론 이 경우에도 다른 모든 경우와 마찬가지로 사물의 역행률을 고려해야 한다. 이런 대상은 다만 '애무할' 뿐만 아니라, 애무에 대한 일반적인 관점에서 본다면 '반(反)-애무(anti-caresses)'로서, 다시 말해 하나의 거친 것, 귀에 거슬리는 것, 딱딱한 것으로 나타날 수도 있다. 또 이것은 바로 우리가 욕망 상태에 있기 때문에 견딜 수 없는 방법으로 우리를 해친다. —원주.

다. 여기에서 세계는 타인과의 명백한 관계를 위한 배경으로만 나타날 뿐이다. 보통 세계가 성적 욕망의 세계로 드러나는 것은 타인의 현전을 기회로 해서이다. 부차적으로는 이런저런 타인의 부재의 기회에, 또는 심지어 모든 타인의 부재의 기회에 세계가 그런 것으로서[성적 욕망의 세계로서] 드러날 수 있다. 하지만 우리가 이미 지적한 것처럼, 이 부재는 나와 타인과의 구체적이고 실존적인 하나의 관계이며, 이 관계는 대타존재의 근원적인 배경 위에 나타난다. 분명 나는 나의 신체를 고독 속에서 발견하면서 나를 갑자기 육체로 느끼고, 성적 욕망으로 "숨 막히며", 또 세계를 "숨 막히는 것"으로 파악할 수도 있다. 하지만 고독한 이 욕망은 한 명의 타인을 향한, 또는 타인의 무차별적인 현전을 향한 하나의 부름이다. 내가 나를 육체로 드러내 보이고자 갈망하는 것은 바로 하나의 다른 육체에 의해서, 그리고 하나의 다른 육체에 대해서이다. 나는 타인을 호리고, 그를 나타나게 하려고 한다. 또 성적 욕망의 세계는 내가 부르는 타인을 속이 빈 것으로 지시한다. 이렇듯 성적 욕망은 결코 하나의 생리적인 돌발 사건도 아니고, 타인의 육체 위에 우연히 우리를 고정시킬 수 있는 우리의 육체의 근질거림도 아니다. 오히려 반대로 나의 육체와 타인의 육체가 거기에 있기 위해서는 의식이 미리부터 욕망의 주형 속에 자신을 흘려 넣어야 한다. 이 욕망은 타자와의 관계의 원초적인 양상이고, 욕망이라고 하는 세계의 배경 위에 욕망할 수 있는 육체로서 타인을 구성한다.

우리는 이제 성적 욕망의 깊은 의미를 밝힐 수 있다. 사실 타자의 시선에 대한 원초적 반응에서 나는 나를 시선으로 구성한다. 하지만 만일 내가 [타자의] 시선을 바라보고, 이렇게 해서 타자의 자유에 맞서 나를 방어하며, 자유로서의 타자의 자유를 초월한다면, 타자의 자유와 타자의 시선은 무너진다. 나는 상대의 두 눈을 보며, 나는 세계-한복판의-존재를 본다. 그 이후로 타인은 나에게서 벗어난다. 나는 타인의 자유에 대해 작용하고자 하고, 그것을 내 것으로 하고자 하며, 또는 적어도 타인의 자유에 의해 나를 자유로 인정받고 싶어 한다. 하지만 타인의 자유는 죽어 있다. 타인의 자유는 내가 대상-타인을 만나는 세계 속에서 이제 더 이상 존재하지 않는다. 왜냐하면 이 자유의 특징은 세계에 대해 초월적이라는 데 있기 때문이다. 분명 나는 타인을 파악할 수 있고, 그를 움켜쥘 수 있으며, 그를 밀어제칠 수 있다. 만일 내가 힘을 이용한다면 나는 그에게 이런저런 행위 또는 이런저런 발언을 강요할 수도 있다. 하지만 모든 것은 마치 내가 한 사람을 붙잡으려고 할 때, 그가 그의 외투를 내 손에 남겨 두고서 빠져나가 버리는 것처럼 진행된다. 내가 소유하는 것은 외투이고 껍데기이다. 나는 결코 하나의 신체만, 세계의 한복판에서 심적 대상만을 탈취할 뿐이다. 설령 이 신체의 모든 행위가 자유라는 용어로 해석할 수 있다고 할지라도, 나는 이 해석의 열쇠를 완전히 잃어버린 것이다. 나는 하나의 사실성에 대해서만 작용할 수 있을 뿐이다. 그리고 설령 내가 타자의 초월적 자유에 대한 지식을 갖추고 있었다고 해도, 이 지식은 나를 헛되이 조바심 나게 한다. 이 지식이 원칙상 내 손이 미치지 않는 곳에 있는 하나의 실재를 지시하기 때문이다. 이 지식이 내가 매 순간 이 실재를 놓침을 나에게 드러내 보이기 때문이다. 또 이 지식이 내가 하는 모든 것은 "맹목적"이라는 사실, 그리고 내가 다른 곳, 즉 원칙상 내가 제외된 하나의 존재권에서 그 의미를 취득한다고 하는 사실을 나에게 드러내 보이기 때문이다. 나는 타인에게 사면을 외치게 할 수도 있고, 외치게 하거나 또는 용서를 구하게 할 수도 있다. 하지만 나는 이런 굴복이 타인의 자유에 대해서, 그리고 타인의 자유 속에서 무엇을 의미하는지를 항상 모르게 될 것이다. 게다가 이와 동시에 나의 지식은 바뀐다. 나는 바라보여진-존재에 대한 정확한 이해를 상실한다. 주지하다시피 이 이해는 내가 타인의 자유를 체험할 수 있는 유일한 방식이다. 이렇게 해서 나는 내가 그 의미까지도 잊어버린 하나의 시도 속에 구속된다. 나는 내가 보고 있고, 내가 만지고 있는 이 타인 앞에서 갈피를 잡지 못하고, 이 타인을 어찌할지를 모른다. 기껏해야 나는 내가 보고 있고 만지고 있는 것 저편에, 그것이 바로 내가 내 것으로 삼길 원하는 것임을 내가 알고 있는 저편에 대한 막연한 기억을 보유하고 있는 정도가 전부이다. 내가 나를 성적 욕망이 되게 하는 것은 바로 이때이다. 성적 욕망은 하나의 호리는 행위이다. 나는 타인을 그의 대상적인 사실성 속에서만 파악할 수 있을 뿐이기 때문에, 타인의 자유를 이 사실성 속에서 끈끈이 붙게 만드는 것이 문제이다. 우유의 표면이 응고하는 것과 마찬가지로 타인의 자유가 사실성에 "응고"되도록 만들어야 한다. 타자의 대자가 그의 신체의 표면에 인접하게 되고, 그것도 타자의 대자가 그의 신체에 온통 퍼지는 방식으로 말이다. 내가 이 신체를 만지면서 결국 타인의 자유로운 주체성을 만지게 되어야 한다. 이것이 바로 소유라는 단어의 참된 의미이다. 내가 타자의 신체를 소유하고자 하는 것은 확실하다. 하지만 나는 타인의 신체 자체가 하나의 귀신 들린 것[102]인 한에서, 다시 말해 타인의 의식이 그의 신체와 동화된 한에서 그 신체를 소유하고자 한다. 이것이 바로 성적 욕망의 실현 불가능한 이상이다.

---

102 프랑스어 타동사 'posséder'에는 '소유하다'와 '귀신 들리다'라는 두 가지 의미가 있다. 두 번째 의미로 사용된 예 중 하나가 도스토옙스키의 『악령(Besi)』이다. 이 소설의 프랑스어 제목은 'Les Possédés'이다. 사르트르가 여기에서 '귀신 들린'이라는 표현을 사용한 것은, 성적 욕망에서 타자의 신체가 나의 신체(나의 의식, 나의 주체성, 나의 애무 등)에 의해 '육체'가 되는 과정이 마치 귀신 들리는 것과 같은 것으로 이해하기 때문이다.

즉 타인의 초월을 순수한 초월로, 그러면서도 신체로 소유한다. 이때 타인은 그의 단순한 사실성으로 환원된다. 왜냐하면 그가 나의 세계 한복판에 존재하기 때문이다. 하지만 이와 동시에 나는 이 사실성을 타인의 무화하는 초월의 끊임없는 현전화가 되도록 해야 할 것이다.

하지만 사실을 말하면, 타인의 사실성(그것의 순수한 거기에-있음 [현존재])은 나 자신의 존재의 심오한 변화 없이는 나의 직관에 주어질 수 없다. 내가 나의 개인적 사실성을 나 자신의 고유한 가능성을 향해 뛰어넘는 한, 또 내가 나의 도피적인 충동 속에서 나의 사실성을 존재하는 한, 나는 타인의 사실성은 물론 사물의 단순한 존재도 역시 뛰어넘는다. 나의 출현 자체 속에서 나는 사물들을 도구적 존재로 나타나게 한다. 사물들의 단순한 존재는 지시적인 지향들의 복합에 의해 가려져 있으며, 이 지향들은 사물의 사용성(maniabilité)과 도구성(ustensilité)을 구성한다. 펜을 잡는 것은 이미 나의 거기에-있음[현존재]으로 글을 쓴다는 가능성을 향해 뛰어넘는 것이다. 이것은 또한 단순한 존재자로서의 펜을 이 가능성을 향해 뛰어넘는 일이며, 그리고 이 가능성을 "글자로 쓰일-말"이 되는 미래적인 어떤 존재물을 향해, 최종적으로는 "글로-쓰일-책"을 향해 뛰어넘는 것이다. 이 이유로 존재자들의 존재는 보통 그 기능에 의해 가려져 있다. 타인의 존재에 있어서도 사정은 마찬가지이다. 만일 타인이 나에게 하인으로, 공무원으로, 단순히 내가 피해야 할 통행인으로, 또는 내가 이해하려고 하는 옆방에서 나는 목소리로(또는 그와 반대로 그것이 "나의 잠을 방해하기" 때문에 내가 잊어버리고 싶은 옆방의 이야기 소리로) 나타난다면, 그 타인은 단순히 나로부터 벗어나는 타인의 세계-외적인 초월일 뿐만 아니라, 또한 동시에 세계 한복판에서의 단순한 우연적 존재로서의 타인의 거기에-있음[현존재]이기도 하다. 그 이유는 바로 내가 그를 하인 또는 회사원으로 취급하는 한에서, 나는 내가 나 자신의 고유한 사실성을 뛰어넘고 무화할 때의 나의 기도 자체에 의해 그의 잠재성(초월된-초월, 죽은-가능성)을 향해 그를 뛰어넘기 때문이다. 만일 내가 그의 단순한 현전으로 되돌아와 그의 현전을 현전으로서 음미하려 한다면, 나는 나 자신의 고유한 현전으로 나를 환원하도록 시도해야 한다. 사실 나의 거기에-있음[현존재]의 모든 뛰어넘기는 타인의 거기에-있음[현존재]의 뛰어넘기이다. 그리고 만일 세계가 내 주위에 상황으로서 존재하고, 내가 이 상황을 나 자신을 향해 뛰어넘는다면, 그때 나는 타인을 그의 상황으로부터 출발해서 파악한다. 다시 말해 나는 타인을 이미 준거 중심으로 파악한다. 물론 성적으로 욕망된 타인도 또한 상황 속에서 파악되어야 한다. 내가 욕망하는 여자는 바로 세계 속에 있는 여자이고, 책상 옆에 서 있는 여자이고, 침대에 알몸으로 있는 여자이며, 또 내 곁에 앉아 있는 여자이다. 하지만 성적 욕망이 상황으로부터 상황 속에 있는 존재 쪽으로 역류하는 것은 이 상황을 분해하기 위함이고, 또 세계 속에서 타자의 관계를 부식시키기 위함이다. "주위"로부터 욕망의 상대에게로 향하는 욕망하는 운동은 하나의 고립시키는 운동이며, 또 이 운동은 주위를 파괴하고 그 고려된 상대만을 에워싸서 그의 사실성을 부각한다. 하지만 이것은 바로 나에게 그 상대를 지시하는 각각의 대상이 나에게 그 인물을 지시함과 동시에 나에게 그 각각의 대상이 그 단순한 우연성 속에 응고하는 한에서만 가능할 뿐이다. 따라서 타자의 존재에게로의 복귀 운동은 단순한 거기에-있음[현존재]으로서의 나에게로의 복귀 운동이다. 나는 세계의 가능성을 파괴하기 위해, 또 세계를 "욕망의 세계"로 구성하기 위해 나의 가능성을 파괴한다. 그런데 이 "욕망의 세계"는 파괴된 세계이고, 세계로서의 의미를 잃은 세계이며, 또 그곳에서는 사물들이 단순한 소재의 단편처럼, 또 살아 있는 거친 질료처럼 돌출해 있다. 그리고 대자는 선택이기 때문에, 이것은 내가 하나의 새로운 가능성을 향해 나를 기투함으로써만 가능할 뿐이다. 이 새로운 가능성이란 "잉크가 압지에 의해 흡수되듯이 내가 나의 신체에 의해 흡수되는" 가능성이며, 나의 순수한 거기에-있음[현존재]으로 나를 집약하는 가능성이다. 이 기도(企圖)는 단순히 생각해 낸 것이나 주제적으로 정립된 것이 아니라 오히려 체험된 것이다. 다시 말해 이 기도의 실현은 그 이해와 구분되지 않으며, 그런 한에서 이 기도는 혼탁이다. 사실 앞의 설명들을 마치 내가 타인의 단순한 "거기에-있음[현존재]"을 다시 발견할 의도로, 나를 의도적으로 혼탁 상태에 놓아둔 것처럼 해석해서는 안 된다. 성적 욕망은 하나의 체험된 기투이다. 그런데 이 기투는 아무런 예비적 숙고를 전제하지 않으며, 오히려 그 자체 속에 그 의미와 해석을 품고 있다. 내가 타인의 사실성을 향해 나를 내던지자마자, 또 내가 타인의 행위와 기능을 멀리하고 타인을 그의 육체 속에서 침범하려 하자마자, 나는 나 자신을 육체화한다. 왜냐하면 나는 나 자신의 육체화 속에서가 아니라면, 그리고 나 자신의 육체화에 의해서가 아니라면, 타인의 육체화를 원할 수도 생각할 수도 없기 때문이다. 성적 욕망의 헛된 소묘(예컨대 "우리가 시선으로 넋을 잃고 한 여인의 옷을 벗기는" 때와 같은)의 경우에도 이것은 혼탁의 하나의 헛된 소묘이다. 왜냐하면 나는 나의 혼탁으로만 욕망할 뿐이기 때문이다. 나는 스스로 옷을 벗으면서만 타인의 옷을 벗길 수 있을 뿐이기 때문이다. 나는 나 자신의 고유한 육체를 소묘함으로써만 타인의 육체를 소묘할 수 있을 뿐이다.

하지만 나의 육체화는 단지 타인이 나의 눈에 육체로 나타나기 위한 선행조건인 것만은 아니다. 나의 목표는 타인을 그 자신의 눈에 육체로서 육체화시키는 것이다. 나는 그를 순수한 사실성의 영역으로 유도해야 한다. 또 그는 그 자신이 육체로서만 존재하도록 그 자신을 집약시켜야 한다. 그렇게 하면 나는 매 순간 도처에서 나를 초월할 수 있는 하나의 초월의, 항구적인 가능성에 대해 안심할 수 있을 것이다. 이 초월은 이것뿐일 것이다. 이 초월은 하나의 대상의 한계 속에 포함된 채로 머물러 있을 것이다. 게다가 이 사실 자체로 인해 나는 이 초월과 접촉할 수 있을 것이고, 그것을 어루만져 볼 수 있을 것이며, 그것을 소유할 수 있을 것이다. 결국 나의 육체화의 — 다시 말해 나의 혼탁의 — 또 다른 의미는, 바로 그것이 하나의 호리는 언어라는 것이다. 나는 나의 알몸을 통해 타자를 유혹하기 위해, 또 타자 안에서 나의 육체에 대한 욕망을 유발하기 위해, 나 자신이 육체가 되도록 한다. 그 이유는 바로 이 욕망이 타인에게서 나의 육체화와 비슷한 하나의 육체화 외의 다른 아무것도 아닐 것이기 때문이다. 이렇듯 성적 욕망은 성적 욕망에의 초대이다. 타자의 육체에 이르는 길을 발견할 줄 아는 것은 오직 나의 육체뿐이다. 그리고 나는 타자를 육체의 의미에 눈뜨게 하기 위해 나의 육체를 타자의 육체에 맞댄다. 사실 애무를 하면서 내가 상대방의 옆구리에 대고 나의 무기력한 손을 서서히 미끄러뜨릴 때, 나는 상대방에게 나의 육체를 어루만지게 한다. 그리고 상대방도 스스로 자기를 무기력하게 만들면서만 이것을 할 수 있을 뿐이다. 이때 상대방의 몸을 훑고 지나가는 쾌락의 전율은 정확히 상대방의 육체 의식의 깨어남이다. 내가 나의 손을 뻗는 것, 손을 떼는 것 또는 손을 움켜쥐는 것은 모두 행위하고 있는 신체로 되돌아간다. 하지만 이와 동시에 이것은 육체로서의 나의 손을 사라지게 한다. 손이 상대방의 신체를 따라 모르는 사이에 움직이는 대로 내맡기는 것, 손을 거의 의미 없는 부드러운 스침으로, 하나의 순수한 존재로, 약간

비단이나 새틴이나 까칠한 하나의 단순한 물질로 환원하는 것, 이 모든 것은 지표를 세우고, 거리를 펼치는 자이고자 함을 스스로 단념하는 것이며, 또 자기를 단순한 점막으로 만드는 것이다. 이 순간에 성적 욕망의 합일이 이루어진다. 각개의 의식은 자기를 육체화함으로써 타인의 육체화를 실현했다. 각개의 혼탁은 타인의 혼탁을 탄생시켰고, 그만큼 혼탁이 증대한 것이다. 하나하나의 애무에 의해 나는 나 자신의 고유한 육체를 느끼고, 또 나 자신의 고유한 육체를 통해 타인의 육체를 느낀다. 그리고 내가 나의 육체에 의해 느끼는, 또 내 것으로 만드는 타인의 육체가 타인에-의해-느껴진-육체라는 것을 나는 의식한다. 그리고 성적 욕망은 신체 전체를 노리면서 특히 가장 분화가 덜 되고 또 신경 분포가 가장 조잡한, 자발적인 운동에 가장 적합하지 않은 육체의 덩어리를 통해, 가령 가슴, 엉덩이, 넓적다리, 배 등을 통해 타인을 침범하는 것인데, 이것은 결코 우연한 일이 아니다. 이 부분들은 순수한 사실성의 이미지와 같다. 이 이유로 진정한 애무는 또한 신체의 가장 육체적 부위에서 두 신체의 접촉, 즉 배와 가슴 부분의 접촉이다. 어쨌든 애무하는 손은 너무 가냘프고 완성된 기구에 너무 가깝다. 하지만 육체들의 서로의 서로에 대한, 그리고 육체들의 서로의 서로에 의한 육체들의 개화(開化)가 성적 욕망의 진정한 목표이다.

하지만 성적 욕망은 그 자체가 실패할 수밖에 없다. 사실 우리는 보통 성적 욕망의 종국을 이루는 교미는 그 본래 목표가 아니라는 점을 보았다. 물론 우리의 생식기관의 여러 요소는 성적 욕망의 본성의 필연적인 표현이다. 특히 남근이나 클리토리스의 발기가 그것이다. 사실 그 발기는 육체에 의한 육체의 긍정 외의 다른 것이 아니다. 따라서 발기는 절대로 의지적으로 되는 것이어서는 안 된다. 다시 말해 우리는 발기를 하나의 도구처럼 사용할 수는 없다. 오히려 반대로 여기에서는 자율적이고 비의지적인 개화가 수반되는 생물학적이고 자율적인 하나의 현상이 문제가 된다. 그리고 이 개화는 의식의 신체 속에서의 매몰을 의미한다. 다음과 같은 사실을 잘 이해해야 한다. 즉 하나의 수의근과 연결되어 있어 움켜잡는 역할을 하는 그 어떤 기관도 하나의 성적 기관이 될 수는 없다는 사실, 하나의 섹스일 수는 없다는 사실이 그것이다. 섹스는, 만일 그것이 기관으로서 나타나야 했다면, 식물적인 생명의 발현이어야만 했을 것이다. 하지만 만일 우리가 바로 여러 가지 섹스와 또 이런저런 섹스가 있음을 고려한다면,[103] 우연성이 또다시 나타난다. 특히 남성의 여성 안으로의 침입은, 성적 욕망이 그것으로 있고자 하는 이 근본적인 육체화에 적합한 것이기는 하지만(사실 사람들은 교미에서 성기의 기관적인 수동성에 주목한다. 전진하고 후퇴하는 것, 섹스를 앞으로 내밀거나 뒤로 빼거나 하는 것은 바로 신체 전체이다. 남근의 삽입을 돕는 것은 손이다. 남근 그 자체는 하나의 도구로 나타나는데, 사람들은 그것을 다루고, 넣고 빼며, 사용한다. 그리고 그와 마찬가지로 질의 입구가 열리고 촉촉해지는 것은 의지적으로 얻어질 수 없다.) 그대로 우리의 성생활의 하나의 완전히 우연적인 양태로 머문다. 그리고 이 양태는 이른바 성적 쾌락과 마찬가지로 하나의 순수한 우연성이다. 사실을 말하면 의식이 신체에 끈끈이 붙는 일이 종국에 이르는 것, 다시 말해 일종의 특이한 황홀감을 느끼는 것은 정상적이다. 그리고 이 황홀감 속에서 의식은 이미 신체(에 대한) 의식에 불과하며, 따라서 신체성에 대한 반성적 의식에 불과할 뿐이다. 사실 쾌락은 — 너무 심한 고통과 마찬가지로 — "쾌락에 주의하라"고 하는 반

103 여러 형태의 성기가 있다는 의미로 보인다.

성적 의식의 출현을 동기짓는다. 다만 쾌락은 성적 욕망의 죽음이고 실패이다. 쾌락은 성적 욕망의 죽음이다. 왜냐하면 쾌락이 단지 성적 욕망의 완료일 뿐 아니라 또한 그 종말이고 그 끝이기 때문이다. 게다가 이것도 하나의 기관적인 우연성에 불과할 뿐이다. 육체화가 발기에 의해 나타나고 또 발기가 사정과 함께 끝나는 것은 우연히 그런 식으로 되어 있는 것이다. 더구나 쾌락은 성적 욕망을 막는다. 왜냐하면 쾌락이 희열(jouissance)을 목적으로 삼는 쾌락에 대한 하나의 반성적 의식의 나타남을 동기 짓기 때문이다. 다시 말해 쾌락에 대한 반성적 의식은 반성된 대자의 육체화에 대한 주의임과 동시에 타인의 육체화의 망각이다. 이것은 더 이상 우연성 영역에 속하지 않는다. 물론 이 매혹된 반성에로의 이행이 쾌락이라고 하는 이 특수한 방식의 육체화를 기회로 생긴다는 것은 그대로 우연적이다. 사실 쾌락의 개입 없이 반성하는 것으로의 이행이 생기는 경우도 허다하다. 하지만 성적 욕망이 육체화의 시도인 한에서, 이 욕망의 끊임없는 위험이 되는 것은, 바로 의식이 스스로 육체화됨으로써 상대방의 육체화를 시야에서 놓치는 것이며, 또 타인의 의식의 육체화가 나의 의식의 육체화를 흡수해 최종적으로 그의 의식의 육체화의 궁극적인 목표가 되는 것이다. 이 경우 애무하는 쾌락이 애무당하는 쾌락으로 바뀐다. 대자가 요구하는 것은, 자신의 신체가 자기 속에서 개화하는 것을 구토를 할 때까지 느끼는 것이다. 당장에 거기에서 접촉의 단절이 일어나고, 성적 욕망은 그 목표를 잃는다. 종종 생기는 일이지만, 성적 욕망의 실패는 마조히즘으로 이행하는 동기가 된다. 다시 말해 자기의 사실성 속에서 자기를 파악하는 이 의식은 타인의 의식에 의해 대타신체로 파악되고 또 초월되는 것을 요구하게 된다. 이 경우 대상-타인은 무너지고, 시선-타인이 출현한다. 그리고 나의 의식은 타인의 시선 아래에서 자신의 육체 속에서 정신을 잃는 의식이 된다.

하지만 반대로 성적 욕망은, 그것이 붙잡으려고 하고 또 자기 것으로 하려는 욕망인 한에서, 자신의 고유한 좌절의 근원이 된다. 사실 혼탁이 타인의 육체화를 탄생시키는 것만으로는 충분하지 않다. 성적 욕망은 이 육체화된 의식을 자기 것으로 하고자 하는 욕망이다. 따라서 성적 욕망은 당연하게도 애무에 의해서가 아니라 파악 또는 침입과 같은 행위에 의해 계속된다. 애무는 타인의 신체에 의식과 자유를 침투시키는 것만을 목표로 삼을 뿐이다. 그런데 지금은 이 포화된 신체, 그것을 붙잡아야 하고, 그것을 움켜쥐고 또 그 속으로 들어가야 한다. 하지만 내가 지금 그것을 잡고, 끌어당기고, 부여안고, 깨물어 보려고 시도한다는 사실 하나만으로도 나의 신체는 육체로 있기를 그친다. 나의 신체는 다시 내가 그것으로 있는 종합적인 도구가 된다. 그리고 이와 동시에 타인도 육체화를 그친다. 내가 그의 상황에서 출발해서 세계 한복판에서 파악하는 타인은 다시 세계 한복판에서의 하나의 도구가 된다. 그 자신의 육체 표면에 인접해 있던 타인의 의식, 그리고 내가 나의 육체와 더불어 음미하고자 했던[104] 타인의 의식은 나의 시선 밑에서 사라진다. 그곳에는 이미 자기 내면에서 대상-이미지를 지닌 하나의 대상만 머물러 있을 뿐이다. 이와 동시에 나의 혼탁도 사라진다. 이것은 내가 욕망하는 것을 그만둠을 의미하지 않는다. 오히려 나의 성적 욕망이 그 소재를 잃어버린 것이다. 나의 욕망이 추상적이 된 것이다. 나의 욕망은 주무르고 또 잡고자 하는 욕망이다. 나는 잡으려고 열중한다. 하지만 나의 이 열중 자체가 나의 육체화를 사라지게 한다. 지금 나는 새로이 나의 신체를 나 자신의 고유한 가능성

---

104 Doña Prouhèze (*Le Soulier de Satin*, IIe journéé), "Il ne connaîtra pas Le goût que j'ai."—원주.

(여기에서는 붙잡는 가능성)을 향해 뛰어넘는다. 이와 마찬가지로 그의 잠재성을 향해 뛰어넘겨진 타자의 신체는 육체의 위치로부터 단순한 대상의 위치로 떨어진다. 이 상황에는 정확히 성적 욕망의 본래의 목표였던 육체화의 상호성의 단절이 내포되어 있다. 타인은 여전히 혼탁 상태에 머물러 있을 수 있다. 그는 나에 대해 육체로 머물러 있을 수 있다. 나는 그것을 이해할 수 있다. 하지만 그것은 내가 더 이상 나의 육체에 의해 잡지 않는 하나의 육체이다. 그것은 더 이상 하나의 의식-타인의 육체화가 아니라 하나의 대상-타인의 속성에 불과한 하나의 육체일 뿐이다. 이렇게 해서 나는 하나의 육체 앞에서 신체(상황 속에 있는 종합적인 총채성)이다. 나는 내가 바로 그 성적 욕망에 의해 그곳에서 탈출하려고 시도하던 그 상황과 거의 같은 상황 속에서 나를 다시 발견한다. 다시 말해 나는 타자에게 그의 초월의 변명을 구하기 위해 대상-타자를 이용하고자 한다. 그리고 타자는 정확히 전체가 대상이므로, 타자는 그의 전적인 초월에 의해 나로부터 벗어난다. 나는 새로이 내가 추구하는 것에 대한 명백한 이해를 상실했다. 그렇지만 나는 이 추구 속에 구속되어 있다. 나는 잡는다. 그리고 나는 잡으려 하고 있는 나를 발견한다. 하지만 내가 나의 손 안에서 잡는 것은 내가 잡으려 했던 것과는 다른 사물이다. 나는 그것을 느끼고, 나는 그로 인해 괴로워한다. 하지만 나는 내가 붙잡으려 원하던 것이 무엇인지를 말할 수가 없다. 왜냐하면 나의 혼탁과 함께 나의 욕망에 대한 이해 자체가 나에게서 벗어나기 때문이다. 나는 마치 잠에서 깨어난 한 명의 몽유병자와 같은 상태, 침대 끝에서 두 손을 떨고 있는 자신을 발견하고서도 자신의 그 제스처를 야기한 악몽을 떠올리지도 못하는 한 명의 몽유병자와 같은 상태에 있다. 사디즘의 근원에 있는 것이 바로 이 상황이다.

사디즘은 정욕, 메마름, 집념이다. 사디즘은 집념이다. 왜냐하면 사디즘은 어떤 대자가 무엇에 자기가 구속되어 있는지를 이해하지 못한 채 자기를 구속된 것으로서 파악하는 상태이며, 대자가 스스로 제시한 목표에 대한 하나의 뚜렷한 의식을 지니지 않은 채, 또 이 구속에 자기가 결부시킨 정확한 가치를 기억하지 않은 채, 자기의 구속을 고집하는 상태이기 때문이다. 사디즘은 메마름이다. 왜냐하면 사디즘은 성적 욕망이 혼탁에서 벗어나 비어 있을 때 나타나기 때문이다. 사디스트는 자기 신체를 종합적인 총체성으로서, 또 행동의 중심으로서 다시 파악한다. 사디스트는 자신의 고유한 사실성으로부터 끊임없는 도피 속에 다시 자리 잡는다. 사디스트는 타인의 면전에서 자기를 순수한 초월로 체험한다. 사디스트는 자기에 대해서는 혼탁을 혐오한다. 사디스트는 혼탁을 하나의 굴욕적인 상태로서 여긴다. 또한 때로는 단순히 사디스트는 혼탁을 자기 속에서 실현하지 못할 수도 있다. 그가 냉정한 태도로 고집하는 한에서, 그가 집념이고 동시에 메마름인 한에서, 사디스트는 한 명의 열광자이다. 사디스트의 목표는 성적 욕망의 목표와 마찬가지로 타인을 잡고, 타인을 굴복시키는 데 있다. 단지 대상-타자로서의 한에서, 타인을 잡는 것만이 아니라, 또한 육체화된 순수한 초월로서의 한에서의 타인을 굴복시키는 것이기도 하다. 하지만 사디즘에서는 육체화된-타인을 도구로서 자기 것으로 삼는 것에 중점을 둔다. 사실 성욕에서 사디즘의 "계기"는 육체화된 대자가 타인의 육체화를 자기 것으로 만들기 위해 자기의 육체화를 뛰어넘을 때의 계기이다. 이렇듯 사디즘은 자기를 육체화하는 것의 거부이고, 이와 동시에 모든 사실성으로부터의 도피이며, 또 이와 동시에 타인의 사실성을 탈취하기 위한 노력이기도 하다. 하지만 사디즘은 자기의 고유한 육체화에 의해 타인의 육체화를 실현할 수도 없고, 또 실현하고자 원하지도 않기 때문에, 또 이 사실 자체만으로도 사디즘은 타인을 도구-대상으로 취급하는 것 외의 다른 원천이 없기 때문에, 사디즘은 육체화된 존재를 타자에게 실현시키기 위해 타인의 신체를 하나의 기구로 이용하려 한다. 사디즘은 폭력에 의해 타자를 육체화하기 위한 하나의 노력이다. 그리고 "힘에 의한" 육체화는 이미 타인을 자기 것으로 만드는 것, 또 타인을 이용하는 것이어야 한다. 사디스트는 — 성적 욕망처럼 — 타인에게서 그를 가리고 있는 그의 행위들을 벗겨 내고자 한다. 사디스트는 행위 밑에 있는 육체를 드러내려고 한다. 하지만 성적 욕망의 경우에 대자는 타자가 육체인 것을 타자에게 드러내 보이기 위해 자신의 육체 속에서 자기를 잃어버리는 것임에 반해, 사디스트는 자신의 육체를 거부하고 또 이와 동시에 타자에게 그의 육체를 힘으로써 드러내기 위해 여러 도구를 사용한다. 사디스트의 목적은 [타자의 신체를] 직접 자기 것으로 만드는 데 있다. 하지만 사디즘은 과녁을 벗어난다. 왜냐하면 사디즘은 단지 타자의 육체를 즐길 뿐 아니라, 또한 이 타자의 육체와의 직접적인 연결에서 자신의 비육체화를 즐기기도 하기 때문이다. 사디즘은 성적 관계의 비(非)상호성을 원한다. 사디즘은 육체에 의해 포획되어 있는 하나의 자유의 면전에서 자기 것으로 만들 수 있는 자유로운 권력임을 즐긴다. 이 이유로 사디즘은 타자의 의식에 대해 육체를 다르게 현전화하고자 한다. 사디즘은 타자를 하나의 도구로 다루면서 육체를 현전화하려 한다. 사디즘은 고통에 의해 육체를 현전화한다. 사실 고통에서는 사실성이 의식을 침범하고, 마침내 반성적 의식이 비반성적 의식의 사실성에 의해 매혹된다. 따라서 분명 고통에 의한 하나의 육체화가 존재한다. 하지만 이와 동시에 고통은 여러 도구에 의해 유발된다. 괴롭히는 대자의 신체는 고통을 주기 위한 하나의 도구에 불과할 뿐이다. 이렇듯 대자는 처음부터 타인의 자유를 도구적인 방식으로 탈취한다는 착각에 스스로 빠져들 수 있다. 다시 말해 대자는 타인의 자유가 도발하는 자, 움켜잡는 자, 붙잡는 자 등이 되기를 그치지 않은 채, 타인의 자유를 육체 속으로 흘려 넣을 수 있다는 착각에 스스로 빠져들 수 있다.

사디즘이 실현하기를 원하는 육체화의 유형은 정확히 외설 (obscène)[105]이라고 불리는 것이다. 외설은 일종의 대타존재이며, 품위 없는 것의 종류에 속한다. 하지만 품위 없는 것이 모두 외설인 것은 아니다. 기품에서 신체는 상황 속에서의 하나의 심적인 것으로 나타난다.[106] 신체는 무엇보다도 먼저 자기의 초월을 초월된-초월로 드러내 보인다. 신체는 행위 상태에 있고, 상황에서 출발해서, 또 추구되는 목적에서 출발해서 이해된다. 따라서 각개의 운동은 미래에서 현재로 향하는 하나의 지각 과정 속에서 파악된다. 그렇다면 품위 있는 행위는 한편으로는 [목적에] 적합한 하나의 기계의 정밀성을 가지며, 또 다른 한편으로는 심적인 것의 완전한 예측 불가능성을 가진다. 왜냐하면 앞에서 살펴본 것처럼, 심적인 것은 타자에게는 예측 불가능한 대상이기 때문이다. 따라서 품위 있는 행위는 우리가 그 행위에서 경과된 것을 고려하는 한에서 매 순간 완전히 이해할 수 있다. 좀 더 적절

---

105 흔히 '외설(猥褻)', '음란(淫亂)' 등의 성적인 뉘앙스가 강한 단어로 번역되는 'obscénité'의 형용사형인 'obscène'은 원래 '상식, 정숙함을 거스르는' 등의 의미로 사용되었다. 어원적으로는 첫째, '나쁜 징조'의 의미를 가진 라틴어 'obscenus(동사 'obscævare'는 '앞', '면전'이라는 의미의 접두어 'ob'와 '불길한', '나쁜', '비참한'이라는 의미의 'scævus'의 결합어로 '나쁜 징조를 주다'를 의미한다.)'의 파생어일 수 있고, 둘째, '남자의 성기 부분'이나 '배설물' 등의 의미를 가진 복수형 'obscena'의 파생어일 수 있고, 셋째, 접두어 '앞', '면전'의 의미를 가진 'ob'와 '더러움'의 의미를 가진 'caenum'의 합성어일 수 있으며, 넷째, '무대 앞'의 의미를 가진 'ob+scaena'의 파생어일 수 있다. 넷째, 의미와 관련해 보면, 여기에는 숨겨져야 할 것, 드러나서는 안 될 것이 무대 위에서, 대중 앞에 공개된다는 의미가 담겨 있다.
106 'grâce'나 'disgracieux'를 '기품', '품위 없는'으로 옮기나, 좀 더 폭넓은 의미의 '우아함', '우아하지 않은' 등의 의미로 이해할 수 있다.

하게 말하면, 품위 있는 행위의 이 경과된 부분은 이 행위의 완전한 적합성에서 기인하는 일종의 미적 필연성에 의해 뒷받침된다. 이와 동시에 장차 오게 될 목표는 이 행위를 그 총체성 속에서 밝히고 있다. 하지만 이 행위의 미래적인 모든 부분은, 비록 그것이 경과하게 될 때부터 필연적인 것으로, 또 적합한 것으로 나타나게 되리라는 것이 행위 중에 있는 신체 자체 위에서 느껴진다 할지라도 예측 불가능인 채로 머문다. 적절하게 말해 품위를 구성하는 것은 자유(대상-타인의 속성으로서의)와 필연성의 움직이는 이미지이다. 베르그송은 그것에 대해 훌륭하게 서술했다.[107] 기품에서 신체는 자유를 나타내는 도구이다. 기품 있는 행위는, 그것이 정밀한 기구로서 신체를 열어 보이는 한에서, 그 신체에게 매 순간 그것이 존재하는 정당성을 부여해 준다. 예컨대 손은 잡기 위해 존재한다. 그리고 손은 먼저 그것의 잡기-위한-존재를 나타낸다. 손이 파악을 요구하는 하나의 상황에서 출발하여 이해하는 한에서, 이 손은 그 자체로 그 존재에서 요구된 것으로 나타난다. 이 손은 불리워진 것이다. 그리고 이 손은 그 행위의 예견 불가능성에 의해 자기의 자유를 나타내는 한에서, 그 존재의 근원에서 나타난다. 이 손은 그 자체로 상황의 부름에 의해 정당화되는 것에서 생겨나는 것처럼 보인다. 따라서 기품은 ……을 위한 자신의 근거가 될 하나의 존재의 대상적인 이미지를 보여 준다. 따라서 사실성은 기품에 의해 꾸며져 있고 또 가려져 있다. 육체의 나상은 완전히 현전해 있지만, 그것은 보여질 수 없다. 때문에 기품의 최고의 교태와 최고의 도전은 기품그 자체 이외의 다른 옷도 입지 않고, 다른 베일도 쓰지 않은 채 전라의 신체를 노출시키는 것이다. 가장 기품 있는 신체는, 설령 육체가 전

---

107 베르그송은 『의식에 직접 주어진 것들에 관한 시론』 제1장에서 기품[우아함]의 감정을 고찰하면서, 여유(aisance), 용이함(facilité)에 대한 지각으로 이 감정을 보고 있다.

적으로 관객의 눈에 현전해 있다고 해도, 그 신체의 동작이 보이지 않는 옷으로 그 신체를 둘러싸고, 그 결과 자기의 육체를 완전히 감추어 버리는 나체이다. 이와는 반대로 품위가 없는 것은 기품의 요소 중의 하나가 그 실현에서 방해받았을 때 나타난다. 운동이 기계적이 되는 수가 있다. 이 경우 신체는 여전히 그것을 정당화하는 하나의 총체의 일부를 이루지만, 그것은 단순한 도구의 자격으로서이다. 신체의 초월된-초월은 사라진다. 그리고 그것과 함께 나의 우주의 도구-대상의 측면적인 중층결정으로서의 상황도 사라진다. 또한 여러 행위가 거칠고 격렬할 수도 있다. 이 경우 상황에 대한 적응이 무너져 내린다. 상황은 그대로 머물러 있다. 하지만 이 상황과 이 상황 속에 있는 타인 사이에 하나의 간극이, 하나의 공백이 스며든다. 이 경우에 타인은 자유로운 상태로 머문다. 하지만 이 자유는 단순히 예측 불가능성으로서만 파악될 뿐이다. 그리고 이 자유는 에피쿠로스학파가 말하는 분자들의 클리나멘[108]과 비슷한 것으로, 요컨대 비결정론과 흡사하다. 이와 동시에 목적은 그대로 놓여 있고, 또 우리가 타인의 행동을 지각하는 것은 항상 장래로부터 출발해서이다. 하지만 이 부적합으로 인해 장래에 의한 지각적 해석은 항상 너무 광범위하거나 또는 너무 협소하다는 결과가 야기된다. 이것은 대략적인 해석이다. 따라서 타인의 제스처나 타인의 존재의 정당화는 불완전하게 실현된다. 극단적으로 서툰 거동은 정당화될 수 없다. 상황에 구속되어 있는 타인의 모든 사실성은 상황에 의해 흡수되고, 상황 쪽으로 역류한다. 서툰 사람은 격에 맞지 않게 자기의 사실성을 해방하고, 그것을 갑자기 우리의 눈 아래 펼

---

108 클리나멘(clinamen)은 라틴어로 '이탈'이라는 뜻이다. 에피쿠로스의 원자론을 변호하기 위해 로마의 시인이자 철학자인 루크레티우스(Lucretius, ?~?)가 고안해 낸 용어이다. 루크레티우스에 의하면, 이탈은 온 세상을 통해 살아 있는 생명체에게 자유의지를 제공한다.

쳐 보인다. 상황에 대한 하나의 열쇠가 상황 그 자체로부터 자발적으로 나오는 것을 파악하기 위해 우리가 기다리고 있던 그곳에서, 우리는 갑자기 하나의 부적합한 현전의 정당화될 수 없는 우연성을 만난다. 우리는 하나의 존재자의 존재 앞에 놓인다. 그렇지만 만일 신체가 완전히 행위 속에 있다면, 사실성은 아직 육체가 아니다. 신체로부터 그 행위라고 하는 옷을 완전히 벗기고, 몸이 그 육체의 타성을 열어 보이는 여러 자세를 채택할 때, 외설이 나타난다. 나체나 등을 보는 것은 외설이 아니다. 오히려 길을 걸으면서 비의지적으로 엉덩이를 흔드는 사람의 행위가 외설이다. 이때 걷는 자에게서 행위 상태에 있는 것은 두 다리뿐이고, 또 엉덩이는 두 다리에 의해 운반되는 하나의 고립된 방석과 같은 것이며, 이 흔들림은 순전히 중력의 법칙을 따르고 있는 것으로 보이기 때문이다. 그 엉덩이는 상황에 의해 정당화될 수 없을 것이다. 반대로 이 엉덩이는 모든 상황을 완전히 파괴한다. 왜냐하면 이 엉덩이는 사물의 수동성을 가지고 있기 때문이며, 또 하나의 사물처럼 두 다리에 의해 운반되기 때문이다. 결국 이 엉덩이는 정당화될 수 없는 사실성으로 드러난다. 이 엉덩이는 모든 우연적인 존재와 마찬가지로 남아도는 것이다. 이 엉덩이는 보행(步行)이라고 하는 현재적인 의미를 지니는 신체에서 고립된다. 이 엉덩이는 어떤 천으로 가려져 있지만 발가벗겨져 있다. 왜냐하면 이 엉덩이는 행위 중에 신체의 초월된-초월에 더 이상 관여하고 있지 않기 때문이다. 이 엉덩이의 진자 운동은 도래할 것으로부터 출발해서 해석되기는커녕 하나의 물리적인 사실과 같이 과거로부터 출발해서 해석·인식된다. 이 지적은 자기를 육체가 되게 하는 것이 신체 전체인 경우에도 당연히 적용될 수 있다. 이것은 상황에 의해 해석될 수 없는, 뭔지 모를 이완된 제스처에 의하는 수도 있다. 또는 이것은 상황이 요구하는 실제상의 현전에 비해 하나의 넘쳐 나는 사실성을 우리에게 보여 주는 신체 구조의 변형 (예컨대 지방세포의 이상 증식)에 의하는 수도 있다. 그리고 드러내 보여진 육체가 성적 욕망을 지니고 있지 않은 누군가에게 그의 성적 욕망을 자극하지 않고 드러날 때, 이 육체는 특히 외설적이다. 내가 상황을 파악하는 바로 그 순간, 그 상황을 파괴하는 그 어떤 특수한 적합상실 (適合喪失, désadaptation particulière), 그리고 육체를 감싸고 있는 제스처인 얇은 옷 밑에 드러나는 갑작스런 출현으로서의 육체의 무기력한 개화를 나에게 넘겨주는 데 반해, 나는 이 육체에 대해 성적 욕망을 일으키지 않는 어떤 특수한 적합상실, 나는 이것을 외설이라고 부를 것이다.

우리는 이제 사디스트의 요구의 의미를 안다. 기품은 대상-타인의 속성으로서의 자유를 드러내 보인다. 그리고 플라톤의 상기론의 경우 감각 세계의 모순이 지시하듯이 막연히 하나의 초월적인 저편을 지시한다. 우리는 이 저편에 대해 어렴풋한 기억밖에 간직하지 못하며, 또 우리는 우리 존재의 하나의 근본적인 변화에 의해서만, 다시 말해 우리의 대타존재를 결연히 떠맡음으로써만 저편에 도달할 수 있을 뿐이다. 기품은 타인의 육체를 드러내 보임과 동시에 가린다. 또는 기품은 타인의 육체를 드러내 보이기는 하지만 곧바로 가린다. 기품에서 육체는 접근 불가능한 타인이다. 사디스트는 이 기품을 타인의 또 다른 하나의 종합을 현실적으로 구성하기 위해 파괴하는 것을 겨냥한다. 사디스트는 타자의 육체를 나타나게 하려 한다. 육체의 출현 자체에서 이 육체는 기품을 파괴하게 되고, 또 사실성은 타인의 대상-자유를 다시 흡수하게 될 것이다. 이 흡수는 아주 없애는 것이 아니다. 사디스트에게 육체로 나타나는 것은 바로 자유로운-타자이다. 대상-타자의 동일성은 유위변전을 통해 파괴되지 않는다. 하지만 육체와 자유의 관계가 역전된다. 기품에서 자유는 사실성을 억제하고 또 가리고 있었다. 하지만 이루어져야 할 이 새로운 종합에서는 사실성이 자유를 억제하고 또 가린다. 따라서 사디스트는 갑작스러운 강제에 의해, 다시 말해 자기의 고유한 육체의 협력에 의해서가 아니라 도구로서의 자기 신체의 협력에 의해 타인의 육체를 나타나게 함을 겨냥한다. 사디스트는 타인의 신체가 외설의 양상으로 나타나게 될 이런저런 태도와 자세를 취하게 함을 겨냥한다. 이렇듯 사디스트는 도구적인 아유화의 차원에 머문다. 왜냐하면 사디스트는 타인에게 힘으로 작용함으로써 육체를 나타나게 하기 때문이다. 그리고 타인은 사디스트의 손에서 하나의 도구가 된다. 사디스트는 타인의 신체를 다루고, 그의 어깨를 눌러 그의 몸을 아래로 굽히게 만들며, 그의 허리를 드러나게 한다 등이다. 그리고 다른 한편으로 이런 도구적인 이용의 목표는 그 이용 자체에 내재해 있다. 즉 사디스트는 타인을 그의 육체를 나타나게 하기 위한 도구로 취급한다. 사디스트는 그 자신의 고유한 육체화가 기능이 되는 도구로서 타인을 파악하는 존재이다. 따라서 사디스트의 이상은, 타인이 도구임을 그치지 않고 이미 육체일 것이며, 또 육체를 탄생시키기 위한 육체가 되는 순간에 도달하는 것이 될 것이다. 예컨대 그 순간에 그 타인의 넓적다리는 이미 개화되고 외설스러운 수동성 상태에서 제공되고, 또 엉덩이를 더 많이 내밀게 하기 위해, 그리고 이번에는 엉덩이를 육체화하기 위해 사디스트가 다룰 수 있는 도구, 즉 벌렸다 폈다 할 수 있는 도구이다. 하지만 여기에서 우리가 잘못 생각해서는 안 된다. 사디스트가 그처럼 많은 집념을 가지고 구하는 것은, 그가 자신의 손으로 반죽하고자 하고 또 자기 주먹 밑에 굴복시키고자 하는 것은, 바로 타인의 자유이다. 타인의 자유는 거기에, 이 육체 속에 있다. 이 육체는 타인의 자유이다. 왜냐하면 육체에 타인의 사실성이 있기 때문이다. 따라서 사디스트가 자기 것으로 하고자 시도하는 것은 바로 타인의 자유이다. 이렇듯 사디스트의 노력은 폭력에 의해, 그리고 고통에 의해 타자를 그의 육체 속에 끈끈히 붙이는 것이다. 그리고 사디스트는 육체를 탄생하게끔 하기 위한 육체로서 타인의 신체를 취급하는 사실에 의해 타인의 신체를 자기 것으로 만든다. 하지만 아유화는 그것이 자기 것으로 만드는 타인의 신체를 뛰어넘는다. 왜냐하면 아유화는 사디스트가 타인의 자유를 타인의 신체에 끈끈히 붙게 만든 한에서만 타인의 신체를 소유하려고 할 뿐이기 때문이다. 이 이유로 사디스트는 육체에 의한 타인의 자유의 굴종의 명백한 증거를 원할 것이다. 사디스트는 용서를 구하게 함을 겨냥할 것이다. 사디스트는 고문과 위협에 의해 타인을 굴종하도록 강요할 것이며, 타인이 가진 가장 소중한 것을 포기하도록 강요할 것이다. 사람들은 이것이 지배욕에 의한 것이며, 권력의지에 의한 것이라고 말한다. 하지만 이런 설명은 애매하거나 부조리하다. 먼저 설명해야 할 것은 지배욕이다. 그리고 이 지배욕은 정확히 사디즘의 근거로서 사디즘보다 앞설 수는 없을 것이다. 왜냐하면 지배욕은 사디즘과 마찬가지로, 또 사디즘과 같은 차원에서 타인의 면전에서의 불안에서 생겨나기 때문이다. 사실 사디스트가 고문에 의해 [고문받는 자의] 배신[109]을 이끌어 내는 데에서 기쁨을 느낀다면, 그것은 사랑의 의미를 해석할 수 있게 하는 이유와 유비적인 이유 때문이다. 사실 앞에서 살펴본 대로 사랑은 타인의 자유의 폐지를 요구하는 것이 아니라, 오히려 자유로서의 타인의 굴종, 다시 말해 자유 그 자체에 의한 자유의 굴종을 요구한다. 이와 마찬

---

109 고문받는 자가 고문을 이겨 내지 못하고 고문자에게 굴복할 때, 그는 결국 자기 자신, 곧 끝까지 고문을 견뎌 내야겠다고 다짐한 자기 자신을 배신한다는 의미이다.

가지로 사디즘은 고문받는 자의 자유를 말살하려는 것이 아니라, 오히려 이 자유를 고문받고 있는 육체에게 자유롭게 동화하도록 강요하는 것이다. 이 이유로 체형집행인에게 있어 쾌락의 순간은 바로 희생자가 배신하는 순간 또는 희생자가 굴복하는 순간이다. 사실 희생자에게 가해지는 압박이 어떤 것이든 배신은 자유로운 선택이다. 배신은 하나의 자발적인 생산이며, 상황에 대한 하나의 응답이다. 배신은 인간실재를 나타낸다. 희생자의 저항이 어떤 것이었든, 또 희생자가 용서를 외치기 전까지 얼마나 오랫동안 버티었든, 어쨌든 희생자는 10분을 더, 1분을 더, 1초를 더 버틸 수도 있었을 것이다. 고통이 견딜 수 없게 된 순간에 희생자는 결심한 것이다. 그리고 그 증거로 이 희생자는 그 후에 회한과 수치심 속에서 배신을 살아갈(vivra)[110] 것이다. 이렇듯 배신은 희생자에게 모든 책임이 돌아간다. 하지만 다른 한편으로 사디스트는 이와 동시에 자기를 그 일의 원인으로 여긴다. 만일 희생자가 저항하고 용서해 달라고 소리치는 것을 거부한다면, 이 놀이는 더 흥미로워질 뿐이다. 나사못을 한 바퀴 더 조이고, 보충적으로 한번 더 비틀면 저항은 끝나고 말 것이다. 사디스트는 "여유만만하게" 임한다. 그는 태평하다. 그는 서둘지 않는다. 그는 기술자처럼 자기의 도구들을 하나씩 시험해 본다. 그는 마치 열쇠 장수가 여러 개의 열쇠를 하나의 자물쇠 구멍에 끼워 보듯이 그 도구들을 하나씩 시험해 보는 것이다. 그는 이 애매하고 모순된 상황을 즐긴다. 사실 한편으로 그는 — 마치 열쇠 장수가 "맞춤한" 열쇠를 찾으면 그 자물쇠가 자동적으로 열리듯이 — 자동적으로 도달하게 될 하나의 목적을 위해 보편적인 결정론 안에서 끈기 있게 여러 수단을 강구하

---

110 앞에서의 언급처럼, 여기에서 'vivra'는 타동사의 의미이다.

는 자로 처신한다. 다른 한편으로 이 결정된 목적은 타인의 자유롭고도 전면적 동의에 의해서만 실현될 수 있을 뿐이다. 따라서 이 목적은 끝까지 예측할 수 있는 동시에 예측할 수 없는 것으로 남는다. 그리고 실현된 목표도 사디스트에게는 애매하고 모순되고 또 불안정하다. 왜냐하면 실현된 목표가 결정론의 기술적(技術的) 이용의 엄밀한 결과인 동시에 무조건적인 자유의 나타남이기 때문이다. 그리고 또 사디스트 눈앞에 보이는 광경은 육체의 개화에 대해 싸우는 하나의 자유의 광경이며, 결국 육체에 의해 자기를 침몰시키는 것을 자유롭게 선택하는 하나의 자유의 광경이다. 배신의 순간에 추구하던 결과가 나타난다. 희생자의 신체는 그 전체가 고스란히 헐떡거리는 외설스러운 육체이다. 이 신체는 체형집행인이 그에게 부여한 자세를 간직하고 있지만, 이것은 신체 스스로가 취한 자세가 아니다. 신체를 묶고 있는 끈들은 이 신체를 하나의 무기력한 사물처럼 지탱하고 있다. 그리고 바로 이로 인해 신체는 자발적으로 움직이는 대상이기를 그친다. 그리고 하나의 자유가 배신을 통해 동화되기를 선택하는 것은 바로 이 신체에 대해서이다. 일그러지고 헐떡거리는 신체는 부서지고 굴종된 자유의 이미지 그 자체이다.

이런 몇몇 지적은 사디즘의 문제를 남김없이 해명하기를 겨냥하지 않는다. 우리는 단지 사디즘이 성적 욕망 그 자체 속에 이 욕망의 실패로서 싹트고 있음을 보여 주고자 했을 뿐이다. 사실 나는 나의 육체화에 의해 육체화시킨 타자의 신체를 잡으려고 하자마자 나는 육체화의 상호성을 파괴하고, 나 자신의 고유한 가능성을 향해 나의 신체를 뛰어넘으며 또 사디즘을 향해 돌아선다. 이렇듯 내가 타인의 육체를 내 것으로 만드는 일을 향해 혼탁을 뛰어넘든, 또는 나 자신의 혼탁에 취해 내가 나의 육체에만 주의를 기울이고, 또 내가 이미 타인에 대해 나의 육체를 실현하기를 돕는 시선이 되는 것 외의 아무것도 요구하지 않든, 사디즘과 마조히즘은 성적 욕망의 두 개의 암초이다. 사람들이 "정상적인" 성욕을 "사도-마조히즘"이라고 부르는 것은 성적 욕망의 이런 불안정성 때문이고, 또 성적 욕망이 이 두 개의 암초 사이에서 끊임없이 동요하고 있기 때문이다.

하지만 사디즘 자체도 맹목적인 무관심이나 성적 욕망처럼 그 자체의 실패의 원리를 포함하고 있다. 먼저 신체를 육체로 파악하는 것과 신체를 도구적으로 이용하는 것 사이에는 커다란 양립 불가능성이 존재한다. 만일 내가 육체를 하나의 도구로 삼는다면, 이 육체는 나에게 다른 도구들과 여러 잠재성, 요컨대 하나의 미래를 가리킨다. 내가 나의 주위에 만들어 내는 상황에 의해 이 육체의 거기에-있음[현존재]은 부분적으로 정당화되어 있다. 마치 못의 현전과 이 못에 의해 벽에 걸려야 할 돗자리의 현전이 망치의 존재를 정당화하는 것과 마찬가지로 말이다. 그 결과 육체의 성질, 다시 말해 이용할 수 없는 사실성이라고 하는 그 성질은 도구-사물의 성질에게 자리를 내준다. 사디스트가 만들고자 했던 "도구-육체"라는 복합은 분해된다. 육체가 육체를 드러내 보이기 위한 도구인 한, 이 심각한 분해는 가려질 수도 있다. 왜냐하면 나는 이렇게 해서 내면적인 목적을 가지는 하나의 도구를 구성했기 때문이다. 하지만 육체화가 완료되었을 때, 내가 내 앞에 하나의 헐떡거리는 신체를 가질 때, 나는 이 육체를 어떻게 이용해야 하는지를 더 이상 알지 못한다. 어떤 목표도 이 육체에 주어질 수 없을 것이다. 왜냐하면 정확히 나는 이 육체의 절대적인 우연성을 나타나게 했기 때문이다. 이 육체는 "거기에 있다." 그리고 이 육체가 거기에 있다는 것은 "그 어떤 것을 위해서가" 아니다. 이 의미에서 나는 이 육체가 육체인 한에서 그것을 탈취할 수 없다. 내가 이 육체를 도구성이라고 하는 하나의 복합적인 체계로 통합할 수 있다고 해도, 그 육체적인 물질성, 그 육감성은 곧 나에게서 벗어난다. 나는 이 육체 앞에 멍하니 바라보는 상태 속에서 어리둥절하게 머물러 있을 수밖에 없다. 그렇지 않으면 이번에는 내 쪽에서 나를 육체화하고, 혼탁에 의해 사로잡히는 대로 내버려두고, 최소한 육체가 그것의 완전한 육감성 속에서 육체에 대해 드러나는 영역에 나를 다시 둘 수밖에 없다. 이렇듯 사디즘은 그 목표에 도달하려는 바로 그 순간에 성적 욕망에게 자리를 내준다. 사디즘은 성적 욕망의 실패이고, 성적 욕망은 사디즘의 실패이다. 사람들은 충족과 이른바 "육체적 소유"에 의해서만 이 순환에서 벗어날 수 있을 뿐이다. 사실 육체적 소유에서 사디즘과 성적 욕망과의 하나의 새로운 종합이 주어진다. 섹스의 팽창은 육체화를 나타낸다. "……속으로 들어간다", 또는 "파고든다" 등은 사디즘적이고 마조히즘적인 아유화의 시도를 상징적으로 보여 준다. 하지만 쾌락이 이 순환에서 벗어남을 가능케 해 준다면, 그것은 이 쾌락이 성적 욕망과 사디즘적인 정욕을 충족시키지 않고서도 동시에 그 두 가지를 다 죽이기 때문이다.

이와 동시에, 그리고 하나의 완전히 다른 차원에서 사디즘에는 하나의 새로운 실패의 동기가 내포되어 있다. 사실 사디즘이 자기 것으로 하고자 애쓰는 것은 희생자의 초월적 자유이다. 하지만 정확히 이 자유는 원칙상 손이 미치지 않는 범위에 있다. 그리고 사디스트가 타인을 집요하게 도구로 취급하려고 하면 할수록 이 자유는 사디스트에게서 더욱더 벗어난다. 사디스트는 대상-타인의 대상적인 속성으로서의 자유에 대해서만 작용할 수 있을 뿐이다. 다시 말해 그것의 죽은 가능성을 가지고서 세계 한복판에 존재하는 자유에 대해서만 작용할 수 있을 뿐이다. 하지만 사디스트의 목표는 바로 자신의 대타존재를 되찾는 것인데, 그는 원칙상 이 목표를 놓치게 된다. 왜냐하면 사디스트가 상대하는 유일한 타자는 세계 속의 타인이며, 이 사람은 자기를 집요하게 괴롭히는 사디스트에 대해 자기 머릿속에서 이미지만을 가질 뿐이기 때문이다.

사디스트는 그의 희생자가 그를 바라볼 때, 다시 말해 사디스트가 타인의 자유 속에서 자기 존재의 절대적인 소외를 체험할 때, 그의 실수를 발견한다. 사디스트는 이때 그가 자기의 "외부-존재"를 되찾지 못함을 실감할 뿐 아니라, 또한 그가 자기의 "외부 존재"를 찾으려는 활동 자체가 초월되어 있으며, 또 죽은-가능성을 수행하는 소질과 특성으로서 "사디즘" 속에 응고되고 있음을 실감한다. 그리고 이 변화가 그가 굴종시키고자 하는 타인에 의해, 그리고 타인에게 있어 생긴다는 것을 실감한다. 이때 사디스트는 아무리 타인을 굴복하도록 강요하고 용서를 빌도록 강요해도 타인의 자유에 대해 작용할 수 없으리라는 것을 알아챈다. 왜냐하면 한 명의 사디스트, 다양한 고문 도구, 굴복하기 위한 또는 배신하기 위한 다양한 구실이 존재하는 것은, 즉 하나의 세계가 존재하는 것은 바로 타인의 절대적인 자유 속에서, 그리고 타인의 절대적인 자유에 의해서이기 때문이다. 포크너의 『8월의 빛』 마지막 부분만큼 체형집행인들에 대한 희생자의 시선의 힘을 잘 묘사한 구절은 없다. "선량한 시민들"은 지금 막 검둥이 크리스마스를 추격해 그를 거세했다. 크리스마스는 죽어 가고 있다.

하지만 바닥 위의 그 남자는 움직이지 않았다. 그는 거기에 늘어져 있었다. 두 눈은 뜨고 있었지만, 의식을 제외하고는 아무것도 없는 공허한 것이었다. 그림자 같은 그 무엇인가가 입가에 떠돌고 있었다. 한참 동안 그는 고요한, 측량할 길 없는, 차마 볼 수 없는 눈으로 사람들을 쳐다보았다. 그리고 그의 얼굴도 그의 신체도 모든 것이 무너지는 것처럼 보였다. 궁둥이와 허리 둘레의 찢긴 옷 사이로 압축된 검은 피가 갑자기 한숨처럼 쏟아져 나왔다. …… 그리고 이 검은 폭발에 떠밀려 그 남자는 영구히 사람들의 기억 속으로 날아올라서 떠도는 듯 보였다. 그들이 아무리 옛날의 재앙과 새로운 희망(평화로운 골짜기, 노년기의 평화롭고 차분한 시냇가, 또 어린이의 거울과 같이 빛나는 얼굴)에 생각이 잠기는 고장에 있다 할지라도, 그들은 결코 그것을 잊지 못할 것이다. '그것은 항상 그곳에 있을 것이다. 꿈꾸듯이, 조용히, 한결같이, 퇴색함이 없이, 또 아무런 위협 거리를 제공함 없이, 자기 혼자서만, 평온히, 자기 혼자서만 의기양양하게 존재할 것이다.[111] 또다시 시내에서는 사이렌 소리가 담벽에 의해 다소간 차단되면서도 믿어지지 않을 만큼 크게 들린다. 그리고 청각의 한계 너머로 사라지고 있었다.[112]

이렇듯 사디스트 세계에서 타자의 시선의 폭발은 사디즘의 의미와 목표를 무너뜨린다. 사디즘은 그것이 굴복시키고자 원하던 것이 자유였음을 발견함과 동시에 그 노력의 허망함을 깨닫는다. 그 결과 우리는 다시 한번 바라보는-존재에서 바라보여진-존재로 보내진다. 우리는 이 순환에서 빠져나오지 못한다.

우리는 이상의 몇 가지 지적을 통해 성적인 문제를 완전히 규명하고자 시도하지도 않았고, 특히 타자에 대한 태도의 문제를 남김없이 규명해 보고자 하지도 않았다. 우리는 다만 성적인 태도가 타자에 대한 하나의 원초적인 태도임을 지적하고자 했을 뿐이다. 이 태도 속에는 필연적으로 대타존재의 근원적인 우연성과 우리 자신의 사실성의 근원적인 우연성이 내포되어 있음은 당연하다. 하지만 우리는 이 태

---

111 강조는 내[사르트르]가 한 것이다. — 원주.
112 *Lumière d'août*, N.R.F., 1935, p. 385. — 원주.

도가 시초부터 하나의 생리적이고 경험적인 구성에 복종한다는 사실을 받아들일 수 없다. 신체가 "거기에 있게" 되자마자, 또 타인이 "거기에 있게" 되자마자, 우리는 성적 욕망에 의해, 사랑에 의해, 그리고 우리가 언급한 바 있는 여러 가지 파생된 태도에 의해 반응하게 된다. 우리의 생리적 구조는 우리가 이런 태도들 중 어느 하나를 취한다고 하는 끊임없는 가능성을 절대적인 우연성의 영역에서 상징적으로만 표현할 뿐이다. 우리는 이렇게 해서 대자는 타자 앞에서 출현하는 그 자체에서 성적이고, 또 성욕은 대자에 의해 세계에 온다고 말할 수 있을 것이다.

우리는 분명히 '타자'에 대한 여러 태도가 방금 우리가 기술한 바 있는 성적 태도로 환원된다고 주장하지 않는다. 우리가 성적 태도에 대해 길게 기술한 것은 다음과 같은 두 가지 목적에서이다. 먼저 성적 태도가 기본적인 태도이기 때문이다. 그리고 최종적으로 인간의 모든 대상호적인 복잡한 행위는 이 두 가지 근원적인 태도의 여러 형태 외에 다름 아니기 때문이다(그리고 제3의 태도인 증오에 대해서는 곧 기술할 것이다). 물론 구체적인 행위(협력, 투쟁, 대항, 경쟁, 구속, 복종[113] 등)는 서술하기에 너무나 미묘하다. 왜냐하면 이 구체적인 행위들은 역사적인 상황에 달려 있고, 또 대자와 타인과의 관계 하나하나의 구체적인 특수성에 의존하기 때문이다. 하지만 이 구체적인 행위들 모두 그 자체 안에 그것들의 골격으로서 성적 관계를 포함하고 있다. 그리고 그것은 도처에 스며드는 "리비도"가 존재하기 때문이 아니다. 오히려 그것은 단지 우리가 서술한 바 있는 두 개의 태도는, 대자가 자기의 대타존재를 실현하고, 또 이 사실적 상황을 초월하고자 시도하는 때의 기본

---

113 모성애, 연민, 친절 등도 역시 고찰해야 한다. ─원주.

848 ─── 제3부 대타존재

적인 시도이기 때문이다. 여기에서 연민, 감탄, 혐오, 선망, 감사 등이 사랑과 성적 욕망을 포함하고 있는지를 보여 주고자 하지는 않을 것이다. 하지만 각자는 자기의 고유한 경험에 비추어, 또 이것들의 다양한 본질의 형상적 직관에 비추어 그것을 결정할 수 있을 것이다. 물론 이것은 여러 다른 태도가 성욕에 의해 차용된 단순한 위장이라고 말하는 것은 아니다. 오히려 성욕이 이 태도들의 근거로서 이 태도들에 통합된다고 이해해야 한다. 그리고 마치 원의 관념이 고정된 상태로 머물러 있는 한 끝의 둘레를 회전하고 있는 선분의 관념을 내포하고 또 뛰어넘고 있는 것처럼, 이 태도들이 성욕을 포함하고 또 이 성욕을 뛰어넘는 것으로 이해해야 한다. 마치 골격이 이것을 에워싸고 있는 육체에 의해 가려져 있는 것처럼, 이 기본적인 태도들은 가려진 채로 머물러 있을 수 있다. 사실 이런 상태가 보통의 경우이다. 신체의 우연성, 내가 그것으로 있는 근원적인 기투의 구조, 내가 역사화하는 역사는 보통 성적 태도를 좀 더 복잡한 행위의 내부에서 함축적인 상태로 머물러 있게 할 수 있다. 특히 "동성"의 "타인"을 드러내 놓고 욕망하는 것은 그리 흔하지 않다. 하지만 도덕적인 면에서의 금지와 사회적인 터부의 배후에서 성적 욕망의 근원적인 구조는, 최소한 성적 혐오로 명명되는 특수한 형태의 혼탁 아래에서 그대로 존재한다. 그리고 이 성적인 기투의 항상성을 마치 그것이 "우리 안에" 무의식적 상태로 머물러 있는 것처럼 이해해서는 안 된다. 대자의 기투는 오직 의식적인 형태로만 존재할 수 있을 뿐이다. 다만 대자의 기투는 개별적인 구조 속에 통합된 것으로 존재하며, 또 그 구조 속에서 융합된다. 정신분석학이 성적 감수성을 "백지상태(tabula rasa)"로 보고, 개인적인 경력에서 그 모든 규정을 이끌어 내는 것으로 생각했을 때, 그들이 느낀 것이 바로 이것이다. 다만 성욕이 그 근원에서 미규정적이라고 생각해서는 안 된다. 사실상 타인들이 "있는" 하나의 세계 속에 대자의 출현이 있자마자, 성욕은 그 모든 규정을 떠맡고 있다. 미규정적인 것과 각 개인의 경력에 의해 고정되어야 하는 것은 바로 타자에 대한 관계의 유형이다. 이런 관계의 유형을 기회 삼아 성적 태도(성적 욕망-사랑, 마조히즘-사디즘)는 그 명확한 순수성 속에서 드러나게 될 것이다.

우리가 타자와의 관계의 순환을 제시하기 위해 이 태도들을 선택한 것은 정확히 이 태도들이 근원적이기 때문이다. 사실 이 태도들은 타인들을 향한 모든 태도 속에 통합되기 때문에, 이 태도들은 타자에 대한 행위 전체를 그것들의 순환성 속으로 끌어들인다. 사랑은 그 자체 속에서 실패를 발견하고, 성적 욕망은 사랑의 죽음으로부터 출현해 저절로 무너져 사랑에게 자리를 다시 마련해 준다. 이와 마찬가지로 대상-타인에 대한 모든 행위는 그 안에 하나의 주체-타인에 대한 암묵적이고 가려진 하나의 참고점을 포함하고 있으며, 이 참고점은 대상-타인에 대한 행위의 죽음이다. 대상-타인에 대한 행위의 죽음 위에 주체-타인의 탈취를 겨냥하는 하나의 새로운 태도가 출현한다. 그리고 이번에는 이 새로운 태도가 자기의 불안정을 드러내 보이고, 또 반대되는 행위에 자리를 내주기 위해 스스로 무너진다. 이렇게 해서 우리는 대상-타인에서 주체-타인에게로 끝없이 보내지며, 그 반대도 사실이다. 이 운행은 결코 멈추지 않는다. 그리고 타자에 대한 우리의 관계를 구성하는 것은 갑작스러운 방향 전환이 수반되는 운행이다. 어떤 순간에 사람들이 우리를 관찰해 보아도, 우리는 이 두 태도 중 어느 하나 속에 있다. 그 두 태도의 어느 쪽에도 불만인 채로 말이다. 우리는 우리의 자기기만에 의해 또는 우리의 경력의 특수한 사정에 의해 비교적 오래도록 한번 채택한 태도 속에 머물 수 있다. 하지만 이 태도는 결코 그 자체로 충족되지 않는다. 이 태도는 항상 은연중에 또 다른 태도를 지시한다. 왜냐하면 사실 우리는 타자가 우리에게 주체로서 동시에 대상으로서, 그리고 초월하는-초월과 동시에 초월된-초월로서 드러내 보여지는 경우에만, 타자에 대해 나의 안정된 태도를 취할 수 있을 뿐이기 때문이다. 하지만 이것은 원칙상 불가능하다. 이렇게 해서 끊임없이 시선-존재(l'être-regard)에서 바라보여진-존재[시선을-받는 존재](l'être-regardé)로 흔들거리며, 교체적인 변혁들에 의해 한편에서 다른 한편으로 떨어지면서, 우리는 채택된 태도가 어떤 것이든 항상 타자에 대해 불안정한 상태에 놓여 있다. 우리는 타자의 자유와 그의 대상성을 동시에 파악한다는 불가능한 이상(理想)을 추구한다. 장 발[114]의 표현을 빌리면, 우리는 때로는 타인에 대해 내려다보는-초월(trans-descendance) 상태에 있고(우리가 타인을 대상으로 파악하고 세계에 통합할 때), 또 때로는 올려다보는-초월(trans-ascendance) 상태(우리가 타인을 우리를 초월하는 하나의 초월로서 체험할 때)에 있다. 하지만 이 두 가지 상태 중 어느 것도 그 자체로 충족되지 못한다. 그리고 우리는 결코 평등의 차원 위에 구체적으로 위치할 수 없다. 다시 말해 타자의 자유의 승인이 타자에 의한 우리의 자유의 승인을 끌어오는 차원 위에 우리는 구체적으로 있을 수가 없다. 타자는 원칙상 파악 불가능하다. 타자는 내가 그를 찾을 때 나로부터 도피하고, 또 내가 그로부터 도피할 때 나를 소유한다. 아무리 내가 칸트적인 도덕 교훈에 따라 타인의 자유를 무조건적 목적으로 여기면서 행동하고자 해도, 타인의 자유는 내가 그것을 나의 목표로 삼는다는 그

---

114 장 발(Jean Wahl, 1888~1974)은 프랑스의 철학자로, 1930년대 프랑스에 헤겔 철학을 도입했으며, 나치를 피해 잠시 미국에 머물기도 했으나, 다시 파리로 와 철학 학교 '콜레주 필로조피크(College Philosophique)'를 세웠다. 사르트르가 차용한 '내려다보는-초월(trans-descendance)'과 '올려다보는-초월(trans-ascendance)'은 발의 『인간적 실존과 초월(*Existence humaine et transcendance*)』(Neufchâtel, La Baconnière, 1944)』에 실려 있는 개념이다.

사실만으로 초월된-초월이 될 것이다. 다른 한편으로 나는 대상-타인을 타인의 이 자유를 실현하기 위한 수단으로 이용하면서 타인의 이익을 위해 행동할 수 있을 뿐이다. 사실 나는 타인을 하나의 도구-객체로 상황 속에서 파악해야 할 것이다. 따라서 나의 유일한 능력은 타인과의 관계에서의 상황을, 그리고 상황과의 관계에서의 타인을 변화시키는 것이 될 것이다. 이렇게 해서 나는 모든 자유로운 정책의 암초인 이 패러독스로 인도된다. 그리고 루소는 이것을 한마디로 정의했다. 나는 타인을 자유롭게 "강제해야" 한다고 말이다. 이 강제가 언제나 또는 가장 빈번하게 폭력의 형태로 행해지지는 않는다 해도, 그것이 인간들 사이의 관계를 규정한다는 것은 여전한 사실이다. 만일 내가 위로를 하고 격려를 한다면, 그것은 타자의 자유를 방해하는 것에 대한 근심이나 또는 고통에서 타자의 자유를 해방하기 위해서이다. 하지만 위로 또는 격려의 말은 타인에 대해 작용하기 위한 목적에 대한 하나의 수단 체계를 구성하는 것이며, 따라서 이번에는 도구-사물로서 그 체계 속에 타자를 통합시키는 것이다. 게다가 위로하는 자는, 그가 이성의 사용과 선의 추구와 동일시하고 있는 자유와 그에게 하나의 심적 결정론의 결과로 보이는 고뇌 사이에 하나의 임의적인 구별을 만들어 낸다. 따라서 그는 마치 사람들이 화학적 결합의 두 개의 구성 요소를 따로 분리하듯이 자유와 고뇌를 분리하기 위해 행동한다. 그가 자유를 선별할 수 있는 것으로 여긴다는, 단지 그 사실만으로도 그는 자유를 초월하고 또 자유에 대해 폭력을 가하는 것이다. 이 바탕 위에 서 있는 한, 그는 자기를 고뇌로 만드는 것이 자유 그 자체이며, 따라서 자유를 고뇌로부터 해방하기 위해 행동하는 것은 바로 자유에 맞서 행동하는 것이라는 진리를 파악할 수 없다.

그렇지만 "방임(放任, laisser-faire)"의 도덕과 관용의 도덕이 타자의 자유를 더 존중한다고 생각해서는 안 될 것이다. 내가 존재하는 순간부터 나는 타자의 자유에 대해 하나의 사실상의 한계를 세운다. 나는 이 한계이다. 그리고 나의 기투 하나하나는 타인의 주변에 한계를 정한다. 자비, 방임, 관용 — 또는 삼가면서 물러서는 모든 태도 — 은 나 자신의 하나의 기투이며, 이 기투는 나를 구속하는 것이고 또 타자를 그의 동의 없이 구속하는 것이다. 타자의 주위에서 관용을 실천하는 것은 타자를 하나의 관용의 세계 속으로 억지로 내던지게 하는 것이다. 이것은 불관용의 세계에서 그가 발전의 기회를 가졌을 수도 있는 용감한 저항, 끈기, 자기에 대한 긍정과 같은 자유로운 가능성을 원칙적으로 그에게서 빼앗는 것이다. 만일 우리가 교육 문제를 고찰한다면 이 문제는 더욱 분명해질 것이다. 엄격한 교육은 어린아이를 도구로 취급한다. 왜냐하면 엄격한 교육은 어린아이가 받아들이지 않았던 가치에 그를 강제로 복종케 하려는 시도이기 때문이다. 하지만 자유로운 교육도 이와는 다른 방편을 사용하기 위해 몇몇 원칙과 가치를 선험적으로 선택하고, 또 그 원칙과 가치의 이름으로 어린아이를 다루게 될 것이다. 어린아이를 설득과 부드러움으로 다루는 것 역시 어린이를 강제하는 것이다. 이렇듯 타자의 자유에 대한 존중은 하나의 공허한 말이다. 설령 우리가 이 자유를 존중하는 일을 시도할 수 있다고 해도, 우리가 타인에 대해 취하는 태도 하나하나는, 우리가 존중한다고 주장하는 이 자유에 대한 침해가 될 것이다. 타인의 면전에서 전면적인 무관심으로 나타나게 될 극단적인 태도 역시 하나의 해결책은 아니다. 우리는 이미 타인의 면전에서 세계 속에 내던져 있다. 우리의 출현은 타인의 자유에 대한 자유로운 제한이다. 그리고 아무것도, 심지어는 자살조차도 이 근원적인 상황을 바꿀 수 없다. 사실 우리의 행위가 어떤 것이든, 우리가 그 행위를 수행하는 것은 바로 타인이 이미 존재하고, 또 내가 타인에 대해 남아도는, 존재하는 하나의 세계 속에서이다.

죄의식(culpabilité)과 죄(péché) 개념은 이런 특이한 상황으로부터 그 근원을 이끌어 내는 것처럼 보인다. 내가 유죄인 것은 타인의 면전에서이다. 유죄인 것은 먼저 내가 타인의 시선 아래에서 나의 소외와 나의 알몸을 내가 받아들여야 하는 하나의 실추로서 체험할 때이다. "그 둘은 눈이 열려 자기들이 알몸인 것을 알았다."[115]라고 한 성경의 그 유명한 구절의 의미가 이것이다. 이외에도 이번에는 내가 타자를 바라볼 때 나는 유죄이다. 왜냐하면 나는 나 자신의 주장이라고 하는 사실 자체에 의해 타자를 대상으로 또 도구로 구성하기 때문이다. 그리고 타자가 받아들여야 할 이 소외를 내가 타자에게 도래케하기 때문이다. 이렇게 해서 원죄(原罪)는 타인이 존재하는 하나의 세계 속에 내가 나타나는 것이다. 그리고 그 뒤에 타인과 나의 관계가 어떤 것이든, 그 관계는 나의 죄의식이라고 하는 근원적인 주제의 변주일 수밖에 없을 것이다.

하지만 죄의식에는 무능(impuissance)이 수반된다. 이 경우 무능이 나에게서 나의 죄의식을 씻어 내는 것은 아니다. 내가 타인의 자유에 대해 무엇을 하든, 우리가 이미 살펴본 것처럼, 나의 노력은 결국 타인을 도구로 다루고, 또 타인의 자유를 초월된-초월로 정립하게 된다. 하지만 다른 한편으로 내가 행사하는 강제력이 어떤 것이든 간에, 나는 타자를 그의 대상-존재에서만 엄습할 뿐이다. 나는 타자의 자유에 대해 그것이 자기를 나타내는 기회만을 제공할 수 있을 뿐이다. 나는 결코 타자의 자유를 증가시키지도, 감소시키지도, 탈취하지도

---

115 「창세기」 3:7 참조.

못할 것이다. 이렇듯 나는 타자에 대해 나의 존재 자체 속에서 유죄이다. 왜냐하면 나의 존재의 출현은 타자에 대해 그의 뜻과는 상관없이 하나의 새로운 존재 차원을 부여하기 때문이다. 하지만 다른 한편으로 나는 나의 결함을 이용하지 못하고 또 그것을 보완하지도 못한다.

자기를 역사화하면서 이런 모두 다른 유위변전을 경험한 하나의 대자는, 자기의 과거의 노력의 공허함을 충분히 깨달으면서 타인의 죽음을 추구하기로 결심할 수도 있다. 이 자유로운 결심은 증오(haine)라고 불린다. 증오는 근본적인 체념을 품고 있다. 대자는 타인과의 합일을 실현한다는 자기의 생각을 포기한다. 이 대자는 자기의 즉자존재를 회복하기 위해 타인을 도구로 이용하기를 단념한다. 이 대자는 단지 사실상의 한계가 없는 하나의 자유를 다시 발견하고자 원할 뿐이다. 다시 말해 이 대자는 자기의 파악할 수 없는-대타-대상-존재를 없애 버리고, 자기소외의 차원을 폐지하고자 한다. 이것은 타인이 존재하지 않는 하나의 세계를 실현하려는 시도와 맞먹는다. 증오하는 대자는 대자로만 있을 뿐임을 승낙한다. 자기의 대타존재를 이용하는 것이 불가능하다는 것을 여러 경험을 통해 학습한 대자는, 오히려 자기가 자기 존재의 자유로운 하나의 무화일 뿐이라는 것을, 또 하나의 탈총체화된 총체성뿐이라는 것을, 또 자신의 고유한 목적을 자기에게 부과하는 하나의 추구뿐이라는 것을 선호한다. 증오하는 자는 자기가 더 이상 결코 대상으로 있지 않고자 시도한다. 그리고 증오는 타인의 면전에서 대자의 자유의 절대적인 정립으로 나타난다. 이 이유로 첫째로 증오는 증오받는 대상을 깎아내리지 않는다. 왜냐하면 증오는 논쟁을 그 진정한 터전 위에 놓기 때문이다. 내가 타인에게서 증오하는 것은 이런저런 용모, 이런저런 결점, 이런저런 개별적 행동이 아니다. 그것은 초월된-초월로서의 타인의 존재 전반이다. 이 이유로 증오에는 타인의 자유에 대한 인정이 함축되어 있다. 다만 이 인정은 추상적이고 부정적이다. 증오는 대상-타인만을 알 뿐이며, 또 이 대상에 집착한다. 증오가 파괴하고자 하는 것이 바로 이 대상이다. 이와 동시에 증오는 이 대상에 붙어 다니는 초월을 제거하고자 한다. 이 초월은 접근할 수 없는 저편으로서만, 증오하는 대자의 소외의 끊임없는 가능성으로서만 예감될 뿐이다. 따라서 이 초월은 결코 그 자체로서는 파악되지 않는다. 게다가 이 초월은 대상이 되지 않고서는 초월로 파악될 수 없을 것이다. 하지만 나는 이 초월을 대상-타자의 끊임없이 도피하는 하나의 성격으로, 또 가장 접근하기 쉬운 대상-타자의 경험적 성질들의 "주어지지 않은", "이루어지지 않은" 하나의 양상으로, 또 "문제는 거기 있는 것이 아님"을 나에게 알려 주는 일종의 끊임없는 경고로 체험한다. 이 이유로 우리는 심적인 것 그 자체를 증오하는 것이 아니라 드러내 보여진 심적인 것을 통해 증오하는 것이다. 또한 같은 이유로 타인의 초월을 증오하면서 우리가 경험적으로 그의 악덕이라고 일컫는 것을 통해 하든, 아니면 그의 덕(德)이라고 일컫는 것을 통해 하든 별다른 차이가 없다. 심적-전체가 타인의 초월을 나에게 가리키는 한에서, 내가 증오하는 것은 온전히 그 심적-총체성이다. 나는 [타자의] 각개의 대상적인 어느 세부를 증오할 만큼 나를 낮추지 않는다. 바로 거기에 증오하는 것(haïr)과 혐오하는 것(détester)의 차이가 있다. 또 증오는 반드시 내가 입은 어떤 해악을 기회로 나타나지 않는다. 반대로 감사를 기대할 권리가 있는 경우, 다시 말해 혜택을 입은 기회에도 증오가 생길 수 있다. 증오를 부추기는 기회는 단순히 내가 타인의 자유를 견디는 상태에 놓이게 하는 타자의 행위이다. 이 행위는 그 자체로 모욕적이다. 이 행위는 타자의 자유의 면전에서 그것이 나의 도구적인 대상성의 구체적인 계시인 한에서 모욕적이다. 이 계시는 곧바로 흐려지고, 과거 속으로 묻히며, 불투명하게 된다. 하지만 정확히 이 계시는 나를 해방하기 위해 파괴해야 할 "무엇인가"가 존재한다는 감정을 나에게 남겨 준다. 게다가 이 이유로 감사(reconnaissance)는 증오와 아주 가깝다. 어떤 은혜에 대해 감사한다는 것은 바로 타인이 은혜를 베풀면서 그가 그의 행동에서 완전히 자유로웠음을 인정하는 것이다. 어떤 강제도, 심지어 의무에 의한 강제조차도, 그로 하여금 그런 결심을 하도록 하지는 않았다. 그는 완전히 그의 행위의 책임자이며, 그의 행위의 수행을 주재하는 가치들의 책임자이다. 나는 그것을 위한 구실에 불과했다. 나는 그의 행위가 행해진 소재에 불과했다. 이런 감사에서 출발해서 대자는 자기 선택에서 사랑 또는 증오를 시도할 수 있다. 결국 대자는 타인을 더 이상 무시할 수 없다.

이런 지적의 두 번째 결과는, 증오는 모든 타인에 대한 증오가 단한 사람의 타인에게 집중된 증오라는 것이다. 내가 이러이러한 타인의 죽음을 추구함으로써 상징적으로 침해하려고 하는 것은 바로 타자존재의 전반적인 원리이다. 내가 증오하는 타자는 사실상 타자들을 대표한다. 그리고 그를 제거하려는 나의 시도는 타자 전반을 제거하려는 시도이다. 다시 말해 나의 비실체적인 대자적 자유를 재탈환하려는 시도이다. 증오 속에는 나의 소외된-존재 차원이 타인들에 의해 나에게 오는 현실적인 굴종이라고 하는 것에 대한 이해가 주어져 있다. 시도되는 것은 바로 이 굴종의 제거이다. 이 이유로 증오는 하나의 음험한 감정이다. 다시 말해 증오는 한 사람이 타인의 제거를 겨냥하는 감정이고, 그것이 기투로서 타인들의 비난에 맞서 의식적으로 시도하는 감정이다. 타인이 다른 사람을 증오할 때, 나는 이 증오를 비난한다. 이 증오는 나를 불안하게 한다. 나는 이 증오를 제거하려고 한다. 왜냐하면 내가 분명 이 증오에 의해 겨냥된 것은 아니지만, 나는 이 증오가 나와 관련이 있으며, 또 나의 뜻에 반해 이루어지는 것임을 알고 있기 때문이다. 사실 이 증오는, 그것이 나를 제거하려는 한에서가 아니라, 그것을 무릅쓰고 강행하기 위해 나의 비난을 원칙상 요구하는 한에서, 나를 파괴하려고 노린다. 증오를 증오하는 것이 증오하는 자의 자유에 대한 불안한 인정과 맞먹는 한에서, 증오는 증오되는 것을 요구한다.

하지만 증오도 역시 실패이다. 사실 본래의 증오의 시도는 다른 의식들을 제거하는 것이다. 하지만 설사 증오가 그것을 이룬다고 해도, 다시 말해 증오가 현재의 순간에 타인을 제거할 수 있다고 해도, 증오는 타인을 존재하지 않았던 것으로 만들 수는 없다. 좀 더 자세히 말하면, 타인의 제거에는, 그것이 증오의 승리로서 체험되기 위해서는, 타자가 존재했다고 하는 확실한 인정이 포함되어 있다. 이때부터 당장 나의 대타존재는 과거로 미끄러져 들어가며, 나 자신의 회복할 길 없는 하나의 차원이 된다. 나의 대타존재는 그것이 있었던 것으로서, 내가 그것으로 있어야 하는 것이다. 따라서 나는 그런 나의 대타존재로부터 해방할 수 없을 것이다. 사람들은 이렇게 말할 것이다. 최소한 나는 현재에 그것으로부터 벗어나 있고, 미래에 나는 그것으로부터 벗어나 있을 것이라고 말이다. 하지만 그렇지 못하다. 한번 타자에게 있어 존재했던 자는 그 타자가 완전히 제거되었다고 해도 평생 자기의 존재 속에서 감염되어 있다. 그는 그의 존재의 하나의 끊임없는 가능성으로서 그의 대타존재의 차원을 파악하기를 그치지 않을 것이다. 그는 자기가 소외시킨 것을 만회할 수 없을 것이다. 그는 이 소외에 대해 작용하고, 또 그것을 자기 이익으로 전환하려는 희망까지도 완전히 잃어버렸다. 왜냐하면 파멸된 타인이 이 소외의 열쇠를 무덤 속으로 가지고 가 버렸기 때문이다. 내가 타인에게 있어 존재했던 것은 그의 죽음에 의해 응고되어 있다. 나는 회복할 길조차 없이 과거형으로 있을 것이다. 그리고 만일 내가 타인에 의해 판단된 그대로의 태도, 기투, 생활 방식 등을 내가 고집한다면, 나는 현재에도 마찬가지로 그것으로 있다. 타인의 죽음은 정확히 나 자신의 고유한 죽음과 마찬가지로 나를 회복할 수 없는 대상으로 구성한다. 이렇듯 증오의 승리는 그 출현 자체에서 실패로 바뀐다. 증오도 이 순환으로부터의 탈출을 허용하지 않는다. 증오는 단순히 궁극적인 시도, 절망적인 시도를 나타낼 뿐이다. 이 시도의 실패 후에 대자에게는 이 순환 속으로 다시 들어가는 일, 그리고 두 개의 기본적인 태도의 한쪽에서 다른 한쪽으로 무한정하게 왔다갔다 하도록 하는 방임 외에는 더 이상 남아 있지 않다.[116]

III. '함께-있는-존재(Mitsein)'와 '우리'

우리의 설명이 불완전하다고 지적하는 사람들이 분명 있을 것이다. 왜냐하면 이 설명이 타자와의 갈등에서가 아니라 오히려 타자와의 공동 속에서 우리를 발견하는 몇몇 구체적인 경험에 자리를 제공하지 않기 때문이다. 그리고 우리가 빈번히 "우리(nous)"라고 말하는 것은 사실이다. 이 문법적인 형태의 존재 자체와 그 사용은 필연적으로 함께-있는-존재에 대한 하나의 현실적인 경험을 가리킨다. "우리"는 주어일 수 있다. 그리고 이 형태 아래에서 "우리"는 "나(je)"의 복수형과 동일시된다. 그리고 분명 문법과 사고 사이의 평행은 많은 경우 대단히 의심스럽다. 아마도 이 문제를 전적으로 재검토해야 하며, 완

---

116 이런 고찰은 해방과 구제의 윤리 가능성을 배제하지는 않는다. 하지만 이 가능성에는 우리가 여기에서 말할 수 없는 하나의 근본적인 전회(conversion) 끝에 비로소 이를 수 있을 것이다. —원주.

전히 하나의 새로운 형태로 언어와 사고와의 관계를 연구해야 할 것이다. 하지만 주어로서의 "우리"는, 그것이 최소한 서로에 의해 동시적으로 주체성으로서 파악되는, 다시 말해 초월된-초월로서가 아니고 초월하는-초월로서 파악되는 다수의 주어라는 생각에 귀착하는 것이 아니라면, 이해될 수 있는 것 같아 보이지 않는 것도 여전한 사실이다. 만일 "우리"라는 단어가 하나의 바람 소리(flatus vocis)[117]가 될 수 없는 것이라면, 이 단어는 무한히 다양하고 가능한 경험을 포섭하는 하나의 개념이다. 이런 경험은 타자에게서의 나의 대상-존재의 체험이나, 또는 나에게 있어 타자의 대상-존재의 체험과 선험적으로 모순되는 것으로 보인다. 주어로서의 "우리" 속에서는 누구도 대상이 아니다. 우리에는 주체성으로서 서로서로 인정하는 복수의 주체성이 내포되어 있다. 그렇지만 이런 인정은 하나의 분명한 주장(thèse)의 대상이 되지 못한다.[118] 분명하게 정립되어 있는 것은 하나의 공동 행동 또는 하나의 공동 지각의 대상이다. "우리"는 저항한다. "우리"는 돌격을 개시한다. "우리"는 죄인을 단죄한다. 우리는 이런저런 광경을 본다. 이렇듯 주체성들에 대한 인정은 비조정적 의식의 그 자체에 의한 인정과 유비적(類比的)이다. 자세히 말하면, 이런 인정은 세계의 이런저런 광경을 조정적인 대상으로서 가지고 있는 비조정적 의식에 의해 측면적으로 행해져야 한다. 우리에 대한 가장 좋은 예는 연극 공연을 보고 있는 관객에 의해 제공할 수 있다. 이 관객의 의식은 그 상상적인 장면을

---

117 공허한 문구로 말하거나 말과 행동이 일치하지 않아 신뢰하기 어려운 사람을 가리키는 라틴어 표현.

118 하이데거가 주장하는 '함께-있는-존재'와 달리 인간실재의 원초적인 존재 방식이 '우리(nous)' 가 아니라는 주장을 의미한다. 사르트르에게 '우리'는 쌍생아적으로 우연히 이 세계에 출현하는 '나' 와 '너'가 만들어 가야[물론 이때의 '우리'는 '주체-우리(nous-sujet)'이다.], 또는 '제3자'의 시선 아래 놓임으로써 '나'와 '너'가 '우리' '대상-우리(nous-objet)'이다.]로 형성되는 것으로 이해된다.

파악하려고 전력을 다하며, 예견되는 도식에 따라 사건을 짐작하려고 상상적인 인물을 영웅, 배반자, 포로 등으로 제기한다. 그러면서도 이 관객의 의식은 관객으로 하여금 이 장면에 대한 의식을 만들고 있는 그 출현 자체에서 이 장면의 공동-관객으로 있음에 대한 의식으로 비조정적으로 구성된다. 사실 관객 각자는 반쯤 비어 있는 극장 안에서 우리를 죄어 대고 있는 뭐라 표현할 수 없는 답답함 또는 반대로 만원이 된 열광적인 극장 안에서 미쳐 날뛰며 점점 더 증폭하는 이 열광을 알고 있다. 게다가 주체-우리(nous-sujet)의 경험은 어떤 상황에서도 나타날 수 있음은 확실하다. 나는 지금 한 카페 테라스에 있다. 나는 다른 손님들을 관찰하고 있다. 그리고 나는 내가 관찰당하고 있는 것을 안다. 우리는 이 경우 타자와의 갈등이라는 가장 평범한 상태(나에게 있어 타인의 대상-존재, 타인에게 있어 나의 대상-존재)에 머물고 있다. 하지만 갑자기 거리에서 돌발 사건이 발생한다. 예컨대 삼륜차와 택시가 가볍게 충돌하는 사건이 발생했다고 하자. 당장에 내가 이 사건의 목격자가 되는 바로 그 순간 나는 하나의 우리 속에 구속된 것으로서 비조정적으로 나를 체험한다. 지금까지의 경쟁과 가벼운 갈등은 사라진다. 그리고 우리의 소재를 공급하는 의식들은 정확히 우리가 그 사건을 바라보고 있다. 우리 편을 든다고 말할 때의 모든 손님의 의식들이다. 예컨대 쥘 로맹이 『일체의 삶(La Vie unanime)』이나 또는 『라 빌레트의 백포도주(Le Vin blanc de La Villette)』에서 기술하려 한 것은 바로 이 일체주의(unanimisme)[119]이다. 우리는 거기에서 하이데거의 함께-있는-존재로 되돌아온다. 그렇다면 우리가 앞에서 이 개념을 비판하는

---

119 프랑스에서 20세기 초 일어난 문학 흐름으로, '위나니미슴'이라고도 한다. 소설가 쥘 로맹(Jules Romains, 1885~1972)이 주창했으며, 인간 집단은 어떤 일체적인 혼(魂)을 공유하고 있다는 입장에서서 개인을 초월한 사회나 시대를 대상으로 하는, 말하자면 집단 영혼을 추구하는 문학의 실천이다.

수고를 할 필요가 있었을까?[120]

　　다만 여기에서 우리에 대한 경험을 의심한다는 것은 생각지도 못한 것임을 지적하고자 한다. 우리는 이 경험이 타자에 대한 우리 의식의 근거가 될 수 없다는 점을 지적하는 데만 그쳤을 뿐이다. 사실 이 경험이 인간실재의 하나의 존재론적 구조를 구성할 수 없음은 분명하다. 우리는 앞에서 타인들의 한복판에서의 대자의 현실존재는 본래 형이상학적이고 우연적인 하나의 사실이라는 점을 증명했다. 게다가 우리는 하나의 상호 주체적인 의식이 아니라는 것도 분명하다. 또 우리가 사회학자들이 말하는 집단적 의식의 방식으로서 하나의 종합적인 전체로서 그 각 부분을 뛰어넘고 감싸는 하나의 새로운 존재도 아니라는 것 역시 분명하다. 우리는 하나의 개별적 의식에 의해 체험된다. 내가 테라스의 손님들과 함께 하나의 우리 속에 구속되어 있는 것으로 나를 체험하기 위해서는 테라스의 모든 손님이 우리로 존재하는 것을 반드시 의식해야 할 필요는 없다. 사람들은 대화의 평범한 도식을 알고 있다. "우리는 매우 불만입니다." "천만에요, 그런 말은 당신 혼자서나 하세요." 이런 말에는 우리라고 하는 방황하는 의식이 있다는 사실이 함축되어 있다. 그럼에도 이 상태로 있는 이 의식들은 완전히 정상적인 의식들인 것은 사실이다. 사정이 이렇다면, 하나의 의식이 하나의 우리 속에 구속되어 있음을 의식하기 위해서는, 이 의식과 공동 관계를 맺는 또 다른 의식들이 다른 어떤 방식에 의해 먼저 이 의식에 대해 주어져 있어야 할 필요가 있다. 다시 말해 다른 의식들이 초월하는-초월 또는 초월된-초월이라는 자격으로 말이다. 우리는 대타존재 일반을 근거로 특수한 경우에 일어나는 하나의 특수한 경

120　제3부 제1장 참조. —원주.

험이다. 대타존재(l'être-pour-l'autre)[타인에-대해-있는-존재]는 공타-존재(共他存在, l'être-avec-l'autre)[타인과-함께-있는-존재]에 앞서고 또 거기에 근거를 부여한다.

이외에도 우리를 연구하고자 하는 철학자는 미리부터 조심해야 하고 또 그가 무엇에 대해 이야기하는가를 알아야 한다. 사실 그저 하나의 주어-우리(un sujet-nous)가 존재하는 것은 아니다. 문법은 우리에게 하나의 보어-우리(une nous-complément)도 역시 존재한다는 것을 가르쳐 준다. 다시 말해 하나의 대상-우리(un nous-objet)도 존재한다. 그런데 지금까지 이야기한 것에 의하면 다음 사실은 쉽게 이해된다. 즉 "우리는 그들을 바라본다."라고 할 때의 우리는 "그들은 우리를 바라본다."라고 할 때의 우리와 동일한 존재론적 차원에 존재할 수 없다는 사실이 그것이다.[121] 여기에서는 주체성으로서의 (qua)[122] 주체성은 문제가 되지 않을 것이다. "그들은 나를 바라본다."라는 문장에서 내가 지시하고자 하는 것은 다음과 같다. 즉 내가 나를 타자에게서 대상으로서, 그리고 소외된 나로서, 그리고 초월된-초월로서 체험한다는 것이 그것이다. 만일 "그들은 우리를 바라본다."라는 이 문장이 하나의 현실적인 경험을 가리켜야 한다면, 이 경험에서 나는 내가 타인들과 함께 소외된 나들이라고 하는 초월된-초월들의 공동체 속에 구속되어 있음을 체험해야 한다. 여기에서 우리는 공동 대상-존재들(êtres-objets-en-commun)에 대한 하나의 경험을 가리킨다. 이렇게 해서 우리에 대한 경험에는 근본적으로 다른 두 형태

---

121   프랑스어 'nous'는 '우리'를 의미하는 1인칭 대명사 복수형으로, 주어로도 사용되고 또 '우리를'을 의미하는 직접목적보어로도 사용된다.

122   라틴어로 '……와 같은', '……로서의', '……만큼의'(프랑스어의 'comme', 'en tant que' 등에 해당)라는 의미를 가진 부사이다.

가 있다. 그리고 이 두 형태는 대자와 타인과의 기본적인 관계를 구성하는 바라보는-존재와 바라보여진-존재에 각각 정확히 대응한다. 우리가 이제 연구해야 할 것은 바로 우리의 이 두 형태에 대해서이다.

A) 대상-"우리"

우리는 이 두 개의 경험 중에서 제2의 경험을 검토하는 것으로부터 시작할 것이다. 사실 이 제2의 경험의 의미를 파악하는 것이 더 쉽다. 아마도 이 제2의 경험은 우리가 제1의 경험을 연구하기 위한 길에 접근하는 데 도움이 될 것이다. 먼저 대상-우리는 우리를 세계 속으로 내던진다는 사실을 지적해야 한다. 우리는 수치심에 의해 하나의 공동적인 소외로서 대상-우리를 체험한다. 이것은 갤리선의 죄수들이 분노와 수치심으로 숨이 막힌다는 의미심장한 일화가 잘 보여 주고 있다. 왜냐하면 잘 차려입은 한 아름다운 여인이 죄수들의 누더기, 그들의 고역, 그들의 비참함을 보기 위해 배 안을 찾아왔기 때문이다. 여기에서는 당연히 하나의 공동의 수치심과 하나의 공동의 소외가 문제가 된다. 그렇다면 타인들과 공동으로 자기를 대상으로 체험하는 것이 어떻게 가능할 것인가? 이것을 알기 위해서는 우리의 대타존재의 기본적인 특징으로 되돌아가야 한다.

우리는 지금까지 홀로 있는 타인의 면전에 내가 혼자 있는 단순한 경우를 고려했다. 이 경우 내가 그를 바라보거나 또는 그가 나를 바라보거나이다. 나는 그의 초월을 초월하려고 시도한다. 또는 나는 나의 초월을 초월된-초월로 체험하고, 나의 가능성을 죽은-가능성으로 느낀다. 우리는 한 쌍을 이룬다. 우리는 상호적인 상황 속에 있다. 하지만 이 상황은 두 사람 중 어느 한쪽에 대해서만 대상적인 존재를 지닐 뿐이다. 사실 우리의 상호적인 관계의 이면은 없다. 다만 우리는 우리의 기술에서 다음과 같은 사실을 고려하지 않았다. 타인과 나의 관계가 모든 타인에 대한 나의 관계, 그리고 모든 타인에 대한 그의 관계라는 무한한 배경 위에서 나타난다고 하는 사실이 그것이다. 다시 말해 의식들의 준-총체성의 관계라는 무한 배경 위에서라는 사실을 말이다. 하지만 이 사실만으로 내가 방금 전에 나의 대타존재의 근거로 체험하고 있던 그 타인과 나의 관계 또는 나와 그 타인과의 관계는, 매 순간에 그리고 개입하는 동기에 따라 타인들에게 있어 대상으로 체험할 수 있다. 이것은 한 명의 제3자의 출현의 경우 명백히 나타나게 될 것이다. 예컨대 타인이 나를 바라본다고 가정해 보자. 그 순간 나는 나를 완전히 소외된 것으로 체험한다. 그리고 나는 나를 소외된 것으로 떠맡는다. 이때 제3자들이 갑자기 나타난다. 만일 이 제3자들이 나를 바라본다면, 나는 그들(Les)을 나의 소외를 통해 공동으로 그들(Eux) (주체-그들)로 체험한다. 잘 알고 있듯이, 이 "그들"은 사람들 쪽으로 향한다. 이 "그들"은 내가 바라보여진다는 사실에 아무런 변화도 주지 않는다. 이 "그들"은 나의 근원적인 소외를 전혀 — 또는 거의 — 강화하지 않는다. 하지만 만일 제3자가 나를 바라보는 타인[제2자][123]을 바라본다면, 문제는 좀 더 복잡해진다. 사실 나는 제3자를 직접적이 아니라 (이 제3자에 의해) 바라보여진-타인이 되는 타인[제2자] 위에서 파악할 수 있다. 이렇듯 제3자의 초월은 나를 초월하는 초월을 초월한다. 그리고 이것을 통해 제3자의 초월은 나를 초월하는 초월을 무장해제하는 데 기여한다. 이렇게 해서 여기에 곧 분해될 하나의 중간 상

---

123 '제3자'가 '나'와 '타인' 사이에 출현한다는 사실을 고려해, 타인을 '제2자'로 여기는 것이 사르트르의 '우리-주체'와 '대상-주체' 개념을 좀 더 쉽게 이해할 수 있다고 판단해, '제2자'라는 표현을 [ ]에 넣어 보완한다.

태가 구성된다. 그리고 이때 나는 제3자와 동맹을 맺어 타인[제2자]을 바라보며, 그 결과 타인이 우리의 대상(notre objet)으로 바뀔 — 이때 나는 주체-우리를 경험하는데, 이 점에 대해서는 뒤에서 말할 것이다 — 수도 있다. 또는 나는 제3자를 바라보고, 또 이렇게 해서 타인[제2자]을 초월하는 제3자의 초월을 내가 초월할 수도 있다. 이 경우 제3자는 나의 우주에서 대상이 되며, 그의 가능성은 죽은-가능성이다. 이 제3자는 타인으로부터 나를 해방할 수가 없을 것이다. 그렇지만 이 제3자는 나를 바라보는 타인[제2자]을 바라본다. 그로부터 우리가 미확정적이고 끝나지 않았다고 부르게 될 하나의 상황이 발생한다. 왜냐하면 나는 타인[제2자]에게 있어 대상이고, 이 제2자는 제3자에게 있어 대상이며, 제3자는 나에게 있어 대상이기 때문이다. 오직 자유만이 이 관계의 한쪽이나 다른 한쪽에 의지하면서 이 상황에 하나의 구조를 줄 수 있다.

하지만 또한 내가 바라보는 자[제2자]를 제3자가 바라볼 수도 있다. 이 경우 나는 그들 모두를 바라볼 수 있고, 이렇게 해서 나는 제3자의 시선을 무장해제할 수 있다. 이때 제3자와 타인[제2자]은 나에게 대상-그들(Eux-objets)로 나타날 것이다. 나는 또한 타인[제2자] 위에서 제3자의 시선을 파악할 수도 있다. 이것은 내가 제3자를 보지 않고서도 타자[제2자]의 행위 위에서 그가 바라보여지고 있음을 그 자신이 알고 있는 것으로 파악하는 한에서 그렇다. 이 경우 나는 타인[제2자] 위에서, 그리고 타인[제2자]에 대해서 제3자의 초월하는 초월을 체험한다. 나는 제3자의 이 초월을 타인[제2자]의 철저하고도 절대적인 소외로 체험한다. 타인[제2자]은 나의 세계로부터 도망친다. 타인[제2자]은 더 이상 나에게 속하지 않는다. 타인[제2자]은 하나의 다른 초월에게 있어서의 [제3자의] 대상이다. 따라서 타인[제2자]

은 자기의 대상으로서의 성격을 상실하지는 않지만, 양의적이다. 타인[제2자]은 그의 고유한 초월에 의해서가 아니라 오히려 제3자의 초월에 의해서 나로부터 벗어난다. 내가 타인[제2자] 위에서, 그리고 그에 대해서 무엇을 파악할 수 있든지 간에, 그는 지금 항상 타인이다. 그를 지각하고, 그를 생각하기 위한 제3자들의 숫자만큼 그는 타인이다. 이 타인[제2자]을 다시 내 것으로 하기 위해 나는 제3자를 바라보아야 하며, 또 나는 이 제3자에게 대상성을 부여해야 한다. 한편으로 이것이 항상 가능한 것은 아니다. 그리고 다른 한편으로 이 제3자자신은 또 다른 제3자에 의해 바라보여질 수도 있다. 다시 말해 이 제3자는 내가 보고 있는 이 제3자와 무한히 다를 수 있다. 이로부터 대상-타인의 근원적인 불안정이 생기며, 또 이 대상 존재[제2자]를 또다시 자기 것으로 만들려는 대자의 무한한 경주가 생긴다. 앞에서 살펴본 것처럼, 연인들이 자기들끼리만 있고자 하는 이유가 바로 그것이다. 나는 타인[제2자]을 바라보고 있는 동안에 내가 제3자에 의해 바라보여지고 있음을 체험할 수 있다. 이 경우 나는 내가 타인[제2자]의 소외를 정립시키는 바로 그 시간에 나의 소외를 비정립적으로 체험한다. 나는 타인[제2자]을 도구로 이용할 수 있는 나의 가능성을 죽은-가능성으로 체험한다. 그리고 나 자신의 고유한 목적을 향해서 타인[제2자]을 초월하려고 준비하는 나의 초월은 초월된-초월로 다시 떨어진다. 나는 손을 놓는다.[124] 이 이유로 타인[제2자]이 주체가 되는 것은 아니다. 하지만 나는 대상성을 위한 것으로 규정되었다고 더 이상 느끼지 않는다. 타인[제2자]은 한 명의 중립자가 된다. 단순히 그저 거기에 존재하는 무엇인가, 또 내가 그것으로 아무것도 할 수 없

---

124 원문은 'Je lâche prise'로, '포기하다', '단념하다', '손을 놓다' 등의 의미를 가진다. 여기에서는 제3자의 출현으로 인해 내가 바라보고 있는 타인에 대한 지배력, 곧 주체의 지위를 상실한다는 의미이다.

는 무엇인가가 되는 것이다. 예컨대 이런 경우이다. 즉 내가 어떤 약한 자를 때리며 창피를 주다가 갑자기 내가 누군가에게 들킨 경우가 그렇다. 이 제3자의 출현은 나를 "갈고리에서 벗긴다(décroche)."[125] 그 약한 자는 더 이상 "때려야 할" 자도 "창피를 주어야 할" 자도 아니다. 그는 이미 단순한 존재 외의 아무것도 아니다. 더 이상 아무것도 아니므로 그는 이미 "한 명의 약한 자"도 아니다. 또는 그가 약한 자가 다시 된다면, 그것은 제3자를 통해서일 것이다. 나는 제3자로부터 그가 한 명의 약한 자였음을 알게 될 것이다("너는 부끄럽지 않느냐, 약한 자를 괴롭히다니" 등). 약한 자라고 하는 성질은 내 눈앞에서 제3자에 의해 그에게 주어질 것이다. 약한 자라는 그 성질은 이미 나의 세계 일부를 이루고 있지 않을 것이다. 그 성질은 오히려 내가 그 약한 자와 함께 제3자에게 있어 존재하는 우주의 일부를 이룰 것이다.

이것은 결국 우리를 우리가 관심을 가지고 있는 경우로 이끈다. 내가 타인과 더불어 갈등에 구속되어 있는 경우가 그것이다. 제3자는 갑자기 와서 그의 시선으로 우리 두 사람을 감싼다. 나는 이것과 관련해서 나의 소외와 나의 대상성을 체험한다. 나는 타자에게 있어 바깥에 "나의 것"이 아닌 하나의 세계 한복판에 있는 대상으로 존재한다. 하지만 내가 바라보고 있었거나 또는 나를 바라보고 있는 타인[제2자]도 그와 똑같은 변화를 겪는다. 그리고 나는 이 타인[제2자]의 변화를 내가 체험하는 변화와 동시적으로 발견한다. 타인[제2자]은 제3자의 세계 한복판에 있는 대상이다. 게다가 이 대상성은 내가

---

125 'décrocher'는 '떼어 내다', '벗기다', '수화기를 들다' 등의 의미를 가진 타동사이다. 여기에서는 어떤 상황, 가령 내가 타자를 바라보고, 그를 때리며 괴롭히면서 '약한 자'로 규정하고 있는 상황이 '제3자'의 출현에 의해 해체되고 와해되며, 따라서 타자에 대한 나의 힘이 사라짐을 의미하는 것으로 보인다. 그러니까 제3자에 의해 타자를 때리고 괴롭히는 나의 모든 시도가 방해를 받으면서 그 의미를 상실하는 것이다.

겪는 변화와 병행할 수 있는 그의 존재의 단순한 변화가 아니다. 오히려 내가 존재하고 또 타인[제2자]이 발견되는 상황의 전체적인 변화 속에서 두 개의 대상성이 나와 타인[제2자]에게 오는 것이다. 제3자의 시선 이전에는 타인[제2자]의 가능성에 의해 둘러싸인 하나의 상황이 있고, 그곳에 내가 도구의 자격으로 존재하고 있었다. 그리고 제3자의 시선 이전에는 나 자신의 가능성에 의해 둘러싸이고, 또 타인[제2자]을 포함하고 있는 하나의 뒤집힌 상황이 있었다. 이 두 개의 상황은 각각 다른 쪽 상황의 죽음이었다. 그리고 우리는 하나의 상황을 대상화하면서만 다른 하나의 상황을 파악할 수 있을 뿐이었다. 그런데 제3자의 출현으로 나는 나의 가능성이 소외됨을 체험함과 동시에 나는 타인[제2자]의 가능성이 죽은 가능성임을 발견한다. 그렇다고 이 상황이 사라지는 것은 아니다. 오히려 이 상황은 나의 세계 밖으로, 또 타인[제2자]의 세계 밖으로 도피한다. 이 상황은 제3자의 세계 한복판에 대상적인 형태로 구성된다. 이 제3자의 세계에서 이 상황은 보이고, 판단되고, 초월되며, 이용된다. 하지만 이와 동시에 이 두 개의 반대되는 상황의 평준화가 이루어진다. 거기에는 나로부터 타인[제2자]을 향한 또는 거꾸로 타인[제2자]으로부터 나로 향한 우위의 구조는 더 이상 존재하지 않는다. 왜냐하면 우리의 가능성은 타인[제2자]의 경우와 마찬가지로 제3자에게 있어서도 죽은 가능성이기 때문이다. 이것은 내가 제3자의 세계에서 하나의 대상적인 형태-상황의 존재를 갑자기 체험하게 됨을 의미한다. 그런데 이 제3자의 세계에서 타인[제2자]과 나인 우리는 등가적이고 연대적인(équivalentes et solidaires) 구조의 자격으로 나타난다. 이 대상적 상황에서 갈등(나와 타인[제2자] 사이의)은 우리의 초월의 자유로운 출현에서 생기는 것이 아니다. 오히려 갈등은 우리를 규정하고 또 우리를 서로 붙잡아 두는 하나의 사실적 소여로서 제3자에 의해 확인되고 또 초월된다. 타인[제2자]이 나를 때릴 수 있는 가능성과 내가 나를 방어할 수 있는 가능성은 서로 배타적이기는커녕, 제3자에게 있어서는 죽은 가능성의 자격으로 서로 보충해 주고 또 서로 유혹하고 서로를 포함한다. 이것이 정확히 내가 인식하지 않은 채 비조정적인 자격으로 체험하는 것이다. 이렇듯 내가 체험하는 것은 하나의 외부-존재이며, 나는 이 외부-존재에서 타인[제2자]과 함께 분해되지 않는 하나의 대상적인 전체로 조직되어 있다. 이런 전체에서 나는 이미 근원적으로 타인[제2자]과 더 이상 구분되지 않는다. 오히려 나는 타인[제2자]과 연대적으로 협력해 이 전체를 구성한다. 그리고 내가 제3자에게 있어 나의 외부-존재를 원칙적으로 떠맡는 한에서, 나는 이와 마찬가지로 타인[제2자]의 외부-존재도 떠맡아야 한다. 내가 떠맡는 것은 등가적인 공동체이며, 이 등가적인 공동체에 의해 나는 내가 타인[제2자]과 협력해 구성하는 하나의 형태 속에 구속된 자로 존재한다. 한마디로 말해 나는 외부에, 타인[제2자] 속에 구속된 자로 나를 떠맡는 것이며, 또 나는 외부에, 내 안에 구속된 자로서의 타인[제2자]을 떠맡는다. 그리고 대상-우리에 대한 체험은 바로 내가 파악하지 못한 채 내 앞에 가지고 있는 이 구속을 근본적으로 떠맡는 것이며, 또 나의 책임이 타인[제2자]의 책임을 포함하는 한에서 나의 책임을 자유롭게 인정하는 것이다. 이렇듯 대상-우리는, 예컨대 우리의 나에 대한 인식이 반성에 의해 우리에게 주어진다는 의미에서는, 결코 인식되지 않는다. 또 이를테면 서로 반감을 일으키는 것, 증오해야 하는 것, 방해가 되는 것 등과 같은 하나의 구체적인 대상이 하나의 감정에 의해 우리에게 계시된다는 의미에서는, 대상-우리는 결코 느껴지지 않는다. 또 대상-우리는 단순히 체험되기만 하는 것도 아니다. 왜냐하면 체험되는 것은 타인[제2자]과의 단순한 연대적 상황이기 때문이다. 대상-우리는 내가 이 상황을 스스로 떠맡음으로써만 드러날 뿐이다. 다시 말해 대상-우리는, 내가 떠맡는 나의 자유의 중심에서 상황의 내적 상호성 때문에, 타인[제2자] 역시 떠맡아야 한다는 내가 처해 있는 그 필연성에 의해서만 드러날 뿐이다. 이렇게 해서 나는 제3자가 부재하는 경우, "나는 타인[제2자]에 맞서 대항한다."라고 말할 수 있다. 하지만 제3자가 나타나자마자 바로 타인[제2자]의 가능성과 나 자신의 고유한 가능성은 죽은-가능성으로 평준화되기 때문에, 이 관계는 상호적이다. 그리고 나는 "우리는 서로를 때린다."는 것을 체험하도록 강요당한다. 사실 "나는 그를 때린다. 그리고 그는 나를 때린다." 라고 하는 표현은 분명 불충분하다. 실제로는 그가 나를 때리기 때문에 내가 그를 때리고, 또 반대로 내가 그를 때리기 때문에 그가 나를 때리는 것이다. 싸움의 시도는 나의 정신 속에서와 마찬가지로 그의 정신 속에서도 싹트고 있었다. 그리고 제3자에게서 이 싸움의 시도는 그가 자기의 시선으로 에워싸고 있는 이 대상-우리에게 공통된 하나의 유일한 시도 속에서 통일된다. 그리고 이 대상-그들은 이 "그들"의 통일적인 종합을 구성하기까지 한다. 따라서 내가 나를 떠맡아야 하는 것은 바로 "그들"의 통합적인 부분으로서의 제3자에 의해 내가 파악되고 있는 한에서이다. 그리고 하나의 주체성에 의해 자기의 대타-의미로서 떠맡겨진 이 "그들"이 우리가 된다. 반성적 의식은 이 우리를 파악할 수 없을 것이다. 이와 반대로 반성적 의식의 출현은 우리의 붕괴와 일치한다. 대자는 자기를 해방하고 그 자신의 자기성을 타인들에게 대립시킨다. 사실 대상-우리에의 귀속(appartenance)은 원래 대자의 한층 더 철저한 소외로 느껴진다고 생각해야 한다. 왜냐하면 이 경우 대자는 단지 타자에게서 자기가 그것으로 있는 것을 떠맡도록 강요당할 뿐 아니라, 또한 자신이 그 통합 부분을 이루고 있기는 하지만, 자기가 그것으로 있지 않은 하나의 총체성을 떠맡도록 강요당하기 때문이다. 이 의미에서 우리는 타인들 사이에 구속된 것으로서의 인간 조건을, 이 조건이 객관적으로 확인된 하나의 사실인 한에서, 갑자기 체험하는 일이다. 대상-우리는, 이것이 구체적인 연대성의 기회에 체험된다고 해도, 또 이런 연대성 위에 집중된다고 해도(정확히 우리가 서로 싸우고 있는 중에 갑자기 들켰기 때문에 나는 수치침을 느낄수 있다.), 하나의 의미를 갖는다. 그런데 이 의미는 대상-우리가 체험되는 개별적인 사정을 뛰어넘으며, 또 이와 마찬가지로 대상으로 파악된 인간적 총체성(totalité humaine)(제3자의 순수 의식을 제외하고)에 대한 대상으로서의 나의 소속을 감싸안는 것을 겨냥한다. 따라서 대상-우리는 굴욕감과 무기력의 경험에 상응한다. 다른 사람들과 함께 하나의 우리를 구성하는 것으로 자기를 체험하는 사람은 무한한 낯선 존재들 사이에서 끈끈이 붙어 있음을 느낀다. 그는 철저하게 어찌해 볼 도리 없이 소외되어 있다.

상황들은 경우에 따라 우리에 대한 체험을 불러일으키는 데 좀 더 적절한 것처럼 보인다. 특히 공동의 노동이 그렇다. 여러 사람이 연대적으로 하나의 같은 물품을 제작하고 있는 동안, 그들이 제3자에 의해 파악된 자들로서 자신들을 체험한다면, 그 제품의 의미 자체는 하나의 우리로서의 제작하는 집단을 가리킨다. 내가 행하는 동작은, 그리고 이루어져야 할 조립에 의해 요구되고 있는 동작은, 나의 이웃 사람의 이런저런 행동에 의해 선행되고 있는 한에서만, 그리고 이런저런 다른 노동자의 이런저런 다른 동작에 의해 이어지는 한에서만 의미를 가질 뿐이다. 이로부터 좀 더 접근하기 쉬운 "우리"의 한 형태가 생겨난다. 왜냐하면 노동자들이 대상-우리를 가리키는 것은 물품 그 자체의 요구이며, 또 그 물품의 역행률로서의 잠재성이기 때문이다. 따라서 우리는 "창조해야 할" 하나의 대상을 통해 우리의 자격으로 파악된 것으로서의 우리 자신을 체험한다. 물질성은 우리의 연대적인 공동체 위에 도장을 찍는다. 그리고 우리는 어떤 목적에 의해 지정된 위치를 각각 담당하고 있는 각개의 수단의 도구적이고 기술적인 하나의 배치로 나타난다. 하지만 몇몇 상황이 이렇게 우리의 출현에 경험적으로 좀 더 유리하게 보인다고 해도, 모든 인간적인 상황은 타인들 속에서의 자기 구속이므로, 제3자가 거기에 나타나자마자 이런 상황이 우리로서 체험됨을 결코 간과해서는 안 된다. 만일 내가 등밖에 볼 수 없는 한 남자의 뒤에서 거리를 걷고 있다면, 나는 이 남자와 더불어 사람들이 생각할 수 있는 최소한의 기술적이고 실천적인 관계를 맺게 된다. 그렇지만 내가 이 남자와 우리라는 연대성에 의해 연결되기 위해서는 한 명의 제3자가 나를 바라보고, 거리를 바라보고, 이 남자를 바라보는 것으로 충분하다. 예컨대 7월의 어느 날 아침 우리는 블로메가(街)를 앞뒤에서 뚜벅뚜벅 걷고 있다. 거기에는 항상 하나의 관점이 있고, 이 관점으로부터 여러 대자가 하나의 시선에 의해 우리 속에 결합될 수 있다. 하지만 반대로 시선은 타인에게 있어서의 나의 존재라는 근원적인 사실의 구체적인 나타남에 불과한 것과 마찬가지이다. 따라서 나는 하나의 시선의 개별적이고 전적인 출현 밖에서 타인에게 있어 존재하는 것으로 나 자신을 체험하는 것과 마찬가지로, 우리가 외부에 하나의 우리 속에 통합된 것으로서 우리 자신을 체험할 수 있기 위해 반드시 하나의 구체적인 시선이 우리를 응고시키고 또 우리를 관통해야 할 필요는 없다. 어떤 다수의 개인이 그 나머지 인간들 전체 또는 부분에 대해 자신들을 우리로 체험하기 위해서는, 이 인간들이 "뼈와 살을 가진 모습으로" 현전하기 위해서는, 또 그들이 실재하지만 부재하기 위해서는, "인류"라고 하는 총체분해적-총체성이 존재하는 것만으로 충분하다. 이렇듯 나는 언제나 제3자의 현전에서 또는 제3자의 부재에서 나를 순수한 자기성으로 또는 하나의 우리에 통합된 것으로 파악할 수 있다. 이것은 우리를 어떤 특수한 우리, 특히 "계급 의식"이라고 불리는 우리에게로 인도한다. 분명 계급 의식은 보통 때보다도 더 뚜렷하게 구조화된 하나의 집단적 상황이 나타나는 기회에 하나의 특수한 우리를 떠맡는 것이다. 여기에서 이 상황을 규정하는 것은 우리에게 별로 중요하지 않다. 단지 우리에게 흥미로운 것은 떠맡아진 우리의 본성이다. 만일 하나의 사회가 경제적·정치적 구조로 인해 피억압 계급과 억압 계급으로 나누어져 있다면, 억압 계급의 상황은 피억압 계급에게 이 두 계급을 주시하고 또 자기의 자유에 의해 이 두 계급을 초월하는 끊임없는 제3자의 이미지를 제공한다. 피억압 집단을 계급으로 구성하는 것은 결코 노동의 고됨, 생활수준의 낮음, 또는 견디고 참아 온 괴로움이 아니다. 사실 노동의 연대성은 — 우리는 그것을 다음 절에서 살펴보겠지만 — 노동 집단을 "주체-우리"로 구성할 수 있을 것이다. 이 노동 집단이 — 게다가 사물들의 역행률이 어떤 것이든 — 그 자신의 고유한 목적을 향해 세계 내적인 대상을 초월하는 집단으로 자기를 체험하는 한에서 그렇다. 생활수준은 완전히 상대적이고, 또 사정에 따라 다르게 평가될 것이다(생활수준은 감내할 수 있고, 받아들여질 수 있고, 또는 하나의 공동 이상의 이름으로 요구될 수도 있을 것이다). 참아 낸 고통은, 만일 사람들이 그것을 그 자체만으로 고려한다면, 고통을 참아 내고 있는 사람들을 단결시키기보다는 오히려 그들을 고립시키는 결과를 낳는다. 이런 고통은 일반적으로 갈등의 원천이 된다. 마지막으로 피억압 집단의 구성원들이 자신들의 조건의 가혹함과 억압 계급이 누리는 특권 사이에 이루어질 수 있는 단순한 비교는 결코 하나의 계급 의식을 구성하기에 충분하지 못할 것이다. 기껏해야 이런 비교는 개인 적인 질투나 개별적인 절망을 낳을 것이다. 이런 비교는 통일할 가능 성을 지니지 않고, 또 각자에게 통일을 받아들이게 할 가능성도 지니 지 않는다. 하지만 이런 성격들의 총체는, 그것이 피억압 계급의 조건 을 구성하는 한에서, 단순히 감내하거나 받아들여지는 것이 아니다. 그렇지만 이런 총체가 억압 계급이 부과한 것으로 피억압 계급에 의 해 근원적으로 파악된 것이라고 말하는 것은 마찬가지로 잘못일 것 이다. 이와 반대로 억압에 대한 하나의 이론을 정립하고 보급하기 위 해서는 오랜 시간이 필요하다. 게다가 이런 이론은 설명적인 가치밖에 는 갖지 못한다. 원초적인 사실은 다음과 같다. 피억압 집단의 구성원 은 단순한 개인인 한에서 이 집단의 다른 구성원들과의 근본적인 갈 등(사랑, 증오, 이해관계의 대립 등)에 구속되어 있음에도, 자기의 조건과 이 집단의 다른 구성원들의 조건을 자기에게서 벗어나는 의식들에 의해 바라보이고 또 생각되는 것으로 파악한다는 것이 그것이다. "주 인", "봉건영주", "부르주아" 또는 "자본가"는 단지 명령을 내리는 권력 자로서 나타날 뿐 아니라, 또한 무엇보다도 먼저 제3자들로 나타난다. 다시 말해 피억압 공동체 외부에 존재하는, 그리고 이 공동체가 자신 들을 위해 존재하는 자들로서 나타난다. 따라서 피억압 계급의 실재 가 존재하는 것은 바로 이 제3자들에 대해서이고, 그리고 이 제3자들 의 자유 속에서이다. 이 제3자들은 자신들의 시선에 의해 피억압 계급 을 태어나게 한다. 나의 조건과 억압당하는 타인들의 동일성이 드러 나는 것은 바로 이 제3자들에 대해서이고, 그리고 이 제3자들에 의 해서이다. 내가 억압당하는 타인들과 함께 조직된 상황에 존재하는 것은, 그리고 죽은 가능성으로서의 나의 가능성이 억압당하는 타인들의 가능성과 엄밀히 등가인 것은 바로 이 제3자들에게 있어서이다. 내가 한 명의 노동자인 것은 바로 이 제3자들에게 있어서이다. 그리고 내가 다른 노동자들 중 한 명으로서 나를 체험하는 것은 바로 시선-타자로서의 이 제3자들의 드러남에 의해서, 그리고 이 제3자들의 드러남 속에서이다. 이것은 내가 통합되어 있는 우리나 "계급"을 외부에서, 이 제3자들의 시선 속에서 발견함을 의미한다. 내가 "우리"라고 말하면서 떠맡게 되는 것은 바로 이 집단적 소외이다. 이런 관점에서 본다면 제3자의 특권과 "우리의" 짐, "우리의" 비참은 먼저 하나의 의미로서의 가치만을 가질 뿐이다. 이것들은 우리에 대한 제3자의 독립을 의미한다. 그것들은 우리의 소외를 우리에게 더 명료하게 보여 준다. 그렇지만 이것들 역시 인내된 것이며, 특히 우리의 노동, 우리의 피로 역시 겪어진 것이기 때문에, 내가 나의 사물의-총체성-속에-구속된-사물로서-바라보여진-존재를 체험하는 것은 바로 이 겪어진-아픔을 통해서이다. 내가 타인들과 함께 제3자에 의해 집단적으로 파악되는 것은 바로 나의 아픔으로부터 또 나의 비참으로부터 출발해서이다. 다시 말해 세계의 역경으로부터 출발해서이고, 나의 조건의 사실성으로부터 출발해서이다. 제3자가 없다면, 세계의 역경이 어떤 것이든, 나는 승리를 구가하는 초월로 나를 파악할 것이다. 제3자의 출현과 함께 나는 사물로부터 출발해서 파악된 것으로서, 또 세계에 의해 정복된 사물로서 우리를 체험한다. 이렇게 해서 피억압 계급은 자기 계급의 통일을 억압 계급이 이 피억압 계급에 대해 지니고 있는 인식 속에서 발견하게 된다. 피억압자에게서 계급 의식의 출현은 수치심 속에서 대상-우리를 떠맡는 것에 대응한다. 우리는 다음 절에서 억압 계급에 속하는 한 명의 구성원에게 있어 "계급 의식"이 어떤 것인지를 살펴보게 될 것이다. 어쨌든 여기에서 우리에게 중요한 것은,

그리고 방금 우리가 선택한 예에서 잘 알 수 있듯이, 이 대상-우리에 대한 체험에는 대타존재의 체험이 전제되어 있으며, 전자의 체험은 후자의 체험의 더 복잡한 하나의 양상일 뿐이라는 사실이다. 따라서 대상-우리의 체험은 특수한 경우의 자격으로, 앞에서 우리가 했던 기술 범위에 포함된다. 게다가 대상-우리의 체험은 그 자체 안에 하나의 와해의 힘을 포함하고 있다. 왜냐하면 그것이 수치심에 의해 체험되기 때문이고, 또 대자가 제3자의 면전에서 자신의 자기성을 요구하고, 또 그가 제3자를 쳐다보자마자 우리가 무너지기 때문이다. 또한 이 자기성의 개별적인 요구는 대상-우리를 제거하기 위한 가능한 여러 방법 중 하나에 불과할 뿐이다. 그런데 예컨대 계급 의식과 같이 튼튼하게 구조화된 몇몇 경우에서 우리를 떠맡는 것에는, 이미 자기성의 개별적인 탈환에 의해 우리로부터 자기를 해방하는 것이 아니라, 오히려 이 우리를 주체-우리로 변화시킴으로써 우리를 완전히 이 대상성에서 해방하고자 하는 시도가 포함되어 있다. 결국 여기에서 문제가 되는 것은 이미 서술한 바 있는 바라보는 자를 바라보인 자로 변화시키는 시도의 하나의 변종이다. 그런데 이것은 대타의 두 개의 주요 기본적인 태도 중 하나로부터 또 다른 하나로 넘어가는 통상적인 이행이다. 사실 피억압 계급은 억압 계급에 대해서만, 또 억압 계급을 희생시키면서만, 다시 말해 피억압 계급은 이번에는 억압 계급을 "대상-그들"로 변화시키면서만, 주체-우리로서 자기를 긍정할 수 있을 뿐이다. 다만 이 경우 계급 속에 대상적으로 구속되어 있는 개인은 자신의 돌아보기(retournement)의 시도 속에서, 그리고 이 돌아보기의 시도에 의해서 그 계급 전체를 끌고 가는 것을 겨냥한다. 이 의미에서 대상-우리의 체험은 주체-우리에 대한 체험을 가리킨다. 이 것은 마치 나의 대타-대상 존재의 체험이 나에게-있어-타자의-대상-존재의 경험을 나에게 가리키는 것과 같다. 이와 마찬가지로 우리는 "군중심리"라고 부르는 것 속에서 사랑의 특수한 형태인 집단적 열광(불랑제주의[126] 등)을 발견할 것이다. 이때 우리라고 말하는 사람은 군중 속에서 사랑의 근원적인 기도를 되찾는다. 하지만 이것은 이미 자기의 고유한 책임에서가 아니다. 이 사람은 제3자에게 다음과 같은 것을 요구한다. 제3자가 집단에게 자기의 자유를 희생하면서 집단 전체를 그 대상성 자체 속에서 구제하는 것이 그렇다. 여기에서도 앞에서와 마찬가지로 실망한 사랑은 마조히즘으로 이어진다. 이것은 집단이 스스로 노예 상태로 뛰어들어 대상으로 취급되는 것을 요구하는 경우에 볼 수 있다. 이 경우에도 문제가 되는 것은 역시 군중 속에서 인간들의 개별적인 수많은 기투이다. 군중은 지도자나 연설자의 시선에 의해 군중으로 구성되었다. 군중의 통일은 하나의 대상-통일이며, 군중의 구성원 각자는 군중을 지배하는 제3자의 시선 속에서 이 대상-통일을 읽는다. 그리고 이때 각자는 이 대상성 속에서 자기를 상실하고자 기투하며, 이미 그 지도자의 수중에서 하나의 도구에 불과한 존재가 되기 위해 자기의 자기성을 완전히 포기하고자 기투한다. 하지만 각자가 거기에 녹아들어 가려고 하는 이 도구는 이미 그의 단순한 개인적인 대타가 아니고 군중-대상적-총체성(la totalité-

---

126 '불랑제주의(boulangisme)'는 19세기 후반에 프랑스의 제3공화국을 위협한 정치 운동으로, 그 이름은 군인 조르주 불랑제(Georges Boulanger, 1837~1891)에서 유래했다. 불랑제는 1870년 보불전쟁에서 패배한 후, 파리를 비롯한 도시의 노동자 계층과 농촌의 전통주의적 가톨릭교도, 왕당파들을 규합해 프러시아에 대한 복수를 해야 한다는 '공격적 국민주의'를 표방했다. 이렇듯 불랑제주의는 '복수주의'로 일컬어지며, 불랑제도 '복수 장군(Général Revanche)'이라는 별명을 얻기도 했다. 한때 민중의 열광적인 지지를 받았던 불랑제는 1889년 9월 선거에서 대패했고, 그 이후 그의 정치적 영향력은 급속히 줄어들었으며, 이에 비례해 불랑제주의 역시 소멸되었다. 이후 프랑스 정국은 기회주의적 공화주의자들에 의해 주도되었다. 그 결과, 프랑스의 보수주의, 왕당파주의는 심하게 위축되었고, 1940년 비시 정권이 출범하기 전까지 거의 유명무실해졌다.

objective-foule)이다. 군중의 거대한 물질성과 그 심오한 실재성(비록 그것들이 단지 체험되는 것일지라도)은 구성원 각자에게는 매혹적이다. 그들 각자는 지도자의 시선에 의해 도구-군중 속에 빠져 헤어나지 못하게 되기를 요구한다.[127]

　여러 다른 경우에서 우리는 항상 대상-우리는 하나의 구체적인 상황으로부터 출발해서, 그러니까 "인류"라고 하는 탈총체적-총체성의 일부분이 다른 부분을 배제하고 그 속에 빠져 있는 상황으로부터 출발해서 구성됨을 보았다. 우리는 타인들의 눈에 대해서만 우리로 있을 뿐이다. 우리가 우리를 우리로서 떠맡는 것은 타인들의 시선으로부터 출발해서이다. 하지만 거기에는 대자가 자기 자신과 또 다른 모든 대자와의 절대적인 총체화를 향한 하나의 추상적이고도 실현 불가능한 기투가 존재할 수 있다는 사실이 함축되어 있다. 인간적 총체성을 회복하고자 하는 이런 노력은 원칙상 인류와는 별개의 어떤 자의 존재, 그러니까 그자의 눈에는 인류 전체가 대상으로 있는 제3자의 존재를 내세움 없이는 이루어질 수 없다. 이 실현 불가능한 제3자는 단지 이타성의 한계 개념의 대상이다. 그것은 모든 가능한 집단에 대해 제3자가 되는 것이고, 그것은 어떤 경우에도 그 어떤 인간적 집단과 공동 관계를 맺을 수 없는 자이다. 이 제3자에 대해서는 다른 어떤 것도 자기를 제3자로서 구성할 수 없다. 이 개념은 결코 바라보여질 수 없는 바라보는-존재의 개념, 다시 말하면 신의 관념과 하나를 이룰 뿐이다. 하지만 신은 근본적인 부재로서 특징지어지기 때문에, 인류를 우리의 것으로서 실현하기 위한 노력은 끊임없이 갱신되고 또 끊임없이 좌절에 이르게 된다. 이렇게 해서 인류적 "우리"는 ── 대상-우리인 한에

127　거부의 여러 경우를 참고하라. 대자는 우리의 외부에, 불안 속에 나타나는 것을 거부한다. ─원주.

서 — 도달할 수 없는 하나의 이상으로서 개별적인 의식 하나하나에게 제시된다. 그런데도 각자는 또한 자기가 속하는 공동체의 원둘레를 차츰 확대해 감으로써 인류적인 "우리"에 도달할 수 있을 것이라는 착각을 간직하고 있다. 하지만 이 인류적 "우리"는 하나의 공허한 개념으로 머물며, 우리라는 단어의 통상적인 사용을 가능한 한 확장한 것에 대한 하나의 단순한 지시이다. 우리가 우리라는 단어를 이런 의미로서 (번뇌하는 인류, 죄 많은 인류를 지시하기 위해서, 또는 인간을 자기의 잠재성을 전개하는 하나의 대상으로 고려하면서 역사의 하나의 객관적인 의미를 결정하기 위해서) 사용하는 그때마다, 우리는 절대적인 제3자의, 다시 말해 신의 현전에서 겪어야 할 어떤 종류의 구체적인 체험을 지시하는 데 그친다. 이렇게 해서 (대상-우리의 총체성으로서의) 인류라는 한계 개념과 신이라는 한계 개념은 서로 상대를 포함하며 또 상호 관련적이다.

B) 주체-'우리'

우리가 하나의 주체-공동체(une communauté-sujet)에 속해 있음을, 특히 세계 속에 있는 수많은 제조품의 존재를 우리에게 알려 주는 것은 바로 이 세계이다. 이 물품들은 주체-그들을 위해서, 즉 우리가 앞에서 "사람들"이라고 불렀던 무차별적인 시선과 일치하는, 개별화되지 않고 열거되지 않은 하나의 초월을 위해서 인간들에 의해 제작되었다. 왜냐하면 노동자는 — 노예적이든 아니든 — 무차별적이고 부재인 하나의 초월의 현전에서 노동하기 때문이다. 이때 이 노동자는 가공된 물품 위에 그 무차별적인 초월의 자유로운 가능성을 실속 없이 소모하는 데 그친다. 이 의미에서 노동자는, 그가 누구이든, 노동 속에서 타인에게 있어 자기의 도구-존재를 체험한다. 노동은, 그것이 엄밀히 그 노동자의 고유한 목적을 위한 것이 아닌 경우, 소외의 한 방식이다. 이 경우 소외시키는 초월은 소비자들, 다시 말해 "사람들"이다. 노동자는 그 사람들의 기투를 예측하는 데 그친다. 따라서 내가 어떤 제조품을 사용할 때, 나는 그 제조품 위에서 나의 고유한 초월의 소묘를 만난다. 이 제조품은 나에게 해야 할 동작을 지시한다. 나는 돌리고, 밀고, 당기거나 힘을 주어야 한다. 게다가 하나의 가언적 명령이 문제가 된다. 이 제조품은 똑같이 세계에 속하는 다음과 같은 하나의 목적을 나에게 가리킨다. 만일 내가 앉고자 한다면, 만일 내가 그 상자를 열고자 한다면 등의 목적이 그것이다. 그리고 이 목적 자체는 어떤 초월에 의해 정립된 목적으로서 그 물품의 구성 속에서 이미 예견되어 있었다. 이 목적은 지금은 가장 고유한 잠재성으로서 이 물품에 속해 있다. 이렇듯 제조품은 나 자신에게 나를 "사람들"로서 알린다. 다시 말해 제조품은 나의 초월의 모습을 하나의 임의의 초월의 모습으로서 나에게 가리킨다. 그리고 만일 내가 이렇게 구성된 도구에 의해 나의 가능성을 이끌리는 대로 방임한다면, 나는 나 자신을 임의의 초월로서 체험한다. 예컨대 지하철로 "트로카데로"에서 "세브르-바빌론"까지 가려면 "사람들"은 "라 모트피케 그르넬"에서 환승해야 한다는 식이다.[128] 이 환승은 지도 위에서도 예견되어 있고 지시되어 있다. 만일 내가 '라 모트피케 그르텔'에서 환승하면, 나는 환승하는 "사람들"[129]이다. 물론 나는 나의 존재의 개별적인 출현에 의해서도, 그리고 내가 추구하는 먼 목적에 의해서도 다른

---

128 모두 파리의 지하철 4호선의 역 이름이다.
129 물론 환승하는 '나'는 개인으로서 '사람', 즉 실재적인 개별성이 있는 사람이다. 하지만 나는 그런 자격으로 같은 역에서 환승하는 다른 모든 사람과 구별되지 않는다. 이런 의미에서 '나는 환승하는 사람들'이라고 할 수 있다.

지하철 이용자들과는 다르다. 하지만 그 최종 목적은 단지 내 행위의 지평선 위에 있을 뿐이다. 나의 가까운 목적은 "사람들"의 목적이다. 그리고 나는 나를 나의 이웃 중의 누구와도 교환 가능한 것으로 파악한다. 이 의미에서 우리는 우리의 실재적인 개별성을 상실한다. 왜냐하면 내가 그것으로 있는 기투는 바로 타인들이 그것으로 있는 기투이기 때문이다. 지하철의 이 통로에는 오래전부터 물질 속에 기입되어 있는 단 하나의 동일한 기투가 있을 뿐이다. 그리고 그곳으로 하나의 살아 있고 무차별적인 초월이 흘러든다. 내가 고독 속에서 임의의 초월로서 나를 실현하는 한에서, 나는 무차별적-존재에 대한 경험만 가지고 있을 뿐이다(내가 홀로 내 방에서 깡통따개를 가지고 하나의 깡통을 여는 경우이다). 하지만 만일 나의 이 무차별적인 초월이 현실적인 현전으로 체험된다면, 만일 나의 기투와 동일한 그 어떤 기투 속에 마찬가지로 몰두해 있는 다른 초월과 연결되어 어떤 임의의 기투들을 계획한다면, 이때 나는 나의 기투를 동일한 하나의 무차별적인 초월에 의해 계획된 여러 기투 중 하나로 실현한다. 또한 나는 이때 유일한 하나의 목표를 향해 있는 하나의 공동(共同)의 초월을 경험한다. 나는 이 공동의 초월의 하나의 일시적인 특수화에 불과할 따름이다. 나는 지하철이 존재한 이래로 "라 모트피케 그르넬"의 통로 안에 지치지 않고 넘쳐 나는 사람들의 거대한 물결 속으로 편입된다. 하지만 다음과 같은 점을 지적해야 한다. (1) 이 경험은 심리적 질서에 속하지, 존재론적 질서에 속하지 않는다. 이 경험은 고려된 대자들의 하나의 현실적인 통일에 결코 대응하지 않는다. 이 경험은 그런 대자들의 초월을 직접적으로 체험하는 것(바라보여진-존재의 경우처럼)으로부터 오는 것도 역시 아니다. 오히려 이 경험은 차라리 공동으로 초월되는 대상과 나의 신체를 에워싸는 신체에 대한 이중의 대상화하는 파악에 의해 동기가 부여된다. 특히 내가 타인들과 함께 어떤 공동의 리듬 속에 구속되어 내가 이 리듬을 만들어 내는 데 기여한다는 사실은, 내가 나를 특히 하나의 주체-우리 속에 구속된 자로 파악하도록 요구되는 하나의 동기가 된다. 그것은 병사들의 보조를 맞춘 행진과 같은 의미이며, 또 그것은 단체의 리듬에 맞는 작업의 의미이기도 하다. 사실 이 경우 리듬은 나로부터 자유롭게 나온다는 사실을 지적해야 한다. 이 리듬은 나의 초월에 의해 내가 실현하는 하나의 기투이다. 이 리듬은 규칙적인 반복의 전망 속에서 미래를 현재와 과거와 함께 종합한다. 이 리듬을 만들어 내는 것은 나 자신이다. 하지만 이와 동시에 이 리듬은 나를 에워싸고 있는 구체적인 공동체의 작업 또는 행진의 전체적인 리듬과 융합한다. 이 리듬은 오직 이런 구체적인 공동체에 의해서만 그 의미를 얻을 뿐이다. 이것은 예컨대 내가 채택하는 리듬이 "맞지 않을" 때 내가 체험하는 것이다. 그렇지만 타인들의 리듬에 의한 나의 리듬의 포위는 "측면적으로" 파악된다. 나는 집단적 리듬을 용구로 이용하지 않는다. 또한 나는 집단적 리듬을 — 예컨대 내가 무대 위의 무용수들을 바라본다는 의미에서 — 바라보는 것도 아니다. 이 집단적인 리듬은 나를 에워싸고 또 나에 대한 대상이 되지 않고도 나를 끌어 넣는다. 나는 나 자신의 고유한 가능성을 향해 이 리듬을 초월하지 않는다. 오히려 나는 나의 초월을 이 리듬의 초월 속으로 흘려 넣는다. 그리고 나 자신의 고유한 목적 — 이런저런 작업을 하는 것, 이런저런 장소에 도달하는 것 — 은 "사람들"의 목적이며, 이 목적은 그 집단의 고유한 목적과 구분되지 않는다. 이렇듯 내가 만들어 내는 리듬은 나와 연결되어 측면적으로 집단적 리듬으로 생겨난다. 이 리듬은, 그것이 집단의 리듬인 한에서, 나의 리듬이고, 또 그 반대로 이 리듬이 나의 리듬인 한에서, 집단의 리듬이기도 하다. 바로 거기에 주체-우리의 경험의 동기가 있다. 그것은 종국적으로 우리의 리듬이다. 하지만 이미 살펴본 것처럼, 이것은 미리 하나의 공동의 목적과 공동의 도구를 받아들임으로써, 내가 나 자신을 무차별적인 초월로서 구성하고, 또 나의 개인적인 목적을 현재 추구되고 있는 집단적 목적 저편에 내던짐으로써만 가능할 뿐이다. 이렇듯 대타존재의 체험에서 하나의 구체적이고 현실적인 존재 차원의 출현이 이 체험 자체의 조건이기는커녕, 주체-우리의 경험은 하나의 개별적인 의식에서의 하나의 단순하고 심리적이며 주체적인 사건이다. 그런데 이 사건은 하나의 의식 구조의 내밀한 변화에 대응하는 것이기는 하지만, 타인들과의 구체적인 하나의 존재론적 관계의 근거 위에서 나타나지 않으며, 또 어떤 "함께-있는-존재"도 실현하지 않는다. 다만 타인들의 한복판에서 나를 느끼는 하나의 방식이 문제가 될 뿐이다. 물론 이 경험은 모든 초월의 절대적이고 형이상학적인 통일의 상징으로 탐구될 수도 있을 것이다. 사실 이 경험은 초월들 사이의 근원적인 갈등을 제거하고, 그것들을 세계를 향해 집중시키는 것처럼 보인다. 이 의미에서 이상적인 주체-우리는 자기를 대지의 주인이 되게 하는 인류인 우리일 것이다. 하지만 우리라고 하는 이 경험은 개별적인 심리의 바탕 위에 머물러 있고, 또 초월들의 바람직한 통일을 부여 주는 하나의 단순한 상징으로 머문다. 사실 이 경험은 결코 하나의 개별적인 주체성에 의해 이루어지는 여러 주체성에 대한 측면적이고 현실적인 파악이 아니다. 주체성들은 손이 미치지 않는 곳에 머물러 있으며, 그것들은 근본적으로 분리되어 있다. 하지만 내가 나로부터 나가는 것도 아니고, 또 타인들이 그들 자신으로부터 나가는 것도 아니면서, 나에게 우리에 대한 경험을 다른 초월들에 의해 연장된 것으로, 또 지지받고 있는 것으로 파악케 하는 것은, 바로 사물들과 신체들이고, 또 나의 초월의 물질적 유도[130]의 일부를 이루고 있다는 사실을 세계를 통해 배운다. 이 이유로 주체-우리에 대한 나의 경험에는 결코 타인들에게서와 같이 비슷하고 상호 관련적인 하나의 경험이 내포되어 있지 않다. 또한 이 이유로 주체-우리에 대한 나의 경험은 아주 불안정하다. 왜냐하면 이 경험에는 세계 한복판에서의 개별적인 조직들이 전제되기 때문이며, 또 이 경험은 이 조직들과 함께 사라지기 때문이다. 사실을 말하면, 세계 속에는 나를 누구라도 상관없는 자로서 가리키는 일군의 형성물이 있다. 먼저 모든 도구가 있다. 거기에는 본래의 기구로부터 교통기관, 상점 등을 거쳐 엘리베이터, 수도, 가스, 전기가 설비되어 있는 건물에 이르기까지 모든 것이 포함된다. 하나하나의 쇼윈도, 하나하나의 진열장은 무차별적인 초월로서 나의 이미지를 나에게 가리킨다. 이외에도 타인들과 나와의 직업적이고 기술적인 관계들도 역시 나를 누구라도 상관없는 자로 알려 준다. 카페의 종업원에게 나는 그 손님이며, 개찰원에게 나는 그 지하철 이용자이다.[131] 끝으로 내가 앉아 있는 카페의 테라스 앞 거리에서 갑자기 발생한 작은 사건 역시 또 나를 익명의 목격자로서, 또 순수한 "이 사건을 하나의 외부로서 존재케 하는 시선"으로 가리킨다. 내가 관람하고 있는 연극, 또는 내가 참관하고 있는 미술 전시회가 가리키는 것도 마찬가지로 익명의 관객이다. 그리고 물론 내가 구두를 신어 볼 때, 내가 병마개를 뽑을 때, 내가 엘리베이터를 탈 때 또는 내가 극장에서 웃을 때, 나는 나

---

130 '사물을 통한 유도적인 나타남'이라는 의미이다. 넓은 의미에서 '유도(canalisation)'는 '도구(instrument)'를 통한 나의 가능성 또는 나의 초월이 유도적으로 나타남을 의미한다.

131 원문에는 '손님(consommateur)'과 '이용자(usager)'에 각각 정관사 'le'가 덧붙여져 'le consommateur'와 'l'usager'로 되어 있다. 여기에서 정관사가 사용된 것은 모든 손님과 모든 이용자를 대표하는 의미로 사용된 것으로 보인다. 하지만 이 의미를 우리말로 충실히 옮기기가 어려워 '그'라고 옮긴다.

를 누구라도 상관없는 자로 만든다. 하지만 이런 무차별적인 초월의 체험은 나에게만 관계되는 내밀하고도 우연적인 하나의 사건일 뿐이다. 세계로부터 오는 어떤 종류의 상황은 우리라는 인상을 이 무차별적인 초월의 체험에 덧붙일 수 있다. 하지만 어쨌든 오직 나만을 구속하는 순전히 주체적인 하나의 인상만이 문제가 될 뿐이다.

(2) 주체-우리의 경험은 원초적 경험이 될 수는 없을 것이다. 이 경험은 타인들에 대한 나의 근원적 태도를 구성할 수 없다. 왜냐하면 이 경험에는 그것이 실현되기 위해서는 반대로 타자의 존재에 대한 선행하는 이중의 승인이 전제되기 때문이다. 사실 무엇보다도 먼저 제조품은 그것을 만든 생산자를 가리키고, 또 타인들에 의해 정해진 사용법을 가리키는 것으로써만 그 제조품이 될 뿐이다. 나 자신이 그 사용법을 정하고, 또 나 자신이 어떤 새로운 용도를 지정하는 (예컨대 내가 하나의 돌멩이를 망치로 사용한다면) 가공되어 있지 않은 사물 앞에서, 나는 나의 인격에 대한 비조정적 의식을 갖는다. 다시 말해 나는 나의 자기성, 나 자신의 고유한 목적, 나의 자유로운 발명 능력에 대한 비조정적 의식을 갖는다. 그런데 제조품의 사용법, 사용 방식은 터부처럼 엄밀한 동시에 관념적이어서 그 본질적인 구조에 의해 나를 타인의 현전에 둔다. 그리고 내가 나 자신을 하나의 무차별적인 초월로서 실현할 수 있는 것은 바로 타인이 나를 나의 무차별적인 초월로 다루기 때문이다. 그 가장 좋은 보기가 정거장이나 대합실 문에 "출구" 또는 "입구" 등과 같은 단어를 써 놓은 커다란 게시판 또는 건물이나 방향을 가리키는 종이 위에 그려진 방향 표지의 손가락 같은 것이다. 이 경우 역시 가언적 명령이 문제가 된다. 하지만 여기에서 이 명령 방식은 나에게 직접적으로 이야기하고 말을 거는 타인을 확실하게 드러나 보이게 한다. 이 인쇄 문구는 나에게 주어진 것이다. 이 인

쇄 문구는 바로 타인과 나의 직접적인 하나의 소통을 나타낸다. 따라서 나는 겨냥되고 있다. 하지만 타인이 나를 겨냥한다면, 그것은 내가 무차별적인 초월인 한에서이다. 따라서 만일 내가 나가기 위해 "출구"로서 지정되어 있는 문을 이용한다면, 나는 나의 개인적 기투의 절대적 자유 속에서 이 문을 사용하는 것이 결코 아니다. 나는 발명에 의해 하나의 기구를 구성하지 않는다. 나는 사물의 순수한 물질성을 나의 가능을 향해 뛰어넘지 않는다. 오히려 대상과 나 사이에 이미 하나의 인간적 초월이 스며들어 있어, 그것이 나의 초월을 안내한다. 이 대상은 이미 인간화되어 있다. 이 대상은 "인간계(règne humain)"를 의미한다. "출구"는 ── 거리로 통하는 단순한 문으로 여긴다면 ── 입구와 엄밀히 등가이다. 이 출구를 출구로 지정하는 것은 그 역행률도 아니고, 또 그 가시적인 유용성도 아니다. 내가 그것을 "출구"로 이용할 때, 나는 이 대상 자체를 따르지 않는다. 나는 인간적 질서에 순응한다. 나는 나의 행위 자체에 의해 타인의 존재를 인정한다. 나는 타인과 하나의 대화를 수립한다. 하이데거는 이 모든 것에 대해 아주 잘 지적하고 있다. 하지만 그가 그로부터 이끌어 내는 것을 잊고 있는 결론은, 대상이 제조품으로 나타나도록 하기 위해서는 타인이 먼저 뭔가 다른 방식으로 주어져야 한다는 것이다. 이미 타인에 대한 경험을 가지고 있지 않은 자는 누구라도 결코 제조품과 가공되어 있지 않은 사물의 순수한 물질성을 구별해 내지 못할 것이다. 설사 그자가 제조자에 의해 예견된 사용 방식에 맞추어 이 제조품을 사용하는 경우가 있다고 해도, 그것은 그가 이 사용 방식을 재발명한 것이며, 그렇게 해서 그가 하나의 자연물을 자유로이 자기 것으로 만들 수 있었던 것이다. 게시문을 읽지 않거나 언어를 알지 못한 채 "출구"로 지정된 문을 통해 나가는 것은, 스토아학파의 광인이 대낮에 "날이 밝았"다고 하는 것과 같다. 이것은 하나의 객관적인 확인의 결과에 의해 행해진 것이 아니라, 자기의 광기의 내면적인 탄력에 의해 행해진 것이다. 따라서 제조품이 타인들을 가리키고, 또 그렇게 해서 나의 무차별적인 초월을 가리킨다면, 그것은 내가 이미 타인들을 알고 있기 때문이다. 이렇듯 주체-우리의 경험은 타자에 대한 근원적인 체험을 바탕으로 구축되며, 또 그것은 이차적이고 종속적인 경험일 수밖에 없다.

하지만 이외에도 우리가 살펴본 것처럼, 자기를 무차별적인 초월로 파악하는 것, 다시 말해 결국 "인류"의 단순한 사례로서 자기를 파악하는 것은, 아직 하나의 주체-우리의 부분적인 구조로서 자기를 파악하는 것이 아니다. 사실 이것을 위해서는 어떤 인간적인 흐름의 한복판에서 자기를 누구라도 상관없는 자로서 발견해야 한다. 따라서 타인들에 의해 둘러싸여야만 한다. 우리는 또한 타인들은 이 경험에서 결코 주체로서 체험되는 것도 아니고, 또한 대상으로서 파악되는 것도 아니라는 사실을 보았다. 타인들은 결코 정립되지 않는다. 분명 나는 세계 속에서 타인들의 사실상의 존재에서 출발하고, 또 그들의 행위에 대한 지각에서 출발한다. 하지만 나는 타인들의 사실성 또는 그들의 동작을 정립적으로 파악하지 않는다. 나는 타인들의 신체를 나의 신체와 상호 관련적인 것으로서, 그들의 행위를 나의 행위와 연관되어 개화되는 것으로서, 측면적이고 비정립적인 것으로 의식한다. 그 결과 나는 그들의 행위를 낳는 것이 나의 행위인지, 아니면 나의 행위를 낳는 것이 그들의 행위인지를 결정할 수 없다. 우리에 대한 경험은 우리의 일부를 이루는 타인들을 타인들로서 근원적으로 나에게 인식시킬 수 없다는 사실을 이해하게 하기 위해서는 이상의 몇몇 지적으로 충분하다. 이와 정반대로 나와 타자와의 관계에 대한 경험이 함께-있는-존재의 형태로 실현될 수 있기 위해서는, 먼저 타자가 무엇인가에 대한 어떤 지식이 있어야 할 것이다. 타인이 무엇인가에 대한 선행하는 인정이 없다면, 함께-있는-존재는 그것만으로는 불가능할 것이다. 내가 "……와 함께 존재"한다고 하자. 하지만 누구와 함께인가? 이외에도 설령 이 경험이 존재론적으로 일차적인 것이라고 해도, 어떻게 이 경험의 근원적인 하나의 변양 없이 전적으로 무차별적인 하나의 초월로부터 개인들의 체험 하나하나로 이행할 수 있을 것인가를 사람들은 알지 못한다. 게다가 만일 타인이 주어져 있지 않다면, 우리에 대한 경험은 스스로 무너지고, 나의 초월에 의해 에워싸인 세계 속에서 단순한 도구-대상의 파악만 낳을 뿐이다.

우리는 이 몇몇 고찰을 통해 우리의 문제가 남김없이 규명되었다고 주장하는 것은 아니다. 이 고찰들은 그저 주체-우리의 경험이 형이상학적인 계시로서의 아무런 가치도 가지지 않는다는 점을 지적하는 것을 겨냥할 뿐이다. 이 경험은 대타의 여러 다른 형태에 밀접하게 의존하고 있으며, 또 그중에서 몇몇 형태를 경험적으로 풍요롭게 해 줄 뿐이다. 이 경험이 극도로 불안정한 이유는 분명히 거기에서 기인한다. 주체-우리에 대한 경험은 변덕스럽게 생겼다가 사라지고, 우리는 대상들-타인들의 면전에 또는 우리를 바라보는 "사람들"의 면전에 남겨진다. 이 경험은 갈등의 결정적인 해결로서가 아니라, 이 갈등 자체의 중심에서 구성되는 일시적인 완화로 나타난다. 사람들이 상호 주체적인 총체성이 일체가 된 주체성으로서 자기 자신을 의식하게 될 하나의 인간적인 우리를 바란다고 해도 소용없을 것이다. 이와 유사한 이상은 단편적이고 또 엄격히 심리적인 경험에서 출발해서 극한까지, 그리고 절대자에게까지 이르는 이행에 의해 생겨난 하나의 몽상에 불과할 것이다. 게다가 그 이상 자체에는 대타존재의 근원적인 상태로서 초월들 사이의 갈등에 대한 인정이 내포되어 있다. 이것이 다음과 같은 외견상의 역설을 설명해 준다. 피억압 계급의 통일은, 이 계급이 제3자 또는 억압 계급인 하나의 무차별적인 사람들의 면전에서 그 자체를 대상-우리로서 체험하는 것으로부터 유래하기 때문에, 이 계급과는 정반대로 억압 계급은 피억압 계급의 면전에서 그 자체를 주체-우리로서 파악한다고 생각하기 십상이라는 역설이 그것이다. 그런데 억압 계급의 약점은, 이 계급이 강제를 위한 확실하고도 가혹한 조직을 마음대로 이용할 수 있음에도 불구하고, 이 계급이 그 자체 내부에서 심각한 무정부 상태에 있다는 점이다. "부르주아"는 단지 어떤 유형의 사회 내부에서 명확한 특권과 권력을 마음대로 구사할 수 있는 어떤 종류의 경제적 인간(homo œconomicus)으로서만 규정되지 않는다. 부르주아는 내부적으로 자기가 하나의 계급에 소속되어 있음을 인정하지 않는 의식으로 서술된다. 사실 부르주아의 상황은 스스로를 부르주아 계급의 다른 구성원들과 함께 공동으로 하나의 대상-우리에 구속되어 있는 존재로 스스로를 파악함을 자신에게 허용하지 않는다. 하지만 다른 한편으로 주체-우리의 본성 그 자체에는 주체-우리에 대해 부르주아가 지니는 경험은 형이상학적인 힘이 없는 덧없는 경험들뿐이라는 사실이 내포되어 있다. "부르주아"는 여러 계급이 존재한다는 사실을 일반적으로 부정한다. 부르주아는 프롤레타리아의 존재를 선동자의 행동에 귀속시키고, 유감스러운 사건에 귀속시키며, 미봉책에 의해 고쳐질 수 있는 부정에 귀속시킨다. 부르주아는 자본과 노동 사이에 이해관계의 연대성이 존재함을 단언한다. 부르주아는 계급의 연대성에 대해 더 넓은 연대성을, 가령 노동자와 자본가가 갈등을 제거하는 하나의 함께-있는-존재 속으로 통합되는 국민적 연대성을 대립시킨다. 거기에서는 너무 자주 얘기되는 것과 같은 책략 또는 상황의 진면목을 보지 않으려고 하는 어리석음이 문제가 되는 것이 아니다. 오히려 억압 계급의 구성원은 "주체-그들"이라는 하나의 대상적인 총체성으로서의 피억압 계급의 총체성을 자기 앞에서 보고 있으면서도, 그것과 상호 관련적으로 피억압 계급의 다른 구성원들과 함께 존재한다고 하는 자기 쪽의 공동체를 보지 못하는 것이 문제이다. 이 두 경험은 결코 상호 보충적이지 않다. 사실 피억압 집단을 도구-대상으로 파악하기 위해서는, 또 스스로 자기를 내적-부정으로서 파악하기 위해서는, 다시 말해 단순히 공평한 제3자로서 파악하기 위해서는, 이 피억압 집단 앞에 혼자 존재하는 것으로 충분하다. 이것은 오직 피억압 계급이 반항 또는 그 힘의 급격한 증대에 의해 억압 계급의 구성원들 면전에 그 자체를 "시선-사람들(regard-on)"로서 정립할 때만, 단지 그때만 억압자들은 자신들을 우리로서 체험하게 될 것이다. 하지만 이 체험은 공포와 수치심 속에서이고 또 대상-우리로서일 것이다.

이렇듯 대상-우리에 대한 체험과 주체-우리에 대한 체험 사이에는 어떤 대칭도 존재하지 않는다. 전자는 하나의 실재적인 존재 차원의 계시이고, 대타에 대한 근원적인 체험의 단순한 풍부화에 상응한다. 후자는 노동이 가미된 하나의 우주 속에, 또 정해진 경제적 유형을 지닌 하나의 사회 속에 묻혀 있는 한 명의 역사적 인간에 의해 실현되는 하나의 심리적 경험이다. 주체-우리에 대한 경험은 그 어떤 특수한 것도 드러내 보이지 않는다. 그것은 순전히 하나의 주관적인 "체험"이다.

따라서 우리에 대한 경험은 현실적이기는 하지만, 우리의 앞의 연구 결과를 뒤집는 성질을 갖지는 않아 보인다. 대상-우리에 대해서는 어떤가? 이것은 직접적으로 제3자에 의존한다. 다시 말해 이것은 나의 대타존재에 의존한다. 대상-우리가 구성되는 것은 나의 대타-외부-존재의 근거 위에서이다. 주체-우리에 대해서는 어떤가? 이것은 타인으로서의 한에서의 타인의 존재가 우리에게 드러내 보여져 있음을 이런 방식으로든 저런 방식으로든 전제하는 하나의 심리적 경험이다. 따라서 인간실재는 다음과 같은 딜레마로부터 벗어나려고 해보았자 헛된 일이다. 즉 타인을 초월하든가, 아니면 자기가 타인에 의해 초월되도록 방임하든가 하는 딜레마가 그것이다. 의식들 사이의 관계의 본질은 함께-있는-존재가 아니라 갈등이다.

대자와 타인과의 관계에 대한 이와 같은 서술의 끝에서 우리는 다음과 같은 확신을 얻었다. 대자는 단지 자기가 그것으로 있는 즉자에 대한 무화로, 또 자기가 그것으로 있지 않은 즉자에 대한 내적 부정으로 출현하는 하나의 존재인 것만은 아니라는 확신이 그것이다. 이런 무화적 도피는 타인이 출현하자마자 즉자에 의해 완전히 회복되고 또 즉자 안에서 응고된다. 대자만이 홀로 세계에 대해 초월적이다. 대자는 아무것도 아닌 것인데, 이 아무것도 아닌 것에 의해 사물들이 거기에 존재한다. 타인이 출현하면서 대자에게 사물들 중의 사물로서의 세계-한복판-에서의-즉자-존재를 부여한다. 타인의 시선에 의한 대자의 이런 석화[132]는 메두사 신화[133]가 가진 심오한 의미이다. 따라서 우리는 우리의 연구에서 많이 나아갔다. 사실 우리는 대자와 즉자의 근원적인 관계를 규정하기를 원했다. 우리는 먼저 대자가 즉자에 대한 무화이며, 또 철저한 부정임을 알게 되었다. 이제 우리는 대자가

---

132 원문은 'pétrification de l'en-soi'이나 'pétrification du pour-soi'의 오기로 보인다. 이미 돌처럼 굳어 있는 상태에 있는 '즉자'가 다시 타인의 시선에 의해 굳어질 수는 없을 것이다.
133 그리스 신화에 나오는 고르곤의 세 자매 중 막내로, 바다에 사는 얼굴이 추악한 괴물이다. 바다의 신 포세이돈과 아테나 신전에서 정을 통했기 때문에 아테나 여신의 분노를 사게 되어 아테나 여신은 메두사의 금발은 뱀으로, 바라보는 모든 물건을 모두 돌이 되도록 만들었다. 나중에 메두사는 페르세우스에 의해 머리가 잘려 죽었다.

타인의 협력이라고 하는 단 하나의 사실만으로, 그리고 아무런 모순 없이, 전면적으로 즉자의 한복판에 현전하는 즉자이기도 함을 단언할 수 있다. 하지만 대자의 제2의 양상은 대자의 외부를 나타낸다. 대자는 본성상 자기의 즉자존재와 일치할 수 없는 존재이다.

이와 같은 지적들은 우리가 수행하는 연구 목표 자체인 존재에 대한 일반이론에 기초로 소용될 수 있을 것이다. 하지만 이 이론을 정립하는 데에 착수하기에는 아직 너무 이르다. 사실 대자를 즉자존재의 저편을 향해 자기의 가능성들을 단순히 기투하는 것으로 서술하는 것만으로는 충분하지 않다. 이 가능성들의 기투는 세계의 형상을 정적(靜的)으로 규정하지 않는다. 이 기투는 매 순간마다 세계를 변화시킨다. 예컨대 우리가 하이데거를 읽을 때, 우리는 이런 관점에서 그의 해석학적 기술의 불충분함에 놀란다. 그의 용어를 그대로 사용하자면, 우리는 그가 현존재(Dasein)를 존재자들을 그것들의 존재를 향해서 뛰어넘는 존재자로 서술했다고 말할 것이다. 그리고 여기에서 존재는 존재자들의 존재 의미 또는 존재자들의 존재 방식을 의미한다. 그리고 대자는 그것에 의해 존재자들이 그것들의 존재 방식을 드러내 보이는 존재라고 하는 것은 사실이다. 하지만 하이데거는 대자는 단지 존재자들에 대한 하나의 존재론을 구성하는 존재일 뿐 아니라, 또한 대자가 그것에 의해 존재자로서의 한에서 존재자에게 나타나는 존재적 변양의 존재라는 것을 말하지 않고 넘어가고 있다. 작용한다(agir)고 하는 이 끊임없는 가능성, 다시 말해 즉자를 그 존재적 물질성 속에서, 그 "육체" 속에서 변양시킨다고 하는 이 끊임없는 가능성은, 명백히 대자가 가진 하나의 본질적인 특징으로 여겨야 한다. 그것으로서의 이 가능성은 우리가 아직 밝히지 않은 대자와 즉자 사이의 근원적인 관계 속에서 그 근거를 발견해야 한다. 작용한다는 것은 무엇인가? 대자는 왜 작용하는가? 대자는 어떻게 작용할 수 있는가? 이것들이 지금 우리가 대답해야 하는 질문들이다. 우리는 하나의 대답을 위한 모든 요소를 가지고 있다. 무화, 사실성과 신체, 대타존재, 즉자의 고유한 본성 등이 그것들이다. 이들 요소를 새로이 검토해야 한다.

제4부

가짐(avoir), 함(faire) 그리고 있음(être)은 인간실재의 주요 범주들이다. 이 범주들은 그 아래 인간의 모든 행동(conduites)[1]을 포괄한다. 예컨대 인식함은 가짐의 한 양상이다. 이 범주들은 서로 연결되어 있다. 그리고 많은 저술가가 이 상호관계를 강조했다. 드니 드 루주몽[2]이 돈 후안에 대한 그의 논문에 "그는 가짐에 충분하리만큼 존재하지 않았다."라고 썼을 때 밝힌 것이 이런 종류의 한 관계이다. 그리고 사람들이 도덕적 행위자를 자기를 만들기 위해 행위하는 자로 제시하고, 또 존재하기 위해 자기를 만드는 자로 제시하면서 지적한 것이 또한 이와 유사한 연결 관계이다.

하지만 현대 철학에서 반실체론적 경향이 승리했기 때문에, 대부분의 사상가는 그들의 선구자들이 물리학에서 단순한 운동으로 실

1 사르트르는 이 책에서 인간의 행동이나 행위 등을 표현하기 위해 'conduite', 'acte', 'action', 'activité', 'comportement' 등의 단어를 사용한다. 거의 비슷한 의미의 이들 단어를 차별화할 수 있는 우리말 단어가 부족하다. 여기에서는 'conduite', 'action', 'comportement'은 '행동'으로, 'acte'는 '행위'로, 'activité'는 '활동'으로 옮긴다.
2 드니 드 루주몽(Denis de Rougemont, 1906~1985)은 스위스 태생의 평론가이다. 여기에 인용된 글은 그의 저서 『사랑과 서양(L'Amour et l'Occident)』(1937)에서 돈 후안을 논한 부분에 있다. 사르트르가 이 글을 인용한 의도는 '가짐'과 '있음' 사이의 관계를 지적하기 위함이다.

체를 대치한 것을 인간 행위 영역에서도 모방해 보려고 시도했다. 도덕의 목표는 오랫동안 사람에게 존재[있음]의 수단을 제공하는 데 있었다. 이것이 스토아학파 도덕의 의의였으며, 또 스피노자 윤리학의 의의였다. 하지만 만일 인간 존재가 그의 행위들의 계기 속에 흡수되어야 한다면, 도덕의 목표는 더 이상 인간을 고귀한 존재론적 품위로 고양하는 것이 아닐 것이다. 이런 의미에서 칸트의 도덕은 행동의 최고 가치로서 함을 있음에 대치시킨 최초의 위대한 윤리 체계이다. 『희망(*L'Espoir*)』[3] 속 주인공 대부분이 함의 영역에 있다. 그리고 말로는 우리에게 여전히 존재하려고 애쓰는 스페인의 늙은 민주주의자들과, 자신들의 도덕이 상황지워지고 명확한 일련의 의무 속에 용해되어 있으며, 그 의무 하나하나가 개별적인 하나의 함을 겨냥하는 공산주의자들과의 갈등을 그리고 있다. 누가 옳은가? 인간적 활동의 최고 가치는 함인가, 아니면 있음인가? 그리고 어떤 해결책이 채택되든, 가짐은 또 어떻게 되는가? 존재론은 우리에게 이 문제에 대해 가르쳐 줄 수 있어야 한다. 게다가 만일 대자가 행동에 의해 규정되는 존재라면, 이것은 존재론의 본질적인 임무 중 하나이다. 따라서 우리는 행동 전반에 대한 연구와 함, 있음, 가짐의 본질적인 관계에 대한 연구를 그 대략적인 특징을 소묘하지 않고서는 이 책을 끝맺을 수 없을 것이다.

3 앙드레 말로가 1937년에 출간한 소설이다.

제1장 **있음과 함: 자유**

I. 행동의 제1조건은 자유이다

사람들이 행동(action)이라는 관념 자체 속에 포함된 구조를 먼저 해명하려고 시도하지 않은 채 무한정 결정론과 자유의지에 대해 추론하며 각자의 주장에 유리한 예를 인용할 수 있었던 것은 이상하다. 사실 행위(acte)라는 개념에는 우리가 조직하고 위계질서를 부여해야 할 수많은 종속적인 이념이 포함되어 있다. 행동하는 것(agir)은 세계의 모습을 바꾸는 것이다. 행동하는 것은 어떤 목적을 위해 여러 수단을 이용하는 것이다. 행동하는 것은 일련의 연쇄와 그 연결에 의해 사슬고리 중 하나에 일어난 변화가 연쇄 전체에 변화를 불러일으키고, 결국 예견된 결과를 만들어 내는 것과 같은 하나의 도구적이고 조직적인 복합체를 만들어 내는 것이다. 하지만 그것은 우리에게 아직 중요한 것이 아니다. 사실 무엇보다도 먼저 하나의 행동은 원칙상 지향적이라는 점을 지적해야 할 것이다. 부주의로 화약고를 폭발시킨 서툰 흡연자는 행동한 것이 아니다. 이와 반대로 채석장에서 폭약을 설치하는 작업을 하는 노동자가 주어진 명령에 의해 예견된 폭발을 일으켰을 때, 그는 행동한 것이다. 그는 자기가 하는 일이 무엇인가를 알고 있었다. 또는 이렇게 말하면, 그는 하나의 의식적인 기투를 지향적으로 실현한 것이다. 이것은 물론 사람이 자신의 행동의 모든 결과를 예견해야 됨을 의미하지 않는다. 콘스탄티누스 황제는 비잔티움에 자리를 잡으며 자신이 그리스 문화와 그리스어를 쓰는 도시를 세우게 될 것이라고 예견하지는 못했다. 그는 또한 이 도시의 출현이 후일 기독교 교회의 분열을 초래해 로마제국을 약화하는 데 일조할 것이라고도 예견하지 못했다. 하지만 그는 동방의 황제들을 위해 하나의 새로운 거주지를 신설한다는 자신의 기획을 실현했다는 점에서는 하나의 행위를 한 것이다. 여기에서 우리가 행위에 대해 말할 수 있기 위해서는 결과와 지향[의도]의 합치로 충분하다. 하지만 사정이 이러해야 한다면, 우리는 행동에는 그 조건으로 하나의 "요구사항(desideratum)"에 대한 인지가 반드시 내포되었다고 단언하게 된다. 다시 말해 하나의 대상적 결여에 대한 인지 또는 하나의 부정성에 대한 인지가 그것이다. 로마에 필적할 만한 도시를 출현시키고자 하는 의도는 단지 콘스탄티누스에게 다음과 같은 하나의 대상적인 결여의 파악에 의해서만 생겼을 뿐이다. 로마에 필적할 만한 도시가 없다는 파악이 그것이다. 아직 상당히 이교적인 이 도시에 그 시점에서 결여 상태에 있는 기독교를 표방하는 도시를 대치해야 했을 것이다. 콘스탄티노폴리스를 세우는 것은 다음의 경우에만 행위로서 이해할 수 있을 뿐이다. 즉 먼저 하나의 새로운 도시의 구상이 행동 자체에 앞섰거나, 또는 최소한 이 구상이 사후의 모든 조치에 대해 구성적인 주제로서 소용되는 경우가 그것이다. 하지만 이 구상은 가능한 것으로서의 그 도시의 순수한 표상이 될 수 없을 것이다. 이 구상은 그 도시를 바람직하지만 아직 실현되지 않고 있는 가능이라는 그 본질적인 특징 속에서 파악한다. 이것은 결국 행위의 구상이 이루어지자마자, 의식은 자기가 의식하는 충만한 세계에서 물러나 결연하게 비(非)존재의 터전에 접근하기 위해 존재의 터전을 떠날 수 있었음을 의미한다. 존재하는 것을 배타적으로 그 존재 속에서만 고려하는 한, 의식은 끊임없이 존재에서 존재로 옮아가고, 존재 속에서 비존재를 발견하기 위한 동기는 하나도 찾아볼 수 없을 것이다. 로마제국 체제는, 로마가 이 제국의 수도인 한, 아주 쉽게 드러나는 어떤 실재적인 방식으로 긍정적인 기능을 발휘한다. 사람들은 어쩌면 이렇게 말할 수도 있을 것이다. 세금이 잘 걷히지 않는다. 로마는 침략에 대해 방비되어 있지 않다. 로마는 야만인들이 위협하는 지중해 연안의 한 제국의 수도에 적합한 지리적 위치에 있지 않다. 로마에서는 풍속의 퇴폐가 기독교의 전파를 어렵게 했다 등. 하지만 이 모든 고찰이 부정적이며, 다시 말해 이들 고찰이 존재하는 것이 아니라 존재하지 않는 것을 겨냥하고 있다는 것을 어떻게 사람들이 보지 못하는 것일까? 예상된 세금의 60퍼센트가 걷혔다고 말하는 것은 엄밀히 있는 그대로의 상황에 대한 긍정적인 평가로 간주할 수도 있다. 세금이 잘 안 걷힌다고 말하는 것은 절대적인 목표로 설정된 하나의 상황을, 즉 존재하지 않는 하나의 상황을 고찰하는 일이다. 로마의 퇴폐한 풍속이 기독교의 포교를 방해한다고 말하는 것은, 이 포교를 있는 그대로 고려하는 것이 아닐 수 있다. 다시 말해 성직자들의 보고를 통해 우리가 결정할 수 있는 속도로 이루어진 포교로서 말이다. 이것은 이 포교를 그것만으로는 불충분한 것, 다시 말해 하나의 비밀스러운 무(無)로 인해 해를 입는다고 내세우는 일이다. 하지만 이 포교는 다음과 같은 경우에만 그런 것으로서 나타날 뿐이다. 즉 사람들이 가치로서 선험적으로 정립한 하나의 한계-상황

(situation-limite)을 향해 — 예컨대 종교적 개종의 일정한 속도를 향해 또는 민중의 어떤 일정한 도덕성을 향해 — 이 포교를 뛰어넘는 경우가 그것이다. 그리고 이 한계-상황은 사물의 실제 상태의 단순한 고찰에서 출발해서는 생각될 수 없다. 왜냐하면 하나의 이상적 무를 참고하지 않는다면, 이 세계에서 가장 예쁜 소녀도 그녀가 지닌 것밖에는 줄 수 없으며, 이와 마찬가지로 가장 참담한 상황도 그 자체만으로는 이 상황이 있는 그대로 그 자체를 지시할 수밖에는 없기 때문이다. 또 사람이 역사적 상황 속에 잠겨 있는 한, 그에게는 하나의 한정된 정치적 또는 경제적 조직의 결함이나 결여를 깨닫지 못할 수도 있다. 그것은 사람들이 어리석게 말하는 식으로 당사자가 그 조직에 "익숙하기" 때문이 아니다. 그것은 오히려 그가 이 상황을 존재의 충만성 속에 파악하고 있기 때문이며, 이 조직이 다르게 존재할 수 있다는 것을 상상도 할 수 없기 때문이다. 왜냐하면 여기에서는 일반의 의견을 뒤집어야 하기 때문이다. 또한 모두를 위해 일이 더 잘 진행될 사물의 다른 상태를 구상하기 위한 동기가 되는 것은, 하나의 상황이 가혹하다든지 또는 이 상황이 부과하는 고통이 아니라는 사실도 고려해야 하기 때문이다. 이와 반대로 하나의 새로운 빛이 우리의 아픔과 고통 위에 내리고, 또 우리가 이런 아픔과 고통이 참을 수 없다고 결정하는 것은 바로 우리가 사물의 다른 상태를 생각해 볼 수 있는 시점에서 출발함으로써일 뿐이다. 1830년의 노동자는 자신의 임금이 하락하면 폭동을 일으킬 수도 있다. 왜냐하면 그는 자신의 비참한 생활수준이 그래도 사람들이 그에게 부과하고자 하는 생활수준보다는 좀 낫다는 상황을 쉽사리 생각하기 때문이다. 하지만 그는 자신의 고통을 참을 수 없는 것으로 생각하지 않는다. 그는 어떻게든 참고 견딘다. 체념 때문이 아니다. 오히려 그에

게는 이런 고통이 존재하지 않는 하나의 사회적 상태를 생각하는 데 필요한 교양과 반성이 결여되어 있기 때문이다. 따라서 그는 행동하는 것이 아니다. 봉기 후에 리옹을 장악한 라크루아-루스의 노동자들은 자신들의 승리를 어떻게 해야 할지 모른다. 그들은 방향을 잃고 집으로 돌아간다. 그래서 정규군은 힘 안 들이고 그들을 기습한다.[4] 그들의 불행은 그들에게 "습관적인" 것으로 보이지 않고 오히려 "자연적인" 것으로 보인다. 그들의 불행은 존재한다. 그것이 전부이다. 그들의 불행은 그들의 조건을 구성한다. 그들의 불행은 부각되어 있지 않다. 그들의 불행은 환한 빛 속에 드러나 있지 않다. 따라서 그들의 불행은 노동자들에 의해 그 존재 속에 통합되어 있다. 노동자는 자기의 괴로움을 고찰해 보지도 못하고, 또 괴로움에 가치를 부여하지도 못한 채 괴로워한다. 괴로워하는 것과 존재하는 것이 그에게 있어서는 하나를 이룰 뿐이다. 그의 괴로움은 그의 비정립적 의식의 순수한 감성적 내용이다. 하지만 그는 그것을 관조하지 못한다. 따라서 괴로움은 그 자체로 그의 행위의 동인이 될 수 없을 것이다. 차라리 이와 정반대로 그가 이 괴로움을 변화시키고자 기획할 때, 그 괴로움은 그에게 견딜 수 없는 것으로 나타날 것이다. 이것은 그가 괴로움에 대해 여유를 가지고 뒤로 물러나고 또 이중의 무화작용을 시행해야 함을 의미한다. 사실 한편으로 그는 사물의 하나의 이상적 상태를 현재의 단순한 무로서 제기해야 할 것이다. 다른 한편으로 그는

---

4 1831년 11월 21일부터 12월 3일까지 리옹(Lyon)의 견직물 노동자들이 정부와 기업의 착취와 억압에 저항해 폭동을 일으켰다. 임금 문제가 발단이 되어 수많은 방직공이 독립 자치구인 라크루아-루스(La Croix-Rousse)에 들어와 문제 해결을 요구했다. 그 과정에서 도매상인들로 구성된 국민위병대가 이들에게 총을 발포해 세 명이 사망했다. 이에 격분한 방직공들은 라크루아-루스의 대지(臺地)에 "일을 하고 살거나 아니면 싸우다 죽으리라."라는 슬로건이 적힌 검은 깃발을 내걸고 폭동을 일으켰다. 국민군의 일부와 서민층의 일부도 시위에 가담했다. 당국은 리옹을 포기하려 했으나 시위대가 오합지졸이었기 때문에 정규군의 압도적인 기습으로 진압되고 말았다.

현재의 상황을 이 이상적 상태에 대해 무로서 제기해야 할 것이다. 그는 자기가 속한 계급에 결부된 행복을 단순한 가능으로서 — 다시 말해 현재로서는 일종의 무로서 — 생각해야 할 것이다. 또한 그는 현재의 상황으로 되돌아와 이 무의 빛으로 이 현재의 상황을 밝히고, 또 이 현재의 상황을 무화하고, 결국 "나는 행복하지 않다."라고 선언할 것이다. 이로부터 다음과 같은 두 가지 중요한 결과가 도출된다. (1) 어떤 사실상의 상태도, 그것이 어떤 것이든 간에(사회의 정치적·경제적 구조든, 심리적 "상태"든 간에), 그 자체로서는 그 어떤 행위도 동기지을 수 없다. 왜냐하면 하나의 행위는 존재하지 않은 것을 향한 대자의 기투이기 때문이며, 존재하는 것은 결코 그 자체로서 존재하지 않는 것을 결정할 수 없기 때문이다. (2) 어떤 사실상의 상태도 의식으로 하여금 이 상태를 부정성 또는 결여로서 파악하도록 할 수는 없다. 좀 더 자세히 말하면, 어떤 사실상의 상태도 의식으로 하여금 이 상태를 규정하고 한정할 수는 없다. 왜냐하면, 우리가 앞에서 살펴본 것처럼, "모든 한정은 부정이다(Omnis determinatio est negatio)."라는 스피노자의 정의는 참된 진실이기 때문이다. 그런데 모든 행동의 분명한 조건은 단지 사물의 어떤 상태를 "……의 결여(manque de……)"로, 다시 말해 부정성으로서 발견할 뿐만 아니라, 또한 — 미리부터 — 고찰된 사물의 상태를 고립된 체계로 구성하는 것이기도 하다. 사실상의 상태는 — 만족한 상태이든 그렇지 않든 — 대자의 무화하는 능력에 의해서만 존재할 뿐이다. 하지만 이 무화하는 능력은 세계에 대해 단순한 후퇴를 실현하는 데 그칠 수는 없다. 사실 의식이 존재에 의해 "포위되어 있는" 한에서, 또 의식이 단순히 존재하는 것을 용인하는 한에서, 의식은 존재 속에 포괄되어 있어야 한다. 따라서 의식이 하나의 계시적인 관조의 대상을 만들어

낼 수 있기 위해 극복되고 부정되어야 하는 것은 바로 "자기의-자연스러운-괴로움을-발견하는-노동자"라는 조직 형태이다. 이것은 분명 노동자가 자기의 괴로움을 견딜 수 없는 괴로움으로 내세울 수 있으며, 또 그 결과 이 괴로움을 자신의 혁명적 행동의 동인으로 삼을 수 있는 것은, 바로 그 자신과 세계로부터의 단순한 이탈(arrachement)에 의함을 의미한다. 따라서 거기에는 의식에게 있어서 자신의 고유한 과거와 단절하고, 그곳에서 자기를 분리해 냄으로써 하나의 비존재의 빛으로 자신의 과거를 고찰할 수 있으며, 또 자신의 과거가 지니고 있지 않는 하나의 의미에서 출발해서, 이 과거에 이 과거가 지니는 의의를 부여할 수 있다는 영속적인 가능성이 내포되어 있다. 어떤 경우에도 또 어떤 방식으로도 과거는 그 자체로 하나의 행위를 만들어낼 수 없다. 다시 말해 과거는 과거로 되돌아가 그것을 밝히는 하나의 목적을 정립할 수 없다. 헤겔이 "정신은 부정적인 것이다."라고 했을 때, 그가 꿰뚫어 본 것이 바로 이것이다. 하지만 헤겔은 행동과 자유에 대한 자신의 고유한 이론을 전개해야 했을 때, 이것을 아직 생각해 내지 못했던 것 같다. 사실 우리가 세계와 의식 자체에 대한 이런 부정적인 능력을 의식에 귀속시키자마자, 무화작용이 하나의 목적의 정립에 대해 그 통합적인 부분을 이루자마자, 모든 행동의 필요불가결하고 근본적인 조건은 행동하는 존재의 자유라는 사실을 인정해야 한다.

이렇게 해서 우리는 출발점에서 결정론자들과 무차별적인 자유의 지지자들 사이에서 벌어진 지루한 토론의 부족한 점을 파악할 수 있다. [무차별적인] 자유의 지지자들은 여러 결정에서 그보다 앞서는 동기가 하나도 존재하지 않는 경우, 또는 똑같이 가능하고 또 그 동기(그리고 그 동인)가 엄밀하게 같은 비중인 두 개의 상반되는 행위에 대한 고찰 사례를 발견하고자 애를 쓴다. 이에 대해 결정론자들은 동기가 없는 행동은 없으며, 또 가장 하찮은 몸짓(왼손을 드느니 차라리 오른손을 든다 등)도 그것에 의미를 부여하는 동기나 동인을 제시한다고 대답하지만 소용없는 일이다. 이는 달리 진행될 수 없을 것이다. 왜냐하면 모든 행동은 지향적이어야 하기 때문이다. 사실 행동은 하나의 목적을 가져야 하고, 그 목적은 다시 하나의 동기와 관련된다. 사실 이것이 세 개의 시간적 탈자(脫自)의 통일이다. 목적 또는 나의 미래의 시간화에는 하나의 동기(또는 동인)가 내포되어 있다. 다시 말해 목적 또는 나의 미래의 시간화는 과거 쪽을 가리킨다. 그리고 현재는 행위의 출현이다. 동기 없는 행위에 대해 말하는 것은, 모든 행위에 내포된 지향적 구조가 빠진 행위에 대해 말하는 것이다. 그런데 무차별적인 자유의 지지자들은 발생하고 있는 행위의 수준에서 이 자유를 찾음으로써 결국 자유를 부조리하게 만들 뿐이다. 하지만 결정론자들은 그들대로 동기와 동인을 단순히 지적할 뿐, 그 탐구를 중지함으로써 자기편을 유리하게 만들고 있다. 사실, 본질적인 문제는 "동기-지향-행위-목적"의 복잡한 조직 저편에 있다. 사실상 우리는 하나의 동기(또는 동인)가 어떻게 동기[또는 동인]로서 구성될 수 있는가를 물어야 한다. 그런데 우리가 방금 지적한 것처럼, 동기 없는 행위가 존재하지 않는다고 하는 것은 결코 원인 없는 현상이란 없다고 하는 것과 같은 의미가 아니다. 사실 동기가 동기가 되려면, 그것이 동기로서 체험되어야 한다. 물론 이것은 분명 숙고의 경우처럼 동기가 주제적으로 생각되며 드러나야 됨을 의미하지 않는다. 하지만 최소한 이것은 대자가 동기나 동인에 대해 동기 또는 동인으로서의 가치를 부여해야 함을 의미한다. 그리고 우리가 방금 살펴본 것처럼, 동기를 동기로서 구성하는 것은 또 하나의 실재적이고 긍정적인 존재자, 다시 말해 선행하는 하나의 동기를 지시할 수는 없을 것이다. 그렇지 않다면, 지향적으로 비존재 속에 구속되어 있는 것으로서의 행위의 본성 자체가 소멸될 것이다. 동인은 목적에 의해서만, 다시 말해 비존재자에 의해서만 이해될 뿐이다. 따라서 동인은 그 자체로서 하나의 부정성이다. 내가 비참한 월급을 받아들인다면, 그것은 분명 공포 때문이다. 그리고 공포는 하나의 동인이다. 그런데 이 공포는 굶어 죽는다는 공포이다. 다시 말해 이 공포는 그 자체 밖에서만 의미를 가질 뿐이다. 즉 이 공포는 내가 위험에 처해 있는 것으로 파악하는 한 생명 유지라는 이상적으로 제기된 목적 속에서만 의미를 가질 뿐이다. 그리고 이 공포는 이번에는 내가 암암리에 이 생명에게 부여하는 가치와의 관계 속에서만 이해될 뿐이다. 다시 말해 이 공포는 가치라고 하는 이상적인 대상들의 위계질서화된 체계와 관련된다. 이렇듯 동인은 자신이 무엇인가를 "있지 않은" 존재들의 총체에 의해서, 이상적인 존재들에 의해서, 그리고 장래에 의해서 자신에게 알려 준다. 미래가 현재와 과거 속으로 되돌아와서 그것들을 밝히는 것과 마찬가지로, 동인에게 동인으로서의 구조를 부여하기 위해 되돌아오는 것은 바로 나의 기투의 총체이다. 즉자가 동기나 동인의 가치를 지닐 수 있는 것은, 오직 내가 나의 가능성을 향해 나를 무화하면서 이 즉자에게서 벗어나기 때문이다. 동기와 동인은 바로 비존재자들의 총체인 하나의 기투된 총체의 내부에서만 의미를 가질 뿐이다. 그리고 이 총체는 결국 초월로서의 나 자신이다. 이 총체는 내가 나의 밖에서 나 자신으로 있어야 하는 한에서 나이다. 만일 우리가 조금 전에 세운 원칙을 상기해 본다면, 그러니까 노동자의 괴로움에 동인으로서의 가치를 부여하는 것이 하나의 혁명을 가능케 하는 것임을 상기해 본다면, 우리는 이로부터 다음과 같은 결론을 내려야 한다. 즉 우리가 어떤 상황을 동기나 동인의 복합으로 조직하는 것은 바로 그 상황을 변경시킬 수 있다는 우리의 가능성을 향해 그 상황을 빠져나가면서라는 결론이 그것이다. 우리가 상황에 대해 후퇴하는 경우의 무화작용은, 우리가 이 상황의 변경을 향해 우리 자신을 기투하는 탈자와 하나를 이룰 뿐이다. 사실 이로부터 동인 없는 행위를 찾는 것이 불가능하다는 결론이 도출된다. 하지만 이로부터 동인이 행위의 원인이라고 결론지어서는 안 된다. 동인은 행위의 통합적인 부분이다. 왜냐하면 하나의 변화를 향한 확고한 기투는 행위와 구분되지 않으며, 따라서 동인·행위·목적이 구성되는 것은 오직 하나의 출현 속에서이기 때문이다. 이 세 개의 구조 하나하나는 다른 두 개의 구조를 그 의미로서 요구한다. 하지만 이 세 개의 구조의 조직적인 총체성은 어느 단일한 하나의 구조에 의해 설명되지 않는다. 그리고 즉자에 대한 순수한 시간적 무화작용으로서의 총체성의 출현은 자유와 하나를 이룰 뿐이다. 행위의 목적과 그 동인에 대해 결정을 내리는 것은 행위이며, 또 행위는 자유의 표현이다.

그렇지만 우리는 이런 피상적인 고찰에 머무를 수 없다. 만일 행위의 근본적인 조건이 자유라면, 우리는 자유를 좀 더 정확하게 묘사하려고 시도해야 한다. 하지만 우리는 먼저 하나의 커다란 난점에 부딪친다. 묘사한다는 것은 보통 어떤 독특한 본질의 구조를 목표로 하는 설명적인 활동이다. 그런데 자유는 본질을 가지고 있지 않다. 자유는 어떤 논리적 필연성에도 따르지 않는다. 하이데거는 현존재(Dasein) 일반에 대해 "자유에서는 실존이 본질에 앞서며 본질을 지배한다."라고 했는데, 이 말을 자유에 대해서 해야 할 것이다. 자유는 자기를 행위로 만든다. 그리고 우리는 보통 행위에 포함된 동기·동인·목적을 가지고 자유가 조직하는 행위를 통해 자유에 이른다. 하지만 정확히 이 행위는 하나의 본질을 가지고 있기 때문에, 이것은 우리에게 구성된 것으로서 나타난다. 만일 우리가 행위를 구성하는 힘까지 거슬러 올라가고자 한다면, 우리는 이 구성하는 힘에서 하나의 본질을 발견하려는 모든 희망을 포기해야 한다. 사실 이 본질이 또 다른 하나의 새롭게 구성하는 힘을 요구할 것이고, 또 이것이 무한정 계속될 것이다. 따라서 어떻게 끊임없이 자기를 만드는 실존(existence), 하나의 정의 속에 갇히는 것을 거부하는 하나의 실존을 서술할 수 있을 것인가? "자유"라는 명칭을 보통의 낱말이나 마찬가지로 하나의 개념을 가리키는 것으로 해석해야 한다면, 이 "자유"라는 명칭 자체가 위험하다. 정의할 수도 없고 지칭할 수도 없는 자유를 서술할 수는 없지 않겠는가?

앞에서 현상의 존재와 무에 대해 서술하고자 할 때, 우리는 이와 유사한 난점들에 맞닥뜨렸다. 그 난점들이 우리를 가로막지는 않았다. 그것은 사실 본질을 목표하는 것이 아니라 실존 자체를 그 독자성에서 겨냥하는 묘사가 있을 수 있기 때문이다. 분명 나는 타인에게도 나 자신에게도 공통될 자유를 묘사할 수는 없을 것이다. 따라서 나는 자유의 본질을 고찰할 수 없을 것이다. 이와 반대로 모든 본질의 근거가 되는 것은 자유이다. 왜냐하면 인간이 세계 내적 본질을 드러내 보이는 것은 자신의 고유한 가능성을 향해 세계를 뛰어넘으면서이기 때문이다. 하지만 사실상 나의 자유가 문제이다. 게다가 이와 비슷하게 내가 의식을 서술했을 때도 몇몇 개인에게 공통된 하나의 본성이 문제가 아니라 나의 자유와 마찬가지로 본질 저편에 있는 나의 독자적 의식이 문제였다. 또는 우리가 여러 차례 보여 준 것처럼, 나의 독자적 의식에 있어서 존재하다(être)는 존재했다(avoir été)이다. 이 의식을 그 존재 자체에서 포착하기 위해 코기토라는 하나의 특수한 경험이 이용되었다. 가스통 베르제가 지적한 대로[5] 후설과 데카르트는 코기토에게 하나의 본질적인 진리(vérité d'essence)를 넘겨줄 것을 요구한다. 우리는 데카르트에게서 두 개의 단순한 본성의 연결에 이를 것이며, 후설에게서는 의식의 형상적 구조를 파악할 것이다. 하지만 만일 의식이 그 실존에서 본질에 선행해야만 된다면 데카르트나 후설은 모두 하나의 오류를 범한 것이 된다. 우리가 코기토에게 요구할 수 있는 것은 오직 코기토가 우리에 대해 하나의 사실상의 필연성을 보여 주는 것뿐이다. 우리는 자유를 우리의 것인 자유로서, 단순한 사실상의 필연성으로서, 다시 말해 우연적인 존재자이지만 내가 그것을 겪지 않을 수 없는 존재자로서 결정하기 위해 우리가 요청하는 것도 역시 코기토에 대해서이다. 사실 나는 자기의 행위를 통해 자기의 자유를 배우는 하나의 존재자이다. 하지만 나는 또한 자신을 자유로서 시간화하는 개별적이고 유일한 존재를 지니는 하나의 존재자이다. 그 존재자로서 나는 필연적으로 자유(에 대한) 의식이다. 왜냐하면 존재하는 것에 대한 비조정적 의식으로서가 아니라면 아무것도 의식 속에 존재하지 않기 때문이다. 이렇듯 나의 자유는 나의 존재 속에서 끊임없이 문제가 된다. 나의 자유는 덧붙여진 하나의 성질도 아니고, 나의 본성의 하나의 속성도 아니다. 나의 자유는 아주 정확하게 나의 존재의 소재이다. 그리고 나의 존재가 나의 존재 속에서 문제가 되기 때문에, 나는 필연적으로 자유에 대한 어떤 이해를 가지고 있어야 한다. 우리가 지금 설명하고자 하는 것이 바로 이 이해이다.

자유를 그 핵심에서 포착하도록 우리를 도와줄 수 있는 것은 지금 여기에서 우리가 요약해야 하는 위에서 했던 몇몇 고찰이다. 사실

5　Gaston Berger, *Le Cogito chez Husserl et chez Descartes*, 1940. — 원주.

우리가 이 책 제1장에서부터 확실히 주장했지만, 만일 부정이 인간 실재에 의해 세계에 온다면, 인간실재는 세계와 자신과 더불어 무화적인 단절을 실현할 수 있는 존재이어야 할 것이다. 그리고 우리는 이런 단절의 항구적인 가능성은 자유와 하나가 될 뿐이라는 사실도 확언했다. 하지만 다른 한편으로 내가 있는 그대로의 것을 "그것을 존재했다"의 형태하에서 무화할 수 있는 이 항구적인 가능성에는 인간에 대한 하나의 특수한 유형의 존재가 포함되어 있다는 사실을 우리는 지적한 바 있다. 그때 우리는 자기기만에 대한 분석과 같은 몇몇 분석에서 출발해서 인간실재는 자신의 고유한 무라는 사실을 단언했다. 대자에게 있어 존재한다는 것은 바로 대자가 그것으로 있는 즉자를 무화하는 것이다. 이런 조건에서 자유는 이런 무화 외의 아무것도 될 수 없을 것이다. 대자가 그 본질에서처럼 그 존재에서 벗어나는 것은 자유에 의해서이다. 대자가 항상 우리가 대자에 대해 말할 수 있는 것과 다른 것으로 있는 것은 자유에 의해서이다. 왜냐하면 대자는 적어도 그 호칭 자체에서 벗어나는 것이며, 이미 우리가 그것에 부여하는 이름 저편에, 우리가 그것에게 인정하는 속성 저편에 있는 것이기 때문이다. 대자는 그것이 있는 그대로의 것으로 있어야 한다고 말하는 것, 대자는 그것이 있는 그대로의 것으로 있지 않으면서 있지 않은 것으로 있다고 말하는 것, 대자에게서는 실존이 본질에 선행하고 본질을 조건짓는다고 말하는 것, 또는 역으로 헤겔의 표현을 따라 대자에게 있어서 "본질이란 있었던 것이다."[6]라고 말하는 것, 이것들은 모두 단 하나의 동일한 사태를 말하는 것이다. 즉 인간은 자유롭다고 말하는 것이다. 사실 내가 나의 행위를 촉구하는 동기에 대한 의식을

---

6 여기에 해당하는 독일어 원문은 'Wesen ist was gewesen ist.'이다.

가졌다는 유일한 사실만으로, 그 동기는 이미 나의 의식에 대해 초월적 대상이다. 그 동기는 밖에 있다. 내가 그 동기에 매달려 보려 해도 소용이 없다. 나는 나의 실존 자체에 의해 그 동기에서 벗어난다. 나는 영구히 나의 본질 저편에, 나의 행위의 동인이나 동기 저편에 존재하도록 선고를 받았다. 즉 나는 자유롭도록 선고를 받은 것이다. 이것은 나의 자유에 대해 우리는 자유 그 자체 외의 다른 한계를 발견하지 못할 것임을 의미한다. 또는 이렇게 말하면, 우리에게는 자유롭기를 그만둘 자유가 없다. 대자가 자기의 고유한 무를 자신에게 숨기고, 또 즉자를 자기의 참된 존재 방식으로서 자신에게 합체하려고 하는 한에서, 대자는 또한 자기의 자유도 자신에게 숨기고자 시도한다. 결정론의 깊은 의미는 우리 내부에 단층 없는 하나의 즉자적인 존재 연속을 설정하는 것이다. 결정론적 견지에서 보면 심적 사실, 다시 말해 주어진 충만한 실재로 생각된 동인은, 계속성에 대한 해결책이 없어도 마찬가지로 심적 소여로서 생각된 결정과 행위와 연결된다. 즉자가 그 모든 "자료(data)"를 차지한다. 원인이 그 결과를 초래하듯이, 동인은 행위를 유발한다. 모든 것은 실재적이고, 모든 것은 충만해 있다. 이렇게 해서 자유의 거부는 자기를 즉자존재로 파악하려는 시도로서만 생각할 수 있을 뿐이다. 자유의 거부와 자기를 즉자존재로서 파악하고자 하는 시도는 짝을 이룬다. 인간실재는 자기 자유의 승인을 끊임없이 거부하려고 시도하기 때문에, 자기 존재에서 그 자유가 문제 되는 하나의 존재이다. 심리학적으로 말하면 이것은 우리 각자에게서 동인과 동기를 사물로서 파악하려는 시도와 같다. 우리는 그런 동인과 동기에 대해 사물이 지니는 항구성을 부여하려고 한다. 우리는 동인이나 동기가 지니는 성질이나 무게가 매 순간마다 내가 그것에 부여하는 의미에 의존하고 있지만, 그것을 감추려고 애쓴다. 우리는 그것을 변하지 않는 것으로 여긴다. 그것은 내가 조금 전에 또는 어제 그 동인과 동기에 부여했던 의미 ─ 그 의미는 지나간 것이기 때문에 돌이킬 수 없다 ─ 를 생각하는 것과 같으며, 현재에 이르기까지 굳어진 특징을 거기에서 이끌어 내는 것과 같다. 나는, 동기는 그것이 있었던 것으로 있다고 스스로 납득하려고 애쓴다. 이렇게 해서 동기는 나의 과거 의식에서 현재 의식으로, 머리끝부터 발끝까지 그대로 옮아가게 될 것이다. 동기는 나의 의식 속에 자리 잡고 살 것이다. 이것은 대자에게 하나의 본질을 부여하고자 하는 것과 같다. 같은 방법으로 사람들은 목적을 초월로서 제시할 것이다. 이것은 잘못이 아니다. 하지만 그들은 이 초월을 나 자신의 고유한 초월에 의해 제시된 것이며, 나 자신의 초월에 의해 그 존재 속에 지탱되는 것으로 생각하기는커녕, 내가 세계 속에 출현하면서 그 초월과 만나는 것으로 가정할 것이다. 즉 이 초월은 신으로부터, 자연으로부터, 나의 본성으로부터, 사회로부터 오는 것이라고 말이다. 따라서 이런 인간 이전에 이미 정해진 목적은 심지어 내가 나의 행위의 의미를 생각하기 전에 그 의미를 규정할 것이다. 이와 마찬가지로 단순한 심적 소여로서의 동기는 내가 그것을 깨닫지 못했음에도 나의 행위를 유발할 것이다. 동기·행위·목적은 하나의 "연속체(continuum)", 하나의 충만을 구성한다. 존재의 무게로 자유를 질식시키려다 실패한 이 시도들은 ─ 자유 앞에서 불안이 갑자기 출현할 때 스스로 무너진다 ─, 자유가 그 바탕에서 인간의 핵심에 존재하는 무와 일치함을 충분히 보여 준다. 인간실재가 자유인 것은 바로 인간실재가 충분히 존재하지 않기 때문이고, 인간실재가 끊임없이 자신으로부터 분리되고 있기 때문이며, 또 인간실재가 그것이었던 것이 바로 인간실재가 현재 그것으로 있는 것과 앞으로 그것으로 있게 될 것과 하나의 무에 의해 분리되어 있었기 때문이다. 이것은 결국 인간실재의 현재적 존재 자체가 "반영-반영하는 것"의 형태하에서의 무화이기 때문이다. 인간이 자유인 것은, 인간이 자기가 아니고 자기에 대한 현전이기 때문이다. 그것이 있는 그대로의 것으로 있는 존재는 자유일 수 없을 것이다. 자유는 인간의 핵심에 존재하는 무이며, 이 무가 인간실재로 하여금 존재하는 대신에 자기를 만들어 가도록 강요하는 것이다. 우리가 앞에서 살펴보았지만, 인간실재에게서 존재한다는 것은 자기를 선택하는 것이다. 인간실재가 받거나 또는 받아들이거나 할 수 있는 것은 그 어떤 것도 밖으로부터나 안으로부터 그에게 오지 않는다. 인간실재는 가장 작은 세부에서까지 자기를 존재하게 해야 하는 지탱할 수 없는 필연성에 그 어떤 종류의 도움도 없이 완전히 내맡겨져 있다. 이렇듯 자유는 하나의 존재가 아니다. 자유는 인간 존재이다. 다시 말해 자유는 인간 존재의 무이다. 만일 우리가 먼저 인간을 하나의 충만으로서 생각한다면, 나중에 인간이 자유로워지는 심적 계기나 심적 영역을 그의 내부에서 찾는 것은 부조리하다. 그것은 이미 가득 채워 놓은 그릇 속에서 빈 곳을 찾는 것과 마찬가지이다. 인간은 어떤 때는 자유롭고 어떤 때는 노예가 될 수는 없을 것이다. 인간은 항상 전적으로 자유롭거나, 아니면 자유롭지 않거나이다.

이런 고찰은, 만일 우리가 그것을 이용할 줄만 안다면, 우리를 새로운 발견으로 이끌어 갈 수 있다. 이런 고찰은 우리에게 먼저 자유와 "의지(volonté)"라고 부르는 것과의 관계를 밝혀 줄 것이다. 사실 자유로운 행위와 의지적 행위를 동일시하고, 정념의 영역에 결정론적 설명을 적용하고자 하는 상당히 일반적인 하나의 경향이 있다. 그것이 요컨대 데카르트의 관점이다. 데카르트 식의 의지는 자유이긴 하지만, 그 속에는 "영혼의 정념"이 있다. 데카르트도 역시 이런 정념에 대해 생리적 해석을 시도한 것이다. 그 후 사람들은 순수하게 심리적 결정론을 수립하려고 할 것이다. 예컨대 프루스트가 질투라든가 스노비즘에 대해 시도한 주지주의적 분석은 정념의 "메커니즘"에 대한 이런 이해 방식에 대한 설명 역할을 할 수 있게 된다. 따라서 인간을 자유인 동시에 결정된 것으로서 생각해야 할 것이다. 그리고 본질적인 문제는 이런 무조건적인 자유와 심적 생활의 결정된 과정 사이의 여러 관계에 대한 문제일 것이다. 이런 무조건적 자유가 정념을 어떻게 지배할 것인가? 이런 자유가 정념을 어떻게 자기에게 유리하게 이용할 것인가? 예로부터 내려오는 지혜 — 스토아학파의 지혜 — 는 정념을 지배할 수 있기 위해 정념과의 타협을 가르쳐 줄 것이다. 요컨대 인간은 자연을 좀 더 잘 지배하기 위해 자연에 복종하는데, 그들은 감정적인 것(l'affectivité)에 대해 인간이 자연 일반에 대해 하는 것과 마찬가지로 행동하라고 권할 것이다. 따라서 인간실재는 결정된 여러 과정의 총체에 의해 에워싸인 하나의 자유로운 능력으로서 나타난다. 그리되면 완전히 자유로운 행위, 자유로운 의지 위에서 결정된 과정, 원칙적으로 인간적 의지에서 도피하는 과정 등 세 가지가 구분될 것이다.

우리가 이런 생각을 결코 받아들일 수 없으리란 것은 다 아는 사실이다. 하지만 우리가 거부하는 이유를 잘 이해하도록 하자. 하나의 자명한 이론이 있다. 그 이론을 여기에서 설명해도 그다지 시간이 걸리지 않을 것이다. 그것은 심적 통일성의 중심에서는 이와 유사한 둘로 나뉜 이원성을 생각할 수 없다는 이론이 그것이다. 한편으로 서로 상대편에 의해 결정되는 일련의 사실, 따라서 상호 간에 외면적으로 존재하는 일련의 사실로서 자신을 구성하며, 또 다른 한편으로 스스로 존재하도록 자기를 결정하는 하나의 자발성, 자기에게만 속하는 하나의 자발성으로서 자기를 구성하지만, 여전히 일자(un)인 하나

의 존재를 실제로 어떻게 생각할 수 있는가? 선험적으로 이런 자발성
은 이미 구성된 하나의 결정론에 대해 아무런 작용도 할 수 없을 것이
다. 이 자발성이 무엇에 대해 작용할 수 있을까? 대상 자체(현재의 심적
사실)에 대해서인가? 하지만 정의상 그것이 있는 그대로의 것일 뿐인
하나의 즉자, 그리고 그것이 있는 그대로의 것일 수밖에 없는 하나의
즉자를 이 자발성이 어떻게 바꿀 수 있는가? 과정의 법칙 자체에 대
해 작용하는가? 하지만 현재의 심적 사실에 작용해 그것을 그 자체에
서 변형하는 것이나, 또는 현재의 심적 사실에 작용해 그 결과를 변형
하는 것은 같은 경우이다. 그리고 이 두 경우에서 우리는 위에서 지적
한 것과 같은 불가능에 봉착한다. 게다가 이 자발성은 어떤 도구를 이
용할 수 있는가? 손이 무엇을 잡을 수 있다면, 그것은 손이 잡혀질 수
있기 때문이다. 자발성은 정의상 도달할 수 없는 것이기 때문에 자기편
에서도 도달할 수 없다. 자발성은 스스로 자기 자신을 만들어 낼 수밖
에 없다. 그리고 만일 자발성이 어떤 특수한 도구를 이용할 수 있어야
한다면, 그 도구는 자유의지와 결정된 정념 사이의 중간적 성질의 것
으로서 당연히 생각되어야 할 것이다. 하지만 이것은 용인될 수 없다.
물론 반대로 정념이 의지에 대해 어떤 영향력을 행사하는 것도 있을
수 없을 것이다. 사실 결정된 과정에서 자발성에 대해 작용하는 것은
불가능하다. 이것은 대상이 의식에 대해 작용하는 것이 불가능한 것
과 마찬가지이다. 따라서 이 두 유형의 존재자의 종합은 불가능하다.
이 두 유형의 존재자는 동질적이지 않다. 양자는 각기 소통이 불가능
한 고독 속에 머물 것이다. 하나의 무화적인 자발성이 기계적인 과정
과 함께 맺을 수 있는 유일한 유대는 그 존재자에서 출발해서 내적 부
정에 의해 스스로 자기를 태어나게 하는 것이다. 하지만 정확히 그때
이 자발성은 자신에 대해 자기가 그 정념임을 부정하는 한에서만 그

렇다. 그때부터는 결정된 파토스의 총체는 자발성에 의해 필연적으로 하나의 단순한 초월자로서 파악될 것이다. 다시 말해 이것은 필연적으로 밖에 존재하는 것으로서, 자발성이 아닌 것으로서 파악될 것이다. 따라서 이런 내적 부정은 파토스를 세계 속에 용해하는 결과만을 낳게 될 뿐이다. 그리고 이 파토스는 의지임과 동시에 의식이 될 하나의 자유로운 자발성에 대해 세계 한복판의 임의의 한 대상으로 존재할 것이다. 이런 논의를 통해 두 개의 해결책이, 이 두 개의 해결책만이 가능할 뿐이라는 사실이 드러난다. 인간은 전적으로 결정되어 있거나(이것은 용인될 수 없다. 왜냐하면 특히 결정된 의식, 즉 밖에서 동기가 부여된 의식은 그 자신이 단순한 외면성이 되어 의식으로 있기를 그치기 때문이다.), 아니면 인간은 전적으로 자유롭거나 둘 중의 하나이다.

하지만 이 고찰들은 아직 우리에게 특별히 중요하지 않다. 이것들은 하나의 소극적인 의의를 지니고 있을 뿐이다. 이와 반대로 의지에 대한 연구는 자유에 대한 이해에서 우리를 앞으로 나아가게 해 줄 것이다. 이 이유로 먼저 우리를 일깨워 주는 것은, 만일 의지가 자율적이어야 한다면, 의지를 하나의 주어진 심적 사실로, 다시 말해 즉자로 생각하는 것은 불가능하다는 사실이다. 의지는 심리학자에 의해 규정된 "의식 상태"의 범주에 속할 수 없을 것이다. 다른 모든 경우에서처럼 여기에서도 우리는 의식 상태가 실증적 심리학의 단순한 우상이라고 단언한다. 만일 의지가 자유이어야 한다면, 의지는 필연적으로 부정성이고 무화 능력이다. 하지만 그때 우리는 왜 의지에 대해 자율성이 보류되는 것인지를 더 이상 알지 못하게 된다. 사실 사람들은 의욕(volitions)일 수 있고, 게다가 정념들과 파토스 일반으로 충만하고 밀도 있는 씨실 속에서 나타나는 무화의 구멍 같은 것은 생각하기 어렵다. 만일 의지가 무화라면, 심적인 것의 총체가 이와 유사하게 무화이어야 할 것이다. 게다가 ─ 우리는 곧 이 문제로 되돌아올 것이다 ─ 사람들은 어떤 점에서 정념적 "사실"과 단순한 욕구가 무화적이 아니라고 생각하는가? 정념은 먼저 기투이고 기도가 아닌가? 정념은 바로 어떤 상태를 용인할 수 없는 상태로 제시하지 않는가? 이로 인해 정념은 그런 상태에 대해 후퇴를 하고, 또 그런 상태를 고립시키고 그것을 무화하면서 하나의 목적의 빛, 다시 말해 하나의 비존재의 빛으로 그 상태를 바라보는 것이 아닌가? 그리고 정념은 자신의 고유한 목적을 가지고 있고, 정념이 그 목적을 비존재자로서 내세우는 순간에, 이 목적이 정확히 인지되는 것이 아닌가? 만일 무화가 정확히 자유의 존재라면, 어떻게 의지에만 자율성을 인정하고 정념에는 그것을 거부하는가?

하지만 더 있다. 의지는 자유의 유일한 표명 또는 적어도 특권적인 표명이기는커녕, 반대로 의지는 자기를 의지로서 구성할 수 있기 위해 대자의 모든 사건과 마찬가지로 하나의 근원적인 자유를 전제한다. 사실 의지는 어떤 목적에 대해 반성된 결정으로서 자신을 내세운다. 하지만 의지가 이 목적을 창안하는 것은 아니다. 오히려 의지는 목적에 대한 하나의 존재 방식이다. 의지는 이 목적의 추구가 반성되고 숙고될 것을 명한다. 정념도 같은 목적을 내세울 수 있다. 예컨대 나는 어떤 위협 앞에서 죽음의 두려움으로 인해 있는 힘껏 도피할 수도 있다. 이런 정념적 사실도 역시 생명의 가치를 최고 목적으로서 암묵적으로 내세우고 있다. 이와 반대로 다른 어떤 사람은 이렇게 생각할 수도 있다. 비록 처음에는 저항이 도피보다 좀 더 위험해 보일 수도 있지만, 그는 그 자리에 머물러 있어야 한다고 말이다. 그는 "버틸 것이다." 하지만 그의 목표가 더 잘 이해되고 분명하게 세워졌다고 해도, 이것은 감동적인 반응의 경우와 같다. 단지 그 목표에 도달하는 수단이 더 분명하게 생각된 것이다. 그 수단들 중 어떤 것은 미심쩍거나 또는 비효율적인 것으로 배제되었고, 다른 수단들이 더 확고하게 조직된 것이다. 여기에서 그 차이는 수단의 선택에 달려 있고, 또 반성과 해명의 정도에 달려 있지, 목적에 달려 있는 것이 아니다. 그렇지만 도피하는 사람을 "정념적"이라고 말하며, "의지적"이라는 수식어는 저항하는 사람에게 할애된다. 따라서 하나의 초월적인 목적에 대한 주체적인 태도의 차이가 문제이다. 하지만 만일 우리가 앞에서 지적한 오류에 빠지지 않기를 원한다면, 또 그런 초월적인 목적을 인간 이전적인 것으로서 생각하고, 또 우리의 초월의 선험적 한계로서 생각하는 것을 원하지 않는다면, 우리는 이 목적이 우리의 자유의 시간적인 투영임을 인정해야 한다. 우리가 이미 살펴본 것처럼, 인간실재는 자신의 목적을 외부로부터 받을 수도 없고, 이른바 내적 "본성"으로부터 받을 수도 없다. 인간실재는 그 목적을 선택하며, 그 선택 자체에 의해 그 목적에 대해 자기의 기투의 외적 한계로서의 하나의 초월적 존재를 부여한다. 이런 관점에서 ── 그리고 현존재의 실존은 그 본질에 앞서고, 또 그 본질을 지배한다는 것이 잘 이해된다면 ── 인간실재는 그 출현 자체에서, 그리고 그 출현 자체에 의해서 자신의 고유한 존재를 자기의 목적에 의해 규정하도록 결정한다. 따라서 나의 존재를 특징짓는 것은 나의 궁극적인 목적의 정립이며, 이런 정립은 나의 자유의 근원적인 용솟음과 동일시된다. 그리고 이 용솟음은 하나의 실존이다. 이런 용솟음은 하나의 관념에 따라 생기게 될 하나의 존재의 본질이나 속성 같은 것을 전혀 가지고 있지 않다. 이렇듯 나의 실존과 동일시되는 자유는 의지에 의하든 또는 정념적인 노력에 의하든 간에, 내가 도달하고자 하는 목적의 근거이다. 그만큼 자유는 의지적 행위에 국한될 수 없을 것이다. 오히려 이와 반대로 의욕은 정념과 마찬가지로 우리가 근원적인 자유에 의해 내세워진 목적에 도달하려고 하는 경우에 어떤 종류의 주체적인 태도이다. 물론 근원적인 자유를 의지적인 행위나 정념적인 행위에 앞설 수 있는 자유로 이해해서는 안 된다. 오히려 근원적인 자유는 의지나 정념의 엄밀하게 동시적인 하나의 근거이며, 또 이 의지나 정념은 각각 독자적인 방식으로 이 근거를 나타내고 있다고 이해해야 한다. 또한 베르그송의 "심층 자아(moi profond)"가 표층 자아(moi superficiel)와 대립하는 것처럼, 자유가 의지나 정념과 대립해도 안 될 것이다. 대자는 전적으로 자기성이며, "심층 자아"를 프시케의 초월적인 어떤 구조로 이해하지 않는 한, 대자는 그것을 갖지 못할 것이다. 자유는 우리의 의지 또는 우리의 정념의 실존(existence)[7] 외의 아무것도 아니다. 이것은 우리의 의지 또는 정념의 실존이 사실성에 대한 무화인 한에서이다. 다시 말해 그 존재가 자기의 존재로 있어야 하는 존재 방식으로 존재하는 그런 존재로서의 무화인 한에서이다. 이 점에 대해서는 다시 다루게 될 것이다. 어쨌든 자기의 가능을 향한 대자 자신의 초월적인 기투에서 대자에 의해 이미 내세워져 있는 동인과 목적의 테두리 안에서 의지가 결정된다는 사실을 간직하자. 그렇지 않다면 이미 존재하는 목적과의 관계에서 수단에 대한 평가인 숙고를 어떻게 이해할 수 있겠는가?

만일 이런 목적이 이미 세워져 있다면, 매 순간 결정되도록 남겨진 것은 바로 그 목적에 직면해 내가 행동해야 하는 방식, 달리 말해 내가 취하게 될 태도이다. 나는 의지적일 것인가, 아니면 정념적일 것인가? 내가 아니라면 누가 이것을 결정할 수 있는가? 사실 만일 우리가 여러 가지 사정이 나를 대신해 그것을 결정하는 것을 용인한다면

---

7 여기에서는 의지나 정념의 '삶', 곧 그것의 '유위전변'의 의미라고 할 수 있다.

(예컨대 나는 하나의 작은 위험 앞에서 의지적일 수 있지만, 만일 위험이 커지면 나는 정념에 빠질 것이다.), 우리는 그렇게 함으로써 모든 자유를 말살하게 될 것이다. 의지는 사실 나타나 있을 때는 자율적이지만, 나타나는 순간은 여러 외적 사정에 의해 엄밀하게 결정된다고 선언하는 것은 부조리하다. 그리고 다른 한편, 아직 존재하지 않은 하나의 의지가 정념의 연쇄를 깨뜨리고, 또 이 연쇄의 파편 위에서 갑자기 솟아날 수 있음을 어떻게 주장할 수 있는가? 이와 유사한 생각은 의지를 하나의 힘으로 여기는 것인데, 이 힘은 때로는 의식에 나타나고, 때로는 숨겨진 채로 머물러 있게 될 것이다. 어쨌든 이 힘은 하나의 속성의 항상성과 "즉자"존재를 지니게 될 것이다. 이것은 정확히 용인될 수 없는 일이다. 그렇지만 사람들의 일반적인 의견이 도덕 생활을 하나의 사물-의지(une volonté-chose)와 실체-정념(des passions-substances) 사이의 투쟁으로 생각하는 것은 사실이다. 이런 의견 속에는 일종의 심리적인 마니교주의[8]가 있으며, 이것은 절대로 지지될 수 없다. 사실상 원하는 것만으로 충분하지 않다. 원하는 것을 원해야 한다. 예컨대 어떤 하나의 상황이 주어졌다고 하자. 나는 이 상황에 대해 감동적으로 반응할 수 있다. 우리는 다른 곳에서 감동이 생리적인 폭풍우가 아니라는 것을 보았다.[9] 감동은 상황에 맞춰진 하나의 반응이다. 감동은 하나의 행동이며, 이 행동의 의미와 형식은 특수한 수단에 의해 하나의 특수한 목적에 도달함을 겨냥하는 의식의 지향 대상이다. 두려움에서 오는 실신이나 방심은 위험에 대한 의식을 제거함으로써 그 위험을 제거함을 겨냥한다. 거기에는 의식에 의해 존재로 도달했음에도

---

8   마니교주의(manichéisme)는 3세기에 시작된 종교적 교설로, 선과 악 또는 빛과 어둠 같은 대립 원리에 의해 세계를 설명하는 이원론이다.

9   J. P. Sartre, *Esquisse d'une théorie phénoménologique des émotions*, Hermann, 1939. ─ 원주.

이 의식을 구속하고 있는 무서운 세계를 무너뜨리기 위해 의식을 잃어버리려고 하는 지향(intention)[의도]이 있다. 따라서 우리의 욕구의 상징적 충족을 불러일으킴과 동시에 세계의 마술적 층위를 드러내 보이는 마술적 행동이 문제가 된다. 이런 마술적 행동과는 반대로 의지적이고 이성적인 행동은 상황을 기술적으로 보며, 마술적인 것을 거부할 것이다. 그리고 의지적이고 이성적 행동은 문제의 해결을 가능케 하는 결정된 계열과 도구적 복합을 파악하려고 애쓸 것이다. 의지적이고 이성적인 행동은 도구적 결정론 위에 기초함으로써 수단의 체계를 조직할 것이다. 의지적이고 이성적인 행동은 이번에는 기술적 세계, 다시 말해 각개의 도구적 복합이 한층 넓은 또 다른 도구적 복합을 가리키며, 이처럼 계속해서 그것이 이어지는 하나의 세계를 드러내 보일 것이다. 하지만 누가 나로 하여금 세계의 마술적 양상을 선택할 것인지, 아니면 기술적 양상을 선택할 것인지를 결심하게 하는가? 그것은 세계 그 자체가 될 수는 없을 것이다. 세계는 나타나기 위해 발견되기를 기다리기 때문이다. 따라서 대자는 그 기투에서 세계가 마술적으로 드러나게 하는가, 아니면 이성적으로 드러나게 하는가를 결정짓는 것을 스스로 선택해야 된다. 다시 말해 대자는 자유로운 자기의 기투로서 마술적 실존 또는 이성적 실존을 자기에게 주어야 한다. 대자는 그 어느 쪽에 대해서도 책임이 있다. 왜냐하면 대자는 스스로 선택함으로써만 존재할 수 있을 뿐이기 때문이다. 따라서 대자는 자기 의욕의 자유로운 근거로서 나타나는 것과 마찬가지로 자기 감동의 자유로운 근거로서 나타난다. 나의 두려움은 자유롭다. 그리고 나의 두려움은 나의 자유를 드러낸다. 나는 두려움 속에 나의 모든 자유를 쏟아부었다. 그리고 나는 이런저런 상황에서 나를 겁쟁이로 선택할 수 있을 것이다. 이런저런 다른 상황에서라면 나는 의지적이고 용기 있는 자로 존재할 수 있을 것이며, 나는 나의 용기 속에 나의 모든 자유를 쏟아부을 수 있을 것이다. 자유에 대해서는 어떤 특권적이고 심적인 현상도 존재하지 않는다. 모든 나의 "존재 방식"도 마찬가지로 자유를 드러낸다. 왜냐하면 그 존재 방식은 모두 나 자신의 고유한 무를 존재케 하는 방식이기 때문이다.

이런 논의는 행위의 "동기"와 "동인"이라 불리는 것의 서술을 좀 더 명확하게 해 줄 것이다. 우리는 앞에서 이에 대해 간단히 소묘했다. 우리는 여기에서 다시 한번 이 기술로 돌아가 그것을 다시 취해 좀 더 자세히 서술하는 것이 좋을 듯하다. 사실 사람들은 정념이 행위의 동인이라고 말하지 않는가? 또는 정념적인 행위는 정념을 동인으로 가지고 있는 행위라고도 또한 말하지 않는가? 또 의지는 동인과 동기에 대한 숙고에 이어지는 결정으로서 나타나는 것이 아닌가? 그렇다면 동기란 무엇인가? 동인이란 무엇인가?

사람들은 보통 동기를 어떤 행위의 이유로 이해한다. 다시 말해 행위를 정당화하는 이성적인 고려의 총체로서 말이다. 만일 정부가 공채 이율의 인하를 결정한다면, 정부는 그 동기를 제시할 것이다. 국가 채무의 경감이나 재정의 쇄신 수립 등이 그것이다. 이와 마찬가지로 역사가는 일반적으로 장관이나 군주의 행위를 그 동기에 의해 설명한다. 선전포고를 할 때 사람들은 여러 동기를 찾을 것이다. 기회가 아주 좋다. 적국은 내란으로 분열되어 있다. 지속될 위험이 있는 경제 투쟁에 종지부를 찍을 때이다 등. 많은 미개국의 왕이 아리우스파[10]이

---

10 아리우스파는 아리우스주의를 믿는 일파를 가리키는데, 아리우스주의는 이집트 알렉산드리아 총대주교 관구의 사제인 아리우스가 주장한 기독교 신학이다. 아리우스는 '성자' 예수는 '성부'에 의해 시간 이전에 창조된 존재(피조물)이며, '성부'와 함께 영속하는 존재가 아니라고 보았다. 아리우스에 따르면, '성자'가 '성부'라는 성서의 증언은 비유적 표현이다.

던 시기에 클로비스[11]가 기독교로 개종한 것은 갈리아 지방[12]에서 대세력을 차지하고 있던 주교단의 호의를 얻을 기회를 보았기 때문이다 등. 우리는 이 사실에서 동기는 상황에 대한 객관적인 평가로서 특징지어짐을 지적하게 될 것이다. 클로비스의 개종 동기는 갈리아의 정치적·종교적 상태이며, 주교단과 대지주와 하층민들 사이의 세력 관계이다. 공채 이율의 인하를 동기짓는 것은 국가의 채무 상태이다. 그렇지만 이런 객관적인 평가는 미리 전제된 하나의 목적의 빛에 비추어서만 가능할 뿐이며, 이 목적을 향한 대자의 기투의 한계 안에서만 가능할 뿐이다. 주교단의 세력이 클로비스에게 개종의 동기로서 나타나기 위해서는, 다시 말해 그가 이 개종으로 얻게 될 객관적인 결과를 고려할 수 있기 위해서는, 먼저 그가 갈리아 정복을 목적 삼아 정립하고 있어야 한다. 만일 우리가 클로비스에게서 다른 목적을 전제한다면, 그는 주교단의 상황 속에서 아리우스파가 되는 봉기, 또는 이교도로 머물게 되는 동기를 발견했을 것이다. 이와 마찬가지로 교회 상태에 대한 숙고에서 그는 이런저런 방법으로 행동할 어떤 동기도 발견하지 못할 수 있다. 따라서 이런 경우에는 그는 이 문제에 대해 아무것도 발견하지 못할 것이다. 클로비스는 주교단의 상황을 "드러나지 않은" 상태로 전적인 어둠 속에 내버려 둘 것이다. 따라서 우리는 어느 정해진 상황에 대한 객관적인 파악을 동기라고 부를 것이다. 이것은 이 상황이 어떤 하나의 목적의 빛으로 비춰 보아 그 목적에 도달하는 수단으로 사용될 수 있는 것으로 드러나는 한에서이다.

11 클로비스(Clovis, 466~511)는 프랑크 왕국의 초대 왕으로, 당시 갈리아로 불린 프랑스 서부와 라인강에서 피레네산맥까지 영토를 넓혔고, 파리에 수도를 정했다. 로마 가톨릭으로 개종해 교황의 지지를 받았다.
12 프랑스어로는 '골(Gaul)'이라고 지칭하는데, 로마제국의 멸망 이전까지 현재의 프랑스, 벨기에, 스위스 서부, 그리고 라인강 서쪽의 독일을 포함하는 지방을 가리킨다.

이와 반대로 동인은 보통 하나의 주관적인 사실로 여겨진다. 그것은 어떤 행위를 수행하도록 나를 떠미는 욕망, 감동, 그리고 정념의 총체이다. 역사가는 동인을 탐구하지 않으며, 동기가 고려된 행위를 설명하는 데 충분하지 못할 경우에 궁여지책으로서만 동인을 문제 삼을 뿐이다. 예컨대 페르디낭 로[13]는 콘스탄티누스 대제의 개종에 대해 사람이 보통 부여하는 이유가 불충분하거나 오류임을 증명하고 난 뒤에 다음과 같이 썼다. "콘스탄티누스 대제는 기독교를 믿음으로써 모든 것을 잃게 될 것이고, 외관상으로는 아무것도 얻지 못할 것이 확증되었기 때문에, 가능한 결론은 하나밖에 없다. 그것은 말하자면 그가 병리적이거나 또는 신적인 질서의 갑작스러운 충동에 사로잡힌 것이다."[14] 이때 페르디낭 로는 동기에 의한 설명이 그에게 계시적인 것으로 보이지 않았기 때문에 그것을 버리고 동인에 의한 설명을 택한 것이다. 이렇게 되면 설명은 역사적 인물의 심적 상태에서 ― "정신" 상태 속에서까지 ― 찾아져야 한다. 그로부터 당연하게 이 사건은 완전히 우연적인 것이었다는 결론이 도출된다. 왜냐하면 그가 다른 사람이었다면 다른 정념과 다른 욕망으로 다르게 행동했을 것이기 때문이다. 역사가와는 달리 심리학자는 동인을 더 선호한다. 사실 심리학자는 보통 동인이 행동을 야기한 의식 상태 "속에 포함"되어 있다고 가정한다. 따라서 이상적인 이성적 행위에는 동인이 실질적으로 전혀 없을 것이고, 그런 행위는 오직 상황에 대한 객관적인 평가에 의해서만 영감을 받는 행위일 것이다. 비이성적 또는 정념적 행위는 그런 행위와 반비례적인 특징을 가질 것이다. 동기와 동인이 함께 존

---

13 페르디낭 로(Ferdinand Lot, 1866~1952)는 프랑스의 역사가로, 중세 시대 전문가이다.
14 Ferdinand Lot, *La fin du monde antique et le début du moyen âge*, p. 35. Renaissance du Livre, 1927. ― 원주.

재하는 평범한 경우에서 그 양자 사이의 관계를 설명하는 일이 남아 있다. 예컨대 나는 사회당이 정의와 인류의 이익에 봉사하는 당이라고 생각하고 입당할 수도 있다. 또는 사회당이 나의 입당 후 몇 년 후에 역사적으로 중요한 세력이 될 것이라고 생각해서 입당할 수도 있다. 이것은 동기이다. 또 이와 동시에 나는 동인을 가질 수도 있다. 일부 피압박자들에 대한 동정이나 연민의 감정, 지드의 말처럼 "안전지대 쪽에" 있다는 부끄러움 또는 열등감, 주변 사람의 이맛살을 찌푸리게 해 주자는 욕구 등이 그것이다. 내가 이런 동기와 동인을 이유로 사회당에 입당했다고 사람들이 말할 때, 그들은 무엇을 말하고자 할 것인가? 분명 근본적으로 구별되는 두 개의 의미 층위가 문제가 된다. 어떻게 그것을 비교하고, 고려된 결정에서 어떻게 이 양자의 각각의 몫을 정할 수 있는가? 이런 난점은 확실히 동기와 동인 사이의 흔한 구별에서 야기되는 몇몇 난점 중 가장 큰 것으로, 결코 해결된 적이 없다. 심지어 이 난점을 그저 엿본 자들도 거의 없다. 그것은 의지와 정념 사이에 갈등이 존재하는 것을 다른 형태로 내세우는 것이기 때문이다. 하지만 고전적 이론이 동기와 동인이 서로 협력해 동일한 결정을 내리게 되는 단순한 경우에서 동기와 동인에게 각기 고유한 영향을 부여할 수 없는 것으로 드러난다고 해도, 이 고전적 이론에서는 동기와 동인의 각군이 각기 어떤 독자적 결정을 촉구할 때 이 양자 사이에 발생하는 갈등을 설명하기란 완전히 불가능할 것이다. 또한 이 갈등을 생각하는 것도 완전히 불가능할 것이다. 그만큼 모든 것을 처음부터 다시 시작해야 한다.

분명히 동기는 객관적이다. 동기는 사물들의 동시적인 상태, 하나의 의식에 드러나는 대로의 사물들의 상태이다. 콘스탄티누스 대제 시대에 로마의 평민과 귀족이 부패했다는 것은 객관적이다. 또는 클로비스 시대에 가톨릭 교회가 아리우스파를 타도하는 데 도움이 될 군주를 맞을 준비가 되어 있었던 것도 객관적이다. 그렇지만 이런 사물들의 상태는 대자에게만 드러내 보여질 뿐이다. 왜냐하면 일반적으로 대자는 자기를 통해 하나의 세계가 "거기에 있게"[15] 되는 존재이기 때문이다. 좀 더 자세히 말하면, 이런 상태는 이런저런 방법으로 자신을 선택하는 하나의 대자, 즉 자기 스스로 자기의 개별성을 만드는 하나의 대자에게만 드러나 보일 뿐이다. 사물들-도구들의 도구적 연관을 발견하기 위해서는 이런저런 방식으로 자기를 기투해야 한다. 칼은 객관적으로 날과 자루로 된 하나의 도구이다. 나는 이 칼을 베고 자르는 용구로서 객관적으로 파악할 수 있다. 하지만 망치가 없을 때 나는 거꾸로 이 칼을 망치질하는 도구로 파악할 수 있다. 나는 못을 박기 위해 이 자루를 사용할 수 있다. 그리고 이런 파악 역시 객관적이다. 클로비스가 교회로부터의 도움을 평가할 때, 여러 명의 주교 또는 심지어 한 명의 특정한 주교가 그에게 교섭을 제의했는지는 확실하지 않다. 또한 심지어 성직자의 일원이 가톨릭 군주와의 동맹을 확실하게 생각하고 있었는지도 역시 분명하지 않다. 어떤 대자도 확인할 수 있는 엄밀하게 객관적인 사실은 바로 갈리아 주민들에 대한 교회의 강력한 세력과 아리우스파 이단에 대한 교회의 불안뿐이다. 이 확인된 사실들이 모여 개종 동기가 되기 위해서는 그것들을 [사실들의] 총체에서 분리해야 한다. 또 그렇게 하기 위해서는 그것들을 무화해야 한다. 그리고 그것들의 고유한 잠재성을 향해 그것들을 초월해야 한다. 클로비스에 의해 객관적으로 파악된 교회의 잠

---

15 사르트르의 '거기에 있다(il y a)'라는 표현은 단순히 세계가 존재함을 의미하는 것이 아니라, 이 세계가 대자에 의해 '거기에 있는 세계로 파악됨'을 의미한다고 할 수 있다. 그러니까 의식이 지향성을 발휘하면서 이 세계에 대해 거리를 펼침과 동시에 그것에 의미를 부여하면서 '거기에 있게' 하는 것이다.

재성은 개종한 왕에게 교회가 지원을 해 줄 수 있다는 사실일 것이다. 하지만 이런 잠재성은 아직 존재하지 않는 사물의 한 상태를 향해, 간단히 말해 사람들이 하나의 무를 향해 상황을 뛰어넘는 경우에만 드러나 보일 수 있을 뿐이다. 한마디로 세계는 사람들이 질문하는 경우에만 조언을 해 줄 수 있을 뿐이다. 그리고 사람들은 명확히 정해진 하나의 목적만을 위해 질문할 수 있을 뿐이다. 따라서 동기가 행동을 결정하기는커녕, 오히려 동기는 하나의 행동의 기도 속에서만, 그리고 그 기도에 의해서만 나타날 뿐이다. 서방 교회의 정세가 개종 동기의 하나로서 클로비스에게 객관적으로 나타나는 것은 바로 갈리아 전역의 패권을 장악하려는 그의 기도 속에서이고, 그리고 그 기도에 의해서이다. 달리 말해 세계의 총체 속에서 동기를 잘라 내는 의식은 이미 자신의 고유한 구조를 가지고 있다. 이 의식은 스스로에게 자신의 목적을 부여하고, 이 의식은 자신의 가능성을 향해서 스스로를 기투하며, 또 이 의식은 자신의 가능성에 매달리는 독자적인 방법이다. 자신의 가능성에 매달리는 이 독자적인 방법은 여기에서는 바로 감정(affectivité)이다. 그리고 자기(에 대한) 비정립적 의식의 형태하에서 의식이 자기에게 부여한 이 내적 조직은 세계 속에서 동기를 잘라 내는 것과 엄밀하게 상호 연관적이다. 그런데 만일 사람들이 이 점을 성찰한다면 다음과 같은 사실을 인정해야 한다. 즉 대자가 행동의 동기를 세계 속에 나타나게 하는 것은 대자의 내적 구조에 의해서인데, 대자의 이 내적 구조는 이 용어의 역사적인 의미에서 하나의 "비합리적"인 사실이라는 것이 그것이다. 우리는 사실 클로비스의 개종의 기술적 효용성을 그가 갈리아를 정복하고자 기도했으리라는 가정 속에서 합리적으로 이해할 수 있다. 하지만 우리는 그의 정복의 기도에 대해서는 같은 방식으로 이해할 수 없다. 그것은 "설명될" 수 없다. 그것을 클로비스의 야심의 결과로 해석해야 하는가? 하지만 야심이 정복의 의도가 아니라면 대체 무엇인가? 어떻게 클로비스의 야심과 갈리아를 정복한다는 명백한 기도를 구별할 수 있을 것인가? 따라서 정복이라는 원초적인 기투를 야심이라는 하나의 선재적 동인에 의해 "추진된" 것처럼 생각하는 것은 헛된 일일 것이다. 분명 야심이 동인인 것은 사실이다. 왜냐하면 야심은 완전히 주관성이기 때문이다. 하지만 야심은 정복의 기도와 구별되지 않기 때문에, 우리는 클로비스가 개종하는 동기를 그의 가능성의 이 원초적인 기도의 빛으로 발견한 것이며, 이 원초적인 기도야말로 정확히 동인이라고 말할 것이다. 이때 모든 것이 분명해지며, 또 우리는 동기·동인·목적이라는 세 개의 항 사이의 관계를 이해할 수 있게 된다. 우리는 여기에서 세계-내-존재의 한 개별적인 경우를 문제 삼고 있다. 하나의 세계를 그곳에 있게 만드는 것은 대자의 출현인 것과 마찬가지로, 세계의 어떤 객관적인 구조를 거기에 있게 만드는 것은 대자의 존재 자체이다. 이것은 이 대자존재가 하나의 목적을 향하는 단순한 기도인 한에서 그렇다. 그리고 이때 세계의 객관적 구조는 이 목적의 빛에 의해 비춰지므로 동기라는 이름을 받을 만하다. 따라서 대자는 이 동기에 대한 의식이다. 하지만 동기에 대한 이 정립적 의식은 원칙상 하나의 목적을 향한 기도로서 자기에 대한 비조정적 의식이다. 이런 의미에서 동기에 대한 정립적 의식은 동인이다. 다시 말해 그것은 세계를 동기로 조직하는 것에 대한 계시적 의식으로서 자신을 구성하는 바로 그 순간에, 격렬함과 정열이라는 점에서 정도 차이가 있을지라도, 하나의 목적을 향한 기도로서 자기를 비조정적으로 체험한다.

이렇듯 동기와 동인은 상호 관련적이다. 이것은 마치 자기(에 대한) 비조정적 의식이 대상에 대한 조정적 의식의 존재론적 상호 관련자인 것과 같다. 무엇인가에 대한 의식이 자기(에 대한) 의식인 것과 마찬가지로, 동기의 파악이 자기(에 대한) 의식인 한에서 동인은 동기의 파악 외의 다른 아무것도 아니다. 하지만 이로부터 동기·동인·목적은 하나의 살아 있는 자유로운 의식의 솟아오름과 분리될 수 없는 세 개의 항이라는 사실이 명백하게 도출된다. 그리고 이 살아 있는 자유로운 의식은 자기의 가능성을 향해 자기를 기투하고, 그리고 이런 가능성에 의해 자기를 규정짓는다.

그렇다면 동인이 하나의 의식 사실의 감정적 내용 —— 이 감정적 내용이 또 다른 의식 사실이나 결심을 결정하는 한에서 —— 으로서 심리학자에게 나타나는 것은 어디에서 기인하는가? 그것은 자기에 대한 비조정적 의식 외의 다른 것이 아닌 동인이 그 의식 자체와 함께 과거로 미끄러져 가고, 또 동시에 그 의식과 함께 살아 있는 것으로 있음을 중지하기 때문이다. 하나의 의식이 과거화되자마자 이 의식은 "있었다"는 형태로 내가 그것으로 있어야 하는 것이 된다. 그렇게 되면 내가 어제의 나의 의식으로 되돌아갈 때, 그 의식은 그 지향적 의미와 주체성으로서의 의미를 간직하고 있지만, 앞에서 우리가 살펴본 바와 같이 그 의식은 굳어져 있다. 어제의 의식은 하나의 사물처럼 밖에 있다. 왜냐하면 과거는 즉자이기 때문이다. 이때 동인은 그것에 대한 의식이 있는 것이 된다. 동인은 "지식" 형태로 나에게 나타날 수 있다. 사실 우리가 앞에서 살펴본 것처럼, 죽은 과거는 하나의 지식이라는 양상으로 현재에 붙어 다닌다. 또한 나는 동인을 설명하고 또 그것을 표현하기 위해 나에게 이제는 지식이 된 그 동인 쪽으로 나를 다시 안내하면서 돌아설 수도 있다. 이 경우 동인은 의식의 대상이며, 동인은 내가 그것에 대해 의식하고 있는 바로 그 의식이다. 따라서 동인은 —— 일반적으로 나의 추억처럼 —— 나의 것으로서 나타남과 동시에 초월적인 것으로서 나타난다. 우리는 보통 우리가 이제는 더 이상 관계하지 않는 동인으로 둘러싸여 있다. 왜냐하면 우리는 단지 이런저런 행위의 실행을 구체적으로 결정해야 할 뿐만 아니라, 또한 전날 우리가 결정한 행위를 실행해야 하거나, 또는 우리가 거기에 구속되어 있는 기투도 속행해야 하기 때문이다. 일반적으로 의식은, 그것이 자기를 어떤 순간에 파악하더라도, 자기를 구속되어 있는 것으로서 파악한다. 그리고 이 파악 자체에는 구속의 동인에 대한 지식이 내포되어 있거나 또는 그 동기에 대한 주제적이고 정립적인 설명까지 내포되어 있다. 동인의 파악이 곧장 그 상호 관련자인 동기를 가리킨다는 것은 당연하다. 왜냐하면 동인이 과거화되었고 또 즉자로 응고되었다고 해도, 최소한 하나의 동기에 대한 의식이었다는 것, 다시 말해 세계에 대한 하나의 객관적인 구조의 발견이었다는 사실을 여전히 의미로 간직하고 있기 때문이다. 하지만 동인이 즉자이고, 동기가 객관적이기 때문에, 존재론적인 차이 없이 하나의 쌍으로 나타난다. 앞에서 살펴본 바와 같이 사실상 우리의 과거는 세계의 한복판에서 자기를 상실하고 만다. 이런 이유로 우리는 이것들을 같은 것으로 다룬다. 또한 같은 이유로 우리가 하나의 행동의 동기와 동인에 대해 이야기하는 데, 마치 그것들이 서로 갈등할 수 있는 것처럼 또는 결심에서 일정한 비율로 서로 협력할 수 있는 것처럼 이야기하기도 한다.

다만 만일 동인이 초월적이라면, 만일 동인이 "있었다"는 양상으로 우리가 있어야만 하는 돌이킬 수 없는 존재에 불과하다면, 만일 우리의 모든 과거와 마찬가지로 동인이 무의 무게에 의해 우리에게서 분리되어 있다면, 이 동인은 그것이 다시 채택되는 경우가 아니면 작용할 수 없다. 동인은 그 자체로는 무력하다. 따라서 이전의 동인과 동기에 대해 어떤 가치와 중요성이 주어지는 것은 바로 구속된 의식의 솟아오름 그 자체에 의해서이다. 동인과 동기가 있었다는 것은 의식에 달려 있지 않으며, 또 의식은 그것에 과거의 존재를 유지해 주는 것을 사명으로 여긴다. 내가 이런 일이나 저런 일을 원했다는 사실은 돌이킬 수 없이 그 자리에 머물러 있으며, 그리고 그것은 나의 본질까지 구성한다. 왜냐하면 나의 본질은 바로 내가 있었던 그대로의 것으로 있기 때문이다. 하지만 내가 나를 나의 미래를 향해 기투하는 지금, 이 욕망, 이 걱정, 세계에 대한 이 객관적인 고찰이 나에 대해 가지는 의미는, 오직 나만이 이 의미를 결정할 수 있을 뿐이라는 사실이다. 그리고 나는 나의 목적을 향해 나 자신을 기투하는 행위 그 자체에 의해서만 그 의미를 정확히 결정할 뿐이다. 과거의 동인을 다시 채택하는 것 ─ 또는 그것을 내팽개치거나 아니면 그것을 다시 평가하는 것 ─ 은, 내가 새로운 목적을 나에게 부여하는 기투, 그리고 그 목적의 빛으로 내가 세계에서 지지대가 되는 동기를 발견하는 자로서 나자신을 파악하는 기투와 구분되지 않는다. 과거의 동인, 과거의 동기, 현재의 동기와 동인, 미래의 목적은 동기, 동인과 목적의 저편에 있는 하나의 자유의 출현 그 자체에 의해 분해될 수 없는 하나의 통일 속에서 조직된다.

이로부터 의지적인 심사숙고(délibération)는 늘 속임수였다는 결과가 도출된다. 사실 모든 심사숙고 이전에, 또 내가 나 자신의 선택에 의해 정확히 동기와 동인에 가치를 부여하는데, 어떻게 내가 그것들을 평가할 수 있는가? 여기에서 착각은 동기나 동인을 완전히 초월적인 사물로 취급하려는 노력에서 기인한다. 나는 동기와 동인을 무게로 재고, 동기와 동인은 항구적인 특성으로서의 무게를 지니게 될 것이다. 그렇지만 다른 한편으로 사람들은 동기와 동인에서 의식의 내용을 보고자 한다. 이것은 모순된다. 사실상 동기와 동인은 나의 기투, 다시 말해 실현되어야 할 것으로서의 목적과 행위의 자유로운 생산이 그것들에게 부여하는 무게만을 가질 뿐이다. 내가 심사숙고할 때 내기는 이미 이루어졌다. 그리고 내가 그것들을 심사 숙고해야 한다면, 그것은 단지 이런저런 다른 발견의 형식(예컨대 나의 언어가 나의 생각을 나에게 가르쳐 주는 것처럼, 동기와 목적으로서 조직된 총체를 보여 주는 정념에 의하든 아니면 매우 단순한 행동에 의하든)보다도 차라리 심사숙고에 의해 동인을 내게 밝혀 주려고 하는 것이 나의 근원적 기투 속에 들어 있기 때문일 뿐이다. 따라서 내가 기투하는 것, 그 결과 내가 무엇인가를 나에게 알려 줄 수단으로서 나의 심사숙고에 대한 하나의 선택이 존재한다. 그리고 이 심사숙고의 선택은 자유로운 자발성에 의해 동인-동기와 목적의 총체와 더불어 조직되어 있다. 의지가 개입할 때 결정은 이루어져 있다. 그리고 의지는 알려 주는 자로서의 가치 외에 다른 가치를 가지지 않는다.

의지적 행위는 비의지적 자발성과 구분된다. 이것은 후자가 행위의 단순한 기투를 통해 동기에 대한 순전히 비반성적 의식이라는 점에서 그렇다. 동인에 대해 보면, 비반성적 행위에서 동인은 결코 그 자체에 대한 대상이 아니며, 그저 자기(에 대한) 비정립적 의식이다. 이와 반대로 의지적 행위의 구조는 동인을 준-대상으로서 파악하는 하나의 반성적 의식의 출현 또는 반성된 의식을 통해 심적 대상으로서 동인을 지향하는 하나의 반성적 의식의 출현을 요구한다. 이 반성적 의식에서 보면, 동기는 반성된 의식을 매개로 파악되기 때문에 분리된 것으로 존재한다. 후설의 유명한 표현을 다시 빌리면, 단순한 의지적 반성은 그 반성성의 구조로 인해 동기에 대해 에포케를 행한다. 의지적 반성은 동기를 공중에 뜨게 하고 그것을 괄호 안에 넣는다. 이렇게 해서 더 깊은 무화가 반성적 의식과 반성된 의식 또는 동인을 분리하고, 또 동기가 공중에 뜨게 된다는 사실에 의해 평가적인 심사숙고와 같은 것이 작동되기 시작한다. 그렇지만 주지하다시피 반성의 결과는 대자를 대자 자신으로부터 분리시키는 단층을 확대시킨다 해도, 이렇게 하는 것이 반성의 목표는 아니다. 우리가 앞에서 살펴본 것처럼, 반성적 분열의 목표는 "즉자-대자"라는 실현 불가능한 총체성을 구성하는 방식으로 반성된 것을 회복하는 데 있다. 이 총체성은 대자존재의 출현 자체에서 이 대자에 의해 내세워진 근본적 가치이다. 따라서 만일 의지가 본질상 반성적이라면, 어쨌든 내기는 이루어졌기 때문에, 이 의지의 목표는 도달할 목적이 어떤 것인가를 결정하는 것이 아니다. 그보다는 오히려 의지의 심오한 지향은 이미 내세워진 이 목적에 도달하는 방법에 관련된다. 의지적 방식으로 존재하는 대자는, 그것이 결정하고 행동하는 한에서, 스스로 자기를 되찾으려고 한다. 이 대자는 단지 하나의 목적을 향해 운반되는 것을 원하거나, 또는 이런저런 목적을 향해 운반되는 것으로서 자기를 선택하는 자이기를 원하는 것도 아니다. 이 대자는 또한 이런저런 목적을 향한 자발적 기투인 한에서 자기 자신을 되찾고자 한다. 의지의 이상은 어떤 목적을 향한 기도인 한에서 하나의 "즉자-대자"로 있는 것이다. 의지의 이상은 분명 히니의 반성적 이상이며, "나는 내가 원하는 것을 했다."라는 판단이 동반되는 만족감의 의미이다. 하지만 분명 반성적 분열은 일반적으로 자기 자신보다도 좀 더 심오한 하나의 기투 속에서 그 근거를 가진다. 우리는 이 책 제2부 제3장에서 어쩔 수 없이 이것을 "동기화"라고 불렀다. 하지만 우리가 동기와 동인을 규정한 지금, 반성의 기초가 되는 이 기투를 지향이라고 불러야 할 것이다. 따라서 의지가 반성의 한 경우인 한에서, 행동하기 위해 의지적 차원 위에 스스로 위치한다는 것에는 더 깊은 하나의 지향이 근거로서 요구된다. 어떤 인물을 묘사하면서 의지적 반성의 방식으로 자기의 기투를 실현하는 자로 그를 묘사하는 것으로는 심리학자에게 충분하지 않다. 심리학자는 당연히 그 인물이 다른 모든 방법보다 의욕이라는 이 방식으로 자기의 기투를 실현하는 심오한 지향을 우리에게 제시해야 한다. 왜냐하면 하나의 근원적 기도에 의해 일단 목적이 세워지고 나면, 의식의 존재 방식이 어떠하든, 동일한 실현이 이루어졌으리라는 것은 분명하기 때문이다. 이렇게 해서 우리는 의지보다 더 심오한 자유에 이르렀다. 우리는 다만 심리학자들보다도 더 강하게 요구하는 자세를 보였을 뿐이다. 다시 말해 심리학자들이 의식의 존재 방식을 의욕적인 것으로 확인하는 데에 그치는 지점에서 우리는 왜라는 의문을 던진다.

이 짧은 연구에서 우리는 의지의 문제를 모두 규명하는 것을 겨냥하지 않는다. 이와 반대로 의지를 그 자체로서 현상학적으로 서술하고자 하는 것이 더 타당할 수도 있다. 하지만 그것은 우리의 목표가 아니다. 우리는 단지 다음과 같은 사실을 제시하고자 했을 뿐이다. 의지는 자유의 특권적인 하나의 표명이 아니고, 오히려 의지는 그 자체의 고유한 구조를 가진 하나의 심적 사건이고, 다른 심적 사건과 같은 차원에서 구성되며, 다른 심적 사건보다 더하지도 덜하지도 않은 근원적이고 존재론적인 자유에 의해 지탱된다는 사실이 그것이다.

이와 동시에 자유는 분석될 수 없는 하나의 총체성으로서 나타난다. 동기·동인·목적은 동기·동인·목적을 파악하는 방법과 마찬가지로, 이 자유의 테두리 안에서 통일적으로 조직되어 있으며, 이 자유에서 출발해서 이해되어야 한다. 이것은 자유를 에피쿠로스학파의 클리나멘과도 비교할 수 있는 일련의 변덕스러운 동요로 생각해야 함을 말하는 것인가? 내가 어떤 순간에 어떤 것을 원하든 자유롭다는 말인가? 그리고 나는 매 순간 이런저런 기투를 설명하려 할 때, 자유롭고 우연적인 선택의 비합리성과 맞닥뜨려야 하는 것일까? 자유에 대한 승인으로 인해 경험과 완전히 모순되는 이런 위험한 생각에 빠지는 결과를 초래하는 것처럼 보였기 때문에, 수많은 영리한 사람은 자유를 믿는 것을 단념했다. 심지어 사람들은 결정론이 ― 만일 사람들이 그것을 숙명론과 혼동하지 않도록 주의한다면 ― 자유의 지설보다 "더 인간적"이라고까지 단언할 수 있었다. 만일 결정론이 실제로 우리의 행위에 대해 엄밀하게 조건을 부여하는 것을 부각한다면, 적어도 결정론은 그 행위 하나하나에 대해 '이유'를 제공한다. 그리고 만일 결정론이 엄밀하게 심적인 것의 한계 안에 머문다면, 만일 결정론이 우주의 총체 속에서 하나의 조건 부여를 찾지 않으려 한다면, 결정론은 우리 행위들의 연계가 우리 자신 속에 있음을 보여 준다. 우리는 우리가 존재하는 것처럼 행동하고, 우리의 행위는 우리를 만드는 데 기여한다.

그렇지만 우리의 분석을 통해 얻게 된 몇몇 확실한 결과를 좀 더 면밀하게 고찰해 보자. 우리는 앞에서 자유는 대자존재와 하나를 이룰 뿐이라는 사실을 살펴보았다. 인간실재가 정확히 자신의 고유한 무(無)로 있어야 하는 한에서 이 인간실재는 자유이다. 우리가 앞에서 살펴본 것처럼, 인간실재는 다양한 차원에서 무로 존재해야 하다. 무엇보다도 먼저 자신을 시간화함으로써, 다시 말해 인간실재는 자신으로부터 항상 거리를 두고 존재함으로써 무로 존재해야 할 것이다. 여기에는 인간실재는 자신의 과거에 의해 이런저런 행위가 규정되도록 결코 내버려 둘 수 없다는 사실이 함축되어 있다. 그다음으로 인간실재는 무엇인가에 대한 의식으로, 그리고 자기 자신(에 대한) 의식으로 출현함으로써 무가 될 것이다. 다시 말해 인간실재는 자기에게 현전함으로써, 그리고 단순히 자기로 있는 것이 아닌 것에 의해 무가 될 것이다. 여기에는 의식 속에는 존재하는 것에 대한 의식으로 있지 않은 것은 아무것도 존재하지 않는다는 사실이 함축되어 있다. 따라서 의식에 외면적인 그 어떤 것도 이 의식을 동기지을 수 없다는 사실 역시 함축되어 있다. 마지막으로 인간실재는 초월로 있음으로써 무로 있어야 할 것이다. 다시 말해 인간실재는 먼저 존재하고, 그다음에 이 런저런 목적과 관계를 맺게 되는 어떤 사물이 아니다. 오히려 이와 반대로 인간실재는 근원적으로 기투인 하나의 존재, 다시 말해 자기의 목적에 의해 자신을 규정하는 하나의 존재이다.

이렇듯 우리는 여기서 수의 또는 변덕에 대해 말할 생각은 추호도 없다. 의식과 마찬가지로 다른 모든 존재자와 필연적으로 분리되어 있는 하나의 존재자 — 왜냐하면 다른 존재자들은 그것들이 이 존재 자에게 있어서 존재하는 한에서만 이 존재자와 관련될 뿐이기 때문이 다 —, 자기의 미래의 빛에 비춰 전통적 형태로 자기의 과거를 결정 하는 존재자, 그리고 자기의 현재를 단순히 규정짓게 내버려 두기는 커녕 자기가 무엇인가를 자기 자신과는 다른 것에 의해, 다시 말해 자 기가 그것으로 있지 않은 하나의 목적에 의해, 즉 세계의 다른 쪽에 서 자기가 기투하는 하나의 목적에 의해 자기에게 알리게 하는 존재 자, 이것이 우리가 하나의 자유로운 존재자(un existant libre)라고 부 르는 것이다. 만일 사람들이 자유를 변덕스럽고, 무법적이고, 무상이 며 이해 불가능한 하나의 단순한 우연성으로 해석한다면, 위의 존재 자들은 결코 내가 서거나 앉는 것이 자유라든지, 들어가고 나가는 것 이 자유라든지, 또한 위험에 직면해서 도망치고 맞서는 것이 자유라 는 것을 의미하지 않는다. 물론 나의 행위 하나하나가 아무리 사소한 것일지라도, 우리가 방금 밝힌 의미로는 전적으로 자유이다. 하지만 이것은 그 행위가 어떤 것이라도 좋다는 뜻이 아니며, 또한 그 행위가 예견 불가능하다는 뜻도 아니다. 그렇지만 세계의 상태에서 출발하든, 돌이킬 수 없는 것으로서 파악된 나의 과거의 총체에서 출발하든, 그 행위를 이해할 수 없다면, 어떻게 그 행위가 무상(無償, gratuit)[16]이 아니라고 할 수 있을 것인가라고 말하는 사람이 있을지도 모른다. 이 점을 좀 더 자세히 살펴보자.

일반적인 의견에 의하면, 자유롭다는 것은 단순히 자기를 선택함을 의미하지 않는다. 선택이 자유롭다는 말은, 그 선택이 그것이 아닌 다른 것일 수도 있었을 것이라는 의미이다. 나는 친구들과 함께 소풍을 갔다. 여러 시간 걷는 동안 나의 피로도는 높아지고, 마침내 아주 힘들게 된다. 처음에는 참고 견디지만, 그다음에 나는 갑자기 지쳐 버린다. 나는 꺾이고 만다. 나는 배낭을 길가에 내던지고, 그 옆에 쓰러진다. 사람들은 나의 행위를 비난할 것이다. 그리고 그들은 그렇게 함으로써 내가 자유로웠음을 말하려고 할 것이다. 다시 말해 그 어떤 것도 또 그 누구도 나의 행위를 결정하지 않았다고 말하고자 할 것이다. 또한 나는 나의 피로에 대해 더 참고 견딜 수도 있었을 것이며, 나의 친구들처럼 길을 계속 걸어서 휴식을 취하기 위해 다음 단계를 기다렸을 수도 있었을 것이라고 말하고자 할 것이다. 나는 내가 너무 지쳤었다고 말하면서 변명할 것이다. 누가 옳은가? 또는 오히려 이 논쟁이 잘못된 근거 위에 이루어진 것은 아닐까? 내가 다르게 행동할 수 있었을 것이라는 점은 의심의 여지가 없다. 하지만 문제는 거기에 있지 않다. 차라리 문제는 다음과 같이 표현해야 했을 것이다. 즉 나는

---

16 'gratuit'에는 '근거가 없는', '동기가 없는', '대가가 없는', '무상적인' 등의 뜻이 있다. 'acte gratuit'는 보통 '무상의 행위'로 옮기는데, 이 표현은 지드의 작품 『교황청의 지하도』의 주인공 라프카디오에게서 비롯된다. 지드도 이 표현을 '동기가 없는 행위', '자유 행위', '무상의 행위' 등의 다양한 의미로 사용하고 있다. 여기에서는 'gratuit'를 문맥에 따라 '무상', '무상의', '무상적인' 등으로 옮긴다.

내가 그것으로 있는 기투의 조직적인 총체성을 두드러지게 변화시키지 않으면서 다르게 행할 수 있었는가? 또는 나의 피로를 참고 견딘다는 사실이 나의 행동(comportement)의 단순한 국소적이고 우연적인 하나의 변화에 머물기는커녕, 나의 세계 내-존재의 근본적인 변화 — 게다가 가능한 변화 — 의 도움에 의해서만 생길 수 있는 것이 아닐까? 달리 말해 나는 다르게 행동할 수도 있었을 것이다. 그렇다고 하자. 하지만 어떤 대가를 치르고서일까?

이 물음에 대해 우리는 먼저 우리의 주장의 원리를 파악하게 해줄 하나의 이론적인 서술로 답하고자 한다. 그다음으로 우리는 구체적인 현실이 더 복잡한 것으로 나타나지 않는가를 살펴보자. 또 우리의 이론적 탐구의 결과와 상반되지 않으면서 그 구체적 현실이 오히려 그 이론적 탐구의 결과를 유연하고 풍요로운 것으로 만들어 주지는 않는지를 살펴보도록 하자.

먼저 피로는 그 자체로는 나의 결정을 이끌어 내지 못할 것이라는 점을 지적하자. 피로는 — 우리가 육체적인 고통에 대해 이미 살펴본 것처럼 — 내가 나의 신체를 존재케 하는(existe) 방식으로만 존재한다. 피로는 먼저 하나의 정립적 의식의 대상을 이루지 않는다. 오히려 피로는 나의 의식의 사실성 그 자체이다. 따라서 만일 내가 시골길을 걷는다면, 나에게 모습을 드러내는 것은 주변 세계이다. 나의 의식의 대상이 되는 것은 이 주변 세계이다. 내가 나 자신의 고유한 가능성 — 예컨대 내가 미리 정해진 장소에 오늘 밤에 도착한다는 가능성 — 을 향해 초월하는 것은 바로 이 주변 세계이다. 다만 내가 거리를 펼치는 나의 눈, 언덕을 오르면서 새로운 경치와 새로운 장애물을 나타나고 사라지게 하는 나의 다리, 배낭을 짊어진 나의 등으로 이 풍경을 파악하는 한에서, 나는 피로라는 형태로 나의 신체(에 대한) ── 이 신체는 나와 세계의 관계를 조정하고 또 세계 안에서의 나의 구속을 의미한다 ── 하나의 비정립적 의식을 갖는다. 객관적으로, 그리고 이 비조정적 의식과 상호 관련해서 길은 끝이 없는 듯이 나타나고, 비탈은 더 가파른 것으로, 태양은 더 이글거리는 것으로 나타난다 등. 하지만 나는 아직 나의 피로를 생각하지 않는다. 나는 피로를 나의 반성의 준-대상으로서 파악하지 않는다. 그렇지만 내가 피로를 생각하게 되고, 또 그것을 회복하려고 하는 순간이 온다. 이 지향 자체에 대해 하나의 해석을 제공해야 할 것이다. 그렇지만 이 지향을 있는 그대로 받아들이도록 하자. 이 지향은 결코 나의 피로에 대한 관조적인 평가가 아니다. 오히려 ── 앞에서 우리가 고통에 대해 살펴본 것처럼 ── 나는 나의 피로를 참고 견딘다. 다시 말해 하나의 반성적 의식이 나의 피로를 살아 보고, 나의 피로에 대해 하나의 가치와 나 자신과의 하나의 실제적인 관계를 주기 위해 나의 피로 쪽으로 향하는 것이다. 피로가 나에게 견딜 수 있는 것으로 나타나거나 또는 견딜 수 없는 것으로 나타나는 것은 오직 이 차원에서이다. 피로는 그 자체로는 결코 그런 것이 아니다. 오히려 반대로 반성적 대자가 나타남으로써 이 피로를 견딜 수 없는 피로로 경험한다. 여기에서 본질적인 문제가 제기된다. 내 친구들은 나와 마찬가지로 건강하다. 그들은 나와 거의 비슷하게 단련되어 있다. 그 결과 각기 다른 주체성 속에서 전개되는 심적 사건을 비교할 수는 없지만, 나는 일반적으로 그들이 거의 "나와 같은 정도로 피로해" 있다는 결론을 ── 또 증인들은 우리의 대타-신체의 객관적인 관찰에 의해 결론을 ── 내린다. 그렇다면 내 친구들이 그들의 피로를 다르게 겪는 것은 어디에서 기인하는가? 사람들은 이 차이가 "내가 약골이다."라는 데서, 그리고 그들은 약골이 아니라는 데서 기인한다고 말할 것이다. 물론 이런 평가가 부정할 수 없는 하나의 실제적인 효력을 지니며, 또 다음번 소풍에 나를 초대할 것인가 말 것인가를 정할 때 이 평가를 근거로 삼을 수 있겠지만, 여기에서 우리는 그것으로 만족할 수 없을 것이다. 우리가 앞에서 살펴본 것처럼 실제로 야심적이라는 것은 왕위나 명예를 얻고자 기도하는 것이다. 정복으로 이끄는 것은 하나의 소여가 아니라 정복 그 자체이다. 이와 마찬가지로 "약골이다."라는 것은 하나의 사실상의 소여가 될 수는 없을 것이며, 그것은 단지 내가 나의 피로를 겪는 방식에 대해 주어진 하나의 명칭일 뿐이다. 따라서 만일 내가 어떤 조건에서 피로를 견딜 수 없는 것으로 겪게 되는가를 이해하길 원한다면, 하나의 선택에 불과한 것으로 드러나는 이른바 사실상의 소여에게 물어보는 것은 적절하지 않다. 오히려 이 선택 자체를 검토해야 하며, 이 선택이 하나의 이차적인 구조로서 통합되는 더 넓은 선택의 전망 속에서 설명되지 않는가를 보아야 한다. 사실 내가 이 친구들 중 한 명에게 묻는다면, 그는 나에게 이렇게 설명할 것이다. 즉 분명 그는 피로하다. 하지만 그는 자신의 피로를 사랑한다고 말이다. 그는 목욕물에 잠기듯이 피로 속에 몸을 내맡기고 있다. 그의 피로는 그를 에워싸고 있는 세계를 발견하기 위한 일종의 특권적인 도구로서, 자기를 거친 자갈길에 적응시키고 또 비탈길의 "산과 같은(montagneuse)" 가치를 발견하기 위한 특권적인 도구로서 그에게 나타난다. 이와 마찬가지로 그에게 태양의 직접적인 접촉을 실현하게 하는 것은 그의 목덜미를 가볍게 태우는 햇살과 가벼운 이명(耳鳴) 현상이다. 결국 그에게서 노력의 감정은 극복된 피로의 감정이다. 하지만 그의 피로는 그가 길거리의 먼지, 뙤약볕, 비탈의 험로를 최고조로 존재케 하기 위해 견뎌 내는 수난 외의 다른 아무것도 아니기 때문에, 그의 노력은, 다시 말해 그가 사랑하고 몸을 내맡기면서도 그가 지배하는 이 피로와의 상쾌한 친밀감은, 그가 산을 자기 것으로 만들고, 끝까지 산을 견디며, 또 산의 정복자가 되는 하나의 방법으로 주어진다. 우리는 다음 장(章)에서 사실 "가짐"이란 단어의 의미와 어떤 면에서 함이 자기 것으로 만드는 수단인가를 살펴볼 것이다. 이렇듯 나의 일행의 피로는 자연에 대한 신뢰가 담긴 자기 포기의 광범위한 기투, 그 자연을 더 강력하게 존재시키기 위해 받아들인 수난의 광범위한 기투, 그리고 그와 동시에 상쾌한 지배와 아유화의 광범위한 기투 속에서 경험되고 있다. 그의 피로는 오직 이런 기투 속에서만, 그리고 이런 기투에 의해서만 이해될 것이며, 또 그에게 있어서 하나의 의미를 가질 것이다. 하지만 이 의미와 더 넓고 더 깊은 이 기투는 그 자체만으로는 아직 "비독립적"이다. 그것은 그것만으로는 충분하지 않다. 왜냐하면 그것에는 정확히 한편으로 나의 일행과 그의 신체와의 개별적 관계가 전제되며, 다른 한편으로는 나의 일행과 사물과의 개별적 관계가 전제되기 때문이다. 사실 쉽사리 이해할 수 있지만, 대자가 존재하는 수만큼 자기의 신체를 존재케 하는 방법이 있다. 물론 몇몇 근원적 구조는 변하지 않으며, 또 각자에게 있어 인간실재를 구성한다. 우리는 별도로 사람들이 부당하게 개체와 종(種)의 관계로 부른 것과 하나의 보편적 진리의 조건에 대해 다룰 것이다. 지금 당장으로서는 의미 있는 무수한 사건에 따라 우리는 이렇게 생각할 수 있다. 예컨대 사실성 앞에서의 도피라는 일종의 유형이 있으며, 이 유형은 바로 이 사실성에 자기를 내맡기는 데서 성립된다고 말이다. 다시 말해 이런 유형의 신뢰로 결국 그 사실성을 다시 파악하고, 그것을 사랑하며, 그것을 회복하고자 하는 시도를 위한 것이라고 말이다. 따라서 회복이라고 하는 이 근원적인 기도는, 대자가 존재 문제의 현전에서 그 자신에 대해 행하는 일종의 선택이다. 대자의 기도는 무화에 머물러 있지만, 이 무화는 무화되는 즉자에게로 되돌아오고 또 사실성의 독특한 가치 부여로서 나타난다. 특히 포기(abandon)라고 불리는 수많은 행동으로 표현되는 것이 바로 그것이다. 피로, 열, 굶주림, 목마름에 몸을 내맡기는 것, 쾌락으로 의자나 침대 위에 축 늘어져 있는 것, 활개를 쭉 뻗는 것, 마조히즘의 경우처럼 타인의 눈 아래에서가 아니라 대자의 근원적 고독 속에서 자신의 고유한 신체에 삼켜지도록 방임하는 것, 이 모든 행동은 결코 그 자체에만 국한하지 않는다. 우리는 타인이 그런 행동을 할 때, 그가 신경을 거슬리게 하고 또 유혹하기 때문에 그것을 잘 느낀다. 그런 행동의 조건은 신체의 회복이라고 하는 하나의 원초적인 기도이다. 다시 말해 (즉자-대자라는) 절대의 문제를 해결하려는 시도이다. 이 원초적인 형태는 그 자체로 사실성의 심오한 용인을 한계로 삼을 수도 있다. 그때 자기를 "신체로 만들려는" 기도는 일시적인 무수히 많은 사소한 향락에, 무수히 많은 소소한 욕망에, 그리고 무수히 많은 약점에 기꺼이 자기를 내던짐을 의미할 것이다. 조이스의 『율리시스』에서 블룸[17]이 화장실에서 용변을 보는 동안에 "자기 아래쪽에서 올라오는 친밀한 냄새"를 기분 좋게 들이마시고 있는 장면을 떠올리기 바란다. 하지만 또한 ─ 그리고 이것은 나의 일행의 경우이다 ─ 신체에 의해, 그리고 신체에 대한 배려에 의해 대자는 무의식적인 것의 총체성을 회복하려 할 수 있다. 다시 말해 대자는 물질적인 사물들의 총체인 한에서의 우주의 총체성을 회복하려 할 수도 있다. 이 경우 목표가 되는 즉자와 대자의 종합은 즉자 전체와 그것을 회복하는 대자와의 준(準)범신론적인

---

17 제임스 조이스(James Joyce, 1882~1941)의 실험 소설 『율리시스』의 주인공으로, 작품의 배경인 6월 16일 더블린에서는 매년 주인공 블룸의 행적을 따라가는 '블룸의 날' 행사가 열린다.

종합일 것이다. 여기에서 신체는 종합의 도구이다. 예컨대 신체는 이 즉자가 가장 강하게 존재하게끔 하기 위해 피로 속에서 자기를 상실한다. 그리고 대자는 신체를 자기 것으로 존재하기 때문에, 신체의 이런 수난은 대자에게 있어 즉자를 "존재케 하는(faire exister)" 시도와 합치한다. 이 태도의 총체는 — 이것은 나의 일행의 태도이다 — 일종의 사명감과 같은 막연한 감정을 통해 표현할 수 있다. 나의 일행이 소풍을 가는 것은, 그가 오르려는 산과 그가 가로지르려는 숲이 존재하기 때문이다. 그는 자신이야말로 그 산과 숲의 의미가 나타나는 자가 되고자 하는 사명을 가진다. 그리고 그렇게 함으로써 그는 그 산과 숲을 그 존재 자체 속에 근거를 부여하는 자이고자 시도한다. 우리는 다음 장(章)에서 세계에 대한 대자의 이 아유화적 관계에 대해 다시 살펴볼 것이다. 하지만 우리는 아직 이 관계를 충분히 설명하기에 필요한 요소를 이용하지 못하는 상태에 있다. 어쨌든 우리의 분석 결과로 확실한 것으로 나타난 것은 바로 나의 일행이 그의 피로를 겪는 방식을 이해하기 위해서는, 우리를 원초적 기투로까지 이끌어 가는 소급적 분석이 필연적으로 요청된다는 사실이다. 그렇다면 우리가 소묘한 이 기투는 이번에는 "독립적"인가? 분명 그렇다. 그리고 이것은 쉽사리 납득이 된다. 사실 우리는 소급에 소급을 거듭해 대자가 자기 사실성과 세계에 대해 스스로 선택한 근원적 관계에 이르렀다. 하지만 이 근원적 관계는, 대자의 이 세계-내-존재가 선택인 한에서, 대자의 세계-내-존재 그 자체에 불과한 것이 아닌가? 다시 말해 우리는 대자는 그 근원적 형식의 무화에 도달했으며, 대자는 그 근원적 무화에 의해 자신의 무로 있어야 하는 것이 아닌가? 거기에서 출발해서는 어떤 해석도 시도할 수 없을 것이다. 왜냐하면 이 해석에는 대자의 세계-내-존재가 암묵적으로 전제될 것이기 때문이다. 이것은 유클리드 공리에 대해 시도한 모든 증명에 이 공리의 채택이 암묵적으로 전제되어 있는 것과 마찬가지이다.

따라서 만일 내가 나의 피로를 겪는 방식을 해석하기 위해 같은 방법을 적용한다면, 나는 먼저 나에게서 나의 신체에 대한 자신감의 상실을 포착할 것이다. 예컨대 신체와 "관련을 맺고" 싶지 않다는 태도……, 신체를 아무것도 아닌 것으로 여기는 태도 등이 그것이다. 하지만 이런 태도는 나에게 있어 내가 나의 신체를 존재케 하는 가능한 여러 방식 중 하나일 것이다. 나는 즉자 앞에서 비슷한 자신감 상실을 힘 안 들이고 발견할 것이다. 예컨대 나는 내가 무화하는 즉자를 타인을 매개로 회복하려는 하나의 근원적 기투를 발견할 것이다. 이것은 나에게 우리가 앞에서 열거한 원초적 기투 중 하나를 가리킨다. 따라서 나는 나의 피로를 "부드럽게" 경험하는 것이 아니라, 마치 내가 떨쳐 버리고자 하는 귀찮은 현상인 것처럼 "거칠게" 파악할 것이다. 그리고 이것은 단지 다음과 같은 이유에서일 뿐이다. 즉 나의 계획은 타인의 시선에 의해 나의 신체와 나의 현전을 세계 안에서 보전케 하는데 반해, 나의 피로는 나의 신체와 있는 그대로의 나의 우연성을 세계 한복판에 육체화하고자 하는 이유가 그것이다. 나도 역시 나의 근원적인 계획을 가리키게 된다. 다시 말해 그 존재가 선택인 한에서 나의 세계-내-존재를 가리킨다.

우리는 이 분석 방법이 얼마나 만족스럽지 못한가를 숨기지 않는다. 그것은 이 영역에서는 모든 것이 이제부터 이루어져야 하기 때문이다. 사실 여기에서는 한 행위에 의해 — 이것은 모든 행위에 의하는 것이지만 — 그 속에 내포된 의미를 이끌어 내는 것이 문제가 되며, 또 이로부터 더 풍요롭고 더 심오한 의미로 옮아가 더 이상 어떤 다른 의미도 내포하지 않는 그 자체만을 가리킬 뿐인 의미를 만나는 것이 문제가 된다. 이런 소급적인 변증법은 대부분의 사람에 의해 자연발생적으로 실행되고 있다. 우리는 자신에 대한 인식이나 타자에 대한 인식에서 해석 순서에 대한 하나의 자연발생적인 이해가 주어져 있음을 확인할 수도 있다. 하나의 몸짓은 하나의 "세계관(Weltanschauung)"을 가리키며, 또 우리는 그것을 느낀다. 하지만 아무도 하나의 행위에 함축되어 있는 의미를 체계적으로 이끌어 내려고 시도한 적이 없다. 오직 한 학파가 우리와 마찬가지로 근원적인 명증성에서 출발했다. 프로이트 학파가 그것이다. 프로이트에게 있어서는 우리에게 있어서와 마찬가지로 하나의 행위는 그 자체에 한정될 수 없다. 하나의 행위는 더 심오한 구조들을 즉각 가리킨다. 그리고 정신분석은 이 구조들을 해명하게 해 준다. 프로이트는 우리와 마찬가지로 다음과 같이 자문한다. 이런저런 인물이 이런저런 특수한 행동을 한다는 것은 어떤 조건에서 가능한가? 그리고 프로이트는 우리와 마찬가지로 행동을 앞선 계기에 의해 해석함을 거부한다. 다시 말해 프로이트는 수평적·심적 결정론을 생각하기를 거부한다. 그에게 있어 행위는 상징적인 것으로 나타난다. 다시 말해 행위는 그에게 더 깊은 욕망을 표현하는 것으로 보인다. 그리고 그 욕망은 그 자체가 피분석자의 리비도[18]의 어떤 원초적인 결정에서 출발함으로써만 해석할 수 있을 뿐이다. 이렇듯 프로이트는 오직 수직적 결정론을 구성하는 것만을 겨냥한다. 이외에도 그의 생각은 이런 통로를 통해 필연적으로 피분석자의 과거를 가리키게 된다. 프로이트에게 있어서 기분은 심리생리적 경향의 형태로 행위의 기저에 놓여 있다. 하지만 이 기분은 우

---

18 리비도(libido)는 프로이트와 융의 정신분석학에서 사용하는 개념으로, 성충동을 의미하며, 보다 일반적으로는 개인이 개인적 발달이나 개성화 과정에서 겪게 되는 자생적인 정신적 에너지를 의미한다.

리 각자에게 있어 근원적으로 하나의 백지상태이다. 이런저런 경향이 이런저런 대상에게 고착될 것인가를 결정하는 것은 외적 상황이며, 말하자면 피분석자의 경력(histoire)이다. 어린아이에게서 오이디푸스콤플렉스의 태동을 결정하는 것은 가족 내에서의 이 어린아이의 상황이다. 다른 형태의 가족으로 구성된 다른 사회에서는 —— 예컨대 태평양의 산호해 섬의 원주민들에게서 볼 수 있는 것처럼 —— 이 콤플렉스는 형성될 수 없을 것이다. 이외에도 사춘기에 이 콤플렉스가 "청산"되느냐, 아니면 반대로 성생활의 극으로서 머무느냐를 결정하는 것도 또한 외부적인 상황이다. 그 결과 프로이트의 수직적 결정론은 경력을 매개로 하여 여전히 수평적 결정론 위에서 구축되고 있다. 분명 어떤 상징적 행위는 그 밑에 깔려 있는 동시적인 하나의 욕망을 표현하고 있으며, 이와 마찬가지로 이 욕망이 더 심오한 콤플렉스를 나타내고 있다. 그리고 이것은 하나의 똑같은 심적 과정의 통일 속에서 이루어진다. 그럼에도 이 콤플렉스는 그 상징적인 표명보다 앞서 존재한다. 우리가 정신분석학뿐만 아니라 또한 심적 생활의 결정론적 재구성을 위한 모든 시도에서 언급되고 있는 전이나 압축 등과 같은 고전적 결합에 따라 콤플렉스를 실제로 있는 그대로의 콤플렉스로 구성한 것은 바로 과거이다. 그 결과 정신분석학에는 미래의 차원이 존재하지 않는다. 인간실재는 그의 탈자(脫自) 중 하나를 상실하며, 현재에서 출발해 과거로 향하는 하나의 소급에 의해서만 해석되어야 한다. 이와 동시에 피분석자의 근본적인 구조는, 그것이 그의 행위의 의미이지만, 자신에게는 의미가 되지 못하며, 그 의미를 해명하기 위해 담론적 방법(méthodes discursives)을 사용하는 객관적인 증인에게만 의미가 주어질 뿐이다. 피분석자의 행위 의미에 대한 그 어떤 존재론 이전의 이해도 그에게는 허용되지 않는다. 그리고 이것은 아주 당연하다. 왜냐하면 이 행위가 어쨌든 과거의 — 원칙적으로 손이 미치지 않는 곳에 있는 — 하나의 결과일 뿐이기 때문이며, 자기의 목표를 미래 속에 기입하려 들지 않기 때문이다.

따라서 우리는 정신분석학적 방법으로부터 영감을 받는 데 그쳐야 한다. 다시 말해 우리는 한 행위가 지니는 의미를 다음과 같은 원칙에서 출발해서 그 의미를 이끌어 내도록 시도해야 한다. 즉 모든 행동은, 그것이 아무리 무의미한 것이라 하더라도, 선행하는 심적 상태의 단순한 결과가 아니며, 또 하나의 직선적인 결정론에 속하지 않는다. 오히려 이와는 반대로 모든 행동은 하나의 이차적인 구조로서 총체적인 구조 속에 통합되며, 결국 내가 그것으로 있는 총체성에 통합된다는 원칙이 그것이다. 만일 실제로 그렇지 않다면, 나는 나를 각각의 현상이 앞선 현상에 의해 외면적으로 조건지어지는 현상의 수평적인 흐름으로서 이해하거나, 또는 그 방식의 의미가 누락된 흐름을 지탱하는 하나의 실체로서 이해해야 할 것이다. 이 두 가지 사고방식은 우리를 대자와 즉자를 혼동하게 만들 것이다. 하지만 만일 우리가 정신분석학의 방법을 받아들인다면 — 그리고 우리는 이 문제에 대해 다음 장에서 다시 자세히 살펴볼 것이다 — , 우리는 그 방법을 반대 방향으로 적용시켜야 할 것이다. 사실 우리는 모든 행위를 이해 가능한 현상으로서 생각한다. 우리는 또한 프로이트 못지않게 결정론적 "우연"을 인정하지 않는다. 하지만 우리는 그 현상을 과거에서 출발해서 이해하는 대신, 그 행위를 미래에서 현재 쪽으로의 회귀로서 이해되는 것으로 생각한다. 내가 나의 피로를 경험하는 방식은 결코 내가 등반하는 언덕이라든지, 또는 내가 다소간 불면으로 지낸 밤과 같은 우연에 의존하지 않는다. 이들 요인은 나의 피로 그 자체를 구성하는 데 기여할 수 있으나, 내가 나의 피로를 겪는 방식을 구성하는 데 기여하는 것은 아니다. 하지만 우리는 한 명의 아들러[19]의 제자와는 달리 나의 피로 속에서, 예컨대 선행적인 형성물이라는 의미에서의 열등 콤플렉스의 표현을 보기를 거부한다. 물론 피로에 맞서 싸울 때 일종의 분노와도 같은 또는 경직된 어떤 방식을 열등 콤플렉스라고 부르는 것을 설명할 수 있다는 사실을 우리는 부정하지 않는다. 하지만 열등 콤플렉스 그 자체는 세계 속에서, 타인의 현전에 있어 나 자신의 고유한 대자가 행하는 하나의 기투이다. 그것으로서 이 열등 콤플렉스는 항상 초월이며, 또 여전히 그런 것으로서 자기를 선택하는 방식이다. 내가 맞서 싸우는 이 열등성, 그렇지만 내가 인지하고 있는 이 열등성, 나는 그것을 처음부터 선택했다. 물론 이 열등성은 나의 여러 "실패한 행위"에 의해 의미를 부여받고 있다. 하지만 정확히 이 열등성은 기투된 계획으로서, 나의 존재의 전체적 견적으로서, 나의 실패한 행위의 조직적인 총체성 외의 다른 아무것도 아니다. 그리고 나는 매번 나의 가능성을 향해 현실을 뛰어넘기 때문에, 각개의 실패한 행위는 그 자체가 초월이다. 예컨대 피로에 굴복한다는 것은 걸어가야 할 길에 "끝까지 가기에는 너무 힘든 길"이라는 의미를 부여함으로써 이 길을 초월하는 것이다. 열등감을 미래와 나의 가능성에서 출발해서 규정짓지 않고서 그것을 진지하게 생각하는 것은 불가능하다. "나는 못생겼다", "나는 바보이다" 등과 같은 확언조차도 본성상 예측이다. 여기에서는 나의 못생김에 대한 단순한 확언이 문제가 아니다. 오히려 문제가 되는 것은 여자들이나 사회가 나의 기도에 대해 제시하는

---

19 알프레트 아들러(Alfred Adler, 1870~1937)는 오스트리아의 정신병학자이자 심리학자로, 프로이트 심리학에 심취했으나 학설상의 이견으로 독자 노선을 걸었다. 인간이 가진 열등의식에 주목해 인간의 행동과 발달을 결정하는 것은 무의식중에 열등감, 무력감과 이를 보상 또는 극복하려는 의지, 즉 열등감에 대한 보상 욕구나 작용이라고 주장했다.

역행률을 파악하는 것이다. 그리고 그것은 이런 기도의 선택에 의해서, 그리고 이런 기도의 선택 속에서만 발견할 수 있을 뿐이다. 이렇듯 열등 콤플렉스는 타인 앞에서 내가 나 자신을 열등한 사람으로 자유롭게 또 총체적으로 하는 기투이다. 열등 콤플렉스는 내가 나의 대타존재를 떠맡는 것을 선택하는 방법이며, 타인의 존재라는 이 극복할 길 없는 스캔들에 대해 내가 부여하는 자유로운 해결책이다. 이렇듯 나의 열등 반응과 실패한 행위는 세계 속에서 나 자신의 선택으로서의 나의 열등성에 대한 자유로운 소묘에서 출발해서 이해해야 한다. 우리는 모든 인간적 반응이 선험적으로 이해 가능하다는 점에서 정신분석학자들에게 동의를 표한다. 하지만 우리는 그들이 그 반응을 하나의 선행적인 반응에 의해 설명하고자 하면서 바로 이 원초적인 "이해 가능성"을 무시했다는 점에서는 그들을 비난한다. 그런 시도는 인과적 기계론을 다시 도입하는 것이다. 이해는 다르게 정의되어야 한다. 하나의 가능을 향해 자신을 기투하는 것으로서의 모든 행동은 이해 가능하다. 모든 행동은 우선 그것이 직접적으로 파악될 수 있는 하나의 합리적인 내용을 제공하는 한에서 — 나는 잠깐 휴식을 취하기 위해 나의 배낭을 땅바닥에 놓는다 — 이해 가능하다. 다시 말해 그 행동이 기투할 가능과 그 행동이 노리는 목적을 우리가 직접적으로 파악하는 한에서 그렇다. 그다음으로 그 고려된 가능이 다른 가능을 가리키고, 그것이 또 다른 가능을 가리키며, 이렇게 해서 내가 그것으로 있는 궁극적인 가능을 가리키게 되는 한에서, 모든 행동은 이해 가능하다. 그리고 이해는 반대되는 두 방향으로 이루어진다. 하나의 소급적인 정신분석학(psycho-analyse[20] régressive)에 의해 우

---

20 여기에서 'psycho-analyse'는 'psychanalyse'로 이해해야 할 것이다.

리는 고려된 행위로부터 나의 궁극의 가능까지 거슬러 올라간다. 하나의 종합적 전진에 의해 이런 궁극의 가능에서 우리는 고려된 그 행위까지 다시 내려오고, 그리고 총체적인 형태 안에서 그 행위의 통합을 파악한다.

우리가 우리의 궁극적인 가능성(notre possibilité ultime)이라 부르는 이 형태는 ── 그것이 설사 하이데거가 말하고자 하는 죽는 가능성 또는 "세계 내의 현전을 더 이상 실현하지 않는" 가능성이라 하더라도 ── 다른 여러 가능 중의 하나가 아니다. 사실 모든 가능성은 하나의 총체 속에서 나뉘어 있다. 이와는 반대로 이 궁극적인 가능성은 우리의 모든 현실적인 가능의 통일적인 종합으로서 생각되어야 한다. 이런 현실적인 가능 하나하나는 궁극적인 가능 속에 무차별적인 상태로 머물러 있으며, 그것도 어떤 특수한 사정이 그 상태를 부각할 때까지 머물러 있기 때문이다. 하지만 부각하기 위해 각각의 가능이 총체성에 속해 있다는 점은 제거되지 않을 것이다. 우리는 실제로 아무것이나 무방한 어떤 한 대상에 대한 지각적 파악은 세계의 배경 위에서 이루어진다는 사실을 이 책 제2부에서[21] 지적한 바 있다. 이 지적은 다음과 같은 사실을 의미한다. 즉 심리학자들이 "지각"이라고 부른 것은 어떤 한순간에 "보이거나" "들리는" 등의 대상에 한정할 수 없으며, 그보다는 오히려 고려된 그 대상은 여러 함의와 여러 의미에 의해 즉자적으로 존재하는 것의 총체성을 가리키며, 또 그 대상이 파악되는 것은 그런 총체성으로부터 출발해서라는 사실이 그것이다. 이렇듯 내가 그 책상에서 지금 내가 있는 이 방으로, 그리고 밖으로 나가 거기에서 현관으로, 계단으로, 거리로 차례차례 옮아가 마지막에

---

21 *Ibid.*, chap. Ⅲ, 2ᵉ partie. ── 원주.

극한까지 이동한 결과로 모든 존재자의 총화로서 이 세계를 생각한다는 것은 진실이 아니다. 오히려 이와 정반대로 나는 모든 존재자의 절대적인 총체성에서 출발하지 않는다면, 그 어떤 하나의 도구-사물도 지각할 수 없다. 왜냐하면 나의 최초의 존재는 세계-내-존재이기 때문이다. 이렇게 해서 사물이 인간을 위해 "거기에 있는" 한에서, 우리는 통합을 향한 끊임없는 부름을 사물 속에서 발견한다. 이 부름 덕분에 우리는 사물을 파악하기 위해, 직접적으로 실현된 총체적인 통합에서 출발해서 이 총체성과의 관련 속에서만 해석될 뿐인 낱낱의 구조로까지 내려올 수 있을 것이다. 하지만 다른 한편으로 하나의 세계가 "거기에 있다"면, 그것은 우리가 단번에 총체적으로 세계에 출현하기 때문이다. 사실 우리는 초월에 할애된 같은 장에서 지적한 것처럼, 즉자는 자기 혼자서는 어떤 세계적인 통일도 이루지 못한다. 하지만 우리의 출현은 하나의 세계가 존재하기 위해 우리가 무화 속에서 우리 자신을 상실한다는 의미에서 하나의 수난(passion)이다. 이렇듯 세계-내-존재의 최초의 현상은 즉자의 총체성 또는 세계와 나 자신의 고유한 총체 분해적인 총체성 사이의 근원적인 관계이다. 나는 세계 전체 속에서 나를 총체적으로 선택한다. 그리고 나는 세계에서 개별적인 이것으로 오는 것과 마찬가지로, 나는 총체 분해적인 총체성으로서의 나 자신에서 출발해서 나의 개별적인 하나의 가능성에 대한 소묘로 온다. 왜냐하면 내가 나 자신의 개별적인 기투의 기회에서만 개별적인 이것을 세계의 배경 위에서 파악할 수 있을 뿐이기 때문이다. 하지만 이 경우 내가 그런 이것을 파악할 수 있는 것은 이것을 이런저런 가능성을 향해 뛰어넘으면서 세계의 배경 위에서만 가능할 뿐이다. 이와 마찬가지로 내가 이것의 저편에 이런저런 가능성을 향해 나를 기투할 수 있는 것은 나의 궁극적이고 총체적인 가능성이라는 배경 위에서뿐이다. 이렇듯 나의 모든 개별적인 가능의 근원적 통합으로서의 나의 궁극적이고 총체적인 가능성과, 나의 존재로의 출현에 의해 존재자에게 도래하는 총체성으로서의 세계는, 엄밀하게 상호 관련적인 두 개의 개념이다. 나는 세계라는 배경 위에서만 망치를 지각할(다시 말해 "망치질하는" 모습을 소묘할) 수 있을 뿐이다. 하지만 반대로 나 자신의 총체성을 배경으로 하고, 그리고 나 자신의 총체성에서 출발해서만 나는 내가 "망치질하는" 이 동작을 소묘할 수 있을 뿐이다.

이렇게 해서 자유의 근본적인 작용(acte)[22]이 발견된다. 그리고 내가 나중에 살펴볼지도 모르는 개별적인 행동에 그 의미를 부여하는 것은 바로 이 작용이다. 계속해서 갱신되는 이 작용은 나의 존재와 구분되지 않는다. 이 작용은 세계 속에서의 나 자신의 선택임과 동시에 세계의 발견이기도 하다. 이 작용을 통해 우리는 정신분석학이 출발점에서 부딪친 무의식이라는 암초를 피할 수 있다. 사람들은 우리에게 다음과 같이 반박할 수도 있을 것이다. 즉 만일 존재에 대한 의식이 아닌 의식 속에 아무것도 없다면, 이 근본적인 선택은 의식적인 선택이어야 한다고 말이다. 그런데 당신은 당신이 피로에 굴복했을 때, 당신은 그 행동이 예상하는 모든 함의에 대해 스스로 의식했다고 정확히 단언할 수 있을까? 우리는 그것에 대해 완전히 의식하고 있다고 대답할 것이다. 다만 이 의식 자체는 의식의 전반적인 구조와 우리가 행하는 선택의 구조를 한계로서 지녀야 한다.

이 선택의 구조와 관련해서는 하나의 심사숙고한 선택이 결코 문제가 되지 않는다는 사실을 강조해야 한다. 그리고 이것은 하나의 선

---

22   여기에서 'acte'의 의미는 '행위'라기보다는 '기능' 또는 '작용'으로 보아야 한다.

택이 심사숙고에 비해 덜 의식적이거나 또는 덜 명료할 것이라는 이유에서는 아니다. 오히려 이와 반대로 이것은 이 선택이 모든 심사숙고의 근거이기 때문이며, 또 앞에서 우리가 살펴본 것처럼, 심사숙고가 근원적인 선택에서 출발해서 하나의 설명을 요구하기 때문이다. 따라서 근원적인 자유는 동기와 동인을 대상으로 정립하는 것이며, 또 그다음에 이런 동기와 동인에서 출발해서 결정한다고 생각하는 착각은 경계해야 할 것이다. 이와 정반대로 동기나 동인이 존재하자마자, 다시 말해 세계의 사물과 구조에 대한 평가가 존재하자마자, 이미 거기에는 목적의 정립이 있고, 그 결과 선택이 있는 것이다. 하지만 이것은 그 심오한 선택이 그만큼 무의식적임을 의미하지 않는다. 이 선택은 우리가 우리 자신에 대해 가지는 의식과 하나를 이룰 뿐이다. 주지하다시피 이 의식은 비정립적일 수밖에 없다. 이 의식은 우리-의식(conscience-nous)이다. 왜냐하면 이 의식은 우리의 존재와 구분되지 않기 때문이다. 그리고 우리의 존재가 정확히 우리의 근원적 선택이기 때문에, 선택(에 대한) 의식은 우리가 우리(에 대해) 가지는 의식과 동일하다. 선택하기 위해서는 의식적이어야 하며, 또 의식적이기 위해서는 선택해야 한다. 선택과 의식은 단 하나의 같은 것이다. 여러 심리학자가 의식은 "선택(sélection)"이라고 선언했을 때, 그들이 느꼈던 것이 바로 이것이다. 하지만 그들은 이 선택을 그 존재론적 근거로까지 다시 끌어오지 못했기 때문에, 그들은 선택이 하나의 실체적인 의식의 무상의 기능으로서 나타나는 영역에 머물러 있었다. 이것은 특히 베르그송에게 가해질 수 있는 비난이다. 하지만 만일 의식이 무화라는 것이 충분히 확증된다면, 우리는 우리 자신에 대해 의식을 갖는 것과 우리 자신을 선택하는 것이 하나에 불과하다고 생각할 것이다. 이것은 지드와 같은 도덕주의자들의 감정의 순수성을 규정하고자 했을 때 봉착한 난점을 설명해 주는 것이다. 지드는 이렇게 물었다.[23] 하나의 원해진(voulu) 감정과 하나의 "체험된(éprouvé)" 감정 사이에 어떤 차이가 있는가? 사실을 말하면 아무런 차이도 없다. "사랑하기를 원하는 것"과 사랑한다는 것은 하나를 이룰 뿐이다. 왜냐하면 사랑한다는 것이 사랑하는 것에 대해 의식함으로써 사랑하는 자로 스스로를 선택하는 것이기 때문이다. 파토스가 자유롭다면, 그것은 선택이다. 우리는 — 특히 시간성에 대한 장(章)에서 — 데카르트의 코기토는 확장되어야 한다고 충분히 지적한 바 있다. 실제로 우리가 살펴본 것처럼, 자기(에 대해) 의식을 갖는 것은 결코 순간에 대해 의식을 갖는 것을 의미하지 않는다. 왜냐하면 순간은 정신의 한번 봄에 불과하기 때문이다. 그리고 비록 순간이 존재한다 해도, 순간 속에서 자기를 파악하는 의식은 이미 아무것도 파악하지 못할 것이다. 내가 나에 대해 의식을 가질 수 있는 것은, 즉 이런저런 기도에 연루되고, 이런저런 성공을 예측하고, 이런저런 결과를 두려워하는 한 명의 이런저런 인간으로서, 그리고 이것에 대한 예측의 총체에 의해 자기의 모습을 송두리째 소묘하는 이런저런 인간으로서일 뿐이다. 그리고 내가 글을 쓰고 있는 이 순간에 내가 나 자신을 파악하는 것도 그렇게 해서이다. 나는 종이 위에 기호들을 적어 넣는 나의 손에 대한 단순한 지각적 의식이 아니다. 나는 이 책의 완성까지, 내 인생에서 이 책의 의의에까지 — 나의 삶의 철학적 활동 전반의 의의에까지 — 이 손보다 훨씬 앞쪽에 존재하고 있다. 그리고 내가 이런저런 사상을 이런저런 방법으로 서술한다든가, 또는 잠시 글쓰기를 멈춘다든가, 또는 이런저런 참조 사항을 찾기 위해 어떤 책을 뒤적인다든가 하는 등

---

23 Journal des Faux monnayeurs. — 원주.

23 *Journal des Faux monnayeurs*. — 원주.

의 제한된 가능성을 향해 몇몇 기투가 개입되는 것은 바로 이런 기투의 테두리 안에서, 다시 말해 내가 그것으로 있는 것의 테두리 안에서이다. 다만 이 전체적인 선택에 하나의 분석적이고 차별화된 의식이 대응한다고 생각하는 것은 잘못일 것이다. 나의 원초적이고 궁극적인 기도는 — 왜냐하면 나의 기도는 동시에 이 두 가지이기 때문이다 — 우리가 곧 살펴보겠지만, 항상 존재의 문제에 대한 하나의 해결책에 대한 소묘이다. 하지만 이 해결은 먼저 생각되고 그다음에 실현된 것이 아니다. 우리가 이 해결책이며, 우리는 우리의 구속 자체에 의해 그 해결책을 존재케 하며, 따라서 우리는 그 해결책을 살아가면서만 그것을 파악하게 될 뿐이다. 이렇게 해서 우리는 항상 우리 자신에게 완전히 현전해 있다. 하지만 정확히 우리가 완전히 현전해 있기 때문에, 우리는 우리가 그것으로 있는 것에 대해 분석적이고 세부적인 하나의 의식을 갖는 것을 기대할 수 없다. 게다가 이 의식은 비조정적일 수밖에 없을 것이다.

하지만 다른 한편으로 세계는 세계의 분절 그 자체에 의해 우리가 그것으로 있는 것으로서의 이미지를 우리에게 정확히 가리킨다. 이것은 — 우리가 남김없이 살펴본 것처럼 — 우리가 그 이미지를 해독할 수 있기 때문이 아니라, 다시 말해 우리가 그 이미지를 세분할 수 있고 그것을 분석할 수 있어서가 아니라, 오히려 세계가 필연적으로 있는 그대로 우리에 나타나기 때문이다. 우리가 세계를 그것이 있는 그대로 나타나게 하는 것은 사실 우리 자신을 향해 세계를 뛰어넘음으로써이다. 우리는 우리를 선택하면서 세계를 — 즉자의 짜임새에서가 아니라 그 의미에 있어서 — 선택한다. 왜냐하면 우리는 내적 부정에 의해 우리가 세계라는 사실을 우리 자신에게 부정함으로써 세계를 세계로서 나타나게 하는 것인데, 이런 내적 부정은 그것이 동시에 하나의 가능을 향한 투사일 경우에만 존재할 수 있을 뿐이기 때문이다. 내가 무생물에게 나 자신을 맡기는 것과 같은 방식, 내가 나의 신체에다 나 자신을 맡기는 것과 같은 방식 — 또는 반대로 내가 그 양자에 맞서 저항하는 것과 같은 방식 — 은 나의 신체와 무생물계를 그 고유한 가치와 함께 나타나게 한다. 그 결과 그곳에서도 나는 역시 나 자신에 대한, 그리고 나의 근본적인 기도에 대한 충만한 의식을 누린다. 그리고 이번에는 이 의식은 정립적이다. 다만 정확히 그 의식이 정립적이기 때문에, 그 의식이 나에게 인도하는 것은 바로 내가 그것으로 있는 것의 초월적인 이미지이다. 사물들의 가치, 그것들의 도구적인 역할, 그것들의 현실적인 원근(이 원근은 그것들의 공간적인 멀어짐과 가까움과는 관계가 없다.)은 나의 이미지를 소묘하는 것, 다시 말해 나의 선택을 소묘하는 것 외의 다른 아무것도 하지 않는다. 나는 옷(제복을 입었는가, 양복을 입었는가, 와이셔츠에 풀을 먹였는가 아닌가)을 허름하게 입었는가 아니면 말쑥하게 입었는가, 멋을 부렸는가 아니면 수수한가, 나의 가구, 내가 사는 거리, 내가 거주하는 도시, 내 주위에 있는 책, 내가 하는 기분풀이, 내 소유물인 모든 것(다시 말해 결국 내가 끊임없이 의식하고 있는 세계, 최소한 내가 주목하거나 사용하고 있는 대상에 의해 연루된 의미의 자격으로의 세계), 이 모든 것은 나 자신에게 나의 선택, 다시 말해 나의 존재를 알려 준다. 하지만 이런 것이 정립적 의식의 구조, 즉 내가 이 인식을 나 자신에 대한 주관적인 파악으로 다시 끌어올 수 없는 정립적 구조이다. 그리고 이 인식은 내가 산출하는 다른 대상을 나에게 가리키거나, 또는 앞서는 것의 질서와 연계되어 내가 배치하는 대상을 나에게 가리킨다. 하지만 나는 이런 나의 모습을 세계 속에 점차 조각하고 있다는 사실을 알아차리지 못한다. 이렇게 해서 우리는 우리가 그것으로 있는 선택에 대해 완전히 의식한다. 그리고 만일 이런 고찰을 따를 경우, 우리는 우리 자신이 선택되었다는 의식을 지니는 것이 아니라, 우리 자신을 선택한다는 의식을 가질 필요가 있다고 반박하는 사람이 있다면, 우리는 이 의식은 불안과 책임의 이중 "감정"으로서 나타난다고 답할 것이다. 불안·고독·책임은 은은하든 강렬하든 간에 사실 우리의 의식의 질을 구성한다. 이것은 우리의 의식이 단순히 자유인 한에서 그렇다.

우리는 조금 전에 하나의 문제를 제기했다. 나는 피로에 굴복했다. 물론 나는 다르게 할 수도 있었을 것이다. 하지만 어떤 대가를 치르고서일까? 우리는 이렇게 물었다. 우리는 이제 이 문제에 답을 할 수 있다. 사실 우리의 분석은 방금 우리에게 이 행위가 무상이 아니라는 점을 보여 주었다. 분명 이 행위는 앞선 의식의 한 "상태"의 내용으로 생각된 하나의 동인 또는 하나의 동기에 의해 설명되지 않았다. 그보다는 오히려 이 행위가 그것이 통합적인 부분의 일부인 하나의 근원적인 기투에서 출발해서 해석되어야 했다. 따라서 나 자신에 대한 나의 근원적인 선택의 근본적인 변경이 동시에 상정되지 않는 한, 이 행위가 변경되었을 것이라고 상정할 수 없음은 명백하다. 피로에 굴복해서 내가 길가에 쓰러지는 이 방식은 나의 신체와 무생물적 즉자에 대항하는 일종의 원초적 저항을 표명한다. 이 방식은 일종의 세계관의 테두리 안에 자리 잡으며, 이 세계관의 테두리 안에서 그 어려움을 "참고 견디는 수고를 할 만한 가치가 없는" 것으로 나타날 수 있다. 그리고 이 세계관의 테두리 안에서 동인은 정확히 단순한 비조정적 의식이며, 따라서 하나의 절대적 목적(일종의 즉자-대자의 양상)을 향한 자기의 원초적 기투이기 때문에, 이 동인은 세계(더위, 도시에서 멀리 떨어져 있는 것, 노력의 허망함 등)를 나의 걸음을 막는 동기로서 파악하는 것이다. 이렇게 해서 내가 멈추어 선다고 하는 이 가능은 이론상 원초적이고 궁극적인 가능에서 출발해서 내가 그것으로 있는 가능의 서열 안에서만, 그리고 그 가능의 서열에 의해서만 그 의미를 가질 뿐이다. 거기에는 내가 반드시 걸음을 멈춰야 함이 내포되어 있지 않다. 오히려 거기에는 오직 내가 나의 세계-내-존재의 근본적 전회에 의해서만 멈춰 서는 것을 거절할 수 있을 뿐이라는 사실이 내포되어 있다. 다시 말해 나의 원초적 기투의 갑작스러운 변모에 의해서만, 즉 나 자신의 그리고 내 목적의 또 다른 선택에 의해서만 멈춰 섬을 거절할 수 있을 뿐이라는 사실이 그것이다. 게다가 이런 변경은 항상 가능하다. 불안은 드러나 보일 때 우리 의식에 우리의 자유를 나타내는 데, 이런 불안은 우리의 원초적인 기투의 이런 끊임없는 변경 가능성에 대해 증언해 준다. 불안 속에서 우리는 단지 우리가 기도하는 가능이 도래할 우리의 자유에 의해 계속해서 잠식되고 있다는 사실만을 파악하는 것이 아니다. 우리는 이외에도 우리의 선택을, 즉 우리 자신을 정당화할 수 없는 것으로 파악한다. 다시 말해 우리는 우리의 선택을 이전의 그 어떤 현실에서도 유래하지 않은 것으로, 그리고 이와 반대로 현실을 구성하는 의미의 총체에 대해 근거로 사용되어야만 하는 것으로 파악한다. 정당화할 수 없음은 우리의 존재의 절대적 우연성에 대한 주체적인 인지일 뿐 아니라, 또한 이 우연성의 내면화에 대한 인지와 이 우연성을 우리의 책임 아래 되찾아오는 것에 대한 인지이기도 하다. 왜냐하면 선택 그 자체에 의해 무화되는 즉자의 우연성에서 도출되는 선택은 — 곧 보게 될 것이다 — 이 즉자의 우연성을 대자 자신에 의한 대자의 무상의 결정 차원으로 이행시키기 때문이다. 이렇게 해서 우리는 끊임없이 우리의 선택에 구속되어 있으며, 우리 자신이 갑작스럽게 이 선택을 뒤집고 또 증기를 역류시킬 수 있음에 대해 끊임없이 의식하고 있다. 왜냐하면 우리는 우리의 존재 자체에 의해 장래를 기투하며, 우리의 실존적인 자유에 의해 우리는 이 장래를 끊임없이 갉아먹고 있기 때문이다. 우리는 우리가 무엇인가를 장래에 의해 우리 자신에게 알리고 있지만, 언제나 가능에 머물러 있고, 또 현실의 대열로 결코 옮아가지 않는 이 장래를 포착할 수 없다. 이렇듯 우리는 우리의 현재의 선택에 대한 무화에 의해 끊임없이 위협받고 있으며, 현재 우리가 있는 것과 다른 것으로 우리를 선택하도록 — 그 결과 우리가 지금과는 다르게 되도록 — 끊임없이 위협받고 있다. 우리의 선택이 절대적이라는 사실 하나만으로 이 선택은 '약하다.' 다시 말해 우리는 이 선택에 의해 우리의 자유를 내세움과 동시에 내가 있게 될 것인 하나의 저편을 위해 이 선택이 과거화된 하나의 이편이 되는 선택의 끊임없는 가능성도 함께 세우는 것이다.

그렇지만 우리의 현재의 선택이 뒤에 오는 선택에 의해 현재의 선택을 과거화하기 위한 어떤 동기도 우리에게 제공하는 것과 같은 것은 아니라는 사실을 잘 이해하자. 사실 우리를 부분적인 행동으로 이끌 수 있는 모든 동기와 모든 동인을 근원적으로 창조하는 것은 우리의 현재의 선택이다. 세계를 그 여러 의미, 그 도구-복합, 그리고 그 역행률을 함께 이용하는 것도 우리의 현재의 선택이다. 우리가 태어나서 죽을 때까지 우리를 위협하는 이 절대적인 변화는 계속해서 예견할 수 없고 또 이해 불가능한 것으로 남는다. 비록 우리가 다른 근본적인 태도를 가능한 것으로서 생각한다고 해도, 우리는 그런 태도를 타인의 행동으로서 밖에서만 고찰할 수 있을 뿐이다. 또 우리가 우리의 행위를 그 근본적 태도에 연결시키고자 해도, 이 행위는 그것만으로는 그 외면성의 성격과 초월된-초월이라는 성격을 잃지는 않을 것이다. 사실 이 행위를 "이해한다"는 것은 벌써 이 행위를 선택했다는 것이 될 것이다. 우리는 이 문제로 다시 돌아올 것이다.

이외에도 우리는 근원적 선택을 "순간순간에 발생하는 것"으로 생각해서는 안 된다. 그것은 후설이 벗어나지 못했던 의식에 대한 순간적인 사고방식으로 되돌아가는 것이다. 이와 반대로 자기를 시간화하는 것은 의식이기 때문에, 근원적인 선택이 시간을 펼치며, 또 세 가지 탈자의 통일과 하나를 이룰 뿐이라고 생각해야 한다. 우리 자신을 선택한다는 것은 우리를 무화하는 것(nous néantiser)이다. 다시 말해 그것은 하나의 미래가 우리의 과거에 대해 하나의 의미를 부여하면서 우리에게 우리가 무엇인가를 알려 주러 오게끔 하는 것이다. 이렇게 해서 데카르트에게서와 같은 무에 의해 분리된 순간의 계기는 존재하지 않으며, 또 순간 t에서의 나의 선택이 순간 t_1에서의 나의 선택에 작용할 수 없다는 의미에서, 순간의 계기는 존재하지 않는다. 선택하는 것은 일정한 확장을 지니는 구체적이고 연속적 지속이 나의 구속과 함께 나타나게 한다. 그리고 이 지속은 정확히 나의 근원적인 가능의 실현에서 우리를 떼어 놓는다. 이렇듯 자유, 선택, 무화, 시간화는 단 하나의 같은 것을 이룰 뿐이다.

그렇지만 순간은 철학자들의 공허한 창작물이 아니다. 분명 내가 나의 임무 속에 나 자신을 구속시키고 있을 때, 주관적인 순간은 결코 존재하지 않는다. 예컨대 내가 내 생각을 파악하고 그것을 질서 있게 정리하려고 노력하면서 글을 쓰고 있는 이 순간에, 나에게 있어 순간은 존재하지 않는다. 그 순간에 나를 규정하는 목적(이 책의 근간을 이루게 될 것인 생각에 대한 설명)을 향한 나 자신에 대한 끊임없이 추구되는-추구만이 있을 뿐이다. 그렇지만 우리는 끊임없이 순간에 의해 위협받고 있다. 다시 말해 우리는 우리의 자유에 의한 선택 자체에 의해 항상 우리의 탈자적인 통일의 단절로서의 순간을 나타나게 할 수 있는 것과 같이 존재한다. 그렇다면 순간이란 무엇인가? 순간은 하나의 구체적인 기투의 시간화 과정 속에서 잘려 나갈 수는 없을 것이다. 우리는 방금 그것을 제시했다. 하지만 순간은 또한 이 과정의 기점 또는 종점(이것이 존재한다면)과 동일시할 수도 없을 것이다. 왜냐하면 기점과 마찬가지로 종점도 이 과정의 총체성 내부에 들어가 있고, 또 이 과정의 통합적인 부분을 이루고 있기 때문이다. 따라서 기점이나 종점은 순간이 지니는 특징 중 하나만을 가질 뿐이다. 사실 기점은, 그것이 그 과정의 시초라는 점에서, 그것이 기점이 되고 있는 과정에 들어가 있다. 하지만 다른 한편으로 기점은, 그것이 하나의 시초라고 하는 점에서, 하나의 선행하는 무에 의해 한계지어져 있다. 종점은, 그것이 그 과정의 끝이라는 점에서, 그것이 끝내는 과정에 들어 있다. 마지막 음표도 그 멜로디에 속한다. 하지만 종점은, 그것이 하나의 끝이라는 점에서, 그것을 한계짓는 하나의 무에 이어진다. 순간은, 만일 그것이 존재할 수 있어야 한다면, 이중의 무에 의해 한계지어져야 한다. 만일 순간이 모든 시간화 과정에 선행해 주어져야 한다면, 이것은 결코 생각될 수 없는 일이다. 우리는 앞에서 이것을 이미 제시했다. 하지만 우리의 시간화의 전개 그 자체 안에서 만일 어떤 과정이 앞선 과정의 붕괴 위에 나타난다면, 우리는 순간을 발생하게 할 수 있다. 이때 순간은 하나의 시작과 하나의 끝일 것이다. 한마디로 만일 하나의 기투의 끝이 또 다른 기투의 시작과 일치한다면, 그것이 시작이라는 점에서는 앞선 무에 의해 한계지어질 것이고, 또 그것이 끝이라는 점에서는 뒤에 오는 무에 의해 한계지어지는 하나의 양의적인 시간적 실재가 나타날 것이다. 하지만 이런 시간적 구조는, 오직 시작이 그 자체를 그것이 과거화하는 과정의 끝으로서 스스로에게 주어지는 경우에만, 구체적인 것이 될 것이다. 하나의 앞선 기투의 끝으로서 자기를 주는 하나의 시작, 순간은 그런 것이어야 한다. 따라서 동일한 하나의 행위의 통일 속에서 우리가 우리 자신에게 시작이고 끝인 경우에만 순간이 존재할 뿐이다. 그런데 이것은 정확히 우리의 근본적인 기투가 철저히 변경되는 경우에 발생한다. 사실 이런 변경에 대한 자유로운 선택에 의해 우리는 우리가 그것으로 있는 어떤 기투를 시간화하고, 또 우리가 선택한 존재를 미래에 의해 우리 자신에게 알려 준다. 이렇게 해서 순수한 현재는 시작으로서 새로운 시간화에 속하며, 또한 그것은 방금 나타난 미래로부터 자신의 고유한 본성을 받는다. 사실 순수한 현재를 시작으로 규정하기 위해 이 현재 위로 되돌아올 수 있는 것은 오직 미래뿐이다. 만일 그렇지 않다면, 이 현재는 아무래도 상관없는 현재에 불과할 뿐이다. 이렇게 해서 선택의 현재는 이미 통합된 구조로서 시작된 새로운 전체에 속한다. 하지만 다른 한편으로 이 선택은 그렇게 있었어야 하는 과거와 관련해 결정되지 않는다는 것은 있을 수 없다. 그것은 또한 원칙상 이 선택이 대신하는 선택을 과거로 파악하는 결정이다. 개종한 한 명의 무신론자는 단순한 한 명의 신자가 결코 아니다. 그는 자기 자신에 대해 무신론을 부정한 한 명의 신자이며, 또 그는 자기 자신에게서 무신론자로 있고자 하는 기투를 과거화한 한 명의 신자이다. 이렇듯 새로운 선택은, 그것이 하나의 끝인 한에서, 자기를 시작으로 부여하고, 또 그것이 시작인 한에서 자기를 끝으로 부여한다. 새로운 선택은 이중의 무에 의해 한계지워진다. 그리고 그것으로서의 새로운 선택은 우리 존재의 탈자적 통일 속에서 하나의 균열을 실현한다. 그렇지만 순간은 그 자체로 하나의 무에 불과할 뿐이다. 왜냐하면 우리가 우리의 관점을 어디에 두든, 우리는 하나의 연속되는 시간화만을 파악할 수 있을 뿐이기 때문이다. 그런데 이 연속적인 시간화는 우리의 시선 방향에 따라, 방금 지나가고 또 종점을 동반한 완결적이고 폐쇄적인 계열이거나, 아니면 지금 시작되는 살아 있는 시간화와 미래의 가능성에 의해 기점이 물리고 이끌리는 시간화일 수도 있다.

이렇게 해서 모든 근본적 선택은 자신을 시간화함과 동시에 추구된-추구의 방향을 결정한다. 이것은 근본적 선택이 하나의 원초적 비약을 마련해 줌을 의미하지 않으며, 또한 내가 이 선택의 한계 안에 머물러 있는 한 이용할 수 있는 증서와 같은 무엇인가가 존재한다는 것도 의미하지 않는다. 이와 반대로 무화는 계속되며, 그 결과 선택을 자유롭게 그리고 계속해서 다시 하게 되는 것은 필요 불가결하다. 다만 내가 나의 선택을 자유로이 다시 하는 한에서, 이 다시 하기는 순간순간마다 이루어지는 것이 아니다. 왜냐하면 이때는 순간이 존재하지 않기 때문이다. 이 다시 하기는 과정의 총체 안에 너무 밀접하게 들어 있어 순간적 의미를 전혀 가지지 못하며, 또한 그런 의미를 가질 수도 없다. 하지만 정확히 나의 선택이 자유로우며, 또 자유에 의해 끊임없이 되풀이되기 때문에, 나의 선택의 한계는 자유 그 자체이다. 다시 말해 나의 선택은 순간이라는 유령에 의해 사로잡혀 있다. 내가 나의 선택을 다시 하는 한, 그 과정의 과거화는 현재와의 완전한 존재론적 연속성에서 이루어질 것이다. 과거화된 과정은 지식의 형태로, 다시 말해 체험되고 내면화된 의미의 형태로 현재적인 무화를 이루고 있으며, 자기 자신의 고유한 목적을 향해 자기를 기투하는 의식에게 있어 결코 대상이 되지 않는다. 하지만 정확히 나는 자유롭기 때문에, 나는 항상 나의 직접적인 과거를 대상으로 정립할 수 있는 가능성을 가지고 있다. 이것은 다음과 같은 것을 의미한다. 즉 나의 앞선 의식이 공(共)현재적인 현실의 내적 부정으로서 스스로를 구성하고, "다시 수정된" 것으로 제시된 목적에 의해 그 의미를 스스로에게 알리는 한에서, 나의 앞선 의식은 과거(에 대한) 단순한 비정립적 의식이었던 반면, 새로운 선택이 이루어질 때 이 의식은 자신의 고유한 과거를 대상으로서 내세운다는 사실이 그것이다. 다시 말해 이 의식은 자신의 과거를 평가하고, 또 그 자신의 과거와 비교해 자신의 참고점을 정하게 된다. 직접적인 과거를 대상화하는 이 행위는 다른 목적을 새롭게 선택하는 것과 하나를 이룰 뿐이다. 이 행위는 시간화의 무화적 균열로서의 순간을 솟아오르게 하는 데 기여한다.

이런 분석의 결과에 대한 이해는, 만일 우리가 이 분석의 결과를 자유에 대한 또 하나의 다른 이론, 예컨대 라이프니츠의 이론과 비교한다면, 독자들은 그것을 쉽게 이해할 것이다. 우리에게서와 마찬가지로 라이프니츠에게서도 아담이 선악과를 딸 때, 아담은 그것을 따지 않는 것도 가능했을 것이다. 하지만 우리에게서와 마찬가지로 라이프니츠에게서도 이 동작의 함축적인 의미가 너무 많고 또 너무 다양해 결국 아담이 선악과를 따지 않는 것도 가능했을 것이라는 주장은 또 다른 한 명의 아담이 가능했을 것이라는 말이다. 이렇듯 아담의 우연성은 그의 자유와 하나가 될 뿐이다. 왜냐하면 이 우연성이 다음과 같은 사실을 의미하기 때문이다. 즉 이 현실적인 아담은 수많은 가능적인 아담에 의해 에워싸여 있으며, 이 가능적인 아담 각자는 현실적인 아담과 비교해 그의 모든 속성이 사소하든 또는 크든 그 변질에 의해 특징지어진다는 사실, 다시 말해 최종적으로는 그의 실체의 변질에 의해 특징지어진다는 사실이 그것이다. 따라서 라이프니츠에게서 인간실재에 의해 요청되는 자유는 서로 다른 세 개의 개념의 조직과 같다. 다음과 같은 자는 자유롭다. (1) 어떤 행위를 하게끔 이성적으로 자기를 결정짓는 자, (2) 이 행위가 그것을 행한 자의 본성 자체에 의해 완전히 이해되는 형태로 존재하는 자, (3) 우연적인 자, 다시 말해 동일한 상황에 대해 다른 행위를 하는 다른 개인이 가능했으리라고 생각되는 것과 같은 방식으로 존재하는 자가 그것이다. 하지만 가능의 필연적인 결합으로 인해 아담의 또 다른 하나의 동작은 또 다른 한 명의 아담에게 있어서만, 그리고 또 다른 한 명의 아담에 의해서만 가능했을 뿐이다. 그리고 다른 한 명의 아담에게는 다른 하나의 세계의 존재가 포함되었던 것이다. 우리는 라이프니츠와 함께 다음과 같은 사실을 인정한다. 즉 아담의 동작은 그의 전인격을 구속하며, 또 다른 하나의 동작은 그의 또 다른 인격의 빛에 비추어져 또 그의 인격의 테두리 안에서 이해되었을 것이라는 사실이 그것이다. 하지만 다음과 같은 경우 자유의 관념과 완전히 상반되는 하나의 필연론 속에 다시 빠진다. 즉 라이프니츠가 애초에 아담의 실체라는 공식 자체를 하나의 전제로 내세우고, 거기에서 자신의 부분적 귀결의 하나로 그의 행위를 이끌어 내는 경우가 그것이다. 다시 말해 라이프니츠는 시간론적 순서를 논리적 순서의 상징적 표현에 불과한 것으로 환원한 때가 그것이다. 이로부터 한편으로 이 행위는 사실 아담의 본질 그 자체에 의해 엄밀하게 필연성을 띠고 있다는 결과, 또 라이프니츠에 의하면 자유를 가능케 하는 우연성이 아담의 본질 속에 온전히 포함되어 있다는 결과가 도출된다. 그리고 이 본질은 결코 아담 자신에 의해 선택되는 것이 결코 아니며, 그것은 오히려 신에 의해 선택된다. 따라서 아담이 한 행위는 필연적으로 그의 본질로부터 유래한다. 그리고 이런 점에서 이 행위는 아담 자신에게 달려 있으며, 다른 그 누구에게도 달려 있지 않다. 물론 이것은 분명히 자유의 하나의 조건이다. 하지만 아담의 본질, 그것은 그 자신에게는 하나의 소여이다. 아담이 그것을 선택한 것이 아니다. 그는 아담이 되는 것을 선택할 수 없었다. 그 결과 아담은 자기의 존재에 대해 아무런 책임도 갖지 않는다. 이 이유로 아담의 존재가 일단 주어지면, 그의 행위의 상대적인 책임을 그에게 돌릴 수 있다고 해도, 그것은 별로 중요하지 않다. 이와 반대로 우리에게 있어 아담은 결코 하나의 본질에 의해 규정되지 않는다. 왜냐하면 인간실재에게 있어 본질은 실존보다 나중에 오기 때문이다. 아담은 자신의 목적의 선택에 의해 규정된다. 다시 말해 아담은 논리적 순서와 공통되는 아무 것도 갖지 않는 하나의 탈자적 시간화의 출현에 의해 규정된다. 이렇 듯 아담의 우연성은, 그가 자신에게 행한 유한한 선택을 표현한다. 하지만 그때부터 아담에게 그의 인격을 알려 주는 것은 미래이지, 과거가 아니다. 아담은 자신을 기투할 때의 목적에 의해 — 다시 말해 그의 취향, 그의 성향, 그의 증오 등의 총체성에 의해 — 자기가 무엇인가를 자기에게 가르쳐 주는 것을 선택한다. 그리고 이것은 하나의 주제적인 조직과 이 총체성에 내재하는 하나의 의미가 그곳에 존재하는 한에서 그렇다. 우리는 이렇게 해서 라이프니츠에게 우리가 다음과 같이 말하면서 했던 반박 속으로 떨어지지 않게 될 것이다. "물론 아담은 선악과 따는 동작을 선택했다. 하지만 그는 아담이기를 선택하지 않았다." 사실 우리에게서 자유의 문제가 제기되는 것은 바로 아담 자신에 의한 그의 선택의 수준, 다시 말해 실존에 의한 본질의 결정 수준에서이다. 이외에도 우리는 라이프니츠와 더불어 다음과 같은 사실을 인정한다. 즉 또 한 명의 다른 아담을 포함하고 있는 아담의 또 하나의 다른 동작에는 또 하나의 다른 세계가 포함되어 있다는 사실이 그것이다. 하지만 우리는 "다른 세계"라는 말로써 가능적인 또 다른 아담이 그곳에 자기 자리를 발견하는 하나의 공가능의 조직을 의미하지 않는다. 다만 아담의 또 다른-하나의-세계-내-존재에 세계의 또 다른 면의 계시가 대응될 뿐이다. 마지막으로 라이프니츠에게서 또 다른 아담의 가능적인 동작은 또 다른 하나의 가능적인 세계 속에 조직되어 있으므로, 이 가능적인 동작은 그것이 가능적인 한에서 우연적이고 현실적인 아담의 실현보다 영원히 앞서 존재한다. 라이프니츠에게서와 마찬가지로 여기에서도 또한 본질이 실존을 앞서며, 또 시간론적 순서가 논리의 영원한 순서에 의존한다. 우리에게 있어서는 이와 반대로 가능은, 그것이 아담의 새로운 기투에 의해 새로운 가능성을 향해 가능으로서 존재되지 않는 한, 다른 것이라는 단순하고 무형적인 가능성에 불과할 뿐이다. 이렇게 해서 라이프니츠의 가능은 영원히 추상적인 가능으로 머문다. 이와는 달리 우리에게 있어 가능은 자기를 가능하게 만듦으로써만, 다시 말해 아담에게 그가 무엇인가를 알려 주려고 오면서만 나타날 뿐이다. 이 이유로 라이프니츠에게 있어 심리적 설명의 순서는, 이 계기가 본질의 영원한 순서를 표현하는 한, 과거로부터 현재로 나아간다. 모든 것은 최종적으로 논리적 영원성 속에 굳어지고, 또 유일한 우연성은 원리의 우연성이다. 이것은 결국 아담은 신적 오성의 하나의 가정임을 의미한다. 우리에게 있어서는 반대로 해석 순서는 엄밀하게 시간론적이다. 우리의 해석 순서는 결코 시간을 단순히 논리적 연쇄(이유)나 논리-시간론적 연쇄(원인, 결정론)로 환원하려 하지 않는다. 따라서 우리의 순서는 미래에서 출발해서 해석된다.

하지만 특히 강조해야 할 것은 우리의 앞에서의 모든 분석이 순전히 이론적이라는 사실이다. 다만 이론상으로는 아담의 또 다른 하나의 동작은, 아담이 그것을 통해 자기를 아담으로 선택하게 되는 목적이 전적으로 뒤바뀐 한계 안에서만 가능할 뿐이다. 우리는 사태를 이와 같이 제시했으며 ── 그리고 이로 인해 우리가 라이프니츠파처럼 보였을 수도 있다 ──, 이것은 먼저 우리의 시각을 간단하게 제시하기 위함이었다. 실제로 현실은 이론과 아주 다르게 복잡하다. 왜냐하면 사실 해석 순서는 순전히 시간론적이지, 논리적이 아니기 때문이다. 대자의 자유에 의해 세워진 근원적인 목적에서 출발해서 이루어지는 하나의 행위에 대한 이해는 지적 작용이 아니다. 그리고 궁극적이고 원초적인 가능에서 우리가 이해하고자 하는 파생적인 가능에 이르기까지의 가능의 하강적인 서열은, 하나의 원리에서 그 결과로 가는 연역적인 계열과 아무 공통점도 가지지 않는다. 무엇보다도 먼저 파생적인 가능(피로에 대해 저항한다든지 또는 피로에 몸을 맡기는 것)과 근본적인 가능과의 연결은 연역 가능성의 연결이 아니다. 이것은 총체성과 부분적인 구조와의 연결이다. 총체적인 기투에 대한 전망을 통해 고려된 개별적인 구조를 "이해"할 수 있다. 하지만 게슈탈트 심리학자들은 전체적인 형태의 프레그넌스(prégnance)[24]가 어떤 종류의 이차적 구조의 가변성을 배제하지 않는다는 사실을 우리에게 보여 주었다. 하나의 주어진 도형에 내가 몇몇 선을 덧붙이거나 제거해도 이 도형의 특수한 성격이 변하지 않는 경우가 있다. 이와 반대로 몇몇 선을 더했기 때문에 그 도형이 당장 소멸하고, 다른 하나의 도형이 나타나는 경우도 있다. 근본적인 가능이나 또는 나의 가능의 형태적인 전체와 이차적인 가능과의 관계에 대해서도 사정은 마찬가지이다. 고려된 이차적인 가능의 의미는 항상 내가 그것으로 있는 총체적 의미를 가리킨다. 하지만 총체적인 의미가 변하지 않으면서 다른 가능이 이 가능을 대치할 수도 있을 것이다. 다시 말해 다른 가능은 이 가능을 이해하게 해 줄 수도 있는 형태로서 항상, 그리고 같은 정도로 이 총체성을 가리켰을 것이다. 또는 실현의 존재론적 순서에서 다른 가능은 총체성에 이르는 여러 수단으로서, 그리고 이 총체성의 빛

---

24 심리학에서 지각이나 기억에 대한 강한 호소력을 말한다. 독일어 'Prägnanz'에 해당하는 프랑스어로, '간결성', '좁은 형태'라는 뜻이다. 게슈탈트 심리학자들은 인간이 대상을 지각할 때 외부에서 주어지는 복잡한 형태를 무의식적으로 단순화한 좋은 형태로 만들려는 경향이 있다고 주장한다. 이것이 바로 '프래그난츠의 법칙(Das Gesetz der Pränanz)', 즉 '간결성의 법칙' 또는 '좋은 형태의 법칙'이다. 프랑스어는 'loi de simplicité', 'loi de concision'이나 'loi de bonne forme'으로 번역한다.

속에서 또한 똑같이 기투될 수 있었을 것이다. 한마디로 이해는 하나의 사실상의 연결에 대한 해석이지, 하나의 필연성에 대한 파악이 아니다. 이렇게 해서 우리의 행위에 대한 심리적 해석은 빈번히 "무차별(indifférents)"[25]이라는 스토아적 개념으로 되돌아가게 된다. 나의 피로를 덜어 주기 위해 나는 길가에 앉아도 상관없고, 또는 100보를 더 걸어가 멀리 보이는 주막집에서 멈추어도 상관없다. 이것이 의미하는 바는 결국 내가 나의 궁극적인 가능성으로서 선택한 복잡한 총체적 형태의 파악이 여러 가능 중 다른 가능보다도 이 가능을 선택하는 이유를 설명하기에는 충분하지 않다는 것이다. 여기에는 동인과 동기가 없는 하나의 행위가 있는 것이 아니라, 오히려 동기와 동인을 자발적으로 만들어 내는 하나의 발명이 있다. 그리고 이런 자발적인 발명은 나의 근본적인 선택의 테두리 안에 머물며, 그만큼 더욱더 그 선택을 풍요롭게 한다. 이와 마찬가지로 각각의 이것은 세계라는 배경 위에, 그리고 나의 사실성의 전망 속에 나타나야 한다. 하지만 나의 사실성도 세계도 지금 내가 이 잉크병보다 차라리 이 유리컵을 배경 위에 떠오르는 형태로 파악하는 이유가 무엇인지를 이해하게 해 주지 않는다. 이런 무차별에 대해 우리의 자유는 그대로 전면적이고 무조건적이다. 게다가 하나의 무차별적 가능을 선택하고, 그다음에 다른 가능을 선택하기 위해 그것을 포기한다는 이 사실은, 지속의 단절로서의 순간을 출현하게 하지 않을 것이다. 오히려 반대로 이 자유로운 선택은 ─ 비록 그것이 계기적이고 모순적일지라도 ─ 나의 근본적 기투

---

25 스토아학파에 따르면 자연에 순응하면 선이고, 자연을 거스르면 악으로, 그 중간에 있는 것은 선으로도 악으로도 기록하지 않는다. 즉 선악무기(善惡無記)라고 하여 무시했다. 이 '무차별'이라는 표현은 그리스어로 '차이', '구별', '변이체' 등의 의미를 가진 '디아포라(διαφορά, diaphora)'의 반대어인 '구분되지 않음'의 의미를 가진 '아디아포라(ἀδιάφορα, adiaphora)'와 무관하지 않다.

의 통일 속에 모두 통합된다. 이것은 결코 우리가 자유로운 선택을 무상으로 파악해야 함을 의미하지 않는다. 사실 이런 선택이 어떤 것이든, 이런 자유로운 선택은 항상 근원적 선택에서 출발해서 해석될 것이다. 그리고 그 자유로운 선택이 이 근원적 선택을 풍요롭게 하고, 또 그것을 구체적이게 하는 한에서, 이 자유로운 선택은 자신의 동인을 항상 지니고 있을 것이다. 다시 말해 자유로운 선택은 그 동기에 대한 의식을 지니고 있을 것이다. 또는 이렇게 말하는 편이 좋다면, 자유로운 선택은 상황에 대한 파악을 이런저런 방법으로 분절된 것으로 가지고 있을 것이다.

이외에도 이차적인 가능과 근본적인 가능과의 연결에 대한 엄밀한 평가를 특히 미묘하게 만드는 것은, 이 연결의 결정을 위해 우리가 참조할 수 있는 어떤 선험적인 기준도 존재하지 않는다는 것이다. 오히려 반대로 이차적인 가능을 근본적인 가능의 의미로 여기기로 선택하는 것은 바로 대자 자체이다. 자유로운 주체가 자신의 근본적인 목표에 등을 돌리는 것 같은 인상을 받을 때, 우리는 종종 관찰자의 오류의 계수를 고려한다. 다시 말해 우리는 궁극적인 목적과 고려된 행위와의 관계를 평가하기 위해 우리 자신의 고유한 저울을 사용한다. 하지만 대자는 자기의 자유 안에서 단지 자신의 일차적인 목적과 이차적인 목적을 고안해 내기만 하는 것은 아니다. 대자는 이와 동시에 그런 목적이 서로 연결되게 하는 해석의 전체 체계도 고안해 낸다. 따라서 어떤 경우에도 일차적인 가능에서 출발해서 이차적인 가능에 대한 보편적인 이해의 체계를 수립하는 것은 문제가 될 수 없을 것이다. 오히려 매 경우마다 주체가 자신의 시금석과 자신의 평가 기준을 제공해야 한다.

마지막으로 대자는 자기가 선택한 근본적인 목적과 상반되는 의

지적인 결정을 취할 수 있다. 이 결정은 의지적일 수밖에 없다. 다시 말해 그것은 반성적일 수밖에 없다. 이 결정은 사실 내가 추구하는 목적에 대해 성실 또는 자기기만 때문에 범하는 잘못에서만 유래할 수 있을 뿐이다. 그리고 이 잘못은 내가 그것으로 있는 동인의 총체가 반성적 의식에 의해 대상의 자격으로 드러나는 경우에만 일어날 수 있을 뿐이다. 비반성적 의식은 자기의 가능성을 향한 자신의 자발적인 기투이기 때문에, 이 비반성적 의식은 그 자체에 대해 결코 잘못을 저지를 수 없다. 사실 객관적인 상황에 관련되는 평가의 오류 — 제시된 목적을 무시한 것은 아니지만, 우리가 도달하고자 한 결과와 완전히 상반되는 결과를 세계 속에 낳을지도 모르는 오류 — 를 자기에 대한 오류라고 부르지 않도록 조심해야 한다. 이와 반대로 반성적 태도는 무수한 오류의 가능성을 야기할 수 있다. 그것은 이 태도가 단순한 동인 — 다시 말해 반성된 의식을 — , 하나의 준(準)-대상으로 파악하는 한에서가 아니라, 이 태도가 그 반성된 의식을 통해 진정한 심적 대상의 구성을 겨냥하는 한에서이다. 그런데 이 심적 대상 자체는 이미 우리가 이 책 제2부 제3장[26]에서 살펴본 것처럼, 단순히 개연적인 대상이며 또 거짓 대상이 될 수도 있다. 따라서 내가 나의 원초적 기투를 근본적으로 변경하지 않는다 하더라도, 이 원초적 기투에 반하는 기투를 반성적으로, 다시 말해 의지적인 차원에서 나에게 부과하는 것은, 나 자신에 대한 오류와 관련해 보면 나에게 가능한 일이다. 이렇게 해서 예컨대 만일 나의 최초의 기투가 타인들 가운데 나를 열등한 자로 택하는 것을 겨냥한다면(이것이 이른바 열등 콤플렉스이다.), 또 예컨대 만일 내가 말을 더듬는 것이 최초의 기투에서 출발해서 이

26 제2부 제3장으로 되어 있으나, 실제로는 제2부 제2장 제3절을 가리킨다.

해되고 해석되는 행동이라면, 나는 사회적인 이유와 열등성이라는 나 자신의 고유한 선택에 의해 나의 말더듬이를 교정하고자 결심할 수 있다. 나는 나 자신을 열등한 자로 느끼고 또 나 자신이 열등한 자이고자 원하는 것을 그치지 않으면서도 나는 말더듬이를 교정하려는 결심에 이를 수 있다. 사실 어떤 결과를 얻기 위해 기술적 수단을 이용하는 것만으로 나에게는 충분할 것이다. 이것이 보통 의지적 자기 개선(réforme volontaire de soi)이라 부르는 것이다. 하지만 이 결과는 내가 괴로워하는 약점을 옮겨 놓기만 할 뿐이다. 또 다른 약점이 대신 생기고, 그것이 내가 추구하는 총체적인 목적을 그 나름의 방식으로 표현할 것이다. 자기에게로 향한 의지적 행위의 이 심각한 비효율성이 놀랄 만한 것으로 생각될 수 있기 때문에, 우리는 선택된 예를 좀 더 자세히 분석해 보고자 한다.

먼저 총체적인 목적의 선택은, 그것이 전적으로 자유롭다고 해도, 반드시 그리고 빈번히 기쁨 속에서 이루어지는 것이 아니라는 사실을 지적하는 것도 좋을 듯하다. 우리 자신을 선택해야 한다는 필연성과 권력의지를 혼동하지 말아야 한다. 선택은 체념이나 불편함 속에서도 행해질 수 있다. 선택은 하나의 도피일 수 있다. 선택은 자기기만 속에서 실현될 수도 있다. 우리는 우리 자신을 도피하는 자, 파악할 수 없는 자, 주저하는 자 등으로 선택할 수 있다. 심지어 우리는 자기를 선택하지 않는 것을 선택할 수도 있다. 여러 다른 경우에서 목적은 하나의 사실적인 상황 저편에 세워진다. 또 이 목적에 대한 책임은 우리에게 맡겨진다. 우리의 존재가 어떤 것이든 그것은 선택이다. 그리고 우리가 우리 자신을 "위대한 자", "고귀한 자" 또는 "비천한 자", "비굴한 자"로 선택하느냐는 우리에게 달려 있다. 하지만 만일 우리가 정확히 비굴함을 우리 존재의 소재 자체로 선택했다면, 우리는 우리 자신을 비굴한 자, 까다로운 자, 열등한 자 등으로 실현하게 될 것이다. 여기에서 문제는 의미를 상실한 소여가 아니다. 오히려 자기를 비굴한 자로서 실현하는 자는 그것을 통해 어떤 목적에 도달하는 하나의 수단으로서 자기 자신을 구성한다. 예컨대 선택된 비굴함은 마조히즘처럼 우리를 대자존재로부터 해방하기 위한 하나의 도구와 동일시할 수 있다. 선택된 비굴함은 타인을 이롭게 하기 위해서 우리를 우리의 불안한 자유로부터 해임하려는 하나의 기투일 수 있다. 우리의 기투는 우리의 대자존재를 우리의 대타존재에 의해 완전히 흡수되도록 할 수 있다. 어쨌든 "열등 콤플렉스"는 우리의 대타존재에 대한 자유로운 이해의 바탕 위에서만 나타날 수 있을 뿐이다. 상황으로서의 대타존재는 동기의 자격으로 작용할 것이다. 하지만 그러기 위해서는 대타존재가 우리의 자유로운 기투 외의 다른 것이 아닌 하나의 동인에 의해 드러나야 한다. 이렇듯 느껴지고 체험된 열등성은 우리를 하나의 사물과 닮게 하기 위해 선택된 도구이다. 다시 말해 우리는 세계의 한복판에 단순한 외부로서 존재케 하기 위해 선택된 도구이다. 하지만 이 열등성은 우리가 이 선택에 의해 열등성에 대해 부여하는 성질에 따라, 다시 말해 수치심, 분노, 씁쓸함 속에서 체험되어야 함은 자명하다. 이렇듯 열등성을 선택하는 것은 기꺼운 마음으로 황금의 중용(aurea mediocritas)[27]에 만족함을 의미하는 것이 아니다. 열등성을 선택하는 것은 이 열등성의 계시를 구성하는 반항과 절망을 낳고 또 그것을 떠맡는 것이다. 예컨대 나는 어떤 종류의 일이나 제작에서 나를 드러내려고 고집할 수 있다. 왜냐하면 나는 다른 어떤 분야에서는 별 어려움 없이 평균 정도에 이를 수 있는 데 반해, 나는 그 방면에

27　로마의 시인 호라티우스가 자신의 「송가」 제2편 10의 5에서 사용한 표현으로, 극단 사이에서 원하는 중간 지점에 도달하려는 욕구를 나타내거나 과잉이 없는 이상적인 상태를 말한다.

서는 열등하기 때문이다. 내가 선택한 것은 바로 이 성과 없는 노력이다. 그 성과가 없기 때문이다. 그러니까 나는 내가 집단에서 사라지기보다는 꼴등인 것을 선호하기 때문일 수도 있고, 또는 존재에 이르는 최상의 방법으로서 내가 낙담과 수치심을 선택했기 때문일 수도 있다. 하지만 내가 나의 열등한 영역을 행동 영역으로 선택할 수 있는 것은, 오직 이 선택에 이 영역에서 뛰어난 자가 되려는 반성된 의지가 내포되어 있는 경우일 뿐이라는 것은 자명하다. 한 명의 열등한 예술가이기를 선택하는 것, 이것은 필연적으로 한 명의 위대한 예술가이고자 원하는 것을 선택하는 것이다. 그렇지 않다면 열등성은 감내될 수도 없고 또 인지될 수도 없을 것이다. 사실 한 명의 평범한 장인이 되기를 선택하는 것에는 결코 열등성의 추구가 내포되어 있지 않다. 이것은 유한성 선택의 하나의 단순한 예이다. 반대로 열등성의 선택에는 의지에 의해 추구되는 목적과 획득된 목적 사이의 간격을 꾸준하게 실현하는 것이 내포되어 있다. 위대해지고자 스스로 원하고, 또 열등한 사람으로 자기를 선택하는 예술가는 이 간격을 의도적으로 유지한다. 예술가는 페넬로페처럼 낮에 만든 것을 밤에 파괴한다.[28] 이 의미에서 예술가는 자기의 예술적 창작의 경우에도 의지적인 차원에서 자기를 계속적으로 유지하며, 그렇게 함으로써 절망적인 에너지를 발휘한다. 하지만 그의 의지 자체는 자기기만에 속한다. 다시 말해 이 의지는 자발적 의식에 의해 선택된 진정한 목적의 인지를 피한다. 그리고 이 의지는 거짓 심적 대상을 동인으로 구성하고, 이 동인에 대해

---

28 오디세우스의 아내 페넬로페는, 트로이전쟁에 참전한 후 20년 동안 소식이 없는 남편 오디세우스를 기다리면서 자신에게 구혼한 108명의 남자에게 청혼을 거절하기 위한 방법으로, 오디세우스의 아버지 라에르테스의 수의를 다 만든 후에 구혼에 응하겠다고 선언하고, 낮에 짠 천을 밤에 풀어서 수의 짜는 일을 끝없이 되풀이해 끝까지 정절을 지켰다.

숙고할 수 있게 하려고, 또 이 동인(영광에 대한 사랑, 미에 대한 사랑 등)에서 출발해서 자기를 결정하려고 한다. 여기에서 의지는 결코 근본적인 선택과 대립하지 않는다. 오히려 이와 정반대로 의지가 그 목표 속에서나 또 그 원리적인 자기기만 속에서 이해되는 것은, 오직 열등성에 대한 근본적인 선택의 전망 속에서만이다. 좀 더 자세히 말하면, 반성적 의식의 자격으로서 이 의지가 동인의 거짓 심적 대상을 자기기만으로 구성하는 데 비해, 이와 반대로 비반성적 의식과 자기(에 대한) 비조정적 의식의 자격으로서 의지는 자기기만으로 있음(에 대한) 의식이며, 따라서 대자에 의해 추구된 근본적인 기투(에 대한) 의식이다. 이렇듯 자발적인 의식과 의지 사이의 불일치는 단순하게 확인된 하나의 사실상의 소여가 아니다. 오히려 반대로 이원성은 우리의 근본적인 자유에 의해 원초적으로 기투되고 실현된다. 이런 이원성을 생각할 수 있는 것은 오직 자신을 열등한 자로 선택하는 우리의 기본적인 기투의 깊은 통일에 있어서이며, 그리고 이 통일에 의해서일 뿐이다. 하지만 정확히 이 불일치에는 의지적인 숙고가 자기기만적으로 여러 작품에 의해 우리의 열등성을 보충하거나 감추려고 결정하고자 함이 내포되어 있다. 그리고 이 작품의 심오한 목표는 오히려 그 열등성을 측정하는 것을 가능하게 하는 데 있다. 이렇게 해서 우리의 분석은 아들러가 열등 콤플렉스를 위치시키는 두 개의 차원을 받아들일 수 있게 함을 알 수 있다. 아들러와 마찬가지로 우리는 이런 열등성에 대한 기본적인 인지를 받아들인다. 또 아들러와 마찬가지로 우리는 이 깊은 감정을 보상하거나 감추기 위한 행위, 작품과 주장의 평형을 잃은 복잡한 전개를 허용한다. 하지만 (1) 우리는 이 근본적인 인지를 무의식적인 것으로 생각함을 거부한다. 이 근본적인 인지는 무의식적인 것과는 너무 멀리 떨어져 있어 의지에 대한 자기기만을 구성한다.

이로 인해 우리는 무의식과 의식의 차이를 이 두 개의 해당 차원 사이에 두는 것이 아니라, 오히려 비반성적이고 근본적인 의식과 그것에 종속되는 반성적인 의식을 분리시키는 차이를 둔다. (2) 아들러가 사용하는 검열, 억압, 무의식의 개념을 자기기만 개념 — 우리는 이 책 제1부에서 이미 그것을 밝혔다 — 으로 대체해야 하는 것으로 보인다. (3) 코기토에 드러나 보이는 대로의 의식의 통일은 너무 깊어 우리는 이 두 개의 차원으로의 분열을 받아들일 수 없다. 이 분열이 한 차원을 다른 한 차원으로 이끄는 더 깊은 종합적인 지향에 의해 회복되는 것이 아닌 한에서 그렇다. 그 결과 우리는 열등 콤플렉스 속에서 그 이상의 의미를 파악하게 된다. 즉 열등 콤플렉스가 인지될 뿐만 아니라 또한 이 인지 자체가 선택이기도 하다는 의미가 그것이다. 의지가 이 열등성을 불안정하고 약한 주장에 의해 숨기려 할 뿐 아니라, 또한 이 주장의 약하고 불안정함을 정확히 선택하는 한층 더 깊은 하나의 지향이 열등성을 관통하는 것이다. 그것도 이 지향이 우리가 도피한다고는 주장하면서도 수치심이나 좌절감에서 겪게 되는 열등성을 보다 더 잘 느낄 수 있게 하려는 의도 속에서 그렇다. 이렇게 해서 "열등성(Minderwertigkeit)"을 경험하는 사람은 자신의 사형집행인이 되기를 선택한 것이다. 그는 수치심과 고뇌를 선택한 것이다. 하지만 이것이 수치심과 고통을 가장 강하게 실현할 때, 이와 정반대로 그가 기쁨을 체험함을 의미하는 것은 아니다.

하지만 이 새로운 가능은, 이것이 우리의 원초적 기도의 한계 안에서 태어나는 하나의 의지에 의해 자기기만적으로 선택되었다고 해도, 어느 정도까지는 원초적 기투에 맞서 실현되는 것 역시 사실이다. 우리는 정확히 우리의 열등성을 만들어 내기 위해 그것을 우리 자신에게 감추고 싶어 하는 한에서, 우리는 우리의 열등성의 원초적 기투를 자발적 차원에서 드러내는 우리의 소심성과 우리의 말더듬이를 없애려고 할 수 있다. 우리는 이때 이런 드러남을 사라지게 하기 위해 체계적이고 반성적인 노력을 할 것이다. 우리는 이런 시도를 환자가 정신과 의사를 찾아갈 때와 같은 정신 상태에서 행한다. 다시 말해 한편으로 우리는 하나의 이룸에 전념하며, 다른 한편으로 우리는 그것을 거부한다. 이렇게 해서 환자는 더 이상 자기에게 숨길 수 없는 어떤 종류의 장애를 치유하기 위해 정신과 의사를 찾아갈 것을 의지적으로 결정한다. 하지만 그가 의사의 손에 자기를 맡긴다는 그 사실만으로 그는 치유될 것이라는 위험을 무릅쓴다. 하지만 다른 한편으로 그가 이 위험을 무릅쓰는 것은, "나는 치료받기 위해 모든 노력을 다 했지만 허사였다. 따라서 나는 불치이다."라는 사실을 스스로 납득하기 위한 것이다. 따라서 그는 자기기만과 무성의를 가지고서 정신분석적 치료에 접근한다. 그가 정신과 의사의 치료에 자신을 의지적으로 계속 내맡김에도 불구하고, 그의 모든 노력은 그 치료를 실패케 함을 목표로 삼게 될 것이다. 이와 유사하게 자네[29]가 연구한 신경쇠약증 환자들은 그들이 고의로 지니고 있는 하나의 강박관념에 시달리며, 또 그것으로부터 치료되고자 원한다. 하지만 그것으로부터 치유되고자 하는 그들의 의지는 정확히 그런 강박관념을 괴로움으로서 긍정하는 것을 목표로 삼으며, 그 결과 강박관념을 가장 강하게 실감하는 것을 목표로 삼고 있다. 우리는 그다음 과정을 안다. 환자는 자신의 강박관념을 고백할 수 없고, 그는 땅바닥에서 뒹굴고 흐느끼지

29　피에르 자네(Pierre Janet, 1859~1947)는 프랑스의 심리학자이자 정신 의학자이다. 히스테리를 의식의 협소화로 인해 생긴다고 주장하고, 정신의 자동운동과 통일 활동을 구별했다. 또한 정신쇠약이라는 개념을 체계화했다. 인간이 느끼는 시간의 속도는 나이에 반비례한다는 이른바 '자네의 법칙'으로 잘 알려져 있다.

만, 오히려 필요한 자백을 하려고 결심하지 못한다. 여기에서 병에 대항하는 의지의 투쟁에 대해 말하는 것은 소용없다. 이런 과정은 자기가 있지 않은 것으로 있고, 자기가 있는 것으로 있지 않은 한 존재에게서는 자기기만의 탈자적 통일 속에 펼쳐지기 때문이다. 이와 유사하게 정신과 의사가 환자의 원초적 기투를 거의 파악할 때, 환자는 치료를 포기하거나 또는 거짓말을 시작한다. 이런 저항을 하나의 반항 또는 하나의 무의식적인 불안에 의해 설명한다고 해도 소용없는 일이다. 무의식적인 것이 정확히 하나의 의식이 아닌 한, 대체 어떻게 이 무의식적인 것이 정신분석적 조사의 진전을 알릴 수 있는가? 하지만 만일 환자가 끝까지 연기를 한다면, 그는 부분적인 치료를 받아야 한다. 다시 말해 환자에게 의사의 도움을 구하게 한 여러 증상의 사라짐이 환자에게서 생겨야 한다. 이렇듯 환자는 최소한의 재앙을 선택한 것이 될 것이다. 그는 자기가 불치인 것을 자기에게 설득하기 위해 왔으므로, 그는 — 자기의 기투를 백일하에 파악함을 피하기 위해, 또 이로 인해 그 기투를 무화하고 자유롭게 다른 사람이 되는 것을 피하기 위해 — 치료를 연기하면서 재출발하지 않으면 안 된다. 이와 유사하게 내가 나의 말더듬이와 소심증을 치료하기 위해 사용하게 될 방법이 자기기만적으로 시도될 수도 있다. 그럼에도 나는 이 방법의 효력을 인정하지 않을 수 없을 것이다. 이 경우 소심증이나 말더듬이는 사라질 것이다. 이것은 최소한의 재앙이다. 꾸며 낸 것 같은 달변가의 자신감이 소심증과 말더듬이를 대체할 것이다. 하지만 이런 치료는 전기 요법에 의한 히스테리 치료처럼 이루어진다. 주지하다시피 이 치유법은 다리의 히스테리적 경련을 사라지게 할 수 있다. 하지만 얼마 후 이 경련이 팔에 나타나는 것을 보게 될 것이다. 히스테리 치료는 총체적으로만 이루어질 수 있을 뿐이기 때문이다. 왜냐하면 히스테리가 대자의 하나의 총체적인 기투이기 때문이다. 부분적인 치료는 히스테리 증상을 이동시키는 데 불과하다. 이렇듯 소심증이나 말더듬이의 치료는 다른 장애의 실현으로 가는 하나의 기투, 예컨대 그것은 부분적으로 불균형적이고 헛된 일종의 자신감의 실현으로 가는 하나의 기투 속에서 승인되고 선택된다. 사실 하나의 의지적 결정의 출현은 나의 목적의 자유로운 원초적 선택 속에서 그 동인을 발견하기 때문에, 이 결정은 외관적으로만 그 목적 자체에 달려들 수 있다. 따라서 의지가 효력을 가질 수 있는 것은 오직 나의 기본적인 기투의 테두리 안에서이다. 그리고 나는 내 기투의 철저한 변경에 의해서만 나의 "열등 콤플렉스"에서 "해방될" 수 있을 뿐이다. 나의 기투의 근본적인 변경은 그 동기와 그 동인을 결코 앞선 기투 속에서 발견할 수 없으며, 심지어는 내가 경험하는 괴로움과 수치심 속에서조차도 발견할 수 없을 것이다. 왜냐하면 이 괴로움과 수치심은 나의 열등성의 기투를 실현하는 뚜렷한 목적을 가지고 있기 때문이다. 이렇듯 내가 열등 콤플렉스 속에 있는 한, 나는 거기에서 빠져나갈 수 있을 것이라는 생각조차 할 수 없다. 왜냐하면 내가 설사 거기에서 빠져나가는 것을 꿈꾼다 하더라도, 이 꿈은 나의 열등한 상태의 비천함을 나에게 더 많이 경험하게 한다는 분명한 기능을 가지고 있기 때문이다. 따라서 이 꿈은 열등화하는 지향 속에서만, 그리고 열등화하는 지향에 의해서만 해석할 수 있을 뿐이다. 그렇지만 매 순간 나는 이 원초적 선택을 우연적이고 정당화할 수 없는 것으로 파악한다. 따라서 나는 그 원초적인 선택을 갑작스럽게 객관적으로 고찰하기 위해, 그러니까 해방적 순간을 출현시키면서 그것을 뛰어넘고 또 그것을 과거화하기 위해 매 순간 현장에 있는 것이다. 이로부터 나의 불안이 기인한다. 이로부터 내가 갑자기 축출당하지 않을까 하는 두려움, 다시 말해 근본적으로 타자가 되는 것이 아닐까 하는 두려움이 기인한다. 하지만 이로부터 나의 근원적인 기투를 총체적으로 나에게서 변화시키는 전회가 빈번히 나타나기도 한다. 철학자들에 의해 연구된 적이 없는 이런 전회는 반대로 작가들에게 종종 영감을 주었다. 지드의 필록테테스[30]가 자신의 미움, 자신의 근본적인 기투, 자신의 존재 이유, 그리고 자신의 존재까지 포기해 버리는 그 순간을 떠올려 보라. 또 라스콜니코프[31]가 자수하려고 결심하는 그 순간을 떠올려 보라. 이런 기이하고도 놀라운 순간에 앞서는 기투가 하나의 새로운 기투의 빛에 비춰져 과거 속으로 무너져 내리고, 또 그 무너진 폐허 위에 새로운 기도가 나타난다. 하지만 이 새로운 기도는 아직 윤곽이 겨우 잡혔을 정도이다. 굴욕·불안·환희·희망이 서로 밀접하게 결합되어 있는 그 순간, 파악하기 위해 느슨히 놔주고 또 느슨히 놔주기 위해 파악하는 순간은, 흔히 우리의 자유가 가지는 가장 명백한 모습과 가장 감동적인 이미지를 제공하는 것으로 종종 여겨져 왔다. 하지만 이런 것들은 자유의 여러 다른 나타남 중 하나에 불과할 뿐이다.

이렇게 제시된 의지적 결정의 비효율성의 "역설"은 크게 거슬리는 것으로 보이지는 않는다. 이것은 결국 의지에 의해 우리는 우리 자신을 완전히 구축할 수 있지만, 이 구축을 주재하는 의지는, 그것이 부정하는 듯이 보이는 근원적 기투 속에서 자신의 의미를 발견한다는 말과 같다. 따라서 그 구축은 의지가 내거는 기능과는 전혀 다른 기능

---

30 그리스 신화에 등장하는 영웅 필록테테스(Philoctetes)는 트로이의 왕자 파리스를 히드라의 독이 묻은 화살로 쏘았다. 앙드레 지드는 이를 바탕으로 동명의 희곡 『필록테테스』(1899)를 썼는데, 그 제4막에 나오는 일화이다.
31 도스토옙스키의 소설 『죄와 벌』의 주인공으로 이성과 감성의 분열로 괴로워하는 인물이다.

을 지닌다. 결국 의지는 세부적인 구조에 도달할 수 있을 뿐이다. 그리고 의지는 그것의 기원인 근원적 기투를 결코 변경하지 않을 것이다. 마치 하나의 정리의 결과들이 그 정리에 대해 맞서거나 또 그 정리를 변경시킬 수 없는 것과 마찬가지이다.

이런 긴 논의 끝에 우리는 우리의 자유에 대한 존재론적 이해를 좀 더 명확히 한 것으로 보인다. 이제 이렇게 얻은 여러 다른 결과를 전체적으로 다시 정리하는 것이 좋을 듯하다.

(1) 인간실재에 대한 최초의 일별을 통해 우리는 인간실재에 있어서 있음은 함으로 환원된다는 사실을 알게 되었다. 충동·주의·지각 등을 움직이는 구조를 제시한 19세기의 심리학자들은 옳았다. 다만 운동 그 자체는 행위이다. 이렇듯 기질·성격·정념·이성의 원리가 후천적이든 선천적이든 사물과 같은 방식으로 존재하는 소여라는 의미에서 우리는 그 어떤 소여도 인간실재 안에서 발견하지 못한다. 인간 존재에 대한 경험적인 고찰만으로도 이 인간 존재가 여러 행위와 행동의 하나의 조직적인 통일이라는 것이 드러난다. 야심적이다, 비겁하다 또는 성미가 급하다는 것은 단지 이런저런 환경에서 이런저런 방식으로 행동한다는 것이다. 행동주의 심리학자들이, 유일한 신중적·심리학적 연구는 엄밀히 규정된 상황 속에서 이루어진 행위에 대한 연구가 되어야 한다고 생각한 것은 옳았다. 자네와 게슈탈트 심리학자들의 연구가 우리에게 정서적인 행위를 발견하게 해주었던 것과 마찬가지로, 우리는 지각적인 행위도 언급해야 할 것이다. 왜냐하면 지각은 세계에 대한 하나의 태도 밖에서는 결코 생각될 수 없기 때문이다. 하이데거가 보여 준 것처럼, 학자의 공평무사한 태도조차도 대상에 직면하는 하나의 공평무사한 입장의 선택이며, 따라서 다른 행위 중 하나의 행위이다. 이렇듯 인간실재는 행동

을 위해 먼저 존재하는 것이 아니다. 오히려 자기를 위해서 존재하는 것은 행동하는 것이고, 또 행동을 멈추는 것은 존재하는 것을 멈추는 것이다.

(2) 하지만 인간실재가 행동이라면, 이것은 분명 행동에 대한 그의 결정 자체가 행동임을 의미한다. 우리가 이 원칙을 거부한다면, 또 우리가 인간실재는 세계의 하나의 앞선 상태에 의해서 또는 그 인간존재 자신의 앞선 상태에 의해서 행동으로 결정될 수 있음을 받아들인다면, 이것은 이 계열의 근원에 하나의 소여를 두게 됨을 의미한다. 이때 이런 행위는 행위인 한에서 사라지고, 그 결과 일련의 운동에 자리를 내주게 된다. 이렇게 해서 자네와 행동주의 심리학자들에게 있어 행위 개념은 스스로 무너지고 만다. 행위의 존재에는 이 행위의 자율이 내포되어 있다.

(3) 게다가 만일 행위가 순수한 운동이 아니라면, 행위는 하나의 지향에 의해 규정되어야 한다. 우리가 이 지향을 어떤 방식으로 생각하든, 그것은 획득해야 할 하나의 결과를 향해 소여를 뛰어넘는 것이 될 수밖에 없다. 사실 순수한 현전인 이런 소여는 자기에게서 빠져나오지 못할 것이다. 이 소여는, 그것이 정확히 존재하기 때문에, 완전히 독자적으로 그것이 있는 그대로의 것으로 있다. 이렇듯 이런 소여는 도달해야 할 하나의 결과로부터, 즉 하나의 비존재로부터 자기의 모든 의미를 이끌어 내는 하나의 현상의 이유를 설명할 수 없다. 예컨대 심리학자들이 충동을 하나의 사실상의 상태로 생각할 때, 그들은 이 충동에서 ……에로 향한 욕망의 성격을 완전히 제거해 버린다는 사실을 모른다. 예컨대 성적 충동이 실제로 졸음과 구별할 수 있다면, 이것은 그 충동의 목적에 의해서만 가능할 뿐이며, 또 정확히 그 목적은 존재하지 않는다. 심리학자들은 아직 존재하지 않는 무엇인가에

의해 자기가 무엇인가를 자기에게 알려 주는 것과 같은 하나의 현상의 존재론적 구조가 어떤 것인지를 자문했어야만 했다. 따라서 인간 실재의 근본적인 구조인 지향은, 비록 그것이 소여에서 나온다고 주장하는 사람이 있어도, 어떤 경우에도 하나의 소여에 의해 설명될 수 없다. 하지만 만일 우리가 그 지향을 그 목적에 의해 해석하고자 한다면, 그 목적에 하나의 소여의 존재를 부여하지 않도록 조심해야 한다. 사실 만일 목적은 그것에 이르기 위한 효과에 앞서 주어져 있다는 사실을 우리가 받아들일 수 있다면, 그때는 그 목적에 일종의 즉자존재를 그 무(無)의 한복판에서 부여해야 할 것이며, 또 이른바 마술적인 유형의 견인력을 부여해야 할 것이다. 게다가 실재론적 주장에서 실체-의식(conscience-substance)과 실재-실체(réalité-substance) 사이의 연결을 이해할 수 없었던 것과 마찬가지로, 우리는 하나의 주어진 인간실재와 그것과 상관없이 주어진 하나의 목적 사이의 연결을 이해할 수 없을 것이다. 충동이나 행위가 그 목적에 의해 해석되어야 한다면, 그것은 지향이 구조상 자기의 목적을 자기 밖에 세우기 때문이다. 이렇듯 지향은 그것을 알려 주는 목적을 선택함으로써 자기를 존재케 한다.

(4) 지향은 목적의 선택이고, 세계는 우리의 행위를 통해 드러내 보이기 때문에, 세계를 드러내 보이는 것은 목적의 지향적 선택이며, 또 세계는 선택된 목적에 따라 이러저러하게(이런저런 순서로) 드러내 보여진다. 세계를 밝히는 목적은 획득될 것이고 아직 존재하지 않는 세계의 한 상태이다. 지향은 목적에 대한 조정적 의식이다. 하지만 이것은 지향이 자기의 고유한 가능성에 대해 스스로 비조정적 의식이 됨으로써만 가능할 뿐이다. 이렇듯 만일 내가 배가 고프다면 나의 목적은 훌륭한 식사일 수 있다. 하지만 내가 걸어가는 먼지 나는 길 저

편에 이 길의 의미로(이 길은 한 호텔로 향하는 길인데, 거기에는 식탁이 차려져 있고, 요리가 준비되어 있고, 사람들이 나를 기다리고 있다 등) 기투되는 이 식사는, 이 식사를 한다는 나의 고유한 가능성을 향한 나의 비조정적 기투와 상호 관련적으로만 파악할 수 있을 뿐이다. 이렇듯 이중적이지만 통일적인 하나의 출현에 의해 지향은 아직 존재하지 않는 하나의 목적에서 출발해서 세계를 밝히고, 또 자신의 가능을 선택함으로써 스스로를 규정짓는다. 나의 목적은 세계에 대한 어떤 하나의 객관적인 상태이며, 나의 가능은 나의 주체성의 어떤 구조이다. 전자는 조정적 의식에게 드러내 보여지고, 후자는 그 의식을 특징짓기 위해 비조정적 의식 위로 역류한다.

(5) 만일 소여가 지향을 설명할 수 없다면, 지향은 그 출현 자체에 의해 어떤 소여이든 이 소여와의 단절을 실현해야 한다. 이것은 달리 진행될 수 없을 것이다. 그렇지 않으면 하나의 현재적인 충만에 또 하나의 현재적인 충만이 연속해서 일어나게 될 것이며, 또 우리는 장래를 미리 그려 볼 수 없을 것이다. 게다가 이 단절은 소여를 평가하는 일에도 필요하다. 만일 실제로 이 소여가 평가되지 않는다면, 이것은 하나의 행동을 위한 하나의 동기가 결코 될 수 없을 것이다. 하지만 이 평가는 소여에 대한 후퇴에 의해서만, 소여를 괄호 속에 넣음으로써만 실현될 수 있을 뿐이다. 그리고 이 후퇴, 즉 괄호 속에 넣는 것에는 바로 연속성의 단절이 전제된다. 이외에도 만일 이 평가가 무상이어서는 안 된다면, 이것은 무엇인가의 빛으로 비춰져 이루어져야 한다. 그리고 소여를 평가하는 데 소용되는 이 무엇인가는 목적일 수밖에 없다. 이렇듯 지향은 하나의 동일한 통일적 출현에 의해 목적을 세우고, 자기를 선택하며, 또 목적에서 출발해서 소여를 평가한다. 이 조건에서 소여는 아직 존재하지 않는 무엇인가에 따라서 평

가된다. 즉자존재가 밝혀지는 것은 바로 비존재의 빛에 의해서이다. 이로부터 소여에 대한 무화적인 이중의 채색이 나타난다. 한편으로 소여와의 단절이 지향에 대한 모든 효력을 상실케 한다는 점에서 이 소여는 무화된다. 다른 한편으로 우리가 하나의 무에서 출발해서 그 효력을 소여에게 돌려준다는 사실, 즉 평가라고 하는 사실로 말미암아 이 소여는 하나의 새로운 무화를 겪는다. 인간실재는 행위이므로, 인간실재는 그 존재에 있어 소여와의 단절로서만 자기를 생각할 수 있을 뿐이다. 인간실재는 소여와의 관계를 끊으면서, 또 아직 존재하지 않는 것의 빛으로 이 소여를 비추면서 이 소여가 거기에 있게 하는 존재이다.

⑥ 소여에게 있어 그것을 드러내 보이는 하나의 무화의 테두리 안에서 나타날 뿐인 이 필연성은, 이 책 제2부에서 기술한 내적 부정과 하나를 이룰 뿐이다. 의식이 소여 없이 존재할 수 있다고 상상하는 것은 헛된 일이다. 그때 의식은 아무것도 아닌 것에 대한 의식으로서 자기 자신에 (대한) 의식, 다시 말해 절대적인 무(無)일 것이다. 하지만 의식이 소여에서 출발해서 존재한다고 해도, 이것은 결코 소여가 의식을 조건짓는다는 것을 의미하지 않는다. 의식은 소여에 대한 단순한 부정이다. 의식은 존재하고 있는 어떤 소여로부터의 해방(dégagement)으로, 그리고 아직 존재하지 않은 어떤 목적을 향한 구속(engagement)으로 존재한다. 하지만 이외에도 이 내적 부정은 자기에 대해 끊임없이 후퇴하고 있는 하나의 존재에 대해서만 사실일 뿐이다. 만일 이 존재가 자신의 고유한 부정이 아니라면, 이 존재는 자기가 그것으로 있는 그대로의 것이 될 것이다. 다시 말해 하나의 단순한 소여가 될 것이다. 이 이유로 이 존재는 다른 모든 소여와 아무런 연결도 갖지 못할 것이다. 왜냐하면 이 소여는 본성상 그것이 있는 그

대로의 것으로 있을 뿐이기 때문이다. 이렇게 해서 하나의 세계가 출현하는 모든 가능성은 배제될 것이다. 대자가 하나의 소여로 존재하지 않기 위해서는, 대자는 자기에 대해 후퇴하는 것으로서 끊임없이 자신을 구성해야 한다. 다시 말해 대자는 자기가 이미 그것으로 있지 않는 하나의 소여로서 자기를 자신의 배후에 버려 두어야 한다. 대자가 갖는 이 특징에는 대자는 그것이 있었던 것에서 어떤 도움도, 또 어떤 받침점도 발견하지 못하는 존재라는 사실이 내포되어 있다. 오히려 이와 반대로 대자는 자유로우며, 또 하나의 세계가 거기에 있게 만들 수 있다. 왜냐하면 대자는 자신이 있어야 할 것의 빛 속에서 자신이 있었던 것으로 있어야 할 존재이기 때문이다. 따라서 대자의 자유는 대자의 존재로 나타난다. 하지만 이 자유는 하나의 소여도 아니고 하나의 특성도 아니기 때문에, 이 자유는 자기를 선택하면서만 존재할 수 있을 뿐이다. 대자의 자유는 항상 구속되어 있다. 여기에서는 미결정의 능력이 될 수 있는 자유, 그리고 자기의 선택에 앞서 존재하는 자유가 문제 되지 않는다. 우리는 우리 자신을 만들고 있는 중인 선택으로서만 파악할 수 있을 뿐이다. 하지만 자유는 단지 이 선택이 항상 무조건이라는 사실 자체이다.

(7) 받침점이 없이 이루어지고 또 스스로에게 자신의 동기를 부과하는 선택은 부조리하게 보일 수 있으며, 또 사실 부조리하다. 왜냐하면 자유가 자기의 존재의 근거가 아니라 자기의 존재의 선택이기 때문이다. 우리는 이 장에서 자유와 사실성의 이 관계를 다시 다루게 될 것이다. 지금 당장으로서는 인간실재는 자기가 바라는 대로 자기를 선택할 수 있다고 말하는 것으로도 우리에게 충분할 것이다. 하지만 인간실재는 자기를 선택하지 않을 수 없다. 또한 인간실재는 존재하는 것을 거부할 수도 없다. 사실 자살은 존재하는 것의 선택이며

또 긍정이다. 인간실재에게 주어져 있는 이 존재에 의해 인간실재는 존재의 보편적인 우연성에 참여하고, 또 이것에 의해 우리가 부조리라고 일컫는 것에 참여한다. 이 선택이 부조리한 것은, 이것이 이유를 갖지 않기 때문이 아니라 선택하지 않을 수도 있는 가능성이 없었기 때문이다. 어떤 선택이든 간에 선택은 존재에 의해 근거가 주어지고 또 회복된다. 왜냐하면 이 선택은 존재하는 선택이기 때문이다. 하지만 여기에서 다음과 같은 사실을 지적해야 한다. 즉 이 선택이 부조리한 것은, 하나의 합리적인 세계 속에서 여러 이유에 의해 다른 현상과 연결될 수 없을 하나의 현상이 나타날 것이라는 의미에서가 아니라는 사실이 그것이다. 이 선택이 부조리한 것은 모든 근거와 모든 이유가 이 선택을 통해 존재에게로 온다는 의미에서이며, 또 부조리의 개념 자체도 이 선택을 통해 어떤 의미를 부여받는다는 의미에서이다. 선택은 모든 이유의 저편에 있기 때문에 부조리하다. 이렇듯 자유가 자기 목적의 빛으로 자기 존재를 밝히기 위해 자기 존재를 향해 돌아서는 한에서, 자유는 단순히 우연성으로 있는 것이 아니다. 자유는 우연성으로부터의 끊임없는 탈출이다. 자유는 우연성을 내면화하는 것이고, 우연성을 무화하는 것이며, 우연성을 주체화하는 것이다. 그리고 이렇게 변화된 우연성은 온전히 선택의 무상성 속으로 옮아간다.

(8) 자유로운 기투는 근본적이다. 왜냐하면 그것이 나의 존재이기 때문이다. 야심도, 사랑받고자 하는 정념도, 열등 콤플렉스도 근본적 기투로 여겨질 수 없다. 이와 반대로 그것들은 하나의 최초의 기투에서 출발해서 이해되어야 한다. 이 최초의 기투는 다른 어떤 기투에서 출발해서도 더 이상 해석할 수 없는 것으로 알려져 있고 또 총체적이다. 이 원초적 기투를 밝히기 위해서는 하나의 특별한 현상학

적 방법이 필요할 것이다. 우리가 실존적 정신분석(la psychanalyse existentielle)이라 부르는 것이 바로 그것이다. 우리는 다음 장에서 그 방법에 대해 이야기할 것이다. 현재로서는 다음과 같이 말할 수 있다. 즉 내가 그것으로 있는 근본적 기투는 세계의 이런저런 개별적인 대상에 대한 나의 관계가 아니라 나의 총체적인 세계-내-존재와 연관되는 기투라고 말이다. 그리고 — 세계 자체는 하나의 목적의 빛에 의해서만 드러내 보여질 뿐이기 때문에 — 이 기투는 대자가 보존하고자 하는 존재에 대한 관계의 어떤 한 유형을 목적으로 내세운다고 말이다. 이 기투는 결코 순간적이지 않다. 왜냐하면 이것은 시간 "속에" 존재할 수 없기 때문이다. 기투는 또한 비시간적으로 있다가 나중에 자기에게 "시간을 주는 것"도 아니다. 이 이유로 우리는 칸트의 "예지적 성격의 선택"을 배척한다. 선택의 구조 속에는 필연적으로 그것이 세계 안에서의 선택이라는 사실이 내포되어 있다. 아무것도 아닌 것에서 출발하는 선택이나, 아무것도 아닌 것에 맞서는 선택은 어떤 것에 대한 선택이 되지 못할 것이며, 또 선택으로서는 없어질 것이다. 현상적인 선택만이 있을 뿐이다. 어쨌든 여기에서는 현상이 절대라는 것을 우리가 잘 이해한다면 말이다. 하지만 선택은 그 출현 자체에서조차 자기를 시간화한다. 왜냐하면 이 선택이 하나의 미래가 현재를 비춰 주러 오게끔 하고, 또 즉자적인 "소여"에 대해 과거성의 의미를 주면서 이 현재를 현재로서 구성하기 때문이다. 그렇지만 이 말을 통해 근본적인 기투가 대자의 총체적인 "삶"과 공외연적이라고 생각해서는 안 된다. 자유는 지원도 없는 존재, 도약판도 없는 존재이므로, 기투가 존재하기 위해서는 끊임없이 새로워져야 한다. 나는 끊임없이 나를 선택한다. 그리고 나는 결코 선택-되었던-자의 자격으로 존재할 수 없다. 그렇지 않으면 나는 단순한 즉자존재 속으로 다시 떨어지게 될 것이다. 끊임없이 나를 선택해야 한다는 필연성은, 내가 그것으로 있는 추구된-추구와 하나를 이룰 뿐이다. 하지만 정확히 하나의 선택이 문제 되기 때문에, 이 선택은 그것이 이루어지는 한에서 일반적으로 다른 여러 선택을 가능한 것으로서 가리킨다. 이런 다른 여러 선택의 가능성은 명백해지지도 않고 또 내세워지지도 않는다. 이 가능성은 오히려 정당화될 수 없다는 감정 속에서 체험된다. 그리고 나의 선택의 부조리성이라는 사실, 따라서 나의 존재의 부조리성이라는 사실에 의해 표명되는 것이 바로 이런 다른 선택의 가능성이다. 이렇듯 나의 자유는 나의 자유를 갉아먹는다. 사실 나는 자유롭게 있기 때문에 나의 총체적인 가능을 기투한다. 하지만 나는 이것을 통해 내가 자유롭다는 사실, 내가 항상 그 최초의 기투를 무화할 수 있다는 사실, 그리고 이것을 과거화할 수 있다는 사실을 내세운다. 이렇듯 대자가 자기를 파악했다고 생각하는 바로 그 순간에, 그리고 하나의 기투된 무(無)에 의해 자기가 현재 무엇인지를 자기에게 알린다고 생각하는 바로 그 순간에, 대자는 벗어난다. 왜냐하면 대자는 그렇게 함으로써 자기가 현재 있는 그대로의 것과 다른 것으로 존재할 수 있음을 입증하기 때문이다. 대자에게 있어 순간을 출현시키기 위해서는, 다시 말해 옛 기투의 무너짐 위에서 새로운 기투의 출현이 있게 하기 위해서는 자기가 정당화될 수 없음을 밝히는 것으로 충분하다. 어쨌든 이 새로운 기투의 출현은 옛 기투의 무화를 분명한 조건으로 삼고 있기 때문에, 대자는 하나의 새로운 존재를 자기에게 부여할 수 없다. 대자가 시효가 지난 기투를 과거 속으로 밀어넣자마자, 이 대자는 이 기투를 "있었다"는 형태로 존재해야 한다. 이것은 이 시효가 지난 기투는 그때부터 상황에 속함을 의미한다. 어떤 존재 법칙도 내가 그것으로 있는 여러 다른 기투에 대해 선험적으로 하나의 수를 지정할 수는 없다. 실제로 대자의 실존은 그 본질을 조건짓는다. 하지만 각자의 개별적인 대자에 대해 개별적인 하나의 관념을 갖게 하기 위해서는 각 개인의 역사를 참작해야 한다. 하나의 개별적인 목적을 세계 속에서 실현시키는 것과 관련된 우리의 개별적인 기투는, 우리가 그것으로 있는 총체적인 기투 속에 통합된다. 하지만 정확히 우리가 온전한 선택이고 또 행위이기 때문에, 이런 부분적인 기투는 총체적인 기투에 의해 결정되지 않는다. 이런 부분적인 기투는 그 자체로 선택이어야 한다. 그리고 각개의 기투에는 약간의 우연성, 예견 불가능, 부조리라고 하는 여백이 남아 있다. 그렇지만 각개의 기투는, 그것이 자기를 기투하는 한에서, 상황의 개별적인 요소가 나타나는 기회에 따르는 총체적인 기투의 특수화이므로, 항상 나의 세계-내-존재의 총체성과의 관계에 의해 이해된다.

지금까지 몇몇 고찰을 통해 우리는 대자의 자유를 그 근원적인 존재에서 기술했다고 생각한다. 하지만 이 자유는 하나의 소여를 그 조건으로서가 아니라 오히려 하나 이상의 이유로 요구한다. 무엇보다도 먼저 자유는 하나의 소여의 무화로서만 여겨질 뿐이다(§5).[32] 그리고 또 자유가 내적 부정이고 의식인 한에서, 이 자유는 의식은 무엇인가에 대한 의식이어야 한다는 필연성에 관여한다(§6). 이외에도 자유는 선택하는 자유이지, 선택하지 않는 자유가 아니다. 사실 선택하지 않은 것은 선택하지 않는 것을 선택하는 것이다. 이로부터 선택은 선택된-것의 근거이지, 선택하는 것의 근거가 아니라는 사실이 도출된다. 이로부터 자유의 부조리성이 기인한다(§7). 거기에서

---

32 (§5)와 다음에 나오는 (§6), (§7)은 각각 방금 위에서 살펴본 내용 중 표시된 번호에 해당한다.

도 역시 자유는 우리에게 대자의 사실성 자체 이외의 다른 것이 아닌 하나의 소여를 가리킨다. 마지막으로 총체적인 기도는, 비록 세계를 그 총체성에서 밝히기는 하지만, 상황의 이런저런 요소에 따라서, 또 결국 세계의 우연성에 따라서 자기를 특수화할 수 있다. 따라서 이 모든 고찰은 우리에게 하나의 어려운 문제를 가리킨다. 자유와 사실성과의 관계와 관련된 문제가 그것이다. 게다가 이 모든 고찰은 우리에게 주어지게 될 구체적인 반론에 부닥치게 된다. 내가 키가 작은 사람이라면, 나는 키가 큰 사람이 되기를 선택할 수 있는가? 또 내가 외팔이라면, 나는 양팔을 선택할 수 있는가? 등. 이런 구체적인 반론은 바로 나의 사실적 상황이 나 자신에 대한 나의 자유로운 선택에게 가져다줄 "한계"와 관련된 문제이다. 따라서 자유의 또 다른 양상, 자유의 "이면"을 검토해 보아야 한다. 자유와 사실성과의 관계가 그것이다.

II. 자유와 사실성: 상황

상식이 자유를 반박하는 데 이용하는 결정적인 논거는 우리에게 우리의 무기력을 상기시키는 것이다. 우리는 우리의 상황을 마음대로 바꿀 수 있기는커녕, 우리가 우리 자신을 변화시킬 수 없는 것처럼 보인다. 나는 내 계급의 운명, 내 민족의 운명, 내 가족의 운명에서 벗어나는 것에서 "자유롭지" 못하다. 또한 심지어 나의 힘이나 나의 재산을 축적하는 것, 그리고 가장 무의미한 나의 욕망이나 나의 습관을 극복하는 것에서도 나는 "자유롭지" 못하다. 나는 노동자, 프랑스인, 유전성 매독 환자 또는 결핵 환자로 태어날 수 있다. 인생의 역사는 어떤 인생이든 실패의 역사이다. 사물의 역행계수로 인해 아주 사소한 성과를 얻기 위해서도 오랜 세월의 인내가 필요할 정도이다. 또한 "자연을 지배하기 위해서는 자연에 복종해야" 한다. 다시 말해 결정론의 그물코 속에 나의 행동을 삽입해야 한다. 인간은 "자기를 만드는" 것처럼 보이기는커녕, 오히려 기후와 풍토, 인종과 계급, 언어, 그가 소속된 집단의 역사, 유전, 어린 시절의 개인 환경, 획득한 습관, 그의 인생의 크고 작은 사건에 의해 "만들어지는" 것처럼 보인다.

이런 논거는 인간적 자유의 지지자들을 결코 심하게 흔들어 놓지는 못했다. 데카르트는 처음으로 의지가 무한하다는 사실을 인정했음과 동시에 "운명보다 오히려 우리 자신을 극복하도록 노력해야" 한다는 사실을 인정했다. 여기에서 몇 가지 구분을 하는 것이 좋겠다. 결정론자들이 내세우는 많은 사실은 고려할 필요가 없을 것이다. 특히 사물의 역행계수는 우리의 자유를 반박하는 논거가 되지 못할 것이다. 왜냐하면 이 역행계수는 바로 우리에 의해, 다시 말해 하나의 목적을 미리 내세움으로써 나타나기 때문이다. 하나의 바위는 만일 내가 그것을 옮겨 놓고자 한다면 강한 저항을 드러낼 것이다. 하지만 그와 반대로 만일 내가 경치를 감상하기 위해 그 위에 오르고자 한다면 이 바위는 소중한 보조물이 될 것이다. 이 바위 자체로는 ― 만일 이 바위가 그 자체로 무엇인지를 생각하는 것이 가능하다면 ― 중립적이다. 다시 말해 이 바위는 적대물 또는 보조물로서 자기를 드러내기 위해 하나의 목적에 의해 밝혀지기를 기다린다. 또한 이 바위가 적대물 또는 보조물로 자기를 드러낼 수 있는 것은 이미 존재하는 도구적 복합의 내부에서일 뿐이다. 등산 스틱이나 피켈이 없다면, 또 이미나 있는 길과 등반 기술이 없다면, 이 바위는 등반하기에 쉽다고도 어렵다고도 할 수 없을 것이다. 이런 문제는 제기되지 않을 것이고, 그 바위는 등산 기술과 어떤 종류의 관계도 가지지 않을 것이다. 이렇듯 날것의 사물(les choses brutes) — 하이데거가 "있는 그대로의 존재 (existants bruts)"라고 부른 것 — 이 처음부터 우리의 행동의 자유 를 제한할 수 있다 할지라도, 우리의 자유 자체가 미리 테두리, 기술, 목적을 — 날것의 사물이 자기를 한계로서 드러내는 것은 이런 것들 과의 관계 속에서이다 — 구성해야 한다. 설령 바위가 "등반하기에 너무 어려운 것"으로서 드러내 보여지고, 또 설령 우리가 등반을 포기 해야 할지라도, 이 바위가 처음부터 "등반할 수 있는 것"으로서 파악 되었기 때문에만 그렇게 드러났다는 사실을 지적하자. 따라서 한계를 구성하는 것은 우리의 자유이며, 자유는 뒤이어 이 한계를 만나게 된 다. 분명 이런 지적 후에도 그 즉자에 속하는 지칭할 수 없고 또 생각 할 수도 없는 하나의 잉여(un residuum)가 남아 있다. 그리고 우리의 자유에 의해 밝혀진 하나의 세계 속에서 어떤 바위는 등반하기에 더 쉽지만, 다른 바위는 그렇지 못하게 만드는 것이 바로 이 잉여이다. 하 지만 이 잉여가 처음부터 자유의 한계는 아니다. 그렇기는커녕 자유 가 자유로서 나타나는 것은 바로 이 잉여 — 다시 말해 날것의 즉자, 그냥 그대로인 한에서의 즉자 — 덕분이다. 사실 자유롭다고 말해지 는 존재는 자기의 기투를 실현할 수 있는 존재라는 점에서는 상식과 우리의 의견이 일치한다. 하지만 행위에 실현이 포함될 수 있기 위해 서는 하나의 가능한 목적의 단순한 기투가 이 목적의 실현과 선험적 으로 구별되어야 한다. 만일 생각하는 것만으로 실현하는 데 충분하 다면, 나는 가능이 현실과 이미 전혀 구별되지 않는 꿈의 세계와 유 사한 세계 속에 빠져 있을 것이다. 그렇게 되면 나는 세계가 나의 의 식의 변화대로 바뀌는 것을 그저 바라볼 수밖에 없을 것이다. 또 나는 나의 생각과 관련해 단순한 허구를 현실적인 선택과 구분해 주는 "괄호 속에 넣기"나 판단중지[에포케]를 할 수 없다. 단지 생각하는 것만으로 곧 나타나는 대상은 더 이상 선택되지도 않을 것이며, 단순히 바라는 일도 없을 것이다. 단순한 바람, 내가 선택할 수도 있을 표상, 선택 사이의 구분이 무너진다면, 자유도 이것들과 함께 사라진다. 우리가 무엇인가를 우리 자신에게 알려 주는 궁극적인 항목이 하나의 목적일 때, 우리는 자유롭다. 다시 말해 이 궁극적인 항목이 지금 우리가 했던 가정에서 우리의 바람을 채워 주러 올 존재자 같은 하나의 현실적인 존재자가 아니라, 아직 존재하지 않은 하나의 대상일 경우에 우리는 자유로운 것이다. 하지만 그렇게 되면 이 목적은, 그것이 접근할 수 있는 것임과 동시에 우리로부터 분리되어 있는 한에서만, 초월적일 수 있을 뿐이다. 오직 현실적인 존재자들의 총체만이 우리를 그 목적에서 분리할 수 있다. 이와 마찬가지로 그 목적은 나를 그것에서 분리하는 현실적인 존재자들의 장차 올 상태로만 생각되어질 수 있을 뿐이다. 그 목적은 여러 존재자의 하나의 질서에 대한 소묘 이외의 다른 것이 아니다. 다시 말해 그 목적은 그런 존재자들의 현재적인 관계의 토대 위에서 그것들에게 할당될 일련의 배치에 대한 소묘일 뿐이다. 사실 내적-부정에 의해 대자는 자기가 세우는 목적을 통해 이 존재자들을 그 상호 관계 속에서 밝히고, 또 이 대자가 존재자에게서 파악하는 여러 결정으로부터 출발해서 그 목적을 기투한다. 앞에서 살펴본 것처럼 거기에는 순환이 없다. 왜냐하면 대자의 출현은 단번에 이루어지기 때문이다. 하지만 사정이 이와 같다면, 존재자들의 질서 자체는 자유 그 자체에 필요 불가결하다. 자유가 자기가 추구하는 목적과, 자유가 무엇인가를 이 자유에게 알려 주는 목적과 분리되고 또다시 연결되는 것은 바로 그 존재자들에 의해서이다. 그 결과 자유가 존재자 속에서 드러내 보이는 저항은 자유에게 있어 하나의 위험이기는커녕, 오히려 자유가 자유로서 나타나는 것을 자유에 대해 허용할 뿐이다. 자유로운 대자는 저항하는 하나의 세계 안에 구속된 것으로만 존재할 뿐이다. 이 구속 밖에서는 자유의 관념, 결정론의 관념, 필연성의 관념은 그 의미조차도 잃어버리게 된다.

이외에도 상식에 반해 "자유롭"다는 표현은 "자기가 원하던 것을 얻는"다는 것을 의미하지 않으며, 오히려 "자기가 원하는 것(넓은 의미로 선택하는 것)을 스스로 결정"한다는 것을 의미한다는 사실을 지적해야 한다. 달리 말하면 성공은 자유에 있어 전혀 중요하지 않다. 여기에서 상식과 철학자들을 대립시키는 논의는 다음과 같은 하나의 오해에서 비롯된다. 즉 역사적·정치적·도덕적 사정에서 생긴 "자유"에 대한 경험적이고 통속적인 개념은 "선택된 목적들을 획득하는 능력"과 같다는 오해가 그것이다. 우리가 여기에서 고찰하는 유일한 관념인 자유에 대한 전문적이고 철학적인 개념은 단지 선택의 자율성만을 의미할 뿐이다. 그렇지만 함과 선택은 동일하기 때문에, 꿈과 바람을 구별하기 위해서는 실현의 시작을 전제로 한다는 사실을 지적해야 한다. 이렇게 해서 우리는 포로가 감옥에서 나가는 것에 대해 항상 자유롭다고 말하지 않을 것이다. 그것은 부조리한 말이 될 것이다. 또한 우리는 포로는 석방을 바라는 것에 대해서도 항상 자유롭다고도 말하지 않을 것이다. 그것은 따질 것도 없이 자명하기(une lapalissade)³³ 때문이다. 그보다는 오히려 우리는 이 포로가 탈주를 시도하는 것(또는 석방되도록 시도하는 것)에 대해 항상 자유롭다고 말

---

33 죽기 전 15분 내에 있는 사람은 여전히 살아 있다는 것처럼 자명하다는 의미이다.

할 것이다. 다시 말해 그의 상태가 어떻든 그는 탈주를 기투할 수 있으며, 하나의 행동을 개시함으로써 자신의 기투 가치를 자기에게 일러 줄 수 있다. 자유에 대한 우리의 설명은 선택과 함 사이를 구분하지 않기 때문에, 우리는 의도와 행위 사이의 구분도 단념할 수밖에 없다. 우리는 마치 사고와 그것을 표현하는 언어를 분리할 수 없듯이, 의도와 행위를 분리할 수 없을 것이다. 그리고 우리의 말이 우리에게 우리의 사고를 알려 주는 일이 발생하는 것과 마찬가지로, 우리의 행위가 우리의 의도를 우리에게 알려 주는 일이 발생한다. 다시 말해 우리는 그 의도를 살아가는 일에 국한하는 대신에, 즉 그 의도에 대해 비조정적 의식을 갖는 대신에, 우리의 행위가 우리의 의도를 끄집어내고, 그것을 도식화하고, 또 그것을 대상화하는 것을 우리에게 허용해 준다. 선택의 자유와 획득의 자유 사이의 이런 본질적인 구분은 스토아학파 이후로는 데카르트에 의해 확실하게 밝혀졌다. 이 본질적 구분을 통해 자유에 대한 지지파와 반대파 사이에 오늘날까지 여전히 대립되고 있는 "원한다(vouloir)"와 "할 수 있다(pouvoir)"에 대한 모든 논쟁에 마침표를 찍는다.

그렇다고 해도 자유가 소여를 뛰어넘거나 무화한다는 사실로 인해, 이 자유가 한계에 부딪친다거나 또는 부딪치는 것처럼 보인다는 것 역시 사실이다. 사물의 역행계수와 그 장애물로서의 성격(사물의 도구적인 성격과 관련된)이 자유의 존재에 필수 불가결한 것임을 보여 주는 것은 하나의 양도논법(兩刀論法)[34]을 이용하는 것이다. 왜냐하

---

34 고대부터 논리학에서 딜레마를 얻기 위해 사용하던 논법이다. 이 논법은 대전제가 두 개의 가언적 명제에 이어지는 연언(連言)명제로 되어 있고, 소전제가 대전제의 두 내용을 긍정하든가 혹은 두 내용을 부정하는 선언적 명제로 되어 있는 삼단 논법이다. 예를 들면 다음과 같다. "네가 만일 정직하면 세인이 증오할 것이고, 만일 부정직하면 신이 증오할 것이다(대전제). 너는 정직하든가 또는 부정직하다(소전제). 그러므로 너는 세인의 증오를 받든지 신의 증오를 받는다(결론)."

면 이 논법은 자유가 소여로 인해 무효화되지 않음을 보여 주는 한편, 또 다른 한편으로 자유의 존재론적 조건으로서의 무엇인가를 지시하기 때문이다. 현대의 몇몇 철학자처럼 장애물이 없다면 자유가 없다고 말하는 데는 근거가 없을까? 그리고 자유가 스스로 자신에게 장애물을 만들어 내는 — 자발성이 무엇인가를 이해하는 사람에게 이것은 부조리하다 — 것을 인정할 수 없기 때문에, 여기에는 대자에 대한 즉자의 존재론적 우위가 있는 것처럼 보인다. 따라서 앞에서 지적한 것은 터를 닦기 위한 단순한 시도로 여겨야 할 것이며, 또 사실성의 문제를 처음부터 다시 검토해 보아야 할 것이다.

우리는 앞에서 대자는 자유롭다는 사실을 입증했다. 하지만 이 사실은 대자가 자기의 근거임을 의미하지 않는다. 만일 자유롭다는 것이 자기의 근거임을 의미한다면, 자유는 자신의 존재의 실존 (existence)을 결정해야 할 것이다. 그리고 이런 필연성은 두 가지 방법으로 이해될 수 있다. 먼저 자유는 자기의 자유롭게-있음을 결정해야 할 것이다. 다시 말해 자유는 단지 하나의 목적의 선택일 뿐 아니라, 또한 자유는 자신을 자유로서 선택하는 선택이어야만 할 것이다. 따라서 다음과 같은 사실이 전제되어 있다. 즉 자유롭다는 가능성과 자유롭지 않다는 가능성이 이 양자 중 어느 한쪽을 자유로이 선택하기 전에 똑같이 존재한다는 사실이 그것이다. 다시 말해 우리가 자유를 자유로이 선택하기 이전에 말이다. 하지만 이때 자유롭다는 것을 선택하는 하나의 선행하는 자유가 필요할 것이다. 다시 말해 결국 자유가 이미 그것으로 있는 것으로 있는 것을 선택하는 하나의 예비적인 자유가 필요할 것이다. 이렇게 해서 우리는 무한 속으로 보내질 것이다. 왜냐하면 이 예비적인 자유는 선택을 위해 또 다른 하나의 선행하는 자유가 필요할 것이며, 이것은 계속될 것이기 때문이다. 실제로 우리는 선택하는 하나의 자유이지만, 우리가 자유롭게 되는 것을 선택하는 것은 아니다. 우리가 앞에서 지적한 것처럼, 우리는 자유의 형을 선고받았으며, 자유 속에 던져져 있다. 또는 하이데거의 말대로 자유 속에 "내던져져" 있다. 그리고 주지의 사실이지만, 이 내던져짐은 자유의 존재 그 자체 외의 다른 기원을 가지고 있지 않다. 따라서 만일 우리가 자유를 소여로부터의 탈출로서, 사실로부터의 탈출로서 규정한다면, 사실로부터의 탈출이라고 하는 하나의 사실이 존재한다. 이것이 자유의 사실성이다.

하지만 자유가 자기의 근거가 아니라는 사실은 또한 다른 방식으로도 이해할 수 있다. 그런데 이 다른 방식의 이해도 동일한 결론에 이를 것이다. 사실 만일 자유가 자기의 존재를 결정한다면, 비자유로서의 존재가 가능해야 할 뿐 아니라 또한 나의 절대적 비존재가 가능해야 할 것이다. 다른 말로 하면, 우리가 앞에서 보았듯이, 자유의 원초적 기투에서는 목적이 동기를 구성하기 위해 이 동기 쪽으로 돌아서는 것인데, 가령 자유가 자기의 고유한 근거로 있어야 한다면, 목적은 또다시 존재를 나타나게 하기 위해 대자의 존재 그 자체 쪽으로 스스로 돌아서야 할 것이다. 이로부터 도출되는 결과는 쉽게 알 수 있다. 대자는 자신이 자기에게 내세우는 목적에 도달하기 위해 무에서 자기 자신을 이끌어 내게 된다. 자기 목적에 의해 정당화된 이 존재는 권리상의 존재이지 사실상의 존재는 아닐 것이다. 그리고 대자가 자기의 근원적인 우연성에서 빠져나오기 위해 노력하는 수많은 방식에는 자기를 권리상의 존재로서 타자로부터 인정받고자 하는 하나의 방식이 있는 것은 사실이다. 우리는 오직 우리가 수행하는 직분에서 출발해서 자신에게 존재를 부여하려고 시도하는 하나의 광범위한 기투의 테두리 속에서만 우리의 개인적 권리에 집착할 뿐이다.

이 이유로 인간은 그렇게 자주 자기의 직분에 일치하고자 시도하며, 또 자기 자신에게서 "상고법원 재판장", "도시과 과장" 등만을 보고자 한다. 사실 이런 직분 하나하나는 그 목적에 의해 정당화된 존재이다. 그 직분 중 하나와 동일화되는 것은 자신의 존재를 우연성에서 벗어난 것으로서 여기는 것이다. 하지만 근원적인 우연성으로부터 벗어나기 위한 노력은 그 근원적인 우연성의 존재를 보다 더 잘 확립시킬 뿐이다. 자유는 자기가 내세우는 목적에 의해 자기 존재를 결정할 수 없다. 물론 자유는 그것이 하나의 목적으로 삼을 것을 선택함으로써만 존재할 따름이다. 하지만 자유는 자신이 무엇이라는 것을 자기의 목적에 의해 자기에게 알리게 하는 하나의 자유가 거기에 있다는 사실을 자기 마음대로 하지 못한다. 스스로 자기 자신을 만들어 존재에 이르게 하는 자유는 자유라는 그 의미 자체마저 잃게 될 것이다. 사실 자유는 하나의 단순히 결정된 능력이 아니다. 만일 자유가 그런 것이라면, 자유는 무이거나 즉자일 것이다. 사람들이 자유를 그 선택에 앞서 존재하는 하나의 벌거벗은 능력으로 생각할 수 있는 것은 즉자와 무의 잘못된 종합에 의해서이다. 자유는 하나의 "함"에서의 자기의 출현 자체에 의해 스스로를 결정한다. 하지만 앞에서 우리가 살펴본 것처럼, 함에는 하나의 소여에 대한 무화가 전제되어 있다. 우리는 무엇인가를 가지고 무엇인가를 만든다. 이렇듯 자유는 하나의 주어진 존재에 대한 존재 결여이지, 하나의 충만한 존재의 출현이 아니다. 그리고 만일 자유가 우리가 방금 말한 그런 존재의 구멍이고 존재의 무라면, 이 자유에는 하나의 구멍으로서 존재의 핵심 속에 나타나기 위해 전(全) 존재가 전제될 것이다. 따라서 자유는 무에서 출발해서 자기를 존재로 결정할 수 없다. 왜냐하면 무로부터 출발해서 만들어지는 모든 것은 즉자존재만 될 수 있을 뿐이기 때문이다. 게다가 우리가 이 책 제1부에서 증명했듯이, 무는 존재의 핵심이 아니고서는 어떤 곳에서도 나타날 수 없다. 우리는 여기에서 상식의 요구와 다시 만난다. 즉 경험적으로 우리가 자유로울 수 있는 것은 오직 사물의 어떤 상태에 대해서만이고, 또 사물의 그런 상태에도 불구하고서이다. 사물의 그 상태가 나를 강제하지 않을 때, 나는 사물의 그 상태에 대해 자유롭다고 말하는 사람들이 있을 것이다. 이렇듯 자유에 대한 경험적이고 실제적인 생각은 완전히 부정적이다. 이 생각은 하나의 상황에 대한 고찰에서 출발해서 이 상황이 이런저런 목적을 추구하는 것에 나를 자유로이 놓아두는 것을 확인한다. 사람들은 또한 다음과 같이 말할 수도 있다. 즉 그 상황은, 그것이 나를 강제하지 않기 위해 거기에 존재한다는 의미에서, 나의 자유를 조건 짓는다고 말이다. 소등 후에 통행금지를 폐지한다고 하자. 그렇게 되면 밤에 산책하는 자유(예컨대 통행증에 의해 나에게 주어진 자유)와 같은 것이 나에게 있어 무슨 의미가 있는가?

이렇듯 자유는 존재에서 벗어나기 위해 존재를 전제하는 하나의 작은 존재이다. 자유는 존재하지 않는 것에 대해서도 자유롭지 않고, 또 자유롭지 않은 것에 대해서도 자유롭지 않다. 우리는 이 두 가지 구조의 연결을 즉시 파악한다. 사실 자유는 존재로부터의 탈출이기 때문에, 자유는 존재 곁에서 측면적으로 또 상공을 비상하는 하나의 기투 속에서 자기를 만들어 내지 못할 것이다. 사람은 자기가 갇혀 있지 않은 감옥에서 탈출하지 않는다. 존재의 테두리 밖에서의 자기 기투는 결코 스스로를 그 존재의 무화로서 구성할 수 없을 것이다. 자유는 존재 속에서의 한 구속 상태에서 벗어나는 것이다. 자유는 자기가 그것으로 있는 하나의 존재의 무화이다. 이것은 인간실재가 먼저 존재하고, 그다음에 자유로움을 의미하지 않는다. 그다음이니 먼저니 하는 것은 자유 자체에 의해서 만들어진 말이다. 다만 자유의 출현은 자유가 그것으로 있는 그 존재의 무화와 자유가 그 한복판에 있는 존재의 무화라는 이중의 무화에 의해서 이루어진다. 물론 자유는 즉자-존재의 의미로서 그 존재로 있는 것은 아니다. 오히려 자유는 자유의 것인 이 존재가 자유의 배후에 거기에 있게 하고, 자유가 선택한 목적의 빛으로 그 존재의 불충분함을 밝힌다. 자유는 자유의 배후에서 스스로 선택하지 않은 이 존재로 있어야 한다. 그리고 정확히 자유가 그 존재 쪽으로 되돌아서서 그것을 밝히는 한에서, 자유는 자유 그 자체의 것인 이 존재를 존재의 충만과의 관계에서 나타나게 한다. 다시 말해 세계 한복판에 존재시킨다. 우리는 자유는 자유롭지 않은 것에 대해 자유롭지 못하고, 또 자유는 존재하지 않는 것에 대해 자유롭지 못하다고 말했다. 사실 이것은 자유롭지 않을 수가 없다는 사실이 자유의 사실성이며, 존재하지 않을 수 없다는 사실이 자유의 우연성이기 때문이다. 우연성과 사실성은 하나일 따름이다. 자유가 있지-않음의 형태로(다시 말하면 무화 형태로) 존재해야 하는 하나의 존재가 거기에 있다. 자유의 사실로서 존재하는 것이나 또는 세계의 한복판에 하나의 존재로 있어야 하는 것이나 결국 유일하고 동일한 것이다. 그 의미는 자유가 근본적으로 소여와의 관계라는 것이다.

그런데 소여와의 관계란 어떤 관계인가? 그리고 이것은 소여(즉자)가 자유를 조건짓는다는 의미로 해석되어야 하는가? 이 점을 좀 더 살펴보기로 하자. 소여는 자유의 원인도 아니고(소여는 단지 소여만 만들어 낼 뿐이기 때문이다.) 이유도 아니다(모든 "이유"는 자유에 의해 세계로 오기 때문이다). 소여는 또한 자유의 필수 조건도 아니다. 그 까닭은 우리가 단순한 우연성의 영역 위에 있기 때문이다. 소여는 또한 자유가 그것에 작용을 하지 않으면 안 되는 필수 불가결한 존재인 것도 아니다. 왜냐하면 그렇게 되면 자유는 아리스토텔레스 학파의 형상(形相, forme) 또는 스토아학파의 프네우마(pneuma, πνεῦμα)[35]와 같이 완전히 완성된 것으로 존재하며, 따라서 가공되어야 할 소재를 찾게 될 것이기 때문이다. 소여는 자유의 구성에 결코 끼어들지 않는다. 그것은 자유가 소여의 내적 부정으로 자기를 내면화하기 때문이다. 소여는 단지 자유가 자기를 선택으로 있게 만들면서 부정하고자 노력하는 단순한 우연성이다. 소여는 자유가 존재하지 않는 어떤 목적의 빛에 그것을 비춤으로써 불충분과 부정성으로 채색하는 존재 충만이다. 소여는 자유가 존재하는 한에서 자유 그 자체이다. 다시 말해 자유가 무엇을 하더라도 자기 존재에서 벗어날 수 없는 한에서 자유 그 자체이다. 독자는 벌써 이해했겠지만, 소여는 그것으로 있어야 하는 대자에 의해 무화된 즉자 외의 다른 것이 아니다. 소여는 세계에 대한 관점으로서의 신체 외의 다른 것이 아니다. 소여는 대자가 그것으로 있었던 본질로서의 과거 외의 다른 것이 아니다. 이것들은 [소여라는] 동일한 실재에 대한 세 가지 이름이다. 자유는 자기의 무화적 후퇴에 의해 목적의 관점에서 "그" 즉자들(les en-soi) 사이에 하나의 관계 체계가 이루어지도록 한다. 다시 말해 그때 세계로서 드러내 보이는 존재 충만과 이 충만의 한복판에서 자유가 그것으로 있어야 하는 존재, 즉 자유가 그것으로 있어야 하는 하나의 존재로서, 하나의 이것으로서 드러내 보이는 존재와의 사이에서 자유가 하나의 관계 체계가 이

---

35 '숨', '호흡' 등을 의미하는 고대 그리스어로, 종교적 문맥에서는 '영', '혼' 등을 뜻한다. 일반적인 종교적 문맥의 의미 외에도 고대 철학자와 의학자들에 의해 여러 다른 전문적인 의미로도 사용되었다. 가령, 스토아학파에서는 우주와 신체 안에 존재하는 '생기를 주는 따뜻한 숨', 즉 모든 존재의 원리, 모든 것에 내재하고 모든 것에 침투해 모든 것을 자기로부터 형성하는 생명과 이성을 갖추고 자기 운동을 하는 물질로 보았다.

루어지게 한다. 이렇게 해서 하나의 목적을 향한 자기 기투 그 자체에 의해 자유가 그것으로 있어야 하는 하나의 개별적인 소여를 세계 한복판에 있는 것으로 구성한다. 자유는 이 개별적인 소여를 선택하지 않는다. 왜냐하면 그렇게 되면 자유가 자기의 존재를 선택하게 될 것이기 때문이다. 오히려 이와 반대로 자유는, 자유가 자기의 목적을 선택함으로써 그 개별적인 소여를 이런저런 방식으로 또 이런저런 빛속에서 세계 자체의 발견과의 관계에 있어 드러내 보이게 한다. 이렇듯 자유의 우연성 자체와 이 우연성을 자신의 고유한 우연성으로 에워싸고 있는 세계가 자유에게 나타나는 것은 오직 이 자유가 선택한 목적의 빛에 의해서일 뿐이다. 다시 말해 이 양자는 날것의 존재자로서가 아니라, 하나의 동일한 무화의 조명의 통일 속에서 나타난다. 그리고 자유는 이 총체를 단순한 소여로서 결코 다시 파악하지 못할 것이다. 왜냐하면 이것은 모든 선택 밖에서 이루어져야 하며, 따라서 자유가 자유로 있음을 중지해야 하기 때문이다. 우리는 세계의 존재 충만 속에서의 자유의 우연성을 상황(situation)이라고 부를 것이다. 그런데 이것은 오직 자유를 속박하지 않기 위해 그곳에 존재할 뿐인 그 소여가, 자유에 대해 이 자유가 선택한 목적에 의해 이미 비추어진 것으로 드러내 보이는 한에서만 가능하다. 이렇게 해서 이 소여는 대자에 대해 결코 날것의 즉자적 존재자로 나타나지 않을 것이다. 소여는 항상 동기로서 나타난다. 왜냐하면 소여가 그것을 비춰 주는 하나의 목적의 빛에 의해서만 드러내 보이기 때문이다. 상황과 동기화는 하나를 이룰 뿐이다. 대자는 존재 속에 구속된 것, 존재에 의해 포위된 것, 또 존재에 의해 위협당하는 것으로 나타난다. 대자는 자기를 에워싸는 사물의 상태를 방어 반응 또는 공격 반응을 위한 동기로서 발견한다. 하지만 대자가 이런 발견을 할 수 있는 것은, 대자가 자유롭게 목적을 세우고, 또 그 목적에 대해 사물의 상태가 위협적이기도 하고 호의적이기도 하기 때문이다. 이런 고찰을 통해 당연히 알 수 있지만, 즉자의 우연성과 자유의 공동 소산인 상황은 하나의 양의적인 현상이며, 그 속에서는 자유의 몫과 날것의 존재자의 몫을 구분하는 것이 대자에게 있어 불가능하다. 또한 자유는 사실 그것이 우연성에서의 탈출이면서도 그 우연성에서 벗어나기 위해 우연성이어야만 하는데, 이와 마찬가지로 상황은 어떤 날것의 소여의 자유로운 배열, 자유로운 성질 부여이면서도 날것의 소여는 아무렇게나 성질을 부여할 수 있는 것이 아니다. 지금 나는 "등반할 수 없는 것"으로 나에게 나타나는 바위 밑에 있다. 이것은 이 바위가 계획된 등반 — 그 의미를 나의 세계 속의 존재가 되는 원초적인 기투에서 출발함으로써 발견하는 이차적인 기투 — 의 빛에 의해 나에게 나타남을 의미한다. 이렇듯 이 바위는 나의 자유의 원초적인 선택의 결과로 세계의 배경 위에 떠오른다. 하지만 다른 한편으로 나의 자유가 결정지을 수 없는 것은 "등반해야 할" 그 바위가 등반에 적당한가 아닌가 하는 것이다. 그것은 바위의 날것의 존재에 속해 있다. 그렇지만 이 바위가 등반에 저항을 나타낼 수 있는 것은, 이 바위가 자유에 의해 등반을 일반적인 주제로 삼는 하나의 "상황" 속에 통합될 경우에 한에서이다. 같은 길을 지나가는 산책자에게는, 그리고 이 사람의 자유로운 기투가 단순히 풍경의 미적 배열이라면, 이 바위는 등반 가능한 것으로도 나타나지 않을 것이며, 또 등반 불가능한 것으로도 나타나지 않을 것이다. 이 바위는 그저 아름다운 것으로서 또는 보기 흉한 것으로서 나타날 뿐이다. 이렇듯 각각의 개별적인 경우에 있어서 자유에 귀착되는 것과 대자의 날것의 존재에 귀착되는 것을 결정하는 것은 불가능하다. 저항으로서 또는 도움으로서의 즉자적 소여는 기투하는 자유의 빛에 의해서만 드러내 보일 뿐이다. 하지만 기투하는 자유는, 즉자가 그것이 있는 그대로, 다시 말해 저항하는 것 또는 순응하는 것으로 거기에 나타나도록 조명을 비추는 것이다. 말할 것도 없이 소여의 저항은 소여의 즉자적 성질로서 직접적으로 인정되는 것이 아니며, 그저 자유로운 조명과 자유로운 굴절을 통해 하나의 파악하기 어려운 무엇인가를 지시하는 것으로서 인정되는 것이다. 따라서 세계가 기획된 목적을 실현 불가능하게 만들 수 있는 저항을 전개하고 또 드러내 보이는 것은 오직 하나의 자유의 자유로운 출현 속에서, 그리고 그 자유의 출현에 의해서일 뿐이다. 인간은 자기의 자유 영역 안에서만 장애를 만나게 될 뿐이다. 다시 좀 더 자세히 말하자면, 이런저런 개별적 존재자의 장애로서의 성격에서 날것의 존재자에게 귀착되는 것과 또 자유에게 귀착되는 것을 선험적으로 결정하는 것은 불가능하다. 사실 나에게 장애가 되는 것이 타인에게 장애가 아닐 수도 있다. 절대적인 장애란 존재하지 않는다. 오히려 장애는 자유롭게 고안된 기술, 그리고 자유롭게 얻은 기술을 통해서 그 역행률을 드러내 보인다. 장애는 또한 자유에 의해 내세워진 목적의 가치에 따라 그 역행률을 드러내 보인다. 만일 내가 어떻게든 산꼭대기에 오르고자 한다면, 이 바위는 장애가 되지 않을 것이다. 이와 반대로 만일 내가 기획된 등산을 행하는 나의 욕구에 대해서 자유롭게 제한을 둔다면, 그 바위는 나를 낙담케 할 것이다. 이렇듯 세계는 여러 가지 역행률에 의해서 내가 나 자신에게 할당하는 목적에 대해서 내가 취하는 태도를 나에게 드러내 보인다. 그렇기 때문에 나는 세계가 나에게 주는 정보가 나에 대한 것인지, 아니면 세계에 대한 것인지 결코 알 수 없다. 이외에도 소여의 역행률은 결코 단순한 무화적인 솟아오름으로서의 나의 자유에 대한 단순한 관계가 아니다. 소여의 역행률은 바위라고 하는 소여와 나의 자유가 그것으로 있어야 하는 그 소여 사이의, 다시 말해 나의 자유가 그것으로 있지 않은 우연적인 것과 나의 자유의 단순한 사실성 사이의 그 자유에 의해 비추어진 관계이다. 등반의 욕구가 같다고 하더라도, 이 바위는 전문 등산가에게는 등반하기 수월하겠지만, 훈련 부족에 신체가 허약한 초심자라면 등반하기 힘들 것이다. 하지만 신체가 충분히 훈련되어 있다든지 또는 훈련되어 있지 않다든지 하는 것은 하나의 자유로운 선택과의 관계에 의해서만 드러내 보여질 뿐이다. 이 바위가 나의 신체에 대해서 하나의 역행률을 펼치는 것은, 내가 거기에 있기 때문이며, 내가 나로 하여금 내가 현재 있는 그대로의 것이 되게 했기 때문이다. 도시에 살고 있고, 그리고 변호사복으로 자기를 감싸고 변론을 하고 있는 변호사에게 이 바위는 등반하기 어려울 것도, 쉬울 것도 없을 것이다. 이 경우 바위는 세계라는 총체성 속에 용해되어 거기에서 결코 떠오르지 않는다. 또 어떤 의미에서는 내가 만들어 내는 여러 가지 어려움(등산, 사이클링, 스포츠)에 대해 나의 신체를 직면시킴으로써 나의 신체를 허약한 것으로 선택하는 것은 바로 나 자신이다. 만일 내가 운동하는 것을 선택하지 않았다면, 만일 내가 도시에 살고 있다면, 그리고 내가 상거래나 지적 작업에 전념하고 있다면, 나의 신체는 조금도 그런 관점으로부터 성격이 부여되지 않을 것이다. 이렇게 해서 우리는 자유의 역설을 막연하게 예감하기 시작한다. 자유는 상황 속에서만 존재할 뿐이며, 상황은 자유에 의해서만 존재할 뿐이다. 인간존재는 자기가 만들어 내지 않은 저항과 장애를 도처에서 만난다. 하지만 이런 저항이나 장애는, 인간실재가 바로 그것으로 있는 그 자유로운 선택 속에서만, 그리고 그 자유로운 선택에 의해서만 의미를 가질 뿐이다. 하지만 이런 고찰의 의미를 잘 파악하기 위해서, 그리고 거기에 내포된 이점을 이끌어 내기 위해서, 우선 당장 몇몇 명확한 예를 이 고찰에 비추어 분석해 보는 것이 좋을 듯하다. 우리가 자유의 사실성이라고 부른 것은, 자유가 그것으로 있어야 하는 소여이며, 또 자유가 자기의 기투에 의해 비추는 소여이다. 이런 소여는 같은 조명의 절대적인 통일 속에서이기는 하지만, 그래도 많은 방식으로 나타난다. 그것은 나의 장소이며, 나의 신체이며, 나의 과거이며, 타자의 지시에 의해 이미 결정된 것인 한에서의 나의 지위이며, 마지막으로 타자에 대한 나의 근본적인 관계이다. 우리는 상황의 그 여러 가지 다른 구조를 명확한 예를 통해 차례차례 검토해 나갈 것이다. 하지만 그 구조는 어느 것이나 단독으로 주어지는 것이 아니며, 비록 그 하나를 따로 고찰하는 경우에도, 우리는 다른 구조들의 종합적 배경 위에 그것이 등장하는 데 그침을 결코 잊어서는 안 될 것이다.

A) 나의 장소

나의 장소는 공간적인 질서에 의해 규정되며, 또 세계라는 배경 위에서 나에게 드러내 보이는 이것들의 독자적 본성에 의해 규정된다. 나의 장소는 당연히 "내가 살고 있는" 곳(땅, 기후, 자원, 산수와 지세를 가진 나의 "나라")이다. 하지만 또한 나의 장소는 더 단순히 현재 나에게 나타나는 대상들의 배치와 질서(하나의 책상, 그 책상 저편에 있는 하나의 창, 거리와 바다)이기도 하다. 그리고 이 대상들은 그것들의 질서에 대한 이유 그 자체로서 나를 가리킨다. 내가 하나의 장소를 갖지 않는 것은 있을 수 없다. 그렇지 않으면 나는 세계에 대해 공중을 비상하는 상태에 있게 될 것이며, 또 앞에서 살펴본 것처럼 세계는 어떤 방식으로도 더 이상 나타나지 않을 것이다. 게다가 현재의 이 장소가 나의 자유에 의해 나에게 제공된 것일 수 있다 해도(나는 이 장소에 "왔다."), 나는 내가 이전에 차지하고 있었던 장소와 관련해서만, 그리고 그 대상들 자체에 의해 그어진 길을 뒤따르면서만 현재의 이 장소를 차지할 수 있었을 뿐이다. 그리고 이 이전의 장소는 나에게 또 다른 장소를 가리키며, 이 장소는 나에게 또 하나의 다른 장소를 가리킨다. 이렇게 해서 나의 장소의 순수한 우연성까지, 다시 말해 이미 나에 대해 더 이상 아무것도 가리키지 않는 나의 여러 장소 중의 장소, 즉 출생이 나에게 할당해 준 장소에까지 이른다. 사실 이 마지막 장소를 나의 어머니가 나를 이 세계에 태어나게 했을 때 차지했던 그 장소에 의해 설명하는 것은 아무 소용이 없을 것이다. 연쇄는 끊어진다. 나의 부모에 의해 자유롭게 선택된 여러 장소는 나의 장소에 대한 설명으로서는 아무 가치도 갖지 못할 것이다. 그리고 만일 우리가 그 장소 중 하나를 나의 근원적인 장소와의 연관 속에서 고찰한다면, ── 예컨대 사람들이 다음과 같이 말하는 것처럼 말이다. "나는 보르도[36]에서 태어났습니다. 나의 아버지가 그곳의 공무원으로 임명되었기 때문입니다." "나는 투르[37]에서 태어났습니다. 나의 조부모님이 그곳에 토지를 가지고 있었고, 나의 어머니가 임신 중에 나의 아버지가 사망했다는 소식을 듣고서 조부모님한테 몸을 의탁했기 때문입니다." ── 그것은 출생과 그리고 출생이 나에게 할당하는 장소가 나에게 있어 얼마나 우연적인 일인가를 두드러지게 만든다. 이렇듯 태어나는 것은 다른 여러 특징 중 자기의 장소를 갖는 것이다. 또는 차라리 우리가 방금 말한 것에 따르면, 자기의 장소를 받는 것이다. 그리고 이 근원적인 장소는 그 장소에서 출발해서 내가 정해진 규칙을 따라 새로운 장소

---

36 프랑스 남서부 지역에 위치한 항구 도시로, 인근 지역은 포도주 제조로 유명하다.
37 프랑스 중부 지역에 있는 도시로, 성으로 유명하다.

를 차지하게 될 때까지 출발 장소가 될 것이기 때문에, 그곳에는 나의
자유에 대한 하나의 강한 속박이 있는 것처럼 보인다. 게다가 우리가
그 점에 대해 성찰하면 문제가 복잡해진다. 사실 자유의지의 지지자
들은 현재 내가 차지하고 있는 모든 장소에서 출발해서 다른 무한한
장소가 나의 선택에 제공된다는 것을 보여 준다. 자유의 반대론자들
은 그 사실로 인해 무한한 장소가 나에게 거부되어 있다는 사실, 또
대상들은 내가 선택하지 않은 일면만을 나를 향해 돌릴 뿐, 다른 모
든 면을 배제하고 있다는 사실을 강조한다. 또한 자유의 반대론자들
은 다음과 같이 덧붙인다. 즉 나의 장소는 나의 실존의 또 다른 조건
(식생활·기후 등)과 너무 깊이 연결되어 있기 때문에, 나를 만드는 데 영
향을 끼치지 않을 수 없다고 말이다. 자유의 지지자들과 반대론자들
사이에서는 판정이 불가능한 것처럼 보인다. 그것은 논쟁이 그 본연
의 영역 위에 놓여 있지 않기 때문이다.

사실 만일 우리가 이 문제를 당연한 형태로 제기하고자 한다면,
다음과 같은 이율배반에서 출발하는 것이 좋을 것이다. 인간실재는
원초적으로 사물들의 한복판에서 자기 장소를 받는다 ─ 인간실재
는 그것에 의해 하나의 장소로서 무엇인가가 사물들에게 도래하는
바로 그것이다. 인간실재가 없다면 공간도, 장소도 없을 것이다. 그렇
지만 자기를 통해 장소를 사물들에게 오게 하는 인간실재는 그 사
물들 사이에서 자기 장소를 받으러 오는 것이며, 그것들에 대해서는
전혀 지배권을 갖지 못한다. 사실을 말하면 거기에는 신비로움이 없
다. 오히려 이 묘사가 이율배반에서 출발해야 한다. 자유와 사실성
과의 관계를 정확히 우리에게 보여 줄 수 있는 것이 바로 이 이율배
반이다.

우리가 살펴본 것처럼, 기하학적 공간, 다시 말해 공간적인 관계들

의 단순한 상호성은 하나의 순수한 무이다. 나에게 스스로 나타날 수 있는 유일한 구체적인 장소는 절대적 연장이다. 다시 말해 바로 중심으로 여겨진 나의 장소에 의해 규정된 연장이다. 그리고 이 절대적 연장에 있어서는 거리가 대상으로부터 나에게로 상호성 없이 절대적으로 계산된다. 그리고 이 유일한 절대적인 연장은, 내가 절대적으로 그 것으로 있는 한곳에서 출발해서 펼쳐지는 연장이다. 다른 어떤 지점도 절대적인 준거 중심으로 선택될 수 없을 것이다. 그렇지 않다면 이 중심은 보편적인 상대성 속으로 끌려 들어가고 말 것이다. 하나의 연장이 존재하고, 이 연장의 한계 내에서 내가 나를 자유로운 자로서 또는 자유롭지 않은 자로서 파악하며, 이 연장이 나에 대해 보조적 또는 적대적(분리적)으로 나타나는 것은, 무엇보다도 내가 선택도 필연성도 없이 나의 거기에-있음[현존재]의 단순한 절대적 사실로서 나의 장소를 내가 존재하기 때문이다. 나는 거기에 있다. 여기에(ici)가 아니고 거기에(là)이다.[38] 이것은 연장의 근원에 존재하는 절대적이고 이해 불가능의 사실이며, 따라서 나와 사물들과(저 사물들보다는 차라리 이 사물들과)의 근원적 관계의 기원에 존재하는 사실이다. 순전히 우연적인 사실, 부조리한 사실이다.

다른 한편으로 내가 그것으로 있는 이 장소는 단지 하나의 관계이다. 물론 이 관계는 일방적인 관계이지만, 어쨌든 관계이다. 만일 내가 나의 장소를 존재시키는 것에 그친다면, 나는 이 기본적인 관계를 정립하기 위해 동시에 다른 곳에 존재할 수 없다. 나는 나의 장소가 대상과의 관계에 의해 규정되고 있다는 것에 대해 막연한 이해를 할 수조차 없다. 나는 나도 모르게 나를 에워싸고 있는 파악 불가능하고

---

38 여기에서 'ici'와 'là'는 단순히 '여기'와 '저기', '이쪽'과 '저쪽'을 가리키는 부사가 아니라, 특히 'là'는 '거기에-있음(être-là)'[현존재]을 가리키는 준거 중심을 말한다.

또 생각 불가능한 대상들이 나에게서 유발할 수 있는 내적 결정들을 존재시킬 수밖에 없다. 이와 동시에 절대적 연장이라고 하는 그 실재 자체도 사라지고, 또 나는 장소와 유사한 모든 것에서 해방된다. 게다가 나는 자유롭지도 않고 자유롭지 않지도 않다. 나는 순수한 존재자이며, 나에게는 속박도 없고, 속박을 부정하는 아무런 수단도 없다. 나의 장소로서 근원적으로 규정되는 연장으로서 무엇인가가 세계에 도래하고, 또 이와 동시에 나를 엄밀히 규정짓기 위해서는, 내가 단지 나의 장소를 존재시키기만 해서는 안 될 것이다. 다시 말해 오직 내가 거기에 존재해야 한다는 것만으로는 안 될 것이다. 나는 또한 내가 나로부터 10미터 지점에 위치를 부여한 대상 곁의 저편에 존재할 수 있기 위해서는, 그리고 내가 이 대상에서 출발해서 나에게 나의 장소를 알려 주기 위해서는, 내가 완전히 그곳에 존재하지 않을 수도 있어야 한다. 나의 장소를 규정하는 일방적인 관계는 사실 내가 그것으로 있는 무엇인가와 내가 그것으로 있지 않은 무엇인가 사이의 관계로서 알려진다. 이 관계가 드러내 보이기 위해서는 그것이 정립되어야 한다. 따라서 이 관계는 실제로 내가 다음과 같은 조작을 할 수 있음을 가정한다. (1) 내가 그것으로 있는 것이 여전히 존재되면서도 또한 하나의 관계 항으로서 드러내 보일 수 있듯이, 내가 그것으로 있는 것에서 벗어나고 또 그것을 무화하기. 사실 이 관계는 직접적으로 주어지지만, 대상에 대한 단순한 관조 속에서 주어지는 것은 아니다(만일 우리가 단순한 관조로부터 공간을 이끌어 내고자 한다면, 대상은 절대적인 차원과 함께 주어지지, 절대적인 거리와 함께 주어지는 것이 아니라는 반론이 우리에게 제기될 수 있다). 오히려 반대로 이 관계는 우리의 직접적인 행동에 의해 주어질 것이다("그는 우리 쪽으로 온다", "그를 피하자", "나는 그의 뒤를 쫓는다" 등). 그리고 그런 것으로서의 이 관계에는 거기에-있음으로서 내가 무엇이냐에 대한 하나의 이해가 내포되어 있다. 하지만 이와 동시에 다른 이것들의 거기에-있음에서 출발해서 내가 무엇이냐가 잘 규정되어야 한다. 나는 거기에-있음으로서 사람들이 달려오게 하는 자이며, 산정에 도달하려면 아직도 한 시간을 더 올라가야만 하는 자이다 등. 따라서 예컨대 내가 산꼭대기를 바라볼 때 문제가 되는 것은, 내가 위치를 부여하기 위해 산꼭대기에서 출발해서 나의 거기-있음을 향해 이루어지는 역류적인 나 자신에게서의 벗어남이다. 이렇게 해서 나는 내가 "있어야 하는" 것에서 벗어난다고 하는 그 사실 자체에 의해 "내가 있어야 하는" 것으로 있어야 한다. 내가 나의 장소에 의해 나를 규정하기 위해서는, 나는 먼저 나 자신에게서 벗어나 당연히 좌표를 세우러 가야 한다. 물론 나는 이 좌표에서 출발해서 나를 세계의 중심으로서 한층 더 엄밀하게 규정할 것이다. 나의 거기에-있음은 사물을 고정하고 또 위치를 부여하려는 이 뛰어넘기를 결코 결정할 수 없다는 사실을 지적하는 것이 좋을 듯하다. 왜냐하면 나의 거기에-있음이 단순한 소여이며, 기투하는 것이 불가능하기 때문이고, 또한 이런저런 거기에-있음으로서 엄밀하게 규정하기 위해서는 역류가 수반된 뛰어넘기가 이미 나의 거기에-있음을 결정하고 있어야 하기 때문이다. (2) 내가 그것으로 있지 않은 세계-한복판에서-이것들로부터, 그리고 그것들에 의해 내가 무엇인가를 나에게 알려 주는 것으로부터 내적 부정에 의해 벗어나기. 우리가 앞에서 살펴본 것처럼, 그 이것들을 드러내는 것과 거기에서 벗어나는 것은 하나의 동일한 부정이다. 거기에서도 내적 부정은 역시 드러난 것으로서의 "소여"에 대해 원초적이고 자발적이다. 소여가 우리의 파악을 일으킨다는 것을 우리는 인정할 수 없을 것이다. 오히려 이와 반대로 내가 그것으로 있는 거기에-있음까지의 거리를 알려 주는 하나의 이것이 있기 위해서는, 나는 정확히 단순한 부정에 의해 그 이것에서 벗어나야 한다. 무화, 내적 부정, 내가 그것으로 있는 거기에-있음을 향한 결정적인 복귀, 이 세 가지 조작은 하나를 이룰 뿐이다. 다만 이 세 가지 조작은 내가 무엇인가를 미래에 의해 나에게 알려 주기 위해, 나를 무화하면서 하나의 목적을 향해 나아가는 하나의 원초적인 초월의 계기이다. 이렇듯 나에게 나의 장소를 부여하고 또 나를 자리 잡아 줌으로써 이 장소를 나의 장소로 규정짓는 것은 바로 나의 자유이다. 내가 그것으로 있는 이 거기에-있음에 내가 엄밀하게 제한될 수 있는 것은, 오직 나의 존재론적 구조가 내가 있는 그대로의 것으로 있지 않고, 있지 않은 것으로 있기 때문이다.

게다가 모든 초월을 가정하는 이런 장소의 결정은 하나의 목적과의 관계 속에서만 이루어질 수 있을 뿐이다. 나의 장소가 의미를 갖는 것은 바로 목적의 빛에 의해서이다. 왜냐하면 나는 결코 단순히 거기에 있을 수는 없을 것이기 때문이다. 오히려 나의 장소는 정확히 하나의 유배지로서 파악되거나, 또는 이와 반대로 모리아크[39]가 투우장 안에서 상처 입은 소가 언제나 되돌아가는 장소와 비교해서 케렌시아(querencia)[40]라고 부른 그 자연스럽고 안정감을 주는 편안한 장소로 파악된다. 나의 장소가 나에게 하나의 도움으로 또는 하나의 방해로 나타나는 것은 바로 내가 기도하는 것과의 관계에 의해서, 그러니까 세계 전체와의 관계에 의해서이며, 따라서 나의 세계-내-존재 전체와의 관계에 의해서이다. 장소에 존재한다는 것은 우선 ……로부터 멀

---

39 프랑수아 모리아크(François Mauriac, 1885~1970)는 프랑스의 시인·소설가로, 보르도에서 태어났다. 1933년 아카데미 프랑세즈 회원으로 선출되었으며, 제2차 세계 대전 중에 레지스탕스 운동에 참가했다. 1952년 노벨 문학상을 받았다.
40 스페인어로 '안식처', '보금자리' 등을 뜻하며, 특히 투우 경기 중 소가 마지막 일전을 치르기 위해 잠시 숨을 고르는 공간을 지칭한다.

리, 또는 ……가까이에 존재한다는 것이다. 다시 말해 장소는 우리가 도달하고자 하면서도 아직 존재하지 않는 어떤 존재와의 관계에 의해 하나의 의미를 갖는다. 장소를 규정하는 것은 이 목적에 대한 접근 가능성 또는 접근 불가능성이다. 따라서 나의 위치가 현재 이해될 수 있는 것은 바로 비존재의 빛에 의해서이고, 미래의 빛에 의해서이다. 거기에-있음은 찻주전자를 잡기 위해 한 발짝만 내디디면 된다는 것이고, 팔을 뻗어 펜을 잉크에 적실 수 있다는 것이고, 만일 내가 눈이 피로하지 않게 책을 읽고자 한다면 창으로 등을 돌려야만 한다는 것이고, 만일 내가 친구 피에르를 보고자 한다면 자전거를 타고 무더운 오후의 피로를 두 시간 동안 견뎌야 한다는 것이며, 만일 내가 아니를 보고자 한다면 기차를 타고 뜬눈으로 하룻밤을 지새야 한다는 것이다. 한 명의 식민자에게 있어 거기에-있음은 프랑스에서 20일간의 거리에 있다는 것이다. 좀 더 자세히 말하자면, 만일 그가 공무원으로서 유급 휴가 여행을 기다리고 있다면, 그에게 있어 거기에-있음은 보르도 또는 에타플[41]에서 6개월 7일 걸리는 곳에 있다는 것이다. 한 명의 군인에게 있어 거기에 있음은 제대하는 날까지 110일 또는 120일이 남아 있는 시점에 있는 것이다. 미래 ── 기투된 미래 ── 가 도처에서 개입한다. 보르도나 에타플에서의 나의 미래의 삶, 군인에게 있어서의 미래의 제대, 잉크에 적신 펜으로 내가 쓰게 될 미래의 단어, 이 모든 것이 나의 장소를 나에게 의미하며, 또 조바심, 초조함이나 향수 어린 장소에 나로 하여금 존재하게 하는 것이다. 이와 반대로 만일 내가 일군의 사람 또는 여론을 피한다면, 나의 장소는 내가 숨어 있는 마을의 깊숙한 곳에서 사람들이 나를 찾아내기 위해 또는 이

---

41 프랑스 북부 지역의 파드칼레에 위치한 도시이다.

마을에 도달하기 위해 필요한 시간 등에 의해 규정된다. 이 경우 이런 고립은 나에게 나의 장소를 유리한 것으로 알려 준다. 여기에서 장소에 존재한다는 것은 숨어 있음을 의미한다.

나의 목적에 대한 이런 선택은 순전히 공간적인 관계(고저, 좌우 등) 속에까지 미끄러져 들어와 그것에 하나의 실존적 의미를 부여한다. 만일 내가 산 밑에 머물러 있다면, 그 산은 압도적일 것이다. 이와 반대로 만일 내가 산꼭대기에 있다면, 그 산은 나의 고고한 기투 자체에 의해 다시 회복되고, 또 내가 나 자신에게 부여하는 다른 사람들에 대한 우월성을 상징한다. 강의 위치, 바다까지의 거리 등이 쟁점이 되고, 또 상징적인 의미를 지니게 된다. 나의 목적의 빛을 받아 구성된 나의 장소는 이 목적의 총체적 관계에 있어서처럼 그 모든 세부에 있어서도 그 목적을 나에게 상징적으로 상기시킨다. 우리는 뒤에서 실존적 정신분석의 대상과 방법을 더욱 상세히 규정할 때 이 문제로 되돌아올 것이다. 대상들에 대한 날것의 [있는 그대로의] 거리 관계는 이 관계를 구성하는 우리의 방식 자체인 의미와 상징을 도외시하고는 결코 파악할 수 없다. 이런 있는 그대로의 관계는 거리의 측정과 그 편력을 가능하게 해 주는 기술의 선택과의 관계에서만 의미를 지니는 만큼 더욱더 그렇다. 내가 사는 마을에서 20킬로미터 떨어져 있지만 철도로 연결된 이런저런 도시는 4킬로미터밖에 떨어져 있지 않지만 고도 2800미터의 바위투성이 산꼭대기보다 나에게 훨씬 더 가깝다. 하이데거가 지적했듯이, 일상적인 관심사는 단순한 기하학적 거리와 아무 공통점도 갖지 않는 장소를 도구에 대해 제공한다. 하이데거의 말에 따르면, 나의 안경은 일단 나의 코 위에 놓이면 내가 그것을 통해 보는 대상보다 나에게서 훨씬 더 멀다.

따라서 이렇게 말해야 한다. 즉 나의 장소의 사실성은, 나의 목적의 자유로운 선택 속에서만, 그리고 이 선택에 의해서만 나에게 드러내 보일 뿐이라고 말이다. 자유는 나의 사실성의 발견에 필요 불가결하다. 나는 이 사실성을 내가 기투하는 미래의 모든 점에서 배운다. 이 사실성이 무기력, 우연성, 허약함, 부조리성과 같은 성격과 함께 나에게 나타나는 것은 바로 이 선택된 미래에서 출발해서이다. 내가 몽드마르상[42]에서 살고 있는 것이 부조리하고 괴로운 것은 뉴욕을 보고자 하는 나의 꿈과의 관계 속에서이다. 하지만 역으로 사실성은 자유가 발견해 낼 수 있는 유일한 실재이고, 자유가 하나의 목적을 세움으로써 무화할 수 있는 유일한 실재이며, 목적을 세운다는 것이 어떤 의미를 갖기 위한 출발점이 되는 유일한 실재이다. 왜냐하면 목적이 상황을 밝힐 수 있는 것은 바로 목적이 이 상황의 기도된 변경으로 구성되기 때문이다. 장소는 내가 기도하는 변경에서 출발해서 나타난다. 하지만 '바꾼다'에는 바꾸어야 할 무엇인가가 내포되어 있는데, 그 바꾸어야 할 무엇인가가 바로 나의 장소이다. 이렇듯 자유는 나의 사실성의 파악이다. 자유가 이 사실성을 하나의 한정된 결함으로 파악하기 위해 그것을 향해 돌아서기 "이전에" 이 사실성의 "무엇인가"를 규정하거나 묘사하고자 하는 것은 절대적으로 헛된 일일 것이다. 자유가 나의 장소를 어떤 종류의 결여로서 한정하기 이전에는, 말하자면 나의 장소는 아무것도 "아니다." 왜냐하면 ─ 모든 장소가 이해되는 출발점이 되는 ─ 연장 자체가 존재하지 않기 때문이다. 다른 한편으로 그 문제 자체가 인지 불가능하다. 왜냐하면 거기에는 의미를 갖지 않은 하나의 "이전에"가 포함되어 있기 때문이다. 사실 전이나 후의 방향을 따라 자기를 시간화하는 것은 자유 자체이다. 그런데도 날것의,

---

42 프랑스 남서부에 위치한 랑드주의 주도이다.

그리고 생각해 낼 수 없는 그 "무엇인가"는, 그것이 없다면 자유가 자유일 수 없는 그 무엇이다. 이 무엇인가는 곧 나의 자유의 사실성 자체이다.

이처럼 규정된 이 장소가 나의 욕망에 대한 구속, 장애 등으로 나타나게 되는 것은, 오직 자유가 사실성을 발견하고, 또 이 사실성을 장소로서 파악하는 행위 속에서뿐이다. 달리 사실성이 하나의 장애가 되는 것이 어떻게 가능할 수 있을까? 무엇에 대한 장애인가? 무엇을 하는가에 대한 구속인가? 우리는 자신의 정당이 실패한 후에 프랑스를 떠나 아르헨티나로 가려 했던 한 망명가에게서 이 단어를 빌려 온다. 사람들이 그에게 아르헨티나가 "아주 멀다"는 것을 환기시키자, 그는 "무엇에서 멀다는 겁니까?"라고 물었다는 것이다. 이렇듯 아르헨티나가 프랑스에 거주하는 사람들에게 "멀게" 여겨진다면, 그것은 분명 프랑스인으로서 그들의 장소에 가치를 부여하는 암묵적이고 국민적인 기투와의 관계 때문이다. 이 국제적 혁명가에게서 아르헨티나는 다른 어떤 나라와 마찬가지로 세계의 하나의 중심이다. 하지만 우리가 우선 최초의 기투에 의해 프랑스 땅을 우리의 절대적인 장소로 구성했다면 ── 그리고 만일 어떤 파국으로 인해 우리가 망명해야 한다면 ──, 아르헨티나가 "아주 먼" 곳으로서, "망명의 땅"으로서 나타나게 되는 것은 바로 이 원초적 기투와의 관계 속에서이다. 우리가 우리 자신을 망명자로 느끼는 것은 바로 이런 원초적 기투와의 관계에 의해서이다. 이렇듯 자유는 우리가 스스로 겪는 장애를 만들어 낸다. 목적을 세움으로써 ── 그리고 이 목적을 접근할 수 없는 것 또는 접근하기 어려운 것으로 선택하면서 ── 우리의 장소를 우리의 기투에게 극복할 수 없는 또는 극복하기 어려운 저항으로 나타나게 하는 것은 바로 자유 자체이다. 여러 대상 사이의 공간적인 연결을 도구 관계의 원형으로 수립하고, 거리를 측정하고 극복케 하는 기술을 결정함으로써 그 자체의 고유한 제한을 구성하는 것도 역시 자유이다. 하지만 정확히 자유는 제한된 것으로만 존재할 수밖에 없을 것이다. 왜냐하면 자유는 선택이기 때문이다. 곧 살펴보겠지만, 모든 선택은 제거와 선발을 전제한다. 모든 선택은 유한성의 선택이다. 이렇듯 자유는 사실성을 자신의 고유한 제한으로 구성함으로써만 정말로 자유로울 수 있을 뿐이다. 따라서 내가 몽드마르상의 하급 공무원이라는 사실로 인해 내가 뉴욕에 가는 것이 자유롭지 못하다고 말하는 것은 아무 소용이 없을 것이다. 오히려 이와 반대로 내가 나를 몽드마르상에 위치시키고자 하는 것은 바로 뉴욕에 간다는 나의 기도와의 관계에 의해서이다. 예컨대 만일 나의 기도가 몽드마르상의 한 부유한 농부가 되는 것이었다면, 세계 속에서의 나의 장소, 몽드마르상과 뉴욕의 관계 또는 몽드마르상과 중국에 대한 관계는 전적으로 다른 것이 되었을 것이다. 첫 번째 경우에서 몽드마르상은 뉴욕, 멜버른, 상하이와 조직적으로 연결된 세계의 배경 위에 나타난다. 하지만 두 번째 경우에서 몽드마르상은 무차별적인 세계의 배경 위에 나타난다. 뉴욕에 간다고 하는 나의 기도의 현실적인 중요성에 대해 말하자면, 나는 그것을 혼자 결정한다. 이 결정은 바로 몽드마르상에 대해 불만을 느끼는 자로서 나를 선택하는 하나의 방식이 될 수 있다. 그리고 이 경우 모든 것의 중심은 몽드마르상 위에 있으나, 다만 나는 나의 장소를 끊임없이 무화하고자 하는 욕구, 또 내가 살고 있는 그 도시와의 관계에서 계속해서 후퇴하여 살고자 하는 욕구를 체험하는 것이다. 이것은 또한 내가 나 자신을 전체적으로 구속하는 하나의 기도일 수도 있다. 첫 번째 경우 나는 나의 장소를 극복 불가능한 장애로 파악할 것이며, 또 나는 나의 장소를 세계 속에서 간접적으로 규정하기 위해 단지 하나의 방책으로 사용했을 것이다. 이와 반대로 두 번째 경우에서 장애는 더 이상 존재하지 않을 것이다. 나의 장소는 하나의 계류점이 아니라, 오히려 나의 출발점이 될 것이다. 왜냐하면 뉴욕에 가기 위해 그것이 어떤 것이든 하나의 출발점이 반드시 필요하기 때문이다. 이렇듯 나는 어떤 순간에도 나 자신을 세계 속의 나의 우연적인 장소에 구속된 자로서 파악할 것이다. 하지만 나의 우연적인 장소에 그 의미를 부여하는 것은 정확히 이 구속이며, 그리고 이 구속은 나의 자유이다. 분명 태어나면서 나는 장소를 차지한다. 하지만 나는 내가 차지하는 장소에 대해 책임이 있다. 우리는 여기에서 상황 속에서의 자유와 사실성에 대한 밀접한 유대를 더 분명하게 본다. 왜냐하면 사실성이 없다면 자유는 — 무화나 선택의 능력으로서 — 존재하지 않을 것이기 때문이다. 또 자유가 없다면 사실성은 발견될 수도 없을 것이며, 또 어떤 의미도 가지지 못할 것이기 때문이다.

B) 나의 과거

———

우리는 하나의 과거를 가지고 있다. 물론 이 과거는 앞서는 현상이 뒤에 오는 현상을 결정하는 것과 같이 우리의 행위를 결정하지 못한다는 사실을 우리는 입증할 수 있었다. 또한 이 과거는 분명 현재를 구성하고 또 미래를 소묘하기에는 무기력하다는 사실을 우리는 보여 주었다. 하지만 미래를 향해 자기를 벗어나는 자유는 기분에 따라 제멋대로 자기에게 과거를 부여할 수 없다는 것 역시 사실이다. 하물며 과거가 없이 자유는 자기를 만들어 내지도 못할 것이다. 자유는 자신의 고유한 과거로 있어야 하며, 또 이 과거는 돌이킬 수 없다. 얼핏 보면 자유는 어떤 방식으로도 이 과거를 바꿀 수 없는 것처럼 보인다.

과거는 손이 미치지 않는 곳에 있다. 그리고 과거는 거리를 두고 우리에게 붙어 다닌다. 우리는 몸을 돌려 정면으로 이 과거를 바라볼 수조차 없다. 과거가 우리의 행동을 결정하지 못한다고 해도, 적어도 이 과거에서 출발하지 않으면 우리는 새로운 결심을 할 수 없다. 만일 내가 해군사관학교에 입학할 준비를 했다면, 그리고 만일 내가 해군장교가 되었다면, 내가 나를 다시 되찾고, 또 내가 나를 바라보는 어떤 순간에도 나는 구속되어 있다. 내가 나를 파악하는 그 순간에도 나는 내가 부사령관으로 근무하고 있는 함정의 갑판에서 당직 임무를 맡고 있다. 물론 나는 갑자기 이 사실을 거부하고, 사표를 제출하고, 자살을 결심할 수도 있다. 이런 극단적인 조치조차도 나의 것인 과거를 계기로 해서 취해진다. 그런 조치가 과거를 파괴하는 것을 겨냥한다면, 그것은 그 과거가 존재하기 때문이다. 또 나의 가장 과격한 결심도 나의 과거에 대해 부정적인 입장을 취하는 데까지만 나아갈 수 있을 뿐이다. 하지만 이것은 결국 관점과 발판으로서 그 과거가 갖는 무한한 중요성을 인정하는 것이다. 나의 과거에서 나를 떼어내기 위한 모든 행동은 먼저 그 과거에서 출발해서 생각되어야 한다. 다시 말해 어떤 행동은 그것이 파괴하고자 하는 그 독자적인 과거에서 출발해서 생긴다는 사실을 무엇보다도 먼저 인정해야 한다. 속담에도 있듯이 우리의 행위는 우리 뒤를 따라다닌다. 과거는 현재적이며, 또 느끼지 못하는 사이에 현재 속으로 용해된다. 과거는 바로 내가 6개월 전에 선택한 옷이고, 내가 짓게 한 집이고, 내가 지난겨울에 쓰려고 계획했던 책이고, 나의 아내이고, 내가 그녀에게 한 약속이며, 나의 어린 아이들이다. 과거는 내가 그것으로 있는 모든 것이고, 그것으로-있었음의 방식으로 내가 그것으로 있어야 하는 것이다. 이렇듯 과거의 중요성은 아무리 과장해도 지나치다고 할 수 없을 것이다. 왜냐하면 나에게 있어 "본질은 존재했던 그대로의 것(Wesen ist was gewesen ist)"
이기 때문이다. 즉 존재한다는 것은 존재했던 것이기 때문이다. 하지
만 우리는 여기에서 앞에서 지적했던 역설을 다시 발견한다. 나는 과
거가 없는 나를 생각해 볼 수 없을 것이다. 과거 없이 나는 이미 나에
대해 아무것도 생각할 수 없을 것이라고 하는 편이 더 나을 것이다. 왜
냐하면 나는 내가 그것으로 있는 것에 대해, 그러니까 내가 과거에 그
것으로 있는 것에 대해 생각하기 때문이다. 하지만 다른 한편으로 나
는 나라는 존재에 의해 과거가 이 자기 자신과 또 세계에로 오는 존재
이다.

다음과 같은 역설을 좀 더 자세히 검토해 보자. 자유는 선택이기
때문에 변화라고 하는 역설을 말이다. 자유는 그것이 기투하는 목적
에 의해 정의된다. 다시 말해 자유는 자기가 있어야 하는 미래에 의해
정의된다. 하지만 정확히 미래는 지금 있는 그대로의 것의-아직-존재하
지-않는 상태이기 때문에, 이 미래는 지금 있는 그대로의 것과의 긴밀
한 관계 속에서만 생각할 수 있을 뿐이다. 그리고 아직 존재하지 않는
것을 밝히는 것은 지금 있는 그대로의 것일 수는 없을 것이다. 왜냐하
면 지금 있는 것은 결여이며, 따라서 거기에 결여된 무엇인가에서 출
발해서만 그것이 결여로서 인지될 수 있을 뿐이기 때문이다. 현재 있
는 것을 밝히는 것은 목적이다. 하지만 현재 있는 것이 무엇인가를 장
차 올 목적에 의해 자기에게 알려 주기 위해 이 장차 올 목적을 찾으
려면, 무화적인 후퇴 속에서 현재 있는 것의 저편에 [미래가] 이미 존
재해 있어야 한다. 이 무화적인 후퇴가 현재 있는 것을 고립된 체계의
상태로 명확히 나타나게 하기 때문이다. 따라서 지금 있는 것은 바로
그것이 장래를 향해 뛰어넘어지는 경우에만 그 의미를 가질 뿐이다.
따라서 현재 있는 것은 바로 과거이다. 우리가 아는 바와 같이, 과거

는 "바뀌어야 할 것"의 자격으로서 장래를 선택하는 데 없어서는 안 되며, 따라서 어떤 자유로운 뛰어넘기도 과거로부터 출발해서가 아니고서는 이루어질 수 없을 것이다. 이와 동시에 다른 한편으로, 우리는 또한 과거라고 하는 이 본성 자체가 하나의 미래의 근원적인 선택에 의해 과거에게로 온다는 것을 알 수 있다. 특히 돌이킬 수 없다는 성격이 과거에게 오는 것은 미래에 대한 나의 선택 자체에서 기인한다. 비록 과거가 미래에서 내가 새로운 사물의 상태를 생각하고 기투하는 출발점이기는 하지만, 과거 자체는 그 자리에 방치되어 있는 것이며, 따라서 과거 자체는 변화에 대한 모든 전망 외부에 있는 것이다. 이렇게 해서 미래가 실현될 수 있기 위해서는 과거가 돌이킬 수 없는 것이어야 한다.

나는 분명 존재하지 않을 수 있다. 하지만 만일 내가 존재한다면, 나는 과거를 갖지 않을 수 없다. 이것이 바로 여기에서 "나의 우연성의 필연성"이 취하는 형태이다. 하지만 다른 한편으로 앞에서 살펴본 바와 같이, 무엇보다도 두 개의 실존적인 특징이 대자를 규정한다.

(1) 존재에 대한 의식이 아닌 어떤 것도 의식 속에 존재하지 않는다.

(2) 나의 존재는 나의 존재 속에서 문제가 된다. 이것은 선택되지 않은 그 어떤 것도 나에게 오지 않음을 의미한다.

사실 우리는 그저 과거일 뿐인 과거는 현재와의 모든 유대를 잃게 될 명칭만인 존재 속으로 무너져 버릴 것이라는 점을 보았다. 우리가 하나의 과거를 "가지기" 위해서는 미래를 향한 우리의 기투 그 자체에 의해 과거를 존재로 유지해야 할 필요가 있다. 우리는 우리의 과거를 받아들이는 것이 아니다. 오히려 우리의 우연성의 필연성에 우리가 과거를 선택하지 않을 수 없다는 사실이 내포되어 있다. "자기 자신의 고유한 과거로 있어야 함"이 의미하는 것이 바로 이것이다. 여기에서 순전히 시간적인 관점에서 고찰된 이런 필연성은 결국 자유의 최초의 구조와 구분되지 않음을 알 수 있다. 이 자유는 자기가 그것으로 있는 존재의 무화이어야 하고, 또 이런 무화 자체에 의해 이 자유는 자기가 그것으로 있는 하나의 존재를 거기에 있도록 만든다.

하지만 자유는 과거와 관련해 하나의 목적의 선택이지만, 역으로 과거는 선택된 목적과의 관계에 있어서만 이 과거가 그것으로 있는 것이 될 뿐이다. 과거 속에는 하나의 불변적인 요소가 있다. 나는 다섯 살에 백일해를 앓았다 등이 그것이다. 그리고 과거 속에는 더할 나위 없는 하나의 가변적인 요소가 있다. 나의 존재의 총체성에 대한 날것의[있는 그대로의] 사실이라는 의미가 그것이다. 하지만 다른 한편으로 지나간 사실의 의미는 나의 존재에 속속들이 침투하기 때문에(나는 나의 어린 시절의 백일해에 대한 의미를 규정하는 하나의 명백한 기투의 밖에서 나는 이 백일해를 "떠올릴" 수가 없다.), 결국 내가 불변적인 날것의 존재와 그것이 포함하고 있는 가변적인 의미를 구별하기란 불가능하다. "나는 다섯 살에 백일해를 앓았다."라고 말하는 것에는 수많은 기투가 전제된다. 특히 나의 개인적인 존재에 대한 지표 체계로서의 달력의 채택 — 따라서 사회적인 것에 대한 하나의 근원적인 입장의 설정, 나의 어린 시절에 대해 제3자가 해 주는 진술에서의 결정적인 신뢰 — 등이다. 그리고 이 신뢰는 나의 부모에 대한 존경 또는 애정과 조화를 이루며, 또 이 존경과 애정이 나의 어린 시절의 백일해가 가지는 의미를 형성한다 등. 날것의 사실 자체는 존재한다. 하지만 타자의 증언, 그 사실의 날짜, 병의 전문적인 명칭 — 나의 기투에 의존하는 의미의 총체 — 밖에서라면 그 사실이 무엇일 수 있을까? 이렇듯 이 날것의 존재는 아무리 필연적으로 존재하고 또 불변적이라고 해도 하나의 추억 속에 포함된 모든 의미에 대한 체계적인 설명에 대해서는 손이 미치지 않는 곳에 있는 이상적 목표로 나타난다. 물론 베르그송이 말하는 순수 추억의 의미로서의 그런 추억의 순수한 소재가 있다. 하지만 이런 소재가 나타나는 것은 순수한 형태에서의 그 소재의 나타남을 포함하는 하나의 기투 속에서만 가능하고, 그리고 그 기투에 의해서만 가능할 뿐이다.

그런데 과거의 의미는 나의 현재의 기투에 밀접하게 의존하고 있다. 이 말은 결코 내가 나의 앞서는 행위의 의미를 내 마음 내키는 대로 바꿀 수 있음을 의미하지 않는다. 이 말은 이와 정반대로 내가 그것으로 있는 근본적인 기투는 내가 그것으로 있어야 하는 과거가 나에게 있어, 그리고 타인에게 있어 가질 수 있는 의미를 절대적으로 결정함을 의미한다. 사실 나 혼자만이 매 순간에 과거의 유효 범위를 결정할 수 있다. 각각의 경우에 이런저런 앞선 사건의 중요성을 논의하고 숙고하고 평가하면서가 아니라, 나의 목표를 향해 나를 기투하면서, 나는 나 자신과 함께 과거를 구원하고, 또 행동에 의해 과거의 의미를 결정하는 것이다. 나의 열다섯 살 때의 그 기이했던 위기, 그것이 사춘기의 단순한 사건"이었는지", 아니면 이와 반대로 미래에 이루어질 전회의 최초의 징후"이었는지"를 누가 결정할 것인가? 그것은 나 자신이다. 내가 — 스무 살, 서른 살에 — 나의 전회를 결정할지의 여부에 따라 결정할 것이다. 전회의 기투는 청년기의 한 차례의 위기에 대해 내가 진지하게 생각하지 않았던 하나의 조짐으로서의 가치를 단번에 나에게 준다. 내가 도둑질을 한 후에 겪게 된 교도소 생활이 유익한 것이었느냐, 아니면 통탄스러운 것이었느냐를 누가 결정하겠는가? 그것은 나이다. 내가 도둑질을 포기하든가 아니면 마음이 더 거칠어지는가에 따라 내가 결정하는 것이다. 여행의 교훈적인 가치, 사랑의 서약의 성실성, 지나간 의도의 순수성 등을 누가 결정할 수 있는가? 그것은 나이다. 항상 나이다. 내가 그런 기투를 밝히는 그 목적에 의해 항상 내가 결정하는 것이다.

이렇듯 긴급하고, 절박하고, 절대적인 나의 모든 과거는 거기에 있다. 하지만 나는 나의 과거의 의미와 그것이 나에게 내리는 명령을 나의 목적의 기도 자체에 의해 선택한다. 물론 한번 떠맡은 구속은 나를 짓누른다. 예전에 승낙한 부부 관계, 작년에 구입하고 가구를 들여놓은 집은 분명 나의 가능성을 제한하고, 또 나에게 나의 행위를 지시한다. 하지만 그것은 정확히 나의 기도가 나의 부부 관계를 새롭게 승낙하는 형태로 시행되기 때문이다. 다시 말해 그것은 정확히 내가 나의 부부 관계의 파기를 기도하지 않기 때문이며, 내가 그것을 하나의 "지나간, 초월된, 죽어 버린 부부 관계"가 되지 않게 하기 때문이다. 오히려 반대로 나 자신이 떠맡은 구속에 대한 충실성 또는 남편과 아버지로서의 "명예로운 생활"을 영위하려는 결심 등을 포함하고 있는 나의 기투가, 필연적으로 지나간 부부의 서약을 밝히고, 또 그 서약에 항상 현재적 가치를 부여하고자 하기 때문이다. 이렇듯 과거의 절박성은 미래로부터 온다. 만일 내가 슐랭베르제[43]의 주인공과 같은 방식으로 갑자기 나의 근본적인 기투를 철저하게 바꾸고, 예컨대 내가 행복의 지속에서 벗어나고자 한다면, 나의 이전의 구속은 그 절박함을 모두 잃게 될 것이다. 나의 구속은 더 이상 중세의 탑이나 성벽과 같은 것으로만 존재할 뿐이다. 우리는 그것을 부정할 수 없을 것이다.

---

43 Schlumberger, *Un homme heureux*, N.R.F. ─ 원주.

하지만 그것은 추억이라는 의미만을 가질 뿐이다. 그것은 이전의 편력의 한 단계이고, 오늘날에 와서는 뛰어넘어지고 또 완전히 사라진 하나의 문명, 하나의 정치적이고 경제적인 실존 단계이다. 과거가 살아 있는지 또는 죽었는지를 결정하는 것은 미래이다. 사실 과거는 나의 존재의 현재적 출현으로서 근원적으로 기투이다. 그리고 과거가 기투인 한에서, 과거는 예상이다. 과거의 의미는 과거에 의해 미리 소묘되는 장래에서 온다. 과거가 송두리째 과거로 미끄러져 갈 때, 이 과거의 절대적인 가치는 과거가 그것으로 있었던 여러 예상의 확인 또는 파기에 달려 있다. 하지만 이런 예상을 자기의 책임으로 되찾음으로써, 즉 이런 예상을 미리 예상했던 장래를 계속 예상하면서 그 예상의 의미를 확인하느냐, 아니면 또 다른 하나의 장래만을 단순히 예상하면서 먼저 한 예상을 파기하느냐 하는 것은, 정확히 나의 현재의 자유에 달려 있다. 뒤의 경우에 과거는 무장해제된 기대, 그리고 기만당한 기대로 떨어진다. 이 과거는 "무기력"하다. 왜냐하면 과거의 유일한 힘은 미래에서 과거로 오는 것이기 때문이다. 내가 나의 과거를 어떤 방식으로 살든 또는 내가 나의 과거를 어떤 방식으로 평가하든, 나는 미래를 향해 나 자신을 기투할 때의 빛에 의해서만 그렇게 할 수 있을 뿐이다. 이렇듯 장래에 대한 나의 선택의 질서는 나의 과거의 질서를 결정하게 되며, 또 이 질서에는 연대기적인 것이 전혀 없을 것이다. 거기에는 무엇보다도 여전히 살아 있고 또 여전히 확인되고 있는 과거가 있을 것이다. 나의 사랑의 서약, 이런저런 사업 계약 등이 내가 아직도 나 자신에 충실한 이런저런 이미지이다. 그다음으로 지금은 내 마음에 들지 않게 된, 그러면서도 어쩔 수 없이 붙잡고 있는 양의적인 과거가 있다. 예컨대 내가 입고 있는 이 옷이 그것이다. 이 옷은 내가 유행을 따르는 취미를 가지고 있던 어떤 시기에 산 것이다. 그런데 이 옷은 지금 전혀 마음에 들지 않는다. 그리고 이로 인해 내가 그 옷을 "선택"했던 과거는 정말로 죽어 버린 것이다. 하지만 다른 한편으로 절약한다고 하는 나의 현재의 기투에서 보면, 나는 다른 옷을 구입하는 것보다는 이 옷을 계속 입고 있어야 한다. 그렇기 때문에 이 옷은 죽어 있는 동시에 살아 있는 과거에 속한다. 이것은 마치 과거에 어떤 일정한 목적을 위해 세워졌던 사회 시설이 설립 당시의 체제보다 더 오래 남아 있는 것과 비슷하다. 왜냐하면 그 시설은 최초의 목적과 전혀 다른 목적으로 사용되었고, 또 때로는 심지어 반대되는 목적으로도 사용되었기 때문이다. 살아 있는 과거, 반쯤 죽어 있는 과거, 살아남음, 양의성, 이율배반, 과거성과 같은 단층의 총체는 나의 기투의 통일에 의해 조직된다. 나의 과거의 어떤 한 단편을 다가적이고 위계적인 한 조직 속에 들어가게 하는 복잡한 지시 체계가 형성되는 것은 바로 이 기투에 의해서이다. 그런데 이 다가적이고 위계적인 조직에서는 예술작품에서와 마찬가지로 각개의 부분적인 구조가 여러 방법으로 다른 여러 부분적인 구조와 총체적인 구조를 가리킨다.

게다가 우리의 과거의 가치, 질서, 본성에 관련된 이런 결정은 단순히 일반적인 역사적 선택이다. 인간 사회가 역사적이라고 해도, 이것이 단순히 과거를 지니고 있다는 사실에서만 유래하는 것은 아니다. 이것은 오히려 인간 사회가 그 과거를 기념비의 자격으로 되찾는다는 사실에서 유래한다. 미국의 자본주의가 1914~1918년의 유럽 대전에 참전하기로 결정했을 때, 그 이유가 유리한 상거래의 기회를 이 전쟁에서 보았기 때문이라고 한다면, 미국의 자본주의는 역사적이 아니고 다만 공리적일 뿐이다. 하지만 미국의 자본주의가 그 공리적인 기회의 빛 아래에서 미국과 프랑스 사이의 이전의 관계를 회복하고, 미국인들이 프랑스들인에게 지불해야 할 일종의 신용 부채라는 의미를 그 관계에 부여한다면, 그때 미국의 자본주의는 역사적이 된다. 그리고 특히 "라파예트여, 우리가 왔소!"[44]라는 유명한 말로 미국의 자본주의는 스스로 역사화할 것이다. 만일 미국인들의 현실적인 이해관계에 대한 또 다른 하나의 견해로 인해 미국이 독일 편에 가담했다면, 미국인들은 기념비적인 차원에서 되찾아야 할 과거의 요소에 대해 부족함을 느끼지 않았을 것이라는 점은 말할 나위가 없다. 예컨대 그들은 "피의 동지"라는 생각에 근거를 둔 프로파간다를 생각해 낼 수도 있었을 것이다. 그리고 이런 생각은 19세기의 미국의 이민자들 중에서 독일계 이민자들의 비율을 비중 있게 고려했을 것이다. 이런 과거에 대한 지시를 단순한 선전적인 기도(企圖)로 생각하는 것은 소용없다. 사실 본질적인 요점은 대중의 동조를 불러일으키기 위해서는 그런 과거에의 지시가 필요하다는 사실이다. 실제로 대중은 그들의 과거를 비춰 주고 또 정당화하는 하나의 정치적인 기투를 요구한다. 이외에도 과거가 그렇게 만들어진다는 것은 자명하다. 이렇게 해서 프랑스-미국 사이에 하나의 공통되는 과거의 구성이 있게 되었다. 그리고 이 공통되는 과거는 한편으로는 미국인들의 경제적인 큰 이익을 의미했고, 또 다른 한편으로는 두 개의 민주주의적 자본주의의 현실적인 친근성을 의미했다. 이와 유사하게 1938년 무렵 새로운 세대의 사람들은 다가오는 국제적 사건을 우려하며, 1918~1938년의 시기를 갑자기 새로운 빛으로 비춰 보며, 그 시기를 1939년의 전쟁 발발 전에 벌써 양차 대전기라는 이름을 붙였다는 사실을 우리는 알고 있다. 그 시기를 경험한 사람들이, 자신들의 현재와 직접적인 과거의

---

44 라파예트(La Fayette, 1757~1834)는 미국 독립전쟁 당시 조지 워싱턴 휘하에서 대륙군을 지휘한 장군이다. "라파예트여, 우리가 왔소!"라는 문구는, 옛일을 회상하고 그 은혜에 대한 감사의 표시로 제1차 세계 대전 때 미국의 유럽 파견군 사령관이 말한 것으로 전해진다.

연속 안에 있는 하나의 장래를 향해 자기를 기투하면서, 그 시대를 살았던 사람들이 한없이 계속되는 전진의 초기로서 그 시대를 경험한 것에 반해, [새로운 세대의 사람들에게는] 그 시기가 한정되고, 뛰어넘어지고, 부인된 형태로 이 시대가 구성되었다. 따라서 과거의 어떤 일정 시기가 현재와의 연속선상에 있느냐, 아니면 그 시대가 우리의 출현 뒤로 멀어져 가는 불연속적인 하나의 단편이 되느냐 하는 것은, 현재의 기투가 결정한다. 이렇듯 어떤 사건, 예컨대 바스티유 감옥의 탈취가 하나의 결정적 의미를 받아들이기 위해서는 인간의 역사가 끝나야 할 것이다. 사실 누구도 바스티유 감옥이 1789년에 탈취되었다는 사실을 부정하지 않는다. 이 사실은 움직일 수 없다. 하지만 우리는 이 사건에서 하잘것없는 하나의 폭동을 보아야 하는가? 이 사건에서 반무방비 상태에 있던 요새에 대한 민중의 습격을 보아야 하는가? 후일 국민공회[45]가 자기를 위한 하나의 선전 효과가 있는 과거를 만들어 내기 위해 그 습격을 빛나는 전투로 변모시킬 수 있었다고 보아야 하는가? 또는 이 사건을 민중의 힘의 최초 표현으로 생각해야 하는가? 이 사건으로 인해 민중의 힘이 견고해지고 자신을 얻어 "10월 5일, 6일"[46]에 베르사유 궁전을 향한 행진을 시작하게 되었다고 생각해야 하는가? 이 문제를 오늘날 결정지으려고 하는 사람은 역사가 자신이 역사적이라는 사실을 잊게 될 것이다. 다시 말해 역사가는 그 자신의 기투와 그가 속한 사회의 빛으로 역사를 비추면서 스스로를 역사화한다는 사실을 잊게 될 것이다. 이렇듯 사회적인 과

---

45 국민공회(Convention)는 1792년 9월 20일부터 1795년 10월 26일(국민공회가 채택한 프랑스 혁명력에서 브뤼메르 4일)까지 프랑스 혁명 기간 동안에 존속한 프랑스의 단원제 입법 기관이다.
46 프랑스 혁명 때인 1789년 10월 5일, 6일(Journées des 5 et 6 octobre 1789) 여성들을 중심으로 한 파리 시민들이 베르사유 궁전까지 행진해 프랑스 국왕 루이 16세를 파리로 귀환하게 한 날이다. "시월 사건, 시월 행진, 베르사유 행진"이라고도 불린다.

거의 의미는 끊임없이 "유예 상태(en sursis)"에 있다고 말해야 한다.

그런데 정확히 사회와 마찬가지로 각개의 인간도 기념비적이고 또 유예 상태에 있는 과거가 있다. 현자들이 일찍부터 느꼈고, 또 그리스 비극 작가들, 가령 그들의 모든 연극에서 되풀이되는 "누구도 자기가 죽기 전에 행복하다고 말할 수 없다."[47]라는 속담에 의해 표현된 것이 바로 이런 과거에 대한 끊임없는 문제 제기이다. 그리고 대자의 끊임없는 역사화는 대자의 자유에 대한 끊임없는 긍정이다.

그렇다고 과거의 "유예 상태"적인 성격이 대자에게 이 대자의 이전 역사의 막연하거나 또는 미완의 양상이라는 형태로 나타난다고 생각해서는 안 될 것이다. 이와 반대로 대자가 각각의 방법으로 표현하는 대자의 선택과 같이, 과거는 매 순간마다 엄밀히 결정된 것으로서 이 대자에 의해 파악된다. 이와 마찬가지로 티투스 개선문[48] 또는 트라야누스 기념주[49]는, 더군다나 그것들의 역사적인 의미의 변천이 어떻든 간에, 로마 시민 또는 그것을 바라보는 관광객에게는 완전히 개별화된 실재로서 나타난다. 그리고 과거를 밝히는 기투의 빛 아래에서 과거는 완전히 속박적인 것으로서 드러내 보인다. 사실 과거의 유예적인 성격은 결코 하나의 기적이 아니다. 과거는 인간실재가 과거로 돌아서기 이전에 지니고 있던 기투적이고 "기대적인" 양상을 과거화의 차원과 즉자의 차원에서 표현하고 있을 뿐이다. 인간실재가 "과거에 있어서" 대자의 그 이후의 기투의 종속자가 되는 것은 바로

---

47 인간이 행복했는지 않았는지는 인생을 다 살고 난 뒤가 아니면, 즉 중간에 미리 속단할 수 없다는 의미로, 예부터 내려오는 속담이다.
48 로마의 11번째 황제 티투스(Titus, 39~81)가 세운 개선문이다. 67년 유대 반란을 진압했고, 콜로세움 등의 건조물을 세웠다.
49 로마 황제 트라야누스(Trajanus, 53?~117)가 113년에 로마에 세운 원기둥으로, 전쟁에서의 승리를 기념하기 위해 세웠다.

이 인간실재가 예견 불가능한 자유에 의해 갉아먹힌 하나의 자유로운 기투였기 때문이다. 인간실재가 하나의 미래적인 자유로부터 기대하고 있었던 이 승인을 인간실재는 자기를 과거화하면서 끊임없이 기대할 수밖에 없다. 이렇듯 과거는 무한정 유예 상태에 있다. 왜냐하면 인간실재가 끊임없이 기대 속에 "있었고" 또 그 속에 "있을 것이기" 때문이다. 그리고 기대와 마찬가지로 유예는 자유를 그것들의 근원적인 구성 인자로서 더 명확하게 긍정할 뿐이다. 대자에게 있어 과거가 유예 상태에 있다고 말하는 것, 대자의 현재는 하나의 기대라고 말하는 것, 대자의 미래는 하나의 자유로운 기투라고 말하는 것, 또는 대자는 대자이고자 하지 않고서는 아무것도 될 수 없다는 것, 또는 대자는 하나의 총체분해적-총체성이라고 말하는 것, 이 모든 것은 결국 단 하나의 같은 것이다. 하지만 정확히 여기에는 현재 나에게 드러내 보이는 것과 같은 나의 과거 속에 어떤 미결정도 포함되어 있지 않다. 이것은 단지 결정적이고자 하는 나의 과거에 대한 나의 현재적인 발견에 대한 권리를 문제 삼고자 하는 것일 뿐이다. 하지만 나의 현재가 아무런 예견도 허용하지 않는 하나의 확인 또는 하나의 파기의 기대인 것과 마찬가지로, 이 기대 속으로 끌려 들어온 과거 역시 그 기대가 명확해짐에 따라 명확해진다. 하지만 과거의 의미는 엄밀하게 개별화되어 있기는 하나, 총체적으로 이런 기대에 의존하고 있고 또 이 기대 자체는 하나의 절대적 무, 다시 말해 아직 존재하지 않은 하나의 자유로운 기투에 의존하고 있다. 따라서 나의 과거는 하나의 구체적이고 명확한 제안이고, 또 그런 것으로서의 과거는 허가를 기대한다. 이것은 분명 카프카의 『소송』이 밝히고자 시도한 의미 중의 하나, 즉 인간실재의 끊임없이 소송적인 성격이다. 자유롭다는 것은 끊임없이 자유의 심판을 받고 있다는 것이다. 게다가 과거는 ── 나의 현재의 자유로운 선택에 한정한다면 —, 일단 이 선택이 과거를 결정하면, 나의 기투의 통합적인 부분이 되며 또 필요조건이 된다. 하나의 예를 통해 이 점을 더 잘 이해할 수 있을 것이다. 왕정복고 시대의 한 "반급(半給) 사관"[50]의 과거는 러시아 철수 때의 한 명의 영웅이었다는 것이다. 그리고 지금까지 우리가 한 설명은 이 과거 자체가 하나의 자유로운 미래의 선택이라는 사실을 이해하게끔 해 준다. 나폴레옹의 노병들이 베레지나강[51]의 영웅으로서의 과거를 스스로 선택하는 것은 바로 루이 18세 정부와 새로운 풍습에 가담하지 않는 것을 선택하면서이고, 황제의 빛나는 복귀를 끝까지 바라는 것을 선택하면서이고, 이 복귀를 서두르기 위해 음모에까지 가담하는 것을 선택하면서이며, 또 봉급을 모두 받는 것보다 절반을 받는 것을 선호하는 것을 선택하면서이다. 새로운 정부에의 가담을 기도하는 자가 있다면, 그자는 분명 앞의 것과 똑같은 과거를 선택하지 않았을 것이다. 하지만 역으로 이 노병이 급여의 절반만 받는다면, 그가 겨우 체면을 유지하는 정도의 가난 속에서 산다면, 그가 까다로워진다면, 또 그가 황제의 복귀를 희망한다면, 그것은 그가 러시아 철수 때의 한 명의 영웅이었던 때문이다. 자세히 이해해 보자. 이 과거는 어떤 구성적인 회복이 있기 전에는 작용하지 않는다. 그리고 결코 결정론이 문제가 되지 않는다. 하지만 "제정 시대의 군인"이라는 과거가 일단 선택되면, 대자의 행위는 이 과거를 실현한다. 이 과거를 선택하는 것과 대

---

50   반급 사관(demi-solde)은 특히 프랑스의 왕정복고(Restauration) 시대에 봉급을 절반만 지불하고 대기시킨 나폴레옹 휘하의 장병을 가리킨다.

51   벨라루스에 있는, 드네프르강의 오른쪽 지류를 이루는 강이다. 1812년 11월 나폴레옹이 러시아 원정에 실패하고 파리로 귀환하던 중 나폴레옹 군대를 추격하는 러시아군과 나폴레옹군 사이에 전투(베레지나 전투)가 벌어져 유명해졌다. 나폴레옹군은 승리를 거두긴 했지만, 혹한으로 인해 엄청난 피해를 입었다.

자의 행위에 의해 그 과거를 실현하는 것 사이에는 어떤 차이도 존재하지 않는다. 이렇듯 대자는 영광스러운 자기의 과거를 하나의 상호주체적인 실재로 만들려고 노력하면서, 타인들의 눈에 이 과거를 대타-대상성(objectivité-pour-autrui)으로 구성한다(예컨대 그 노병들이 대표하는 위험에 대한 도지사의 보고). 타인들로부터 그런 대우를 받은 대자는 그 이후로 현재의 자기의 가난과 실추를 보상하기 위해 선택한 하나의 과거에 대해 스스로 어울리는 인간이 되기 위해 행동한다. 대자는 완고한 태도를 보이며, 연금의 모든 기회를 상실한다. 그 이유는 대자가 자기의 과거를 욕되게 할 수 없기 때문이다. 이렇듯 우리는 어떤 목적의 빛 아래에서 우리의 과거를 선택하지만, 그때부터 우리의 과거는 자신을 부과하며 우리를 집어삼킨다. 이것은 우리의 과거가 우리가 그것으로 있어야 할 존재와 다른 독자적인 존재를 지니고 있기 때문이 아니라, 단지 다음과 같은 이유에서일 뿐이다. (1) 우리의 과거는 우리가 그것으로 있는 목적의 모습을 현실적으로 드러낸 물질화이다. (2) 우리의 과거는 우리에게 있어서도 또 타자에게 있어서도 세계의 한복판에 나타난다. 우리의 과거는 결코 단독이 아니고, 보편적인 과거 속에 잠겨 있으며, 또 그로 인해 타자의 평가에 제시된다. 기하학자는 자기 마음에 드는 도형을 그리는 것에서 자유롭지만, 이 도형은 곧장 가능한 다른 무수한 도형과 무수한 관계를 맺으며, 그는 그렇지 않은 도형을 생각할 수 없다. 이와 마찬가지로 우리 자신에 대한 우리의 자유로운 선택도 우리의 과거에 대한 일종의 평가적인 질서를 나타나게 하는 이 과거가 세계와 타자에 대해 맺는 무수한 관계를 나타나게 한다. 그리고 이 무수한 관계는 실행되어야 할 무수한 행위로서 우리에게 제시된다. 왜냐하면 우리가 우리의 과거 자체를 평가하는 것은 미래에서의 일이기 때문이다. 그리고 우리의 과거가 우리의 본질적인 기투의 테두리 안에 나타나는 한에서, 우리는 이 행위를 실행하도록 강제하고 있다. 이 기투를 원하는 것은 실제로 이 과거를 원하는 것이며, 이 과거를 원하는 것은 무수한 이차적 행위에 의해 이 과거를 실현하고자 원하는 것이다. 논리적으로 말하면, 과거의 요구는 가언적 명령이다. "만일 네가 이런저런 과거를 갖고자 원한다면 이런저런 방식으로 행동하라."는 것이다. 하지만 이 명제의 전항이 구체적이고 정언적 선택이기 때문에, 이 가언적 명령 또한 정언적 명령으로 바뀐다.

하지만 나의 과거의 구속력은 자유롭고 반성적인 나의 선택으로부터, 또 그 선택이 자기에게 부여한 힘 자체로부터 빌린 것이기 때문에, 하나의 과거의 구속력을 선험적으로 결정하는 것은 불가능하다. 나의 자유로운 선택이 결정하는 것은 단지 나의 과거의 내용과 이 내용의 질서만이 아니다. 그것은 또한 나의 현재성에 대한 과거의 밀착(adhérence)이기도 하다. 만일 우리가 아직 결정하지 않아도 되는 근본적인 전망에서 나의 주요 기투 중 하나가 진보하는 것이라면, 다시 말해 어떤 과정에서 내가 전날 또는 한 시간 전보다 언제나, 또 어떤 대가를 치르고서라도 한층 더 진보하는 것이라면, 이런 진보적인 기투는 나의 과거에 비해 일련의 박리를 일으킨다. 과거는 그때 내가 나의 진보의 높은 곳으로부터 약간 경멸 어린 연민을 가지고 바라보는 것이 된다. 과거는 분명 도덕적 평가의 수동적 대상, 그리고 판단의 수동적 대상이 된다 ──"그때 나는 얼마나 어리석었던가!" 또는 "나는 얼마나 심술궂었던가!" 그런데 이런 과거는 내가 그 과거와의 연대성을 끊을 수 있기 위해서만 존재할 뿐이다. 나는 더 이상 그 과거 속으로 들어가지 않고 또 들어가려고 원하지도 않는다. 분명 이 과거는 존재하는 것을 중단하지 않는다. 오히려 그것은 그저 단순히 내가 이미 그것으로 있지 않는 나, 다시 말해 내가 더 이상 그것으로 있지 않는 나인 내가 그것으로 있어야 할 존재로 존재할 뿐이다. 이 과거의 기능은 내가 나를 그것에 대립시키기 위해 나에 대해 선택한 것이며, 나에게 나를 측정하는 것을 가능케 한다. 따라서 이와 유사한 대자는 자기와의 연대성 없이 자기를 선택한다. 이것은 다음과 같은 의미이다. 즉 이 대자는 자신의 과거를 폐지하는 것이 아니라, 오히려 자신의 과거와 연대적이 되지 않기 위해, 그러니까 바로 자기의 총체적인 자유를 긍정하기 위해 자신의 과거를 세운다는 것이다(지나간 것은 과거에 대한 일종의 구속이고 일종의 전통이다). 이와 반대로 시간에 대한 거부와 과거와의 긴밀한 연대성에 포함되어 있는 기투를 하는 대자들이 있다. 이런 대자들은 튼튼한 지반을 발견하고자 하는 자기 욕망 속에서 반대로 자기가 그것으로 있는 것으로서 그 과거를 선택한 것이다. 그리고 이런 그의 욕망 속에서 그 나머지 것은 막연한 도피에 불과하고, 또 전통에 어울리지 않는다. 이런 대자들은 먼저 도피의 거부를, 다시 말해 거부하는 것의 거부를 선택한 것이다. 따라서 그 과거는 이 대자들에 대한 충실성의 요구를 기능으로 삼는다. 따라서 전자[진보적인 대자]는 자기가 저지른 잘못을 대수롭지 않게 가볍게 고백하는 것으로 보일 것이다. 하지만 후자[보수적인 대자]에게 있어서는 그가 자신의 근본적인 기도를 단호히 바꾸지 않는 한 전자와 동일한 고백을 하는 것은 불가능할 것이다. 후자는 그때 현재 있는 것에 대한 믿음을, 즉 자신의 기도의 본질적 구조를 구성하는 그 믿음을 손상시키는 것을 피하기 위해 이 세상의 모든 자기기만을, 그리고 자기가 발견해 낼 수 있는 모든 핑계를 사용할 것이다.

이렇게 해서 대자가 미래에 대한 자기의 선택에 의해 자기의 지나간 사실성에 대해 하나의 가치, 하나의 위계적 질서와 절박성을 부여하고, 또 거기에서 출발해서 그 사실성이 대자의 행위와 행동을 동기 지을 때, 과거는 장소와 마찬가지로 상황에 통합된다.

C) 나의 환경

나의 "환경(entours)"과 우리가 앞에서 말한 내가 차지하는 장소를 혼동해서는 안 된다. 환경은 그 나름의 고유한 역행률과 유용률을 가지고 나를 에워싸고 있는 도구-사물이다. 분명 나의 장소를 차지함으로써 나는 환경의 발견을 근거짓는다. 그리고 장소를 바꿈으로써 ─ 우리가 살펴본 것처럼 이것은 내가 자유로이 실현하는 조작이다 ─ 나는 새로운 환경의 출현을 근거짓는다. 하지만 역으로 내가 환경의 변화와 아무런 관계도 없음에도 환경이 바뀔 수도 있고, 또 이 환경이 타인들에 의해 바뀔 수도 있다. 분명 베르그송은 『물질과 기억(*Matière et mémoire*)』에서 나의 장소의 변경은 나의 환경의 전면적인 변화를 불러일으킨다는 사실을 잘 보여 주고 있다. 하지만 나의 장소의 변경에 대해 말할 수 있기 위해서는 나의 환경의 전면적이고도 동시적인 변경을 생각해야 할 것이다. 그런데 환경의 이 총체적인 변화는 생각할 수 없다. 하지만 그렇다고 해도 나의 행동의 장은 대상의 나타남과 사라짐에 의해 끊임없이 관통되며, 나는 이 대상의 나타남과 그 사라짐과 아무 관련도 없다는 것은 여전한 사실이다. 일반적으로 도구적 복합의 역행률과 유용률은 단지 나의 장소에만 의존하는 것이 아니라, 이런 도구 자체의 잠재성에도 의존한다. 이렇듯 내가 존재하자마자 나는 나와는 다른 존재들의 한복판에 내던져져 있으며, 이 존재들은 나의 둘레에 나를 위해서, 또 나에게 대항해서 그 잠재성을 펼친다. 나는 자전거를 타고 이웃 마을에 가능하면 빨리 도착하고자 한다. 이 계획에는 나의 개인적인 목적, 나의 장소에 대한 평가, 도시로부터 나의 장소까지의 거리에 대한 어림짐작, 추구된 목적에 대한 수단의 자유로운 적용(노력)이 내포되어 있다. 그런데 타이어가 펑크 나고, 태양은 너무 뜨겁고, 맞바람이 불어오는 등, 내가 예측하지 못한 모든 현상, 이것이 바로 환경이다. 분명 이 현상들은 나의 주요한 기투 속에서, 그리고 그 기투에 의해서 나타난다. 바람이 맞바람으로 또는 "순풍"으로 나타날 수도 있는 것은 나의 기투에 의해서이다. 태양이 적당한 더위로 또는 견디기 힘든 더위로 나타나는 것도 나의 기투에 의해서이다. 이런 끊임없는 "사건들"의 종합적인 조직은 독일인들이 나의 환경(Umwelt)이라고 지칭하는 것의 통일체를 구성한다. 그리고 이 "환경"은 자유로운 기투의 한계 안에서만, 다시 말해 내가 그것으로 있는 목적의 선택의 한계 내에서만 드러날 뿐이다. 그렇지만 우리가 우리의 이 묘사를 거기에 고정시킨다면, 그것은 너무 단순할 것이다. 비록 나의 주위 환경의 각개의 대상은 이미 드러내 보여진 하나의 상황 속에서 나타나는 것이 사실이라 해도, 비록 이런 대상들의 총체가 그것만으로는 하나의 상황을 구성할 수 없는 것이 사실이라고 해도, 또 각개의 도구가 세계 안에서 상황의 배경 위에 떠오르는 것이 사실이라 해도, 하나의 도구의 갑작스러운 변화 또는 출현은 상황의 근본적인 변화에 영향을 끼칠 수 있다는 것은 여전한 사실이다. 가령 내 자전거 타이어가 펑크 나면, 나와 이웃 마을과의 거리는 갑자기 변화한다. 그것은 현재로서는 도로로 측정될 거리이지, 자전거 바퀴의 회전으로 측정될 거리는 아니다. 이 사실에서 나는 내가 만나고자 하는 사람이 내가 그의 집에 도착할 무렵에는 이미 기차를 탔을 것이라는 확신을 얻을 수 있다. 그리고 이 확신으로 인해 내 쪽에서 다른 결심을 할 수 있다(출발 지점으로 돌아가기, 전보 보내기 등). 나는 또한 예컨대 그 사람과 예정된 거래를 결말지을 수 없다고 확신하고, 다른 누군가에게로 방향을 돌리고 다른 계약을 맺을 수도 있을 것이다. 아마도 나는 나의 계획을 완전히 포기할 수도 있으며, 또 나의 계획의 완전한 실패를 인정해야 할지도 모른다. 이 경우 나는 피에르에게 제때에 통보할 수가 없었다거나 그와 타협이 잘 되지 않았다 등의 말을 할 것이다. 나의 무기력에 대한 이 명백한 인정은 나의 자유의 한계에 대한 가장 솔직한 고백이 아닌가? 물론 앞에서 살펴본 것처럼, 선택에 대한 나의 자유는 획득에 대한 나의 자유와 혼동되어서는 안 된다. 하지만 오히려 이 경우에 쟁점이 되는 것은 나의 선택 자체가 아닌가? 왜냐하면 많은 경우에 환경의 역행률은 정확히 나의 기투에 변화를 주는 기회이기 때문이다.

이 논의 바탕에 접근하기 전에 그 논의 거리를 명확히 하고 또 그 한계를 정하는 것이 좋을 것이다. 환경에 닥쳐오는 변화가 나의 기투의 변경을 유발할 수 있다면, 그것은 다음과 같은 두 가지 유보 조건 하에서만 가능할 뿐이다. 첫 번째 유보 조건은 그 변화가 나의 주요한 기투의 포기를 불러일으킬 수 없다는 것이다. 이와 반대로 나의 주요 기투는 그 변화의 중요성을 가늠하는 데 소용된다. 이 변화가 실제로 이런저런 기도를 포기하는 동기로 파악된다면, 그것은 좀 더 근본적인 기도의 빛 아래에서만 가능할 뿐이다. 그렇지 않다면 그 변화는 결코 동기가 될 수 없을 것이다. 왜냐하면 동기가 그 자체로 하나의 목적의 자유로운 선택인 동인-의식에 의해 파악되기 때문이다. 하늘을 뒤덮은 먹구름이 나의 등산 계획을 단념하도록 나를 설득할 수 있다면, 그것은 먹구름이 하나의 자유로운 기투 속에서 파악되었기 때문이다. 그 상태 속에서는 등산의 가치가 하늘의 어떤 상태와 연결되어 있다. 이것은 차차 일반적인 등산의 가치, 자연에 대한 나의 관계, 그리고 내가 세계와 더불어 유지하는 관계의 총체 속에서 이 관계가 차지하는 위치를 가리킨다. 두 번째 유보 조건은 어떤 경우에도 출현한 대상 또는 사라진 대상은 하나의 기투에 대한 단념을 초래할 수 없다는 것이다. 심지어 부분적으로라도 그렇다. 사실 이 대상은 근원적인 상황에서 하나의 결여로서 파악되어야 한다. 따라서 이 대상의 출현 또는 그 소실이라는 소여는 무화되어야 한다. 또 나는 "이 소여에 대해" 후퇴하고, 그 결과 이 소여의 현전에서 나 자신을 결정해야 한다. 우리는 앞에서 형집행인의 불에 달군 쇠집게조차 우리를 자유로움에서 면제해 주지 않는다는 사실을 이미 보았다. 이것은 어려움을 피하고 또 손해를 회복하는 것이 항상 가능함을 의미하지 않는다. 이것은 단지 어떤 방향에서 계속 행하는 것의 불가능성 자체마저도 자유로이 구성되어야 함을 의미한다. 따라서 우리의 단념이 행해져야 할 행위의 불가능성에 의해 초래되는 것이 아니라, 반대로 속행의 불가능성이 우리의 자유로운 단념에 의해 사물에게 오는 것이다.

이것은 소여의 현전이 여기에서도 역시 우리의 자유에 대해 하나의 장애이기는커녕, 오히려 자유의 존재 자체에 의해 요구됨을 인정해야 한다는 것을 의미한다. 이 자유는 내가 그것으로 있는 일종의 자유이다. 하지만 내가 즉자에 대한 일종의 내적 부정이 아니라면 나는 무엇인가? 내가 부정하는 이 즉자가 없다면, 나는 무(無)로 없어지고 말 것이다. 우리는 이 책 서론에서 의식은 하나의 즉자존재의 "존재론적 증거"로 소용될 수 있다는 사실을 지적했다. 사실 무엇인가에 대한 의식이 있다면, 이 "무엇인가"는 근원적으로 하나의 실재적인 존재, 다시 말해 의식에 대해 상대적이 아닌 존재를 가지고 있어야 한다. 하지만 우리는 지금 이 증거가 한층 더 광범위한 효력을 가지고 있음을 본다. 만일 내가 일반적으로 무엇인가를 할 수 있어야 한다면, 나는 일반적으로 나의 존재에서 독립된 존재를 지니는 존재, 특히 나의 행동에서 독립된 존재를 지니는 존재 위에 나의 행동을 실행해야 한다. 나의 행동은 이 존재를 나에게 드러내 보일 수 있다. 나의 행동이 그 존재를 조건짓는 것은 아니다. 자유롭다는 것은 바꾸기-위해-자유롭다는 것이다. 따라서 자유에는 바뀌어야 할 환경의 존재가 내포되어 있다. 극복되어야 할 장애와 이용되어야 할 도구 말이다. 분명 환경을 장애로 드러내 보이는 것은 자유이다. 하지만 자유는 그 자유로운 선택에 의해 환경의 의미를 해석할 수 있을 뿐이다. 자유가 존재하기 위해서는 환경이 그저 그곳에 순전히 날것으로 [있는 그대로] 존재해야 한다. 자유롭다는 것은 행하기-위해-자유롭다는 것이며, 또 세계-내에서-자유롭다는 것이다. 하지만 사정이 이와 같다면, 바꾸는 자유는 자유로서 자기를 인지함과 동시에 자유가 그 위에 작용하는 소여의 독립적인 존재를 자기의 근원적 기투 속에서 암묵적으로 인지하고 또 예견한다. 즉자를 독립적인 것으로서 드러내 보이는 것은 내적 부정이며, 또 즉자에 대해 그것의 사물적인 성격을 구성해 주는 것도 역시 이 독립성이다. 하지만 그때부터 자유가 자기의 존재의 단순한 출현에 의해 정립하는 것은 바로 자유가 자기와는 다른 사물과 관련을 가지는 것으로 존재한다는 것이다. '함'은 정확히 존재하기 위해 자기 외의 다른 사물을 필요로 하지 않는 것을 변화시킨다. '함'은 원칙적으로 행동에 대해 무관심한 것, 행동 없이도 자기의 존재 또는 자기의 생성을 추구할 수 있는 것에 대해 작용하는 것이다. 즉자의 이 외면적인 무관심이 없다면, '함'의 개념 자체는 그 의미를 상실할 것이다(우리는 이것을 위에서 바람과 결의에 대해 말하면서 보여 주었다). 그리고 그 결과 자유 자체는 무너져 버릴 것이다. 이렇듯 일반적으로 하나의 자유의 기투 자체는 어떤 것이든 저항에 대한 예견과 수락을 포함하고 있는 하나의 선택이다. 게다가 자유는 단지 무관심한 즉자가 저항으로서 드러내 보이는 테두리를 구성하는 것만이 아니다. 또한 자유의 기투 자체는 일반적으로 하나의 저항하는 세계 안에서, 그것의 저항에 대한 승리를 통한 '함'의 기투이기도 하다. 모든 자유로운 기투는 자기를 시행으로써 사물의 독립성에서 기인하는 예견 불가능의 여백을 예측한다. 왜냐하면 이 독립성은 정확히 하나의 자유가 자기를 구성하는 출발점이기 때문이다. 내가 피에르를 만나기 위해 이웃 마을에 가려고 시도하자마자, 타이어 펑크, "맞바람", 예견 가능하고 예견 불가능한 수많은 사건이 나의 기투 자체 속에 주어지고, 또 나의 기투의 의미를 구성한다. 따라서 나의 기투를 방해하는 그 불의의 펑크는 나의 선택에 의해 소묘된 하나의 세계 속으로 자기의 장소를 차지하러 온다. 왜냐하면 이렇게 말해도 좋다면, 나는 그 펑크를 불의의 일로 기다리는 것을 결코 그만두지 않았기 때문이다. 그리고 설령 나의 길이 홍수나 흙사태와 같은 생각지도 못한 어떤 일로 인해 막혔다고 해도, 어떤 의미에서 이 예견 불가능한 사건은 예견되어 있었던 것이다. 즉 나의 기투 속에는 미결정된 일종의 여백이 "예견 불가능한 것을 위해" 만들어져 있었던 것이다. 이것은 마치 로마인들이 자신들의 신전 속에 알려지지 않은 신들을 위해 하나의 장소를 남겨 두었던 것과 같다.[52] 그리고 이것은 "힘든 일"의 경험 또는 경험에서 오는 신중함에 의한 것이 아니며, 오히려 나의 기투의 본성 자체에 의한 것이다. 이렇게 해서 어떤 방

---

52 『신약성서』, 「사도행전」 17:23 참조.

식으로는 인간실재는 어떤 것에 의해서도 기습당하지 않는다고 말할 수 있다. 이런 지적을 통해 우리는 자유로운 선택이 지니는 하나의 새로운 특징을 밝힐 수 있다. 즉 자유의 모든 기투는 열린 기투이지, 닫힌 기투가 아니라는 것이 그것이다. 자유의 모든 기투는, 설령 그것이 전적으로 개별화되었다고 해도, 다음에 오는 그 변경 가능성을 자기 안에 담고 있다. 모든 기투의 구조 속에는 세계의 사물들의 "독립성"에 대한 이해가 포함되어 있다. 예견 불가능한 것에 대한 이 끊임없는 예견이 내가 그것으로 있는 기도의 미결정의 여백으로 존재하기 때문에, 우연한 사고나 천재지변은 그 전대미문의 성격과 그 기이함이 나를 놀라게 하는 것이 아니라, "이미 보여져 있었다-이미 예견되어 있었다."라고 하는 어떤 양상에 의해, 즉 내가 "그것은 일어날 일이었다."라는 말로 표현하는 일종의 자명성 자체와 일종의 숙명론적 필연성에 의해 항상 나를 압도하고 있다. 우리가 스스로 놀라겠다고 결정하지 않는 한, 이 세계에는 우리를 놀라게 할 그 무엇도, 또 깜짝 놀라게 만드는 그 무엇도 존재하지 않는다. 그리고 놀라움이라는 근원적인 주제는 이런저런 개별적인 사물이 세계의 한계 안에 존재한다는 것이 아니며, 그보다는 오히려 일반적으로 하나의 세계가 그곳에 존재한다는 것이다. 다시 말해 내가 나에게 본래부터 무관심했던 존재자들의 총체성 속에 던져져 있다는 것이다. 왜냐하면 하나의 목적을 선택함으로써 내가 이 존재자들과 관계를 맺는 것을 선택하는 것이기 때문이며, 또 이 존재자들이 그것들 사이에 관계를 맺게 되기 때문이다. 나는 내가 무엇인지를 나에게 알려 주기 위해 이 존재자들의 결합을 선택한다. 이렇듯 사물들이 나에게 보여 주는 역행성은 나의 자유의 조건 중 하나로서 나의 자유에 의해 미리 소묘된다. 그리고 이런저런 복합이 그것의 개별적인 역행률을 나타낼 수 있는 것은 바로 역행성 전반에 대해 자유롭게 기투된 하나의 의미에 달려 있다.

하지만 상황이 문제 될 때마다 그 사물들의 상태는 하나의 이면을 지니고 있음을 강조해야 한다. 자유가 역행성 전반을 미리 소묘한다면, 그것은 즉자의 무관심한 외면성을 승인하는 하나의 방식으로서이다. 물론 역행성은 자유에 의해 사물에게 온다. 하지만 그것은 자유가 자기의 사실성을 "무관심한-즉자의-한복판에-있는-존재"로서 밝혀 주는 한에서이다. 자유는 사물을 역행적인 것으로서 자기에게 준다. 다시 말해 자유는 사물을 사물로 만드는 하나의 의미를 사물에게 부여한다. 하지만 그것은 의미를 이루는 소여 자체를 떠맡음으로써이다. 다시 말해 자유가 사물의 의미를 뛰어넘기 위해 무관심한 즉자의 한복판에서 자기의 망명을 떠맡음으로써이다. 게다가 거꾸로 말하자면 이렇게 떠맡아진 우연적인 소여는 대자의 자유로운 떠맡음 속에서만, 그리고 대자의 자유로운 떠맡음에 의해서만 "무관심의 한복판으로 망명"한다는 다른 모든 의미의 버팀대이자 이 원초적인 의미 자체를 지탱할 수 있을 뿐이다. 사실 그것이 바로 상황의 원초적 구조이다. 이 구조는 여기에서 완전히 분명하게 나타난다. 자유가 소여를 여기-이 소여(ce donné-ci)로서 존재하게끔 하는 것은, 바로 자유가 자기의 목적을 향해 소여를 뛰어넘는 것 자체에 의해서이다. 그 이전에는 이것도 저것도 이곳도 존재하지 않았다. 그리고 이처럼 지시된 소여는 아무런 방식으로 형성되지 않는다. 이 소여는 날것의 존재자이며, 뛰어넘어지기 위해 맡겨진 존재자이다. 하지만 자유는 여기-이 소여의 뛰어넘기임과 동시에 그 소여의 여기-이 뛰어넘기(ce dépassement-ci)로서 자기를 선택한다. 자유는 어떤 하나의 소여의 어떤 하나의 뛰어넘기가 아니다. 오히려 날것의 소여를 떠맡음으로써, 또 이 소여에 대해 의미를 부여함으로써, 자유는 단번에 자기를 선택하는 것이다. 자유의 목적은 바로 여기-이 소여를 바꾸는 것이다. 그렇지만 소여는 선택된 목적의 빛에 의해 이 소여로 나타난다. 이렇듯 자유의 출현은 하나의 소여를 통한 하나의 목적의 결정 작용이며, 하나의 목적의 빛 아래에서의 하나의 소여의 발견하는 것이다. 이 두 개의 구조는 동시적이고 분리될 수 없다. 사실 우리는 뒤에서 선택된 목적의 보편적 가치는 분석에 의해서만 드러난다는 사실을 보게 될 것이다. 모든 선택은 하나의 구체적인 소여에게 가져오게 될 하나의 구체적인 변화의 선택이다. 모든 상황은 구체적이다.

이렇듯 사물의 역행성과 그 잠재성은 일반적으로 선택된 목적에 의해서 밝혀진다. 하지만 목적은 무관심의 한복판에 내버려진 것으로서 자기를 떠맡는 하나의 대자에게 있어서만 존재할 뿐이다. 이 떠맡음에 의해서 대자는 우연적이고 날것의 내던져짐(délaissement)에 하나의 의미 외에는 아무것도 새로운 것을 가져오지 않는다. 대자는 그 이후로 하나의 내던져짐이 거기에 있게 만든다. 대자는 이 내던져짐을 상황으로 발견하도록 만든다.

우리는 이 책 제2부 제4장[53]에서 대자는 그 출현에 의해 즉자를 세계에 오게 한다는 사실을 살펴보았다. 좀 더 일반적인 방식으로 대자는 즉자를, 다시 말해 사물을 "거기에 있게" 하는 무였다. 또한 우리는 즉자적 실재는 거기에, 바로 손이 닿는 곳에 그것의 성격들을 지닌 채 아무런 변형도 부가도 없는 상태로 존재한다는 사실을 살펴보았다. 다만 우리는 세계, 공간, 시간, 잠재성과 같은 우리가 우리의 출

---

53 사르트르의 착각으로 보인다. 이 내용은 제2부 제3장 Ⅰ~Ⅱ이다.

현 자체에 의해 설정하게 될 다양한 명목의 무화에 의해 즉자적 실재와 분리되어 있다. 특히 우리가 여러 현전(이 유리잔, 이 잉크병, 이 책상 등)으로 에워싸여 있음에도 불구하고, 우리는 이런 현전이 있는 그대로 파악되지 않는다는 사실을 보았다. 왜냐하면 이런 현전은 우리에 의해 기투되는 하나의 몸짓 또는 하나의 행위 끝에서만, 다시 말해 미래에 있어서만 오직 그중의 어느 것인가만을 넘겨줄 것이기 때문이다. 이제 우리는 사물의 이런 상태의 의미를 이해할 수 있다. 우리는 우리의 자유에 의해서가 아니라면 어떤 것에 의해서도 사물과 분리되지 않는다. 사물들을 그 무관심, 그 예견 불가능성, 그 역행성을 지닌 채 거기에 있게끔 하는 것, 그리고 우리를 사물들과 불가피하게 분리하는 것은 바로 자유이다. 왜냐하면 사물들이 나타나고 또 그것들이 서로 연결된 것으로 드러내 보이는 것은 바로 무화의 배경 위에서이기 때문이다. 이렇듯 나의 자유의 기투는 사물에게 아무것도 덧붙이지 않는다. 나의 자유의 기투는 사물이, 다시 말해 정확히 역행률과 유용률을 가진 실재들이 거기에 있게 한다. 나의 자유의 기투는 이런 사물들이 경험 속에서 나타나게, 다시 말해 그것들이 시간화 과정을 따라 세계의 배경 위에 잇따라 솟아오르게 만든다. 마지막으로 나의 자유의 기투는 그 사물들이 손이 미치지 않는 곳에 있는 것으로서, 독립적인 것으로서, 내가 분비하는 무와 내가 그것으로 있는 무 자체에 의해 나로부터 분리된 것으로서 나타나게 만든다. 사물들이 거기에 있는 것은, 다시 말해 하나의 충만된 우연성이 거기에 있고, 그 안에서 자유 자체가 우연성인 것은, 바로 자유가 자유이게끔 선고받았기 때문이며, 다시 말해 자유가 자기를 자유로서 선택할 수 없기 때문이다. 하나의 선택과 동시에 상황 속에서 사물들의 하나의 조직이 거기에 있을 수 있는 것은 바로 자유가 이런 우연성을 떠맡음으로써이며, 또 그 우연성을 뛰어넘음으로써이다. 그리고 환경의 예견 불가능과 역행성에 의해 상황 속에 표현되는 것은 바로 자유의 우연성과 즉자의 우연성이다. 이렇게 해서 나는 절대적으로 자유롭고, 나의 상황에 대해 절대적으로 책임이 있는 것이다. 하지만 또한 나는 상황 속에서만 자유로울 뿐이다.

D) 나의 이웃

나의 이웃 사람들이 항상 따라다니는 하나의 세계 속에서 산다는 것은 단순히 모든 길모퉁이에서 타인을 만날 수 있다는 것만은 아니다. 이것은 또한 나의 자유로운 기투가 우선적으로 부여한 것이 아닌 하나의 의미를 가질 수 있는 도구-복합이 있는 하나의 세계에 구속되어 있는 것이기도 하다. 또한 이것은 이미 의미를 지닌 이 세계의 한복판에서, 또 내가 나 자신에게 부여한 것이 아님에도 나의 것인 하나의 의미 작용에, 게다가 내가 나 자신을 "이미 그것의 소유자"로서 발견하는 의미 작용에 관련된 것이기도 하다. 따라서 타인도 역시 "거기에 있는" 하나의 세계 속에 존재한다는 근원적이고 우연적인 사실이 우리의 "상황"에 대해 무엇을 의미할 수 있는가를 우리 자신에게 물어볼 때, 이렇게 제기된 문제는 나의 구체적인 상황을 구성하기 위해 작용하는 실재의 세 개의 층을 차례로 연구하는 것을 요구한다. 즉 이미 의미 작용을 하는 도구(정거장, 기차 시간표, 예술작품, 동원 포스터), 내가 이미 나의 것으로서 발견하고 있는 의미 작용(나의 국적, 나의 인종, 나의 신체적인 외관), 그리고 마지막으로 이런 의미 작용이 지시하는 준거 중심으로서의 타인이 그것이다.

사실 내가 만일 그 의미 작용이 단순히 나의 고유한 목적의 빛에 의해서만 나타나는 하나의 세계에 속한다면, 모든 일은 아주 간단할 것이다. 사실 그리되면 나는 나 자신에 대한 나의 고유한 선택의 한계 내에서 사물들을 도구 또는 도구적 복합으로 배치할 것이다. 산을 극복하기 힘든 하나의 장애로서 만들 수 있거나 또는 들을 내려다보는 하나의 관점으로 만들 수도 있는 것 등이 바로 이런 선택이다. 그 산이 그 자체로 어떤 의미를 가질 수 있는지를 알아야 하는 문제는 제기되지 않을 것이다. 왜냐하면 나는 의미가 그 자체에 있어서 실재에 도래하게끔 하는 자이기 때문이다. 만일 내가 문도 없고, 창도 없는 하나의 단자라면, 만일 내가 어떤 방식으로든 다른 단자들이 존재한다는 것 또는 그것들이 가능하다는 것, 또 그 단자들 하나하나가 내가 보는 사물들에게 새로운 의미를 부여함을 알기만 한다면, 이 문제는 한층 더 단순화될 것이다. 이 경우 철학자들이 너무 자주 검토하는 데만 머물러 있는 데 비해, 나에게는 다른 여러 가지 의미 작용을 가능한 것으로 생각하는 것만으로도 충분할 것이다. 그리고 나에게 있어서는 최종적으로 의식들의 복수성에 대응하는 의미 작용들의 복수성은 그저 단순히 나 자신에 대해 하나의 다른 선택을 한다는 항상 열려 있는 가능성과 일치하게 될 것이다. 하지만 우리는 이런 단자적인 사고방식은 숨겨진 유아론을 그 안에 지니고 있음을 살펴보았다. 왜냐하면 이 사고방식은 정확히 내가 실재와 연관지을 수 있는 의미 작용들의 복수성과 각각의 체계가 실제로 내가 그것으로 있지 않은 하나의 의식을 가리키는 유의미적인 체계들의 복수성을 혼동하는 데까지 나아가기 때문이다. 게다가 구체적인 경험 영역에서 이런 단자적인 설명은 불충분한 것으로 드러난다. 사실 "나의" 세계 속에는 가능한 의미 작용들의 복수성과 다른 것이 존재한다. 나에 의해 생겨난 것이 아닌 것으로서 나에게 주어지는 객관적인 의미 작용이 존재한다. 사물에게 의미 작용이 도래케 하는 나는 이미 의미를 지닌 하나의 세계 속에 구속되어 있으며, 이 세계는 내가 거기에 부여하지 않은 의미를 나에게 반사한다. 예컨대 내가 도시에 사는 경우에 내가 발견하는 나의 선택에서 수없이 많은 독립된 의미에 대해 생각해 보기 바란다. 거리, 집, 상점, 전차, 버스, 도로 표지, 경적, TSF[54]의 음악 등. 분명히 고독 속에서 나는 날것의, 그리고 예견 불가능한 존재자를 발견했다. 예컨대 이 바위가 그것이다. 요컨대 나는 하나의 바위를, 다시 말해 여기-이 존재자를 거기에 있게끔 하는 데 그치며, 또 그 바위 말고는 아무것도 존재하게 하지 못했다. 하지만 나는 최소한 그 바위에 "기어 올라가야 하는", "피해야 하는", "바라보아야 하는" 등의 의미를 부여했다. 길모퉁이에서 내가 한 채의 집을 발견할 때, 내가 세계 속에 드러내 보이는 것은 단순히 하나의 날것의 존재자만이 아니다. 나는 이런저런 방식으로 규정된 하나의 이것을 단순히 그저 거기에 있게 하는 것만이 아니다. 오히려 그때 드러내 보이는 대상의 의미가 나에게 저항하고, 또 나와 독립된 것으로 머문다. 나는 그 건물이 셋집 또는 가스 회사의 사무소 또는 감옥임을 발견한다. 여기에서 이 의미는 우연적이며 나의 선택과 독립적이다. 이 의미는 즉자의 실재 자체와 동일한 무차별성과 더불어 현전한다. 이 의미는 자기를 사물로 만들며, 즉자의 성질과 구별되지 않는다. 이와 마찬가지로 사물의 역행률은 나에 의해 체험되기 전에 나에게 나타난다. 수많은 표지가 나에게 경계심을 불러일으킨다. "서행, 위험한 길목", "주의, 학교", "사망 위험", "100미터 전방에 개울 있음" 등. 하지만 이런 의미는, 사물들 속에 이미 깊이 새겨져 있으면서

---

54 'télégraphie sans fil'의 약자로, 무선 전신 또는 라디오 방송을 의미하는데, 여기에서는 라디오 방송을 가리킨다.

도 — 최소한 겉으로는 — , 또 사물의 외면적 무차별성에 참여하고 있으면서도, 여전히 나에게 직접적으로 관계되는 지켜져야 할 행위의 지시이다. 나는 횡단보도를 건널 것이다. 나는 이런저런 상점에 들어가 이런저런 도구를 살 것이다. 물론 그 도구의 사용법은 구매자들에게 주는 설명서에 아주 명확히 지시되어 있다. 그다음에 나는 그 도구, 예컨대 만년필을 일정한 조건 속에서 이런저런 서류를 작성하기 위해 사용할 것이다. 나는 거기에서 나의 자유에 대한 엄밀한 한계를 발견하는 것이 아닌가? 만일 내가 타인들에 의해 주어진 지시 하나하나를 따르지 않는다면, 나는 내가 있는 곳을 더 이상 모르게 될 것이고, 나는 길을 잃게 될 것이며, 기차를 놓치게 되는 일 등이 발생할 것이다. 게다가 이런 지시는 대부분 명령적이다. "이곳으로 들어가시오", "이곳으로 나가시오" 등 문 위에 적힌 입구와 출구 같은 단어가 의미하는 것이 바로 그것이다. 나는 그것을 따른다. 이런 지시는 내가 그 사물 위에 생기게 하는 역행률, 이른바 인간적 역행률을 부가한다. 이외에도 만일 내가 그 조직에 따른다면, 나는 그것에 의존하게 된다. 그 조직이 나에게 공급하는 이득은 바닥이 날 수 있다. 내란이나 전쟁이 발발하면, 생활필수품이 부족해지고, 나는 아무것도 할 수 없다. 나는 재산을 빼앗기고, 나의 기투를 저지당하며, 나의 목적을 수행하기 위한 필수품을 빼앗긴다. 그리고 특히 우리는 사용법, 지시, 명령, 금지, 게시판 등은, 내가 누구든 상관없는 사람인 한에서, 나에게 말을 걸어온다는 사실을 지적한 바 있다. 내가 복종함에 따라, 내가 질서 속에 스스로 편입됨에 따라, 나는 누구든 상관없는 사람의 인간실재의 목표를 따르며, 또 나는 어떤 것이나 상관없는 기술(技術)에 의해 그 목표를 실현하게 된다. 따라서 나는 나 자신의 고유한 존재에서 변양을 겪는다. 왜냐하면 나는 내가 선택한 목적이며, 또 그 목적을 실현하는 기술이기 때문이다. 어떤 것이나 상관 없는 목적, 누구든 상관없는 인간실재의 기술에는 누구든 상관없는 인간실재가 속해 있다. 이와 동시에 세계는 내가 이용하는 기술을 통해서만 나에게 나타날 뿐이기 때문에, 세계도 역시 변양을 겪는다. 내가 세계를 돌아다니기 위해 자전거, 자동차, 기차를 이용할 때, 그 이용을 통해 보이는 이 세계는, 내가 이용하는 수단과 엄밀히 상호 관련적인 하나의 모습을, 그러니까 모든 사람에게 드러내는 모습을 나에게 나타내 보인다. 이렇게 말하는 사람도 있다. 분명 나의 자유는 모든 곳에서 나에게서 빠져나가는 결과가 된다고 말이다. 나의 자발성의 자유로운 선택 주위에 유의미적인 하나의 세계의 조직으로서의 상황은 더 이상 거기에 없다. 거기에는 사람들이 나에게 부과하는 하나의 상태만이 존재할 뿐이다. 지금 그 점을 검토해 보는 것이 좋을 듯하다.

내가 사람이 거주하는 하나의 세계에 속한다는 것은 하나의 사실로서 가치를 지닌다는 것은 의심의 여지가 없다. 사실 이 소속은 세계 속에서 타자의 현전이라는 근원적인 사실을 가리킨다. 우리가 앞에서 살펴본 것처럼, 이 근원적인 사실은 대자의 존재론적 구조로부터 연역될 수 없다. 그리고 비록 이 사실이 우리의 사실성의 뿌리를 더 깊게 내리게 할 뿐이라고 해도, 사실성이 대자의 우연성의 필연성을 표현하는 한에서 이 사실 역시 우리의 사실성에서 도출되지 않는다. 오히려 이렇게 말해야 한다. 대자는 사실상 존재한다고 말이다. 다시 말해 대자의 존재는 어떤 법칙에 맞게 생긴 하나의 실재와 동일시될 수도 없고, 또 하나의 자유로운 선택과 동일시될 수도 없다. 그리고 이 "사실성"의 사실상의 특징들 사이에서, 다시 말해 연역될 수도 없고 증명될 수도 없이 단순히 "그렇게 보이는" 그 특징들 사이에서, 이 사실성은 우리가 타자의-현전에-있어서의-세계-내-존재라고 일컫는 하나의 특징이다. 이 사실상의 특징이 어떤 방식으로 유효하기 위해, 그것이 나의 자유에 의해 회복될 것인지의 여부가 바로 우리가 조금 뒤에서 검토하게 될 문제이다. 하지만 세계를 아유화하고자 하는 기술 차원에서는 타인의 존재라고 하는 사실 자체에서 기술의 집단적 소유라는 결과가 도출됨은 여전한 사실이다. 따라서 사실성은 이 차원에서 이미 구성된 집단적 기술에 의해서만 나에게 드러날 뿐인 하나의 세계 속에서 내가 출현한다는 사실에 의해 표현된다. 또 이런 기술이 겨냥하는 것은 나에게 이 세계를 나의 외부에서 규정된 의미를 갖는 하나의 양상 아래에서 파악한다. 이런 기술은 집단에 대한 나의 소속을 결정할 것이다. 인류에 대한 소속, 민족적 집단에 대한 소속, 직업적 집단이나 가족에 대한 나의 소속을 말이다. 심지어 이 사실은 강조되어야 한다. 나의 대자존재의 외부에서 내가 이런 집단에 대한 나의 사실상의 소속을 존재케 하는 유일한 적극적 방식은, 이 집단들에 속하는 기술을 내가 계속해서 사용하고 있다는 것이다 ─ 여기에 대해서는 뒤에서 언급할 것이다. 사실 인류에 대한 소속은 아주 기본적이고 또 아주 일반적인 기술의 사용에 의해 규정된다. 걸음을 걸을 줄 안다, 붙잡을 줄 안다, 지각되는 대상의 요철과 상대적인 크기를 판단할 줄 안다, 말할 줄 안다, 일반적으로 진실과 거짓을 구별할 줄 안다고 하는 것이 그것이다. 하지만 이 기술들을 우리가 이런 추상적이고 보편적인 형태로 소유하는 것은 아니다. 따라서 말할 줄 안다는 것은 일반적으로 이름을 부를 줄 안다든가 또 단어를 이해할 줄 안다든가 하는 것이 아니다. 그것은 어떤 언어(langue)를 구사할 줄 안다는 것이며, 따라서 민족적 집단의 차원에서 그 자신의 소속이 인류에게 속한다는 사실을 나타내는 것이다.

게다가 하나의 언어를 구사할 줄 안다는 것은 사전이나 학문적인 문법이 규정하는 것과 같은 방식으로 이 언어에 대한 추상적이고 순수한 지식을 갖는다는 것이 아니다. 이것은 지역적·직업적·가족적 변형과 선별을 통해 그 언어를 자기 것으로 만드는 것이다. 따라서 인류에 대한 우리의 소속이라는 현실은 우리의 국적이고, 우리의 국적이라는 현실은 가족·지역·직업 등에 대한 우리의 소속이라고 말할 수 있다. 이것은 언어 활동(langage)의 현실이 언어이며, 언어의 현실은 방언·은어·사투리 등이라는 의미에서이다. 또 거꾸로 방언의 진리는 언어이며, 언어의 진리는 언어 활동이다. 이것은 가족이나 지방에 대한 우리의 소속이 드러나는 구체적인 기술이 그런 기술의 의미와 본질 같은 것을 구성하는 더 추상적이고 더 일반적인 구조를 가리킴을 의미한다. 그리고 이 구조는 더 일반적인 다른 구조를 가리키며, 마침내는 누구든 상관없는 어떤 존재가 세계를 자기 것으로 만드는[아유화하는] 어떤 것이라도 상관없는 기술의 보편적이고 완전히 단순한 본질에 도달할 때까지 계속된다.

이렇듯 예컨대 프랑스인이라는 것은 사부아 사람[55]이라는 것의 진리일 뿐이다. 하지만 사부아 사람이라는 것은 단순히 사부아 지방의 산간 계곡에 살고 있다는 것만은 아니다. 이것은 여러 가지 중에서도 겨울에 스키를 타는 것이고, 스키를 교통수단으로 이용하는 것이다. 그리고 이것은 정확히 아를베르크식[56]이나 노르웨이식[57]으로가

---

55 프랑스 동남부에서 이탈리아 북부에 걸쳐 있는 사부아(Savoie) 지역에 사는 사람을 말한다. 레만 호 북쪽과 도피네 남쪽 사이의 서알프스산맥 지역으로 이루어져 있다.
56 오스트리아의 산악지대인 아를베르크 지방에서 발달한 스키를 가리키며, 앞으로 많이 기울어진 자세를 취한다.
57 '노르딕 스키'라고도 하며, 스키 부츠의 앞쪽은 바인딩에 고정되어 있고, 뒤꿈치는 스키에서 떨어지는 형태의 스키를 타는 방식으로, 주로 크로스컨트리 등의 경기에서 행해진다.

아니라 프랑스식[58]으로 스키를 타는 것이다.[59] 하지만 눈 덮인 산이며 경사지는 하나의 기술(技術)을 통해서만 파악될 뿐이기 때문에, 이것은 정확히 스키 경사면의 프랑스적 의미를 발견하는 것이다. 사실 가파르지 않은 경사면에 더 적합한 노르웨이식을 이용하느냐, 아니면 가파른 경사면에 더 적합한 프랑스식을 이용하느냐에 따라 동일한 경사면이 더 가파른 것으로 나타날 수도 있고, 또 더 부드러운 것으로도 나타날 수도 있을 것이다. 이것은 마치 사이클링 선수가 "속력을 중간 정도로 내느냐 또는 느리게 내느냐"에 따라서 어떤 언덕이 더 가파르게 나타나기도 하고, 또 덜 가파르게 나타나기도 하는 것과 마찬가지이다. 이처럼 프랑스 국적의 스키인은 스키장을 미끄러져 내려가면서 프랑스적인 "속도"를 낸다. 그리고 이 속도는, 그가 어디에 있든, 그에게 하나의 특수한 형태의 경사면을 보여 준다. 다시 말해 스위스의 알프스 또는 바이에른 지방의 알프스, 텔레마르크 지방[60] 또는 쥐라산맥은 언제나 전적으로 하나의 프랑스적인 의미와 어려움, 프랑스적인 도구 복합 또는 역행 복합을 그에게 제공할 것이다. 이와 유사하게 노동자 계급을 규정하기 위한 대부분의 시도는 생산, 소비 또는 열등감에서 비롯되는 어떤 유형의 "세계관"을 기준으로 삼게 된다(마르크스-알박스[61]-드 망[62]). 다시 말해 모든 경우에

---

58 아를베르크식과 노르웨이식의 중간 형태로, 알파인 스키를 가리키는 것이 아닌가 한다.

59 우리는 단순화한다. 기술적으로는 상호 영향과 간섭이 있다. 아를베르크식은 오랫동안 우리에게 우세했다. 독자는 쉽게 여러 가지 사실을 그 복잡함 속에서 떠올릴 수 있을 것이다. ─원주.

60 노르웨이 남서부에 위치했던 주로, 2020년 1월 1일 행정구역 개편에 따라, 베스트폴주와 베스트폴오그텔레마르크주로 통합되었다.

61 모리스 알박스(Maurice Halbwachs, 1877~1945)는 프랑스의 사회학자로, 뒤르켐 학파의 일원이다. 집단 기억에 중점을 둔 사회학 연구에 기여했다.

62 앙리 드 망(Henri de Man, 1885~1953)은 벨기에의 좌파 정치인으로, 벨기에 노동자당의 당수를 지냈다. 1930년대 대공황 때 신사회주의의 선도적인 이론가였으나, 1946년 벨기에 군사 법정에서 유죄판결을 받아 스위스에서 망명 생활을 했다.

서 그 시도는 세계를 정립하는 기술 또는 세계를 자기 것으로 만드는 기술을 기준으로 삼는 것에 이른다. 그런데 이 기술을 통해 세계는 그 격렬한 대립, 획일적이고 사막과도 같은 대중, 암흑지대와 빛의 풍토, 그리고 세계를 비추는 단순하고 긴급한 목적과 더불어 우리가 그것의 "프롤레타리아적인 모습"이라고 부르는 것을 드러낸다.

그런데 분명 — 이런저런 계급, 이런저런 민족에 대한 나의 소속은 나의 대자의 존재론적 구조로서의 나의 사실성에서 유래하는 것은 아니라고 해도 — 나의 사실상의 존재, 다시 말해 나의 출생과 나의 장소는 어떤 종류의 기술을 통해 세계와 나 자신에 대한 평가를 야기한다. 그런데 내가 선택하지 않은 이런 기술은 세계에 대해 그것의 의미를 부여한다. 세계가 "프롤레타리아적"인 우주의 단순하고도 뚜렷한 대립을 드러내며 나에게 나타나느냐, 아니면 "부르주아적"인 세계의 수없이 복잡한 뉘앙스를 드러내며 나에게 나타나느냐 하는 것을 나의 목적에서 출발해서 결정하는 것은, 더 이상 내가 아닌 것처럼 보인다. 나는 단지 날것의 존재자의 면전에 내던져져 있는 것이 아니라, 나는 또한 노동자적 세계, 프랑스적 세계, 로렌 지방 또는 남프랑스 지방의 세계 속에 내던져져 있는 것이다. 그런데 이 세계는 내가 그것의 의미를 가려내기 위해 아무것도 하지 않았지만, 나에게 그것을 제공해 준다.

이 점을 자세히 살펴보도록 하자. 우리는 방금 나의 국적은 한 지방, 한 가족, 한 직업단체에 대한 나의 소속의 진리일 뿐이라는 사실을 보았다. 하지만 거기에서 멈춰야 하는가? 만일 언어가 방언의 진리일 뿐이라면, 방언은 절대적으로 구체적인 현실인가? "사람들"이 말하고 있는 것과 같은 직업적 은어, 언어학적, 통계적 연구에 의해 그 법칙을 결정할 수 있는 알자스 지방의 사투리는 최초의 현상, 즉 그 근거가 순수한 사실 속에서, 근원적인 우연성 속에서 발견되는 현상인가? 여기에서 언어학자들의 연구가 잘못되었을 수도 있다. 그들의 연구는 하나의 주어진 유형의 불변적 요소, 음성학적 또는 의미론적 변형을 밝혀 준다. 그들의 연구는 주어진 어떤 시기에서 하나의 음운 또는 하나의 형태소의 발달을 재구성할 수 있게 해 준다. 그 결과 단어 또는 통사 규칙이 그 의미와 그 역사와 더불어 하나의 개별적인 현실처럼 보인다. 그리고 사실상 개인은 언어[국어]의 발달에 거의 영향을 끼치지 못하는 것처럼 보인다. 외적의 침입, 주요 교통로, 통상 관계와 같은 사회적 사실들이 언어학적 변화의 본질적인 원인인 것처럼 보인다. 하지만 그것은 사람들이 구체적인 것의 참다운 영역에 자리 잡고 있지 않았기 때문이다. 따라서 그들은 자신들의 요구에 의해서만 지불받을 뿐이다. 오래전부터 심리학자들은 단어는 언어의 구체적인 요소가 아니었다고 지적한 바 있다. 특수한 변형을 지닌 방언적인 단어조차도, 또 가족적인 단어조차도 말이다. 국어의 기본적인 구조는 문장이다. 사실 단어가 그 현실적인 지시 기능을 부여받을 수 있는 것은 문장 속에서이다. 문장 밖에서 단어는, 그것이 절대적으로 잡다한 의미를 모으기 위한 단순한 항목이 아닌 경우, 바로 하나의 명제적 기능을 수행한다. 담론에서 단어가 단독으로 나타나는 경우, 이 단어는 하나의 "일문일어(一文一語, holophrastique)"적 성격을 띠며, 이 점이 종종 강조된 바 있다. 이것은 단어가 그 자체로서 하나의 정확한 의미에 한정될 수 있음을 의미하는 것이 아니라, 오히려 하나의 이차적인 형태가 하나의 주요 형태로 통합되듯이, 단어가 하나의 문맥으로 통합됨을 의미한다. 따라서 단어는 이 단어를 통합하는 복잡하고 능동적인 조직 밖에서는 순전히 하나의 잠재적인 존재만을 가질 뿐이다. 그 결과 단어는 그 사용 이전에 의식 또는 무의식 "속에" 존재할 수 없을 것이다. 문장은 단어들로 만들어진 것이 아니다. 그리고 거기에만 머물러 있어도 안 된다. 폴랑[63]은 『타르브의 꽃들(*Les Fleurs de Tarbes*)』에서 문장 전체는 "상투어(lieux communs)"라고 할지라도 정확히 단어와 마찬가지로 사람들이 그것을 사용하기 전부터 먼저 있었던 것이 아니라는 사실을 보여 주었다. 하나의 문장에서 다른 문장으로 옮아감으로써 독자가 그 문단의 의미를 다시 조립하고 또 외부로부터 고찰할 때 그 문장은 비로소 상투어가 된다. 하지만 만일 우리가 저자의 관점에 위치한다면, 그 문장은 평범하고 상투적인 성격을 잃게 된다. 그것은 저자가 표현해야 할 사물을 보고, 가장 급히 서둘러야 할 것을 시작하고, 하나의 지시 행위 또는 재창작 행위를 만들어 낸 것이며, 또 이 행위 요소 자체를 고려하는 데 시간을 들이지는 않았기 때문이다. 사정이 이렇다면, 단어도 통사도 "으레 쓰는 문장"도 사람들이 그것을 사용하기 전에 먼저 존재하지 않는다. 말의 단위는 유의미적인 문장이기 때문에, 이 유의미적인 문장은 하나의 건설적인 행위이며, 이 행위는 하나의 목적을 향해 소여를 뛰어넘고 또 무화하는 하나의 초월에 의해서만 생각될 수 있을 뿐이다. 문장의 빛에 비추어 단어를 이해하는 것은 아주 정확히 상황에서 출발해 어떤 소여를 이해하는 것이며, 또 근원적인 목적의 빛으로 상황을 이해하는 것이다. 나의 대화 상대자의 한 문장을 이해하는 것은 사실 그가 말하고자 하는 바를 이해하는 것이다. 다시 말해 그것은 그의 초월 운동에 가담하고, 그와 함께 가능을 향해, 목적을 향해 나 자신을 내던지고, 이어서 조직된 여러 수단의 총체로 되돌아와 그것들을 그 기능과 목표에 의해 이해하는 것이다. 게다가 말해진 언어는 항상 상황에서 출발해서

---

63 장 폴랑(Jean Paulhan, 1884~1968)은 프랑스의 작가, 문학 평론가, 언어학자이다. 철학자 프레데리크 폴랑(Frédéric Paulhan, 1856~1931)의 아들이다. 아카데미 프랑세즈 회원으로 활동했다.

해독된다. 기후, 시간, 장소, 환경, 도시 상황, 시골 상황, 나라 상황 등에 대한 지시는 말에 앞서 주어져 있다. 피에르가 오늘 아침에 나에게 다가오며 "안 좋은데."라고 한 말을 이해하기 위해서는, 나는 이미 신문을 읽었으니 그의 건강한 얼굴빛과 걱정스러운 표정을 보는 것만으로도 충분하다. 그의 얼굴빛이 좋기 때문에, 안 좋은 것은 그의 건강이 아니다. 그의 사업도 아니고, 그의 집안일도 아니다. 바로 우리의 도시 상황이거나 우리 나라의 상황이다. 나는 그것을 이미 알고 있었다. 나는 그에게 "어때?" 하고 물으면서 벌써 나는 그의 대답에 대한 해석을 그려 내고 있다. 나는 이미 시야의 구석구석까지 다 보았고, 피에르의 말을 이해하기 위해 거기로부터 그에게로 돌아갈 준비가 되어 있었다. 이야기를 듣는 것은 함께 말하는 것이다. 그것은 단순히 해독하기 위해 끄덕이기 때문이 아니며, 오히려 사람들이 가능을 향해 근원적으로 자기를 기투하기 때문이며, 또 세계에서 출발해서 이해해야 하기 때문이다.

하지만 만일 문장이 단어에 앞서 존재한다면, 우리는 담화의 구체적인 근거인 담화자에게로 보내진다. 만일 사람이 다양한 시기의 많은 문장에서 단어를 수집한다면, 그 낱말은 자체로 "살아 있는 것"처럼 보일 수 있다. 이렇듯 빌려 온 생명은 환상 영화에 나오는 저절로 배에 꽂히는 칼의 생명과 비슷하다. 그 생명은 순간적인 것들의 병치로서 이루어진다. 그 생명은 영화적이며, 또 보편적인 시간 속에서 구성된다. 하지만 우리가 의미론적 또는 형태론적인 필름을 영사(映寫)할 때, 단어가 살아 있는 것처럼 보인다 할지라도, 이 단어는 문장을 구성하는 데까지 나아가지 못한다. 단어는 문장이 지나간 흔적에 불과할 뿐이다. 이것은 마치 길이 순례자들이나 대상들이 통과한 흔적에 불과한 것과 마찬가지이다. 문장은 하나의 기투이며, 이 기투는 하나의 소여(사람들이 지시하고자 하는 바로 그것)의 무화에서 출발해서만 해석할 수 있을 뿐이다. 또한 이 기투는 제시된 하나의 목적(그 소여의 지시로, 이 지시는 그 자체가 다른 목적을 전제하며, 그 다른 목적에 대해 하나의 수단일 뿐이다.)에서 출발해서만 해석할 수 있을 뿐이다. 만일 소여가 단어나 다름없이 문장을 결정하지 못한다면, 만일 반대로 문장이 소여를 밝히고 단어를 이해하는 데 필요하다면, 문장은 나 자신의 자유로운 선택의 한 계기이며, 또 문장이 나의 대화 상대자에 의해 이해되는 것은 그런 것으로서이다. 만일 언어[국어]가 언어 활동의 현실이라면, 또 만일 방언이나 은어가 언어의 현실이라면, 방언의 현실은 내가 나를 지시자로 선택할 때의 자유로운 행위이다. 그리고 이 자유로운 행위는 단어들을 주워 모은 것일 수는 없을 것이다. 만일 이 자유로운 행위가 확실히 기술적인 처방(문법적인 규칙)에 의해 단어를 주워 모으는 것과 완전히 일치한다면, 우리는 화자(話者)의 자유에 부과된 사실상의 한계에 대해 말할 수 있을 것이다. 그런데 이런 한계는 단어의 소재적·음성적 본성, 사용된 언어의 어휘, 화자의 개인적 어휘(그가 마음대로 이용하는 n개의 단어), "언어의 재능" 등에 의해 표시될 것이다. 하지만 우리는 사실이 그렇지 않다는 것을 방금 제시했다. 최근 어떤 사람은[64] 이 단어들의 살아 있는 어떤 질서와 같은 것, 언어 활동의 역동적 법칙과 같은 것, 로고스의 하나의 비인격적인 생명과 같은 것이 존재한다고 주장했다. 요컨대 이 사람은 언어가 하나의 자연이며, 또 인간이 그것을 사용하려면 마치 인간이 자연에 대해 하고 있는 것처럼 어떤 점에서는 언어를 섬겨야 한다고 주장했다. 하지만 이런 주장이 가능한 것은 일단 죽어 버린 언어, 다시

---

64 Brice Parain, *Essai sur le logos platonicien*. — 원주.

말해 일단 말해진 언어를 사람들이 고찰하고, 그것에 대해 하나의 비인격적인 생명과 하나의 힘, 친화력과 반발력 등, 사실상 말하는 사람인 대자의 개인적인 자유에서 빌려 온 것을 불어넣었기 때문에 가능한 것이다. 사람들은 언어 활동을 완전히 자기 혼자서 말하는 언어로 만들어 버렸다. 이것은 모든 다른 기술에서와 마찬가지로 언어에서도 저질러서는 안 되는 오류이다. 만일 우리가 완전히 저절로 혼자서 적용되는 기술들의 한복판에, 스스로 말하는 언어 한복판에, 스스로 정립되는 과학의 한복판에, 그 자체의 법칙에 의해 스스로 건설되는 도시 한복판에 인간을 출현시킨다면, 또 만일 우리가 그 의미 작용을 그것에 인간적인 초월을 보존시키면서 즉자 상태로 고정시킨다면, 우리는 인간의 역할을 선박을 유도하는 데 바람, 물결, 조수의 일정한 힘을 이용하는 물길 안내자의 역할로 환원하게 될 것이다. 하지만 각개의 기술이 인간적인 목적을 향해 유도되기 위해서는 또 다른 하나의 기술을 요구하게 될 것이다. 예컨대 선박을 유도하기 위해서는 말을 하는 것이 필요할 것이다. 이렇게 해서 우리는 아마도 기술의 기술 ─ 이번에는 완전히 단독으로 적용하게 될 기술 ─ 에 도달하게 될 것이다. 하지만 우리는 기술자를 만나게 될 가능성을 영원히 상실해 버렸다.

만일 이와 정반대로 우리가 말하면서 단어가 존재하게 만든다면, 우리는 그로 인해 필연적이고 기술적인 연결 또는 문장 안에서 이어지는 사실상의 연결을 제거하게 된다. 그보다는 우리가 이 필연성을 근거짓는다고 말하는 편이 적합할 것이다. 하지만 이 필연성이 나타나기 위해서는, 단어들이 그것들 사이의 관계를 유지하기 위해서는, 그것들이 서로서로 얽히게 ─ 또는 서로서로 밀어내게 ─ 하기 위해서는, 그 단어들이 정확히 그들 자신에게서 기인하는 것이 아닌 하나의 종합 안에서 통일되어야 한다. 이 종합적 통일을 없애 버린다면, "언어"로서의 묶음은 무너져 내리고 만다. 각각의 단어는 그것의 고독으로 되돌아가게 됨과 동시에 그 통일성을 잃게 되며, 서로 소통하지 못하는 여러 의미 사이로 분산된다. 이렇듯 언어의 법칙들이 정립되는 것은 문장의 자유로운 기투 내부에서이다. 내가 문법을 만드는 것은 말을 함으로써이다. 자유는 언어 법칙의 유일한 가능의 근거이다. 게다가 언어 법칙은 누구를 위해 존재하는가? 폴랑은 하나의 답변 요소를 주었다. 그것은 말하는 사람을 위한 것이 아니라 듣는 사람을 위한 것이다. 말하는 사람은 어떤 의미의 선택일 뿐이다. 또한 이 말하는 사람이 단어의 순서를 파악하는 것은 오직 그가 그 순서를 만드는 한에서일 뿐이다.[65] 그가 이 조직된 복합 내부에서 파악하게 될 유일한 관계는, 특히 그가 이미 세워 놓은 관계이다. 따라서 만일 우리가 두 개 또는 더 많은 단어가 서로 간에 단 하나가 아닌 많은 한정된 관계를 맺고 있다는 사실을 발견한다면, 또 만일 하나의 동일한 문장에서도 서로 간에 위계가 있거나 또는 대립되는 수많은 의미가 생기는 것을 발견한다면, 요컨대 만일 우리가 "악마의 몫"을 발견한다면, 그것은 다음과 같은 두 가지 조건에서만 가능할 뿐이다. (1) 단어들은 하나의 자유롭고 유의미적인 접근에 의해 수집되고 또 제시되어야 한다. (2) 이 종합은 밖으로부터 보여야 한다. 다시 말해 타자에 의해, 그리고 이런 접근의 가능적인 의미에 대한 가정적인 해독 과정에서 보여야 한다. 사실 이 경우 우선 의미 작용의 십자로로서 파악된 각각의 단어는 또한 그런 것으로 파악된 또 다른 하나의 단어에

---

65 나는 단순화한다. 사람은 자신의 문장에 의해 자신의 사상을 알 수도 있다. 하지만 그것은 마치 우리가 우리의 고유한 신체에 대해 타자의 관점을 취할 수 있는 것과 마찬가지로, 어느 정도는 자신의 문장에 대해 타자의 관점을 취하는 것이 가능하기 때문이다. ― 원주.

연결되어 있다. 그리고 이 접근은 다의적일 것이다. 참된 의미의 파악, 다시 말해 화자가 분명히 말하고자 한 의미의 파악은 다른 의미들을 그늘 속으로 내던지거나 또는 자기에게 종속시킬 수도 있을 것이다. 하지만 그것은 다른 의미들을 제거하지는 않을 것이다. 이렇듯 나에게 있어 자유로운 기투인 언어는 타자에게 있어 특수한 법칙을 갖는다. 그리고 이런 법칙 자체는 하나의 근원적인 종합의 내부에서만 작용할 수 있을 뿐이다. 따라서 우리는 "문장"이라는 사건을 하나의 자연적인 사건과 분리하는 모든 차이를 파악한다. 자연적인 사실은 그것이 나타내는 하나의 법칙에 따라 생기기는 하지만, 이 법칙은 그 해당 사실이 하나의 예에 불과한 단순히 외적인 생산 규칙이다. 사건으로서의 "문장"은 그 자체 속에 그것의 조직 법칙을 포함하고 있다. 또 단어들 사이에 합법적인 관계가 출현할 수 있는 것은 지시한다는 자유로운 기투의 내부에서이다. 사실 사람들이 말을 하기 전에는 말의 법칙이 있을 수 없을 것이다. 그리고 모든 말은 개인적인 대자의 선택에 속하는 자유로운 지시적 기투이며, 이 대자의 총체적인 상황에서 출발해서 해석되어야 한다. 일차적인 것은 상황이며, 이 상황에서 출발해서 나는 문장의 의미를 이해한다. 그 이유는, 이 의미가 그 자체 내에서 하나의 소여로서 고찰되는 것이 아니라, 오히려 수단을 자유롭게 뛰어넘는 경우에 선택된 하나의 목적으로 고찰되기 때문이다. 이런 것이 바로 언어학자의 작업이 부딪칠 수 있는 유일한 현실이다. 이 현실에서 출발해서 소급적인 분석 작업은 합법적인 도식과 같은 더 일반적이고, 더 단순한 몇몇 구조를 밝힐 수 있을 것이다. 하지만 예컨대 방언 법칙에도 해당될 이런 도식은 그 자체에 있어서는 추상적이다. 이런 도식은 문장의 구조를 주재하고, 또 문장을 그 속으로 흘려 넣는 주형이 되기는커녕, 그 문장 속에서만, 그리고 그 문장에 의해서만 존재할 뿐이다. 이 의미에서 문장은 그 법칙에 대한 자유로운 고안으로 나타난다. 우리는 여기에서 아주 간단히 모든 상황의 근원적인 특정을 다시 발견한다. 문장의 자유로운 기투가 소여를 이 소여(이 배열 법칙과 방언적인 발음 법칙)로서 나타나게 하는 것은 바로 그 자유로운 기투의 있는 그대로의(언어 기관) 소여에 대한 뛰어넘기 자체에 의해서이다. 하지만 문장의 자유로운 기투는 정확히 여기-이 소여를 떠맡는 의도이다. 이 기투는 뭐든 상관없는 떠맡음이 아니라, 존재하는 수단을 통해 아직 존재하지 않는 하나의 목적을 겨냥하는 떠맡음이고, 이 기투가 그런 수단에 수단으로서의 의미를 부여하는 것이다. 이렇듯 문장은 단어들의 배열이지만, 이 단어들은 그 배열 자체에 의해서만 이 단어들이 될 뿐이다. 이것은 이미 언어학자들과 심리학자들이 감지했다. 그리고 그들의 곤경은 여기에서 우리에게 반증으로 소용될 수 있다. 사실 그들은 말의 형성 속에서 하나의 순환을 발견했다고 믿었다. 왜냐하면 말하기 위해서는 자신의 생각을 알아야 하기 때문이다. 하지만 만일 그것이 자신의 생각을 말함으로써가 아니라면, 이 생각을 개념적으로 고정된 분명한 현실로서 아는 것이 어떻게 가능할까? 이렇듯 언어는 사상을 가리키고, 사상은 언어를 가리킨다. 하지만 우리는 지금 다음과 같은 사실을 이해한다. 즉 거기에는 순환이 없다는 사실, 또는 차라리 그 순환 —— 그들이 언어인 이미지 또는 이미지도 단어도 없는 사상처럼 만들어 내는 순수한 심리적인 우상을 고안함으로써 거기로부터 벗어날 수 있는 것으로 믿었던 순환 —— 은 언어에만 특유하지 않다는 사실이 그것이다. 이런 순환은 일반적인 상황의 특징이다. 이런 순환은 현재·미래·과거의 탈자적인 결합 외의 다른 것이 아니라는 사실을 의미한다. 다시 말해 이것은 지금-존재하는 것을 아직-존재하지-않는 것에 의해, 또 아직-존재하지-않는 것을 지금-존재하는 것에 의해 자유롭게 결정한다는 사실을 의미한다. 그 후에야 비로소 문장의 합법적인 진리로서 나타나게 될 추상적인 작동 도식의 발견이 허용될 것이다. 방언적 도식 ─ 언어적 도식 ─ 과 일반적으로 언어학적 도식의 발견을 말이다. 하지만 이런 도식들은 구체적인 문장에 앞서 존재하기는커녕, 오히려 그 자체가 비독립성을 띠며, 또한 하나의 자유에 의해 육화된 것으로만, 그리고 하나의 자유에 의해 그 육화 자체 속에서 유지되는 것으로만 존재할 뿐이다. 언어는 당연히 여기에서는 하나의 사회적이고 보편적인 기술의 예에 불과할 뿐이다. 그 밖의 모든 기술의 경우에도 상황은 동일할 것이다. 도끼를 드러내 보이는 것은 도끼의 일격에 의해서이고, 망치가 드러내 보이는 것은 망치질에 의해서이다. 어떤 개별적인 경기에서 스키를 타는 프랑스식 방법을 발견하고, 또 이 방법에서 인간적인 가능성으로서의 스키를 타는 일반 기술을 발견하는 것은 허용될 것이다. 하지만 이 인간적인 기술은 그 자체만으로는 결코 아무것도 아니다. 이 인간적인 기술은 가능태로 존재하지 않는다. 이것은 스키 타는 사람의 현실적이고 구체적인 기술 속에서 육화되고 또 드러난다. 이것은 우리에게 개인의 종과의 관계에 대한 하나의 해결책을 그려 낼 수 있게 해 준다. 인류라는 종이 없다면 진리는 존재하지 않는다. 이것은 확실하다. 이 상황에서는 그 어떤 법칙도 적용될 수 없는 개별적인 선택의 비합리적이고 우연적인 하나의 우글거림만 남게 될 것이다. 만일 무엇인가가 개별적인 선택을 통일시키는 것이 가능한 하나의 진리로 존재한다면, 이 진리를 우리에게 제공할 수 있는 것은 바로 인류라는 종이다. 하지만 만일 종이 개별자의 진리라면, 그것은 심각한 모순 없이는 개별자 속에서 하나의 소여가 될 수 없을 것이다. 언어의 법칙은 문장의 자유롭고 구체적인 기투에 의해 유지·육화되는데, 이처럼 인류의 종 —— 인간의 활동을 규정하는 데 알맞은 기술의 총체 —— 은, 이런저런 개별적인 낙하가 물체 낙하의 법칙을 예시하는 것과 마찬가지로, 인류의 종을 나타나게 할 개별자에 앞서 존재하기는커녕, 오히려 자유로운 개별적인 선택에 의해 유지되는 추상적인 관계의 총체이다. 대자는 자기를 개인으로 선택하기 위해 자기가 자신을 향해 뛰어넘는 하나의 내적인 조직을 존재케 한다. 이 내적이고 기술적 조직은 대자에게 있어 민족적인 것 또는 인류적인 것이다.

사람들은 우리에게 이렇게 말할 것이다. "그럴 수 있다. 하지만 당신은 문제를 회피했다. 왜냐하면 이런 언어적 조직 또는 기술적 조직은 대자가 자기에게 도달하기 위해 만들어 낸 것이 아니기 때문이다. 대자는 그 조직을 타자로부터 되찾은 것이다. 분사(分詞)의 일치에 대한 규칙[66]은 어떤 개별적인 지시 목적을 위해 구체적인 분사를 자유롭게 접근시키는 것을 제외하고는 존재하지 않는다."라고 말이다. 나도 그 점을 인정한다. 하지만 내가 이 규칙을 이용할 때, 나는 그것을 타인들에게서 배운 것이다. 내가 이 규칙을 사용하는 것은 바로 타인이 그의 개인적인 기투에서 그것을 존재하게끔 하기 때문이다. 따라서 나의 언어는 타자의 언어에 종속되며, 결국 민족적 언어에 종속된다.

우리는 이 사실을 부정하려고 생각하지 않는다. 어쨌든 우리에게는 대자를 그 존재의 자유로운 근거로서 제시하는 것이 문제가 되는 것은 아니다. 대자는 자유롭다. 하지만 조건 속에서이다. 그리고 우

---

66 프랑스어에는 현재분사와 과거분사가 있는데, 두 경우 모두 형용사적으로 사용되면 그것이 각각 수식하는 명사의 성과 수에 일치해야 하며, 특히 과거분사의 경우에는 복합시제(조동사 + 과거분사)의 경우에는 엄격하고 복잡한 성과 수의 일치의 법칙을 따라야 한다.

리가 상황이라는 명칭하에 명확히 하고자 하는 것은 바로 이 조건과 자유와의 관계이다. 사실 우리가 방금 밝힌 것은 현실의 일부일 뿐이다. 우리는 대자에서 발산되지 않는 의미의 존재는 이 대자의 자유의 외적인 한계를 구성하지 못할 것이라는 사실을 보여 주었다. 대자는 먼저 인간이고, 그다음에 자기 자신이 되는 것이 아니다. 그리고 대자는 선험적으로 주어진 인간의 하나의 본질에서 출발해서 자기를 자기 자신으로서 구성하지 않는다. 오히려 이와 정반대로 대자가 자신을 한 명의 인간으로 만드는 어떤 사회적·추상적 특징을 존재하게끔 지지하는 것은 바로 이 대자가 개인적인 자기로서 자기를 선택하고자 하는 자신의 노력 속에서이다. 그리고 인간이라는 본질 요소를 뒤따르는 필연적인 연결은 하나의 자유로운 선택의 근거 위에서만 나타날 뿐이다. 이 의미에서 각개의 대자는 자기 존재에서 인류라는 하나의 종의 존재에 대한 책임이 있다. 하지만 대자는 자기가 기원이 아닌 어떤 의미 작용의 저편에서만 자기를 선택할 수 있을 뿐이라는 이 부정할 수 없는 사실을 우리는 좀 더 명확히 해야 한다. 사실 각개의 대자는 민족과 인류의 종 저편에서 자기를 선택함으로써만 대자일 뿐이다. 이는 대자가 통사와 형태소 저편에서 지시를 선택함으로써만 말할 뿐이라는 것과 마찬가지이다. 이 "저편"은 대자가 뛰어넘는 구조에 대해 대자의 전면적인 독립을 확고히 하는 것으로 충분하다. 하지만 그래도 역시 대자는 여기-이 구조들에 대한 저편으로서 자기를 구성하는 것은 사실이다. 이것은 무엇을 의미하는가? 이것은 바로 대자는 다른 대자들에게 있어서도 세계가 되는 하나의 세계 속에 나타남을 의미한다. 이것이 소여이다. 그리고 우리가 살펴본 것처럼, 정확히 이로 인해 세계의 의미는 대자에게 있어 소외되어 있다. 이것은 바로 대자가 자신에 의해 세계에 도래하지 않은 의미의 앞에 있다는 것을 의미한다. 대자는 모든 방향에서 이미 주시된, 이랑이 생기고, 탐사된, 경작된 것으로서 대자 자신에게 주어지고 있는 하나의 세계 속에서 나타난다. 그리고 이 세계의 조직 자체는 이미 그런 탐구에 의해 규정되고 있다. 대자가 자기의 시간을 펼치는 행위 자체에서 이 대자는 하나의 세계 속에서 자기를 시간화한다. 그런데 이 세계의 시간적 의미는 이미 다른 시간화에 의해 규정되어 있다. 이것이 곧 동시성의 사실이다. 여기에서는 자유의 한계가 문제 되지 않는다. 오히려 대자가 자유로워야 하는 것은 거기-이 세계 속에서이며, 대자가 자기를 선택해야 하는 것은 — 마음대로(ad libitum)가 아니라 — 이런 사정을 고려해서이다. 하지만 다른 한편으로 대자는 나타나면서 타인의 존재를 감내하는 것이 아니다. 대자는 하나의 선택이라는 형식하에서 타인의 존재를 자기에게 드러나게끔 강요당하고 있다. 왜냐하면 대자가 타인을 주체-타자 또는 대상-타자로 파악하게 되는 것은 하나의 선택에 의해서이기 때문이다.[67] 타인이 대자에게 있어 시선-타인 한, 낯선 기술이나 낯선 의미는 문제가 될 수 없을 것이다. 대자는 타인의 시선 아래 우주 안에서의 대상으로서 자기를 체험한다. 하지만 대자가 자기의 목적을 향해 타인을 뛰어넘으면서 그를 하나의 초월된-초월로 만들자마자, 목적을 향한 소여의 자유로운 뛰어넘기였던 것은 대자에게 세계 속에서 주어진(즉자로 굳어진) 의미 있는 행위로 나타난다. 대상-타자는 목적의 지시자가 된다. 그리고 대자는 자기의 자유로운 기투에 의해 대상-행위가 목적을 지시하는 하나의 세계 속으로 자기를 내던진다. 이렇게 해서 초월된-초월로서의 타인의 현전은 목적에 대한 수단의 주어진 복합을 드러내 보인다. 그리고 목

---

67 뒤에서 다시 보겠지만 문제는 더 복잡하다. 하지만 우선 이런 지적으로 충분할 것이다. — 원주.

적은 수단을 결정하고 또 수단은 목적을 결정하기 때문에, 대자는 대상-타자의 면전에 나타나는 자기의 출현에 의해 세계 속에서 목적을 자기에게 지시하게 한다. 대자는 목적으로 가득 찬 하나의 세계로 온다. 하지만 설사 그 결과로 그 기술과 그 목적이 대자의 시선에 나타난다고 해도, 그 기술이 기술이 되는 것은 바로 대자가 타인의 면전에서 취하는 자유로운 입장에 의해서임을 확실히 인정해야 한다. 타인은 혼자만으로 자기의 기투를 대자에게 기술로 나타나게 할 수 없다. 그리고 이로 인해 타인이 자기의 가능을 향해 자기를 초월하는 한에서, 그 타인에게는 기술이 존재하는 것이 아니라, 오히려 그의 개별적인 목적에서 출발해서 규정되는 하나의 구체적인 '함'이 존재할 뿐이다. 구두창을 수선하는 제화공은 자기 스스로 "어떤 기술을 적용하고 있는 중"이라고는 느끼지 않는다. 그는 상황을 이런저런 행동을 요구하는 것으로서, 가령 거기에 가죽 한 조각을 덧댈 필요가 있다든가, 못 한 개를 박아야 한다든가 등으로서 파악한다. 대자가 타인에 대해 입장을 취하자마자, 이 대자는 초월된-초월로서의 한에서 타인의 행위로서 기술을 세계 속에 출현시킨다. 자본가와 노동자, 프랑스인과 독일인, 요컨대 인간들이 세계 속에 나타나는 것은 이 순간에, 오로지 이 순간에 있어서뿐이다. 따라서 대자는 타인의 행위가 세계 속에서 기술로 나타나는 것에 대해 책임이 있다. 대자는 자신이 나타나는 그 세계를 이런저런 기술로서 이랑을 짓게 할 수는 없다(대자는 자기로 하여금 "자본주의적" 세계 또는 "자연경제에 의해 지배"되는 세계, 또는 "기생적 문명" 속에서 나타나게 할 수 없다). 오히려 대자는 정확히 자신에 의해 하나의 외부를 타인에게 오게 하는 자가 되면서, 자유로운 기투로서의 타인이 체험하는 것을 기술로서 외부에 존재시킨다. 이렇듯 대자가 세계 자체를 역사화하고, 또 자기의 기술로 세계에 날짜가 매겨지도록 하는 것은, 바로 대자가 세계 안에서 자기를 선택하고 또 자기를 역사화하면서이다. 정확히 기술이 대상으로서 나타나기 때문에, 거기에서 출발해서 대자는 이 기술을 자신의 것으로 만듦을 선택할수 있다. 피에르와 폴이 어떤 방식으로 이야기를 하고, 자전거나 자동차로 달리면서 우측통행을 하는 등의 방식으로 하나의 세계 속에 출현하면서, 또 이 자유로운 행위를 의미 있는 대상으로 구성하면서, 대자는 사람들이 우측통행을 하는 세계, 그리고 사람들이 프랑스어를 말하는 등의 하나의 세계를 존재케 한다. 대자는 하나의 기투 속에 구속된 하나의 자유에 의해 근거지우고 또 지탱되는 타인의 행위의 내적인 법칙을 대상-행위의 객관적인 법칙이 되게 하고, 또 이 규칙을 비슷한 모든 행위에 대해 보편적으로 타당한 규칙이 되게 한다. 왜냐하면 이 행위의 지지자 또는 대상-행위자가 누구든 상관없는 자가 되기 때문이다. 대자의 자유로운 선택의 효과인 이 역사화는 대자의 자유를 전혀 제한하지 않는다. 오히려 이와 정반대로 대자의 자유가 적용되는 것은 거기-이 세계 속에서이지, 다른 어떤 세계 속에서가 아니다. 대자가 자기를 문제 삼는 것은 이런 세계 속에서의 대자의 존재에 대해서이다. 왜냐하면 자유롭다는 것은 사람들이 출현하는 그 역사적 세계를 선택하는 것이 아니며 — 그것은 아무 의미도 갖지 못할 것이다 — , 오히려 그것이 어떤 세계이든 그 세계 속에서 자기를 선택하는 것이기 때문이다. 이 의미에서 기술(技術)의 어떤 상태가 인간적인 가능성을 제한한다고 가정하는 것은 부조리할 것이다. 물론 던스 스코터스[68]와 동시대의 사람들은 자동차나 비행기의 조작

---

68 던스 스코터스(Duns Scotus, 1266~1308)는 영국의 스콜라 철학자로, 스코터스 학파의 창시자이다. 프란치스코회의 신학적 노선 아래에서 아우구스티누스의 영향을 받아 토마스 아퀴나스의 사상에 반대하고 중세철학을 점차 르네상스로 인도하는 중요한 계기를 만들었다는 평가를 받는다.

법을 모른다. 하지만 그 시대의 사람들이 우리에게 무지한 자들로 나타나는 것은 단지 자동차나 비행기가 존재하는 세계에서 출발해서 그들을 결여적으로 포착하는 우리의 관점에서일 뿐이다. 이런 대상과 이 대상에 관련된 기술과 어떤 종류의 관계도 가지지 않는 당시 사람들에게 있어서는 거기에 생각할 수도 없고 폭로할 수도 없는 무, 하나의 절대적인 무가 있는 것이다. 이와 유사한 무는 자기를 선택하는 대자를 결코 제한하지 못할 것이다. 그런 무는, 사람들이 그것을 어떤 방식으로 고찰하든, 하나의 결여로서 파악될 수 없을 것이다. 따라서 던스 스코터스의 시대에 자기를 역사화하는 대자는 존재 충만의 한복판에서 자기를 무화한다. 다시 말해 이 대자는 우리의 세계와 마찬가지로 그것이 있을 수 있는 모든 것인 하나의 세계 한복판에서 자기를 무화하는 것이다. 시몽 드 몽포르에게 대항하기 위해서 알비파(Albigeois)[69]에게 중포가 없었다고 주장하는 것은 부조리할 것이다. 왜냐하면 트랑카벨(Trencavel) 영주[70]나 툴루즈 백작은 이 대포가 전혀 없었던 하나의 세계 속에 있던 그대로의 모습으로 자신들을 선택했기 때문이다. 그들은 그 세계 속에서 자신들의 정책을 궁리했다. 그들은 그 세계 속에서 무력 저항의 계획을 세웠다. 그들은 그 세계 속에서 카타리파[71]에게 동지임을 느끼는 자들로서 자신들을 선택했던 것이다. 그리고 그들은 자신들이 그것으로 있는 것을 선택한 것일 뿐이었기 때문에, 그들은 판체르디비지오넨(Panzerdivisionen)[72]이

69 12~13세기 남프랑스 알비(Albi)를 중심으로 형성된 종교 세력이다. 카타리파의 이단 세력이다. 마니교적 이원론을 교리로 삼아 이단으로 여겨졌으며, 13세기 십자군 세력에 의해 뿌리가 뽑혔다.
70 알비파의 중심 세력인 툴루즈 백작 레이몽 6세, 1156~1222)의 신하로, 프랑스 남부 카르카손의 영주를 지냈다.
71 카타리파는 12~13세기에 이원론과 영지주의를 바탕으로 교세를 확장한 기독교 이단이다. 11세기에 주로 프랑스 남서부 랑그도크(Languedoc) 지역에 전파되었으며 그 후 200년간 세력을 떨쳤다.
72 제2차 세계 대전 당시 나치 독일의 기갑사단 중 하나이다.

라든가 또는 RAF[73]의 세계나 마찬가지로 절대적으로 충만한 하나의 세계 속에 절대적으로 존재했던 것이다. 물질적인 기술에 대해 타당한 것은 더 미묘한 기술에 대해서도 타당하다. 레이몽 6세 시대에 랑그도크[74] 지방의 소영주로 존재한다는 사실은, 만일 사람들이 그곳에 그 영주가 존재하고, 또 그가 자기를 선택하는 봉건적인 세계 속에 자리 잡는다면, 결정적인 사실이 아니다. 그것은 사람들이 프랑시아(Francia)[75]와 미디(Midi)[76]의 구분, 프랑스적 통일이라는 현재의 관점에서 고찰하는 오류를 범하는 한에서만 결여적인 것으로서 나타날 뿐이다. 봉건적 세계는 레이몽 6세의 신하인 이 영주에게 선택의 무한한 가능성을 제공했다. 우리는 그 이상의 가능성을 가지고 있지 않다. 다음과 같은 부조리한 질문이 종종 유토피아적 몽상의 방식 속에서 제기된다. 만일 데카르트가 현대 물리학을 알고 있었다면, 그는 어떻게 되었을 것인가? 이런 질문은 데카르트가 하나의 선험적인 본성을 지니고 있으며, 그 본성은 다소나마 그의 시대의 과학 상태에 의해 한계지워졌고 또 변질되었을 것이라는 점을 가정하는 것이다. 또한 이런 질문은 사람들이 데카르트의 날것의 본성을 현대로 옮겨 놓을 수 있으리라는 점을 가정하는 것이며, 이 현대에서 그의 본성이 더 풍요롭고 더 정확한 인식에 대해 반응을 보여 줄 것이라는 점을 가정하는 것이다. 하지만 이것은 다음과 같은 사실을 망각하는 것이다. 즉 데카르트는 그가 스스로 그것으로 있는 것을 선택한 것이고, 그는 그의 선택이 떠맡는 것과 동시에 밝히고 있는 하나의 인식적이

---

73 1918년에 창설된 영국의 '왕립 공군(Royal Air Force)'의 약자이다.
74 프랑스 남부에 있는 지방의 옛 이름으로, 중심 도시는 툴루즈, 몽펠리에 등이다.
75 프랑크 왕국을 지칭하는 라틴어이다. 5세기 말 서게르만족의 한 부족인 프랑크족이 서유럽 지역에 세운 왕국이다. 현재의 프랑스, 이탈리아, 독일을 형성했다.
76 프랑스 남쪽 지방을 지칭한다.

고 기술적인 세계에서 출발해서 자기를 절대적으로 선택하는 하나의 선택이라는 사실이 그것이다. 데카르트는 하나의 절대적인 날짜를 향유하는 하나의 절대자이며, 또 어떤 다른 날짜에는 완전히 생각될 수 없는 하나의 절대자이다. 왜냐하면 그는 스스로 자기를 만들면서 자기의 날짜를 만들었기 때문이다. 데카르트 바로 직전의 수학 지식의 정확한 상태를 결정한 것은 다름 아닌 데카르트 자신이었다. 그리고 그것은 어떤 관점에서도 또 어떤 좌표축에 대해서도 이루어질 수 없을 헛된 조사에 의한 것이 아니라, 오히려 해석기하학의 원리를 세움에 의한 것이었다. 다시 말해 그것은 정확히 그 당시의 수학 지식의 상태를 규정할 수 있게 해 줄 좌표축을 고안해 내면서였다. 여기에서도 역시 현재를 밝히도록 해 주는 것은 자유로운 고안이며 또 미래이다. 기술 상태를 평가하도록 허용해 주는 것은 하나의 목적을 위한 기술의 완성이다.

이렇듯 대자가 대상-타자의 면전에서 자기를 확인할 때, 이 대자는 이와 동시에 여러 기술을 발견한다. 이때부터 대자는 그 기술을 자기 것으로 만들 수 있다. 다시 말해 그것을 내면화할 수 있다. 하지만 이번에는 다음과 같은 일이 발생한다. (1) 하나의 기술을 이용하면서 대자는 자기의 목적을 향해 그 기술을 뛰어넘는다. 대자는 항상 자기가 이용하는 기술 저편에 있다. (2) 기술이 내면화된다고 하는 사실로부터 무엇이라도 상관없는 대상-타자의 단순하고 유의미적이고 응고된 행위였던 기술은 기술로서의 성격을 상실한다. 이 기술은 목적을 향한 소여의 자유로운 뛰어넘기에 단순히 통합된다. 이 기술은 그것을 근거짓는 자유에 의해 회복되고 지탱된다. 이것은 방언 또는 언어가 문장을 만들어 내는 자유로운 기투에 지탱되는 것과 마찬가지이다. 인간과 인간의 기술적인 관계로서의 봉건제는 실재하지 않는다.

봉건제는 자기의 군주에 대해 충성을 맹세한 이런저런 인간의 개별적인 무수한 기투에 의해 지탱되고 뛰어넘어진 하나의 순수한 추상일 뿐이다. 이를 통해 우리는 일종의 역사적인 유명론에의 도달을 결코 바라지는 않는다. 우리는 봉건제를 군주와 신하 사이의 관계의 총체라고 말하고자 하지 않는다. 이와 반대로 우리는 봉건제가 이 관계의 추상적인 구조라고 생각한다. 그리고 그 시대의 한 인간의 모든 기투는 구체적인 것을 향해 그 추상적인 계기를 뛰어넘는 것으로서 자기를 실현하는 것이어야 한다고 생각한다. 따라서 봉건적인 기술의 원칙을 세우기 위해 수많은 세부적인 경험에서 출발해서 일반화할 필요가 없다. 이 기술은 개별적인 각개 행위 속에 필연적이고 완전하게 존재하며, 사람들은 매 경우마다 그것을 밝힐 수 있다. 하지만 이 기술은 뛰어넘어지기 위해서만 존재할 뿐이다. 이런 방식으로 대자는 인간이 아니고서는, 한 민족적 집단의 일원, 한 계급의 일원, 한 가족의 일원 등이 아니고서는 한 명의 개인이 될 수 없을 것이다. 다시 말해 대자는 스스로 그것으로 있는 목적을 선택할 수 없을 것이다. 하지만 기술은 대자가 자신의 기투에 의해 지탱하고 또 초월하는 추상적인 구조이다. 대자는 그런 결정의 지평선에서 자기 자신으로 있기 위해 자기를 프랑스인으로 만들고, 남프랑스인으로 만들고, 노동자로 만든다. 이와 유사하게 대자에게 드러내 보이는 세계는 채택된 기술과 상호 관련적인 어떤 종류의 의미 작용을 지닌 것으로 나타난다. 세계는 프랑스인을-위한-세계, 노동자를-위한-세계 등으로서, 사람들이 예견할 수 있는 모든 특징과 더불어 나타난다. 하지만 이런 특징은 "독립성"을 지니고 있지 않다. 즉 자기를 프랑스인, 프롤레타리아 등으로서 나타날 수 있도록 방임하는 것은 무엇보다도 대자의 세계, 다시 말해 대자의 목적에 의해 밝혀진 세계이다.

그렇지만 타인의 존재는 나의 자유에 대해 사실상의 한계를 가져온다. 사실 내가 선택하지 않았으면서도 내가 그것으로 있는 어떤 종류의 결정이 출현하는 것은 타인의 출현에 의해서이다. 실제로 나는 유대인이거나 아리아인이거나, 미남이거나 추남이거나, 팔다리가 없는 장애인 등일 수 있다. 이 모든 것은 내가 타인에게 있어서 그러하며, 내가 외부에 지니는 그 의미를 파악하고자 하는 희망도 없이, 더구나 변경할 수도 없는 상태에서 그렇다. 언어만이 내가 무엇인지를 나에게 알려 줄 것이다. 게다가 그것은 텅 빈 지향의 대상으로서만 존재할 수 있을 뿐이다. 그것을 직관하는 것은 나에게 영원히 거부된다. 만일 나의 인종이나 나의 용모가 타자 안에서의 하나의 이미지에 불과했다면, 또는 나에 대한 타자의 의견에 불과했다면, 우리는 그 이미지와 일찌감치 끝장을 보았을 것이다. 하지만 우리가 이미 살펴본 것처럼, 나의 대타존재에서 나를 규정하는 대상적 성격이 문제가 된다. 나의 자유와는 다른 하나의 자유가 내 앞에 나타나자마자, 나는 하나의 새로운 존재 차원에서 존재하기 시작한다. 그리고 이번에는 날것의 존재자에 대해 하나의 의미를 부여하는 것이 나에게 있어 문제가 아니다. 또 타인들이 어떤 대상에 대해 부여한 의미를 나의 책임으로 다시 붙잡는 것도 문제가 아니다. 나에게 하나의 의미가 부여되는 것을 보는 것은 나 자신이다. 하지만 나는 내가 가진 이 의미를 나의 책임에서 되찾는 수단을 가지고 있지 않다. 왜냐하면 이 의미는 공허한 지시의 자격으로서가 아니라면 나에게 주어질 수 없을 것이기 때문이다. 이렇듯 내가 지닌 무엇인가는 — 이 새로운 차원에서는 — 최소한 나에게 있어서는 소여의 방식으로 존재한다. 왜냐하면 내가 그것으로 있는 이 존재는 감내되기 때문이고, 또 이 존재는 존재되어지지 않고 존재하기 때문이다. 내가 이 존재를 알고,

이 존재를 감내하는 것은 바로 내가 타인들과 유지하는 관계 속에서이며, 그리고 이 관계에 의해서이다. 즉 나에 대한 그들의 행위 속에서이며, 그리고 그들의 행위에 의해서이다. 나는 매 순간마다 내가 부딪치는 수많은 금지와 수많은 저항의 기원에서 이 존재와 만난다. 내가 한 명의 미성년자이기 때문에, 나는 이런저런 권리를 갖지 못할 것이다. 나는 한 명의 유대인이기 때문에, 나는 어떤 사회에서는 몇몇 가능성을 빼앗기게 될 것이기 때문이다 등. 그렇지만 나는 어떤 방법으로도 나를 유대인으로 느낄 수 없을 것이고, 또 미성년자나 천민으로 느낄 수도 없을 것이다. 내가 이런 금지에 맞서, 예컨대 인종은 그저 단순한 집단적인 상상이며, 개개인만이 존재할 뿐이라고 선언할 수 있는 것은 이런 점에서이다. 이렇게 해서 나는 여기에서 갑자기 나의 인격의 전면적인 소외와 마주친다. 나는 내가 그것으로 있고자 선택하지 않은 무엇인가이다. 상황에 있어서는 이로부터 무엇이 도출될 것인가?

우리는 방금 우리의 자유에 대해 하나의 현실적인 한계와 마주쳤다. 이 사실을 인정해야 한다. 다시 말해 우리는 우리의 자유가 그것의 근거가 되는 일 없이 우리에게 강요되는 하나의 존재 방식과 마주친 것이다. 다음과 같은 사실을 또한 이해해야 한다. 즉 강요된 이 한계는 타인들의 행동에서 오는 것이 아니라는 사실이 그것이다. 우리는 앞 장(章)에서 고문조차도 우리에게서 우리의 자유를 앗아 가지 못한다는 사실을 지적했다. 우리가 고문에 굴복하는 것은 자유에 의해서이다. 더 일반적인 방식으로 내가 길 위에서 만나는 금지, 즉 "이곳에 유대인 출입을 금함", "유대인 식당, 아리아인 입장 사절" 등은 우리에게 앞에서 고려된 경우(집단적인 기술)를 가리킨다. 그리고 이 금지는 나의 자유로운 선택의 기초 위에서만, 그리고 그 기초에 의해서만 의미를 가질 수 있을 뿐이다. 사실 선택된 자유로운 가능성에 따라 나는 이 금지를 어길 수도 있고 또 무시할 수 있다. 또는 반대로 이 금지에 하나의 강제적인 가치를 부여할 수도 있다. 이 금지는 내가 그것에 매다는 저울추의 무게에 의해서만 그 효력을 유지할 수 있을 뿐이다. 물론 이 금지는 "타인의 의지에서 나옴"이라는 특징을 전적으로 보존한다. 물론 이 금지는 나를 대상으로 여기는 특징, 또 그것에 의해 나를 초월하는 하나의 초월을 나타나게 한다는 특수한 구조를 가지고 있다. 하지만 그래도 역시 이 금지가 나의 우주 속에서 육화되고, 또 그것의 고유한 강제력을 잃는 것은 오직 나 자신의 선택의 한계 내에서뿐이며, 또 내가 모든 상황에서 죽음보다 삶을 택한다든지, 또는 반대로 몇몇 특수한 경우 어떤 유형의 삶보다는 죽음 쪽을 내가 더 바람직한 것으로 평가한다든지 등에 의해서만 유지될 뿐이다. 나의 자유의 진정한 한계는 단순히 한 명의 타인이 나를 대상-타자로 파악한다는 사실 자체 속에 있으며, 나의 상황이 타인에게는 상황이 되는 일을 중지하고 대상적인 형태가 되며, 또 그 속에서 내가 대상적인 구조의 자격으로 존재한다고 하는 파생적인 또 다른 사실 속에 있다. 나의 상황의 부단하고 특수한 한계는 나의 상황을 소외시키는 대상화이다. 이것은 마치 나의 대자존재를 대타존재로 대상화하는 것이 나의 존재의 한계인 것과 마찬가지이다. 그리고 나의 자유의 경계를 나타내는 것은 정확히 이 두 개의 특징적인 한계이다. 한마디로 타자의 존재라는 사실로 인해 나는 하나의 외부를 가진 어떤 상황 속에 존재한다. 또 이 사실을 자체로 인해 소외의 차원을 가진 어떤 상황 속에 내가 존재하는 것이고, 나는 이 소외의 차원을 나의 상황에서 제거할 수 없으며, 또 나는 이 차원에 대해 직접 작용할 수도 없다. 나의 자유에 대한 이 한계는, 우리가 보았듯이, 타자의 단순한 존재에 의해 제기된다. 다시 말해 나의 초월이 또 하나의 초월에 대해 존재한다고 하는 그 사실에 의해 제기된다. 이렇게 해서 우리는 아주 중요한 하나의 진리를 파악한다. 우리는 방금 우리가 대자존재의 테두리 안에 머물면서 오직 나의 자유만이 나의 자유를 한계지을 수 있음을 보았다. 우리는 이제 우리의 고찰에 타인의 존재를 들어오게 함으로써 나의 자유가 이 새로운 차원 위에서 타자의 자유의 존재 속에서 또한 그 한계를 발견함을 본다. 이렇듯 우리가 어떤 차원에 자리를 잡든 간에, 하나의 자유가 마주치는 유일한 한계를 자유 안에서 발견한다. 스피노자에 의하면 사유는 사유에 의해서만 한계지을 수 있을 뿐이라고 한 것과 마찬가지로, 자유는 자유에 의해서만 한계지을 수 있을 뿐이다. 그리고 내적 유한성으로서의 자유의 제한은 바로 자유는 자유롭지 않을 수가 없다는 사실, 다시 말해 자유는 자유롭도록 운명지어져 있다는 사실로부터 온다. 또한 외적 유한성으로서의 자유의 제한은 바로 나의 자유가 자유이기 때문에 나의 자유는 타자의 자유에 대해 존재하며, 이 타자의 자유는 그 자신의 고유한 목적의 빛으로 자유롭게 나의 자유를 파악한다는 사실로부터 온다.

일단 이렇게 이루어진 이상, 이런 상황의 소외는 하나의 내적인 단층을 나타내는 것도 아니고, 또 내가 그것을 살고 있는 그대로의 상황 속에서 단순한 저항으로서의 소여의 도입을 나타내는 것도 아님을 우선 지적해야 한다. 이와 정반대로 소외는 상황의 내적인 변경도 아니고 또 부분적인 변화도 아니다. 소외는 시간화의 흐름 속에 나타나지 않는다. 나는 상황 속에서 결코 소외를 만나지 않는다. 따라서 소외는 결코 나의 직관에게 내맡겨지지 않는다. 오히려 소외는 원칙상 나에게서 벗어난다. 소외는 상황의 외면성 자체, 다시 말해 그것의 대타-외부-존재(son être-dehors-pour-l'autre)이다. 따라서 여기에서는 모든 상황 일반의 본질적인 성격이 문제가 된다. 이런 성격은 자기의 내용물에 대해 작용할 수 없을 것이다. 오히려 이 성격은 상황 속에 자기를 두는 당사자에 의해서 받아들여지고 또 회복된다. 이렇듯 우리의 자유로운 선택의 의미 자체는 우리의 자유로운 선택을 표현하는 하나의 상황을 나타나게 한다. 그리고 이 상황이 갖는 하나의 본질적인 특징은 소외되어 있다는 것이며, 다시 말해 타인에게 있어 즉자적인 형태로서 존재한다는 것이다. 우리는 이런 소외에서 벗어날 수 없다. 왜냐하면 상황 속에서 존재하는 것과 다르게 존재함을 생각하는 것 자체가 부조리할 것이기 때문이다. 이런 상황의 특징은 하나의 내적 저항에 의해 드러나지 않으며, 오히려 반대로 그 파악 불가능성 자체 속에서, 그리고 그 파악 불가능성 자체에 의해서 체험된다. 따라서 자유가 결국 마주치는 것은 정면으로 부딪치는 장애물이 아니며, 오히려 자유의 본성 자체 내에서의 일종의 원심력이며, 또 자유의 반죽에서의 하나의 취약함이다. 이런 취약함은 이 자유가 시도하는 모든 것이 자유가 선택하지 않는 일면, 자유에서 벗어나는 일면, 그리고 타인에 대해서는 단순한 존재인 일면을 언제나 지니게 한다. 스스로 자유이고자 원하는 자유는 동시에 이런 특징을 원할 수밖에 없을 것이다. 그렇지만 이런 특징은 자유의 본성에 속하지 않는다. 왜냐하면 여기에서는 본성이 존재하지 않기 때문이다. 게다가 자유의 본성이 하나 있다고 해도, 우리는 그 본성에서 이 특징을 결코 연역할 수 없을 것이다. 왜냐하면 타인들의 존재가 전적으로 우연적인 하나의 사실이기 때문이다. 하지만 타인들 앞에 있는 자유로서 세계에 오는 것은 소외시킬 수 있는 것으로서 세계에 오는 것이다. 만일 스스로 자유롭기를 원하는 것이 이 세계에서 타인들 앞에서 존재하는 것을 선택하는 것이라면, 스스로 이렇게 저렇게 되고자 원하는 자는 자기의 자유의 수난까지도 또한 원할 것이다.

다른 한편, 소외된 상황과 나 자신의 고유한 소외된-존재는 나에 의해서는 대상적으로 발견되지 않고 또 확인되지도 않는다. 사실 첫 번째로 소외된 모든 것은 모두 원칙상 타인에게 있어서만 존재할 뿐이라는 사실을 우리는 방금 살펴보았다. 하지만 이외에도 또 하나의 단순한 확인은, 설령 그것이 가능하다고 해도, 그것만으로는 불충분할 것이다. 사실 나는 동시에 타인을 초월로서 인정하지 않고는 이 소외를 겪을 수 없다. 그리고 우리가 앞에서 살펴본 것처럼, 이런 인정은, 만일 그것이 타자의 자유로운 승인이 아니라면, 아무 의미도 갖지 못할 것이다. 내가 나의 소외에 대해 하는 체험을 통해 이루어지는 타자에 대한 이런 자유로운 인정에 의해 나는 나의 대타존재를 그것이 어떤 것이든 떠맡는다. 그리고 나는 정확히 그것이 타자와 나의 연결 대이기 때문에 그것을 떠맡는다. 이렇듯 나는 타자를 자유로 파악하는 자유로운 기투 속에서만 이 타자를 자유롭게 파악할 수 있을 뿐이다(사실 내가 타자를 대상으로서 자유롭게 파악하는 것은 항상 가능하다). 그리고 타자에 대한 인정의 자유로운 기투는 나의 대타존재에 대한 자유로운 떠맡음과 구별되지 않는다. 따라서 나의 자유는 어떤 의미로는 자기의 한계를 만회한다. 왜냐하면 나는, 타자가 나에게 있어 존재하는 한에서만, 이 타자에 의해 한계지워진 것으로서 나를 파악할 수 있을 뿐이기 때문이다. 그리고 나는 나의 대타존재를 떠맡음으로써만 인정된 주체성으로서의 타자를 나에게 있어 존재케 할 수 있을 뿐이기 때문이다. 거기에는 순환이 존재하지 않는다. 하지만 내가 체험하는 이 소외된-존재의 자유로운 떠맡음에 의해 나는 갑자기 타자의 초월을 그런 초월로서 나에게 있어 존재케 한다. 유대인으로-있음이 상황의 외적이고 대상적인 한계로 나타나게 되는 것은 단지 반유대주의자들의 자유(그들이 이 자유를 어떤 방식으로 행사하든)를 인정함으로 써만이며, 따라서 내가 그들에 대해 그것으로 있는 이 유대인으로-있음을 떠맡으면서일 뿐이다. 이와 반대로 만일 내가 기꺼이 반유대주의자들을 순수한 대상으로 고찰한다면, 나의 이 유대인-으로-있음은 당장 사라질 것이고, 규정할 수 없는 자유로운 초월인 (것에 대한) 단순한 의식에 그 자리를 내줄 것이다. 타인들을 인정하는 것과, 내가 가령 유대인이라 할 때, 나의 유대인으로-있음을 떠맡는 것은 하나를 이룰 뿐이다. 이렇듯 타인의 자유는 나의 상황에 한계를 부여한다. 하지만 내가 스스로 그것으로 있는 그 대타존재를 되찾는 한에서만, 또 내가 선택한 목적의 빛에 의해 그 대타존재에게 하나의 의미를 부여하는 한에서만, 나는 이 한계를 체험할 수 있을 뿐이다. 그리고 분명 이런 떠맡음 자체는 소외되어 있으며, 그 외부를 지니고 있다. 하지만 내가 나의 외부-존재를 외부로서 체험할 수 있는 것은 바로 이런 떠맡음에 의해서이다.

그렇게 되면 언어가 나의 한계에 대해 나에게 가르쳐 줄 때, 나는 내 존재의 대상적인 한계를, 가령 유대인, 아리아인, 추남, 미남, 국왕, 관리, 천민 등을 어떻게 체험하는가? 그것은 내가 타인의 아름다움, 못생김, 인종을 직관적으로 파악하는 방법일 수는 없을 것이며, 또 내가 이런저런 가능성을 향해 나를 기투하는 것(에 대한) 비조정적 의식을 갖는 방식으로도 역시 아닐 것이다. 그것은 그런 대상적인 특징이 반드시 추상적이어야 한다는 것은 아니다. 어떤 특징들은 추상적이고 또 어떤 것들은 그렇지 않다. 나의 아름다움, 나의 추함 또는 나의 얼굴의 무표정은 타인에 의해 그것들의 충만한 구체성 속에서 파악된다. 그리고 타인의 말이 나에게 지시하게 되는 것이 바로 이런 구체성이다. 내가 나 자신을 헛되이 내밀게 되는 것도 이 구체성을 향해서이다. 따라서 하나의 추상이 결코 문제가 되지 않는다. 오히려 어떤 구조는 추상적이지만, 구조의 총체성은 하나의 절대적 구체성인 여러 구조의 총체가 문제가 된다. 그런데 이 총체는 원칙상 나에게서 벗어나는 것으로서 단순히 나에게 지시될 뿐이다. 사실 이 총체는 내가 그것으로 있는 그대로의 것이다. 그런데 우리가 이 책 제2부 첫머리에서[77] 지적한 것처럼, 이 대자는 아무것도 될 수 없다. 대자적으로 나는 더 이상 교수도, 카페 종업원도 아니다. 또한 나는 잘생긴 것도 못생긴 것도 아니고, 유대인도 아리아인도 아니며, 영적이거나 비속하거나 또는 고귀하지도 않다. 우리는 이런 특징들을 실감할 수 없는 것들(des irréalisables)[78]이라고 부를 것이다. 이것을 상상적인 것들과 혼동해서는 안 된다. 여기에서는 완전히 현실적인 존재가 문제이다. 하지만 이런 특징들이 현실적으로 주어지는 그 당사자는 이런 특징들이 아니다. 이런 특징들인 나는 이런 특징을 실감할 수 없다. 따라서 만일 예컨대 사람들이 나에게 비속하다고 말한다면, 나는 종종 직관에 의해 타인들에게 있어서의 비속함의 본성을 파악한다. 이렇게 해서 나는 비속함이라는 말을 나 개인에게 적용할 수 있다. 하지만 나는 이 말의 의미를 나 개인에게 연결시킬 수 없다. 거기에는 바로 실행되어야 할 어떤 연결의 지시가 있다(하지만 이 연결은 비속함의 내면화와 주체화에 의해서만 이루어질 수 있을 뿐이거나, 또는 나 개인의 대상화에 의해서만 이루어질 수 있을 뿐이다. 이 두 가지 조작은 당면한 현실을 직접적으로 무너뜨리는 결과를 낳을 것이다). 이렇듯 우리는 실감

---

77 사르트르의 착각이 아닌가 한다. 제1부 제2장에 카페 종업원 이야기가 나온다.
78 '실현될 수 없는 것들'로도 옮길 수 있으나, 여기에서는 '실감할 수 없는 것들'로 옮긴다. 타자의 자유, 타자의 초월, 타자의 시선에 의해 파악되는 나의 모습, 나의 이미지, 나의 특징 등은 나에게 있어서는 나의 '외부'에 해당하며, 또 그것은 나의 손이 미치지 못하는 곳에 있다. 따라서 타자가 그것을 나에게 언어를 통해 설명해 주지 않으면, 나는 그것이 어떤 것인지를 '실감'할 수 없음은 분명하다.

할 수 없는 것들에 의해 무한정 에워싸여 있다. 이런 실감할 수 없는 것들 중 어떤 것을 우리는 애타는 부재(不在)로서 생생하게 느낀다. 오랜 망명 생활 끝에 파리로 돌아와 자신이 "파리에 있다"는 것을 실감하지 못하는 것에 누가 깊은 실망을 느끼지 않겠는가? 대상은 거기에 있으며, 친근하게도 자기를 제공하고 있다. 하지만 이 나는 하나의 부재에 불과할 뿐이다. 이 나는 파리가 거기에 있게 하기 위해 필요한 단순한 무에 불과할 뿐이다. 나의 친구들, 나의 친척들은 "마침내 왔군! 돌아왔어, 자넨 파리에 있는 거야!"라고 나에게 말할 때, 그들은 나에게 약속된 땅의 이미지를 제시한다. 하지만 이 약속된 땅에의 접근은 나에게 완전히 거부당한다. 그리고 대부분의 사람은 타인이 문제인가, 아니면 그들 자신들이 문제인가에 따라 "두 개의 저울, 두 개의 척도를 다룬다."라는 비난을 받을 수 있으며, 또 대부분의 사람은 자신들이 지난날 타자에게서 비난했던 그 잘못에 빠졌다고 느끼게 되었을 때, "그것은 같은 것이 아니다."라고 대답하는 경향이 있다. 실제로 "그것은 같은 것이 아니기" 때문이다. 사실 그 한쪽의 행동은 도덕적 평가에 대해 주어진 대상이고, 또 다른 한쪽의 행동은 자기 존재가 선택이기 때문에, 자기의 존재 자체에 자기의 정당화를 지니고 있는 순수한 초월이다. 우리는 그 결과들의 비교에 의해 이 두 행위가 엄밀하게 동일한 "외부"를 가지고 있음을 이 행위자에게 납득시킬 수 있을 것이다. 하지만 이 행위자의 가장 광적인 선의(善意)가 이런 동일성의 실감을 그에게 허용하지 않을 것이다. 이로부터 도덕적 양심의 동요의 상당 부분이, 특히 자기를 진정으로 경멸할 수 없다고 하는 절망이, 자기를 죄인으로서 실감하지 못하는 절망이, "나는 죄인이다, 나는 죄를 저질렀다." 등으로 칭하며 표현하는 의미와 상황에 대한 현실적인 파악 사이의 간격을 끊임없이 느끼게 되는 절망이 기인한다. 요컨대 이로부터 "떳떳하지 못한 양심(mauvaise conscience)"의 모든 불안이 기인한다. 다시 말해 자기를 심판하는 것, 즉 자기에 대해 타인의 관점을 취하는 것을 이상으로 삼는 자기기만적인 양심의 모든 불안이 기인한다.

하지만 몇몇 특수한 종류의 실감할 수 없는 것들이 다른 실감할 수 없는 것들보다 더 강한 인상을 주었다고 해도, 또 그것이 심리학적 묘사의 대상이 되었다고 해도, 실감할 수 없는 것들이 그 수에서 무한하다는 사실에 대해 우리가 장님이 되어서는 안 될 것이다. 왜냐하면 그것이 상황의 이면을 나타내기 때문이다.

그렇지만 이런 실감할 수 없는 것들은 단순히 실감할 수 없는 것들로만 우리에게 제시되지 않는다. 사실 그것들이 실감할 수 없는 것들의 특징을 갖기 위해서는 그것들을 실감하는 것을 겨냥하는 어떤 기투의 빛에 의해 그것들이 자기를 드러내 보여야 한다. 사실 이것이 우리가 방금 대자가 타인의 존재를 인정하는 행위 그 자체 속에서, 그리고 그 행위 자체에 의해서 자기의 대타존재의 떠맡음을 제시했을 때, 우리가 지적한 것이다. 따라서 이 떠맡음의 기투와 상호 관련적으로 실감할 수 없는 것은 실감해야 할 것으로서 자기를 드러낸다. 사실 이 떠맡음은 우선 나의 근본적 기투의 전망에서 이루어진다. 나는 "추함", "불구", "인종" 등과 같은 의미를 수동적으로 받아들이는 데 그치지 않는다. 오히려 반대로 나는 이런 특징을 — 단순히 의미의 자격으로 — 나 자신의 고유한 목적의 빛에 의해서만 파악할 수 있을 뿐이다. 이것은 어떤 하나의 인종에 속한다는 사실이 어떤 오만한 반응이나 열등 콤플렉스를 결정할 수 있다고 말할 때 — 두 항이 완전히 뒤집어 있기는 하지만 — 표현되고 있는 것이다. 실제로 인종, 불구, 추함은 나 자신의 고유한 열등감의 선택 또는 오만한 선택의[79] 한계 내에서만 나타날 수 있을 뿐이다. 달리 말하면 그것들은 나의 자유가 그것들에게 부여하는 하나의 의미와 더불어서만 나타날 수 있을 뿐이다. 반복하면 이 말의 의미는 그것들은 타인에게 있어서는 존재하지만, 나에게 있어서는 내가 그것들을 선택하는 경우에만 존재할 수 있을 뿐이라는 것이다. 나로 하여금 나를 선택함이 없이 존재할 수 없게 만드는 나의 자유의 법칙은 여기에서조차도 적용된다. 나는 타인에게 있어 내가 그것으로 있는 그대로의 것을 선택하지 않는다. 오히려 나는 내가 타인에게 있어 나타나는 그대로 나 자신을 선택하면서만, 다시 말해 하나의 선택적인 떠맡음에 의해서만, 나를 타인에게 있어 그것으로 있는 그대로의 것을 나에게 있어 존재하도록 시도할 수 있을 뿐이다. 한 명의 유대인은 먼저 유대인이 되고, 그다음에 수치스럽거나 또는 거만한 유대인이 되는 것이 아니다. 오히려 그에게 그의 유대인으로-있음을 드러내 보이게 되는 것은 바로 그가 유대인이라는 것에 대한 그의 오만, 그의 수치심 또는 그의 무관심이다. 그리고 이 유대인으로-있음은 그것을 받아들이는 자유로운 방식의 외부에서는 아무것도 아니다. 다만 내가 나의 대타존재를 떠맡는 무한한 방식을 내 마음대로 이용한다고 하더라도, 나는 나의 대타존재를 떠맡지 않을 수 없다. 우리는 여기에서 우리가 앞에서 사실성으로 규정한 자유에 대한 이 선고를 다시 발견한다. 나는 (타인에게 있어) 내가 그것으로 있는 그대로의 것을 완전히 회피할 수 없다. 왜냐하면 거부하는 것은 회피하는 것이 아니며, 그것도 역시 떠맡는 것이기 때문이다. 또 나는 내가 그것으로 있는 것을 수동적으로 감내하지도 못한다(어떤 의미에서는 그것도 같은 일로 귀착된다). 분노, 미움, 오만, 수치심, 역겨운

---

79 또는 나의 목적의 모든 다른 선택의 [한계 내에서만]. ─ 원주.

거부 또는 즐거운 요구 등에서, 나는 내가 그것으로 있는 것이 될 것을 선택해야 한다.

이렇듯 실감될 수 없는 것은 "실감해야-할-실감할 수 없는 것"으로서 대자에 대해 나타난다. 이로 인해 실감할 수 없는 것들은 한계라는 성격을 잃지 않는다. 이와 정반대로 그것들이 대자에 대해 내면화되어야 할 것으로서 자기를 제시하는 것은 대상적이고 외면적인 한계로서이다. 따라서 그것들은 명백히 하나의 의무적인 성격을 갖는다. 사실 내가 그것으로 있는 그 자유로운 기투의 움직임에서는 "이용되어야 할 것"으로서 나타나는 하나의 도구가 문제가 되는 것이 아니다. 오히려 여기에서 실감할 수 없는 것은 나의 상황에 대해 선험적으로 주어진 한계로서(왜냐하면 나는 타인에 대해 이런저런 자이기 때문이다), 따라서 이와 동시에 나에 의해 존재가 주어짐을 기대하지 않고 존재하는 것으로서 나타난다. 그리고 이와 동시에 내가 그 실감할 수 없는 것을 떠맡게 되는 자유로운 기투 속에서만, 그리고 그 자유로운 기도에 의해서만 존재할 수 있을 뿐인 것으로 나타난다. 왜냐하면 이런 떠맡음이 분명히 실감할 수 없는 것을 나에게 있어 실현하는 것을 겨냥하는 모든 행위의 종합적 조직과 동일하기 때문이다. 또한 이와 동시에 실감할 수 없는 것은 실감할 수 없는 것의 자격으로서 주어지기 때문에, 그것은 내가 그것을 실감하기 위해 할 수 있는 것의 모든 시도 저편에 있는 것으로 나타난다. 존재하기 위해 나의 구속을 요구하는 하나의 선험적인 것, 그리고 오직 나의 이 구속에만 의존하면서, 또 그것을 실감하기 위한 모든 시도 저편에 단번에 자리 잡는 하나의 선험적인 것, 이것이 정확히 하나의 명령이 아니라면 무엇이겠는가? 사실 이 선험적인 것은 내면화되어야 한다(다시 말하면 그것은 모든 사실처럼 밖에서 온다). 하지만 명령은, 그것이 어떤 것이든, 항상 내면성 속에서 다시 회복된 하나의 외면성으로 규정된다. 하나의 명령이 명령이기 위해서는 — 또 그것이 목소리의 반향 또는 사람들이 그저 단순히 회피하고자 하는 단순하지만 사실적인 소여가 아닌 명령이기 위해서는 — , 내가 나의 자유에 의해 이 명령을 되찾아야 하고, 또 내가 이 명령을 나의 자유로운 기도의 하나의 구조로 만들어야 한다. 하지만 그것이 명령이 되기 위해서는, 또 나 자신의 목적을 향한 자유로운 운동이 아니기 위해서는, 이 명령이 나의 자유로운 선택의 중심 자체에서 외면성의 성격을 간직하고 있어야 한다. 이 외면성은 그것을 내면화하고자 하는 대자의 시도 속에서조차, 또 그 시도에 의해서조차 외면성 그대로 머무는 외면성이다. 이것이 정확히 실감해야-할-실감할 수 없는-것에 대한 정의이다. 이 이유로 이것은 하나의 명령으로서 자기를 부여한다. 하지만 사람들은 이 실감할 수 없는 것에 대한 설명에서 더 멀리 나아갈 수 있다. 사실 실감할 수 없는 것은 나의 한계이다. 하지만 그것이 정확히 나의 한계이기 때문에, 그것은 어떤 주어진 존재의 한계로서는 존재할 수 없으며, 오히려 나의 자유의 한계로 존재할 수 있다. 이것은 나의 자유가 자유롭게 선택하면서 자기의 한계를 스스로 선택함을 의미한다. 또는 이렇게 말하면, 나의 목적의 자유로운 선택, 다시 말해 내가 나에게 있어 그것으로 있는 것의 자유로운 선택에는, 그 한계가 어떤 것이든, 그 선택의 한계를 떠맡는 것이 포함되어 있다. 여기에서도 역시 우리가 앞에서 지적한 바와 같이, 선택은 유한성의 선택이다. 하지만 선택된 유한성이 내적 유한성이기는커녕, 다시 말해 자유 그 자신의 결정이기는커녕, 실감할 수 없는 것의 회복에 의해 떠맡게 된 유한성은 외적 유한성이다. 나는 나의 모든 선택을 한계 짓는, 그리고 나의 선택의 이면을 구성하는 거리를 지닌 하나의 존재를 갖기를 선택한다. 다시 말해 나는 나의 선택이 이 선택 외의 다른 것에 의해 한계지워져 있음을 선택한다. 내가 화가 나고, 모든 방법에 의해 — 우리가 이 책의 바로 앞부분에서 살펴본 것처럼 — 그런 한계를 회복하려고 시도해 보았자, 그 회복의 시도 중 가장 강력한 시도조차 사람들이 내면화하고자 하는 한계를 한계로서 자유롭게 되찾는 것 속에 근거지어야 한다. 이렇게 해서 자유는 타인의 자유에 의해 한계지어진 자유임을 선택하면서 실감할 수 없는 한계를 자기의 책임 아래 되찾고, 또 그것을 상황 속에 복귀시킨다. 그 결과 상황의 외적 한계는 한계-상황이 된다. 다시 말해 이런 한계는 "실감할 수 없는" 특징을 가지고 내면의 상황에 합체된다. 게다가 이 "실감해야-할-실감할 수 없는-것"으로서의, 또 나의 선택에 의해 선택되었으면서도 나의 선택으로부터 도피하는 이면으로서의 한계는 존재하기 위한 나의 절망적인 노력의 하나의 의미가 된다. 비록 그런 한계가 나의 그 노력 저편에 선험적으로 자리 잡고 있다고 해도 그렇다. 이것은 정확히 죽음 — 우리가 지금 고찰하고 있지 않은 또 다른 형태의 실감할 수 없는 것이다 — 이 한계-상황이 되는 것과 마찬가지이다. 이 죽음이 나의 현전과 나의 삶이 더 이상 다시 실감할 수 없는 세계를, 다시 말해 삶의 저편을 가리키는 것이라 할지라도, 이 죽음이 삶의 하나의 사건으로 생각되는 조건에서 그렇다. 나의 삶에 의해서만, 그리고 나의 삶 안에서만 그 의미를 가질 뿐인 데도, 또 나에게는 실감할 수 없는 것으로 머물러 있는 것인데도, 삶의 저편이 존재한다는 사실, 그리고 나의 자유의 저편에 하나의 자유가 존재하고, 또 나의 상황의 저편에 하나의 상황이 존재하며, 또 이 저편의 상황에 있어서는 내가 상황으로 살고 있는 것은 세계 한복판에서 대상적인 형태로 주어져 있다는 사실, 바로 거기에 두 가지 형태의 한계-상황이 있다. 이 한계-상황은 도처에서 나의 자유를 한계짓지만, 그럼에도 나의 자유가 그것에게 부여하는 의미와 다른 의미를 지니지 않는다는 역설적인 성격을 지닌다. 계급을 위해, 인종을 위해, 신체를 위해, 타자를 위해, 직무를 위해 등에 있어서는 하나의 "……위해-자유로운-존재(un 'être-libre-pour'……)"가 있다. 그것에 의해 대자는 자기의 가능성 중 하나를 향해, 그리고 항상 자기의 궁극적인 가능이 되는 가능을 향해 자기를 기투한다. 왜냐하면 여기에서 고려된 가능성은 자기를 보는 가능성이기 때문이다. 다시 말해 이 가능성은 밖에서 자기를 보기 위한 자기와는 다른 하나의 가능성이기 때문이다. 어떤 경우나 마찬가지로 거기에는 하나의 "궁극"을 향한 자기의 기투가 있다. 그리고 이 궁극은 자기의 기투 자체에 의해 내면화되며, 위계질서화된 가능의 범위 밖의 주제화된 의미가 된다. 우리는 "프랑스인으로-있기-위해-존재"할 수 있고, "노동자로-있기-위해-존재"할 수 있고, 왕자는 "통치하기-위해-존재"할 수 있다. 여기에서 문제가 되는 것은, 가령 시온주의자인 유대인이 자신의 인종 안에서 결연히 떠맡는 것과 같은 의미에서, 다시 말해 그가 자기 존재의 끊임없는 소외를 구체적이고도 동시에 결정적으로 떠맡다는 의미에서, 우리가 떠맡아야 하는 우리의 존재의 한계이며, 또 우리의 존재의 부정적인 상태이다. 이와 마찬가지로 혁명적인 노동자는 자신의 혁명적인 기투 자체에 의해 하나의 "노동자로-있기-위한-존재"를 떠맡는다. 그리고 하이데거와 마찬가지로 — 비록 그가 사용하는 "본래적"과 "비본래적"이라는 표현이 거기에 암암리에 내포된 도덕적인 의미 때문에 의문의 여지가 있고 또 진실성이 부족하다고 해도 — 우리는 다음과 같은 사실을 지적할 수 있을 것이다. 즉 항상 가능한 것으로 남아 있는 거부와 도피의 태도는 어쨌든 이런 태도가 도피하는 것의 자유로운 떠맡음이라는 사실이 그것이다. 이렇듯 부르주아는 계급의 존재를 부정함으로써 자기를 부르주아로 만들고, 노동자는 계급의 존재를 긍정하고 또 자기의 혁명 활동을 통해 자기의 "계급-내-존재"를 실현함으로써 자신을 노동자가 되게 한다. 하지만 이런 자유의 외적 한계는, 정확히 그것이 외적이며 또 그것이 실감될 수 없는 것으로서만 내면화될 뿐이기 때문에, 결코 자유에 있어서의 현실적인 장애도 또 감내하는 한계도 되지 않을 것이다. 자유는 전면적이고 무한하다. 이것은 자유가 한계를 갖지 않음을 말하고자 함이 아니다. 오히려 자유는 결코 한계를 만나지 않음을 말하고자 함이다. 자유가 매 순간 부딪치는 유일한 한계는 바로 자유가 스스로 자기에게 부과하는 한계이다. 그리고 그것에 대해 우리는 이미 앞에서 과거, 환경, 기술 등과 관련해 서술했다.

E) 나의 죽음

죽음은 "벽"의 반대쪽에 존재하기 때문에 그것을 더할 나위 없이 비인간적인 것으로 보았지만, 그 이후로 사람들은 갑자기 그것을 완전히 다른 관점에서, 다시 말해 인생의 하나의 사건으로 고찰하기를 생각해 냈다. 이런 변화는 아주 잘 설명된다. 죽음은 하나의 말단이며, 모든 말단은(그것이 끝의 말단이든 시작의 말단이든) 두 얼굴을 가진 야누스이다. 우리는 말단을 고려된 과정을 한계짓는 존재의 무에 결부시키는 것으로 생각할 수도 있고, 또는 이와 반대로 말단을 그것이 한계짓고 있는 계열에 유착된, 하나의 존재하는 과정에 속해 있고, 어떤 식으로는 그 과정의 의미를 구성하고 있는 존재로 발견할 수도 있다. 이처럼 어떤 멜로디의 마지막 화음은 한쪽에서 볼 때는 침묵 쪽을, 다시 말해 그 멜로디 뒤에 이어지는 소리의 무 쪽을 향하고 있다. 어떤 의미에서 이 마지막 음은 침묵으로 이루어져 있다. 왜냐하면 뒤에 이어지는 침묵이 종결 화음에서 그것의 의미로서 이미 현전하고 있기 때문이다. 하지만 다른 쪽에서 보면 마지막 화음은 고려된 그 멜로디인 이 존재 충만에 붙어 있다. 이 마지막 화음이 없다면 이 멜로디는 공중에 머물러 있을 것이다. 그리고 종말의 이 미결정은 음표에서 음표로 거슬러 올라갈 것이며, 그 음표 하나하나에게 미완성의 성격을 부여하게 될 것이다. 죽음은 항상 ── 이 생각이 옳은지 그른지는 아직 우리가 결정할 수 없다 ── 인생의 종말로 여겨졌다. 죽음이 이런 것으로 간주되는 한, 특히 인간을 둘러싸고 있는 비인간적인 절대에 대해 인간적인 입장을 명확히 하는 일에 전념하는 어떤 철학이, 무엇보다도 우선 죽음을 인간실재의 무를 향해 열려 있는 하나의 문으로 여기는 것은 당연했다. 게다가 이 무가 존재의 절대적인 정지, 또는 비인간적인 형태하에서의 존재라고 생각하는 것도 당연했다. 이렇게 해서 우리는 죽음이 비인간적인 것과의 직접적인 접촉으로 나타나는 한에서, 또한 죽음이 절대적인 비인간성을 가지고서 인간을 형성함과 동시에 인간에게서 벗어나 있는 한에서, 죽음에 대한 실재론적인 사고방식이 ── 실재론적인 위대한 이론과의 상관관계에서 ── 존재했다고 말할 수 있을 것이다. 물론 실재에 대한 관념론적이고 인간주의적인 사고방식으로 보면, 비록 자기의 한계로서이기는 하지만 인간이 비인간적인 것을 만나게 됨이 허용될 수 없다. 사실 이때에도 인간을 어떤 비인간적인 빛으로 밝히기 위해서는 이 한계의 관점에 서는 것만으로도 충분했을 것이다.[80][81] 죽음을 회복하기 위

---

80 예컨대 모건(Morgan)의 『스파르켄브로크(*Sparkenbroke*)』속의 실재론적 플라톤주의 참조.─원주.

81 찰스 모건(Charles Morgan, 1894~1958)은 영국의 작가로, 예술·사랑·죽음을 작품 주제로 삼았다. 1936년 작 『스파르켄브로크』(1936)는 죽음을 주요 주제로 다루고 있다.

한 관념론적인 시도는 원래 철학자들의 일이 아니었으며, 오히려 릴케 같은 시인 또는 말로 같은 소설가의 일이었다. 죽음을 계열에 속하는 최종의 말단으로서 여기는 것으로 충분했다. 만일 계열이 이렇게 자기의 "그것에 이르는 말단(terminus ad quem)"을 회복한다면, 그리고 정확히 그 내부를 표시하는 이 "……에 이르는(ad)" 것이기 때문에 그것을 회복한다면, 인생의 종말로서의 죽음은 내면화되고 인간화된다. 인간은 인간적인 것만을 만날 수 있을 뿐이다. 인생의 저편은 더 이상 존재하지 않는다. 그리고 죽음은 하나의 인간적인 현상이다. 죽음은 삶의 최종 현상이기는 하지만, 여전히 삶이다. 그것으로서의 죽음은 역으로 삶 전체에 영향을 끼친다. 삶은 삶에 의해 한계지워진다. 삶은 아인슈타인의 세계와 마찬가지로 "유한이기는 하지만, 한계지워지지 않는 것"이 된다. 죽음은 종결 화음이 멜로디의 의미가 되는 것과 마찬가지로 삶의 의미가 된다. 거기에 기적적인 것은 아무것도 없다. 죽음은 고려된 계열의 한 항이다. 또한 주지하는 바와 같이, 한 계열의 각각의 항은 이 계열의 모든 항에 대해 항상 현전해 있다. 하지만 이처럼 회복된 죽음은 단순히 인간적인 것으로 머물지 않는다. 죽음은 나의 것이 된다. 죽음은 내면화됨으로써 개별화된다. 죽음은 더 이상 인간적인 것을 한계짓는 커다란 불가지의 것이 아니다. 오히려 죽음은 나의 개인적인 삶의 현상이며, 이 현상이 이 삶을 유일한 삶으로 만든다. 다시 말해 이 삶을 다시 시작할 수 없는 삶으로, 결코 두 번 되풀이해서 가지지 못하는 삶으로 만든다. 이로 인해 나는 나의 삶에 대해서와 마찬가지로 나의 죽음에 대해 책임 있는 사람이 된다. 하지만 나의 최후의 경험적이고 우연적인 현상에 대해 책임 있는 것이 아니다. 오히려 나는 나의 삶을 나의 죽음과 마찬가지로 나의 삶으로 만들어 주는 유한적인 성격에 대해 책임이 있다. 릴

케가 인간 각자의 종말이 그의 삶과 유사함을 보여 주려고 노력하는 것은 이런 의미에서이다. 왜냐하면 모든 개별적인 삶은 이 종말의 준비였기 때문이다. 말로가 『정복자(*Les Conquérants*)』에서 유럽 문화가 몇몇 아시아인에게 그들의 죽음의 의미를 부여함으로써 "인생은 유일"하다는 그 절망적이고도 홀리는 진리를 그들이 갑자기 알아차리게 되는 장면을 보여 준 것도 이런 의미에서이다. 하지만 죽음의 이런 인간화에 하나의 철학적 형태를 부여하는 것은 하이데거에게 남겨진 일이었다. 사실 만일 현존재가 정확히 기투이고 또 앞지르기[선구]인 까닭에 실제로 아무 일도 당하지 않는다면, 현존재는 세계 안에서 더 이상 현전을 실현하지 않는 가능성으로서의 그 자신의 고유한 죽음의 앞지르기이자 기투이어야 한다. 이렇듯 죽음은 현존재의 고유한 가능성이 되었다. 인간실재의 존재는 "죽음을 향한 존재(Sein zum Tode)"[82]로 정의한다. 현존재가 죽음을 향한 자기의 기투를 결정하는 한, 현존재는 죽는 것-에-대한-자유(la liberté-pour-mourir)를 실현하고, 또 유한성의 자유로운 선택에 의해 자기 자신을 스스로 전체로서 구성한다.

이와 비슷한 [죽음에 대한] 하나의 이론은 얼핏 보기에 우리를 매혹시킬 수밖에 없다. 죽음을 내면화함으로써 이 이론은 우리의 고유한 의도에 봉사한다. 우리의 자유가 지닌 이런 외관상의 한계는 내면화됨으로써 자유에 의해 회복된다. 그렇지만 이런 견해들의 편리함도, 그것들에 내포된 의심할 여지가 없는 진리 부분도 우리를 방황하게 해서는 안 된다. 처음부터 문제를 다시 검토해야 한다.

인간실재는 그것에 의해 세계성이 현실에 도래하는데, 이런 인간

82　하이데거가 사용한 독일어 표현이다.

실재가 비인간적인 것과 마주칠 수 없을 것이라는 점은 분명하다. 비인간적이라는 개념 자체가 하나의 인간적인 개념이다. 따라서 설령 죽음이 그 자체로 비인간적인 하나의 절대에로의 이행이라고 해도, 죽음을 이런 절대를 향해 있는 천창으로 여기는 등의 모든 희망을 버려야 한다. 죽음은 우리에게 우리 자신에 대해서만 또 인간적인 관점에서만 무엇인가를 드러내 보일 뿐이다. 이것은 과연 죽음이 인간실재에게 선험적으로 속함을 의미하는가?

무엇보다도 먼저 지적해야 할 것은 죽음의 부조리한 성격이다. 이런 의미에서 죽음을 하나의 멜로디의 말단에서의 종결 화음으로 여기려는 모든 시도는 엄격히 배제되어야 한다. 사람들은 종종 다음과 같이 말하곤 했다. 즉 우리가 놓여 있는 상황은 여러 명의 사형수 사이에 있는 한 명의 사형수의 상황과 같다. 그런데 이 사형수는 자기의 사형 집행일을 모르지만 감옥의 동료가 매일 처형되는 것을 지켜본다고 말이다.[83] 이 말은 완전히 정확하지 않다. 오히려 당당하게 최후의 고통에 대비하고 있고, 교수대 위에서 존엄을 지키기 위해 모든 배려를 하고 있는 동안, 스페인 독감의 유행[84]으로 죽어 버린 예에 우리를 비교했어야 할 것이다. 이것이 바로 죽음이 언제 엄습해 오더라도 죽음에 대비하는 것을 권장하는 기독교적인 지혜가 이해한 것이다. 이렇듯 사람들은 죽음을 기대된 죽음(mort attendue)으로 변형시

---

83 파스칼의 『팡세』에 나오는 비유이다. 파스칼은 말한다. "많은 사람이 쇠사슬에 매인 채 모두 사형선고를 받았다. 그중 몇몇은 매일 다른 사람들이 보는 앞에서 학살당하고, 나머지 사람들은 자신의 운명도 그들과 같이 될 것을 생각하며 슬픔에 잠긴 채 절망해서 서로 슬픈 얼굴을 바라보면서 자기 차례가 오기를 기다리고 있다고 상상해 보라. 인간의 상황을 자세히 그림으로 그려 보면 바로 이렇다."

84 스페인 독감은 1918년에 발생했던 인플루엔자 바이러스이다. 20세기에 들어와 가장 크게 유행하고 치명률이 높았던 전염병이다. 전 세계 인구의 약 1~3퍼센트가 이로 인해 사망했다. 1918년과 1919년 사이에 약 1700만~5000만 명이 희생되었다.

킴으로써 죽음을 되찾고자 한다. 만일 우리 삶의 의미가 죽음에 대한 기대라면, 사실 죽음은 느닷없이 닥쳐옴으로써 삶 위에 죽음의 도장을 찍는 것만 할 수 있을 뿐이다. 이것이 결국 하이데거의 "결의성(Entschlossenheit, décision résolue)"에 포함된 가장 적극적인 점이다. 하지만 불행하게도 이것은 거기에 따르는 것보다는 오히려 주는 것이 더 쉬운 권고이다. 이것은 인간실재의 자연적인 취약성 때문도 아니고 또는 비본래성의 근원적 기투 때문도 아니다. 이것은 죽음 자체 때문이다. 사실 사람들은 하나의 개별적인 죽음을 기다릴 수는 있지만, 죽음 그것을 기다릴 수는 없다. 하이데거가 보여 준 마술은 아주 쉽게 간파된다. 그는 인간 각자의 죽음을 개별화하는 것에서 시작해서, 죽음이 하나의 인격의 죽음이라는 것, 한 개인의 죽음이라는 것, "그 누구도 나를 대신해 할 수 없는 유일한 일"이라는 것을 우리에게 보여 준다. 그다음에 하이데거는 현존재에서 출발해 죽음에 대해 부여한 이 비교할 수 없는 개별성을 이용해 현존재 자체를 개별화한다. 현존재가 본래적인 실존에 도달하고, 또 일상적인 평범성에서 벗어나 대신할 수 없는 인격의 유일성에 도달하게 될 수 있는 것은 바로 자기의 최종의 가능성을 향해 자유롭게 자기를 기투함으로써이다. 하지만 거기에는 하나의 순환이 있다. 사실 죽음이 이런 개별성을 지니고 있다는 것과 이 개별성을 부여하는 능력을 가지고 있다는 것을 어떻게 증명할 수 있는가? 만일 죽음이 나의 죽음으로서 묘사된다면, 나는 분명 그것을 기대할 수도 있다. 그것은 특징지우고 명료한 하나의 가능성이다. 하지만 나에게 닥쳐올 그 죽음은 나의 죽음인가? 무엇보다도 먼저 "죽는 것은 그 누구도 나를 대신해서 할 수 없는 유일한 일"이라고 말하는 것은 전혀 근거가 없다. 또는 오히려 이런 추리 속에는 명백한 자기기만이 있다. 사실 만일 사람이 죽음을 최종적이고 주체적인 가능성으로서 고려한다면, 또 죽음을 대자에게만 관계되는 사건으로만 여긴다면, 그 누구도 나를 대신해서 죽을 수 없음은 명백하다. 하지만 그렇게 되면 이 관점 — 코기토의 관점 — 에서 파악된 나의 가능성 중 어떤 것도, 그것이 본래적인 실존 속에서 파악되든 또는 비본래적인 실존 속에서 파악되든, 나 외의 다른 사람에 의해 기투될 수 없다는 사실이 도출된다. 만일 사람들이 사랑한다는 말에 의해 나의 서약인 그 서약을 지키고, 또 나의 감동인 그 감동(그것이 아주 평범하다고 해도)을 체험한다는 것을 의미한다면, 그 누구도 나를 대신해서 사랑할 수는 없다. 그리고 이 '나의(mes)'라는 것은 여기에서 결코 일상적인 평범함 위에서 획득된 한 사람의 인물과 관련되지 않는다(그것은 하이데거로 하여금 우리에게 다음과 같이 반박하게 할 수도 있다. 즉 내가 겪는 사랑이 나의 사랑이고, 내 안의 사람들(On)의 사랑이 아니기 위해서는, 정확히 나는 "죽는 것에 대해 자유로워야" 할 것이다). 하지만 아주 단순하게 이 '나의'는 전적으로 하이데거가 "현존재는 그때마다 나의 것이다(Dasein ist je meines)."라고 선언할 때, 그가 모든 현존재 — 현존재가 본래적인 방식으로 존재하든 또는 비본래인 방식으로 존재하든 — 에 대해 명확히 인정하고 있는 이 자기성에 관계된다. 따라서 이런 관점에서 보면, 가장 평범한 사랑도 죽음과 마찬가지로 대치 불가능하고 또 유일하다. 누구도 나를 대신해서 사랑할 수는 없다. 하지만 이와 반대로 만일 사람들이 세계 속에서의 나의 행위를 그런 기능과 효과와 결과의 관점에서 고려한다면, 타인은 언제나 내가 하는 것을 할 수 있다는 것은 확실하다. 만일 그 여자를 행복하게 해 주고, 그녀의 생활이나 자유를 보호해 주고, 그녀에게 그녀를 구원해 줄 수단을 제공하거나, 또는 단순히 그녀와 함께 가정을 영위하고 그녀에게 "어린아이를 낳게 하는 일"이 문제라면, 만일 그것이 이른바 사랑이라고 일컬어지는 것이라면, 그때는 어떤 타인이 나를 대신해서 사랑할 수도 있을 것이다. 타인은 정말로 나를 대신해서 사랑할 수도 있을 것이다. 이것은 감상적인 소설 속에서 수없이 이야기된 희생의 의미 자체이다. 이런 소설에서는 자기가 사랑하는 여자의 행복을 바라면서도 자기의 경쟁자 앞에서 물러나는 사랑의 주인공들을 볼 수 있다. 왜냐하면 그들은 그 경쟁자가 "자기보다도 그녀를 더 잘 사랑해 줄 수 있을 것"이라는 사실을 알기 때문이다. 여기에서 그 경쟁자는 특히 ……를 대신해서 사랑한다는 책무를 진다. 왜냐하면 사랑하는 것은 단순히 "다른 사람이 자기에게 위탁한 사랑으로 행복하게 해 주는 것"으로 규정되기 때문이다. 그리고 나의 모든 행위도 이렇게 될 것이다. 나의 죽음조차도 또한 이 범주 속에 들어갈 것이다. 만일 죽는다는 것이 교화하기 위해 죽는 것이고, 증언하기 위해 죽는 것이며, 조국을 위해 죽는 것이라면, 누구라도 나를 대신해서 죽을 수 있다. 마치 누가 잡아먹히는 희생자가 되느냐를 제비뽑기로 결정한다는 노래에서처럼 말이다.[85] 한마디로 나의 죽음에만 특유한 종류의 그 어떤 인격 구성적 능력도 존재하지 않는다. 죽음은 이와 정반대로 내가 나를 이미 주체성의 관점 속에 둔 경우에만 나의 죽음이 될 뿐이다. 나의 죽음을 대체할 수 없는 주체적인 것으로 만드는 것은 바로 전 반성적 코기토에 의해 규정되는 나의 주체성이며, 결코 죽음이 나의 대자에게 대체할 수 없는 자기성을 부여하는 것이 아니다. 이 경우 죽음은 그것이 바로 죽음이기 때문에, 나의 죽음으로서 특징지을 수는 없을 것

---

85 프랑스 민요 「작은 배 한 척이 있었네(Il était un petit navire)」에 나오는 한 구절이다. 배가 바다 한가운데에서 표류 중에 음식이 떨어지자 제비뽑기로 누가 잡아먹힐지를 정하기로 했는데, 가장 어린 소년이 뽑혔다. 그러자 소년은 돛대 위로 올라가 성모 마리아에게 간절한 기도를 드렸다. 그러자 기적이 일어나 수많은 물고기가 배 안으로 뛰어들어 소년은 죽음을 면하게 되었다는 내용이다.

이다. 또한 이로 인해 죽음의 본질적인 구조는 이 죽음을 사람들이 기대할 수 있는 인격화되고 규정된 사건으로 만들기에 충분하지 않다.

하지만 이외에도 죽음은, 만일 그것이 나의 죽음의 선고(일주일 안으로 행해질 처형, 죽음이 가까워졌고 또 그 끔찍함을 내가 알고 있는 질병의 결과 등)와 같이 아주 정확하게 지정되어 있는 것이 아니라면, 결코 기대하지 않을 것이다. 왜냐하면 죽음은, 설령 그것이 이 죽음의 기대라고 해도, 모든 기대의 부조리성의 드러내 보임 이외의 다른 것이 아니기 때문이다. 사실, 첫 번째로 여기에서 사람들이 계속 혼동해 온 "기다리다"라는 동사의 두 가지 의미를 주의 깊게 구별해야 할 것이다. 죽음을 각오하는 것(s'attendre à la mort)은 죽음을 기다리는 (attendre la mort) 것이 아니다. 우리는 확정된 과정이 실현하고 있는 중인 하나의 확정된 사건만을 기대할 수 있을 뿐이다. 나는 샤르트르[86]에서 오는 기차의 도착을 기다릴 수 있다. 왜냐하면 나는 기차가 샤르트르역을 떠난 것을 알고 있고, 또 바퀴가 회전할 때마다 그 기차가 파리역에 가까워지고 있음을 알고 있기 때문이다. 분명 그 기차는 연착할 수도 있고, 사고가 날 수도 있다. 하지만 그렇다고 해도 정거장으로의 진입이 실현될 과정 자체가 "진행 중"이고, 또 정거장으로의 진입을 늦추거나 중지시키거나 할 수 있는 현상이 여기에서는 단순히 그 과정이 상대적으로 폐쇄되고 상대적으로 고립된 하나의 체계일 뿐이라는 것, 그리고 이 과정이 실제로 메이에르송의 말처럼 "섬유 구조"로 된 하나의 우주 속에 여전히 잠겨 있다는 것은 사실이다. 따라서 나는 피에르를 기다린다고 말할 수 있으며, "나는 기차가 늦을 수 있는 것도 예상하고 기다린다."라고 말할 수 있다. 하지

---

86 파리 서남쪽 외르에루아르주(Eure-et-Loir)의 주도로, 샤르트르 대성당으로 유명하다.

만 나의 죽음의 가능성은 단순히 내가 생물학적으로 보아 상대적으로 폐쇄되고, 상대적으로 고립된 하나의 체계일 뿐임을 의미한다. 나의 죽음의 가능성은 단지 나의 신체가 여러 존재자의 총체성에 속해 있음을 지적할 뿐이다. 나의 죽음의 가능성은 일어날 수도 있는 기차의 연착과 같은 유형에 속하지, 피에르의 도착과 같은 유형에 속하지 않는다. 나의 죽음의 가능성은 예견될 수 없는 방해, 예기될 수 없는(inattendu) 방해 쪽에 속한다. 이런 방해에 대해서는 그것이 예기될 수 없다는 특수한 성격을 그 자체에 가지고 있는 것으로 항상 고려해야 한다. 하지만 사람들은 그것을 기다릴 수는 없다. 왜냐하면 이런 방해는 그 자체가 미확정 속에 묻혀 있기 때문이다. 사실 여러 요인이 엄밀하게 서로 조건짓고 있다는 점을 인정하는 것은 결코 입증되지 않았으며, 따라서 하나의 형이상학적 선택을 요구한다. 하지만 그렇다고 해도 그 요인들의 수는 무한하고, 또 그것들의 얽힘 역시 끝없이 무한하다. 최소한 지금 고려되고 있는 관점에서 보면, 이런 요인들의 총체는 하나의 체계를 구성하지 않는다. 이렇게 생각된 결과 — 나의 죽음 — 는 어떤 날짜로 예견될 수도 없을 것이고, 따라서 이 날짜를 기다릴 수도 없을 것이다. 어쩌면 내가 평온하게 이 방에서 글을 쓰고 있는 동안에도, 우주의 상태는 나의 죽음이 상당히 가까워져 있는 상태일 수도 있다. 하지만 이와 반대로 어쩌면 나의 죽음이 상당히 멀리 떨어져 있을 수도 있다. 예컨대 만일 내가 동원령을 기다린다면, 나는 나의 죽음이 가까워졌다고 여길 수 있다. 다시 말해 가까워진 죽음의 기회가 현저히 커졌다고 말이다. 하지만 바로 그 무렵에 국제회의가 비밀리에 개최되고, 또 평화를 연장하는 수단이 발견되는 것도 가능할 수도 있다. 따라서 나는 흘러가는 1분이 나를 죽음에 가깝게 하고 있다고 말할 수 없다. 만일 내가 총체적으로 나의 삶이 한정되어 있다고 생각한다면, 흘러가는 1분이 나를 죽음에 가깝게 하고 있다는 것은 사실이다. 하지만 아주 신축성이 큰 이 한계(나는 100세에 죽을 수도 있고, 37세에 죽을 수도 있고, 내일 죽을 수도 있다.)의 내부에서 나는 사실 그 1분이 그 종말로 나를 다가가게 하는지, 아니면 거기에서 나를 멀어지게 하는지를 알 수 없다. 이것은 노년의 최후 시기에서의 죽음과 장년기 또는 청년기에 우리를 사라지게 하는 갑작스러운 죽음 사이에는 질적으로 상당한 차이가 있기 때문이다. 전자를 기대하는 것은, 삶이 한계가 있는 하나의 기도라는 것을 받아들이는 것이고, 삶이란 우리가 유한성을 택하고 또 이 유한성의 기초 위에서 우리의 목적을 선택하는 여러 방식 중의 하나라는 것을 받아들이는 것이다. 후자를 기다리는 것은, 나의 삶이 하나의 결여적인 기도이기를 기대하는 일일 것이다. 만일 노년의 죽음(또는 명확한 선고에 의한 죽음)만이 존재할 뿐이라면, 나는 나의 죽음을 기대할 수 있을 것이다. 하지만 정확히 죽음의 특징은 그것을 이런저런 날에 기대하는 사람들을 항상 기한 이전에 언제라도 덮칠 수 있다는 것이다. 또한 만일 노년의 죽음이 우리 선택의 유한성과 혼동되고, 따라서 우리 삶의 종결 화음으로 체험될 수 있다면 (우리에게는 하나의 임무가 주어져 있고, 또 그 임무를 완수하기 위해 시간이 주어져 있다면), 갑작스러운 죽음은 이와 반대로 결코 기대할 수 없다. 왜냐하면 갑작스러운 죽음은 미확정적이고, 또 정의상 사람들이 그것을 언제 있을 일로서 기대할 수 없기 때문이다. 사실 갑작스러운 죽음에는 우리가 기대했던 날짜 전에 갑작스레 죽을 수도 있다는 가능성, 따라서 우리의 기대가 기대로서는 하나의 속임수(duperie)[어긋남]가 될 수 있다는 가능성, 또는 우리가 그 날짜보다도 더 오래 살 수도 있다는 가능성, 또 우리가 그런 기대뿐이었기 때문에 우리가 우리 자신보다 더 오래 살 수도 있다는 가능성이 항상 포함되어 있다. 게다가 갑작스러운 죽음이, 노년의 죽음은 오직 우리가 둘 중 한 편의 죽음을 살고 있는 한에서만 질적으로 다르기 때문에, 또 생물학적으로, 즉 우주의 관점에서 이 두 죽음은 그 원인 또는 그것을 결정하는 요인에서는 결코 차이가 없기 때문에, 한편의 미확정은 사실상 다른 편 위로 다시 솟아오른다. 이것은 사람들이 맹목적으로 또는 자기기만에 의해서만 노년의 죽음을 기대할 뿐임을 의미한다. 사실 우리는 우리의 의무를 완수하기 이전에 죽는다든가, 또는 반대로 그보다 더 오래 살아남든가 하는 가능성을 갖는다. 따라서 우리의 죽음이 예컨대 소포클레스의 죽음처럼,[87] 종결 화음의 방식으로 나타나게 될 가능성은 아주 희박하다. 하지만 만일 우리 죽음의 성격을 결정짓는 것이, 따라서 우리 삶의 성격을 결정하는 것이 단지 운이라고 한다면, 어떤 멜로디의 종말과 가장 비슷한 죽음조차도 그런 죽음으로서는 기대될 수 없다. 우연이 죽음을 결정함으로써 이 죽음에서 조화로운 종말이라는 모든 성격을 제거해 버린다. 사실 어떤 멜로디의 종말은 이 멜로디에 대해 의미를 부여하기 위해서는 이 멜로디 자체에서 흘러나와야 한다. 따라서 소포클레스의 죽음과 같은 죽음은 하나의 종결 화음과 닮을 수는 있겠지만, 그것이 종결 화음의 하나가 될 수는 결코 없을 것이다. 겹겹이 쌓아 올린 몇 개의 장난감 나무 토막이 무너질 때 만들어지는 글자들의 집합에서와 같이 그 글자들이 어쩌면 어떤 단어와 비슷할 수도 있겠지만, 그것들은 결코 하나의 단어가 될 수 없을 것이다. 이렇듯 나의 기투의 중심에 있는 우연의 끊임없는 출현은 나의 가능성으로서 파악될 수 없다. 오히려 반대로

---

87 소포클레스(Sophocles, BC 496~BC 406)는 고대 그리스 비극 시인이다. 그의 삶은 명성과 행운의 연속이었으며, 90세의 나이로 숨을 거둘 때 마치 '종결 화음'처럼 죽음을 맞이했다고 전해진다.

이런 출현은 나의 모든 가능성의 무화로서, 즉 그 자체로서 더 이상 나의 가능성에 속하지 않는 무화로서 파악될 것이다. 따라서 죽음은 세계 속에서의 현전으로서 더 이상 실현하지 못하는 나의 가능성이 아니라, 오히려 나의 가능에 대한 언제나 가능한 하나의 무화, 나의 가능성의 외부에 있는 무화이다.

게다가 이것은 의미에 대한 고찰에서 출발한다면 다소 다른 방법으로 표현할 수 있다. 우리가 알고 있는 것과 같이 인간실재는 의미작용을 하는 존재이다. 이것이 의미하는 바는, 인간실재는 자신이 그것으로 있지 않은 것에 의해 자기가 무엇이란 것을 자기에게 알리게 하거나, 또는 이렇게 말하자면, 인간실재는 자기에게로 오도록 되어 있다는 것이다. 따라서 인간실재가 자신의 미래 속에 끊임없이 구속되어 있다면, 그것은 우리로 하여금 인간실재는 미래의 확인을 기대하고 있다고 말하도록 유도한다. 사실 미래인 한에서 장래는 있게 될 현재의 예상도이다. 사람들은 이 [있게 될] 현재의 수중에 다시 자리 잡게 된다. 그런데 이 [있게 될] 현재만이 오직 현재의 자격으로 나에 다름 아닌 미리 그려진 그 의미를 확인하거나 또는 부인할 수 있을 것이다. 이 [있게 될] 현재 그 자체는 하나의 새로운 미래의 빛으로 과거를 자유롭게 되찾게 될 것이기 때문에, 우리는 이 현재를 결정지을 수 없을 것이며, 오히려 단지 그것을 기투하고 또 기대할 수 있을 뿐이다. 나의 현재적 행동의 의미는 나에게 심한 모욕을 안겨 준 이런저런 인간에 대해 내가 가하고자 하는 질책이다. 하지만 이런 질책이 신경질적이고 소심한 말더듬이로 바뀌지 않을지, 또 나의 현재적 행동의 의미가 과거로 바뀌지 않을지에 대해 내가 무엇을 알겠는가? 자유는 자유를 제한하고, 과거는 그 의미를 현재에서 이끌어 낸다. 이렇듯 우리가 앞에서 제시한 것처럼, 우리의 현재적 행위는 우리에게 완전히 반투명(전 반성적 코기토)인 동시에, 또 우리가 기대해야 하는 하나의 자유로운 결정에 의해 완전히 가려져 있다는 그 역설이 설명된다. 청년은 자기 행동의 신비적인 의미에 대해 완전히 의식적인 동시에, 또한 그가 현재 "사춘기의 위기를 지나고" 있는 중인지, 아니면 진심으로 신앙의 길로 접어들기 위해 자신을 구속하고 있는지를 결정하기 위해서는 자신의 미래 전체에 의탁해야 한다. 이렇듯 우리 후일의 자유는, 이것이 우리의 현재적 가능성인 것이 아니라 오히려 우리가 아직 그것으로 있지 않은 가능성의 근거인 한에서, 완전한 반투명 상태에 있는 하나의 불투명으로서, 마치 바레스[88]가 "완전한 빛 속에서의 신비"라고 부른 것과 같은 무엇인가를 구성한다. 이로부터 우리를 기대해야 한다는 우리에게 있어서의 이 필연성이 기인한다. 우리의 삶은 하나의 긴 기대에 불과할 뿐이다. 그것은 먼저 우리 목적의 실현에 대한 기대이며 ── 하나의 기도 속에 구속되어 있다는 것은 그 결과를 기대하는 일이다 ──, 특히 우리 자신에 대한 기대이다(비록 이런 기도가 실현되었다 할지라도, 또 내가 사람들로부터 사랑받을 수 있는 방법을 안다고 할지라도, 또 내가 이런저런 호의와 이런저런 평판을 얻는 방법을 안다고 할지라도, 나의 삶에서의 이런 기도 자체의 위치, 의미와 가치를 결정하는 일이 남게 된다). 이것은 인간적인 "본성"의 우연적인 결함에서 유래하지도 않고, 우리로 하여금 우리를 현재에 한정하는 것을 막을 수 있고 또 훈련에 의해 교정될 수 있는 신경증에서도 유래하지 않는다. 이것은 오히려 자기를 시간화함에 따라 "존재하는" 대자의 본성 그 자체에서 유래한다. 따라서 우리의 삶은 단순히 여러 기대로 이루어진 것

---

88 모리스 바레스(Maurice Barrès, 1862~1923)는 프랑스의 작가이자 민족주의자 정치가이다. 공화주의적 민족주의와 전통주의를 향한 가족, 군대 및 고국에 대한 애착을 강조했으며, 작품에 3부작 『국민 정력의 소설』 등이 있다.

으로서가 아니라 오히려 자신이 여러 기대를 기대하는, 기대의 기대로도 이루어진 것으로 생각해야 한다. 그것이 바로 자기성의 구조 자체이다. 자기로 있는 것은 자기에게 오는 것(venir à moi)이다. 이런 기대들에는 분명 모두 더 이상 아무것도 기대하지 않고, 기대될 수 있을 하나의 궁극의 항(項)에 대한 하나의 지시가 포함되어 있다. 존재로 있을 것이고, 또 더 이상 존재의 기대로 있지 않을 하나의 휴식이다. 전체 계열은 원칙상 결코 주어지지 않는 이 궁극의 항에 걸려 있다. 또 이 궁극의 항은 우리의 존재의 가치, 다시 말해 명백하게 "즉자-대자" 유형의 하나의 충만이다. 이 궁극의 항에 의해 우리의 과거에 대한 회복은 결정적으로 이루어질 것이다. 우리는 청춘의 이런저런 시련이 이로운 것이었는지 또는 해로운 것이었는지, 또 사춘기의 이런저런 위기가 일시적인 변덕이었는지 또는 나의 그 이후의 구속의 실질적인 전조였는지에 대해 영원히 알 수 있을 것이다. 우리 삶의 곡선은 영원히 고정될 것이다. 한마디로 계산은 중지될 것이다. 기독교도들은 죽음을 이 궁극의 항으로 여기고자 했다. 나는 부아슬로[89] 신부와의 개인적으로 대화를 한 적이 있는데, 그때 신부님이 나에게 "최후의 심판"이 정확하게 이 계산의 중지임을 이해시켜 주었다. 이 계산의 중지로 인해 사람들은 다시는 일을 새로 다시 하지 못하게 되며, 그들은 결국 돌이킬 수 없이 자신들이 그것으로 있었던 것으로 있게 된다는 것이다.

하지만 여기에는 우리가 앞에서 라이프니츠에게 지적한 내용과 비슷한 하나의 오류가 있다. 이 오류는 실존의 다른 쪽 끝에 위치하고 있기는 하다. 라이프니츠에게 있어서는 우리의 모든 행위가 우리의

---

89 피에르 부아슬로(Pierre Boisselot, 1899~1964)는 프랑스의 신부이다. 1929년 이래로 프랑스 가톨릭 부흥에 중요한 역할을 해 온 도미니카 수도회에 소속으로 활동했다.

본질로부터 흘러나오기 때문에, 우리는 자유롭다. 그렇지만 이 세부적인 자유가 완전한 예속을 되찾기 위해서는 우리의 본질이 우리에 의해 선택된 것이 결코 아니라는 것만으로 충분하다. 신이 아담의 본질을 선택한 것이다. 역으로 만일 우리 삶에 의미와 가치를 부여하는 것이 계산의 중지라고 한다면, 우리 삶의 씨줄을 이루고 있는 모든 행위가 자유였음은 별로 중요하지 않다. 만일 우리가 계산이 중지되는 그 순간을 우리 스스로 선택하는 것이 아니라면, 삶의 의미 자체가 우리에게서 벗어난다. 이것은 디드로[90]가 전해 주는 어떤 신앙심 없는 작가의 일화에서 감지한 것이다. 두 형제가 최후의 심판일에 신의 법정에 출두한다. 한 명이 신에게 말한다. "주께서는 왜 저를 이처럼 젊어서 죽게 하셨나이까?" 신이 대답한다. "너를 구하기 위함이니라. 만일 네가 더 오래 살았다면, 너는 너의 형과 마찬가지로 어떤 죄를 저질렀을 것이니라." 그러자 이번에는 다른 형제가 물었다. "주께서는 왜 저를 이처럼 늙어서 죽게 하셨나이까?" 만일 죽음이 우리의 존재의 자유로운 결정이 아니라면, 그것은 우리의 삶을 종결시킬 수 없을 것이다. 어쩌면 1분이 더하냐 덜하냐에 따라 모든 것이 변할 것이다. 만일 그 1분이 나의 계산에 더해지거나 빠진다면, 내가 그 1분을 자유롭게 사용할 수 있다고 해도, 나의 삶의 의미는 나에게서 벗어난다. 그런데 기독교의 죽음은 신으로부터 온다. 신이 우리의 시간을 선택한다. 그리고 일반적으로 나는, 비록 나 자신을 시간화하면서 순간과 시간을 일반적으로 거기에 존재케 하는 것이 나라고 해도, 나의 죽음의 순간은 나에 의해 정해지는 것이 아니라는 사실, 즉 우주의 여러 인과관계가 그것을 결정한다는 것을 분명하게

---

90 드니 디드로(Denis Diderot, 1713~1784)는 프랑스의 백과전서파 계몽주의 철학자 · 작가이다. 달랑베르와 함께 18세기 계몽철학 사상을 집대성한 기념비적 저작 『백과전서』 편집자이다.

알고 있다.

사정이 이렇다면, 우리는 죽음이 삶에 대해 외부에서 하나의 의미를 부여하는 것이라고 더 이상 말할 수조차 없다. 하나의 의미는 주체성 자체로부터만 올 수 있을 뿐이다. 죽음은 우리의 자유의 근거 위에서 나타나는 것이 아니기 때문에, 죽음은 모든 의미를 삶에서 제거할 수밖에 없다. 만일 내가 기대의 기대라는 의미에서의 기대라면, 그리고 만일 한꺼번에 나의 마지막 기대의 대상과 기대하는 자가 제거된다면, 그 기대는 거기에서 회고적으로 부조리라는 성격을 받는다. 이 청년은 30년 동안 위대한 작가가 되기를 기대하면서 살아왔다. 하지만 그 기대 그 자체로는 충분하지 못했다. 그 기대는 허영심 많고 무분별한 고집이 될 수도 있을 것이다. 또 그 기대는 그가 쓰게 될 책에 의한 자기의 가치에 대한 깊은 양해가 될 수도 있을 것이다. 그의 첫 번째 책이 출간되었다. 하지만 그 책 한 권만으로 그것이 무슨 의미가 있겠는가? 그것은 처녀작이다. 그 책이 훌륭하다고 하자. 그 책은 장래에 의해서만 그 의미를 가지게 될 뿐이다. 만일 그 책이 유일하다면, 그것은 시작이자 동시에 유서이다. 그는 쓸 수 있는 한 권의 책만 가졌을 뿐이다. 그는 그 작품에 의해 한정되고 포위되고 말 것이다. 그는 "한 명의 위대한 작가"는 아닐 것이다. 만일 그 소설이 한 평범한 계열 속에 자리를 차지한다면, 그것은 하나의 "우연"이다. 만일 다른 훌륭한 책들이 그 책의 뒤를 잇는다면, 그것은 그 저자를 일급 작가로 만들 수 있을 것이다. 하지만 바로 그때, 즉 그가 다른 작품을 쓸 수 있는 "소질을 가졌는지"를 알기 위해 불안하게 자신을 시험해 보고 있는 바로 그 순간에, 그가 자기를 기대하고 있는 바로 그 순간에, 죽음이 그 작가를 덮쳤다. 모든 것을 미결정 상태로 빠뜨리는 데는 이것으로 충분하다. 나는 죽은 그 작가가 유일한 책의 저자였다(그가 쓸 수 있는 단 한 권의 책만 가졌을 뿐이라는 의미에서)고 말할 수도 없고, 또 그가 많은 책을 썼다고도 말할 수 없다(사실상 단 한 권의 책만이 출판되었을 뿐이기 때문이다). 나는 아무것도 말할 수 없다. 발자크가 『올빼미당(Les Chouans)』[91]을 쓰기 전에 죽었다고 가정하자. 그는 형편없는 몇몇 모험 소설의 저자로 남게 될 것이다. 하지만 마침내 죽은 그 젊은이가 그것으로 있었던 기대 자체, 한 명의 위대한 인물이라고 하는 그 기대 자체는 모든 종류의 의미를 잃어버린다. 그 기대는 고집스럽고 허황된 맹목도 아니고, 그의 고유한 가치의 진정한 의미도 아니다. 왜냐하면 그 어느 것도 결코 그것을 결정하지 못할 것이기 때문이다. 사실 그가 자기 예술에 바친 희생을 고려함으로써, 또 그가 영위하기로 한 어둡고 견디기 힘든 생활을 고려함으로써, 그 일을 결정하려고 시도해 봤자 아무 소용이 없을 것이다. 수많은 평범한 작가도 그와 비슷한 희생을 치를 힘을 가졌다. 이와 반대로 그런 행동의 최후의 가치는 결정적으로 유예 상태로 머물러 있다. 또는 이렇게 말해도 된다면, 그것의 총체 —— 개개의 행동, 기대, 가치 —— 는 단번에 부조리 속에 빠져 버린다. 이렇듯 죽음은 결코 삶에 의미를 부여하는 것이 아니다. 이와 반대로 죽음은 원칙상 삶에서 모든 의미를 제거하는 것이다. 만일 우리가 죽어야 한다면, 우리의 삶은 의미를 갖지 못한다. 왜냐하면 삶의 문제는 아무런 해결책도 받지 못하기 때문이며, 또 그 문제의 의미 자체가 미결정으로 머물러 있기 때문이다.

　이 필연성에서 벗어나기 위해 자살에 의지하는 것은 헛된 일일 것이다. 자살은 내가 그것의 근거가 될 것인 삶의 하나의 목적으로 여겨

91　오노레 드 발자크(Honoré de Balzac, 1799~1850)의 소설이다. 혁명에 저항하며 봉기한 브르타뉴 지방의 1799년 푸제르 농민 봉기가 주제이다.

질 수 없을 것이다. 사실 자살은 나의 삶의 행위이기 때문에, 자살 자체는 오직 장래만이 그것에 줄 수 있는 하나의 의미를 필요로 한다. 하지만 자살이 나의 삶의 마지막 행위이기 때문에, 자살은 장래를 자신에게 거부한다. 이렇듯 자살은 완전히 미결정으로 머문다. 만일 내가 죽음에서 벗어난다면, 또는 만일 내가 "자살 미수"에 그친다면, 나는 훗날 나의 자살을 하나의 비겁한 행위로서 판단하지 않겠는가? 이 사건은 또 다른 해결책들이 가능했음을 나에게 보여 줄 수 있지 않겠는가? 하지만 이런 해결책들은 나 자신의 고유한 기투만이 될 수 있을 뿐이기 때문에, 내가 살아 있는 경우에만 그 해결책들이 나타날 수 있을 뿐이다. 자살은 나의 삶을 부조리한 것 속으로 빠지게 하는 부조리이다.

사람들의 지적처럼, 이런 설명은 죽음에 대한 고찰에서 이끌어 낸 것이 아니라, 반대로 삶에 대한 고찰에서 이끌어 낸 것이다. 대자는 그것에게 있어서는 그 존재에 있어 존재가 문제 되는 존재이기 때문에, 대자는 항상 하나의 뒤(un après)를 요구하는 존재이기 때문에, 대자가 대자적으로 그것으로 있는 존재[92] 속에는 죽음을 위한 장소는 없다. 따라서 죽음의 기대는, 그것이 죽음의 기대 자체를 포함한 모든 기대를 부조리로 환원하게 될 하나의 미결정된 사건의 기대가 아니라면, 무엇을 의미할 수 있겠는가? 죽음의 기대는 스스로를 파괴할 것이다. 왜냐하면 죽음의 기대는 모든 기대의 부정이 될 것이기 때문이다. 하나의 죽음을 향한 나의 기투는 이해 가능하다(자살, 순교, 영웅적 행위). 하지만 세계 안에서 현전을 더 이상 실현하지 못하는 미결정의 가능으로서의 나의 죽음을 향한 기투는 이해할

---

92 대자가 대자로서만 존재하는 대자존재라는 의미이다.

수 있는 것이 아니다. 왜냐하면 이런 기투는 모든 기투의 파괴일 것이기 때문이다. 이렇듯 죽음은 나 자신의 고유한 가능성이 될 수는 없을 것이다. 죽음은 심지어 나의 가능성의 하나조차도 될 수 없을 것이다.

게다가 죽음은, 그것이 나에게 나타내 보일 수 있는 한에서, 단지 나의 가능들에 대한 항상 가능한 무화 — 나의 가능성 밖에서의 무화 — 인 것이 아니다. 죽음은 단지 모든 기투를 파괴하는 기투, 또 스스로를 파괴하는 기투, 나의 기대들의 불가능한 파괴만이 아니다. 죽음은 내가 나 자신에 대해 내가 그것으로 있는 관점에 대한 타자의 관점의 승리이다. 말로가 『희망』(1937)에서 "죽음은 삶을 운명으로 바꾼다."[93]라고 죽음에 대해 썼을 때, 그가 말하고자 한 것이 바로 이것이다. 사실 죽음은 그 부정적인 면에 의해 나의 가능성들의 무화일 뿐이다. 사실 나는 내가 그것으로 있어야 하는 즉자존재의 무화에 의해서만 나의 가능성일 뿐이기 때문에, 하나의 무화에 대한 무화로서의 죽음은, 헤겔에게 있어서 부정의 부정은 긍정이라는 의미에서, 즉자로서의 나의 존재의 정립이 된다. 대자가 "살아 있는" 한에서, 대자는 자기의 과거를 자기의 장래를 향해 뛰어넘으며, 과거는 대자가 그것으로 있어야 하는 것이 된다. 대자가 "살아 있기를 중단할" 때에도 이 과거는 그것만으로 없어지지 않는다. 무화하는 존재의 소멸은 즉자의 유형에 속하는 이 과거의 존재를 건드리지 못한다. 이 과거는 즉자 속에 자기를 묻는다. 나의 인생은 통째로 존재한다. 이것은 결코 나의 삶이 하나의 조화로운 총체성이라는 것을 의미하지 않는다. 오히려 나의 삶이 자신의 고유한 유예이기를 그만두었

---

93 "죽음 속에 있는 두려운 사실은, 죽음은 삶을 운명으로 바꾼다는 것이다."에서 인용한 문장이다.

음을 의미하며, 또 나의 삶은 더 이상 그것이 자신에 대해 갖는 단순한 의식에 의해 자기를 바꾸는 것이 불가능함을 의미한다. 하지만 이와 정반대로 이 삶에 속하는 어떤 현상의 의미는 그 이후에 자신에 의해 고정되는 것이 아니라, 오히려 중지된 삶이라고 하는 이 열려 있는 전체에 의해 고정된다. 우리가 앞에서 살펴본 것처럼, 일차적이고 근본적인 자격으로서의 이 의미는 의미의 부재이다. 하지만 이차적이고 파생적인 자격으로 상대적인 의미의 무수한 아롱진 빛깔이, 무수한 무지개 빛깔이 하나의 "죽은" 삶의 근본적인 부조리 위에서 유희할 수도 있다. 예컨대 그 궁극의 허무함이 어떤 것이었든, 소포클레스의 삶이 행복했다는 점, 발자크의 삶이 놀라우리만큼 힘들었다는 점 등은 여전히 남아 있다. 물론 이런 일반적인 규정은 좀 더 자세히 이루어질 수 있다. 우리는 이런 삶에 대한 하나의 이야기와 동시에 하나의 묘사, 하나의 분석을 감행할 수도 있다. 우리는 더욱 명확한 특징을 얻게 될 것이다. 모리아크가 자신의 소설 속 여주인공에 대해 말한 것처럼, 예컨대 우리는 이런저런 여자의 죽음에 대해 그녀가 "신중한 절망" 속에서 살았다고 말할 수 있을 것이다. 우리는 파스칼의 "영혼"의 의미를(즉 그의 내적 "삶"의 의미를), 니체가 서술한 것처럼, "호화롭고 쓰라린" 것으로 파악할 수도 있을 것이다.[94] 우리는 이런저런 에피소드를 "비겁함" 또는 "상스러움"으로 규정하는 데까지 나아갈 수는 있다. 그렇지만 다음과 같은 점을 시야에서 놓쳐서는 안 될 것이다. 즉 살아 있는 대자라고 하는 이 "끊임없이-유예 상태에 있는-존재"의 우연적인 중지만이 근본적인 부조리의 기초 위에서 고려된 일화에 상대적인 의미를 부여하는 것이 허용된다는 점,

---

94   니체의 '생성의 철학(Philosophie des Werdens)' 개념과 관련된 구절이다.

또 이런 의미는 하나의 본질적으로 잠정적인 의미 작용이며, 그 잠정성이 결정적인 것에게로 우연히 옮겨진 것이라는 점이 그것이다. 하지만 피에르의 삶의 의미에 대한 이렇게 서로 다른 설명은, 피에르 자신의 삶에 대해 설명하는 것이 그 자신이었을 때는 그의 삶의 의의와 방향을 바꾸는 결과를 낳게 된다. 왜냐하면 그 자신의 고유한 삶에 대한 모든 설명은, 그것이 대자에 의해서 시도되는 때는, 그 삶의 저편을 향한 자기의 기투이기 때문이다. 또한 변질시키는 기투는 동시에 그것이 변질시키는 그 삶 위에 축적되어 굳혀지기 때문에, 자기를 계속 시간화함으로써 자기의 의미를 변모시키는 것은 피에르의 고유한 삶 그 자체이다. 그런데 그의 삶이 끝나 버린 지금, 그의 인생이 현재와의 모든 관계를 완전히 끊으면서 그 즉자적인 충만 속에서 말라비틀어짐을 막을 수 있는 것은 오직 타인의 기억뿐이다. 끝나 버린 삶의 특징은 바로 타인이 그 감시자가 되는 삶이라는 점이다. 이것은 단지 타인이 "고인"의 인생을 명백히 인식적으로 재구성함으로써 "고인"의 삶을 다시 붙잡아 둠만을 의미하지 않는다. 반대로 이와 유사한 재구성은 죽은 삶에 대해 타인이 취하는 가능한 태도 중 하나일 뿐이다. 그 결과 "재구성된 삶"(친지의 추억에 의한 가족적인 환경 속에서, 역사적인 환경 속에서)의 특징은 타인들의 삶을 제외하고 어떤 삶을 드러내 보이려는 하나의 특수한 운명이다. 이로부터 필연적으로 "망각 속으로 떨어진 삶"이라는 반대적인 성격 또한 타인으로부터 출발해 어떤 삶에 찾아오는 하나의 특수한, 그리고 묘사될 수 있는 운명을 드러내는 결과가 도출된다. 잊혀진다는 것은 타인의 어떤 태도의 대상이 되는 것이며, 타자의 암묵적인 결정의 대상이 되는 것이다. 사실 잊혀진다는 것은 결정적으로 영구히 하나의 집단 속에 용해된 요소로 파악되는 것이다("13세기의 대영주들", 18세기의 "부르주아적인 휘그당원들"[95], "소비에트의 관료들" 등). 잊혀진다는 것은 결코 사라져 없어지는 것이 아니다. 오히려 잊혀진다는 것은 자기의 개인적인 존재를 잃어버리고 타인들과 함께 집단적 존재로 구성된다는 것이다. 이것이 우리가 입증하고자 한 것을 잘 보여 준다. 즉 타인은 죽은 사람과의 접촉 없이 먼저 존재하고, 그다음에 몇몇 죽은 사람(생전의 모습을 알고 있는 사람들, "위대한 죽은 자들" 등)과의 이런저런 관계 맺기를 결정하는(또는 위의 상황이 그런 결정을 하는) 것은 있을 수 없을 것이라는 사실이 그것이다. 죽은 자들과의 — 모든 죽은 자에 대한 — 관계는 실제로 우리가 앞에서 "대타존재"라고 명명했던 근본적인 관계의 본질적인 구조이다. 대자는 그 존재에로의 출현 속에서 죽은 자들에 대해 입장을 취해야 한다. 대자의 최초의 기투는 죽은 자들을 광범위한 이름 없는 집단들 또는 확실한 개인들로 조직한다. 그리고 대자는 이런 집단들과 개인들에 대해 그들의 소원함 또는 그들의 절대적인 친근성을 결정한다. 대자는 자기를 시간화하면서 그것들과 자기 사이의 시간적인 거리를 전개한다. 이와 마찬가지로 대자는 자기의 환경에서 출발해서 공간적인 거리를 펼친다. 대자는 자기가 무엇인지를 자기의 목적에 의해 자기에게 알리도록 하며, 사라진 집단들이나 개인들에 고유한 중요성을 결정한다. 피에르에게 있어서는 완전히 익명, 무정형일 집단이 나에게는 특수하고 또 구조화되어 있을 수도 있다. 나에게는 완전히 통일된 모습의 다른 집단이 장에게는 그의 개인적인 구성 요소 중의 어떤 것들로서 나타날 수도 있

---

95 영국 최초의 근대적 정당으로, 17세기까지 거슬러 올라간다. 1678~1681년 왕위 계승 문제로 가톨릭교도였던 찰스 2세의 동생 요크 공작 제임스의 즉위에 반대한 사람들을 가리켜 휘가모어(Whiggamore)라고 부른 것이 기원이다. '휘그(Whig)'는 스코틀랜드 방언으로 '말을 타고 돌아다닌다'라는 의미이다.

다. 비잔틴, 로마, 아테네, 제2차 십자군, 국민공회 등은 모두 내가 취하는 입장, 내가 그것으로 있는 입장에 따라, 내가 멀리서 또는 가까이에서, 대략적으로 또는 상세하게 볼 수 있는 거대한 공동묘지이다. 그 결과 — 사람들이 정확히 이해하기만 한다면 — 한 사람의 "인격"을 그의 주위의 죽은 자들에게 관심을 가지는가에 따라서 규정하는 것이 불가능하지 않을 정도이다. 다시 말해 그 사람이 그 공동묘지 안에서 어떤 형태의 개인 또는 집단을 형성하기로 결정했는가에 의해, 또 그가 밟아 간 길에 의해, 그가 지나간 오솔길에 의해, 그 사람이 스스로 얻고자 결심한 교훈에 의해, 그 사람이 그곳에 내린 "뿌리"에 의해 그 사람의 인격이 규정된다. 분명 죽은 자들이 우리를 선택한다. 하지만 먼저 우리가 죽은 자들을 선택해야 한다. 우리는 여기에서 사실성을 자유와 연결시키는 근원적인 관계를 또다시 발견한다. 우리는 죽은 자들을 향한 우리의 태도를 선택한다. 하지만 우리가 하나의 태도를 선택하지 않는다는 것은 있을 수 없다. 죽은 자들에 대한 무관심은 충분히 가능한 하나의 태도이다. 그 예로 우리는 그것을 "무국적자(Heimaltos)", 어떤 부류의 혁명가들 또는 개인주의자들에게서 찾아볼 수 있을 것이다. 하지만 이런 무관심 — 죽은 자들을 "다시 죽게" 하는 것으로 이루어지는 — 은 죽은 자들에 대한 여러 다른 태도[96] 중 하나이다. 이렇듯 대자는 자기의 사실성 자체에 의해 죽은 자들에 대한 전적인 "책임" 속에 내던져 있다. 대자는 죽은 자들의 운명을 자유롭게 결정하도록 강요당한다. 특히 우리를 에워싸고 있는 죽은 자들이 문제가 될 때, 우리는 — 명백하

---

96   원문에는 'conduites'로 되어 있다. 하지만 앞에서 살펴본 것처럼 '무관심'은 내가 타자에 대해 또는 타자가 나에 대해 취하는 태도를 중심으로 정립되는 구체적인 인간관계인 점을 고려해, 여기에서는 '태도'로 옮긴다.

게든 또는 암암리에든 — 죽은 자들의 기도의 운명을 결정짓지 않는 것은 있을 수 없다. 아들이 아버지의 가업을 이어받게 되느냐 또는 제자가 스승의 학파나 이론을 이어받게 되느냐는 것이 문제일 때에 명확히 드러난다. 하지만 많은 상황에서 그런 연관 관계가 그다지 분명하게 보이지 않는다 할지라도, 이것은 죽은 자와 산 자가 동일한 역사적이고 구체적인 집단에 소속되어 있는 모든 경우에도 역시 사실이다. 앞선 세대에 속한 사람들의 노력과 기도의 의미를 결정짓는 것은 바로 나이고, 나와 같은 세대의 사람들이다. 동시대의 사람들은 선인들의 사회적·정치적 제도를 계승, 속행하거나 또는 하나의 균열을 단호히 실현해서 죽은 자들을 비효율성 속으로 내던지는 수도 있다. 우리가 앞에서 살펴본 바와 같이, 라파예트의 기도의 가치와 의미를 결정하는 것은 1917년의 미국이다. 이렇듯 이런 관점으로 보면 삶과 죽음 사이의 차이가 명확하게 나타난다. 삶은 그 자체의 고유한 의미를 결정한다. 왜냐하면 삶은 항상 유예 상태(en sursis)에 있기 때문이다. 삶은 본질상 자기비판의 능력과 자기 변신의 능력을 가지며, 이 능력이 삶을 "아직-아님(pas-encore)"으로 규정한다. 또는 이렇게 말하면, 삶은 자기가 그것으로 있는 것의 변화로서 존재한다. 죽은 삶은 그것만으로는 변화하는 것을 그만두지 않는다. 그렇지만 그 삶은 이루어진 것이다. 이것은 죽은 삶에 있어서는 내기는 이미 끝났음을 의미한다. 이것은 또한 죽은 삶은 그 후로 변화하지만, 그 변화에 대해 전혀 책임이 없음을 의미한다. 죽은 삶에 있어서는 단지 자의적이고 결정적인 하나의 총제화만이 문제가 될 뿐 아니라, 나아가 근본적인 하나의 변모가 문제가 된다. 어떤 것도 더 이상 내부로부터 죽은 삶에게로 도달할 수 없다. 죽은 삶은 완전히 닫혀 있다. 우리는 더 이상 어떤 것도 거기에 들어가게 할 수 없다. 하지만 죽은 삶의 의미는 외부로부터 변경을 결코 그치지 않는다. 이 평화의 사도가 죽음에 이르기까지는 그의 기도의 의미(광기 또는 현실에 대한 깊은 사려 분별, 성공 또는 실패)는 그의 수중에 있었다. "내가 여기에 있는 한, 전쟁은 없을 것이다." 하지만 그 의미가 하나의 단순한 개별성의 한계를 넘어섬에 따라, 또 인간이 자기가 무엇인가를 실현하게 할 하나의 객관적인 상황(유럽에서의 평화)에 의해 자기에게 알리게 함에 따라, 죽음은 하나의 전적인 소유권 박탈을 나타낸다. 이 평화의 사도로부터 그의 노력의 의미 자체를, 따라서 그의 존재의 의미 자체를 박탈하는 것은 바로 타인이다. 이것은 타인이 자기의 의사와 상관없이 자신의 출현 자체에 의해, 인간이 그것을 통해 자기를 알리게 하는 그 기도, 인간이 자기 존재에서 그것으로 있었던 그 기도 자체를 실패 또는 성공으로, 광기 또는 천재적인 직관으로 변화시킴을 떠맡기 때문이다. 이렇듯 죽음의 존재 자체는 우리 자신의 고유한 삶에서 타자의 이익을 위해 우리를 송두리째 소외시킨다. 죽는다는 것은 살아 있는 사람들의 포로가 되는 것이다. 이것은 결국 자기의 미래적인 죽음의 의미를 파악하고자 시도하는 자는 타인들의 미래적인 포로로서 자기를 발견해야 함을 말한다. 그 결과 우리가 이 책에서 대타에 할애한 부분에서 고려하지 않은 소외의 또 하나의 경우가 있다. 우리가 앞에서 살펴본 소외는 사실 우리가 타인을 초월된-초월로 변화시킴으로써 무화할 수 있는 소외였다. 그것은 우리가 자유의 절대적이고 주체적인 정립에 의해서 우리의 외부를 무화할 수 있는 것과 마찬가지였다. 내가 살아 있는 한, 나는 내가 타인에게 있어 그것으로 있는 것에서 벗어날 수 있다. 그것은 내가 아무것도 아니라는 것, 또 나는 나 자신을 내가 그것으로 있는 그대로의 것으로 있게 만드는 것을, 자유롭게 세워진 나의 목적에 의해 나 자신에게 드러내 보이게 하기 때문이다. 내가 살아 있는 한, 나는 타인이 나에 대해 발견하는 것을 부인할 수 있다. 내가 이미 다른 목적들을 향해 나를 기투함으로써, 또 내가 어쨌든 나의 대자존재의 차원이 나의 대타존재의 차원과 공통 척도를 갖지 않는다는 사실을 발견함으로써 그렇다. 이렇게 해서 나는 끊임없이 나의 외부에서 벗어난다. 그리고 나는 끊임없이 타자에 의해 되잡혀진다. 그렇다고 해서 "이 의심적은 싸움에서" 결정적인 승리가 어느 한쪽의 존재 방식에 돌아가는 것은 아니다. 하지만 죽음의 사실은 이 싸움 자체에서의 적대자들 중 어느 한쪽과 정확히 동맹을 맺는 일 없이 타인의 관점에 궁극적인 승리를 가져다준다. 왜냐하면 죽음의 사실은 싸움과 유희를 또 다른 영역으로 옮기기 때문이며, 다시 말해 전투자 중 한쪽을 갑작스레 제거하기 때문이다. 이런 의미에서 죽는다는 것은, 우리가 타인에 대해 쟁취한 일시적인 승리가 어떤 것이든, 또 비록 "자기의 고유한 모습을 조각하기" 위해 타인을 이용했다고 하더라도, 이미 타인에 의해서만 존재하도록 운명지어진 것이고, 또 자기의 의미와 자기의 승리의 의미 자체까지도 타인에게서 받게끔 운명지어진 것이다. 사실 만일 사람들이 이 책 제3부에서[97] 우리가 설명한 바와 같은 실재론적 관점을 공유한다면, 그들은 다음과 같은 사실을 인정해야 한다. 즉 나의 사후의 존재는 "타인의 의식 속에서의" 단순한 유령 같은 살아남음도 아니고, 또 나와 관련된 단순한 표상(이미지·추억 등)도 아니라는 사실이 그것이다. 나의 대타존재는 하나의 실재적인 존재이다. 그리고 나의 대타존재가 나의 사라짐 후에 내가 타인에게 내버리는 하나의 외투처럼 타자의 수중에 머물러 있게 된다면, 그것은 나

97 제3부 제1장 II.

의 존재의 실재적인 차원 — 현재로서는 나의 유일한 차원이 된 차원 — 의 자격으로서이지, 종잡을 수 없는 유령의 차원의 자격으로서가 아니다. 리슐리외, 루이 15세, 나의 할아버지는 결코 나의 추억의 총화가 아니며, 또한 그들에 대해 이야기를 들은 모든 사람의 추억 또는 인식의 총화도 아니다. 그들은 객관적이고 불투명한 존재이지만, 다만 그런 존재는 외면성의 유일한 차원으로 환원된 것이다. 이런 자격으로 그들은 그들의 역사를 인간적인 세계 속에서 추구할 것이다. 하지만 그들은 세계 한복판에서 영원히 초월된-초월이 될 뿐이다. 이렇듯 죽음은 단순히 기대를 결정적으로 제거함으로써, 또 내가 무엇인지를 나에게 알려 주는 목적의 실현을 미결정 상태 속에 내버려 둠으로써 나의 기대를 헛되게 할 뿐이다. 죽음은 또한 내가 주체성으로 살아가는 것 전부에 대해 외부로부터 하나의 의미를 부여하기도 한다. 죽음은, 주체적인 것이 외면화에 대항해 "살고 있는" 한에서, 자기를 방어하고 있던 그 주체적인 것 전부를 다시 파악한다. 그리고 죽음은 이 주체적인 것에서 모든 주체적인 의미를 박탈하고, 이와 반대로 타인이 그것에 주고 싶어 하는 대상적인 모든 의미에게 그 주체적인 것을 넘겨준다. 그렇지만 다음과 같은 사실을 지적하는 것이 좋을 듯하다. 즉 이처럼 나의 삶에 부여된 그 "운명"은 여전히 허공에 매달려 유예 상태에 머물러 있다는 사실이 그것이다. 왜냐하면 "로베스피에르의 역사적인 운명은 결국 어떤 것이 될 것인가?"라는 질문에 대한 답은, "역사는 하나의 의미를 갖는가?", 다시 말해 "역사는 완성되어야 하는 것인가, 아니면 단지 종결될 뿐인가?"라는 선행하는 문제에 대한 답에 달려 있기 때문이다. 이 문제는 해결되어 있지 않다. 이 문제는 아마 해결될 수 없을 것이다. 왜냐하면 이 문제에 대해 주어지는 모든 대답은("이집트의 역사는 이집트학의 역사이다."라는 관념론의 대답을 포함해) 그 자체가 역사적이기 때문이다.

이렇게 해서 나의 죽음이 나의 삶 속에서 모습을 드러낼 수 있음을 용인한다고 해도, 나의 죽음은 단순히 나의 주체성의 중지일 수 없을 것이라는 점을 우리는 알게 된다. 그런데 이런 중지는 이 주체성의 내적 사건이므로 결국 주체성에만 관련될 뿐이다. 독단적인 실재론이 죽음 속에서 죽음의 상태, 즉 삶에 대해 초월적인 것을 본다는 점에서 틀린 것이 사실이라면, 내가 나의 것으로 발견할 수 있는 죽음은 필연적으로 나와 다른 것을 구속한다는 것 역시 사실이다. 실제로 나의 죽음이 나의 가능성들의 언제라도 가능한 무화인 한에서, 나의 죽음은 나의 가능성들 외부에 있으며, 따라서 나는 그것을 기대할 수 없을 것이다. 다시 말해 나는 나를 나의 가능성 중 하나를 향해 내던지듯이 나의 죽음을 향해 나를 내던질 수 없을 것이다. 그렇기 때문에 나의 죽음은 대자의 존재론적 구조에 속할 수 없을 것이다. 나의 죽음이 나에 대한 타인의 승리인 한에서, 나의 죽음은 확실히 근본적이지만, 우리가 앞에서 살펴본 것처럼, 완전히 우연적인 하나의 사실, 즉 타인의 존재라는 하나의 사실을 가리킨다. 만일 타인이 존재하지 않는다면, 우리는 이 죽음을 알지 못할 것이다. 이 죽음은 우리에게 모습을 드러낼 수 없을 것이며, 또 특히 이 죽음은 운명으로 바뀌는 우리 존재의 변신으로서 자기를 구성할 수도 없을 것이다. 사실 이 죽음은 대자와 세계, 주체적인 것과 대상적인 것, 또 의미 작용을 하는 것과 모든 의미의 동시적인 사라짐일 것이다. 이 죽음이 어느 정도 나의 의미가 되는 개별적인 의미의 변신으로서 우리에게 나타내 보일 수 있다면, 그것은 의미와 기호의 교대를 보증하는 의미 작용을 하는 한 명의 타인의 존재에 대한 사실의 결과에 의해서이다. 나의 죽음이 의식과 세계와의 사라짐이 되는 대신에 주체성의 자격으로 세계 밖으로의 나의 추락이 되는 것은 바로 타인 때문이다. 따라서 거기에는 사실이라는 하나의 부정할 수 없고 또 근본적인 성격이 있다. 다시 말해 죽음에 있어서도 타자의 존재의 경우에서와 마찬가지로 하나의 근원적인 우연성이 있다. 이 우연성은 모든 존재론적 추측에서 죽음을 미리 빼내 버린다. 그리고 죽음에서 출발해서 나의 삶을 문제 삼으며 사색하는 것은, 나의 주체성에 대해 타인의 관점을 취하면서 나의 주체성에 대해 사색하는 것이 될 것이다. 우리는 그것이 가능하지 않음을 이미 보았다.

이렇게 해서 우리는 하이데거와는 반대로 다음과 같은 결론을 내려야 한다. 즉 죽음은 나의 고유한 가능성이기는커녕 하나의 우연적인 사실이며, 그것으로서 이 사실은 원칙상 나에게서 벗어나고, 또 근원적으로 나의 사실성에 속한다는 결론이 그것이다. 나는 나의 죽음을 발견하지도 못할 것이고, 그것을 기대하지도 못할 것이며, 그것에 대해 하나의 태도를 취하지도 못할 것이다. 왜냐하면 나의 죽음은 발견될 수 없는 것으로서 자기를 드러내 보이는 것이고, 모든 기대를 쓸데없게 만드는 것이며, 모든 태도 속으로, 특히 우리 자신이 죽음에 대해 취하게 될 태도 속으로 미끌어져 들어가며, 그런 태도를 외면화하고 굳어진 행동으로 변형해 그 행동의 의미를 영원히 우리 자신이 아니라 타인들에게 맡겨지게 하는 것으로 드러내 보여지기 때문이다. 죽음은 탄생과 마찬가지로 하나의 단순한 사실이다. 죽음은 밖에서 우리에게 도래해 우리를 외부로 변화시킨다. 결국 죽음은 탄생과 전혀 구분되지 않는다. 그리고 우리가 사실성이라고 부르는 것은 이 탄생과 죽음의 동일성이다.

이것은 죽음이 우리의 자유의 한계를 정함을 말하는 것인가? 하이데거의 죽음을-향한-존재를 버림으로써, 우리는 우리가 그 책임자가 될 수 있는 하나의 의미를 우리의 존재에게 자유롭게 줄 수 있다는 가능성을 영원히 포기해 버린 것인가?

이와 정반대로 죽음은 우리에게 그것이 있는 그대로의 모습으로 나타남으로써, 이른바 죽음의 속박에서 우리를 완전히 해방하는 것처럼 보인다. 이것은 우리가 그것에 대해 조금이나마 반성한다면 보다 더 명확하게 나타날 것이다.

하지만 무엇보다도 먼저 보통 하나로 묶여 있는 죽음과 유한성이라는 두 가지 관념을 철저하게 구분하는 것이 합당하다. 보통 우리의 유한성을 구성하고 또 우리에게 우리의 유한성을 드러내 보이는 것이 죽음이라고 믿는 것 같다. 이런 혼동으로부터 죽음이 존재론적 필연성의 형태를 취하고, 또 이와 반대로 유한성은 우연성이라는 특징을 죽음에서 빌려 오는 결과가 도출된다. 특히 하이데거 같은 사람은 "죽음을-향한-존재"에 대한 그의 모든 이론을 죽음과 유한성의 완전한 동일시 위에 정립한 것으로 보인다. 이와 마찬가지로 말로가 우리에게 죽음은 삶의 단일성을 드러내 보이는 것이라고 말했을 때, 그는 바로 우리가 우리의 삶을 다시 시작해 볼 수 없는 것은, 따라서 우리가 유한한 것은, 우리가 죽기 때문이라고 생각한 것 같다. 하지만 사태를 가까이에서 고찰해 보면, 우리는 하이데거와 말로의 잘못을 깨닫게 된다. 죽음은 사실성에 속하는 하나의 우연적인 사실이다. 유한성은 자유를 규정하는 대자의 하나의 존재론적 구조이며, 또 나의 존재를 나에게 알리는 목적의 자유로운 기투 속에서만, 그리고 그 기투에 의해서만 존재할 뿐이다. 달리 말하면 인간실재는 설사 그가 불멸적이라고 하더라도 유한할 것이다. 왜냐하면 인간실재는 자기를 인간적인 것으로 선택함으로써 자기를 유한하게 만들기 때문이다. 사실 유한하다는 것은 자기를 선택하는 것이다. 다시 말해 다른 가능을 배제하고 하나의 가능을 향해 자기를 기투함으로써 자기가 무엇이란 것을 자기에게 알리는 것이다. 따라서 자유의 행위 자체는 유한성을 떠맡고 창조하는 것이다. 내가 나를 만든다면, 나는 나를 유한하게 만들며, 또 이로 인해 나의 인생은 유일하다. 그렇게 되면 설사 내가 불멸적이라고 해도 "나의 인생을 다시 시작해 보는 것"은 나에게 금지되어 있다. 나에게 그것을 금지시키는 것은 바로 시간성의 불가역성이다. 그리고 이 불가역성은 스스로를 시간화하는 하나의 자유의 특징 자체 외의 다른 것이 아니다. 만일 내가 불사라고 한다면, 설사 내가 가능 A를 실현하기 위해 가능 B를 배제했어야 하더라도, 나에게 이 거부된 가능을 실현할 기회가 분명히 다시 나타날 것이다. 하지만 이 기회가 그 거부된 기회 뒤에 나타날 것이라는 단지 그 사실만으로, 그 기회는 결코 동일하지 않을 것이다. 그렇게 되면 나는 최초의 기회를 돌이킬 수 없이 배제하면서 영원히 나를 유한하게 만들 것이다. 이런 관점에서 보면 불멸적인 것도 필멸적인 것과 같이 다수로 태어나서 오로지 하나를 이루는 것이다. 비록 시간적으로 무한하다 하더라도, 다시 말해 한계가 없다 하더라도, 그 "삶"은 여전히 자기의 존재 자체 안에서 유한할 것이다. 왜냐하면 그 삶은 그 자체를 유일한 것으로 만들기 때문이다. 죽음은 그것과 아무런 상관이 없다. 죽음은 "그 사이에" 닥쳐온다. 인간실재는 자신의 고유한 유한성을 자기에게 드러내 보였다고 해서 그것만으로는 자기의 필멸성을 발견하지는 못한다.

이렇듯 죽음은 결코 나의 존재의 존재론적 구조가 아니다. 적어도 나의 존재가 대자인 한에서 그러하다. 자기 존재에 있어 필멸적인 것은 바로 타인이다. 대자존재 속에는 죽음을 위한 어떤 장소도 없다. 대자존재는 죽음을 기대할 수도 없고, 죽음을 실현할 수도 없으며, 죽음을 향해 자기를 기투할 수도 없다. 죽음은 결코 대자의 유한성의 근거가 아니다. 그리고 일반적으로 죽음은 근원적인 자유의 기투로서 그 내부에서 근거지을 수도 없으며, 또 대자에 의한 하나의 성질로서 외부로부터 받아들일 수도 없다. 그렇다면 죽음이란 무엇인가? 죽음은 사실성의 어떤 양상, 그리고 대타존재의 어떤 양상 외의 아무것도 아니다. 다시 말해 죽음은 소여 외의 아무것도 아니다. 우리가 태어나는 것도 부조리하며, 우리가 죽는 것도 부조리하다. 다른 한편으로 이 부조리성은 더 이상 나의 가능성이 아닌, 오히려 타인의 가능성인 나의 존재의 끊임없는 소외로 나타난다. 따라서 죽음은 나의 주체성의 하나의 외적인 한계이며, 또 하나의 사실상의 한계이다. 하지만 여기에서 우리가 앞 단락에서 시도한 설명을 인정하는 것이 아닌가? 한편으로 우리는 이런 사실상의 한계를 확인해야 한다. 왜냐하면 어떤 것도 우리에게 외부로부터 침투할 수 없기 때문이다. 그리고 만일 우리가 간단히 죽음을 명명할 수 있어야 한다면, 어떤 의미에서는 우리가 이 죽음을 체험해야 하기 때문에, 그것을 확인해야 한다. 하지만 다른 한편으로 그 사실상의 한계는 대자에 의해 결코 마주치지 않는다. 왜냐하면 이 한계가 대자의 대타존재라고 하는 무한한 항상성(恒常性)이 아니라면, 대자에 속하는 어떤 것도 아니기 때문이다. 그렇다면 이 사실상의 한계는 정확히 실감할 수 없는 것 중 하나가 아니고 무엇이겠는가? 그것이 우리 이면의 종합적인 한 양상이 아니라면 대체 무엇이겠는가? 필멸적인 것은 내가 대타적으로 그것으로 있는 현재적 존재를 나타내며, 죽음은 타인에게 있어서의 나의 현재적 대자의 미래적 의미를 나타낸다. 따라서 참으로 문제가 되는 것은 나의 기투의 끊임없는 한계이다. 그리고 그것으로서 이 한계는 떠맡아져야 한다. 그러니까 이 한계는 그것을 실현하기 위한 대자의 시도 안에서까지도, 그리고 그 시도에 의해서까지도 외면성으로 머무는 하나의 외면성이다. 이것이 우리가 바로 위에서 실감해야 할-실감할 수 없는 것으로 규정한 것이다. 결국 자유가 자기의 죽음을 자기의 주체성의 파악할 수 없고 또 생각할 수 없는 한계로 떠맡는 선택과 자유가 타인의 자유라는 사실에 의해 한계지어진 자유가 되는 선택 간에는 차이가 없다. 이렇듯 죽음은 앞에서 규정한 의미에서 나의 가능성이 아니다. 죽음은 나의 선택의 선택된 이면으로서, 그리고 나의 선택의 도피하는 이면으로서의 한계-상황이다. 죽음은, 그것이 나의 존재를 나에게 알리게 될 나 자신의 목적이라는 의미에서, 나의 가능이 아니다. 하지만 죽음은 하나의 외부로서, 그리고 하나의 즉자로서 다른 곳에 존재한다는 피할 수 없는 필연성이라고 하는 사실로 인해, 이 죽음은 "궁극적인 것"으로서, 다시 말해 위계화된 가능들의 범위 밖의 주제적인 의미로서 내면화된다. 이렇게 해서 죽음은 나의 기도 하나하나의 핵심 자체에서 이 기도들의 피할 길 없는 이면으로서 끊임없이 나에게 붙어 다닌다. 하지만 정확히 이 "이면"은 나의 가능성으로서가 아니라, 오히려 나에게서 더 이상 가능성이 존재할 수 없다는 가능성으로서 떠맡겨질 것이기 때문에, 죽음은 나를 손상시키지 않는다. 나의 것으로서의 자유는 전면적이고 무한하다. 죽음은 자유를 한계짓지 않는다. 오히려 자유는 결코 이 한계를 만나지 않기 때문에, 죽음은 나의 기투에 대한 하나의 장애가 되지 않는다. 죽음은 단순히 다른 곳에서 기투의 하나의 운명일 뿐이다. 나는 "죽음을 향하는 자유"가 아니다. 차라리 나는 하나의 자유로운 필멸적인 존재이다. 죽음은 실감할 수 없기 때문에 나의 기투에서 벗어난다. 나는 나의 기투 자체 안에서 나 자신의 죽음에서 벗어난다. 죽음은 항상 나의 주체성 저편에 있기 때문에, 나의 주체성 속에는 죽음을 위한 어떤 자리도 없다. 그리고 이 주체성은 죽음에 대항해 자기를 긍정하지 않는다. 그보다는 오히려 이 긍정이 당장 소외된다고 해도 죽음과는 독립적으로 자기를 긍정한다. 따라서 우리는 죽음을 생각할 수도 없고, 죽음을 기대할 수도 없으며, 또 죽음에 대항해 무장할 수도 없을 것이다. 또한 우리의 기투도 그것이 기투인 한에서 — 기독교 신자가 말하는 것과 같이 우리의 맹목의 결과로서가 아니라 원칙상으로 — 죽음으로부터 독립해 있다. 그리고 "게다가 또 실감해야 하는" 이 실감될 수 없는 것에 직면해 수많은 가능한 태도가 존재한다 할지라도, 이 태도를 본래적인 것과 비본래적인 것으로 구분할 여지는 없다. 왜냐하면 어쨌든 우리는 언제나 "게다가" 죽을 것이기 때문이다.

나의 장소, 나의 과거, 나의 환경, 나의 죽음, 그리고 나의 이웃에 대한 여러 다른 묘사는 완벽한 것이라고 주장하지도 못하고, 심지어 상세한 것이라고도 주장하지 못한다. 이 묘사의 목표는 단지 "상황"이 무엇인가를 좀 더 명료하게 이해할 수 있도록 해 주는 것뿐이다. 이 묘사에 힘입어 "상황-속의-존재"를 보다 더 명확하게 설명하는 것이 가능할 것 같다. 그러니까 대자가 자기 존재의 근거가 되는 일 없이 자기의 존재 방식의 책임자가 되는 한에서, 이 대자를 특징짓는 "상황-속의-존재"를 좀 더 명확히 정의하는 것 말이다.

(1) 나는 다른 존재자들 한가운데 있는 하나의 존재자이다. 하지만 나는 나의 존재 속에서가 아니라 나의 존재 방식 속에서 나 자신을 스스로 선택하는 경우에만, 나는 타인들의 한복판에서의 이 존재를 "실감할" 수 있을 뿐이고, 나는 나를 에워싸고 있는 존재자들을 대상들로 포착할 수 있을 뿐이고, 또 나 자신을 에워싸인 존재자로서 파악할 수 있을 뿐이며, 그리고 이 "한복판"이라고 하는 개념에 하나의 의미를 부여할 수 있을 뿐이다. 이 목적의 선택은 아직-존재하지-않는-것의 선택이다. 세계의 한복판에서의 나의 위치는 나 자신의 고유

한 사실성에 대해 나를 에워싸고 있는 실재들이 보여 주는 도구 관계 또는 역행 관계에 의해 규정된다. 다시 말해 그것은 내가 세계 속에서 무릅쓰는 위험, 내가 세계에서 만날 수 있는 장애, 나에게 제공되는 도움 등을 자유롭게 세워진 하나의 목적의 관점에서 행해지는 나 자신에 대한 근본적인 하나의 무화와 즉자에 대한 근본적이고 내적 부정의 빛 속에서 발견하는 것이다. 이것이 바로 우리가 상황이라고 부르는 것이다.

(2) 상황은 하나의 목적을 향한 소여의 뛰어넘기와 상호 관련적으로만 존재할 뿐이다. 상황은, 내가 그것으로 있는 소여와 내가 그것으로 있지 않은 소여가 그것으로 있지 않은 존재 방식으로 내가 그것으로 있는 대자에 대해 나타나게 하는 방식이다. 따라서 상황이라고 말할 때, 우리는 "상황 속에 있는 대자에 의해 파악된 입장"이라고 말하는 것이다. 하나의 상황을 외부에서 고찰하는 것은 불가능하다. 그렇게 되면 상황은 즉자적인 형태로 굳어진다. 그 결과 상황은 대상적이라고도 할 수 없고, 주관적이라고도 할 수 없을 것이다. 설사 이 상황의 부분적인-구조(내가 사용하는 찻잔, 내가 그 위에 몸을 기대고 있는 책상 등)가 엄밀하게 대상적일 수 있고, 또 엄밀하게 대상적이어야 한다고 해도 그렇다.

상황은 주관적일 수 없을 것이다. 왜냐하면 상황은 사물들이 우리에게 주는 인상들의 총계도 아니고 또 그것들의 통일도 아니기 때문이다. 상황은 사물들 그 자체이며, 또 이 사물들 사이에 있는 나 자신이다. 왜냐하면 존재의 순수한 무화로서 세계 속에서의 나의 출현은 사물들을 거기에 있게 하는 것 외의 다른 효과를 갖지 않기 때문이며, 또 사물들에게 아무것도 덧붙이지 않기 때문이다. 이런 양상하에서 상황은 나의 사실성을 폭로한다. 다시 말해 사물들은 그것들이 있는 그대로 단지 거기에 있고, 다르게 존재해야 할 필연성과 가능성이 없으며, 또 나는 그런 사물들 사이에 거기에 존재한다는 바로 그 사실이 폭로된다.

하지만 상황은 또한 대상적일 수도 없을 것이다. 이것은 다음과 같은 의미에서이다. 즉 상황은 하나의 단순한 소여, 그것도 주관이 이렇게 구성된 체계 속에 결코 구속됨이 없이 확인하게 될 하나의 순수한 소여일 것이라는 의미가 그것이다. 사실 상황은 소여의 의미(그것이 없다면 소여는 존재하지 않을 수도 있는 의미) 자체를 통해 대자에게 이 대자의 자유를 반사한다. 상황이 주관적이지도 대상적이지도 않다면, 그것은 상황이 하나의 인식을 구성하지 않기 때문이고, 또 상황이 하나의 주관에 의해 세계의 상태에 대해 하나의 기분적인 양해를 구성하지도 않기 때문이다. 오히려 상황은 어떤 대자와 이 대자가 무화하는 즉자 사이의 하나의 존재 관계이다. 상황은 통째로 주관이다(주관은 자신의 상황 이외의 다른 아무것도 아니다). 그리고 상황은 또한 통째로 "사물"이다(사물 외에 아무것도 거기에 존재하지 않는다). 상황은 자기의 뛰어넘기 자체에 의해 사물들을 밝히는 주체이거나, 또는 이렇게 말하면, 자기의 이미지를 주관에게 돌려보내는 사물들이다. 상황은 전면적인 사실성이며, 세계의, 나의 출생의, 나의 장소의, 나의 과거의, 나의 환경의, 나의 이웃이라고 하는 사실의 절대적인 우연성이다. 그리고 상황은 하나의 사실성을 나에게 있어 거기에 존재케 하는 것으로서의 한계 없는 나의 자유이다. 상황은 먼지 나고 가파른 이 길이고, 내가 느끼는 이 타는 듯한 갈증이며, 내가 돈이 없어서 또는 내가 같은 나라 사람이 아니거나 같은 인종이 아니기 때문에, 사람들이 나에게 마실 것을 주지 않는 이 거부이다. 상황은 아마도 내가 설정한 목표에의 도달을 나에게 허락하지 않을 나의 신체의 이 피로와 더불어 적의를 품고 있는 주민들 한복판에의 나의 내던져짐이다. 하지만 상황은 정확히 내가 명확하고 뚜렷하게 목표를 말하는 한에서가 아니라, 오히려 그 목표가 그 모든 사실을 통일하고 설명하는 것으로서, 그러니까 그것을 무질서한 하나의 악몽으로 만드는 대신에 묘사 가능한 하나의 총체성으로 조직하는 것으로서, 거기에, 나의 주위에, 곳곳에 존재하는 한에서 상황은 또한 그 목표 자체이다.

(3) 만일 대자가 자기의 상황 외의 다른 아무것도 아니라면, 이로부터 상황 속의 존재는 인간실재의 거기에-있음과 동시에 저편에-있음을 이해하게 함으로써 인간실재를 규정한다. 사실 인간실재는 항상 자기의 거기에-있음의 저편에 있는 존재이다. 그리고 상황은 저편에-있음 속에서, 그리고 저편에-있음에 의해서 해석되고 체험된 거기에-있음의 조직된 총체성이다. 따라서 특권적인 상황은 존재하지 않는다. 이 말은 소여를 소여로서 구성하는 자유를 이 소여가 그 무게로 질식시키는 상황은 존재하지 않을 것이고, 또 반대로 대자가 다른 상황 속에서보다도 더 자유로울 상황도 존재하지 않을 것이라는 사실을 의미한다. 이것은 폴리체르[98]가 『철학적 과시의 종말(*La fin d'une parade philosophique*)』에서 비웃은 베르그송의 "내적 자유"의 의미로서 이해해서는 안 된다. 내적 자유는 단지 쇠사슬에 매여 있는 노예에게 내면 생활의 독립과 마음의 독립을 인정하는 데 그쳤다. 우리가 노예는 쇠사슬에 매여 있어도 그 주인과 마찬가지로 자유롭다고 선언할 때, 우리는 미결정인 채로 남아 있는 하나의 자유에 대해 말하고자 하는 것이 아니다. 쇠사슬에 매여 있는 노예는 그 쇠사슬을 끊기 위해 자유

---

98   조르주 폴리체르(Georges Politzer, 1903~1942)는 헝가리 출신의 프랑스 철학자로, 변증법적 유물론 입장에서 베르그송 철학을 비판한 마르크스주의 이론가이다. 제2차 세계 대전 때 레지스탕스 운동을 했으며, 홀로코스트 피해자였다.

롭다. 이것은 그의 쇠사슬의 의미 자체는, 그가 노예로 머무느냐, 아니면 예속으로부터 자기를 해방하기 위해 최악의 위험을 무릅쓰느냐를 선택하게 될 목적의 빛에 의해 그에게 나타남을 의미한다. 물론 노예는 그 주인의 부나 생활수준을 차지할 수 없다. 하지만 또한 그것이 그의 기투의 대상은 아니다. 그가 할 수 있는 것은 그 재물의 소유를 꿈꾸는 것이다. 그의 사실성에서 보면, 세계는 하나의 다른 얼굴을 가지고 그에게 나타나며, 또 그가 다른 문제를 제기하고 또 그것을 해결해야 한다. 특히 그에게는 근본적으로 노예 상태의 지반 위에서 자기를 선택해야 하고, 또 이로 인해 그 어두운 속박에 하나의 의미를 부여해야 한다. 예컨대 만일 그가 반항을 선택한다면, 노예 상태는 이 반항에 대해 먼저 장애이기는커녕, 오히려 이 반항에 의해서만 그 의미를 가질 뿐이며, 또 그것의 역행률을 취할 뿐이다. 스스로 반항하고 또 이 반항하는 중에 죽은 노예의 인생이 정확히 하나의 자유로운 삶이기 때문에, 하나의 자유로운 기투에 의해 밝혀진 상황은 정확히 충만하고 구체적이기 때문에, 그 삶의 긴급하고 중요한 문제는 정확히 "나는 나의 목표에 도달할 것인가?"이기 때문에, 바로 이 모든 것 때문에 노예의 상황은 주인의 상황과 비교할 수 없다. 사실 그 어느 쪽 상황도 상황 속에 처해 있는 대자에 대해서만, 또 자기의 목적의 자유로운 선택에서 출발해서만 그 의미를 지닐 뿐이다. 비교는 제3자에 의해서만 이루어질 수 있을 뿐이다. 그 결과 비교는 세계 한복판에서의 두 개의 대상적인 형태 사이에서만 일어날 수 있을 뿐이다. 게다가 비교는 제3자에 의해 자유롭게 선택된 기투의 빛에 의해 이루어질 것이다. 서로 다른 상황을 비교하기 위해 사람들이 자리 잡을 수 있는 절대적인 관점은 결코 존재하지 않는다. 각개의 인간은 오직 하나의 상황, 즉 자기의 상황만 실현할 뿐이다.

(4) 상황은 목적에 의해 밝혀지고, 목적은 그것이 밝히는 거기에-있음에서 출발해서만 기투될 뿐이기 때문에, 상황은 아주 구체적인 것으로 나타난다. 물론 상황은 추상적이고 보편적인 구조를 포함하고 또 지탱하고 있다. 하지만 상황은 세계가 우리를 향해 돌리는 독특한 얼굴로서, 우리의 유일한 일신상의 기회로 이해해야 한다. 우리는 카프카의 다음과 같은 우화를 기억하고 있다.[99] 한 상인이 고소를 하기 위해 성으로 왔다. 험상궂은 한 파수병이 입구를 가로막았다. 그는 억지로 통과하고자 하지 않고 기다렸다. 그리고 그는 기다리다가 죽었다. 죽는 순간에 그가 파수병에게 물었다. "무슨 이유로 나 혼자만 기다려야 했습니까?" 그러자 파수병이 그에게 대답했다. "이 문은 오직 너만을 위해 만들어져 있었을 뿐이다." 이외에도 각자가 자기의 문을 스스로 만든다는 말을 덧붙인다면, 그것은 바로 대자의 경우이다. 상황의 구체화는 특히 대자는 추상적이고 보편적인 근본 목적을 결코 겨냥하지 않는다는 사실로 표현된다. 물론 다음 장에서 살펴보겠지만, 선택의 깊은 의미는 보편적이고, 또 그것으로 인해 대자는 하나의 인간실재를 종으로서 존재케 한다. 그렇다고 해도 암묵적인 의미를 끌어내야 한다. 그리고 바로 그 점에서 실존적 정신분석이 우리에게 도움이 될 수 있을 것이다. 그리고 일단 끌어내어진 대자의 최초이자 최후의 의미는 자기를 드러내기 위해 어떤 특수한 구체화를 필요로 하는 하나의 "비독립적인 것(unselbststandig)"으로 나타나게 될 것이다.[100] 하지만 대자가 실재적인 것을 뛰어넘어 정초하는 기투에서 체험되고 또 추구되는 대로의 대자의 목적은, 그 구체화에 있어 대자에게는 이 대자가 살아가는 상황의 어떤 특수한 변화로서 드러내 보

---

99 프란츠 카프카의 단편 「법칙 앞에서」에 나오는 상징적인 우화이다.
100 다음 장 참조. ─ 원주.

여진다(사슬을 끊는다, 프랑크족의 왕이 된다, 폴란드를 해방한다, 프롤레타리아를 위해 투쟁한다). 그렇다고 해도 사람들이 투쟁하기로 기투하는 것은 처음부터 프롤레타리아 전체를 위해서는 결코 아닐 것이다. 차라리 당사자가 속해 있는 이런저런 구체적인 노동단체를 통해 프롤레타리아 전체를 위해 이루어질 것이다. 그 이유는, 사실상 이 목적이 이 소여를 밝히는 것은 그것의 뛰어넘기를 선택하는 한에서만일 것이기 때문이다. 대자는 완전히 주어진 하나의 목적과 더불어 출현하지 않는다. 오히려 대자는 상황을 만들면서 자기를 만든다. 그리고 그 역도 마찬가지이다.

(5) 상황은, 그것이 대상적이지도 또 주관적이지도 않은 것과 마찬가지로, 하나의 자유의 자유로운 결과로 생각되거나 또는 내가 당하는 속박의 총체로서 생각할 수도 없을 것이다. 상황은 속박에 대해 속박의 의미를 부여하는 자유에 의해 이루어지는 이 속박의 조망에서 생겨난다. 날것의 존재자들 사이에는 연결이 있을 수 없을 것이다. 존재자들을 도구적 복합으로 결속시키면서 그 연결을 확립하는 것은 바로 자유이다. 또한 그 연결의 이유, 다시 말해 자기의 목적을 기투하는 것도 바로 자유이다. 하지만 정확히 그때부터 나는 그 연결의 세계를 통해 하나의 목적을 향해 나를 기투하기 때문에, 나는 지금 그 배열, 연결된 계열, 복합을 만나게 된다. 그리고 나는 법칙에 따라 행동하도록 결정해야 한다. 이런 법칙과 또 내가 그것을 사용하는 방식은 나의 시도의 실패 또는 성공을 결정한다. 하지만 합법적인 관계가 세계에 도래하는 것은 자유에 의해서이다. 이렇듯 자유는 목적을 향한 자유로운 기투로서 세계 속에 자기를 얽어 맨다.

(6) 대자는 시간화이다. 이것은 대자가 존재하는 것이 아님을 의미한다. 대자는 '자기를 만든다.' 우리가 인간에 대해 기꺼이 인정하는

이런 실체적인 항상성("그는 변하지 않았다." "그는 항상 같다."), 그리고 많은 경우에 인간이 자신의 일로서 경험적으로 체험하는 실체적인 항상성을 설명하는 것은 상황이다. 사실 동일한 기투에서 자유로운 인내는 어떤 항상성도 포함하고 있지 않다. 이와 정반대로, 우리가 앞에서 살펴본 바와 같이, 그것은 나의 구속의 끊임없는 갱신이다. 하지만 자기를 전개하고, 자기를 확인하는 하나의 기투에 의해 감싸이고 또 밝혀지는 실재는 반대로 즉자의 항상성을 나타낸다. 그리고 이런 실재가 우리에게 우리의 이미지를 가리킴에 따라, 이것은 그 영속성으로 우리를 지지한다. 우리는 이 실재의 항상성을 우리의 항상성으로 오인하는 경우도 종종 있다. 특히 장소와 환경의 항상성, 우리에 대한 이웃 사람들의 판단의 항상성, 우리의 과거의 항상성은 우리의 인내의 타락한 이미지를 나타낸다. 내가 나를 시간화하는 동안에도 나는 항상 타인에게 있어 프랑스인이거나, 관리이거나 또는 가난뱅이이다. 이 실감할 수 없는 것은 나의 상황의 변함없는 한계라는 특징을 지닌다. 이와 비슷하게 우리가 어떤 인간의 기질 또는 성격이라고 부르는 것은, 그것이 대타적으로 존재하는 한에서 그의 자유로운 기투 외의 다른 것이 아닌데, 대자에게 있어서는 역시 하나의 변하지 않고 실감할 수 없는 것으로 나타난다. 알랭이 아주 잘 관찰한 것처럼, 성격은 서약이다. 어떤 사람이 "나는 편한 사람이 아니다."라고 말할 때, 그가 계약을 맺는 것은 분노에 대한 하나의 자유로운 자기 구속임과 동시에, 그의 과거의 여러 애매한 세부에 대한 하나의 자유로운 해석이다. 이 의미에서 성격은 존재하지 않는다. 자기 자신의 하나의 기투만이 있을 뿐이다. 하지만 그렇다고 해서 성격이 갖는 "소여"의 양상을 알아보지 못해서는 안 된다. 나를 대상-타자로서 파악하는 타인에게 있어서는, 나는 화를 잘 내는 성질이고, 위선자 또는 솔직한 인간이며,

비겁자 또는 용감한 자인 것은 사실이다. 이런 양상은 타자의 시선에 의해 나에게 보내진다. 이 시선의 시련을 통해 체험되었고, 또 자기(에 대한) 의식적이고 자유로운 기투였던 성격이 떠맡아져야 하는 하나의 "변함없고" 실감할 수 없는 것이 된다. 이때 성격은 단지 타인에게 의존할 뿐만 아니라, 또한 내가 타인에 대해 취하는 입장과 그 입장을 유지하려고 하는 나의 인내에도 의존한다. 내가 타자의 시선에 의해 매혹되도록 방임하는 한, 나의 성격은 나 자신의 눈에 대하여 "변함없고" 실감할 수 없는 것으로서 나의 존재의 실체적인 항상성을 그리게 될 것이다. 이것을 깨닫게 해 주는 것으로서 매일처럼 입에 오르내리는 평범한 문장이 있다. "내 나이 마흔다섯이다. 나는 이제 와서 나를 바꾸려고 시작할 수 없다." 성격은 흔히 대자가 그것으로 있고자 기투하는 즉자-대자가 되기 위해 회복하려고 시도하는 것이다. 그렇지만 과거, 환경, 성격의 항상성은 주어진 성질들이 아니라는 것을 지적해야 한다. 이 성질들은 나의 기투의 연속성과의 상호 관련 속에서만 사물들 위에 나타날 뿐이다. 예컨대 어떤 사람이 전쟁을 치른 후에 또는 오랜 망명 생활을 한 후에 어떤 산(山)의 경치를 변하지 않은 것으로서 다시 발견하게 될 때, 또 과거의 재생에 대한 희망을 그 돌멩이들의 외견상의 부동성과 항상성 위에 근거짓고자 하는 것은 쓸데없는 희망일 것이다. 이 경치는 인내성 있는 하나의 기투를 통해서만 그 항상성을 나타낼 뿐이다. 그 산들은 나의 상황의 내부에서 하나의 의미를 지닌다. 그 산들은 국제적 서열에서 어떤 자리를 차지하는, 평화롭고 자주적인 한 국민에 내가 속해 있다는 사실을 이런저런 방식으로 형상화한다. 그런데 전쟁에서 패배한 후에 영토의 일부가 점령된 시기에 내가 그 산을 다시 발견한다면, 그 산들은 똑같은 모습을 나에게 전혀 보여 주지 않을 것이다. 이것은 나 자신이 다른 기투를 가지고 있기 때문이며, 내가 세계 속에 다른 방식으로 나를 구속하고 있기 때문이다.

결국 우리가 살펴본 것과 같이, 환경의 자율적인 변화에 의한 상황의 내적 변동은 항상 예견될 수 있다. 이런 변화는 나의 기투의 변화를 결코 유발시킬 수 없다. 하지만 나의 자유의 근거 위에서 상황의 단순화나 복잡화를 유발시키는 것은 나의 상황이다. 이로 인해 나의 원초적인 기투는 다소나마 단순함을 가지고서 나에게 나타날 것이다. 왜냐하면 한 명의 인간은 결코 단순하지도 않고 복잡하지도 않기 때문이다. 단순하거나 복잡할 수 있는 것은 그의 상황이다. 사실 나는 결정된 상황의 저편으로 나 자신을 내던지는 기투 외의 다른 아무 것도 아니다. 그리고 이 기투는 구체적인 상황에서 출발해서 나를 미리 그려 낸다. 이것은 또한 이 기투가 나의 선택에서 출발해서 그 상황을 밝히는 것과 마찬가지이다. 따라서 만일 상황이 그 총체에서 단순화되었다고 하면, 비록 낙반, 붕괴, 침식으로 인해 대조가 아주 심하고 윤곽이 거친 두드러진 모습이 그 상황 위에 기입되었다고 해도, 나 자신은 단순할 것이다. 왜냐하면 나의 선택 — 내가 그것으로 있는 이 선택 — 은 거기-이 상황의 파악이기 때문에 단순할 수밖에 없을 것이다. 새로운 복잡화는, 만일 그것이 재생된다면, 그 결과로 하나의 복잡한 상황을 나에게 제시하게 될 것이며, 그 상황 저편에서 나는 복잡한 나를 다시 발견하게 될 것이다. 이 사실은 만일 전쟁포로들이 그들의 상황의 극단적인 단순화의 결과로서 거의 동물적인 단순함에까지 이르렀는가를 관찰한다면, 각자가 확인할 수 있었던 것이다. 이런 단순화는 그들의 기투 자체를 그 의미 속에서 변경할 수 없었다. 오히려 자유의 그 근거 자체 위에서 그 단순화는 환경의 응축과 획일화를 야기했다. 그리고 이런 환경은 사로잡혀 있는 인간의 근본적 목적에 대한 더 명료하고, 더 노골적이고, 더 간결한 파악 속에서, 그리고 그런 파악에 의해서 구성되어 있었다. 요컨대 여기서는 내적인 신진대사가 문제가 되며, 상황의 형태와도 상관이 있는 전체적인 변형이 문제가 되는 것은 아니다. 그렇지만 그것은 내가 "나의 삶 속에서의" 변화로서 발견하는 변화, 다시 말해 하나의 통일한 기투의 통일적인 테두리 안에서의 변화로서 발견하는 변화이다.

III. 자유와 책임

비록 다음에 이어지는 고찰들이 오히려 도덕주의자의 흥미를 끄는 것이라고 해도, 이런 설명과 논의 다음에 대자의 자유로 되돌아와서 이 자유라는 사실이 인간적 운명에 대해 표현하고 있는 것을 이해하고자 하는 것은 무익한 일이 아니라고 판단된다.

앞에서 이루어진 우리 설명의 중요한 결과는, 바로 인간은 자유롭도록 선고를 받았기 때문에, 전 세계의 무게를 자기의 두 어깨 위에 짊어지고 있다는 것이다. 인간은 존재 방식의 측면에서 세계와 자신에 대한 책임이 있다. 우리는 "책임"이라는 단어를 "어떤 사건 또는 어떤 대상의 이론의 여지가 없는 작자가 되는 것(에 대한) 의식"이라는 평범한 의미로 해석한다. 이런 의미에서 대자의 책임은 압도적이다. 왜냐하면 대자는 그것에 의해 하나의 세계가 거기에 존재하게 되기 때문이다. 그리고 대자는 자기가 놓인 상황이 어떤 것이든 자기를 존재하게 하는 것이기도 하기 때문에, 대자는 이 상황을 그 역행률과 함께, 비록 그 역행률이 견딜 수 없는 것이라고 해도, 전적으로 떠맡아야 한다. 대자는 그 상황의 작자가 된다고 하는 자랑스러운 의식을 가지고 그 상황을 떠맡아야 한다. 왜냐하면 나의 인격에 영향을 끼치는 위험스러운 최악의 불편함 또는 최악의 위협도 나의 기투에 의해서만 의미를 가질 뿐이기 때문이다. 그리고 이런 불편함과 위협이 나타나는 것은, 내가 그것으로 있는 구속의 토대 위에서이다. 따라서 자기를 불평하려고 생각하는 것은 정신 나간 짓이다. 왜냐하면 그 어떤 낯선 것도 우리가 느끼는 것, 우리가 살아가는 것 또는 우리가 그것으로 있는 것을 결정하지 않았기 때문이다. 게다가 이런 절대적인 책임은 수락이 아니다. 이 절대적인 책임은 우리 자유의 결과의 단순한 논리적인 요구이다. 나에게 일어나는 일은 나에 의해 나에게서 일어난다. 또 나는 그 일을 슬퍼할 수도 없고, 그 일에 반항할 수도 없고, 그 일을 체념할 수도 없을 것이다. 게다가 나에게 발생하는 일은 모두 나의 것이다. 이 말로 우리는 무엇보다도 먼저 내가 인간인 한에서 나에게 발생하는 일에 대해 항상 감당해 낼 수 있음으로 이해해야 한다. 왜냐하면 다른 인간들이나 자기 자신에 의해 한 인간에게 발생하는 일은 인간적인 것이 될 수밖에 없을 것이기 때문이다. 가장 잔혹한 전쟁의 상황, 가장 혹독한 고문도 비인간적인 사물의 상태를 만들어 내지는 못한다. 비인간적인 상황은 없다. 내가 비인간적인 것으로 결정하는 것은 단지 공포에 의해, 도피에 의해, 또 마술적인 행위에 의지함으로써이다. 하지만 이런 결정은 인간적이며, 나는 그런 결정에 대해 전적인 책임을 지게 된다. 하지만 이외에도 상황이 나 자신을 선택하는 나의 자유로운 선택의 이미지이기 때문에, 상황은 나의 것이다. 상황이 나에게 제시하는 모든 것은, 그것이 나를 표현하고 또 나를 상징한다는 점에서, 나의 것이다. 나 자신을 결정함으로써 사물의 역행률과 또 그것의 예견 불가능성까지 결정하는 것은 내가 아닌가? 따라서 인생 속에는 우연한 일들은 존재하지 않는다. 갑자기 폭발하는, 그리고 나를 끌어들이는 하나의 사회적인 사건도 밖에서 오는 것이 아니다. 만일 내가 어떤 전쟁에 동원된다면, 이 전쟁은 나의 전쟁이다. 이 전쟁은 나의 이미지를 닮으며, 또 나는 이 전쟁을 치를 만하다. 내가 이 전쟁을 치를 만하다는 것은, 먼저 내가 자살이나 탈출에 의해 언제라도 이 전쟁에서 내가 빠져나올 수 있기 때문이다. 이런 궁극적인 가능은, 어떤 상황을 고려하는 것이 문제가 될 때, 언제나 우리에게 현전할 수 있는 가능이다. 나는 이 전쟁에서 빠져나오지 않았기 때문에 나는 이 전쟁을 선택했다. 이것은 무기력에서 기인한 것일 수도 있고, 여론 앞의 비겁함에서 기인한 것일 수도 있다. 또 내가 전쟁을 하는 것에 대한 거부 자체의 가치보다도 다른 어떤 가치를 선택했기 때문일 수도 있다(나의 친지들의 존경, 나의 가족의 명예 등). 어쨌든 나의 선택이 문제가 된다. 이 선택은 그 후 전쟁이 끝날 때까지 계속되는 방식으로 반복될 것이다. 따라서 쥘 로맹이 "전쟁에서 무고한 희생자는 없다."[101]라고 한 말에 동의해야 할 것이다. 그 결과 만일 내가 죽음이나 불명예보다도 전쟁을 선택한다면, 모든 것은 마치 그 전쟁의 전 책임을 내가 짊어진 것처럼 진행된다. 물론 타인들이 전쟁을 선언했고, 어쩌면 사람들은 나를 단순한 공범자로서 생각하려 할 수도 있다. 하지만 공범이라는 개념은 법률적인 의미만 가질 뿐이다. 여기에서는 이 개념은 통용되지 않는다. 왜냐하면 나에게 있어, 나에 의해 이 전쟁이 존재하지 않는다는 것은 나에게 달려 있기 때문이며, 그리고 내가 이 전쟁이 존재한다는 것을 결정했기 때문이다. 거기에는 어떤 강제도 없었다. 왜냐하면 강제는 하나의 자유에 대해 어떤 지배력도 가질 수 없을 것이기 때문이다. 나는 어떤 변명도 가지고 있지 않았다. 왜냐하

---

101 J. Romains, *Les Hommes de bonne volonté*; Prélude à Verdun. ─원주.

면 우리가 이 책에서 이미 지적했고, 또 반복해서 지적한 것과 마찬가지로, 인간실재의 특징은 변명 없이 존재하기 때문이다. 따라서 나에게는 이 전쟁을 요구하는 것만 남아 있을 뿐이다. 하지만 이외에도 이 전쟁은 나의 것이다. 왜냐하면, 이 전쟁은 내가 존재하게 하는 하나의 상황 속에서 나타난다고 하는 단 하나의 사실로 인해, 또 나는 이 전쟁에 찬성인가 아니면 반대인가 하는 어느 한쪽에 나를 구속시키면서만 그 상황 속에서 전쟁을 발견할 수 있을 뿐이라고 하는 단 하나의 사실로 인해, 나는 현재 나에 대해 내가 하는 선택과 내가 이 전쟁에 대해 하는 선택을 더 이상 구분할 수 없기 때문이다. 이 전쟁을 살아간다는 것은 이 전쟁에 의해 나를 선택하는 것이며, 또 나 자신에 대한 나의 선택에 의해 이 전쟁을 선택하는 것이다. 나의 책임의 요점이 다른 곳에, 가령 나의 부부생활, 가정생활, 직업생활 속에 있기 때문에, 이 전쟁을 "4년간의 휴가"나 "유예"로 간주한다든지 또는 "휴식기간"으로 간주한다든지 하는 것은 문제가 될 수 없을 것이다. 오히려 내가 선택한 이 전쟁 속에서 나는 나날이 나를 선택한다. 그리고 나는 나를 만듦으로써 이 전쟁을 나의 것으로 만든다. 만일 이 전쟁이 공백의 4년간이라고 한다면, 그에 대해 책임을 지는 것은 바로 나이다. 요컨대 우리가 앞 단락에서 지적한 바와 같이, 인간 각자는 인식과 기술의 세계에서 출발해서 이루어지는 하나의 절대적인 자기 선택이다. 그런데 이 선택은 세계를 떠맡음과 동시에 세계를 밝혀 준다. 인간 각자는 하나의 절대적인 날짜를 누리는, 또 하나의 다른 날짜에는 결코 생각할 수 없는 하나의 절대적인 날짜를 누리는 하나의 절대이다. 따라서 만일 이 전쟁이 발발하지 않았다면, 내가 어떻게 되었을까를 자문하는 것은 부질없는 일이다. 왜냐하면 나는 나 자신도 모르는 사이에 전쟁에 이르게 된 시기의 가능한 의미의 하나로서 나를 선택했기 때문이다. 나는 이 시기 자체와 구분되지 않는다. 나는 모순 없이 하나의 다른 시기로 옮아갈 수 없을 것이다. 그만큼 나는 전쟁에 앞선 시대를 구획짓고, 한계지으며 또 이해하게 하는 이 전쟁이다. 이 의미에서 우리가 방금 인용한 "전쟁에서 무고한 희생자란 없다."라고 한 문장에 대자의 책임을 더 명확히 정의하기 위해 다음과 같은 문장을 더해야 한다. "사람은 자신에게 걸맞은 전쟁을 갖는다." 이렇듯 나는 전적으로 자유롭고, 그 의미가 되기를 내가 선택한 그 시대와 분간할 수 없고, 마치 내가 직접 이 전쟁을 선언하기나 한 것처럼 이 전쟁에 대해 깊이 책임을 느끼고, 또 나의 상황에 이 전쟁을 통합하지 않고서는, 나를 이 전쟁에 송두리째 구속하지 않고서는, 또 이 전쟁에 나의 도장을 찍지 않고서는 아무것도 살 수 없기 때문에, 나는 마치 내가 변명 없이 존재하는 것과 마찬가지로 회한도 후회도 없이 존재해야 한다. 왜냐하면 내가 존재에 대해 출현한 순간부터 나는 혼자 세계의 무게를 감당하고 있으며, 그 어떤 것도 또 그 누구도 이 무게를 덜어 줄 수 없기 때문이다.

하지만 이 책임은 아주 특수한 유형에 속한다. 실제로 사람들은 나에게 "나는 태어나기를 요구하지 않았다."라고 대답할 것이다. 이것은 우리의 사실성을 강조하는 하나의 소박한 방식이다. 사실 나는 나의 책임 자체에 대한 것을 제외한 모든 것에 대해 책임이 있다. 왜냐하면 나는 나의 존재의 근거가 아니기 때문이다. 따라서 모든 것은 마치 내가 책임자이기를 강요당하는 것처럼 진행된다. 나는 세계 속에 내던져져 있다. 이것은 내가 마치 물결 위로 떠다니는 널판지처럼 적대적인 하나의 우주에 내버려지고 또 수동적으로 머물러 있을 것이라는 의미에서는 아니다. 오히려 이와 반대로 내가 홀로, 도움 없이 전적인 책임을 걸머지고 있는 하나의 세계 속에 갑자기 구속되어 홀로 있고,

또 내가 무엇을 하든 한순간도 그 책임으로부터 내가 벗어날 수 없다는 의미에서이다. 왜냐하면 나는 책임을 피하고자 하는 나의 욕망 자체에 대해서도 책임이 있기 때문이다. 나를 세계 속에 수동적으로 있게 하는 것, 사물들과 타인들에 대해 작용하는 것을 거부하는 것, 이것도 또한 나를 선택하는 것이다. 그리고 자살은 세계-내-존재의 다른 여러 존재 방식 중 하나이다. 그렇지만 나는 나의 사실성, 다시 말해 여기에서 나의 출생이라는 이 직접 파악할 수 없고 또 생각할 수도 없는 사실에 대한 하나의 절대적인 책임을 다시 발견한다. 왜냐하면 나의 출생이라는 사실은 결코 있는 그대로 나에게 나타나는 것이 아니라, 오히려 언제나 나의 대자의 기투적인 재건을 통해 나타나기 때문이다. 나는 태어났다는 것에 대해 수치심을 느끼거나 또는 그것에 놀란다. 나는 태어났다는 것을 기뻐하거나 또는 나에게서 삶을 빼앗고자 함으로써, 나는 내가 살고 있음을 긍정하며, 또 그 삶을 나쁜 것으로서 떠맡는다. 이렇듯 어떤 의미에서 나는 태어났음을 선택한다. 이 선택 자체는 총체적으로 사실성을 띠고 있다. 왜냐하면 나는 선택하지 않을 수 없기 때문이다. 하지만 이 사실성은 이번에는 내가 그것을 나의 목적을 향해 뛰어넘는 한에서만 나타날 뿐이다. 이렇듯 사실성은 곳곳에 있지만 파악 불가능하다. 나는 나의 책임만을 만날 뿐이다. 이런 이유로 나는 "내가 왜 태어났는가?"라고 물을 수도 없고, 내가 태어난 날을 저주할 수도 없으며, 나는 태어나기를 요구하지 않았다고 선언할 수도 없다. 왜냐하면 나의 출생에 대한, 다시 말해 내가 이 세계 속에 하나의 현전을 실현하고 있다는 사실에 대한 여러 다른 태도는, 정확히 그런 출생을 충만한 책임으로 떠맡고, 또 그것을 나의 것으로 만드는 방식 외의 다른 것이 아니기 때문이다. 여기에서도 나는 나 자신과 나의 기투만을 만날 뿐이다. 그 결과 최종적으로 나의 내던져짐, 다시 말해 나의 사실성은, 단순히 내가 나 자신에 대해 총체적으로 책임을 져야 한다는 선고를 받았다는 것으로 구성된다. 나는 그것의 존재가 그 존재에서 문제가 되는 존재로서 있는 존재이다. 그리고 나의 존재의 이 있음은 현전적이고 또 파악 불가능한 것으로 있다.

이 조건에서 세계의 모든 사건은 나에게 기회(유리한 기회, 놓쳐 버린 기회, 소홀히 한 기회 등)로서만 나타날 수 있을 뿐이기 때문에, 또는 자세히 말하면, 우리에게 일어나는 모든 것이 하나의 행운으로 간주될 수 있는, 다시 말해 우리의 존재에서 문제가 되는 그 존재를 실현하는 수단으로서만 우리에게 나타날 수 있을 뿐이기 때문에, 그리고 초월된-초월로서의 타인들도 또한 기회와 행운일 뿐이기 때문에, 대자의 책임은 사람이 살고 있는 세계로서의 온 세상으로 퍼져 나간다. 이처럼 대자는 정확히 불안 속에서 자기를 파악한다. 다시 말해 대자는 자기의 존재 근거도 아니고, 타인의 존재 근거도 아니며, 세계를 형성하는 즉자존재의 근거도 아니다. 오히려 대자는 자기 안에서 또 자기 밖의 곳곳에서 존재의 의미를 결정짓도록 강요당하고 있는 하나의 존재로서 자기를 파악한다. 자기의 내던져짐에 대해서까지 되돌아보는 책임 속에 내던져져 있는 자기의 조건을 불안 속에서 실현하는 자는 더 이상 회한도 후회도 변명도 하지 않는다. 그는 이미 스스로 완전히 자신을 드러내는 하나의 자유, 또 그 존재가 이런 드러남 자체에 머무는 하나의 자유일 뿐이다. 하지만 우리가 이 책 도입부에서 지적한 바와 같이, 대부분의 경우 우리는 불안을 피해 자기기만 속으로 도피한다.

제2장 **함과 가짐**

I. 실존적 정신분석

만일 인간실재가, 우리가 정립하고자 시도했던 것처럼, 자기가 추구하는 목적에 의해 자기를 알리고 또 자기를 규정하는 것이 사실이라면, 이런 목적에 대한 연구와 분류는 필요 불가결하게 된다. 실제로 우리는 앞 장에서 대자를 자유로운 기투의 각도에서만, 다시 말해 대자가 자기의 목적을 향해 자기를 내던지는 비약의 각도에서만 고찰했을 뿐이다. 이제 그 목적 자체를 검토하는 것이 적합해 보인다. 왜냐하면 이 목적은 절대적인 주체성의 일부분을 이루고 있기 때문이며, 이 주체성의 초월적이고 대상적인 극한을 이루고 있기 때문이다. 이것은 개별적인 한 명의 인간이 그의 욕망에 의해 규정되는 것을 받아들이는 경험적 심리학이 예감했던 것이다. 하지만 우리는 여기에서 다음과 같은 두 가지 오류를 경계해야 한다. 무엇보다도 먼저 경험적 심리학자는 인간을 그 욕망에 의해 규정하면서 실재론적인 착각의 희생자로 머물러 있다. 경험적 심리학자는 욕망을 인간 속에 그의 의식의 "내용"의 자격으로 존재하는 것으로서 보며, 또 욕망의 의미가 욕망 자체에 내재되어 있는 것으로 생각한다. 이렇게 해서 경험적 심리학자는 하나의 초월의 이념을 불러일으킬 수 있는 모든 것을 피하게 된다. 하지만 만일 내가 한 채의 집, 한 잔의 물, 한 여성의 신체를 욕망한다면, 어떻게 그 집, 그 잔, 그 신체가 나의 욕망에 깃들 수 있는가? 또 어떻게 나의 욕망은 바람직스러운 것으로서의 이 대상들에 대한 의식 외의 다른 사물이 될 수 있는가? 따라서 우리는 이런 욕망을 의식 속에 살고 있는 작은 심적 실재로 여기지 않도록 주의하자. 이런 욕망은, 의식이 원칙상 무엇인가에 대한 의식인 한에서, 의식의 기투적이고 초월적인 근원적 구조 안에서의 의식 그 자체이다.

첫 번째 오류와 깊은 관련이 있는 또 다른 오류는, 우리가 경험적 욕망의 구체적인 총체에 도달하자마자 심리학적 연구가 끝난 것으로 생각하는 데 있다. 이렇게 해서 한 인간은 경험적인 관찰에 의해 수립할 수 있는 경향들의 다발에 의해 규정할 수 있을 것이다. 물론 심리학자는 항상 이런 경향들의 총계를 내는 데에 그치지 않을 것이다. 심리학자는 이런 경향들의 친족 관계, 그것들의 일치와 조화를 밝히려고 할 것이다. 심리학자는 욕망의 총체를 하나의 종합적인 조직으로 제시하고자 노력할 것이며, 그 조직 속에서 각각의 욕망이 다른 욕망 위에 작용하고 영향을 끼치는 것을 찾고자 할 것이다. 예컨대 플로베르의 "심리"를 해명하고자 하는 비평가라면 이렇게 쓸 것이다. 즉 그는 "자기의 소년 시대에 이미 자신의 위대한 야심과 억제할 수 없는 힘에 대한 이중의 감정으로 이루어진 부단한 북돋움을 자신의 정상 상태로 알고 있었던 듯하다. ……따라서 그의 끓어오르는 젊은 피는 문학적인 정열로 바뀌었다. 이런 일은 조숙한 영혼을 지닌 사람들의 경우에는 18세경에 일어나는 일이다. 그들은 많이 행동하고 격심하게 느끼고자 하는 욕구에 괴로워하며, 그것을 잊게 하는 방법을 스타일의 힘 또는 허구의 강렬함 속에서 발견한다."[102]

이 구절 속에는 한 청년의 복잡한 인격을 몇몇 원초적인 욕망으로 환원하고자 하는 하나의 노력이 있다. 이것은 마치 화학자가 복합적인 물체를 단순한 여러 물체의 하나의 조합에 불과한 것으로 환원하는 것과 마찬가지이다. 이런 원초적인 소여는 위대한 야심, 다분히 행동하고 격심하게 느끼고자 하는 욕구일 것이다. 이런 요소들이 조합될 때 하나의 지속적인 북돋움이 생긴다. 잘 선택된 풍부한 독서를 통해 — 앞에서 인용하지 않았지만 부르제[103]가 몇 마디 말로써 지적한 바와 같이 — 자양분을 얻는 이런 북돋움은 허구 속에서 자기를 표현함으로써 심란한 마음을 달래려 한다. 허구는 이런 북돋움을 상징적으로 충족시키고, 또 그것을 작품 형식으로 배출하게 될 것이다. 이것이 바로 문학적 "기질"의 발생에 대한 소묘이다.

하지만 무엇보다도 먼저 그런 심리학적 분석은 다음과 같은 가정에서 출발한다. 즉 하나의 개별적인 사실이 추상적이고 보편적인 법칙들의 교차에 의해 만들어진다고 하는 가정이 그것이다. 설명되어야 하는 사실 — 여기에서는 젊은 플로베르의 문학적 소질 — 은 "청년 일반"에게서 볼 수 있는 것과 같은 전형적이고 추상적인 욕망들의 하나의 조합으로 귀착된다. 여기에서 구체적인 것은 단지 그 욕망들의 조합뿐이다. 그 욕망들은 그 자체로서는 단지 도식일 뿐이다. 따라서 가설에 의해 추상적인 것이 구체적인 것에 앞서고, 또 구체적인 것

---

102 Paul Bourget, *Essais de psychologie contemporaine: G. Flaubert*. — 원주.
103 폴 부르제(Paul Bourget, 1852~1935)는 프랑스의 작가로, 아카데미 프랑세즈 회원이다. 작품에서는 자연주의에 반대하는 입장을 취했고, 정치적으로는 군주제를 지지하는 전통주의자적 태도, 가톨릭적 태도, 반드레퓌스주의적 태도 등으로 인해 대중의 오해를 사기도 했다. 작품에 『잔인한 수수께끼(*Cruelle énigme*)』 등이 있다.

은 추상적인 성질들의 하나의 조직일 뿐이다. 개별적인 것은 보편적인 도식들의 교차일 뿐이다. 하지만 ── 이런 가정의 논리적인 부조리는 제쳐 놓고서라도 ── 우리가 선택한 예에서 명확히 본 것처럼, 이런 가정은 바로 그 기투의 개별성을 이루는 것을 설명하지 못한다. "강하게 느끼고 싶은 욕구" ── 보편적인 도식 ── 가 글쓰기의 욕구가 되면서 심란한 마음이 진정되고 또 토로되는 것, 이것은 플로베르의 "소명"에 대한 설명이 아니다. 그것은 이와 반대로 설명해야 할 것이다. 물론 사람들은 우리에게 알려져 있지 않은 수많은 세세한 사정을 내세울 수 있을 것이고, 또 그런 사정들이 이 [강하게] 느끼고 싶은 욕구를 행동하고 싶은 욕구로 빚어낸 것이라고 할 수 있을 것이다. 하지만 그것은 먼저 설명하는 것을 포기하는 것이고, 정확히 밝혀낼 수 없는 것에 의지하는 것이다.[104] 이외에도 그것은 플로베르의 주체성에서 추방시켰던 순수하게 개별적인 것을 그의 삶의 외면적인 사정 속으로 내던지는 것이다. 마지막으로 플로베르의 서간문은 바로 그가 "청소년기의 위기"보다 훨씬 전에, 아주 어린 시절부터 글을 쓰고자 하는 욕구로 인해 괴로워했음을 증명해 준다.

앞에서 인용한 서술의 각 단계마다 우리는 하나의 틈과 마주한다. 야심과 자기의 힘에 대한 감정은 어떤 이유로 플로베르에게서 고요한 기다림 또는 하나의 어두운 초조보다는 오히려 북돋움을 낳는가? 이런 북돋움은 왜 크게 행동하고 또 강하게 느끼고자 하는 욕구로 특성화되는가? 또는 오히려 위의 구절 끝에서 자발적인 발생에 의해 갑자기 나타난 그 욕구는 무엇을 만드는가? 그리고 그 욕구

---

104 실제로 플로베르의 청소년기는, 우리가 그것을 알 수 있는 한에서는, 그 점에 대해 특수한 것을 아무것도 보여 주지 않았기 때문에, 원리상 비평가의 손이 닿지 않는 불가해한 사실의 작용을 가정해야 한다. ─ 원주.

가 난폭한 행위, 방랑, 사랑의 모험 또는 방탕 속에서 자기를 만족하는 것을 찾는 대신에 왜 정확히 상징적으로 자기 만족하기를 선택하는가? 게다가 [다른 사람들의 경우에는] 예술적 영역에 속하지 않을 수도 있을(예컨대 신비주의도 있다.) 이런 상징적인 만족은 [플로베르에게서는] 왜 그림이나 음악에서보다 문학적인 글쓰기 속에서 얻어지는가? 플로베르는 어디에선가 이렇게 쓰고 있다. "나는 위대한 배우가 될 수도 있었다." 왜 그는 위대한 배우가 되고자 시도하지 않았는가? 한마디로 우리는 아무것도 이해하지 못했던 것이다. 우리는 우연적인 사건과 제각기 완전무장하고 분출되는 욕망을 보았다. 하지만 그 욕망의 발생을 포착하는 것은 가능하지 않은 상태에서였다. 이행, 생성, 변화는 우리에게 조심스럽게 가려진 채로였다. 그리고 우리는 경험적으로 확인된(청년에게서 글쓰기의 욕구에 앞서는 행동의 욕구) 것이기는 하지만, 글자 그대로 이해하기 어려운 장면들을 소환하면서 이런 연속 속에서 그 순서를 세우는 데 그친 것이다. 그렇지만 사람들이 심리라고 부르는 것은 그런 것이다. 되는 대로 한 권의 전기를 펼쳐 보라. 그러면 당신이 거기에서 발견하게 되는 것은 다음과 같은 종류의 서술일 것이다. 즉 외부적인 사건들에 대한 이야기에 의해서, 그리고 우리 시대를 설명해 주는 거대한 우상인 유전, 교육, 환경, 체질적 형성에 대한 언급에 의해 다소나마 토막토막 잘려 있는 서술이 그것이다. 그렇지만 우수한 저작에서는 선행 사건과 후속 사건 사이에, 또 상호작용 관계에 있는 두 개의 공존하는 욕망 사이에 정립된 연결이 단지 일정한 연속의 유형에 의해 구상된 것이 아닌 경우도 있다. 이런 연결은 종종 야스퍼스가 그의 『정신병리학 개론』에서 말한 것과 같은 의미에서 "이해될 수 있는 것"이다. 하지만 이런 이해는 일반적인 연결에 대한 파악에 머물러 있다. 예컨대 우리는 동정과 신비주의 사이에서, 허약과 위선 사이에서 연결을 파악할 것이다. 하지만 우리는 항상 그 동정(이런저런 여성에 대한 이 금욕, 이런저런 정확한 유혹에 대한 이 투쟁)과 신비주의의 개별적인 내용과의 사이의 구체적인 관계는 알지 못한다. 게다가 정확히 정신의학은 정신착란의 일반적인 구조를 밝히면 그것으로 만족하며, 굳이 이 정신병의 개별적이고 구체적인 내용(왜 이 사람이 자기를 다른 누구도 아닌 이런저런 역사적인 인물로 생각하는가? 왜 그의 보상망상이 어떤 다른 관념이 아니라 오히려 이런저런 위대한 관념으로 만족하는가? 등)을 이해하려고 하지 않는다.

하지만 특히 이런 심리학적 설명은 설명할 수 없는 원초적 소여를 최종적으로 우리에게 가리킨다. 그것은 심리의 원소들이다. 예컨대 사람들은 우리에게 플로베르는 "위대한 야심"을 가지고 있었다고 말한다. 그리고 앞에서 인용한 모든 묘사는 이런 근원적인 야심에 근거한다. 그렇다고 하자. 하지만 이런 야심은 결코 정신을 만족시키지 못하는 하나의 환원 불가능한 사실이다. 그 까닭은 여기에서 환원 불가능성은 분석을 더 멀리 밀고 나가는 것에 대한 거부 외의 다른 이유를 갖지 않기 때문이다. 심리학자가 멈추는 그 고려된 지점에서 그 사실이 원초적인 것으로서 주어진다. 이를 통해 심리학적 시론을 읽게 되면 우리는 단념과 불만의 혼란 상태에 빠지는 것이 설명된다. 사람들은 이렇게 말한다. "플로베르는 그처럼 야심적이었다. 그는 그런 사람이었다." 왜 그가 그런 사람이었는가를 자문하는 것은, 왜 그가 키가 크고 금발이었는가를 알고자 하는 것과 마찬가지로 헛일일 것이다. 우리는 어디에선가 멈추어 서야 한다. 이것이 모든 현실적인 존재의 우연성이다. 이 바위는 이끼로 덮여 있다. 하지만 그 옆의 바위에는 이끼가 전혀 없다. 귀스타브 플로베르는 문학적인 야심을 가지고 있고, 그의 형 아실(Achille)에게는 그런 야심이 없었다. 이런 것이다. 이렇듯 인의 특성을 알고자 할 때 우리는 그것을 구성하고 있는 화학 분자들의 구조로 환원하고자 시도한다. 하지만 왜 이런 유형의 분자들이 존재하는가? "그것은 그런 거야." 이렇게 말하는 것이 전부이다. 플로베르의 심리에 대한 설명은, 만일 그것이 가능하다면, 그의 행위, 감정, 취미의 복합을 충분히 화학 분자들의 특성과 비교할 수 있을 만한 그 어떤 특성, 그리고 그 이상으로 거슬러 올라가고자 하는 것이 바보짓으로 여겨질 특성에로 귀착하는 데 있을 것이다. 그렇지만 우리는 플로베르가 그런 야심을 받고 았다는 것을 막연히 느끼고 있다. 그의 야심은 유의미적이고, 따라서 그것은 자유롭다. 유전도, 부르주아적 조건도, 교육도 그의 야심을 설명할 수 없다. 더구나 한때 유행이었던 "신경증 소질"에 대한 생리학적 고찰도 그것을 설명할 수 없다. 즉 신경은 유의미적이 아니며, 그것은 그 자체로 서술되어야 하는 콜로이드 질(質)의 실체이며, 또 이 실체는 자기가 무엇인지를 다른 실재들에 의해 자기에게 알려 주기 위해 자기를 초월하지 않는다. 따라서 신경은 결코 하나의 의미를 근거짓지 못할 것이다. 어떤 의미에서 플로베르의 야심은 그의 모든 우연성을 함께 지니고 있는 하나의 사실이다. 그리고 그 사실 저편으로 거슬러 올라가는 것은 불가능하다는 것은 사실이다. 하지만 또 다른 의미에서 그의 야심은 자기를 만든다. 그리고 우리의 만족감은 우리에게 우리가 그 야심 저편에 그 이상의 무엇인가를 파악할 수 있음을 보증해 준다. 예컨대 그 무엇인가는 근원적인 결의와 같은 것이며, 끊임없이 우연적이긴 하지만 정말로 환원 불가능한 심적인 것이 될 것이다. 따라서 우리가 요구하는 것은 ― 또 사람들이 결코 우리에게 주고자 하지 않는 것은 ― 바로 진정으로 환원 불가능한 것이다. 다시 말해 그 환원 불가능성이 우리에게 명백한 것이 될 하나의 환원 불가능성이다. 이런 환원 불가능성은 심리학자의 가정으로, 그리고 보다 더 멀리 거슬러 올라가는 것에 대한 심리학자의 거부 또는 무능의 결과로 제시되지 않을 것이다. 오히려 우리에게서 그 환원 불가능성에 대한 확인에는 하나의 만족감이 동반될 수도 있을 것이다. 그리고 이런 요구는, 종종 합리적인 탐구의 구성 요소로 기술되었던, 또 그 결과 심리학적 연구에 특유하기는커녕 모든 학문과 모든 문제에서 발견될 그런 원인의 끊임없는 추구에서 우리에게 오는 것도 아니고, 또 그런 끝없는 역행에서 우리에게 오는 것도 아니다. 그것은 어떤 "왜"도 불러일으키지 않을 하나의 "왜냐하면"을 구하는 어린애 같은 탐색이 아니다. 그것은 이와 반대로 인간실재에 대한 하나의 존재론 이전의 이해에 근거한 요구이며, 또 이와 관련해 인간을 분석할 수 있는 것으로 여기려는 것에 대한 거부, 그리고 인간을 원초적인 소여로, 즉 대상에 의해 지탱된 특성과 마찬가지로 주체에 의해 지탱된 확정적인 욕망(또는 "경향")으로 환원될 수 있는 것으로 여기고자 하는 것에 대한 거부에 근거한 요구이다. 만일 우리가 실제로 인간을 그런 것으로 여겨야 한다면, 우리는 다음 중 어떤 것을 선택해야 할 것이다. 우리가 사랑할 수도 있고 싫어할 수도 있는, 비난할 수도 있고 칭찬할 수도 있는 플로베르라는 인간, 그리고 우리에게 있어 타인인 그 인간, 그가 존재했다고 하는 그 사실 하나만으로 우리 자신의 존재를 직접적으로 습격하는 그 인간은, 원초적으로 그런 욕망의 미규정적인 하나의 기체, 다시 말해 그런 욕망을 수동적으로 받아들일 미확정적인 일종의 점토와 같은 것인가? 아니면 플로베르라는 인간은 그런 환원 불가능한 경향들의 단순한 묶음으로 환원될 것인가? 이 두 경우에서 그 인간은 사라져 버린다. 우리는 더 이상 이런저런 사건이 일어난 그 "사람"을 다시 발견하지 못한다. 우리는 그 사람을 찾으면서 무익하고 모순적인 하나의 형이상학적 실체를 만나게 되거나, 또는 우리가 찾는 존재가 외적인 관계들에 의해 서로 연결된 수많은 현상의 먼지 속으로 사라지거나, 이 둘 중 하나일 것이다. 그런데 우리 각자가 타자를 이해하기 위한 자신의 노력 자체에서 요구하는 것은 먼저 이런 비인간적인 실체 관념에 결코 의지해서는 안 된다는 것이다. 왜냐하면 실체 관념은 인간적인 것의 이편에 있기 때문이다. 그렇지만 그다음으로 그 고려된 존재가 가루가 되어 부서져서는 안 된다. 그리고 그 고려된 존재 안에서 중심체(unité)[105] ── 실체는 이런 중심체의 희화일 뿐이다 ── 를 발견할 수 있어야 한다. 그리고 이 중심체는 책임의 중심체, 사랑받거나 미움받는 중심체, 비난받거나 칭찬받는 중심체, 요컨대 인격적 중심체가 되어야 할 것이다. 고려된 그 인간의 존재인 이 중심체는 자유로운 통일이다. 그리고 이 통일은 그것에 의해 통일되는 다양성 뒤에 올 수는 없을 것이다. 오히려 존재한다는 것은 플로베르와 마찬가지로 그 밖의 모든 "전기"의 주인공의 경우에도 세계 속에서 자기를 통일하는 것이다. 우리가 만나게 되는 플로베르라는 환원 불가능한 이 통일, 그리고 우리가 전기 작가로 하여금 우리에게 밝혀 주도록 요구하는 환원 불가능한 이 통일, 그것은 결국 하나의 근원적인 기투의 통일이며, 하나의 비실체적 절대자로 우리에게 드러내 보여야 하는 통일이다. 이렇듯 우리는 환원 불가능한 세부는 포기해야 한다. 그리고 우리는 명증성 자체를 기준으로 삼으면서 우리가 더 이상

---

105 'unité'는 '동일체', '단일체', '단위', '본위' 등의 의미이다. 여기에서는 실존적 정신분석의 탐사 대상이 되는 하나의 총체성, 하나의 온전한 인격으로서의 인간 그 자체를 가리키는 것으로 보인다. 일본어 번역본과 한국어 번역본에서는 '중심', '본위(本位)' 등으로 번역되어 있으나, 여기에서는 '중심체'로 옮긴다.

멀리 나아갈 수도 없고, 또 더 나아가서도 안 되는 것을 명백하게 하기 전에는, 우리의 탐구를 멈춰서는 안 된다. 특히 우리는 그 사람의 성향에 의해 한 인격을 재구성하지 말아야 한다. 그것은 스피노자에 의하면, 양태의 총계에 의해 실체 또는 그 속성을 재구성하려고 해서는 안 되는 것과 마찬가지이다. 환원 불가능한 것으로서 제시되는 모든 욕망은 부조리한 우연성에 속하며, 또 그 총체 속에서 파악된 인간실재를 부조리 속으로 끌어들인다. 예컨대 만일 내가 나의 친구 중 한 명에 대해 그는 "보트 젓기를 좋아한다."라고 선언한다면, 나는 고의적으로 탐구를 거기에서 멈추기를 제안하는 것이 된다. 하지만 다른 한편으로 나는 이처럼 그 어떤 것으로도 설명할 수 없는 하나의 우연적인 사실을 구성한다. 이 사실은 자유로운 결의의 무상성을 가지고 있다고 해도 결코 그 자체의 자율성을 가지고 있지 않다. 사실 나는 보트 젓기에의 성향을 피에르의 근본적인 기투로 간주할 수는 없다. 이런 성향은 그 자체 속에 부차적이고 파생적인 무엇인가를 가지고 있다. 자칫 이처럼 계기적인 필치에 의해 하나의 성격을 묘사하는 사람들은, 그 필치 하나하나가 — 고려된 욕망 하나하나가 — 다른 필치에 순전히 우연적이고 또 단순히 외면적인 관계에 의해 연결되어 있음을 은연중에 암시하는 것이 될 것이다. 이와 반대로 이런 성향을 설명하고자 시도하는 사람들은 콩트가 유물론이라고 부른 노선으로, 다시 말해 상위의 것을 하위의 것으로 설명하고자 하는 길로 들어서는 것이 될 것이다. 예컨대 사람들은 이렇게 말할 것이다. 고려된 그 인물은 격렬하게 수고를 마다 않는 스포츠맨이며, 이외에도 야외 스포츠를 특히 좋아하는 한 명의 야인이라고 말이다. 그 결과 사람들은 설명되어야 할 욕망 아래 더 일반적이고 또 더 차별화되지 않는 경향을 두게 될 것이다. 이 경우 그 경향과 그 욕망과의 관계는 단지 동물학적인 유의 종에 대한 관계일 뿐이다. 이렇듯 심리학적 설명은, 그것이 갑자기 멈춰 설 것을 결정하지 않는다면, 단순한 부대적인 관계 또는 한결같이 계기적인 관계를 부각하거나, 아니면 단순한 분류 작업에 그친다. 보트 젓기를 좋아하는 피에르의 성향을 설명하는 것은 그를 야외 스포츠를 좋아하는 성향을 가진 종족의 일원으로 분류하는 것이며, 또 그 종족을 스포츠 일반을 좋아하는 성향을 지닌 종족과 연결시키는 것이다. 게다가 만일 우리가 스포츠에 대한 취향을 모험을 즐기는 하나의 양상으로 취급하고, 또 이 모험 취향을 게임에 대한 근본적인 성향의 일종으로 여긴다면, 우리는 더 일반적이고 더 빈약한 항목을 발견할 수 있을 것이다. 이른바 이런 설명적인 분류가 낡은 식물학의 분류보다 더 많은 가치도, 의미도 가지지 않는다는 것은 분명하다. 이런 분류에는 낡은 식물학의 분류와 마찬가지로 구체적인 것에 대한 추상적인 것의 존재 우선성이 전제되고 있다. 마치 게임에 대한 성향이 먼저 일반적으로 존재하고, 그다음에 그것이 여러 사정의 작용하에서 스포츠 애호로 특수화되며, 또 이 스포츠 애호는 보트 젓기의 성향으로 특수화되며, 마지막으로 이 보트 젓기 성향이 이런저런 특수한 개천에서, 이런저런 상황에서 또 이런저런 계절에 보트를 젓는 욕망으로 특수화된다는 식이다. 그리고 이런 분류는 낡은 식물학의 분류와 마찬가지로, 그것이 고찰하는 추상적인 경향이 각 단계마다 구체적으로 풍요롭게 되는 데도 그 구체적인 풍요로움을 설명하는 데 실패한다. 그렇지만 또 보트 젓기를 하고 싶은 욕망이 단지 보트 젓기의 욕망일 뿐임을 어떻게 믿을 수 있는가? 그 욕망은 단순히 그것이 있는 것으로 환원된다고 하는 것을 정말로 인정할 수 있는가? 도덕주의자들 중에서 가장 통찰력이 뛰어난 사람들은 어떻게 욕망이 자신에 의해 뛰어넘어지는가를 제시했다. 예컨대 파스칼은 사냥, 테니스(le jeu de paume),[106] 그 밖의 수많은 일에서 기분전환의 욕구를 발견할 수 있다고 생각했다. 다시 말해 파스칼은 그 자체만으로 보면 부조리할 수 있는 활동 속에 그 활동을 초월하는 하나의 의미 작용이 있다는 것을 밝혔다. 즉 인간실재의 일반과 그 조건을 가리키는 하나의 지시가 거기에 있음을 보여 준 것이다. 이와 비슷하게 스탕달은 관념론자들과의 관계에도 불구하고, 또 프루스트는 그의 주지주의적이고 분석적인 경향에도 불구하고, 사랑이나 질투는 한 명의 여자를 소유하고자 하는 최소한의 욕망으로 환원할 수 없을 것이며, 오히려 그 여자를 통해 세계 전체를 차지하는 것을 겨냥함을 보여 주지 않았던가? 이것이 스탕달적인 결정작용(cristallisation)의 의미이다. 그리고 스탕달이 기술하고 있는 것과 같은 연애가 세계-내-존재의 한 방식으로 나타나는 것은 정확히 이런 이유 때문이다. 다시 말해 대자가 이런저런 개별적인 여성을 통해 세계에 대해, 그리고 자기 자신(자기성)에 대해 맺는 하나의 근본적인 관계로 나타나는 것이다. 그 여성은 회로 속에 놓인 하나의 도체만을 표상할 뿐이다. 이런 분석은 부정확하거나 또는 진실하다고 보기에는 불완전하다고 할 수 있다. 그렇지만 이런 분석은 우리로 하여금 단순한 분석적 설명과는 다른 또 하나의 방법이 있음을 추측하도록 해 준다. 그리고 가톨릭 소설가들의 지적도 이와 비슷하다. 그들은 육체적인 사랑 속에서 곧바로 신을 향한 뛰어넘기를 보고, 돈 후안에게서는 "영원한 불만"을, 또 죄 속에서는 "신이 계시지 않은 빈 자리"를 본다. 여기에서는 구체적인 것의 배후에서 하나의 추상적인 것을

---

106 1세기 후반부터 유럽에서 행해진 스포츠로, 14세기부터 18세기까지 황금기를 맞이했다. 처음에는 맨손이나 가죽 장갑을 끼고 했지만, 나중에는 라켓 스포츠가 되었다. 테니스를 포함해 일반적으로 현대의 모든 라켓 스포츠의 원형으로 간주한다.

재발견하는 것이 문제가 아니다. 신을 향한 도약은 이런저런 개별적인 여성을 향한 도약보다 덜 구체적이지 않다. 이와 반대로 여기에서는 주인공의 부분적이고도 불완전한 모습 밑에서 진정한 구체화를 재발견하는 것이 문제이다. 이 진정한 구체화는 존재를 향한 그 도약의 총체성일 수밖에 없으며, 또 내적인 관계와 근본적인 기투와의 통일 속에서 그는 자기에 대해, 세계에 대해, 그리고 타인에 대해 관계를 맺는 경우의 근원적인 관계일 수밖에 없다. 이런 도약은 순전히 개별적이고 또 독자적일 수밖에 없을 것이다. 예컨대 개별적인 것을 일반적인 잠언의 총계에 의해 구성하는 부르제의 분석과는 달리, 이 도약은 우리를 그 사람으로부터 멀리 떼어 놓기는커녕, 글을 쓰고자 하는 욕구 — 이런저런 책을 쓰고자 하는 욕구 — 속에서 일반적인 활동의 욕구를 우리에게 발견하도록 하지는 않을 것이다. 오히려 이와 반대로 부드러운 점토의 이론과 경향의 묶음 이론을 마찬가지로 물리치면서 우리는 그 사람을 구성하는 최초의 기투 속에서 그 사람을 발견하게 될 것이다. 도달된 결과의 환원 불가능성이 명증적으로 드러내 보이는 것은 바로 이런 이유에서이다. 도달된 결과가 가장 빈약하고 또 가장 추상적이기 때문이 아니라, 오히려 그것이 가장 풍요롭기 때문이다. 여기에서 직관은 개별적인 충실성을 따를 것이다.

따라서 문제는 대략 다음과 같은 말로 제기된다. 만일 우리가 인격이 하나의 총체성임을 인정한다면, 우리가 그 인격 속에서 경험적으로 발견한 여러 경향의 덧셈 또는 조직에 의해 그 인격의 재구성을 우리는 바랄 수 없다고 말이다. 오히려 이와 반대로 각각의 성향에서, 또 각각의 경향에서 다른 각도에서이긴 하지만, 인격은 총체적으로 자기를 표현한다. 이것은 스피노자의 실체가 그 속성 하나하나 속에서 총체적으로 자기를 표현하는 것과 어느 정도 비슷하다. 사정이 이렇다면, 우리는 주체의 각각의 경향에서, 또 그의 각각의 행위에서 그것을 초월하는 하나의 의미 작용을 발견해야 한다. 그 주체가 어느 한 여자에 대해 자기를 역사화하는 것은 날짜가 기록된 특수한 이런저런 질투를 느끼면서이다. 이 질투는 그것을 해독해 낼 수 있는 사람에게는 그 주체가 자기를 자기 자신으로 구성하는 세계에 대해 가지는 총체적 관계를 의미한다. 달리 말하자면 이 경험적인 태도는 그 자신이 "어떤 예지적인 성격을 지니는 선택"의 표현이다. 하지만 사정이 그렇다고 해도, 그것은 신비적인 것이 아니다. 또한 거기에는 우리가 단지 생각할 수 있을 뿐인 하나의 예지적 차원이 있는 것도 아니다. 그 반면 우리는 단지 주체의 경험적인 존재 차원만을 파악하고 또 개념화하게 될 것이다. 이 경험적인 태도가 예지적인 성격을 지니는 선택을 의미한다면, 그것은 이 태도 자체가 그 선택이기 때문이다. 사실 예지적인 선택이 지니는 개별적인 특징은, 다시 이 문제를 다루겠지만, 이 예지적인 선택이 구체적이고 경험적인 각각의 선택의 초월적인 의미 작용으로서만 존재할 뿐이라는 것이다. 이 예지적인 선택은 먼저 그것이 어떤 무의식적인 것 속에서 또는 사유적 차원에서 행해지며, 그 다음에 관찰될 수 있는 이런저런 태도 속에서 표명되는 것이 결코 아니다. 예지적인 선택은 경험적인 선택에 대해 존재론적 우위를 차지하는 것도 아니다. 오히려 그것은 원칙상 경험적인 선택의 저편으로서, 그리고 그것의 무한한 초월로서 항상 경험적인 선택으로부터 나타나야 한다. 이렇듯 내가 강에서 보트를 젓고 있을 때, 나는 ── 여기에서도 또 다른 하나의 세계에서도 ── 보트를 젓는다고 하는 이 구체적인 기투 외의 다른 아무것도 아니다. 하지만 이 기투 자체는 나의 존재의 총체성인 한에서, 개별적인 사정 속에서 나의 근원적인 선택을 표현한다. 이 기투는 그런 사정에서 총체성으로서의 나 자신의 선택

외의 다른 아무것도 아니다. 이런 이유로 어떤 특수한 방법이 그런 기투 속에 포함되는 근본적인 의미를, 또 그런 기도의 세계-내-존재의 개인적인 비밀일 뿐인 근본적인 의미를 이끌어 냄을 겨냥해야 한다. 따라서 우리가 어떤 주체의 다양한 경험적인 경향 전체에 공통되는 근본적인 기투를 발견하고, 또 그것을 이끌어 내고자 하는 것은, 오히려 그런 경향들의 비교를 통해서이지, 그런 경향들의 단순한 총계 또는 재구성에 의해서가 아니다. 인격은 그런 경향 하나하나 속에 총체적으로 존재한다.

당연히 가능적인 인간이 무한하게 존재하는 것과 마찬가지로 가능적인 기투도 무한하게 존재한다. 그렇지만 만일 우리가 그런 기투들 사이의 어떤 공통된 특징을 인정하고, 또 그런 특징을 더 넓은 범주로 분류하고자 시도해야 한다면, 먼저 우리가 더 쉽게 연구할 수 있는 경우에 대해 개별적인 조사를 행하는 것이 좋을 듯하다. 이 조사에서 우리는 다음과 같은 원칙에 의해 인도될 것이다. 즉 명백한 환원 불가능성 앞에서만 멈춰 설 뿐이라는 원칙이 그것이다. 다시 말해 계획된 목적이 고려된 주인공의 존재 자체로 나타나지 않는 한, 최초의 기투에 도달했다고 결코 생각해서는 안 된다는 원칙이다. 우리는 이런 이유로 하이데거가 수립하고자 하는 분류와 같은 "본래적인 자기 기투"와 "비본래적인 자기 기투"로 이루어진 분류에서 멈춰 설 수 없을 것이다. 이런 분류는 그 창안자의 의도에도 불구하고 그 용어 자체에 의해 이미 윤리적인 관심으로 인해 더럽혀져 있을 뿐 아니라, 결국 자신의 죽음을 향한 주인공의 태도 위에 기초를 두고 있다. 하지만 죽음이 불안한 것은, 따라서 우리가 그 불안에서 도피할 수 있거나 또는 우리가 결연히 그 불안에 몸을 내던질 수 있는 것은, 우리가 삶에 집착하고 있기 때문이라고 말하는 것은 자명한 이치이다. 그 결과 죽음 앞에서의 불안, 단호한 결의 또는 비본래성 속으로의 도피는 우리 존재의 근본적인 기투로 여겨질 수는 없을 것이다. 이와 반대로 그런 것들은 살아간다는 이 원초적인 기투, 다시 말해 우리 존재의 하나의 근원적인 선택의 토대 위에서만 이해할 수 있을 뿐이다. 따라서 어느 경우든지 하이데거적인 해석학의 결과를 한층 더 근본적인 하나의 기투를 향해 뛰어넘는 것이 중요하다. 사실 이 근본적인 기투는 다른 어떤 기투도 가리켜서는 안 되며, 그 자신에 의해 생각되어야 한다. 따라서 이 근본적인 기투는 죽음도, 삶도, 또 인간적인 조건의 어떤 개별적인 특징과도 관련될 수 없을 것이다. 하나의 대자의 근원적인 기투는 이 대자의 존재만 겨냥할 수 있을 뿐이다. 사실 존재 기투, 존재 욕구 또는 존재하고자 하는 경향은 생리학적 분화(分化) 또는 경험적 우연성에서 기인하지 않는다. 실제로 이 존재 기투는 대자의 존재와 구별되지 않는다. 사실 대자는 존재 기투의 형태하에서 그 존재에 있어서 그 존재가 문제 되는 하나의 존재이다. '대자이다'라고 하는 것은 하나의 가치의 표지하에서 하나의 가능에 의해 자신이 무엇인가 하는 것을 자신에게 알리는 것이다. 가능과 가치는 대자존재에 속한다. 왜냐하면 대자는 존재론적으로 존재 결여로서 기술되기 때문이며, 또한 가치가 결여당한 존재의 총체성으로서 대자에 붙어 다니는 것과 마찬가지로, 가능은 대자에게 결여된 것으로서 대자에 속하기 때문이다. 우리가 이 책 제2부에서 결여(manque)라는 용어로 표현한 것은 자유라는 용어로도 충분히 표현할 수 있다. 대자는 선택한다. 대자가 결여이기 때문이다. 자유는 결여와 하나를 이룰 뿐이다. 자유는 존재 결여의 구체적인 존재 방식이다. 따라서 가치와 가능은 존재 결여로서의 한에서만 존재할 수 있을 뿐인 하나의 존재 결여의 내적 한계로 존재한다고 말하는 것, 또는 자유는 출현함으로써 자기의 가능성을 결정하고 또 그렇게 함으로써 자기의 가치를 한계짓는다고 말하는 것은 존재론적으로는 같다. 따라서 우리가 존재 기투에 도달할 때 우리는 더 이상 그 위로 거슬러 올라갈 수 없으며, 확실한 환원 불가능한 것과 만난다. 왜냐하면 우리는 분명히 존재보다 더 위로 거슬러 올라갈 수 없기 때문이고, 또 존재 기투, 가능, 가치, 그리고 다른 한편으로 존재 사이에는 아무런 차이도 없기 때문이다. 인간은 근본적으로 존재 욕구이며, 또 이 욕구의 존재는 경험적인 귀납에 의해 확립될 수 없다. 이 욕구의 존재는 대자존재에 대한 선험적인 기술(記述)로부터 이끌어 낼 수 있다. 왜냐하면 욕망이 결여이기 때문이며, 또 대자는 자기에 대해 자신의 존재 결여가 되는 존재이기 때문이다. 따라서 경험적으로 관찰 가능한 우리의 경향 하나하나에서 표현되는 근원적인 기투는 존재 기투이다. 또는 이렇게 말해도 된다면, 하나하나의 경험적인 경향은 근원적인 존재 기투에 대해 하나의 상징적인 표현 관계 또는 하나의 상징적인 포만 관계에 있다. 이것은 마치 프로이트에게서 의식적인 경향이 콤플렉스와 근원적인 리비도에 대한 관계와 마찬가지이다. 게다가 존재 욕구가 먼저 존재하고, 그다음에 여러 후천적인 욕구에 의해 자기를 표현할 수 있다는 것이 결코 아니다. 오히려 존재 욕구가 여러 구체적인 욕구 속에서 발견하는 상징적인 표현 외에는 아무것도 없다. 먼저 하나의 존재 욕구가 있고, 그다음에 수많은 개별적인 감정이 있는 것이 아니다. 오히려 존재 욕구는 질투, 탐욕, 예술 애호, 비겁함, 용기, 이외의 우연적이고 경험적인 수많은 표현 속에서만, 그리고 그것들에 의해서만 존재할 뿐이고, 또 자기를 나타낼 뿐이다. 그리고 이런 이유로 인간실재는 이런저런 인간에 의해, 어떤 개별적인 인격에 의해 드러난 것으로만 우리에게 나타날 뿐이다.

그런데 우리는 이 욕구의 대상인 존재에 대해 그것이 무엇임을 선험적으로 알고 있다. 대자는 자기에 대해 그 자신의 고유한 존재 결여인 존재이다. 그리고 대자에게 결여되어 있는 존재는 즉자이다. 대자는 즉자의 무화로서 출현한다. 그리고 이 무화는 즉자를 향한 기투로 규정된다. 무화된 즉자와 기투된 즉자 사이에서 대자는 무로 있다. 이렇듯 내가 그것으로 있는 무화의 목표와 목적은 즉자이다. 이렇듯 인간존재는 즉자이고자 하는 욕구이다. 하지만 인간존재가 욕구하는 이 즉자는 이 인간존재가 만나고 또 무화하는 즉자와 모든 점에서 비교되는 우연적이고 부조리한 단순한 즉자일 수는 없다. 우리가 살펴본 것처럼, 무화는 사실 자기의 우연성에 맞서 자기를 무화하는 즉자의 반항과 비교할 수 있다. 우리가 신체에 대한 장(章)에서 살펴본 것처럼,¹⁰⁷ 대자는 자기의 사실성을 존재한다고 말하는 것은, 결국 무화는 어떤 존재가 자기의 고유한 존재를 근거짓기 위한 헛된 노력이라고 말하는 것과 같다. 또 그렇게 말하는 것은 근거짓는 후퇴가 아주 미세한 간격을 초래하고, 이 간격을 통해 무가 존재 속으로 들어간다고 하는 것과도 같다. 따라서 대자의 욕망 대상을 이루는 존재는 자기에 대해 그 자신의 고유한 근거가 될 수 있는 하나의 즉자이다. 다시 말해 이 즉자는 대자의 자기 동기화에 대한 관계와 마찬가지의 관계를 자기의 사실성에 대해 가지고 있다. 이외에도 대자는 즉자의 부정이기 때문에, 단순히 즉자에게로의 복귀를 욕구할 수는 없을 것이다. 헤겔에게서와 마찬가지로 여기에서도 부정의 부정이 우리를 우리의 출발점으로 다시 데려갈 수는 없을 것이다. 오히려 이와 정반대로 대자가 즉자를 요구하는 이유는 정확히 "대자 속에서 무화된 즉자"라는 탈총체화된 총체성이다. 다른 말로 하자면 대자는 대자인 한에서 있

---

107 이 책 제3부 제2장 I. "대자존재로서의 신체: 사실성."

는 그대로의 것으로 있는 하나의 존재로 있고자 기투한다. 대자가 자기가 있는 그대로의 것으로 있기를 기투하는 것은, 바로 자기가 그것으로 있지 않은 그대로의 것으로 있고, 또 자기가 그것으로 있는 그대로의 것으로 있지 않은 존재인 한에서이다. 대자가 즉자의 불침투성과 무한한 농도를 가지고자 원하는 것은 바로 의식인 한에서이다. 대자가 자신의 고유한 근거가 되고자 원하는 것은 즉자의 무화로서의 한에서이고, 또 우연성으로부터의 끊임없는 탈출인 한에서이다. 이런 이유로 가능은 일반적으로 즉자-대자가 되기 위해 대자에게 결여되어 있는 것으로 기투된다. 그리고 이 기투를 주재하는 근본적인 가치는 바로 즉자-대자이다. 다시 말해 이것이 자신에 대해 지니는 단순한 의식에 의해 자신의 고유한 즉자존재의 근거가 될 수 있는 하나의 의식의 이상이다. 사람들이 신이라고 명명할 수 있는 것이 바로 이 이상이다. 이렇게 해서 우리는 다음과 같이 말할 수 있다. 즉 인간실재의 근본적인 기투를 가장 잘 이해시킬 수 있는 것은 바로 인간은 신이 되고자 기투하는 존재라고 말이다. 고려된 종교의 신화나 제의가 그 이후에 어떤 것이 될 수 있든, 신은 먼저 인간을 그 궁극적이고 근본적인 기투에서 이 사실을 알려 주는 자로서, 그리고 그것을 규정하는 자로서 인간의 "심정에서 느껴지는 것"[108]이다. 그리고 만일 인간이 신의 존재에 대한 존재론 이전의 어떤 양해를 가지고 있다면, 그것을 인간에게 부여한 것은 자연의 위대한 광경도 아니고 사회의 힘도 아니다. 오히려 신, 가치, 초월의 최고 목표는 항구적인 한계를 나타내며, 거기에서 출발해서 인간은 자기가 무엇인지를 자기에게 알린다. 인간으로 있다는 것은 신으로 있고자 하는 것이다. 또는 이렇게 말해

---

108 원문은 'sensible au cœur'이다. 이 표현은 파스칼의 『팡세』에 나오는 "심정에서 느껴지는 신(Dieu sensible au cœur)"에서 빌려 온 것으로 보인다.

도 된다면, 인간은 근본적으로 신이고자 하는 욕구가 있다.

하지만 사람들은 이렇게 말할 것이다. 만일 사정이 이렇다면, 만일 인간이 자기의 출현 자체에서 자기의 한계를 향해 있는 것처럼 신에게로 향해 있다면, 만일 인간이 신이고자 하는 것만 선택할 수 있을 뿐이라면, 자유는 어떻게 되는가라고 말이다. 왜냐하면 자유는 자기의 고유한 가능성을 스스로 창조하는 하나의 선택 외의 다른 아무것도 아니기 때문이다. 반면 여기에서는 인간을 "규정하는" 신이고자 하는 이런 원초적인 기투는 하나의 인간적인 "본성" 또는 하나의 "본질"에 상당히 가까운 것처럼 보이기 때문이다. 우리는 이 점에 대해 다음과 같이 답할 것이다. 즉 설사 이 욕구의 의미가 마지막 의지처에서 신이 되고자 하는 기투라고 해도, 이 욕구는 결코 그 의미에 의해 구성되는 것이 아니라고 말이다. 이와 반대로 이 욕구는 항상 자기 목적의 개별적인 창의품이다. 사실 이런 목적은 개개의 경험적인 상황에서 출발해서 추구된다. 그리고 환경을 상황으로 구성하는 것은 바로 이 추구이다. 존재 욕구는 항상 존재 방식의 욕구로 실현된다. 그리고 또 이런 존재 방식의 욕구는 이번에는 우리의 의식적인 삶의 씨실을 구성하는 수많은 구체적인 욕구의 의미로서 표현된다. 이렇게 해서 우리는 아주 복잡한 상징적인 건축물 앞에 서 있게 되는데, 이 건축물은 적어도 세 단계로 되어 있다. 경험적인 욕구 속에서 나는 하나의 구체적이고 근본적인 욕구의 상징화를 분간할 수 있다. 그런데 그런 구체적이고 근본적인 욕구는 그 사람 자신이며, 또 그 존재 속에서 존재가 문제인 것을 그 사람 자신이 결정했을 때의 방식을 나타낸다. 그리고 이 근본적인 욕구는 이번에는 존재 욕구 일반이라는 하나의 추상적이고 의미 작용을 하는 구조를 세계 속에, 그리고 그 사람을 에워싸고 있는 독자적인 상황 속에서 구체적으로 표현한다. 그리고 이 구조는 그 사람 안에서의 인간실재로 생각되어야 한다. 이것은 타자와의 공동체를 이루는 것이며, 단순히 비교할 수 없는 개별성뿐만 아니라 인간에 대한 하나의 진리가 있다는 주장을 가능케 해 준다. 따라서 절대적인 구체성, 완전성, 총체성으로서의 실존은 자유롭고 근본적인 욕구 또는 그 사람에게 속한다. 경험적인 욕구는 하나의 상징화일 뿐이다. 경험적인 욕구는 근본적인 욕구를 가리키고, 또 근본적인 욕구에서 자기의 의미를 이끌어 내지만, 이 의미는 부분적이고 환원 가능한 것으로 머물러 있다. 왜냐하면 경험적인 욕구는 그 자신에 의해서는 생각될 수 없는 욕구이기 때문이다. 다른 한편, 존재 욕구는 그 추상적인 순수성에서 근본적이고 구체적인 욕구의 진리이지만, 현실로서는 존재하지 않는다. 이렇듯 근본적인 기투 또는 그 사람 또는 인간적 진리의 자유로운 실현은 곳곳에서 모든 욕구 속에 존재한다(하지만 앞 장에서, 예컨대 "무차별적인 것"에 대해 지적했던 제한과 더불어 그렇다). 이 근본적인 기투는 욕구를 통해서만 파악될 뿐이다. 이것은 마치 공간이 하나의 독자적인 실재이지, 단순한 개념이 아니라고 해도, 이 공간을 알려 주는 물체들을 통해서만 파악할 수 있을 뿐인 것과 마찬가지이다. 또는 달리 말하자면, 그런 근본적인 기도는 후설이 말하는 대상이 온갖 "사영"에 의해서만 주어질 뿐이지만, 그럼에도 그 어떤 사영에 의해서도 흡수되지 않는 것과 마찬가지이다. 이런 지적을 하고 나서 우리는 "존재 욕구"라는 추상적인 존재론적 구조가 그 사람의 근본적이고 인간적인 구조를 대표한다고 해도 소용없다는 사실을 이해할 수 있다. "존재 욕구"라는 추상적인 존재론적 구조는 그 인간의 자유에 하나의 족쇄가 될 수는 없을 것이다. 우리가 앞 장에서 제시한 것과 같이, 사실 자유는 엄밀하게 무화와 동일시할 수 있다. 자유롭다고 말할 수 있는 유일한 존재는 바로 자기의 존재를 무화하는 존재이다. 게다가 우리는 무화가 존재 결여이고, 또 그와 다르게 존재할 수 없다는 사실을 알고 있다. 자유는 정확히 자기를 존재 결여로 만드는 존재이다. 하지만 우리가 이미 밝힌 것처럼, 욕구는 존재 결여와 동일하기 때문에, 자유는 자기를 존재 욕구로 만드는 존재로서만, 다시 말해 즉자-대자이고자 하는 대자-기투로서만 나타날 수 있을 뿐이다. 우리는 여기에서 하나의 추상적인 구조에 도달했다. 그런데 이 구조는 자유의 본성 또는 자유의 본질로서 간주될 수 없을 것이다. 왜냐하면 자유는 실존이고, 실존은 자신에게 있어 본질에 선행하기 때문이다. 자유는 직접적으로 구체적인 출현이며, 자기의 선택과 구별되지 않는다. 다시 말해 자유는 그 사람과[109] 구별되지 않는다. 하지만 여기에서 고려된 구조는 자유의 진리로 지칭할 수 있다. 다시 말해 이 구조는 자유의 인간적인 의미이다.

　우리의 시도처럼 그 사람의 인간적인 진리는 존재론적 현상학에 의해 수립될 수 있어야 한다. 여러 가지 경험적인 욕망의 목록은 원래 심리학적인 탐구 대상이 되어야 한다. 관찰과 귀납, 그리고 필요하다면 실험과 같은 수단은 이 목록을 작성하는 데 소용될 수 있을 것이다. 이 수단은 상이하고 다양한 욕구, 상이하고 다양한 행동을 상호 간에 연결시킬 수 있는 이해 가능한 관계를 철학자에게 지시하는 데 소용될 수 있을 것이다. 또 이 수단은 실험적으로 규정된 "상황"(결국 실증성의 이름으로 세계 속에서 피분석자의 근본적인 상황에 대해 제기된 제한으로부터만 생길 뿐인 상황이다.)과 피분석자 사이에서 어떤 종류의 구체적인 관계를 밝히는 데도 소용될 수 있을 것이다. 하지만 이 두 가지 방법은 어느 것이고 근본적인 욕구들 또는 인격들을 확립하고 분

109　자유와 선택의 주체, 자유를 행사하는 당사자, 선택하는 당사자를 가리킨다.

류하는 데 적합하지 않을 것이다. 사실 어떤 자유로운 행위의 모든 예견 불가능성 속에 나타나는 것을 선험적으로 또 존재론적으로 결정하는 것은 문제가 되지 않을 것이다. 그리고 우리는 이 이유로 여기에서 그런 조사의 가능성과 또 그 전망을 아주 간략하게 지시하는 것으로 그칠 것이다. 누구든 한 사람을 그와 유사한 조사 대상으로 삼을 수 있는 것, 그것은 바로 인간실재 일반에 속하며, 또는 이렇게 말하면, 그것은 하나의 존재론에 의해 수립될 수 있다. 하지만 그 조사 자체와 그 결과는 원칙상 완전히 하나의 존재론의 가능성 밖에 있다.

다른 한편으로 단순한 경험적인 묘사는 우리에게 여러 종류의 목록만을 줄 수 있을 뿐이며, 또 우리 자신을 의사-환원 불가능한 것(글을 쓰는 욕구, 노를 젓는 욕구, 모험 애호, 질투 등) 앞에 놓게 해 주는 것만 할 수 있을 뿐이다. 사실 행동·경향·성향 목록을 작성하는 것만이 능사는 아니다. 또한 그것을 해독해야 한다. 다시 말해 그것을 탐사할 줄 알아야 한다. 이런 탐사는 어떤 특수한 방법의 규칙에 의해서만 이루어질 수 있을 뿐이다. 우리가 실존적 정신분석이라고 부르는 것이 바로 이 방법이다.

이 실존적 정신분석 원리는, 인간은 하나의 총체성이지 하나의 집합이 아니며, 그 결과 인간은 자신의 가장 무의미하고 가장 피상적인 행동 속에서도 완전히 자기를 표현한다는 것이다. 달리 말하면 아무 것도 드러내 보이지 않는 하나의 취향, 하나의 버릇, 하나의 인간적 행위는 존재하지 않는다는 것이다.

이 정신분석의 목표는 인간의 경험적인 행동을 해독하는 것이다. 다시 말해 경험적인 행동 하나하나 속에 포함된 계시를 밝혀내고, 또 그것을 개념적으로 확정하는 것이다.

이 정신분석의 출발점은 경험이다. 그 받침대는 인간이 인간적 인격에 대해 존재론 이전의 근본적인 이해이다. 사실 대부분의 사람이 하나의 몸짓, 하나의 말, 하나의 시늉에 포함되어 있는 지시를 소홀히 할 수도 있고, 또 그것이 가져오는 계시를 경시할 수도 있다. 그렇다고 해도 각각의 인간적 인격은 여전히 선험적으로 그런 표출의 계시적인 가치의 의미를 소유하며, 또 적어도 안내되고 도움을 받는다면 그런 표출을 해독하는 것은 가능할 것이다. 다른 곳에서와 마찬가지로 여기에서도 진리와 우연히 부딪치는 것이 아니다. 마치 사람들이 나일강 또는 나이저강의 수원을 탐사하러 갈 수 있는 것과 마찬가지로, 진리는 그것을 조금도 예지함이 없이 탐구해야 할 영역에 속한 것이 아니다. 진리는 선험적으로 인간적인 이해에 속하며, 또 본질적인 작업은 하나의 해석학 영역에 속한다. 다시 말해 해독, 정착, 그리고 개념화이다.

이 정신분석의 방법은 비교에 기반한다. 사실 각각의 인간적 행위는 밝혀야 하는 근본적인 선택을 그 나름의 방법으로 상징화하고 있기 때문에, 또 이와 동시에 각각의 인간적 행위는 그 우연적 성격과 그 역사적 기회 밑에 이 근본적인 선택을 가리고 있기 때문에, 우리는 그런 행위를 비교함으로써 그런 행위들이 모두 다른 방법으로 표현하고 있는 유일한 계시를 나타나게 해야 할 것이다. 이 방법의 최초의 소묘는 프로이트와 그의 제자들의 정신분석에 의해 우리에게 제공되었다. 이런 이유로 여기에서는 실존적 정신분석이 이른바 [프로이트와 그의 제자들의] 정신분석으로부터 어떤 점에서 영감을 받으며, 또 어떤 점에서 근본적으로 다른지를 좀 더 명확히 지적하는 것이 마땅하다.

그 어느 편의 정신분석이든 "심적 생활"에 대해 객관적으로 드러날 수 있는 모든 표출과 바로 그 인격을 구성하는 근본적이고 총체적인 구조와의 관계를 상징화와 상징 간의 관계로 간주한다. 그 어느 편의 정신분석이든 — 유전적 성향, 성격 등 — 원초적인 소여는 없는 것으로 여긴다. 실존적 정신분석은 인간적인 자유의 근원적인 출현 이전에는 아무것도 알지 못한다. 반면 경험적 정신분석에 의하면 개인의 원초적인 정서는 그의 역사 이전에는 처녀적인 밀랍으로 가정한다. 리비도는 그 구체적인 정착의 바깥에서는 어떤 방식으로든, 어떤 것 위에든 자기를 정착시키는 끊임없는 하나의 가능성이 아니라면 아무것도 아니다. 그 어느 편의 정신분석이든 인간존재를 하나의 끊임없는 역사화로 간주하며, 또 정적이고 고정적인 소여를 발견하기보다는 오히려 이 역사의 의미, 방향, 유위전변을 밝혀내고자 한다. 이로 인해 어느 편의 정신분석이든 인간을 세계 속에서 고찰하고, 또 어떤 인간이 무엇보다 먼저 그의 상황을 고려하지 않고서는 그가 무엇인지에 대해 그에게 질문할 수 없다고 생각한다. 정신분석적 탐사는 환자의 삶을 출생에서부터 치료 순간까지 재구성하는 것을 겨냥한다. 이런 탐사는 발견할 수 있는 모든 객관적인 자료, 가령 편지, 증언, 내면 일기, 모든 종류의 "사회적인" 정보를 이용한다. 그리고 이런 탐사가 재구성하고자 겨냥하는 것은 하나의 단순한 심적 사건이라기보다도 오히려 유년기의 결정적인 사건과 그 사건 주변의 심적 결정 작용이라는 한 쌍이다. 여기에서도 역시 하나의 상황이 문제가 된다. 이런 관점에서는 각각의 "역사적인" 사실은 심적 발전의 요인으로 고려됨과 동시에 이런 심적 발전의 상징으로 고려될 수도 있다. 왜냐하면 역사적 사실은 그 자체로서는 아무것도 아니기 때문이다. 역사적 사실은 그것이 파악되는 방식에 따라서만 작용할 뿐이다. 그리고 그것을 취하는 방식 자체는 개인의 내적 기질을 상징적으로 표현한다.

경험적 정신분석과 실존적 정신분석은 양쪽 모두 상황 속에서의 하나의 근본적인 태도를 탐구한다. 이런 태도는 모든 논리에 앞서기 때문에, 단순하고 논리적인 정의에 의해서는 표현할 수 없을 것이다. 그리고 이런 태도는 특수한 종합의 법칙에 의해 재구성되기를 요청한다. 경험적 정신분석은 콤플렉스를 확정하고자 한다. 그런데 이 콤플렉스라는 이름 자체는 그것과 관계되는 모든 의미의 다가성을 가리킨다. 실존적 정신분석은 근원적인 선택을 확정하고자 한다. 이 근원적인 선택은 세계를 향해 행해지기 때문에, 또 세계 속에서의 입장의 선택이기 때문에, 콤플렉스와 마찬가지로 총체적이다. 이 근원적인 선택은 콤플렉스와 마찬가지로 논리에 앞선다. 논리와 원리에 직면해서 그 인격의 태도를 선택하는 것은 바로 그 근원적인 선택이다. 따라서 논리에 따라 그 근원적인 선택을 묻는 것은 문제가 되지 않는다. 이 근원적인 선택은 존재자의 총체성을 논리 이전의 종합 속에 한데 모으며, 또 그런 것으로서 그것은 수많은 다가적 의미의 준거 중심이다.

우리의 두 가지 정신분석은 어느 쪽이든, 피분석자 자신에 대한 탐사에 착수하기 위해 그가 특권적인 위치에 있다고 생각하지 않는다. 이 두 정신분석은 양쪽 모두 반성의 소여와 마찬가지로 타자의 증언을 기록으로 취급하면서 엄밀하게 객관적인 방법이고자 한다. 물론 피분석자는 자기에 대해 정신분석적인 탐문을 할 수 있다. 하지만 그는 당장에 자기의 특수한 위치에서 오는 모든 특권을 포기해야 할 것이다. 그리고 그는 마치 자신이 정확히 타자인 것처럼 자기를 탐문해야 할 것이다. 사실 경험적 정신분석은 원칙상 피분석자의 직관이 도달하지 못하는 무의식적인 심적 과정의 존재라는 가정에서 출발한다. 실존적 정신분석은 무의식이라고 하는 그 가정을 내던진다. 실존적 정신분석에서 심적 사실은 의식과 공연장적이다. 하지만 설사 근본적인 기도가 피분석자에 의해 충분히 체험되고, 또 그런 것으로서 전적으로 의식적이라 하더라도, 그것은 결코 이 근본적인 기도가 동시에 당사자에 의해 인식되어야 함을 의미하지 않는다. 오히려 이와 정반대이다. 독자들은 아마도 우리가 이 책 서론에서 의식과 인식을 구별하고자 애를 썼다는 사실을 기억하고 있을 것이다. 우리가 앞에서도 살펴보았던 것처럼, 반성은 분명 하나의 준-인식으로 간주할 수 있다. 하지만 반성이 매 순간 파악하는 것은, 이 반성이 파악하는 구체적인 행위에 의해 ─ 그리고 종종 동시에 여러 방법에 의해 ─ 상징적으로 표현되는 것과 같은 대자의 순수한 기도가 아니다. 반성이 파악하는 것은 구체적인 행위 자체이다. 다시 말해 반성이 파악하는 것은 개별적인 욕구이며, 이 욕구는 그 특정인 복잡한 얽힘 속에 날짜가 매겨져 있다. 반성은 상징과 동시에 상징화를 파악한다. 분명 반성은 전적으로 근본적인 기투에 대한 존재론 이전의 하나의 이해에 의해 구성된다. 좀 더 자세히 말하면, 반성이 또한 반성으로서의 자기에 대한 비조정적 의식인 한에서, 반성은 그 동일한 기투이고 비반성적 의식이기도 하다. 하지만 그로부터 반성이 상징된 이 선택을 따로 고립시키고, 그것을 개념에 의해 정착시켜, 그것만을 따로 완전한 빛의 한복판에 두기 위해 필요한 도구나 기술을 이용할 수 있다는 결론이 도출되지는 않는다. 반성은 어떤 커다란 빛에 의해 관통되는데, 이 빛이 비추고 있는 것을 표현할 수 없다. 프로이트주의자들이 믿고 있듯이, 결코 측량되지 않은 하나의 수수께끼가 문제 되는 것이 아니다. 모든 것은 거기에 빛이 비춰져 존재한다. 반성은 모든 것을 향유하고, 또 모든 것을 파악한다. 하지만 이런 "충만한 빛 속의 신비"는 오히려 그런 향유가 보통 분석이나 개념화를 가능케 하는 수단을 빼앗기는 데서 기인한다. 반성은 모든 것을 단번에 파악한다. 그림자도 없고, 기복도 없고, 크기의 관계도 없이 말이다. 그런 그림자, 그런 가치, 그런 기복은 어디엔가 있기는 하지만, 반성에게는 숨겨져 있지 않다. 그보다는 오히려 그것들을 정립하는 것은 또 다른 하나의 인간적 태도에 속하기 때문이며, 또 그것들은 인식에 의해서만, 그리고 인식을 위해서만 존재할 수 있을 뿐이기 때문이다. 반성은 실존적 정신분석을 위해 기초로 소용될 수 없으며, 따라서 이 반성은 단순히 날것의 재료를 이 정신분석에 제공할 뿐이며, 또 정신분석학자는 이 재료에 대해 객관적인 태도를 취해야 할 것이다. 따라서 정신분석학자는 단지 자신이 이미 이해하고 있는 것을 인식할 수 있을 뿐이다. 이로부터 무의식의 심층부에서 뽑아낸 콤플렉스는 실존적 정신분석에 의해 드러난 기투나 마찬가지로 타자의 관점에서 파악할 것이다. 따라서 이렇게 해서 빛을 보게 된 대상은 초월된-초월의 구조에 따라 분절될 것이다. 다시 말해 이 대상의 존재는 대타존재가 될 것이다. 게다가 설사 정신분석가와 피분석자가 하나가 될 뿐이라고 해도 변함은 없다. 이렇듯 어느쪽의 정신분석에 의해서든 빛을 보게 된 기투는 그것의 대타존재 속에 있는 것과 같이 인격의 총체성, 초월이 가지는 환원 불가능으로만 존재할 수 있을 뿐이다. 이런 탐구 방법에서 언제나 벗어나는 것은 대자적으로 있는 대로의 기투이며, 그 자신의 존재 속에서의 콤플렉스이다. 이런 대자적-기투는 향유될 수밖에 없다. 대자적 실존과 대상적 실존과의 사이에는 양립 불가능성이 있다. 하지만 두 개의 정신분석의 대상 역시 하나의 존재의 실재성을 지니고 있다. 게다가 피분석자에 의한 그 대상의 인식은 반성을 밝히는 데 기여할 것이며, 또 이 반성은 그때 준지식이라고 할 수 있는 향유가 될 수 있을 것이다.

두 가지 정신분석의 유사점은 거기에서 그친다. 사실 경험적 정신분석이 그 환원 불가능한 것에 대해 결정을 내리고, 그것을 하나의 명백한 직관 속에서 스스로 자기를 알림을 허용하지 않는다는 점에서, 그 두 가지 정신분석은 차별화된다. 리비도 또는 권력의지는 사실 그 자체에 의해서는 명백하지 않은 하나의 심리생물학적인 잔재를 구성한다. 그리고 이런 잔재는 탐구의 환원 불가능한 종극이 될 것으로서 우리에게 나타나지 않는다. 콤플렉스의 근거가 리비도 또는 권력의지를 정립하는 것은 결국 경험이다. 그리고 경험적인 탐사 결과는 완전히 우연적이며, 또 이것은 전혀 설득적이지 않다. 권력의지에 의해 표현될 수 없는 하나의 "인간실재", 또 리비도가 그의 근원적이고 무차별적인 기투를 구성할 수 없는 하나의 "인간실재"를 선험적으로 생각하는 것을 방해하는 것은 아무것도 없다. 이와 반대로 실존적 정신분석이 거슬러 올라가게 될 선택은, 정확히 이 선택이 선택이기 때문에, 그 근원적인 우연성을 이해하게 한다. 왜냐하면 선택의 우연성은 선택하는 자유의 이면이기 때문이다. 이외에도 이 선택은, 그것이 존재의 근본적인 특징으로 생각된 존재 결여 위에 근거를 두고 있는 한에서, 선택으로서 합법성을 승인받는다. 그리고 우리는 그보다 더 멀리 밀고 나가지 못한다는 것을 안다. 따라서 각각의 결과는 전적으로 우연적임과 동시에 당연히 환원 불가능하다. 게다가 각각의 결과는 항상 독자적인 것으로 머물 것이다. 다시 말해 우리는 탐사의 궁극 목표로서, 그리고 모든 행동의 근거로서, 예컨대 리비도와 같은 것이 차별화되고 구체화되어 콤플렉스를 이루고, 이어서 피분석자의 외적 사실 또 그의 내력과 같은 것의 영향 아래 세세한 행동을 이루는 그 추상적이고 일반적인 종극에는 도달하지 않을 것이다. 오히려 이와 반대로 우리는 유일한 것으로 남아 있으며, 또 처음부터 절대적인 구체화인 하나의 선택에 도달할 것이다. 세세한 행동은 이 선택을 표현할 수 있거나 또는 개별화할 수는 있다. 하지만 이 행위는 그 선택을 그것이 이미 구체화된 것보다 더 이상 구체화할 수는 없을 것이다. 그 이유는 바로 이 선택이 각각의 인간실재의 존재 외의 다른 아무것도 아니기 때문이다. 그리고 이런저런 부분적인 행위가 존재한다고 말하는 것이나, 또는 이런저런 부분적인 행위가 그 인간실재의 근원적인 선택을 표현한다고 말하는 것은 동일하다. 왜냐하면 인간실재에서 실존한다는 것과 자기를 선택한다는 것 사이에는 아무런 차이가 없기 때문이다. 이로 인해 우리는 실존적 정신분석이 바로 존재 선택인 근본적인 "콤플렉스"로부터 리비도와 이것을 설명해 줄 수 있을 하나의 추상에까지 거슬러 올라갈 필요가 없음을 이해한다. 콤플렉스는 궁극의 선택이다. 그것은 존재 선택이며, 또 자기를 그런 것으로 만드는 것이다. 이 콤플렉스를 밝히는 일은 그것을 매번 확실히 환원 불가능한 것으로서 드러내 보이게 될 것이다. 이로부터 필연적으로 리비도와 권력의지는 실존적 정신분석에 대해서는 모든 사람에게 공통되는 일반적인 특징으로서도 또 환원 불가능성으로서도 나타나지 않을 것이다. 기껏해야 사람들은 탐사 후에 리비도와 권력의지는 개별적인 총체의 자격으로 어떤 피분석자에게서 그 어느 편으로도 환원될 수 없을 하나의 근본적인 선택을 나타냄을 확인할 수 있을 것이다. 사실 우리는 앞에서 욕망과 성욕은 일반적으로 타자에 의해 소외된 자기의 존재를 회복하기 위한 대자의 근원적인 노력을 표현함을 보았다. 권력의지에도 역시 근원적으로 대타존재, 타인에 대한 이해와 타인에 의해 자기를 구원하고자 하는 선택이 전제되어 있다. 이런 태도의 근거는 즉자-대자-존재와 대타존재와의 근본적 동화를 이해하게 해 주는 하나의 원초적 선택 속에 있어야 한다.

이런 실존적 탐사의 종극이 하나의 선택이 되어야 한다는 사실로 인해 우리가 그 방법과 그 주요 특징을 소묘하고 있는 이 정신분석은 오히려 더 차별화된다. 이 정신분석은 바로 그 자체에 의해 피분석자에 대한 환경의 기계적인 작용을 가정하는 것을 포기한다. 환경은 정확히 그 피분석자가 이 환경을 이해하는 한에서만, 다시 말해 그가 이 환경을 상황으로 바꾸는 한에만 그에 대해 작용할 수 있을 뿐이다. 따라서 이 환경에 대한 어떤 객관적인 묘사도 우리에게 소용이 될 수 없을 것이다. 원래부터 상황으로 생각된 환경은 선택하는 대자를 가리킨다. 이것은 마치 대자가 세계 속에서 자기의 존재에 의해 환경을 가리킴과 정확히 같다. 모든 기계적인 원인 작용을 포기함으로써 우리는 동시에 고려된 그 상징주의의 일반적인 해석을 모두 단념한다. 우리의 목표는 경험적인 계기의 법칙을 세우는 것일 수 없기 때문에, 우리는 보편적인 상징 해석을 구성할 수 없을 것이다. 하지만 정신분석학자는 자신이 고찰하는 개별적인 경우에 따라 매번 하나의 상징 해석을 재발명해야 할 것이다. 만일 존재가 하나의 총체성이라면, 사실 몇몇 기본적인 상징화의 관계(똥=황금, 바늘꽂이=유방 등)가 있을 수 있고, 그것들은 매 경우에 하나의 변하지 않는 의미를 가지고 있는, 다시 말해 사람들이 하나의 유의미한 총체에서 또 다른 하나의 유의미한 총체로 옮아갈 때, 상징화의 관계는 변하지 않은 채로 머물러 있을 것이라고 생각할 수 없다. 게다가 정신분석학자는 선택은 살아 있다는 사실, 그러니까 선택은 항상 탐구된 피분석자에 의해 취소될 수 있다는 사실을 결코 시야에서 놓치지 않을 것이다. 우리는 앞장에서 갑작스러운 방향 전환과 어떤 변하지 않는 과거에 직면해 하나의 새로운 위치를 취함을 나타내는 순간의 중요성을 제시한 바 있다. 그 순간부터 사람들은 그 상징이 의미를 변경한다는 사실을 고려할 준비를 해야 하고, 또 그때까지 사용된 상징 해석을 버리려는 준비를 언제나 하고 있어야 할 것이다. 이렇듯 실존적 정신분석은 완전히 유연해야 하며, 또 피분석자에게서 관찰될 수 있는 사소한 변화에 대해서도 순응해야 할 것이다. 여기에서는 개별적인 것을 이해하는 것과 또 종종 순간적인 것까지 이해하는 것이 문제가 된다. 어떤 한 피분석자에 대해 사용한 방법은 그 사실 자체로 인해 다른 피분석자에 대해 사용될 수 없거나, 또는 동일한 피분석자에 대해서도 그 이후의 시기에는 사용될 수 없을 것이다.

그리고 바로 탐사의 목표가 하나의 상태가 아니라 하나의 선택을 발견하는 것이기 때문에, 이 탐사는 모든 기회에 그 탐사 대상이 무의식의 어둠 속에 파묻혀 있는 하나의 소여가 아니라, 오히려 자유롭고 의식적인 하나의 결정임을 상기해야 할 것이다. 물론 이 결정은 의식 속에 살고 있는 것이 아니라 차라리 의식 그 자체와 하나를 이룰 뿐이다. 경험적 정신분석은 그 방법이 그 원리보다 더 훌륭할 경우에 한해서, 종종 실존적인 발견의 도중에 있다. 그렇지만 경험적 정신분석은 항상 도중에 그치는 경향이 있다. 경험적 정신분석이 이렇게 근본적 선택에 가까워질 때, 피분석자의 저항은 갑자기 무너진다. 그리고 피분석자는 마치 거울 속에서 자기를 보듯이 자기에게 제시된 자기의 이미지를 갑자기 인지한다. 이런 피분석자의 비의지적인 증언은 정신분석학자에게는 소중하다. 정신분석학자는 거기에서 자기 목표에 도달했다는 징표를 본다. 그리고 정신분석학자는 이른바 탐사에서 치료로 옮아갈 수 있다. 하지만 그의 원리에서나 또는 그의 최초의 가정에서나 아무것도 이런 증언을 이해하거나 이용하는 것을 그에게 허락하지 않는다. 그렇다면 그 권리는 어디에서 그에게 오는가? 만일 콤플렉스가 정말로 무의식적이라면, 다시 말해 만일 그 징표가 그 징표에 의해 의미되는 것으로부터 하나의 장벽에 의해 분리된다면, 그 피분석자는 그것을 어떻게 인지할 수 있는가? 자기를 인지하는 것은 무의식적 콤플렉스인가? 하지만 이 무의식적 콤플렉스는 이해력을 빼앗기지 않는가? 만일 이 무의식적 콤플렉스에게 징표를 이해하는 능력을 부여해야 된다면, 이 무의식적 콤플렉스를 동시에 의식적 무의식으로 만들어야 하지 않은가? 사실 이해한다는 것은 자기가 이해했다는 것에 대한 의식을 갖는 것이 아니라면 무엇이겠는가? 이와 반대로 우리는 드러난 그 이미지를 인지하는 것은 의식인 한에서의 피분석자라고 말할 것인가? 하지만 이 피분석자가 어떻게 진정한 자기 감정과 그 드러난 이미지를 비교할 수 있는가? 진정한 자기 감정은 손이 미치지 않는 범위에 있을 뿐만 아니라, 또 그 자신은 그것을 아직 한번도 인식한 적이 없는데 말이다. 기껏해야 그가 자기 경우에 대한 정신분석적 설명이 하나의 개연적인 가정이며, 그 가정은 그것에 의해 설명되는 수많은 행동으로부터 그 개연성을 이끌어 낸다고 판단할 수 있을 것이다. 따라서 그는 이런 해석에 대해 어떤 제3자의 위치, 즉 정신분석학자 자신의 위치에 있는 것이지, 특권적인 위치에 있는 것이 아니다. 그리고 만일 그가 정신분석적 가설의 개연성을 믿는다면, 그의 의식의 한계 내에 머물러 있는 이 단순한 신뢰는 무의식적인 경향을 막고 있는 장벽의 붕괴를 야기할 수 있다. 물론 정신분석학자는 의식적인 것과 무의식적인 것의 갑작스러운 일치에 대해 막연한 관념을 가지고 있다. 하지만 정신분석학자는 이런 일치를 적극적으로 생각해 내는 수단을 스스로 포기하고 말았다.

그렇지만 피분석자에 대한 조명은 하나의 사실이다. 거기에는 명증이 수반되는 하나의 직관이 있다. 정신분석학자에 의해 인도된 이 피분석자는 하나의 가설에 자기의 동의를 주는 것 이상의 일을 하고, 또 더 훌륭한 일을 한다. 그는 자기가 그것으로 있는 그대로의 모습을 접하고, 그것을 본다. 이것은 피분석자가 자기의 심오한 경향에 대해 의식적인 것을 결코 그치지 않는 경우에만, 좀 더 자세히 말하면 이런 경향이 자기의 의식 자체와 구별되지 않는 경우에만 진정으로 이해될 수 있을 뿐이다. 앞에서 살펴본 바와 같이, 이 경우 정신분석학적 해석은 피분석자에게 그가 있는 그대로의 모습을 의식하게끔 하지 않는다. 오히려 정신분석학적 해석은 피분석자에게 그가 있는 그대로의 모습을 인식하게끔 한다. 따라서 피분석자의 최후의 직관을 결정적인 것으로 주장하는 것은 실존적 정신분석의 문제로 귀착한다.

이런 비교는 우리에게, 만일 실존적 정신분석이 존재할 수 있어야 한다면, 그것이 어떤 것이어야 하는지를 좀 더 잘 이해하게 해 준다. 그것은 각자의 인격이 자기를 인격으로 만드는, 다시 말해 각자의 인격이 자기가 무엇인지를 스스로 자기에게 알려 주는 주관적인 선택을 엄밀하게 객관적인 형식하에서 밝힘을 목적으로 하는 하나의 방법이다. 실존적 정신분석이 탐구하는 것은 하나의 존재 선택임과 동시에 하나의 존재이기 때문에, 이 정신분석은 개별적 행위를 성욕 또는 권력의지가 아니라, 이 행위에서 표현되는 존재의 근본적인 관계로 환원해야 할 것이다. 따라서 실존적 정신분석은 처음부터 존재의 이해를 향해 나아간다. 그리고 실존적 정신분석은 존재를 발견하는, 또 이 존재와 마주해 존재의 존재 방식을 발견하는 것 외의 다른 목표를 세워서는 안 된다. 실존적 정신분석에서는 이 목표에 도달하기 전에 멈추기가 금지되어 있다. 실존적 정신분석은 존재의 이해를 이용할 것이다. 그리고 이 존재의 이해는 탐사자 자신이 인간실재인 한에서 탐사자를 특징짓는다. 그리고 실존적 정신분석이 존재를 그 상징적인 표현에서 이끌어 내려고 하기 때문에, 이 실존적 정신분석은 여러 행위의 비교 연구의 토대 위에서 이들 행동을 해독하기 위한 하나의 상징 해석을 매번 새롭게 고안해야 할 것이다. 실존적 정신분석에서 성공의 기준은, 그 가설이 설명하고 통일할 수 있게 해 주는 사실들의 수에 있을 것이며, 또한 도달된 종국적인 환원 불가능성에 대한 명백한 직관에 있을 것이다. 이것이 가능한 모든 경우에서 이 기준에 피분석자의 결정적인 증언이 덧붙여질 것이다. 이렇게 해서 얻게 된 결과들 — 다시 말해 개인의 최후의 목적 — 은 그때 비로소 분류의 대상이 될 수 있을 것이다. 그리고 자신의 고유한 목적에 대한 경험적인 선택으로서의 인간실재에 대한 일반적인 고찰을 우리가 할 수 있는 것은 바로 그 결과들의 비교 위에서이다. 이런 정신분석에 의해 연구되는 행동들은 단지 꿈, 착오, 강박관념, 신경증 등만이 아니라, 또한 특히 깨어 있을 때의 사고, 성공하고 적응한 행위, 스타일 등일 것이다. 이 정신분석에는 아직 이 분야의 프로이트 같은 인물은 없다. 기껏해야 우리는 그 전조를 특별히 성공한 약간의 전기 작품에서 발견할 수 있을 정도이다. 우리는 다른 기회에 플로베르와 도스토옙스키에 대해 이 실존적 정신분석에 대한 두 개의 실례를 제시할 수 있도록 시도할 수 있기를 바란다.[110] 하지만 여기에서는 실존적 정신분석이 현실적으로 존재한다는 것은 우리에게 별로 중요하지 않다. 우리에게는 이 실존적 정신분석이 가능하다는 점이 중요하다.

110 사르트르는 1971~1972년에 미완인 상태에서 『집안의 천치(L'idiot de la famille)』(전 3권)를 출간하면서 이 약속을 지키고 있다. 물론 사르트르가 이 저서에서 실존적 정신분석만을 적용하고 있는 것은 아니다. 실제로 『방법의 문제(Questions de méthode)』에서 사르트르는 프로이트의 정신분석, 마르크스주의, 미국의 사회학 이론 등을 결합해 '전진-후진적 방법(méthode régressive-progressive)'을 정립하고, 이를 플로베르에 대한 분석에 적용하고 있다.

II. 함과 가짐: 소유

존재론이 행동과 욕구에 대해 얻을 수 있는 정보는 실존적 정신분석에서 원리로서 소용될 수 있어야 할 것이다. 이것은 모든 인간에게 공통된 추상적인 욕구가 모든 특수화 이전에 존재함을 의미하는 것이 아니다. 오히려 이것은 구체적인 욕구가 존재론 연구에 속하는 구조를 가지고 있음을 의미한다. 왜냐하면 각각의 욕구, 가령 예술작품을 창작하고자 하는 욕구와 마찬가지로 먹고자 하는 욕구 또는 잠을 자고자 하는 욕구까지도 인간실재 전체를 표현하기 때문이다. 우리가 다른 곳에서 제시한 바와 같이,[111] 인간에 대한 인식은 실제로 총체적이어야 한다. 이 영역에서 경험적이고 부분적인 인식은 의미를 가지지 않는다. 따라서 만일 우리가 지금까지 획득한 인식을 이용해 실존적 정신분석의 토대를 놓을 수 있다면, 우리는 우리의 임무를 완수할 수 있을 것이다. 사실 존재론은 바로 거기에서 멈춰야 한다. 존재론의 마지막 발견은 실존적 정신분석의 첫 번째 원리이다. 거기에서 출발해서 대상이 다르기 때문에 또 다른 하나의 방법을 가지는 것이 필요하다. 그렇다면 욕구가 인간실재의 존재인 한에서, 존재론은 이 욕구에 대해 우리에게 무엇을 알려 주는가?

우리가 살펴본 것처럼, 욕구는 존재 결여이다. 그런 것으로서 욕구는 자기에게 결여되어 있는 존재 쪽으로 직접 향해 있다. 우리가 살펴보았듯이, 이 존재는 즉자-대자이고, 실체가 된 의식이고, 자기원인이 된 실체이며, 신-인간이다. 이렇듯 인간실재의 존재는 근원적으로 하나의 실재가 아니라 하나의 체험된 관계이다. 이 관계의 두 항 중

---

111 *Esquisse d'une théorie phénoménologique des émotions*, Hermann, Paris, 1939. — 원주.

하나는 근원적인 즉자인데, 그것은 자신의 우연성과 사실성 속에 굳어져 있다. 또 그것의 본질적인 특징은, 그것이 존재한다(il est)는 것과 그것이 실존한다(il existe)는 것이다. 또 다른 한 항은 즉자-대자 또는 가치이다. 이것은 즉자의 이상으로 존재하고, 또 모든 우연성과 모든 존재(toute existence)의 저편으로 특징지어진다. 인간은 이런 존재들의 그 어느 쪽도 아니다. 왜냐하면 인간은 존재하지 않기(n'est point) 때문이다. 인간은 그가 있지 않은 것으로 있고, 그가 있는 것으로 있지 않다. 인간은 우연적인 즉자의 무화이다. 이것은 바로 이런 무화의 자기가 자기원인 즉자 쪽을 향해 앞으로 나아가는 자기 도피가 되는 한에서 그렇다. 인간실재는 신이 되기 위한 단순한 노력이다. 그런데 이 노력을 위한 그 어떤 주어진 기체의 존재도 없고, 또 그처럼 노력하는 무엇인가도 없다. 욕구는 이런 노력을 표현하는 것이다.

그럼에도 욕구는 단지 자기-원인-즉자(l'en-soi-cause-de-soi)와 관련해서만 규정되지 않는다. 또한 욕구는 보통 욕구의 대상이라고 명명되는 하나의 날것의 구체적인 존재자와도 상관적이다. 이 대상은 때로는 한 조각의 빵이고, 때로는 한 대의 자동차이고, 때로는 한 명의 여자이고, 때로는 마치 예술가가 한 점의 예술작품을 창작하고자 하는 경우처럼 아직 실현되어 있지 않은, 그렇지만 하나의 한정된 대상이 될 것이다. 이렇듯 욕구는 그 구조 자체에 의해 인간과 세계 속에 있는 하나 또는 여러 대상과의 관계를 표현한다. 욕구는 세계-내-존재의 여러 양상 중 하나이다. 이런 관점을 취한다면 이 관계는 먼저 하나의 유일한 유형에 속할 수는 없는 것처럼 보인다. 우리가 "무엇인가에 대한 욕구"라고 말하는 것은 생략해서 그렇게 말하는 것에 불과할 따름이다. 수많은 경험적인 예는 실제로 우리가 이런저런 대상을 소유하는 것 또는 이런저런 사물을 만드는 것 또는 이런저런 자가 되기를 소망함을 보여 준다. 만일 내가 이 그림을 원한다면, 그것은 내가 그 그림을 내 것으로 소유하기 위해 그것을 구입하고자 원한다는 것이다. 만일 내가 한 권의 책을 쓰고자 한다면, 만일 내가 산책하고자 한다면, 그것은 내가 그 책을 만들고자 원함을 의미하고, 또 내가 그 산책하는 것을 원함을 의미한다. 만일 내가 몸치장을 한다면, 그것은 내가 아름답게 있고자 원하는 것이다. 내가 공부하는 것은, 내가 학자이고자 원하는 일이다 등. 이렇듯 처음부터 구체적인 인간 실존의 커다란 세 범주, 즉 함, 가짐, 있음이 근원적인 관계 속에서 우리에게 나타난다.

그렇지만 하고자[만들고자] 하는 욕구가 환원 불가능하지 않다는 것은 쉽게 알 수 있다. 사람이 어떤 대상을 만드는 것은 그것과 어떤 관계를 유지하기 위함이다. 이 새로운 관계는 곧바로 "가짐"으로 환원될 수 있다. 예컨대 내가 하나의 나뭇가지를 가지고 하나의 지팡이로 깎는 것(내가 하나의 나뭇가지를 가지고 하나의 지팡이를 "만든다.")은 이 지팡이를 갖기 위함이다. "한다"[만든다]는 것은 소유하는 수단으로 환원된다. 이것이 가장 흔한 경우이다. 하지만 나의 활동이 즉시 환원 가능으로 나타나지 않는 것 또한 가능하다. 과학적 연구, 스포츠, 예술적 창작의 경우에서처럼 나의 활동이 무상인 것처럼 보일 수도 있다. 그렇지만 이런 여러 다른 경우에서도 한다[만든다]는 것은 환원 불가능하지 않다. 만일 내가 한 폭의 그림, 한 편의 드라마, 한 곡의 멜로디를 창작한다면, 그것은 어떤 구체적인 존재의 기원에 내가 존재하기 위함이다. 그리고 또 이 존재는, 내가 그것과 나 사이에 수립하는 창작의 연결이 이 존재에 대해 나에게 하나의 특수한 소유권을 부여하는 한에서만, 나에게 흥미로울 뿐이다. 단지 내가 생각하는 이런저런 그림이 존재한다는 것이 문제가 아니다. 또한 그 그림이 나에 의해 존재해야 한다. 어떤 의미에서 이상적인 것은 확실히 내가 일종의 계속되는 창조에 의해 그 그림을 존재케 한다는 것, 또 그 결과 끊임없이 갱신되는 하나의 발산으로서 나의 것이어야 한다는 것이 될 것이다. 하지만 또 다른 하나의 의미에서는 그 그림이 내가 아니고 나의 것이기 위해서는 근본적으로 나 자신과 구별되어야 한다. 여기에서 데카르트의 실체론에서와 마찬가지로 이 그림의 존재는 독립성과 객관성의 부족으로 인해 나의 존재에 흡수된다는 위험이 있을 것이다. 따라서 이 그림은 또한 즉자적으로 존재해야 한다. 다시 말해 이 그림은 끊임없이 자신의 존재를 갱신해야 한다. 그때부터 나의 작품은 계속되는 창조이지만, 즉자 속에 굳어진 창조로서 나에게 나타난다. 나의 작품은 불안정하게 나의 "표지"를 가지고 있다. 다시 말해 나의 작품은 "나의" 사상이다. 모든 예술작품은 하나의 사상이며, 하나의 "이념"이다. 예술작품의 성격은 확실히 이 작품이 하나의 의미 외의 아무것도 아닌 한에서만 명백하게 정신적이다. 하지만 다른 한편으로 이런 의미, 이런 사상은 어떤 의미에서는 끊임없이 현세적이다. 이것은 마치 내가 그것을 끊임없이 형성하고 있는 것처럼, 또 마치 하나의 정신이 ── 나의 정신인 하나의 정신이 ── 쉬지 않고 그것을 생각하는 것과 같다. 이 사상은 홀로 자기를 존재하도록 지탱하며, 내가 현재 그것을 생각하지 않고 있을 때도 이 사상은 현세적임을 멈추지 않는다. 따라서 나는 이런 사상과 더불어 그것을 생각하는 의식과 그것을 만나는 의식과의 이중 관계에 있다. 이 사상은 나의 것이라고 말하면서 내가 표현하는 것이 바로 이중의 관계이다. "가짐"의 범주의 의미를 명확히 할 때 우리는 그 의미를 보게 될 것이다. 그리고 내가 나의 작품을 창작하는 것은 아유화의 종합에서 이중 관계를 유지하기 위함이다. 사실 내가 겨냥하는 것, 그리고 그 작품을 정확히 나의 소유가 되도록 만드는 것은, 바로 나(moi)와 내가 아닌 것(non-moi)[비아](사상의 친밀성, 반투명성, 그리고 즉자의 불투명성, 무차별성) 사이의 종합이다. 이런 의미에서 내가 그런 방법으로 나의 것으로 하는 것은 단지 이른바 예술적인 작품만이 아니다. 내가 나뭇가지를 깎아서 만든 지팡이도 역시 나에게 이중적으로 속하게 될 것이다. 첫 번째로 그것은 나의 뜻대로 처분하는 사용물로서, 또 나의 의복 또는 나의 책과 마찬가지로 내가 소유하는 사용물로서 나에게 소속될 것이다. 두 번째로 그것은 나의 작품으로서 나에게 소속될 것이다. 이렇게 해서 자신이 만들어 낸 사용품을 주위에 놓아두기를 좋아하는 사람들은 자기 것으로 만드는 것[아유화]에 지나치게 마음을 쓰는 것이다. 그들은 향유에 의한 아유화와 창작에 의한 아유화를 단 하나의 대상 위에, 그리고 동일한 통합 속에서 연결시키고 있다. 우리는 예술적 창작의 경우에서 "자기가 만 담배가 가장 맛있다."라고 하는 담배의 경우에까지 동일한 기투의 통일성을 재발견한다. 우리는 곧이어 소유의 하락이라고도 할 수 있는, 또 사치라고 부르는 특수한 유형에 대해 이런 기투를 다시 발견하게 될 것이다. 왜냐하면, 우리가 뒤에서 살펴보겠지만, 사치는 소유 대상의 어떤 성질이 아니라 오히려 소유의 어떤 성질을 지시하기 때문이다.

인식한다는 것도 ── 우리가 이 책 제4부 머리말에서 밝힌 것처럼 ── 또한 자기 것으로 만드는 것이다. 그리고 이런 이유로 과학적 탐구는 아유화의 노력 외의 다른 아무것도 아니다. 예술작품과 마찬가지로 발견된 진리도 나의 인식이다. 그리고 그것은 내가 사고를 형성할 경우에만 발견되는 하나의 사고의 노에마이다. 이로 인해 노에마는 어떤 방식으로는 나에 의해 존재로 유지되는 것으로 나타난다. 세계의 일면이 나에 의해 드러내 보이며, 또 그것은 나에게 드러내 보인다. 이런 의미에서 나는 창작자이고 소유자이다. 그렇다고 해서 나는 내가 발견하는 존재의 양상을 단순한 표상으로 간주하지 않는다. 오히려 이와 정반대이다. 왜냐하면 나에 의해서만 발견될 뿐인 그 존재의 양상은 깊게 그리고 현실적으로 존재하기 때문이다. 지드가 우리에게 "우리는 항상 표명해야 한다."라고 말한 의미에서, 나는 내가 그런 양상을 표명한다고 말할 수 있다. 하지만 나는 나의 사고의 진리의 성격 속에서, 다시 말해 그 대상성 속에서 예술작품의 독립성과 유사한 하나의 독립성을 재발견한다. 이 사고는 내가 그것을 형성하고, 또 자신의 존재를 나로부터 이끌어 낸다. 이와 동시에 이 사고는 그것이 모든 사람의 사고인 한에서 그것 단독으로 자기 존재를 추구한다. 이 사고는 이중적으로 나이다. 왜냐하면 이 사고는 나에게 자기를 드러내는 세계이기 때문이며, 또 타인들에게서의 나, 타인의 정신과 함께 나의 사고를 형성하는 나이기 때문이다. 이 사고는 또한 이중적으로 나에 대해 닫혀 있다. 왜냐하면 이 사고는 내가 그것으로 있지 않은 존재이기 때문이며(그 존재가 나에게 드러내 보이는 한에서), 그리고 이 사고는 그 출현에서부터 모든 사람의 사고이며, 무명의 누군가에게 바쳐진 사고이기 때문이다. 나와 내가 아닌 것[非我]의 이 종합은 여기에서도 나의 것이라는 용어에 의해 표명될 수 있다. 하지만 또한 이외에도 발견, 드러내 보임이라는 관념 자체에는 아유화적 향유(享有)의 관념이 포함되어 있다. 본다는 것은 향유하는 것이며, 본다는 것은 처녀성을 빼앗는 것이다. 만일 사람들이 인식하는 것과 인식되는 것과의 관계를 보여 주기 위해 보통 사용하는 비교를 검토해 본다면, 그들은 그런 비유 중의 많은 것이 보는 것에 의한 능욕으로 제시되어 있음을 알게 될 것이다. 미지의 대상은 순백에 비유될 수 있는 맑고 깨끗한 것, 처녀로서 주어져 있다. 미지의 대상은 아직 그 비밀을 "넘겨주지" 않았다. 인간은 아직 이 대상에서 그 비밀을 "빼앗지" 않았다. 이 모든 이미지가 강조하고 있듯이, 이 대상은 자기가 탐구되고 있는 것에 대해, 또 자기가 어떤 도구에 의해 겨냥되고 있는가에 대해 무지 상태에 있다. 대상은 자신이 인식됨을 의식하지 못한다. 이 대상은 마치 목욕 중에 갑자기 통행인에게 발각되는 한 여자와 같이, 자기를 엿보는 눈을 알아차리지 못하고 자기 일에 열중하고 있다. 자연의 "아직 침해당하지 않은 심오함"과 마찬가지로 더 어렴풋하고 더 정확한 이미지는 더 뚜렷하게 교접을 떠올리게 한다. 사람은 자연의 베일을 벗긴다. 사람은 자연을 드러낸다(실러[112]의 「사이스의 베일을 쓴 여신상」[113] 참조). 모든 탐구에는 항상 나체를 가리고 있는 방해물을 헤집음으로써 그 나체의 모습을 드러낸다는 관념이 들어 있다. 이것은 마치 악타이온이 목욕하고 있는 디아나를 자세히 보기 위해 나뭇가지를 헤집는 것과 같다.[114] 게다가 인식은 사냥이다. 베이컨[115]은

112 프리드리히 폰 실러(Friedrich von Schiller, 1759~1805)는 독일 고전주의 극작가이자 시인, 철학자, 역사가, 문학이론가이다. 괴테와 함께 독일 고전주의의 2대 문호로 일컬어지며, 작품에 『오를레앙의 성 처녀』, 『빌헬름 텔』 등이 있다.

113 실러는 「사이스의 베일을 쓴 여신상」에서 진리를 찾기 위해 베일을 들어올린 한 사내에 대해 이야기하고 있다. 진리를 간절하게 원했던 사내는 베일을 들어올리지 말라는 경고에도 불구하고 베일을 들어올리고 진리를 본다. 하지만 그는 진리를 보았음에도 두려움에 떨며 고통스럽게 죽는다. 그가 진리라고 여기고 보려고 갈망했던 사이스 여신의 존재는 과거, 현재, 미래의 열쇠를 가지고 있는 자로서, 인간이 아닌 신적 존재였다. 그럼에도 한갓 유한한 존재에 불과한 사내가 진리를 보기 위해 감히 베일을 들어올렸는데, 이는 인간으로서 신에게 도전한 행위였다. 그는 신이 설정한 인간의 경계를 넘어섰으며, 그로 인해 처벌받아 마땅했다.

114 악타이온은 그리스 신화에 나오는 사냥꾼이다. 사냥하던 중에 목욕하고 있는 여신 디아나의 알몸을 보았다. 화가 난 디아나는 자신의 알몸을 본 악타이온에게 물을 뿌려 사슴으로 만들어 버렸다. 그러자 악타이온이 데리고 온 사냥개들이 주인을 알아보지 못하고 사냥감인 줄 착각하고 사슴에게 달려들었다. 계속 사냥개들을 피해 달아나다 지친 악타이온은 결국 사냥개들에게 붙잡혀 갈기갈기 찢겼다.

115 프랜시스 베이컨(Francis Bacon, 1561~1626)은 영국의 철학자이자 정치인이다. 근대 경험론의 선구자로, 자연철학을 연구하고 과학적 방법의 발전을 주도했다. 데카르트와 함께 근대 철학의 개척자라는 평가를 받고 있으며, "아는 것이 힘이다."라는 말로 잘 알려져 있다. 작품에 『노붐 오르가눔(Novum Organum)』과 『수상록』 등이 있다.

인식을 판[116]의 사냥이라 명명한다. 과학자는 순백의 나체를 급습하고, 또 그 나체를 자기 시선으로 능욕하는 사냥꾼이다. 따라서 이 이미지의 총체는 우리가 악타이온 콤플렉스라고 명명하게 될 무엇인가를 우리에게 보여 준다. 게다가 사냥이라는 이 관념을 도화선으로 삼으면서 우리는 아마도 더 원시적인 아유화의 또 다른 하나의 상징을 발견하게 된다. 왜냐하면 우리는 먹을거리를 위해 사냥을 하기 때문이다. 동물에게서의 호기심은 항상 성욕적이거나 식욕적이다. 인식한다는 것은 눈으로 먹는 것이다.[117] 사실 우리는 여기에서 감각에 의한 인식에 대해서는 예술작품에 대해 드러내 보이는 과정과는 도치된 것을 지적할 수 있다. 예술작품의 경우 실제로 우리는 이 작품과 정신 사이에서 굳어진 발산 관계를 지적한 바 있다. 정신은 계속해서 작품을 생산해 낸다. 하지만 작품은 완전히 홀로 서며, 정신의 발산에 대해서는 무관심하다. 이런 관계는 인식 행위에서도 그대로 존재한다. 하지만 인식 행위의 경우 이 관계는 도치된 경우를 배제하지 않는다. 인식의 경우 의식은 그 대상을 자기 쪽으로 이끌며, 또 그것을 자기에게 합체시킨다. 인식은 동화작용이다. 프랑스어로 쓰인 인식론 저서에는 음식물과 관련된 은유(흡수·소화·동화)가 수두룩하다. 따라서 거기에는 대상에서 인식하는 주체로 가는 하나의 분해 운동이 있다. 인식된 것은 나로 변화하고, 나의 사고가 되며, 바로 그것에 의해 그 인식된 것은 자기의 존재를 오직 나에게서만 받아들임을 수

---

116 판은 그리스 신화에 나오는 목신으로, 로마 신화에서는 파우누스에 해당한다. 판은 제우스와 님프 사이에서 염소와 닮은 모습으로 태어나 요정에게 버려졌으며, 잠든 사람에게 악몽을 불어넣고 나그네에게 공포를 주기도 한다. 공포 상태를 의미하는 프랑스어 'panique(영어 'panic')'는 그의 이름에서 유래한다.

117 어린아이에게 있어 인식하는 것은 실제로 먹는 것이다. 아이는 자신이 보는 것을 **맛보려고** 한다. —원주.

락한다. 하지만 이 분해 운동은, 인식된 것이 그대로 같은 장소에 머물러 있다는 사실로 인해 굳어진다. 인식된 것은 막연하게 흡수되고, 먹혔다고 할 수 있으며, 또 손이 닿지 않은 채로 막연하게 있다고도 할 수 있다. 고스란히 소화되면서도, 또 고스란히 바깥에 돌멩이처럼 소화되지 않는다. 사람들은 타조의 위 속의 돌멩이, 고래의 위 속의 요나[118] 등과 같은 "소화되지 않는 소화물"의 상징인 이 소박한 상상 속에서 그 중요성을 깨닫게 될 것이다. 이 상징은 비파괴적인 동화의 꿈을 표시한다. 불행한 것은 — 헤겔의 지적처럼 — 욕구가 그 대상을 파괴한다는 것이다(헤겔은 이런 의미에서 욕구는 먹는 욕구라고 말했다). 변증법적 필연성과는 반대로 대자는 완전히 나에 의해 동화되며, 나이면서도 자기 자신의 즉자적인 구조를 보존함으로써 나로 분해되지 않을 하나의 대상을 욕망한다. 왜냐하면 바로 내가 욕구하는 것은 이 대상이기 때문이며, 그리고 만일 내가 그것을 먹는다면, 나는 더 이상 그것을 소유하지 못하고, 나는 나만을 만날 뿐이기 때문이다. 동화작용과 동화된 것의 보존된 통합(intégrité)의 불가능한 종합은 그 가장 깊은 근원에서 성욕의 근본적인 경향과 결합된다. 사실 육체적인 "소유"는 끊임없이 소유되면서도 끊임없이 새로운 육체의 안타깝고도 매혹적인 이미지를 우리에게 주며, 소유는 그 육체 위에 아무런 흔적도 남기지 않는다. "윤기 있다", "매끈하다"와 같은 성질이 깊이 상징하고 있는 것이 바로 그것이다. 매끈한 육체는 그것을 붙잡을 수 있고, 그것을 맛볼 수 있다. 그렇지만 그것은 침투될 수 없고, 소유하고자 하는 애무 밑에서 물과 같이 빠져나가 버린다. 이런 이유로 에로틱한 장면의 묘사에서 흔히 여자의 신체의 매끄러운 순백이 강조

---

118 『구약성서』「요나서」에 등장하는 예언자이다. 하나님의 명을 어기고 달아나는 도중에 지중해에서 폭풍을 만나 큰 물고기의 배 속에서, 사흘 밤낮을 지내다가 기도로 인해 다시 구원을 받았다.

된다. 매끄럽다는 것은 애무를 받으면서도 이 신체가 자기 모습을 다시 형성하는 것이다. 이것은 물이 돌맹이를 던져서 구멍이 뚫어져도 자기 모습을 바로잡는 것과 마찬가지이다. 그리고 이와 동시에 우리가 앞에서 살펴본 바와 같이, 사랑하는 자의 꿈은 사랑받는 자의 개별성을 그 안에 간직하면서 이 사랑받는 자를 자기에게 합체하는 것이다. 타인이 타인이기를 그치지 않으면서 이 타인이 나로 되게 하는 것이다. 우리가 과학적 탐구에서 경험하는 것이 정확히 그것이다. 마치 타조의 위 속의 돌맹이처럼 인식된 대상은 온전히 내 안에 있으며, 나 자신에게 동화되고, 나 자신으로 변화한다. 그리고 이 인식된 대상은 고스란히 나이다. 하지만 이와 동시에 이 인식된 대상은 침투될 수 없고, 변화될 수 없으며, 사랑받고 헛되이 애무받는 육체의 무관심한 나체 속에서 완전히 매끄럽다. 이 인식된 대상은 그대로 바깥에 머물러 있다. 인식한다는 것은 소비함이 없이 밖에서 먹는다는 것이다. 사람들은 그런 성욕적인 흐름과 식욕적인 흐름은 서로 융합되고 서로 침투되어, 그 결과 악타이온 콤플렉스와 요나 콤플렉스를 구성하는 것을 본다. 사람들은 소화적 뿌리와 성욕적 뿌리가 인식 욕구를 만들어 내기 위해 서로 연결되는 것을 본다. 인식은 침투임과 동시에 표면적인 애무이다. 인식은 소화임과 동시에 변형될 수 없는 대상을 거리를 두고 바라보는 것이다. 인식은 계속된 창조에 의해 하나의 사상을 생산해 내는 것임과 동시에 그 사상의 객관적인 완전 독립을 확인하는 것이다. 인식된 대상은 사물로서의 나의 사상이다. 또한 내가 탐구를 시작할 때 내가 근본적으로 욕구하는 것이 바로 그것이다. 즉 나의 사상을 사물로 파악하고, 사물을 나의 사상으로 파악하는 것이다. 이처럼 다양한 경향과 함께 융합하는 이 혼합적인 관계는 아유화의 관계일 수밖에 없을 것이다. 이 이유로 인식의 욕구는, 그것이 아무리 무사무욕적으로 보인다고 해도, 역시 아유화의 관계이다. 인식한다는 것은 가짐이 취할 수 있는 형식 중 하나이다.

그런데 우리가 완전히 무상으로 기꺼이 제시하는 어떤 유형의 활동이 남아 있다. 유희 활동과 그에 관계된 경향들이 그것이다. 사람들이 스포츠에서 하나의 아유화적인 경향을 발견할 수 있을까? 분명 근엄한 정신과는 반대로 유희는 가장 소유적이지 않은 것으로 보인다는 사실을 먼저 지적해야 한다. 유희는 현실적인 것으로부터 그 현실성을 제거한다. 사람들이 세계에서 출발할 때, 그리고 사람들이 자신에 대해서보다도 세계에 대해 더 많은 현실성을 부여할 때, 또는 적어도 사람들이 세계에 속하는 정도에 따라 자신에게 현실성을 부여할 때, 근엄한 정신이 있다. 유물론이 근엄한 것은 우연이 아니다. 또 유물론이 혁명가의 어용 학설로서 언제 어디에서나 발견되는 것 역시 우연이 아니다. 유물론이 근엄한 것은 바로 혁명가들이 근엄하기 때문이다. 그들은 먼저 그들을 짓누르는 이 세계에서 출발해서 자신들을 인식한다. 그리고 그들은 그들을 짓누르는 이 세계를 바꾸고자 한다. 이런 점에서 혁명가들은 그들의 이전의 적대자들, 즉 소유자들과 일치한다. 그 소유자들 역시 세계에서 자신들의 지위에서 출발해서 자신들을 인식하고 또 자신들을 평가한다. 이렇듯 모든 근엄한 사상은 세계에 의해 둔탁해지고 또 굳어진다. 근엄한 사상은 세계를 위해 인간실재를 포기하는 것이다. 근엄한 인간은 "세계에 속해" 있으며, 자기 안에 더 이상 어떤 의지처도 없다. 그는 더 이상 세계에서 탈출하는 가능성조차도 생각하지 않는다. 왜냐하면 그는 자기에게 바위의 존재 유형, 견고함, 타성태, 세계-한복판에서의-존재의 불투명성을 주었기 때문이다. 이렇듯 근엄한 인간은 자기의 자유 의식을 자기 자신의 바닥에 두고 있는 것이 자명하다. 그는 자기기만 속에 있으며, 그의 자기기만은 그 자신의 고유한 눈에 하나의 결과로서 제시함을 겨냥한다. 그에게서는 모든 것이 결과이고, 원리는 결코 존재하지 않는다. 이런 이유로 그는 자기 행위의 결과에 대해 아주 조심스럽다. 마르크스는, 그가 주체에 대한 대상의 우월성을 주장했을 때, 근엄한 인간의 최초 도그마를 세운 것이다. 인간은 그가 자신을 하나의 대상으로 여길 때 근엄해진다.

사실 키르케고르의 아이러니[119]와 마찬가지로 유희는 주체성을 해방한다. 인간이 그 최초의 기원인 하나의 활동이 아니라면, 인간이 자기를 그 원칙으로 내세우는 하나의 활동이 아니라면, 정립된 원칙에 의해서만 결과를 가질 수 있을 뿐인 하나의 활동이 아니라면, 대체 유희란 무엇이겠는가? 한 인간이 자기를 자유로운 것으로 파악하자마자, 또 그가 그의 자유를 이용하려고 원하자마자, 게다가 그의 불안이 어떤 것일 수 있든, 그의 활동은 유희에 속한다. 사실 그는 이 활동의 최초의 원리이다. 그는 소산적 자연(la nature naturée)[120]에서 벗어난다. 그는 스스로 자신 행위의 가치와 규칙을 정립한다. 그리고 그는 자신이 정립했고 또 결정한 규칙에 의해서만 지불하는 데 동

---

119 키르케고르는 1841년 대학 시절의 논문 「아이러니의 개념 – 소크라테스를 염두에 두고」에서 소크라테스의 방법과 정신 속에서 아이러니의 본질을 파악했다. 여기에서 키르케고르는 소크라테스의 아이러니가 지닌 진리성을 중심으로 인간관계에서 아이러니의 적극적 의의를 파악하고자 했다. 소크라테스는 소피스트들의 논쟁 중에 자신은 무지한 체하면서 오히려 그들이 무지를 드러냄으로써 참다운 지혜를 밝히려고 한다. 키르케고르는 소크라테스적 아이러니를 통해 인간의 주체성의 발동 그 자체라고 할 수 있는 무한한 부정성에 주목하고 있다. 키르케고르에 따르면 소크라테스는 결국 부정성을 통해 유한한 것을 제거하며 초월, 즉 이데아로 나아갔다고 할 수 있다. 요컨대 키르케고르는 소크라테스의 아이러니에 기대어 자신은 기독교인이 아니라고 주장하면서, 당시의 기독교가 전혀 기독교가 아님을 밝혀내고자 했다고 할 수 있다.
120 '능산적 자연(natura naturante)'과 대비되는 개념이다. 후일 스피노자가 계승한 이 개념은 중세 이슬람 철학자 아베로에스(Averroës, 1126~1198)에게서 유래한다. 창조자인 한에서의 신이 '능산적 자연'이라고 불리는 데에 비해, 신에 의해 창조된 존재의 총체가 '소산적 자연'이라고 불린다. 사르트르의 경우에는 이 소산적 자연은 즉자적 자연에 해당한다고 할 수 있을 것 같다.

의할 뿐이다. 이로부터 어떤 의미에서는 세계의 "실재성의 빈곤"이 기인한다. 따라서 유희하는 인간은 자기 행동 자체 속에서 자기를 자유로운 것으로 발견하려 노력하면서도 세계에 속하는 하나의 존재를 소유하는 데에 대해 전혀 관심을 가지지 못할 것이다. 그가 스포츠를 통해 노리든, 연기를 통해 노리든, 또는 이른바 승부 유희를 통해 노리든, 그의 목표는 어느 한 존재로서의 자기에게, 그러니까 정확히 자기 존재에서 문제가 되는 존재로서의 자신에게 스스로 도달하는 것이다. 그렇지만 이런 지적의 목적은 함의 욕구가 유희에서는 환원 불가능임을 우리에게 보여 주려는 것이 아니다. 이와 반대로 이 지적은 함의 욕구가 거기에서는 일종의 있음의 욕구로 환원됨을 우리에게 가르쳐 준다. 행위는 그 자신에 대해 그 자신의 목표가 아니다. 또한 행위는 그 목표와 그 깊은 의미를 재현하는 명백한 목적인 것도 아니다. 오히려 행위의 기능은 그 사람의 존재 자체인 절대적 자유를 그 사람 자신에게 나타내고 또 현전케 한다. 자유를 근거로 또 목표로 가지고 있는 이런 특수한 유형의 기투는 특수한 연구 가치가 있다. 사실 이런 기투는, 그것이 근본적으로 다른 하나의 존재 유형을 겨냥한다는 점에서, 다른 모든 기투와 근본적으로 차별화된다. 사실 이 기투가 우리에게 인간실재의 심오한 구조로 나타나는 신이고자 하는 기투와 어떤 관계에 있는가를 아주 상세히 설명하는 것이 필요할 것이다. 하지만 이런 연구는 여기에서 행할 수 없다. 사실 이런 연구는 윤리학 영역에 속하며, 또 이런 연구에는 정화적 반성의 본성과 역할에 대한 이미 이루어진 정의가 전제된다(우리의 서술은 지금까지 "공범적 반성(réflexion complice)"만을 겨냥했을 뿐이다). 이외에도 이런 연구에는 대자에 붙어 다니는 여러 가치 앞에서 도덕적일 수밖에 없는 입장을 취하는 것이 전제된다. 하지만 그래도 역시 유희 욕구는 근본적으로 존재 욕구이다. 이렇듯 "있음", "함", "가짐"의 세 범주는 모든 경우에서와 마찬가지로 여기에서도 두 가지로 환원된다. "함"은 순전히 타동적이다. 하나의 욕구는 그 근원에서 있음의 욕구 또는 가짐의 욕구일 수밖에 없다. 다른 한편으로 유희가 모든 아유화적인 경향으로부터 정화되는 것은 드물다. 나는 여기에서 좋은 성적을 올리고 싶다, 기록을 깨고 싶다와 같은 스포츠맨적인 자극으로 작용될 수 있는 욕구는 제쳐 둔다. 나는 또한 훌륭한 신체와 균형 잡힌 근육을 "갖고자" 하는 자신의 대타존재를 대상적으로 아유화하고자 하는 욕구에 속하는 욕구에 대해서도 다루지 않을 것이다. 이런 욕구가 항상 개입하는 것도 아니고, 게다가 근본적이지도 않다. 하지만 스포츠 행위 자체 속에는 하나의 아유화적인 구성 요소가 있다. 사실 스포츠는 세계의 환경을 행동의 유지 요소로 자유로이 변화시킨다. 이로 인해 예술과 마찬가지로 스포츠는 창조적이다. 눈 덮인 고원, 알프스의 고원이 있다고 하자. 그것을 본다는 것은 벌써 그것을 소유하는 것이다. 눈 덮인 고원은 그 자체에서 벌써 시각에 의해 존재의 상징으로 파악된다.[121] 이 눈 덮인 고원은 단순한 외면성과 철저한 공간성을 나타낸다. 그 무차별, 그 단조로움, 그 순백성이 실체의 절대적인 나상을 나타낸다. 그것은 오직 즉자일 뿐인 즉자이며, 모든 현상의 외부에 갑자기 자기를 나타내는 현상의 존재이다. 이와 동시에 그것의 견고한 부동성은 즉자의 항상성과 그것의 대상적인 저항을 나타내며, 즉자의 불투명성과 침투 불가능성을 나타낸다. 그렇지만 이런 최초의 직관적인 향유는 나를 만족시킬 수 없을 것이다. 데카르트가 말하는 연장의 절대적이고 예지적인 충만과 비슷한 이 순수한 즉자는

121 이 장 Ⅲ 참조.—원주.

내가 아닌 것[非我]의 단순한 출현으로서 나를 매혹시킨다. 그때 내가 원하는 것은 정확히 이 즉자가 완전히 그 자신 속에 머무르면서 나에 대해 하나의 발산 관계에 있는 것이다. 이것은 벌써 아이들이 만드는 눈사람이나 눈뭉치의 의미이다. 그 목표는 "이 눈으로 무엇인가를 만드는 것"이다. 다시 말해 소재가 형상을 위해서만 존재하는 것처럼 보일 정도로 그렇게 깊이 이 소재에 밀착해 있는 하나의 형상을 그 눈에 강요하는 것이다. 하지만 만일 내가 다가간다면, 만일 내가 눈 덮인 벌판과 아유화적 접촉을 시작하고자 한다면, 모든 것이 달라진다. 이 눈 덮인 벌판의 존재 기준이 달라진다. 이 설원은 넓은 공간에 존재하는 대신에 한치한치 조그맣게 존재하게 된다. 그리고 수많은 얼룩, 나무의 잔가지, 균열이 매 1제곱센티미터마다 개별화하기 위해 다가온다. 이와 동시에 이 설원의 견고성은 물이 되어 녹아 버린다. 나는 무릎까지 눈 속에 빠진다. 내가 손으로 눈을 잡으려고 하면, 눈은 나의 손가락 사이에서 녹아서 흘러 버린다. 이미 눈의 흔적은 아무것도 남아 있지 않다. 즉자가 무로 변한다. 이와 동시에 눈을 내 것으로 삼으려고 하는 나의 꿈도 사라져 버린다. 게다가 나는 더 가까이에서 보려고 한 그 눈으로 무엇을 해야 할지 모른다. 나는 이 설원을 장악할 수 없다. 나는 심지어 이 설원을 실체적인 총체성으로서 재구성할 수조차 없다. 이런 실체적인 총체성은 계속 나의 시선에 주어졌지만, 갑작스럽게 그리고 이중으로 무너져 버렸기 때문이다. 스키의 의미는 단지 나에게 빠른 이동을 가능케 하고, 또 기술적인 능란함을 얻게끔 하는 것이 아니다. 또한 스키의 의미는 나의 속도나 코스의 어려움을 마음대로 올리면서 즐기는 것도 아니다. 스키의 의미는 나에게 이 설원을 소유함을 가능케 해 주는 것이기도 하다. 현재 나는 이 설원으로 무엇인가를 만든다. 이것은 스키 타는 사람으로서의 나의 활동 자체에 의해 나는 이 설원의 소재와 의미를 모두 변경함을 의미한다. 이 설원이 현재 나에게 나의 코스 자체 속에서 미끄러져 내려가야 할 언덕으로서 나타난다고 하는 사실로 인해, 이 설원은 앞에서 잃어버렸던 하나의 연속성과 통일을 다시 발견한다. 이 설원은 현재 연속적인 결합 조직이다. 그것은 두 개의 극 사이에 들어 있다. 그것은 출발점과 도착점을 연결하고 있다. 그리고 미끄러져 내려갈 때, 나는 이 설원을 그것만으로서 한치한치 생각하는 것이 아니라, 내가 차지하고 있는 위치 저편에 내가 도착할 하나의 지점을 항상 확정하고 있는 것이기 때문에, 이 설원은 무한한 개별적인 세세한 조각으로 무너지지 않는다. 이 설원은 내가 나에게 지정하는 그 지점을 향해 주파된다. 이 주파는 단지 하나의 이동 활동만이 아니다. 그것은 또한, 그리고 특히 하나의 종합적인 조직 활동과 연결 활동이기도 하다. 나는 칸트의 지적대로 기하학자는 직선을 그어 봐야만 직선을 파악할 수 있을 뿐이라고 한 것과 똑같은 방법으로 스키장을 내 앞에 펼친다. 게다가 또 이 조직은 주변적이지 초점적은 아니다. 설원이 통일되는 것은 그 자체를 위해서도 아니고, 그리고 그 자체에게 있어서도 아니다. 세워지고 명확히 파악된 목표, 따라서 나의 주의 대상은 바로 도착점이다. 눈의 공간은 암암리에 아래쪽으로 밀집한다. 예컨대 그 응집은 내가 원의 검은 둘레선을 바라보며 원의 표면에 명백히 주의를 기울이지 않을 때, 원주 내부에 포함되는 하얀 공간의 응집과 마찬가지이다. 그리고 정확히 내가 이 설원을 주변적인 것, 모르는 사이에 포함되어 있는 것으로 보존하기 때문에, 이 설원은 나에게 순응하고, 나는 이 설원을 장악하며, 이 설원을 그 종점을 향해 뛰어넘는다. 이것은 실내장식가가 벽에 휘장을 친다고 하는 목적을 향해 그가 사용하는 망치를 뛰어넘는 것과 마찬가지이다. 어떤 아유화도 이 도구적인 아유화보다 더 완전할 수 없다. 여기에서 종합적인 아유화 활동은 하나의 기술적인 이용 활동이다. 마치 망치의 출현이 망치질의 단순한 수행인 것처럼, 눈은 나의 행위의 소재로 출현한다. 이와 동시에 나는 이 눈 덮인 언덕을 파악하기 위해 어떤 하나의 관점을 선택했다. 이 관점은 나에게서 발산하는 일정한 속도이며, 나는 마음대로 이 속도를 높이거나 줄일 수 있다. 이 속도는 주파되는 설원을 하나의 한정된 대상으로서 구성한다. 그리고 이 대상은 또 다른 속력의 경우에 구성되는 것과 완전히 구별된다. 속도에 따라 자유롭게 그 총체가 조직된다. 내가 이런저런 속도를 택하느냐 아니냐에 따라 이런저런 대상은 어떤 특정한 무리의 일부가 되기도 하고 그렇지 않기도 한다(예컨대 "걸어서" 구경하는 프로방스,[122] "자동차로", "기차로", "자전거로" 구경하는 프로방스를 생각해 보라. 나르본에서 베지에까지 한 시간에 가느냐, 한나절에 가느냐 아니면 이틀에 걸려 가느냐에 따라, 다시 말해 나르본이, 고립되고 또 그 인근 지역과 함께 고려되느냐, 또는 나르본이 예컨대 베지에나 세트와 함께 밀접하게 연결된 한 무리를 구성하느냐에 따라, 프로방스는 여러 상이한 모습을 드러낸다.[123] 후자의 경우에는 나르본의 바다에 대한 관계는 직관으로 직접 확인할 수 있다. 하지만 전자의 경우에는 그 관계는 부정되고, 그것이 하나의 단순한 개념의 대상이 될 수밖에 없다). 따라서 나는 내가 나에게 부여하는 자유로운 속도에 의해 이 설원에 형태를 부여하는(informer) 자이다. 하지만 이와 동시에 나는 나의 소재 위에 작용한다. 게다가 속

---

122 프랑스 동남부와 이탈리아 북서부에 있는 지방이다. 기원전 2세기경 고대 로마의 속주인 갈리아 나르보넨시스(Gallia Narbonensis)에서 유래한다. 당시 라틴어로 속주를 프로빙키아(Provincia)라고 했는데, 이것이 그대로 지명이 된 경우이다. 프랑스 혁명 이후 프로방스 또한 데파르트망으로 재편되어 알프드오트프로방스, 바르, 보클뤼즈, 부슈뒤론, 알프마리팀으로 이어졌다. 1982년에는 최상위 행정구역인 레지옹이 신설되면서 프로방스는 프로방스알프코트다쥐르 레지옹으로 이어졌다.
123 나르본(Narbonne), 베지에(Béziers), 세트(Sète)는 모두 프랑스 남부 지방에 위치한 지중해 연안의 도시들이다.

도는 주어진 어떤 소재에 하나의 형태를 부과하는 데 그치지 않는다. 속도는 하나의 소재를 창조한다. 내가 걷고 있을 때는 나의 체중 밑에 가라앉고, 내가 그것을 잡으려고 했을 때는 녹아서 물이 된 그 눈이, 이번에는 갑자기 나의 속도의 작용 아래에서 고체화된다. 눈은 나를 지탱한다. 그것은 내가 눈의 가벼움, 눈의 비실재성, 눈의 부단한 소멸을 보지 못했기 때문이 아니다. 이와 정반대이다. 나를 지탱하는 것은 정확히 그 가벼움, 그 소멸, 그 은밀한 유동성이다. 다시 말해 그것이 나를 지탱하기 위해 응축되고 또 용해된다. 이것은 내가 눈에 대해 활주라는 하나의 특수한 아유화 관계이기 때문이다. 이 관계는 뒤에서 자세히 연구할 것이다. 이제부터 우리는 이 관계의 의미를 파악할 수 있다. 활주를 하면서 나는 표면에 남아 있다고 말한다. 이것은 정확하지 않다. 분명 나는 단지 표면을 스치고 지나갈 뿐이며, 이 가벼운 스치기는 그것만으로도 하나의 온전한 연구거리가 되기에 충분하다. 그럼에도 나는 하나의 깊은 종합을 실현한다. 나는 눈이 쌓인 층이 나를 지탱하기 위해 그 가장 깊은 곳까지 스스로 자기를 조직함을 실감한다. 활주는 거리를 두는 행동이다. 활주는 나의 소재에 대한 지배를 보증해 준다. 하지만 내가 이 소재를 길들이기 위해 그 소재 속에 빠지거나 끼어들 필요는 없다. 미끄러진다는 것은 뿌리를 내린다는 것의 반대이다. 뿌리는 그것을 키우는 대지에 이미 반쯤 동화되어 있다. 뿌리는 대지의 살아 있는 하나의 응결이다. 뿌리는 자기를 흙이 되게 함으로써만 이 대지를 이용할 수 있을 뿐이다. 다시 말해 어떤 의미에서 뿌리는 자기가 이용하고자 하는 소재에 스스로 복종하면서 대지를 이용할 수 있다. 이와 반대로 활주는 표면보다 더 깊이 침투하지 않은 채로 깊은 소재적인 통일을 실현한다. 활주는 복종을 유도하기 위해 그것을 강조할 필요도 없고 또 소리를 드높일 필요도 없는 무서운 주인과도 같다. 이것이 권력의 놀라운 이미지이다. 이로부터 "미끄러져라, 인간들이여. 너무 강하게 밟지 말라."[124]라는 유명한 충고가 기인한다. 이것은 "표면적으로 머물러 있어라. 그리고 깊이 빠지지 말라."는 의미가 아니다. 이와 반대로 이것은 "깊은 종합을 실현하라. 하지만 위태로움에 말려들지 말라."는 의미이다. 그리고 활주는 정확히 아유화이다. 왜냐하면 속도에 의해 실현된 지지의 종합은 활주자에게만 유효할 뿐이기 때문이고, 또 그가 활주하는 바로 그 시간에서만 유효할 뿐이기 때문이다. 눈의 견고함은 나에게 있어서만 유효할 뿐이며, 또 나에게만 느껴질 뿐이다. 이 견고함은 눈이 오직 나에게만 털어놓는 하나의 비밀이고, 또 이 비밀은 나의 배후에서는 더 이상 진실이 아니다. 따라서 이 활주는 소재[눈]와 엄밀히 개인적인 관계를 실현하고, 하나의 역사적인 관계를 실현한다. 소재는 나를 지탱하기 위해 집합하고 굳어지지만, 나의 배후에서 다시 무기력하고 흩어지는 상태에 빠진다. 이렇듯 나는 나의 통과에 의해 나에게 있어 유일한 것을 실현했다. 그만큼 활주의 이상은 흔적을 남기지 않는 활주일 것이다. 수상 활주가 그 좋은 예이다(보트, 모터 보트, 특히 최근에 시작되었지만, 이런 관점에서 볼 때 수상 스포츠의 한계로서 드러나는 수상 스키). 벌써 눈 위의 활주는 덜 완벽하다. 나의 뒤에는 하나의 흔적이 남는다. 나는 이 흔적이 아주 미미하다 해도 그것에 말려든다. 얼음 위의 활주는 얼음에 자국을 남기고, 또 이미 완전히 조직된 소재를 발견하는 활주이기 때문에, 이 활주는 아주 열등한 성

---

124 프랑스의 판화가이자 출판인 니콜라 드 라르메생(Nicolas de Larmessin, 1684~1755)이 당시의 풍속을 그린 판화(「스케이트를 타는 사람들」) 밑에, 동시대 시인 피에르 샤를 루아(Pierre Charles Roy, 1683~1764)가 쓴 4행시가 새겨져 있다. "엷은 결정 위에 겨울이 오면 그들의 길이 생긴다./ 얼음 아래는 깊은 못/ 당신의 쾌락의 표면도 그와 같다./ 미끄러져라, 인간이여, 강하게 밟지 말고."

질을 갖는다. 그럼에도 얼음 위의 활주는 또 다른 이유 때문에 행해지고 있다. 이로부터 우리가 우리 뒤에서 눈 위에 우리의 스키가 남긴 흔적을 바라볼 때 항상 우리를 엄습하는 가벼운 실망이 기인한다. 우리가 지나간 후에 눈이 원래의 모습으로 되돌아가 준다면 얼마나 좋을까! 게다가 우리가 언덕을 미끄러져 내려올 때, 우리는 아무런 표시도 남기지 않는다는 착각에 사로잡힌다. 우리는 눈에게 그 눈이 은밀하게 물과 같이 작동했으면 하고 요청한다. 이렇듯 활주는 계속된 하나의 창작과도 비슷한 것으로 나타난다. 속도는 의식과 비교할 수 있으며, 여기에서는 의식을 상징한다.[125] 이 속도는, 그것이 계속되는 한, 그 소재 속에서 속도가 존재하는 만큼 머물러 있을 뿐인 하나의 심오한 성질을 만들어 낸다. 그런데 이 성질은 자기의 무차별적인 외면성을 극복하는 일종의 집합이며, 또 미끄러지는 동체 뒤에 무너져 버리는 풀더미와도 같은 집합이다. 하나의 도구적인 조직으로서 집합하는 설원, 망치나 모루처럼 이용되는 설원, 그리고 행동에 온순하게 순응하는 설원, 암암리에 행동을 예상하고 행동을 수행케 하는 설원, 이런 설원의 형성적 통일과 종합적 응결, 눈의 소재 자체에 대해 연속적이고 창작적인 행동, 활주에 의한 눈덩어리의 고체화, 지탱해 주고 유순하면서도 기억이 없는 물에 대한 눈의 동화, 또는 애무에 의해 가장 깊은 데까지 흔들리면서도 애무의 흔적을 남기지 않고 그대로 있는 여자의 나체에 대한 눈의 동화, 이 모든 것이 바로 스키 타는 사람의 현실에 대한 행동의 모습이다. 하지만 이와 동시에 눈은 침투되지 않은 채 손이 닿지 않는 범위 밖에 머물러 있다. 어떤 의미에서 스키 타는 사람의 행동은 눈의 잠세를 전개하는 일만 할 뿐

---

125 우리는 제3부에서 운동과 대자의 관계를 살펴보았다. —원주.

이다. 스키 타는 사람은 눈으로 하여금 이 눈이 스스로 할 수 있는 것을 하게 한다. 동질적이고 견고한 소재는 스포츠 행위를 통해서만 그 견고성과 동질성을 스키 타는 사람에게 넘겨줄 뿐이다. 하지만 이런 견고성과 동질성은 소재 속에 나타나는 특성으로 머문다. 여기에서 스포츠 행위를 통해 표현되는 나와 내가 아닌 것의 종합은, 사변적인 인식과 예술작품의 경우에서와 마찬가지로, 스키 타는 사람의 눈에 대한 권리 확인에 의해 표현된다. 그것은 나의 설원이다. 나는 그곳을 백 번 달렸고, 나는 나의 속도에 의해 그 응결력과 그 지지력을 설원 위에 백 번 만들어 냈다. 이 설원은 나의 것이다.

스포츠적인 아유화의 양상에 또 다른 하나의 양상을 더해야 할 것이다. 극복된 어려움이 그것이다. 이 양상은 일반적으로 잘 이해되고 있으며, 우리가 그것을 강조할 것도 없을 것이다. 이 눈 덮인 언덕을 미끄러져 내려오기 전에 나는 이 언덕을 올라가야 했다. 그리고 이런 등반은 눈의 또 다른 면을 나에게 제시했다. 저항이 그것이다. 나는 나의 피로와 더불어 이 저항을 느꼈다. 그리고 나는 매 순간 나의 승리의 진행을 가늠할 수 있었다. 여기에서 눈은 타인과 같은 것이다. 그리고 "길들이다", "정복하다", "지배하다" 등과 같은 흔히 사용하는 표현은 나와 눈 사이에 주인과 노예의 관계를 수립하는 것이 문제임을 충분히 보여 준다. 우리는 등반, 수영, 장애물경주 등에서 아유화의 양상을 다시 발견하게 될 것이다. 우리가 깃발을 꽂은 산꼭대기는 우리가 우리의 것으로 만든 산꼭대기이다. 이렇듯 스포츠 활동의 주요 양상은 —— 그중에서도 특히 야외 스포츠는 —— 선험적으로 길들일 수 없고 또 이용 불가능한 것처럼 보이는 물, 흙, 공기 등의 거대한 덩어리를 정복하는 것이다. 그리고 각각의 경우 원소를 그것만으로 소유하는 것이 아니라, 오히려 이 원소를 수단으로 삼아 표현되는 즉자적인 존재 유형을 소유하는 것이 문제이다. 사람들이 여러 종류의 눈 아래에서 소유하고자 하는 것은 바로 실체의 동질성이다. 우리가 땅 또는 바위 등과 같은 종류 아래에서 우리의 것으로 하고자 하는 것은 바로 즉자의 침투 불가능성과 비시간적인 항상성이다. 예술, 과학, 유희는 총체적이든 부분적이든 자기 것으로 삼고자 하는 활동이다. 그리고 이것들이 그 탐사의 구체적인 대상 저편에서 아유화하고자 하는 것은 바로 존재 자체이고, 즉자의 절대적인 존재이다.

이렇듯 존재론은 우리에게 욕구는 근원적으로 존재 욕구이며, 또 이 욕구는 자유로운 존재 결여로 특징지어짐을 가르쳐 준다. 하지만 존재론은 또한 우리에게 이 욕구가 세계 한복판에서 어떤 구체적인 존재자와의 관계이며, 또 이 존재자가 즉자 유형에 속하는 것으로 생각됨을 가르쳐 준다. 존재론은 우리에게 대자와 욕구된 이 즉자와의 관계가 아유화라는 것을 가르쳐 준다. 따라서 우리는 욕구에 대한 이중의 규정 앞에 있다. 한편으로 욕구는 즉자-대자인 어떤 하나의 존재, 그리고 그것의 존재가 이상적인 어떤 하나의 존재이고자 하는 존재 욕구로 규정된다. 다른 한편으로 욕구는 아주 많은 경우에[126] 욕구가 자기 것으로 하려고 시도하는 하나의 우연적이고 구체적인 즉자와의 관계로서 규정된다. 거기에 중층결정(surdétermination)이 있는가? 이 두 가지 특징은 양립 가능한가? 실존적 정신분석은, 존재론이 다음과 같은 두 가지 존재 관계를 미리 규정하는 경우에만, 즉 구체적이고 우연적인 즉자 또는 욕구의 대상과 즉자-대자 또는 욕구의 이상 사이의 관계를 미리 규정하는 경우에만, 그리고 존재론이 즉자, 즉 존

---

126 단지 이 욕구가 정확히 존재 욕구인 경우, 가령 행복해지고 싶은 욕구, 강해지고 싶은 욕구 등은 제외한다. ─원주.

재 자체에 대한 관계 유형으로서의 아유화와 즉자-대자에 대한 관계 유형으로서의 아유화를 통일시키는 관계를 확실하게 밝혀 주는 경우에만, 그 자체의 원리에 대해 확신을 가질 수 있을 뿐이다. 지금 우리가 검토해야 할 문제가 바로 이것이다.

자기 것으로 만든다(s'approprier)는 무엇인가? 또는 이렇게 말하면, 일반적으로 어떤 대상을 소유한다는 것은 무엇을 의미하는가? 우리는 함의 범주의 환원 가능성을 보았다. 그런데 이 함의 범주는 때로는 있음을, 때로는 가짐을 예견하게 해 주었다. 그렇다면 가짐의 범주에 대해서도 마찬가지일까?

내가 알기로는 많은 경우 어떤 대상을 소유하는 것은 그것을 사용할 수 있다는 것이다. 그렇지만 나는 이런 정의에 만족하지 못한다. 나는 카페에서 이 잔받침과 이 컵을 사용한다. 하지만 그것들은 나의 것이 아니다. 나는 나의 방 벽에 걸려 있는 이 그림을 이용할 수 없을 것이다. 하지만 이것은 나의 것이다. 그리고 어떤 경우에 나는 내가 소유하고 있는 것을 파괴하는 권리를 가졌다고 하는 것도 역시 중요하지 않다. 소유를 그런 권리로 규정하는 것은 아주 추상적일 수 있다. 게다가 "계획경제"하에 있는 어떤 회사에서 사장은 자신의 공장을 폐쇄하는 권리를 갖지 않은 채 그것을 소유할 수 있다. 제정 로마 시대에 주인은 자신의 노예를 소유하고 있었지만, 그 노예를 죽일 권리를 가지고 있지 않았다. 게다가 여기에서 파괴하는 권리, 사용하는 권리는 무엇을 의미하는가? 내가 보기에 이 권리는 나에게 사회적인 것을 가리키며, 그리고 소유권은 사회생활의 테두리 안에서 규정된다. 하지만 내가 보기에 이 권리는 또한 순전히 부정적이며, 타자가 나에게 속하는 것을 파괴하거나 또는 그것을 사용하는 것을 못하게 막는 데 그친다. 물론 소유권을 하나의 사회적 기능으로 규정하려고 시도해 보는 사람도 있을 것이다. 하지만 먼저 사회가 몇몇 원칙에 따라 실제로 소유하는 권리를 부여한다는 사실로부터 사회가 아유화의 관계를 창조한다는 결과가 기인하는 것은 아니다. 기껏해야 사회는 이런 관계를 합법적인 것으로 만들 뿐이다. 이와 정반대로 소유가 신성한 것의 반열에까지 고양될 수 있기 위해서는 무엇보다도 먼저 이 소유가 대자와 구체적인 즉자 사이에서 자발적으로 수립된 관계로 존재해야 한다. 그리고 설령 우리가 장차 개인적 소유가 — 적어도 어떤 한계 안에서 — 보호되고 또 신성시되는 것이 중단되는 더 올바른 집단적 조직을 생각할 수 있다고 해도, 그것만으로는 아유화의 유대가 존재하지 않게 되리라는 것을 의미하지 않는다. 사실 이런 유대가 적어도 사물에 대한 인간의 사적 관계의 자격으로 머물러 있는 것은 가능하다. 이렇듯 혼인의 유대가 아직도 합법화되지 않고, 또 신분의 상속이 아직도 모계 중심인 원시사회에서도 이런 성적 유대 관계는 적어도 일종의 내연 관계로 존재한다. 따라서 소유와 소유권을 구별해야 한다. 같은 이유로 나는 "소유는 도둑질이다."라고 말한 프루동식의 모든 규정을 배척해야 한다. 왜냐하면 이런 정의는 문제에서 벗어나고 있기 때문이다. 사실 사적 소유가 도둑질의 산물일 수 있으며, 또 이 소유의 유지가 결과적으로 타자로부터의 약탈일 수도 있다. 하지만 그 기원과 결과가 어떤 것이든, 소유는 그 자체로 묘사할 수 있고 또 정의할 수 있다. 도둑은 스스로 자신이 훔친 재물의 소유자로 여긴다. 따라서 도둑과 그가 훔친 재물의 정확한 관계와 합법적 소유자와 그가 "정직하게 획득한" 소유에 대한 정확한 관계 역시 서술하는 것이 문제이다.

만일 내가 나의 소유 대상을 고찰한다면, 나는 소유된 것의 성질이 나와 이 대상의 외면적 관계를 표시하는 하나의 단순한 외적 명칭으로서 이 대상을 지시하는 것이 아님을 알게 된다. 이와 정반대로 이 성질은 이 대상을 강하게 규정한다. 이 성질은 나와 타인에게 이 대상의 존재 일부를 이루는 것으로 나타난다. 원시사회에서 그들은 "소유당한 자들이다."라고 말하면서 어떤 인간들을 규정짓는 것은 이런 관점에서이다. 그들은 그 자신들의 내부에서 ……에 속하는 것으로 주어져 있다. 원시적인 장례식에서는 죽은 사람 소유의 물건과 함께 매장하는 관습이 있는데, 이 장례식이 보여 주는 것 역시 바로 그것이다. "죽은 자가 그 물건들을 사용할 수 있게 하기 위해서"라는 합리적인 설명은 명백하게 나중에 붙여진 것이다. 이런 종류의 관습이 자발적으로 나타난 시기에는 이 주제에 대해 의문을 가질 필요가 없었을 것으로 보인다. 그 물건들은 죽은 자의 것이라는 특수한 성질을 가지고 있었다. 그 물건들은 죽은 자와 함께 하나의 전체를 이루고 있었다. 예컨대 고인을 그의 일용품을 빼고 매장한다는 것은 그의 한쪽 다리를 빼고서 매장하는 것과 같아서 문제가 되지, 그의 일용품을 그와 함께 매장하는 것은 문제가 되지 않았다. 시체, 그가 술을 부어 마시던 술잔, 그가 사용하던 칼 등은 단지 한 명의 죽은 자를 이룬다. 과부를 불태우는 말라바르인들[127]의 관습은 그 원리에 비추어 본다면 충분히 이해할 수 있다. 여자는 소유되어 있었던 것이다. 따라서 죽은 자는 자기의 죽음 속으로 여자를 끌어들인다. 그녀는 권리상 죽은 자이다. 그녀를 도와서 이 권리상 죽은 자로부터 사실상 죽은 자로 옮아가게끔 하는 것만 남았을 뿐이다. 함께 매장할 수 없는 물건에는 귀신이 붙어 있다. 유령은 집과 가구가 "소유되어 있다"는 구체적인 물질화 외의 다른 아무것도 아니다. 어떤 집에 귀신이 붙었다고 말하는 것은, 돈이나 노고로서도 최초의 점유자가 그 집을 소유하고 있음이라는 절

---

127 인도의 서남단에 있는 말라바르(Malabare)에 거주하는 기독교도를 말한다.

대적인 형이상학적 사실을 지워 버릴 수가 없다고 말하는 것이다.[128] 오래된 저택에 붙어 있는 유령이 격하된 라레스[129]임은 사실이다. 하지만 라레스는 집의 벽과 가구 위에 하나하나 쌓인 소유의 여러 층이 아니고 무엇이겠는가? 물건과 그 소유자의 관계를 가리키는 다음과 같은 표현 자체가 아유화의 깊은 침투를 충분히 보여 준다. 소유되는 것(être possédé)은 바로 ……의 것이 된다(être à……)는 것이다. 이것은 소유된 대상이 침해되는 것은 바로 그 존재에서라는 것을 의미한다. 게다가 우리가 살펴본 것처럼, 이 소유자의 파괴는 소유된 것의 권리 파괴를 야기하며, 또 역으로 소유된 것의 잔존은 소유자 권리의 잔존을 야기한다. 소유의 유대는 존재의 내적 유대이다. 나는 소유자가 소유하는 대상 속에서, 그리고 이 대상에 의해서 그 소유자를 만난다. 이것이 바로 유물의 중요성에 대한 설명이다. 우리는 이 유물이라는 말로 단지 종교적인 유물만을 의미하는 것이 아니라, 또한 특히 어떤 유명한 인물의 소유물의 총체까지 의미한다(빅토르 위고 기념관, 발자크의 "유품", 플로베르의 "유품" 등). 우리는 이 유품 속에서 그들을 재발견하려 한다. 사랑하는 고인의 "기념품"은 그 사람에 대한 기억을 "영원히 지속시켜 주는" 것처럼 보인다.

이 소유자와 소유된 것의 존재론적이며 내적 유대는(낙인과 같은 관습은 종종 이런 유대를 물질화하고자 시도한 것이다.) 아유화에 대한 "실재론적" 이론에 의해 설명될 수 없을 것이다. 만일 실재론이 주체와 대상을 각각 그 자신을 위한, 그 자신에 의한 존재를 지니는 두 개의 독립된 실체를 이루는 학설로 규정되는 것이 사실이라면, 사람들은 아유화를 그 형태 중 하나인 인식과 마찬가지로 생각해 볼 수 없을

---

128 프랑스어 타동사 'posséder'는 '소유하다'와 '귀신 붙다'의 의미가 있다.
129 고대 로마 시대 때 집안이나 도시 등을 지키는 수호신들이다.

것이다. 양자는 모두 주체와 대상을 일시적으로 연결시키는 외적 관계로 머물 것이다. 하지만 우리가 앞에서 살펴본 것처럼, 실체적인 존재는 인식된 대상에 속해야 한다. 일반적으로 소유에 대해서도 사정은 마찬가지이다. 즉자적으로 존재하는 것은 소유된 대상이다. 이 대상은 항상성에 의해, 일반적으로 무시간성에 의해, 존재 충만에 의해, 한마디로 실체성에 의해 규정된다. 따라서 소유하는 주체 쪽에 비독립성을 부여해야 한다. 하나의 실체는 또 다른 하나의 실체를 자기 것으로 만들지 못할 것이다. 그리고 우리가 사물에 대해 "소유된" 것으로서의 어떤 하나의 성질을 파악한다면, 그것은 근원적으로 대자와 그것의 소유가 되는 즉자와의 내적 관계가 대자의 존재 결여에서 기인하기 때문이다. 소유된 대상이 실재적으로 아유화 행위에 의해 영향을 받지 않는 것은 당연하다. 인식된 대상이 인식에 의해 영향을 받지 않는 것 역시 마찬가지이다. 소유된 대상은 손도 스치지 않은 채 그대로 머물러 있다(그 소유된 것이 하나의 인간 존재, 한 명의 노예, 한 명의 매춘부 등인 경우를 제외하고 말이다). 하지만 소유되고 있다는 이 성질은 관념적으로는 여전히 그 대상의 의미 작용에 영향을 끼친다. 한마디로 대상의 의미는 이 소유를 대자에게 반영하는 것이다.

만일 소유자와 소유된 것이 대자의 존재 결여에 근거하는 내적 관계에 의해 결합되어 있다면, 제기되는 문제는 이 양자가 이루는 이 한 쌍의 본성과 의미를 결정하는 것이다. 사실 내적 관계는 종합적이므로 이 관계는 소유하는 자와 소유된 것의 합일을 이룬다. 이것은 소유자와 소유된 것은 이상적으로 하나의 유일한 실재를 구성함을 의미한다. 소유한다는 것은 아유화의 표지 아래에서 소유된 대상과 합일하는 것이다. 소유하고자 원하는 것은 이런 관계에 의해 어떤 대상과 합일하고자 원하는 것이다. 이렇듯 어떤 개별적인 대상에 대한 욕구는 단순히 그 대상에 대한 욕구만이 아니다. 그것은 어떤 내적 관계에 의해, 다시 말해 그 대상과 함께 "소유하는 자-소유된 것"의 일체를 구성하는 방식으로 그 대상과 합일하고자 하는 욕구이다. 가짐의 욕구는 사실상 어떤 대상에 대해 일종의 존재 관계에 있고자 하는 욕구로 환원된다.

이 관계를 규정하기 위해 과학자, 예술가, 스포츠맨의 행동에 대한 앞에서의 고찰이 우리에게 아주 유용할 것이다. 우리는 그 행동 하나하나에서 일종의 아유화적인 태도를 발견했다. 그리고 또 각각의 경우에서 아유화는 대상이 우리 자신의 주체적인 발산으로서 우리에게 나타남과 동시에 또 우리와 더불어 무관심한 외면성의 관계 속에 있는 것으로서 우리에게 나타난다는 사실에 의해 특징지어졌다. 따라서 나의 것은 나의 절대적인 내면성과 내가 아닌 것의 절대적인 외면성 사이에서 하나의 매개적 존재 관계로 우리에게 나타난다. 그것은 하나의 동일한 혼합에서 내가 아닌 것이 되는 나이며, 내가 되는 내가 아닌 것이다. 하지만 이 관계를 잘 서술해야 한다. 소유의 기투에서 우리는 대자가 그것으로 있는 가능성으로부터 무(無)에 의해 분리되어 있는 하나의 "비독립적인" 대자를 만난다. 이런 가능성은 대상을 자기 것으로 만들 수 있는 가능성이다. 이외에도 우리는 대자에 붙어 다니는 하나의 가치와 마주친다. 그리고 이 가치는 가능과 자기의 가능인 대자가 동일성에서 결합함으로써 실현될 수도 있는 총체적인 존재의 이상적 지시로서 존재한다. 다시 말해 여기에서는 만일 내가 동일물의 분해 불가능한 통일에서 나 자신이면서 또 나의 소유이기도 하다면, 실현될 수도 있을 한 존재의 이상적인 지시로서 존재한다. 이렇듯 아유화는 하나의 대자와 하나의 구체적인 즉자 사이에 맺어지는 하나의 존재 관계가 될 것이다. 그리고 이 관계에는 이 대자와 또 소유된 즉자 사이의 동일화를 나타내는 이상적인 지시가 붙어 다닐 것이다.

소유한다는 것은 나에게로 갖는 것(avoir à moi)이다. 다시 말해 대상 존재의 고유한 목적이 되는 것이다. 만일 소유가 온전하게 그리고 구체적으로 주어진다면, 소유자는 소유된 대상의 존재 이유이다. 내가 이 만년필을 소유한다는 것은 바로 이 만년필이 나를 위해 존재하고, 나를 위해 만들어졌음을 의미한다. 게다가 근본적으로 내가 소유하고자 하는 대상을 나를 위해 만드는 것은 바로 나 자신이다. 나의 활, 나의 화살이라는 말은, 내가 나를 위해 만든 대상이라는 의미이다. 분업은 이 최초 관계를 사라지게 하지 않은 채 그것을 퇴색시킨다. 사치는 이 최초 관계의 타락이다. 나는 사치의 원시적 형태 속에서 내가 나를 위해 나에게 속한 사람들(노예, 대대로 내려오는 하인)을 시켜서 만들게 한 대상을 소유한다. 따라서 사치는 원시적 소유와 가장 가까운 소유 형식이다. 소유 다음에 근원적으로 아유화를 구성하는 창작 관계를 가장 잘 밝혀 주는 것이 사치이다. 분업이 발달한 사회에서 이 창작 관계는 가려져 있지, 제거된 것이 아니다. 내가 소유하는 대상은 나에 의해 구입된 것이다. 돈은 나의 힘을 나타낸다. 돈은 그 자체로서는 하나의 소유이기보다는 오히려 소유하기 위한 하나의 도구이다. 이 이유로 수전노라고 하는 아주 특별한 경우를 제외하고 돈은 그 구입 가능성 앞에서 사라진다. 돈은 사라지는 것이다. 돈은 대상, 구체적인 사물을 드러내 보이기 위해 만들어졌다. 돈은 하나의 타동적인 존재만 가질 뿐이다. 하지만 돈은 나에게 창작적인 힘으로 나타난다. 어떤 대상을 산다는 것은 그 대상을 창작하는 것과 맞먹는 가치가 있는 하나의 상징적인 행위이다. 이런 이유로 돈은 힘과 동의어이다. 왜냐하면 사실 돈은 단지 우리가 욕구하는 것을 우리가 구입할 수 있게 해 주기 때문만이 아니라, 또한 특히 돈은 있는 그대로의 나의 욕구의 효력을 나타내고 있기 때문이기도 하다. 돈은 정확히 사물을 향해 초월되고, 뛰어넘어지고, 단순히 연루되었기 때문에, 돈은 대상에 대한 나의 마술적인 유대를 나타낸다. 돈은 대상에 대한 주체의 기술적 유대를 없애며, 또 욕구를 마치 동화 속의 소원처럼 즉각적으로 작용하는 것으로 만든다. 주머니에 돈을 넣고 진열장 앞에 서 보라. 벌써 진열된 물건의 반 이상 당신의 것이다. 이렇듯 아유화의 유대는 대자와 세계의 대상들의 총체적인 집합 사이에서 돈에 의해 수립된다. 돈에 의해 있는 그대로의 욕구는 이미 형성적이며 창작적이다. 이처럼 계속되는 타락을 통해 창작의 유대가 주체와 대상 사이에 유지된다. 소유한다는 것은 먼저 창작하는 것이다. 그리고 이때 수립되는 소유의 유대는 계속되는 창작의 유대다. 소유된 대상은 나에 의해 나의 환경의 형태 속에 삽입된다. 소유된 대상의 존재는 나의 상황에 의해, 그리고 그 상황 자체 안에서 이 대상의 통합에 의해 규정된다. 나의 전기스탠드는 단순히 이 전구, 이 전등갓, 이 받침대만이 아니다. 나의 전기스탠드는 이 책상, 이 책들, 이 책상을 비추는 모종의 능력이다. 나의 전기스탠드는 내가 밤에 하는 일의 밝은 뉘앙스며, 밤늦게 책을 읽거나 글을 쓰는 나의 습관과 연결되어 있다. 이 뉘앙스는 내가 전기스탠드를 사용함으로써 활기를 띠고, 색채를 띠고, 한정된다. 나의 전기스탠드는 이런 사용이며, 또 이런 사용에 의해서만 존재할 뿐이다. 만일 나의 전기스탠드가 나의 책상, 나의 작업에서 고립되어 판매장 바닥 위에 한 무더기 물건들 속에 놓여 있다면, 그것은 근본적으로 "꺼진" 것이 되며, 또 그것은 더 이상 나의 전기스탠드가 아니다. 심지어 그것은 하나의 일반적인 전기스탠드도 아니다. 그것은 근원적인 소재의 상태로 되돌아간다. 이렇듯 나는 나의 소유물의 인간적인 질서 속에 존재하는 것의 책임자이다. 소유를 통해 나는 이런 소유물을 일종의 기능 존재의 유형에까지 고양시킨다. 그리고 나의 단조로운 삶 자체가 창작적인 것으로 나에게 나타난다. 왜냐하면 바로 나의 삶이 그 연속성에 의해 나의 소유 대상 하나하나 속에 소유되고 있다는 성질을 존속시키기 때문이다. 나는 나의 환경이라는 집합물을 나와 함께 존재로 끌고 간다. 만일 사람들이 나에게서 그 대상들을 앗아 간다면, 그것들은 죽는다. 이것은 마치 사람들이 나의 팔을 앗아 간다면 이 팔이 죽게 되는 것과 마찬가지이다.

하지만 근원적이고 근본적인 창작 관계는 하나의 발산 관계이다. 실체에 대한 데카르트의 학설이 부딪친 난점이 거기에서 우리에게 이런 관계를 발견하는 데 도움이 된다. 내가 창작하는 것은 — 만일 내가 이 창작한다는 말로 소재와 형상을 존재에 오게 한다는 의미로 이해한다면 — , 그것은 나(moi)이다. 만일 절대적인 창조자가 존재한다고 하면, 그의 비극은 그가 자기로부터 밖으로 나가는 불가능성이 될 것이다. 왜냐하면 그의 피조물은 그 자신만이 될 수 있을 뿐이기 때문이다. 사실 그런 피조물은, 그것의 형상과 소재가 나에게 속하는데, 대체 어디에서 그 대상성과 독립성을 이끌어 낼 수 있을까? 다만 일종의 타성만이 나의 면전에서 그것을 다시 형성할 수 있을 것이다. 하지만 이런 타성 자체가 작용할 수 있기 위해서는, 내가 계속적인 창작에 의해 이 타성을 존재에까지 지탱해야 한다. 이렇듯 내가 유일한 아유화의 관계에 의해 대상을 창작하는 자로서 나에게 나타나게 되는 한에서, 이 대상은 바로 나이다. 만년필, 파이프, 의복, 책상, 집 등이 바로 나이다. 나의 소유물의 총체성은 나의 존재의 총체성을 반영한다. 나는 내가 가진 것, 그것이다. 내가 이 찻잔 위에서, 이 애완물 위에서 만지는 것은 바로 나이다. 내가 오르고 있는 이 산은, 내가 그것을 정복하는 한에서, 바로 나이다. 그리고 내가 그 꼭대기에 있을 때, 내가 그 노력의 대가로 둘레의 골짜기와 봉우리를 바라보는 광대한 관점을 "얻었을" 때, 나는 그 관점이다. 그 파노라마는 지평선까지 펼쳐진 나이다. 왜냐하면 그 파노라마는 나에 의해서만, 그리고 나를 위해서만 존재할 뿐이기 때문이다.

하지만 창작은 그 운동에 의해서만 존재할 수 있을 뿐인 하나의 소실적인 개념이다. 만일 우리가 창작을 그만둔다면, 이 개념은 사라져 버린다. 그 의미의 극한에서 이 개념은 소멸한다. 나는 나의 단순한 주체성을 다시 발견할 뿐이든가, 아니면 나와는 더 이상 아무런 관계도 없는 알몸의 무차별적인 하나의 소재성을 다시 만나거나 둘 중 하나이다. 창작은 하나의 항에서 다른 항으로 연속적인 이행으로서만 고려되고 또 유지될 수 있을 뿐이다. 동일한 출현에서 대상은 전적으로 나이어야 하며, 또 나에게서 전적으로 독립해 있어야 한다. 이것이 바로 우리가 소유에서 실현한다고 믿는 것이다. 소유된 대상은 소유된 한에서 연속적인 창작이다. 그렇지만 이 대상은 그대로 거기에 머물러 있고, 그것은 그 자체에 의해 존재하며, 그것은 즉자적으로 존재한다. 비록 내가 그것으로부터 몸을 돌린다고 해도, 그것은 이로 인해 존재함을 그치지 않는다. 비록 내가 멀어진다고 해도, 그것은 세계의 그 장소에서, 나의 방에서, 나의 책상에서 나를 재현한다. 원래 이 대상은 침투 불가능하다. 내가 더 이상 나의 행위인 글쓰기 행위와 이 만년필을 구분하지 않는 이상, 이 만년필은 온전히 나이다. 그렇지만 다른 한편으로 이 만년필은 손이 닿지 않은 채로 있다. 나의 소유는 이 만년필을 변화시키지 않는다. 소유는 나와 이 만년필과의 관념적 관계에 불과하다. 어떤 의미에서 만일 내가 이 만년필을 사용하기 위해 뛰어넘는다면, 나는 나의 소유를 향유한다. 하지만 만일 내가 그것을 그저 바라보고자 한다면, 소유의 유대는 사라지고, 나는 더 이상 소유한다는 것의 의미가 무엇인지를 이해하지 못한다. 파이프는 거기에, 책상 위에 독립적이고 무관심한 것으로 존재한다. 나는 그것을 나의 손 안에 잡는다. 나는 그것을 만진다. 나는 이 아유화를 실현하기 위해 그것을 주시한다. 하지만 바로 이 몸짓이 이 아유화의 향유를 나에게 주기 위한 것이기 때문에, 이 몸짓들은 그것들의 목표를 갖지 못한다. 나는 손가락 사이에 하나의 무기력한 나무토막만을 가질 뿐이다. 내가 그 대상의 소유를 향유할 수 있는 것은, 다만 내가 나의 대상을 하나의 목표를 향해 뛰어넘을 때뿐이며, 또 내가 그것을 이용하는 때뿐이다. 이렇듯 연속적인 창작의 관계는 그 자체 속에 그것의 암묵적인 모순으로서 창작된 대상들의 절대적이고 즉자적인 독립성을 품고 있다. 소유는 하나의 마술적인 관계이다. 나는 내가 소유하는 이 대상들이다. 하지만 바깥에서 나와 마주하고서 그렇다. 나는 그것들을 나로부터 독립된 것으로 창작한다. 내가 소유하는 것은 나의 밖의 나이며, 모든 주체성 밖의 나이다. 그것은 매 순간 나에게서 벗어나고, 또 내가 매 순간 그것의 창작을 지속하는 그런 하나의 즉자와 같다. 하지만 정확히 나는 항상 나의 밖에 다른 곳에 자기가 그것으로 있지 않은 것에 의해 자기의 존재를 스스로에게 알리게 하는 하나의 불완전한 것으로 존재하기 때문에, 내가 소유할 때 나는 소유된 대상에 대해 나는 나를 소외시킨다. 소유 관계에서 강력한 항목은 소유된 사물이다. 나는 소유된 사물 밖에서는 소유하는 하나의 무 외의 다른 아무것도 아니고, 나는 그저 단순한 소유 외의 다른 아무것도 아니고, 하나의 불완전한 것이며, 하나의 불충분한 것일 뿐이다. 그런데 그 충족과 충실은 저쪽에, 그 대상 속에 있다. 소유에서 나는 내가 즉자적으로 존재하는 한에서 나 자신의 고유한 근거이다. 사실 소유가 연속적인 창작인 한에서, 나는 소유된 대상을 그 존재에서 나에 의해 근거지우는 것으로 파악한다. 하지만 한편으로 창작이 발산인 한에서, 이 대상은 내 속으로 흡수되고, 또 그것은 나일 뿐이다. 그리고 다른 한편으로 이 대상이 근원적으로 즉자인 한에서, 그것은 내가 아닌 것이며, 그것은 나의 앞에 있는 나, 대상적이고, 즉자적이고, 항상적이고, 침투 불가능하고, 나에 대해 외면성과 무관심의 관계 속에 있는 나이다. 이렇듯 내가 나에 대해 무관심한 것으로서, 또 즉자적인 것으로서 존재하는 한에서, 나는 나의 근거이다. 그런데 이것이 바로 즉자-대자의 기투 그 자체이다. 왜냐하면 이 이상적 존재는 대자인 한에서 자기 자신의 근거가 될 것인 하나의 즉자로서, 또는 자기의 근원적인 기투가 하나의 존재 방식이 아니라 오히려 하나의 존재일 대자, 정확히 그것이 있는 그대로의 것인 즉자존재일 하나의 대자로서 규정되기 때문이다. 우리는 이제 아유화가 대자의 이상의 상징 또는 가치 외의 다른 것이 아님을 알 수 있다. 소유하는 대자와 소유된 즉자와의 이 쌍은, 스스로 자기를 소유하기 위해 있는 존재, 또 소유가 자신의 창작인 존재, 다시 말해 신과 같은 가치를 갖는다. 이렇듯 소유자는 자기의 즉자존재, 자기의 외부-존재를 누리는 것을 겨냥한다. 나는 소유에 의해 나의 대타존재와 동일시될 수 있는 하나의 대상-존재를 회복한다. 이것을 통해 타자는 바로 나를 기습할 수는 없을 것이다. 타자가 출현시키고자 원하는 존재, 대타-아(對他-我, moi-pour-l'autre)인 존재를 나는 이미 소유하며, 나는 그것을 향유한다. 이렇듯 또 한편으로 소유는 타인에 대한 하나의 방어이다. 나의 것이란, 바로 내가 그것의 자유로운 근거인 한에서 비주체(非主體, non-subjectif)로서의 나이다.

그렇지만 이 관계가 상징적이고 또 이상적이라는 사실에 대해 아무리 강조해도 지나치지 않을 것이다. 나는 나에 대해 나 자신의 근거이고자 하는 나의 근원적인 욕구를 아유화에 의해 만족시킬 수 없다. 이것은 프로이트의 환자가, 마치 한 병사가 차르[130](다시 말해 그의 아버지)를 죽이는 꿈을 꾸었을 때, 자신의 오이디푸스콤플렉스를 만족시키지 못하는 것과 같다. 이런 이유로 소유는 소유자에게 단번에 영원 속에서 주어진 것으로서 나타남과 동시에 실현되기 위해 영원한 시간을 요구하는 것으로 나타난다. 그 어떤 이용 행위도 아유화적인 향유를 진정으로 실현하지 않는다. 오히려 하나의 이용 행위는 또 다른 아유화적 행위를 가리키는데, 그 하나하나의 행위는 오직 하나의 주문적(呪文的)인 가치만을 가질 뿐이다. 한 대의 자전거를 소유한다는 것은 먼저 그것을 바라볼 수 있다는 것이며, 그다음으로 그것을 만질 수 있다는 것이다. 하지만 만지는 것이 그 자체로서는 불충분함이 저절로 드러난다. 필요한 것은 산책을 하기 위해 자전거를 탈 수 있다는 것이다. 하지만 이런 무상의 산책은 그 자체로는 불충분하다. 소풍을 가기 위해 자전거를 이용해야 할 것이다. 그리고 이것은 우리에게 더 오랜, 더 완전한 이용을 가리키고, 프랑스를 가로지르는 더 긴 여행을 가리킨다. 하지만 이런 여행 자체는 무수한 아유화적인 행동으로 분해되고, 또 이 행동 하나하나는 다른 행동을 가리킨다. 결국 예견할 수 있는 것처럼, 자전거를 나에게 소속시키기 위해서는 한 장의 지폐를 내놓는 것으로 충분했었다. 하지만 그 소유를 실현하기 위해서는 나의 전 생애가 필요할 것이다. 내가 대상을 얻으면서 느끼는 것이 바로 이것이다. 소유는 항상 죽음이 미완으로 만드는 하나의 기도이다. 우리는 지금 그 의미를 파악한다. 그것은 아유화에 의해 상징적인 관

---

130 제정 러시아에서 황제를 부르던 칭호이다. 이 시기 러시아의 전제군주정을 차르주의라고 한다. 여기에서는 정신분석에서 '차르'가 '아버지'를 상징하는 예를 든 것이다.

계를 실현하는 것은 불가능하다는 것이다. 아유화는 그 자체만으로 는 구체적인 것을 아무것도 갖지 않는다. 더군다나 아유화는 하나의 개별적인 욕구에 상징으로 소용될 수 있을, 하나의 현실적인 활동(먹 는다, 마신다, 잠을 잔다 등과 같은)이 아니다. 이와 반대로 아유화는 상징 의 자격으로만 존재할 뿐이다. 아유화에 대해 그 의미, 그 응집, 그 존 재를 부여하는 것은 바로 그 상징성이다. 따라서 우리는 아유화에서 그 상징적인 가치 밖에 있는 적극적인 향유를 발견할 수 없을 것이다. 아유화는 하나의 지극히 높은 향유(자신의 근거가 될 수 있을 존재의 향 유)에 대한 지시일 뿐이다. 그런데 이 지극히 높은 향유는 항상 그것 을 실현하게끔 되어 있는 모든 아유화적 태도 저편에 존재한다. 이것 은 정확히 하나의 대상을 소유하는 것의 불가능성에 대한 인지이며, 이로부터 대자에게 있어서는 오히려 그 대상을 파괴하고 싶다는 격렬 한 욕망이 비롯된다. 파괴한다는 것은 나에게로 흡수하는 것이며, 파 괴된 대상의 즉자존재와 함께 창작에서 마찬가지로 하나의 깊은 관 계를 맺는 것이다. 내가 농장에 불을 지르고 그 농장을 태우는 화염 은 그 농장과 나 자신의 융합을 조금씩 조금씩 실현한다. 그 농장은 사라지면서 나로 변화한다. 갑자기 나는 창작에서 볼 수 있는 존재 관 계를 다시 발견하지만, 그것은 뒤집어진 관계이다. 나는 불타는 곡식 창고의 근거이다. 나는 이 곡식 창고로 있다. 왜냐하면 내가 이 곡식 창고의 존재를 파괴하기 때문이다. 파괴는 — 아마도 창작보다도 더 훌륭하게 — 아유화를 실현한다. 왜냐하면 파괴된 대상은 더 이상 침투 불가능한 것으로 자기를 제시하기 위해 거기에 존재하는 것이 아니기 때문이다. 파괴된 대상은 이전에 자기가 그것으로 있었던 즉자 의 침투 불가능성과 존재 충만을 가진다. 하지만 이와 동시에 파괴된 대상은 내가 그것으로 있는 무(無)의 비가시성과 반투명성을 가진다.

왜냐하면 그 대상이 더 이상 존재하지 않기 때문이다. 내가 깨뜨린 이 컵, 그리고 이 책상 위에 "있었던" 이 컵은 아직도 거기에 있다. 하지만 절대적인 투명성으로서이다. 나는 모든 존재를 그 컵을 통해서 본다. 영화 제작자들이 이중 인화에 의해 얻고자 하는 효과가 바로 그것이다. 파괴된 대상은 즉자의 회복 불가능성을 지니고 있기는 하지만, 하나의 의식을 닮았다. 이와 동시에 이 대상은 적극적으로 나의 것이다. 왜냐하면 나는 내가 있었던 그대로 있어야 한다는, 단지 그 사실만이 파괴된 대상의 사라짐을 막고 있기 때문이다. 나는 나를 다시 창작함으로써 그 대상을 다시 창작한다. 이렇듯 파괴한다는 것은 모든 사람에게 있어 존재하고 있었던 것의 존재의 유일한 책임자로서의 책임을 떠맡으면서 다시 창작하는 것이다. 따라서 파괴는 아유화적인 태도 중 하나로 정리되어야 한다. 게다가 수많은 아유화적인 행동은 특히 파괴성의 구조를 지닌다. 이용한다는 것은 써 버린다는 것이다. 나의 자전거를 사용함으로써 나는 그것을 써 버린다. 다시 말해 아유화적인 연속적 창작은 부분적인 파괴에 의해 특징짓는다. 이 마모는 엄밀하게 공리적 이유로 인해 어려운 일일 수도 있다. 하지만 대부분의 경우 그것은 거의 하나의 향유에 가까운 은밀한 기쁨을 야기한다. 그 이유는 이 마모가 우리로부터 오기 때문이다. 우리는 소비한다. 사람들은 이 "소비"라는 표현이 아유화적 파괴를 가리키는 동시에 음식물을 섭취하는 향유를 가리킨다는 사실을 지적할 것이다. 소비한다는 것은 없애 버리는 것이고, 또 먹는 것이다. 소비한다는 것은 자기에게 합체시키면서 파괴하는 것이다. 내가 나의 자전거를 타고 돌아다닌다면, 나는 타이어를 써서 닳게 하는 것을 안타까워할 수도 있다. 왜냐하면 다른 타이어를 발견하기가 어렵기 때문이다. 하지만 내가 나의 신체를 가지고 즐기는 향유의 이미지는 파괴적인 아유화의 모습이며, 하나의 "파괴-창작"의 이미지이다. 미끄러져 가고 있는 이 자전거는 나를 싣고 가면서 그 운동 자체에 의해 나의 것으로 창작되고 또 나의 것으로 만들어진다. 하지만 이 창작은 그것이 대상에게 전달하는 가볍고도 계속되는 마모에 의해 이 대상 속에 깊이 각인된다. 그리고 마모는 마치 노예의 낙인과 같은 표식이다. 이 대상은 나에게 속한다. 왜냐하면 그것을 써 버린 것은 나이기 때문이다. 나의 것의 마모는 나의 삶의 이면이다.[131] [132]

이런 지적을 통해 우리는 보통 환원 불가능한 것으로 여겨지는 띤 감정이나 행동, 예컨대 너그러움이 갖는 의미를 좀 더 자세히 이해할 수 있을 것이다. 사실 증여는 하나의 원초적인 파괴 형식이다. 사람들은 예컨대 포틀래치[133]에는 막대한 양의 물품 파괴가 수반됨을 알고 있다. 이런 파괴는 타인에 대한 도전이며, 또 타인을 속박한다. 이 수준에서 대상이 파괴되거나 또는 그것이 타인에게 주어지거나 하는 것은 상관없다. 어느 경우이든 포틀래치는 파괴이며 또 타인에 대한 속박이다. 나는 대상물을 없애 버리는 경우와 같이 그 대상물을 증여함으로써 파괴한다. 나는 그 존재에서 대상물을 강하게 구성하고 있던 나의 것이라는 성질을 그 대상물로부터 없앤다. 나는 대상물을 나의 시야에서 제거한다. 나는 그것을 ── 나의 책상에 대해서,

---

131 **브러멜**은 이미 어느 정도 입어서 해진 옷만 입으며, 이것을 스스로 멋이라고 생각했다. 그는 새것을 끔찍하게 싫어했다. 새것은 '나들이 옷을 입는 것 같은 느낌을 불러일으킨다.' 왜냐하면 새것은 누구의 것도 아니기 때문이다. ── 원주.

132 보 브러멜(Beau Brummell, 1778~1840)은 영국의 남성 패션의 리더로, 19세기에 유행한 '댄디즘'이라는 용어를 탄생시켰다. 브러멜의 스타일과 외모는 시나 노래에서도 차용하고 있다.

133 캐나다와 미국의 태평양 북서부 해안에서 거주했던 인디언 사이에서 행해진 축제이다. '포틀래치'라는 말은 치누크족의 언어로 '소비한다'라는 의미이다. 족장의 부와 권력을 드러내기 위해 귀중한 물건을 주거나 파괴하는 축제이다. 사르트르는 이 행사에 주목하면서 '증여'가 갖는 파괴적인 힘을 설명하고 있다.

나의 방에 대해서 —— 부재하는 것으로 구성한다. 나 혼자만이 과거의 대상의 투명하고도 유령적인 존재를 그것에 보존시켜 줄 것이다. 왜냐하면 이 대상이 소멸 후에 명예적인 존재를 추구하는 것은 나에 의해서이기 때문이다. 이렇듯 너그러움은 무엇보다도 파괴적인 작용이다. 어떤 시기에 어떤 사람들을 사로잡는 증여열은 무엇보다도 파괴열이다. 그것은 하나의 광란적인 태도, 대상물의 파쇄를 수반하는 "사랑"과도 맞먹는다. 하지만 너그러움의 밑바닥에 있는 파괴열은 하나의 소유열 외의 다른 것이 아니다. 내가 버리는 모든 것, 내가 주는 모든 것, 나는 그것을 주면서 최고의 방법으로 향유한다. 증여는 격렬하고 짧은 거의 성적(性的) 향유이다. 준다는 것은 자기가 주는 대상물을 소유적으로 향유하는 것이며, 그것은 하나의 아유화적-파괴적 접촉이다. 하지만 이와 동시에 증여는 그것을 받는 자를 홀린다. 증여는 그것을 받는 자로 하여금 내가 더 이상 원치 않는 그 나를, 또 내가 소멸에 이르기까지 가지고 있었던 그 나를, 결국 하나의 이미지만 남을 뿐인 그 나를 다시 창작하고 연속적인 창작에 의해 존재로 유지하도록 강제한다. 준다는 것은 굴종시키는 것이다. 여기에서 증여의 양상은 우리의 관심거리가 아니다. 왜냐하면 그것은 특히 타인과의 관계와 관련되기 때문이다. 우리가 지적하고 싶은 것은 바로 너그러움이 환원 불가능하지 않다는 사실이다. 준다는 것은 파괴를 이용해 타인을 자신에게 굴종시키기 위해 그 파괴에 의해 자기의 것으로 만드는 것이다. 따라서 너그러움은 타자의 존재에 의해 구조가 부여되는 하나의 감정이며, 이 감정은 파괴에 의해 아유화로 향하는 하나의 기호를 표시한다. 이를 통해 너그러움은 우리를 즉자로 향하게 하기보다는 오히려 무로 향하게 한다(여기에서는 그 자체가 명백히 즉자인 하나의 즉자의 무가 문제이다. 하지만 이 즉자는 무로 있는 한에서 자신의 고유한 무로 있는 존재와 들어맞을 수 있는 즉자이다). 따라서 만일 실존적 정신분석이 어떤 피분석자의 너그러움의 증거를 만난다면, 이 실존적 정신분석은 보다 더 멀리 그의 근원적인 기도를 찾아야 하며, 또 그가 창작에 의해서보다도 오히려 파괴에 의해서 자기 것으로 만들고자 하는 것을 선택한 이유가 무엇인가를 자문해야 할 것이다. 이 질문에 대한 대답은 탐사된 인물을 구성하는 존재와의 근원적 관계를 발견하게 해 줄 것이다.

이런 고찰은 아유화적 유대의 이상적 특징과 또 모든 아유화적인 행동의 상징적 기능을 밝히는 것을 겨냥할 뿐이다. 상징은 피분석자 자신에 의해 해독되는 것이 아니라는 점을 덧붙여야 한다. 이것은 상징화가 어떤 무의식적인 것 속에서 준비된다는 사실에서 기인하는 것이 아니라, 오히려 세계-내-존재의 구조 자체에서 기인한다. 사실 우리는 초월에 대해 할애된 한 장(章)을 통해 세계 속에서 도구들의 질서는 나의 가능성이, 다시 말해 내가 그것으로 있는 것이 즉자 속에 투사된 이미지라는 사실을 보았다. 하지만 나는 이 세속적인 이미지를 결코 해독할 수 없었다. 왜냐하면 내가 대상의 소묘로서 나 자신에게 존재할 수 있기 위해서는 적어도 반성적인 분열이 없어서는 안 되기 때문이었다. 이렇듯 자기성의 회로는 비조정적이기 때문에, 따라서 내가 무엇이냐 하는 것에 대한 고지는 비주제적인 것으로 머물러 있기 때문에, 세계가 나에게 가리키는 나 자신의 이 "즉자존재"는 나의 인식에 대해서는 가려져 있을 수밖에 없다. 나는 그 이미지를 생겨나게 하는 근사적 행동 속에서, 그리고 이 근사적 행동에 의해서 나를 그 이미지에 들어맞게 하는 수밖에 없다. 그 결과 소유한다는 것은 결코 사람이 소유된 대상과 함께 파괴-창작이라는 동일화적 관계 속에 있음을 아는 것을 의미하지 않는다. 그보다는 오히려 소유한다는 것은 정확히 그 관계 속에 있는 것이고, 또는 좀 더 자세히 말하면, 그 관계로 있는 것이다. 그리고 소유된 대상은 우리에게 있어 직접적으로 파악될 수 있는 하나의 성질 ─ 나의 것이라고 하는 성질 ─ 을 가지고 있으며, 또 그 성질은 그 대상을 완전히 변화시킨다. 하지만 그 성질은 그 자체로 엄격히 해독 불가능하다. 그 성질은 행동 속에서, 그리고 행동에 의해서 자기를 드러내 보인다. 또 그 성질은 그것이 하나의 특수한 의미를 가지고 있음을 드러낸다. 하지만 그 성질은 우리가 대상에 대해 물러서서 그것을 관조하는 것을 원하자마자, 그 깊은 구조와 의미 작용을 드러내지 않은 채 스스로 사라져 버린다. 사실 이런 후퇴는 그 자체로 아유화적인 유대를 파괴한다. 앞의 순간에 나는 하나의 이상적인 총체성 속에 구속되어 있었다. 그리고 정확히 내가 나의 존재 속에 구속되어 있었기 때문에, 나는 나의 존재를 인식할 수가 없었다. 그런데 다음 순간에 이 총체성이 무너졌다. 그리고 나는 나의 총체성을 구성하고 있었던 흐트러진 조각들의 단편 위에서 나의 존재 의미를 발견할 수가 없다. 마치 이것은 어떤 종류의 정신병 환자가 본의 아니게 경험하게 되는 이른바 탈인격화(dépersonnalisation)[134]라는 관조적 체험 속에서 볼 수 있는 것과 마찬가지이다. 따라서 우리는 방금 아유화적 종합의 일반적이고 추상적인 의미를 존재론에 의해 규정했는데, 이 아유화적 종합의 의미를 각각의 경우마다 우리에게 밝히기 위해서는 실존적 정신분석에 의존할 수밖에 없을 것이다.

이제 소유된 대상의 의미를 일반적으로 규정하는 문제가 남아 있다. 이런 연구를 통해 우리는 아유화적 기투에 대한 우리의 인식을

---

134 이인증(離人症) 또는 이인화(離人化)라고도 일컬어지는 '탈인격화'는 일종의 정신병적 징후로, 자신이 낯설게 느껴지거나 자신과 분리된 감정을 경험하는, 지각에 이상이 생긴 착각이다.

완결시켜야 한다. 그렇다면 우리는 무엇을 우리의 것으로 만들고자 [아유화] 하는가?

한편으로 추상적으로 말하면, 우리는 원래 대상의 존재 방식을 소유한다기보다도 오히려 이 대상의 존재 그 자체를 소유하기를 노린다는 것을 쉽게 알 수 있다. 사실 우리가 대상을 우리의 것으로 만들고자 하는 것은, 다시 말해 대상이 이상적으로 우리 자신인 한에서 우리가 우리를 그 대상의 존재 근거로 파악하고자 하는 것은 바로 즉자존재의 구체적인 대표자의 자격으로서이다. 그리고 다른 한편으로 경험적으로 보면, 아유화된 대상은 결코 단지 그것만으로 가치를 지니는 것도 아니고, 또 그 개별적인 사용으로서 가치를 지니는 것도 아니다. 어떤 특수한 아유화도 그 끝없는 확대 밖에서는 의미가 없다. 내가 소유하고 있는 만년필은 모든 만년필로서 가치를 지닌다. 내가 이 만년필 자체에서 소유하고 있는 것은 만년필이라는 부류이다. 하지만 이외에도 내가 이 만년필에서 소유하고 있는 것은 바로 글을 쓸 수 있는 가능성이며, 어떤 형태와 어떤 색깔의 줄을 그을 수 있는 가능성이다(왜냐하면 나는 이 도구 자체와 내가 사용하고 있는 잉크를 함께 생각하기[135] 때문이다). 그런 줄, 그런 색깔, 그런 의미는 종이의 특수한 저항, 그것의 냄새 등과 마찬가지로 이 만년필 속에 응축되어 있다. 스탕달이 오직 사랑의 경우에만 기술한 결정 작용적 종합이 모든 소유에 대해 이루어진다. 소유된 각각의 대상은 세계의 배경 위에 떠오름으로써 세계 전체를 드러낸다. 이것은 마치 사랑하는 여자가 나타날 때, 그녀는 그녀 주위를 에워싸고 있는 하늘, 해변, 바다를 나타내는 것과 마찬가지이다. 따라서 그 대상을 자기 것으로 만드는 것은 세계를 상

---

135 원문은 'contamine'으로 되어 있으나, 'combine'의 오기일 수도 있다. 뒤에서도 사르트르는 이 단어를 두 번에 걸쳐 사용하고 있다.

징적으로 자기 것으로 만든다. 각자 자기 경험에 비춰 봄으로써 알 수 있다. 나는 이것을 증명하기 위해서가 아니라 독자의 연구를 안내하기 위해 나의 개인적 예를 인용할 것이다.

몇 해 전 나는 더 이상 담배를 피우지 않겠다고 결심한 적이 있었다. 처음에는 힘들었다. 사실 나는 내가 잃게 될 담배의 맛이라든지 또는 담배를 피운다는 행위의 의미에 대해 신경을 쓰지 않았다. 모든 결정 작용이 이루어져 있었다. 나는 연극을 관람하면서, 아침에는 일을 하면서, 저녁에는 식사 후에 담배를 피우곤 했다. 담배를 끊으면 연극에서 흥미가 사라지고, 저녁식사에서는 입맛이 사라지며, 아침 일에서는 신선한 생기가 사라질 것 같아 보였다. 아무리 나의 눈을 사로잡는 기대하지 않은 사건이 발생한다고 해도, 내가 담배를 피우면서 그것을 더 이상 받아들일 수 없게 된 이래로, 그 사건은 근본적으로 시들한 것처럼 보였다. 담배를 피우는 나에-의해-마주치게-될-수-있는-것, 이런 것이 모든 사물 위에 보편적으로 펼쳐져 있던 구체적인 성질이었던 것이다. 나는 그런 사물들에서 그 성질을 빼앗으려고 하는 것처럼 보였다. 그리고 이 보편적인 시들함 속에서는 산다는 것도 그다지 가치가 없는 것처럼 보였다. 그런데 담배를 피운다는 것은 하나의 파괴적이고 아유화적인 반응이다. 담배는 "아유화되는" 존재의 하나의 상징이다. 왜냐하면 담배가 나의 호흡의 리듬에 따라 "연속적인 파괴"의 방식으로 파괴되기 때문이며, 담배가 내 속을 통과하고 또 내 속에서 그 변화는 불타 없어지는 고체에서 연기로의 변화에 의해 상징적으로 드러나기 때문이다. 담배를 피우면서 바라보는 경치와 이 조촐한 화장의 희생과의 연결은, 우리가 방금 살펴본 것과 같이, 후자[제물-담배]가 전자[풍경]의 상징으로서 존재하는 것이었다. 따라서 담배의 아유화적인 파괴라는 반응은 상징적으로 세계 전체의 아유화적인 파괴로서의 가치를 지니고 있었음을 의미한다. 내가 피운 담배를 통해서 불타는 것, 연기가 되는 것, 기체가 되어 내 속으로 흡수되는 것은 바로 세계였던 것이다. 내가 담배를 끊는다는 나의 결심을 유지하기 위해서는 일종의 결정분해를 실현해야 했다. 다시 말해 나는 나 자신도 그것을 잘 모른 채 담배를 그 자체로, 즉 불태우는 풀 외의 다른 아무것도 아닌 것으로 환원시켰다. 나는 세계와 담배의 상징적인 유대를 끊었다. 만일 내가 연극이나 경치나 책을 나의 파이프 없이 생각한다면, 다시 말해 내가 이 대상의 소유를 이런 희생적인 의식과는 다른 방식으로 소유하는 것에 만족한다면, 나는 연극, 풍경, 내가 읽는 책에서 아무것도 제거할 수 없음을 깨달았다. 내가 그것을 깨닫자마자 나의 후회는 아주 사소한 것으로 환원시켜야 했다. 나는 담배 연기 냄새, 나의 손가락 사이의 파이프 담배통의 열기를 더 이상 느끼지 못하는 것 등을 아쉬워했다. 하지만 갑자기 나의 후회는 무장해제되고 또 아주 견디기 쉬운 것이 되었다.

이렇듯 어떤 하나의 대상에서 근본적으로 우리가 우리 것으로 만들고자 하는 것은 그 대상의 존재이며, 또 세계이다. 아유화의 이 두 가지 목적은 사실상 하나를 이룰 뿐이다. 나는 현상 배후에서 현상의 존재를 소유하고자 한다. 하지만 우리가 앞에서 살펴본 것처럼, 존재 현상과는 아주 다른 이 존재는 즉자존재이며, 단지 이런저런 개별적 사물의 존재만이 아니다. 그 이유는 여기에 보편적인 것으로의 이행이 있기 때문이 아니며, 그보다는 오히려 존재가 그 구체적인 나상에서 생각될 때 갑자기 총체성의 존재가 되기 때문이다. 이렇게 해서 소유 관계는 우리에게 다음과 같이 명백하게 드러난다. 소유한다는 것은 어떤 개별적인 대상을 통해 세계를 소유하고자 하는 것이다. 그리고 소유는 어떤 존재가 이상적으로 우리 자신인 한에서 자기를 이 존재의 근거의 자격으로 파악하기 위한 노력으로 규정되기 때문에, 모든 소유적인 기투는 대자를 세계의 근거로서 또는 즉자의 구체적인 총체성으로서의 구성을 겨냥한다. 그리고 이것은, 그 총체성이 총체성으로서 자신이 즉자의 방식으로 존재하는 대자인 한에서 그렇다. 세계-내-존재는 세계를 소유하고자 하는 기투이며, 다시 말해 총체적인 세계를 대자가 즉자-대자가 되기 위해 대자에게 결여되어 있는 부분으로서 파악하는 것이다. 그것은 정확히 이상이나 가치 또는 총체적인 총체성이 될 하나의 총체성 속에 자기를 구속하는 것이다. 그리고 이런 총체성은 자기가 있는 그대로의 것으로 있어야 하는 그런 총체 분해적인 총체성으로서의 대자와 자기가 그것으로 있는 즉자의 총체성으로서의 세계와의 융합에 의해 이상적으로 구성될 것이다. 사실 대자는 사고적 존재[136]를 근거짓는 일을 시도할 수 없다는 점을 잘 이해해야 한다. 다시 말해 대자는 먼저 자기가 어떤 존재(un être)를 생각하고 — 형상과 소재 —, 그다음에 그것에 대해 존재(l'existence)를 부여하기 위해 기투할 수 없는 존재이다. 실제로 이런 존재는 완전한 하나의 추상이고, 하나의 보편일 것이다. 이런 존재의 고안(conception)은 세계-내-존재에 앞설 수는 없다. 오히려 반대로 그런 존재의 고안은 세계-내-존재를 전제로 할 것이다. 이것은 마치 그런 존재의 고안은 대자의 최초의 거기에-있음[현존재]의 "거기에"가 되는 아주 구체적이고 또 우선 현재적인 하나의 존재, 다시 말해 세계의 존재에 대한 존재론 이전의 이해를 전제로 할 것이다. 대자는 결코 먼저 보편적인 것을 생각하고, 그다음에 개

---

136 이 부분에 해당하는 원문은 'un être de raison'인데, 영어 번역본에서는 'a being of reason'으로, 일본어 번역본에서는 '사고적(思考的) 존재'로, 우리말 번역본 중 하나에서는 '근거적인 본재'로 번역되어 있다. 여기에서는 '사고적 존재'로 옮긴다.

념의 함수로서 자기를 규정하기 위해 존재하는 것이 아니다. 대자는 자기의 선택이다. 또 대자의 선택은 추상적일 수 없을 것이다. 그렇지 않으면, 대자의 존재 자체가 추상적일 것이다. 대자의 존재는 하나의 개별적인 모험이다. 그리고 선택은 구체적인 존재의 개별적인 선택이어야 한다. 우리가 앞에서 살펴본 것처럼, 이것은 상황 일반에도 해당한다. 대자의 선택은 항상 그 비교 불가능한 독자성에서 구체적인 상황의 선택이다. 하지만 이것은 이 선택의 존재론적인 의미에 대해서도 역시 타당하다. 우리가 대자는 존재 기투라고 말할 때, 대자는 자신이 그것으로 있고자 하는 즉자존재를 어떤 유형의 모든 존재자에게 공통된 하나의 구조로서 고안하지 않는다. 우리가 살펴본 바와 같이 대자의 기투는 결코 하나의 고안이 아니다. 대자가 그것이고자 기투하는 것은 이 대자에게 현저히 구체적인 하나의 총체성으로 나타난다. 그것은 이 존재이다. 물론 우리는 이 기투 속에서 보편적인 발전의 가능성을 내다볼 수 있다. 하지만 그것은 한 여자를 사랑하는 남자에 대해 그는 한 여자 속에서 모든 여자 또는 여성 전체를 사랑한다고 말하는 것과 같은 방식이다. 대자가 그것의 근거이고자 기투하는 이 구체적인 존재는, 우리가 방금 살펴본 바와 같이, 그것이 구체적이기 때문에 고안될 수도 없지만, 또 그것은 상상될 수도 없을 것이다. 왜냐하면 상상적인 것은 무(無)이지만, 이 존재는 어엿한 존재이기 때문이다. 이 존재는 현실적으로 존재해야 한다. 다시 말해 이 존재는 만나져야 한다. 하지만 그 만남은 대자가 행하는 선택과 하나가 되어야 한다. 대자는 하나의 선택-만남(une rencontre-choix)이다. 다시 말해 대자는 이 대자가 그 만남인 존재를 근거짓는 선택으로서 스스로 규정된다. 이것은 개별적인 기도로서의 대자는 개별적인 존재의 총체성으로서의 이 세계의 선택임을 의미한다. 대자는 이 존재를 논리적인 보편성을 향해 뛰어넘는 것이 아니라, 오히려 같은 세계의 하나의 새로운 구체적인 "상태"를 향해, 그 안에서는 존재가 대자에 의해 근거지을 수 있는 하나의 새로운 "상태"를 향해 이 존재를 뛰어넘는 것이다. 다시 말해 대자는 하나의 현실에 존재하는-구체적인-존재의-저편에-있는-하나의-구체적인-존재를 향해 이 존재를 뛰어넘는다. 이렇듯 세계-내-존재는 이 세계를 소유하고자 하는 기투이며, 대자에 붙어 다니는 가치는 이 대자와 이 세계의 종합적인 작용에 의해 구성되는 하나의 개별적인 존재의 구체적인 지시이다. 사실 존재는, 그것이 어디에 있든, 그것이 어디에서 오든, 사람들이 그것을 어떤 방식으로 생각하든, 그것이 즉자이든 대자이든 또는 즉자-대자의 불가능한 이상이든, 그 원초적 우연성에서는 하나의 개별적인 모험이다.

　이렇게 해서 우리는 있음의 범주와 가짐의 범주를 통합하는 관계를 규정할 수 있다. 우리는 앞에서 욕구는 근원적으로 존재 욕구 또는 가짐의 욕구일 수 있다는 사실을 보았다. 하지만 가짐의 욕구는 환원 불가능하지 않다. 존재 욕구가 직접 대자에 관련되고, 대자에 대해 중계자 없이 즉자-대자의 위엄을 부여하려고 기투하는 것인 반면, 가짐의 욕구는 세계 위에서, 세계 속에서, 그리고 세계를 통해서 대자를 겨냥한다. 가짐의 기투가 존재 욕구와 같은 가치가 실현을 겨냥하는 것은 바로 세계의 아유화를 통해서이다. 이 이유로 분석을 통해 구별할 수 있는 이 두 가지 욕구는 현실에서는 분리할 수 없다. 우리는 가짐의 욕구와 겹치지 않는 존재 욕구를 찾아볼 수 없으며, 또 그 역도 마찬가지이다. 결국 하나의 같은 목표에 대한 주의의 두 방향이 문제이거나, 또는 달리 말하면 하나의 같은 근본적인 상황에 대한 두 해석이 문제이다. 하나는 대자에 대해 단적으로 존재를 부여하고자 하며, 다른 하나는 자기성의 회로를 수립한다. 다시 말해 대자와 그 존재 사이에 세계를 끼워 넣는다. 근원적인 상황에 대해 말하자면, 그것은 내가 그것으로 있는 존재 결여, 다시 말해 내가 나를 그것으로 있게 하는 존재 결여이다. 하지만 정확히 내가 나를 나 자신에게 결여로 만드는 그 존재는 완전히 개별적이고 구체적이다. 그것은 이미 실존하는 존재이며, 나는 그 존재의 한복판에서 그것의 결여로서 출현한다. 이렇듯 내가 그것으로 있는 무 자체는 바로 이 무화이지, 다른 하나의 무화가 아닌 것으로서 개별적이고 구체적이다.

모든 대자는 자유로운 선택이다. 이 대자의 행위 하나하나는 가장 소중한 것과 마찬가지로 가장 사소한 것도 그 선택을 나타내며, 또 그 선택으로 발산된다. 그것이 바로 우리가 우리의 자유라고 명명했던 것이다. 우리는 이제 이 선택의 의미를 파악한다. 선택은 직접적이든, 세계의 아유화를 통해서이든 또는 오히려 동시에 양자에 의해서이든, 존재 선택이다. 이렇게 해서 나의 자유는 신이고자 하는 선택이고, 또 나의 모든 행위와 나의 모든 기투는 이 선택을 수많은 방식으로 나타내고 또 반영한다. 왜냐하면 존재의 방식과 가짐의 방식은 무한정 존재하기 때문이다. 실존적 정신분석은 각자가 자신의 존재를 선택하는 근원적인 방식을 경험적이고 구체적인 기투를 통한 재발견을 목적으로 삼는다. 사람들은 이제 내가 개별적인 이런저런 이것을 통해 세계를 소유하는 것을 선택하는 이유를 설명하는 일이 남았다고 말할 것이다. 우리는 정확히 그것이 자유의 특징이라고 대답할 수 있을 것이다. 그렇지만 대상 자체는 환원 불가능하지 않다. 우리는 대상의 존재 방식 또는 성질을 통해 이 대상 속에서 그 존재를 겨냥한다. 그리고 그 성질 — 특히 물질적 성질, 물의 유동성, 돌의 밀도 등 — 은 존재 방식이며, 그만큼 어떤 방식으로 존재를 현전화하는 일만 할 뿐이다. 따라서 우리가 선택하는 것은 바로 존재가 자기를 드러내며, 또 자기를 소유하게 하는 어떤 방식이다. 토마토의 노란색과 빨간색, 그 맛 또는 거피한 완두콩의 까칠까칠한 것과 매끄러운 것은 결코 우리에게 환원 불가능한 소여가 아니다. 이것들은 존재가 자기를 내주는 어떤 방식을 우리의 눈에 상징적으로 보여 준다. 우리는 존재가 이것들의 표면에 하나의 방식 또는 다른 방식으로 드러내는 것을 봄에 따라, 우리는 혐오나 욕구에 의해 반응한다. 실존적 정신분석은 이 성질의 존재론적 의미를 이끌어 내야 한다. 사람들은 오직 이렇게 해서만 — 그리고 결코 성욕에 대한 고찰에 의해서가 아니라 — 예컨대 시적 "상상"에서 어떤 종류의 변하지 않는 것(랭보에게서 "지질학적인 것", 포에게서 "물의 유동성"), 또는 아주 단순하게 각자의 취향을 설명할 수 있을 것이다. 이런 취향은 거론할 필요조차 없이 널리 알려져 있지만, 그 나름의 방식으로 하나의 완전한 "세계관", 하나의 완전한 존재 선택을 상징한다는 것, 다시 말하면 그런 취향을 자기 것으로 만든 자는 그것이 명백한 것이라는 사실을 이해하지 못하고 있다. 따라서 우리는 여기에서 나중의 연구를 위한 시사(示唆)로서 실존적 정신분석의 이런 특수한 임무를 대략 살펴보는 것도 좋을 듯하다. 왜냐하면 자유로운 선택이 환원 불가능한 것은 바로 단것 또는 쓴것에 대한 취향 수준에 있어서가 아니라, 오히려 단것과 쓴것 등을 통해서, 그리고 그런 것들에 의해서 자기를 드러내 보이는 존재 양상의 선택이라고 하는 수준에서이기 때문이다.

III. 존재를 계시하는 것으로서의 성질에 대하여

여기에서는 아주 단순히 사물들에 대한 정신분석을 시도하는 것이 문제이다. 이것은 바슐라르가 마지막 저서 『물과 꿈(*L'Eau et les rêves*)』에서 뛰어난 재능으로 시도한 것이다. 이 저서에는 커다란 장래성이 있다. 특히 "물질적 상상력"의 발견은 하나의 진정한 발견이다. 하지만 사실을 말하면, 상상력이라는 용어는 우리에게는 적합하지 않다. 또한 사물들과 그 젤라틴질 소재, 고체질 소재 또는 유동질 소재 등의 배후에서 우리가 거기에 투사하게 될 "이미지"를 찾으려는 이 시도도 적합하지 못하다. 우리가 다른 곳에서 제시한 것처럼,[137] 지각은 상상력과 공통적인 것을 전혀 가지고 있지 않다. 이와 반대로 지각은 상상력을 엄밀하게 배제하며, 또 그 역도 마찬가지이다. 지각한다는 것은 감각과 함께 이미지를 모으는 것이 결코 아니다. 관념연합설에 기원을 두고 있는 주장은 전적으로 배제되어야 한다. 그리고 이어서 정신분석은 이미지를 추구해서는 안 되며, 오히려 현실적으로 사물들에 속하는 의미를 밝히려고 해야 한다. 확실히 달라붙는 것(le poisseux), 끈적끈적한 것(le visqueux) 등의 "인간적"인 의미는 즉자에 속하지 않는다. 하지만 우리가 앞에서 본 것처럼,[138] 잠재성도 역시 즉자에 속하지 않는다. 그렇지만 세계를 구성하는 것은 바로 이 잠재성들이다. 바늘, 눈, 알갱이로 되어 있는 것, 꽉 채워진 것, 들러붙는 것 등의 물질적인 의미 작용들과 그것들의 인간적인 의미는 세계와 마찬가지로 현실적이며, 또 그 이상도 그 이하도 아니다. 그리고 세계로 온다는 것은 그런 의미 작용들의 한복판에 출현한다는 것이다.

---

137 *L'Imaginaire*, N.R.F., 1940. ─원주.
138 제2부 제3장 III 참조.

하지만 여기에서는 분명 용어상의 단순한 차이가 문제가 된다. 그리고 바슐라르가 자신의 강의에서 식물을 정신분석하는 것에 대해 말할 때, 또는 자신의 저서에 『불의 정신분석(*Psychanalyse du feu*)』이라는 제목을 붙였을 때, 그는 자신의 사상의 밑바닥을 더 대담하게 드러내 놓고 있는 듯하다. 사실 여기에서는 주체에 대한 어떤 예비적인 지시도 전제하지 않는 대상적인 하나의 해독 방법을 주체에 대해서가 아니라 사물들에 대해서 적용하는 것이 문제이다. 예컨대 내가 눈[雪]의 대상적인 의미 작용을 결정하고자 할 때, 나는 이를테면 눈이 어떤 온도에서 녹는 것, 그리고 이 눈의 용해가 그것의 죽음임을 본다. 거기에서는 단순히 하나의 대상적인 확인이 문제가 된다. 그리고 내가 이런 용해의 의미 작용을 결정하고자 할 때, 나는 이 용해를 다른 존재 영역에 놓여 있지만, 동일하게 대상적이고 동일하게 초월적인 다른 대상들, 가령 관념·우정·개인 등과 비교해야 한다. 그런데 이들 대상에 대해 나 역시 그것들이 녹는다고 말할 수 있다(돈이 나의 손에서 없어진다. 나는 헤엄치고 있다. 나는 땀으로 흠뻑 젖어 있다. 나는 물에 녹아든다. 또 어떤 관념 — 대상적이고 사회적인 의미 작용에서 — 은 "눈뭉치"처럼 불어나지만, 다른 관념은 녹는다.[139·140] 그는 얼마나 말랐는가! 그는 얼마나 녹아 버렸는가!). 물론 나는 이렇게 해서 존재의 어떤 형태와 또 다른 어떤 형태를 연결하는 어떤 관계를 획득하게 될 것이다. 녹는 눈을 더 신

139 　또한 달라디에(Daladier)의 '녹는 통화(monnaie fondante)'를 상기해 보라. ― 원주.

140 　'녹는 통화'는 벨기에의 경제학자 실비오 게젤(Silvio Gesell, 1862~1930)이 고안한 통화로, 소비재(식품, 집, 의복 등)처럼 시간이 지남에 따라 가치를 잃는 통화를 말한다. 그는 특히 안정적인 통화 정책의 운용을 위해서는 화폐 보유자가 가능한 한 상품과 물건을 빨리 판매해야 하는 상품 생산자와 상인에 대해 누리고 있는 상대적인 유리함을 제거할 필요가 있다는 점에 착안해서, 화폐의 가치를 정기적으로 떨어뜨리는 정책을 펴야 한다고 주장했다. 여기에서 사르트르가 프랑스의 좌파 정치인 에두아르 달라디에(Edouard Daladier, 1884~1970)와 '녹는 통화'를 연결시키고 있는 것은, 어쩌면 달라디에가 내각의 일원으로 일할 때 이 화폐에 대해 언급한 적이 있는 것으로 추정된다.

비로운 어떤 종류의 다른 용해(예컨대 옛날 이야기에 나오는 용해. 그림 형제[141]의 이야기에서 재단사는 자기 손에 치즈를 쥐고 그것이 한 개의 돌멩이라고 믿게 한다. 그러고는 힘껏 쥠으로써 유즙이 배어 나오게 한다. 그 자리에 있던 사람들은 그가 돌멩이를 짜서 그 돌멩이에서 액체가 흘러내렸다고 믿는다.) 와 비교한다면, 우리는 고체가 가진 은밀한 액체성에서 배움을 얻을 수 있다. 이것은 영감을 받은 오디베르티[142]가 젖의 비밀스러운 검은 빛에 대해 이야기한 것과 같은 의미에서이다. 이런 액체성은 그 자체가 과일즙 또는 인간의 피와 비교되어야 할 것이다 ─ 인간의 피 자체도 마치 우리의 비밀스럽고도 생명적인 액체성과도 비교할 수 있는 어떤 것이기도 하다. 그런데 이런 액체성은 어떤 알갱이로 된 치밀한 것(이것은 순수한 즉자의 어떤 하나의 존재 성질을 지시한다.)이 동질적, 무차별적 유동성(단순한 즉자의 또 다른 하나의 존재 성질)으로 변화할 수 있는 끊임없는 가능성을 우리에게 가리킨다. 그리고 우리는 여기에서 세계의 시초부터 세계의 존재론적인 모든 의미 작용과 함께 세계가 지니는 연속과 비연속, 음극과 양극이라고 하는 이율배반을 파악한다. 그런데 우리는 이 이율배반이 그다음에 변증법적인 발전을 거쳐 양자론과 파동역학에까지 미치고 있다는 사실을 보게 된다. 이렇게 해서 우리는 하나의 존재론적인 의미로서의 눈이 지니는 비밀스러운 의미를 해독하기에 이른다. 하지만 이 모든 경우에서 주관적인 것과의 관계는 어디에 있으며, 상상력에 대한 관계는 어디에 있는가? 우리는 엄밀하게 객관적인 구조만 비교했을 뿐이며, 또 이런 구조를 통일하고 한데 묶을 수 있는 가설을 세웠을 뿐이다. 이 이유로

---

141 독일의 동화 작가로, 형은 야코프 그림(Jakob Grimm, 1785~1863)이고, 동생은 빌헬름 그림 (Wilhelm Grimm, 1786~1859)이다. 두 형제 모두 언어학을 전공했고, 함께 여러 편의 동화를 썼다.
142 자크 오디베르티(Jacques Audiberti, 1899~1965)는 프랑스의 시인, 극작가, 영화평론가이다.

여기에서 정신분석은 사물 자체와 관련되는 것이지, 인간에 관련되는 것이 아니다. 또한 이 이유로 나는 이 수준에서, 설령 상대가 로트레아몽,[143] 랭보[144]나 또는 포[145]라 할지라도, 시인들의 물질적 상상력에 호소하는 것을 바슐라르 이상으로 경계할 것이다. 분명 "로트레아몽의 동물 애호"를 탐구하는 것은 흥미롭다. 하지만 사실 만일 우리가 이 탐구에서 주관적인 것으로 되돌아온다면, 우리가 로트레아몽을 동물성[146]에 대한 근원적이고 순수한 애호로 간주하고, 또 먼저 동물성의 객관적인 의미를 규정하고 난 뒤에만, 우리는 진정으로 유의미적인 결과에 도달하게 될 뿐이다. 사실 만일 로트레아몽이 자신이 애호하는 것으로 있다면, 먼저 그가 선호하는 것의 본성을 알아야 한다. 그리고 우리는 그가 동물성 속에 "두려고" 하는 것이 분명 내가 거기에 두는 것과 다른 것이며, 그 이상의 것이라는 사실을 잘 안다. 하지만 우리에게 로트레아몽에 대한 지식을 주는 주관적인 풍부화는 동물성의 대상적인 구조에 의해 한쪽으로 치우치게 된다. 이런 이유로 로트레아몽에 대한 실존적 정신분석은 먼저 동물의 대상적인 의미의 해독을 전제한다. 이와 마찬가지로 나는 오래전부터 랭보

---

143   로트레아몽(Lautréamont, 1846~1870)은 우루과이 태생의 프랑스의 시인으로, 본명은 이시도르 뤼시앵 뒤카스(Isidore Lucien Ducasse)이다. 인간의 무의식적 세계를 밝혀낸 시인으로 평가되며, 1930년대의 초현실주의 경향의 시인들에게 큰 영향을 주었다.

144   아르튀르 랭보(Arthur Rimbaud, 1854~1891)는 프랑스의 상징주의와 초현실주의를 대표하는 시인이다. 그리스도교나 부르주아 도덕에 대한 혐오감을 숨기지 않았으며, 시인은 우주의 모든 것을 투시할 수 있는 인간이 아니면 안 된다고 생각하면서 '견자(見者, voyant)' 개념을 제시했다. 폴 베를렌과 동성애 관계를 유지했으며, 1875년 문학을 단념하고, 유럽과 아프리카에서 지내기도 했다. 주요 작품에 『지옥에서 보낸 한 철(Une saison en enfer)』, 『취한 배(Le Bateau ivre)』 등이 있다.

145   에드거 앨런 포(Edgar Allan Poe, 1809~1849)는 미국의 작가, 시인, 문학평론가이다. 미국 낭만주의 문학을 대표하며, 단편 소설의 선구자로 평가받는다.

146   어떤 종류의 동물성은 바로 셸러(Scheler)가 생명의 가치라고 부른 것이다. ─원주.

의 보석 애호를 명확히 해 보려고 생각하고 있다.[147] 하지만 만일 우리가 미리 지질학적인 것 전반의 의미 작용을 명확히 밝히지 않았다면, 이 보석 애호가 어떤 의미를 갖는가? 하지만 하나의 의미 작용은 인간을 전제로 한다고 사람들은 말할 것이다. 우리가 다른 말을 하는 것이 아니다. 다만 인간은 초월이기 때문에, 자기의 출현 자체에 의해 유의미적인 것을 세운다. 그리고 초월의 구조 자체로 인해 생기는 유의미적인 것은 그것을 세운 주체성에 호소하지 않은 채 해독될 수 있는 또 다른 초월적인 것들을 가리킨다. 어떤 물체의 잠재적인 에너지는 그 물체가 가진 하나의 대상적인 성질이며, 이 성질은 오직 대상적인 사정만을 고려함으로써 객관적으로 계산되어야 한다. 그렇지만 이 에너지는 하나의 세계 속에서만 어떤 물체에 깃들어 도래할 수 있을 뿐이며, 또 이 세계의 출현은 대자의 출현과 상호 관련적이다. 이와 유사하게도 엄밀하게 객관적인 정신분석에 의해 사람들은 사물들의 소재에 더 깊이 구속된 또 다른 잠재성을 발견하게 될 것이다. 또 이런 잠재성들은 인간실재의 보다 더 깊은 근본적인 하나의 선택, 즉 하나의 존재의 선택에 대응하고 있는 것이긴 하지만, 전적으로 초월적인 것으로 머물러 있다.

이것은 우리가 바슐라르와 차별화되는 두 번째 점을 확실하게 밝힐 수 있도록 해 준다. 사실 모든 정신분석은 그 선험적 원리를 가져야 한다는 것은 분명하다. 특히 정신분석은 자기가 무엇을 탐구하는가를 알고 있어야 한다. 그렇지 않다면 정신분석이 어떻게 그것을 발견할 수 있겠는가? 하지만 정신분석의 탐구 목표 자체는 이 정신분석

---

147 'le bestiaire'와 'le lapidaire'는 13세기 무렵에 유행하던 박물지(博物志)풍의 교훈시인데, 여기에서는 그 뉘앙스를 살리기 위해 각각 '동물 애호'와 '보석 애호'로 번역한다. 실제로 로트레아몽과 랭보 시에는 각각 동물과 광물, 지질에 대한 표현이 자주 등장한다.

에 의해 순환론에 빠지지 않고는 세워질 수 없을 것이기 때문에, 이 목표는 하나의 요청 대상이 되어야 하거나, 우리가 경험에 비추어 요구하거나, 또는 그 밖의 다른 어떤 학문을 수단으로 수립하거나 해야 한다. 프로이트의 리비도는 분명 하나의 단순한 요청이다. 아들러의 권력의지는 경험적인 소여의 방법이 결여된 일반화인 것으로 보인다. 그리고 권력의지에는 방법이 없어야 한다. 왜냐하면 하나의 정신분석적인 방법의 기초를 마련할 수 있게끔 허용하는 것이 바로 권력의지이기 때문이다. 바슐라르는 이런 선구자들을 신뢰하고 있는 듯 보인다. 성욕이라는 요청이 그의 탐구에서 지배적인 것으로 보인다. 하지만 또 다른 경우 우리는 죽음으로, 출생의 외상으로, 권력의지로 되돌려 보내진다. 요컨대 그의 정신분석은 그 원리에 대해서보다도 그 방법에 대해 훨씬 더 확실해 보인다. 물론 그의 정신분석은 자기 탐구의 정확한 목적에 대해 그것을 조명하기 위해 자신의 결과를 기대한다. 하지만 그것은 소 앞에다 쟁기를 매는 꼴이다. 유한한 양태들의 총화로는 실체를 파악할 수 없다. 이와 마찬가지로 결과로는 결코 원리를 세울 수 없다. 따라서 여기에서 인간을 선험적으로 성욕 또는 권력의지로 만드는 그런 경험적인 원리 또는 요청을 버려야 할 것으로 보인다. 그리고 존재론에서 출발해서 정신분석의 목표를 엄밀하게 수립하는 것이 적합할 듯하다. 우리가 앞의 단락에서 시도한 것이 바로 이것이다. 우리는 인간실재는, 리비도 또는 권력의지로 설명할 수 있기 이전에, 직접적이든 세계의 아유화를 통해서이든, 존재의 선택이라는 사실을 보았다. 우리는 또한 ── 선택이 아유화에 관계되는 때는 ── 각개의 사물은 마지막 분석에서 선택된다는 사실도 보았다. 그리고 이것은 그 사물의 성적 잠재력을 위해서가 아니라, 사물이 존재를 넘겨주는 방식, 존재가 사물의 표면을 스치는 방식에 의해서이다. 따라서 사물들과 그것들의 소재에 대한 정신분석은 무엇보다도 먼저 각각의 사물이 존재에 대한, 그리고 인간실재와 이 존재의 관계에 대한 대상적인 상징이 되는 방식을 밝히는 데에 전념해야 할 것이다. 우리는 나중에 자연 속에 있는 모든 성적인 상징성을 발견해야 한다는 사실을 부정하지 않는다. 하지만 우선 성 이전의 구조에 대한 정신분석을 전제하는 것은 바로 환원 가능하고 또 이차적인 층위이다. 이렇게 해서 우리는 물에 대한 바슐라르의 독창적이고 심오한 통찰로 가득 차 있는 연구를 여러 암시의 집대성으로서, 또 재료의 귀중한 수집으로서 여길 수 있을 것이다. 그리고 이 재료는 현재로서는 그 자체의 원리에 대해 의식적인 하나의 정신분석에 의해 이용되어야 할 것이다.

사실 존재론이 정신분석에게 가르쳐 줄 수 있는 것은 무엇보다도 먼저 사물의 의미 작용의 참된 기원이며, 또 그것과 인간실재의 참된 관계이다. 실제로 존재론만이 초월의 차원 위에 자리 잡을 수 있으며, 또 세계-내-존재를 그 두 항목과 함께 한눈에 파악할 수 있다. 왜냐하면 단지 존재론만이 근원적으로 코기토의 전망 속에 자리 잡고 있기 때문이다. 또한 우리로 하여금 사물들의 실존적인 상징성을 이해할 수 있도록 해 주는 것은 바로 사실성과 상황이라는 관념이다. 사실 우리는 사실성과 이 사실성을 상황으로 구성하는 기투를 구별하는 것이 이론적으로는 가능하지만 실제로는 불가능하다는 사실을 보았다. 이런 확인은 여기에서 우리에게 도움이 될 것이다. 사실 우리가 살펴본 바와 같이, 이것이 그 존재의 무차별적인 외면성에서, 또 어떤 대자의 출현과는 독립적으로 어떤 하나의 의미 작용을 지닌다고 생각해서는 안 될 것이다. 우리가 살펴본 것처럼, 이것의 성질은 분명 그 존재 외의 다른 아무것도 아니다. 우리가 말한 것처럼, 레몬의 노란색은 레몬을 파악하는 주관적인 하나의 방식이 아니다. 그 노란색은 레몬이다. 또한 우리가 제시한 것과 같이,[148] 레몬은 그 성질을 통해 송두리째 퍼져 있으며, 또 그 성질 하나하나는 다른 성질을 통해 퍼져 있다. 그것이 바로 우리가 이것이라고 명명했던 것이다. 존재의 모든 성질은 그대로 존재이다. 존재의 모든 성질은 그 존재의 절대적인 우연성의 현전이며, 그 존재의 무차별적인 환원 불가능성이다. 그렇지만 이 책 제2부에서부터 우리는 성질 자체 속에서 기투와 사실성의 불가 분리성을 강조했다. 실제로 우리는 이렇게 기술했다. "성질이 있기 위해서는 본성상 존재로 있지 않는 하나의 무를 위한 존재가 거기에 있어야 한다. ……성질은 거기에 있음의 범위의 한계 내에서 자기를 드러내 보이는 그 존재 전체이다." 이렇듯 우리는 근원에서부터 성질의 의미 작용을 즉자존재의 탓으로 돌릴 수 없다. 왜냐하면 성질이 있기 위해서는 이미 그 "거기에 있음"이 필요하기 때문이다. 다시 말해 대자의 무화적인 중개가 필요하기 때문이다. 하지만 우리는 이런 지적에서 출발해서 성질의 의미 작용은 이번에는 "거기에-있음"의 강화로서의 그 무엇인가를 표시한다는 사실을 쉽게 이해한다. 왜냐하면 우리는 절대적으로, 그리고 즉자적으로 있는 그대로의 존재를 향해 "거기에-있음"을 뛰어넘기 위해 성질을 바로 우리의 받침점으로 삼기 때문이다. 이런 의미에서 성질을 파악하는 매 경우에 우리의 조건에서 벗어나기 위한, "거기에 있음"이라는 무의 외피를 꿰뚫기 위한, 그리고 순수한 즉자에게까지 침투하기 위한 형이상학적인 노력이 있다. 하지만 우리는 명확히 총체적으로 그곳에, 우리 앞에 있으면서도 오히려 총체적으로 우리에게서 벗어나는 하나의 존재의 상징으로서

---

148 이 책 제2부 제3장 III. 참조. ─원주.

그 성질을 파악할 수밖에 없다. 다시 말해 우리는 결국 즉자존재의 상징으로서 드러내 보인 존재를 작동시키는 일만 할 수 있을 뿐이다. 이것은 바로 "거기에 있음"의 하나의 새로운 구조가 구성됨을 의미한다. 그런데 이 구조는 의미 작용을 하는 층위이기는 하지만, 이 층위는 또한 하나의 동일한 근본적 기투의 절대적 통일 속에서 드러내 보여진다. 이것이 바로 우리가 존재의 모든 직관적 계시의 형이상학적 함유도라고 부르고자 한 것이다. 그리고 그것이 정확히 우리가 정신분석에 의해 도달해야 하고 또 드러내 보여야 할 것이다. 노란색, 붉은색, 매끈매끈한 것, 꺼칠꺼칠한 것의 형이상학적 함유도란 무엇인가? 이 기본적인 질문 뒤에 제기될 질문이지만, 레몬·물·기름 등의 형이상학적 계수(係數)는 무엇인가? 피에르는 왜 오렌지를 좋아하고, 물을 싫어하는가? 그는 왜 토마토를 즐겨 먹고, 잠두콩을 먹지 않으려 하는가? 그는 굴이나 날달걀을 삼키라고 강요당하면 왜 토하는가? 정신분석이 언젠가 그 이유를 이해하고자 한다면, 정신분석은 이들 문제를 스스로 해결해야 할 것이다.

다만 우리는 예컨대 사물을 밝히거나 또는 채색하기 위해 그 위에 우리의 기분 성향을 "투사한다"고 생각하는 오류가 있다는 사실 역시 앞에서 밝힌 바 있다. 사실 우리가 오래전부터 알고 있듯이, 하나의 감정은 먼저 내적인 성향이 결코 아니며, 오히려 자신이 무엇인지를 자신의 대상에 의해 자기에게 알리게 하는 대상화적이고 초월적인 하나의 관계이다. 하지만 그것이 전부가 아니다. 투사에 의한 설명("하나의 풍경은 영혼의 한 상태이다."라는 너무 유명한 말이 그것이다.)이 논점 선취의 허위라는 것은 하나의 예를 통해서도 드러날 것이다. 가령 사람들이 끈적끈적한 것이라고 명명하는 이 특수한 성질이 있다고 하자. 이 성질이 유럽의 성인에게 있어 쉽게 존재 관계로 환원되는 여러 가지 인간적이고 도덕적인 성격을 의미함은 확실하다. 어떤 악수는 끈적끈적하다. 어떤 미소는 끈적끈적하다. 어떤 사상이나 어떤 감정은 끈적끈적할 수 있다. 일반적인 의견에 의하면, 한편으로 이것은 먼저 내가 나에게 있어 불쾌하고, 또 내가 단죄하는 어떤 종류의 행동과 어떤 종류의 도덕적 태도를 경험했다는 것이다. 그리고 다른 한편으로 나는 끈적끈적한 것에 대한 감각적인 직관을 가지고 있다. 그 후에 나는 그런 감정과 그런 점착성 사이에 하나의 관계를 수립하게 될 것이다. 그러면 끈적끈적한 것은 그런 인간적인 감정과 태도의 부류 전반의 상징으로 기능할 수 있을 것이다. 따라서 나는 이 인간적인 범주의 행동과 관련한 나의 지식을 끈적끈적한 것 위에 투사함으로써 이 끈적끈적한 것을 풍부하게 할 수도 있을 것이다. 하지만 투사를 통한 이런 설명을 어떻게 받아들일 것인가? 만일 우리가 먼저 그런 감정을 단순한 심적 성질로 파악했다고 가정한다면, 우리는 그런 감정과 끈적끈적한 것과의 관계를 어떻게 파악할 수 있는가? 그 질적 순수성 속에서 파악된 감정은 어떤 종류의 가치와 어떤 종류의 결과에 대해 비난받을 만한, 전혀 확대성을 갖지 못한 어떤 종류의 성향으로서만 자기를 열어 보일 수 있을 뿐이다. 만일 이미지가 먼저 주어져 있지 않다면, 그 어떤 경우에도 감정은 '이미지를 만들지' 않을 것이다. 그리고 다른 한편으로 만일 끈적끈적한 것이 원래 감정적인 의미를 싣고 있지 않다면, 만일 끈적끈적한 것이 어떤 종류의 물질적 성질로서만 자기를 부여할 뿐이라면, 사람들은 이 끈적끈적한 것이 어떤 종류의 심적 단위의 상징적인 대표로 선택됨을 보지 못한다. 한마디로 끈적거림과 어떤 종류의 개인의 들러붙는 불쾌함 사이에 하나의 상징적인 관계를 의식적으로, 또 명백히 수립하기 위해, 우리는 이미 끈적거림 속에서 불쾌함을, 또 어떤 종류의 불쾌함 속에서 끈적거림을 파악해야 할 것이다. 그 결과 투사에 의한 설명은 아무것도 설명해 주지 않는다. 왜냐하면 투사에 의한 설명에는 설명해야 할 것이 전제되어 있기 때문이다. 게다가 투사에 의한 설명이 이런 원칙적인 반론에서 벗어날 수 있다고 해도, 그것은 경험에서 도출되는, 그리고 상당히 중대한 또 다른 하나의 반론에 부딪치게 될 것이다. 사실 투사에 의한 설명에는 투사하는 주체가 경험과 분석에 의해 이 주체가 끈적끈적한 것이라고 명명하게 될 여러 태도의 구조와 결과에 대한 어떤 종류의 인식에 도달했다는 의미가 내포되어 있다. 사실 이런 사고방식 속에서 끈적끈적한 것에 대한 의뢰는 하나의 인식으로서의 인간적인 불쾌함에 대한 우리의 경험을 결코 풍부하게 해 주지 않는다. 투사에 의한 설명은 기껏해야 이미 획득된 인식에 대해 주제적인 통일이나 이미 지화된 목록으로서 사용되는 정도이다. 다른 한편으로 고립된 상태에서 고려된 이른바 끈적거림은 우리에게 실제로 해로운 것으로서 나타날 수 있을 것이다(왜냐하면 끈적끈적한 실체는 손이나 의복에 들러붙기 때문이며, 손이나 의복을 더럽히기 때문이다). 하지만 그것이 혐오를 불러일으키는 것으로는 나타날 수 없을 것이다. 사실 우리는 끈적거림이라고 하는 이 물질적인 성질과 어떤 종류의 도덕적인 성질의 혼합[149]에 의해서만 이 끈적거림이 붙어넣는 혐오를 설명할 수 있을 뿐이다. 따라서 끈적끈적한 것의 상징적 가치를 습득하는 것과 같은 것이 있어야 할 것이다. 하지만 관찰을 통해 우리는 아주 어린아이들도 끈적끈적한 것 앞에서 마치 그것이 이미 심적인 것에 의해 오염된 것처럼 반발함을 알게 된다. 또한 우리는 이 관찰을 통해 어린아이들은 말을 할 줄 알게 되자마자 "부드러운", "낮은" 등의 단어가 감정의 기술에 적용

---

149 원문의 'contamination'은 'combinaison'의 오기인 듯하다. 이를 고려해 여기에서는 '혼합'으로 옮긴다.

된 경우의 가치를 이해하게 된다. 모든 것은 마치 우리가 감정과 행위가 모두 물질성을 가지고 있고, 실체적인 소재를 지니고 있으며, 정말로 부드럽고, 평평하고, 끈적끈적하고, 낮고, 높은 등의 우주에서 출현한 것처럼 진행된다. 또 모든 것은 마치 물질적인 실체가 원래 하나의 심적 의미 작용을 지니고 있으며, 이런 실체를 그 의미 작용이 혐오를 불러일으키게 하는 것, 공포를 일으키게 하는 것, 마음을 이끄는 것 등이 되게 하는 우주에서 출현한 것처럼 진행된다. 투사 또는 유추에 의한 어떤 설명도 여기에서는 받아들여질 수 없다. 그리고 요약해서 말하면, 우리는 끈적끈적한 것이 지니는 심적 상징으로서의 가치를 이 날것의 성질에서 끌어내는 것은 불가능하며, 또 이와 마찬가지로 우리는 이렇게 고려된 심적 태도에 대한 어떤 인식에서 출발해서 이것 위에 그런 의미 작용을 투사하는 것도 불가능하다. 그렇다면 대상의 물질성이 원칙상 의미 작용을 하지 못한 채로 머물러 있는 데도, 그런 대상에 대한 우리의 혐오, 우리의 증오, 우리의 공감, 우리의 매혹에 의해 표현되는 이 광대한 보편적 상징 체계를 우리는 어떻게 생각해야 할까? 이 연구에서 앞으로 나아가기 위해서는 어떤 요청을 포기해야 한다. 특히 끈적거림을 이런저런 감정으로 귀속하는 것은 단지 하나의 이미지일 뿐이며, 하나의 인식이 아님을 우리는 더 이상 선험적으로 요청해서는 안 된다. 우리는 또한 좀 더 폭넓은 정보를 얻기 전에는 물리적 소재를 상징적으로 알도록 허용하는 것은 바로 심적인 것이라는 사실, 또 인간적인 불쾌함에 대한 우리의 경험이 "끈적끈적한 것"을 유의미적인 것으로 파악하는 것에 비해 우선권이 있음을 인정하는 사실을 거부해야 한다.

근원적 기투로 돌아가자. 그것은 자기 것으로 만들고자 하는[아유화하고자 하는] 기투이다. 따라서 근원적 기투는 끈적끈적한 것에게 그 존재를 드러내 보이도록 강요한다. 존재에 대한 대자의 출현은 아유화적이기 때문에, 지각된 끈적끈적한 것은 "소유되어야 할 끈적끈적한 것"이다. 다시 말해 나와 끈적끈적한 것의 근원적 유대는, 그 끈적끈적한 것이 이상적으로 나 자신인 한에서, 나는 이 끈적끈적한 것의 존재 근거이고자 기투하는 것이다. 따라서 처음부터 끈적끈적한 것은 근거지어야 할 하나의 가능한 나 자신으로서 나타난다. 처음부터 끈적끈적한 것은 심적인 것으로 되어 있다. 이것은 결코 원시적인 애니미즘 방식으로 내가 그것에게 하나의 영혼을 부여함을 의미하지 않으며, 또 내가 그것에게 형이상학적인 효력을 부여함을 의미하지도 않는다. 이것은 다만 그것의 물질성 자체가 나에게 하나의 심적 의미 작용을 지니는 것으로 나타남을 의미한다. 이 심적 의미 작용은 게다가 끈적끈적한 것이 즉자존재에 대해 지니는 상징적 가치와 하나가 될 뿐이다. 끈적끈적한 것에게 그런 모든 의미 작용을 되찾게 하는 이 아유화적 방식은 하나의 형식적 선험으로 고려할 수 있다. 이것은 설령 이런 방식이 자유로운 기투라 할지라도, 또 그것이 대자 자체의 존재와 동일시된다 할지라도 그렇다. 왜냐하면 사실 아유화적 방식이 근원적으로 끈적끈적한 것의 존재 방식에 의존하는 것이 아니라, 오히려 단지 그 끈적끈적한 것의 원래 모습의 거기에-있음에만 의존하기 때문이고, 또 그 끈적끈적한 것이 단순히 만나게 된 현실존재에만 의존하기 때문이다. 이 아유화적 방식은, 그것이 아유화의 단순한 기투인 한에서, 그것이 어떤 점에서도 단순한 "거기에-있음"과 구분되지 않는 한에서, 그것이 어떤 방법에 의해 고찰되느냐에 따라서, 또 그것이 단순한 자유 또는 단순한 무인 한에서, 다른 모든 만남의 경우와 마찬가지가 될 것이다. 하지만 그 끈적끈적한 것이 자기를 열어 보이고 그것의 끈적거림을 드러나게 하는 것은 정확히 이 아유화적 기투의 테두리 안에서이다. 따라서 이 끈적거림은 이미 — 끈적거리는 것의 최초의 출현에서부터 — 하나의 요구에 대한 대답이며, 이미 자기 증여이다. 끈적끈적한 것은 이미 나와 세계의 융합의 소묘로 나타난다. 그리고 끈적끈적한 것이 이 세계에 대해 나에게 가르쳐 주는 것, 즉 나를 빨아들이는 빨판의 특징은 이미 하나의 구체적인 질문에 대한 하나의 응답이다. 그 끈적끈적한 것은 자신의 존재 자체를 가지고서, 자신의 존재 방식을 가지고서, 자신의 모든 소재를 가지고서 대답한다. 그리고 그 끈적끈적한 것이 주는 대답은 질문에 완전히 적합함과 동시에 불투명하고 해독 불가능하다. 왜냐하면 이 대답은 말로 다 할 수 없는 그 모든 물질성을 풍부히 지니고 있기 때문이다. 이 대답은 그것이 대답에 정확히 들어맞는 한에서 명백하다. 끈적끈적한 것은 나에게 결여된 것으로 파악되도록 자신을 방임한다. 끈적끈적한 것은 하나의 아유화적 조사에 의해 만져지는 대로 있다. 끈적끈적한 것은 아유화적 소묘에 대해 그것의 끈적끈적함을 발견하도록 한다. 끈적끈적한 것은 불투명하다. 왜냐하면 유의미적인 형태가 정확하게 대자에 의해 끈적끈적한 것 속에서 눈을 뜨게 되면, 그것은 이 끈적끈적한 것이 그 형태를 채우기 위해 모든 끈적거림을 가지고 오기 때문이다. 따라서 이 끈적끈적한 것은 우리에게 충만하고 조밀한 하나의 의미 작용을 가리킨다. 그리고 이 끈적끈적한 것이 세계를 나타내는 한에서, 이 의미 작용은 우리에게 즉자존재를 넘겨준다. 또 아유화가 끈적끈적한 것을 근거짓는 하나의 행위로서의 무엇인가를 소묘하는 한에서, 이 끈적끈적한 것은 우리 자신에 대한 소묘를 우리에게 넘겨준다. 이때 하나의 객관적인 성질로서 우리 쪽으로 되돌아오는 것은 물질적(또 물리적)인 것도 아니고, 심적인 것도 아니며, 오히려 심적인 것과 물리적인 것의 대립을 초월하는 하나의 새로운 본성이다. 왜냐하면 이 새로운 본성이 전체로서의 세계에 대한 존재론적 표현으로서 우리에게 드러나기 때문이다. 다시 말해 이 새로운 본성은 물질적 조직 또는 초월된 초월이 문제 될 때, 세계의 모든 이것을 분류하기 위한 항목으로서 자기를 제공한다. 이것은 그 끈적끈적한 것의 파악이 이와 동시에 세계의 즉자를 위해 자기를 제공하는 특수한 방식을 만들어 냈음을 의미한다. 이런 파악은 독자적인 방식으로 존재를 상징한다. 다시 말해 끈적끈적한 것과의 접촉이 계속되는 한, 우리에게는 모든 것이 마치 끈적끈적함이 세계 전체의 의미인 것처럼, 그러니까 즉자존재의 유일한 존재 방식인 것처럼 진행된다. 이것은 도마뱀 족속의 원시적인 것들에게 있어서는 모든 물체가 도마뱀이라는 것과 같은 방식이다. 그렇다면 이 선택된 예에서 끈적끈적한 것에 의해 상징되는 존재 방식은 어떤 것이 될 수 있는가? 나는 먼저 그것이 동질성과 유동성의 모방임을 본다. 송진과 같은 어떤 끈적끈적한 것의 실체는 불규칙적인 유체이다. 이것은 먼저 모든 곳에서 도피하고, 또 모든 곳에서 그 자체와 유사한 존재를 우리에게 드러내게 하는 것 같다. 그 존재는 모든 면에서 자기를 벗어나며, 그러면서도 우리가 그 위에 떠오를 수 있는 존재이다. 그 존재는 위험도 없고 기억도 없는 존재이며, 그 자체 내부에서 영원히 변화하는 존재이다. 우리는 그 존재 위에 흔적을 남기지 못하며, 또 그 존재는 우리 위에 흔적을 남기지 못할 것이다. 그 존재는 미끄러진다. 그리고 우리는 그 위로 미끄러진다. 그 존재는 활주에 의해(보트, 모터 보트, 수상 스키 등) 소유될 수 있지만, 결코 소유하진 못한다. 왜냐하면 그 존재는 당신들 위를 구르기 때문이다. 그 존재는 영원성이며 또 무한한 시간성인 존재이다. 왜냐하면 그 존재는 변하는 것을 아무것도 지니지 않는 끊임없는 변화이기 때문이다. 그 존재는 영원성과 시간성의 종합에 의해 단순한 시간성으로서의 대자와 단순한 영원성으로서의 즉자와의 하나의 가능한 융합을 가장 잘 상징한다. 하지만 곧바로 끈적끈적한 것은 본질적으로 수상한 것으로 자기를 드러내 보인다. 왜냐하면 끈적끈적한 것에서 유동성은 완만하게 존재하기 때문이다. 끈적끈적한 것은 액체성의 반죽이다. 다시 말해 끈적끈적한 것은 그 자체에서 액체에 대한 고체의 승리의 탄생을 드러낸다. 곧 단순한 고체가 표시하는 무차별적인 즉자가 액체성을 굳히고자 하는 하나의 경향, 즉 무차별적인 즉자를 근거짓게 할 대자를 흡수하고자 하는 하나의 경향을 나타낸다. 끈적끈적한 것은 물의 고민이다. 그것은 생성 중에 있는 하나의 현상으로서 스스로를 자기에게 준다. 그것은 물의 변화 속에서 볼 수 있는 항상성을 가지고 있지 않다. 오히려 이와 반대로 어떤 상태의 변화에서 행해진 하나의 절단으로 드러난다. 끈적끈적한 것이 지니는 이런 굳어진 불안정은 소유의 용기를 겪는다. 물은 더 도피적이다. 하지만 물이 도피적인 한에서 우리는 물의 도피 그 자체 속에서 물을 소유할 수 있다. 끈적끈적한 것은 물의 도피와 닮은 둔하고 느린 도피에 의해 도피한다. 그런데 이것은 마치 땅을 스치고 서툴게 나는 암닭의 무거운 비상이 매의 비상과 비슷한 것과 같다. 그리고 이 도피 자체는 소유될 수 없다. 왜냐하면 이 도피는 도피인 한에서 자기를 부정하기 때문이다. 이 도피는 벌써 거의 하나의 고체적인 항상성이다. 끈적끈적한 것이 자기 자신과 함께 녹아 합쳐지는 지연보다 "두 상태 사이의 실체"가 지닌 이 애매한 성격을 잘 입증하는 것은 없다. 물 한 방울은 수면에 닿자마자 순간적으로 바뀌어 수면으로 변화한다. 우리는 이 작용을 수면이 마치 물방울을 입으로 빨아들이는 듯한 상태로 파악하지 않는다. 그보다는 오히려 하나의 개별적인 존재가 자신이 거기에서 나온 원래의 커다란 전체 속으로 스스로 용해되는 정령화와 비개별화로 파악한다. 수면의 상징은 범신론적인 도식의 구성에서 아주 중요한 역할을 하는 것으로 보인다. 이 상징은 존재의 존재에 대한 어떤 특수한 유형의 관계를 드러내 보인다. 하지만 만일 우리가 끈적끈적한 것을 고려한다면 (이 끈적끈적한 것은 느린 상태이긴 하지만 전적인 유동성을 신비스럽게 간직하고 있었다. 이것을 퓌레[150]와 혼동해서는 안 된다. 퓌레의 경우에는 윤곽이 잡힌 유동성에 갑자기 주름이 생기기도 하고, 갑자기 뭉침이 생기기도 한다. 또 초벌 윤곽을 잡은 후에 그것을 쏟으려고 하면 갑자기 그 실체가 뒤집혀 굴러떨어진다.), 다음과 같이 확언할 수 있다. 즉 끈적끈적한 것은 그 자체의 변화 현상에서 하나의 끊임없는 히스테리시스를 나타낸다고 말이다. 나의 숟가락에서 항아리 속에 담긴 꿀 위로 흘러내리는 꿀은 처음에는 그 표면 위에서 솟아오르고, 그 위로 부조를 이루며 분리된다. 그리고 이 꿀의 전체에로의 융합은 하나의 침하, 하나의 저하로 나타난다. 이 침하와 이 저하는 하나의 수축으로(유리처럼 입김을 불어넣었다가 놓으면, 애처로운 신음 소리를 내면서 오므라드는 풍선 인형이 어린아이의 감수성에 얼마나 중요한 것인가를 생각해 보라.) 나타남과 동시에 팽창한다. 이것은 마치 등을 대고 누운 한 성숙한 여성의 두 개의 유방이 평평하게 퍼지는 것과 비슷하다. 사실 그 자체 내에서 융합하는 이 끈적끈적한 것 속에는 존재의 전체 속으로 사라지는 것을 원하지 않는 개별자의 거부로서의 하나의 뚜렷한 저항이 있음과 동시에 그 궁극의 결과에까지 밀리는 하나의 부드러움이 있다. 왜냐하면 부드러운 것은 도중에 정지하는 하나의 소멸 외의 다른 것이 아니기 때문이다. 부드러운 것은 우리 자신의 파괴적인 능력과 그 한계의 이미지를 우

150　퓌레(purée)는 고기, 과일, 채소, 콩 등을 갈아 걸쭉하게 만든 음식으로, 바나나 퓌레, 고구마 퓌레, 감자 퓌레 등이 있다. 프랑스어 동사 'purer(정제하다)'에서 파생되었다.

리에게 가장 잘 보여 준다. 전체의 품 안에서 끈적끈적한 방울의 느린 사라짐은 먼저 부드러움에서 파악된다. 왜냐하면 마치 이 부드러움이 지연된 사라짐과 같고, 또 이 사라짐이 시간을 벌려고 하는 것처럼 보이기 때문이다. 하지만 이 부드러움은 끝까지 계속된다. 그 방울은 끈적끈적한 것의 확대 속에 매몰된다. 이 현상에서 끈적끈적한 것의 여러 특징이 생겨난다. 먼저 그것은 접촉에서 부드럽다. 물을 바닥에 던져 보라. 물은 흐른다. 끈적끈적한 어떤 실체를 던져 보라. 그것은 늘어나고, 퍼지고, 평평해진다. 그것은 부드럽다. 끈적끈적한 것을 만져 보라. 그것은 달아나지 않는다. 그것은 물러난다. 물의 포착 불가능성 자체 속에는 물에게 금속의 비밀스러운 의미를 부여하는 하나의 비정한 견고성이 있다. 요컨대 물은 강철과 마찬가지로 압축되지 않는다. 끈적끈적한 것은 압축될 수 있다. 따라서 끈적끈적한 것은 먼저 우리가 소유할 수 있는 하나의 존재라는 인상을 준다. 이중으로 그렇다. 그것의 끈적거림, 그 자체에 대한 점착성이 그 도피를 방해한다. 따라서 나는 내 손으로 그것을 잡을 수 있다. 나는 약간의 꿀이나 송진을 항아리 속의 나머지 내용물로부터 분리시킬 수 있다. 또 그렇게 함으로써 나는 하나의 계속된 창작에 의해 하나의 개별적인 대상을 만들어 낼 수 있다. 하지만 이와 동시에 나의 손안에서 뭉개지는 그 실체의 부드러움은 끊임없이 내가 파괴하고 있다는 인상을 나에게 준다. 분명히 거기에는 하나의 창작-파괴의 이미지가 있다. 끈적끈적한 것은 순종적이다. 다만 내가 그것을 소유하고 있다고 믿는 바로 그 순간에 기묘한 전환에 의해 끈적끈적한 것이 오히려 나를 소유한다. 바로 거기에서 이 끈적끈적한 것의 본질적인 특징이 나타난다. 그것의 부드러움이 빨판 구실을 한다는 특징이 그것이다. 만일 내가 나의 손안에 잡고 있는 대상이 고체라면, 나는 내가 원하는 때 그것을 놓을 수 있다. 이 대상의 타성은 나에게 있어 나의 전능함을 상징한다. 나는 그 대상을 근거짓지만, 그 대상은 결코 나를 근거짓지 않는다. 즉자를 그 자체 안에 집약시키는 것은 대자이며, 자신을 위험에 빠뜨리지 않으면서 즉자를 즉자로서의 존엄에까지 고양시키며, 항상 동화적이고 창작적인 능력으로 머물러 있는 것은 바로 대자이다. 즉자를 흡수하는 것은 대자이다. 달리 말하자면, 소유는 즉자-대자의 종합적인 존재 속에서 대자의 우위를 단언한다. 하지만 여기에서 보는 바와 같이 끈적끈적한 것은 이 두 항을 전도시킨다. 대자는 갑자기 위험에 빠진다. 나는 손을 펼친다. 나는 끈적끈적한 것을 놓고자 한다. 그런데 그것은 나에게 들러붙고, 나를 빨아올리고, 나를 빨아들인다. 끈적끈적한 것의 존재 방식은 고체의 안심시키는 타성도 아니고, 나로부터 달아나려고 애쓰는 물의 역동성과 같은 것도 아니다. 그 존재 방식은 빨아들임이라고 하는 부드럽고 여성적인 하나의 활동이다. 끈적끈적한 것은 나의 손가락 밑에서 애매하게 살아 있다. 그리고 나는 현기증 같은 것을 느낀다. 그것은 심연의 바닥이 나를 끌어 잡아당길 수도 있듯이, 나를 그 자체 속으로 끌어 잡아당긴다. 거기에는 끈적끈적한 것이 지니는 촉각적인 매혹과 같은 것이 있다. 나는 더 이상 아유화 과정을 마음대로 정지시킬 수 없다. 이 과정은 계속된다. 어떤 의미에서 이것은 소유된 것의 최고의 순종과도 같고, 또한 우리가 더 이상 바라지 않는 데도 자기를 내주는 개의 충실성과도 같다. 하지만 또 다른 의미에서 이것은 그 순종 밑에서 소유된 것이 소유하는 자를 아유화하려고 하는 음흉한 속셈이다. 여기에서 우리는 갑자기 드러나는 상징을 본다. 거기에는 독을 지닌 소유가 있다. 거기에는 즉자가 대자를 흡수할 수 있는 가능성이 있다. 다시 말해 즉자-대자에 반대되도록 어떤 존재가 구성되고, 이 존재 속에서 즉자는 그 우연성 속으로, 그 개별적인 외면성 속으로, 그 근거 없는 현실존재 속으로 대자를 끌어들일 수도 있는 가능성이 있다. 그 순간 나는 갑자기 끈적끈적한 것의 함정을 파악한다. 그것은 나를 붙잡는 유동성이며, 또 나를 위태롭게 하는 유동성이다. 나는 이 끈적끈적한 것 위를 미끄러져 갈 수 없다. 그것의 모든 빨판이 나를 붙잡는다. 끈적끈적한 것은 내 위에서 미끄러질 수 없다. 그것은 거머리처럼 들러붙는다. 그렇지만 활주는 고체에 의해서처럼 단지 부정되는 것이 아니다. 활주는 강도가 떨어지는 것이다. 끈적끈적한 것은 활주에 준비된 듯이 보인다. 그것은 나에게 활주를 재촉한다. 왜냐하면 정지 상태에 있는 끈적끈적한 것의 넓은 면은 아주 짙은 액체의 넓은 면과 현저하게 구별되지 않기 때문이다. 다만 그것은 하나의 속임수일 뿐이다. 활주는 미끄러지는 실체에 의해 빨려들어 간다. 활주는 내 위에 흔적을 남긴다. 끈적끈적한 것은 악몽 속에서 본 어떤 액체 같은 것으로 나타나며, 그 모든 특징이 일종의 생명을 지니고 있어 활성화되고, 또 나에게 맞서 덤벼들 수도 있다. 끈적끈적한 것은 즉자의 복수이다. 그것은 또 다른 차원에서 달콤하다는 성질에 의해 상징될 수 있는 달콤하고 여성적인 복수이다. 이런 이유로 맛의 달콤함으로서의 단맛 — 삼킨 뒤에도 입속에 언제까지나 그대로 남아서 지워질 수 없는 단맛 — 은 끈적끈적한 것의 본질을 완벽하게 완성한다. 달콤하고 끈적끈적한 것은 끈적끈적한 것의 이상이다. 그것은 대자의 달콤한 죽음을 상징한다(잼 속에 빠져 그곳에서 익사하는 말벌과 같이 말이다). 하지만 이와 동시에 끈적끈적한 것은, 내가 끈적끈적한 그 실체에 대한 아유화를 소묘했다는 단지 그 하나만의 사실로 인해 나이다. 내가 내 손 위에서 느끼는 끈적끈적한 것의 이 흡수는, 마치 나 자신에 대한 끈적끈적한 실체의 하나의 연속성을 소묘한다. 나에게서 끈적끈적한 평면까지 떨어지는 실체의 이 길고도 부드러운 기둥(예컨대, 내가 끈적끈적한 것 속에 손을 담근 후에 그 끈적끈적한 것에서 손을 떼어 낼 때 볼 수 있는 것)은, 마치 끈적끈적한 것을 향한 나 자신의 일종의 유출을 상징한다. 그리고 내가 이런 기둥의 밑둥과 그 아래 면과의 융합에서 확인하는 히스테리시스는 즉자의 흡수에 대한 내 존재의 저항 같은 것을 상징한다. 만일 내가 물속으로 뛰어든다면, 만일 내가 그 물속에 잠긴다면, 만일 내가 나를 물의 흐름 속에 내맡긴다면, 나는 아무 거북함도 느끼지 않는다. 왜냐하면 나는 내가 물에 녹아 버리지나 않을까 하는 두려움을 전혀 느끼지 않기 때문이다. 나는 물의 유동성 속에서 하나의 고체로 머문다. 만일 내가 끈적끈적한 것 속으로 뛰어든다면, 나는 나 자신이 그 속으로 사라져 감을 느낀다. 다시 말해 내가 끈적끈적한 것 속으로 녹아듦을 느낀다. 왜냐하면 정확히 끈적끈적한 것은 고체화하려고 하기 때문이다. 이런 관점에서 보면 반죽 같은 것도 끈적끈적한 것과 같은 양상을 보일 것이다. 하지만 반죽된 것은 나를 매혹하지 않는다. 그것은 나를 위태롭게 하지 않는다. 왜냐하면 그것은 무기력하기 때문이다. 그런데 끈적끈적한 것의 파악 자체 속에는 마치 하나의 변신의 망상과도 같은 들러붙는 실체, 위태롭게 하는 실체, 균형이 없는 실체가 있다. 끈적끈적한 것과 접촉하는 것은 끈적거림 속으로 녹아들어 가는 위험이다.

그런데 이런 용해는 그 자체로 이미 두렵다. 왜냐하면 이 용해는 흡수지가 잉크를 흡수하듯이 즉자가 대자를 흡수하는 것이기 때문이다. 하지만 이외에도 사물로의 변신은 괜찮다고 해도, 그것이 정확히 끈적끈적한 것으로의 변신이라는 것은 무서운 일이다. 설사 내가 나 자신의 액체화를 생각할 수 있다고 해도, 다시 말해 내 존재의 물로의 변화를 생각해 볼 수 있다 해도, 나는 그 일로 지나치게 걱정하지 않을 것이다. 왜냐하면 물은 의식의 상징이기 때문이다. 물의 운동, 그 유동성, 그 존재의 연대적이지 않은 이 연대성, 그 끊임없는 도피 등, 물속의 모든 것은 나에게 대자를 상기시킨다. 의식이 가진 지속의 특징을 지적한 최초의 심리학자들(제임스,[151] 베르그송)은 의식을 아주 빈번히 하나의 강물에 비유했을 정도이다. 강물은 하나의 전체에 속하는 여러 부분의 끊임없는 상호 침투와 그 끊임없는 분리, 융통에 대한 이미지를 가장 잘 환기시켜 준다. 하지만 끈적끈적한 것은 하나의 끔찍한 이미지를 제공한다. 하나의 의식에게 있어 끈적끈적한 것이 된다는 것은 그 자체로 끔직하다. 왜냐하면 끈적끈적한 것의 존재는 부드러운 점착이며, 또 그 모든 부분의 빨판에 의해 서로 간의 음흉한 연대성이자 공범성이며, 자기를 개별화하기 위한 각 부분의 막연하고도 유연한 노력이면서도, 또 그 결과 다시 낙하하고, 납작해지며, 개별성을 잃고 도처에서 실체에 의해 흡수되기 때문이다. 따라서 끈적끈적한 것이 될 수 있는 하나의 의식은 자기 관념의 점착에 의해 변형될 것이다. 우리는 우리의 세계 속에 출현한 이래로 하나의 의식의 집착을 가지고 있다. 그리고 이 의식은 미래를 향해, 어떤 자기의 기투를 향해 돌진하고자 원하지만, 자기가 그곳에 도달했다는 사실을 의식하게 되는 바로 그 순간, 자기도 모르는 사이에 보이지 않게 과거의 빨아들임에 의해 붙잡혀짐을 느끼게 될 것이다. 그리고 이 의식은 자기가 도피하는 과거 속에서 자기의 느린 용해에 참여해야 할 것이다. 또한 이 의식은 자기의 기도가 수많은 기생충에 의해 침범되고, 마침내는 의식이 자기를 완전히 잃게 될 때까지 그 자리에 있어야 할 것이다.

151 윌리엄 제임스(William James, 1842~1910)는 미국의 실용주의 철학자, 심리학자이다. 의지나 행동이 성격과 정서에 결정적인 영향을 끼칠 수 있으며, 삶의 결정적인 계기를 통해 삶의 전환점이 되는 심적 변화를 겪는다는 등의 주장을 내세워 기능주의 심리학에 큰 업적을 쌓았다.

이런 끔찍한 조건에 대해 영향망상[152]에서 볼 수 있는 "사상의 도둑(le vol de la pensée)"이 우리에게 가장 좋은 이미지를 제공한다. 하지만 존재론적 차원에서 이런 두려움은, 그것이 바로 사실성의 즉자 앞에서의 대자의 도피가 아니라면, 다시 말해 정확히 시간화가 아니라면 무엇을 나타내는가? 끈적끈적한 것에 대한 두려움은 바로 시간이 끈적끈적한 것이 되지나 않을까 하는 두려움이며, 사실성이 계속적으로 또 모르는 사이에 나아가 "그 사실성을 존재하는" 그 대자를 빨아들이지나 않을까 하는 두려움이다. 그것은 죽음에 대한 두려움도 아니고, 단순한 즉자에 대한 두려움도 아니며, 무(無)에 대한 두려움도 아니다. 오히려 그것은 어떤 특수한 존재의 유형에 대한 두려움, 그러니까 즉자-대자가 현실적으로 존재하지 않는 것과 마찬가지로 단지 끈적끈적한 것에 의해서 표상될 뿐인 존재에 대한 두려움이다. 그것은 내가 있는 힘을 다해 배척하려는 하나의 이상적 존재, 또 마치 가치가 나의 존재에 있어 나에게 붙어 다니는 것처럼 나에게 붙어 다니는 하나의 이상적 존재이다. 그러니까 근거지우지 않은 즉자가 대자에 대해 우월성을 가지고 있는 하나의 이상적 존재이며, 또 우리가 하나의 반(反)가치라고 부를 하나의 이상적 존재이다.

이렇듯 끈적끈적한 것을 아유화하려는 기투에서 끈적기림은 갑자기 하나의 반가치의 상징으로 드러난다. 다시 말해 실현되지 않지만 위협적인 어떤 존재 유형의 상징으로 드러난다. 그런데 이런 반가치는 의식이 도피하는 한결같은 위험으로서 끊임없이 이 의식에 붙어 다니며, 또 이로 인해 갑자기 아유화의 기투를 도피의 기투로 변형시킨다. 앞서는 어떤 경험에서 유래되지 않으며, 오히려 단지 즉자와

---

152 망상성 장애의 하나로, 자신의 사상이나 행동이 외부의 다른 알 수 없는 힘에 의해 영향을 받는다고 생각하는, 일종의 수동적 체험에 의한 망상이다.

대자에 대한 존재론 이전의 이해에서만 유래하며, 또 끈적끈적한 것의 고유한 의미인 무엇인가가 나타난 것이다. 어떤 의미에서 그것은 하나의 경험이다. 왜냐하면 끈적거림이 하나의 직관적인 발견이기 때문이다. 또 다른 의미에서 그것은 존재의 어떤 모험의 발명과도 같다. 거기에서 출발해서 대자에게 있어 어떤 종류의 새로운 위험이, 하나의 협박적이고 피해야 할 존재 방식이, 대자가 곳곳에서 다시 발견하게 될 하나의 구체적인 범주가 나타난다. 끈적끈적한 것은 어떤 선험적 심적 활동도 상징하지 않는다. 끈적끈적한 것은 존재와 이 존재 자체와의 일종의 관계를 드러낸다. 그리고 이 관계는 원초적으로 심적인 상태로 있다. 왜냐하면 나는 아유화의 소묘 속에서 그 관계를 발견했기 때문이며, 또 끈적거림은 나의 이미지를 나에게 되돌려 주었기 때문이다. 이렇게 해서 끈적끈적한 것과 나의 최초의 접촉 이래, 나는 심적인 것과 심적이 아닌 것과의 구별의 저편에서, 어떤 종류의 범주에 속하는 모든 존재자의 존재의 의미를 해석하기에 유효한 하나의 존재론적 도식에 의해 풍요로워진다. 게다가 이 범주는 여러 종류의 끈적끈적한 것에 대한 경험 이전에 하나의 공허한 틀로 출현한다. 나는 끈적끈적한 것 앞에서 나의 근원적인 기투에 의해 세계 속에 그 범주를 던져 넣었다. 이 범주는 세계의 하나의 객관적 구조임과 동시에 하나의 반가치이다. 다시 말해 이 범주는 끈적끈적한 대상들이 와서 가지런히 정돈될 하나의 범위를 결정한다. 그때부터 어떤 대상이 나에 대해 그런 존재 관계를 드러낼 때마다, 한번의 악수가 문제이든, 한번의 미소가 문제이든, 또는 하나의 사상이 문제이든 간에, 이 대상은 정의상 끈적끈적한 것으로 파악할 것이다. 다시 말해 이 대상의 현상적인 조직 저편에서 이 대상은 송진, 풀, 벌꿀 등의 통일 속에서 하나가 되어 끈적거림의 넓은 존재론적 범위를 구성하는 것으로 나에게 나타날 것이다. 그리고 역으로 내가 아유화하고자 하는 이것이 세계 전체를 표상하는 한에서, 끈적끈적한 것은 나의 최초의 직관적인 접촉 이래로 그 끈적끈적한 것을 뛰어넘는 한 무더기의 애매한 의미 작용과 지시로 인해 풍부한 것으로 나에게 나타난다. 끈적끈적한 것은 그 자신이 "끈적끈적한 것보다도 훨씬 많은 것"으로 자기를 나타낸다. 끈적끈적한 것은 그 출현부터 심적인 것과 물리적인 것의 구별, 날것의 존재자와 세계의 의미 작용과의 구별을 초월한다. 즉 끈적끈적한 것은 존재의 가능한 하나의 의미이다. 따라서 어린아이가 끈적끈적한 것에 대해 할 수 있는 최초의 경험은 심리적·도덕적으로 그를 풍요롭게 만든다. 사람들이 비유적으로 "끈적끈적한 것"이라고 부르는 교착성의 불쾌감을 발견하기 위해 어린아이가 성년이 되기를 기다릴 필요는 없을 것이다. 교착성의 불쾌감은 거기에, 어린아이 곁에, 벌꿀이나 끈끈이의 끈적끈적함 자체 속에 있다. 우리가 끈적끈적한 것에 대해 말하는 것은 어린아이를 에워싸고 있는 모든 대상에도 해당한다. 그 대상의 소재에 대한 단순한 계시는 어린아이의 시야를 존재의 극한에까지 넓히며, 또 이와 동시에 어린아이에게 모든 인간적인 사실의 존재를 해독하기 위한 열쇠 일체를 부여한다. 이것이 어린아이가 처음부터 삶의 "추함", "성격" 또는 그 반대로 삶의 "아름다움"을 알고 있음을 의미하는 것은 결코 아니다. 어린아이는 그저 실존의 모든 의미를 소유하고 있을 뿐이며, 또 추한 것, 행동, 아름다운 것, 심적인 특징, 성적 관계 등은 이런 실존적 의미의 개별적 사례에 불과할 뿐이다. 들러붙는 것, 질퍽질퍽한 것, 몽롱한 것 등, 그리고 모래구멍, 흙구멍, 동굴, 빛, 밤 등은 어린아이에게 심적인 것 이전, 성적인 것 이전의 존재 방식을 드러내 보여 준다. 어린아이는 그 이후에 평생에 걸쳐 그 존재 방식을 밝혀 나갈 것이다. 본래부터 "순진무구한" 어린아이는 없다.

특히 우리는 프로이트주의자들과 함께 어린아이를 에워싸고 있는 어떤 소재와 어떤 형태가 성욕과 맺는 수많은 관계를 기꺼이 인정할 것이다. 하지만 우리는 그것에 의해 이미 구성된 하나의 성적 본능이 그 소재와 형태에 대해 성적인 의미 작용을 부과했다고 이해하지 않는다. 이와 반대로 그 소재와 형태는 우리에게 그 자체로 파악되는 것으로 나타난다. 그리고 그것들은 어린아이에게 대자의 존재 방식과 대자의 존재와의 관계를 나타내는 것이고, 대자의 존재 방식과 대존재(對存在) 관계가 어린아이의 성욕을 밝혀 줄 것이며, 또 이 성욕을 만들어 갈 것이다. 하나의 예를 들어 보면, 많은 정신분석학자는 모든 종류의 구멍(모래 속의 구멍, 흙 속의 구멍, 움막, 동굴, 움푹 패인 곳)이 어린아이에게 끼치는 매력에 크게 놀란다. 그리고 이 정신분석학자들은 이런 매력을 어린아이의 성욕의 항문적인 성격이나 출생 이전의 충격을 통해, 또 때로는 심지어 본래적인 성행위에 대한 예감을 통해 설명했다. 우리는 이런 설명 중 어떤 것도 받아들일 수 없을 것이다. "출생의 외상"에 대한 설명은 아주 공상적이다. 구멍을 여성의 성적 기관과 동일시하는 설명에는 어린아이가 가질 수 없는 경험 또는 우리가 정당화할 수 없는 예감이 전제된다. 어린아이의 "항문적" 성욕에 대해 우리는 부인할 생각은 없다. 하지만 이 항문적 성욕이 지각의 장(場)에서 어린아이가 만나는 구멍을 밝히고, 또 그 구멍에 상징을 부과하기 위해서는, 이 어린아이가 자신의 항문을 하나의 구멍으로 파악해야 할 것이다. 게다가 구멍이나 굴의 본질에 대한 파악이 어린아이가 자기 항문에 대해 갖는 감각에 대응해야 할 것이다. 하지만 어린아이가 자기 신체의 어떤 부분을 우주의 객관적 구조로 파악함이 불가능하다는 것을 이해할 수 있을 정도로 우리는 이미 대아-신체의 주체적인 성격을 충분히 제시한 바 있다. 항문이 구멍으로 나타나는 것은 바로 타자에게 있어서이다. 어린아이에게 있어 항문이 구멍으로서 체험될 수는 없을 것이다. 심지어 어머니가 어린아이에게 해 주는 기저귀 시중조차도 항문을 그런 모습으로 발견하게 할 수 없을 것이다. 왜냐하면 성감대, 고통대로서의 항문은 촉각적 신경 말단을 구비하고 있지 않기 때문이다. 이와 반대로 자기 항문이 하나의 구멍임을 어린아이가 배우게 되는 것은 ― 어머니가 어린아이의 신체를 지칭하기 위해서 사용하는 언어에 의해서이다 ― 바로 타자에 의해서이다. 따라서 어린아이에게 있어 항문대의 객관적 구조와 의미를 밝혀 주게 될 것은 세계 속에서 지각된 구멍의 객관적 본성이다. 지금까지는 어린아이가 그것을 "존재하는" 데 그쳤던 성욕 자극 감각에 하나의 초월적 의미를 부여하게 되는 것은 바로 지각된 구멍의 객관적 본성이다. 그런데 구멍은 그 자체로는 실존적 정신분석이 밝혀야 하는 하나의 존재 방식의 상징이다. 우리는 여기에서 그것에 대해 계속 강조할 수는 없다. 그렇지만 사람들은 당장 구멍이 근본적으로 나 자신의 육체로 "메워져야 하는" 하나의 무로 나타난다는 사실을 본다. 어린아이는 자기의 손가락 또는 자기의 팔 전체를 구멍 속에 넣어 보지 않고서는 배기지 못한다. 따라서 구멍은 나 자신에 대한 공허한 이미지를 나에게 보여 준다. 나는 나를 기다리고 있는 세계 속에 나를 존재케 하기 위해 나를 그곳으로 흘러 들어가게 할 수밖에 없다. 따라서 구멍의 이상은 나의 육체에 조심스레 본을 맞추어 만드는 구멍이다. 그 구멍이 나를 꽉 조이고, 또 나를 그곳에 꼭 맞게 맞춰 줌으로써 내가 세계 속에서 존재의 충만을 존재케 하는 일에 기여하도록 하는 방식으로 말이다. 이렇게 해서 구멍을 막는다는 것은 근원적으로 존재의 충만함을 존재케 하기 위해 나의 신체를 희생하는 것이다. 다시 말해 즉자의 총체성을 만들어 내기 위해, 그것을 완성하기 위해, 또 그것을 구원하기 위해 대자의 수난을 참고 견디어 내는 것이다.[153] 우리는 거기에서 인간존재의 가장 근본적인 경향 중 하나, 즉 채우고자 하는 경향을 그 기원에서 파악한다. 우리는 이 경향을 청년과 성인에게서도 다시 발견하게 될 것이다. 우리는 삶의 상당 부분이 구멍을 틀어막고, 공허를 채우고 또 충만(le plein)을 상징적으로 실현하고 근거짓기 위해 소용됨을 알게 된다. 어린아이는 그의 최초 경험에서 출발해서 자기에게 구멍이 뚫려 있다는 사실을 인지한다. 어린아이가 손가락을 입속에 넣을 때, 그는 자기 얼굴의 구멍을 막고자 하는 것이다. 마치 우리가 벽의 금을 시멘트로 메우는 것처럼, 어린아이는 손가락이 입술이나 입천장과 함께 융합되어 입의 구멍을 막아 주기를 기대하는 것이다. 어린아이는 밀도를 구하는 것이며, 파르메니데스적 존재의 한결같은 구(球) 모양인 충만을 구하는 것이다. 그리고 어린아이가 자기 손가락을 빤다면, 그것은 정확히 그 손가락을 녹이기 위해서이며, 그 손가락을 자기의 입 구멍을 막기 위한 들러붙는 반죽으로 변형시키기 위해서이다. 이런 경향은 확실히 먹는다는 행위의 기초로 소용되는 가장 기본적인 경향 중 하나이다. 음식물은 입을 틀어막아 주는 "충전물"이다. 먹는다는 것은 특히 자기의 입을 막는 것이다. 우리는 오직 그 점에서 출발해서만 성욕의 문제로 이행할 수 있다. 여자 성기의 음란성은 입이 벌어진 모든 사물의 음란성이다. 게다가 그것은 다른 모든 구멍과 마찬가지로 하나의 존재의 부름이다. 여자는 그 자체로 침투와 용해에 의해 자신을 존재의 충만으로 변형시켜 줄 하나의 낯선 육체를 부른다. 그리고 역으로 여자는 자기의 조건을 하나의 부름으로 느낀다. 왜냐하면 정확히 여자는 "구멍이 뚫려 있기" 때문이

---

153 또한 그 반대의 경향, 즉 구멍을 뚫는 경향의 중요성도 지적해야 한다. 이 경향은 단지 그것만으로 실존적 분석을 요구할 수도 있다. ─ 원주.

다. 그것이 아들러적 [열등] 콤플렉스의 진정한 기원이다. 의심의 여지없이 여자의 성기는 입이다. 그것도 음경을 삼키는 탐욕스러운 입이다. 이것은 거세라는 관념을 유도할 수 있다. 사랑의 행위는 남자의 거세이다. 하지만 그것은 무엇보다도 여자의 성기가 구멍이기 때문이다. 따라서 여기에서는 경험적이고 복합적인 인간적 태도로서의 성욕을 구성하는 여러 요소 중 하나가 될 성 이전(以前)의 요인이 문제가 된다. 하지만 이 요인은 그 기원을 성별-존재에서 끌어내기는커녕, 우리가 이 책 제3부에서 그 본성을 설명했던 근본적인 성욕과는 아무 공통점도 없다. 그럼에도 여전히 어린아이가 실재를 볼 때의 구멍에 대한 경험에는, 성적 경험 일반에 대한 존재론적인 예감이 내포되어 있다. 어린아이가 구멍을 막는 것은 바로 자기의 육체를 가지고서이다. 그리고 구멍은 모든 성적 특수화 이전에 하나의 음란한 기대이며, 하나의 육체의 부름이다.

사람들은 직접적이고 구체적인 이 실존적 범주에 대한 해명에서 실존적 정신분석이 갖게 될 중요성을 다시 파악한다. 우리는 거기에서 출발해서 인간실재의 아주 일반적인 기투를 파악한다. 하지만 정신분석학자에게 가장 흥미 있는 것은 개인을 이런 여러 존재의 상징과 연결시키는 개별적인 관계에서 출발해서 독자적인 개인의 자유로운 기투를 결정하는 것이다. 나는 끈적끈적한 접촉을 좋아할 수도 있으며, 나는 구멍을 혐오할 수도 있다 등. 이것은 끈적끈적한 것, 찐득찐득한 것, 구멍 등이 나에게 있어 그 일반적인 존재론적 의미 작용을 잃었음을 결코 의미하지 않는다. 오히려 반대로 이런 의미 작용 때문에 나는 그것과의 관계에서 이런저런 방식으로 나를 결정함을 의미한다. 만일 끈적끈적한 것이 정말로 대자가 즉자에 의해 삼켜지는 하나의 존재의 상징이라면, 내가 타인들과는 달리 끈적끈적한 것을 좋아할 때 나는 어떤 사람일까? 만일 내가 사랑을 매몰시키고 수상한 하나의 즉자에 대한 이 애호를 나타내고자 한다면, 나는 나 자신에게 어떤 근본적인 기투를 보낼 것인가? 이렇듯 그 취미는 환원 불가능한 소여로 머물러 있지는 않다. 만일 사람들이 그런 취미에 대해 질문할 수 있다면, 이 취미는 당사자의 근본적 기투를 우리에게 드러내 보인다. 음식물의 기호에 이르기까지 어떤 의미를 가지지 않는 것은 없다. 잘 생각해 본다면 짐작할 수 있지만, 하나하나의 취미는 사람들이 변명해야 할 하나의 부조리한 소여로 드러나는 것이 아니라, 오히려 명백한 하나의 가치로 드러난다. 만일 내가 마늘 맛을 좋아하는데, 다른 사람들이 그것을 좋아할 수 없는 것은 나에게는 불합리하게 보인다. 사실 먹는다는 것은 파괴에 의해 자기 것으로 만드는 것이며, 또 동시에 어떤 종류의 존재로 자기 입을 막는 것이다. 그리고 이 존재는 온도와 밀도와, 이른바 풍미의 종합으로 주어진다. 한마디로 말해 이런 종합은 어떤 종류의 존재를 의미한다. 그리고 우리가 먹을 때, 우리는 맛에 의해 이 존재의 어떤 성질을 인식하는 데 그치는 것이 아니다. 우리는 그것을 맛봄으로써 우리의 것으로 만든다. 맛을 보는 것은 동화작용이다. 이는 씹는 행위 자체에 의해 물체의 밀도를 드러내 보이고, 그것을 입안의 음식물 덩이로 바꾼다. 따라서 음식물에 대한 종합적인 직관은 그 자체에서 동화작용적인 파괴이다. 이 직관은 내가 그것으로 나의 육체를 만들게 되는 존재를 나에게 드러내 보인다. 그때부터 내가 받아들이는 것 또는 내가 혐오로서 물리치는 것은, 이 존재자의 존재 자체이다. 또는 이렇게 말하자면, 음식물의 총체성은 내가 받아들이는 존재 또는 내가 거부하는 존재의 어떤 종류의 존재 방식을 나에게 제시한다. 이 전체는 하나의 형태로서 조직되지만, 그 형태 안에서 밀도와 온도가 갖는 매우 어렴풋한 성질은, 그런 성질을 표현하는 그 본래의 풍미 뒤로 사라진다. 예컨대 우리가 한 숟가락의 꿀 또는 당밀을 먹을 때, 그 "달콤함"은 끈적끈적한 것을 표현한다. 그것은 마치 하나의 해석함수가 하나의 기하학적 곡선을 표현하는 것과 마찬가지이다. 이것은 본래적인 풍미가 아닌 모든 성질이 풍미 속에 집약되고, 융합되고, 가라앉아서, 말하자면 풍미의 소재와 같은 것을 대표함을 의미한다(이 초콜릿 비스킷은 처음에는 이 아래에서 저항하지만, 그다음에 갑자기 굴복하고 또 무너진다. 그 저항과 그에 이어지는 붕괴가 초콜릿이다). 게다가 그런 성질은 풍미가 지니는 어떤 시간적인 특징, 다시 말해 풍미의 시간화 방식과 결합한다. 어떤 맛은 단번에 주어진다. 다른 어떤 맛은 마치 시한폭탄과도 비슷하다. 또 다른 어떤 맛은 느리게 맛을 맡긴다. 또 어떤 맛은 그 맛이 사라질 때까지 서서히 사그러든다. 또 다른 어떤 맛은 사람들이 그것을 잡았다고 생각하는 바로 그 순간에 사라진다. 이런 성질은 밀도와 온도와 함께 조직된다. 이외에도 그런 성질들은 또 다른 차원에서 음식물의 시각적인 양상을 표현한다. 만일 내가 장밋빛 과자를 먹는다면, 그 맛은 장밋빛이다. 달콤한 가벼운 향기와 버터가 든 크림의 맛은 장밋빛이다. 이렇듯 나는 마치 내가 단맛을 보는 것처럼 장밋빛을 먹는다. 이 사실에서 사람들은 풍미가 복잡한 건축 구조와 차별회된 소재를 지니고 있음을 이해한다. 우리가 우리의 근원적 기투에 순응해 동화시킬 수도 있고 또는 구토로 물리칠 수도 있는 것은 이런 구조된 소재 — 이것은 우리에게 어떤 독자적인 존재 유형을 제시한다 — 이다. 따라서 굴 또는 대합을 좋아한다든가, 달팽이나 작은 새우를 좋아한다든가 하는 것은, 우리가 이런 음식물의 실존적 의미작용을 구별할 줄 안다면 결코 아무래도 좋은 것은 아니다. 일반적인 방식으로 환원 불가능한 취미 또는 경향은 없다. 그것은 모두 존재의 자기 것으로 만들고자 하는 어떤 선택을 나타낸다. 그것을 비교하고 분류하는 것은 실존적 정신분석에 속한다. 존재론은 여기에서 우리를 버린다. 존재론은 단순히 우리에게 인간실재의 궁극적 목적, 인간실재의 근본적 가능성과 인간실재에게 붙어 다니는 가치를 결정 지을 수 있게 허용해 주었다. 각각의 인간실재는 자신의 고유한 대자를 즉자-대자로 변신시키려는 직접적 기투인 동시에 하나의 근본적 성질이라고 하는 모습으로 즉자존재의 총체성으로서 세계에 대한 아유화를 위한 기투이다. 모든 인간실재는, 그것이 존재를 근거짓기 위해 또 이와 동시에 자신의 고유한 근거가 됨으로써 우연성에서 벗어나는 즉자, 즉 종교에서 신이라고 명명되는 자기원인자(Ens causa sui)를 구성하기 위해 자기를 상실하고자 기투한다는 점에서 하나의 수난이다. 이렇듯 인간의 수난은 그리스도 수난의 역(逆)이다. 왜냐하면 인간은 인간인 한에서 신을 탄생케 하기 위해 자기를 상실하기 때문이다. 하지만 신의 관념은 모순적이다. 그리고 우리는 우리를 헛되이 상실한다. 인간은 하나의 무용한 수난(une passion inutile)이다.

결론

I. 즉자와 대자: 형이상학적 개관

이제 결론을 내릴 수 있게 되었다. 우리는 서론에서부터 의식을 하나의 존재의 부름으로서 발견했다. 그리고 코기토는 의식의 대상인 하나의 즉자존재를 직접적으로 가리킨다는 사실을 우리는 보여 주었다. 하지만 즉자와 대자에 대해 설명한 후에 이 둘 사이에 하나의 유대를 수립하는 것이 우리에게는 어려운 일로 보였다. 그리고 우리는 극복 불가능한 이원론 속에 빠질 것을 우려했다. 이 이원론은 또 다른 방식으로 우리를 위협했다. 사실 사람들이 대자에 대해 그것이 존재한다고 말할 수 있는 한에서, 우리는 근원적으로 다른 존재의 두 가지 방식에 직면했다. 하나는 그것이 있는 그대로의 것으로 있어야 할 대자의 존재 방식, 다시 말해 그것이 있지 않는 것으로 있으며, 또 그것이 있는 것으로 있지 않은 것인 대자의 존재 방식이다. 그리고 다른 하나는 그것이 있는 것으로 있는 즉자의 존재 방식이다. 그래서 우리는 이 두 가지 존재 유형의 발견이 모든 존재자에게 속하는 일반적 범주로서의 존재(Etre)를 서로 소통 불가능한 두 개의 영역으로 분할 하는 일종의 간격을 수립하게 되고, 또 각각의 영역에서 존재 개념이 독자적이고 개별적 의미로 받아들여지게 되지는 않을까 하고 자문했던 것이다.

우리의 연구는 이런 문제 중 처음의 것에 대해 다음과 같이 대답할 수 있게 해 주었다. 대자와 즉자는 대자 자신 외의 다른 것이 아닌 하나의 종합적인 연결에 의해 결합되었다고 말이다. 사실 대자는 즉자의 단순한 무화 외의 다른 것이 아니다. 대자는 존재의 한복판에 하나의 존재 구멍으로 존재한다. [지식을] 대중화하는 해설자들은 에너지 보존의 원칙을 설명하는 데 다음과 같은 재미있는 비유를 사용하고 있다. 그들의 말에 따르면, 만일 우주를 구성하고 있는 원자 중 단 하나만이라도 없어져 버린다면, 그 결과 우주 전체에 퍼지게 될 하나의 파국이 초래할 것이며, 이 파국은 특히 지구의 종말과 천체의 종말이 될 것이다. 이 비유적 이미지는 여기에서 우리에게 쓸모가 있다. 대자는 존재의 한복판에서 그 기원을 갖는 하나의 사소한 무화로 나타난다. 그리고 즉자에게 전면적인 변동이 일어나기 위해서는 이 무화만으로도 충분하다. 이 변동은 세계이다. 대자는 존재의 무화 외의 다른 실재성을 가지고 있지 않다. 대자의 유일한 특징은 바로 대자가 존재 전반의 무가 아니라 개별적이고 특수한 즉자의 무화라는 사실에서 기인한다. 대자는 무 일반이 아니라 하나의 특수한 결여이다. 대자는 여기-이 존재의 결여로 자기를 구성한다. 따라서 우리는 대자가 즉자와 결합할 수 있는 방식에 대해 우리 자신에게 물어볼 필요는 없다. 왜냐하면 대자는 결코 하나의 자율적인 실체가 아니기 때문이다. 무화인 한에서 대자는 즉자에 의해 존재된다. 또한 내적 부정인 한에서 대자는 자기가 그것으로 있지 않은 것을, 따라서 자기가 그것으로 있어야 할 것을 즉자에 의해 자기에게 알리게 한다. 코기토가 필연적으로 자기 밖으로 향한다면, 또 의식이 하나의 미끄러운 비탈이며, 그 위에서 우리가 당장 즉자존재 쪽 바깥으로 기울어지지 않고서는 서 있을 수 없다면, 그것은 이 의식이 그 자체에 의해 절대적인 주체성으로서 어떤 충족도 지니지 않기 때문이며, 또 이 의식이 먼저 사물을 가리키기 때문이다. 의식에는 무엇인가를 계시하는 직관이라는 바로 그 의무 외에는 어떤 존재도 없다. 의식이 플라톤적인 타(他, l'Autre)[154]를 의미하는 것이 아니라면, 이것은 무엇을 의미할까? 『소피스테스』에 등장하는 외지인은 이 타에 대해 멋진 서술을 하고 있다. 그런데 이 타는 "마치 꿈속에서처럼"만 파악할 수 있을 뿐이다. 이 타는 그것의 타로-있음으로서만 존재를 가질 뿐이다. 다시 말해 이 타는 빌려 온 존재만을 향유할 뿐이다. 그 자체로 고찰된 이 타는 소실되고, 우리가 우리의 시선을 존재 위에 고정하는 경우에만 하나의 주변적인 존재를 얻을 뿐이다. 이 타는 그 자체에 대해 타가 되고, 존재에 대해 타가 되는 데 전력한다. 플라톤은 타가 그 자신에 대해 타라고 하는 그 이타성(altérité)을 제시하는 동적인 성격을 알아차렸던 것으로 보인다. 왜냐하면 그는 원문의 한 구절에서 이타성 속에서 운동의 기원을 보기 때문이다. 하지만 그는 더 멀리까지 밀고 나아갈 수 있었을 것이다. 그랬더라면 그는 타 또는 상대적인 비존재가 오직 의식의 자격으로서만 어떤 외관상의 존재를 가질 수 있을 뿐이라는 사실을 알아차렸을 수도 있을 것이다. 존재에 대해 타로 있다는 것은 시간화적인 탈자(脫自)의 통일에서 자기(에 대한) 의식으로 있다는 것이다. 그리고 사실 대

---

154 사르트르가 다루고 있는 타인, 타자와 다른 개념이다. 플라톤의 『소피스테스』에서는 엘레아의 외지인이 테아이테토스를 상대로 '존재, 운동, 정지, 동(同), 타(他)'의 다섯 개의 기본 개념에 대해 변증하는데, 그 과정에서 '타'를 비존재로 규정하고, 파르메니데스에 반하여 비존재도 존재한다고 결론짓는다.

자의 한복판에서 우리가 이미 기술한 바 있는 반영된 것과 반영하는 것과의 교차 무용이 아니라면, 이 이타성은 무엇이 될 수 있는가? 왜 냐하면 타가 타로서 존재할 수 있는 유일한 방식은 바로 타로 있는 것(에 대한) 의식이 되기 때문이다. 사실 이타성은 내적 부정이다. 오직 의식만이 자기를 내적 부정으로 구성할 수 있다. 그 밖의 이타성에 대한 모든 사고방식은 그 이타성을 즉자로서 내세우는 것에, 다시 말해 이타성과 존재 사이에 하나의 외적 관계를 정립하는 것에 귀착할 것이다. 그리되면 타가 즉자에 대해 타임을 확인하기 위해 한 명의 증인의 현전을 필요로 하게 될 것이다. 그리고 다른 한편으로 타는 존재에서 발산되는 것이 아니고서는 타로 있을 수 없을 것이다. 이 점에서 타는 즉자와 상관적이다. 하지만 타는 자기를 타로 만들지 않고서는 또한 타로 있을 수 없을 것이다. 그렇지 않으면, 그 이타성은 하나의 소여가 될 것이고, 따라서 즉자로 여겨질 수 있는 하나의 존재가 될 것이다. 타가 즉자와 상관적인 한에서 타는 사실성에 감응된다. 타가 스스로 자기를 타로 만드는 한에서 타는 하나의 절대이다. 이것은 우리가 이미 대자는 그것의 존재의-무로서의-존재에 대한 근거가 되는 것이 아니라, 오히려 대자가 끊임없이 자기의 존재의-무를 근거짓는다고 말했을 때, 우리가 주목한 것이다. 이렇듯 대자는 하나의 "비독립적인" 절대이며, 우리가 하나의 비실체적 대자라고 불렀던 것이다. 대자의 실재성은 순전히 질문적인[질문을 던지는] 실재성이다. 대자가 여러 질문을 제기할 수 있다면, 그것은 자신이 항상 질문 속에 있기 때문이다. 대자의 존재는 결코 주어진 존재가 아니라 질문되는 존재이다. 왜냐하면 대자는 항상 이타성의 무에 의해 자신으로부터 분리되어 있기 때문이다. 대자는 항상 공중에 떠 있다. 왜냐하면 대자의 존재는 끊임없는 유예이기 때문이다. 만일 대자가 언제나 자기의 존재와 합치할 수 있다면, 이타성은 이와 동시에 사라질 것이고, 또 그 이타성과 더불어 가능, 인식, 세계도 사라지게 될 것이다. 이렇듯 인식에 대한 존재론적 문제는 대자에 대한 즉자의 존재론적 우위의 긍정으로 인해 해결된다. 하지만 그것은 당장에 하나의 형이상학적 질문을 낳는다. 사실 즉자에서 출발한 대자의 출현은 결코 존재로부터 출발한 플라톤적인 타의 변증법적 생성과 비교할 수 없다. 사실 플라톤에게서 존재와 타는 유개념이다. 하지만 우리는 이와 반대로 존재는 차라리 하나의 개별적인 모험임을 보았다. 그리고 이와 유사하게 대자의 출현은 존재에게 도래하는 절대적인 사건이다. 따라서 여기에는 다음과 같이 표명할 수 있을 하나의 형이상학적 문제를 위한 장소가 있다. 대자는 왜 존재에서 출발해서 나타나는가? 사실 우리는 구체적이고 독자적인 총체성으로서 이-세계를 탄생시킨 개별적인 과정에 대한 연구를 형이상학이라고 부른다. 이 의미에서 형이상학과 존재론의 관계는 역사학과 사회학의 관계와 같다. 왜 존재가 있는가라고 자문하는 것은 부조리할 것이라는 사실을 우리는 이미 보았다. 이 질문은 하나의 대자의 한계 내에서만 의미를 가질 뿐이며, 또 우리가 무에 대한 존재의 우위를 증명했음에도 불구하고, 이 질문은 오히려 존재에 대한 무의 존재론적인 우위를 전제한다. 이 질문은 겉으로는 비슷하지만, 다음과 같은 아주 다른 또 하나의 질문과 [섞여] 오염된 결과로서만 제기할 수 있을 뿐이다. 왜 존재는 거기에 있는가? 하지만 우리는 이제 이 두 질문을 조심스럽게 구분해야 함을 안다. 첫 번째 질문은 의미를 갖지 않는다. 사실 모든 "왜"는 존재에 비해 나중이며, 또 존재를 전제한다. 존재는 이유 없이, 원인 없이, 또 필연성 없이 있다. 존재의 정의 자체가 우리에게 이 존재의 근원적인 우연성을 넘겨준다. 두 번째 질문에 대해 우리는 이미 대답했다. 왜냐하면 이 두 번째 질문은 형이상학적 영역에서 제기되는 것이 아니라 존재론적 영역에서 제기되기 때문이다. 존재는 "거기에 있다." 왜냐하면 존재가 있는 것과 같이 대자도 있기 때문이다. 현상의 특징은 대자에 의해 존재에게로 온다. 하지만 비록 존재의 기원에 대한 질문이나 세계의 기원에 대한 질문이 아무 의미를 지니지 않는다 하더라도, 또는 바로 존재론 영역 안에서 하나의 답이 주어진다고 해도, 사태가 대자의 기원에 대해서도 똑같은 것은 아니다. 사실 대자는 자기의 기원을 향해 돌아보는 권리를 지니는 것과 같이 존재한다. 존재 속에 왜가 도달케 하는 그 존재는 자신의 고유한 왜를 제기하는 권리를 가지고 있다. 왜냐하면 대자는 그 자체가 하나의 질문이고, 하나의 왜이기 때문이다. 이런 질문에 대해 존재론은 답을 할 수 없을 것이다. 왜냐하면 여기에서는 하나의 사건을 설명하는 일이 문제이지, 하나의 존재 구조를 기술하는 일이 문제가 되지 않기 때문이다. 기껏해야 존재론은 즉자에 의해 존재되는 무(無)가 의미 작용을 지니지 않는 하나의 단순한 공허가 아니라는 것을 지적할 수 있는 정도이다. 무화의 무의 의미는 바로 존재를 근거짓기 위해 존재되어진다는 것이다. 존재론은 형이상학에 기초로 쓰일 수 있는 두 가지 정보를 우리에게 제공한다. 그것은 먼저 자기를 근거짓게 될 모든 과정이 즉자의 동일-존재의 파괴이고, 존재의 존재 자신에 대한 후퇴이며, 자기에 대한 현전의 출현 또는 의식의 출현이다. 존재가 자기원인이고자 열망할 수 있는 것은 오직 자기를 대자로 만듦으로써이다. 따라서 존재의 무화로서의 의식은 인과성의 내면성을 향한 전진, 다시 말해 자기원인인 존재를 향한 전진의 하나의 단계로 나타난다. 다만 이 전진은 대자의 존재 불충분성의 결과로 거기에서 멈추어 선다. 의식의 시간화는 "자기원인"의 위엄을 향한 상승하는 하나의 전진이 아니다. 그것은 하나의 표면적인 유출이고, 그 유출의 기원은 반대로 자기원인인

이 될 수 없는 불가능성이다. 이렇듯 자기원인자는 결여를 입은 것[155]과 마찬가지로 불가능한 수직적 뛰어넘기의 지시로 머물며, 이 수직적 뛰어넘기는 그 비존재 자체에 의해 의식의 수평적 운동을 조건짓는다. 이것은 마치 바다 위에 작용하는 달의 수직적 인력이 조류라고 하는 수평적 이동이라는 결과를 가져오는 것과 마찬가지이다. 형이상학이 존재론 속에서 이끌어 낼 수 있는 다른 하나의 지시는 바로 대자가 사실상 존재인 한에서 스스로 자기를 근거짓고자 하는 끊임없는 기투이고, 또 이 기투의 끊임없는 실패라는 것이다. 여러 다른 방향을 향하는 무화(시간적 세 차원의 탈자적 무화, 반영된 것-반영하는 것이라는 한 쌍의 쌍생아적 무화)를 수반한 자기에의 현전은 이 기투의 최초 출현을 나타낸다. 반성은 최소한 기투인 한에서 자기를 근거짓기 위해 자신을 되돌아보는 이 기투의 이중화를 나타내며, 또 이 기투 자체의 실패에 의한 무화적인 빈틈의 확대를 나타낸다. 인간실재의 주요 범주인 "함"과 "가짐"은 직접적으로든 간접적으로든 존재 기투에로 환원된다. 결국 이 "함"과 "가짐"의 다양성은 스스로를 근거짓기 위한 최후의 시도로 해석할 수 있지만, 이 시도는 존재와 존재 의식 사이의 근본적 분리로서 끝나게 된다.

이렇게 해서 존재론은 우리에게 다음 사실을 가르쳐 준다. (1) 비록 즉자가 자기를 근거지어야 할지라도, 즉자는 자기를 의식이 되게 함으로써만 그것을 시도할 수 있을 뿐이라는 사실이다. 다시 말해 "자기원인" 개념은 그 자체 내에 자기에의 현전이라고 하는 개념, 즉 무화적(無化的) 존재 감압이라는 개념을 지니고 있다. (2) 의식은 사실상 자기를 근거짓고자 하는 기투라는 사실, 다시 말해 즉자-대자 또

---

155 이에 대해서는 이 책 제2부 제1장 III. "대자와 가치의 존재" 참조.

는 자기원인-즉자의 위엄에 도달하고자 하는 기투라는 사실이다. 하지만 우리는 존재론에서 더 많은 것을 끌어낼 수는 없을 것이다. 즉자의 대자에로의 무화가 기원에서부터, 또 즉자의 중심 그 자체에서 자기원인이고자 하는 기투를 의의로 지니고 있다고 단정할 수 있게끔 해 주는 것은 존재론적 차원에서 아무것도 없다. 이와 정반대로 존재론은 여기에서 하나의 깊은 모순에 부딪친다. 왜냐하면 근거의 가능성이 세계로 오는 것은 바로 대자에 의해서이기 때문이다. 자기를 근거짓고자 하는 기투이기 위해 즉자는 근원적으로 자기에 대한 현전이어야 할 것이다. 다시 말해 즉자는 이미 의식이어야 할 것이다. 따라서 존재론은 모든 것은 마치 즉자가 스스로 자기를 근거짓고자 하는 기투에서 대자의 변형을 자기에게 부여하려는 것처럼 진행된다고 선언하는 데 그칠 것이다. 이 과정을 절대적 사건으로서 생각하도록 해 줄 수 있는 가설을 세우는 것은 형이상학의 몫이다. 그리고 이 절대적 사건은 존재의 현실존재(l'existence de l'être)인 개별적 모험에게 왕관을 씌워 주기 위해 온다. 이 가설은 당연히 가설에 머물게 될 것이다. 왜냐하면 우리는 나중에 확인도 부인도 기대할 수 없을 것이기 때문이다. 이 가설의 유효성을 만들어 줄 것은 단지 이 가설이 우리에게 존재론의 소여들을 통일하게 해 줄 것이라는 가능성뿐이다. 물론 이런 통일은 하나의 역사적 생성의 전망에서 자기를 구성해서는 안 될 것이다. 왜냐하면 시간성이 대자에 의해 존재에게로 오기 때문이다. 따라서 대자의 출현 이전에 존재가 무엇이었는가를 자문하는 것은 아무 의미도 없을 것이다. 하지만 형이상학은 이 역사-이전의 과정이 지닌 본성과 의미를 결정하고, 또 개별적 모험(또는 즉자존재)과 절대적 사건(또는 대자의 출현)과의 연결인 모든 역사의 원천을 결정하고자 시도하지 않을 수 없게 된다. 특히 운동은 자기를 근거짓기 위한 즉자의 최초의 "시도"인지 아닌지, 그리고 "존재의 질병"으로서 운동과 무화에까지 추진된 더 깊은 질병으로서의 대자와의 관계는 어떤 관계인가 하는 것을 결정하는 것은 결국 형이상학자의 임무이다.

이제 우리에게는 도입부에서 제기했던 두 번째 문제를 고찰하는 일이 남아 있다. 만일 즉자와 대자가 존재의 두 가지 양상이라면, 존재 관념의 바로 그 중심에 하나의 빈틈이 있는 것이 아닐까? 그리고 존재 관념에 대한 이해는, 이 관념의 외연이 근본적으로 이질적인 두 부류에 의해 구성되어 있다고 하는 사실로 인해, 서로 소통이 불가능한 두 부분으로 분할되는 것은 아닐까? 사실 그것이 있는 그대로의 것으로 있는 존재와 그것이 있지 않은 것으로 있는 존재와 그것이 있는 그대로의 것으로 있지 않은 존재 사이에 어떤 공통점이 있을까? 그렇지만 여기에서 우리에게 도움이 될 수 있는 것은 앞에서 살펴본 우리 탐구의 결론이다. 사실 우리는 방금 즉자와 대자는 나란히 존재할 수 없다는 사실을 지적했다. 이와 정반대로 즉자 없는 대자는 하나의 추상적인 것과 같은 무엇인가이다. 형태 없는 색채 또는 높이가 없고 울림이 없는 소리는 존재하지 않는 것이나 마찬가지로, 즉자 없는 대자 역시 존재할 수 없을 것이다. 아무것에 대한 의식일 수도 없는 의식은 하나의 절대적 무(rien)[아무것도 아닌 것]일 것이다. 하지만 만일 의식이 하나의 내적 관계에 의해 즉자와 연결된다면, 그것은 의식이 하나의 총체성을 구성하기 위해 즉자와 연결됨을 의미하는 것이 아닐까? 또 존재 또는 실재라는 명칭이 귀착하는 것은 이 총체성에 대해서가 아닐까? 물론 대자는 무화이다. 하지만 대자는 무화의 자격으로 존재한다. 그리고 이 대자는 선험적으로 즉자와의 통일에서 존재한다. 따라서 그리스인들은 그들이 토판(τὸ πᾶν)이라고 명명한 우주적 실재와 이 토판에 의해서, 또 이 토판을 에워싸고 있는 무한한 공허에 의해 구성된 전체 — 즉 그들이 토홀론(τὸ ὅλον)으로 명명한 총체성 — 를 구분하는 관습을 가지고 있었다. 물론 우리는 대자를 하나의 무(un rien)라고 명명할 수 있었다. 또 우리는 즉자 밖에는 아무것도 없다, 그렇지 않다면 있는 것은 다만 아무것도 아닌 것의 반영일 뿐이다, 그리고 이 아무것도 아닌 것은, 그것이 정확히 이 즉자의 무(無)인 한에서, 그 자신이 즉자에 의해 한계가 부여되고 또 한정되어 있다고 선언할 수 있었다. 하지만 여기에서도 그리스 철학에서와 마찬가지로 하나의 물음이 제기된다. 우리는 무엇을 실재적이라고 부를 것인가? 우리는 어떤 것에 존재를 귀속시킬 것인가? 우주에 대해서인가, 아니면 우리가 위에서 토홀론이라고 명명한 것에 대해서인가? 순수한 즉자에 대해서인가, 아니면 우리가 대자의 이름으로 지시했던 무의 외피에 의해 에워싸여 있는 즉자에 대해서인가?

하지만 만일 우리가 총체적 존재를 즉자와 대자의 종합적 조직에 의해 구성된 것으로 생각해야 된다면, 우리는 우리가 피하고자 했던 어려움을 다시 발견하는 것이 아닐까? 우리가 존재 개념 속에서 발견한 이 빈틈을 우리는 이제 존재자 자체 속에서 다시 만나는 것이 아닐까? 사실 즉자인 한에서는 그것이 있는 그대로의 것으로 있을 것이고, 대자인 한에서는 그것이 있지 않은 것으로 있을 수 있는 하나의 존재자에 대해 어떤 정의를 내려야 할 것인가?

만일 우리가 이런 어려움을 해결하고자 한다면, 우리는 하나의 존재자를 하나의 총체성으로 생각하기 위해 우리가 이 존재자에 대해 무엇을 요구하는지를 잘 이해해야 할 것이다. 이 존재자의 구조의 다양함은 하나의 통일적 종합 속에 보존되어 있어야 한다. 그 결과 이 구조들 하나하나가 따로 고찰된다면, 그것은 하나의 추상에 지나지 않는다. 그리고 따로 고찰된 의식은 분명 하나의 추상화에 불과하지만, 즉자 자체는 존재하기 위해 대자를 필요로 하지 않는다. 대자의 "수난"은 단지 즉자를 거기에 있게 할 뿐이다. 즉자의 현상은 의식 없이는 하나의 추상이지만, 즉자존재는 하나의 추상이 아니다.

만일 우리가 대자는 즉자로부터 분리될 수 없고, 또 역으로 즉자는 대자와 밀접하게 연결되어 있다는 식의 하나의 종합적 조직을 생각하려 한다면, 우리는 이 종합적 조직을 즉자는 자기의 존재를 즉자에 대해 의식하게 하는 무화로부터 받는다는 식으로 생각해야 할 것이다. 그런데 이것은 즉자와 대자의 분리될 수 없는 총체성이 "자기원인"적 존재의 형태하에서만 생각할 수 있을 뿐임을 의미하는 것이 아니라면 무엇을 의미하겠는가? 우리가 방금 말한 그 홀론(ὅλον)으로서 절대적으로 타당할 수 있는 것은 바로 이런 존재이며, 그 밖의 다른 어떤 존재일 수 없을 것이다. 그리고 우리가 즉자와 연결된 대자의 존재에 대해 물음을 제기할 수 있다면, 그것은 우리가 자기원인자에 대한 존재론 이전의 이해에 의해 선험적으로 우리 자신을 규정짓기 때문이다. 물론 이 자기원인자는 불가능하며, 우리가 살펴본 바와 같이 이 개념은 하나의 모순을 지니고 있다. 그렇지만 역시 우리는 자기원인자의 관점에 서서 홀론의 존재에 대해 질문을 던지기 때문에, 이 홀론의 신임장을 검토하기 위해 우리는 이런 관점에 몸을 두어야 한다. 사실 자기원인자는 대자의 출현이라는 단지 그 사실에서 나타난 것이 아닐까? 그리고 대자는 근원적으로 자기원인이고자 하는 기투가 아닐까? 이렇게 해서 우리는 총체적 실재의 본성을 파악하기 시작한다. 총체적 존재, 즉 그 개념이 하나의 빈틈에 의해 분할될 수 없는 총체적 존재, 그렇지만 대자의 무화하고-무화되는 존재를 배제하지 않는 총체적 존재, 그 현실존재가 즉자와 의식과의 통일적인 종합이 되는 총체적 존재, 이런 이상적 존재는 대자에 의해 근거지어진 즉자이며, 또 그 즉자를 근거짓는 대자와 동일한 것이다. 다시 말해 자기원인자일 것이다. 하지만 정확히 홀론이라고 부르는 실재적 존재를 판단하기 위해 우리가 이 이상적인 존재의 관점에 자리 잡고 있기 때문에, 우리는 이 실재가 자기원인의 위엄에 도달하기 위한 하나의 유산된 노력이라는 사실을 확인해야 한다. 모든 것은 마치 세계, 인간, 세계-내-인간이 이루어지지 않은 신만을 실현할 수 있을 뿐인 것처럼 진행된다. 따라서 모든 것은 마치 즉자와 대자가 하나의 이상적인 종합에 대해 통합해체(désintégration) 상태에서 나타나는 것처럼 진행된다. 그렇다고 통합이 결코 발생하지 않았다는 것이 아니다. 오히려 이와 반대로 통합은 항상 지시되어 있으면서도 항상 불가능할 뿐이다. 즉자와 대자와의 불가분을 설명하는 동시에 그 상대적인 독립을 설명하는 것은 바로 끊임없는 실패이다. 이와 유사하게도 뇌기능의 통일이 파괴될 때, 상대적인 자율을 보여 줌과 동시에 하나의 총체성의 분해의 바탕 위에서만 나타날 수 있을 뿐인 현상이 생긴다. 존재의 개념에 있어서도 또 존재자에 있어서도 우리가 동시에 만나는 빈틈을 설명하는 것이 바로 실패이다. 즉자존재 개념에서 대자존재 개념으로 이행하는 것이 불가능하다면, 또 그것들을 하나의 공통된 부류로 통합하는 것이 불가능하다면, 그것은 한쪽에서 다른 한쪽으로의 사실상의 이행과 양자의 통합이 이루어질 수 없기 때문이다. 우리는 예컨대 스피노자와 헤겔에게서도 완전한 종합화 바로 앞에 멈춰선 하나의 종합은, 대립되는 두 항목을 상대적인 의존 속에 응고시킴과 동시에 상대적인 독립 속에 응고시키기 때문에, 단번에 오류를 구성한다는 사실을 알고 있다. 가령 스피노자의 경우 지름을 축으로 하는 반원의 회전이 그 정당화와 또 그 의미를 발견하는 것은 구의 개념 안에서이다. 하지만 만일 우리가 구의 개념을 원리상 도달할 수 없는 곳에 있다고 상상한다면, 반원의 회전 현상은 거짓이다. 이 현상은 참수당한 것이 된다. 회전 개념과 원 개념은 양자를 뛰어넘고 또 양자를 정당화해 주는 하나의 종합 속에 통합될 수 없는 채로 서로 의지한다. 한쪽이 다른 한쪽으로 환원될 수 없는 것으로 머문다. 여기에서 발생하는 것이 정확히 그것이다. 따라서 우리는 그 해당 "홀론"이 참수당한 하나의 개념으로서 끊임없는 통합 해소의 상태에 있다고 말할 것이다. 그리고 그 홀론이 우리에게 그 애매성 속에서 나타날 수 있는 것은 통합 해소적인 총체의 자격으로서이다. 다시 말해 우리는 마음대로(ad libitum) 고려된 존재들[즉자와 대자]의 의존을 강조하거나 또는 그 독립을 강조할 수도 있다. 거기에는 이루어지지 않는 하나의 이행, 즉 하나의 쇼트서킷이 있다. 우리는 이 차원에서 우리가 이미 대자 자체에 대해서, 그리고 타자의 의식에 대해서 만난 바 있는 총체 분해적인 총체성 개념을 다시 발견하게 된다. 하지만 이 것은 제3의 탈총체화이다. 반성이라는 단순한 탈총체화적 총체성에서 반성하는 것은 반성된 것이어야 했고, 반성된 것은 반성하는 것으로 있어야 했다. 이중의 부정은 소멸하는 상태에 머물러 있었다. 대타의 경우에는 반영된 (반영-반영하는 것)은 반영하는 (반영-반영되는 것)과 그 각각이 다른 편이어서는 안 된다는 점에서 구별되었다. 이렇듯 대자와 타인의 대자(l'autre-pour-soi)는 각각이 자기를 타로 만듦으로써 다른 쪽에 타 존재(l'être-autre)를 부여하는 하나의 존재를 구성한다. 대자와 즉자의 총체성에 대해 보면, 이 총체성은 다음과 같은 특징을 지니고 있다. 대자는 즉자에 대해 자기를 타로 만들지만, 즉자는 결코 그 존재에서 대자와 다른 것이 아니라는 특징이 그것이다. 즉자는 단순히 존재한다. 만일 즉자의 대자에 대한 관계가 대자의 즉자에 대한 관계와 반대된다면, 우리는 대타존재의 경우로 다시 빠지게 될 것이다. 하지만 정확히 이 관계는 그런 것이 아니다. 그리고 우리가 방금 말한 바 있는 "홀론"을 특정짓는 것은 바로 이런 상호 관계의 부재이다. 이런 범위 내에서 총체성에 대한 질문을 던지는 것은 부조리하지 않다. 사실 우리가 대타를 연구했을 때, 우리는 이 대타의 반성적인 분열이어야 하는 "타자-아(我)(moi-autrui)"라는 하나의 존재가 있어야 할 것이라고 확인했다. 하지만 이와 동시에 이 "타자-아"라는 존재는, 그것이 외면성이라는 파악할 수 없는 하나의 비존재를 내포하고 있는 경우에만, 존재할 수 없는 것으로 우리에게 나타났다. 그때 우리는 총체성이 지니는 이율배반적 성격이 자신의 내부에서 환원 불가능한 것인지 아닌지, 또 우리가 정신을 있음과 동시에 있지 않는 존재로서 제기해야 할 것인지를 자문했다. 하지만 의식의 종합적 통일에 대한 물음은 의미를 가지고 있지 않은 것으로 우리에게 나타났다. 왜냐하면 그런 물음에는 우리가 총체성에 대해 하나의 관점을 취할 수 있다고 하는 사실이 전제되었기 때문이다. 그런데 우리는 이 총체성의 근거 위에서, 그리고 이 총체성 속에서 구속된 것으로 실존한다.

하지만 우리가 "전체에 대해 관점을 취할" 수 없다면, 그것은 원칙상 타인이 나에 대해 자기를 부정하기 때문이다. 마치 내가 타인에 대해 나 자신을 부정하는 것처럼 말이다. 이 관계를 그것의 통합 속에서 파악하는 것을 영원히 나에게 금지하는 것은 바로 이 관계의 상호성이다. 하지만 이와 정반대로 즉자-대자라는 내적 부정의 경우에는 관계가 상호적이 아니다. 그리고 나는 이 관계의 항 중 하나임과 동시에 이 관계 자체이다. 나는 존재를 파악한다. 나는 존재의 파악이다. 나는 존재의 파악일 뿐이다. 그리고 내가 파악하는 존재는 이번에는 나를 파악하기 위해 나에 대항해 자기를 세우지 않는다. 그것은 파악되는 것이다. 다만 그 존재는 그것의 파악된 존재와 결코 합치하지 않는다. 따라서 어떤 의미에서 나는 총체성에 대한 물음을 제기할 수 있다. 분명 나는 여기에, 이 총체성 속에 구속된 것으로 존재한다. 하지만 나는 이 총체성에 대해 남김 없는 의식일 수 있다. 왜냐하면 나는 그 존재에 대한 의식임과 동시에 나(에 대한) 의식이기 때문이다. 다만 총체성에 대한 이 물음은 존재론 영역에 속하지 않는다. 존재론에 있어 밝혀질 수 있는 유일한 존재 영역은 즉자, 대자, 그리고 "자기원인"의 이상적인 영역이다. 존재론에 있어 즉자와 연결된 대자를 하나의 뚜렷한 이원성으로서 고찰하느냐 또는 하나의 통합 해체적 존재로 고찰하느냐 하는 것은 아무래도 좋다. 예컨대 아인슈타인의 물리학에서 어떤 사건을 공간적인 차원과 시간적인 차원을 지니는 것으로서, 그리고 하나의 공간-시간 속에 자기의 위치를 결정하는 것으로 생각하며, 이 사건에 대해 말하는 편이 훨씬 유리한 것으로 밝혀지는 것과 마찬가지로, 우리가 현상이라고 명명한 하나의 존재, 그리고 두 개의 존재 차원, 즉 즉자적인 차원과 대자적인 차원을 지니는 하나의 존재에 대해 논하는 것이(이 관점에서 본다면 세계라는 하나의 현상만 존재할 뿐이다.) 인식(특히 현상학적 심리학, 인간학 등)에 대해 더 유리할 것인가, 또는 "의식-존재"라는 오래된 이원성을 보존하는 편이 모든 일에 있어 더 바람직할 것인가를 결정하는 것은 바로 형이상학의 몫이다. 여기에서 존재론이 감히 할 수 있는 유일한 지적은, 통합 해체적인 총체성으로서의 현상이라는 새로운 개념을 사용하는 것이 유익한 듯이 보이는 경우, 우리는 내면성과 동시에 초월성이라는 용어로써 이 현상에 대해 설명해야 한다는 것이다. 사실 암초는 순수한 내재론(후설의 관념론)에 빠지거나 또는 현상을 하나의 새로운 종류의 대상으로 간주할 수도 있는 순수한 초월론에 빠지는 일일 것이다. 하지만 내면성은 항상 현상의 즉자적인 차원에 의해 제한될 것이며, 또 초월성은 현상의 대자적인 차원에 의해 제한될 것이다.

형이상학이 일차적인 중요성을 가진 여러 다른 문제, 특히 행동 문제를 다룰 수 있는 것은, 대자의 기원에 대한 물음, 세계라는 현상의 본성에 대한 물음에 대해 결정을 내린 후의 일이다. 사실 행동은 대자의 차원과 동시에 즉자의 차원에서 고찰되어야 한다. 왜냐하면 초월적인 것의 존재에서 하나의 변양을 결정하는 내면적인 기원을 갖는 하나의 기투가 문제이기 때문이다. 사실 행동이 단지 사물의 현상적인 외관을 변양시킬 뿐이라고 선언한다고 해도 아무런 소용이 없을 것이다. 만일 하나의 찻잔의 현상적인 외관이 찻잔인 한에서 찻잔의 절멸로까지 변양될 수 있다면, 또 만일 찻잔의 존재가 이 찻잔의 성질일 뿐이라면, 그 고찰된 행동은 찻잔의 존재 자체를 변양시킬 수 있어야 할 것이다. 따라서 행동 문제에는 의식의 초월적인 효력에 대한 해명이 전제되며, 또 그 문제는 우리를 의식의 존재와의 참된 존재 관계의 길 위에 있게 해 준다. 또한 행동 문제는 세계 속에서 행위가 미치는 영향의 결과에 의해 존재에 대한 존재의 관계도 또한 우리에게 드러내 보여 준다. 비록 이 관계가 물리학자에 의해 외면성으로 파악된다고 해도, 이 관계는 결코 단순한 외면성도 내재성도 아니다. 오히려 이 관계는 우리에게 게슈탈트 심리학자의 형태 개념을 가리킨다. 따라서 우리가 자연의 형이상학을 시도할 수 있는 것은 바로 거기에서 출발해서이다.

II. 도덕적 전망

　　존재론은 그 자체로 도덕적 율법을 세울 수 없을 것이다. 존재론은 오직 존재하는 것에 대해서만 전념한다. 그리고 존재론의 직설법에서 명령법을 끌어내는 것은 불가능하다. 그렇지만 존재론은 상황 속에 있는 인간실재 앞에서 책임을 지게 될 하나의 윤리가 어떤 것이 될 것인가를 엿보게 해 준다. 사실 존재론은 우리에게 가치의 기원과 본성을 드러내 보여 주었다. 우리는 앞에서 가치는 결여이며, 또 대자가 자기의 존재에서 자기를 결여로서 규정하는 그런 결여라는 것을 보았다. 우리가 살펴본 바와 같이, 대자가 실존한다(existe)는 사실로부터 가치는 자기의 대자존재에 붙어 다니기 위해 나타난다. 이로부터 대자의 여러 다른 임무는 실존적 정신분석의 대상이 될 수 있다는 결론이 도출된다. 왜냐하면 이런 임무는 모두 가치 또는 자기원인의 표지 아래에서 의식과 존재와의 결여된 종합을 만들어 냄을 겨냥하기 때문이다. 이렇듯 실존적 정신분석은 하나의 도덕적 기술이다. 왜냐하면 실존적 정신분석은 우리에게 여러 다른 인간적 기투의 윤리적 의미를 보여 주기 때문이다. 실존적 정신분석은 관심 심리학도 인간적 행동에 대한 모든 공리적 해석과 마찬가지로 단념해야 할 필요성을 우리에게 지시하며, 인간의 모든 태도의 이상적 의미 작용을 우리에게 드러내 보여 준다. 이런 의미 작용은 이기주의와 이타주의 저편에 있고, 또 이른바 무사무욕의 행동 저편에 있다. 인간은 신이 되기 위해 자기를 인간으로 만든다고 말하는 사람들도 있을 수 있다. 이런 관점에서 고찰한다면, 자기성은 이기주의로 나타날 수도 있다. 하지만 정확히 인간실재와 그 인간실재가 그것으로 있고자 원하는 자기원인자 사이에는 어떤 공통된 척도도 존재하지 않기 때문에, 인간은 또한 자기원인자가 존재하기 위해 자기를 상실한다고도 말할 수 있다. 그때 사람들은 모든 인간적 실존[삶]을 하나의 수난으로 생각할 것이다. 이것은 너무 유명한 "자애심(amour-propre)"¹⁵⁶이 이런 수난을 실현하기 위해 다른 수단 중에서 자유로이 선택된 하나의 수단일 뿐이기 때문이다. 하지만 실존적 정신분석의 주요 결과는 우리로 하여금 근엄한 정신을 포기하도록 하는 데 있어야 할 것이다. 사실 근엄한 정신은 가치를 인간적 주체성에서 독립한 초월적 소여로서 고찰하는 것, 그리고 "바람직하다"라는 성격을 사물들의 존재론적 구조에서 사물들의 단순한 물질적 구성으로 옮기는 것을 이중적인 특징으로 삼고 있다. 사실 근엄한 정신에게 있어 예컨대 빵이 바람직한 것은, 살아야 하기(예지적인 하늘에 새겨진 가치) 때문이며, 또 이 빵이 영양가 있는 것이기 때문이다. 주지의 사실이지만, 이 세계를 지배하는 근엄한 정신의 결과는 사물들의 경험적 특성에 의해 이 사물들의 상징인 가치를 마치 흡수지처럼 빨아들이게 한다. 그것은 바람직한 대상의 불투명성을 앞에 내놓고, 또 이 대상을 그 자신에게 있어 환원될 수 없는 바람직한 것으로 내세운다. 따라서 우리는 이미 도덕의 차원에서 있음과 동시에 자기기만의 차원 위에 서 있기도 하다. 왜냐하면 자기기만은 자신을 부끄러워하며, 감히 자기 이름을 말하지 못하는 하나의 도덕이기 때문이다. 이 도덕은 불안에서 자기를 해방하기 위해 자기의 모든 목표를 애매하게 만들었다. 인간은 손을 더듬거리며 존재를 탐구하고, 또 이 탐구가 자유로운 기투임을 자기에게 감추고 있다. 인간은 자기를 마치 길 위에 놓여진 여러 임무에 의해 기다려지고 있는 식으로 만든다. 대상은 무언의 요구이며, 또 인간은 그 자신으로

---

156 파스칼의 『팡세』에 나오는 내용이다. "자기에게 있는 자애심을 증오하지 않고, 자기 스스로를 신으로 만들고자 하는 본능을 증오하지 않는 사람은 완전히 장님이다."

서는 이런 요구에 대한 수동적인 복종 외의 다른 아무것도 아니다.

실존적 정신분석은 인간에게 그의 탐구의 실질적인 목표, 즉 즉자와 대자와의 종합적인 융합으로서의 존재를 드러내 보일 것이다. 실존적 정신분석은 인간에게 그의 수난을 가르쳐 줄 것이다. 사실을 말하면, 많은 사람이 이 정신분석을 자신들에게 실행했는데, 그들은 그것을 해방과 구원의 수단으로 사용하기 위해 이 정신분석의 원리를 알기까지 기다릴 수 없었다. 사실 많은 사람이 자신의 탐구 목표가 존재라는 것을 알고 있다. 그리고 그들이 이런 지식을 소유하는 한에서, 그들은 사물을 단순히 사물로서 자기 것으로 만드는 것을 등한시하고, 이 사물의 즉자존재를 상징적으로 자기 것으로 만드는 것을 실현하고자 한다. 그렇지만 이런 시도가 여전히 근엄한 정신의 성질을 띠고 있는 한에서, 또 그들이 즉자-대자를 존재케 하려는 그들의 사명이 여전히 사물 속에 새겨져 있다고 믿는 한에서, 그들은 절망하도록 운명지어져 있다. 왜냐하면 그들은 모든 인간적 활동이 등가임 — 왜냐하면 인간적 활동은 모두 자기원인자를 출현시키기 위해 인간을 희생시키는 경향이 있기 때문이다 — 을 발견하는 동시에 모든 인간적 활동이 원칙상 실패하도록 정해져 있음을 발견하기 때문이다. 따라서 홀로 고독에 도취하는 것이나 민중을 지도하는 일이니 마찬가지이다. 이런 활동 중 하나가 다른 것보다 우위에 놓인다면, 그것은 그 현실적인 목표 때문이 아니고, 오히려 한쪽이 자기의 이상적 목표에 대해 지니는 의식의 정도 때문일 것이다. 그리고 이 경우 고독한 도취의 정적주의가 민중의 지도자의 헛된 소동보다 우위를 점하게 될 수도 있을 것이다.

하지만 존재론과 실존적 정신분석(또는 사람들이 이런 학문에서 시도해 온 자발적이고 경험적인 적용)은 도덕적 행위자에게 그가 가치를 현실에 존재케 하는 존재라는 사실을 드러내 보여야 할 것이다. 그때 그의 자유는 자신을 의식할 것이고, 가치의 유일한 원천으로서의 불안 속에서 자기를 발견할 것이며, 또 세계를 존재케 하는 무를 발견할 것이다. 존재의 탐구와 즉자의 아유화가 그의 자유에 대해 그 가능성으로서 발견되자마자, 그의 자유는 불안에 의해서, 그리고 불안 속에서 그런 가능이 오직 다른 가능의 가능성을 배경으로만 가능할 뿐이라는 사실을 파악하게 될 것이다. 하지만 그때까지는 비록 가능이 마음 대로 선택되거나 취소될 수 있다고 해도, 가능에 대한 모든 선택의 통일을 이루는 주제는 바로 가치 또는 자기원인자의 이상적 현전이었다. 만일 자유가 이 가치 쪽을 되돌아본다면, 이 자유는 어떻게 될 것인가? 자유는 자기가 무엇을 하든, 또 심지어 즉자-대자 쪽을 향한 자기의 되돌아봄에 있어서조차 자기와 함께 그 가치를 가지고 갈 수 있을까? 자유는 자기가 바라보고자 하는 가치에 의해 배후에서 다시 파악될까? 아니면, 자유가 자기를 자신에 대해 자유로 파악한다고 하는 단지 그 사실만으로, 자유는 과연 가치의 지배에 종지부를 찍을 수 있을까? 특히 자유는 모든 가치의 원천인 한에서 스스로 자기를 가치로 간주하는 것이 가능한가? 아니면, 자유는 자유에 붙어 다니는 하나의 초월적 가치와의 관계에서 필연적으로 자기를 규정해야 하는가? 또 자유가 자기를 자신의 고유한 가능으로서, 그리고 자기의 결정적인 가치로서 욕구할 수 있는 경우, 그것은 무엇을 의미하는가? 스스로 자유이고자 원하는 자유, 사실 이 자유는 그것이-있는-것으로-있지-않고, 또 그것이-있지-않은-것으로-있는 하나의 존재이고, 이런 존재는 존재의 이상으로서 그것이-있지-않은-것으로-있음과 그것이-있는-것으로-있지-않음을 선택한다. 따라서 이런 존재는 자기를 되찾음을 선택하는 것이 아니라 자기를 도피함을 선택하며, 자기와 함께 합치함을 선택하는 것이 아니라 오히려 항상 자기와 거리를 두고 존재함을 선택한다. 자기와 서먹서먹하게 지내기를 원하는 이 존재, 자기 자신과 거리를 두고 존재하기를 원하는 이 존재, 우리는 이 존재를 어떻게 이해해야 하는가? 이 경우 자기기만이 문제인가, 아니면 다른 하나의 근본적인 태도가 문제인가? 그리고 사람들은 존재의 이 새로운 양상을 살아 볼 수 있는가? 특히 자유는 스스로 자기를 목적으로 여기면서 모든 상황에서 벗어날 수 있는가? 아니면 이와 반대로 자유는 상황지어진 채로 머물게 되는가? 또는 자유가 조건지어진 자유로서 불안 속으로 더욱더 자기를 기투하며, 또 세계를 존재에 도래케 하는 존재자의 자격으로 자기의 책임을 더 많이 요구하게 되는 만큼, 자유는 더욱 명확하고 더욱 개별적으로 자기를 상황 짓게 되는가? 우리에게 순수하고도 비공범적(非共犯的)인 반성을 가리키는 이런 모든 질문은 도덕적 영역에서만 그 답을 발견할 수 있을 뿐이다. 우리는 다음 저서를 이 문제에 할애할 것이다.

옮긴이의 말

이 책은 20세기 프랑스를 대표하는 철학자·작가·참여 지식인 장 폴 사르트르(Jean-Paul Sartre, 1905~1980)의 전기 사상이 집대성 된 *L'Être et le néant: Essai d'ontologie phénoménologique*를 한국어로 옮긴 것이다. 이 책은 1943년 갈리마르 출판사의 사상 총서(Bibliothèque des idées)에서 처음 출간되었고, 1976년 같은 출판사의 텔(Tel) 총서 첫째 권으로 재출간되었다. 같은 총서에서 1994년 출간된 판본을 번역을 위한 저본으로 삼았다. 이 판본은 사르트르의 양녀 아를레트 엘카임사르트르(Arlette Elkaïm-Sartre)가 수정하고 색인을 붙인 것이다.

『존재와 무』는 《뉴욕 타임스》 선정 20세기 최고의 책 100권에 포함되어 있으며, 20세기 말 프랑스에서 선정한 "20세기 최고의 책 100권(les cent livres du siècle)" 목록에서 13위에 선정되었다. 이 순위는 철학 저서로는 가장 높은 순위에 해당한다. 이 목록은 《르 몽드》와 프낙(Fnac) 서점이 제안한 200권의 목록을 바탕으로 1999년 "당신의 기억에 남아 있는 책은 어떤 것입니까?"라는 질문에 17000명이 투표를 함으로써 작성되었다. 이 목록은 그 응답자의 표본 수가 비교적 적고, 문학 작품이 대거 포함되어 있으며, 또 아시아, 아프리카 대륙에서 출간된 저작이 제외되었다는 비판 등으로 인해 객관성이 문제 되기도 한다. 하지만 공신력 있는 신문과 전국적으로 가장 광범위한 판매망을 가진 프낙 서점을 통해, 또 대중적인 합의를 통해 작성되었다는 점에서 주목할 만하다.

그렇다면 이런 평가를 받고 있는 『존재와 무』의 의의는 어디에서 찾아볼 수 있을까? 이 질문에 한두 문장으로 답하는 것은 불가능할 것이다. 여기에서는 이 책이 사르트르가 평생 추구했던 목표, 즉 인간에 대한 이해를 위한 그의 노력과 관련된 의의를 간략하게 지적하는 것으로 그치고자 한다.

사르트르는 이렇게 말하고 있다. "나는 인간을 이해하고자 하는 정열을 가졌다." 『존재와 무』는 후설의 현상학과 하이데거의 존재론에 입각해 이 정열을 실천에 옮기고자 한 노력의 결실이다.(물론 이 책에는 데카르트, 라이프니츠, 흄, 칸트, 키르케고르, 헤겔, 후설, 하이데거, 야스퍼스, 프로이트, 베르그송 등과 같은 철학자들의 사유 역시 녹아들어 있다.) 이 책에서 이해의 대상이 되는 인간은 사회적, 역사적 지평 위에 선 인간이 아니라 고립된 인간, '나-타자'의 관계 정립에 머무는 개인으로서의 인간이다. 물론 나중에 사르트르는 『변증법적 이성 비판』에서 이런 노력을 마르크스와 프로이트의 이론을 도입하면서 사회적, 역사적 차원으로까지 확대해 나간다. 어쨌든 『존재와 무』는 개인 차원의 인간 이해를 위한 1943년까지의 사르트르의 모든 노력이 집대성된 저서이다.

사르트르가 인간에 대한 이해라는 목표의 기치를 높이 든 것은 정확히 그가 태어나고 성장했던 20세기라는 시대적 배경 속에서 이해할 수 있다. 흔히 '폭력의 세기'로 명명되는 20세기는 '전쟁의 세기'

로 여겨지기도 한다. 1964년 출간된 자서전『말』에서는 자신이 책 속에서 태어나 책에 둘러싸여 죽을 것이라고 말하고 있다. 그런데 사르트르는 오히려 전쟁과 더불어 태어나고 성장했으며, 전쟁에 에워싸여 살았다고 할 수 있을 것이다. 간접적으로 겪었던 1차 세계대전, 직접 참전해서 포로가 되었던 2차 세계대전, 알제리 전쟁, 한국전쟁, 베트남 전쟁, 중동전쟁 등…….

1차 세계 대전 전까지 인간은 인간이라는 종에 대해 커다란 희망을 품어 왔다고 해도 과언이 아닐 것이다. 특히 인간의 위대함과 존엄성이 절정에 달했던 19세기가 그 좋은 증거이다. 하지만 1차 세계 대전을 치르면서 인간은 지금까지 스스로 품었던 위대함과 존엄성에 대해 회의를 품게 되었다. 이 회의는 2차 세계대전을 기점으로 현실화되었으며, 그것도 가장 비극적인 방식으로 현실화되었다.

『존재와 무』를 구상하고 집필하는 과정에서 사르트르의 관심은 결코 부인할 수 없는 이와 같은 비극적인 인간상에 집중되었던 것으로 보인다. 왜 인간은 다른 인간에 대해 그처럼 잔인할 수 있는가? 인간이 과거에 인간이라는 종에게 부여했던 위대함과 존엄성은 완전히 사라져 버렸는가? 인간은 완전히 구제 불능 상태에 빠져 버린 것인가? 인간은 이성의 주체, 도덕의 주체, 윤리의 주체가 아니라 인간성을 상실하고 저 깊은 비인간성의 심연에서 허우적거리는 한낱 야수와 같은 존재에 불과한 것인가? 『존재와 무』에서 사르트르는 이런 질문에 대한 근본적인 답을 제시하고자 했다고 할 수 있다.

이렇게 말할 수 있는 것은 다음과 같은 두 가지 점에서이다. 하나는 "타인은 나의 지옥이다."라는 주장으로 대표되는 사르트르의 비극적인 대타존재에 대한 사유이다. 사르트르는 대타존재에 대한 논의에서 왜 '나'와 '타자'는 근본적으로 갈등의 관계에 있을 수밖에 없는가에 대한 답을 제시하고 있다. 이 답은 존재론적이고, 그만큼 추상적이라고 할 수 있다. 하지만 사르트르는 이 답을 통해 인간은 다른 인간과의 관계에서 갈등이라는 피할 수 없는 근본적인 실존의 조건을 도외시할 수 없음을 보여 주고 있다. 게다가 사르트르의 이런 태도는 그의 후기 사상을 대표하는 『변증법적 이성 비판』으로 계속 이어진다.

다른 하나는 이와 같은 인간관계의 비극적인 조건 속에서 인간이 지니는 위대함과 존엄성에 대한 재확인이다. 인간은 '무'에 불과한 의식의 담지자일 뿐이다. 즉자의 방식으로 존재하는 다른 사물에 비해 인간은 존재론적으로 빈약하다. 신과의 탯줄을 스스로 끊어 버린 인간은 자신의 존재 근거를 찾는 수고를 죽을 때까지 해야 하기 때문이다. 사르트르는 인간을 끝까지 자신의 존재 근거를 찾지 못하는 비극적인 존재로 묘사한다. "인간은 무용한 정열"이라는 주장과 모든 인간의 삶은 "실패의 역사"라는 주장이 그 증거이다.

하지만 인간은 자신의 실존 과정에서 자기에게 "존재론적 우월성"을 내보이는 다른 사물과 존재 관계를 맺는 준거 중심이 되며, 이런 자격으로 이 사물에게 의미를 부여해 준다는 것이 사르트르의 주장이다. 인간의 의식은 다른 사물에 의지해 존재하는 한갓 '무'에 불과하지만, 그러나 이것은 모든 사물의 '심장'에 들러붙는 존재이다. 이렇게 의식의 담지자인 인간은 자신의 자유로운 선택으로 사물을 무의미와 무정형에서 구해 낸다. 바로 거기에 만물의 영장으로서의 인간의 모습이 자리한다. 이렇듯 인간이 가진 비극적인 모습에도 불구하고 그의 위대함과 존엄성을 다시 한번 고양함으로써 인간에 대한 희망을 되살리고 있는 것. 이것이 실존주의, 좀 더 구체적으로는 무신론적 실존주의의 경전으로 여겨지는 『존재와 무』의 가장 큰 의의가 아닐까 한다.

다른 한편『존재와 무』의 또 다른 의의는 동시대에 활동했던 철학자들과 그 이후에 등장하는 철학자들에게 영향을 미쳤다는 점에서도 찾아볼 수 있다. 먼저 라캉이 있다. 라캉의 사유에서 최소한 '타자' 이론과 '응시' 개념은 사르트르와 연관성을 가지고 있다. 그다음으로 메를로퐁티가 있다. 특히 그의 신체 이론이 사르트르가『존재와 무』에서 다루고 있는 신체 이론의 연속선상에 있다는 것은 잘 알려져 있다. 타자 이론으로 유명한 레비나스도 있다. 레비나스의 타자 이론 역시 사르트르의 타자 이론과의 연관성 속에서 이해될 때 그 진면목이 더 잘 드러날 수 있을 것이다. 푸코가 있다. 푸코의 의학적 시선과 권력 개념 역시 사르트르의 시선과 신체 개념에 적지 않은 빚을 지고 있다고 할 수 있다. 들뢰즈도 있다. 들뢰즈의 익명의 주체 이론과 타자 이론 역시 사르트르의 영향을 받았다는 점을 부인할 수 없어 보인다.

20세기를 자신의 세기로 만들었다는 사르트르. 철학에서는『존재와 무』와『변증법적 이성 비판』등으로, 소설에서는『구토』와『자유의 길』등으로, 연극에서는『닫힌 방』과『파리떼』등으로, 문학 이론으로는『문학이란 무엇인가』등으로, 문학비평에서는『보들레르』와『성자 주네: 배우와 순교자』등으로 대표되는 사르트르. 그는 1948년 단편「벽」의 번역으로 한국에 소개된 이래로 1960~1980년대 중반까지 실존주의, 인간학, 참여 문학론, 참여 지식인론 등으로 명성을 떨치다가 1990년부터 활발하게 이루어진 구조주의와 탈구조주의 수용으로(프랑스에서는 1960년대 중반부터 1970년대 후반까지) 급격하게 쇠퇴하게 된다.

사르트르는 1964년 노벨 문학상 수상 작가로 선정되는 영광을 누렸지만 그는 이 상의 수상을 거부했다. 1960년대 중반에 이미 "한물간 사람"으로 여겨졌으며, 그가 전개했던 인간중심주의적 철학은 주체의 죽음, 인간의 죽음을 전면에 내세운 구조주의의 흐름과 더불어 프랑스와 한국에서는 물론 전 세계에서도 지성계의 무대 뒤편으로 사라졌다. 프랑스에서는 1968년 5월 혁명 당시 『변증법적 이성 비판』을 통해 반짝 각광을 받기도 했다. 하지만 이는 죽어 가는 사람에게 수명을 연장하기 위해 산소 호흡기를 달아 주는 일시적인 처치와 같은 것에 불과했다.

하지만 앞에서 언급한 것처럼 사르트르가 『존재와 무』에서 다룬 타자, 신체, 시선, 자기기만 등에 대한 이론은 그와 동시대를 살았던 철학자들과 그 이후 세대에 속하는 철학자들에게 많은 철학적 영감을 주었다고 할 수 있다. 이번에 민음사에서 『존재와 무』와 함께 사르트르의 후기 사상이 집대성된 『변증법적 이성 비판』도 출간한다. 이 두 권의 저서를 통해 사르트르의 철학에 대한 이해를 심화시키는 한편, 너무 쉽게 잊힌 그의 철학과 문학에 대한 재평가를 위한 소중한 계기가 마련되길 기대해 본다.

인문학이 위기에 봉착해 있다는 경고음이 끊이지 않는 이때 이 책의 재번역과 출간을 결정해 주신 민음사 박근섭, 박상준 대표님께 진심으로 감사의 말씀을 전해 드린다. 이 책 출간의 모든 과정에서 결정적인 도움을 주신 신새벽, 맹미선 두 분께도 심심한 감사의 말씀을 전한다. 이 책의 번역 과정에서 항상 관심을 표명해 주시고 격려를 해 주신 한국사르트르연구회 소속 선생님들, 특히 윤정임 선생님께 감사의 말씀을 드린다. 철학에 대한 박학한 지식으로 많은 도움을 주신 철학아카데미 조광제 선생님께도 감사의 말씀을 전해 드린다. 번역의 전 과정을 지켜보며 성원을 보내 준 익수와 윤지에게도 고마움을 전한다.

"번역은 반역이다."라는 말과 번역의 행복을 맛보기 위해서는 "완벽한 번역"의 꿈을 포기해야 한다는 리쾨르의 말은 번역하는 사람에게 항상 위로가 된다. 하지만 이 말이 모든 번역, 특히 잘못된 번역, 문제가 있는 번역도 모두 허용해야 한다는 사실을 의미하지는 않을 것이다. 또한 번역의 행복을 맛보기 위해서는 번역은 다른 번역을 거치면서 더 나아질 수 있다는 사실도 받아들여야 하는 것은 말할 나위가 없다.

이 책의 번역을 위해 영어 번역본(Hazel Barnes, *Being and Nothingness: A Phenomenological Essay on Ontology*, Washington Square Press, 1992/1956), 일어 번역본(松浪信三, 『存在と 無: 現象學的存在論の 試み』, 人文西院, 1973/1956), 한국어 번역본(손우성, 『존재와 무』, 삼성출판사, 2 vols., 1992/1990; 양원달, 『存在와 無』, 을유문화사, 세계사상교양전집, 후기 12, 1969/1968; 정소성, 『존재와 무』, 동서문화사, 월드북 88, 2009/1994)을 참고했다. 또한 이 책에서 사용된 철학 개념의 이해를 위해 *Dictionnaire Sartre*(sous la direction de François Noudelmann et Gilles Philippe, Honoré Champion, 2004)를 참고했다. 『존재와 무』 원본이 가지고 있는 철학 내용 차원에서의 어려움, 문장 구조 자체의 복잡함 등으로 인해 잘못 번역된 부분이 없지 않을 것이다. 준엄하지만 따뜻한 마음으로 잘못된 부분을 지적해 주신다면 개정판을 내면서 반영해서 수정, 보완하겠다는 약속을 드린다.

2024년 7월
시지프 연구실에서 변광배

찾아보기(고유명사)[1]

1　저자가 분명하게 암시하고 있는 저자들의 이름 역시 언급했다. —— 편집자 주.

찾아보기(서명)

존재와 무

현상학적 존재론 시론

1판 1쇄 찍음   2024년 8월 8일

1판 1쇄 펴냄   2024년 8월 23일

지은이   장폴 사르트르

옮긴이   변광배

발행인   박근섭, 박상준

펴낸곳   (주)민음사

출판등록   1966. 5. 19. (제16 - 490호)

주소   서울시 강남구 도산대로1길 62

            강남출판문화센터 5층 (06027)

            대표전화 02 - 515 - 2000 팩시밀리 02 - 515 - 2007

            www.minumsa.com

ISBN 978-89-374-1639-2 (94160)